U0903260

SHANGHAI EDUCATIONAL YEARBOOK

2013
上海教育年鉴

SHANGHAI MUNICIPAL EDUCATION COMMISSION

上海市教育委员会 编

Shanghai People's
Publishing House

上海人民出版社

《2013 上海教育年鉴》编委会

大学生组

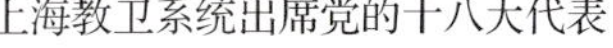

上海教卫系统出席党的十八大代表

大学生讲师团为街道社区居民解读党的十八大

图案，迎接党的十八大召开

用画笔为党的十八大增光添彩

上海教卫系统学习宣传贯彻党的十八大精神

上海科技大学成立

上海数学中心成立

上海纽约大学成立

上海学生合唱团成立

学党史、颂伟人——高校红色经典诵读大赛

全国教书育人楷模——周小燕

2012年上海市庆祝教师节主题活动

2012年度全新“开学第一课”

与院士爷爷在一起

“六一”儿童节活动异彩纷呈

中学生赴南京拍城市微电影

半开放的小组讨论和师生互动空间

2012，爱飞翔 · 乡村教师培训

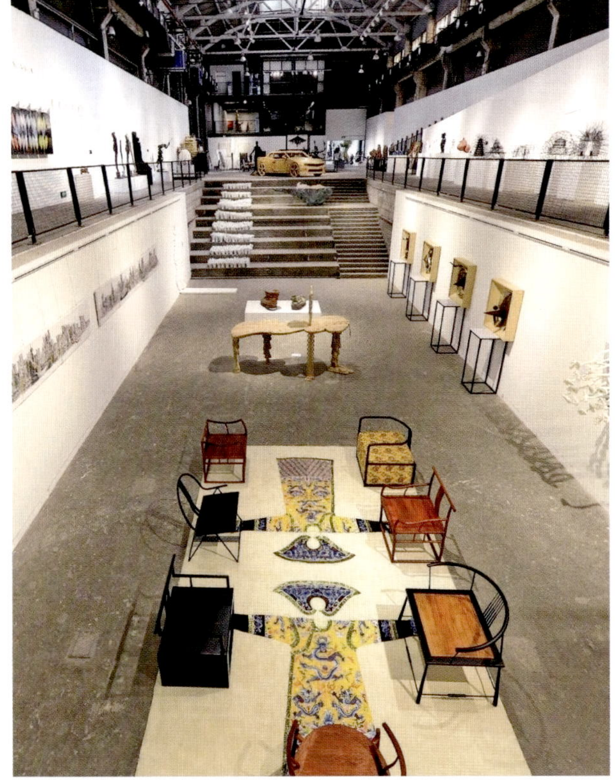

“多棱的视线”——第三届全国大学生公共视觉优秀作品双年展

应届高校毕业生专场招聘会

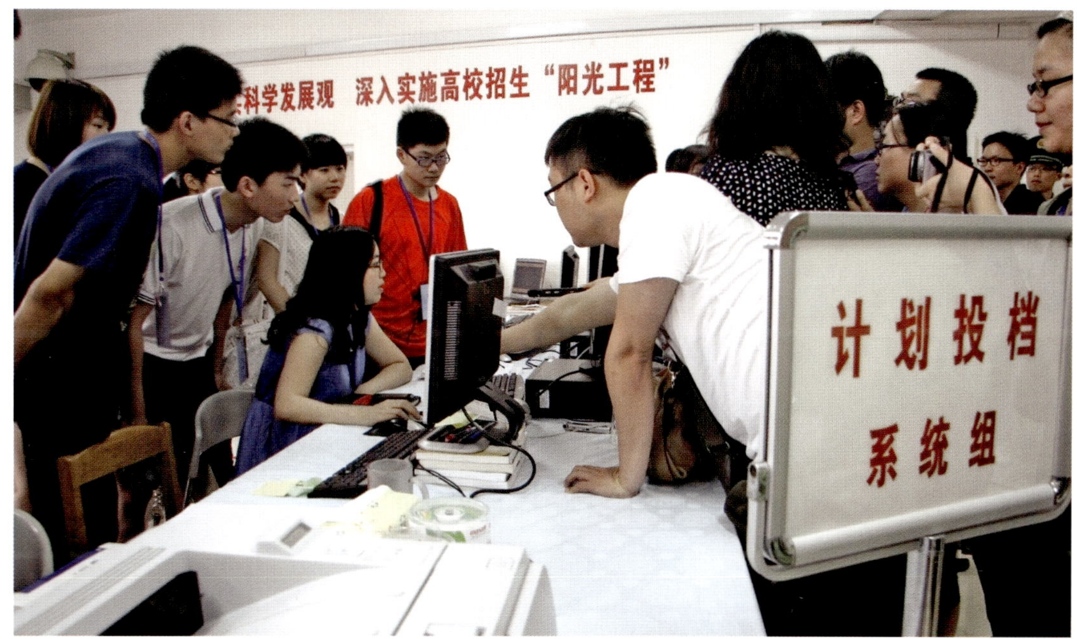

高考考生代表参观高校招生录取现场

2012年高考第一天

“星光计划”技能大赛项目：护理技能

“星光计划”技能大赛项目：空姐仪容仪表

上海市中等职业学校第二届“璀璨星光”校园文化节

嘉定区全民终身学习活动周开幕

上海市第八届全民终身学习周活动之一：诗词演唱

学党章

终身教育成果展示

聋哑孩子做软陶

“用心”倾听学生心声

向盲童学校学生赠书

你行我也行——在特奥运动会上

盲童学生在触摸自己拍摄的作品

“挑战杯”中国大学生创业计划竞赛决赛在沪举行

国际青少年机器人大赛“FIRST科技挑战赛”中国区总决赛在沪举行

首届ASC超算大赛决赛在上海举行

小火车轨道(右)创吉尼斯纪录

2012上海市青少年科技节展品：机器人

2012上海市青少年机械奥运比赛

高校科研人员破解神经细胞身份密码

校园里的“科学探索隧道”

“学雷锋”纪念活动

参观“世纪诺贝尔珍藏展”上展示的莫言手稿

“成长 感恩 责任”——青少年十八岁成人节

校外活动——龙舟赛

中学生植树护林

中学生“礼仪之星”倡导地铁文明出行

上海教师赴滇支教

比比谁的剪纸美

学生表演三锭纺纱

京剧小演员

中学生舞龙队

非物质文化遗产进校园展演：江南丝竹

学生武术操

中学生剪纸作品展示

“上中杯”钢琴赛获奖选手专场音乐会

阳光体育活动

大学生获伦敦奥林匹克运动会女子帆船竞赛金牌

上海第七届教工运动会开幕式

每天校园锻炼一小时

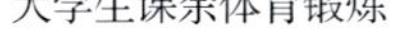

大学生课余体育锻炼

上海市学生运动会

芭蕾舞小学员

学生陶瓷乐队

在快乐中成长

课余活动：学陶艺

小学生学足球

参观火车陈列馆

小画家

进城务工人员随迁子女合唱团登台演出

外国学生访问上海学校

第二届中美大学生体育文艺周在沪启动

2012中国上海教育展在巴西

“中国文化进校园”让外籍学生了解中国文化

中学生艺术团团员在英国爱丁堡街头推介中国民间艺术

学生教外国友人学画版画

第三届国际职业技术教育大会召开

上海市黄浦区卢湾二中心小学建校110周年

上海市徐汇区教师进修学院附属实验小学建校100周年

上海市五四中学建校100周年

上海市第三女子中学建校120周年

上海市向明中学建校110周年

上海海洋大学建校100周年

上海市大同中学建校100周年

上海市徐汇区第一中心小学建校100周年

上海市盲童学校建校100周年

上海市长兴中学建校100周年

幼儿园开展消防日安全教育

高校学生公寓管理服务规范出台

新校车交付使用

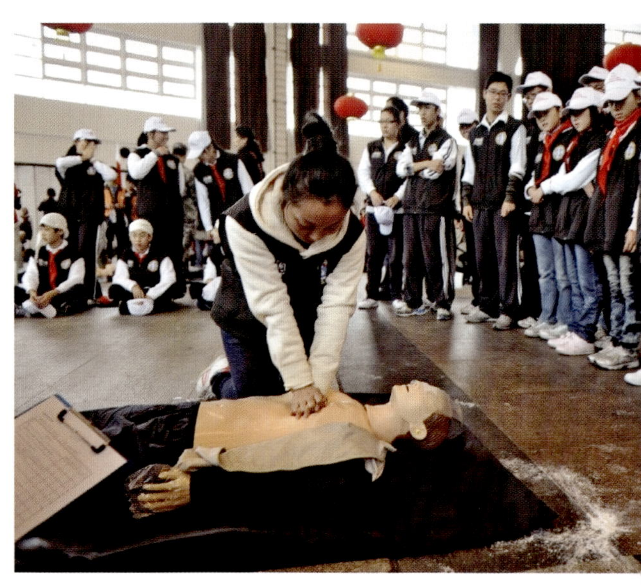

中小学师生开展避险自救演练

目　录

特　载

法律　法规　规章　文件

各级各类教育

区县教育

高等学校

教育科研与考试、评估机构

教育电视、报刊与教育集团

教育人物

大事记

教育统计

Contents

Special Articles

Laws, Regulations and Documents

Various Educations at Different Levels

Education in Districts and Counties

High Schools

Institutions of Scientific Research, Examination and Evaluation on Education

Educational TV, Press and Education Group

Educational Personage

Chronicles

Educational Statistics

特　　载

在上海高校党政负责干部会议上的讲话

（2012 年 8 月 25 日）

中共上海市委副书记　**殷一璀**

昨天，俞立中校长、江绵恒院长分别介绍了上海纽约大学、上海科技大学的办学理念和思考，大家或许会有疑惑：上海高校不少，为什么还要办这样的两所学校？办大学是要花钱的。我的观点是，上海高等教育还是要积极借鉴国际上成功的办学经验，鼓励探索、提倡多样、增加活力。今天，四所高校的同志作了交流发言，令人振奋，显示了大家很好的精神状态，看到了学校的办学水平和质量在不断提升。我们不能妄自菲薄，要有足够的信心办好每一所学校。

如今的大学面对着太多的要求，承受着太多的责难。有人说大学应坚守大学精神，守护好民族文化自觉的最后阵地，也有人说大学应该走下“神坛”，更好地承担起社会责任；有人说大学是最后一个保守主义据点，跟不上时代发展的步伐，也有人说大学已成为市场经济的婢女，宁可为“三斗米”而折腰；有人说大学应该保持自己的精神气质，扮演起反思社会、引领社会的角色；也有人说大学应该融入社会、适应社会，成为社会机体上的一个器官……种种“应该”和“不应该”，似乎意味着大学在人们心目中已经迷失了方向。那么，大学的使命究竟是什么？

回答这个问题，有必要回顾一下大学发展进程中的三个里程碑：一是博洛尼亚传说，1088 年世界上第一所大学——意大利博洛尼亚大学诞生，开创了以培养人为宗旨的大学传统。二是洪堡理念，1809 年德国柏林大学引入了科学研究，其创始人洪堡认为“大学立身的根本原则是，在最深入、最广泛的意义上培植科学，并使之服务于全民族的精神和道德教育”（这里的“科学”指“纯科学”，是建立在深邃的观念之上，不追求任何身外的目标，进行纯知识、纯学理研究的科学），提出了“由科学而达至修养”的教育原则，认为科学研究是培养人的手段，不通过科学研究，大学就培养不出“完人”。三是威斯康星思想，1862 年美国颁布《莫雷尔法案》，对美国高等教育的发展产生了重要影响，崛起了一批现代大学。创办于 1848 年的威斯康星大学，把大学社会服务职能推到了前台，时任校长范·海斯的名言“州的边界就是大学校园的边界”是对威斯康星思想的精辟概括。

可以说，今天我们把大学的使命归为人才培养、科学研究、服务社会、文化传承创新，既来自于中国传统文化的积淀，也体现了对世界高等教育发展规律的科学把握。人才培养始终是摆在第一位的。高校提高办学水平的内涵很多，但其中人才培养是非常重要的，而在人才培养过程中，教学尤为重要。2011 年 4 月，胡锦涛总书记在清华大学建校 100 年庆祝大会上强调，我国高等学校要把提高质量作为教学改革发展最核心和紧迫的任务。刘延东同志在有关高校工作的会议上多次指出，衡量高校的第一标准就是人才培养水平，核心是解决好如何培养人的重大问题，牢固确立人才培养在高校工作中的中心地位，一切都要服务于学生的成长成才。如何评估一所学校质量好不好？很大程度上取决于其教学质量。

何为教学质量。从教育学的角度看，广义上的教学质量主要指高校对学生身心素质产生重要影响的一切要素与活动的总和。这里的要素，包括与学校教学活动相关的人、财、物、时间、空间、信息等资源；这里的活动，包括目标设定、资源配置与管理、过程运行、过程控制与反馈调节等。我理解，学校教学质量其实就是过程质量与结果质量、产品质量与服务质量的有机统一。学生发展结果是产品质量，教学运行是过程质量，教学条件与管理是服务质量。评价大学教学质量的指标很多，国际公认的指标有学生专业考试成绩、学生满意度、学生就业，等等。也就是说，教学质量并不等于课堂上课质量，它牵动着学校办学的整体。

现在的压力在哪里。对高校教学质量的评价来自多方面：有来自政府、高校和社会的，也有来自家长、教师、学生、用人部门等的，由于各自角度、地位和观点、需求不同，对什么样的教学具有质量所给出的评价也各异。但不管谁来评、用什么样的指标来评，我们都不得不面对这样的尴尬事实——大学教学工作已成为社会各方关注的焦点、攻难的对象，质量不高、群众不满，乃至“用脚投票”等问题更加尖锐地摆在我们面前。对社会的反响我们不能不闻不问，要引起反思：高等教育是否该回归教育自身？提高教学质量，是不是应作为高校改革发展最核心、最紧迫的任务？

提高教学质量的关键在哪儿。影响大学教学质量的因素有很多，如专业设置、课程建设、学科水平、教学方法，等等。其中关键因素是教师，没有教师的质量就没有学生的质量，也没有科研和服务社会的质量。近年来，上海各高校围绕建设一支高素质的教师队伍，在优化队伍结构、加强教学管理、激发教师教学积极性等方面进行了积极探索，取得了较好成效。特别是推动了教师队伍结构优化，引进了一批海内外优秀、高端人才以及相应团队。各类学校都立足各自条件，探索很多特色做法，比如高职（包括民办高校）双师型教师培养等。可以说，上海教师队伍素质今非昔比。

但现状仍不理想，比如思想认识上，各级领导还没有真正认为教学是个硬任务；师资质量上，教师的师德水平和专业素质还不尽如人意；薪酬待遇上，无论是教师收入水平还是分配科学性都还不够；教学管理上，教学规范还不完善，更谈不上有效的遵守，教学评估收效甚微，等等。

下面，重点就进一步引导教师潜心教学、提高教学质量，围绕“六个怎么看”，跟大家一起探讨交流。

第一，教师队伍的数量和结构是否理想。目前，上海高校教师队伍呈现三个特点：一是学历和职称上呈走高态势，专任教师中，具有博士学位的占 54%，硕士学位的占 33%，具有高级职称的占 45%；二是年龄上呈走低态势，40 岁以下占 54%，队伍活力增强；三是“海归”教师呈增多态势，每年引进的“海归”教师占新增教师的 20%以上，总体态势良好。

但问题反映较为集中的是，专任教师数量与学生规模不适应。2000 年以来，上海普通高校本专科学生数由 22 万人增加到 51 万人，增幅 130%；高校专任教师总数由 20491 名上升到 39170 名，增幅为 91%，教师的增长速度远跟不上学生的增长速度。从“生师比”看，国外好的大学是 5∶1、6∶1、9∶1，20 人以下规模的教学班将近一半。本市高校生师比是 17∶1，20 人以下规模的教学班仅占 4.7%，70 人以上的教学班占 45%，教师数量缺口明显；从队伍结构看，专任教师占比不到 55%，“双师型”教师仅占 16%，具有国际竞争力的学科带头人欠缺。从开课情况看，如耶鲁大学有 1800 门课程可供选择，几乎涵盖全部人类知识；斯坦福大学本科生人均门数已超过一门，上海本科生人均仅为 0.3 门。本市大学教授平均为本科生开课占 50%，开新课的比例更低。

进一步优化教师队伍的来源和结构应该成为我们的一个工作重点。市教委对此已作出安排：“十二五”期间，在规模上，力争将“生师比”由 2009 年的 17∶1 提高至 2015 年的接近 15∶1；在结构上，力争到 2015 年，“985”院校、“211”院校、市属本科院校和高职高专院校中具有博士学位教师占全市专任教师平均比例分别达到 80%、70%、60%和 30%以上。应该说，这个目标是不低的，须得“跳一跳”才能达到。

其实，教学不只限于课堂，牵动学校各方面资源配置。比如学校安排上大课，这里或有资源配置的考虑，或有教师收入的考虑，还有人事编制上的因素，尽管有各种各样的理由，但教学决不能排在学校工作的末位，必须要让教学有真正的地位。各高校要聚焦重点环节，着力提高生师比，优化教师结构，在整体提升教师队伍的素质和能力上下功夫。

第二，高校教师应该有什么样的价值追求。教书育人是教师的天职，大学教师上课应该是个无需讨论的问题，但如今社会对大学教师教学批评很多，比如，教学不潜心，不热爱学生、没有教学激情；工作太过忙碌，心有旁骛，主要精力没用在教学上，人文修养和师德境界不够高，等等。其中有社会大环境的影响，有高校管理上的问题，根本上还是教师价值取向出了问题。

教师价值取向决定了教学态度。有位在美国大学教书 20 多年的朋友告诉我，他们学校没有多么严格的教学管理，考核也很简单，一张评价表格，包括科研量、服务量、教学量等三项内容，其中服务量有 10 多个子项目，比如该学期要给学生组织课外活动，或去宿舍当辅导员等，这些都是凭着教师的良心去做。校方聘任教师时，明确教学要求，并不因科研水平高就能不教学。其中“软”的学校氛围、价值取向起到很大作用，像空气一样抓不住，但又是现实存在。

教师的价值取向潜移默化地影响着师生行为，形成一种精神感召。一位清华大学老校长指出，大学仅仅供给书本教育是不够的，还要有意志和情绪，“唯教师者，于此两者具有相当之修养功底，而于平常生活中予以自然之流露，则同学中有所取法”。他回顾当年清华大学一件怪事，著名数学家林家翘是该校入学状元，考试的时候，老师和教授研究了某一道试题的所有解法，看他是否选最简洁、漂亮的答案，结果他的答法比任何人都高明。教授们以此为乐，所有清华学子都觉得清华精神就是永远只做第一、不做第二。曾有幸看到钱学森先生的教学书稿，像他这样的学术大师，如此认真地做好教案准备，对待教学和对待科研一样一丝不苟、精益求精，令人肃然起敬。现在我们的大学老师也不乏正面的例子，华东政法大学有位被学生们称为“宪哥”的教授刘宪权，连续13年当选“我心目中的最佳教师”，有学生为了能坐在前排聆听他上课，清晨五六点就去教室占座位。他的课之所以有如此大的魔力，就是因为他用心备课、上课，认为教师的义务远不止于课堂授业，更重要的是通过与学生近距离接触、倾听讨论、沟通交流，以自身的人格魅力让学生感受到从事法律职业的责任。

遍览世界名校，教授为本科生上课，都是非常正常的事情，深入教授们的骨髓，这是学校悠久、浓厚的文化底蕴熏陶的结果。对比我们很多高校，还没有形成以给本科生(尤其是低年级的)上课(基础课、核心课)为荣的氛围，这不仅是文化差距，也是一种境界的反差。我们要着手培育这种文化，树立“一个不把教学摆在中心位置的大学不是合格的大学，一个不为教学操心的校长不是合格的校长，一个不把主要精力投入教学的教师不是合格的教师”的理念，在制度约束和政策引导基础上，成为教师自我实现的需要和深入内心的价值观。

第三，要不要规范大学教师的教学行为。上海基础教育之所以能领跑全国，在国际上有影响，一条重要经验就是坚持不懈地狠抓教学规范。如，组织集体备课，围绕教学搞科研，把学科最新前沿成果教给学生；课程与社会不脱节，满足学生学习需求；亲密的师生关系，精心的课堂教学设计，明确学生辅导时间等，形成完善的教学规范。高校要不要教学规范？很多人说不需要，有规范就没有大师了；有的反映，即使制定了明确的教学管理规范，仍会出现教师不备课、不改作业、不与学生互动，甚至上课迟到早退的现象。

在座的同志大都当过教师、上过课，深知上好课也是一门学问、一门艺术，在备课、讲授、讨论、答疑、作业、考核等教学流程的各个环节都有相应的要求和规范，才能保证质量。比较研究表明，美国名校教学质量之所以得到举世公认，很重要的一点就是教学有规范，要求高。如，在备课环节，要求教师编写课程指南、收集与研究教学案例、确定课堂讨论题目、挑选学生参考书目和阅读材料、安置和调试教学仪器、设计课后作业、开发测验和考试工具等；在教学环节，要求教师用清晰、准确、幽默的教学语言，讲述抽象的学科内容；使用有效的教学方法，激发学生对专业学习的兴趣和渴望；以分析和质疑的态度，介绍学科前沿理论及发展趋势；鼓励全体学生积极参与课堂讨论，辨析和评判各种观点；给学生布置有价值的课后作业、研究项目和考试题目；在课外辅导环节，要求教师为学生安排方便、足够的来访和答疑时间，及时批改和反馈学生的作业，回应学生各种形式的课业询问；提供课外的实验技能辅导，指导学生小组研究等。各个环节的教学要求、学生的教学参与，倒逼着教师全身心地投入，否则就难以通过教学评估。

不抓教学环境、教学规范，不抓备课、教学和课外辅导等环节，就不能保证教学质量。以前高校设有教研室，现在有些学校不设教研室，只有科研团队，教学规范没有抓手；现在我们的学生比较习惯平时听老师讲，期末一个月突击备考拿学分。如果这种状况不改变，教师教学没压力，教学规范很容易落空。必须规范大学教师的教学行为，像基础教育那样，引导教师认真备课，注重课程的科学性与系统性，提炼重点和难点，设置与学生探究交流的知识点；引导教师精心上课，注重启迪性，激发学生思维，培养学生的自学能力、动手能力、分析问题和解决问题的能力。要保证师生课外交流的时间和场所，鼓励师生互动答疑、课堂讨论、撰写小论文等，鼓励学生个人或团队寻求解决问题的途径，真正做到“教是为了不教”。

第四，大学科研如何同教学更紧密地结合。大学与科研院所职能不同，科研院所面对经济社会主战场，科研成果主要是为了转化为技术，为产业发展服务；高校科研除了要为国家战略服务、为地方经济社会发展服务之外，还要及时把科研成果转化为教学内容和学习资源。就像医学研究提倡“转化医学”，及时把研究成果转化为临床应用和教学内容一样，高校要强调把研究成果转化为教学内容，让学生早进课题、早进实验室、早进团队，早接触学科发展最新情况，了解最前沿的成果。

要辩证看待不同类型高校的科研服务教学问题。目前高校教师中分为两类，一类是在一些重点高校中，部分骨干教师热衷于科研，不愿意承担教学任务，最多只承担研究生教学任务；一类是在一些新升本科院校，部分教师满足于做“教书匠”，对科研有畏难情绪。这两种情况都是高校教学、科研“两张皮”的典型现象。对于前者，重点要解决“重研轻教”的问题；对于后者，重点解决没有动力和能力去搞科研。不同类型、不同层次的高校，在促进科研成果转化为教学资源时，要立足自身特色，探索不同的实现路径和方式。

要分类考核不同类型教师的科研与教学要求。在部分书记校长座谈会上，大家的一个共识就是科研和教学并不矛盾，但在教师不同的成长阶段、职业生涯中，要有不同的安排。普遍认为，年轻教师科研潜力大、动力足，而且处在学术提高、经验积累阶段，要在科研上多承担任务；中、老年教师，学术上有了一定的成果，教学经验更丰富，科研能力可能在下降，应该承担更多的本科生教学。

要推动实施高校分类绩效评估办法。不同类型的高校应设计不同的评价指标体系，研究型大学、教学型大学在教学和科研上要有不同的要求。对于“教学”与“科研”的相对比重，考虑到人才培养是高校的中心任务，而科学研究也是高校的重要使命，因此在不同类型的高校两者权重应该形成差异，通过分类管理的绩效评估，引导不同类型、不同层次高校富有特色地实现科研为教学服务的目的。

第五，评价工作如何更好地促进教学质量提升。教师教学评价在国内外高校都是一个永恒的话题，是教学质量保障体系中一个不可或缺的重要组成部分。一般来说，大学的教学评价包括评价制度的建立、方法和形式的选择、内容的设计以及结果的使用，其中评价内容最为重要，也最有争议。长期以来，对于“高校教师的教学评价究竟应该检查什么”，一直存在着不同的观点。借鉴国内外知名大学经验，特别强调以下几方面：

一是将评价内容贯穿于整个教学过程。客观、公正、全面地评价教师的教学质量，必须对教学中的每一个环节都进行认真检查。国外著名大学的教学评价关注的是教学全过程，课前准备要评价，建立反映教学质量的基础档案；课堂教学要评价，涉及教学态度、教学方法、互动情况等多个方面；课外辅导环节也要评价。这与“教师教学评价就是对课堂教学的评价”的狭隘观念形成反差。从大学教学的特点来看，许多重要工作都需要教师在课下做，没有课前的精心准备以及课后的及时辅导，不可能获得良好的教学效果。

二是评价内容要关注学生学业收获。把学生对于教学的亲身感受作为教师教学考核的重要内容，评价学生学业收获，而不是单纯评价“教师做得如何”。如对学科理论知识的掌握，知名大学设置学生评教题目一般为“教学过程是否使你提高了分析能力”、“课堂讨论能否提高你解决问题能力”、“学习这门课以后，你的学科知识增加了许多吗”，非常关注教学对象的直接感受；如对学习课程的兴趣，加州理工学院设置的评教题目是“教师设置的问题是否把你带进研究的乐趣中”、“你是否渴望获得该课程更多的专业知识”、“课程是否激发了你课下探讨问题的愿望”，把学生学习过程中的心理情绪作为判断教师教学效果的重要指标；如对学习的独立性和创造性，斯坦福大学评价题目有“教师的讲授能否使你对教学内容产生新的想法”、“教学内容是否可以引起你的创造灵感”、“你在课程学习中是否敢于提出自己的问题”，等等。反观我们的大学，评价内容多集中在教师教学表现、教学态度上，很少关注学生在教学中的进步与变化，教学评价不够全面。

三是把评价内容指向具体的教学行为。教学评价标准要有明确的观察性含义。学生对教师教学评价存在的随意性问题，很大程度上是教学评价内容的可观察性较差造成的。比如，“教学观念”、“教学能力”、“教学态度”等术语，经常出现在学生评教表格中，学生们只好凭感觉给教师打印象分。比如国外大学的评价题目：是否允许学生发表不同或相反的学术观点、是否有效激励和引导课堂讨论、教师的教学是否能够激发学生课后阅读专业书籍的兴趣、教师给出的论文评语是否对学生有具体的帮助、教师提供或介绍的课程材料是否完整和领先等，就很有可测性，学生容易作出客观评价。科学设计教学评价，有利于规范教师行为、改进教学内容和方法，也有利于教师队伍建设。

第六，收入分配改革怎么更激励教师潜心教学。不可否认，薪酬高低是影响教师的工作积极性的一个重要因素。在市场经济条件下，要吸引一流的人才要有一定水平的薪酬条件。本市高校教师收入整体不高、个体差距较大，一定程度上造成教师“重科研，轻教学”、“人在讲台，心不在讲台”、“把教学当业余”等问题，影响了教学质量。春节以来，市委、市政府多次研究高校教师绩效工资改革问题。总的思路是，要把这次绩效工资改革作为深化高校内部管理改革的一次难得机遇，研究建立有利于引导教师潜心教育教学的分配激励机制，推动建立教师能进能出的流动机制，提升高校办学质量和水平。

具体来说，一是总量上要增加，确保高校教师的薪酬水平整体上有一定竞争力，能够激励教师全身心地投入教学、科研工作，增强大学对高层次人才的吸引力。二是抓住这个契机，推动解决教学薄弱问题。鼓励各高校探索如何在这次绩效工资改革中引导更多的老师关注和做好教学工作，力求通过这次改革，使上海高校教师工作条件和收入水平得到明显改善，实现高校教师队伍结构的明显优化，整体素质明显提高，教学水平明显提高。三是给高校更大的自主权，鼓励高校进行教师年薪制改革探索，选择试点高校开展用人制度、分配制度、教师流动制度、考核晋升制度及评价制度等改革试验，激励教师全身心投入教学科研。四是与规范教师教学行为、完善教学绩效考核挂钩，包括完善新进教师的培训制度，严格规范教师的课堂教学纪律，强化学生的评价制度，实行教师职务聘任、晋升职务考核一票否决制。

当然，以上六个方面的问题具有相关性。相信只要教师们形成积极的价值取向，学校建立完善的教学流程规范、科学合理的评价导向，有一定水平的薪酬激励保障，相信高校教师“重科研，轻教学”、“重学科，轻育人”的现象会得到慢慢扭转，人才培养在高校工作中的中心地位会进一步确立，教师潜心教学、教书育人的工作积极性会调动起来，大学在社会上的影响和声誉会得到提升。

在上海高校党政负责干部会议上的讲话

（2012年2月11日）

上海市副市长　**沈晓明**

新年伊始，我们在这里召开全市高校党政负责干部会议，主要任务是通过一起讨论和研究，凝聚智慧，形成共识，更好地推动全年和今后一段时期上海高教事业的改革发展。在一璀书记重要讲话之前，我先简要谈两个方面的问题，一是上海高等教育质量的问题，二是上海高等教育的投入和绩效的问题。

第一个问题，关于上海高等教育质量。

“十一五”期间，在市委、市政府的领导下，上海高等教育围绕国家和上海的转型发展战略需求，全面实施教育综合改革，深入推进内涵建设，各项工作取得了长足进步。但对于我们今天在座的同志们来说，在看到这些成绩的同时，我们更要看到，老百姓对教育批评的焦点逐渐从基础教育转向高等教育。这应该引起我们的思考。

目前，上海高等教育在质量方面的突出问题主要体现在三个方面。一是人才培养在高校工作中的中心地位尚未完全确立。从总体上看，上海教育“为了每一个学生的终身发展”的核心理念在高校办学中尚未得到充分体现，人才培养质量尚未成为衡量高校办学水平的根本标准，创新人才培养模式改革未取得重大突破，“重科研，轻教学”的状况仍没有得到根本性的扭转，全员育人的工作体制机制尚待进一步健全，对教学的投入力度仍需继续加大。不少学校的人才培养目标定位还不够清晰，学生的综合素质和实践技能还有待提升。同时，产学研联合人才培养机制还有待进一步健全与完善。二是高校人才培养水平与上海社会转型发展需求还不太适应。在经济结构调整、社会转型和发展方式转变的过程中，高校学科专业结构调整力度不够，人才培养的结构、质量和社会需求不适应，高层次、创新型、国际化的专业人才紧缺等问题，是制约经济社会科学发展的主要瓶颈，也将是未来一个时期影响上海核心竞争力的关键因素。三是客观而言，我们的高校普遍存在遵循教育规律和社会需求不够，实现自主发展能力不足的问题。虽然这并非上海高校才存在的局部问题，但是，这方面的欠缺已经切实地影响到了上海高等教育的发展水平。

当前，上海的高等教育在经历了超常规、跨越式发展之后，已经进入了由依托规模、土地、校舍为主的外延扩张发展转向依托质量、结构、效益为主的内涵发展关键时期。我们必须充分认识提高质量特别是人才培养水平对上海高等教育事业的重大意义，必须坚持将提高质量作为上海高校生存发展的第一生命线和根本立足点。上海高等教育改革的根本目的和任务，就是要提高质量，特别是提高人才培养的水平。围绕这个问题，我谈三点想法。

第一，必须着力提高高校的教学质量。

教学活动是人才培养的基本途径。强调教学，并不是说科学研究、服务社会、文化传承创新等方面就不重要。对于高校的人才培养质量，目前社会上有负面的评价，高校的同志自己也不满意。因此，现在无论如何大力地强调教学工作都不为过。必须要强化引导，竭尽全力地强调、加强和改进教学工作。对此，必须还要有制度和政策的硬性约束。目前，市教委正在酝酿推出旨在提高高校教学质量的“高等教育教学质量飞跃计划”，这个计划的名称可以再讨论，但我希望抓紧研究完善这个计划，早日付诸实施。

提升教学质量，首先，要通过建立制度使高校的教师重视教学、潜心教学、热爱教学。目前，高校教师中“重科研，轻教学”的现象必须及时、切实地予以遏制和扭转。这一不合理的现象，究其原因，不完全是教师的责任，我们现行的一些制度和政策，包括考核评价体系，也起到了推波助澜的作用，甚至扮演了始作俑者的角色。不久前，教育部副部长杜玉波在回答人大委员询问时表示，要制定具体办法把教授给本科生上课作为一项基本制度，将承担本科教学任务作为教授聘任的一个基本条件，让最优秀的教师为本科一年级学生上课，同时改革职务晋升、薪酬分配办法，向一线教师倾斜。这是抓住了问题的关键。在国家新一轮的“长江学者奖励计划”中，对特聘教授的职责已经作出了“讲授本学科核心课程”的规定，这是一个很好的转变。对于这一思路，上海有条件也完全应当先行先试，市教委应当尽快拿出一些硬性的措施，加强制度的规范。在市教委拟议中的“高等教育教学质量飞跃计划”中，包含了若干这方面的内容，如制定教师、实验技术人员、教辅人员等人员承担教学及教学相关任务的行为规范和岗位职责，在给予较高经费资助的同时，要求教授、副教授等骨干教师做到“三个必须(三个定)”——必须主讲本科教学课程(定课时数)，必须指导本科生学习(定坐班天数)，必须承担培养助教任务(定带教人数)；建立以提高教学质量为导向的教师考核评价制度，在加大对教师教学经费投入的同时，建立严格的教师教学考核制度，对获得计划专项资助的教师，严格执行“三个不准”——未经学校批准，不准在校外担任兼职教师，不准在各类社会营利机构任职，不准在工作日到校外有偿讲学，以及建立以教学工作量为重要考核指标的分配制度，等等。市教委的这些构想非常好，希望这些构想能够早日落实。

其次，除了制度约束之外，我们也不应忽视文化的作用。一位高校领导在谈到如何使教授站到讲台上时曾经说，“要使教授的人站到讲台上，靠制度；要使教授的心放在讲台上，靠文化”。我非常赞同这一看法。这个文化，反映的是一种习惯，一种氛围，一种价值观。遍览世界名校，教授为本科生上课，都是非常正常的事情，都已经深入这些高校教授们的骨髓，这是学校悠久、浓厚的文化底蕴熏陶的结果。然而，在我们的高校中，允许教授用科研任务替代教学工作量的现象还很常见，我们现在很多高校还没有形成以给本科生(尤其是低年级的)上课(基础课、核心课)为荣的这种文化。这就是差距，而且是相当显著的差距。这不仅是一种文化的反差，也是一种境界的反差。尽管文化的培育需要相当长的时间，但是我们还是要及早着手，要在制度约束和政策引导的基础上，使之成为深入广大教师内心深处的习惯和价值观。

第二，必须着力提高高校的教师队伍质量。

教育要发展，关键在教师。没有好的教师，就不会有好的教育。上至市委、市政府，下至高校，历来高度重视和支持教师队伍建设。但是，另一方面，教师队伍建设和为教师服务尚未成为高等教育资源配置政策的重点，教师队伍超稳定、内循环和封闭式状态尚未得到有效改善，教师队伍整体状况尚不适应上海高等教育科学发展的需要。一是高校师资队伍整体规模存在缺口，有相当一部分高校生师比在 20∶1 以上，有的高校生师比达到 50∶1。二是高校师资结构有待优化，师资队伍结构性、发展性矛盾比较突出。上海高校专任教师中“千人计划”、“杰青”等顶尖人才的数量不足，且过分集中于“985 高校”，地方高校中的顶尖人才匮乏，不足以支撑高水平高校的建设。三是高校学术团队和梯队建设机制有待深化。四是高校师资队伍国际化程度有待提高。这些问题的存在，严重制约和影响了上海高等教育的发展。

针对当前上海高校教师队伍建设所面临的形势，市教委、各高校一定要按照上海高等教育教师队伍建设“十二五”行动计划的要求，着眼上海高等教育科学发展的长远目标和质量提升的核心紧迫任务，进一步完善高校教师队伍建设。

在这一过程中，首先，务必要遵循教师队伍建设的规律性、特殊性，把握好各级各类学校和各个学科专业教师队伍建设的着力点。本科院校要重点加强政策激励，引导广大教师特别是学科带头人等优秀教师进本科课堂，把人才、科研优势转化为教育教学优势。高职高专院校要重点加强双师型师资队伍建设，切实提升教师特别是青年教师的实践能力。在这一方面，市教委已经实施了一系列针对不同对象的人才计划和项目，并给予了相当大的资助力度，希望各高校认真研究这些计划，充分利用好这些资源。

其次，针对当前亟待解决的若干突出问题，必须坚持以改革为动力、以创新为手段，努力突破瓶颈制约。比如说，部分高校的编制问题。由于部属高校下放但未补充编制、高校合并以及大规模扩招等原因，本市高校教师编制存在校际编制不平衡与人员结构不平衡等两方面的问题。为了解决这些问题，市教委正在积极会同市编办研究制定“上海市高校编制标准(规程)”，同时，根据教育部高校教育教学评估标准，在市属高校之间调剂编制数额，以解决部分高校教育教学紧缺急需的教师编制。许多高校对这项工作给予了大力支持，充分体现了大局观念，应予高度肯定。

要研究教师队伍建设，重要的是要了解教师要什么，在想什么？上海去年开展的一项调查显示，经济收入和住房问题是高校青年教师生活上的两个最主要的困扰，在回收的 1154 份有效问卷中，选择这两个问题的受访教师分别为 34.1％和 23.6％。

对于这一问题，市委、市政府一直十分关心和重视，正声同志作出重要批示，韩正同志亲自关心并提出明确意见，一璀同志和我专门召开市教育体制改革领导小组专题会进行研究。本周，沈骏同志与我又共同召开市政府专题会议，召集发改、财政、教育、规土、住房部门专题研究。目前基本的共识是，解决高校青年教师住房问题的总体原则是要充分考虑上海城市发展的特点，坚持市场化、社会化方向，尽量纳入全市统一的住房保障体系予以整体考虑和优先解决。下一步，教育、住房、规土等部门会一起建立一个专门的工作机制，专门来给各个高校"找房子"。具体来说，一方面要充分用好现有的公共租赁房资源；另一方面也会在高校比较集中的闵行、奉贤、浦东临港、松江等区域找土地，针对区域内的高校集中新建公共租赁房基地。对这些新建的房源，由教发公司组建专门的管理公司，进行社会化运作，专门面向高校开展服务。同时，我们还将结合增加高校经常性经费比例的原则，抓紧研究相关的财政支持政策。在这一过程中，希望各个高校配合做好几项工作，一是要配合教育部门做好青年教师的思想工作，希望大家顾大局、识大体，充分认识到我们住房保障的形势会越来越好；二是要配合市教委做好青年教师的需求摸底工作，把真实的需求搞清楚；三是要配合房地局做好住房保障政策的宣传解读，引导青年教师用足、用好住房保障政策，多渠道解决住房问题。

第三，必须科学构建高等教育质量保障和绩效评估体系。

科学的质量保障和评估体系，是促进质量提升的十分重要的基础性手段。今年，教育部已经要求"211"高校向社会公布年度本科教学质量报告。这是一个非常好的举措，有助于激发高校自觉主动提升质量的内生动力。我们上海也要积极探索开展这项工作，首先在本科高校推进，然后逐步延伸到高职高专院校。希望市教委认真加以研究，尽早形成实施方案。同时，要积极探索，建立健全以学校自我评估为基础，实施以院校分类评估、专业认证与评估检查、国际评估和教学基本状态数据常态监测为主要内容的教学评估制度。针对具体的专业设置，要联合行业组织和高校制定相应的专业教学质量标准，按此标准组织专业教学评估或专业认证，尽快建立起就业率持续偏低专业的预警和退出机制。

第二个问题，关于上海高等教育的投入和绩效。

近年来，上海教育经费总量持续增加，2009 年全市投入 380 亿元，2010 年投入 435 亿元，2011 年为 537 亿元，2012 年预计达到 700 亿元。市本级教育支出与 2011 年相比增量达到 50—60 亿元，预计年增长 30%左右。市级增量教育经费将主要用于高等教育的发展。

教育投入的快速增长，一方面为上海教育改革发展提供了有力的保障，另一方面也给我们带来了极大的压力。以前教育投入不足时，我们还可以说，我们想干事，但是手里没有钱。现在钱多了，这既表明了政府对办好教育的极大支持，同时怎么用好这笔钱也成了全社会关注的焦点，人大、政协、市政府、审计部门等方方面面都对教育经费的使用情况高度关心。上周，韩正市长召集相关委办局，专题研究了今年教育经费使用的问题。就目前的情况来看，上海高等教育经费的投入还存在着一些结构性问题，限制了上海高等教育的进一步健康发展，主要表现在三个方面。

第一，硬件投入与人员经费投入比例结构的优化配置。

近年来，本市教育经费投入虽然不断增加，但受人事和财政等方面政策的制约，人员、公用等经常性经费增长有限，经费增量主要集中在专项经费。以市教委 2011 年和 2012 年部门预算为例，部门预算中专项经费均占 50%以上。市本级教育经费 2012 年预计将达 230 亿元，其中市教委部门预算经费 2012 年只有 75 亿元，除行业学校以及部市共建等各项支出外，其余大部分是专项经费。而且，专项经费中的大部分，都是投入基本建设、科研实验室建设、购置科研设备等硬件方面，对高校师资队伍建设、教育教学建设等软件方面的投入总体水平偏低。

经常性经费与专项经费，硬件经费与人员经费配置的不合理，造成目前教育经费两个结构性矛盾：一是专项经费比例过高，造成一方面高校专项经费结余现象较为普遍，另一方面高校人员经费严重不足，一些高校不得不通过挤占专项经费予以补充。二是专项经费投入硬件建设过多，造成一方面高校教学硬件条件一流、科研设备设施相对过剩，另一方面教师从事教育教学积极性不高，本科教学质量令人担忧。

第二，市属高校内涵建设与硬件资源配套的协调发展。

前些年，上海高校进行了布局结构调整。调整后，高校占地面积从 1333 万平方米增加到近 4000 万平方米，增长了 192%；高校校舍总建筑面积从 900 万平方米，增加到 2000 万平方米，增长了 119.3%。但是，从长远发展来看，仍然存在着一些问题。一是地方高校校舍资源短缺状况比较明显。2000—2009 年期间，由于上海地方高校承担了全市高校扩招任务的 81.2%，在校生增长了 240%，但增加的校舍面积不能相应跟上，生均校舍面积由 2000 年的 30.9 平方米下降到 2009 年的 28.1 平方米。二是实验室等功能性用房面积短缺明显。为了保证在校生规模发展的需求，前 10 年间，高校基本建设重点在保障教室、学生宿舍等办学的基本条件，实验室等功能用房的建设尚跟不上学校发展的需求，成为高校校舍资源短缺的主要瓶颈。三是部分市属高校学生公寓建设陷入困境。上海从 1999 年开始实施高校后勤社会化改革，按“学校提供土地、政府政策支持、企业贷款投资、收费偿还贷款”的模式建设学生公寓，根据当时经济条件，学生公寓造价为 1100 元/平方米（含家具配套），住宿费标准定在 1200 元/生/年，市建设财力不投资学生公寓建设。目前，学生公寓的建设成本已上升至 3000 元/平方米以上，而收费仍维持原标准，企业不再愿意进行投资。本市高校化债时，学生公寓未纳入化债范畴，同时高校化债后，财政部、教育部专门发文严控高校贷款搞建设，目前本市部分学生宿舍紧缺学校的学生公寓建设陷入停顿。因此，政府怎么样支持要有一个新机制。

第三，高校青年教师住房等民生问题。这个问题，我前面已经讲过了，这里不再重复。

破解上海高等教育经费投入的结构性问题，需要我们以“科学投入，内涵发展，提高效益”为原则，用好新增的高等教育经费。这就要求政府和各个高校两个层面都做出进一步的努力。

从政府层面来说，一是要改革教育拨款制度。调整支出结构，建立高等学校生均经常性经费综合定额拨款制度，大幅降低专项经费拨款比例，实施高等学校科研事业费制度，政府统筹安排资金拨付，部门预算资金，由以专项投入为主，转变为以经常性投入为主；市级专项投入，由以按市教委处室职能分散投入为主，转变为以学校为对象的整体投入为主。同时，引导学校统筹安排经费，使校长手里有钱而且是有活钱，增强自主发展能力。二是要强化经费使用监管。要加强对高等教育经费使用的监管，逐步形成财政和审计部门专业监督、教育主管部门委托第三方监管、学校日常监督相结合的监管体系。要大力推进公共教育财政支出预算公开化、透明化。要建立高校财政专项资金绩效评价指标体系，逐步建立对资金使用的绩效评价跟踪问效机制，并推动绩效评价结果公开。要建立总会计师委派制度，在提高高校财务管理的专业化水平的同时，加强对高校的财务监管。

从学校层面来说，一是要强化内涵发展。紧紧围绕大力推进高等教育内涵建设，全面提高高等教育质量，积极推进由注重校园建设投入向注重师资队伍建设投入的转变，由注重设备设施投入向注重提高教育教学质量投入的转变。二是强化校级统筹能力。各高校要能够统筹各个职能部门和相关院系，整体设计学校的建设规划，整体设计学校的资金投入和资源分配，实现特色多样优质的发展。三是强化内部审计监督。配合财政监督、审计等部门，切实做好相关资金的审计工作。加强对项目资金预算、支出等方面的监督管理，确保资金使用规范，执行及时，提高资金效益。四是强化信息公开。深入推进教育公共财政信息的公开工作，重大专项资金的资金管理办法、执行情况主动公开，接受师生和社会监督。五是强化绩效评价。根据高校财政专项资金绩效评价指标体系要求，提高教育经费的使用绩效。同时各高校要健全科学决策机制、民主管理机制和监督问责机制。六是积极争取社会资金来发展高等教育。我们鼓励地方高校到社会上募集发展资金，市政府计划拿 5—10 亿元来匹配募集资金。

今后上海高等教育经费的投入将主要集中在以下几个方向：

第一，进一步加大对高校教育质量建设的投入。

提高教育质量是高校发展的生命线，是高校改革的着眼点。我们要通过加大对高校教育质量建设的投入，引导各个高校把改革发展的重心转到提高人才培养水平上来，从而推动高校教育质量实现质的飞跃。

一是加大对教师人员经费和教学经费等方面的投入。当前，上海高校已进入以内涵建设为主的发展阶段，教师队伍质量是高校人才培养和科学研究水平的保证。随着物价和房价等生活成本的提高，广大教师尤其是青年教师的待遇问题，影响了学科建设、队伍建设的进程，特别是高端人才和各类优秀人才的引进工作。因此，必须加大改革力度，以适当方式提高教师待遇。目前，市财政局、市教委在现有财政政策和规定的框架下，已着手研究制定相关办法，提高学校事业经费以及“085 工程”项目经费用于软件投入、队伍建设等涉及人员方面的比例，不断改善教师的生活待遇。

在加大对教师、教学等经费投入的同时，我们还要以实施事业单位绩效工资制度为契机，建立教师教学工作量、教学质量与绩效工资相挂钩的分配制度，明确规定绩效工资中的一定比例（40%—50%）与教师基本教学工作量挂钩，同时加大对相关激励制度的专项投入，以进一步提高各高校和教师投入教学研究、提高教学质量的积极性。

二是提高市属高校本科生均公用经费标准。市属高校目前生均公用经费标准是在2007年制订的(按学校类型不同生均在3000—4000元)。近年来物价上涨,生均培养成本不断增加,与北京等省市相比,本市市属高校生均公用经费水平明显偏低,我们计划在目前生均3000—4000元的基础上有明显提高。

三是加强对高职高专院校的支持力度。对于民办高职院校,生均补贴按照每生每年1000元标准已经开始实施,在此基础上,2011年又进一步加大了对民办高职院校的财政扶持力度。推动多部门联合实施校企合作高技能人才培养计划,由市人力资源社会保障局支付高职学生实习补贴每生每年2000元,并按每生每月200元标准支付企业实习带教老师费用,此项投入2011年也已启动实施。从2012年起,将建立行业类高职院校生均培养费用补贴制度,按本科同类专业标准的75%进行拨付。同时,市教委与市发展改革委、市投资公司等单位将合力实施"十二五"上海行业类高职院校基建规划,将此类院校的教学行政用房、学生生活用房纳入市级财力支持范畴。

第二,继续加大对本市高校内涵建设的投入。

运用全市教育工作会议明确的"十二五"期间的140亿元专项资金,以实施《上海规划纲要》明确的"十大重点发展项目"、"十项教育综合改革重点试验项目"和"27项国家教育体制改革试点项目"(简称"10+10+27")为抓手,重点投入支撑地方高等教育内涵建设的高水平大学和一流学科专业建设工程、高等学校知识服务平台建设工程、教师专业发展工程、教育国际化建设工程等项目,促进高校学科专业水平持续提升。2012年拟投入资金30亿元左右。

此外,根据《上海市人民政府关于本市开征地方教育附加的通知》(沪府发〔2011〕2号),本市地方教育附加专项资金统筹用于本市教育事业发展,其中15%用于地方高校建设发展(2011年地方教育附加预算有56亿元,按15%计算可用于地方高校建设发展,共计8.4亿元)。根据目前本市地方高校发展的实际情况和市教委总体工作安排,2011年地方教育附加先安排6亿元,主要用于本市高校四个方面计11个项目的建设。

第三,积极保障市属高校缺额基建项目的投入。

充分保障市委、市政府明确的"十二五"重大教育改革发展项目和重要建设项目,同时积极推进与教师、学生切身利益相关的重大民生项目建设。按照市委、市政府的部署和"十二五"教育改革发展的实际需要,"十二五"期间一些涉及全市教育改革发展重大项目需要给予保障。

第四,继续支持共建高校重点建设工作。

2010年,国家启动"985工程"三期建设,对上海4所"985高校"的投入达到36亿元,较"985工程"二期的22亿元增长了64%。同时,国家对上海财经大学、华东理工大学、东华大学等学校的"985"学科创新平台也有投入。按1∶1原则投入共建配套资金,上海市财政配套经费共计达40亿元。今年1月11日,国家已下发了关于做好"211工程"三期验收工作的通知,因此,预计2012年国家将启动新一轮"211工程"建设,另加上浦东科技大学(暂定名)等共建项目,"十二五"期间,保守预计上海承担的部市共建配套投入将达100亿元,年均20亿元。部市共建是市委、市政府确定的重大教育发展战略,也是上海保持高等教育全国前列地位、建设世界一流大学和知名高水平大学的重要政策保障,因此,请部市共建配套任务较为繁重的高校放心,市委、市政府将长期坚持部市共建战略,长期坚持1∶1配套资金的方式,继续加大对部属高校985、211建设的投入力度。当然,也希望部属高校把钱用好,用出成效来。

上海高等教育的发展大有可为,上海高等教育的改革任重道远。站在新的历史起点上,我们一定要切实增强责任感、使命感和紧迫感,警惕和防止精神懈怠危险,积极把握好改革发展的战略机遇期,找准发展的制高点和改革的突破口,不断推动上海高等教育科学发展取得新成果!

健全机制　聚焦内涵
扎实推进上海基础教育城乡一体化发展

——在上海市城乡基础教育一体化工作会议上的报告

(2012年5月10日)

中共上海市教育卫生工作委员会书记、上海市教育委员会主任　**薛明扬**

城乡基础教育一体化建设工程是上海教育规划纲要确定的十大重点发展项目之一。适应上海城市发展和人口的数量、结构、分布变化趋势,促进城乡基础教育一体化和基本公共教育服务均等化,提高基础教育整体发展水平,是上海转变教育发展方式的重要途径,是上海率先实现教育现代化的必然要求。下面,我从三方面向大家通报本市城乡基础教育一体化工程建设的思路和举措。

一、本市推进城乡基础教育一体化发展的工作和成效

1985年,中共中央颁发《关于教育体制改革的决定》后,上海实施"分级管理"的基础教育体制,充分发挥地方政府和社会办学积极性,于1993年在全国率先普及了九年义务教育。随后,上海基础教育普及工作向两端延伸:一是抓住上海城市大发展的契机,提高高中阶段教育普及水平,建设了一批现代化寄宿制高中和现代化职业学校;二是在20世纪90年代初普及学前三年教育(3—5周岁),并于2006年建立了学前教育0—3岁早教服务体系。

在基础教育事业规模发展的同时,上海也着力改善办学条件,从"七五"到"十五"的20年间,投入大量教育经费,通过"薄弱学校更新工程"、"中小学标准化建设工程"、"加强初中建设工程"、"远郊现代化高中建设工程"等一系列重大工程,促使全市尤其是郊区基础教育的布局更趋合理,校舍设施、装备水平有了极大提高,确保了全市基础教育的健康发展。

"十一五"以来,上海教育立足建设"四个中心"和国际化大都市的需要,从率先基本实现基础教育现代化的目标出发,积极推进城乡基础教育资源均衡配置。按照上海市委《关于推进社会主义新郊区新农村建设的决议》的精神,市教委颁发了《关于推进新郊区新农村教育改革和发展的若干意见》,提出新郊区教育的发展目标、工作任务和主要举措,大力支持郊区教育发展,并取得显著成绩。

一是优化城乡学校布局,加大郊区学校建设力度。"十一五"期间,市、区两级政府共投入资金99.13亿元,在郊区县建设完成基础教育基本建设项目499个,郊区基础教育基建项目竣工数占全市基础教育基建项目竣工总数的84.29%。

二是加大经费统筹力度,解决财政困难区县投入不足问题。为促进城乡基础教育一体化发展,市财政按照各区县常住人口数、学生人数(含非本市户籍学生)、区县财力状况等因素安排财政教育转移支付资金,重点支持崇明、金山、奉贤等财政相对困难区县。2008年全市所有区县实现义务教育经费统筹。

三是创新教育公共服务提供机制,缩小城乡学校办学差距。组织中心城区品牌学校托管80所郊区农村义务教育学校,组织15所中心城区品牌学校赴郊区新城、大型居住社区对口办学,建立教育对口合作交流制度,健全区域优质教育资源共享机制,初步形成优质教育资源向郊区农村辐射的良好局面。

四是深化课程改革,推进素质教育。2007年以来两次召开课程和教学工作会议,规范教学环节,提高学校课程领导力。加强农村教师培训,提高教师适应课程改革的能力。郊区一批学校通过实施课程改革,办学质量得到显著提高。

五是健全管理制度,切实保障随迁子女教育权益。完成随迁子女义务教育三年行动计划,到2010年秋季开学,实现所有随迁子女全部在公办学校或政府委托民办小学免费就读。在全日制普通中等职业学校逐

步开放招收随迁子女，招生规模不断扩大。适应随迁幼儿入园需要，扎实推进常住人口幼儿学前教育或看护服务全覆盖。

六是加强教师资源统筹，提升郊区基础教育师资水平。“十一五”以来，上海实行了一系列倾斜性政策，鼓励和吸引优秀高校毕业生到农村任教，并通过区县基础教育对口合作交流和区域内中小学骨干教师柔性流动，提高郊区基础教育师资队伍水平。中小学教师学历水平逐年提高，具大学本科及以上学历的教师占中小学教师总数的71.65％，比2005年提高了19.66％。

“十二五”期间，上海基础教育正处在迎接第三次入学高峰和推进内涵建设转型发展的新阶段，基础教育城乡一体化推进工作面临新的挑战，主要表现为：2011年郊区基础教育阶段适龄学生比例已达全市的71.4％，郊区学校数仅占到64.9％，城乡结合部亟须新建学校；郊区优质教育资源相对较少，优质教育资源共享辐射的机制需要进一步完善；郊区农村学校粗放型管理的现状仍然比较普遍，高级教师和骨干教师比例偏低，内涵发展水平仍需进一步提高。

二、“十二五”推进城乡基础教育一体化发展的目标与思路

城乡基础教育一体化要实现三个目标：一是加快城郊结合部学校建设步伐，到2015年，基本实现教育资源的配置与常住人口分布相适应，更好地满足适龄儿童、少年的教育需求；二是以优质教育资源共享和教师柔性流动为抓手，到2015年基本形成比较完善的市、区两级教育资源均衡配置机制，城乡基础教育整体质量水平显著提升；三是以教育评价制度改革为引领，深入推进课程改革，到2015年基本形成基础教育转型发展的良好局面，全面育人在基础教育学校得到较好落实。

城乡基础教育一体化发展的指导思想是：以邓小平理论和“三个代表”重要思想为指导，深入贯彻落实科学发展观，全面贯彻党的教育方针。按照上海市教育规划纲要和《上海市人民政府关于本市加快城乡一体化发展的若干意见》要求，坚持改革导向，推进机制创新，加快城乡结合部学校建设，加快提升郊区学校内涵发展水平，构建城乡基本均等的基础教育公共服务体系，整体提升城乡基础教育学校教育质量和办学水平。

城乡基础教育一体化发展要坚持“四个结合”的原则：一是坚持自主发展与城乡联动相结合。在“两级政府、两级管理”现行体制下，区县特别是郊区县是推进上海城乡基础教育一体化发展的主体，各区县要找准区域基础教育发展的历史方位，围绕“城乡基础教育一体化建设工程”提出的目标和任务，以区县为主体扎实有效推进；同时，我们又要统筹兼顾，改革创新，突破城乡优质教育资源流动的瓶颈，完善市、区两级基础教育资源共享辐射机制，实现城乡联动发展。二是坚持促进均衡与优质发展相结合。一体化发展是均衡与优质相结合的发展，我们既不要低水平的均衡，也不要不均衡的优质。在推进城乡基础教育一体化发展的过程中，市、区两级政府要推进教育资源的均衡配置，市级要进一步加大公共资源和财政投入支持郊区基础教育发展的力度，郊区要推进公共资源和财政投入向农村倾斜，做到抬高底部，缩小差异。在政府均衡配置资源的基础上，市、区两级教育行政部门要指导学校遵循教育规律优质发展，整体提升教育质量，不断满足老百姓日益增长的对优质基础教育资源的需求。三是坚持硬件建设与内涵发展相结合。要坚持软硬件发展并重，既要以常住人口为基础配置教育资源，健全公建配套学校建设制度，大力推进公建配套学校建设和城郊结合部补建学校工作，努力改善办学条件，使学校教育资源与常住人口分布基本相适应；均衡配置设施设备，使城乡学校的设施设备满足教育教学的需求。又要深化课程与教学改革，全面提升师资整体水平，大力推进学校内涵建设，实现优质教育资源的增量。四是坚持质量提升与转型发展相结合。按照“为了每一个学生的终身发展”的核心理念，把为了每一个孩子的健康快乐成长作为学校一切工作的出发点和落脚点，加强专业引领和思想领导，落实科学的教育价值观和教育质量观，推进基础教育转型发展，在转型中提升育人质量，提升教师的教育境界和专业能力，在转型中实现学校优质发展。

三、“十二五”推进城乡基础教育一体化发展的主要任务

（一）以常住人口为基数，加快城郊结合部学校建设步伐

这次会议印发了两份文件：一是《上海市区县基础教育“十二五”基本建设规划》，“十二五”期间上海共有基础教育建设项目1042个，其中公建配套和新建学校860所，迁建和重建学校50所，改扩建项目132个；二是《关于做好2012年本市中小学校舍建设工作的通知》，明确了各区县2012年学校建设的任务。希望各区县按照《规划》和相关通知要求，扎实推进和落实基础教育建设项目。

在推进落实《规划》的过程中，要进一步完善公建配套学校建设机制，扎实推进大型居住社区、郊区新城

和其他新建住宅区的教育公建配套学校同步规划、同步建设、同步交付使用。此外，针对城郊结合区域部分街镇有工业园区或产业基地进城务工人员聚居、学前教育与义务教育阶段校舍资源异常紧张、且“十二五”期间规划公建配套学校覆盖不到的情况，计划抓紧补建150所义务教育学校和幼儿园，各区县要完善协调机制，明确相关部门责任，合力落实增建项目。

2012—2014年，要继续实施中小学校舍更新、加固改造工程，希望各区县依托“校安工程”现有工作政策、机制，在工程资金、工作制度、措施等方面给予有力保障。此外，“十二五”期间，要进一步优化城乡幼儿园、中小学校办学条件，按照幼儿园、中小学建设“2005”和“2004”标准，加快对学校硬件设施和教学设备的升级改造；进一步加强中小学专用教室和综合实验室建设，改进实验教学，提高学生实验能力；按照相关标准为所有学校配备技防设施；进一步加强中小学体育场馆建设，在中心城区推进学校健身房建设，在郊区或场地条件允许的区县推进学校游泳馆和室内体育馆建设。

（二）发挥优质学校的示范作用，形成市区两级共享辐射机制

按照市委、市政府关于加快推进新城建设的要求，“十二五”期间上海重点发展嘉定、青浦、浦东临港、奉贤南桥等新城。我们计划推进优质高中教育资源向重点建设新城倾斜，增加郊区优质高中教育资源总量，为新城引进优质实验性示范性高中，并健全总校与分校联动考核机制。

“十二五”期间，本市重点发展郊区新城和大型居住社区。郊区新城和大型居住社区规划面积大、入住人口多、社会关注度高，规划建设学校的体量大。按照《规划》，郊区新城计划建设72所学校，大型居住社区建设371所学校。为满足入住群众对优质义务教育和学前教育的需求，我们将继续组织中心城区优质义务教育和学前教育学校赴郊区新城、大型居住社区新建公建配套学校对口办学，实现这些学校高起点办学。按照市政府关于中心城区与郊区学校项目结对的要求，一方面了解“十二五”期间大型居住社区、郊区新城引进优质教育资源需求（共61所学校，其中义务教育学校43所、幼儿园18所），另一方面摸清中心城区可到大型居住社区、郊区新城对口办学的优质资源名单（共71所学校，其中义务教育学校52所、幼儿园19所）。下一步，我们将组织城郊双方教育局做好对口办学学校的配对工作，制订对口办学协议统一文本，由双方教育局签订对口办学协议。郊区新城和大型居住社区中没有纳入对口办学的学校，要发挥郊区县自身的教育资源优势，将其纳入区域优质教育资源共享辐射范围，提升这类学校的教育质量。

自2007年起，上海启动了郊区农村义务教育学校委托管理工作。实践表明，委托管理突破了现行管理体制下教育资源跨区域流动难的障碍，通过团队契约的方式，明确目标、途径、期限和绩效考核方式，实现了优质教育资源向郊区农村辐射，不仅为郊区农村义务教育学校引进专业化服务、促进教师专业发展和学校成长、提升办学管理水平，而且实现了农村学校的文化重塑，形成了符合教育现代化要求的学校文化。同时，这项工作激活了“管、办、评”联动机制，对改革政府公共管理方式进行了有益的探索。“十二五”期间，上海将继续深入推进实施郊区农村义务教育学校委托管理工作，进一步创新工作机制，丰富实践形式、拓展托管覆盖面，力争郊区农村义务教育学校委托管理工作受托学校达到150所，形成市区两级工作网络和推进机制，提高托管效益。

同时，各区县要进一步健全区县优质教育资源共享辐射机制，通过优质学校设立分校、区域内优质学校托管薄弱学校、城乡学校结对考核、组建教育集团、教育资源联盟、教育合作体等多种形式，形成区域优质教育资源共享辐射的良好局面。

（三）推进教师资源均衡配置，全面提升郊区师资水平

教师队伍建设要重点抓好引进、培训与使用三个环节。在引进方面，要建立见习教师规范化培训制度，从源头上进一步提高新进教师的师德修养和专业能力，提升新进教师质量。对师范院校或其他高校优秀毕业生到郊区农村学校任教给予一定资助。在培养培训方面，要重点提升农村教师专业水平，为有潜力的农村骨干教师搭建专业成长平台，针对不同教龄骨干教师开展分层培训；继续做好新农村教师专业发展培训项目、郊区县英语教师强化培训项目、远郊区县薄弱学校师资队伍质量提升项目、以招收随迁子女为主的民办小学教师培训项目等培训工作，帮助郊区县教师聚焦课堂教学，提升实践智慧。在管理方面，要建立校级干部、骨干教师流动机制，中学高级教师跨校申报和应聘机制，按照在校生人数的高峰与低谷适时调整教职工编制机制，引导优秀教师从中心城区学校向郊区学校、从城镇学校向农村学校、从优质学校向薄弱学校流动。建立延长退休年龄等政策，每年选派一批在职或退休特级教师、高级教师和骨干教师到对口郊区县的农村学校、公建配套学校、人口集聚街镇增建学校支教工作，帮助受援学校提高师资水平和教学质量。

（四）深入推进课程改革，大力推进学校内涵发展

一是进一步提升学校课程领导力。要着力做好三个方面的工作：第一，加强教研员培训，切实提高教研机构和教研员对学校课程实施的专业指导能力；第二，发挥课改基地学校的引领作用，推进课改基地学校经验有效辐射，为学校提升课程领导力提供案例和榜样；第三，通过健全考核机制调动学校课改积极性，促使学校提升课程领导力，提高课堂教学效益。

二是以“绿色指标”为重点推动教育评价改革。2011 年，我们与教育部基础教育课程教材发展中心合作，开始实施中小学生学业质量“绿色指标”。该指标以义务教育课程标准为主要依据，以关注学生健康成长为核心价值追求，体现均衡与发展的双重要求，成为改进学校教学、实现质量目标的有效平台，以及教研人员和教师专业化发展的现实路径。“绿色指标”的实施，在社会上引起了很大反响。2012 年，我们将首次公布绿色指标测评结果。今后，我们要通过扎实推进实施“绿色指标”，科学管理和评价学校教学质量，引导学校以课程标准实施情况考量教学质量，关注影响学生学业质量的重要因素，建立以校为本的教育质量评价体系。

三是发挥新优质学校项目的辐射效应。我们总结和推广了一批不挑生源、不给学生排名、不集聚资源的学校，不再把学业成绩、分数排名作为衡量学校优质与否的唯一标准，而是真正关注人的发展，关注如何让教育过程更丰富、师生关系更和谐、多样化学习需求更充分满足的经验。这批新优质学校虽然在以前名不见经传，但学校师生有成就感，教育质量也得到社会认可。新优质学校项目被国家教育体制改革素质教育专家组称为“引领未来教育发展方向的项目”。今后，我们将在总结提炼的基础上，加大办学典型宣传推广力度，推动区县形成区域推进新优质学校建设的良性机制，推进形成各具特点的改革群体，办好家门口的每一所学校，推动中小学实现转型发展。

四是加大对学校发展的专业支持力度。我们计划推进区县建立“学校发展专家指导团队”，由优秀校长、特级教师和骨干教师等组成，对学校教育改革给予指导。要制定工作章程，明确指导团工作范围、权利及义务等，保证指导效果。中心城区的专家指导团队还须承担对口郊区县的部分学校指导工作，帮助郊区学校提高内涵发展水平。

五是提高基础教育信息化应用水平。要推动中小学校利用信息化手段，依托数字化学习环境，推进教育教学手段和模式的创新。要以信息化技能、信息化学习和信息化生存为基础，加强教师信息技术应用培训，引导学生运用信息技术开展学习活动；要完善评估机制，扎实推进农村中小学校信息化应用工作。

（五）努力满足各类群体教育需求

一是切实保障进城务工人员随迁子女教育权益。按照市委、市政府要求，我们将进一步扩大义务教育阶段公办学校招收进城务工人员随迁子女的比例，促使公办学校课程教学更加适合随迁子女，进一步加强随迁子女融入教育。要进一步加强以招收随迁子女为主民办小学的财务与资产管理、教师队伍管理、教育教学常规管理、安全卫生管理等规范管理工作，逐步提高政府基本成本补贴水平，提升教育质量。要继续扩大中职校招收随迁子女的规模，继续推进这些学生毕业后参加高职自主招生工作和随迁子女中高职贯通（3＋2 模式）培养工作，研究随迁子女在上海中高考方案。进一步加强学前教育资源建设，扎实推进常住人口学前教育或看护服务全覆盖工作。

二是深入推进新一轮“特殊教育三年行动计划”。不久前，市政府专门召开了全市特殊教育工作会议，部署了今后一段时间特殊教育工作要求。在下一步工作中，我们要按照上海市特殊教育工作会议的要求，深化特殊教育“医教结合”工作，建立市特殊教育信息通报系统，实现多部门间信息共享与整合。完善特殊教育学校课程体系，进一步强化随班就读管理。逐步完善市特殊教育资源库，为学校、康复机构和相关专业人员、特殊儿童及家长提供专业支持。

三是完善家庭经济困难学生资助制度。截至 2011 年，本市基本形成了覆盖基础教育各学段的家庭经济困难学生资助制度。今后，我们要加强对学生资助工作的领导，健全帮困工作机制，保障各项资助政策的落实，做好学生资助资金管理工作；要按照家庭经济困难水平，分类实施补助家庭经济困难学生素质教育活动费、生活费等工作，切实保障家庭经济困难学生较好地接受义务教育。

城乡基础教育一体化工程得到了市委、市政府的高度重视和大力支持，我们一定按照市委、市政府的决策部署和要求，会同相关部门，扎实推进城乡基础教育一体化和公共服务均等化，努力办人民满意的上海基础教育。

法律　法规
规章　文件

校车安全管理条例

（国务院令第617号 2012年3月28日国务院第197次常务会议通过
2012年4月5日公布 自公布之日起施行）

第一章 总 则

第一条 为了加强校车安全管理，保障乘坐校车学生的人身安全，制定本条例。

第二条 本条例所称校车，是指依照本条例取得使用许可，用于接送接受义务教育的学生上下学的7座以上的载客汽车。

接送小学生的校车应当是按照专用校车国家标准设计和制造的小学生专用校车。

第三条 县级以上地方人民政府应当根据本行政区域的学生数量和分布状况等因素，依法制定、调整学校设置规划，保障学生就近入学或者在寄宿制学校入学，减少学生上下学的交通风险。实施义务教育的学校及其教学点的设置、调整，应当充分听取学生家长等有关方面的意见。

县级以上地方人民政府应当采取措施，发展城市和农村的公共交通，合理规划、设置公共交通线路和站点，为需要乘车上下学的学生提供方便。

对确实难以保障就近入学，并且公共交通不能满足学生上下学需要的农村地区，县级以上地方人民政府应当采取措施，保障接受义务教育的学生获得校车服务。

国家建立多渠道筹措校车经费的机制，并通过财政资助、税收优惠、鼓励社会捐赠等多种方式，按照规定支持使用校车接送学生的服务。支持校车服务所需的财政资金由中央财政和地方财政分担，具体办法由国务院财政部门制定。支持校车服务的税收优惠办法，依照法律、行政法规规定的税收管理权限制定。

第四条 国务院教育、公安、交通运输以及工业和信息化、质量监督检验检疫、安全生产监督管理等部门依照法律、行政法规和国务院的规定，负责校车安全管理的有关工作。国务院教育、公安部门会同国务院有关部门建立校车安全管理工作协调机制，统筹协调校车安全管理工作中的重大事项，共同做好校车安全管理工作。

第五条 县级以上地方人民政府对本行政区域的校车安全管理工作负总责，组织有关部门制定并实施与当地经济发展水平和校车服务需求相适应的校车服务方案，统一领导、组织、协调有关部门履行校车安全管理职责。

县级以上地方人民政府教育、公安、交通运输、安全生产监督管理等有关部门依照本条例以及本级人民政府的规定，履行校车安全管理的相关职责。有关部门应当建立健全校车安全管理信息共享机制。

第六条 国务院标准化主管部门会同国务院工业和信息化、公安、交通运输等部门，按照保障安全、经济适用的要求，制定并及时修订校车安全国家标准。

生产校车的企业应当建立健全产品质量保证体系，保证所生产（包括改装，下同）的校车符合校车安全国家标准；不符合标准的，不得出厂、销售。

第七条 保障学生上下学交通安全是政府、学校、社会和家庭的共同责任。社会各方面应当为校车通行提供便利，协助保障校车通行安全。

第八条 县级和设区的市级人民政府教育、公安、交通运输、安全生产监督管理部门应当设立并公布举报电话、举报网络平台，方便群众举报违反校车安全管理规定的行为。

接到举报的部门应当及时依法处理；对不属于本部门管理职责的举报，应当及时移送有关部门处理。

第二章 学校和校车服务提供者

第九条 学校可以配备校车。依法设立的道路旅客运输经营企业、城市公共交通企业，以及根据县级以上地方人民政府规定设立的校车运营单位，可以提供校车服务。

县级以上地方人民政府根据本地区实际情况，可以制定管理办法，组织依法取得道路旅客运输经营许可的个体经营者提供校车服务。

第十条 配备校车的学校和校车服务提供者应当建立健全校车安全管理制度，配备安全管理人员，加强校车的安全维护，定期对校车驾驶人进行安全教育，组织校车驾驶人学习道路交通安全法律法规以及安全防范、应急处置和应急救援知识，保障学生乘坐校车安全。

第十一条 由校车服务提供者提供校车服务的，学校应当与校车服务提供者签订校车安全管理责任书，明确各自的安全管理责任，落实校车运行安全管理措施。

学校应当将校车安全管理责任书报县级或者设区的市级人民政府教育行政部门备案。

第十二条 学校应当对教师、学生及其监护人进行交通安全教育，向学生讲解校车安全乘坐知识和校车安全事故应急处理技能，并定期组织校车安全事故应急处理演练。

学生的监护人应当履行监护义务，配合学校或者校车服务提供者的校车安全管理工作。学生的监护人应当拒绝使用不符合安全要求的车辆接送学生上下学。

第十三条 县级以上地方人民政府教育行政部门应当指导、监督学校建立健全校车安全管理制度，落实校车安全管理责任，组织学校开展交通安全教育。公安机关交通管理部门应当配合教育行政部门组织学校开展交通安全教育。

第三章 校车使用许可

第十四条 使用校车应当依照本条例的规定取得许可。

取得校车使用许可应当符合下列条件：

（一）车辆符合校车安全国家标准，取得机动车检验合格证明，并已经在公安机关交通管理部门办理注册登记；

（二）有取得校车驾驶资格的驾驶人；

（三）有包括行驶线路、开行时间和停靠站点的合理可行的校车运行方案；

（四）有健全的安全管理制度；

（五）已经投保机动车承运人责任保险。

第十五条 学校或者校车服务提供者申请取得校车使用许可，应当向县级或者设区的市级人民政府教育行政部门提交书面申请和证明其符合本条例第十四条规定条件的材料。教育行政部门应当自收到申请材料之日起3个工作日内，分别送同级公安机关交通管理部门、交通运输部门征求意见，公安机关交通管理部门和交通运输部门应当在3个工作日内回复意见。教育行政部门应当自收到回复意见之日起5个工作日内提出审查意见，报本级人民政府。本级人民政府决定批准的，由公安机关交通管理部门发给校车标牌，并在机动车行驶证上签注校车类型和核载人数；不予批准的，书面说明理由。

第十六条 校车标牌应当载明本车的号牌号码、车辆的所有人、驾驶人、行驶线路、开行时间、停靠站点以及校车标牌发牌单位、有效期等事项。

第十七条 取得校车标牌的车辆应当配备统一的校车标志灯和停车指示标志。

校车未运载学生上道路行驶的，不得使用校车标牌、校车标志灯和停车指示标志。

第十八条 禁止使用未取得校车标牌的车辆提供校车服务。

第十九条 取得校车标牌的车辆达到报废标准或者不再作为校车使用的，学校或者校车服务提供者应当将校车标牌交回公安机关交通管理部门。

第二十条 校车应当每半年进行一次机动车安全技术检验。

第二十一条 校车应当配备逃生锤、干粉灭火器、急救箱等安全设备。安全设备应当放置在便于取用的位置，并确保性能良好、有效适用。

校车应当按照规定配备具有行驶记录功能的卫星定位装置。

第二十二条　配备校车的学校和校车服务提供者应当按照国家规定做好校车的安全维护，建立安全维护档案，保证校车处于良好技术状态。不符合安全技术条件的校车，应当停运维修，消除安全隐患。

校车应当由依法取得相应资质的维修企业维修。承接校车维修业务的企业应当按照规定的维修技术规范维修校车，并按照国务院交通运输主管部门的规定对所维修的校车实行质量保证期制度，在质量保证期内对校车的维修质量负责。

第四章　校车驾驶人

第二十三条　校车驾驶人应当依照本条例的规定取得校车驾驶资格。

取得校车驾驶资格应当符合下列条件：

（一）取得相应准驾车型驾驶证并具有3年以上驾驶经历，年龄在25周岁以上、不超过60周岁；

（二）最近连续3个记分周期内没有被记满分记录；

（三）无致人死亡或者重伤的交通事故责任记录；

（四）无饮酒后驾驶或者醉酒驾驶机动车记录，最近1年内无驾驶客运车辆超员、超速等严重交通违法行为记录；

（五）无犯罪记录；

（六）身心健康，无传染性疾病，无癫痫、精神病等可能危及行车安全的疾病病史，无酗酒、吸毒行为记录。

第二十四条　机动车驾驶人申请取得校车驾驶资格，应当向县级或者设区的市级人民政府公安机关交通管理部门提交书面申请和证明其符合本条例第二十三条规定条件的材料。公安机关交通管理部门应当自收到申请材料之日起5个工作日内审查完毕，对符合条件的，在机动车驾驶证上签注准许驾驶校车；不符合条件的，书面说明理由。

第二十五条　机动车驾驶人未取得校车驾驶资格，不得驾驶校车。禁止聘用未取得校车驾驶资格的机动车驾驶人驾驶校车。

第二十六条　校车驾驶人应当每年接受公安机关交通管理部门的审验。

第二十七条　校车驾驶人应当遵守道路交通安全法律法规，严格按照机动车道路通行规则和驾驶操作规范安全驾驶、文明驾驶。

第五章　校车通行安全

第二十八条　校车行驶线路应当尽量避开急弯、陡坡、临崖、临水的危险路段；确实无法避开的，道路或者交通设施的管理、养护单位应当按照标准对上述危险路段设置安全防护设施、限速标志、警告标牌。

第二十九条　校车经过的道路出现不符合安全通行条件的状况或者存在交通安全隐患的，当地人民政府应当组织有关部门及时改善道路安全通行条件、消除安全隐患。

第三十条　校车运载学生，应当按照国务院公安部门规定的位置放置校车标牌，开启校车标志灯。

校车运载学生，应当按照经审核确定的线路行驶，遇有交通管制、道路施工以及自然灾害、恶劣气象条件或者重大交通事故等影响道路通行情形的除外。

第三十一条　公安机关交通管理部门应当加强对校车行驶线路的道路交通秩序管理。遇交通拥堵的，交通警察应当指挥疏导运载学生的校车优先通行。

校车运载学生，可以在公共交通专用车道以及其他禁止社会车辆通行但允许公共交通车辆通行的路段行驶。

第三十二条　校车上下学生，应当在校车停靠站点停靠；未设校车停靠站点的路段可以在公共交通站台停靠。

道路或者交通设施的管理、养护单位应当按照标准设置校车停靠站点预告标识和校车停靠站点标牌，施划校车停靠站点标线。

第三十三条　校车在道路上停车上下学生，应当靠道路右侧停靠，开启危险报警闪光灯，打开停车指示标志。校车在同方向只有一条机动车道的道路上停靠时，后方车辆应当停车等待，不得超越。校车在同方向有两条以上机动车道的道路上停靠时，校车停靠车道后方和相邻机动车道上的机动车应当停车等待，其他机动车道上的机动车应当减速通过。校车后方停车等待的机动车不得鸣喇叭或者使用灯光催促校车。

第三十四条　校车载人不得超过核定的人数，不得以任何理由超员。

学校和校车服务提供者不得要求校车驾驶人超员、超速驾驶校车。

第三十五条　载有学生的校车在高速公路上行驶的最高时速不得超过80公里，在其他道路上行驶的最高时速不得超过60公里。

道路交通安全法律法规规定或者道路上限速标志、标线标明的最高时速低于前款规定的，从其规定。

载有学生的校车在急弯、陡坡、窄路、窄桥以及冰雪、泥泞的道路上行驶，或者遇有雾、雨、雪、沙尘、冰雹等低能见度气象条件时，最高时速不得超过20公里。

第三十六条　交通警察对违反道路交通安全法律法规的校车，可以在消除违法行为的前提下先予放行，待校车完成接送学生任务后再对校车驾驶人进行处罚。

第三十七条　公安机关交通管理部门应当加强对校车运行情况的监督检查，依法查处校车道路交通安全违法行为，定期将校车驾驶人的道路交通安全违法行为和交通事故信息抄送其所属单位和教育行政部门。

第六章　校车乘车安全

第三十八条　配备校车的学校、校车服务提供者应当指派照管人员随校车全程照管乘车学生。校车服务提供者为学校提供校车服务的，双方可以约定由学校指派随车照管人员。

学校和校车服务提供者应当定期对随车照管人员进行安全教育，组织随车照管人员学习道路交通安全法律法规、应急处置和应急救援知识。

第三十九条　随车照管人员应当履行下列职责：

（一）学生上下车时，在车下引导、指挥，维护上下车秩序；

（二）发现驾驶人无校车驾驶资格，饮酒、醉酒后驾驶，或者身体严重不适以及校车超员等明显妨碍行车安全情形的，制止校车开行；

（三）清点乘车学生人数，帮助、指导学生安全落座、系好安全带，确认车门关闭后示意驾驶人启动校车；

（四）制止学生在校车行驶过程中离开座位等危险行为；

（五）核实学生下车人数，确认乘车学生已经全部离车后本人方可离车。

第四十条　校车的副驾驶座位不得安排学生乘坐。

校车运载学生过程中，禁止除驾驶人、随车照管人员以外的人员乘坐。

第四十一条　校车驾驶人驾驶校车上道路行驶前，应当对校车的制动、转向、外部照明、轮胎、安全门、座椅、安全带等车况是否符合安全技术要求进行检查，不得驾驶存在安全隐患的校车上道路行驶。

校车驾驶人不得在校车载有学生时给车辆加油，不得在校车发动机引擎熄灭前离开驾驶座位。

第四十二条　校车发生交通事故，驾驶人、随车照管人员应当立即报警，设置警示标志。乘车学生继续留在校车内有危险的，随车照管人员应当将学生撤离到安全区域，并及时与学校、校车服务提供者、学生的监护人联系处理后续事宜。

第七章　法 律 责 任

第四十三条　生产、销售不符合校车安全国家标准的校车的，依照道路交通安全、产品质量管理的法律、行政法规的规定处罚。

第四十四条　使用拼装或者达到报废标准的机动车接送学生的，由公安机关交通管理部门收缴并强制报废机动车；对驾驶人处2000元以上5000元以下的罚款，吊销其机动车驾驶证；对车辆所有人处8万元以上10万元以下的罚款，有违法所得的予以没收。

第四十五条　使用未取得校车标牌的车辆提供校车服务，或者使用未取得校车驾驶资格的人员驾驶校车的，由公安机关交通管理部门扣留该机动车，处1万元以上2万元以下的罚款，有违法所得的予以没收。

取得道路运输经营许可的企业或者个体经营者有前款规定的违法行为，除依照前款规定处罚外，情节严重的，由交通运输主管部门吊销其经营许可证件。

伪造、变造或者使用伪造、变造的校车标牌的，由公安机关交通管理部门收缴伪造、变造的校车标牌，扣留该机动车，处2000元以上5000元以下的罚款。

第四十六条 不按照规定为校车配备安全设备，或者不按照规定对校车进行安全维护的，由公安机关交通管理部门责令改正，处1000元以上3000元以下的罚款。

第四十七条 机动车驾驶人未取得校车驾驶资格驾驶校车的，由公安机关交通管理部门处1000元以上3000元以下的罚款，情节严重的，可以并处吊销机动车驾驶证。

第四十八条 校车驾驶人有下列情形之一的，由公安机关交通管理部门责令改正，可以处200元罚款：

（一）驾驶校车运载学生，不按照规定放置校车标牌、开启校车标志灯，或者不按照经审核确定的线路行驶；

（二）校车上下学生，不按照规定在校车停靠站点停靠；

（三）校车未运载学生上道路行驶，使用校车标牌、校车标志灯和停车指示标志；

（四）驾驶校车上道路行驶前，未对校车车况是否符合安全技术要求进行检查，或者驾驶存在安全隐患的校车上道路行驶；

（五）在校车载有学生时给车辆加油，或者在校车发动机引擎熄灭前离开驾驶座位。

校车驾驶人违反道路交通安全法律法规关于道路通行规定的，由公安机关交通管理部门依法从重处罚。

第四十九条 校车驾驶人违反道路交通安全法律法规被依法处罚或者发生道路交通事故，不再符合本条例规定的校车驾驶人条件的，由公安机关交通管理部门取消校车驾驶资格，并在机动车驾驶证上签注。

第五十条 校车载人超过核定人数的，由公安机关交通管理部门扣留车辆至违法状态消除，并依照道路交通安全法律法规的规定从重处罚。

第五十一条 公安机关交通管理部门查处校车道路交通安全违法行为，依法扣留车辆的，应当通知相关学校或者校车服务提供者转运学生，并在违法状态消除后立即发还被扣留车辆。

第五十二条 机动车驾驶人违反本条例规定，不避让校车的，由公安机关交通管理部门处200元罚款。

第五十三条 未依照本条例规定指派照管人员随校车全程照管乘车学生的，由公安机关责令改正，可以处500元罚款。

随车照管人员未履行本条例规定的职责的，由学校或者校车服务提供者责令改正；拒不改正的，给予处分或者予以解聘。

第五十四条 取得校车使用许可的学校、校车服务提供者违反本条例规定，情节严重的，原作出许可决定的地方人民政府可以吊销其校车使用许可，由公安机关交通管理部门收回校车标牌。

第五十五条 学校违反本条例规定的，除依照本条例有关规定予以处罚外，由教育行政部门给予通报批评；导致发生学生伤亡事故的，对政府举办的学校的负有责任的领导人员和直接责任人员依法给予处分；对民办学校由审批机关责令暂停招生，情节严重的，吊销其办学许可证，并由教育行政部门责令负有责任的领导人员和直接责任人员5年内不得从事学校管理事务。

第五十六条 县级以上地方人民政府不依法履行校车安全管理职责，致使本行政区域发生校车安全重大事故的，对负有责任的领导人员和直接责任人员依法给予处分。

第五十七条 教育、公安、交通运输、工业和信息化、质量监督检验检疫、安全生产监督管理等有关部门及其工作人员不依法履行校车安全管理职责的，对负有责任的领导人员和直接责任人员依法给予处分。

第五十八条 违反本条例的规定，构成违反治安管理行为的，由公安机关依法给予治安管理处罚；构成犯罪的，依法追究刑事责任。

第五十九条 发生校车安全事故，造成人身伤亡或者财产损失的，依法承担赔偿责任。

第八章 附 则

第六十条 县级以上地方人民政府应当合理规划幼儿园布局，方便幼儿就近入园。

入园幼儿应当由监护人或者其委托的成年人接送。对确因特殊情况不能由监护人或者其委托的成年人接送，需要使用车辆集中接送的，应当使用按照专用校车国家标准设计和制造的幼儿专用校车，遵守本条例校车安全管理的规定。

第六十一条　省、自治区、直辖市人民政府应当结合本地区实际情况，制定本条例的实施办法。

第六十二条　本条例自公布之日起施行。

本条例施行前已经配备校车的学校和校车服务提供者及其聘用的校车驾驶人应当自本条例施行之日起90日内，依照本条例的规定申请取得校车使用许可、校车驾驶资格。

本条例施行后，用于接送小学生、幼儿的专用校车不能满足需求的，在省、自治区、直辖市人民政府规定的过渡期限内可以使用取得校车标牌的其他载客汽车。

国务院关于加强教师队伍建设的意见

（国发〔2012〕41号 2012年8月20日发布）

各省、自治区、直辖市人民政府，国务院各部委、各直属机构：

教师是教育事业发展的基础，是提高教育质量、办好人民满意教育的关键。党中央、国务院历来高度重视教师队伍建设。改革开放特别是党的十六大以来，各地区各有关部门采取一系列政策措施，大力推进教师队伍建设，取得显著成绩。同时也要看到，当前我国教师队伍整体素质有待提高，队伍结构不尽合理，教师管理体制机制有待完善，农村教师职业吸引力亟待提升。为深入实施科教兴国战略和人才强国战略，进一步加强教师队伍建设，现提出以下意见：

一、加强教师队伍建设的指导思想、总体目标和重点任务

（一）指导思想。高举中国特色社会主义伟大旗帜，以邓小平理论和"三个代表"重要思想为指导，深入贯彻科学发展观，全面贯彻党的教育方针，认真落实教育规划纲要和人才规划纲要，遵循教育规律和教师成长发展规律，把促进学生健康成长作为教师工作的出发点和落脚点，围绕促进教育公平、提高教育质量的要求，加强教师工作薄弱环节，创新教师管理体制机制，以提高师德素养和业务能力为核心，全面加强教师队伍建设，为教育事业改革发展提供有力支撑。

（二）总体目标。到2020年，形成一支师德高尚、业务精湛、结构合理、充满活力的高素质专业化教师队伍。专任教师数量满足各级各类教育发展需要；教师队伍整体素质大幅提高，普遍具有良好的职业道德素养、先进的教育理念、扎实的专业知识基础和较强的教育教学能力；教师队伍的年龄、学历、职务（职称）、学科结构以及学段、城乡分布结构与教育事业发展相协调；教师地位待遇不断提高，农村教师职业吸引力明显增强；教师管理制度科学规范，形成富有效率、更加开放的教师工作体制机制。

（三）重点任务。幼儿园教师队伍建设要以补足配齐为重点，切实加强幼儿园教师培养培训，严格实施幼儿园教师资格制度，依法落实幼儿园教师地位待遇；中小学教师队伍建设要以农村教师为重点，采取倾斜政策，切实增强农村教师职业吸引力，激励更多优秀人才到农村从教；职业学校教师队伍建设要以"双师型"教师为重点，完善"双师型"教师培养培训体系，健全技能型人才到职业学校从教制度；高等学校教师队伍建设要以中青年教师和创新团队为重点，优化中青年教师成长发展、脱颖而出的制度环境，培育跨学科、跨领域的科研与教学相结合的创新团队；民族地区教师队伍建设要以提高政治素质和业务能力为重点，加强中小学和幼儿园双语教师培养培训，加快培养一批边疆民族地区紧缺教师人才；特殊教育教师队伍建设要以提升专业化水平为重点，提高特殊教育教师培养培训质量，健全特殊教育教师管理制度。

二、加强教师思想政治教育和师德建设

（四）全面提高教师思想政治素质。坚持和完善理论学习制度，创新理论学习的方式和载体，加强中国特色社会主义理论体系教育，不断提高教师的理论修养和思想政治素质。推动教师在社会实践活动中进一步了解国情、社情、民情。开辟思想政治教育新阵地，建立教师思想状况定期调查分析制度，坚持解决思想问题与解决实际困难相结合，增强思想政治工作的针对性和实效性。确保教师坚持正确政治方向，践行社会主义核心价值体系，遵守宪法和有关法律法规，坚持学术研究无禁区、课堂讲授有纪律，帮助和引领学生形成正确的世界观、人生观和价值观。

（五）构建师德建设长效机制。建立健全教育、宣传、考核、监督与奖惩相结合的师德建设工作机制。开展各种形式的师德教育，把教师职业理想、职业道德、学术规范以及心理健康教育融入职前培养、准入、职后培训和管理的全过程。加大优秀师德典型宣传力度，促进形成重德养德的良好风气。研究制定科学合理的师德考评方式，完善师德考评制度，将师德建设作为学校工作考核和办学质量评估的重要指标，把师德表现作为教师资格定期注册、业绩考核、职称评审、岗位聘用、评优奖励的首要内容，对教师实行师德表现一票否决制。完善学生、家长和社会参与的师德监督机制。完善高等学校科研学术规范，健全学术不端行为惩治查处机制。对有严重失德行为、影响恶劣者按有关规定予以严肃处理直至撤销教师资格。

三、大力提高教师专业化水平

（六）完善教师专业发展标准体系。根据各级各类教育的特点，出台幼儿园、小学、中学、职业学校、高等学校、特殊教育学校教师专业标准，作为教师培养、准入、培训、考核等工作的重要依据。制定幼儿园园长、普通中小学校长、中等职业学校校长专业标准和任职资格标准，提高校长（园长）专业化水平。制定师范类专业认证标准，开展专业认证和评估，规范师范类专业办学，建立教师培养质量评估制度。

（七）提高教师培养质量。完善师范生招生制度，科学制定招生计划，确保招生培养与教师岗位需求有效衔接，实行提前批次录取，选拔乐教适教的优秀学生攻读师范类专业。发挥教育部直属师范大学师范生免费教育的示范引领作用，鼓励支持地方结合实际实施师范生免费教育制度。探索建立招收职业学校毕业生和企业技术人员专门培养职业教育师资制度。扩大教育硕士、教育博士招生规模，培养高层次的中小学和职业学校教师。创新教师培养模式，建立高等学校与地方政府、中小学（幼儿园、职业学校）联合培养教师的新机制，发挥好行业企业在培养“双师型”教师中的作用。加强教师养成教育和教育教学能力训练，落实师范生教育实践不少于一学期制度。鼓励综合性大学毕业生从事教师职业。

（八）建立教师学习培训制度。实行五年一周期不少于360学时的教师全员培训制度，推行教师培训学分制度。采取顶岗置换研修、校本研修、远程培训等多种模式，大力开展中小学、幼儿园教师特别是农村教师培训。完善以企业实践为重点的职业学校教师培训制度。推进高等学校中青年教师专业发展，建立高等学校中青年教师国内访学、挂职锻炼、社会实践制度。加大民族地区双语教师和音乐、体育、美术等师资紧缺学科教师培训。加强校长培训，重视辅导员和班主任培训。推动信息技术与教师教育深度融合，建设教师网络研修社区和终身学习支持服务体系，促进教师自主学习，推动教学方式变革。继续实施“幼儿园和中小学教师国家级培训计划”、“职业院校教师素质提高计划”。

（九）完善教师培养培训体系。构建以师范院校为主体、综合大学参与、开放灵活的中小学教师教育体系。依托相关高等学校和大中型企业，共建职业学校“双师型”教师培养培训体系。推动高等学校设立教师发展中心。依托现有资源，加强中小学幼儿园教师、职业学校教师、特殊教育教师、民族地区双语教师培养培训基地建设。推动各地结合实际，规范建设县（区）域教师发展平台。

（十）培养造就高端教育人才。实施中小学名师名校长培养工程。制定普通中小学、中等职业学校校长负责制实施细则，探索校长职级制。改进特级教师评选和管理工作，更好发挥特级教师的示范带动作用。坚持培养与引进兼顾，教学与科研并重，加强高等学校高层次创新型人才队伍建设。实施好“千人计划”、“长江学者奖励计划”和“创新团队发展计划”等人才项目，造就集聚一批具有国际影响的学科领军人才和高水平的教学科研创新团队。落实和扩大学校办学自主权，支持鼓励教师和校长在实践中大胆探索，创新教育思想、教育模式和教育方法，形成教学特色和办学风格，造就一批教育家，倡导教育家办学。

四、建立健全教师管理制度

（十一）加强教师资源配置管理。逐步实行城乡统一的中小学教职工编制标准，对农村边远地区实行倾斜政策。研究制定高等学校教职工编制标准。完善学校编制管理办法，健全编制动态管理机制，严禁挤占、挪用、截留教师编制。国家出台幼儿园教师配备标准，各地结合实际合理核定公办幼儿园教职工编制。建立县（区）域内义务教育学校教师校长轮岗交流机制，促进教师资源合理配置。大力推进城镇教师支持农村教育，鼓励支持退休的特级教师、高级教师到农村学校支教讲学。

（十二）严格教师资格和准入制度。修订《教师资格条例》，提高教师任职学历标准、品行和教育教学能力要求。全面实施教师资格考试和定期注册制度。完善符合职业教育特点的职业学校教师资格标准。健全新进教师公开招聘制度，探索符合不同学段、专业和岗位特点的教师招聘办法。继续实施并逐步完善农村义务教育阶段学校教师特设岗位计划，探索吸引高校毕业生到村小学、教学点任教的新机制。

（十三）加快推进教师职务（职称）制度改革。分类推进教师职务（职称）制度改革，完善符合各类教师职业特点的职务（职称）评价标准。建立统一的中小学教师职务（职称）系列，探索在职业学校设置正高级教师职务（职称）。研究完善符合村小学和教学点实际的职务（职称）评定标准，职务（职称）晋升向村小学和教学点专任教师倾斜。城镇中小学教师在评聘高级职务（职称）时，要有一年以上在农村学校或薄弱学校任教经历。支持符合条件的职业学校和高等学校兼职教师申报相应系列教师专业技术职务。

（十四）全面推行聘用制度和岗位管理制度。根据分类推进事业单位改革的总体部署，按照按需设岗、竞聘上岗、按岗聘用、合同管理的原则，完善以合同管理为基础的用人制度，实现教师职务（职称）评审与岗位聘用的有机结合，完善教师退出机制。鼓励普通高中聘请高等学校、科研院所和社会团体等机构的专业人才担任兼职教师。完善相关人事政策，鼓励职业学校和高等学校聘请企业管理人员、专业技术人员和高技能人才等担任专兼职教师。探索更加有利于促进协同创新、持续创新的高等学校人事管理办法。完善外籍教师管理办法，吸引更多世界一流的专家学者来华从事教学、科研和管理工作，有计划地引进海外高端人才和学术团队。

（十五）健全教师考核评价制度。完善重师德、重能力、重业绩、重贡献的教师考核评价标准，探索实行学校、学生、教师和社会等多方参与的评价办法，引导教师潜心教书育人。严禁简单用升学率和考试成绩评价中小学教师。根据不同类型教师的岗位职责和工作特点，完善高等学校教师分类管理和评价办法；健全大学教授为本科生上课制度，把承担本科教学任务作为教授考核评价的基本内容。加强教师管理，严禁公办、在职中小学教师从事有偿补课，规范高等学校教师兼职兼薪。

五、切实保障教师合法权益和待遇

（十六）完善教师参与治校治学机制。建立健全教职工代表大会制度，保障教职工参与学校决策的合法权利。完善中小学学校管理制度，发挥好党组织的领导核心和政治核心作用，健全校长负责制，实行校务会议等制度，完善教职工参与的科学民主决策机制。完善中国特色现代大学制度，坚持党委领导下的校长负责制，探索教授治学的有效途径，充分发挥教授在教学、学术研究以及学校管理中的作用。完善教师人事争议处理途径，依法维护教师权益。

（十七）强化教师工资保障机制。依法保证教师平均工资水平不低于或者高于国家公务员的平均工资水平，并逐步提高，保障教师工资按时足额发放。健全符合教师职业特点、体现岗位绩效的工资分配激励约束机制。进一步做好义务教育学校教师绩效工资实施工作，按照“管理以县为主、经费省级统筹、中央适当支持”的原则，确保绩效工资所需资金落实到位。对长期在农村基层和艰苦边远地区工作的教师，实行工资倾斜政策。推进非义务教育教师绩效工资实施工作。

（十八）健全教师社会保障制度。按照事业单位改革的总体部署，推进教师养老保障制度改革，按规定为教师缴纳社会保险费及住房公积金。中央在基建投资中安排资金，支持加快建设农村艰苦边远地区学校教师周转宿舍。鼓励地方政府将符合条件的农村教师住房纳入当地住房保障范围统筹予以解决。

（十九）完善教师表彰奖励制度。探索建立国家级教师荣誉制度。继续做好全国模范教师和全国教育系统先进工作者表彰工作，对在农村地区长期从教、贡献突出的教师加大表彰奖励力度。定期开展教学名师奖评选，重点奖励在教学一线作出突出贡献的优秀教师。研究完善国家级教学成果奖。鼓励各地按照国家有关规定开展教师表彰奖励工作。

（二十）保障民办学校教师权益。建立健全民办学校教师管理相关制度，依法保障和落实民办学校教师在培训、职务（职称）评审、教龄和工龄计算、表彰奖励、社会活动等方面与公办学校教师享有同等权利。民办学校应依法聘用教师，明确双方权利义务，及时兑现教师工资待遇，按规定为教师足额缴纳社会保险费和住房公积金。鼓励民办学校为教师建立补充养老保险、医疗保险。

六、确保教师队伍建设政策措施落到实处

（二十一）加强组织领导。各级人民政府要切实加强对教师工作的组织领导，把教师队伍建设列入重要议事日程抓实抓好。完善部门沟通协调机制，形成责权明确、分工协作、齐抓共管的工作格局，及时研究解决教师队伍建设中的突出矛盾和重大问题。教育行政部门要加强对教师队伍建设的统筹管理、规划和指导，制定相关政策和标准。机构编制、发展改革、财政、人力资源社会保障等有关部门要在各自职责范围内，积极推进教师队伍建设有关工作。鼓励和引导社会力量参与支持教师队伍建设。

（二十二）加强经费保障。各级人民政府要加大对教师队伍建设的投入力度，新增财政教育经费要把教师队伍建设作为投入重点之一，切实保障教师培养培训、工资待遇等方面的经费投入。教师培训经费要列入财政预算。幼儿园、中小学和中等职业学校按照年度公用经费预算总额的5%安排教师培训经费；高等学校按照不同层次和规模情况，统筹安排一定的教师培训经费。切实加强经费监管，确保专款专用，提高经费使用效益。

（二十三）加强考核督导。要把教师队伍建设情况作为各地区各有关部门政绩考核、各级各类学校办学水平评估的重要内容，作为评优评先、表彰奖励的重要依据。建立教师工作定期督导检查制度，把教师队伍建设情况作为教育督导的重要内容，并公告督导结果，推动各项政策措施落实到位。

上海市人民政府关于印发《上海市教育改革和发展“十二五”规划》的通知

（沪府发〔2012〕9号）

各区、县人民政府，市政府各委、办、局：

现将《上海市教育改革和发展“十二五”规划》印发给你们，请认真按照执行。

上海市人民政府

2012年1月31日

上海市教育改革和发展“十二五”规划

为全面贯彻全国和上海市教育工作会议精神，落实国家和上海市中长期教育改革和发展规划纲要，进一步发挥教育在本市创新驱动、转型发展中的重要作用，继续推进教育现代化，更好地满足人民群众对教育的多样化需求，依据《国家中长期教育改革和发展规划纲要(2010—2020年)》、《国家教育事业发展“十二五”规划纲要》、《上海市国民经济和社会发展第十二个五年规划纲要》、《上海市中长期教育改革和发展规划纲要(2010—2020年)》，制定本规划。

一、“十一五”时期上海教育改革和发展的主要成就

“十一五”时期，在市委、市政府的正确领导下，在学校和社会各界的共同努力下，上海教育贯彻落实科学发展观，全面实施教育综合改革，坚持事业发展与改革创新同步推进、教书育人与服务社会相互促进，着力突破瓶颈，突出内涵发展，注重公平均衡，实现了“率先基本实现教育现代化”的目标。

（一）各级各类教育全面发展

实施“学前教育三年行动计划”，新建、扩建、改建幼儿园400多所，有效应对了入园高峰需求。2010年，本市户籍0—3岁婴幼儿早期教育的覆盖率和3—6周岁适龄幼儿入园率均达到98%，其中近80%的幼儿在公办幼儿园就读。义务教育阶段入学率继续保持在99.9%以上。高中阶段教育入学率达到98%以上。

中等职业教育的学校布局和专业结构得到优化。学校数由“十五”时期的135所优化调整至101所，其中57所学校通过验收，成为国家级重点中职校。组建了8个行业职业教育集团和5个区域职业教育集团、17个国家级紧缺人才培训基地。中等职业教育教学改革不断深化，制定并颁布了42个专业教学标准，立项建设了80个开放实训中心，重点建设了100个中等职业学校专业(其中8个为教育部认定的国家级示范性专业点)；开设的专业与上海产业结构基本吻合，中等职业学校毕业生的就业率保持在95%以上，毕业生的就业质量逐步提高，职业教育的吸引力逐步增强。

高等教育规模稳步扩大。2010年，全市高等教育在校生总规模达97.76万。其中，普通高校本专科在校学生51.57万人、研究生11.17万人、各类成人高等教育在校生35.02万人。普通高校在校本专科学生和研究生数分别比2005年增长了16.5%和41.9%。来沪就读的外国留学生达43016人，比2005年增长了65%，其中接受学历学位教育的留学生为13159人，占留学生总数的31%。高校布局结构调整基本完成，形成了“2+2+2+X”的高校布局结构。

“人人皆学、时时能学、处处可学”的终身教育体系初步形成。建立了市、区(县)学习型社会建设领导与工作体系，全市各区县都建立了社区学院，210个街道和乡镇建立了社区学校，3800多个居(村)委建立了社区教育站点。

（二）教育公平迈出重大步伐

不断完善义务教育经费保障机制，义务教育阶段生均公用经费拨款标准不断提高，小学、初中的年生均标准由2005年的420元、560元，分别提高到2010年的1400元、1600元。从2006年起逐步免除义务教育阶段公办学校学生的学杂费、教科书和作业本费，免除义务教育阶段民办学校学生的教科书和作业本费。启动了校园安全工程，实施中小学幼儿园治安技术防范设施达标工程。

建立中等职业学校帮困助学政策体系，设立专业奖励制度；对农村、海岛、城市低保家庭和涉农专业实施免费教育。

加强教育经费统筹，加大市级财政对义务教育的转移支付力度，确保新增教育经费重点向郊区倾斜，加大对远郊地区教育经费的投入力度。创新教师流动机制，提升郊区教育质量。推进义务教育阶段教师合理流动，鼓励城区教师赴远郊学校服务。

按照“两个为主”的要求，妥善解决来沪从业人员随迁子女的义务教育问题，将农民工子女学校逐步纳入民办教育管理，并改善其办学条件。来沪从业人员随迁子女在公办学校和政府委托的民办学校接受义务教育的比例达到100％。从2008年起，在中职学校试点招收来沪从业人员随迁子女。

（三）素质教育深入实施

坚持育人为本、德育为先，初步形成大中小学纵向衔接、学校社会家庭横向沟通的学校德育工作体系。开创性地实施《上海市学生民族精神教育指导纲要》和《上海市中小学生命教育指导纲要》，构建学科德育和校外教育体系，实施教师师德和育德能力培养计划，未成年人思想道德建设取得实效。高质量实施高校思想政治理论课新课程方案，积极构建预防性与发展性相结合的心理健康教育体系，不断拓展“易班”等网络思想政治教育平台，精心培育“高校民族文化博物馆”等校园文化品牌，切实推动辅导员队伍的专业发展，学生思想道德素质明显提升。

推进中小学幼儿园课程改革，进一步提高课堂教学质量。积极引导中小学校进行素质教育实验，进一步完善本市义务教育教学改革、教育科研和教师培训“三位一体”的素质教育体制与机制。积极推进中考改革，出台普通高中学业水平考试制度，推进普通高中多样化发展。加强校外实践教育，全市29个科普教育基地与各区（县）结对开展中小学生科学探究学习活动。开展“百万青少年阳光体育运动”，增强学生体质，促进学生全面发展。完善中小学生综合素质评价体系，尝试建立上海中小学教育质量监测体系。在首次参与的“国际学生评估项目”（PISA）中，上海学生的阅读、数学和科学素养成绩均名列前茅。

以上海市“星光计划”中等职业学校学生职业技能比赛为抓手，探索“做学一体”的课程理念，促进专业建设，优化专业教学，强化技能训练，为提升学生就业竞争力创造条件。

积极开展教学改革，努力提高高等教育质量。实施教学质量与教学改革工程计划。努力培育精品课程，鼓励编写优秀教材，开展教学团队和高水平教师队伍建设；加强实验和实践教学，实施大学生创新性实验计划、研究生教育创新计划。注重增强学生的实践能力、创造能力和就业能力、创业能力。

（四）高校内涵建设稳步推进

推进上海高校学科专业布局优化，启动“高等教育内涵建设工程”（“085工程”）。以“扶需、扶特、扶强”为原则，以重点学科建设为抓手，引导高校服务国家战略，融入地方经济社会发展。继续配套支持“985工程”、“211工程”建设，实施新一轮上海市重点学科建设，完善国家重点学科、上海市重点学科体系，进一步提高市属高校学科的总体水平。一批优势特色重点学科为促进国家和上海的经济建设、文化发展和社会进步作出了重要贡献。

按照国家的发展方针和部署，建设上海高校重点实验室、人文社会科学重点研究基地以及工程技术实验室，培育“领军人物”和“创新团队”。积极推进产学研合作，推动校企联合攻关和科技成果转化。新增4个国家大学科技园，首创高校技术市场，高校服务经济社会发展的水平和能力进一步提升。

（五）体制改革不断深化

以委托管理推进郊区农村义务教育学校内涵发展，对43所郊区农村义务教育学校进行全方位的管理。在7所职业院校开展中高职教育贯通培养试点，初步建立中等和高等职业教育相衔接的新体制。不断完善与国家部委属高校和地方行业性高校共建共管的体制机制。

逐步完善民办教育管理机制。建立公共财政扶持民办教育的机制，设立了“民办教育发展政府专项资金”，扶持民办学校内涵发展、改善教育教学条件、加强师资队伍建设、开展学生帮困资助等，初步建立了民办学校享有同等地位的保障机制。“十一五”时期，市财政对民办教育的投入累计超过7亿元。

不断深化招生考试制度改革，高校招生平行志愿改革取得成功，高校自主选拔录取改革继续推进，残疾考生的权益得到保障。

二、“十二五”时期上海教育改革和发展面临的形势

“十二五”时期是上海全面贯彻落实科学发展观，加快经济发展方式转变，实施经济结构调整，推动城市转型发展，为基本建成“四个中心”和社会主义现代化国际大都市奠定基础的关键五年。按照《上海市中长期教育改革和发展规划纲要（2010—2020年）》提出的“促进公平、追求卓越、推动创新、服务发展”的工作方针，在新的历史起点上加大教育改革开放的步伐，推动各级各类教育全面发展，保持在全国的领先地位，是上海教育的新使命，也是上海教育面临的新挑战。

（一）以创新驱动为核心的经济发展方式加快转变，对教育提出了新要求

在经济全球化和全球发展格局转变的大背景下，国际产业转移由劳动密集型向资本、技术密集型升级，传统产业向新兴战略产业、高新技术产业转型，服务业比重继续上升，并由生活服务业为主转向生产性服务业和公共服务业为主，这要求上海教育更新人才培养观念，创新人才培养模式，从过分关注考试成绩向素质教育转变，从单一的人才培养标准向多规格、多类型方向转变。

（二）以功能、形态和布局调整为重点的城市转型发展，对教育提出了新任务

上海城市形态由单一的中心城市格局向一城多辅城（镇）的多中心城市格局转型，城市功能由单一工业经济中心向经济、贸易、金融、航运多中心乃至综合功能的世界城市、全球城市转型，城市发展格局由单一的封闭发展向长三角一体化、亚太地区国际门户、全球先进制造业基地和世界级城市群转型，这要求上海教育优化资源配置和学科专业结构，加快提升集聚与辐射作用，增强服务与交流、合作能力。

（三）以规模、结构加速变化为特征的人口发展态势，对教育提出了新挑战

学前和义务教育阶段学龄人口规模持续增长、外来人口不断增加、老龄化社会加速发展等人口变化特征，使学前和义务教育面临规模持续扩张的挑战，基础教育面临优化资源配置和布局结构的挑战，老年教育面临满足前所未有的普及化、多样化旺盛需求的挑战。

（四）以扩大公平优质教育为焦点的多样化教育需求，对教育提出了新期待

随着经济社会发展，人们对教育公平的关注程度持续提高，对优质教育资源的需求日益旺盛。回应与满足人民群众不断增长的对公平、优质教育的需求和期待，要求上海教育加快缩小城乡、区域、校际、公办和民办教育间的发展差距，率先破解城乡二元结构的难题，扩大优质教育资源向城郊辐射，提高特殊教育的水平和质量。

面对新的形势，上海教育还不能很好地适应人民群众和经济社会发展的需要，进一步推进改革和发展的任务仍然十分艰巨。如促进义务教育均衡发展、保障公平的压力依然较大；高中阶段教育的特色还需进一步彰显；大型居住社区公建配套建设任务繁重；职业教育的吸引力还不足，满足企业市场需求的能力亟待提高；高校布局结构调整尚未全部完成，加强内涵建设、提升服务经济社会发展的水平和能力迫在眉睫；继续教育还无法满足市民的多元教育需求，终身学习资源需要进一步丰富，基础设施建设有待完善；破解制约教育发展的制度瓶颈刻不容缓，体制机制改革任重道远。

三、“十二五”时期上海教育改革和发展的总体战略

（一）指导思想

以邓小平理论、“三个代表”重要思想为指导，落实科学发展观，贯彻党的教育方针，实施国家和上海市中长期教育改革和发展规划纲要，践行“为了每一个学生的终身发展”的核心理念，着力提高人才培养水平，着力深化教育体制改革，着力推进教育内涵式发展，着力建设高素质教师队伍，聚焦教育热点难点问题，突破影响上海教育科学发展的瓶颈，推动各级各类教育全面、协调、可持续发展，为上海经济社会发展提供更有力的人才支撑、知识服务和精神引领。

（二）发展目标

依据《上海市中长期教育改革和发展规划纲要（2010—2020年）》确定的总体目标和阶段性任务，确定2015年上海教育的发展目标是：教育基本公共服务水平显著提升，教育管理体制机制更加完善，各级各类教

育结构持续优化，教育国际化和信息化水平明显提升，创新人才培养质量不断提高，为每一个学生的终身发展创造良好环境，为率先实现教育现代化、率先基本建成学习型社会奠定坚实基础（具体指标详见表1）。

表1 上海市“十二五”时期教育发展和人力资源开发主要指标

序号	指　　标	2010年	2012年	2015年
1	学前三年毛入园率（%）	96.0	97.0	98.0
2	义务教育阶段毛入学率（%）	99.6	99.7	99.9
3	残疾儿童义务教育阶段入学率（%）	95.8	96.5	97.5
4	高中教育阶段毛入学率（%）	91.7	95.0	97.0
5	每10万人口在校大学生数（人）	4580	5100	5140
6	普通高校在校生中留学生比例（%）	7.0	9.0	11.0
7	义务教育专任教师中本科及以上学历人员比例（%）	73.4	80.0	85.0
8	新增劳动力平均受教育年限（年）	14.1	14.5	14.7
9	25—64岁大专及以上人口比例（%）	25.7	29.0	35.0

注：大学生数包括普通高校和成人高校的在校学生数，留学生数包括接受学历学位教育和短期学习的人数。

（三）发展战略

为实现“十二五”时期上海教育发展目标，实施人才优先战略、公平促进战略、卓越发展战略、开放创新战略。

1. 人才优先战略。将人才作为上海教育发展的第一资源，倡导教育家办学，营造尊师重教社会氛围，建立有利于优秀教育人才脱颖而出和人尽其才的体制机制，努力建设一支高素质的教师、校长和教育管理者队伍。

2. 公平促进战略。将教育公平作为上海教育发展的基本价值取向，推动区域间、校际间教育的均衡发展，努力提供适应不同需求的个性化教育，维护和保障不同人群的受教育权利，促进每一个学生的全面发展。

3. 卓越发展战略。将卓越作为上海教育发展的坚定追求，坚持“面向现代化、面向世界、面向未来”，着力提升上海教育发展的内涵与质量，着力提高人才培养水平，打造与上海建设社会主义国际化大都市地位相匹配的卓越教育。

4. 开放创新战略。将开放创新作为上海教育发展的根本动力，进一步扩大教育开放，深入推进教育改革，显著增强上海教育与经济社会发展的联系与协调，形成多元、开放、充满活力的教育发展模式。

四、“十二五”时期上海教育改革和发展的主要任务

“十二五”时期，上海教育发展要坚持“为了每一个学生的终身发展”的核心理念，以全面实施素质教育为战略主题，以提高教育质量为核心任务，加强内涵建设，推动各级各类教育全面、协调、可持续发展。根据《上海市中长期教育改革和发展规划纲要（2010—2020年）》提出的十项教育综合改革重点试验项目和十项重点发展项目，结合“十二五”时期的实际需要，确定以下主要任务：

（一）加强理想信念、公民素质和健全人格教育，引导学生形成正确的世界观、人生观和价值观

牢固树立育人为本、德育为先的理念，以理想信念教育为核心，以公民素质教育为重点，以加强诚信教育为根本，以健全人格教育为基础，着力创新方式方法，着力提高队伍素质，着力健全长效机制，坚持把社会主义核心价值体系融入教育全过程，坚持把德育贯穿到育人的各个环节，增强德育的针对性、实效性和吸引力、感染力。

1. 整体规划大中小学德育课程。按学段、分层次、分模块，系统规划大、中、小学德育内容，构建有效衔接、渐次深化的德育课程体系。深入开展民族精神教育和生命教育。建设一批中小学、中职精品德育课，推出一批优秀的德育区（县）本、校本教材。打造一批学科德育的精品课群和精品视频。实施高校思想政治理论课教学改革试点项目，建设教学资源库，加强高校马克思主义理论学科建设。

2. 完善校外教育体系。统筹布局全市青少年实践活动基地，建设50个学生社区工作指导站和10个示范性职业体验基地，建立50个面向社区开放的学校素质教育综合基地和50个校外教育活动示范基地，规范

农村社会实践基地建设。总结世博会志愿者成功经验，倡导志愿服务精神，打造志愿者文化，成立志愿服务基地，建立学生志愿服务长效机制。

3. 加强心理健康教育。制定《上海市学校心理健康教育三年行动计划》，整合全市心理健康教育资源，完善心理危机干预和转介机制。加强学校心理健康教育机构建设，推动大中小学心理咨询与健康教育机构全面达标，实现所有学校专职心理健康教育教师持证上岗。制定心理健康教育课程建设标准，建设心理健康教育资源库。加强中小学“温馨教室”建设，建设100个“温馨教室”示范点。

4. 强化文化育人作用。建设上海市学生艺术实践基地、学校民族文化博物馆，建立上海高校校史馆、档案馆联盟。深入开展“高雅艺术进校园”活动，支持校园原创文化产品，组织“文化志愿者”巡演，精心打造“院士一课”等系列网上课堂，形成上海文化育人品牌。弘扬民族优秀文化传统和革命传统，推进“上海青少年人文经典读书工程”，广泛开展“中华诵·经典诵读行动”。推进艺术教育文教联盟建设，建设一批高水平学生艺术团队。

5. 提高网络思想政治教育工作水平。建立高校网络舆情机制，提升教育舆情汇集研判水平，有效把握师生思想动态。制定《“易班”建设与发展三年行动计划(2011—2013年)》，着力推进“易班”建设。利用大学生喜欢的网络形式，把学生思想政治教育融入教育教学各个环节。充分利用网络新媒体，加强网络内容建设，开展优秀校园网评选，营造健康向上的网络舆论氛围。

6. 促进德育教师专业发展。建立覆盖中小学各学科、各学段的骨干教师德育实训基地，构建教师人文素养培育资源平台。建立德育教师专业化培养制度，建设一批德育名师工作室。建立健全符合德育教师队伍特点的评价、激励机制，加强班主任队伍建设，落实辅导员双重身份、双重待遇和双线晋升政策。实施德育中青年教师“阳光计划”，培养专家型学生思想政治教育工作者。

7. 加大德育资源统筹力度。加强德育讲师团、社会教育志愿者和校外辅导员队伍建设。建立上海学校德育智库和专项研究团队，形成专家指导、政府督导的德育工作保障体系。推出学校德育理论研究和学生发展报告等一批研究成果，打造德育名刊名坛。促进家校合作，加强学校家庭教育指导课程与配套网络资源建设，培养优秀家庭教育指导教师和志愿者，建设一批覆盖全市的优秀家长学校和家庭教育示范基地，形成社会育人合力。

(二) 推动基础教育均衡、多样、优质发展，促进城乡教育一体化

以促进公平为重点，以提高质量为核心，优化城乡教育资源配置，深化课程教学改革，坚持学前教育的公益性和科学性，促进义务教育的公平性和优质化，推动高中教育特色化和多样化，为激发每一个学生的发展潜能奠定坚实基础。

1. 调整学校布局结构。配合郊区新城和大型居住社区建设，新建约710所公建配套中小学、幼儿园，在公建配套覆盖不到但入学矛盾突出的区域增建约150所中小学、幼儿园，形成与人口分布相协调的学校布局结构。在200所普通义务教育阶段学校，开展随班就读资源教室建设。实施特殊教育学校达标建设，完成3所特殊教育学校的扩建、迁建，新建一批学前特殊教育班，改善特殊教育办学条件。

2. 完善学前教育公共服务体系。实施学前教育“三年计划”，加大学前教育财政经费的投入，逐步提高托幼机构生均公用经费标准，加大对家庭经济困难儿童接受学前教育的资助力度。编制上海市学前教育机构保教服务标准，定期对各类幼儿园的保育、教育质量和管理水平进行督导。健全民办三级幼儿园与来沪从业人员随迁子女看护点审批制度，妥善解决来沪从业人员随迁子女接受学前教育与看护的难题。

3. 优化义务教育资源配置。加强市、区优质教育资源向郊区的辐射力度，探索多样化的城郊对口支援制度，完善优质教育机构托管薄弱学校的机制。完善义务教育均衡发展督导和评估机制，定期对区(县)内义务教育均衡发展的状况进行监测和督导评估，推进义务教育学校办学条件、办学经费、师资数量及结构等方面的均衡配置。推进义务教育骨干校长和教师在区(县)内合理流动。

4. 推动高中教育优质特色多样发展。制订并完善普通高中多样化发展指导意见。以高中学生创新素养培育为抓手，以创新课程内容与改变学生学习方式为重点，推进高中学校内涵发展。积极探索普职融合的高中办学多样化模式，建立普通高中教育与职业教育互相沟通与发展的新渠道。

5. 深化课程教学改革。修订和完善课程标准，强化课程标准对教学的指导作用，提高“课程建设—课程实施—课程评价”的一致性。实施中小学(幼儿园)课程领导力三年行动计划，探索建立区域内特色课程校际

分享保障机制。开展教育教学质量综合评价改革，引导学校建立教学质量保障体系。改进教学方法，提高课程教学有效性，切实减轻学生过重的学习负担，增强学生的学习能力、实践能力和创新能力。

6. 全面增强学生体质。认真落实"健康第一"的指导思想，全面实施《国家学生体质健康标准》，继续有效开展"阳光体育活动"。加强学校体育和健康教育课程体系建设，培育示范课程、精品课程。加强学校体育、卫生基础设施建设，推进体教结合，构建布局合理的大、中、小学一条龙课余训练体系。推进医教结合，完善"医生进校园"机制，建立学校卫生信息化公共服务平台。设立学生体质监测中心，促进学生体质监测的专业化、标准化。

（三）推进高等教育开放、特色、卓越发展，提高人才培养质量、科学研究水平和社会服务能力

推进高等教育内涵建设工程（"085 工程"），以培养学生的创新精神和实践能力为根本，以提高国际化水平为重点，建立分类指导服务体系，提升高校科技创新和服务经济社会发展的水平和能力，推动各级各类高校办出特色、争创一流，构建和谐共荣的上海高等教育新局面。

1. 建立高校分类指导、分类管理的体系。推动高校完善学校发展定位规划，制定上海高等教育整体定位规划。探索部市共建新模式，启动高水平特色大学建设，探索与行业共建特色高校，加强国家示范性高职院校和国家骨干高职院校建设。建立民办高校和公办高校合作机制。按照"扶需、扶特、扶强"的原则，形成周期性的院校规划定位与学科专业结构调整机制，制定上海高校分类评估标准，试点开展市属高校内涵建设绩效评估，完善高校拨款机制。

2. 创新高校人才培养模式。实施"卓越教育计划"，先行推进卓越科学教育、卓越工程教育、卓越医学教育、卓越文学艺术教育和卓越教师教育。改革教学方法，更新教学内容，强化实践教学环节，鼓励大学生创业、创新。加强研究生培养机制改革，加大高层次人才创新意识和创新能力培养的力度，完善产学研联合培养研究生制度，探索产学研结合的人才培养机制，强化科研机构和企业的导师在研究生培养中的作用，着力培养高素质的拔尖创新人才。

3. 加强高校学科专业建设。继续实施本科教学质量与教学改革工程，重点建设 200—300 个本科专业及其相关课程教材、实验室和一批产学研合作的校外人才培养基地。实施一流学科建设计划，提升上海高校的知识创新能力。到 2015 年，使 10 个以上学科具有冲击国际一流学科的能力和影响力，100 个左右学科成为国内一流的学科。

4. 启动专业学位研究生教育综合改革。大力发展专业学位研究生教育，建立产学研合作的全日制专业学位研究生培养基地，改革专业学位研究生培养模式。深入开展临床医学硕士专业学位与住院医师规范化培训结合的培养模式改革试验，推进医学教育改革。

5. 加强高校知识服务能力建设。推进产学研合作，聚焦国家战略和区域发展的总体目标，重点建设若干个高新技术产学研合作开发中心、现代服务业知识服务中心和高级战略发展研究中心。加强"上海高校技术市场"建设，开展知识服务团队建设，打造一支对接科技开发和市场需求的技术经纪人队伍，提高高校科技成果转化率。

6. 提升行业高校发展能力。加大对行业高校的扶持力度，探索建立"政府统筹管理、行业企业参与、学校自主发展"的行业高校运行机制，凸显"校企合作"特色，推进行业高校内涵发展，加快提升行业高校的整体水平和综合实力。

7. 提高大学生就业工作质量。建立和完善高校毕业生就业服务体系，开展高校毕业生就业工作创新基地建设，进一步提升高校毕业生就业能力和创业能力。着力加强网络就业市场建设，深入开展毕业生就业状况跟踪调查，增强高校专业设置的科学性和适应性。

（四）促进职业教育做精、做特、做强，提升服务经济社会发展的水平

以提高人才培养质量、服务区域经济社会为重点，构建现代职业教育体系。通过示范校建设，进一步提升职业教育基础能力和办学水平。进一步深化校企合作，推进工学结合，促进学历教育与技能培训相结合，建立政府、行业、企业及社会共建职业教育的新机制，密切职业教育与经济社会发展的联系，为上海经济社会发展提供知识型、发展型技能人才。

1. 构建现代职业教育体系。完善应用性人才培养体系，探索多样化职业教育发展模式。建立健全职业资格证书和学历证书的双证书体系，完善学历教育与技能培训相结合的体制机制，强化就业准入制度。推进

中等和高等职业教育衔接试验，扩大中等和高等职业教育贯通培养试点的规模。支持职业院校面向社会和普通学校开放教育培训资源，健全中高职院校之间、学校和企业之间实验实训等资源的共享机制。

2. 推进示范性职业院校和职业教育集团建设。构建由国际先进、国内一流和上海特色三个层次示范院校组成的职业教育示范院校体系。三分之二中等职业学校达到国家示范性中等职业学校的基本标准。1—2所高职院校达到国际先进水平，新增3所国家示范性高职院校，使上海国家级示范性高职院校数达到7所，新增6所市级示范性高职院校。加强学校与行业企业的合作，建设10个行业性和区域性职业教育集团。

3. 创新专业建设模式。示范性院校每个主干专业至少与一家国际或国内著名企业实行紧密型校企合作办学，继续重点建设150个与上海经济社会发展密切相关的专业，在此基础上打造100个左右特色鲜明并具有示范引领作用的中职精品(特色)专业(点)，重点建设200个高职高专专业。鼓励中、高职院校与国外知名职业院校联合办专业，引进国外相关专业课程和管理模式，将国际职业资格标准融入专业教学，结合上海经济社会发展需求，建设重点专业群和新专业。

4. 加强开放实训中心建设。完善职业教育开放实训中心的布局和功能形态，强化开放实训中心服务实践教学和社会发展的功能，依托行业企业和职业院校，建设和完善100个面向社会的开放实训中心，重点培育高质量实训中心。加强政策引导，利用企业的资源优势，加强校外实训基地建设，形成“多元、开放、共享”的职业培训平台，重点建设30个技能型人才培养培训基地。

5. 建设“双师制”、“双师型”教学团队。建立职业院校与企业人员交流机制，资助职业院校特聘兼职教师，使中等职业学校来自企业的兼职教师数量和承担课时比例均达到30%，高等职业学校来自企业的兼职教师数量和承担课时比例均达到40%。建立在编专业教师每3年到企业生产一线的实践时间不少于半年的专业培训或到企业挂职锻炼的定期培训或社会实践制度。实施职业院校校长和中层干部管理能力提升计划、百名“专业带头人”培养计划、专任教师素质和能力提升计划。

(五) 加快继续教育向多层次、多类型、多渠道方向发展，满足市民多元学习需求

有效整合各类学习资源，推动学校教育资源和社会教育资源的双向开放。搭建市、区(县)、街道(乡镇)、居(村)委会四级学习平台和站点，构建学历和非学历教育并举、职前职后贯通的继续教育体系，形成教育机构、社会机构和企事业单位共同参与继续教育的格局，为每一个人的终身发展服务，为上海率先基本建成学习型社会奠定基础。

1. 完善各级市民终身学习公共服务机构建设。各区(县)建立社区学院，各街道(乡镇)建立社区学校，建设3000个居(村)委会社区教育站点，重点完善1500个居委、行政村社区教育学习站点。

2. 建设开放性终身教育学习和服务平台。以上海远程教育集团及上海电视大学为数据服务和信息管理中心，办好上海开放大学，建设全市性的市民终身学习平台。整合各类教育信息资源，联合社会各种信息化服务平台，实现全市终身教育的课程资源、教师资源、校舍资源、管理资源、信息化资源的开放共享。建立市民终身学习电子档案。

3. 加强网络学习课件和特色课程建设。强化上海终身教育“学习网”建设，集中建设能够适应50万用户级规模的在线学习的“学习网”管理系统，完善“学习网”服务系统。新开发1000门网上终身学习课件资源，100门网上终身学习特色课程资源。

4. 建设惠及全市市民和来沪从业人员的技能文化培训网络。设立政府专项资助资金，探索建立政府、企业、社区、学校合作培训机制，建立30家示范企业和30个示范培训教学点。推动有关企业依法足额提取并合理使用企业职工教育经费，对本单位来沪从业人员的岗位与技能培训实现全覆盖。

5. 加强老年教育建设。完善老年教育机构布局，建立老年教育网络，整合各方资源，在每个街道建立老年教育机构，使老年人能就近学习。支持市老年大学发展，进一步改善教育教学设施，提高信息化水平。在部分养老机构探索开展老年教育，积极筹划养教结合的老年教育中心建设。

(六) 加强师德师风建设和创新素质培养，造就高水平师资队伍

进一步加强师德师风建设，提高教师职业道德水平，强化教师爱岗敬业和教书育人意识；加强教师创新素质培养，着力提高教师的教书育人能力；进一步推进人事制度改革，造就一支师德高尚、业务精湛、结构合理、充满活力的高素质专业化教师队伍，使教师真正成为学生全面发展的高素质的指导者和引路人。

1. 加强师德师风建设。表彰在教书育人中辛勤耕耘、为人师表、关爱学生、无私奉献的杰出教师。健全

德育骨干教师的专业化培养机制，加强学科教师育德能力培养，建立若干优秀德育教师工作室和研修基地。健全师德规范，加强考核管理，加大对师德失范和学术腐败行为的教育和惩戒力度。

2. 改革教师培养培训模式。创建一批覆盖全市各区县的教师专业发展学校暨师范生学习基地，建设若干所区(县)示范性教师培训机构，建设若干个市级校长、骨干教师研修基地，设立特殊教育、民族教育、艺术教育类教师研修基地，为所有中小学教师创造适合专业发展的在职培训机会。建立境外教师培训基地，创设有利于教师出国(境)培训的机制，加大骨干教师出国(境)培训力度。创新免费师范生培养模式，提高免费师范生培养质量。继续推进“双名工程”，选拔、培养500名名师、名校长后备人选。

3. 完善教师资格考试和职务评聘制度。完善教师资格考试制度，提高教师资格准入标准，强化入职教师的基本素质和教育教学能力要求。研究试行教师资格定期注册制，切实提高新教师尤其是非师范类专业毕业的新教师的教育教学能力。制定统一的中小学教师职务评聘办法，在中小学设立正高级教师职务。完善职业院校专业教师的资格标准，完善中等职业学校专业教师专业技术职务评聘办法。

4. 推进中小学校长职级制度改革。完善中小学统一的校长职级标准，建设专业化校长队伍。建立符合中小学特点、促进校长成长和学校发展的激励机制，推动校长有序流动。

5. 建立区域内教师合理流动机制。坚持政府主导、区域统筹、分类实施、有序推进的原则，构建基础教育人力资源优化配置、激励保障的机制，引导区域内教师合理流动，促进全市基础教育均衡发展，进一步扩大教育公平。

6. 创新农村教师、校长培养、培训制度。实施“上海市新农村教师专业发展培训项目”，培训600名1—5年教龄的农村骨干教师。开办“上海市农村优秀青年教师专题研修班”，培训500名5年以上教龄的优秀青年教师。每年重点培训10年以上教龄的校长、骨干教师、教研员800名。组建特级教师讲师团，建立名校长、名师指导郊区教师专业发展的机制。

7. 加强高校师资队伍建设。加大海外高层次人才引进力度，争取有一批引进人才入选国家和上海“千人计划”。继续实施“上海高校特聘教授(东方学者)岗位计划”，选拔培养一批“东方学者”，形成“千人计划”后备队。完善上海高校选拔培养优秀青年教师相关项目，选拔培养500名高校优秀青年教师。加大对广大中青年教师的培养力度，为中青年教师专业发展营造良好环境。实施“教师产学研践习计划”，提高教师实践能力和社会服务能力。改革高校教师考核评价标准，形成定性与定量结合、岗位类型与要求结合的评价制度，鼓励所有教师专心育人、潜心治学。

8. 提高教师队伍的国际化程度。完善教师境外交流访学制度，逐步提高教师海外进修与培训的比例，鼓励中青年教师赴境外进修培训和参与国际学术活动，倡导现有高层次人才到国际学术组织任职。加大外籍教师聘任力度，积极吸纳海外高层次人才，集聚一批具有国际竞争力的学术大师和优秀领军人才。

(七) 创新教育合作与交流机制，建设国际教育交流中心城市

加强国际理解教育，增强学生国际交流、理解、合作和竞争的能力。创新中外合作办学机制，提高国际合作与交流的水平和层次，促进上海教育的改革和发展。加强能力建设，提升来华留学生教育和服务的质量，为把上海建设成为国际教育交流中心城市奠定基础。

1. 开展中小学国际理解教育。研究编制中小学“国际理解”系列课程教材，在部分区县和学校试点开展国际理解教育活动。鼓励有条件的学校在中外课程融合、中外教师交流、中外学生互动等方面积极探索，在部分高中开设拓展性国际课程。加强中小学多语种教学改革，提升学生的国际意识、国际交往和国际理解能力。

2. 加强留学生教育的专业和课程建设。鼓励高校在国家和市级重点学科中，加强多语种、高水平专业建设，打造50门用外语授课的精品课程，编写“当代中国研究”中外文系列课程教材，提升对外国留学生的吸引力和培养水平。

3. 改善留学生的教育和服务环境。建设留学生预科学院，提升留学生的语言和学习能力。建设20个“外国留学生中国文化体验基地”和10个“外国留学生实践基地”；增加上海市人民政府外国留学生奖学金经费总额，吸引更多的学生来沪留学，提高攻读学历学位留学生的比例。建设“上海暑期国际学校”，积极搭建人文交流平台。多方配合，建立外国留学生服务中心，为来沪留学生提供便捷的综合服务。加强外籍人员子女教育体系建设，为外籍人员子女提供可选择、高质量的教育服务。

4. 引进世界一流大学合作办学。适应上海建设国际化大都市的需要，创新中外合作办学机制，吸引世界知名高校，合作举办一批高水平教育机构或项目，提高上海教育的国际化水平。

5. 建立中外合作办学质量保障机制。发挥行业组织作用，建立和完善中外合作办学认证制度，促进国际和校际间的学分转换和学历互认，提高中外合作办学质量。

6. 实施学生海外学习、实习计划。资助上海高校学生赴世界知名大学、上海友好城市高校、国际组织、世界著名企业交流、学习和实习，提高学生的国际交往和竞争能力。到2015年，受助学生人数占本市高校在校生总数的2%。每年资助2%的中职学生到海外游学，到2015年，赴海外游学的中职学生达到5000人次。

7. 提高上海教育的国际竞争力。积极引进海外教师、专家、管理人员和其他优质资源，开展联合科学研究，提高教学、科研和管理水平。实施走出去战略，鼓励各级各类高水平特色学校到国外办分校，鼓励上海高校参与和组建国际学术和教育组织。加快孔子学院、孔子课堂建设，发展中医药、体育、音乐等专业性孔子学院。

（八）构筑实用便捷和服务改革的信息化环境，提高教育现代化水平

按照“面向一线、提升服务、加强统筹、优化基础”的原则，以提升网络宽带化和应用水平为核心，建设全覆盖、全领域的教育信息化基础设施，完善高效、可靠的教育公共应用服务体系，为每一个受教育者提供时时处处的个性化服务。

1. 优化教育信息化基础设施环境。以上海教科网和“校校通”网络系统为基础，加强各级各类教育机构的信息化环境建设，建设高速可靠、开放共享、持续发展的教育系统网络基础设施。到2015年，基本实现光纤网络覆盖，上海教育城域网主干带宽达到十万兆，对所有高校校园网具有万兆接入能力，对全市区县级“校校通”网络实现万兆接入，室内公共服务区域的无线局域网（WLAN）覆盖率达到90%以上。

2. 构建优质教育资源共建共享机制。以“上海学习网”和上海教育资源库的建设为基础，构筑各级各类教育机构共建共享优质资源的新机制，建立基于跨校认证体系和信息化标准体系的资源共建共享联盟。到2015年，跨校认证体系覆盖率达到90%以上，基本完成覆盖各级各类教育所有课程的教育资源库建设，基本实现教育机构数字资源的共享。

3. 推进教育教学手段和模式的创新。以数字化学习环境建设和学习方式变革试验为基础，探索具有信息化特质的教育教学手段和模式。到2015年，90%以上的教育教学新模式、新手段使用信息技术，80%以上的教师合作、师生互动在数字化学习环境中开展。

4. 提升师生的信息化素养和应用能力。以信息化技能、信息化学习和信息化生存为基础，加强教师信息技术应用培训，引导学生运用信息技术开展学习活动。到2015年，95%以上的教师能熟练运用信息技术开展教育教学，90%的学生能运用信息技术进行自主学习、探索研究并解决学习和生活中的问题。

5. 提高教育管理信息化的公共服务水平。以建设教育管理公共服务平台为基础，规范教育信息化的管理体制与机制，整合各级各类教育管理资源，全面提升管理水平和服务质量。到2015年，100%的公共教育信息通过教育管理公共服务平台发布，95%以上的教育管理信息通过信息化系统采集。

五、“十二五”时期全面推进教育综合改革试验的举措

做好教育部和上海市共建国家教育综合改革试验区的各项工作，以率先转变教育发展方式、率先加强创新人才培养、率先扩大教育开放、率先实现教育基本公共服务均等化为主线，全面实施教育综合改革试验，加快上海教育现代化进程。

（一）探索教育基本公共服务均等化改革试验，促进教育公平

强化政府责任，转变政府职能和管理方式，优化城乡教育资源配置，推进义务教育均衡发展，推动优质教育资源的扩大和共享，促进教育公平。

1. 缩小区域间教育财政经费差距。区（县）切实落实“三个增长”的要求，保证财政资金优先投入教育。加强市级财政统筹，加大市级财政的转移支付力度，继续向远郊地区、经济困难地区和人口导入区倾斜，进一步缩小区域间生均经费差距。

2. 保障来沪从业人员随迁子女受教育权利。继续扩大义务教育阶段公办学校招收来沪从业人员随迁子女的比例，提高其接受义务教育的质量。扩大中等职业教育招收来沪从业人员随迁子女的比例，逐步试点在本市中职毕业的来沪从业人员随迁子女就读高职的政策。

3. 提高校园安全保障水平。全面完成中小学校舍安全工程,使学校校舍达到重点设防类抗震设防标准,并符合其他防灾避险安全要求。加强安全教育,切实提高学生安全防范意识和逃生、自救能力。出台《上海市学校安全保卫工作条例》和《上海市中小学幼儿园安全防范管理基本要求》。加大安全管理投入,不断提高学校人防、物防、技防水平和突发事件应急处置能力,为学校发展提供安全环境。

4. 完善家庭经济困难学生的资助制度。在巩固免费义务教育成果的基础上,建立家庭经济困难学前儿童资助制度,逐步实行中等职业教育全免费,加大高中阶段家庭经济困难学生的资助力度,开展普通高校学生资助绩效评估,完善本专科学生、研究生资助政策,保证不让一个学生因家庭经济困难而辍学。

5. 保障残障儿童的受教育权益。完善普通幼儿园、中小学残障学生随班就读体制,促进残障学生与正常学生的融合。推进新一轮特殊学校建设改造工程,实现特殊教育机构中残障学生教育与康复的有机整合。推进医教结合试验,加强残障儿童早期诊断、综合干预的运行机制,让残障学生在理解、关爱中发展。

6. 加大对民办教育的支持力度。完善民办教育发展专项资金项目,建立和完善相应的公共财政对民办教育的资助制度,逐步将支持经费纳入市和区(县)教育财政预算。建立民办学校教师同等权益保障机制,保障民办学校教师依法享有与公办学校教师同等的权利。加大对以招收来沪从业人员随迁子女为主的民办小学补贴力度。

(二) 探索创新人才培养改革试验,为建设创新型国家和创新型城市提供人才支持

立足于全体学生,健全创新人才培养机制,使创新人才培养在学校教育各学段间有序衔接,让每一个学生都能得到创新意识培养和创造潜能开发的机会,使广大学生的创新素质普遍提高、创新潜质突出的学生的创新能力显著提高。

1. 开展拔尖创新人才培育试验。关注中小学生的潜能发展,在课程设置、教学途径、学习管理与评价办法等方面进行研究,探索普通高中学生创新素养培育新模式。在普通高中选择少数有条件的学校探索拔尖创新人才培育模式,加大优秀创新人才培养力度。探索建立科研机构、高等院校、科普基地与中小学校联合培养学生创新能力的有效机制。

2. 建设创新实验学生虚拟体验中心。建设创新实验学生虚拟体验中心和虚拟实验应用服务平台,为全市在校学生参与创新实验竞赛活动提供平台。按学科创建虚拟实验室系统,向全市中小学、中职和高等院校开放。

3. 创新区域教育内涵发展机制。针对中小学生课业负担过重的问题,确立科学的教育质量观,创新内涵发展的工作机制。充分发挥博物馆、科技馆等公共文化设施的教育作用,丰富学生的学习资源,全面实施素质教育,满足不同学生多样化的个性需求。探索区域性培养青少年创新精神和实践能力的有效机制和运作模式。

4. 开展数字化课程环境建设和学习方式变革试验。通过数字化课程环境建设,促进课程改革,创设新型教学模式,实施中小学生电子书包等试点项目,丰富学生学习方式,实现学生自主、便捷、高效、个性化学习,促进教学方式的转变。

5. 深化招生考试制度改革。以推进素质教育、培养创新人才为导向,探索考试与招生相对分离的办法,建立分类考试、综合评价、多元录取的考试招生制度。强化综合素质评价与高中学业水平考试在高校招生中的作用。推动建设体现科学化、专业化、标准化的考试管理工作体系。

(三) 探索教育与经济社会发展联动改革试验,增强教育知识创新和知识服务能力

加强教育体系与经济社会发展的协调互动,主动适应产业升级、经济发展方式转变和社会进步对教育的新需求,探索产业结构调整、学科专业设置、人才培养培训同步规划机制,增强教育的适应性。

1. 探索政府、行业、企业、高职院校办学体制、机制创新。探索职业教育基础能力分担建设机制,建立由政府、行业、企业参与共建共管的办学体制,探索多种形式的合作办学模式。探索地方政府支持教育、产业反哺教育的有效机制,促进高等职业教育融入产业发展、区域经济发展。建立完善高等职业院校教师企业实践制度,建设"双师型"教师队伍。

2. 优化学科专业结构。结合上海经济社会和产业发展需求,加强重点专业建设和开设新专业,推进学科专业和产业的有机对接。继续推进学科专业结构调整,聚焦先进制造业和现代服务业,持续开展学科专业目录修订及结构调整,合并或停办不适应经济社会发展需要的学科专业。

3. 强化高等学校知识服务功能。依托高等学校优势学科，充分整合各方面资源，建设一批资源共享、开放合作的高等学校知识服务平台。优化知识服务体制机制，建立高等学校知识服务能力评价指标体系，形成优势互补、风险共担、利益共享的产学研战略联盟和市场导向、产学研结合的技术创新体系。强化大学科技园区的孵化功能，进一步推动校区、园区和城区“三区联动”。

（四）探索终身学习新机制改革试验，促进学习型社会建设和终身教育体系进一步完善

引导每个市民树立和践行终身学习理念，建立各级各类教育互相衔接沟通的机制，使全社会的教育与学习资源得到充分开发和利用，促进学校、社会、组织和家庭共同建设“人人皆学、时时能学、处处可学”的学习型社会。

1. 建设全方位实施终身教育的上海开放大学。以上海开放大学为龙头，促进本市各类教育横向沟通、纵向衔接、内外结合。制定开放大学章程，组建学校理事会，完善宽进严出的学习制度，建立学分银行，探索学分认证制度，建立办学质量保证体系。

2. 探索建立学习成果认证和“学分银行”制度。制定普通学历教育、技能证书、工作经历、技术发明等学习经历及其成果的学分转换办法，实现成人学历教育之间的学分互认，中高等职业教育的学分衔接，促进学历教育与非学历教育的融通以及上海普通高校与成人高校、自学考试、网络学院之间的学分互认。

3. 完善终身教育领导体制和目标责任制度。强化政府在支持和推动终身教育体系和学习型社会建设中的主导作用，成立“终身开放教育质量评估委员会”和“终身教育学分标准与认证委员会”，整合各级各类终身教育资源，构建制度完善、覆盖全市、惠及各类人群的开放教育体系。

4. 建立满足各类群体学习需求的教育资源供给与服务体系。鼓励各类学校及教育机构以提供课程资源的形式开展终身教育，构建以社区学院、社区学校、居(村)委学习活动站点为依托的终身教育学习圈。

（五）探索政府教育行政职能转变改革试验，进一步完善办学体制和管理体制

着力深化教育体制改革，强化政府公共教育服务的责任和义务，改革政府治理模式，建立完善教育依法行政的架构，建立新型的政校关系，形成政府主导、社会参与、主体多元、形式多样的办学格局，促进民办学校和公办学校有序竞争、协调发展。

1. 深化教育管理体制改革。完善基础教育“两级政府、两级管理”的体制，逐步加大市级政府对义务教育经费投入和教育资源配置的统筹力度。完善部市共建、市域统筹为主的高等教育管理体制，健全校区、园区、社区联动的机制。探索市和区(县)两级管理、政府统筹、社会参与的职业教育新体制，推进校企合作、工学结合。改革高校管理体制，完善“党委领导、校长负责、教授治学、民主管理”的现代大学制度。积极推进教育信息公开，探索教育与社会双向沟通互动的新机制，保障社会公众对教育的知情权和参与权。

2. 完善教育督导制度。加强教育督导与教育决策、教育执行之间的统筹协调。开展督政和督学，推动区(县)政府落实教育基本公共服务均等化职能，推动中小学校长依法自主办学。依托上海市教育督导委员会，探索建立教育督导独立行使职能的管理办法。在义务教育均衡发展督导考核和评估中，将区(县)财政教育投入自身努力程度与市级教育财政转移支付挂钩，探索实施督学委派制和教育督导问责制，完善教育督导公示公报制度，主动接受社会与媒体监督。

3. 探索营利性和非营利性民办学校分类管理办法。探索对营利性和非营利性民办学校执行不同的财务制度、会计核算方法。依法落实民办学校法人财产权，确保民办学校法人具备独立承担教育教学的民事行为能力。建立公共财政资助体系，探索公共财政对不同类型的民办学校资助和扶持的不同政策。

4. 促进民办学校规范办学和健康发展。完善民办教育地方立法工作。规范民办学校财务会计与资产管理制度，建立以成本核算的收费机制和政府公共财政支持的扶持机制，统一会计制度、经费账户、财务软件、收费软件，健全民办学校财务信息监管平台。探索建立民办教育基金会制度，保护民办学校举办者、教师和学生的合法权益。

5. 建立新型高校后勤保障体系。坚持学校后勤服务的公益性质，促进学校后勤服务规范运行。建立学生食堂价格调控和后勤服务质量监管长效机制。推动高校生活设施配套实事工程建设，满足学生日益增长的生活和安全需求。推进节约型校园建设，创建低碳、绿色、环保、和谐校园。

6. 完善政府购买服务机制。建立健全教育中介服务机构准入、资助、监管和行业自律制度。积极扶持和培育研究型的教育中介机构、认证和评价性的中介机构以及行业协会类的社会组织，逐步把教育咨询、学

校课程设置、教育考试和鉴定、教育质量评估、就业与人才交流等业务管理工作委托给专业的中介机构。

7. 推动社会性教育培训有序健康发展。鼓励社会力量适应社会需求，兴办各类社会性教育培训机构。建立健全跨部门的监管体系，加强规范管理，维护市场秩序。

（六）探索教育合作联动发展新机制，提升上海教育的服务能力

服务国家战略，推动长三角共同建立教育合作与联动发展的新机制，探索教育合作的新模式，完善上海教育服务长江流域、服务中西部地区、服务全国的长效机制，提高上海教育在全国的影响力。

1. 建立健全长三角教育联动发展机制。积极推进与教育部共同签署“共建长三角教育综合改革试验区协议”，在重大教育事项区域统筹管理方面实现突破，形成统筹有力、权责明确的跨省市协作改革的新格局，推动长三角地区成为全国区域教育综合改革与科学发展的先行区、区域教育体制改革创新的试验田、区域教育联动发展和协作改革的示范区。

2. 探索创新人才协作培养机制。加强长三角地区的教师和学生交流，完善长三角中小学名校长联合培训计划，探索多样化、制度化的学生交流长效机制。探索高校学科专业、学位点审批的部分统筹设置权，推动区域教育资源的合理配置。争取在区域内协作推动招生考试制度创新方面实现突破，努力建立长三角地区高层次人才培养的协作机制。

3. 加大对口支援地区人才培养力度。扩大内地民族班招生规模，继续办好内地民族班和新疆、西藏中职班。继续推进本市与对口地区的中职学校开展联合招生合作办学，为当地经济建设培养具有民族区域特色和产业经济特色的技能型人才。加大对口新疆定向培养力度，本地高校面向新疆招收的本科预科和高职新增招生计划，主要用于招收喀什地区考生。协调市属高校扩大对口新疆招生规模，提高工科类等急需专业的招生比例。

4. 加强对口支援地区教师培训和支教。按照中央和市委、市政府的统一部署，认真完成新疆少数民族双语骨干教师来沪培训任务，做好新疆中小学校长来沪挂职工作。选派上海优秀教师赴新疆喀什地区和云南省贫困地区支教。

5. 做好对口支援地区学校校舍设施援建工作。帮助对口支援地区改进义务教育学校的校舍条件，帮助受援地区新建、改扩建一批义务教育阶段寄宿制学校，改善学生住宿条件。支持有关中等职业学校配置教学、实训设备设施，改善教学、实训条件，提高办学质量。建成上海至新疆喀什莎车县双向互动教学系统。

六、“十二五”时期促进上海教育改革和发展的保障措施

（一）组织保障

切实加强对教育规划实施工作的领导。凸显上海市教育体制改革领导小组对教育改革和发展的领导作用，统筹协调教育改革和发展的重大决策。明确各有关部门的目标任务，建立健全实施机制，落实工作责任。将《上海市中长期教育改革和发展规划纲要(2010—2020年)》和本规划的实施情况纳入各级政府领导班子的政绩考核体系。

（二）法制保障

坚持依法治教，加强教育法制建设。做好《上海市实施〈中华人民共和国民办教育促进法〉办法》、《上海市教育督导条例》等地方性法规的制定工作；做好《上海市中小学校学生伤害事故处理条例》的修订工作；做好《上海市教育评估暂行规定》、《上海市公共场所外文使用管理规定》等市政府规章的制订工作。

完善协助各级人大、法制部门监督检查教育法律法规执行情况的工作机制，完善教育司法救济制度。切实加强依法治校，推进依法治校示范校建设，推进现代学校制度建设。

（三）经费保障

落实“三个优先”。坚持教育优先发展，切实保证经济社会发展规划优先安排教育发展、财政资金优先保障教育投入、公共资源优先满足教育和人力资源开发需要。

强化政府教育投入的责任。积极推进教育经费投入体制改革，优化教育经费投入结构，建立以政府投入为主的多元经费筹措机制。结合《上海市中长期教育改革和发展规划纲要(2010—2020年)》的实施，2012年全市财政性教育支出占一般预算支出的比例达到15%，以后逐年增加。“十二五”时期投入140亿元，用于推进《上海市中长期教育改革和发展规划纲要(2010—2020年)》提出的十大重点发展项目。

提高教育资源的使用效益。发挥财政资金的政策导向作用，改进资金管理方式，加强绩效评估研究，建

立在绩效评价基础上的教育公共财政拨款体制，提高教育经费投入的科学性和使用效益，优化教育资源配置。

加强经费使用监督。强化重大项目建设和经费使用全过程审计，确保经费使用规范、安全、有效。

（四）制度保障

健全教育决策机制。充分发挥上海市教育决策咨询委员会的作用，完善重大教育决策咨询制度，推进教育决策科学化和民主化。重视教育科学研究，加强教育“智库”建设，提高教育政策咨询与研究的针对性、有效性和前瞻性。建立健全教育重大事项公示与听证制度，落实和扩大人民群众对教育决策的参与。

加强规划的组织与落实。各区（县）政府和有关单位要结合《上海市中长期教育改革和发展规划纲要（2010—2020年）》和本规划，制定本地区、本单位的教育改革和发展“十二五”规划。采取切实措施，结合年度计划的制定，把《上海市中长期教育改革和发展规划纲要（2010—2020年）》确定的各项目标、任务落到实处，形成上下结合、共同实施的局面。

完善监督检查机制。组织对本规划实施情况的跟踪监测，建立中期评估和年度监测制度。完善考核机制和问责制度，明确问责范围，规范问责程序，加大责任追究力度。

建立政策实施效果监督与评估机制，试点探索第三方社会力量跟踪评估教育发展制度。发挥媒体的宣传引导作用，建立教育与社会部门沟通平台和协调机制。

上海市人民政府关于印发《上海市青少年发展"十二五"规划》的通知

（沪府发〔2012〕29 号）

各区、县人民政府，市政府各委、办、局：

现将《上海市青少年发展"十二五"规划》印发给你们，请认真按照执行。

上海市人民政府

2012 年 3 月 19 日

上海市青少年发展"十二五"规划

青少年是祖国的未来、民族的希望，是全面建设小康社会的重要人才资源，也是社会主义经济建设、政治建设、文化建设、社会建设和生态文明建设的积极参与者和重要力量。青少年的发展，既是其自身成长的需求，也是家庭幸福、社会和谐、城市发展、国家强盛和民族崛起的基础。为实现好、维护好、发展好青少年的根本利益，推动上海青少年事业全面协调可持续发展，动员青少年为实现上海经济社会发展"十二五"宏伟目标作出贡献，制定本规划。

一、上海青少年的基本状况及发展趋势

（一）上海青少年基本情况

本规划所称"上海青少年"，为本市 14—35 周岁的常住人口。据 2010 年本市第六次人口普查显示，本市 14—35 周岁的青少年常住人口为 892 万，占全市常住人口总数的 38.7%。常住青少年男女性别比为 106∶100。其中，来沪青少年常住人口占青少年常住人口的 56.5%，占来沪常住人口的 56.1%。

以"80 后"、"90 后"为主体的新生代上海青少年不仅是未来的力量，也是现实的力量；不仅是传承的力量，也是变革的力量。得益于改革开放的时代机遇和国际化大都市的浸润孕育，上海青少年引领社会风气之先，创新成为青少年的追求，公益成为青少年的时尚。但是，青年问题社会化、社会问题青年化的发展趋势，也使青少年在就业方式、价值取向、利益诉求等方面日益呈现出多元化、多样性、多层次的群体特征。为适应上海青少年群体的发展趋势，更好地满足不同青少年群体的多元需求，本规划把青少年划分为三类基本群体：

1. 在校学生：就读于本市各类全日制初中、高中、中专、中职、中技以及大专院校的青少年；
2. 在职青年：年满 16 周岁，从事一定的社会劳动并取得劳动报酬或经营收入的青少年；
3. 失业青年：年满 16 周岁，不在全日制学校就读，有劳动能力，无业而要求就业的青少年。

同时，为了推进工作的需要，将青少年群体细分为未成年人、来沪青少年、贫困青少年、残疾青少年、社区青少年、罪错青少年、外籍青少年等不同群体。

（二）"十一五"期间上海青少年发展的主要成就

"十一五"期间，本市在《上海青少年发展"十一五"规划》确定的六大青少年发展优先领域，取得了重要进展。

一是在青少年教育方面，努力保障青少年平等受教育权利和机会，免除农村、城市义务教育阶段学生学杂费，鼓励公办学校增加招收农民工同住子女，全市青年劳动力（16—35 周岁）的平均受教育年限达到 14.1年。

二是在青年就业方面，实施积极的促进就业政策，鼓励创业带动就业，加强职业培训和技能振兴，进一步完善就业援助机制，扩大基本社会保障覆盖面，本市高校毕业生总体就业率保持在90.0%以上。

三是在青少年参与方面，利用上海世博会契机，组织和引导广大青少年全面参与城市建设和志愿服务，为上海经济社会发展贡献青春智慧和力量，青少年每年参加公益服务的平均时间达到21.9小时。

四是在青少年健康方面，全面实施"青少年健康促进计划"，深入开展学生常见病的监测和防治工作，积极推进"阳光体育"等青少年群众体育活动，大力发展青少年心理健康教育和咨询辅导服务，中学生体质健康的达标率为83.5%，青少年的心理系统测试平均分为96.43(满分150)，处于较好水平。

五是在青少年闲暇方面，大力扶植、发展青少年文化艺术事业，加强青少年的国际、国内文化交流。引导和培育各类青少年社团组织开展丰富多彩的青少年活动，有效提升青少年闲暇活动的时间与品质，推动80%的学校体育场地课余时间向青少年开放。

六是在青少年维权及犯罪预防方面，建立健全青少年维权网络，加强青少年法制宣传教育，有效保障各类青少年群体合法权益。同时，积极探索社工联校、涉罪未成年人社会观护等预防青少年违法犯罪工作新机制，依托遍布全市的职业化、专业化青少年事务社工队伍开展预防青少年违法犯罪工作，25岁以下本市户籍的青少年违法犯罪人数下降49.2%。

（三）"十二五"期间上海青少年发展的背景

"十二五"时期是上海加快推进"四个率先"、加快建设"四个中心"和社会主义现代化国际大都市的关键时期。"创新驱动、转型发展"，是上海在更高起点推动科学发展的必由之路。它将全面提升经济社会发展水平，并为青少年的学习教育、就业创业和社会参与提供更多机会和保障。同时，也对青少年的公民素养、身心健康发展水平和权益维护、犯罪预防工作提出了更高要求。总体来看，上海青少年的成长发展还面临着一些问题。如青少年公民素养还需进一步提升，以适应社会主义现代化国际大都市的发展目标；青少年身心健康问题日益增多，需要引起全社会的广泛关注；青少年教育资源配置不够均衡，特别是来沪青少年的教育需要更加重视；青年就业形势依然不容乐观，而青年创业的能力和热情有待提高；青少年参与融合的意愿日趋强烈，但途径和方式还需要深化拓展；青少年维权及犯罪预防工作的复杂程度不断增加，制定预防青少年违法犯罪地方性法规的呼声日益高涨。

二、"十二五"时期上海青少年发展的指导思想和总体目标

（一）指导思想

高举中国特色社会主义伟大旗帜，以邓小平理论和"三个代表"重要思想为指导，深入贯彻落实科学发展观，按照加快推进"四个率先"和建设"四个中心"的要求，坚持"青少年优先发展，增强大都市活力"的原则，立足青少年的群体多样性和需求多元化现状，结合上海经济社会发展的实际状况，制定既符合社会发展规律和青少年全面发展要求，又具有鲜明时代特征与上海特点的社会主义现代化国际大都市青少年发展战略。

（二）总体目标

围绕"让青少年生活有更好憧憬"的主题，根据上海"十二五"期间的总体发展目标和要求，依托"党委领导、政府负责、社会协同、公众参与"的社会管理格局，切实明确党政职能部门、各类社会组织和其他社会力量的角色责任，发挥共青团组织在本市青少年工作中的核心作用，加快形成整体合力，探索建立长效机制，激发青少年自身发展的能动性，增进青少年群体的社会融合，促进青少年在公民素养、身心健康、教育学习、就业创业、参与融合、维权和犯罪预防六个领域优先发展，力争到2015年，使上海青少年发展继续保持全国领先，并达到与城市综合实力相适应的国际一流水平。

（三）主要指标

序号	指 标 名 称	属 性	2015年
1	青少年科学素质达标率	预期性	30%
2	中学生体质健康达标率	预期性	88%
3	青少年心理健康评定(150分)	预期性	102分
4	新增劳动力平均受教育年限	预期性	14.7年

（续上表）

序号	指 标 名 称	属 性	2015 年
5	进城务工人员随迁子女接受免费义务教育比例	约束性	100%
6	高中阶段毛入学率	预期性	97%
7	普通高等学校在校生中留学生比例	预期性	11%
8	青少年日均闲暇活动时间	预期性	2 小时
9	城镇登记失业人员中青年的比例	预期性	28%
10	青年创业活动率	预期性	10%
11	每万名青少年中注册志愿者人数	预期性	800 人
12	青少年年均参加社会公益活动时间	预期性	26 小时
13	每万名未成年人中犯罪人数	预期性	15 人
14	“12355”青少年公共服务平台年均服务人次	预期性	4 万
15	财政性教育投入占地方财政支出比重	约束性	15%
16	注册的青少年社会组织数	预期性	500 个
17	每 10 万青少年拥有青少年事务社工人数	预期性	80 人

三、“十二五”期间上海青少年发展的优先领域及主要任务

（一）公民素养

以社会主义核心价值观为导向，全面提升青少年的公民素养，使上海青少年具备与社会主义现代化国际大都市相匹配的思想道德、公民意识、文明习惯、科学人文素养和婚姻家庭观念。

主要任务：

1. 加强青少年思想道德建设。把社会主义核心价值观的养成融入到课堂教育、社会实践、校园文化、家庭教养的各个环节，贯穿于青少年成长的各个阶段。以重大节庆、重大活动、重大事件为契机，以各类爱国主义教育基地为载体，深化爱国主义教育，弘扬民族精神和时代精神。加强中华民族传统美德教育和社会主义荣辱观教育，培养青少年守法、明礼、诚信、正义、勤俭、自强、感恩、互助的道德品质。开展“今天我们怎样成长”等系列活动，发挥优秀青少年的榜样示范作用，通过实践教育、同伴教育等多种手段，加强青少年社会公德、职业道德、家庭美德和个人品德教育。按学段、分层次、分模块系统规划大中小学德育内容，构建有效衔接、逐步深化的德育课程体系。以“青年马克思主义者培养工程”为抓手，深化高校大学生思想政治教育工作。

2. 培育青少年公民意识。开展青少年公民教育主题实践活动，加强青少年对世情、国情和市情的了解，培育“海纳百川、追求卓越、开明睿智、大气谦和”的上海城市精神。加强法制宣传教育和青少年法制教育基地建设，普及社会主义民主法治、自由平等、公平正义理念，培育青少年正确的权利义务观念和独立自主的人格品质。加强青少年国防教育，引导青少年积极履行兵役义务，鼓励在校大学生积极参军，鼓励在职青年积极参加民兵预备役。加强青少年责任意识教育，树立“关爱他人、助人为乐、见义勇为、奉献爱心”的社会责任意识，促进青少年实现个人、家庭和社会责任感的有机统一。

3. 培养青少年文明习惯。以青少年喜闻乐见的形式开展文明教育，促进广大青少年形成理解人、尊重人、关心人、帮助人的文明风尚。通过普及升国旗仪式、成人仪式、尊师仪式等礼仪文化，有效提升青少年文明素养。巩固上海世博会在提升城市文明方面的积极作用，加大“七不”规范的倡导力度，开展文明行路、文明乘车、文明游园、文明用餐、文明用厕等专项活动，引导青少年形成自觉遵守公共秩序的良好习惯。完善学校、家庭、社会三位一体的家庭教育指导模式，发挥家庭教育在培养青少年文明习惯方面的重要作用。

4. 提高青少年科学文化素质。培养青少年的科学思维和科学精神，通过推进青少年科技人才培养计划，实施青少年科技创新品牌活动，全面提升青少年科学素质。依托免费开放的博物馆、美术馆等公共文化设施，完善校外素质教育体系。根据人口分布情况，统筹布局全市青少年活动基地，建设一批学生艺术实践基地,充分发挥社区文化活动中心在服务青少年方面的功能。办好“新青年·新感受”艺术人文、教育频道、哈哈少儿、炫动卡通等青少年喜爱的电视频道和《青年报》、《上海中学生报》、上海青年公益门户网站、东方网少年频道等以青少年群体为主要对象的报刊、网站。开展形式多样、内容丰富的社区、企业、校园、楼宇、工地等组织文化建设,通过举办“校园文化艺术节”、“青年才艺大赛”等活动,综合提升青少年人文素养。加强环保、低碳、生态知识的宣传教育,引导广大青少年增强节能减排意识、树立正确的消费观念,逐步形成科学、健康、文明的生活方式。

5. 引导青年形成文明健康的婚姻家庭观念。将婚恋教育纳入中、高等院校教育体系,发挥大众传媒节目的社会影响力,引导青年形成文明健康的择偶观、婚姻观和家庭观。确保青年新婚夫妇在办理结婚登记时系统接受婚姻家庭教育。探索建设社会化的婚姻服务体系,为适龄青年提供婚姻登记、信息、指导、咨询、介绍、调解和婚礼服务。发挥工青妇组织和其他社会组织的作用,举办以公益服务为内容的青年交友活动,为青年婚恋交友搭建平台。

(二)身心健康

高度重视青少年的身心健康发展,全面提高青少年的身体素质和心理素质。引导青少年合理使用闲暇时间,提升人际交往能力,养成科学、健康的生活方式。

主要任务:

1. 增强青少年身体素质。加强街道(乡镇)、行政村公共体育健身场所的建设,提升公共体育场馆对青少年的开放度和利用率。充分发挥共青团、少先队组织的优势和特色,大力发展青少年体育健身俱乐部等社会组织,开展多种形式的课外体育锻炼活动,保证青少年每周锻炼时间不少于7小时,每个在校学生掌握1—2项运动技能。进一步加强体教结合,在中小学体育课中普及足、篮、排等集体运动项目。逐步提升学生体质健康和体育锻炼达标率。建立分层次、分年龄、分等级的青少年竞赛制度,定期举办综合性及专项性青少年运动会,广泛开展阳光体育及大联赛,激发青少年参与体育运动和户外活动的热情。大力扶持学校办二线运动队和高校办高水平运动队,青少年注册运动员达到1.5万名。

2. 提高青少年生理健康水平。在各级各类学校开设健康教育课程,引导青少年树立正确的健康观念。优化配置卫生资源,增加新建大型居住区、来沪人口集聚地的青少年公共卫生服务投入,保障青少年均等享有基本公共卫生服务。探索建立青少年体质监控体系,通过多种措施控制青少年吸烟、酗酒,倡导青少年形成良好的饮食、用眼和睡眠习惯,控制肥胖、近视、龋齿等常见病的发生率。推行卫生专家、专业儿童保健医生进学校的模式,严格实施学生营养午餐标准,加强对学生饮用水安全的监督管理,全面提高学校卫生保健工作水平。在社区、学校、企事业单位普及健康知识,提高青少年自我保健意识。开展职业病防治,减少在职青年职业病的发生。

3. 重视青少年生殖健康教育。加大青春期性知识的普及教育力度,预防和减少不当性行为对青少年造成的伤害,减少意外妊娠的发生率;加大对适龄青年的婚育辅导力度,推进适龄女青年婚前检查、孕前检查和产前检查的普及,为未婚先孕的女性青少年提供及时的心理和健康咨询及后续服务。完善艾滋病、性病防治网络和干预措施,以“青春红丝带”、“守护花季”行动等项目为依托,重点预防和控制艾滋病、性病在青少年群体中的传播。

4. 提升青少年心理素质。加强青少年心理健康教育和服务,重视青少年个人发展规划,加强未成年人挫折教育,提高青少年自我心理疏导能力和抗挫适应能力。提高市、区县两级医疗机构的心理保健服务水平,规范青少年心理和精神疾病的筛查、诊断和治疗;依托相关部门和机构的场所、设施及专业力量,推动区县青少年心理健康辅导中心建设;推动学校心理咨询与健康教育机构全面达标,实现所有学校专职心理健康教育教师持证上岗,制定心理健康教育课程建设标准。推动社会各方采取有效措施,减轻中小学生学业压力,缓解在职青年职场压力,降低失业青年生活压力。

5. 增进青少年闲暇活动品质。鼓励青少年发展兴趣爱好,参与各类闲暇活动。依托共青团、学生会、少先队和各类社会组织,进一步活跃校园文化、社区文化,加强学校和社区的青少年活动阵地建设。探索推行面向青少年的图书和影视作品分级制度,扶持一批适合不同年龄段青少年的文艺、影视作品。推进青年人文经典读书工程,培养青少年阅读习惯,确保青少年每天不少于半小时的阅读时间。引导青少年在学习、工作和生活中,科学、健康、合理使用网络,掌握并提高学习、创造、传播信息的知识和技巧。社区、家庭、学校联手共同防止青少年沉迷网络，加大对沉迷网络的矫治力度。倡导企业、学校遵守法定工作时间、学生作息时间，保障青少年在工作、学习之余享有日均不少于2小时的闲暇时间。

6. 增强青少年安全自护能力。普及推广生命教育，帮助青少年了解生命现象，掌握生存技能，培养良好习惯，珍惜生命、尊重生命、热爱生命，建立生命与自我、与他人、与社会、与自然的和谐关系。加强学校、社区、企业、家庭的安全防范教育，利用国防教育日、防灾减灾日等时机，开展青少年民防知识和安全教育集中宣传活动。定期组织青少年参与地铁、楼宇、校园、商场、居民区等公共场所的安全演练，增强青少年在应对台风、洪涝、地震、火灾、交通事故等突发性城市公共安全事件中的防灾避险能力和自我保护意识。

（三）教育学习

促进教育体制机制改革，优化教育资源的均衡配置，保障青少年平等的受教育权利和机会，提高青少年整体受教育水平。进一步提升教育国际化水平，推广素质教育和终身教育，促进青少年多元发展。

主要任务：

1. 保障青少年教育平等。以促进公平为重点，以提高质量为核心，保障青少年享有优质、多样、公平的受教育机会。按常住人口分布优化配置基础教育资源，改善薄弱学校的师资力量和硬件设施，取消高中阶段"择校生志愿"。继续提高来沪从业人员随迁子女接受义务教育的质量，扩大来沪从业人员随迁子女接受中等职业教育的比例。在巩固免费义务教育的基础上，逐步实行中等职业教育全免费，加大高中阶段贫困学生资助的力度，完善本专科学生、研究生资助政策体系，保证不让一个学生因家庭经济困难而失学。全面实施残疾青少年免费义务教育，实行普通高中教育、中等职业教育"两免一补"。完善普通中小学残障学生随班就读体制，促进残障学生与正常学生的融合；推进新一轮特殊学校建设改造工程，实现特殊教育机构中残障学生教育与康复的有机整合。

2. 深化青少年素质教育。全面实施素质教育，满足青少年多样化的个性需求。帮助青少年树立正确的成才观，培育青少年创新精神，让每一个青少年快乐成长。促进教育与科研结合，健全职业生涯指导和服务体系，提升大学生就业和创业能力。推动高中教育特色化和多样化，鼓励开展青少年创新素质培育的实践，在有条件的普通高中探索拔尖创新人才培育模式，为激发每一个学生的发展潜能奠定坚实基础。建立灵活的高校学习制度，全面推行学分制，实现校际资源共享，为学生提供更多的课程选择。建立课业负担监测和公告制度，深化课程教材和教学模式改革，推动学校和家庭联动，切实减轻中小学生过重的课业负担。

3. 提高青少年教育国际化程度。创新中外合作办学机制，吸引世界知名高校，合作创办若干所招收中外学生的高水平国际性大学，提高上海教育的国际化水平。增加市政府外国留学生奖学金经费总额，加强留学生教育的专业和课程建设，改善留学生的教育和服务环境，提升对外国留学生的吸引力。加强外籍人员子女教育体系建设，为外籍人员子女提供可选择、高质量的教育服务。实施学生海外学习、实习计划，资助上海高校本专科学生赴世界知名大学、上海友好城市高校、世界著名企业交流、学习和实习，提高学生的国际交往和竞争能力。开展中学生国际理解教育，研究编制中学生国际化系列课程教材。加强中学多语种教学改革，鼓励有条件的高中开设拓展性国际课程，提升学生的国际意识、国际交往和国际理解能力。

4. 创造青少年终身学习的良好环境。引导青少年树立和践行终身学习理念，建立广覆盖、多形式、更便捷的社会教育体系。构建现代职业教育体系，坚持学历教育与职业培训并举，发展融教、学、做为一体的职业教育人才培养模式。支持各类职业院校面向社会开放教育培训资源，鼓励行业企业通过多种形式参与职业教育。大力发展现代远程教育，建立现代开放大学和社区学院，建设全覆盖、全领域的教育信息化基础设施，为青少年提供个性化教育服务。有效整合各类学习资源，推动学校教育资源和社会教育资源的双向开放。建立青少年培训个人账户，建立学分积累和转换制度，为青少年提供开放、便捷、多样性、可选择、衔接融通的终身学习体系。搭建市、区县、街道（乡镇）三级学习平台，构建学历和非学历教育并举、职前职后贯通的继续教育体系，为青少年的终身学习发展服务。完善培训补贴政策，探索实施在职人员带薪继续教育假制度。

（四）就业创业

高度重视青年就业问题，增加青年就业岗位，增强青年就业能力，切实保障青年的劳动权益。大力鼓励青年创业，积极营造鼓励创业、宽容失败的良好氛围。

主要任务：

1. 为青年创造更多的就业机会。建立健全网络化、全方位的就业形势动态监控系统和就业政策效果评估机制，制定和完善经济形势发生重大变化时的青年就业工作预案，完善青年失业预警体系。规范和完善人力资源市场，畅通失业青年获得就业信息的渠道。将保障高校毕业生就业工作放在首位，鼓励高校毕业生到基层、农村、中小企业和非公有制企业就业。以充分就业社区创建为抓手，增强对就业困难、“零就业家庭”的失业青年和未就业高校困难毕业生等重点群体的就业援助服务。建立针对残疾青年的职业康复训练基地，加大社会公益性岗位的开发力度，对残疾青年实施就业托底。

2．为青年营造公平的就业环境。创造公平、有序、灵活的人力资源市场环境，构建和谐劳动关系。依托各区县建立的公益性农民工就业服务机构以及街镇、社区农民工就业服务站或服务窗口，使本市各类青年享有同等的公共就业服务。逐步完善来沪青年参加本市社会保险的相关办法，将本市各类青年纳入统一的社会保险制度。完善劳动关系预警和应急处理机制，及时掌握失业、裁员、欠薪欠保等信息，维护在职青年合法权益。进一步消除就业歧视特别是针对女性青年的就业歧视，营造公平的就业环境。

3．提高青年的就业能力和职业素质。健全以需求为导向的政府补贴培训机制，实施分类就业指导和职业培训。对在职青年，依托上海青年职业发展服务中心等机构，开展青年职业生涯导航活动，提高青年职业能力。深化实施上海青工技能振兴行动，加强公共实训基地建设，结合新技术、新技能、新工艺的运用，拓宽技能人才成长通道。对大专院校学生，继续实施“双证书”制度，结合所学专业开展一次就业前的技能培训；进一步完善青年职业见习制度，加强青年就业创业见习基地建设，畅通职业见习信息共享的渠道。帮助失业青年进行职业规划，树立积极的就业意愿和就业动机，并获得岗位实践机会。对在职的来沪务工青年，开展职业技能和安全生产知识相结合的职业培训。加强对社区青少年、来沪青少年、贫困青少年、残疾青少年等群体的就业援助，深化实施“阳光下展翅”、“共享阳光”、“曙光增辉”等就业培训项目，提高“阳光之家”学员社会参与度和融合度。

4．有效激发青年创业热情。加强市青年创业就业促进会建设，支持青年在经济领域的创新创业和社会领域的公益创业。开展上海青年创业先锋评选，大力宣传青年创业典型。强化“上海青年创业广场”等各类创业园区的创业孵化功能，发挥青年创业专家导师团作用，举办“青年就业创业大讲堂”，加强青年创业培训及创业项目推荐服务。在高校普及开展创业教育，大力开展创业培训和实训。加大扶持创业的资金投入力度，深化实施中国青年创业国际计划（YBC），优化运作青年创业小额贷款项目，做大做强市青年创业就业基金会、市大学生科技创业基金，对青年创业和初创期创业给予针对性扶持。完善创业融资、补贴、场地等扶持政策体系，优化政府服务，简化注册程序，降低青年创业成本。

（五）参与融合

尊重青少年主体地位，大力培育各类青年人才，激发青少年参与上海经济社会发展和政治、精神文明建设的热情，倡导青少年发扬公益精神，参与志愿服务。通过参与，增进来沪青少年等不同青少年群体的社会融合，促进青少年与城市的协调发展。

主要任务：

1．鼓励青年人才参与城市经济社会发展。围绕国家发展战略和上海经济结构调整需要，在现代服务业、战略性新兴产业、高新技术产业、文化创意产业和社会发展等重点领域，培养各类优秀青年人才。在自然科学、哲学社会科学和文化艺术等领域，发现、培养、扶持一批与上海发展目标相适应的青年领军人才。促进中等职业教育和高等职业教育相衔接，在金融贸易、物流航运、工程技术、医疗卫生、文化教育、体育等专业领域，培育一大批知识型、专业型技能人才。以实施“上海青年英才培养计划”为抓手，依托市青年联合会、市青年企业家协会、市信息化青年人才协会、市金融青年联合会、市社会建设青年人才协会等社会组织，建立完善“上海市青年人才库”。实施“国家杰出青年科学基金”和“雏鹰归巢计划”，大力引进海外青年高端人才。实施“上海青年科技启明星计划”、“曙光计划”、“上海青年高端创意人才促进计划”、“上海市优秀青年医学人才培养计划”，在科教文卫各行业重点培养青年创新人才。通过创建共青团号（青年文明号）、青年岗位能手活动、青年突击队、青年工程立功竞赛活动，充分发挥青年在上海经济发展和社会建设中的生力军作用。有效衔接少先队员“雏鹰争章”活动、中学生学习生涯导航行动、大学生人生发展导航行动、青年职业生涯导航活动，促进青少年成长成才。

2．支持青少年有序参与政治建设。为青少年提供政治参与的平台，发挥各级共青团、青联、学联和少先队组织的作用，开展“共青团与人大代表、政协委员面对面”等活动，拓宽青少年政治参与的领域，支持青少年积极参与学校、企事业单位、社区的建设和民主管理，保证青少年依法行使表达权、选举权、知情权、参与权、监督权等民主权利。提高青少年政治参与的层次，发挥青年人大代表、政协委员在参政议政中的作用，在有关青少年的地方立法和公共政策制定过程中，注重听取和吸纳青少年组织、青少年代表的意见与建议。进一步加大青年干部的选拔、培养力度，提高党政领导干部和后备干部中的青年比例，提升青年干部参与决策和执行的能力、水平。组织、引导青少年有序参与社会重大决策的讨论和各类基层民主实践活动。为来沪青少年等群体提供合适的政治参与途径，鼓励他们为上海发展献计献策，共享城市改革发展成果。

3. 倡导青少年积极参与社会公益实践。大力发展公益组织孵化基地，大幅加大公益创投资助力度，吸引和鼓励青少年参与扶贫、济困、救孤、助学、助老、助残、赈灾、紧急救助、社会援助、慈善捐赠等各类公益事业。高度重视大众媒体对青少年的影响力，有效运用公众人物和文体明星的示范效应，开展“青年影响社会”上海十大公益项目评选，传播慈善理念和公益精神。深化实施“希望工程”、“保护母亲河”等品牌项目。加强学校和社区的工作对接，引导青少年每年参加累计不少于26小时的公益活动。

4. 鼓励青少年参与志愿服务活动。传承上海世博会志愿者工作的经验、机制，深化实施青年志愿者行动，在青少年群体中大力弘扬“奉献、友爱、互助、进步”的志愿精神。推进青少年志愿服务的社会化发展，推广青年志愿者注册制度，方便青少年根据自己的意愿和特长参与志愿服务。在公益活动领域，创设一批符合社会需求、青少年乐于参与的志愿服务项目。依托社区和行业组织，大力发展青少年志愿者队伍，提高青少年中注册志愿者的比例。建立青年志愿服务人才库，吸纳更多法律、心理、医疗、教育方面的专业人士加入志愿者行列，提升青年志愿服务水平。做好重大活动和赛会的青年志愿者工作，探索成立重大赛会志愿服务咨询机构。实施“大学生志愿服务西部计划”、“上海青年志愿者赴滇扶贫接力计划”等合作交流项目，积极推进青年志愿者赴新疆志愿服务接力项目和青年志愿者海外服务计划。

5. 增进青少年的交流与融合。支持和倡导青少年文化的多样性和包容性，在全社会营造不同青少年群体间相互尊重、理解的良好氛围。大力开展不同青少年群体间的交流项目，鼓励青少年参与交流活动以增进沟通与理解。依托学校、社区和单位，通过丰富多彩的文化活动和专业化的社会工作，促进不同青少年群体的社会融合。提升来沪青少年、外籍青少年等群体的文化认同度，帮助他们建立和巩固良好的社会关系。增进贫困青少年、残疾青少年、社区青少年、罪错青少年等群体的社会参与度，增强他们的社会归属感。大力加强在校学生、在职青年的国际、国内交流，培养他们的国际化视野和理念。

（六）维权及犯罪预防

通过完善政策法规和司法制度，充分保护青少年合法权益，为青少年提供基本保障，有效预防和减少青少年违法犯罪，努力营造有利于青少年健康成长的良好社会环境。

主要任务：

1. 推进完善青少年权益保护与犯罪预防的政策法规。按照《中华人民共和国未成年人保护法》、《中华人民共和国预防未成年人犯罪法》和《上海市未成年人保护条例》的有关规定，研究、制定并完善符合上海青少年权益保护实际情况的政策。依据《中华人民共和国预防未成年人犯罪法》，推动出台《上海市预防未成年人犯罪条例》。

2. 构建全方位的青少年权益保护体系。创新上海市青少年权益保护工作的管理和服务体制，构建社区、学校、家庭、媒体和职能部门共同参与的青少年维权网络，并建立完善预警机制、危机干预机制和过渡安置机制。充分发挥共青团组织在青少年权益保护中的主导作用，依托“12355”青少年公共服务平台，为各类青少年群体提供专业化维权服务。大力推进“上海共青团牵手行动”，促进来沪青少年的社会融入。发展完善面向学校、社区和家庭的青少年权益保护和社会工作。着力提升青少年自我保护的意识和能力，重点预防和减少学校及家庭暴力。加强流浪乞讨未成年人救助保护机构建设，探索建立反家暴庇护救助服务中心。严厉打击非法经营的网吧，禁止未成年人进入经营性网吧。防范和减少暴力、色情、赌博等不良信息通过网络、手机等新型媒体对青少年的危害。

3. 为青少年提供基本的民生保障。完善社会保障体系，扩大在职青年的养老、医疗、失业、工伤、生育保险及住房公积金的覆盖范围，并逐步提高保障力度。完善住房保障体系，通过新增公共租赁住房的供应，有效缓解青年职工、青年引进人才和来沪务工青年等群体的阶段性居住困难。依托家庭支出型贫困预警和综合帮扶机制，完善“支出型”贫困青少年家庭的分类施保措施。帮助非全日制就业、个体就业、灵活就业的残疾青少年按照规定参加社会保险。逐步建立对无劳动能力残疾青少年机构托养、日间照料、居家养护和护理的政府补贴机制。

4. 完善预防和减少青少年犯罪工作体系。按照“政府主导推动、社团自主运作、社会多方参与”的总体思路,依托市综治委预防和减少青少年犯罪工作领导小组,进一步加强和改善青少年犯罪预防工作。建立预防青少年违法犯罪的核心指标评估体系,健全青少年违法犯罪信息的数据共享机制,形成有效的超前预防、临界预防和再犯预防机制。坚持“工作专业化、专业项目化、项目品牌化、品牌社会化”的思路,发挥社会工作在青少年犯罪预防中的积极作用,并向在校学生和来沪青少年等重点群体延伸。建立学校、家庭、社区共同参与的青少年犯罪预防合作机制,重点预防和控制因生活困难、药物滥用和网络结社引发的青少年犯罪。

5. 探索上海特色的青少年司法制度。进一步建立和完善办理未成年人刑事案件配套工作体系,推动公安、检察、法院和司法行政机关设立办理未成年人刑事案件的专门机构并配备专业人员,依托“未成年人案件综合审判庭”,深化发展刑事、民事、行政三位一体的未成年人综合审判模式。加强公安、检察、法院、司法行政机关的协调与配合,在批捕、起诉、审判、教育改造等司法环节,保障涉罪未成年人、未成年被害人、证人的基本合法权益,重点完善未成年人缓处考察、诉前考察和判前考察等考察教育制度,加强和改善工读学校的教育管理模式,探索试行违法犯罪青少年信息限制公开制度。

四、实事项目

“十二五”期间,本市将在公民素养、身心健康、教育学习、就业创业、社会参与、维权及犯罪预防六大青少年优先发展领域,着重落实推进一批青少年发展实事项目。

(一) 研究推进上海市青少年活动中心扩建项目

在市青少年活动中心原址基础上,研究推进扩建一座以培育和提高青少年创新意识,挖掘创新人才为重点和特色,国内一流、亚洲领先、有世界影响的青少年活动中心。扩建的市青少年中心功能定位是多元化的创意培育中心、专业化的成长体验中心和国际化的互动交流中心。中心空间布局主要有主题场馆、创智天地、探索课堂、互动舞台、体验中心等。

(二) 出台《上海市预防未成年人犯罪条例》

做好立法调研工作,明确立法对象、立法内容、立法程序,形成具有上海地方特色的《上海市预防未成年人犯罪条例》(以下简称“《条例》”)草案。《条例》按照法定程序颁布实施后,以学习培训、知识竞赛等多种形式,加强宣传和普及。

(三) 实施上海青年英才培养计划

抓紧培养造就青年英才,采取特殊政策措施,使一批青年英才不断脱颖而出。在自然科学、哲学社会科学和文化艺术等重点学科领域,每年重点培养扶持一批青年拔尖人才;在高水平研究型大学和科研院所的优势基础学科建设一批国家青年英才培养基地,按照“严入口、小规模、重特色、高水平”的原则,每年选拔一批拔尖大学生进行专门培养;以“《中国100》青年英才培养计划”为抓手,每年在全市16—25周岁的优秀青年招收100—200名学员进行培训,提升他们的社会责任心和领导力,并以优秀学员为基础,组建青年英才俱乐部。

(四) 建设青年就业创业综合服务平台

在5年内建成“一门式、全天候、个性化”的青年就业创业综合服务平台,每年注册服务创业青年突破1万人,全市线下创业咨询点达到100个,咨询服务超过5万人次,培训各类创业服务专业人才300名,帮扶1000名青年成功创业。推进“青年就业创业见习基地”建设,见习基地规模力争达到2000个,每年参与见习青年不少于4000名,五年不少于2万人。

(五) 推进青少年科学素质提升计划

继续推进《上海市青少年科技人才培养计划》,实施青少年科技创新后备人才培养实践平台建设工程和上海市未成年人科学素质行动科学教育推广项目,促进科普教育与中小学课程改革相结合,参与中小学课程改革的科普教育基地不低于60个。培育100所科技教育特色示范学校,建设上海市科技艺术教育中心,联建上海市青少年科学研究院。建设和完善15个青少年创新实践工作站。新建和完善20个大学生科学商店。建设若干个区域性中小学生创新实验室和20所高中专题创新实验室。继续推进“上海市青少年科技创新市长奖”、“百万青少年争创明日科技之星”、“青少年科技创新大赛”等品牌活动。推进国际科普交流平台建设，继续办好“国际青少年科技博览会”、“上海国际未成年人科学素质发展论坛”等活动。

（六）开展上海共青团牵手行动

以社会化合作为基本工作方法，帮助来沪青少年融入上海城市发展，引导他们树立正确的人生观和价值观，并在上海各青年群体中形成“共同发展、相互支持、携手进步”的良性成长和发展模式。“牵手行动”将针对来沪青少年群体健康成长、融入上海、融入社会等现实需求，开展“融汇”、“成长”、“乐业”、“护航”、“平安”、“共进”等六大工作计划，影响数百万来沪青少年，并为其中数十万人(次)提供直接服务。

（七）完善“12355”上海青少年公共服务平台

积极推动成立民办非企业——“12355”上海青少年公共服务中心，以信息化为基础，以青少年需求为导向，以社会化合作为手段，大力整合党政、社会和团内资源，将其建设成为上海共青团为青少年提供专业化、个性化、综合化服务的一站式平台，并充分运用移动互联网技术，研发青年综合服务手机卡，为青年提供更加便捷、有效、多样的公共服务。在5年内，将其建设成“四个中心”，即为上海青少年提供一站式服务的维权服务中心，调查分析青少年权益状况的研究咨询中心，动态监控、及时反映青少年问题的信息预警中心，推动青年政策制定和完善的政策研究中心。预计5年内，“12355”热线和网站访问量突破2000万人次，“一对一”服务突破20万人次。

（八）建立青年社会组织枢纽式服务管理体系

加大对青年社会组织的培育孵化、人才举荐、荣誉激励力度，重点扶持公共服务类、慈善事业类青年社会组织，在有条件的区县有序建立“青年公益服务支持中心”、“社区青年家园”，鼓励青年社会组织参与社会管理和服务。各级团的代表大会可吸纳社会组织领域的团代表，青联组织探索设立社会组织界别。加强对青年社会组织的联系和指导，对活动场所相对固定、组织成员相对固定、工作项目相对固定的青年社会组织探索开展备案服务。对有意向登记注册并符合一定条件和要求的青年社会组织，主动加强指导，积极创造注册条件。做好青年社会组织规范化建设评估和团建工作，引导青年社会组织规范健康有序发展。

（九）实施“扶残助学春雨行动”

整合政府、企业、社会组织、个人等多方社会资源，加大对残疾学生和贫困残疾人家庭子女就学资助力度，进一步做实残疾学生高中阶段免费教育。各类励志奖学金、助学金要优先资助残疾学生和残疾人家庭子女，学校按照规定提取的助学经费也要向残疾学生和残疾人家庭子女倾斜。进一步加大特殊教育经费投入力度，按照高于普通学校的标准，拨付特殊教育学校学生生均公用经费。

五、保障措施

（一）政策保障

1. 优化青少年发展的法制政策环境。加快推进有关青少年发展的政策制订和立法工作，形成具有时代特征、上海特色、青年特点的较为完备的青少年工作政策和法制体系。

2. 制定青少年发展专项政策。建立与人大、政协有关专委会及政府相关部门的定期沟通协调机制，探索建立青少年问题快速反映通道，推动专项政策出台。

3. 完善支持青少年发展的相关财政政策。优化公共财政的投入和使用，鼓励社会资源参与各类青少年事业。为青少年工作向来沪青少年覆盖、延伸提供公共财政保障。

4. 加快制定青少年权益保障政策。针对不同青少年群体的需求制定和实施相应的分类政策，形成较完善的青少年发展保障体系。

5. 建立和完善青少年政策决策咨询制度。加强党政、高校、科研院所的青少年研究机构力量和资源的整合，建立青少年舆情信息反馈机制，在政策的制定和实施过程中广泛听取青少年代表的意见和建议，形成合理、长效的青少年政策制定机制。

（二）组织建设

1. 加强市青年工作联席会议制度建设。发挥市青年工作联席会议制度的统筹、协调和指导作用，进一步创新和理顺本市政府青年事务的管理体制，探索共青团组织协助政府管理青年事务的有效机制。

2. 加强共青团组织建设。充分依托共青团“创先争优”活动，加强各级共青团的组织建设和能力建设。巩固传统领域团的建设，夯实团的基层建设，鼓励和引导基层团组织直接参与青少年服务。扩大新领域、新组织的团建试点，不断增强团组织对青少年的凝聚力和影响力。

3. 发展壮大青年社团。加强对青联、学联、少先队工作的指导，办好青企协、青年文联、青年信息化人才协会、青年社会建设人才协会等青年社团，拓展联系各界青年的桥梁和纽带。

4. 大力发展青少年事务服务机构。加强上海市青少年发展基金会、上海市阳光社区青少年事务中心等基金会、民办非企业在青少年服务方面的能力建设，继续培育和发展专业化的青少年事务社会组织和专业社工机构，推出一批品牌社工师事务所。

5. 服务和培育青少年社会组织。充分发挥共青团组织在凝聚、引领和培育青少年社会组织方面的枢纽作用，通过上海青年家园民间组织服务中心等机构，支持和服务青年社会组织的发展。

（三）服务完善

1. 优化社会环境。加强舆论引导和媒体宣传，积极制作、刊播有关于青少年发展的公益广告。完善学校、家庭、社会“三位一体”的合作机制，着力营造全社会关心支持青少年发展的浓厚氛围。

2. 完善公共服务。明确政府相关部门在青少年发展中的角色与责任，有效整合社会各方力量，围绕青年民生问题和青少年优先发展领域，为青少年提供优质、完善的公共服务。

3. 构建社会服务体系。完善政府购买社会服务的机制，逐步形成政府职能部门授权委托、共青团组织承接管理、专业社会组织运作实施，专业社会机构评估考核的项目运行方式。

4. 加强青少年工作队伍建设。优化教师队伍结构和数量，加强师德师风建设。加大团干部、少先队辅导员培养力度，加强团干部作风建设。推进青少年事务社工队伍的职业化、专业化建设，广泛吸纳各类志愿者参与青少年工作。

5. 加强青少年活动阵地建设。在与青少年发展密切相关的科教、文化、体育、卫生、休闲等领域，加快公共场所和设施的均衡配置。加快建设和普及各级青少年活动中心，促成青少年服务的多中心供给机制。

6. 重视信息化对青少年的影响。建立有效覆盖、深入联系、广泛影响的网络服务平台，为青少年学习、工作和生活提供便利。加强网络文化建设，引导青少年科学、正确使用网络，为青少年提供适合其身心特点的网络文化产品。在本规划的宣传、实施和监测过程中，充分运用信息化媒体扩大覆盖面和影响力。

六、组织实施和监测评估

（一）规划实施

1. 本规划由市青年工作联席会议负责领导、协调、组织、监督本规划的实施。

2. 市青年工作联席会议各成员单位根据本规划的总体要求，结合各自的职责和分工，提出年度实施方案，并提供必要的人力、物力和财力保障，确保各项工作落到实处。

3. 在建立政府青年事务机构试点工作的基础上，积极探索本市政府青年事务管理新机制和新模式。

4. 逐步加大对青少年事业的投入力度，完善促进青少年发展的财政投入机制。

（二）监测评估

1. 由市青年工作联席会议办公室具体开展对本规划实施情况的监测，在监测过程中，逐步建立完善第三方评估机制。

2. 完善青少年发展指标体系，将相关指标纳入政府统计序列，定期进行统计和分析。

3. 市青年工作联席会议办公室根据每年的监测评估报告，定期编撰上海青少年发展报告，并及时向社会公布。

附件：部分指标和名词解释

附件

部分指标和名词解释

一、部分指标解释

（一）青少年心理健康评定：由自测健康评定量表（SRHMS）测定的青少年心理健康状况总得分。

（二）中小学生非正常死亡率（每万人）：反映中小学生由外部作用导致死亡的情况。

（三）新增劳动力平均受教育年限：反映新进入劳动力市场就业人员的受教育程度；“新增劳动力”是指16到35周岁，有劳动能力的初次进入劳动力市场的劳动力人口。

（四）高中阶段毛入学率：反映高中阶段教育的普及程度，即高中阶段在校学生数与高中学龄人口数的比重。

（五）青年创业活动率：指每100名16—35周岁的青年中，参与创业活动的比例，以此直观反映本市青年自主创业情况。

（六）每万名未成年人中犯罪人数：反映未成年人犯罪情况，即每一万名未成年人中由法院判决的未成年罪犯人数。

（七）来沪未成年人犯罪占比：反映当年来沪未成年人犯罪情况，即当年由法院判决的未成年罪犯人数中来沪未成年罪犯人数所占比重。

（八）注册的青少年社会组织数：反映经合法登记的、从事青少年服务的社团、民办非企业单位和基金会总体发展水平。

（九）每10万青少年配备的注册青少年事务社工人数：反映专业青少年事务社会工作者发展状况；“注册青少年事务社会工作者”是指在上海市社工协会注册、获得国家或地方资格认定、全职从事青少年服务的社会工作者。

二、部分名词解释

（一）社区青少年：16—25周岁、具有本市户籍、未能进一步就学或就业的青少年。

（二）罪错青少年：有刑事犯罪行为、违法行为或者其他不良行为的青少年。

（三）青年马克思主义者培养工程：由共青团中央发起，全国各省、直辖市、自治区团委实施的项目，旨在通过教育培训和实践锻炼等行之有效的方式，不断提高大学生骨干、团干部、青年知识分子等青年群体的思想政治素质、政策理论水平、创新能力、实践能力和组织协调能力。

（四）青春红丝带：由团市委、市教委、市卫生局、市红十字会共同实施的工作项目，旨在通过开展一系列预防艾滋病健康教育活动，增强青少年防范艾滋病的意识，帮助他们掌握预防艾滋病的基本知识，增强自我保护能力，促进广大青少年健康成长。

（五）守护花季：由团市委实施的以女性青少年为对象的工作项目。该项目以中职学校为主要阵地，探索通过讲座、体验式培训、心理辅导活动课、同伴辅导、个别咨询、社会援助等方式，开展青少年预防艾滋病和性健康教育。

（六）阳光下展翅：由市慈善基金会、团市委和市教委共同推出的社会公益项目，专门针对具有上海户籍、年龄为16—25周岁、初中学历、家庭经济困难、身体健康的无业或失业青年开展学历、技能培训。

（七）共享阳光：市慈善基金会和团市委、市社区青少年事务办共同主办的社会公益项目，针对非上海户籍的青年开展学历、技能培训。

（八）青年就业创业大讲堂：由团市委、市文明办、市教卫党委、市人力资源社会保障局等共同举办，面向外来务工人员的系列讲座，帮助外来务工青年更好地自主创业。

（九）大学生志愿服务西部计划：由团市委、市教委、市财政局、市人力资源社会保障局等相关单位共同组织实施的志愿服务项目。通过公开招募、自愿报名、组织选拔、集中派遣的方式，每年招募一定数量的普通高等学校应届毕业生，到西部贫困县的乡镇从事为期1—3年的教育、卫生、农技、扶贫及青年中心建设和管理等方面的志愿服务工作。

（十）保护母亲河：由团市委、市水务局、市环保局、上海青基会等单位共同实施，以保护上海的母亲河——黄浦江、苏州河以及中小河道的生态环境，参与上海绿化建设为重点的工作项目。

上海市人民政府办公厅关于转发市教委等五部门制订的《上海“城乡基础教育一体化建设工程”实施方案(2011—2015年)》的通知

(沪府办发〔2012〕40号)

各区、县人民政府,市政府各委、办、局:

市教委、市发展改革委、市建设交通委、市财政局、市住房保障房屋管理局制订的《上海“城乡基础教育一体化建设工程”实施方案(2011—2015年)》已经市政府同意,现转发给你们,请认真按照执行。

上海市人民政府办公厅

2012年6月11日

上海“城乡基础教育一体化建设工程”实施方案(2011—2015年)

为贯彻落实《上海市人民政府关于本市加快城乡一体化发展的若干意见》(沪府发〔2012〕77号),扎实推进《上海市中长期教育改革和发展规划纲要(2010—2020年)》的重点发展项目“城乡基础教育一体化建设工程”,制订本实施方案。

一、指导思想

以邓小平理论和“三个代表”重要思想为指导,深入贯彻落实科学发展观,按照《上海市中长期教育改革和发展规划纲要(2010—2020年)》和沪府发〔2012〕77号文的要求,坚持改革导向,推进机制创新,加快城乡结合部学校建设,加快提升郊区学校内涵发展水平,构建城乡基本均等的基础教育公共服务体系,整体提升城乡基础教育学校教育质量和办学水平。

二、基本原则

(一)区域自主发展与城乡联动相结合。推动各区县找准区域基础教育发展的定位,以区县为主体,努力实现“城乡基础教育一体化建设工程”提出的目标和任务;统筹兼顾,改革创新,突破城乡优质教育资源流动的瓶颈,完善市、区县两级基础教育资源共享辐射机制。

(二)促进均衡与优质发展相结合。既要均衡配置教育资源,进一步加大公共资源和财政投入支持郊区农村基础教育发展的力度,抬高底部,缩小差异;又要在政府均衡配置资源的基础上,促进学校遵循教育规律,实现优质发展,整体提升教育质量,不断满足人民群众日益增长的对基础教育的需求。

(三)硬件建设与内涵发展相结合。既要以常住人口为基数,配置教育资源,建立健全公建配套学校建设制度,大力推进公建配套学校建设和城郊结合部补建学校,均衡配置设施设备,使学校教育资源与常住人口分布相适应;又要深化课程与教学改革,全面提升郊区师资水平,大力推进郊区学校内涵建设,实现郊区优质教育资源的增量。

(四)质量提升与转型发展相结合。按照“为了每一个学生的终身发展”的核心理念,把为了每一个孩子的健康快乐成长作为学校一切工作的出发点和落脚点,落实科学教育价值观和教育质量观,积极推进基础教育转型发展,在转型中提升育人质量,在转型中提升教师的教育境界和专业能力,在转型中实现学校优质发展。

三、工作目标

加快城郊结合部学校建设步伐,到2015年,实现教育资源配置与常住人口分布基本相适应,更好地满足适龄儿童、少年教育需求;以优质教育资源共享和教师柔性流动为抓手,到2015年,市、区县两级教育资源均衡配置机制更加完善,城乡基础教育整体质量水平显著提升;以教育评价制度改革为引领,课程改革深入推进,到2015年,基本形成基础教育转型发展的良好局面,全面育人观念在基础教育学校得到较好落实。

四、主要任务

(一) 以常住人口为基数,加快城郊结合地区学校建设步伐

1. 按照规划,扎实推进落实"十二五"基础教育建设项目

"十二五"期间,全市共建设1042个基础教育建设项目。其中,公建配套和新建学校860所,迁建和重建学校50所,改扩建项目132个。各区县和相关部门要扎实推进基础教育建设项目的落地。

2. 进一步完善公建配套学校建设机制

各区县进一步完善公建配套学校建设机制,扎实推进大型居住社区、郊区新城和其他新建住宅区的公建配套学校同步规划、同步建设、同步交付使用。

3. 合力推进城郊结合部学校建设

加强郊区人口集聚街镇的学校建设,在基础教育1042个建设项目中,安排增建(含改扩建)150所义务教育学校和幼儿园。各区县要完善协调机制,明确相关部门责任,合力推进增建项目的落实。

4. 推进中小学校舍安全改造工程

2012—2014年,继续实施中小学校舍更新、加固改造工程,计划实施项目总建筑面积约140万平方米,总投资约44亿元,涉及项目学校(教学点)数265个。各区县依照校安工程现有工作政策、机制,在资金、制度、措施等方面提供有力保障。

5. 优化城乡幼儿园、中小学校办学条件

分别按照幼儿园、中小学建设"2005"和"2004"标准,加快对学校硬件设施和教学设备的升级改造。加强中小学专用教室和综合实验室建设,改进实验教学,提高学生实验能力。按照相关标准,为所有学校配备技防设施。加强中小学体育场馆建设,在中心城区推进学校健身房建设,在郊区或场地条件允许的区县,推进学校游泳馆和室内体育馆建设。

(二) 发挥优质学校的示范作用,形成市、区县两级共享辐射机制

1. 推进生均经费较高区县帮扶相对困难区县

统筹教育生均经费较高区的部分财政教育资金,采取建设学校或内涵发展项目等形式,专项用于生均经费水平较低且财力相对困难郊区基础教育发展。

2. 推进市实验性示范性高中赴郊区新城办分校

为"十二五"期间上海重点发展的郊区新城布局引进优质实验性示范性高中,健全总校与分校的联动考核机制,增加郊区优质高中教育资源总量。

3. 组织优质学校赴大型居住社区、郊区新城对口办学

组织中心城区优质学校赴大型居住社区、郊区新城对口办学,实现郊区新建公建配套学校高起点办学。根据"十二五"各大型居住社区和郊区新城建设学校量,为大型居住社区、郊区新城引进一批优质义务教育和学前教育资源。同时,发挥区县自身的教育优势,将大型居住社区、郊区新城公建配套其他学校纳入区域优质教育资源共享辐射范围,共同提升公建配套学校的办学起点。

4. 继续深入推进实施郊区农村义务教育学校委托管理

进一步创新委托管理工作机制,丰富委托管理实践,拓展委托管理覆盖面,形成市、区县两级工作网络和推进机制,提高委托管理效益。

5. 建立健全区域优质教育资源共享机制

建立区县优质教育资源共享辐射机制,通过优质学校设立分校、区域内优质学校托管薄弱学校、城乡学校结对考核、组建教育集团、教育资源联盟、教育合作体等多种形式,形成区域优质教育资源共享辐射的良好局面。

(三) 推进教师资源均衡配置,全面提升郊区师资水平

1. 建立见习教师规范化培训制度,提升新进教师质量

建立见习教师规范化培训制度,从源头上进一步提高郊区农村新进教师的师德修养和专业能力,提升新

进教师质量。对新上岗班主任(含班主任后备人员)开展上岗培训。鼓励师范院校或其他高校优秀毕业生到郊区农村学校任教,并给予一定资助。推出在中心城区任教的免费师范生到农村中小学支教的计划。

2. 加大培训力度,提升农村教师专业水平

为有潜力的农村骨干教师搭建专业成长平台,以需求、问题和实践为导向,针对不同教龄的骨干教师,开展分层培训。继续搞好农村教师专业发展培训项目,帮助郊区县教师聚焦课堂教学。实施郊区县英语教师强化培训项目,提高农村普通中小学英语教师的专业水平和整体素质。实施远郊区县薄弱学校师资队伍质量提升项目,开展教师专业发展跟踪指导和研究。开展以招收随迁子女为主的民办小学教师的专题培训,提高教师的教育教学水平。

3. 推进义务教育阶段教师柔性流动

建立和完善校级干部、骨干教师流动机制,中学高级教师跨校申报和应聘机制,引导优秀教师从中心城区学校向郊区学校、从城镇学校向农村学校、从优质学校向薄弱学校流动。稳定郊区特级校长、特级教师队伍。在选拔校长、后备干部、骨干教师以及参评特级校长、特级教师时,优先推荐在本市推进义务教育均衡发展、优化人力资源配置过程中积极参与人才有序流动、有两所及以上学校的任职任教经历者。对郊区新建学校,按照编制要求,配齐配足教师。

4. 推进骨干教师支援郊区教育

每年选派一批在职或退休特级教师、高级教师和骨干教师,到对口郊区县的农村学校、公建配套学校、人口集聚街镇增建学校支教或开展委托管理,帮助受援学校提高师资水平和教学质量。保障支教或委托管理人员待遇,可以适当延长其1—5年退休年龄。设置支教或委托管理工作特设岗位,特设岗位不受受援学校内岗位总量、最高等级和结构比例的限制。鼓励郊区县选送有培养前途的中青年校长、教师到对口中心城区的优秀学校挂职锻炼和跟岗培训。

(四) 深入推进课程改革,大力推进学校内涵发展

1. 提升教研员的课程实施指导能力和学校的课程领导力

加强教研员的培训,切实提高教研机构和教研员课程实施的专业指导能力,强化对中小学校国家课程校本实施的专业指导。充分发挥课改基地学校的作用,推广提升学校课程领导力项目实验成果。中小学校要聚焦课改,把提升课程领导力作为学校发展的核心任务,找准学校课程与教学改革发展的方向,充分利用学校附近可以利用的课程资源,提高课堂教学效益,提升学校的课程领导力。

2. 以"绿色指标"为重点推动教育评价改革

推动中小学生学业质量绿色指标在城乡学校的普遍实施,推进区县科学管理和评价学校教学质量,建立区域教育质量综合评价体系,引导学校以课程标准实施情况考量教学质量,关注影响学生学业质量的重要因素,建立以校为本的教育质量评价体系。

3. 发挥新优质学校推进项目的辐射效应

推进"新优质学校项目"实施,对相关学校积极适应教育内外变革的需求,从自身实际出发,突破生源、师资薄弱等瓶颈,围绕课程与教学改革,关注每个学生发展,提升办学境界、推进优质办学的办学经验进行总结,并加大宣传推广力度,形成区域推进市民身边的"新优质学校"发展的良性机制,带动中小学实现转型发展。

4. 加强对学校发展的专业支持

建立由优秀校长、特级及骨干教师等组成的区县级"学校发展专家指导团队",对学校教育改革给予指导。要制定工作章程,明确指导团队工作范围、权利及义务等,保证指导效果。中心城区的专家指导团队还要承担对口郊区县的部分学校指导工作,帮助郊区学校提高内涵发展水平。

5. 提高基础教育信息化应用水平

依托数字化学习环境,推进教育教学手段和模式的创新。以信息化技能、信息化学习和信息化生存为基础,加强教师信息技术应用培训,引导学生运用信息技术开展学习活动。完善评估机制,扎实推进农村中小学校信息化应用。

(五) 努力满足各类群体教育需求

1. 切实保障进城务工人员随迁子女教育权益

进一步提高义务教育阶段公办学校招收进城务工人员随迁子女的比例,进一步加强随迁子女融入教育。

进一步加强以招收随迁子女为主民办小学的财务与资产管理、教师队伍管理、教育教学常规管理、安全卫生管理等规范管理，逐步提高政府基本成本补贴水平，提升教育质量。继续做好中职校招收随迁子女工作。进一步加强学前教育资源建设，扎实推进常住人口幼儿学前教育或看护服务全覆盖。

2. 推进新一轮"特殊教育三年行动计划"

深化特殊教育"医教结合"，建立市特殊教育信息通报系统，实现多部门间信息共享与整合。完善特殊教育学校课程体系，强化随班就读管理。逐步完善市特殊教育资源库，为学校、康复机构和相关专业人员、特殊儿童及家长提供专业支持。

3. 完善家庭经济困难学生资助制度

加强对学生资助工作的领导，健全帮困工作机制，保障各项资助政策的落实，搞好学生资助资金管理，确保家庭经济困难学生较好地接受基础教育。

五、保障措施

（一）加强城乡基础教育一体化工作的领导

依托市教育体制改革领导小组平台，建立城乡基础教育一体化建设工程领导小组，定期召开会议，更好推进"十二五"期间城乡教育一体化建设工程。各相关部门要加大对区县落实建设项目的指导和督查力度，帮助区县解决学校建设规划在执行过程中遇到的问题。各郊区县要建立本区县城乡基础教育一体化推进工作领导小组，制定本区县城乡基础教育一体化推进计划，分年度扎实推进工作举措的落实。

（二）完善经费投入的机制

完善区县财政教育经费统筹机制。依法履行对基础教育的投入，在保障财政教育经费"三个增长"的基础上，确保财政教育支出占地方公共财政支出比例目标的完成。大力推进区域内基础教育均衡发展。

切实加强和完善财政教育经费管理，增强财政教育资金使用的有效性和透明度。各区县财政和教育部门要统筹使用好市对区县的财政教育转移支付资金，进一步做好财政教育经费信息公开，加强对财政教育经费使用情况的督导和检查，开展财政教育经费使用的绩效评价，并将绩效评价结果向社会公开，提高财政教育经费使用效益。

（三）实施城乡教育一体化建设的专项督导

根据教育部与市政府签订的义务教育均衡发展合作备忘录的精神，将城乡教育一体化建设中的教育经费投入保障、教育公建配套、师资配备等内容，融入推进区域教育现代化综合督政及推进义务教育均衡发展的专项督政之中。由市教委会同市建设交通委、市规划国土资源局、市住房保障房屋管理局等部门对大型居住社区公建配套项目和郊区新城公建配套建设项目的幼儿园、小学和初中建设项目进行跟踪督导，以保证本市城乡教育一体化建设与义务教育均衡发展目标的同步实施和推进。

上海市教育委员会
上海市发展和改革委员会
上海市财政局
上海市城乡建设和交通委员会
上海市住房保障和房屋管理局
2012 年 5 月 24 日

上海市人民政府办公厅转发市教委等十六部门《关于加强校企合作提高高等教育、职业教育质量意见》的通知

（沪府办发〔2012〕56号）

各区、县人民政府，市政府各委、办、局：

市教委、市委宣传部、市发展改革委、市经济信息化委、市商务委、市科委、市财政局、市人力资源社会保障局、市建设交通委、市国资委、市知识产权局、市编办、市金融办、市文明办、市总工会、团市委《关于加强校企合作提高高等教育、职业教育质量的意见》已经市政府同意，现转发给你们，请认真按照执行。

上海市人民政府办公厅

2012年8月31日

关于加强校企合作提高高等教育、职业教育质量的意见

为大力培养应用型人才，进一步促进协同创新，举全市之力推进教育与科技、经济互动，建设以普通高等学校和职业院校（以下统称“学校”）与企事业单位等用人单位（以下统称“企业”）合作（以下称“校企合作”）为重要内容的创新体系，根据《国家中长期教育改革和发展规划纲要（2010—2020年）》、《上海市中长期教育改革和发展规划纲要（2010—2020年）》，现就加强校企合作，提高高等教育、职业教育质量提出以下意见：

一、支持学校建设经济社会发展急需的学科专业

（一）市各相关部门要支持学校建设经济社会发展急需的学科专业，逐步建立与上海经济社会发展紧缺人才密切相关的学科专业目录发布制度。（责任部门：市教委、市发展改革委、市人力资源社会保障局、市商务委、市科委、市经济信息化委、市建设交通委、市国资委、市金融办）

（二）学校要主动了解企业用人需求，并根据经济社会发展需要，积极调整完善相关学科专业设置，积极增列服务经济社会发展急需的各层次专业和学科，深入开展教育教学改革，持续提高创新型、复合型、应用型、技能型人才培养的质量。（责任部门：市教委、市发展改革委、市经济信息化委、市商务委、市科委、市人力资源社会保障局、市建设交通委、市金融办）

二、支持校企合作培养学生

（一）市各相关部门要支持校企合作培养各层次学生，在相关行政许可、项目审批、专项立项、成果奖励等方面优先予以支持。（责任部门：市教委、市发展改革委、市人力资源社会保障局、市商务委、市经济信息化委、市建设交通委、市金融办）

（二）教育部门要支持学校和企业联合培养研究生，特别是培养专业学位研究生；鼓励学校将联合培养的招生计划单列；对校企合作培养研究生所产生的成果，在评选上海市研究生优秀成果中单列名额，并根据培养规模逐年增加。（责任部门：市教委）

（三）市各相关部门要支持学校参与校企合作培养高技能人才项目。对与企业技能岗位密切相关的专业，学校要与企业紧密合作，建立校企合作指导委员会，结合岗位要求，对照职业标准，调整专业培养目标和课程设置，强化技能实训环节，制定专门的人才培养方案，积极开展订单式培养，完善校企联合培养人才新机制。（责任部门：市人力资源社会保障局、市教委、市发展改革委、市财政局、市经济信息化委、市商务委、市科委、市建设交通委、市国资委、市金融办）

三、支持在校学生实习实践

（一）市各相关部门要支持并积极鼓励学校切实提高应用型、技能型、创新型人才培养质量，充分利用各种社会资源（包括职业教育集团、开放实训中心、行业协会、中小企业服务中心、文化创意园区、青年就业创业见习基地、大学科技园等），推进学生的实习、实践和就业。（责任部门：市教委、市发展改革委、市经济信息化委、市商务委、市科委、市财政局、市人力资源社会保障局、市建设交通委、市知识产权局、市金融办、市文明办、市总工会、团市委、相关区县政府）

（二）学校要将学生在企业从事科研、实习、实践、就业见习纳入校方责任险范畴，加强对教师、学生的安全和保密教育，必要时签署相关协议。（责任部门：市教委、市金融办、市知识产权局）

（三）学校要对有关专业提出开展校企合作的具体要求，合理制定校企合作的教学环节及学生的毕业论文（设计）考核要求，积极落实在校学生到企业进行教学实习和顶岗实习。（责任部门：市教委）

（四）接收学生实习实践的企业要为学生提供必要的条件和安全健康的环境。（责任部门：市教委、市经济信息化委、市商务委、市科委、市人力资源社会保障局、市建设交通委、市国资委、市金融办、市总工会、团市委、相关区县政府）

四、支持教师到企业开展协同创新、技术研发及其他实践活动

（一）高校要保留3％的编制额度，专门用于支持教师流动。教师到企业工作但人事聘用关系不变的，可保留其事业编制；教师到企业工作且人事聘用关系发生变动的，采取“一事一议”的办法，允许其在满足学校要求下，由原高校重新录用为事业单位工作人员。对缺编、满编的高校，及时根据生师比等指标要求，科学合理地调整编制。（责任部门：市编办、市人力资源社会保障局、市教委、市发展改革委、市商务委、市科委、市经济信息化委、市建设交通委、市国资委、市金融办）

（二）对校企合作开展科研，在其申报上海市相关计划时，同等条件下给予优先支持。（责任部门：市教委、市经济信息化委、市商务委、市科委、市人力资源社会保障局、市发展改革委、市建设交通委、市国资委、市知识产权局、市金融办）

（三）有关校企合作研发的科技成果、知识产权和利益分配，可按专利法进行书面约定，利益分配可参照张江园区的股权激励相关政策执行。（责任部门：市知识产权局、市财政局、市教委、市发展改革委、市经济信息化委、市商务委、市科委、市人力资源社会保障局、市建设交通委、市国资委、市金融办、相关区县政府）

（四）学校要认真执行教育部门设立的支持高校教师开展产学研践习的专项计划，建立健全应用型专业的相关教师到企业实践的制度，将教师产学研践习经历和成效纳入教师职务考核、聘任、晋升体系。学校要制定政策，支持教师结合学科专业发展需要，主持或参与企业等实践部门的应用研究和产品研发。（责任部门：市教委、市人力资源社会保障局）

五、支持企业专业人才参与高校教学

（一）学校要制订规章制度，积极引进或聘用企业专业人员担（兼）任教学科研任务，并给予来自企业的兼职教师、研究人员、技术人员与校内同层次同类型人员同等的学术待遇，提供相应的学术交流、评优等机会，并给予一定的工作津贴。对没有参与学校教学活动经历的企业高水平专业技术人员，在受聘担任学校兼职教师前，学校要组织相应的培训和学术技术能力评议，或委托教育部门认定的有资质的单位组织相应的培训和学术技术能力评议，对评议通过的，给予相应职务和职称聘任。（责任部门：市教委、市人力资源社会保障局、市财政局）

（二）市各相关部门要鼓励企业将有关人员参加校企合作的经历和成效，纳入员工职务晋升体系。（责任部门：市教委、市经济信息化委、市商务委、市科委、市人力资源社会保障局、市发展改革委、市建设交通委、市国资委、市金融办）

六、支持校企合作基地建设

教育部门要支持校企合作建设产学研联合培养研究生基地、毕业实习基地、社会实践基地、教师培训基地等。对通过认定、批准的基地，分别予以冠名并给予资金支持。（责任部门：市教委、市人力资源社会保障局、市财政局、市委宣传部、市发展改革委、市经济信息化委、市商务委、市科委、市建设交通委、市国资委、市知识产权局、市金融办、市文明办、市总工会、团市委、相关区县政府）

七、加强组织领导和管理

市教育体制改革领导小组统筹领导、协调全市校企合作的重大事项，市教委负责日常协调、管理，并建立工作进展报告制度。学校要建立相关职能部门共同参与的校企合作协调小组及办公室，明确职责分工，加强统筹协调，建立健全相关管理制度。参与校企合作的企业要明确该项工作的负责机构及日常管理负责人，制定和实施必要的管理措施。（责任部门：市教委、市委宣传部、市发展改革委、市经济信息化委、市商务委、市科委、市财政局、市人力资源社会保障局、市建设交通委、市国资委、市知识产权局、市金融办、市文明办、市总工会、团市委、相关区县政府）

八、建立校企合作信息交流沟通机制

（一）学校与企业要建立校企合作信息交流沟通机制，借助上海高校技术市场、中国工博会、高校大学生优秀作品大赛、职业院校学生技能大赛等平台，展示校企合作的成果，积极服务上海经济社会发展。（责任部门：市教委、市委宣传部、市发展改革委、市经济信息化委、市商务委、市科委、市人力资源社会保障局、市建设交通委、团市委、相关区县政府）

（二）学校要借助大学生就业网络，促进市级层面学生实习、实践的信息沟通。（责任部门：市教委、相关区县政府）

九、明确考核指标

（一）将学校开展校企合作情况列为对学校及其领导班子开拓创新情况考核内容。（责任部门：市教委）

（二）将事业单位开展校企合作情况列入对单位和部门的考核范围，鼓励企业集团将校企合作情况列为对所属企业领导班子的考核评价内容。（责任部门：市教委、市国资委、市发展改革委、市经济信息化委、市商务委、市科委、市建设交通委、市金融办）

（三）将校企合作作为一项重要的鼓励指标，列入文明单位、重点用人单位、大学科技园等认定和复审的条件中。（责任部门：市文明办、市教委、市发展改革委、市经济信息化委、市商务委、市科委、市人力资源社会保障局、市建设交通委、市国资委、市金融办、相关区县政府）

十、建立完善宣传渠道和表彰机制

加大对校企合作的舆论宣传和表彰奖励力度。对推进校企合作工作卓有成效的基地（园区）、学校、企业，经教育部门认定，可给予资金奖励，并在全市范围内予以表彰，为校企合作营造更好的创新发展氛围，争取各方面更大支持。（责任部门：市委宣传部、市教委、市发展改革委、市经济信息化委、市商务委、市科委、市财政局、市人力资源社会保障局、市建设交通委、市国资委、市知识产权局、市金融办、市文明办、市总工会、团市委、相关区县政府）

以上责任部门中，列第一位的为牵头部门。

上海市教育委员会
中国共产党上海市委员会宣传部
上海市发展和改革委员会
上海市经济和信息化委员会
上海市商务委员会
上海市科学技术委员会
上海市财政局
上海市人力资源和社会保障局
上海市城乡建设和交通委员会
上海市国有资产监督管理委员会
上海市知识产权局
上海市机构编制委员会办公室
上海市金融服务办公室
上海市精神文明建设委员会办公室
上海市总工会
中国共产主义青年团上海市委员会
2012年8月20日

上海市教育委员会关于印发《上海市高等教育改革和发展“十二五”规划》的通知

（沪教委高〔2012〕51 号）

各高等学校、各研究生培养单位：

现将《上海市高等教育改革和发展“十二五”规划》印发给你们，请结合本单位的实际，认真贯彻执行。

附件：上海市高等教育改革和发展“十二五”规划

上海市教育委员会
2012 年 6 月 15 日

上海市高等教育改革和发展“十二五”规划

为深入贯彻落实全国与上海市教育工作会议精神，按照《国家中长期教育改革和发展规划纲要（2010—2020 年）》、《上海市国民经济和社会发展第十二个五年规划纲要》、《上海市中长期教育改革和发展规划纲要（2010—2020 年）》和《上海市教育改革和发展“十二五”规划》的要求，制定本规划。

一、成就与问题

“十一五”时期，上海高等教育改革实施由外延扩展为主向内涵建设为主的战略转变，不断满足人民群众接受高等教育的迫切需求，大力推进科教兴市、人才强市战略，支持和服务经济社会的持续快速发展。

（一）主要成就

1. 高等教育普及化水平进一步提高

2010 年，上海高等教育在校生总规模为 97.76 万人。其中，普通高校本专科和研究生在校生为 51.57 万人和 11.17 万人，分别比 2005 年增长了 16.5%和 41.9%；每十万人在校大学生数为 4580 人。“十一五”期间，上海继续完善包括各类奖、助、贷学金在内的大学生资助体系建设，家庭经济困难学生资助实现了全覆盖。

2. 高等教育发展方式探索转型

“十一五”期间，上海高校办学条件整体得到提升，形态布局调整基本完成。2010 年上海高校占地面积和校舍建筑面积（含学校产权和非产权独立使用）为 3948.36 万平方米和 2147.49 万平方米，分别比 2005 年增加 11.9%和 19.3%。

新增奉贤和临港新城两个大学园区，形成了与全市生产力布局相呼应的“2＋2＋2＋X”的高校形态布局。在此基础上，上海率先推进以高校发展定位规划和学科专业结构优化调整为主要抓手的高等教育内涵建设工程（“085 工程”），提出了“扶需、扶特、扶强”的建设思路，制定了“学校规划、校内竞争、政府立项、绩效评估”的项目管理办法。上海高等教育已形成国家、上海、学校重点学科建设的三级体系，拥有一级学科国家重点学科 30 个，二级学科国家重点学科 68 个，国家重点（培育）学科 27 个，分别占全国总数的 10.49%、10.04%和 12.44%。

3. 人才培养质量得到普遍关注

上海高等教育率先提出追求卓越教育的目标，积极创新人才培养模式，坚持立德树人。大学生在世博志愿服务等重大活动中展示出良好的思想政治素质和精神风貌。高等职业教育阶段，强化学生技能培训，积极依托行业办学，积极组建行业性职业教育集团和区域性职业教育集团，5所高职高专院校列入国家级示范性高职建设（培育）院校。本科教育阶段，以精品课程和特色专业建设为抓手，提升人才培养质量。“十一五”期间，建成国家级特色专业181个，国家级精品课程230门（其中高职29门），国家级实验教学示范中心30个，市级精品课程840门（其中高职118门），市级本科教学高地210个，市级实验教学示范中心65个。研究生教育阶段，以人才培养机制和培养模式改革为突破口，加强研究生创新能力。率先实施全市产学研联合培养研究生体制改革，批准35家单位为“上海研究生联合培养基地”（含协作培养单位）。共设立各类研究生教育创新计划314项。“十一五”期间，有69篇论文被评为全国优秀博士学位论文（含第二军医大学和中科院系统），占全国的13.8%。

2008年，上海率先提出“卓越工程教育”、“卓越科学教育”、“卓越医学教育”和“卓越文学艺术教育”计划，并确定了先行先试高校。率先构建集人才培养、科学研究、队伍建设、国际化和机制创新为一体的全市高校内涵建设项目库。全市高校形成了就业、创业教育服务体系。十一五期间，上海高校毕业生就业率持续领先全国。2009年，在受到世界金融危机冲击的不利条件下，上海高校毕业生就业率仍稳定在90%以上。

4. 知识创新和服务能力得到有效提升

“十一五”期间，高校成为上海知识创新的主力军，科研水平明显提升：一是科研基础水平和研究成果进一步增强。吴孟超、谷超豪、王振义先后获国家最高科技奖。累计获专利申请28677项，比“十五”期间增长185.4%，获专利授权13595项，比“十五”期间增长357.4%。SCI论文收录41781篇，比“十五”期间增长148.7%，EI论文收录35866篇，比“十五”期间增长128.4%。ISTP收录18817篇，比“十五”期间增长195%。二是科技经费收入持续增加。“十一五”期间，上海高校获得科技总经费为345.7亿元，比“十五”期间增长117.1%。其中2010年科技总经费超过亿元的学校和附属医院有12所。三是科技成果转化和产学研合作取得突破。2010年上海高校科技合同登记3318项，技术合同成交金额达8.23亿元。

5. 教师队伍建设得到高度重视

“十一五”期间，上海高校教师队伍初步形成开放和有序流动的良性格局，教师规模小幅增长。2010年，上海普通高校专任教师达3.92万人，比“十五”末增加23.3%。高层次人才队伍竞争力提升较快：到2010年底，高校在职在编人员中拥有两院院士80人，国家“百千万工程”人选166人，教育部“长江学者”150人，国家杰出青年212人，全国高校教学名师30人，上海领军人才172人。截至2010年，上海高校共引进国家“千人计划”专家99人。

2007年底起实施“上海高校特聘教授（东方学者）岗位计划”，2008—2010年引进高层次人才166人，投入资金达7500万元。加强对中青年教师培养资助力度，2005—2010年共投入13700余万元，资助了5159位高校青年教师，占青年教师总数的近四分之一。全面实施岗位设置管理为基础的教师及其他专业技术职务聘任制。

6. 高等教育国际化水平取得长足进步

“十一五”期间，中外合作办学呈现多样化发展趋势，既有独立设置机构，又有普通高校二级学院，还有针对某些专业、学科和课程合作举办的项目。实施本科及以上学历教育的机构和项目数已从“十五”末的30%增至“十一五”末的42%；同期来华外国留学生中学历生数从6310人增至13150人，其中12所高校的外国留学生人数超过1000人。“十二五”期间本市高校共聘请外籍专家5704人次。

（二）主要问题

1. 育人为本的根本要求尚未得到完全落实

“为了每一个学生的终身发展”的理念在高校办学中尚未得到充分体现，人才培养在高校工作中的中心地位尚未完全确立，人才培养质量尚未成为衡量高校办学水平的根本标准。高校片面追求综合化和上层次倾向仍较严重，尚未根据经济社会发展需求及高校的特点和类型确定人才培养目标、规格；人才培养模式创新不足，教学实践环节比较薄弱，学生综合素质和实践技能有待提升，产学研联合培养人才的机制尚待进一步健全与完善；全体教师、全社会全心支持大学生思想政治教育的意识有待进一步增强，全方位参与大学生思政工作的体制机制还需进一步完善。

2. 人才培养与学科专业结构调整尚未主动适应经济社会需求变化

以社会需求为导向，高校自主设置、主动调整优化学科专业结构的机制有待完善，主动服务国家战略和区域经济社会发展及产业升级需求的意识有待增强。学科专业设置及结构调整不适应科技发展、经济结构转型升级的需要。部分学科专业布局趋同、重复现象加剧，新兴、复合交叉学科专业产生机制尚未建立；学科专业发展不能满足社会对多层次、多类型、多规格的人才培养需求；部分应用型学科专业人才培养和社会要求脱节，传统学科专业面临改造，高层次人才总体供给不足。

3. 知识创新和知识服务能力尚待提高

缺乏一批支撑高水平大学发展的国际认可的一流学科；原始创新、持续创新和多学科集成创新的能力不足；服务国家重大需求的能力有待提升；高校知识服务能力和文化引领能力的整体优势和潜力尚未充分发挥。

4. 教师专业队伍结构和发展环境尚需进一步优化

教师整体规模仍存在缺口。专任教师占全体教职工的比例未达到55%以上；教师队伍年龄结构、学缘结构等结构性矛盾比较突出，教师来源结构多样化步伐有待加快；教学、学术团队和梯队建设机制有待深化，优秀青年教师自主选拔、培养及其资助力度有待加强，以人才培养和学术创新团队为载体的组织机制尚未形成；部分新升本科院校、高职高专院校缺乏教师专业发展和培训的长效机制；民办院校教师流失率较高；高校教师队伍国际化程度有待整体提高。

5. 高等教育国际影响力与竞争力有待增强

高等教育国际交流与合作水平尚未与上海作为世界级城市和建设现代化国际大都市的目标、需求相适应。中外合作办学层次与水平需进一步提高；留学生教育需继续扩大规模，改善结构，不断提高学历生和长期生的比例；教师主动承担国际学术组织或行业组织领导人职务并取得话语权的积极性和能力有待提升；国际人才引进、评聘的政策和环境有待优化。

二、指导思想、发展思路与主要目标

（一）指导思想

以邓小平理论和“三个代表”重要思想为指导，贯彻落实科学发展观，遵循教育发展规律，适应高等教育国际化、区域化与全球化的发展趋势，推进高等教育现代化，全面创新人才培养模式，加大综合改革力度，加快转变高等教育发展方式，发挥高等教育的知识创新和文化引领作用，坚持走有中国特色、上海特点的创新型、特色型、服务型的内涵发展之路，推动经济社会的可持续发展，促进人的全面发展和终身发展。

（二）发展思路

在推进上海高等教育“十二五”改革和发展中，要坚持“规划引导、分类管理、改革驱动、卓越发展”的发展思路。

1. 规划引导

充分发挥政府统筹规划的指导作用，充分发挥学校自主规划的主体作用，着眼于高等教育的长远发展，全面提升上海高等教育的整体水平。

2. 分类管理

推进高校管理方式的转变，加强分类指导与评估，建立分类指导服务体系，促进每所学校的特色与创新发展。

3. 改革驱动

依托国家教育综合改革试验区建设，进一步解放思想、先行先试，不断加大改革创新的力度，充分发挥上海高校在区域和国家经济社会发展中的重要作用。

4. 卓越发展

集聚上海高等教育的传统优势与特色，迎接国际高等教育的挑战和竞争，为上海实现国家战略提供卓越人才、卓越科研成果和卓越知识服务体系的支撑。

（三）主要目标

1. 总体目标

到“十二五”末，上海高等教育改革和发展的总体目标是：高等教育质量和内涵建设水平明显提高，学科专业布局结构更加优化，高校教师队伍整体素质稳步提高，为推动以培养模式改革、管理方式改革、协同创新改革、办学体制改革为主的高等教育发展方式转变奠定基础。

2. 具体目标

——**初步形成功能明晰、特色鲜明、多样开放的院校分类发展体系**。引导高校合理定位、办出特色、办出水平。建设若干所世界一流大学，若干个特色学科专业率先进入世界一流行列，建设一批高水平大学和特色院校，建设一批示范性高职高专院校和若干所示范性民办高校。

——**逐步完善与经济社会发展相适应的、符合人的终身发展需求的创新人才培养体系**。以培养学生具有理想信念、社会责任感、创新精神和实践能力为核心，培养造就高素质专门人才和拔尖创新人才，人才培养层次、类型和学科专业结构更趋合理，形成各类创新人才脱颖而出的机制与氛围，形成与经济社会发展互动、适应人的个性和全面发展需求的创新人才培养体系。

——**构建形成集人才培养、学科建设和科学研究为一体的协同创新体系**。建立"开放、集聚、适变、持续"的协同创新机制，形成产学研融合发展的模式；通过平台建设，集聚和培养一批高水平知识服务领军人才和团队，建立和完善促进知识服务能力提升的相关政策和环境，成为支撑国家战略和上海创新驱动、转型发展的"技术创新源"和"产业孵化器"，成为区域文化建设、文化创新的策源地；建设若干国家协同创新中心。

——**加快建设师德高尚、能力卓越、富有活力的教师专业发展体系**。坚持教师专业发展为本、教师师德建设为先、制度改革创新为重、优化队伍结构为主、参与国际竞争为要，使上海高校教师队伍成为上海教育人才和各类人才中的主力队伍、国家发展可信赖和依托的战略资源、国际人才高地的生力军和主要依托力量。

——**加速推进符合国际化大都市建设需求、符合国际化人才培养要求的国际教育交流体系**。坚持以开放促改革、促发展，开展多层次、宽领域的高等教育国际交流与合作，提高上海高等教育国际化水平，提升上海高等教育的国际影响力和竞争力，建设成为外国学生留学目的地城市。

——**探索形成管、办、评相分离的高等教育公共治理体系**。加强分类指导与分类管理体系建设，加快政府职能转变，创新管理模式，发挥社会及中介组织的评估作用。以抓规划、抓统筹、抓评估为重点，增强学校办学自主权，形成校校有支持、校校有发展、校校有特色的发展格局，使每一所高校都充满改革的动力、发展的活力和创新的能力。

三、重点任务

(一) 优化高等教育内涵建设布局

1. 促进高等教育的多样化发展

以上海高等教育内涵建设工程("085工程")为基础，根据"不同的学校，不同的目标，不同的支持"的高等学校分类指导、分类管理原则，促进高校在不同层次、不同领域办出特色，争创一流。创新部市共建、地方统筹的体制和机制，促进部属高校在服务国家和上海战略中，加快建成世界一流和国际知名高水平研究型大学的步伐，使若干学科达到国际先进水平；根据"扶需、扶特、扶强"的原则，引导地方本科院校结合社会需求，在特色学科专业和应用型人才培养方面注重品质提升，形成若干国内领先、国际有影响的学科集群；开展示范性高等职业院校建设，通过"后示范"、"国家骨干"、"上海特色"三个层面的建设项目，整体提升上海高职高专院校的发展水平；按"分类扶持、提升质量、多元发展、依法管理"的原则，推进"高水平、有特色"民办高校建设。

2. 推进学科专业布局结构调整

开展以发展需求为导向、突显特色和优势的核心专业(群)建设。促进高校以各自的重点建设领域为核心，改革、创新各级各类人才培养模式，不断完善人才培养方案；从资金、政策、信息、交流、人才需求规格、人才培训标准等方面，建立社会需求导向的高等教育发展机制，推动学科专业、人才培养结构、科学研究等与社会需求互动融合发展的格局；以国家教育综合改革试验区建设为契机，根据经济社会发展需求，结合高校的优势和特色，调整高校博士、硕士学位授权点，优化高层次人才培养体系。引导高校健全学科专业结构动态调整的机制，包括科学制定高校发展定位规划的指导机制、学科专业导向的评价机制和资源配置机制、专业预警和退出机制等。

3. 优化高等学校类型布局

围绕"规模稳定、结构合理、质量卓越、效益显著"的院校设置目标，优化上海高等学校类型结构布局，努力使上海高校类型布局与产业结构升级和人才培养需求相适应。继续推动中美合作的上海纽约大学、上海市与中科院合作的上海科技大学建设；筹建中外合作的国际高等职业技术学院；推进上海开放大学建设；支持符合条件的本科院校更名为“大学”；支持符合条件的独立学院转设为独立建制的民办本科学校。

（二）推动创新人才培养模式改革

1. 落实育人为本的教育理念

牢固确立人才培养在高校工作中的中心地位，把本科教学作为高校最基础、最根本的工作。建立有效的评价体系，激励教师用心教书育人，把教学工作作为教师考核的首要内容和重要指标，把教授为本科低年级学生授课作为基本制度；坚持把社会主义核心价值体系融入人才培养的全过程，进一步加强大学生思想政治教育；深入实施马克思主义理论研究和建设工程，进一步提高高校思想政治理论课教学质量，坚持把加强大学生日常思想政治教育和实践育人工作作为创新人才培养的重要途径；加强图书资料、实验室、校内外实习基地、课程教材等教学基本建设，为学生的全面发展提供全方位的支持。

2. 实施本科教学质量提升工程

着力专业综合改革，重点改革人才培养模式和机制。支持优势特色专业建设，支持战略性新兴产业相关专业建设，支持与上海经济社会发展紧密相关专业建设，支持“卓越人才”培养计划相关专业建设。

着力实践创新能力提高。整合实验教学资源，建设高水平实验教学平台；支持高校与行业、企业、科研院所等社会有关部门合作共建大学生校外实践教育基地；推动大学生创新创业训练融入培养方案；支持高校与行业联合开展学科专业、毕业设计（论文）竞赛。

着力教师教学能力提升。推动高校普遍建立适合本校特色的教师教学发展中心，有计划地开展教师培训、质量评估、教学服务等；完善教研室、教学团队等基层教学组织，完善助教制度，重点支持教学改革课题立项。

着力课程教材改革与建设。开展市教委重点课程建设、全英语示范课程建设，评选精品课程和优秀教材；鼓励高校加强视频公开课和精品资源共享课建设。

完善本科教学质量标准建设。针对上海高校中重复设置多、影响广、社会关注度高的本科专业，制定相应的专业教学质量标准，并按此标准组织专业教学评估或专业认证。

完善教学评估制度。建立健全以学校自我评估为基础，以院校评估、专业认证及评估、国际评估和教学基本状态数据常态监测为主要内容的教学评估制度，引导高校公开发布本科教学质量年度报告。

3. 切实提高研究生教育质量

构建和完善学位与研究生教育质量保障体系，加强研究生创新能力和应用能力培养。

统筹优化博士、硕士学位授权点布局。围绕国家发展战略和上海经济结构调整需要，引导高校建立主动调整和优化学科结构的机制，包括增列、建设一批学位授权点，开展一批服务经济社会发展急需的人才培养项目。

构建和完善学位与研究生培养质量保障和监控体系。继续实施研究生教育创新计划，推动研究生培养模式创新，推进研究生培养机制改革，强化研究生基础课程教学；加大对学位授权学科建设水平、研究生培养质量的检查和评估力度；建立研究生教育质量监控信息化平台；建立以研究生教育优秀成果评选为主的激励制度。

探索建立专业学位研究生教育教学及管理体系，积极发展硕士层次专业学位教育，重点建设 250 个研究生联合培养基地和专业学位研究生践习基地，实现各高校和各专业学位类别的全覆盖，推进专业学位研究生教育综合改革；开展临床医学硕士专业学位教育与住院医师规范化培训相结合的改革试点工作，逐步完善医学教育学制；开展教育硕士专业学位教育与见习教师规范化培训相结合的改革试点工作；推动硕士专业学位教育与执业资格相衔接工作。

4. 深化高职教学改革

以服务经济和社会发展为宗旨，以就业为导向，产学结合，努力培养高素质的技能型专门人才。

开展高职高专院校重点专业建设计划，推动上海高职专业结构优化，提升上海高职对城市发展的支撑能力。建设 200 个重点专业，围绕专业开展校内实训基地建设、师资队伍建设、人才培养模式改革和社会服务，每年举办“上海高职高专院校重点专业建设教学比武”。

继续实施高等职业教育质量工程。开展校企合作高技能人才培养计划，将高职专业教学与国家职业标准相结合，深化校企合作、产学结合、工学交替、定向培养的高技能人才培养模式改革；继续实施上海高职高专院校师资教学能力提升计划，培育上海高职高专院校骨干专任教师。力争教师学历达标率达到 100%，专业课教师“双师”比例达到80%以上，企业兼职教师上专业课比例达到40%以上；完成高等职业院校新一轮人才培养工作评估；推进国家级、上海市级专业教学资源库建设；以国家级专业资源库为示范，以上海高职高专院校重点专业为平台，构建共享型专业教学资源库，推动“教学名师”、“教学团队”、“精品课程”资源共享；鼓励高职高专学生参与全国职业院校职业技能竞赛及上海职业技能大赛。

完成国家教育体制改革试点项目。实施“开展地方政府促进高等职业教育发展综合改革试点”、“创新政府、行业、企业、高职院校办学体制、机制”试点项目，探索建立学校主体、政府主导、行业指导、企业参与的办学体制和育人机制。

探索构建适应上海技术人才和服务人才需求的多层次高等职业教育体系。根据上海经济社会发展的实际需要，继续进行中高职相通式（“3＋2”和“五年一贯制”）、二专科一年半制、高中（中职）起点三年制、专本连续培养（“3＋2”）、四年制应用型本科等多层次高等职业教育形式并存的人才培养模式，探索高技能人才培养的多样化实现途径。

5. 探索和完善招生、就业与创业体系

以招生考试制度改革为突破口，推进创新人才培养。探索分类考试、综合评价、多元录取的招生考试制度。在建立并完善高中学业水平考试的基础上，高职高专院校实行综合评价、自主招生制度，普通本科高等学校实行联合统一考试、自主择优录取制度，若干高水平大学探索实施多元考查、自主招生的办法。积极探索应届高中毕业生参加地方本科院校春季招生考试，赋予考生更多的考试机会。加快推进成人高校招生考试制度改革。加强考试管理，按照“统一规划、统一标准、统筹协调、分布实施、高效务实”的原则，全面推进标准考点建设，逐步深化网上评卷模式的应用，探索引入ISO9000质量管理体系，进一步提高各类考试考务管理的水平。健全高校毕业生就业服务体系，建立高校毕业生就业工作和就业质量综合评价体系。深入推进就业工作创新基地建设，形成一批适应高校特色与创新发展要求的就业工作示范学校。建设以提升大学生职业发展教育水平为目标，以全程化、系统化就业指导课程为基础，以职业测评、网上指导和个体咨询为辅助，以就业实践环节为补充的就业指导服务体系。引导和鼓励高校毕业生到基层就业，进一步拓宽就业渠道。重点抓好就业困难学生和特殊群体的就业援助和帮扶工作。完善创业政策、普及创业教育、健全创业平台、推广创业培训模式、营造创业氛围、丰富创业成果，形成“覆盖全面、层次合理、运行有效、特色鲜明”的大学生创业指导教育体系。推进高校毕业生实习实训和创业培训基地建设。

（三）提升知识创新与知识服务能力

1. 加强重点学科建设

实施上海高校一流学科建设计划，在“985工程”、“211工程”和地方高校“085工程”等学科建设的基础上，对接《高等学校创新能力提升计划》的工作要求，瞄准科学前沿和经济社会发展的重大问题，以重点学科建设为基础，以体制机制改革为重点，以创新能力提升为突破口，积极探索跨学科协同创新的新模式、学术国际合作的新途径、与国际接轨的师资队伍建设新机制，力争若干学科成为具有重大国际影响的学术高地和2011协同创新中心，有200个左右学科继续保持国内领先地位。

2. 加强高校知识服务能力建设

实施高校知识服务能力提升工程，坚持“需求牵引、开放联合、主动而为、重点提升、持续支持”的原则，瞄准区域重点发展领域，对准一个，建设一个。以建设高新技术产学研合作开发中心、现代服务业知识服务中心和高级战略研究中心等三类协同创新中心为重点，进一步推动高校创新能力建设，探索建立“开放、集聚、适变、持续”的新机制，集聚和培养一批高层次的知识服务领军人才和创新团队。加强市行业主管部门、区县政府的合作，进一步加强高校与区域发展的融合，解决上海和国家经济社会发展重大实践和理论问题、战略新兴产业发展的共性关键技术和现代服务业瓶颈问题，力争若干平台成为2011区域发展协同创新中心。继续推进上海高校技术市场功能建设，试点推进高校技术转移中心，完善高校技术转移服务体系。

3. 繁荣发展哲学社会科学

对接教育部《高等学校哲学社会科学繁荣计划》工作要求，进一步加强高校人文社会科学建设，更好地服务于文化大发展大繁荣。整合优化现有的建设举措，以体制机制改革为重点，进一步解决制约上海高校哲学社会科学发展中的突出问题，实现高校哲学社会科学从数量增长向质量提升的转变，切实提高高校哲学社会科学的创新能力和服务水平。加强哲学社会科学优秀成果的推广普及，提升上海高校的文化引领作用。大力实施高校哲学社会科学“走出去”战略，切实提高国际学术影响力和话语权。

（四）提高高校教师专业发展能力

1. 进一步加强师德师风建设

全面落实“育人为本、师德为先”，表彰师德典型及其先进事迹，树立教书育人楷模。明确教师教学、科研工作规范要求，建立师德考评制度，在教师考核体系中突出师德优先、教学优先的导向机制。强化学术规范管理，建立学术诚信评价与复议体系。

2. 加大高端人才的引进与培养

创新海外引智模式，集聚和造就全球杰出人才。建设海外高层次人才信息库，完善海外高层次人才联系制度，创新海外高层次人才引进工作体系。完善“上海高校特聘教授（东方学者）岗位计划”，同时设立“东方教席”岗位，引进国内外教学名师、大家。鼓励申报国家和地方“千人计划”，使上海成为国际一流人才集聚高地。

3. 鼓励教师以质量为重点提高专业发展能力

深化高校教师收入分配制度改革，实施高等教育教师队伍质量提升工程。实施骨干教师教学激励计划，完善青年教师助教工作制度，鼓励骨干教师，特别是学科领军人才、引进人才以学生培养为本，积极投入教育教学，提升专业教学能力，精心指导青年教师，提高学生培养质量。实施“上海高校青年教师培养资助计划”、“上海高校中青年教师国外访学进修计划”、“上海高校青年骨干教师国内访问学者计划”、“上海高校教师产学研践习计划”、“上海高校实验技术队伍建设计划”、“民办高校强师计划”，建立“师资博士后”培养制度等，加大高校教师，特别是青年教师的培养力度。

4. 完善教师评价和考核制度

根据教师岗位的不同需求，分别制定从刚性到柔性、从短周期到长周期的考核体系。根据教学、科研和思想政治教育工作等不同要求，实行教师分类评价机制，根据各高校、学科专业发展的不同特点，探索任期考评、同行间业绩考评等符合教师劳动特点的评价与激励办法。制订高校实验技术人员建设的激励计划，鼓励实验技术人员参与科学研究，提高学历层次。按照“总量适度、分类管理、按需设岗、公开招聘、平等竞争、择优聘用”的原则，在部分条件成熟的高校率先开展“非升即转”改革试验。

（五）增强高等教育国际竞争力

1. 积极探索中外合作办学新机制

积极鼓励高校合作举办高等教育机构，“十二五”期间举办2—3所创新体制的中外合作高校（含高职）。新增以学历教育为主的中外合作非独立设置机构和项目40个左右。完善中外合作办学质量保障机制，推动中外合作办学的高质量发展。

2. 大力发展外国留学生教育

切实落实教育部《留学中国计划》，继续提高质量，优化结构，通过完善市政府外国留学生奖学金的奖项设计、提供高质量的学校教育与社会服务等途径，吸引更多外国学生来沪留学。到“十二五”末，争取留学生占在校生的15%，其中长期生数占留学生总数的72%。加强留学生课程与专业体系建设，设立“上海市外国留学生预科学院”，加强外国留学生预科培养。继续推进“上海暑期学校项目”，建设外国留学生服务支持系统，大力加强上海高等教育的海外宣传力度。

3. 加快吸引各类优质国际教育资源

鼓励高校积极参与国际教育服务，在海外建立分校或参与国外院校相关专业的建设。“十二五”末，以与海外教育机构合作或独立举办的形式，试点设立高等教育海外项目。实施“海外名师项目”，支持和资助上海高校引进一批在有关学科或专业领域具有国际公认的较高造诣的专家学者。实施“海外高层次学术团队引进项目”，整体引进海外高水平学术团队，带动一批重点学科、前沿性交叉学科的发展。鼓励高校加强与外国高水平大学、科研机构以及海外一流专家的合作，共同完成科研项目。

4. 支持高校学生海外学习与实习

设立“上海市高校学生海外学习、实习项目”专项资金，用以资助高校在校生赴海外知名院校、研究机构、跨国公司和国际组织学习或实习，让更多高校学生获得拓展国际视野和接受跨文化交流的机会，提升上海高校学生的国际交往和竞争能力。鼓励高校与海外合作院校开展学分互认和学位互授。

（六）健全分类管理的运行机制

1. 推动高等教育拨款评估咨询委员会建设

为完善高等教育经费的科学投入与资源配置机制，促进高校科学和特色发展，加快建立高等教育拨款评估咨询委员会制度，适当提高市属高校生均公用经费定额标准，逐步建立高校生均公用经费定额动态调整机制，保障高等教育经费投入到位，提高使用效益，保障高校的办学自主权。

2. 推进分类指导的管理体制和运行机制改革

进一步加强高校的自主创新发展能力，转变政府职能，引导高校科学定位、特色办学。加强政府的规划引导作用，优化资源配置、严格监督管理、注重绩效考核，形成政府与高校有效互动的运行模式，服务与推进高校发展定位规划的落实与实施。

3. 建立高校办学质量分类评估标准

根据各类高校不同的办学理念、发展使命、目标任务，以及各类高校不同发展阶段形成的特色和优势，制订不同的质量分类评估标准。鼓励高校在不同层次、不同领域、不同类型中追求卓越，办出特色。

4. 建立健全高校绩效评估指标体系

围绕上海高等教育的整体规划，引导高校申报重点发展项目，开展水平评估和建设项目的绩效评估，探索实行与水平和绩效考核挂钩的财政拨款制度，合理配置高等教育资源，引导高校转变办学理念，不断提升内涵建设质量。继续完善专项资金绩效评价办法，进一步提高资金的使用效益。

四、改革及保障措施

（一）创新培养机制

充分发挥国家教育综合改革试验区的制度优势，推动高校创新人才培养改革试验，围绕建设创新型国家战略和上海创新驱动、转型发展战略，从经济社会的发展需求出发，优化高层次人才培养体系，推进专业学位人才培养模式改革，深化研究生培养机制改革，实施“卓越人才”培养计划，满足经济社会发展对新增劳动力的需求。

（二）转变政府职能

改革政府在推进高等教育改革中的管理方式，探索高校分类指导、分类管理的办法。强化政府统筹规划、政策引导、监管评估的职责，促进管、办、评相分离，完善督导制度和监督问责制度。明确政府在高校发展定位规划工作中的主导责任，建立更加合理、公平和透明的高等教育财政资源分配机制，进一步完善高校学生资助政策体系，推动高校建立教学质量保障体系，促进高等教育发展模式的转型。

（三）推进协同创新

大力推进高校在协同创新的组织管理、人事制度、人才培养、人员考评、科研模式、资源配置方式、创新文化建设等方面的改革，通过构建面向科学前沿、文化传承创新、行业产业和区域发展重大需求等的协同创新模式，进一步推动各种创新资源高度汇聚和深度融合，形成有利于提升高校创新能力和全面提高教育质量的体制和机制。

（四）深化体制改革

探索部市“共建共管”新机制，推进高校分类指导、分类管理改革；深化省级政府统筹高等教育管理改革的路径与机制，促进高等教育管理体制改革，优化高等教育资源结构和资源配置。积极推进高层次中外合作办学发展，借鉴国外的先进教育理念，探索多元开放的办学新模式，提升上海高等教育内涵发展的水平。

（五）落实依法治校

建立健全大学章程，落实与保障学校的办学自主权，形成依法办学、自我管理、民主监督、社会参与的办学体制、机制。构建政府、高校、社会的新型关系，协调好“政治权、行政权、学术权、民主权”，推进高校管理的民主化、科学化与制度化进程，完善中国特色现代大学制度。全面完成民办高校法人财产权落实工作。

（六）实行公共治理

搭建政府各主管部门参与管理和社会资源积极进入高等教育的体制与机制平台。处理好社会与高校的关系，形成政府高度重视、各部门支持高等教育发展的良好氛围。鼓励高校探索公共治理的体制机制创新，探索科研院所、行业、企业等共同参与高等教育发展和管理的新机制；探索建立优质教育资源共享、协调合作的新机制；发挥大学在文化建设、社会管理中的作用；为高等教育改革和发展营造良好的条件和外部环境。

上海市教育委员会关于印发《上海市教育信息化"十二五"发展规划》的通知

（沪教委科〔2012〕1号）

各高等学校、区县教育局、直属单位，有关委、局、控股（集团）公司：

现将《上海市教育信息化"十二五"发展规划》印发给你们，请结合实际认真贯彻执行。

附件：上海市教育信息化"十二五"发展规划

上海市教育委员会

2012年1月5日

上海市教育信息化"十二五"发展规划

为深入贯彻国家和上海市中长期教育改革和发展规划纲要精神，落实教育部教育信息化发展规划、上海市教育改革和发展"十二五"规划内容，有效推进上海教育信息化建设，现制订《上海教育信息化"十二五"发展规划》。

一、"十一五"期间上海教育信息化工作取得的主要成绩

"十一五"期间，上海教育信息化工作围绕上海教育"率先基本实现教育现代化"的建设目标，初步建立了适应教育改革和发展要求、高效便捷、服务于教育的信息化体系。

（一）基础设施日益完善，学校信息化环境不断优化

经过教育行政部门、学校和社会各界的共同努力，本市教育信息化全面发展，在上海教科网和"校校通"网络的基础上基本构建完成上海教育城域网。上海教科网成为全国教育领域第一个以万兆双环为主干的IPV4/IPV6双栈城域网，接入全市高校、部分区县和其他教育单位共70余家；建成百兆互联的"校校通"主干网，下连各区县级"校校通"网络，覆盖本市全部中小学、幼儿园，其中部分区县级"校校通"实现光纤高速互联。

数字校园日益普及，学校信息化环境不断优化。高校校园网络主干带宽普遍升级到千兆甚至万兆，无线覆盖范围逐年扩大，上海教科网出口流量逐年增长，2006年最大出流量为3760 Mbps，2010年增长到14360 Mbps；全市90%以上的中小学及幼儿园实现宽带接入，计算机和多媒体教学设备的配备不断规范；通过农村中小学信息化环境设施建设，农村学校普遍拥有计算机专用教室，教学场所普遍配备多媒体教学设备。

（二）数字资源逐步积累，上海教育资源库不断丰富

经过各级各类教育数字化资源建设，初步形成上海市现代化教育资源体系。高校数字图书馆、课程中心、虚拟实验室等建设十分普遍；所有区县都建立教育资源中心，60%以上的中小学拥有自建的数字教学资源。

上海教育资源库建设覆盖学前教育、中小学教育、职业教育、高等教育、继续教育、社区教育和老年教育等数字化学习资源，总容量超过12TB，通过互联网、卫星、IPTV/数字电视等通道为本市、长三角及四川、云南、新疆等中西部地区提供服务，注册学习人数近200万，访问量达2.4亿次，成为全国有影响力的教育资源库。

（三）应用领域日趋广泛，教育教学改革不断深入

上海市注重整体推进学前教育、中小学教育、职业教育、高等教育和继续教育等领域的教育信息化应用工作，积极探索信息技术在教育教学改革中的重要作用，逐步形成具有上海特色的教育信息化应用模式。

学前教育以“园园通”管理平台为抓手,所有公办幼儿园纳入该集约化平台统一管理;中小学教育以信息技术与课程整合为重点,形成一批在实际教学中广泛应用的电子白板和虚拟实验室;职业教育以数字化校园在线应用为基础,基本完成电子政务平台和在线教学服务平台的建设;高等教育通过推进网络教学平台建设,强化了教学过程中的师生互动;终身教育通过卫星传播网、宽带互联网和教学辅导系统“三合一”的教育平台,形成覆盖全市并面向市民的市、区县(行业)、街道乡镇三级架构的终身教育服务体系。

(四)信息素养逐步提升,信息化管理不断规范

各区县制订了学生、教师和干部的信息素养培养测评方案,积极开展教育技术能力培训,创新培训方式,并依托信息技术建设教育科研协作平台,提升师生创新能力。全市80%的教师完成教育部教育信息技术能力中级培训;近30%的学校通过区县级教育科研协作平台开展网络教研等活动;中小学生积极参与探究式学习。

开展教育信息化标准体系建设,支撑信息化管理工作。基本完成“全国教育电子文件和信息交换系统(即Edoasoft系统)”建设,基本实现上海市教委与区县教育局、高校及直属单位的电子政务数据交换;基本完成“全国中小学校舍信息管理系统”建设,初步建立起覆盖全市中小学校基于单体建筑物的校舍信息电子档案数据库。

二、上海教育信息化建设存在的不足与问题

经过十多年建设,上海教育信息化取得一定成绩,但是与《上海市中长期教育改革和发展规划纲要(2010—2020年)》和《上海市教育改革和发展“十二五”规划》的要求还存在不小差距,且随着应用的深入,新的需求不断出现。

(一)基础设施建设仍不能满足教育信息化发展的需求

随着教育信息化的快速发展,基础设施与应用需求之间的矛盾日益凸显,存在带宽偏低、访问速度慢、网络设备更新滞后等问题。上海教育城域网与网络运营商之间尚未实现高速互联。网络攻击、病毒入侵、有害信息传播等信息安全问题不断出现,网络与信息安全建设亟待加强。

(二)教育资源的应用和共享有待加强

教育资源在不断丰富的同时,其建设与日益增长需求之间的脱节日益明显,重复建设、使用率低、缺乏共享、维护困难等问题普遍存在。教育资源建设难以与教育教学内容实现同步更新,不能有效地满足教育教学的实际需求;优质资源的积累与融合缺乏制度的保障和扶持,优质资源的示范和引领得不到充分发挥和展示,分布在各教育单位的教育资源无法实现有效的整合与共享。

(三)信息技术的运用对于推进教育教学改革的有效性不足

目前,教育信息化对教育教学改革的助推力度还不够。在全市层面,尽管信息技术设备已经配备到所有教育教学环节中,但使用效果并不明显,教育教学仍以传统教学方式为主,教师利用信息技术进行教育教学改革和创新探索的内生动力不足。

(四)信息化管理体制机制亟待完善

随着本市教育信息化应用范围的扩大,管理体制略显滞后,教育信息化工作缺少统筹规划和顶层设计,“信息孤岛”现象依然普遍存在。教育信息化建设缺少政策指导、规范引领、特色扶持,各教育单位之间缺乏互通共享机制,教育领域信息无法全方位衔接。

三、教育信息化面临的挑战与机遇

随着新形势下教育教学改革的逐步深化和现代信息技术的飞速发展,受教育者对多元化、个性化学习的需求不断增加,上海教育信息化既面临着新的挑战也存在着新的机遇。

(一)教育公平对教育信息化提出新需求

实现教育公平的根本措施是合理配置教育资源,加快缩小教育差距。教育信息化是促进教育公平的重要手段之一。

如何缩小教育信息化的城郊差距和校际差别,合理部署全市教育资源和信息化设施,推动市级、区级、校级资源和部属、市属、民办教育资源之间(特别是优质资源)的整合共享,以及如何通过教育信息化手段促进教育资源的统筹管理、优化配置和共建共享等,对教育信息化提出新需求。

(二)人才培养对教育信息化提出新挑战

提高人才培养水平,必须更新教育观念,改进教育方法。教育信息化是推动终身教育、实现个性化学习,

提高人才培养水平的必要手段。

如何突破传统教育模式在时间、空间等方面的各种限制条件，拓展学习渠道，创新学习方法，形成体系开放、机制灵活、渠道互通、选择多样的人才培养模式，让受教育者随时随地进行高质量、有指导的学习，对教育信息化提出新挑战。

（三）教育教学改革对教育信息化提出新课题

教育信息化是深化教育教学改革，提高教育教学质量的有效途径和重要推手。

如何运用现代信息技术改进教育教学，创新学习模式和途径，推动课程教学与信息资源的有机整合，形成开放、互动、共享的教育模式，满足多元化和个性化的学习需求，对教育信息化提出新课题。

（四）信息技术发展为教育信息化提供新机遇

计算机网络、多媒体和移动通信等信息技术的广泛应用，使教育理念逐步发生变化，教学手段和学习方法不断丰富。

如何借助物联网、云计算、智能终端等新技术的快速发展和成熟模式，使教育资源的充分共享和泛在学习成为可能，为教育信息化的发展提供了新机遇。

四、指导思想和建设目标

（一）指导思想

以“**面向一线、提升服务、加强统筹、优化基础**”为原则，深入探索现代信息技术与教育创新的有效融合，全面提高教育管理水平和公共服务质量，整体部署教育信息化内涵发展的根本任务，积极构筑符合教育现代化要求的信息化学习环境。

面向一线：以应用需求为驱动，推进教育模式的变革和创新，充分利用社会资源，将教育信息化与学校内在需求进行有效对接，深入挖掘和调动教育信息化建设的内生动力。

提升服务：顺应信息技术发展趋势，结合信息化管理的特点，充分发挥教育行政部门、学校和社会力量的作用，构筑便捷灵活、泛在共享、协同配合的信息化支撑服务体系，提升教育决策与服务水平。

加强统筹：统筹整体规划，加强顶层设计，明确发展重点，坚持分类指导，鼓励形成特色，推动共享应用，有效融合各级各类教育平台，建立教育资源共建共享新机制。

优化基础：优化整合上海教科网和“校校通”网络，进一步保障各教育单位之间的互联互通，构筑高速可靠、安全绿色、开放共享、持续发展的教育信息化基础设施环境。

（二）建设目标

根据《上海市中长期教育改革和发展规划纲要（2010—2020 年）》中教育信息化“为学生提供更加开放、便捷的学习环境”的要求，上海教育信息化将争取到 2015 年，实现教育信息基础设施的全面覆盖和教育信息资源的广泛应用，各级各类教育单位基本实现符合教育现代化要求的信息化环境构筑，推进信息技术在教育教学工作中深度应用，为每一个受教育者营造“老师总在我身边”的信息化学习环境。

五、上海教育信息化“十二五”发展的主要任务

围绕教育教学改革和创新人才培养的主题，把优化教育信息化基础设施环境、构建优质教育资源共建共享机制、探索教育教学手段和模式的创新、提升师生的信息化素养和应用能力、提高教育管理信息化公共服务水平作为主要任务，构筑实用便捷和助推教育改革的信息化环境，提高教育现代化水平。

（一）优化教育信息化基础设施环境

系统规划上海教育城域网的整体架构，以升级改造上海教科网和“校校通”网络为基础，加快上海教育光网基础设施、统一出口、数据中心和无线网络建设，构筑高速可靠、绿色安全、开放共享、持续发展的基础设施环境。各区县要加大对区域内教育单位的基础设施建设力度，实现区域内教育单位的高速互联。同时注重上海教育城域网安全防御体系建设，建立健全各级教育网络的运行管理体制和保障机制。

到 2015 年，上海教育城域网达到主干带宽十万兆，对所有高校校园网具有万兆接入能力，对全部区县级“校校通”网络实现万兆接入。

（二）构建优质教育资源共建共享机制

充分利用全社会资源，以上海学习网建设为基础，加快各级各类数字化教育资源建设，构建优质教育资源目录和交换中心，有效融合各级各类学习平台和服务，推进优质数字化教育资源的开发、积累、融合、共享和服务，建立教育资源共建共享新机制，推动各类资源共享应用，提高资源利用率。

到2015年，形成覆盖各级各类教育，结构合理、内容丰富、形式多样、质量优良、使用便捷和共建共享的上海教育资源综合体系。

（三）创新教育教学手段和模式

以数字化教学环境建设和学习方式变革试验为抓手，探索以教材数字化、资源网络化、教学个性化、学习自主化、活动协作化、管理自动化、环境虚拟化为特征的信息化教育教学新模式，大力推进信息技术与教育理念、教育内容、教育模式、教育管理体制的全面融合，形成一批优秀教学研究成果和实践经验。

到2015年，90%以上的课堂教学能够合理使用信息技术或在数字化教学环境中开展。

（四）提升师生的信息化素养和应用能力

以发展信息化技能、提高信息化学习能力为目标，全面深入实施教育技术能力培训计划，推进教师的信息化应用能力，提升管理人员的信息化管理能力，提高学生的信息素养水平和有效学习能力。

到2015年，针对性培训的覆盖面达到90%以上，95%以上的教师能够熟练运用信息技术开展教育教学，90%的学生能够运用信息技术进行自主学习、探索研究并解决学习和生活中的问题。

（五）提高教育管理信息化公共服务水平

推进教育管理公共服务平台建设，构建绩效评价体系，实现教育管理电子化、管理过程科学化、公共服务系统化，全面提高教育管理水平和公共服务质量。

到2015年，初步建成百万能级的市民终身学习档案、终身电子学籍卡和学分银行系统。

六、重点示范项目

（一）上海教育城域网提升项目

1. 建设目标

以信息化应用需求为导向，结合上海城市信息基础设施规划，以上海教育与科研计算机网和上海“校校通”网络升级改造为核心，统筹建设能够满足教育信息化发展的上海教育系统信息化基础设施和环境，达到高速可用、安全可靠、可信共享、泛在开放、绿色创新、持续发展的水平，为上海市教育信息化发展奠定坚实基础。

2. 建设内容

结合上海城市信息基础设施规划，充分利用已建成的管线及光缆资源，与多方合作，构建上海教育光网。在此基础上，建设万兆至十万兆能级的上海教育城域网内外环网，并在若干节点上实施内外环网的万兆互联，构建万兆以上带宽互联、IPV4/IPV6双栈、无单点/单线故障、运行稳定、支持多网络应用的上海教育城域网网络及其管理系统；加快上海教育无线局域网覆盖建设，构建上海教育城域网校园无线覆盖系统，实现校园行政办公、教学实训等重点场所覆盖率超过80%，平均接入能力达十兆；依托多方资源，构建上海教育城域网新的统一出口和云计算数据中心，完成上海教育城域网的通信枢纽和功能设施建设。

结合上海城市信息基础设施规划，建设上海教育城域网安全防御体系，在所有高校、各区县、直属教育单位进行部署，监控教育网络的安全情况并实时报警，依托运维体系快速反应、解决问题，保证上海教育城域网的安全运行；建设一支强有力的队伍，完善管理技术手段，制订全市教育系统统一的网络运行、网络安全、数据安全等一系列技术保障措施和相应的规章制度，建立集中式网络监测管理中心与分布式运维中心相结合的运维体系。

（二）上海学习网建设项目

1. 建设目标

通过技术融合各类学习平台，形成多方参与的市民教育学习网络和服务体系，为市民提供在线学习、全网智能搜索、终身学习档案等全方位、个性化的服务，构建上海终身学习云服务平台。

以上海学习网为依托，建立面向市民的教育学分互认和转换机制、学分银行系统等，完善学习成果认证体系；以上海学习网应用为基础，加快面向市民开放的数字化终身学习资源融合，形成优质教育资源目录和交换中心，实现资源共建共享和再生的可持续发展机制。

2. 建设内容

以云计算技术为核心建设上海学习网，构筑能够提供百万级学习者访问的上海终身学习云服务平台。

通过融合各类网站、平台、业务应用中的教育学习内容，形成上海学习网基础。建设多网合一的终身学习云应用系统、支持服务系统，为市民提供满足学历教育、非学历教育以及个性化自主学习等需求的多模式远程学习服务。依托学分银行和终身学习档案系统，实现市民教育学分的积累与转换，支持不同类型学习成果的互认和衔接。

整合和建设覆盖各级各类面向市民的优质学习资源中心，推进数字化优质资源的整合共享与社会开放，为市民提供更加高效、便捷的学习资源开放服务，使市民通过互联网、IPTV、数字电视、卫星、移动终端等多个渠道快速访问学习资源。积极开展覆盖全市的规模化应用推广，定期开展不同主题、针对不同用户群体的应用活动，促进学习、交流和展示，扩大上海学习网的影响力，有效促进上海学习网的健康、可持续发展。

（三）教育共享服务平台建设项目

1. 建设目标

建立上海教育统一身份认证体系，服务于上海教育系统内涵建设发展的需要，建设示范性的跨校跨区共享协作应用，实现对各类教育单位及全社会开放的教育共享服务的支持。

推进上海教育电子政务应用发展，完成上海市教育公共数据交换平台建设，不断提升教育评估、学籍管理、后勤服务、校园安全等管理工作的信息化水平。

2. 建设内容

建设上海高校课程资源跨校共享平台，创新资源共享、资源评价、资源应用统计、资源知识产权保护等服务机制；制订上海市教育数据交换标准，构建上海市教育公共数据交换平台，逐步构建上海教育云计算数据中心，为教育统计、教育研究、信息公开、资源共享等各类教育应用提供支持服务。

完善上海教育统一身份认证体系及部署实施标准，以各教育单位内部统一身份认证为可信基础源，建立上海市教育系统的可信共享协作管理平台；指导各教育单位建设无线校园网，基于统一身份认证机制让更多的无线资源发挥作用，起到示范作用；全面完成对全市中小学生的电子学籍卡覆盖工程，构建上海市学生终身电子学籍卡应用平台；提高教育评估工作的质量和效益，构建上海市教育评估数据平台；提升教育电子政务应用水平和政府办公效率，实施上海市教委电子政务综合应用平台升级改造工程；推动高校后勤管理与校园安全工作信息化建设，确保校园平稳运行。

（四）基于数字化课程环境建设和学习方式变革的探索项目

1. 建设目标

通过数字化课程环境建设，充分利用网络和信息技术手段，促进课程改革，创设新型的教与学模式，打造“数字课堂、温馨课堂、情趣课堂、有效课堂”，以及云教育互动学习平台。通过学生终端设备在课内、外的应用，逐步减少纸质教材，丰富学生的学习方式，实现学生自主、便捷、高效、个性化的学习。

2. 建设内容

引导和整合社会各方面资源，共同探索和试点数字化的课程环境，采用“教育内容＋移动终端＋服务平台”的整体模式，充分利用学校信息化环境，优化数字化教育装备，开发移动终端设备应用平台，构建互动教学公共服务体系，制定体系标准及数字资源的版权保护机制。

创建和引进丰富的数字化课程资源，从教与学模式、评价方式、课程建设等多方面提炼特色应用，逐步扩大试点范围；进一步研究项目推进的策略与机制，形成整体推进方案，分学段建设学生数字化环境的课程资源，探索新型的课堂教学模式。

（五）易班——上海大学生网络互动社区建设项目

1. 建设目标

以“让大学生在网上充分享受现实校园生活的乐趣”为建设目标，紧跟现代信息技术发展趋势，有机融合校内外教育教学资源，不断强化易班服务功能，提升大学生使用黏度，把思想教育融入到真切的网络服务中，达到“外在体现是服务”、“内在功效是教育”的建设效果；坚持“市校共建”，鼓励支持高校开展自我建设，形成“各具特色、百花齐放”的高校易班；加强队伍支撑，组建一支核心专业团队与高校共建团队相结合的多元化建设队伍；力争利用3至5年时间，实现对上海高校大学生的全覆盖。

2. 建设内容

出台《易班——上海大学生网络互动社区建设与发展三年行动计划（2011—2013年）》，整体提升用户体验:基于手机等移动终端,开发应用功能,建设“移动”易班;搭建支持高校自建的标准化平台、高校应用组件库、跨校认证系统,建设“兼容”易班;开展易班数据中心建设,实现异地数据灾备,建设“安全”易班;构架基于“虚拟化”和“云存储”理念的服务器和存储机群,形成统一、高效、节能的分布式计算和存储环境,建设“低碳”易班;立足开发区别于社会网站的个性化应用,发挥易班优势,开发网上报告厅、校友留驻易班等为大学生“量身定做”的应用,建设“特色”易班。

发挥教育系统人才优势,坚持“共建”原则,构建支撑易班建设的运行体系和建设队伍,形成由“市校共建”的运行体系;形成专业团队承担核心建设任务、辅导员和教师积极参与、学生骨干主体建设、专家委员会提供咨询建议、公众评议团出谋划策的多元化建设队伍。

(六) 创新实验实训中心建设项目

1. 建设目标

建设创新实验实训中心,帮助和促进教师的教学与学生的学习,为全市所有阶段学生参与创新实验、技能提升等竞赛活动提供平台,吸引更多的学生参与创新实验实训项目。

2. 建设内容

建设基于视频传输、混合现实和虚拟现实技术的创新实验实训中心,建设虚拟实验实训应用服务平台,包括辅助教学、视频教学、数字展示和互动虚拟实验实训等子系统。通过视频组播技术和虚拟实验实训室技术提供远程实验实训指导和教学服务,按学科创建虚拟实验室系统,按专业创建虚拟实训室系统,面向全市各中小学、中职和高等院校开放。

(七) 教师教育信息化素养提升项目

1. 建设目标

全面完成教育部对教师教育技术能力的建设要求,提升全体教师信息化素养和应用能力,使之与上海教育教学改革与发展、教育信息化要求相适应。

搭建真正满足教师教研需求、功能强大的网络教研平台,通过平台运营形成网络教研活动的组织管理机制,网络教研平台的支持服务体系及网络教研评价体系,使网络教研真正成为教师专业成长的助推器。

2. 建设内容

充分利用信息技术,构建适应各学科教师、教育管理者、信息技术服务三类人员教师教育技术能力培训的学习与管理平台,使教师了解和掌握信息化环境下教与学的理念、策略和方法,熟练运用信息技术支持教学,真正促进教师专业化发展。

开展基于网络的教研理论与实践,完善网络教研平台,实现教研员和教师之间、教师与学生之间的在线沟通;通过网络教研平台的应用推广,提取各学科成功案例,建立网络教研活动的组织管理机制和评价体系。

(八) 教育考试标准化考点建设项目

1. 建设目标

充分利用网络技术、无线通讯技术、数据库技术等高科技手段,在2013年高考前,按教育部要求在全市范围内分批启动,陆续建立安全、可信、实时、高效的国家教育考试指挥监控体系和标准化考点,加强考试过程的管理,给考生创造一个安全、公平、公正的考试环境,全面提高国家教育考试管理水平、指挥能力和服务质量。

2. 建设内容

根据《国家教育考试标准化考点建设规范》要求,建设国家教育考试标准化考点。

标准化考点的信息化建设包括:配备必要的应急通讯设备;可发布统一考试指令的设备;考生进入考场的身份检查(身份验证)设备及随身携带物品等的检查措施(金属探测设备);防止干扰考试正常进行的信号阻断设施(手机信号屏蔽仪、无线电屏蔽仪等);机房建设配备的内容:机房环境配置(防雷接地、防火防护、温湿度控制、静电地板)、UPS稳压电源系统、各个分机房光缆链路及冗余、安全认证和安全防火设备、出口带宽和流量控制。配备符合《国家教育考试网上巡查系统视频标准技术规范》的网上巡查设备,并实现通过网络将图像传送至上级教育考试机构;存放试卷的保密室,设置的考场、考试工作所需的办公室等场所必须符合建设部门有关建筑要求;对试卷保密室实施24小时不间断电子巡查录像;建立一套标准化考试的管理规范和管理流程;配备一支规范的考试管理和服务队伍。

（九）上海市学生事务信息化建设项目

1. 建设目标

坚持整体化规划、集约化建设、系统化管理的原则，以信息化基础设施、安全体系和管理体系建设为基础，以面向学生服务为宗旨，整合政府和社会资源，逐步推进上海高校和中职校的学籍学历、学生资助、毕业生就业等业务的信息化应用。

2. 建设内容

推进上海市学生事务信息化建设，总体建设框架为“2+8+2”模式，即：2个服务网站，8个管理平台和2个技术平台。总体建设的主要任务包括所有相关平台的软件和硬件系统的建设开发、实施部署和升级维护任务。

两个服务网站包括：上海市学生事务中心门户网站和Firstjob网站（就业信息网），八大管理平台包括：学生激活平台、用人单位管理服务平台、高校学籍学历管理平台、高校学生资助管理平台、高校就业管理平台、中职信息资源库、内部办公管理平台和决策支持平台。两大技术平台包括：身份认证平台、数据交换平台。

（十）高校节能监管信息化平台建设项目

1. 建设目标

建立和完善上海高校节能监管信息化公共服务平台，实现学校能源管理与节能考核的智能化、网络化、信息化、数字化，全面提升高校节能工作的系统性、科学性。

2. 建设内容

建设“一个平台”，完善“六项机制”。“一个平台”即：节能监测信息化公共平台，实现对高校用能的实时监测、远程传输、分项计量、分类指导、分析预警和优化配置；“六项机制”即：以信息化公共平台为支撑，实现学校能源统计、能源审计、能效公示、能耗定额、节能考核、公共服务（信息共享）六项工作机制。

通过实时采集、远程传输、动态管理的校园能源管理平台，为实施建筑能耗统计、能源审计奠定基础，为客观评价校园节能效果、建立完善的节能管理机制和制定有效的节能对策提供基础依据，为可持续校园建设发展规划提供决策数据支撑，为节能宣传、节能管理制度、能源管理队伍建设等方面提供条件和支持，加快推进上海高校资源节约型和环境友好型校园建设。

七、保障措施

（一）组织保障

完善各级各类教育行政部门的信息化组织建设，明确教育信息化管理部门职能定位，建立教育信息化专家委员会，加强教育信息化建设的组织协调工作和统筹规划，理顺各级管理部门与信息化管理机构间关系，充分发挥专家委员会的作用，实行科学决策和民主管理。

（二）制度保障

完善各类信息化项目管理制度及信息化工作绩效评价制度，建立教育信息化评估体系，把教育信息化专项督导和标准化评审有机整合，提升督导评估效能，把教育信息化建设和应用水平纳入教育机构的评估范围，促进教育信息化可持续发展。推动标准应用与示范，建立市场准入制度，引导教育信息化标准规范体系的应用和推广，保障我国教育信息化的规范发展。

（三）人员保障

根据各级各类教育单位的规模，明确教育信息化队伍的配备标准、岗位设定和职称序列，建立多层次、多形式、重实效的信息化人才培养制度，保证教育信息化专业技术人员的岗位培训，积极实施教育信息化发展软课题研究，建立起一支经验丰富、高素质、人员相对稳定的技术队伍，实现“部属、市属、民办”和“市、区（县）、学校”的三级服务体系与保障机制。

（四）经费保障

各级各类教育单位要进一步加大教育信息化投入，保障基础设施和应用系统的运行维护经费，合理确定并逐步提高应用系统和资源开发的投入比重，持续发展。要采用多种资金筹措方式，引入竞争机制，鼓励企业投入，加快教育信息化建设步伐。

（五）技术保障

建立教育信息化技术研发体系，强化教育信息化的产业支撑，规范技术体系建设，加强安全技术防范，保障管理、教学和服务工作的顺利开展，保证教育信息化健康发展。

上海市教育委员会关于印发《上海市教育国际化工程“十二五”行动计划》的通知

（沪教委外〔2012〕79 号）

各高等学校，各区县教育局，有关委、局、控股（集团）公司：

现将《上海市教育国际化工程“十二五”行动计划》印发给你们，请结合实际认真贯彻执行。

附件：上海市教育国际化工程“十二五”行动计划

上海市教育委员会

2012 年 8 月 20 日

上海市教育国际化工程“十二五”行动计划

为深入贯彻落实科学发展观，提高上海教育的国际化水平，根据《国家中长期教育改革和发展规划纲要（2010—2020 年）》和《上海市中长期教育改革和发展规划纲要（2010—2020 年）》的要求，特制定《上海市教育国际化工程“十二五”行动计划》（以下简称“《行动计划》”）。

一、上海教育国际交流与合作基本情况

（一）中外合作办学

上海现共有中外合作办学机构和项目 220 个，其中机构 39 个、项目 181 个。在 39 个机构中有独立机构 26 个，其中本科 1 个、中职 2 个、学前教育 6 个、非学历教育 17 个，其中高等非学历教育 3 个；非独立机构 13 个，其中研究生 2 个、本科 5 个、专科 1 个、高等非学历教育 5 个。在 181 个项目中有学历教育 149 个，其中研究生 28 个、本科 57 个、专科 42 个、中职 22 个；非学历教育 32 个，其中高等非学历教育 27 个。实施本科及以上学历教育的机构和项目数占中外合作办学机构和项目总数 42%以上（表 1）。境外合作方来自美国、澳大利亚、德国、英国、法国等 17 个国家和地区（图 1）。

表 1 2010 年中外合作办学模式与层次分布（%）

模式＼层次	非学历	学前教育	中职	专科	本科	研究生	总计
独立机构	7.73	2.73	0.91	—	0.45	—	11.82
二级学院	2.27	—	—	0.45	2.27	0.91	5.90
合作项目	15	—	10.00	19.09	25.91	12.27	82.27
总计	25	2.73	10.91	19.54	28.63	13.18	100.00

多年来，本市不断提高中外合作办学质量，一是积极推动引进世界一流大学来沪合作办学。目前，华东师范大学与美国纽约大学合作举办的上海纽约大学正在建设。美国密歇根大学、澳大利亚悉尼大学、英国谢菲尔德大学、香港大学等境外知名学府在上海设立合作办学机构或项目。二是努力建设中外合作办学质量保障机制，开展中外合作办学机构和项目质量认证工作。目前已对 9 个机构或项目开展质量认证工作。在此基础上，市教委于 2011 年实施了示范性中外合作办学机构和项目评选工作。

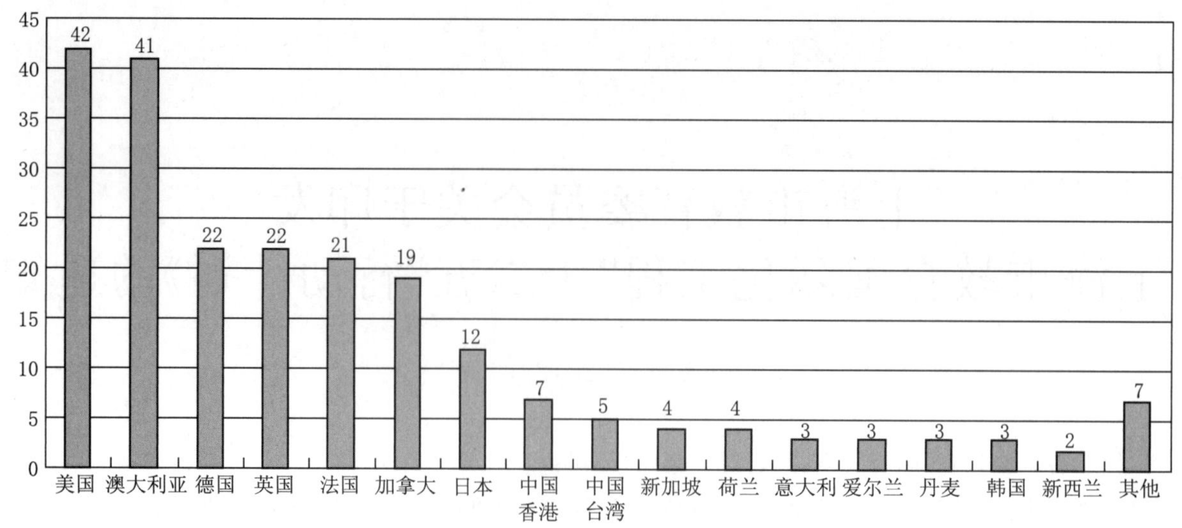

图 1 2010 年中外合作办学境外合作方的地域分布

但是，本市中外合作办学的发展面临四大不足。一是实施专科及以下层次教育的中外合作办学机构和项目占近 60%，非学历教育的机构和项目也占四分之一，办学层次需进一步提高。二是引进的境外优质教育资源有限，国际排名前 100 名的知名高校所占比例不高。三是提供的专业与课程较雷同。据统计，现有 220 个机构和项目开设的 281 个专业或课程，多集中于文学（主要为语言和艺术设计）、管理学（主要为工商管理）、工学（主要为信息技术和机械类），其他专业领域的合作办学数量较少（表 2）。四是中外合作办学的层次和类型需进一步丰富，普通高中的中外合作办学仍属空白。

表 2 中外合作办学机构和项目专业(课程)分布

专 业	专业数(机构)		专业数(项目)	总 计
	独立机构	非独立机构		
文 学	32(11.39%)	15(5.34%)	32(11.39%)	79(28.12%)
管理学	3(1.07%)	19(6.76%)	53(18.86%)	75(26.69%)
工 学	4(1.42%)	18(6.41%)	48(17.08%)	70(24.91%)
经济学	2(0.71%)	6(2.14%)	18(6.41%)	26(9.26%)
医 学	0	0	10(3.56%)	10(3.56%)
教育学	0	0	2(0.71%)	2(0.71%)
法 学	0	0	3(1.07%)	3(1.07%)
农 学	0	0	2(0.71%)	2(0.71%)
其 他	0	1(0.36%)	13(4.63%)	14(4.99%)
总 计	41(14.59%)	59(21.01%)	181(64.42%)	281(100%)

（二）外国留学生教育

“十一五”期间，在沪学习的外国留学生数从“十五”末 2005 年的 26000 多人迅速提升到 2010 年的 43000 多人，增长了约 65%，其中学历生数从 2005 年的 6310 人提升到 2010 年的 13150 人，增长了约 109%。

2010 年共有来自 177 个国家和地区的 43000 多名外国留学生在沪就读。留学生最多的前 5 位国家依次为韩国、日本、美国、法国和泰国；选读最多的 5 个学科依次为文学、管理学、经济学、医学、工学；有 12 所高校的留学生规模超过 1000 人，前 5 位依次为复旦大学、华东师范大学、上海交通大学、上海外国语大学、东华大学。

为进一步推动外国留学生教育的发展，市教委一是加大留学生英语授课专业课程建设和留学生教育师资培训步伐，与国家留学基金委合作设立“上海市高校国际课程师资国外研修项目”，加强教师专业外语、教学法等方面的培训。二是进一步扩大人文交流平台。“上海暑期学校(3S)项目”由4所承办高校4个项目扩大到9所承办高校11个项目,学习内容除汉语和中国文化外,还有民乐、戏曲、武术、乒乓球和中医等专业课程。三是提高上海市政府外国留学生奖学金额度。自2011年起,A类奖学金额度由原来的每人每年人民币4万元提高到4.72万元。

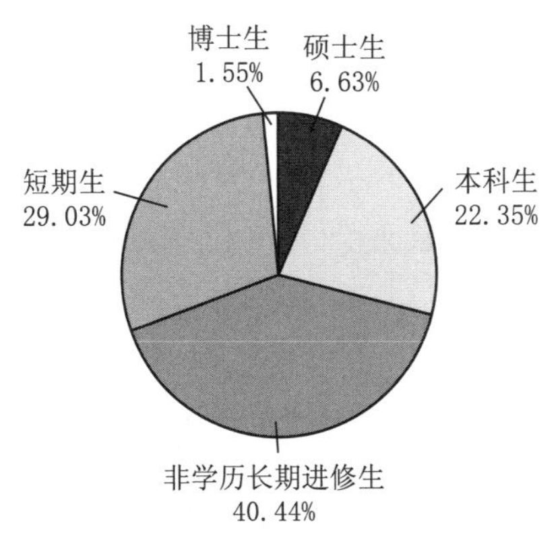

图2 2010年来华留学生的层次分布

虽然“十一五”期间外国留学生学历生的增长率(108.54%)远超非学历生的增长率(51.21%)和留学生的总体增长率(65.10%)(图2),但长期生的增长速度(60.27%)低于短期生的增长(78.22%),至2010年,非学历生仍占留学生总数的69.41%,学历生占30.59%;长期生占总数的70.97%,短期生占29.03%(表3)。此外,留学生过多集中于以汉语学习为主的文学专业,2010年文学专业的留学生人数占留学生总数的64.46%。因此“十二五”期间,上海的留学生教育仍需继续提高层次、改善结构,不断提高学历生和长期生的比例。

表3 各类留学生占留学生总数比例(%)

年份	学历生	非学历生	长期生	短期生
2006	25.15	74.84	73.11	26.89
2007	26.30	73.70	69.70	30.30
2008	28.83	71.17	73.14	26.86
2009	30.85	69.15	75.01	24.99
2010	30.59	69.41	70.97	29.03

(三)师生出国学习培训

1. 教师海外培训

上海市教育系统教师出国培训团组分别由市级和区级两个层面组派。其中,市级层面的培训主要面向基础教育阶段的名师、名校长以及高等教育阶段的教师和管理人员,区县层面的培训则以基础教育阶段的教师为主。“十一五”期间,市教委平均每年申请立项的教师培训团组约为10批250人次,获批平均每年为3批70人次。各区县教师出国培训团组申请立项的有130批次、计2670人次,获批准的有71批次、计1414人次,平均每年14批次280人次(表4)。

表4 2006—2010年区县教师培训组团情况

年份	申报批次	申报人次	批准批次	批准人次
2006	32	648	28	577
2007	30	604	25	483
2008	21	439	1	20
2009	25	539	7	137
2010	22	440	10	197
总计	130	2670	71	1414

目前,上海教师的海外培训主要面临两个问题。一是参训人数偏少,与建设一支适应上海国际大都市发展的高素质教师队伍的要求有差距。二是由于海外培训对受训者外语语言能力的要求较高,所以参训对象相对集中在部分外语较好的教师。

2. 学生海外学习、实习

通过与海外院校联合培养、校际交流、学生互换、实习见习等多种形式,上海高校为学生提供多样化的海外学习、实习渠道。2010年,上海高校派往海外院校学习时间超过三个月的学生人数为6325名,比2009年增长 54.2%。

作为"教育国际化"的重点建设工程之一,"上海高校学生海外学习、实习项目"已被列为市政府资助项目,并以"政府助一点、学校投一点、学生出一点"的办法,帮助更多学生获得海外学习和生活经验,提高国际交往能力和跨文化适应能力。

(四) 智力资源引进

1. 高中国际课程

据统计,上海已有 21 所普通高中学校(或依托学校的独立法人机构)开设国际课程(表 5)。其中,民办高中 8 所,公办高中 13 所。

表 5 普通高中开设面向中国籍学生的国际课程情况

课程名称	学校(所)	学生(人)
IB 课程	5	892
英国 A-LEVEL 课程	2	1200
加拿大 BC 省课程	3	311
美国 AP 课程	6	223
中美合作 PGA 课程	2	56
德国 DSD 课程	3	130
美国 SAT 课程	1	14
其他课程	6	302

优秀的国际课程以先进的教育理念为基础,以学生的能力培养为核心,教学侧重方法传授、过程研讨和师生互动,学生评价方式多种多样,是满足家长多样化教育需求的一种手段。但目前国际课程基本由学校自行引进,社会中介参与,缺乏政府引导、统筹、规范。一些学校以海外升学为主导,导致国际课程科目缩水。此外,国际课程与本土课程缺乏融合,难以达到通过课程引进,推动课程改革,拓展本地高中生国际视野的目的。

2. 外籍教师和专家

2010 年上海高校共聘请外籍专家 5192 人,比 2009 年增长 16.8%。其中,长期专家 1268 人,比 2009 年增长 5.6%;短期专家 3923 人,比 2009 年增长 20.9%。

随着教育的改革与发展,上海不仅要继续增加外籍专家的引进数量,而且要大力提高质量。市教委将启动"海外名师项目",加强市属院校的学科建设和海外合作科研,促进学校的内涵发展,并鼓励市属院校与部属院校联合聘请世界知名专家、学者来沪从事教学和科研工作。

(五) 国际教育服务

1. 外籍人员子女学校

上海现有 32 所外籍人员子女学校,包括 25 所外籍人员子女学校(含 5 所本地公办学校的国际部)和 7 所日韩补习中心,在校生人数为 24946 人,基本满足在沪外籍人员子女接受教育的需求。上海长宁国际学校、上海美国学校、上海耀中国际学校、上海英国学校、上海中学国际部等近 10 所学校的办学规模已达千人以上。

经过近 20 多年的探索,上海已经发展形成了具有自身办学特色、课程设置多样、学段设置基本合理的宽领域、全方位、多层次的外籍人员子女教育模式,外籍人员子女教育已经成为上海教育对外开放格局的重要组成部分,外籍人员子女学校也已成为在沪外籍人员子女及其家长了解中国、了解上海、学习中国文化、学习海派文化的重要场所。

2. 国际汉语推广

上海积极开展国际汉语推广,通过汉语教学推广中国文化。现有 8 所高校和 7 所中小学在 20 个国家开办了 35 所孔子学院和 8 个孔子课堂(表 6)。另外,还有 8 所国家国际汉语推广中小学基地。

表6 海外孔子学院(课堂)分布

国 家	孔子学院(课堂)数	国 家	孔子学院(课堂)数
爱尔兰	1	澳大利亚	2＋1#
博茨瓦纳	1	德 国	4
韩 国	1	马来西亚	1
美 国	9＋3#	秘 鲁	1
日 本	3＋2#	瑞 典	1
斯洛文尼亚	1	泰 国	1
土耳其	1	西班牙	1
新西兰	1	意大利	2
英 国	2＋1#	克罗地亚	1
匈牙利	1	俄罗斯	1#
总 计	35＋8#		

注:加♯者代表孔子课堂

二、总体目标与指导原则

“十二五”时期是上海全面建设“四个中心”和社会主义国际化大都市的关键时期。教育国际化是上海建设国际化大都市的必然选择,是国家和上海市中长期教育改革和发展规划纲要的重要内容,是上海教育质量提升、内涵发展的内在需要,也是满足上海市民多样化教育需求的重要举措。

(一) 总体目标

为全面落实国家和上海市中长期教育改革和发展规划纲要,“十二五”期间,上海将以邓小平理论和“三个代表”重要思想为指导,深入贯彻落实科学发展观,充分利用教育部和上海市共建国家教育综合改革试验区的有利契机,不断提高教育国际化水平。按照中央提出的统筹国内国际两个大局、两种资源的要求,充分利用上海的文化优势、区域优势和人才优势,通过多层次、宽领域、全方位的教育交流与合作,促进上海教育的内涵发展,加强国际化师资队伍建设,培养一大批国际化人才,把上海建设成为亚洲最受欢迎的留学目的地城市之一和国际教育交流中心城市,为实施国家战略,搭建人文交流平台,加快推进“四个率先”、加快建设“四个中心”和社会主义现代化国际大都市,提供更强大的人才支撑、智力支持和知识服务。

以学生培养为核心,让学生具备国际交流、理解、合作、竞争的能力。大力开展国际理解教育、学生国际交换、推动公派出国学习,选拔优秀学生进入国外高水平大学和研究机构学习,让各级各类学生逐步具备国际交流、理解、合作、竞争的能力,并培养一批具有国际视野、通晓国际规则、能够参与国际事务的国际化人才,适应上海经济社会对外开放的需要。

以能力建设为抓手,提高上海的国际化办学质量和能力,促进上海教育的内涵发展,提升城市的国际化形象。鼓励各级各类学校开展多种形式的国际交流与合作,办好一批示范性中外合作办学机构和项目。探索多种方式利用国外优质智力资源,吸引更多世界一流专家、学者来华从事教学和科研工作。与国外高水平大学合作,建立教学与科研合作平台,联合推进高水平研究。借鉴国际上先进的教育理念和教育经验,促进上海教育体制与机制改革,提高上海教育的质量和国际竞争力,推动上海现代化国际大都市的建设。

以多元服务为平台,积极参与国际教育服务和人文交流。积极拓展与友好城市、世界政府间国际教育组织以及非政府国际教育组织的教育合作与交流,主动参与对外人文交流,发挥领域外交的作用,服务于国家公共外交大局。建立来华留学生教育服务支持系统,扩大来华留学生规模,提高来华留学生教育质量。完善外籍人员子女学校的结构与布局,为在沪外国中小学生提供多元化的教育服务。加快推广国际汉语教育,培育国际志愿者,传播中华文化。鼓励开展境外办学,与世界分享上海教育改革和发展的成功经验。

(二) 指导原则

1. 加强分类指导。义务教育阶段积极开展国际理解教育,拓展学生的国际视野,培养学生的国际理解素养。高中教育阶段适当引进优质国际课程,开办高质量的中外合作办学,推进高中课程的多元融合,加快课程改革，满足多样化的教育需求。职业教育阶段提升引进优质教育资源的力度，借鉴国际校企合作的成功经验，增加学生海外学习、实习的机会。高等教育阶段大力推动教师和学生的国际交流，加快吸引各类优质国际教育资源，积极参与国际教育服务。

2. 坚持改革创新。从办学机制、投资渠道、政府管理和质量保障等多种路径着手，探索各类教育国际化的新机制与新方法。支持试验区和示范项目的建设，推动资源和经验的共享。

3. 强化基础建设。扎实做好教育国际化的基础建设，确保落实《上海市中长期教育改革和发展规划纲要》中的教育国际化重点工程。设立上海国际教育合作与交流的民间机构，树立上海开展教育国际交流与合作的品牌，整体组织实施上海教育的对外交流与合作项目；完善外国留学生服务支持系统，支持海外“孔子学院”和“孔子课堂”建设。

三、具体任务

(一) 探索中外合作办学新机制

1. 目标与任务

根据上海中外合作办学的现状以及上海城市发展的需求，市教委将坚持“扶需”、“扶特”、“扶强”，按照优先原则、改革创新原则、分类指导原则和限制原则，形成办学者自律、社会监督、政府监管相结合的管理新机制。“十二五”期间新增中外合作办学高等教育(含高职)二级学院和项目40个，若干所独立设置的中外合作办学机构(含高职、高中)，使中外合作办学机构(含独立设置和非独立设置)和项目的总量达到260个。到2020年，上海的中外合作机构(含独立设置和非独立设置)和项目总量争取达到400个左右。

2. 举措与项目

(1) 进一步推动中外合作办学的高质量发展

继续推动上海纽约大学建设。积极鼓励高校创造条件，再吸引若干所国外高校(含高职)来上海合作举办独立设置的高等教育机构。新增40个以学历教育为主的中外合作非独立设置机构和项目。独立设置的中外合作高等教育机构在教师聘任、招生条件、课程设置与实施、学生评价等方面，坚持与外方大学和学院相同的质量标准，同时充分考虑上海社会和经济发展的需求。

支持在跨国企业较为集中、新兴产业发展较为迅速、条件较为成熟的重点区县，根据区县经济发展战略和人才培养规划，试点教育国际合作教育试验园区。鼓励国内外享有盛誉的教育机构、研究机构、培训机构落户园区，试点开展合作办学、联合科研，设立培训中心等。

(2) 完善上海中外合作办学质量保障机制

到2015年，初步健全上海中外合作办学质量保障机制，选择第一批50所不同类型、不同层次的中外合作办学机构和项目，试点中外合作办学质量认证，强化过程管理，保障学生利益。

开展“上海市示范性中外合作办学机构和项目”评选试点工作，评选一批办学理念先进、办学行为规范、社会效益显著的示范性中外合作办学机构和项目，进一步推进中外合作办学机构和项目的内涵建设，推动形成办学者自律、社会监督、政府监管相结合的中外合作办学管理机制。

加强中外合作办学质量保障专家队伍建设，强化对专家的业务培训。建立中外合作办学质量保障信息管理系统，及时公开中外合作办学机构和项目名单、认证结果及认证报告等，保护社会的知情权，促进中外合作办学机构和项目提高办学质量。

(3) 开展高水平的高中阶段合作办学

鼓励上海优质高中与国外知名高中和教育集团合作，设立1—2所独立设置的中外融合的合作高中，招收本国学生和外国学生，融合本土课程和国际课程，增强学生的国际理解、国际交往与国际竞争能力，满足市民、海归人员和外籍人员子女对优质高中教育的需求。

(二) 大力发展来华留学生教育

1. 目标与任务

外国留学生教育是加强与国外人文交流的主要平台，也是培养知华、友华、爱华人士的重要举措。同时，也有利于提高上海高校国际化办学能力，扩大上海教育的国际影响力，拓展本地学生国际视野和建设多元文化校园，把上海建成亚太地区最受欢迎的外国留学生留学目的地城市。上海外国留学生教育将坚持“扩大规模，优化结构，规范管理，保证质量”的原则，切实落实《留学中国计划》，继续提高质量，改善结构。通过逐年提高市政府外国留学生奖学金的数额、完善奖学金的奖项设计、提供高质量的学校教育与社会服务等途径，吸引更多外国学生来沪留学。到“十二五”末，留学生人数达到7万。其中学历生2.5万，约占留学生总数的35%，长期生数近5万，占总数的72%。

2. 举措与项目

(1) 完善市政府外国留学生奖学金奖项设计

逐年增加上海市外国留学生政府奖学金年度拨款额度，不断完善政府奖学金分配方式，增强奖学金对外国优秀学生的吸引力。增设本科全额奖学金，扩大奖学金受益面。积极研究和推进奖学金的货币化试点。强化对奖学金的使用管理和绩效评估，督促高校充分发挥奖学金的效益。

为政府奖学金生提供一揽子服务，包括适应指导、文体活动、学业监测和实习安排，让奖学金生享受到优质服务，增进其对上海教育及上海城市的好感度。建设政府奖学金生校友网络，形成一个知华、友华的优秀留学毕业生网络。

试点“冠名奖学金制度”，鼓励学校、企事业单位以及其他社会组织、自然人设立各类来华留学生奖学金，构建政府主导、社会参与、主体多元、形式多样的奖学金体系。

(2) 提高留学生课程与专业建设水平

突出上海学科特色，开发一批特色精品课程与专业。紧密结合上海建设国际化大都市的进程，大力培养和引进能用外语授课的教师，开发相关教材，方便留学生用外语学习。制定本市用外语授课的课程与专业标准，引导和鼓励高校不断提高外语授课课程与专业的质量。到2013年，建设40门用外语面向留学生授课的市级课程和10个市级精品专业；到2015年，建设80门用外语面向外国留学生授课的市级精品课程和15个市级特色专业。在此基础上，建立全市统一的留学生精品课程选课平台，方便留学生在不同高校，选择自己感兴趣的优秀课程。

组织开发多语种的“当代中国研究”系列教材，内容涉及当代中国语言、当代中国经济、当代中国法律、当代中国教育、当代中国社会等，帮助外国留学生深入了解当代中国的文化与社会发展。先期编撰12册英语版教材。

(3) 建设外国留学生辅导员队伍

研究建立外国留学生辅导员制度，建立一支政治强、业务精、国际化的外国留学生辅导员队伍，为外国留学生提供必要的学习、生活、文化、心理等方面的服务、咨询和指导。

(4) 加强外国留学生预科培养

建立上海外国留学生预科教育基地，为市政府奖学金生和其他有需要的留学生新生提供汉语和基础知识的强化培训，以及学习方法和研究方法等基本技能的辅导，帮助留学生顺利度过最初的适应期，提高其学业成功的可能性。制定预科教育课程标准，确保预科教育的规范化、专业化。

(5) 继续推进“上海暑期学校项目”

利用市政府奖学金，吸引更多高校参与“上海暑期学校项目”。加强政府引导，鼓励高校合作，开发具有特色的学习内容，丰富暑期学校的内涵。同时，吸引外国暑期进修学生来沪接受学历教育。开展项目培训，提高项目质量，把暑期学校打造成上海教育的国际品牌和城市名片，每年接受1000人次的外国学生来沪短期学习。同时，为外国驻上海领馆工作人员提供汉语培训，帮助其熟练掌握汉语，深入了解中国文化与社会环境。

(6) 建设外国留学生服务支持系统

通过政府资助和引领，设立示范性“上海外国留学生服务中心”，为留学生提供心理辅导、生活咨询、住宿安排和签证办理等方面的专业服务。逐步依托社会资源，举办更多“上海外国留学生服务中心”，依托市场力量，提供优质的专业服务。

新增10个留学生中国文化体验基地，丰富留学生的课外活动，通过课堂教学与课外活动的有机联系，进一步拓宽和加深留学生对中国文化的理解。新增5个留学生实践基地，为留学生提供更多实习、实践的渠道和机会，获取一定的工作实践经验。

鼓励并支持来华留学毕业生成立海外校友会，加强来华留学毕业生之间、毕业生与母校之间以及毕业生与上海之间的联系，培养知华、友华、爱华人士。加强对留华毕业生的服务，定期追踪其流向和就业状况。成立“上海留华毕业生校友联谊会”，加强与留华外国校友的联系，通过联谊会及其成员，宣传上海教育，开拓新的人文交流平台，为上海的城市建设作出贡献。

(7) 大力加强上海教育的海外宣传力度

整合各方资源，定期组织上海高校赴海外举办“上海教育展”，合力推广上海高等教育。加快完善“留学上海”网站，为来华留学生提供一站式的教育与生活信息，实现市政府留学生奖学金的网上申请。逐步丰富网站的语言服务(如汉语、英语、法语、日语和韩语等)，方便学生用母语阅读和查询。进一步加强友好城市以及外国驻上海使领馆在宣传上海教育中的作用。

开展留学生市场研究，及时把握全球留学生市场的变化，强化对重点地区和新兴地区的追踪与预测，制定有针对性的宣传方案。鼓励高校与海外优秀高中合作，设立海外招生基地，有效提高留学生的生源质量。

(三) 多渠道支持师生出国学习、培训

1. 目标与任务

坚持“支持留学，鼓励回国，来去自由”原则，创新机制，拓展渠道，加强政府对师生出国学习的支持与资助力度，完善自费留学中介机构的服务，提高师生的国际交流、理解、合作与竞争能力。

2. 举措与项目

(1) 支持高校和职校学生海外学习与实习

设立“上海市高校学生海外学习、实习项目”，资助一定比例的高校在校生赴海外知名学院校、研究机构、跨国公司和国际组织学习或实习，让更多优秀学生获得拓展国际视野的机会，提升上海高校学生的国际交往和竞争能力。到“十二五”末，市级年资助高校在校生人数的2%赴海外学习、实习。

选拔和资助一定比例的职业学校学生赴海外知名职业培训机构及跨国公司，学习、运用先进知识与技术，为城市建设培养一批具有国际视野的新型劳动力。到“十二五”末，市级年资助5000人次中等职业学校在校生赴海外学习、实习。鼓励高校和职业学校与海外合作院校开展学分互认和学位互授。

(2) 扩大教师和管理人员海外培训的机会

加大选派各级各类学校重点学科教师和骨干教师赴海外培训的力度，扩大青年教师赴海外交流、进修的规模，培养一批能适应教育需求变化与终生教育挑战的教师。优先选派高校用外语授课的专业教师赴海外培训，提高上海高校的外语授课能力。

增加各级各类学校管理人员公派赴海外学习、挂职实习的机会，了解和借鉴其他国家和地区先进的教育、教学、管理理念和方法，开拓国际视野，提高学校的办学能力。

市教委每年派出100名教师或管理人员赴海外培训。区县每年组织220名教师或管理人员赴海外培训。

在美国和芬兰有关高校合作建立2个教师和管理人员海外培训基地，促进教师的职业成长和管理人员的领导力建设。设计不同类型的短期和长期培训计划，满足不同教师和管理人员的培训需求。

(3) 加强自费出国留学中介机构的管理

完成“上海市自费出国留学中介机构管理意见”和“上海市自费出国留学中介机构五年发展规划”，稳步发展本市留学中介市场，加强规范管理和行业自律。实施自费出国留学中介年检制度，加强中介机构人员的培训，提高自费出国留学中介的管理与服务水平。依托自费出国留学中介行业组织，公开自费出国留学中介的各类信息和年检报告，建设好“上海留学”网站，提高留学信息透明度。

(四) 加快吸引各类优质国际智力资源

1. 目标与任务

紧密围绕“高等学校创新能力提升计划”和城市发展战略目标，重点引进能够突破关键技术、发展高新技术产业、带动新兴学科的专家和创新领军人才；探索教育国际组织落户上海的途径与方式；开展义务教育阶段的国际理解教育，试点高中教育的课程多样化。

2. 举措与项目

(1) 引进海外名师和高层次学术团队

实施“海外名师项目”，支持和资助上海高校聘任在某一学科或专业领域具有较高造诣、国际公认的专家、学者来沪任教或开展合作科研，弥补高校高端人才的不足，改进高校的学科建设水平和人才培养质量，提升高校的科学研究水平。鼓励市属高校与部属高校合作聘任,实现资源和渠道共享。

鼓励高校实施"海外高层次学术团队引进项目",成组配套引进海外高水平学术团队,带动一批重点学科、前沿性交叉学科的发展。

(2) 建立海内外联合科研平台

鼓励高校加强与外国高水平大学、科研机构以及海外一流专家的合作,共同完成科研项目。建立2—3个联合科研平台,吸引世界一流的专家、学者来上海开展高水平基础研究和应用研究,改进高校的学科建设水平和人才培养质量,提高高校的科学研究水平。

(3) 试点高中教育阶段引进面向中国籍学生的国际课程

借鉴国际课程经验,深化本市高中课程改革,制定"上海市普通高中试点引进国际课程的意见",明确国际课程准入标准,规范发展高中国际课程,进一步加强对已引进的国际课程的过程管理和效益评估。

"十二五"期间,在部分区县的普通高中试点国际课程,以引进IB课程为主,鼓励学校将AP课程作为拓展课程。在部分有条件的民办高中小范围试点开设中外融合课程。积极支持普通高中吸收世界先进的课程理念、教学方法、教材设计和评估体系,鼓励开发中外融合的校本课程,丰富上海高中的课程体系,并为高中教育的多元化选择和海归人士子女就读创造条件。

(4) 开展义务教育阶段的国际理解教育

在中小学开展国际理解教育。以区县和学校为基点,加强国际理解教育校本课程和教材的编写工作。加强学校国际理解教育研究,总结适合基础教育不同阶段的国际理解教育模式与途径。以学校拓展课程的形式,开展本市"中小学非通用语种学习计划",推进中小学多语种外语学习。

(5) 加强中小学与国外学校的校际合作

通过多种渠道,拓展中小学与国外中小学的校际合作。充分利用友好城市及其他各类平台,推动上海中小学与国外优秀中小学结成友好交流学校,开展教师和管理人员互访,交流教育教学和管理的理念与实践,利用假期开展学生互访。

扩大基础教育阶段学生的国际交流,鼓励区县中小学开展学生海外学习、游学项目(冬、夏令营),加强学生互访,丰富中小学生的学习经历。

(五) 积极开展国际教育服务

1. 目标与任务

不断完善外籍人员子女学校的布局结构,推动教育国际组织落户,积极提供国际教育服务。实施"走出去"战略,推进海外办学和"孔子学院(课堂)"建设,建立教师和志愿者海外服务机制。

2. 举措与项目

(1) 改善外籍人员子女学校布局结构

鼓励世界知名的教育集团和跨国公司来沪开办外籍人员子女学校。完善外籍人员子女学校布局结构、层次结构和类型结构。为外籍人员子女学校的汉语教师提供汉语和教学法培训。

开展外籍人员子女学校年检,公布年检结果。扩大外籍人员子女学校民办非企业登记的试点。逐步构建上海市外籍人员子女学校评估体系,开展周期性的办学质量评估。设计开发本市外籍人员子女学校信息管理系统,积极利用现代化的信息及网络手段与平台提高管理效率。

规范本市中小学国际部管理,鼓励更多中小学招收外国学生入学,为外国学生提供更多随班就读的机会。鼓励外籍人员子女学校与本地中小学校开展校际合作与交流。

建立中小学外国学生教育管理协会,加强对本市基础教育阶段国际学生的管理,开展国际学生教育研究。

(2) 推动国际教育组织落户上海

探索国际组织落户上海的途径和日常管理方式,通过政策保障和提供必要的办公条件支持,在"亚太地区教育质量保障组织(APQN)"秘书处落户上海的基础上,再试点引进2—3个国际组织来上海设立分支机构。依托国际教育组织,积极参与国际教育规则与标准的研究和制订,推动上海与其他国家和地区的经验共享,提高上海教育的国际影响力。

主动参与联合国教科文组织、世界银行、经济合作与发展组织等重要政府间国际组织以及亚太经合组织、亚欧教育部长会议等重要地区性政府间国际组织以及非政府国际组织的教育活动。实施“国际组织参与项目”,选派优秀青年学者和大学毕业生到相关国际组织学习和实习,培养胜任国际组织工作的人才。鼓励和支持教育系统的专家、学者参与政府间国际组织及其他国际学术组织的活动与工作。

(3) 加强中外青少年友好交流

进一步拓展上海与世界各国的教育交流,加深与各大城市,特别是友好城市间的教育合作,共享优质教育资源,分享成功经验。以政府为主导,注重发挥院校的主动性,使院校成为国际教育交流的重要组成部分。

吸引更多外国青少年来沪体验中国传统文化,加强国际间青少年的对话与沟通。依托“中国国际青少年活动中心”——东方绿舟等资源,开发更多具有中国文化和上海特色的活动项目,完善设施建设与加强人员培训。做大做强“上海国际友好城市青少年夏令营”,进一步丰富夏令营的内容,提高质量,每年接待 200 人次友城青少年来沪交流。

(4) 推进教育机构海外办学

鼓励高校和中小学校积极参与国际教育服务,在海外建立学校或参与国外院校相关专业的建设,满足发展中国家和地区对优质教育的需求,服务于国家的外交战略。鼓励知名中小学派出高级管理人员和教师,到海外华人聚居程度较高的地区举办学校,为海外华人和外国学生提供基础教育,与世界分享上海基础教育改革的经验。到“十二五”末,以与海外教育机构合作或独立举办的形式,分别设立高等教育和基础教育的海外机构和项目各 1 个。同时,建立海外办学的质量认证和评估机制,保障海外办学质量。

(5) 充分发挥汉语学习在文化交流与融合中的作用

鼓励高水平大学和中小学赴海外建设“孔子学院”与“孔子课堂”,特别是举办中国文化特色强的专业性“孔子学院”。“十二五”期间,新建 3—5 所孔子学院和 3—5 个孔子课堂,加快汉语国际推广步伐。

继续给予“孔子学院”和“孔子课堂”外国留学生经费支持。鼓励各国学生、学者和汉语教师来沪研修汉语言文化,或攻读汉语国际教育专业学位。

加快建设一支了解不同文化、掌握外国学习者学习心理、思维方式的教师和志愿者队伍。开发国际汉语推广外派教师和志愿者人才库,推进文化志愿者赴海外宣传中国文化活动。鼓励高校根据不同人群学习汉语的特点和需要,加快开发各类国际汉语教材和辅助读物,提高对外汉语教学的针对性和有效性。

集合优质教育资源,建设 1—2 个示范性上海国际汉语培训基地,培训国外汉语教师和组织开展国外学生中国文化和汉语学习夏令营等。在培训中融入中国文化教育,推动对外人文交流。鼓励各区县建立“汉语教育中心”,加强基础教育阶段外国学生的汉语学习,为其融入本地中小学打下汉语基础。

(6) 开展海外志愿者服务

鼓励高校开展海外志愿者服务项目,定期选拔和组织教师、学生和毕业生走出国门,为发展中国家提供志愿服务。

建立高校海外志愿者激励与保障体系,搭建海外志愿者服务平台,提供更多、更好的服务和信息,消除海外志愿者期满回沪的后顾之忧。

(六) 加强基础能力建设

建立相关研究、咨询与服务机构,积极参与国际教育测试与评估,开展相关人员的能力培训,确保落实《上海市中长期教育改革和发展规划纲要》中的教育国际化重点工程。

1. 设立上海教育国际合作与交流的民间机构

充分利用上海教育国际合作与交流的各种资源,充实上海教育国际化的服务力量,设立从事上海教育国际合作与交流的民间机构,根据国家的法律、法规和方针政策,积极谋划和开展教育国际交流与合作,为上海教育的国际化发展提供服务,树立上海教育国际交流的品牌。该机构将主要承担:开发与国外教育合作项目,拓展交流渠道;组织赴海外举办“上海教育展”,宣传上海教育品牌;承担市政府外国留学生奖学金的海外宣传、申请受理、评审组织等工作;负责国家留学基金委的政府公派出国留学奖学金受理申报工作;承担本市海外孔子学院(课堂)教师、志愿者的遴选和派出工作;协助管理本市自费出国留学中介等。

2. 积极参加国际教育测试与评估

鼓励相关专业机构研究主要的国际教育测试与评估,根据上海教育发展的需要,有针对性地参与 2—3 个面向不同教育层次、不同人群的国际教育测试与评估,在国际比较中把握上海教育的优势与可能存在的不足，推广上海教育的成功经验。

3. 加强教育外事干部的能力建设

建设外事干部培训制度，不断提升区县教育行政部门与各级各类教育单位的教育外事干部的国家意识和政治意识，提高教育外事干部依法对教育涉外活动规范服务和有效管理的能力，以及开拓协调、信息处理、调查研究和决策咨询能力，建设一支政治强、业务精的教育外事管理干部队伍。

4. 开展国别和区域教育发展研究

依托高校开展世界主要国家和地区，特别是上海友好城市的教育研究，分析其教育政策、措施与成效，为上海制订相关政策提供参考。到“十二五”末，建成5个国际(国别)教育研究中心。

5. 探索研究上海学业水平考试获得国际认可的途径

依托相关专业机构，研究具有代表性的国际学业水平考试制度、内容与方法，探索把上海学业水平考试建设成国际学业水平考试的途径，为海外华人、来华留学生和其他有需要的人群来华继续深造和就业，以及本地学生出国继续深造和就业，提供有效的学历证明。

6. 建立上海国际教育数据库

收集上海教育国际化的各方面数据与信息，提高上海教育面向世界的信息化水平。对上海国际教育数据库进行数据分析，发布中、英双语的《上海国际教育年报》，把握上海教育国际化的动态与趋势，为政府决策提供数据支撑。

上海市教育委员会关于印发《上海市学生职业(生涯)发展教育“十二五”行动计划》的通知

(沪教委学〔2012〕67 号)

各高等学校、各区县教育局:

为贯彻落实国家和上海市中长期教育改革和发展规划纲要的精神,进一步加强和改进上海学生职业生涯发展教育工作,确立为了每一个学生的职业生涯发展的理念,建立和完善学生职业(生涯)发展教育体系,我委制定了《上海市学生职业(生涯)发展教育“十二五”行动计划》,现印发给你们,请结合各单位、各区县实际,按照执行。

附件:上海市学生职业(生涯)发展教育“十二五”行动计划

上海市教育委员会
2012 年 11 月 19 日

上海市学生职业(生涯)发展教育“十二五”行动计划

序言:为了每一个学生的职业生涯发展

《上海市中长期教育改革和发展规划纲要》将“为了每一个学生的终身发展”作为教育改革和发展的核心理念,职业生涯是个体人生历程的主体,职业生涯发展是终身发展的核心。学生职业(生涯)发展教育是以职业生涯规划为主线的有目的、有计划、有组织的综合性教育活动,是学生提高自我职业生涯规划的意识与技能、顺利实现从学校生活向社会、职业生活过渡的基本途径,也是学校素质教育的重要组成部分。实施学生职业(生涯)发展教育的根本目标就是为了让每一个学生获得最佳的职业选择,并在这一过程中最大限度地实现自己职业规划与事业愿景的统一,最大限度地实现人生理想和社会价值。

《上海市学校德育“十二五”规划》提出要推动辅导员队伍“科学化模式、专业化培养、多样化发展”,其中职业发展教育是辅导员队伍专业化培养的主要方向之一,并把“职业生涯指导项目”作为“十二五”期间上海市学校德育工作重要推进项目。因此,加强职业(生涯)发展教育,是加强辅导员队伍专业化建设的重要任务,是加强和改进学校德育工作的重要内容。

上海市学生职业(生涯)发展教育经过多年探索,积累了较为丰富的实践经验,为学生职业(生涯)发展教育进一步发展奠定了良好的基础,但上海市学生职业(生涯)发展教育发展也面临着多方面的挑战:学生职业(生涯)发展教育尚未覆盖学校教育全过程;相关理论研究、课程建设和专业队伍建设尚不适应全面实施学生职业(生涯)发展教育的需求;职业生涯规划教学和咨询工作的有效性尚待提高。“十二五”是贯彻落实《上海市中长期教育改革和发展规划纲要》的关键时期,也是加快推进学生职业(生涯)发展教育的最佳时机。必须抓住这一机遇,确立为了每一个学生的职业生涯发展的理念,科学规划,积极探索,进一步推动上海市学生职业(生涯)发展教育的专业化和国际化,努力建立具有中国特色和上海特点、适应学生终身发展需要的学生职业(生涯)发展教育体系。

一、总体战略

(一) 指导思想

以为了每一个学生的职业生涯发展的理念为指导,建设有利于促进全社会对学生职业(生涯)发展教育理解的制度文化，构建从幼儿园到高等院校的学生职业（生涯）发展教育体系，探索各级各类学校学生职业（生涯）发展教育的有效模式和途径，促进每一个学生的职业生涯发展，提升学生整体素质和能力，努力满足上海建设现代化国际大都市对新型人才的需求。

（二）总体目标

基本形成贯穿各级各类学校，适应学生终身发展需要的学生职业（生涯）发展教育体系。构建具有中国特色、符合上海经济社会发展特点的学生职业（生涯）发展教育内容体系与教学模式；通过学科专业建设、职前教育和职后培训，大幅度提升各级各类学校从事学生职业（生涯）发展教育的教师队伍的专业水平。通过政府、学校、行业和企业等各种资源的整合，初步构建有利于学生职业（生涯）发展教育实施的实践基地和社会支持体系。

（三）主要任务

1. 建立覆盖全面的学生职业（生涯）发展教育组织实施体系

以完善高等学校和中等职业学校学生职业发展教育为重点，充分依靠高等学校和中等职业学校，积极争取政府相关部门和社会各界的支持，形成全社会多方合力、协调共建的有利于学生职业（生涯）发展教育工作推进的共同愿景；从组织管理、资源配置、队伍建设、社会参与等各方面为初步建立覆盖各级各类学校的学生职业（生涯）发展教育体系创造条件。

2. 构建适应学生终身发展的学生职业（生涯）发展教育内容体系

整体开发设计各阶段学校的学生职业（生涯）发展教育内容，探索学生职业（生涯）发展教育与现有教育内容有机整合；借鉴国内外成功经验，重点推进从中等职业学校到高等学校的学生职业生涯发展教育；修订并完善各阶段学校课程标准，中等职业学校相关课程标准按照教育部制定的中等职业学校德育课课程教学大纲的相关内容进行修订和完善；开发适合不同教育阶段学生身心特点的学生职业（生涯）发展教育课程、教材和活动；初步形成学生职业（生涯）发展教育的评价指标体系；通过宣传、奖励各级学校有特色、有成效的学生职业（生涯）发展教育活动，促进学生职业（生涯）发展教育的全面展开。

3. 造就实施学生职业（生涯）发展教育的专业化队伍

完善上海市职业咨询师专业资格认证体系，定期开展各级职业咨询师认证培训工作，建立以职业咨询师为骨干的学生职业（生涯）发展教育专业师资队伍。制定和实施职业咨询师在职培训制度和从业规范标准，不断提高学生职业（生涯）发展教育的师资队伍的专业水平和职业素养；努力培养具有较高理论素养、专业技能、科研能力和国际交流能力的学生职业（生涯）发展教育专家群体。

4. 搭建推进学生职业（生涯）发展教育的学科体系和资源平台

集聚资源，建设市级学生职业（生涯）发展教育理论研究和教学研究机构，加强学科建设、推进科学研究、培养高层次专业人才；建设职业信息资料库、各级各类学校学生职业（生涯）发展教育资源库、国内外学生职业（生涯）发展教育实践案例库和职业能力测评实验室，为实施学生职业（生涯）发展教育提供丰富的教学资源；加强教育系统与各行业的合作，建设市级学生职业（生涯）发展教育实践基地，为实施学生职业（生涯）发展教育提供广阔的实践平台。

二、基本内容与主要途径

（一）基本内容

把学生职业（生涯）发展教育纳入到素质教育之中，从学生整个人生发展的高度来构建贯穿各级各类学校的学生职业（生涯）发展教育体系，按照分阶段实施的原则，“十二五”期间，学生职业（生涯）发展教育将聚焦高等学校和中等职业学校阶段，建立系统完整的高等学校和中等职业学校学生职业（生涯）发展教育内容。在此基础上，加强普通高中阶段学生、义务教育阶段和学前教育阶段职业生涯教育的探索。

高等学校和中等职业学校阶段是学生生涯发展的抉择阶段。这个阶段学生职业（生涯）发展教育的基本目标是引导学生通过兴趣爱好和个性特点、能力素质、职业愿望，以及社会职业的分类和特点等因素的自我综合分析，选择适合自身发展的职业定向，为未来的职业生涯发展确定更明确的目标。学生职业（生涯）发展教育基本内容包括：

——帮助学生增强自我认识、自我选择和自我规划的意识，实现积极有效的自我控制、培养自我责任感并转化为职业选择、决定和行动的力量；

——帮助学生综合分析个人职业能力和职业兴趣发展的特点与倾向，认识和考虑自己选择的职业领域对自身发展的价值，寻求个人职业兴趣与社会所提供、个人能获得的机会之间的最佳结合，明确职业发展目标，并引导学生进行相关调研或参加实践活动，初步检验自己的职业选择；

——帮助学生制定适合自身发展的个人职业生涯规划，对自己的职业（生涯）发展目标进行设计，并考虑实现每一个目标的相关措施，从而引导他们通过循序渐进的方式实现自己的职业理想。

（二）主要途径

高等学校和中等职业学校学生的职业（生涯）发展教育必须通过形式多样的课程教学、丰富多彩社会实践活动和科学有效的职业咨询服务，帮助学生了解社会职业的分类、特点、意义和需求，养成正确的职业价值观，了解自身的职业能力倾向，明确合理的职业定向和职业选择，最终形成职业生涯发展的自我规划与实践能力。学生职业（生涯）发展教育主要途径包括：

1. 职业发展教育课程教学

实施职业发展教育课程教学，通过思想政治教育、职业素质教育、文明礼仪教育及综合素质的培养等，帮助学生树立正确的择业观和就业观，形成健康向上的职业道德观念，提升综合职业素养。

加强职业能力训练，通过团体辅导、行业训练和情境模拟指导等多种方式，训练学生的人际沟通能力、组织协调能力、综合管理能力等各种能力，培养和锻炼学生的综合职业能力。

2. 职业（生涯）规划咨询

为学生提供准确的职业能力、职业倾向等方面的测评，结合他们的实践经验、身体条件、社会资源等因素，针对职业发展的方向和路径提供解决方案；

帮助学生掌握职业生涯规划技能，使学生学会在分析职业生涯的主客观因素的基础上，确定自己的事业奋斗目标，并选择实现这一事业目标的职业，编制行动计划，对每一步骤的时间、顺序和方向制定出基本措施，高效行动，灵活调整，有效提升职业发展所需的执行、决策和应变技能，使自己的事业得到顺利发展，并获取最大程度的事业成功。

3. 就业指导服务

帮助学生了解社会职业的分类、岗位的内容、岗位的知识和能力要求等，根据自身的个性特点选择适合自身的职业，实现人职最佳匹配，完成择业任务。

开展就业思想指导服务，帮助毕业生树立正确的择业观念标准，确立高尚的求职道德并选择正确的成才道路。

开展就业信息指导服务，为学生广泛搜集社会需求信息，尽可能提供更多获取就业信息的渠道和方式；同时帮助学生熟悉相关的政策规定，了解自己的权利和义务等。

开展求职技能培训服务，帮助学生了解招聘应聘程序，学会个人简历的制作、资料的整理和使用，面对用人单位如何介绍自己，以及应有的礼仪和言谈举止等。

4. 创业教育和指导

通过相关的专业课程、实践项目和企业知识学习，培养学生创业意识、创业素质、创业技能，以及独立工作能力、社交和管理技能，整体提高学生的素质和创业能力。

帮助学生学会通过正确的方法脚踏实地做好创业准备和创业计划实施策略。

三、重点项目

（一）学生职业（生涯）发展教育标准建设

1. 研制各级各类学校学生职业（生涯）发展教育教学目标

在明确学生职业（生涯）发展教育教学总体目标基础上，研制各级各类学校学生职业（生涯）发展教育的目标，形成各有侧重又相互衔接的学生职业（生涯）发展教育阶段目标。在此基础上，提出“知识与技能”、“过程与方法”、“情感态度与价值观”三个维度的具体教育目标，并根据各级各类学校的特点及阶段性目标，提出实施方式、方法建议，为建立贯穿各级各类学校的学生职业（生涯）发展教育奠定良好的基础。

2. 制定学生职业（生涯）发展教育综合测评指标

制定学生职业（生涯）发展教育的综合测评指标，对高等学校和中等职业学校的学生职业（生涯）发展教育组织、相应的设施设备、专业的人员、专门的活动或教育场地等硬件指标；学生职业（生涯）发展教育目标、计划、组织以及实施内容；学校学生职业（生涯）发展教育的系统性、持续性、动态发展；以及学生职业（生涯）发展教育实效等进行评估。以评估推进高等学校和中等职业学校学生职业（生涯）发展教育的发展，并在评估过程中，不断完善综合测评指标。

（二）学生职业（生涯）发展教育人才培养和队伍建设

3. 探索职业（生涯）发展教育专业研究生教育

依托上海师范大学教育学一级学科博士点，创设职业生涯教育专业硕士点和博士点，培养学生职业（生涯）发展教育的高学历人才。2012 年—2013 年在高等教育学学位点中设立学生职业（生涯）发展教育研究方向，制定培养方案，开发课程，2013 年起招收硕士研究生，2014 年起招收博士研究生。为上海学生职业（生涯）发展教育培养研究、咨询专业人才以及各级各类学校的学生职业（生涯）发展教育专职教师和辅导员，并为推进高等学校辅导员队伍专业化开辟新的途径。

4. 推行职业咨询师资格认证培训制度

在国家相关规定的基础上，深入研究学生职业（生涯）发展教育从业者所需资质能力，进一步完善职业咨询师资格鉴定的标准；推行职业咨询师认证体系，凡从事学生职业（生涯）发展教育的专业人员，必须获得职业咨询师资格证书。设立专项经费，对上海市高等学校专职学生职业（生涯）发展教育辅导员、中等职业学校学生职业（生涯）发展教育专职教师组织实施职业咨询师资格认证及等级提升培训。每年培训 200 人（高等学校学生辅导员 100 人，中等职业学校和其他学校教师 100 人），五年 1000 人。

5. 实施职业咨询师年检制度

建立职业咨询师自我管理的专业团体，按照《学生职业（生涯）发展教育从业者资质标准》，对职业咨询师的工作业绩开展考核和鉴定。加强职业咨询师的岗位培训，“十二五”期间，每年对在岗职业咨询师进行 20 课时的专业培训，更新在岗职业咨询师的知识、技能。

6. 设立学生职业（生涯）发展教育名师工作室

选拔学生职业（生涯）发展教育优秀教师，在这些教师所在学校设立学生职业（生涯）发展教育名师工作室，传播学生职业（生涯）发展教育实践经验，带动专业师资队伍建设。

（三）学生职业（生涯）发展教育公共资源平台建设

7. 推进学生职业（生涯）发展教育理论建设

制定和定期发布学生职业（生涯）发展教育科研项目指南。探索上海各级各类学校学生职业（生涯）发展教育理论框架及实施策略，努力构建具有中国特色、上海特点的学生职业（生涯）发展教育体系。

积极开展学生职业（生涯）发展教育实践案例研究，编辑出版学生职业（生涯）发展教育实践案例集。制定案例编写指南，指导学校展开案例研究。定期举办上海市学生职业（生涯）发展教育实践案例评比活动，征集选拔优秀案例，为扩大学生职业（生涯）发展教育的社会影响，为上海特色学生职业（生涯）发展教育体系形成奠定实践基础。

定期收集上海市学生职业（生涯）发展教育数据，出版上海学生职业（生涯）发展教育年报，服务政府、学校学生职业（生涯）发展教育决策。

积极开展学生职业（生涯）发展教育国际交流，在学生职业（生涯）发展教育发展战略、政策措施以及实践案例等方面，加强与各相关国际组织和国家或地区的联系交流，有效借鉴国际先进经验，推动上海学生职业（生涯）发展教育发展。

8. 加强学生职业（生涯）发展教育教学资源库建设

借鉴国际先进经验，联合相关部门，组织不同类型高校，开发以行业为单位的职业资料库，为高等学校和中等职业学校学生提供不同行业职业的生动、直观、翔实的资料。

9. 开展职业能力测评实验室建设

以高校和高中阶段毕业生为重点，开展职业能力测评及职业能力培训，为学生就业和升学提供指导。同时，对测评结果进行科学分析，总结经验、发现规律，为学校的职业生涯咨询工作提供支持。

10. 开展学生职业（生涯）发展教育示范性实践基地建设

以高等学校和中等职业学校为重点，通过政府部门、行业协会、用人单位之间的相互合作，整合原有学校见习、实习资源，分别建设 10 个以大学生为对象、10 个以高职高专生为对象、10 个以中职生为对象的学生职业(生涯)发展教育示范性实践基地。

四、组织保障

(一) 体制保障

加强组织领导,成立上海市学生职业(生涯)发展教育指导委员会,统筹各方力量和资源,为全面推进上海市职业(生涯)发展教育工作提供领导保障。在上海市学生职业(生涯)发展教育指导委员会领导下,由上海师范大学和上海市学生事务中心共同建设上海市学生职业(生涯)发展教育研究所,为推进上海市学生职业(生涯)发展教育各重点项目的实施提供智力和学术支撑。

各高校的大学生职业(生涯)发展教育要形成由学校领导牵头,学生工作、就业指导和教务等部门具体实施,辅导员、校内外专家和专业教师共同参与的大学生职业发展教育工作格局,逐步完善大学生职业发展教育三级组织架构:学校层面要有专门的职业发展教育协调和指导机构,有一批具有专业化水平的职业发展教育专业教师;院系层面成立职业发展教育办公室,配备有一定专业水平的职业发展教育的专职辅导员;师资层面所有专职辅导员要获得职业咨询师专业证书。

(二) 经费保障

增加经费投入,用于开展学生职业(生涯)发展教育工作。中等职业学校和高等学校的学生职业(生涯)发展教育经费由政府、企业和学校共同分担。

市教委设立学生职业(生涯)发展教育经费,学校在预算内应相应安排一定的学生职业(生涯)发展教育经费。进一步拓宽资金来源渠道,鼓励个人、企业或社会团体等捐赠或设立专项基金。

(三) 支持体系

加强与区县合作,整合人力资源社会保障部门、教育部门和各用人单位资源,搭建职业知识培训与社会实践平台,健全学生职业(生涯)发展教育的社会服务体系,为学生职业(生涯)发展教育营造良好的氛围。

学校要进一步加强与用人单位以及其他社会就业中介服务组织的联系,签订相关的培训、实习和就业等合作协议,推荐优秀毕业生直接到企业就业。同时也要邀请企业的专家为学生的职业生涯规划进行合理的指导,参加学校组织的各种职业生涯规划技能比赛和培训。

学生职业(生涯)发展教育,事关千家万户。各级各类学校的学生职业(生涯)发展教育,应获得学生家长的支持与配合。家长要密切关注并积极参与学生职业(生涯)发展教育,了解子女的职业倾向,帮助孩子科学设计职业生涯规划,指导孩子进行合理的职业选择。

动员全社会共同关心支持学生职业(生涯)发展教育。要主动加强与有关部门和社会各界、新闻媒体的沟通与协调,引导鼓励社会各界更新教育观、成才观、用人观,支持教育改革创新。充分调动各方面的积极性,形成合力,努力在全社会营造有利于学生职业(生涯)发展教育发展的良好局面。

(四) 质量保障

建立科学有效的学生职业(生涯)发展教育评价体系,评价指标体系应以学生职业生涯发展为本。建立健全学生职业(生涯)发展教育教育统计制度,确保学生职业(生涯)发展教育数据权威准确、科学合理。根据全市学生职业(生涯)发展教育发展目标分解任务,对各责任单位的年度目标、指标和任务等实施情况,探索开展年度评估。创新评估方式,引入社会机构评估等第三方评估制度,增强学生职业(生涯)发展教育评价的科学性和客观性。

上海市教育委员会关于印发《上海市高校校园安全技术防范工作“十二五”发展规划》的通知

（沪教委保〔2012〕11号）

各高等学校：

现将《上海市高校校园安全技术防范工作“十二五”发展规划》印发给你们，请结合实际贯彻落实。

附件：《上海市高校校园安全技术防范工作“十二五”发展规划》

上海市教育委员会
2012年9月12日

上海市高校校园安全技术防范工作“十二五”发展规划

“十二五”期间是上海实现“创新驱动、转型发展”的重要时期，随着社会发展和高校改革的进一步深入，影响校园安全稳定的因素日趋复杂，运用现代科技手段维护校园公共安全，推进高校的安全防范工作，已成为新形势下做好校园安全防范工作的必然要求。但是，目前全市高校技防建设仍存在发展不平衡、规划不科学、管理不规范、联网率较低、建设多样化等问题。为全面贯彻全国和上海市教育工作会议精神，落实国家和上海市中长期教育改革和发展规划纲要，全市各高校应坚持“科技创新加系统联防”的发展路径，转变观念、运用科技、积极创新，进一步加强技防系统在高校安全维稳体系中的应用，满足高校管理要求，满足师生、群众对校园安全的多样化需求。

一、“十一五”期间上海高校技术防范工作取得的主要成绩

2007—2009年，上海市教委实施了技防建设三年达标计划，各高校按照上海市地方标准的建设要求，开展校园技防体系基本建设，在视频监控、周界报警、红外入侵报警等系统建设方面达到强制标准，有条件的高校已开展升级改造并实现推荐标准。2010年，实施了技防特色项目计划，各高校结合学校特点进行了各具特色的防范系统创新尝试，市教委将全市民办高校技防系统也纳入了统一管理的范畴。2011年，市教委拟定高校技防实战平台建设要求，并安排专项资金引导各高校开展技防实战应用平台建设。以上各项目的实施切实提高了本市高校技防系统的应用效能，充分发挥了技防系统事前预防预警、事中监控跟踪、事后调查举证的作用，提升了校园安全防控水平。

二、上海高校校园安全技术防范系统建设现状

经过近几年的建设，上海高校技防达到了上海地方标准的要求，基本满足了校园安防系统要求，但还存在以下问题。

（一）各高校技防建设水平不均衡

由于各高校在技防建设的开始时间、建设规模、防范范围、技防资金投入等方面存在很大差异，各高校的技防建设水平很不均衡，有些学校已进入数字化、智能化的技防系统建设阶段，有些学校刚刚实施模拟系统向数字系统转化。

（二）技防设施不能满足应用需求

部分学校的技防系统建设不能满足日益增长的校园安全需求。由于缺乏规划，造成技防设施重复建设、使用率低、维护困难、功能单一等问题普遍存在。监控图像画面不清、门禁设备闲置不用、周界设备防范盲区多等问题，不能满足校园安全管理的实际需求。

（三）技防资源的共享有待加强

部分高校间的一些共享区域有可能成为治安盲点，处于无人值守状态。一些多发性案件的线索或流窜案犯的信息未能及时发布和传递，各校的技防资源无法实现有效共享。

（四）规划和管理制度有待加强

技防体系建设缺少统筹规划，技防系统缺乏专业管理人员，日常使用、管理、维护水平不高。

三、上海高校技术防范系统“十二五”发展总体战略

（一）指导思想

围绕落实国家和上海市中长期教育改革和发展规划纲要（2010—2020 年）的各项要求，提高安全保卫管理的精细化程度，积极构建“数字化、高清化、智能化、网络化”的技防管理体系，不断提高维护校园公共安全和服务师生的能力，大力加强信息化建设和应用，不断健全“大联动”机制，进一步提升安全保卫工作效能。

（二）建设目标

实施可持续发展战略，局部与总体发展相结合，近期与远期相结合，一次规划分步实施，构建“1—2—3—4”校园安全立体防护体系：1 个应急指挥中心——以学校保卫部门为核心，成立整合其他职能部门及相关系统的资源，在应对突发事件时，能承担组织、管理、指挥、协调相关应急资源和应急行动的决策中心，建立横向到边、纵向到底、网格化、全覆盖的应急预案体系框架、预案数据库和管理平台，使应急管理工作常态化。2 个网络——校内安全管理网、校外安全信息共享网。校内安全管理网即高校技防实战应用平台，综合发挥技防设备的整体联防功效，实现事前预防预警、事中监控跟踪、事后调查举证的全过程综合防控安全保卫。校外安全信息共享网可借助各高校网络中心的技术力量，依托教育网，形成各高校间共享安全信息资源的平台。3 项建设——进一步完善人防、物防、技防系统的建设，合理安排布置人防、物防、技防系统的资源，紧密配合协同作战，发挥整体功效。4 个基础——视频监控、入侵报警、出入口管理和巡更系统是技防系统的基础项目，视频清晰，报警及时，出入口管理严格，巡逻科学。各子系统无缝衔接，提供详尽的警情信息，提高事件的处置速度和效率。

四、上海高校技术防范系统“十二五”发展主要任务

（一）基础建设

1. 合理利用数字高清产品，获得清晰的图像资料，为捕获犯罪现行、后期取证处理提供有价值的线索。

2. 合理布置前端技防设备，从点、线、面、制高点各角度着手，减少监控盲点，做到重要治安面全覆盖。

3. 建设和完善技防专用网络，实现高校各校区技防的联网管理，上一级监控中心应能够对所有校区的监控分中心及本地技防系统进行远程管理。

4. 建设技防实战应用平台，基于网络环境下的实战应用平台，将入侵报警、视频监控、语音对讲及相关出入口控制、消防报警联动等子系统进行集成，并能兼容开放式协议的相关设备，实现不同设备或系统间的信息交换。实现车牌识别、人脸识别、行为分析、流量分析、校园反恐、消防安全等智能管理功能。

（二）队伍建设

组建高素质、专业化的技防操作队伍，进一步提高技防操作人员的水平，加强专业培训，持证上岗。提高相关人员的政治理论和专业技能素养，培养解决实际问题的能力。要做到安全操作、智能运用、快速响应，确保人机联动处置机制有效落实。

（三）制度建设

建立健全技防管理制度，要落实升级更新、维护保养、人员配备的安排和要求，形成长效运作机制，确保技防系统发挥持续效用。

五、上海高校技术防范系统的组织实施

（一）实战平台（数字化）

2012—2013 年，全面开展技防实战应用平台建设。至 2013 年末，所有高校完成技防实战平台建设，至 2014 年末实现“基础平台”所有功能，至 2015 年末实现“扩展平台”功能。

（二）高清图像（高清化）

2012—2015年，全面实现视频监控高清化。至2013年末（最迟不得超过2014年底），校园出入口、制高点全部更换为高清摄像机；至2015年末，校园所有出入口、室外通道路口、楼宇出入口、重要部位全部更换为高清摄像机；至2016年末，所有高校全部实现高清摄像机视频监控（非重点部位室内监控点可为标清摄像机）。

（三）完善布点（覆盖化）

根据校园安全管理需求，不断完善监控、周界、门禁、红外入侵报警等布点，在校园内部的重要治安面和重点部位上加强设防，对进入校园的人员进行全方位和全过程管理，每个进入校园的人员至少有一次正面的特写，画面质量达到高清要求。至2013年末，食堂、重点实验室等重要场所按要求做到视频监控布点全覆盖；至2015年末学生集体宿舍、教学楼、图书馆等人员密集场所楼道做到视频监控布点全覆盖。

（四）联网共享（网络化）

2012—2014年，全面开展联网工程。至2013年末，完成校内联网，实现多校区技防系统一体化管理，并做好校内技防信息向校外网络互联的物理准备；至2014年末，实现全市高校技防系统“大联网”，资源共享。

（五）高效管理（智能化）

2013—2015年，在完成校园应急指挥中心建设的基础上，开展应急预案体系框架、预案数据库和管理平台建设，实现治安、消防、保卫业务管理、安保资产管理、突发事件处置、校园安全风险防范管理等一体化、智能化的信息处理平台。

六、保障措施

（一）组织保障

完善各高校技防建设的组织管理，明确安全管理部门职能，建立技防建设专家委员会，加强技防建设的组织协调工作和统筹规划，充分发挥专家委员会的作用，实行科学决策和民主管理。

（二）制度保障

完善各类技防建设管理制度及工作绩效评价制度，建立技防建设评估体系，把技防建设和应用水平纳入安全文明校园、平安单位、平安示范单位的评估范围，促进技防建设可持续发展。建立市场准入制度，推动技防建设标准规范体系的应用和推广，保障技防建设的规范发展。

（三）人员保障

根据各高校规模，明确技防管理队伍岗位设置标准；建立多层次、多形式、重实效的人才培养制度，保证专业技术人员的岗位培训。建立起一支经验丰富、素质高、人员相对稳定的技术和管理队伍，从业人员持证上岗。

（四）经费保障

各高校要进一步加大技防建设的投入，保障技防系统的运行维护经费，将技防经费纳入学校年度预算，合理确定并逐步提高应用系统和资源开发的投入比重，持续发展。市教委继续安排资助资金，引入竞争机制，引导和促进高校技防建设，加快技防建设步伐。

（五）技术保障

各高校要加强对技防建设设计、招标和施工的监管，选择资质高、信誉好、技术成熟、有高校建设经验的设计和施工单位进行技防建设。保卫部门应全程参与技防系统招标、建设工程，明确使用需求和建设要求，防止出现“建用分离”现象和工程质量问题。

中共上海市教育卫生工作委员会　上海市教育委员会关于印发《上海高校辅导员队伍建设发展规划（2012—2015年）》的通知

（沪教委德〔2012〕5号）

各高等学校：

现将《上海高校辅导员队伍建设发展规划（2012—2015年）》印发给你们，请结合本校实际，认真贯彻执行。

附件：上海高校辅导员队伍建设发展规划（2012—2015年）

中共上海市教育卫生工作委员会
上海市教育委员会
2012年2月1日

上海高校辅导员队伍建设发展规划(2012—2015年)

为深入贯彻落实中共中央、国务院《关于进一步加强和改进大学生思想政治教育的意见》（中发〔2004〕16号）和国家、上海市教育中长期改革与发展规划纲要，根据《普通高等学校辅导员队伍建设规定》（教育部令24号）和《关于加强上海高校辅导员队伍建设的实施意见》（沪委办发〔2006〕35号）等文件要求，制定本规划。

一、序言

辅导员是大学生日常思想政治教育和管理的组织者和实施者，是大学生健康成长的指导者和引路人。加强高校辅导员队伍建设，对全面贯彻党的教育方针，进一步加强和改进大学生思想政治教育和日常管理工作、维护高校稳定、推动高等教育事业内涵发展具有十分重要的意义。

近年来，上海高度重视高校辅导员队伍建设，队伍结构不断优化，整体素质稳步提高，地位作用日益凸现。但从总体上看，本市辅导员队伍建设还存在人员配备不到位、职责不够清晰、职业前景不够明确、队伍不够稳定等问题，辅导员队伍整体水平与全市高等教育改革发展和大学生成长成才的需求还不够匹配，必须采取切实措施加以推进。

二、总体思路

以马克思列宁主义、毛泽东思想、邓小平理论和“三个代表”重要思想为指导，深入贯彻落实科学发展观，按照“政治强、业务精、纪律严、作风正”的总体要求，遵循“科学化管理、专业化培养、多样化发展”的建设思路，根据辅导员队伍自身特点和大学生思想政治教育工作实际，在选聘配备、管理考评、教育培养、职业发展等方面作出合理科学的制度安排，推动队伍持续、健康发展，全面提升队伍的素质和能力。

1. 科学化管理。进一步明确辅导员角色定位和岗位职责，完善选聘配备和管理考评机制，推进规范化管理；运用新媒体技术手段，加强信息化管理；注重人文关怀，从辅导员最关心、最直接、最现实的利益出发，为辅导员营造良好的工作环境和政策环境，体现人性化管理；加强辅导员团队文化建设，凝炼辅导员核心价值观，增强辅导员职业认同感和归属感，实现辅导员自主化管理。

2. 专业化培养。不断完善培养培训体系，坚持面上培训和骨干培养相结合，提高辅导员的政治素质、专业水平和职业能力，重点培养一批职业化、专家型辅导员，形成队伍的骨干核心，建设合理的人才梯队。

3. 多样化发展。理解并尊重辅导员队伍的成长发展需求，引导辅导员把个人事业发展与队伍建设的整体目标结合起来，做好职业生涯发展规划。积极搭建各种人才交流的校内外“立交桥”，走出学生工作系统的“小循环”和教育系统的“内循环”，融入社会人才交流的“大循环”，促使辅导员队伍在流动中求稳定、在稳定中求发展。

三、目标定位

总体目标：围绕推动大学生思想政治教育科学化发展，服务大学生成长成才这一中心任务，健全体制机制、严格选聘配备，优化素质结构、完善培养体系，增强职业认同、提升工作水平，建设一支高素质、高质量、高水平的高校辅导员队伍。

——**队伍总量的主要目标：**严格落实上海市委、市政府有关文件关于辅导员的选聘配备要求，根据本、专科生专职辅导员按师生比 1∶150、研究生专职辅导员按师生比 1∶200 的比例配足辅导员。

——**队伍结构的主要目标：**提升学历层次，到 2015 年专职辅导员硕士学位的比例达到 80%，具有博士学位的比例达到 10%，党员比例达到 100%。队伍的性别、年龄、专业、专业技术职务等结构比例趋于合理。

——**素质培养的主要目标：**形成引领高校辅导员队伍发展的核心价值观，提升队伍的整体素质和专业水平，建设学习型辅导员团队，100%专职辅导员接受过岗前培训、系统轮训和专业培训，培养若干名在国内外有影响的专家型辅导员和大学生思想政治教育学术带头人。

——**制度建设的主要目标：**在“高进、严管、精育、优出”四个关键环节上构建长效机制，为辅导员营造良好的政策环境、工作环境和生活环境，真正让辅导员“工作有条件、干事有平台、发展有空间”。

四、主要举措

（一）优选高进计划

1. 配足辅导员。优先解决专职辅导员的入编问题，按照本、专科生专职辅导员按师生比 1∶150、研究生专职辅导员按师生比 1∶200 的比例配足辅导员。研究生在 200 人以上的学院（系、所）要设置不少于 1 名的专职辅导员从事研究生思想政治教育工作。

2. 严格选聘标准和程序。新聘专职辅导员应为中共党员，具有硕士以上学位，“985”、“211”高校新聘辅导员应以博士为主；研究生辅导员原则上应具有博士以上学位或副高以上专业技术职务，有相关学科专业背景，有较强的责任心和敬业精神，热爱学生，善于做大学生思想政治工作。各高校在选聘辅导员时要进行政治素质、业务能力、心理素质等方面的考核，所有辅导员上岗前必须经过心理测试和职业倾向测试。鼓励思想政治理论课教师担任兼职辅导员，选拔优秀专业教师担任兼职辅导员，将其工作业绩纳入绩效考核体系。新聘青年教师和干部，晋升专业技术职务和行政职务时，必须具有辅导员、班主任等学生教育管理工作经历。

3. 深化“矩阵式”配备模式。学生人数超过 1000 人的院系，要遴选有专业能力的辅导员兼任学生党团建设、职业发展指导、心理咨询辅导、学生事务管理等专业辅导员。

4. 建立辅导员职业准入制度。制定上海高校辅导员职业准入制度，实行“先培训、再考核、后上岗”。对于工作满一年，修完一定学时的辅导员培训课程，能够胜任学生工作岗位，具有一定研究成果的辅导员，颁发辅导员职业资格证书，作为其任职的重要条件。

（二）素质提升计划

1. 完善专业化培训体系。坚持全员培训与骨干研修相结合，集中培训与远程培训相结合，脱产进修与校内培训相结合，境内培训和海外研修相结合，非学历培训与学历提升相结合，实施部、市、校多层次培训和岗前、日常、专题、骨干研修等多类别培训。

2. 建设专业化培训基地。制定辅导员培训基地遴选办法和管理办法，依托高校和专业培训机构设立辅导员培训基地，承担高校辅导员不同类型的培训任务。到 2015 年，在全国各地建立 20 个左右不同类型的思政教师社会实践基地，帮助辅导员了解国情民意。建立海外研修基地，定期选派辅导员骨干参加研修，借鉴其他国家先进的管理理念和方法。

3. 明确专业化培训内容。以辅导员发展需求和工作需要为导向，结合思想政治工作理论和辅导员工作实践，编写培训大纲，编写具有上海特色的辅导员培训教材，建立辅导员工作案例库，丰富教学内容。

4. 加强专业化培训考核。建立辅导员电子培训手册，实现培训管理信息化。完善培训质量评估制度，把辅导员培训情况作为辅导员考核、评优、晋级的重要依据，加强对各类辅导员培训基地的培训质量监控。

5. 提升学历层次。鼓励辅导员在职攻读硕士、博士学位，对攻读硕士、博士学位的辅导员实行课程进修费和学位申请费减免政策，享受专任教师培养的各种优惠条件。依托有马克思主义理论学科点的高校，开办与大学生思想政治教育工作有关的研究生班。有马克思主义理论学科点的高校要划出一定的名额，为优秀专职辅导员提供在职深造机会。

6. 强化学科支撑。依托马克思主义理论、管理学、心理学、教育学、社会学等学科，设置与大学生思想政治教育有关的专业或研究方向，并纳入学科建设的总体规划，为辅导员队伍建设提供专业支撑。在有较高科研实力的高校进行科学系统的布点，建立一批市级大学生思想政治教育研究中心或研究基地。把大学生思政工作研究纳入市哲学社会科学发展规划课题、科研创新项目（人文社科类）、教育科学规划课题，单列思想政治教育教师名额。实施马克思主义理论优秀成果出版资助计划，推出一批高水平的研究成果，鼓励和支持一线辅导员开展德育前瞻性研究，推动队伍由实践型向“实践—研究型”转变。

7. 着力培养骨干。在“曙光计划”、“晨光计划”、“上海高校青年教师培养资助计划”等各类人才培养计划中，单列思想政治教育教师名额；实行中青年辅导员骨干与名师结对带教制度；每年组织骨干辅导员到其他省市全国高校辅导员培训与研修基地进行考察交流、参加研修项目。实施高校思想政治教育青年教师培养项目（“阳光计划”），制定“阳光学者”跟踪培养办法。以工作实践为依托，以合作研究为纽带，建立交叉学科集成发展的德育创新工作团队。

（三）激励管理计划

1. 明确岗位职责。推进学生事务“扁平化”管理，鼓励支持高校建立集思想政治教育、勤工助学、职业指导、心理健康教育、创新创业教育于一体的学生事务服务中心，为学生提供“一站式”服务。所有辅导员都要熟悉使用“上海大学生在线——易班”网络平台开展网上思政工作，开展辅导员优秀博客、博文征集活动，提升辅导员利用网络开展思想政治教育的能力和水平。

2. 完善考核制度。组织辅导员年度人物和优秀辅导员评选活动，加强对优秀辅导员的表彰和宣传力度，促使广大辅导员享有实现价值的自豪感、奉献教育的成就感、社会承认的荣誉感。获市级以上“优秀辅导员”、“辅导员年度人物”称号可作为辅导员破格提拔的重要依据。制定辅导员工作实绩考核评价指标体系，探索辅导员淘汰退出机制，发挥好奖惩的激励和导向作用，充分调动辅导员的积极性、主动性、创造性。

3. 建设管理平台。建立辅导员基础数据库，作为辅导员培训、考核、科研等管理的主要依据，全面反映辅导员学习、工作和专业成长情况，助推其滚动式发展。

（四）团队文件建设计划

1. 培育辅导员核心价值观。开展辅导员誓词征集评选活动，实行辅导员岗前宣誓制度，凝练辅导员核心价值取向，开展辅导员核心价值取向大讨论，建立辅导员职业道德规范，培育发掘辅导员先进典型，塑造辅导员职业形象，增强辅导员职业认同感、荣誉感和归属感。

2. 打造辅导员职业共同体。建立市校两级辅导员协会，搭建高校辅导员交流沟通的平台。建立辅导员网上沙龙，打造辅导员网上精神家园。

（五）职业发展计划

1. 继续强化辅导员双重身份，落实双重待遇，实现双线晋升。健全上海高校思想政治教育教师专业技术职务评聘机制，把辅导员作为高校党政后备干部的重要来源，根据任职年限及实际工作表现，确定相应级别的行政待遇，给予相应的倾斜政策。建立辅导员与校内专业教师、党政管理干部的交流机制。

2. 拓宽职业化发展方向。设计包括学生党团建设、心理健康教育与咨询、职业发展指导、网络思政、学生法律事务咨询、学生事务管理等职业发展方向，完善学校心理咨询师、职业咨询师、创业咨询师等职业能力培训和资格认证，引导辅导员走职业化发展之路，鼓励他们成为职业型、专家型的学生思想政治工作者。遴选若干名优秀辅导员，结合其专业优势和工作特色设立辅导员工作室，着力培养辅导员队伍的“带头人”，使辅导员队伍人才形成梯队、骨干形成团队、“带头人”形成核心。

3. 建立辅导员挂职锻炼制度。把辅导员队伍建设纳入全市人才队伍建设整体规划，作为全市后备干部培养选拔的重要来源，组织优秀辅导员到党政机关、街道乡镇、国有企业、港澳台高校和中西部地区基层党政机关挂职锻炼，帮助他们开拓视野、锻炼才干。建立辅导员校际挂职锻炼机制，推动辅导员校际、省际交流。

五、保障措施

1. 提高认识，明确责任。各高校要进一步增强战略眼光、政治意识和大局观念，切实把思想统一到中央的精神和要求上来，把加强辅导员队伍建设放在更加突出的位置，纳入学校中长期发展规划，作为人才强校的重要举措。各高校要建立高校党政“一把手”领导责任制，高校党政一把手是辅导员队伍建设的第一责任人，把队伍建设情况作为对高校党政一把手考评的重要指标。学校党委要明确专人分管辅导员队伍建设，定期召开党政专题会议，分析、研究、部署辅导员队伍建设工作，要像重视业务学术骨干队伍建设一样重视辅导员队伍建设，在工作上加强领导，在政策上积极支持，在条件上提供保障，真正把上级的精神和要求转化为工作思路、具体措施、硬性办法，扎扎实实推进，不折不扣落实。

2. 统筹协调，形成合力。要加强学校各部门之间、学校与社会之间的统筹整合，构建全员育人格局，实现队伍整体优化，做到辅导员队伍与全体学生工作队伍、思想政治理论课教师以及其他专业课教师的相互支持，辅导员岗位与其他教育、管理、服务岗位的相互配合，辅导员工作与校外社会教育、实践活动的相互协调，形成全社会关心和支持辅导员工作的有利环境和氛围。

3. 考核评估，推动落实。建立专门的督导评估体系，把辅导员队伍建设纳入高校办学质量、队伍建设、教学评估和文明单位创建的指标体系，把辅导员队伍建设情况作为高校党政“一把手”和各院系党政领导年度工作考核的重要内容。重点考核辅导员的配备、双线晋升政策、培养培训和工作经费的落实等情况。

上海市教育委员会关于印发《上海市教育系统法制宣传教育的第六个五年规划(2011—2015年)》的通知

(沪教委法〔2012〕2号)

各区县教育局、高等学校、委直属单位:

在市委、市政府的领导下,本市教育系统法制宣传教育的第五个五年规划顺利实施。以宪法为核心的法律法规广泛普及,广大教育工作者和青少年学生的法律意识和法律素质明显提高,教育行政部门依法治教、依法行政能力显著增强,各级各类学校依法治校工作扎实推进,有力地推动了教育规范化管理和民主法治建设进程。

为更好地适应"十二五"期间教育改革和发展的需要,全面推进依法治教、依法治校工作,进一步做好本市教育系统的法制宣传教育工作,我委研究制定了《上海市教育系统法制宣传教育工作第六个五年规划》,现印发给你们。请结合实际,认真贯彻落实。

附件:上海市教育系统法制宣传教育的第六个五年规划(2011—2015年)

上海市教育委员会
2012年2月24日

上海市教育系统法制宣传教育的第六个五年规划(2011—2015年)

为深入开展教育系统法制宣传教育,进一步提高师生员工的法律素质和公民意识,全面推进依法治教、依法治校,更好地适应"十二五"期间教育改革和发展的需要,根据市委、市政府转发的《市委宣传部、市司法局关于在本市开展法制宣传教育的第六个五年规划(2011—2015年)》和教育部印发的《全国教育系统开展法制宣传教育的第六个五年规划(2011—2015年)》以及《上海市教卫系统法制宣传教育第六个五年规划(2011—2015年)》的要求,结合本市教育系统实际,制定本规划。

一、指导思想、主要目标和工作原则

(一) 指导思想

高举中国特色社会主义伟大旗帜,以邓小平理论和"三个代表"重要思想为指导,深入贯彻科学发展观,围绕落实国家和上海市中长期教育改革和发展规划纲要(2010—2020年)(以下简称"教育规划纲要")的各项要求,以宪法教育为核心,以提高青少年学生法律素质为重点,以推进教育系统法治化管理为动力,坚持法制宣传教育与社会主义核心价值体系教育相结合,与公民意识教育相结合,与教育法治实践相结合,深入开展法制宣传教育,深入推进依法治教、依法治校,大力弘扬社会主义法治精神,为本市教育事业改革与发展营造良好的法治环境。

(二) 主要目标

充分发挥教育系统的人才优势和学校教育的主渠道作用,通过广泛深入地开展法制宣传教育活动,普及法律常识、树立法治理念、培育法治信仰、弘扬法治精神、构建法治文化、营造法治氛围,进一步提高青少年学生的公民意识和法律素质;进一步提高教育系统领导干部、公务员和广大教育工作者依法办事的能力和水平;进一步提高教育系统各级机关、各级各类学校和各直属单位依法治理、服务社会的能力和水平。

（三）工作原则

教育系统第六个五年法制宣传教育工作要遵循以下原则：

1. 坚持围绕中心，服务大局。紧紧围绕教育规划纲要的贯彻实施，安排和落实法制宣传教育工作的各项任务，服务本市教育事业的改革与发展，维护社会的和谐稳定。

2. 坚持分类指导，突出重点。针对青少年学生、校长、教师以及教育行政机关工作人员各自的群体特点，确定法制宣传教育的目标、内容、方式和途径。全面落实培养社会主义合格公民的目标和任务，将青少年学生的法制教育作为重中之重。

3. 坚持普治并举，促进改革。法制宣传教育要与依法治教、依法治校的实践相结合，切实推动学校管理、教育管理观念与方式的转变，促进本市人才培养体制和教育管理体制的改革。

4. 坚持以人为本，注重实效。要着眼于法制教育对象的实际法律需求，科学设计、合理安排法制教育的内容与形式，增强法制教育的针对性和实效性。

5. 坚持与时俱进，开拓创新。把握教育领域普法工作的特点与规律，创新工作理念、完善工作机制、改进工作方法、丰富教育形式，开拓教育普法工作的新局面。

二、主要任务与要求

（一）深入学习宣传宪法和中国特色社会主义法律体系，着力营造促进本市教育科学发展的法治氛围。大力宣传宪法基本精神、基本原则和中国特色社会主义制度优越性，进一步增强广大师生员工的宪法意识、爱国意识、国家安全统一意识和民主法制意识，形成党的领导、人民当家作主和依法治国有机统一的观念，树立国家一切权力属于人民、国家尊重和保障人权的观念，树立权利与义务相统一的观念。加强中国特色社会主义法律体系和民商、行政、社会、刑事及程序法律制度等国家基本法律以及本市地方性法规、规章的学习宣传，充分发挥法律、法规、规章在社会发展中的规范、引导和保障作用。深入开展反腐倡廉法治宣传教育，加强刑法、公务员法、行政监察法、会计法、审计法和廉政准则等相关法律法规和党纪条规的学习宣传，不断提高教育系统各级领导干部和公务员廉洁自律的自觉性。深入开展社会主义法治理念教育和公民意识教育，增强师生员工的守法意识、规则意识、民主参与意识和法律至上意识，促进全市教育系统公务员，特别是领导干部牢固树立并自觉践行依法治国、执法为民、公平正义、服务大局、党的领导理念，在全市教育系统形成崇尚法律、遵守法律、维护法律的良好氛围。

（二）深入学习宣传教育法律法规和教育方针政策，着力提升本市教育工作的法治化水平。深入学习宣传教育法、义务教育法、职业教育法、高等教育法、教师法、民办教育促进法及其实施条例、中外合作办学条例、国家通用语言文字法等教育法律法规以及教育规划纲要等有关教育的重大方针政策，提升本市教育公共服务水平，促进教育公平。深入学习宣传终身教育、教育督导评价等教育法规、规章，全面落实素质教育，着力提升本市教育的人才培养质量。继续深入学习宣传规范学校办学行为、促进学校民主管理、维护师生合法权益、预防未成年人违法犯罪、保障师生人身和财产安全等方面的法律、法规、规章，进一步提高干部教师依法办事的能力和水平，推进依法治教、依法治校。切实做好"十二五"时期国家教育新法新规的学习宣传和贯彻落实工作，全面履行法律职责，不断提升全市教育工作的法治化水平。

（三）深入学习宣传与青少年健康成长和全面发展关系密切的法律法规，着力增强本市青少年学生的法律素养。要科学规划、系统安排各学龄段法制教育的内容与要求，按照法治理念、法制常识、一般性法律知识和专门性法律知识的梯度，循序渐进安排学生法制教育。主要做好以下八个方面的工作。一是在小学阶段，要重点深入学习宣传交通安全、伤害事故预防、应急避险、环境保护、动物保护、未成年人权利义务等与其年龄相符的基本法律常识，使学生具备初步的法律意识和权利意识，初步树立正确的价值观和养成良好的行为习惯。二是在初中阶段，要重点深入学习宣传未成年人权益保护、预防未成年人违法犯罪、禁毒、消费者权益保护以及与生活密切相关的民事、刑事、行政管理等方面的法律知识，使学生了解掌握权利与义务、行为与后果的法律关系，不断强化学生明辨是非、依法自我保护及预防违法犯罪的意识。三是在高中阶段，要重点深入学习宣传民事权利和义务、网络信息规范、国防安全、法律救助以及规范我国政治、经济和文化生活的主要法律，使学生了解法律知识在现实生活中的具体运用，树立正确的权利观和义务观，形成牢固的法律意识和法制观念。在中等职业学校中，要重点加强劳动保护、安全生产、职业道德等方面的法律法规知识教育。四是在大学阶段，要重点深入学习宣传婚姻家庭、就业创业、信守合同、劳动者权益保护以及民法、刑法、行政法、诉讼与非诉讼程序法等国家基本法律，使学生牢固树立崇尚法律、遵守法律的意识，增强社会责任感和运用法律解决实际问题的能力，成为具有现代法治理念的合格人才。五是对有不良行为倾向学生的法制教育，要有针对性地加强法制教育，如加大以案说法等案例警示教育，以增强行为规则意识为重点，提高抵御不良影响的能力，预防和减少青少年违法犯罪行为的发生。六是要以维护自身合法权益的法律法规为重点，以增强自觉学法守法用法意识为目标，在以招收进城务工人员随迁子女为主的学校开展专题性法制宣传教育。

（四）深入推进依法治理，着力提高本市教育系统依法治教水平。认真贯彻国务院下发的《全面推进依法行政实施纲要》和《国务院关于加强法治政府建设的意见》，健全行政决策程序，规范行政执法行为，强化行政监督和问责，完善执法责任制、执法公示制和执法过错责任追究制，积极推进法律的有效实施。要紧紧围绕建设现代学校制度、全面推进依法治校的要求，进一步完善各级各类学校依法治理的制度与机制，以依法建立健全学校章程为切入点，健全符合法治精神和法律规定的学校内部管理体制，探索构建现代教育规范化管理制度，形成一批符合教育规划纲要要求，体现现代学校制度内涵，切实保障学校和师生合法权益的示范学校。完善学校评价机制，健全依法治校内涵要求和评价指标体系，扎实做好依法治校的配套工作。

三、工作举措和要求

（一）全面落实青少年是法制宣传教育“重中之重”的要求，继续深入推进青少年法制宣传教育工作

第一，发挥课堂教学主渠道作用，深化“法律进课堂”活动。要切实加强和改进法制课堂教学工作，着力解决法制教育在课时安排、师资配备与培训、教材建设、经费保障、教学评价等方面存在的突出问题，认真落实国家普法规划关于中小学（含中等职业学校，下同）法制教育课时、教材、师资、经费“四落实”的要求，真正把法制教育纳入学校教育体系，进入课堂主渠道，使社会主义法治理念、公民意识和法律知识成为学生知识结构和综合素质的重要组成部分。要遵循教育规律和学生成长需要，根据不同学龄学生的心理、生理特点和认知能力，找准切入点，编写和配发具有本市特色的中小学法制教育相关资料，实施“中小学法制教育精品课程案例项目”，积极推动法制教育教学研究和交流活动，总结、推广富有实效的法制教育方法和形式。逐步将社会主义法制理念、法律知识纳入对学生知识和综合组织考察的范畴。在高等学校、中等学校入学考试中适当增加反映社会主义法治理念和宪法知识，基本法律原则及常识的内容，引导学校重视开展法制教育，引导学生树立法治理念、关注社会法治实践，强化其公民意识的教育与养成。

第二，积极拓展普法空间，建立和完善学校、社会和家庭“三位一体”青少年法制教育网络。法制教育是培养社会主义合格公民的重要载体，是素质教育的重要组成部分，要不断丰富学校法制教育的内容，创新教育形式和手段，增强青少年法制教育的互动性、趣味性和感染力，提高普法教育的质量与效果。要积极开辟法制教育第二课堂，通过举办法律知识竞赛、模拟法庭、“12·4”全国法制宣传日以及开展校园法制园地等多种形式的法制宣传教育活动，努力营造学法用法氛围；充分利用青少年法制教育基地和其他各种教育资源，开展丰富多彩、寓教于乐、参与性强的法制教育社会实践活动；充分利用校园橱窗、学校广播、校园网、校报校刊、黑板报等多种阵地，加强法制宣传教育。要建设学校、社会、家庭“三位一体”的青少年法制教育网络，依托家庭、社区、街道共同开展青少年法制教育，营造有利于青少年学生健康成长的社会环境。

（二）切实提高各级各类学校校长和教师依法治教的意识和能力，针对学校工作的特点与校长、教师工作的需要，深入开展“法律进学校”活动

第一，要通过继续开展“依法治校示范校”创建活动，培养一批有依法治校先进理念和丰富实践经验的学校管理者。要加大对各级各类学校校长的法律培训，提高其依法治校的意识和能力。本市将结合现有的培训机制，建立若干校长依法治校能力培训和法制课骨干教师、专任教师培训基地。各级各类学校的校长要带头学习法律知识，树立依法治校的观念，切实提高依法管理学校事务的能力。市和区县教育行政部门要完善学校评价机制，将依法治校情况作为评价学校教育教学和管理水平的重要指标，作为对校长实施绩效评估、年度考核和任用考察的重要内容。

第二，要加强对教职员工的法制宣传教育，使教职员工成为遵纪守法的楷模。要建立教师法律培训制度，组织教师系统学习、掌握基本的法律原则和各种必要的法律规范，以及教育专业法律知识，切实增强教师依法教书育人的自觉性。广大教师要把法律学习与师德修养相结合，严格遵守职业道德规范，牢固树立以人为本、爱岗敬业和为学生、家长服务的观念。

第三，要大力加强中小学法制教育专兼职教师的培训。要采取市和区县分级培训的方式，把法制课师资

培训纳入教师统一培训中，可采取“送出去，请进来”、脱产办班、专题辅导、举办研讨会等多种有效措施开展对法制课骨干教师的培训，保证每所中小学校至少一名教师接受法制教育能力专题培训。各中小学要不断推动和规范法制副校长、法制辅导员制度的建设，加强对法制副校长、法制辅导员的培训。法制副校长或法制辅导员每月至少应在学校工作半天，每学年应向原单位作一次学校法制工作的专题述职，充分发挥法制副校长、法制辅导员的作用。

（三）全面提高教育行政部门领导干部、公务员依法行政、依法治教的能力和水平，积极开展机关法制教育工作

第一，着眼于提高教育行政部门依法行政的能力和水平，深入开展“法律进机关”活动。按照《全面推进依法行政实施纲要》和《国务院关于加强法治政府建设的意见》的要求，继续深入开展好“法律进机关”活动。教育行政部门要把法律作为机关学习的重要内容，做到有计划、有安排、有落实、有检查；要把法律知识纳入日常学习计划，定期举办法制讲座和培训，要充分利用机关学习园地、网络等阵地，建设机关法制学习资料信息平台，为公务员学法提供条件。健全行政执法责任制度、执法公示制和执法过错责任追究制，把依法行政水平和效果作为工作考核内容，培养公务员树立职权由法定、有权必有责、用权受监督、违法要追究的观念。要逐步实现法律知识考试考核工作规范化，把公务员学法用法情况，作为年度考核、任职考察和晋升考核的重要内容。在公务员录用中，要注重测试应试人员掌握相关法律知识的水平和运用法律知识的能力。

第二，推进教育行政部门的领导干部学法用法。领导干部是各项事业的组织者，带头学法，既是提高领导干部能力和管理水平的需要，也是带领广大干部和师生员工学法、用法和自觉遵守法律的需要。各级教育行政部门要推进领导干部法制教育制度化、规范化，落实中心组集体学法、办公会议前学法、领导干部法制讲座、法律知识年度考试制度，并把学习和掌握法律知识的情况作为领导干部年度考核和任用考察的重要依据。建立健全领导干部法制讲座制度，理论中心组学法制度，重大决策前的法律咨询审核制度，领导干部任前法律知识培训，年度述职和考核等制度，切实转变教育行政机关的工作职能，工作方法和工作作风，提高依法决策，依法治教的水平。

第三，探索开展依法治教示范单位创建活动。根据《全面推进依法行政实施纲要》和《国务院关于加强法治政府建设的意见》的要求，结合贯彻落实教育规划纲要，研究制定符合本市教育行政管理体制改革趋势和教育行政管理特点的依法行政评估指标和工作要求，推动教育行政部门按照政校分开、管办分离的原则，遵循依法行政的要求与规范，进一步提高依法治教的能力与水平。“六五”期间，本市将在区县教育行政部门中形成一批具有示范作用的依法治教示范单位。

四、组织领导和保障

（一）切实加强对法制宣传教育工作的领导

全市教育系统各级领导都要充分认识做好“六五”普法工作的重要意义，把普法工作作为日常工作的一项重要内容列入议事日程。各区县教育行政部门要成立由主要领导任组长，有关部门负责同志参加的法制宣传教育工作领导小组。继续设立市教委法制宣传领导小组，负责统筹协调、领导指导委机关及全市教育系统的普法工作，领导小组办公室设在市教委政策法规处。

（二）加强教育系统法制工作机构和队伍建设

各区县教育行政部门和各级各类学校要进一步建立健全本地区、本单位的法制教育工作机构，由专人负责法制教育工作，要将政治和法律业务素质较高的人员充实到法制工作岗位。各级法制教育工作机构要负责本地区、本单位普法规划和年度计划的制定和执行；组织协调系统或单位内外相关职能部门，推动完成“六五”普法和依法治理工作的各项任务；建立完善普法工作的监督评价机制和激励机制。市和区县教育行政部门要探索建立中小学、职业学校法制教育的专项督导制度，将学校法制教育的水平与成效纳入对学校办学水平、教育质量的整体督导评估之中。

（三）落实普法和依法治理经费保障

严格落实国家和市委市政府关于设立“六五”法制宣传教育工作专项经费的要求。各级教育行政部门和各级各类学校要根据实际情况统筹安排法制宣传教育相关经费，保障法制宣传教育工作正常开展。

（四）建设专兼职结合的普法队伍

各中小学要根据本校教学任务，落实法制课专兼职教师。各高校要通过专业培训等多种形式，不断提高

法学基础课师资队伍水平。要加强对各级各类学校思政工作分管领导的培训，强化法制教育在德育工作中的重要地位；要有效利用各类法制教育资源，充分发挥班主任、辅导员的法制教育功能，建立法制副校长工作的长效机制，壮大法制宣传志愿者队伍，特别要注重对本市各高校大学生普法志愿者的培育和维护，充分发挥和扩大其在法制宣传教育中的重要作用。

（五）建立健全协调合作的法制宣传教育工作机制

各区县教育行政部门和各级各类学校要主动与综治办、司法行政、公安、法院、检察院、共青团、关工委以及律师协会等部门、组织加强沟通，建立协作机制，利用各方的优势资源，共同做好学校的普法和依法治理工作。要积极会同有关部门开展校园周边环境综合治理工作，为学生的学习和生活营造良好的法治环境。

（六）加强普法理论研究，建立并完善普法的监督评价机制

“六五”普法期间，市教委将在深入调研的基础上，制定普法工作考核指标，以依法治教示范单位评选、依法治校示范校评选、素质教育综合督导、“六五”普法中期检查为契机，建立教育系统普法工作激励机制，总结工作成绩，推广成熟经验，强化对区县、学校普法工作的督导评价。将“六五”普法规划落实情况纳入教育督导评价标准，结合依法治校新要求，增加法制教育工作在依法治校评估指标的权重，切实推动“六五”普法工作深入开展。同时，鼓励高校科研机构开展青少年法制教育研究，总结经验，揭示规律，不断为法制教育实践提供先进的理论指导。

本规划自 2011 年开始实施，2013 年开展中期检查，2015 年进行总结验收和经验推广。各地区、各单位要根据规划的目标、任务和要求，结合实际，制定五年规划和年度工作计划，逐一落实本规划的工作举措，要突出年度工作重点，做到部署及时、措施有效、指导得力、督促到位，并建立法制宣传教育工作责任制，要求年前有计划、活动有部署、任务有落实、年底有检查。“六五”期间，市教委将结合每年工作重点，加强督促检查，组织对本规划实施情况的总结评估、检查验收，遴选在依法治教、依法治校方面取得突出成绩的示范单位、学校，对先进集体和先进个人进行表彰。

上海市教育委员会关于印发《上海市义务教育阶段学生学籍管理办法》的通知

（沪教委基〔2012〕65 号）

各区县教育局：

为全面贯彻党和国家的教育方针，全面实施素质教育，保障学生身心健康，促进学生全面发展，市教委依据《中华人民共和国义务教育法》、《上海市实施〈中华人民共和国义务教育法〉办法》等有关法律、法规的规定，在《上海市教育委员会关于颁发〈上海市中小学学籍管理办法〉的通知》（沪教委基〔2006〕7 号）文件中关于义务教育阶段学籍管理部分的基础上，结合实际情况，制定《上海市义务教育阶段学生学籍管理办法》（以下简称“办法”），请认真执行，在执行工作中对办法有意见和建议，请反馈至市教委基教处。

办法印发后，本市义务教育阶段学生学籍管理按办法执行，普通高中学生学籍管理仍按《上海市教育委员会关于颁发〈上海市中小学学籍管理办法〉的通知》执行。

附件：1. 上海市义务教育阶段学生学籍管理办法

2. 上海市义务教育阶段学籍管理各表格样张（略）

上海市教育委员会

2012 年 12 月 9 日

上海市义务教育阶段学生学籍管理办法

第一章 总 则

第一条（目的和依据）

为全面贯彻党和国家的教育方针，全面实施素质教育，保障学生身心健康，促进学生全面发展，促进学生整体素质的提高，依据《中华人民共和国义务教育法》、《上海市实施〈中华人民共和国义务教育法〉办法》等有关法律、法规的规定，结合本市实际情况，制定本办法。

第二条（适用范围）

本办法适用于本市全日制公办、民办义务教育阶段学校的学生学籍管理工作。主要包括学制、入学注册、学籍异动、学生综合素质评价与奖惩等。

第三条（管理职能）

义务教育阶段学校学生学籍管理由市教育行政部门统筹指导，区县教育行政部门统一管理，学校具体实施。各级教育行政部门和义务教育阶段学校应有专人负责学生学籍管理工作。

为促进全市范围内学籍管理信息的共享，全市统一采用上海市基础教育学生信息管理系统（以下简称“学生信息系统”）进行学生学籍信息管理。各区县教育行政部门按照职责分工，负责本区县内中小学学生信息工作。

第二章 学制、入学注册与考勤

第四条（学制）

本市实施九年义务教育，小学学制为 5 年，即一年级、二年级、三年级、四年级和五年级。初中学制为 4

年，即六年级、七年级、八年级和九年级。

第五条（就学年龄）

本市儿童入小学年龄为年满 6 周岁。初中入学者应为修完小学学业的学生或达到小学学力的未满 18 周岁的学生。

第六条（入学）

本市义务教育阶段学校实行免试入学，各学校不得举行或者变相举行与入学挂钩的选拔考试或者测试，不得将各种竞赛成绩和各类考级证书作为入学的条件和编班的依据。

具有接受普通教育能力的残疾儿童、少年可进入普通学校随班就读，学校不得拒绝其入学。其他残疾儿童、少年可进入特殊教育学校学习，无法适应学校集体学习生活的儿童、少年由所在区县教育行政部门安排相应的学校送教上门。

本市义务教育阶段学校具体招生办法按当年市、区县教育行政部门公布的相关招生政策执行。

第七条（班级学额）

本市小学、初中各年级班级学额一般为 40 人，实施小班化教育的班级学额一般为 30 人。如有特殊情况，区县教育行政部门可结合本区县实际情况合理设定班额。

第八条（注册）

小学、初中起始年级学生的父母或其他法定监护人（以下简称“家长”）应凭入学通知书按学校规定的时间为学生办理入学注册手续。已在籍学生每学期应按学校规定的时间办理注册就读手续。

因故不能如期办理注册手续者，应在新学期开学后 5 个工作日内向学校申请办理延期注册手续，延期到期后仍不能按时注册者，应进行续办。申请办理延期的时间最晚不得超过新学期开学后 30 日。起始年级学生未按规定办理注册手续或延期注册手续的，其入学通知书自动失效。

第九条（学籍号取得）

小学、初中起始年级新生办理入学注册手续后，即取得学籍。学校在开学后 10 个工作日内编制新生名册，为在籍学生编制学籍号。

学生转学并办理相关手续后，取得转入学校学籍，由转入学校或其所属区县教育行政部门重新编制学籍号。由本市学校转出的学生，其在转出学校的学籍号自动失效。

第十条（学籍号管理）

本市义务教育阶段学生学籍号分为主号和副号。编码规则由市教育行政部门另行制订。

主号以学生身份证件号码为基准，由区县教育行政部门根据相关规则编制，主号具有唯一性和不变性。副号由区县教育行政部门根据相关规则编制。

第十一条（信息采集）

学校须按照教育行政部门要求采集学生的基本信息，形成学生学籍信息，并将学生学籍信息报送区县教育行政部门，进入上海市基础教育学生信息管理系统。

第十二条（电子学生证）

市教育行政部门为每一位在籍学生发放电子学生证，电子学生证是学生学籍身份的唯一辨识凭证。

学生的电子学生证管理办法由市教育行政部门另行制定。

第十三条（缓学）

符合本市入学条件的适龄儿童、少年因身体情况（须提供 6 个月内本市三级及以上医疗机构证明或区县教育行政部门指定的二级医疗机构证明）或其他特殊原因需延缓入学的，家长应最迟于新学年开学后 5 个工作日内向学校提出书面申请，由学校报送所属区县教育行政部门或乡镇人民政府同意后，延缓入学。

缓学时间一般为一学年。缓学期满仍不能就学的，应当重新提出缓学申请，若缓学超过两学年仍不能入学者，由所在区县教育行政部门安排相应的学校送教上门。

第十四条（考勤）

学校应当建立学生考勤制度。考勤按照出勤、迟到、早退、病假、事假、旷课等项目记录。

因故不能到校上课或不能参加学校其他教育教学活动的学生，应当履行请假手续。如学生无正当理由未履行请假手续缺勤按旷课处理，学校应及时通知其家长。对旷课和经常迟到、早退的学生，学校应当向其家长了解情况,及时对学生进行教育,帮助其改正。

第十五条(家长责任)

符合本市入学条件儿童、少年的家长应按《中华人民共和国义务教育法》等有关规定送其子女入学接受并完成义务教育。家长应按市、区县教育行政部门当年公布招生政策的规定按时为适龄儿童办理入学注册手续。学生入学后,家长应配合学校做好学生考勤工作。

如家长未按相关规定为适龄儿童、少年办理入学注册或缓学等手续的,由家长承担相应的法律责任。

第三章 转 学

第十六条(适用对象)

符合下列条件之一的,可以申请转学:

(一) 学生户籍随家长户口在本市内跨区县迁移;

(二) 学生户籍由其他省、自治区、直辖市迁入本市的;

(三) 从境外到本市落户的;

(四) 在其他省、自治区、直辖市就读的本市户籍学生,需回本市义务教育阶段学校就读的;

(五) 非本市户籍学生随家长到本市居住的。

小学、初中起始年级第一学期和毕业年级第二学期的学生,原则上不予转学。

区县教育行政部门可根据本区县实际情况制定适用范围细则。

第十七条(申请材料)

本市范围内申请转学的学生须提供学生的身份证明、户籍证明、居住证明、学生成长记录册、健康卡、预防接种卡和原学籍证明(电子学生证)等。

由非本市学校申请转入本市学校的学生须提供学生的身份证明、户籍证明、居住证明(非本市户籍学生须提供上海市居住证)、原就读学校就读的相关证明材料、预防接种卡;家长在本市工作或生活的相关证明材料等。

第十八条(申请时限)

申请转学手续一般应在新学期开学前5个工作日内提出,最迟不得超过开学后5个工作日。

学期中途原则上不予转学。因市政动迁等不可抗拒的客观原因造成学期中途要求转学者,由区县教育行政部门根据实际情况安排办理转学手续。

第十九条(申请手续)

本市范围内需转学的学生,由其家长先向原就读学校提出申请并填写《上海市义务教育阶段学生转学申请表》,家长持该表到转入地区县教育行政部门办理转学手续并到相应的学校进行注册后,完成转学。

由非本市学校申请转入本市的学生,由其家长向转入区县教育行政部门提出申请并填写《上海市义务教育阶段学生转学申请表》,转入地区县教育行政部门办理转学手续并到相应的学校进行注册后,完成转学。

第二十条(特殊情况转学)

本市学生被招收进入青少年文艺、体育专业学校训练的,应办理相应转学手续。本市学生由文艺、体育专业学校退出的,原则转回原就读学校,因特殊情况原就读学校无法安排的,由原就读学校或户籍所在区县教育行政部门按就近原则予以统筹安排。

本市学生在服刑或被采取强制性教育措施期间,其学籍自动转入承担相应义务教育教学业务管理工作的学校。

第二十一条(学校责任)

学校不得无故拒绝符合转学条件的学生转出。转出学校在学生联系转学未落实之前,不得将学生档案交给学生及其家长,对未申请转学的学生不得迫使其转学,由此造成学生辍学的,由转出学校承担责任。

学校不得接收未办理转学手续的其他学校学生就读。

学校应将转入学生编入原就读年级。从非本市学校转入本市的学生,学校可按其实际文化程度编入相应的年级就读。

第二十二条(区县责任)

区县教育行政部门可结合本区县实际情况,确定本区县内转学相关实施细则并报市教育行政部门备案。

区县教育行政部门要管理和协调本辖区内学校办理转学的情况，合理安排符合转学条件的学生就学。

第四章 升级 跳级 重读 免修

第二十三条(升级)

学生各科学年总评合格，予以升级。学生有学科学年总评不合格的，可由学校组织补考后随班升级。

小学学业修业期满，学生均可升入初中学段学习。

第二十四条(跳级)

学生综合素质表现突出，学业成绩特别优异，已提前达到更高年级学习程度，由学生和家长提出书面申请，经学校全面考核同意并报区县教育行政部门后可跳一级就读。

跳级手续一般在学年结束前10个工作日内办理，毕业年级不办理跳级，不跨学段跳级。跳级学生须参加跳过年级相关学科的学业水平考试。

第二十五条(重读)

学生确因特殊原因在同一年级需要重读的，须由家长在学年结束前10个工作日内向就读学校提出书面申请，经学校同意并报所在区县教育行政部门后，可予以重读。

义务教育阶段重读最多不超过2次。毕业年级不申请重读。

第二十六条(免修)

学生学业成绩特别优秀，有较强的自学能力，某一学科已达到更高年级的学习能力，由学生和家长向所在学校提出书面申请，经学校同意并报所在区县教育行政部门后，可予以单科免修。单科免修学生须参加该门学科的毕业考试或学业水平考试。

学生因身体原因(须提供6个月内本市三级及以上医疗机构证明或区县教育行政部门指定的二级医疗机构证明)无法参加体育与健身学科学习的，由学生和其家长向所在学校提出书面申请，经学校同意并报所在区县教育行政部门后，可予以体育与健身学科免修。学生身体康复后(须提供6个月内本市三级及以上医疗机构证明或区县教育行政部门指定的二级医疗机构证明)应当向学校申请恢复参加体育与健身学科学习。

第五章 毕业 结业 肄业

第二十七条(毕业)

小学学生修业期满，符合下列情况之一，且思想品德与行为规范综合评价合格的五年级学生准予小学毕业：

(一) 各科总评合格(包括学校补考后合格，下同)；

(二) 语文、数学总评合格，其他学科总评不合格在2门及以下。

初中学生修业期满，符合下列情况之一，且思想品德与行为规范综合评价合格的九年级学生准予初中毕业：

(一) 各科学业水平考试合格(包括补考后合格，下同)；

(二) 语文、数学、外语3门学科学业水平考试合格，其他学科学业水平考试或学年总评不合格在2门及以下。

学校应编制毕业生名册报区县教育行政部门后发给毕业证书。

第二十八条(结业)

义务教育阶段学校的学生修业期满，不符合毕业要求的，准予结业，发给结业证书。

第二十九条(肄业)

学生在义务教育阶段学校就读时间已满9年且已年满18周岁，不符合毕业、结业要求的学生，发给肄业证书。

学生在义务教育阶段学校就读时间已满9年但未满18周岁，不符合毕业、结业要求的学生，经学生及其家长申请可发给肄业证书。

第三十条(学业证明)

学生达不到毕业、结业、肄业要求的，由就读学校出具学业证明。

学生因中途自费出国留学等原因，就读学校应出具中文学业证明和成绩证明。

第三十一条(学习经历证明)

学生毕业、结业、肄业证书遗失,可向原证书颁发学校提出书面申请,学校经核实后出具学习经历证明。

第三十二条(证书、证明式样)

毕业证书、结业证书、肄业证书、学业证明和学习经历证明规格式样,由市教育行政部门统一制定。

第六章 休学 复学 学籍保留、注销、恢复

第三十三条(休学对象)

学生有下列情况之一者,需连续停课 3 个月以上的可以申请休学:

(一) 学生因伤病需治疗、休养的(须提供本市三级及以上医疗机构证明或区县教育行政部门指定的二级医疗机构证明);

(二) 学生出国出境;

(三) 其他特殊原因。

第三十四条(休学申请)

因上述原因办理休学手续,须由学生家长持相关证明,向学校提出书面申请,经学校同意并报所在区县教育局核准同意后,予以休学,发给休学证明。

第三十五条(休学时间)

申请休学一般按学期申请,一次申请休学的时间不超过 2 年。

第三十六条(休学延期)

学生休学期满仍不能回校就学的,最迟应在休学期满 5 个工作日内申请办理延期休学。未提出延期休学申请又不复学的,学校应及时督促其复学,督促无效的按旷课处理。

第三十七条(复学)

学生休学期满复学或提前复学的,由学生家长向学校提出书面申请(因病休学须提供本市三级及以上医疗机构证明或区县教育行政部门指定的二级医疗机构证明),经学校同意后即可复学。

因病休学的学生因身体原因无法到校参加集体教学活动(须提供本市三级及以上医疗机构证明或区县教育行政部门指定的二级医疗机构证明)的,如要求复学者,可向所在区县教育行政部门申请送教上门。

准予复学的学生,学校可根据其实际学业程度,编入相应年级学习。

第三十八条(学籍保留)

休学期间的学生,其学籍自动保留在学校。

在工读学校学习的学生,其学籍由原学校保留。

第三十九条(学籍注销)

在籍学生有下列情况之一的,学校将相关情况报区县教育行政部门后,学生在原校的学籍注销:

(一) 未按规定办理注册或延期注册手续,经学校督促无效且超过新学期开学 3 个月后仍不注册者;

(二) 无故连续旷课超过 3 个月或无故累计旷课超过 6 个月,经学校督促学生及其家长仍不能到校就学者;

(三) 连续休学超过 3 年不能复学或休学期满且已满 18 周岁未能复学者;

学生学籍注销后,由原学校发放义务教育阶段相应的学业证明。

第四十条(学籍恢复)

第三十九条第(一)、(二)款中学生的学籍注销如系不可抗力的客观原因造成,家长提供相关证明材料并由学校报区县教育行政部门后可予以恢复。

学生学籍注销后未满 18 周岁且接受义务教育时间未满 9 年者,如要求继续接受义务教育者,可向户籍所在区县教育行政部门提出申请,由户籍所在区县教育行政部门统筹安排学校就读。

第七章 学生评价与奖惩

第四十一条(评价内容)

义务教育阶段学生成长记录和综合素质评价的信息记录在学生信息管理系统中,并形成学生电子档案。

学生成长记录以本市教育行政部门制定的《上海市学生成长记录册》为依据，综合素质评价以本市教育行政部门制定的综合素质评价指标为依据。

区县和学校可根据本地区和本校的教育教学实际情况记录学生成长和综合素质评价的其他信息。

第四十二条（评价实施）

学校应如实记录学生成长记录和综合素质信息，安排专人负责指导实施，具体记载工作由班主任牵头管理。

学校应从多方面综合评价学生，把结果评价和过程评价、定量评价和定性评价相结合，反映学生成长过程中的变化、进步。任何部门和个人不得向社会公开学生的考试成绩，不得按考试成绩对学生排名。

第四十三条（奖励）

市、区县、学校和有关部门应当对各方面全面发展或在思想品德、学业成绩、身体锻炼及社会服务等方面表现突出的学生，给予奖励。

奖励可采取公开表扬、通报表扬、发给奖状（章）、授予荣誉称号等形式。

凡授予各级“优秀少先队员”、“优秀少先队队长”和各级“三好学生”、“优秀学生干部”等称号者，均需学生民主评议推选，校务会议或行政扩大会议讨论通过，并在学校和社区张榜公示。

学校应当真实完整地将学生的奖励情况归入学校档案和本人档案。

第四十四条（处分）

处分一般分为警告、严重警告、记过。学校不得劝退或开除学生。

学校对犯错误的学生应加强教育，促其认错悔改；必须处分的，要坚持实事求是的原则，做到程序正当、证据充分、依据明确、处分适当。

学校对学生作出处分决定前，要与学生家长进行沟通，处分须经校务会议或行政扩大会议讨论通过。处分结论要及时告知学生本人及家长。

学生对学校给予的处分不服，可向学校或学校所属行政主管部门提出申诉。学校或学校所属行政主管部门需在 30 日内给予答复。

第四十五条（教育帮助）

学校要加强对受处分学生的帮助教育。对受警告、严重警告、记过处分的学生在一学期后确有悔改表现的，学校应撤销其处分。撤销处分的权限与给予处分的权限一致。

已撤销的处分不记入学生档案。

在工读学校学习的学生，表现明显进步、并确实改正不良行为的，本人提出申请，报区县教育行政部门备案后，可安排回原学校继续学习。

对于有严重不良行为或依法被免予刑事处罚，判处非监禁刑罚，判处刑罚宣告缓刑、假释的学生，学校和其家长应当互相配合对其加以教育；对管教无效的学生，应由学生家长或学校申请，报区县教育行政部门后安排进入工读学校就读。

第八章 管理职责与信息安全

第四十六条（职责分工）

市教育行政部门负责制定本市义务教育阶段学生学籍相关政策、制度，指导、协调各区县义务教育阶段学籍管理相关工作。

区县教育行政部门按照市教育行政部门义务教育阶段学籍管理相关政策和制度制定本地区实施细则，确定责任部门和人员负责本区县义务教育阶段学籍管理工作，指导、协调和处理本区县所属学校义务教育学籍管理相关事务。区县教育行政部门负责本区县义务教育阶段学生的信息采集、更新并及时上报市教育行政部门。

各学校要做好学校义务教育阶段学生学籍管理工作，并根据要求做好学生信息采集、更新和核实等相关工作。

各级教育行政部门和学校都应指定专门的技术人员，做好学生信息系统管理的技术维护工作，确保信息安全。

第四十七条(信息采集)

每学年第一学期开学后30日内,区县教育行政部门须完成小学、初中起始年级新生信息采集工作,并上报市教育行政部门。

每学期开学后15个工作日内,区县教育行政部门须完成各年级学籍异动(包括升学、转学、休学、复学等)的录入与核对工作,并上报市教育行政部门。

第四十八条(信息安全)

各级教育行政部门和学校应完整保留学生的全部信息,为学生的学习经历证明等提供依据,定期对学生信息进行安全备份。

各级教育行政部门和学校要建立学生信息安全使用的相关制度,采取必要的技术措施保障学生信息安全。

第九章　附　　则

第四十九条(实施日期)

本办法自发布后30日起施行,有效期为5年。

上海市教育委员会　上海市财政局关于实施上海高等学校创新能力提升计划的意见

（沪教委科〔2012〕56号）

各高等学校：

为贯彻教育部、财政部关于实施《高等学校创新能力提升计划》的工作部署，落实上海创新驱动、转型发展的战略要求，推进《上海市中长期教育改革和发展规划纲要》的重点建设工作，探索以协同创新促进高等教育与科技、经济、文化有效结合的新模式，大力提升本市高等学校的创新能力，上海市教育委员会、上海市财政局决定实施“上海高等学校创新能力提升计划”（以下简称“上海2011计划”），现提出以下意见：

一、实施意义

（一）实施“上海2011计划”是全面贯彻落实教育部、财政部《高等学校创新能力提升计划》的具体举措。“上海2011计划”重在突破制约高校创新能力提升的内部机制障碍，打破高校与其他创新主体间的体制壁垒，通过建立协同创新机制，逐步改变创新资源、创新链条和创新管理各方面存在的问题，推动高校发展方式的转变，形成区域和高校创新能力的互动提升。

（二）实施“上海2011计划”是加快上海创新驱动转型发展的重要支撑。“上海2011计划”将引导高校以区域创新发展的重大需求作为高校创新能力提升的突破口和着力点，充分发挥高校在区域创新体系中的基础和生力军作用，鼓励高校以重大问题为导向，与科研机构、行业企业开展深度合作，建立战略联盟，促进资源共享，在关键领域取得突破性成果，支撑上海经济和社会发展方式的转变。

（三）实施“上海2011计划”是深入推进《上海市中长期教育改革和发展规划纲要》，全面提高上海高等教育质量的重要举措。“上海2011计划”将立足于科技第一生产力和人才第一资源的结合点，围绕提升人才、学科、科研三位一体的创新能力为核心任务，完善以创新和质量为导向的科研评价机制，推动科研成果在学科建设、人才培养和社会服务中实现知识创新的价值，以创新能力提升促进高等教育质量的全面提高。

二、指导思想

按照“国家急需、世界一流”的要求，瞄准科学前沿和国家、上海发展的重大需求，改革高校科研组织、人事管理和成果评价机制，大力推进协同创新，使创新资源充分集聚，创新活力充分迸发，创新价值充分体现，持续提升高校知识创新能力、知识服务能力和人才培养质量，支撑经济社会发展。

三、基本原则

（一）需求导向。围绕国家和上海经济社会发展的重大需求，开展重点产业领域的核心技术研发、社会发展重大理论和实践问题咨询研究、战略新兴产业发展的前瞻性研究和科学技术尖端领域的前瞻性问题，提升高校知识服务能力。

（二）一流标准。借鉴国际一流学科评价指标，注重提升原始创新能力和国际影响力，重点建设若干个活跃在国际学术前沿的学科，形成一批高水平大学建设的标志性成果，增强上海高校的学科特色和优势，提升高校知识创新能力。

（三）科教融合。促进科研资源面向教学的协同共享，支持高校学生早进课题、早进实验室、早进科研团队，以高水平科学研究支撑拔尖创新人才的培养。促进产学研紧密合作，形成校企联合培养人才新机制，大力提高高校学生的实践能力和创新创业能力。实现人才培养质量和科学研究能力的同步提升。

（四）协同创新。探索创新要素和创新资源的开放流动和汇聚融合机制，促进知识创新、技术创新、产品创新的联合贯通，推动科技与经济的有效结合与共赢，在创新型国家和上海创新型城市建设中发挥高校的引领作用。

四、总体目标

充分发挥高等学校多学科、多功能的优势，积极联合国内外创新力量，有效整合创新资源，构建协同创新的新模式与新机制，形成有利于协同创新的文化氛围。建立一批“上海 2011 协同创新中心”，集聚和培养一批拔尖创新人才，取得一批重大标志性成果，成为具有国际重大影响的学术高地、行业产业共性技术的研发基地、区域创新发展的引领阵地和文化传承创新的主力阵营，争取若干中心成为国家协同创新中心。

五、重点任务

（一）构建一批上海高校知识服务平台

1. 建设目标

建立“开放、集聚、适变、持续”协同创新的新机制，形成产学研融合发展的新模式；通过平台建设，集聚和培养一批高水平知识服务领军人才和团队，建立和完善促进知识服务能力提升的相关政策和环境，解决上海和国家经济社会发展重大实践和理论问题、战略新兴产业发展的共性关键技术和现代服务业瓶颈问题，成为支撑上海和国家创新驱动转型发展的“技术创新源”和“产业孵化器”，成为区域社会文化建设中文化创新的策源地。

2. 建设内容

知识服务平台是全新的产学研协同创新载体、高校管理体制机制改革的实验区、集聚和培养高层次创新人才的高地、高校创新资源与社会资源相互融合联动发展的“中间地带”。根据产业（行业）的特点，分高新技术产学研合作开发中心、现代服务业知识服务中心、高级战略研究中心等三类进行建设。

3. 运行和评价

建立产学研各方人员参加的理事会（管委会），实行理事会领导下的主任负责制；学校要为平台提供专门的场地和设备，设立专门的管理机构和人员，保障理事会有效运行和知识服务领军人才及团队的研发工作，负责平台的网站、信息库等建设和日常管理。建立开放合作的运行机制，设立首席研究员特聘岗位，建立以工程中心、重点实验室等研究基地为依托，知识服务团队为核心的大平台多中心的组织运行模式，探索建立围绕研发要求项目的人才柔性流动的运行机制。知识服务平台建设绩效主要从对区域发展的贡献度和对学校发展贡献度进行两维度的评价。

（二）构建和完善高校技术转移体系

1. 建设目标

试点推行高校技术转移中心建设，成为学校服务社会的职能部门和从事实施技术转移的服务实体。整合学校现有产学研工作的管理体制，构建从知识创新—知识服务—科技成果转化和产业化的技术转移管理体系。

2. 建设内容

为科技成果与市场对接提供平台。加强供需双方的有效对接和双向互动，为知识服务平台建设和运行提供政策和服务。通过与合作企业成立项目公司等形式，进行科技成果的持续研发，推进校企、校地、校校合作。

为科技成果的孵化提供平台。倡导和鼓励高校师生在大学科技园创新创业，通过吸收社会资金和管理，组建科技型胚胎企业，促进科技成果孵化和产业化，提高科技成果转化的成功率。

推进科技创业基地建设。加强与产业部门的协调合作，协助学校的相关部门推进高校的实践、实习基地的建设。

加快推进技术成果的转移。建设一支专兼结合的技术经纪人队伍，加强高校知识产权的管理，帮助学校教师围绕市场需求，开展专利查询、专利跟踪、专利获取和专利实施（转移），增强高校技术成果的有效供给。

推进高校技术市场的专业化和市场化运作，增强技术交易全程服务功能，对接国家和本市相关技术交易平台，充分发挥上海高校技术市场在技术转移中的公共服务集聚效应。

（三）开展上海高校一流学科建设

1. 建设目标

一流学科建设计划将瞄准科学前沿和经济社会发展的重大问题，以重点学科建设为基础，以体制机制改革为重点，以创新能力提升为突破口，积极探索跨学科融合协同创新的新模式、学术国际合作的新途径、与国际接轨的师资队伍建设新机制，推进若干学科成为具有国际重大影响的学术高地。保持上海高校重点学科建设水平国内的领先地位，力争若干学科成为国际上有重大影响的学术中心、世界一流大学和高水平大学建设的重要标志。

上海市重点学科建设总体上要达到：到 2015 年有 10 个以上学科具有冲击国际一流学科的能力和影响力；到 2020 年有 20 个以上在国际学术界具有重要影响的学科。到 2020 年有 200 个继续保持在全国领先地位的学科，其中部分学科具有冲击国际一流学科的潜力。

2. 建设内容

一流学科建设遵循“坚持一流标准、结合重大需求、对接国家计划、加强动态监测、强化绩效激励”的基本原则。

一流学科建设以学校为主体，依托所在二级学院，强化二级学院的行政协调能力。二级学院作为管理和推进的主体，以人才、学科、科研三位一体创新能力提升为核心任务，构建学科建设的软、硬环境。

探索建立有利于一流人才集聚的政策环境，创新人才引进和管理机制。推动教师队伍建设多元化、国际化，通过建立 PI、常任轨等人才聘用和管理模式，吸引和稳定国际一流人才和队伍，带领学科走向国际学术前沿。

培养创新团队。积极吸引国外知名学校的优秀毕业生充实学科队伍，促使学科持续发展；鼓励学科内的青年学者跟踪国际前沿研究，通过合作研究、国外进修、参加重大学术会议等途径，拓宽视野，丰富经历，提升学科队伍的整体研究水平。

加强协同创新，创新科研工作组织体制。鼓励学科交叉，通过跨学科、跨高校、跨系统、跨地区的合作，形成协同创新的工作机制和氛围。营造有利于教师潜心研究的环境，学院为学科聘用科研助理、实验助理等，保障学科的日常管理和科研环境的运作。

加强国际交流与合作。积极吸引国际创新力量和资源，集聚世界一流专家学者参与学科建设，合作培养国际化人才，推动学科与国外相关的科研机构建立实质性合作，加快学科建设的国际化发展进程。

推动知识创新和学科建设成效与人才培养的互动，以高水平科学研究支撑高质量人才培养；吸引国外留学生攻读本学科博士，促进人才培养质量提升。

（四）全面提高人才培养质量

1. 建设目标

健全拔尖创新人才和应用型人才培养的体制和机制。发挥国家重大工程和项目的支撑作用，探索科教协同培养拔尖创新人才的体制机制；鼓励行业企业参与应用型人才培养，建立相应的教育教学管理体系。充分发挥本市作为国家教育综合改革试验区的制度优势，推动高校创新人才培养改革试验，优化高层次人才培养体系；实施“卓越人才”培养计划，满足经济社会发展对创新型人才的需求。

2. 建设内容

支持学校建设经济社会发展急需的学科专业。逐步建立与上海经济社会发展紧缺人才密切相关的学科专业目录发布制度。学校应根据经济社会发展需要积极调整完善相关学科专业设置，积极增列服务经济社会发展急需的各层次专业和学科。

健全寓教于研的拔尖创新人才培养模式。积极开放协同创新的优质资源，支持高校学生参与科研活动，早进课题、早进实验室、早进科研团队，提高学生解决问题、开拓创新、交流合作的能力。实施研究生教育创新计划，创新研究生培养模式。围绕国家发展战略，统筹优化学位授权点布局，以重大工程和项目的科教协同机制，大力提高研究生培养质量，开展一批服务经济社会发展急需的人才培养项目。

建立以实践为导向的应用型人才培养机制。通过产学研紧密合作、把研发成果转化为教学内容等途径，大力提高高校学生分析解决实际问题的实践能力和创新创业能力。支持高校与行业、企业、科研院所等社会有关部门合作共建大学生校外实践教育基地；推动大学生创新创业训练融入培养方案；支持高校与行业联合开展学科专业、毕业设计(论文)竞赛。积极开展专业学位研究生教育综合改革，推动专业学位教育与执业资格有效衔接；以提高综合素养和知识应用能力为核心，突出案例在专业学位研究生培养中的重要地位；鼓励学校将校企联合培养的招生计划单列，制定专门的人才培养方案；积极开展订单式培养，完善校企联合培养人才新机制。

实施青年教师产学研践习的专项计划。建立健全应用型专业的相关教师到企业实践的制度，将教师产学研践习经历和成效纳入教师职务考核、聘任、晋升体系。学校应制定政策支持教师结合学科专业发展需要，主持或参与企业等实践部门的应用研究和产品研发。

六、管理实施

（一）组织管理

依托市教育体制改革领导小组专题会议精神，市教委会同市财政局及市政府相关部门协同推进实施“上海 2011 计划”的有关工作。

（二）操作实施

“上海 2011 计划”从 2012 年开始实施，在“十二五”期间，按照培育组建、选拔报送、动态跟踪三个阶段开展。以上海高校知识服务平台和上海高校一流学科建设为基础，培育“上海 2011 协同创新中心”。根据国家每年组织的评审要求，择优遴选协同创新中心上报。

1. 培育组建。上海高校应以知识服务平台建设和一流学科建设为培育基础，按照“上海 2011 计划”的精神和要求，加强组织领导和顶层规划，积极推进机制体制改革，充分汇聚现有资源，广泛联合科研院所、行业企业、地方政府以及国际社会的创新力量开展协同创新，通过前期培育，建设“上海 2011 协同创新中心”。

2. 选拔报送。在前期培育的基础上，选拔满足科学前沿和国家需求的重大方向、具备开展重大机制体制改革的基础与条件、具有解决重大问题的综合能力和学科优势等基本条件的协同创新中心，推荐国家协同创新中心。

3. 动态跟踪。经培育组建的“上海 2011 协同创新中心”应进一步完善组织管理机制，多渠道筹集建设资金，落实相关条件，整合多方资源，优化规章制度和运行管理办法，强化责任意识，加强过程管理，加快实现预期目标。市教委、市财政局将进行动态跟踪管理，对于建设成绩突出的给予鼓励和支持，对于执行效果不佳或无法实现预期目标的，及时通报和整改。

（三）支持方式

市教委、市财政局从《上海市中长期教育改革和发展规划纲要》的“十大工程”专项资金中安排经费支持市属高校的知识服务平台建设和一流学科建设等项目。部属高校的建设经费从“985 工程”、“211 工程”市政府配套资金中予以支持。经费的使用按照《实施〈上海市中长期教育改革和发展规划纲要(2010—2020 年)〉财政专项资金管理办法》要求执行。

市教委、市财政局对建设成绩突出的“上海 2011 协同创新中心”，将给予引导性或奖励性支持。

为积极推进“上海 2011 计划”的实施，保障“上海 2011 协同创新中心”建设，根据实际情况和需求，有关高校等应在人事管理、人才计划、招生计划、科研任务和分配政策等方面给予优先或倾斜支持，形成有利于协同创新的政策汇聚区。

上海市教育委员会

上海市财政局

2012 年 8 月 13 日

中共上海市教育卫生工作委员会　上海市教育委员会关于印发《上海高校特聘教授（东方学者）岗位计划实施意见》的通知

（沪教委人〔2012〕47 号）

各高等学校：

为贯彻落实国家和上海市中长期教育改革和发展规划纲要、人才发展规划纲要，加大海外高层次人才的引进和培养力度，在总结前期试行上海高校特聘教授（东方学者）岗位计划工作的基础上，结合新的形势要求，我们制定了《上海高校特聘教授（东方学者）岗位计划实施意见》。现印发给你们，请遵照执行。

附件：上海高校特聘教授（东方学者）岗位计划实施意见

中共上海市教育卫生工作委员会
上海市教育委员会
2012 年 10 月 18 日

上海高校特聘教授（东方学者）岗位计划实施意见

为全面贯彻落实国家和上海市中长期教育改革和发展规划纲要、人才发展规划纲要，“十二五”期间将进一步完善上海高校特聘教授（东方学者）岗位计划。在总结前期试行上海高校特聘教授（东方学者）岗位计划工作的基础上，结合新的形势要求，现就实施上海高校特聘教授（东方学者）岗位计划提出如下意见。

一、指导思想和原则

结合上海经济社会发展需求，紧紧围绕建设“四个中心”的总体目标，为加强上海高校高层次人才队伍建设，促进高校内涵发展，引进和培养一批具有国际视野、活跃在国际学术前沿的学科领军人才。

（一）坚持突出重点原则。高校设置“东方学者”岗位应当与国家和上海的经济社会发展、高校内涵发展、人才培养体系建设的重点相结合，明确主要研究方向和任务。

（二）坚持分类指导原则。采用“规划、布局、建设”的人才队伍建设模式，强化“人岗匹配、最合适才是最好”的要求，有序引才；按照“扶需、扶特、扶强”的要求，引导高校合理定位，错位引才。

（三）坚持系统实施原则。突出“人才增量”，加大高层次人才引进力度；支持高校聘任特聘教授、讲座教授，鼓励以团队的方式引进人才；与国家和地方海外高层次人才引进计划相衔接，不断完善高校人才体系。

（四）坚持聘任管理原则。按照“先设岗，后选人”的要求，高校按需设置具体岗位，面向海内外公开招聘。“东方学者”岗位实行公开招聘、择优聘任、合同管理，聘期 3 年。

二、岗位职责

（一）特聘教授职责

1. 讲授本学科核心课程，指导青年教师和研究生，引领本学科发展和学术梯队建设。

2. 把握本学科发展方向，努力带领本学科在其前沿开展高水平教学科研工作。

3. 面向国家和上海经济社会发展重大需求，积极争取并主持国家和上海市重大科研项目，力争取得重大标志性成果。

4. 积极开展国内外学术交流，提升本学科在国际国内学术领域的影响力和竞争力。

（二）讲座教授职责

1. 开设本学科前沿领域的课程或讲座，指导或协助指导青年教师和研究生。

2. 对本学科的发展方向和研究重点提出建议，促进本学科达到国内领先或进入国际前沿。

3. 面向国家、市重大战略需求和国际、国内科学与技术前沿，积极参与组建高水平学术团队。

4. 积极推动高校与海内外高水平大学等学术机构的交流与合作。

三、申请条件

（一）基本条件

1. 一般应具有博士学位，在教学科研第一线工作。

2. 海外申请者，一般应担任高水平大学副教授及以上职务，或相当前述职务的其他相应职务。在海外学习或工作 2 年以上，已回本市高校工作的，回国时间应在 2 年内。

3. 本市非高校企事业单位或外省市申请者，应具有正高级专业技术职务，近 5 年内至少有连续 2 年海外学习或工作经历。

4. 从事自然科学类研究的，申请特聘教授须 40 周岁以下，申请讲座教授须 50 周岁以下；从事哲学社会科学类研究的，申请特聘教授须 45 周岁以下，申请讲座教授须 55 周岁以下。

5. 对特别优秀的人才，可适当放宽职务、年龄、学位等要求。

6. 特聘教授聘期内须全职在受聘高校工作；讲座教授每年应在受聘高校工作不低于 3 个月。签订聘任合同后一年内须到岗工作。

（二）鼓励引进人才团队。对来自同一领域，并在长期合作基础上形成的研究、教学集体，高校可根据人员实际情况和学校学科建设需要，直接引进由东方学者率领的团队。引进团队的主要成员与东方学者一起申报。市教委对以团队引进方式的东方学者的资助经费，在原有基础上根据团队人员情况作适当增加。对不同时期、不同领域引进后再组成的教学科研团队，不在本计划资助范围。

（三）已入选国家“千人计划”、教育部“长江学者奖励计划”、中科院“百人计划”和本市“千人计划”、“东方教席”的人员，不再列入“东方学者”选聘范围。

四、申报和评聘程序

（一）上海高校特聘教授（东方学者）岗位计划每年申报评审一次，由市教委通过“上海教育”和“教卫人才”网站发布相关信息。

（二）申请者在规定时间内，在网上填报《上海特聘教授（东方学者）岗位计划申请书》，打印后连同有关附件材料，报送应聘单位审核。拟聘单位应按照本意见相关规定对申请者的基本情况和申报内容进行审核，择优向市教委推荐，并如实填写单位意见和提供经费配套等有关承诺。网上填报成功、报送的书面材料签章齐全并与网上提交的电子文档内容一致的申请方为有效申请。

（三）市教委组织专家对有效申请材料进行评审。当年若设置复审程序，则将提前 10 个工作日通知通过初评的申请者参加复评或答辩会，本人不参加复评的视为自动放弃。通过评审的申请者，经市教委审定后，通过“上海教育”和“教卫人才”网站向社会公示，公示期为 7 个工作日。对在公示期间有实名异议的候选人，推荐学校须组织调查并形成意见，报市教委审核。

（四）对符合条件的入选者，市教卫党委、市教委授予上海高校特聘教授（东方学者）称号并颁发证书；学校与其签订聘任合同，并报市教委备案。

五、支持措施和要求

（一）每年在本市高校设立 100 个左右“东方学者”岗位。其中，特聘教授岗位不低于总数的 85%，讲座教授岗位不超过总数的 15%；部属高校名额不超过总名额的 1/3。

（二）市教委给予“东方学者”岗位计划特聘教授资助经费每人 100 万元/三年，其中岗位津贴每人 20 万元/年；讲座教授资助经费每人 40 万元/三年，其中岗位津贴每人每月 3 万元（按实际工作时间支付）。其余经费主要用于学科建设、科学研究、教学等费用，具体包括队伍建设费、人员培训费、国际交流与合作差旅费、出版物（文献等信息传播）费、知识产权事务费以及学术会议（活动）费等。资助经费一次核定，根据使用需要一次或分年拨付。“东方学者”须根据有关财务规定使用资助经费。

（三）高校应为所聘任的“东方学者”特聘教授提供必要的配套经费，其中：自然科学领域的配套经费一般为70—100万元,哲学社会科学领域的配套经费一般为30—50万元(其中对以团队形式引进的"东方学者",配套经费可给予一定增量);对讲座教授的配套经费根据实际需要确定。列入"985工程"、"211工程"建设的高校,配套经费可从"985工程"、"211工程"地方配套经费中列支,其他高校的配套经费可列入学校部门预算经常性专项经费。当年批准设岗并聘用的"东方学者"的配套经费,应在本年度学校预算调整时或在下一年度经费预算中给予落实。此外,学校应按照有关规定向"东方学者"提供工资、保险、福利、居住等待遇。

(四)在聘期内取得显著业绩的"东方学者",在聘期结束后三年内,可申请跟踪计划。跟踪计划一般只设置特聘教授岗位。经评审通过的人员,可增加1个聘期,享受"东方学者"同等权利和义务,由学校与其签订聘任合同。市教委颁发上海高校特聘教授(东方学者)跟踪计划证书。每年入选跟踪计划的人数控制在10—15人。

(五)凡得到上海市高校特聘教授计划经费资助所取得的成果或发表的文章,均应标注中文"上海高校特聘教授(东方学者)岗位计划资助"(项目编号:××××),英文为:Research supported by The Program for Professor of Special Appointment(Eastern Scholar) at Shanghai Institutions of Higher Learning(No. ××××)。

六、组织和考核管理

(一)市教卫党委、市教委成立上海高校特聘教授(东方学者)岗位计划领导小组,组织实施上海高校特聘教授(东方学者)岗位计划,并监督资助经费使用。领导小组下设特聘教授(东方学者)岗位计划管理办公室,负责上海高校特聘教授(东方学者)岗位计划的具体实施和资助资金的管理,定期向领导小组报告计划执行情况;管理办公室由市教卫党委、市教委相关处室人员组成,具体办事机构设在市教委人事处。

(二)学校对"东方学者"实行聘期目标管理和考核评估制度。考核包括中期考核和聘期考核,考核内容包括岗位职责履行情况和工作任务完成情况等。对中期考核不合格者,终止聘任合同。学校应对考核发现的问题进行督促整改。聘期到期后,"东方学者"因特殊情况影响岗位任务如期完成的,当事人及所在单位应及时向管理办公室书面报告,并可申请适当延长聘期,直至岗位任务或主持的项目完成。聘期延长期间,个人岗位津贴不再追加,其他所需费用和工资福利等由单位与当事人协商决定。

(三)上海高校特聘教授(东方学者)岗位计划入选者不得替换,资助经费原则上须按照合同规定的项目范围使用,不得截留、转让或挪用。有关部门将对经费使用情况进行审计,并对审计发现的问题及时督促整改。

(四)"东方学者"如违反学术道德规范,或在申报中弄虚作假,或在聘期内到岗工作时间不足,学校应解除与其签订的聘任合同,追回资助经费;市教卫党委、市教委撤销其"东方学者"称号,取消其今后申请本计划的资格,情节严重者给予通报批评。

七、其他

本实施意见自发布之日起施行,由市教委负责解释。

上海市教育委员会关于开展上海市职业教育开放实训中心等级认定及补贴工作的通知

（沪教委职〔2012〕26号）

各区县教育局，有关委、局，控股（集团）公司：

为贯彻落实上海市中长期教育改革和发展规划纲要，以及《上海市职业教育“十二五”改革和发展规划》，进一步夯实职业教育的基础能力，促进上海市职业教育开放实训中心（以下简称“实训中心”）可持续发展，不断提升实训中心运行效益和服务水平，上海市教育委员会决定在实训中心绩效评估的基础上，开展实训中心等级认定及经费补贴工作。现将有关事项通知如下：

一、指导思想

通过建立实训中心等级认定及补贴机制，进一步推动实训中心“立足学校、全面开放、资源共享、持续发展”，激励实训中心服务社会、服务学校，服务学生能力发展，加强实训中心内涵建设；构建实训中心分类指导的管理机制，拓展实训中心公共性、服务性、开放性的功能，形成专业化、品牌化、系列化、现代化的实训中心新格局，促进实训中心安全高效运行。

二、实训中心等级认定

（一）认定标准

实训中心等级设五个星级，从低至高依次为一星级、二星级、三星级、四星级、五星级。

1. 一星级、二星级、三星级认定标准

依据《上海市职业教育开放实训中心运行绩效评估指标体系》（沪教委职〔2009〕37号），对运行绩效评估结果为“合格”“良好”“优秀”的实训中心分别认定为一星级、二星级、三星级。

2. 四星级认定标准

四星级实训中心必须达到以下基本要求：具备三星级资质一年以上（含一年）；本校本专业学生职业技能水平良好，职业技能鉴定（职业资格考核）四级取证率达50％以上；面向社会的各级各类培训影响力大、范围广；积极参加市“星光计划”技能大赛、全国技能大赛等重大活动，且成绩良好。

四星级实训中心必须同时达到下列标准之一：(1)在开放与运作中有突破、有成效。(2)在管理、运行机制方面有创新。(3)其他方面具有较强特色创新意义，成效明显。

3. 五星级认定标准

五星级实训中心必须达到以下基本要求：具备四星级资质一年以上（含一年）；本校本专业学生职业技能水平优秀，职业技能鉴定（职业资格考核）四级取证率达70％以上，且三级取证率有一定比例；面向社会的各级各类培训数量大、范围广、层次高，且逐年提升；积极参加市“星光计划”技能大赛、全国技能大赛、国际比赛等重大活动，且成绩优异。

五星级实训中心必须同时达到下列标准中的两项：(1)在开放与运作中有突破、有成效，在本市职业院校有示范、引领作用。(2)在管理和运行机制方面有创新，成效明显。(3)其他方面具有较强特色创新意义或示范价值。

对绩效评估“不合格”的实训中心不授予星级，责其限期一年整改，整改后如合格授予“一星级”称号，仍不合格则撤销其市级实训中心资质。

（二）星级认定有效期

实训中心星级认定根据运行绩效评估结果进行动态调整。

三、实训中心经费补贴

为保障实训中心持续稳定健康发展，我委在绩效评估的基础上，以实训中心星级为依据，根据不同专业类别实训中心的运行成本差异确定补贴标准，给予实训中心补贴经费。

（一）补贴类别和对象

经费补贴包括运行成本补贴、能级提升补贴两类。

1. 运行成本补贴

获得星级的实训中心均可享受成本补贴。补贴标准依据实训中心在开展各级各类培训和中小学素质教育相关项目等工作中产生的能源消耗（水、电、燃气等）、设施设备保养、实训耗材等确定，由学校申报、专家评审，我委核定。

2. 能级提升补贴

获得二星级及以上的实训中心通过学校申报、专家评审、我委核准等程序后，可获得能级提升补贴。补贴标准依据实训中心星级等第确定。补贴经费主要用于实训中心硬件（软件）升级、更新或改造，也可适当用于内涵建设，如实训指导教师培养培训，实训课程体系改革，实训教材编写，实训新项目开发等。

（二）补贴经费使用要求

1. 各实训中心须建立运行成本核算机制，补贴经费应单列科目、专款专用，严格执行预决算制度，经费使用不得违反国家和本市相关法律法规规定。

2. 行业、企业所属中职校的实训中心补贴经费由市财政（教育费附加用于职教部分）统一安排，区县所属中职校的实训中心补贴经费由所在区县根据本通知精神予以落实。

四、监督与管理

成立上海市职业教育开放实训中心等级认定经费补贴工作指导小组，市教委相关职能处室以及上海市教育评估院、上海市教育技术装备部等为成员单位。工作指导小组负责对专家认定意见、补贴经费等进行审核。市教育评估院负责每三年一轮的实训中心运行绩效评估和等级认定组织工作。市教育技术装备部具体负责实训中心等级补贴的日常管理和指导服务，组织专家对实训中心提交的能级提升项目进行论证，加强对实训中心等级补贴经费使用情况的跟踪指导、检查，建立经费补贴标准的动态调整机制和信息公开制度。

附件：上海市职业教育开放实训中心经费补贴分类表

上海市教育委员会

2012 年 11 月 27 日

上海市职业教育开放实训中心经费补贴分类表

实训中心补贴分类	实训中心专业分类
第一类	财经商贸类
	公共管理与服务类
	旅游服务类
第二类	休闲保健类
	交通运输类
	土木水利类
	文化艺术类
	信息技术类

（续上表）

实训中心补贴分类	实训中心专业分类
第三类	加工制造类
	石油化工类
	轻纺食品类
	农林牧渔类
	医药卫生类
	资源环境类

注:实训中心专业分类指实训中心相关专业对应教育部《中等职业学校专业目录(2010年修订)》专业大类。

上海市教育委员会 上海市人力资源和社会保障局关于印发《上海市中等职业教育“双证融通”专业改革试点实施方案》的通知

（沪教委职〔2012〕13号）

各区县教育局，有关委、局、控股（集团）公司，各中等职业学校：

为贯彻国家和上海市中长期教育改革和发展规划纲要精神，落实《上海市职业教育“十二五”改革和发展规划》各项任务，加快构建现代职业教育体系，推动学历证书和职业资格证书的“双证”融通，上海市教育委员会与上海市人力资源和社会保障局决定在本市部分中等职业学校开展“双证融通”专业改革试点。现将《上海市中等职业教育“双证融通”专业改革试点实施方案》（见附件）印发给你们，希望你们结合学校教育教学改革实际积极参与，具体申报程序另行通知。

附件：上海市中等职业教育“双证融通”专业改革试点实施方案

上海市教育委员会
上海市人力资源和社会保障局
2012年6月18日

上海市中等职业教育“双证融通”专业改革试点实施方案

为贯彻落实国家和上海市中长期教育改革和发展规划纲要、《上海市职业教育“十二五”改革和发展规划》有关积极推进和完善职业教育“双证书”制度的精神和要求，加快构建现代职业教育体系，使中等职业学校专业课程教学与职业标准更好地衔接，实现学历证书与职业资格证书的融通，加快培养适应上海经济社会发展需要的知识型、发展型技能人才，上海市教育委员会与上海市人力资源和社会保障局联合开展上海市中等职业教育“双证融通”专业改革试点工作（以下简称“双证融通”改革试点）。

一、指导思想

（一）坚持以科学发展观为指导，以服务为宗旨，以就业为导向。通过“双证融通”改革试点，积极探索人才培养与行业、企业用人需求紧密结合的新途径，努力提高学生综合素质和职业能力，增强学生就业本领，使职业学校培养的学生更加符合行业、企业等用人单位的需求，更好地服务经济社会发展和学生终身发展。

（二）调整课程结构，更新课程内容，创新教学方式与方法。通过“双证融通”改革试点，积极探索专业教学要求与行业、企业的岗位需求，专业课程内容与职业标准，教学过程与生产、工作过程科学衔接的有效途径，真正把职业岗位所需知识、技能及其职业素养要求等融入学校的专业课程体系以及专业教学的全过程，提高教学质量。

（三）优化评价与考核，完善“双证书”制度。通过“双证融通”改革试点，结合学校评价和职业技能鉴定考核的特点，建立两者融通的学业评价机制。优化评价与考核的方式方法，把职业资格证书的终结性考评转变为学历教育教学过程中的形成性评价，确保学生在通过专业课程考核后，达到相应职业资格证书的考核要求，在获得学历证书的同时，取得相应的职业资格证书，为进一步完善“双证书”制度，并逐步在全市中职学校推广实施积累经验。

二、实施目标

以认定专业、学校和班级为前提，从2012年秋季开始，用3—4年时间，在本市部分中职学校的若干个专业开展“双证融通”改革试点。通过调整课程设置、更新课程内容、改进教学方式、完善实习实训条件、提升教师“双师”素质和优化评价与考核等措施，在试点专业中实现三个“有机融合”，即专业教学标准与职业标准的有机融合，专业教学过程与岗位真实情境的有机融合，学校学业评价与职业技能鉴定的有机融合。最终实现“双证融通”，即在完成一轮试点后，相关试点专业的学生如学习成绩合格，可同时获得学校毕业证书和相应职业的相关中级职业资格证书。

三、组织机构

(一) 成立上海市中等职业教育“双证融通”改革试点领导小组(简称“领导小组”)，全面规划、统筹和指导本项改革试点工作。

领导小组设双组长，名单如下：

组　长：

印　杰(上海市教育委员会副主任)

应鸿庆(上海市人力资源和社会保障局副局长)

成　员：

仇朝东(上海市人力资源和社会保障局职业能力建设处处长)

顾卫东(上海市职业技能鉴定中心主任)

王向群(上海市教育委员会职业教育处处长)

戴小芙(上海市教育委员会职业教育处副处长)

于兰英(上海市教育委员会教学研究室党总支书记、副主任)

(二) 领导小组下设工作小组。其主要职责为：根据领导小组提出的各项要求，具体研究、落实相关改革试点工作。名单如下：

组　长：

王向群(上海市教育委员会职业教育处处长)

仇朝东(上海市人力资源和社会保障局局职业能力建设处处长)

于兰英(上海市教育委员会教学研究室党总支书记、副主任)

副组长：

戴小芙(上海市教育委员会职业教育处副处长)

孙兴旺(上海市职业技能鉴定中心副主任)

茅维蓝(上海市教育委员会教学研究室职成教部主任)

成员组成：上海市教育委员会职业教育处、上海市人力资源和社会保障局职业能力建设处、上海市教育委员会教学研究室、上海市职业技能鉴定中心相关人员，职业教育教科研专家，职业培训和鉴定专家，行业、企业专家，以及试点学校校长和相关专业骨干教师等。

工作小组办公室设在上海市教育委员会教学研究室，由上海市教育委员会教学研究室负责日常工作的管理与实施。

四、试点对象

(一) 试点专业和试点学校选择条件

“双证融通”改革试点将在本市部分中职校的若干专业进行，试点专业及其学校依据如下条件选择确定：

1. 专业优势突出，并有相应职业技能鉴定项目；

2. 专业已进行专业课程改革，属于已开发的42个专业教学标准之一；

3. 专业教学标准与相关职业标准相对较稳定，且两者融通性较强；

4. 学校相关专业课程改革基础好，校企合作、工学结合等培养模式探索实践成效较为突出；

5. 学校相关专业教师整体实力较强，双师型教师比例不少于40%，专业(学科)带头人在全市有一定影响力；

6. 学校拥有相关专业的开放实训中心，且设有市级职业技能鉴定所；

7. 学校参与“双证融通”改革试点积极性高、能保证相应投入。

(二) 试点规模

首批试点的专业数为5个，具体专业名称详见附录。今后将视试点情况逐年扩大试点学校及专业数。

首批专业试点从2012年秋季开始。原则上一所学校承担一个试点专业，每一试点专业一般确定2至3所学校(定班级)进行试点。

五、主要任务

(一) 市级层面对相关试点工作进行统筹、规划、部署和管理，并对试点学校开展改革试点工作情况实施过程监控与评价。1.开展中等职业教育"双证融通"改革专题研究，完成专项研究报告；2.研制"上海市中等职业学校'双证融通'专业改革试点工作指引"，对学校实施"双证融通"改革试点，包括课程设置调整、课程内容更新、教学方式优化、学业评价模式与考核办法改革等提出指导性意见，引领和规范试点工作。

(二) 学校层面根据领导小组的有关意见和精神，在工作小组的统一部署下全面实施相关试点工作。1.制定学校"双证融通"专业改革试点实施方案；2.制定学校"双证融通"试点专业教学实施方案；3.制定学校"双证融通"试点专业课程考核实施办法；4.落实上述相关文本，积极开展试点实践。

六、工作要求

(一) 加强过程监控

加强对改革试点工作的过程管理与监控，建立领导小组及其工作小组的例会制度，建立试点学校的专题简报制度，及时沟通信息，总结经验，并研究解决存在问题，保障试点工作顺利、有序、有效进行。

(二) 加强专业引领

加强改革试点过程中的专业引领，重视发挥教科研专家、行业和企业专家以及职业培训与鉴定专家对学校试点工作的指导作用，以使专业课程内容、专业知识和技能要求以及学生考试评价模式等能够更符合职业教育教学规律与职业岗位的要求，为"双证融通"奠定基础。

(三) 加强教师培训

加强改革试点过程中的教师培训。"双证融通"专业改革是涉及专业培养目标、专业课程体系、课堂教学模式，特别是学业评价方式等各项改革的系统工程，需要参与试点的教师具有先进的教育教学理念和较高的"双师型"素质及能力。试点学校要立足本校，抓好对相关专业教师的培训工作，"双证融通"改革试点工作小组要组织力量对教师开展专业培训，使参与试点的教师更快地适应改革的要求。

七、实施步骤

2012年5月：确定试点专业，研制"上海市中等职业学校'双证融通'专业改革试点工作指引"；

2012年6月：确定试点学校及专业，完成"上海市中等职业学校'双证融通'专业改革试点工作指引"的编制；

2012年7月：完成"上海市中等职业教育'双证融通'专业改革研究报告"，试点学校启动相关试点专业改革工作；

2012年8—9月：试点学校完成本校试点专业"双证融通"改革实施方案的制定，并接受专家论证；

2012年10月：组织相关试点专业教师集中培训；

2012年11—12月：试点学校制定相关试点专业教学的实施方案，并接受专家论证；

2013年2月：试点学校完成本校试点专业"双证融通"课程考核实施办法，并接受专家论证；

2013年3月：首批试点学校专业全面实施改革方案；

2015—2016年6月：首轮改革试点结束，各试点学校进行总结，完成本市中等职业教育"双证融通"专业改革总结报告。

附录：首批上海市中等职业教育"双证融通"专业改革试点的专业名称

首批上海市中等职业教育"双证融通"专业改革试点的专业名称

数控技术应用

电气运行与控制

汽车运用与维修

美发与形象设计

西餐烹饪

上海市教育委员会关于成立上海市终身教育学分银行的通知

（沪教委终〔2012〕6号）

各高等学校、各区县教育局、市教育考试院：

为进一步贯彻落实国家和上海市教育规划纲要，建立学分认定、积累与转换制度，实现学习成果的互认和衔接，搭建终身学习"立交桥"，我委经研究，决定建立上海市终身教育学分银行（以下简称"学分银行"）。

学分银行在上海市学习型社会建设与终身教育促进委员会指导下，由上海市教育委员会主办和管理，它是上海终身教育体系的重要组成部分，是面向全体上海市民，开展继续教育学习成果认定、积累和转换的平台，市民学习能力认证的平台，市民终身学习成果记录的平台。学分银行的具体运行委托上海开放大学。

学分银行管理委员会是学分银行的决策机构，管理委员会主任由市教委领导兼任；学分银行专家委员会是学分银行的咨询机构，学分银行管理中心设在上海开放大学。各区县设立学分银行分部负责受理相关业务。

上海开放大学要认真组织实施学分银行的建设与运行，密切与各高校、市教育考试院等办学机构的合作，充分发挥专家队伍的指导作用，加强学分银行的研究与实践，不断探索创新，逐步完善学分银行功能，更好地服务于市民的终身学习。

各高校、成人高校和教育考试院要积极参与学分银行建设，根据本单位实际情况制定学分转换的相关制度规定。

各区县教育局负责本区县学分银行分部的建设，在学分银行分部的人员配备、设施配置、运行经费等方面加强投入，保证学分银行分部的正常运行。

学分银行建设是一个系统工程，各有关单位要在社会各界的支持下，加强沟通协作，逐步实现学历教育之间、学历教育与职业培训等各类教育之间的沟通，构建纵向衔接、横向沟通的市民终身学习的"立交桥"，努力推进上海学习型社会建设。

上海市教育委员会

2012年7月23日

上海市学位委员会关于印发《上海市专业学位研究生实践基地建设实施办法(试行)》的通知

(沪学位〔2012〕8号)

各有关高等学校:

为贯彻落实国家和上海市中长期教育改革和发展规划纲要,根据《上海市人民政府办公厅转发市教委等十六部门关于加强校企合作提高高等教育、职业教育质量意见的通知》(沪府办发〔2012〕56号)和教育部《关于做好全日制硕士专业学位研究生培养工作的若干意见》(教研〔2009〕1号)精神,为加强和规范专业学位研究生实践基地建设与日常运行管理,经过深入调研和征求多方意见,特制定《上海市专业学位研究生实践基地建设实施办法(试行)》,现印发给你们(详见附件),请按照执行。

专业学位研究生实践基地,是专业学位研究生在学期间运用所学专业知识与能力,开展专业实践的重要场所。具有一定学生容纳能力、相对稳定并规范运作的实践基地,是专业学位研究生实践环节教学正常、有效开展的重要保证,对于提高专业学位研究生培养质量具有重大意义。各校要从加快专业学位研究生教育发展,培养适应经济社会发展需求的高层次应用型人才的高度出发,重视专业学位研究生实践基地建设工作,积极统筹校内外资源,加大投入、加强管理,保证专业学位研究生实践基地长期有效运行,切实提高专业学位研究生培养质量。

为鼓励和推动高校积极开展专业学位研究生实践基地建设,探索和积累实践基地建设经验,市学位办将对审核批准的实践基地给予经费支持,项目具体申报事宜另行通知。

附件:上海市专业学位研究生实践基地建设实施办法(试行)

上海市学位委员会
2012年10月19日

上海市专业学位研究生实践基地建设实施办法(试行)

第一章　总　　则

第一条　为贯彻落实国家和上海市中长期教育改革和发展规划纲要,根据《上海市人民政府办公厅转发市教委等十六部门关于加强校企合作提高高等教育、职业教育质量意见的通知》(沪府办发〔2012〕56号)和教育部《关于做好全日制硕士专业学位研究生培养工作的若干意见》(教研〔2009〕1号)精神,进一步加强专业学位研究生专业实践教育教学,推动专业学位研究生培养高校(以下简称"高校")更好地适应经济社会发展对高层次应用型人才需求,鼓励行业、企事业单位等社会力量(以下简称"企业")积极参与专业学位研究生培养,构建专业学位教育发展的良好环境,特开展上海市专业学位研究生实践基地(以下简称"实践基地")建设工作。

第二条　为充分发挥实践基地在全日制专业学位研究生(以下简称"研究生")培养中的重要作用,规范和加强实践基地建设与日常运行管理,提高专业实践教学质量,特制订本办法。

第三条　本办法所指的实践基地是指研究生在学期间运用所学专业知识与能力,开展专业实践的场所。本办法适用于高校使用上海市"十二五"高等教育内涵建设市级教育专项资金建设的实践基地。

第四条　实践基地由高校与企业合作建立、共同管理，并遵循按需设立、规范管理、稳定有序、讲求实效、注重示范的建设管理原则。

第二章　实践基地的设立

第五条　高校按照市教委有关文件要求，开展实践基地建设项目遴选，填写《上海市专业学位研究生实践基地建设项目申请书》，市教委组织专家对高校申报的项目进行审核并公布审核结果。

第六条　鼓励高校与上海市研究生联合培养基地(包括协作培养单位)开展专业学位研究生联合培养工作，申报设立实践基地。

第七条　1个实践基地主要针对1种专业学位类别进行建设。

第八条　项目申报设立的实践基地应符合如下条件：

(一) 具有一定的承载规模，能够保证一定数量的研究生同时进行专业实践。

(二) 实践基地的相关设施与场所能满足实践教学需要，并具备研究生工作、生活、学习所需的基本条件。

(三) 具有一定数量且符合研究生指导教师基本条件的相关专业技术及管理人员；同时配备必要的专职管理人员，以保证实践基地日常运行。

(四) 具有劳动保护和卫生保障条件，建立安全管理机制，保证研究生专业实践过程中的人身安全。

(五) 能够长期稳定地规范、有效运作，保障专业实践培养质量。

第三章　实践基地的建设与管理

第九条　高校与企业联合成立实践基地工作小组，成员包括基地高校负责人、基地企业负责人、基地运行管理专员、基地信息管理专员。

(一) 基地高校及企业负责人总体负责实践基地建设与管理。

(二) 基地运行管理专员具体负责实践基地日常运行、专业实践教学计划制定与实施、研究生在实践基地期间的管理、高校与企业之间的日常沟通联系等。

(三) 基地信息管理专员具体负责实践基地的信息管理工作，按照市教委有关要求做好相关数据收集、汇总、分析和报送。

第十条　高校与企业根据所签协议，改善和添置实践基地有关设施设备，为研究生开展专业实践提供必要条件。

第十一条　实践基地应建立健全相关管理规章制度，加强日常运行过程的规范化管理。

第十二条　工作小组可向高校推荐符合条件的企业专业技术及管理人员担任实践基地的兼职导师、实践教学指导教师，并为高校教师到企业生产一线开展交流合作创造条件，搭建平台。

第十三条　实践基地实行校内外双导师负责制，共同负责对研究生的指导和管理。

第十四条　研究生在实践基地期间须遵守实践基地的相关管理规定。

第十五条　高校应认真总结实践基地建设及管理经验，注重经验交流及宣传推广，积极发挥实践基地的示范引领作用。

第十六条　若实践基地无法继续正常运行，高校与企业应根据所签协议妥善处理相关事宜，并报市教委审核备案。

第四章　实践基地的经费管理

第十七条　市教委对审核批准设立的实践基地给予相应经费支持。

第十八条　高校应为实践基地建设及日常运行筹措配套经费，以保证实践基地长期稳定、有效运行；同时高校应主动对接相关行业或所在区域对高层次应用型人才的需求，积极争取行业主管部门、区县政府管理部门、行业、企事业单位等对实践基地的经费支持。

第十九条　由市教委给予的实践基地经费管理按照市教委《“十二五”高等教育内涵建设市级教育专项资金使用管理办法》执行。

第二十条 高校应根据市教委有关文件规定，结合本校实际情况，制定本校实践基地经费使用管理办法。

第五章 实践基地的评估

第二十一条 实践基地建设2年后，须参加市教委组织的实践基地合格评估。

第二十二条 评估结论分为：优秀、合格、整改。

（一）评估结论为“优秀”和“合格”的实践基地，可认定为“上海市专业学位研究生实践基地”，市教委给予相应经费支持。

（二）评估结论为“整改”的实践基地，须进行为期一年的整改，并参加下一年度的评估，若再次评估后仍未合格，市教委将适时公布该实践基地运行及评估情况。

第二十三条 市教委将对评估结论为“优秀”和“合格”的实践基地定期开展检查。未能通过检查的实践基地，将不再认定为“上海市专业学位研究生实践基地”。

第六章 附 则

第二十四条 高校应根据本办法制定本校专业学位研究生实践基地建设及管理办法。

第二十五条 本办法由市教委负责解释。

第二十六条 本办法自发布之日起施行。

2012年上海市教育委员会工作要点

2012年上海教育工作要坚持科学发展观，认真贯彻党的十七大和十七届六中全会精神，深入落实国家和上海市教育工作会议精神以及国家和上海市中长期教育改革和发展规划纲要，紧紧围绕“为了每一个学生的终身发展”的核心理念，统筹谋划，推进改革，创新突破，着力提升人才培养质量和知识服务能力，推进上海各级各类教育健康、和谐、可持续发展，为率先实现教育现代化而努力。

一、全面落实规划纲要，深入实施重大工程和改革项目

1. 推进国家综合改革试验区建设。深化部市共建合作机制，着力在公共管理新体制和新机制、人才培养模式和招生考试制度改革、教育支撑产业结构调整的机制与路径、扩大教育对外开放的机制与模式、学习型社会建设的新机制、教育发展战略的支持平台、教育辐射服务的功能与水平等7个方面加大试点探索力度。

2. 实施“10＋10＋27”项目。编制上海教育规划纲要“十大工程”项目、十项教育综合改革重点试验项目和27项国家教育体制改革试点项目实施方案，落实项目启动经费，确保取得阶段性成效。

二、坚持立德树人，提高学校德育工作科学化水平

3. 整体规划推进大中小学德育课程。修订《上海市学生民族精神教育指导纲要》、《上海市中小学生命教育指导纲要》和中小学德育课程标准，研制德育课程教学指南和学生课外活动指南，制定印发《关于整体规划大中小学德育体系的指导意见》，促进大中小学德育纵向衔接、横向贯通。

4. 加强各级各类学校德育工作。推动社会主义核心价值体系融入教育教学全过程。深入推进中小学学科德育，修订各学科贯彻落实两纲指导意见，启动上海市中小学生文化体验系列项目建设。加强中职学生行为规范教育，开展新一轮上海市中职行为规范示范校评估。培养中职学生自信心和进取心，树立正确的职业观和职业理想教育，全面实施《上海市中等职业学校学生成长手册》。提升学生综合素养，开展上海市第二届中职校园文化节。搭建展示交流平台，促进德育工作与学校教育教学工作的紧密融合，举办中职校长德育论坛，开展上海市中职德育优秀项目评选。加强高校思政课建设，制定《进一步加强上海高校马克思主义理论学科建设的指导意见》，开展“高校思想政治理论课教学活动月”系列活动，实施研究生思政课新课程方案和教学改革试点项目。

5. 加强德育队伍培养。制定高校思政教育教师队伍建设规划，建设高校辅导员和思政课教师数据库。组织开展“高校辅导员队伍建设月”系列活动，建设辅导员和思政课教师网上沙龙。充分发挥市中小学骨干教师德育实训基地示范效应，促进优质资源开放共享。完成首批上海市班主任带头人工作室建设工作。评选表彰中小学和中等职业学校“十佳班主任”。

6. 实施“学生实践和创新基地建设工程”。出台《上海市校外教育工作三年行动计划（2012—2014年）》，研制校外活动场所评估标准和操作手册，建设校外教育资源在线管理系统，开展“社区实践指导站”试点工作。启动民族文化传习基地建设，联建上海市青少年科学研究院，建设一批大学生科学商店、青少年创新实践工作站和青少年“动手做”工作室。

7. 加强心理健康教育和职业发展教育。建设上海市学生心理健康教育发展中心，建设心理危机干预案例库，完善心理危机干预与转介机制。制定出台《上海市中小学心理健康教育工作评估办法》、《上海市区（县）心理健康教育中心建设标准》。推进高校心理健康教育与咨询示范中心建设，开展学校心理咨询师培训、督导与认证工作。建设上海市学生职业发展研究所，出台《上海市学生职业发展教育“十二五”规划》，开发职业咨询师高级证书，实施职业发展教育标准体系建设项目。

8. 加强易班平台建设。按照《易班建设与发展三年行动计划（2010—2013）》要求，做好易班第四批高校试点和2012级新生易班工作，实现易班覆盖所有公办高校和部分民办高校，探索易班在中职和高中的推广。

开展移动终端、数据中心、易班视频等建设，促进各类教育教学资源与易班有机融合，有效提高易班吸引力。加快上海易班发展中心建设，初步建成相应规模的专业化核心团队，为易班发展提供基础性保障。重点做好辅导员、思想政治课理论教师利用易班开展教育教学，鼓励专业教师参与易班建设。

三、坚持均衡优质，促进基础教育转型发展

9. 完善学前教育公共服务体系。召开上海市学前教育三年行动计划（2011—2013年）推进会。加大幼儿园建设工作力度，完成市政府实事，全市新增40所幼儿园。鼓励和支持社会力量举办民办三级幼儿园，加强对学前儿童看护点的监管和指导。促进郊区农村幼儿园质量提升。

10. 促进城乡教育一体化。会同有关部门健全公建配套建设管理机制，做好大型居住社区教育公建配套设施建设的协调工作，确保教育公建配套学校与住宅同步规划、同步建设、同步交付使用。督促区县做好增建中小学（幼儿园）项目立项与建设工作。组织中心城区优质教育资源赴郊区新城和大型居住社区办分校或对口办学，推进第三轮46所郊区农村义务教育学校委托管理工作。

11. 推进"新优质学校"研究项目和"绿色指标"评价体系实施。总结推广"新优质学校"项目单位的办学理念，引导更多学校在实现教育转型中成为"轻负担、高质量、有特色"且关注每一个学生成长需求的新优质学校。完善义务教育教学质量综合评价体系和项目运作机制，成立命题、测量研究等专业团队，加强培训和指导，形成市、区、校三级项目研究和运作网络。公布本市首次义务教育教学质量综合评价报告，引导区县、学校科学提高教育质量。

12. 促进高中特色发展。切实推进高中学生创新素养培育实验项目，研究确定高中学生创新素养培育的目标和实施途径，形成一批各具特色的校本课程。探索高中课程跨校选修制度，促进学校间课程资源的整合与共享。启动特色高中创建工作，引导高中学校科学定位，实现错位发展，办出学校特色。完善普通高中学业水平考试制度。

13. 推进中小学课程改革。修订中小学各学科课程标准，切实提高课程标准对学科教学、评价等的指导作用。全面完成《上海市提升中小学（幼儿园）课程领导力三年行动计划（2010—2012）》，提炼一批提升课程领导力、深化课改、体现活力的学校典型。启动中小学学科高地建设，成为本市教育教学改革和研究基地。加强和改进中小学实验教学，出台加强中小学实验教学的指导意见，推进实验室建设和改造。

14. 提高随迁子女学校办学水平。完善以招收进城务工人员随迁子女为主民办小学办学成本跟踪机制，继续加大专项经费投入，完成市政府实事，为150所随迁子女小学配备综合实验室。提高随迁子女在公办义务教育学校就读的比例。

15. 促进特殊教育和民族教育发展。召开上海市特殊教育工作会议，颁布加强特殊教育师资和经费工作的若干意见，健全残疾儿童教育保障机制。制定新一轮特殊教育三年行动计划（2012—2014年），创建全国特殊教育医教结合改革实验市。制定上海市特殊教育推进医教结合指导意见，建立和完善区县特殊教育医教结合工作管理制度和运行机制。贯彻落实第六次全国民族教育工作会议精神，提升民族班德育、教学、管理工作水平。完成教育部下达本市西藏班、新疆班扩招任务，大力加强各级各类学校民族团结教育。

四、加强内涵建设，构建现代职业教育体系

16. 探索构建职业教育人才培养"立交桥"。促进中职-高职-应用本科的有效衔接，继续推进中高职教育贯通培养模式，扩大试点学校和专业，优化中高职院校人才培养方案及课程。选择中职校中办学优势和行业特色明显的专业，探索五年制一体化办学的专业试点。探索高职和应用本科的衔接试点工作。优化职业教育集团的资源配置、运行机制和管理模式，开展基于学分互认的中高职衔接试点。改进和完善职业教育集团的投入方式，研究制订职业教育集团运行绩效评估指标体系。

17. 推进示范性职业院校建设。继续培育和扶持国家级示范性中等职业学校建设，加强第一批立项学校管理，组织开展第二批申报学校完善方案，做好第三批示范校创建工作。研究制定上海市中等职业教育改革示范校建设方案。推进示范性高职院校建设工作，启动国家级后示范高职院校建设计划，继续推进3所国家级骨干院校建设，开展上海市级特色高职院校建设工程。

18. 加强职业院校重点专业建设。开展中等职业学校重点建设专业和精品课程建设，实施中等职业学校精品特色专业评估。围绕实训基地、师资队伍、人才培养模式改革、技术服务能力提升等四方面推进高职专业建设，举办第二届"上海高职高专院校重点专业建设教学比武"。进一步推进教产结合、深化校企合作。

19. 促进职业教育教学改革。深化《中等职业教育改革创新行动计划(2010—2012)》的课题研究及改革实验工作。组织开展上海市中等职业学校第六届教师教学法评优活动。进一步完善专业教学标准开发与编制工作。继续开展校企合作高技能人才培养计划,开展高职高专院校人才培养工作评估。继续推进国家级、上海市级专业教学资源库建设,培育精品课程。联合市人力资源社会保障部门选择若干个行业优势突出、改革基础良好、面广量大的专业,开展职业教育学历证书与职业资格证书的双证融通一体化课程认证改革试点。

五、实施分类指导和管理,提升高等教育人才培养质量

20. 实施上海高等教育内涵建设工程(“085 工程”)。出台高等教育内涵建设项目管理办法以及专项资金使用和绩效评价办法。推动“985”高校服务地方经济社会发展的项目建设以及与市属高校共建合作协议的落实。支持相关高校开展学科创新平台建设。继续开展上海地方本科院校“十二五”内涵建设规划和项目建设工作。

21. 推进研究生教育综合改革。建立一批与专业学位类别相对应的实习、实践基地,加强专业学位研究生应用能力的培养。进一步做好临床医学专业学位与住院医师规范化培训相结合工作。继续实施研究生教育创新计划,提升品牌项目水平。进一步深化研究生培养机制改革,建立健全研究生培养质量保障机制,加强研究生培养过程质量检查和学位授权点的评估工作。加强科学道德与学风建设的宣讲教育工作。

22. 提高本科教学质量。健全本科教学质量保障体系,推动高校发布本科教学质量年度报告,开展新建高校开展本科教学合格评估。建立毕业生跟踪调查制度。支持高校围绕上海创新驱动转型发展增设紧缺急需专业,完善本科专业预警、退出机制,研究实施本科专业质量年度报告制度。实施本科专业新目录,研究修订以强化质量为重点的上海高校本科专业设置管理新政策。实施“卓越工程教育”、“卓越教师教育”、“卓越医学教育”、“卓越法学教育”等人才培养计划。贯彻落实《关于加强校企合作　提高高等教育和职业教育质量的意见》,建设校外实习基地,提升大学生实践能力,加强应用型人才培养。实施大学生创新活动计划,开展创新创业教育示范单位建设。

23. 提升高校知识服务能力。继续建设一批知识服务平台和高校技术转移中心,强化上海高校技术市场功能,推动中国高校技术市场建设,初步形成“开放、集聚、适变、持续”为特征的产学研协同创新体系,提升高校服务区域创新驱动和转型发展的支撑力。

24. 建设一流学科。加强高校“085 工程”在建学科的跟踪管理,建立分类指导的学科评价体系和学科发展数据平台。启动一流学科建设计划,建立国际一流学科评价标准,重点建设 20 个学科,冲击国际一流水平,建设 200 个国内一流学科。实施一批哲学社会科学基础研究重点项目,推进上海高校人文社会科学重点研究基地、文化艺术创新工作室和文化创意产业服务平台建设,健全跨学科、跨单位、跨地区的合作开放研究机制。深入实施马克思主义理论研究和建设工程,推进理论创新研究基地建设。

25. 实施教育重大建设项目。全面完成高校“十二五”基本建设规划编制工作,遴选梳理高校“十二五”基本建设项目。开展委属学校“十二五”基本建设规划编制工作。推进上海出版印刷高等专科学校以及上海医疗器械高等专科学校浦东新校区建设、上海音乐学院拓展建设项目、上海体育学院中国乒乓球学院建设以及上海国际舞蹈中心建设工程等。全力推进浦东科技大学(暂定名)的筹建工作。

六、整合教育资源,完善终身教育体系

26. 完善终身教育体系。推进上海开放大学成为独立法人建制的新型高等教育机构,协调整合本市区域性成人高等教育资源。启动学分银行市民服务,实施完全学分制和弹性学习制。探索建立“宽进严出”的质量监控管理制度。召开第二次终身教育与学习型社会建设推进大会。推进区县成人教育资源的整合与共享。强化老年教育体系建设和各类老年教育资源的开放协同,完成市政府实事,建设浦东、徐汇、普陀、宝山四区老年大学分校。开展农村劳动力转移培训、农村实用技术培训、进城务工人员技能培训。继续做好社区教育实验示范工作。支持建设一批市、区县市民学习网站,推进“终身学习推进员”制度。

27. 推动学习型组织创建和市民学习活动。加强学习型机关、学习型社区、学习型团队、学习型企事业、学习型家庭创建,推广先进经验。会同有关部门整合教育文化资源,搭建市民学习服务共享平台,举办“长三角地区公众讲座论坛”、第七届上海市全民终身学习活动周活动、第六届诗歌创作和家庭讲故事比赛、第六届学生与市民网上读书论书等特色活动。结合“东方讲坛”、“上海书展”、“上海读书节”等传统品牌学习和文化活动，推动社区市民各类学习活动的广泛开展。

28. 完善非学历教育培训机构管理。会同有关部门健全和完善本市教育培训市场监管制度和联合执法机制，建立教育培训机构学杂费专用存款账户管理制度，加强民办培训机构办学资金监管。开展民办非学历教育院校评估和督查。会同相关部门制定并实施《地方教育附加专项资金用于资助社会教育培训机构开展职工职业培训实施办法》。配合制定并实施《上海市经营性民办培训机构登记暂行办法》。完善非学历教育中外合作办学机构和项目的审批和管理。

七、探索分类管理，促进民办教育可持续发展

29. 探索民办学校分类管理。研究民办学校分类管理标准及方式，探索建立办学许可和市场准入制度、产权和资产管理制度、财务会计和审计制度等分类管理配套制度。重点推进民办学校示范校、特色校建设，加强内涵建设、师资队伍建设，实施公共服务平台项目，加强对政府扶持资金的监管和绩效评价。修订《民办高校财务管理办法》、《民办高校会计核算办法》、《上海市民办教育发展政府扶持资金管理办法》，制定《上海市民办学校收费管理办法》。

30. 扶植民办学校自主办学。依据基本办学条件、落实法人财产权情况、教育质量评估结果核定和监控学校办学规模。鼓励符合条件的民办高校在办学总规模额度内自主确定年度招生计划。委托专业机构对民办高校进行年检和财务审计，核定生均办学成本，设立分类学费上限指导标准。加强民办教育行业协会建设，组建民办教育发展服务中心，成立民办教育发展基金会。

八、注重教师队伍建设，提升师资整体水平

31. 加强中小学教师培训。组织实施第三期名校长名师培养工程，组织以加州影子校长、影子教师培训为主的集中与自主学习相结合的名校长名教师赴海外研修和攻读境外教育硕士工作。提高教师分类分层培训实效，推进义务教育阶段教师流动工作。加强以招收进城务工人员随迁子女为主民办小学教师队伍建设。积极推进中小学见习教师规范化培训试点。加强教师教育资源联盟建设，建设教师培训共享课程平台，建立教师教育专家资源库。稳妥推进中小学教师正高级职务评聘工作。

32. 实施高校教师专业发展计划。进一步加大海外优秀人才招聘力度，积极组织申报国家和上海市"千人计划"，进一步完善和实施上海高校特聘教授(东方学者)岗位计划，实施绩效评估。继续资助新进高校青年教师启动教学科研和实践工作。继续实施"上海高校中青年教师国外访学进修计划"、"上海高校青年骨干教师国内访问学者计划"、"上海高校教师产学研践习计划"。启动实施"上海高校教育教学领军人物和骨干教师激励计划"和"上海高校实验技术队伍建设计划"。

33. 推动职业教育"双师制"教学团队建设。依托相关行业、大中型企业和职业教育集团，共建"双师型"教师企业培训实践基地。健全中职校师资培养培训工作评估考核制度。加强师资基地和培训课程及教材开发建设。完成上海市中等职业教育师资培训中心建设工作，成立中职师资培养培训工作专家咨询委员会。积极做好市级专业骨干教师优秀学员的出国培训工作。实施上海高职高专院校师资教学能力提升工作，培育教学团队和教学名师。

34. 探索中小学校长职级和教师资格制度改革。研究制定中小学校长标准，逐步完善校长选拔任用机制，建立科学的中小学校长培养培训体系，加强校长队伍专业化建设，开展特级校长评审认定工作。根据教育部部署，改革教师资格的考试，强化准入教师的基本素质和教育教学能力要求，建立教师资格定期注册制度，促进教师专业发展。

35. 实施事业单位绩效工资制度改革。建立健全绩效考核制度，对事业单位绩效工资分配进行总量调控和政策指导，会同相关部门制定工作方案，做好教育系统事业单位绩效工资制度实施工作。

九、推动创新发展，提升教育国际化和信息化水平

36. 加大上海教育对外开放力度。召开上海市教育对外开放工作会议，颁布《上海教育对外开放"十二五"行动计划》。举办上海国际教育市长咨询会议。继续实施高校学生海外学习、实习项目和海外名师项目。推进上海纽约大学建设，制定专业及课程教育教学培养方案。建立中外合作办学质量认证指标体系，试点开展8个机构和项目的认证，加强与境外认证机构的合作交流。

37. 加强留学生教育和国际汉语推广。建立上海市外国留学生预科学院，推进外国留学生课程与师资建设、社会服务体系建设。举办第四届上海教育展。继续举办好"上海暑期学校"和"上海国际青少年友好城市夏令营”。继续做好汉语国际推广工作，推进中国文化海外传播。鼓励增设海外孔子学院（课堂），重点发展孔子课堂。增设1—2所外籍人员子女学校，继续举办中国文化进校园活动。

38. 提升中小学和职业学校国际交流水平。推动中小学与国外中小学缔结校际合作关系。开展国际理解教育研究，鼓励区县中小学国际理解教育。试点开设高中国际课程，满足学生多样化的教育需求。做好基础教育管理人员及教师海外培训工作。承办“世界职业教育大会”。鼓励和资助职校学生出国实习。

39. 提高教育信息化水平。实施《上海市教育信息化“十二五”发展规划(2011—2015年)》，加快推进上海教育城域网建设，加大教育信息化基础网络、统一出口、数据中心和无线网络等基础设施建设，构筑高速可靠、绿色安全、开放共享、持续发展的上海教育城域网。加强市级教育信息化公共服务平台建设。实施一批具有示范引领的教育信息化项目。召开全市教育信息化工作会议。

十、关注学生发展，为学生成长创造良好环境

40. 深化招生考试改革。完善与高等教育普及化匹配的高校招生考试制度，在全市专科层次自主招生中试点运用高中学业水平考试成绩。进一步梳理和调整本市高考加分项目。探索成人高校招生考试制度改革。继续做好中等职业学校和高职高专自主招收随迁子女的工作。

41. 做好高校就业工作。探索建立做好高校毕业生就业工作长效机制，健全高校毕业生就业创业服务体系。推进上海毕业生就业工作和就业质量综合评价体系建设。深入推进上海高校毕业生就业工作创新基地建设，制定实施《上海学生职业生涯教育“十二五”规划》。重点抓好就业困难学生和特殊群体的就业援助和帮扶工作。

42. 做好学生资助和改善伙食工作。深入实施学前教育资助政策和义务教育补助生活费政策。落实普通高中国家助学金政策。建立特殊教育学校资助政策。完善中等职业教育国家助学金政策和免学费政策。健全高等学校各级各类资助机构建设，加强对资助政策落实情况和资金使用情况的监督检查。研究制定上海高校伙食价格平抑基金管理办法，建立高校伙食价格和食堂成本动态监测平台。推动上海“农校对接”平台建设，支持高后中心、高后公司主副食品冷链物流基地建设。开展高校学生食堂分级管理可行性研究及试点。建立高校食品安全督察员制度。推进本市义务教育学生“营养改善”计划，制定学生午餐标准的指导性意见，探索中小学午餐公益性运行方式，提高午餐质量。会同市民宗委制定《上海学生清真食堂管理办法》。

43. 全面实施学生健康促进工程。完成学生健康促进工程实施方案细化分解工作，推进项目实施和跟踪管理。推进阳光体育运动，切实落实中小学生“每天校园锻炼一小时”要求。启动体育骨干教师海外培训工作和体育教师基本技能达标计划，制定中小学体育、卫生教师的岗位专业标准及专业发展规划。构建大中小学一条龙课余训练体系，试点开展足球项目训练体系建设。组团参加全国第十二届大学生运动会。加快上海市学生体质监测中心现代化建设，完成市政府实事，首批建立10个区县级学生体质健康监测中心，在部分学校试点建设学生健康发展中心。积极推进“一校一医”工作，实施学生体检和“一生一档”建设。

44. 推进学生艺术科普工作。举办全国第四届中小学生艺术展演上海市活动，举办第三届上海夏季音乐节，参与上海国际音乐节、上海国际艺术节。举办第五届上海市青少年创新峰会、第四届上海国际青少年科技博览会、第十届百万青少年争创明日科之星评选等活动。进一步规范本市学生军训工作，加强高校军事教研员队伍建设，积极开展学校国防、民防教育系列活动。

45. 加强校园安全工作。全面实施《上海市中小学幼儿园安全防范管理基本要求》强制性地方标准和《上海市中小学校学生伤害事故处理条例》(修正案)。探索建立高校学生伤害事故规范处置流程及社会补偿机制。建设学生公共安全教育实训基地，编制中小学生公共安全行为指南。积极开展校车安全治理工作，完善校车管理制度。出台学前儿童看护点安全管理工作基本要求。进一步推进大学生安全教育，提高师生安全防范意识。强化校园隐患治理和安全专项检查，加强学校周边环境治理。编写《高校安全防范案例集》。开展高校安全技术防范系统建设，进一步提高技防实战应用水平。落实本市中小学校舍安全工作长效机制，启动实施中小学校舍更新、加固改造工程。

46. 加强语言文字工作。贯彻实施国家和上海市中长期语言文字事业改革和发展规划纲要。启动街道、乡镇语言文字工作评估，开展报刊用语用字专项检查和公共场所用语用字监督监测，继续推进“中华诵·经典诵读行动”、高校语言文字工作评估、语言文字规范化示范校建设、国家通用语言文字水平测试。扎实推进上海语言资源有声数据库建设，承制公共服务领域外文译写国家标准，开展《提高国民语言应用能力》等课题研究。

十一、推进依法行政,提高教育管理规范化水平

47. 加强教育政策研究和教育法制工作。开展“长三角教育资源配置”、“现代学校制度”等课题研究工作。完成《上海市终身教育促进条例》(释义)编写。开展《上海市民办教育促进条例》、《上海市公共场所外文使用管理规定》、《上海市教育评估暂行规定》的立法、立规调研工作。积极做好高校章程建设推进工作,深入开展依法治校示范校创建工作。全面实施“六五”普法工作。

48. 开展教育督导工作。总结开展区县政府依法履行教育责任公示公报工作,完善公示公报关键性指标体系。深入开展4—5个区县的区域教育现代化综合督政工作。对5—6个区县深入开展区县政府义务教育均衡发展督导、考核和评估工作,推动本市城乡和区域内义务教育阶段学校优质均衡发展。继续推进教学视督导和义务教育阶段学校就近入学专项督导。

49. 加强教育监察工作。加强对研究生收费问题的对策研究,重点开展对高校学生代办服务性收费、幼儿园收费以及违规办班补课收费的监督检查,完善规范教育收费制度体系,推进本市规范教育收费长效机制建设。加强招生监察力度,落实招生“阳光工程”,进一步完善责任管理和监督机制,积极推进招生“六公开”。进一步加强对教育重大决策、重大工作执行情况的监督检查。

50. 强化教育经费监管与审计。加强对公共教育经费使用的监管,逐步形成财政和审计部门专业监督、教育主管部门监管、学校日常监督相结合的监督管理制度,实现公共教育财政支出预算科学化、精细化管理,重点开展教育专项经费投入的绩效评价,努力提高教育经费使用效益。

51. 深入推进信息公开和行政审批制度改革。拓展深化政府信息主动公开内容,继续推进财政预决算和财政专项资金的信息公开。全面推进教育系统信息公开和政务服务工作,加强对区县教育局、高校、中小学和事业单位信息公开工作的指导、检查、监督。编制市级教育行政审批业务手册和办事指南,启动网上审批业务系统建设,推进教育行政审批标准化建设,推进区县教育行政审批目录管理。

2012年上海市教育工作年报

2012年是"十二五"规划推进年，也是国家和本市中长期教育改革和发展规划纲要落实年。上海教育工作在市委、市政府的领导下，以市教育体制改革领导小组为平台，以实施教育"十大工程"和国家教育体制改革试点项目为抓手，推进教育改革发展，取得显著成效。

一、2012年上海教育事业发展基本情况

2012年，全市共有中小学、幼儿园、特殊教育学校及工读学校2964所，其中小学761所，比上年减少3所；幼儿园1401所，比上年增加64所；中学760所，比上年增加6所；特殊教育学校29所，工读学校13所。共有在校学生183.78万人，其中小学76.04万人，比上年增加4.0%；幼儿园48.06万人，比上年增加8.2%；普通初中43.27万人，比上年增加0.5%；普通高中15.77万人，比上年减少2.1%；特殊教育学生0.49万人，比上年略有减少；工读学校学生0.16万人，比上年减少10.7%。学前教育毛入园率为115.0%，学前教育事业进一步发展。义务教育入学率保持在99.9%以上，普及九年制义务教育的各项指标均达到或超过国家标准。

全市共有中等职业学校98所，其中：职业高中28所，中等专业学校61所，中等技工学校9所。共有在校生14.41万人，比上年减少2.5%。

2012年，全市初中毕业(结业)生9.46万人，比上年减少0.16万人，高中阶段新生入学率达96%。高中阶段(含普通高中、普通中专、职业高中、技工学校)毕业生9.54万人，比上年减少1万人。

全市共有普通高等学校67所。普通高校本专科在校学生50.66万人，比上年减少0.9%。其中：本科在校生35.90万人，比上年增加0.5%；高职高专在校生14.76万人，比上年减少4.2%。今年全市高校招收普通本专科生13.98万人，毕业13.67万人。

全市共有研究生培养机构58家，共有研究生12.70万人，比上年增加0.80万人，增长6.7%。其中：博士生2.73万人，硕士生9.97万人。全年招收研究生4.42万人，其中：博士生0.67万人，硕士生3.75万人。全年毕业研究生3.46万人，其中博士生0.52万人，硕士生2.94万人。

全市今年高考统考考生5.5万余人，700所高校在沪实际录取4.92万人(不含复旦、交大自主招生改革试验录取1304名)。完成对外公布招生计划的100.6%。

全市今年研究生招生4.42万人(含科研机构)，比上年增长10.6%，其中：博士生0.67万人，比上年增长6.1%；硕士生3.75万人，比上年增长11.4%；普通本专科招生13.98万人，比上年减少0.9%，其中：本科招生9.26万人，比上年增加2.2%；高职高专招生4.72万人，比上年减少6.4%；成人本专科招生5.85万人，比上年增加1.1%，其中：本科生4.13万人，比上年增加3.5%；专科生1.73万人，比上年减少4.1%。

全市共有成人中高等学历教育学校39所，其中：独立设置成人高校16所，成人中专23所。成人高等教育和中等专业教育在校学生34.36万人，其中：成人本专科在校生18.37万人，网络本专科在校生13.76万人，成人中专在校生2.23万人。成人本专科招生5.85万人，比上年增加1.1%，毕业5.66万人；网络本专科招生5.46万人，比上年增加0.7%，毕业5.88万人；成人中专招生0.97万人，毕业0.68万人。

全市共有成人职业技术培训机构799所，结业生174.49万人次。民办非学历高等教育机构234所。

全市小学教职工总数4.89万人，其中专任教师4.81万人。中学教职工总数7.58万人，其中专任教师5.18万人。

全市普通高校教职工总数7.33万人，其中专任教师4.01万人。市属高校教职工4.04万人，比上年减少1.1%，其中专任教师2.46万人，比上年增加0.04万人；中央部委属高校教职工3.29万人，比上年减少0.9%；其中专任教师1.55万人，比上年增加0.01万人。普通高校专任教师中，正高级职称教师0.68万人，占16.9%；副高级职称教师1.26万人，占31.4%；中级职称教师1.65万人，占41.1%。

全市共有校外教育机构 22 所，其中少年宫 15 所，少年科技站 5 所，少年之家 2 所，教职工总数 1310 人。共有各类老年教育机构 284 个，接受教育的老年人总数 61 万余人。

全市共有独立设置中外合作办学机构 19 个，非独立设置中外合作办学机构 13 个，中外合作办学项目 167 个。全市共有外籍人员子女学校 33 所，在读外籍学生 29179 人。2012 年本市各普通高校来华留学生 51036 人，比上年增加 7.0%，其中学历生 15085 人，比上年增加 6.0%。2012 年全市在校港澳台及华侨学生总数 10501 人，其中高校 1833 人，各区县中小学(含中职校)8668 人。

2012 年，上海教育经费快速增长。全市教育投入预计达 700 亿元，其中市级财政约占 1/3，区县财政约占 2/3。用于高等教育(含终身教育)的经费达 177 亿元，占 25.3%；用于基础教育(含学前教育)的经费达 473 亿元，占 67.6%；另有 50 亿元用于鼓励企业开展职工培训，占 7.1%。

二、教育规划与领导统筹有力，体制机制改革力度不断加大

(一) 教育综合改革国家试验区建设深入推进

召开部市共建领导小组会议。教育部与市政府联合召开部市共建领导小组会议，确定“深化省级政府统筹高等教育管理改革”等 8 项全年主要工作内容，教育部办公厅与市政府办公厅联合印发会议纪要，作为教育部各有关司局和市政府各相关委办局的落实依据。

加强教育体制改革组织领导。依托市教育体制改革领导小组决策平台，对全市重大教育改革和发展事项作出决策。全年确定 16 项领导小组例会议题。领导小组围绕“2012 年本市财政教育经费安排方案”等议题召开 13 次专题会议，有力推动了本市教育改革发展。

推进落实“10+10+27”项目。保障项目经费，安排 30 亿元专项资金用于推进教育重点发展与改革项目。建立项目跟踪管理信息平台，形成试点项目进展情况月报制度，开展跟踪管理，监督项目实施。开展推优荐优，系统梳理 27 项国家教改试点项目进展情况，向国家教改办报送教改先进典型事例，参加国家推进教育体制改革工作专题会议并介绍本市教改经验，受到中央领导高度肯定。

(二) 高等教育布局结构进一步优化

编制全市高校设置“十二五”规划。明确“十二五”期间全市高校设置工作总体思路、发展目标和主要任务。规划文本已通过全国高等学校设置评议委员会专家评议，并提请市政府报教育部备案。

推进“两部一市”共建上海财大。教育部、财政部、上海市政府签署共建上海财大协议，教育部在经费投入、政策扶持、学科建设、人才培养、科学研究、师资队伍建设等方面加大支持力度；财政部支持上海财大参与国家财政经济领域重大科研项目的研究和决策咨询工作；市政府支持上海财大广泛参与本市经济建设和社会发展，并在人才引进、毕业生就业、办学条件改善、校园建设与规划、国家大学科技园建设等方面给予政策支持。

开展上海科技大学筹建工作。教育部和市政府分别批复同意正式筹建上海科技大学。目前本市已通过上海科技大学校园规划方案、一期建设总体投资计划，校园建设正式奠基开工。批准建立校务委员会，批准上海科技大学进行综合预算管理试点，同意设立上海科技大学(筹)事业法人单位事业编制。

稳妥开展院校更名和转制工作。民航上海中等专业学校升格为民航职业技术学院。支持上海对外贸易学院、上海应用技术学院、上海体育学院申请更名为大学以及复旦大学上海视觉艺术学院转设等院校设置工作，接受教育部全国高等学校设置评议委员会专家组来沪进行专门调研考察。

(三) 扎实推进各级各类教育基建项目

编制教育系统“十二五”基本建设规划。开展委属、行业、民办高等院校及直属单位“十二五”事业发展规划、基本建设规划调研，制定市级教育“十二五”基建规划。会同相关单位开展本市大型居住社区配套基础教育设施导则编制。编制《上海市区县基础教育“十二五”基本建设规划》，推进年度项目实施，优化调整校舍资源布局。

推进实施本市高校基建项目。制定年度投资计划及重大建设项目规划，有序推进上海科技大学(筹)浦东新校区建设项目、上海电机学院浦东临港二期建设项目、医疗器械高专和出版印刷高专浦东新校区迁建工程、上海国际舞蹈中心项目、东方绿舟公共安全教育实训基地、上海师范大学等 7 所高校学生公寓建设项目等工程项目。研究制定上海电力学院等若干所高校学生公寓回购方案。

关注高校青年教师租住房问题。召开松江大学园区有关高校青年教师租住房工作调研，研究制定本市高校青年教师公租房租金补贴建议方案；配合奉贤海湾高校园区有关地块控详规划调整，支持高校配套园区(含公租房)建设。

推进中小学校安工程后期工作。召开普教系统校舍建设工作推进会，推进校舍更新、加固改造工程规划及“十二五”基础教育基本建设规划项目。制定《上海市中小学校舍更新、加固改造工程规划(2012—2014)》，依托校安工程政策、资金保障机制，实施2012年度计划项目，构建全市中小学校舍安全工程长效机制。

三、加强社会主义核心价值体系教育，学校德育工作扎实推进

(一) 推进德育课程教学改革

推进国家教改试点项目“整体规划大中小学德育课程”研究，编制6门高校思政课教学指南和《上海市中小学生课外活动辅导手册》。开展“2012年度上海高校思想政治理论课教学活动月”系列活动，举办思政课教学论坛、思政课教学基本功培训、中青年骨干教师研修，承办教育部全国高校思政课教学观摩会，组织长三角高校思政课教学比赛，推广上海思政课教改试点经验。

(二) 加强辅导员和班主任队伍建设

加强高校辅导员队伍建设。开展“2012年度上海高校辅导员队伍建设月”系列活动。开展“2011上海高校辅导员年度人物”评选活动，举办报告会宣传辅导员育人事迹；举办上海高校辅导员论坛，开展新一轮高校辅导员培训基地遴选，举办系列专题培训研修，组织职业技能大赛、体育比赛，建设首批上海高校辅导员工作室，建立队伍建设数据库和易班沙龙。

加强中小学班主任队伍建设。举行2012年上海市班主任论坛，组织上海市班主任基本功大赛和“首届长三角地区中小学班主任基本功大赛”，开展中小学和中等职业学校优秀班主任和“十佳”班主任评选。召开“上海市学科德育论坛暨中小学骨干教师德育实训基地展示活动”，总结提炼一批开展学科德育实践的方法和经验。

(三) 加强学生心理健康教育

成立上海学生心理健康教育发展中心，遴选高校心理健康教育与咨询示范中心，制定加强区县心理健康教育中心建设实施意见，举办“2012年上海学校心理健康教育活动月”系列活动，探索建立上海学校心理咨询师继续教育和认证机制，推动学校心理咨询师规范化、专业化发展。

四、落实学生健康快乐成长理念，素质教育稳步深化

(一) 深化义务教育学业质量评价改革

指导区县和学校在学习中小学生学业质量绿色指标体系的基础上，完成2011年中小学生学业质量绿色指标评价结果的区县和学校报告，公布本市中小学生学业质量绿色指标首次评价结果。初步建成全市基础教育学业质量数据库。指导9个试点区开展“改革义务教育学业质量评价办法”的项目研究。组织参加第二次国际学生评估项目(PISA)测试。

(二) 全面实施“小学快乐活动日”制度

在全市全面推行“小学快乐活动日”，每周安排半天时间用于拓展、实践和锻炼等活动，让学生在轻松愉悦的体验中激发兴趣、开发智力、强身健体，提升学生的“幸福指数”。组织闸北、虹口等区开展“快乐活动日”展示研讨活动，加强经验的交流与分享。征集评选全市“小学快乐活动日”优秀方案，编制出版《快乐活动——上海市小学“快乐活动日”优秀活动方案汇编》。

(三) 开展学生阳光体育运动

组织开展2012年学生阳光体育大联赛，确保大联赛的群众性和普及面，实现以区县、学校活动为联赛主体内容，确保阳光体育运动覆盖到全体学生。

深入落实“中小学生每天一小时校园体育活动”，结合全国中小学生课外文体活动(“2+1”项目)的实施，探索体育课教学组织形式的改革创新，促使学生熟练掌握2项体育运动技能，培养学生的体育运动兴趣。

(四) 加强学生社会实践和体验基地建设

建立首批11个学生社区实践指导站，启动上海市学生公共安全教育实训基地建设和上海市中小学生职业体验基地试点。开发设计符合中小学生认知特点和身心发展规律的社会实践活动项目，编制2012年《上海市未成年人社会实践版图》和《我是职业小达人——上海市中小学生职业体验活动项目手册》。

完成国家指南针计划专项青少年体验基地建设，在21所学校开展“国家指南针计划专项青少年体验基地建设研究和示范项目”进校园、进课堂的试点实践活动，开展参观、体验活动287场，接待学生人数4万多人次。

联建市青少年科学研究院区县分院，在黄浦、徐汇、长宁、普陀、杨浦、闸北、宝山、闵行、嘉定、松江等10个区正式设立分院。

五、实施城乡基础教育一体化工程，基础教育均衡优质发展步伐加快

（一）完善学前教育公共服务体系

推进学前教育三年行动计划（2011—2013年）。深入推进国家教改试点项目“完善学前教育政府公共职能”研究与实践，全市7个区县实施闵行区扩大非沪籍人员子女入园积分制度试点。

加强幼儿园园舍建设和管理。“新增40所幼儿园”市政府实事项目全面完工，其中15所幼儿园于今年9月起招生。加强学前儿童看护点安全管理检查，加大对学前儿童看护点管理力度。与市慈善基金会合作向120家看护点捐赠玩教具，同时通过资金奖补、业务指导等方式对民办三级幼儿园和学前儿童看护点进行支持和指导。

加强学前教育内涵建设。承办教育部“0—3岁婴幼儿早期教育试点工作研讨会”，制订《上海市0—3岁婴幼儿早期教养试点方案》。开展学前教育资源库建设，构建课程支持系统总体框架。成立上海学前教育研究所，加强学前教育研究。

（二）实施城乡基础教育一体化工程

召开城乡基础教育一体化工作推进会。以市政府名义召开推进会，以常住人口为基数，部署“十二五”期间本市城乡基础教育一体化工作，加快大型居住社区和郊区新城公办中小学建设步伐，推进全年333个学校项目建设，健全公建配套建设管理机制，确保教育公建配套学校与住宅同步规划、同步建设、同步交付使用。督促各区县在人口集聚街镇做好全年增建中小学（幼儿园）项目立项建设。建立中小学校安工程长效机制，结合本市教育布局结构调整和校舍定期维修，做好校舍更新、加固改造工程规划编制。

推进优质教育资源辐射郊区农村。组织上海交大附中、华师大二附中、格致中学等赴郊区新城办分校，组织54所中心城区品牌学校赴大型居住社区和郊区新城新建义务教育学校和幼儿园对口。做好第三轮46所郊区农村义务教育学校委托管理工作，推进受援学校内涵发展。

推进“新优质学校”“家校互动研究”项目。总结提炼43所新优质学校推进项目学校办学成效，鼓励义务教育学校借鉴新优质学校经验，形成内涵发展良性运行机制和市区两级项目联动机制。编制《上海市新优质学校推进指导手册》，指导区县开展新优质学校推广。深化家校互动项目研究，推进家校合作机制和互动平台建设。

（三）深化基础教育课程教学改革

召开全市小学教学工作会议。提炼本市开展课程与教学改革成功经验，分析当前课程与教学改革存在的困难与问题，研究部署进一步提升小学教学工作水平有关工作。

基本完成课程标准修订工作。保持课程定位、课程目标、课程内容和要求、课程实施、课程评价的内在一致性，提高课程标准对学科教学、评价等的指导作用。

完成上海市提升中小学（幼儿园）课程领导力行动实践研究。各项目学校围绕各自承担的项目开展经验总结，围绕课程规划设计、实施、评价等环节提炼实践成果，完成各项目学校项目结题评估，开展成果展示。

推进中学阶段校本课程交流展示。举办首届中学阶段校本课程展示活动，展示区县和学校课程建设和实施成果。开展中学校本课程征集评选活动，遴选优秀校本课程，建立优质校本课程资源共享机制和网络平台，供全市中小学共享。

推进普通高中特色多样发展。深化普通高中学生创新素养培育实验，引导2个试点区和32所试点高中提炼实验经验，汇集出版项目专著。组织项目单位开展项目展示、交流与研讨。成立特色高中建设项目推进组，引导一批普通高中构建富有特色的学校课程体系、运行和管理机制。成立上海市基础教育国际课程比较研究所，推动高中课程改革借鉴国际经验。

完善普通高中学业水平考试制度。形成本市普通高中学业水平考试（2009—2012年）分析报告，总结普通高中学业水平考试制度首轮试行情况，为完善相关制度提供实证依据。

加强特殊教育工作。召开市特殊教育工作会议，出台加强特殊教育师资配备和经费保障等方面政策，将特殊教育生均公用经费标准提高到7800元,对本市基础教育阶段残疾学生全面实施免费教育。

加强民族班教育工作。全面完成教育部下达的2012年度内地西藏班、新疆班扩招任务。完善民族班德育、教学和管理平台建设,丰富民族团结教育活动形式,组织开展内地中学民族班学生才艺展演活动,成立民族班教学指导小组,提升民族班教学针对性和有效性。

(四) 着力加强教育督导工作

加强教育督政力度。深入开展推进区域教育现代化综合督政,对7个区开展推进区域教育现代化暨义务教育均衡发展综合督政,向区县政府指出问题和建议23大项、52小项,并提出相应整改意见。继续推进义务教育均衡发展专项督政,对金山等3个区开展义务教育均衡发展专项督政,向区县政府指出问题和建议33项,并提出相应整改意见。完善区县政府依法履行教育责任公示公报,开展2011年区县政府依法履行教育责任执行情况报告网上公示。

加强教育督学工作。开展"每天校园锻炼一小时"专项督导并接受国家督导团督导验收,切实监督保障每一所学校体锻一小时政策落实到位。继续推进义务教育阶段学校就近入学专项督导,对11个区县26所义务教育阶段民办中小学招生工作开展专项督导,提出4项政策建议,逐步形成义务教育阶段学校就近入学工作监控机制。

推进教育督导制度创新。制订《上海市对区县政府义务教育均衡发展督导、考核和评估指标》《上海市贯彻执行教育部〈县域义务教育均衡发展督导评估暂行办法〉的实施细则》。推进督学资格认定与督学培训,认定167位同志具有上海市督学资格。

六、保障来沪务工人员随迁子女接受义务教育权益,探索随迁子女义务教育后教育工作

(一) 确保随迁子女在沪接受免费义务教育

2012学年,本市共有53.8万名随迁子女在义务教育阶段学校就读,其中40.2万余人在公办学校就读,占总数的74.72%;13.6万余人在157所政府购买服务的以招收随迁子女为主的民办小学免费就读,占总数的25.28%。2012年本市继续加大对随迁子女接受义务教育工作的专项经费投入,生均基本成本补贴提高至每年5000元。进一步改善以招收随迁子女为主民办小学办学条件,为150所以招收随迁子女为主民办小学配备综合实验室,加强以招收随迁子女为主民办小学培训、教研指导、公民办校结对、年检和办学绩效评估等工作,在全市学校加强随迁子女融入教育,推进中小学校针对随迁子女实际改进教育教学,全面提升育人质量。

(二) 努力满足随迁子女接受学前教育和看护服务需求

在本市学前教育进入新一轮入园高峰的情况下,本市通过加大幼儿园园舍建设力度、扩大学前教育规模等措施,尽量满足随迁子女适龄儿童入园需要。目前学前教育在园幼儿(不含看护点)中随迁子女超过16万人,占在园幼儿总数近四成。

(三) 稳步扩大职业教育招收随迁子女规模

从2008年起本市中职校试点开放招收随迁子女,此后逐年扩大招生规模。2012年共安排64所中职校和8000名招生计划,实际录取随迁子女8036名,占全年中职招生总数的20%左右。允许随迁子女中职毕业后同上海户籍中职学生一样参加高职自主招生,2012年共有273名学生报名(共有2735名随迁子女中职毕业,报名只占10%左右),107名被高职自主录取。中高职贯通培养改革试点也招收29名随迁子女。

(四) 研究随迁子女在上海升学考试方案

研究落实国务院有关随迁子女教育的最新精神,在建立健全来沪务工人员管理制度的基础上研究出台随迁子女在上海升学考试方案。

七、现代职业教育体系建设持续推进,服务经济社会发展能力稳步提升

(一) 深入开展中高职教育贯通培养模式试点

中高职贯通培养试点范围扩大到本市各中职校、独立设置的高等职业院校、本科院校高职学院,新增6个试点专业,2012年招生计划达到1360名。探索更灵活的中高职教育衔接发展模式,推动上海交大医学院附属卫生学校、上海医药高专、上海医药学校等开展基于学分制的中高职教育衔接培养模式试点。开展五年制办学专业试点研究,启动药学类专业基于学分的中高职教育衔接培养模式试点工作。

(二) 推进中职"双证融通"改革和专业标准开发

开展中职学历证书和职业资格证书双证融通改革。颁布实施双证融通改革试点实施方案,选择5个专业10个学校开展试点。编制"双证融通"改革试点工作指引，指导各试点院校制订试点工作方案和教学实施方案。

完成首批与国际接轨的专业标准开发。根据教育部要求，把开发国际水平专业教学标准作为提升上海职业教育国际水平的重要抓手，编制完成《国际水平的职业教育专业教学标准开发指导手册》，指导各试点学校完成首批13个专业开发。启动第二批28个专业35个国际水平专业教学标准开发。

（三）加强职业教育基础能力建设

开展中职特色示范校建设。召开本市国家中职特色示范校建设工作推进会，开展本市第三批国家中职特色示范校建设遴选，上海市贸易学校等6所学校通过教育部专家评审。实施上海市中职特色示范学校建设计划，重点支持20所中职校创建市特色示范校。

全面启动上海高职飞跃计划，推进上海医药高等专科学校等4所完成验收的国家示范性高职院校向专业特色鲜明、校企深度融合、具备国际影响的高职院校发展。

继续开展特色高职骨干院校建设。完成上海出版印刷高专国家高职骨干校建设方案评审和上报。完成市特色高职建设院校遴选，确定上海海事职业技术学院等8所院校为市特色高职建设院校、上海行健职业学院等2所院校为市特色高职培育院校。

着力增强职业教育吸引力。将本市普通中等职业学校残疾学生纳入中职免学费政策范围，本市中职校免费政策覆盖面已达到在籍在沪学生总数的56%。组织参加全国职业院校技能大赛，上海代表队参加16个专业大类52个比赛项目，获29枚金牌、36枚银牌、36枚铜牌。

（四）开展职业教育课程专业建设

开展中职校重点专业和精品课程建设。举办"上海市中等职业学校重点建设专业与精品课程建设工作交流会"，完成"上海市中等职业学校精品课程平台"开发。推进中等职业学校全面教学质量评估，完成74所学校教学质量网上评估，13所中等职业学校教学质量常态评估。制定完成教学质量实地评估方案，推动中职校提高教学质量。举办本市中职校第二届"璀璨星光"校园文化节活动，60多所中职校、部分初中校师生和企业代表5千余人观摩集中展示活动。启动"星光计划"第五届中等职业学校职业技能大赛。

开展高职高专院校重点专业建设计划。完成编制重点专业建设路线图164个，提出具体建设项目3617个，设立项目监测点4498个。完成首届"高职院校重点专业建设教学设计比武"。开展第二届"高职院校重点专业建设教学设计比武"。

（五）加强职业教育教师队伍建设

完成本市中职校第六届教师教学法改革交流评优市级复赛。组织19个专业（学科）组对370名教师进行为期3个月听课评优活动。首次举办全体复赛教师集中说课，评出一等奖25名、二等奖59名、三等奖118名、优秀奖164名。

开展职业院校教师培养和培训。组织4批次64位专业教师以及20位中职校校长、专业负责人赴德培训；完成年度中职特聘兼职教师资助。按照教育部、财政部职业院校教师素质提高计划安排，完成2012年国家培训计划。继续实施上海高职高专师资教学能力提升计划，启动7个培训项目，培育上海高职高专院校专业负责人、骨干专任教师。开展专业负责人、专业骨干教师国内培训、境外进修及企业顶岗培训，打造具备专业水准、实践能力和国际视野的高职师资队伍。

完成中职"双名"工程评审。2个名校长基地、3个名师基地承担培训任务，19名中职校长、114名中职教师报名参加。组织召开"十二五"期间中职教师职务培训学时认定和发证工作专家论证会。成立上海中等职业教育师资培训中心。

八、高等教育人才培养改革稳步实施，服务国家和区域发展战略举措有力

（一）落实高等教育改革发展国家和上海市重点计划

推进"985工程"合作共建。推进"985工程"三期建设，组织专家组开展在沪"985"高校服务地方经济社会发展项目论证评审，并提请市政府下拨引导性资金。积极筹措资金支持上海财大、华理工等211高校开展"经济学创新平台""煤的清洁高效利用与石油化工关键技术"等"985"优势学科创新平台项目建设。

推进"211工程"合作共建。三期共建地方配套投入资金17.93亿元全部到位。开展"211工程"三期建设情况验收，对市属高校进行实地验收，对教育部及相关部门所属高校的验收以专家组会评为主。复旦、上海交大、华东理工、上海财大、二军大获得教育部、国家发展改革委、财政部对“211 工程”三期建设成效显著的奖励。

推进“085 工程”内涵建设。完成“地方高校内涵建设(分类指导、分类管理改革)”年度专项资金支持项目评审,开展 2012 年上海地方本科院校“十二五”内涵建设绩效评价、2010 年地方高校内涵建设启动资金绩效评价等,推进“上海高等教育内涵建设工程‘085 工程’信息平台”建设。配合市财政局组织开展 2012 年“中央财政支持地方高校专项资金”项目申报和专家评审,上海 21 校获中央财政专项资金支持,市级配套资金支持。

落实国家“2011 计划”。启动实施上海“2011 计划”,启动第二批上海高校知识服务平台建设,完成首批 9 个知识服务平台筹建验收;启动实施一流学科建设计划,161 个学科列入一流学科建设范围,其中国际一流学科建设基地 19 个、上海市重点学科 142 个。组织国家 2011 协同创新中心培育工作,重点推进面向区域创新的协同中心培育。

(二) 深入实施研究生教育综合改革

继续实施研究生教育创新计划。全年举办 21 期研究生暑期学校,27 场研究生学术论坛;开展学位点引导布局与建设培育、地方高校研究生培养机制改革试点、大文科研究生学术新人培育计划、学位点建设与人才培养模式探索等项目建设。开展 2012 年长三角研究生教育创新计划合作,举办首期长三角研究生学术论坛。

继续推进专业学位研究生教育综合改革试验。发布《上海市法律硕士等 16 种专业学位论文基本要求和评价指标体系》。启动金融硕士等 20 种专业学位论文基本要求和评价指标体系研制工作。完善临床医学专业学位与住院医师规范化培训制度,2012 年录取 410 名临床医学硕士(住院医师)专业学位研究生,承办全国临床医学(全科)硕士专业学位研究生培养模式改革座谈会暨上海临床医学专业学位教育与住院医师规范化培训结合经验交流会,推广本市改革经验。

开展研究生优秀成果(学位论文)评选工作。156 篇博士学位论文入选市研究生优秀成果(学位论文),56 篇博士学位论文参加全国优博论文评选。132 篇硕士学位论文入选 2011 年市研究生优秀成果(学位论文)。启动 2012 年市研究生优秀成果(学位论文)评选。

专业学位论文双盲评审首次采用新标准。采用研制完成的法律硕士等 16 种专业学位论文基本要求及评价指标体系对专业学位论文进行双盲评议。开展硕士专业学位研究生导师备案审核。组织专家完成对 3 所独立学院申请增列学士学位授予单位和 24 所学校 101 个本科专业申请增列学士学位授予专业的审核。推进各研究生培养单位参加全国第三轮学科评估,317 个一级学科参加评估。

(三) 切实提升本科教育教学质量

搭建各类教学平台,合力推进高校教学改革。组建一批全市高校本科教学指导委员会。12 所高校 65 个工科专业列入国家卓越工程师培养计划,支持 11 所高校与 59 家企业共建国家级工程实践教育基地。启动一批专业实施卓越法学教育,5 所高校入选国家卓越法律人才培养基地。建设市级创新创业教育实验基地,22 个高校相关院系列为首批创新创业教育实验基地。联合研究编制 11 个大类的高校基础实验教学规程。支持开展 11 项高校市级大学生学科竞赛。联合 30 所高校建立课程资源跨校共享系统组织机构,建设优质课程共享中心。

实施三级本科教学工程,推动人才培养模式改革。支持高校教师教学改革,96 个项目列入年度上海高校重点教学改革项目。启动实施市级本科教学质量与教学改革工程,批准 24 所学校 39 个本科专业列入“本科专业综合改革试点”项目。立项建设 89 门市级精品课程、43 门市级全英语示范课程,推荐 154 种国家优秀规划教材。推进高校重点教学改革,建设精品课程、全英语示范课程和优秀规划教材。立项建设本科基础实验室。实施大学生创新创业训练计划,24 所高校学生获得支持项目 3100 项以上。

完善教学评价政策导向,促进本科教学质量提升。完善本科专业预警退出机制,首次公开发布 2012 年上海高校 18 个预警专业名单,促进高校本科专业教学适应社会需求。督促本市高校向社会公开本科教学质量关键数据。

九、终身教育体系建设迈出新步伐,学习型社会建设推进有力

(一) 积极构建终身教育服务体系

推进上海开放大学建设。教育部正式批准上海电视大学更名为上海开放大学。初步完成上海开大“总部—学院—学习中心”三级系统架构；完成“城市公共安全管理”“机械电子工程”“软件工程”等三个专升本专业建设并获教育部批准；成立城市公共安全管理学院等7所特色学院，592名残疾人学员、100名老年学员就读专科学历教育，10200人(次)女性学员参加女子学院学习点培训。挂牌成立上海终身教育研究院，集聚高校、科研机构力量发展特色学科，指导终身教育实践。

学分银行正式挂牌运行。召开市学习型社会建设与终身教育推进大会，正式启动上海市终身教育学分银行，在全市设立21个分部，就近服务市民。完成学分银行学历教育263门课程学分认定转换标准、166个职业培训等非学历证书转换为学历教育学分、1658门次文化休闲教育课程学分认定标准。已有13.5万市民建立学习档案。

（二）不断完善终身教育基础建设

优化市民终身学习平台。探索建设基于“云计算”的数字化学习平台，新版“上海终身学习网”正式运行，新开发2500余门网络课件和106门手机微型课程，开放1500门课程学习资源，市民上网学习已达6500多万人次。

完成乡镇成人学校的标准化建设。全市112所镇乡成人学校已有77所通过标准化建设评估。在普陀、长宁等区开展社区学校标准化建设试点。

开展第三轮社区教育实验街镇评选。133个社区教育实验街镇中有47个获得市级社区教育示范街镇，其中30个获得全国社区教育示范街镇，获全国社区教育示范街镇称号的街镇已达75个。

（三）大力推进老年教育

完成“建设四所上海老年大学分校”市政府实事项目。4所分校总面积达25540m^2，比项目实施前增加16840m^2，增长193%；功能专用教室56间，比实施前增加32间，增长133%；开设课程366门，比实施前增加221门，增长152%；在校生数13357人，比实施前增加7187人，增长116%。

制定优质老年教育资源均衡布局计划。制定虹口、闵行、奉贤、青浦、长宁、静安、崇明等7个区老年大学提升办学水平的扶持和建设方案，以及72所老年学校建设专用功能教室和添置设施设备的支持方案。

建设老年教育支持服务架构。7个老年教育服务指导中心(老年素质教育指导中心、老年教育理论研究中心、老年教育师资培训中心、教育成果展示指导中心、艺术教育指导中心和老年教育教材建设指导中心)正式运行。完成532个老年教育标准化学习点建设，目前全市已建设老年教育标准化学习点1128个。

开展丰富多彩的老年教育活动。举办上海市第七届老年教育艺术节，举行各种交流展演活动610场，21万人次参与活动。培育老年学习团队2321个，评选优秀学习团队100个，5.4万人次参加学习团队活动。

（四）严格规范民办非学历教育工作

制定实施相关管理规定。颁布《上海市教育培训机构学杂费专用存款账户暂行规定》，加强本市民办教育培训机构学杂费收支和办学资金监管力度，截至2012年11月底已开设学杂费专用存款账户的院校达80%。制定《上海市经营性民办培训机构登记暂行办法》《经营性民办培训机构设置要求》和《上海市经营性民办培训机构管理办法》，规范民办非学历教育机构办学行为。

开展民非教育机构办学专项督查。对教育机构办学体制和办学规范、学校收费和财务状况、办学条件和校舍安全、学校招生和广告宣传、办学质量和社会声誉等方面进行监管，促进民非教育健康发展。完成2012年高等教育自学考试社会助学机构审核备案。

十、加大规范和扶持力度，民办教育持续健康发展

（一）加强民办教育政府资金和政策支持

加强民办教育政府专项资金扶持。2012年度市级财政对民办教育资金拨付额度达7亿元(民办高校生均投入约达2000元，以招收随迁子女为主民办小学生均投入约达5000元)，其中民办教育政府专项资金2.13亿元，比上年增长12%。民办教育政府专项资金主要用于示范性民办高校建设、民办高校内涵建设、民办教育规范特色发展试验、民办教育公共服务平台建设和国家教育改革试点项目实施等。

加大对民办学校的政策支持力度。在教师待遇、招生政策、收费标准等方面开展试点，区分营利性和非营利性学校，激发民办学校体制机制活力，鼓励社会资本捐资举办教育。研究不改变非营利性民办学校的民非企业法人属性，同时使其专职教师享受与公办学校教师同等养老保险和退休待遇的办法，通过灵活的考核方式、机动的计划规模改革民办高校招生政策、优化人才培养模式管理办法，研究制定核定民办高校办学成本的合理方法，给学校一定的弹性调控空间。

启动实施示范与特色民办学校创建。对上海杉达学院等4所列为非营利民办高校示范特色创建校予以指导与资金支持，引导民办高校坚持教育公益性，促进规范办学与内涵发展。启动民办中小学特色校（项目）和民办优质幼儿园创建，对34所民办中小学特色学校、30个民办中小学特色项目和40所民办优质幼儿园校长、园长进行培训。

启动实施民办高校“强师工程”。投入近2000万元专项资金对民办高校青年教师和管理干部开展集中培训。投入1700余万元专项资金资助民办高校骨干教师开展科研，19所民办高校1000余名教师获得科研启动经费资助。

（二）加强对民办教育规范办学的监督管理

完善民办学校资金资产管理制度。探索民办学校政府扶持资金拨付方式改革。进一步完善民办中小学财务管理办法和会计核算办法，启动修订民办高校财务管理办法和会计核算办法、民办教育政府专项资金管理办法。

推进民办教育社会服务组织建设。开展上海民办教育公共服务平台暨建立民办教育发展基金会有关课题研究，初步明确基金会职能定位。成立市民办教育协会，开展与民办教育改革和发展密切相关的课题研究，指导民办高校就业、招生、安全保卫等工作，促进行业合力的形成。

完善民办教育信息化公共服务平台。完成民办高等教育信息化建设标准和三年行动计划设计。成立民办高校信息化专项协作组，完善许可证管理、财务和学费管理、资产管理、政府专项资金管理、专职教职工管理等信息平台，联通各信息系统形成合力，在管理思路、管理目标和技术支持上形成统一标准，增进信息共享和公开。协助优化教育部民办教育信息管理系统，做好上海各级各类民办学校办学许可证申领和换发复核。19所民办高校、303所民办中小学、582所民办幼儿园（早教机构）和1354所民非教育培训机构完成入网信息录入、许可证申领和换发。

开展2011年度民办学校年检。对全市19所民办普通高校和1所民办成人高校进行年检，对民办高校党团组织建设、安全稳定、基本办学条件、法人治理结构、财务资产管理、专项使用情况等工作进行全面检查。经年检评定，本市5所民办高校合格、11所基本合格，4所因为违规办学、资产未过户等原因不合格。

十一、中外合作办学取得新发展，教育对外开放持续深化

（一）中外合作办学模式不断创新

正式设立上海纽约大学。上海纽约大学获教育部批准正式设立，并获准于2013年开始实施本科学历教育。目前，经教育部批复同意，上海纽约大学已公布2013年招生章程，面向全国10个省份投放招生计划151名。同时广泛开展招生宣传，向考生和家长介绍招生政策。

建立健全质量保障机制。完成本市中外合作办学质量认证指标体系、工作手册、专家指导手册等认证文件修订工作，确定和启动对5个中外合作办学机构和项目的认证探索。

支持高中合作办学探索。指导和推进高中阶段中外合作办学，目前闵行区七宝中学正与美国德怀特中学协商设立独立设置的中外合作高中。

（二）大力发展来沪留学生教育

完善留学生教育质量服务机构建设。成立首个地方预科学院——上海市外国留学生预科学院，11个国家55名留学生成为首届新生。新增“中共一大会址纪念馆”为“上海市外国留学生中国文化体验基地”，深化对现有4个“上海市外国留学生中国文化体验基地”和2个“上海市外国留学生社会实践基地”内涵建设。增列华东政法大学、上海海事大学为外国留学生中国政府奖学金接受院校。

加强留学生课程师资培训。选派39名教师赴加拿大阿尔伯塔大学和澳大利亚昆士兰大学研修。编撰高校留学生“当代中国研究”课程教材，出版5册中外文系列课程教材。开展留学生教育特色精品专业和课程体系建设，启动高校外国留学生外语（英语）授课课程、专业建设。

丰富在沪留学生学业生活。举办第五届上海市外国留学生龙舟赛，第三届上海高校外国留学生运动会。组织参加第十届上海市“张江杯”中外友人乒乓球比赛。启动“寻找中国印象——上海市外国留学生中国元素创意设计大赛”。

（三）积极实施国家汉语国际推广计划

新增孔子课堂1所，澳大利亚维多利亚凯斯博中学孔子课堂，由上海市甘泉外国语中学承办。为推进孔子课堂建设，年内8所汉推基地中小学累计派出17名教师赴海外任教。目前全市共有8所高校、7所中小学在19个国家举办孔子学院（课堂）43所，其中孔子学院34所、孔子课堂9所。

（四）实施高校学生海外学习、实习项目

继续执行上海市高校学生海外学习、实习项目，资助项目762个、资助学生5824人次，鼓励本市高校学生在校期间赴海外知名大学、跨国公司和国际组织学习、交流或实习，拓展国际视野。

（五）积极开展教育国际交流活动

积极承办重大国际教育交流活动。举办第三届国际职业技术教育大会，来自117个国家和72个国际组织800多名代表（含32个国家的35名教育部长、副部长）来沪参会，就职业技术教育改革发展进行深入探讨，并通过《上海共识》。开展2012上海国际友好城市青少年夏令营，来自14个国外友好城市100名师生参与此项活动了解中国文化、了解上海，促进了上海学生与国际友好城市青少年间的交流。

稳步推进友好城市合作交流活动。继续巩固与各友好城市的交流，在已签署的友好城市教育合作协议基础上，开辟新的教育国际合作平台。与韩国的釜山和济州，墨西哥的哈里斯科，德国的汉堡，芬兰的埃斯波，新西兰的达尼丁，以色列的海法以及法国的马赛等城市开展友好交流与访问活动。

（六）做好外籍人员子女学校管理工作

完成各区县各学段外籍人员随行适龄子女居住地人数统计分析，为本市制定外籍人员子女学校区域布局规划提供政策依据。完成“上海不列颠英国学校”开办等各项工作并获教育部批准成立，2013年9月正式招生。今年上海各类外籍人员子女学校在校生人数29179人（幼儿园4287人，小学11479人，初中7862人、高中5789人），比上年增加学生数1054人。12所学校办学规模达千人以上。

十二、招生就业资助和安全后勤不断加强，以学生为本理念深入贯彻

（一）平稳完成全年各项招生录取工作

完成秋季高校招生录取工作。2012年700所高校在沪进行秋季招生录取，实际录取考生约4.92万名，完成招生计划的100.6%；市属普通高校录取外省市新生6.69万人，比上年增加0.33万人，增幅5.2%；在扩大外省市招生规模的同时，完成教育部下达给本市“支援中西部地区招生协作计划”，共录取教育部指定省份生源3.41万人，比上年增加0.17万人，增幅4.3%；落实教育部等中央实施面向贫困地区定向招生专项计划，在此专项中市属高校录取新生191人，完成招生计划100.5%。2012年普通高中学业水平考试成绩首次在专科层次自主招生中应用，凡具备2012年本市普通高等学校招生报名资格，且获得普通高中学业水平考试10门科目成绩的考生，均可根据招生院校招生章程中规定的条件报名参加专科层次依法自主招生考试。

完成春季高考招生工作。上海师范大学等7所高校参加招生，招生计划500名，录取报到328人，其中本科录取290人、专科录取38人。在“三校生”招考中，7900多名三校生参加，共录取5194名考生。

完成高中阶段招生录取工作。本市普通高中录取学生5.3万人，79所中职校目前录取3.6万人，占高中阶段学校录取总数40%；此外，本市中职校预计录取外省市学生0.7万人、成人中专1.1万人，中职校录取总数约5.4万人，普职录取比基本达到1∶1。

完成2012年本市普通高校招收高水平运动员及体育特长生招生录取工作。本科共录取385人，录取率为76.2%；高职高专共录取74人，录取率为14.7%。全年总录取率为90.9%。166名高水平运动员被高校录取。

（二）加强学生就业服务与指导

2012年全市高校毕业生17.8万人，比上年增加0.3万人，增幅1.7%，其中：毕业研究生3.7万人，比上年增加0.5万人，增幅15.6%；本科毕业生9.0万人，比上年增加0.3万人，增幅3.4%；高职高专毕业生5.1万人，比上年减少0.5万人，降幅8.9%。截至8月30日，全市高校毕业生总体就业率为95.95%，比上年同期增加0.27%，实际就业人数增加5000余人，其中：不同学历层次的就业率分别是研究生95.73%，下降0.53%；本科生95.53%，增长0.20%；专科（高职）生96.82%，增长0.92%。非上海生源就业率95.56%，上海生源就业率96.36%。

全年收到非上海生源高校毕业生落户申请2.4万余份，比上年增加3%。已核准办理户籍1.6万余人。

（三）落实各类学生帮困资助政策

全年全市高校家庭经济困难学生 89943 人，占在校生 17.54%，其中家庭经济特别困难有 51203 人，占在校生的 10%。

全面做好本市资助工作，2000 人获 1600 万元国家奖学金；17392 人获 8696 万元国家励志奖学金；1000 人获 800 万元上海市奖学金；94884 人获得 20319.33 万元国家助学金。共 141 万人次获得 10.4 亿元各类资助，其中：中央财政投入 16757.74 万元，市财政投入 31194 万元，高校投入 31278 万元，金融机构办理国家助学贷款 18177.34 万元，企事业团体个人等助学 5388.5 万元，其他资助 1640.67 万元。100%的家庭经济困难学生通过不同方式获资助。

（四）做好高校学生伙食工作

发挥后勤协会餐饮专业委员会的行业指导作用，组织开展校伙食价格和食堂成本动态监测和分析。完善配套政策，制定《上海高校学生食堂价格平抑基金管理办法》。启动高校食堂价格调节准备金，对高校学生食堂给予专项补贴，确保高校伙食价格总体稳定。推动“农校对接”工作，支持高校配货中心实施 1400 吨猪肉和 2000 吨鸡蛋团体采购和合同储备，加强学生食堂成本控制。

（五）着力加强学校安全管理

加强校车安全管理。落实《上海市校车安全管理规定》，开展 2012 学年校车许可和校车标牌申领工作，截至 11 月 28 日全市已发放校车标牌 1041 幅，1231 名驾驶员取得校车驾驶资格。建立每月校车安全联合抽查机制，对 8 个区 36 所学校的 142 辆校车进行抽查。

加强中小学幼儿园校园安全管理。实施《上海市中小学校学生伤害事故处理条例（修正案）》，推进学生伤害事故预警预防工作。落实《上海市中小学幼儿园安全防范管理基本要求》强制性地方标准，启动 13 个区县中小学幼儿园出入口视频监控设施联通联动联防、多元多层监管系统建设。开展校园及周边治安秩序集中整治行动，两次接受中央综治委、教育部、公安部、国家安监总局等对本市各级各类学校安全和集中整治情况的检查，获充分肯定。开展中小学幼儿园保安管理情况调研，全市 3291 所中小学幼儿园聘用保安员 13655 名，保安员总数比上年增加 12%，校均保安员数比 2010 年增加 8%。

加强高校校园安全管理。加强高校周边治安综合治理，全市高校周边共存在突出问题 208 个，其中 89 个得到有效整治，其余正在研究落实。加强高校技防系统建设，制定《上海市高校校园安全技术防范工作“十二五”发展规划》，划拨 1200 万元专项资金引导高校加强建设。各高校全年投入技防建设资金约 6000 万元，通过技防破案 521 起。推进高校节能减排，支持 9 项节能改造项目采用合同能源管理形式。继续推进节水型高校（校区）创建工作。

十三、素质教育实践不断推进，学校体卫艺科工作进一步加强

（一）学生体育工作

推进体教结合工作。市委、市政府召开上海市体教结合工作会议，出台深化本市体教结合工作指导意见，明确教育部门和体育部门的任务分工，为本市未来体教结合工作指明方向。推进大中小学“一条龙”课余训练体系建设，成立市校园足球“一条龙”建设联盟，以足球项目为试点探索体教结合新模式。校园足球联盟首批共有 11 所高校、35 所高中、60 所初中、116 所小学参与。实施初中毕业升学体育考试，发挥体育考试杠杆作用，引导学生积极参加体育活动。

开展学生竞技体育比赛。参加第九届全国大学生运动会，上海代表团以 44 金 26 银 19 铜荣登奖牌榜和金牌榜第二名，以团体总分 1389.5 分列团体总分第三名；科报会团体总分第四名；校长杯评比中，上海交大、同济、华东师大、华东理工榜上有名。上海代表团还获得体育道德风尚奖代表团和科报会优秀组织奖。举办 2012 年上海市学生运动会。

开展学校体育教学科研工作。完成 2011 年体育科研专项课题结题，发布 2012 年度体育科研专项课题项目。实施体育教育学科带头人选拔和培养计划，选拔 50 名体育教师参加全市集训，从中选拔 20 名教师赴美培训。完成 2011 年市中小学生体质健康监测结果公告。

（二）学生卫生工作

开展中小学生营养试点干预。对全市所有中小学校和托幼机构的营养师开展学校营养健康专题培训，每个区选择小学和初中各 1 所，试点开展中小学校营养干预工作。

开展“开学第一课试点”活动。遴选4所学校进行开学教育试点活动，以健康促进为主题，探索符合学生成长需求的上海市中小学生“开学第一课”活动形式和内容。

为高校专项配备急救装备。为全市所有高校专项配备急救装备，委托卫生部医政司全国急救人员培训中心从每校选拔10人（高校现场急救工作负责人1人、高校卫生保健人员4人，体育教师5人）开展现场初级急救专题培训。

成立市学校卫生保健协会。该协会由本市各级各类学校卫生保健机构自愿组成的非营利性社会团体，是上海市一级专业协会。下设高教、中教、职教、小教及幼教等二级分会，发挥专业协会的研究、指导、组织、引领作用。

（三）学生艺术工作

推进文教联盟建设。开展儿童剧巡演，举办专场展演40场。开展优秀儿童剧展演，组织20台优秀儿童剧目，为中小学生演出。邀请中央艺术院团及本市高校大学生交响乐团赴高校巡演20场。

评估调整现有学生艺术团。推进艺术团创设品牌，扶持、发展、新建10个中学生管弦乐、管乐、弦乐艺术团，通过集训方式建设一批高水平学生艺术团，筹建10支高水准的大学生艺术团。

组建上海学生合唱团。通过专业化培训及参加国际艺术交流等实践活动，使之成为上海面向全国、面向世界的“城市文化名片”，提升本市青少年合唱教育整体水平。

开展上海市第四届中小学生艺术展演。17个区县选送427个优秀节目、5000多幅绘画、书法、摄影作品参加市级比赛，举办声乐、器乐、舞蹈、戏剧等9个专场比赛。举办上海市学生书画摄影展。

推进中小学音乐教育教学改革与发展，制定《上海市学校艺术教育工作评估指标体系》，承办教育部“儿童歌舞剧音乐教育试点工作”现场会。组织中小学音乐教师参加维尔特合唱指挥大师班培训及进行管乐表演培训。

（四）学生科普工作

举办第五届上海市青少年科技创新峰会。33个青少年科技创新项目参加交流，24个青少年创新项目参加实践成果展。

举办2012上海国际青少年科技博览会。来自全球14个国家和地区200多名师生参加。

举办第十届百万青少年争创“明日科技之星”评选活动。227名学生参赛，作品涉及12个学科领域。23名学生获“明日科技之星”称号，17名学生获“明日科技之星提名奖”，70名学生荣获“科技希望之星”称号。

举办第27届上海市青少年科技创新大赛。少年儿童科学幻想画一等奖63名，青少年科技实践活动一等奖20名，优秀组织奖37名，专项奖521个。

十四、持续推进人事制度改革，教师队伍培养培训力度不断加大

（一）高校教师质量提升工作有序推进

海外高层次人才引进和服务工作不断完善。提高上海特聘教授（东方学者）人选标准，加大岗位资助力度，新增岗位跟踪计划；“东方学者”岗位计划入选79人（市属高校入选51人，部属高校入选28人），其中：特聘教授64人（市属高校39人、部属高校25人），讲座教授15人（市属高校12人，部属高校3人）。“东方学者”跟踪计划入选11人（市属高校7人，部属高校4人）；开展“东方学者”聘期评估和督查，增强岗位计划实施的针对性。

高校青年教师系统化培养水平不断提高。实施上海高校教师产学研践习计划，分二批共计895名教师和39个上海地方高校产学研基地获得资助。实施上海高校教师国内访问学者计划，分二批共457人入选。实施上海高校教师国外访学进修计划，分二批共885人入选。实施上海高校青年教师培养资助计划，资助35周岁以下进高校工作不满两年的青年教师932人，给予经费3.5—5万元/人，资助期两年。

市属本科高校骨干教师激励计划启动。选择若干所市属本科高校开展试点，考核教师教学绩效，规范教师行为，激励教师全身心投入教学工作，全面提升教学质量。

（二）依托国家和市级平台建设高层次人才队伍取得成效

完成2011年度长江学者申报。向教育部推荐11位候选人，上海大学吴明红入选特聘教授。

完成2011年上海领军人才“地方队”选拔。对复旦等22所高校报送的44位申报人进行评审，共有23人获批。对第四批20位上海领军人才“地方队”培养对象进行中期考核，考核等级为优秀的8人，其余均为合格。

深入实施中央和地方“千人计划”。完成中央千人计划申报，向市委组织部报送“创新人才长期项目”（共6人）“创新人才短期项目”（共11人）“青年千人计划项目”（共7人）。开展海外高层次人才创新创业基地申报，上海交大医学院等4家单位入选。开展上海“千人计划”申报评审，上海高校有76人通过市引进海外高层次人才工作小组审议，其中创新长期61人（重点学科平台40人），创新短期15人（重点学科平台6人）。

（三）中小学幼儿园教师资格制度改革试点扎实开展

教师资格考试改革试点进展顺利。召开市中小学幼儿园教师资格考试改革试点准备会议和启动会议，配套制定和发布相关改革文件，建立中小学教师资格面试考官库。组织两批教师资格国考，共笔试11913人，首批面试1055人。

见习教师规范化培训工作全面推进。召开上海市中小学幼儿园见习教师规范化培训制度工作会议，发布配套改革文件，在全市启动见习教师规范化培训制度。

教师定期注册制度试点成效初显。确定普陀区为教师定期注册制度试点区，试点内容主要包括注册对象、注册程序、首次注册要求、首次注册与见习教师规范化培训衔接等，试点工作顺利推进。

过渡人员认定工作稳妥开展。发布《上海市教育委员会关于中小学和幼儿园教师资格考试改革前参加考试的部分人员过渡办法的公告》，全年受理过渡人员认定申请12640人。

（四）中小学幼儿园教师培训工作深入推进

推进国家级校长教师培训。推荐2名教育局局长、3名教育局基教科科长、5名督学参加研修。推荐40名中小学校长、幼儿园园长参加全国校（园）长培训。推荐728名中小学、幼儿园教师参加“国培计划”各类培训项目。

加强教师教育资源联盟建设。制订中小学、幼儿园教师培训课程方案和语文、数学、英语三门学科高级教师培训课程大纲。出台校本培训工作指导意见，完善中小学教师培训课程资源和管理平台，开展两轮共45244人次的全市教师市级共享课程培训。

扎实推进高端人才培养项目。实施第三期“双名工程”，818名学员接受通识培训和基地学习。开展北京刘彭芝、李希贵校长培养基地工作，31名学员接受培训。实施第三期长三角名校长联合培训，33名学员赴苏浙沪交流学习。

开展郊区县教师培训工作。实施第三期1—5年教龄职初教师培训、第三期5—10年教龄优秀青年教师培训、第二期10年教龄以上成熟型教师培训及第三期以招收随迁子女为主民办小学骨干教师提高型培训，参训教师1168人。

实施教师海外研修项目。组织20名教师培训者赴芬兰研修、20名校长和20名教师赴美国加州开展“影子校长”“影子教师”培训。实施本市普教系统教师国外访学进修计划，5名教师赴海外攻读学位或开展访学。

加强常规教师培训工作。组织全市5700名中小学、幼儿园校（园）长、书记参加专题培训。完成五批共计442名郊区县幼儿园园长专业技能提升培训。完成5951名中小学教师教育技术能力中级培训，组织11964名教师参加全国中小学教师教育技术中级水平考试。组织500名教师开展英特尔未来教育教师培训。完成1000余名课外校外教师培训，启动课外校外科技、艺术教师业务专项培训。

（五）教师评先推优激励机制进一步发挥

开展教书育人楷模推选活动。10名教师获“上海市教书育人楷模”称号、10名教师获“上海市教书育人楷模提名奖”称号。向教育部推荐全国教书育人楷模候选人2人。

完成宝钢优秀教师奖评审。上海中医药大学王忆勤等10位教师获得宝钢优秀教师奖，其中1位为特等奖获得者。

完成上海市育才奖评审。确定复旦等80个高校（单位）陈引驰等296位优秀教师和教育工作者获年度上海市育才奖。

完成“园丁奖”评审。确定园丁奖获得者1008名。

完成国务院政府特殊津贴专家初审和推荐工作。报送上海海事大学章学来等15位候选人。

（六）岗位设置管理和教师职务评聘工作进一步规范

完善高校教师职务聘任工作。修订上海高校高等教育研究人员专业技术职务聘任办法，重新制订《上海高校高等教育研究人员高级专业技术职务学术技术能力评议细则》，启动高等教育研究人员专业技术职务学术技术能力评议申报。

做好中小学教师职务改革准备。制定改革试点方案，内容包括：建立统一的中小学教师职务系列；现行系列与统一后系列的过渡接轨办法；设立中小学正高级职务；正高级职务评聘方法与评聘条件。目前改革试点方案已上报教育部和人力资源社会保障部。

（七）人事制度改革稳妥推进

规范退休人员津补贴工作。逐次分批完成高校退休人员养老金规范工作。规范事业单位退休人员补贴，落实义务教育退休教师提高10%补贴待遇。

做好绩效工资制度实施准备。按照全市统一要求研究制定高校绩效工资实施方案。推进非义务教育学校实施绩效工资，研究直属学校实施绩效工资方案。

开展高校公开招聘和录用备案。重点检查2010、2011两年中公开招聘人员情况及单位公开招聘制度建设情况，落实市属高校年度公开招聘工作人员计划，29所学校使用2093个事业编制招录必需人员获得市编办同意。

（八）教师对口支援工作进展顺利

组织第12批95名支教教师赴云南省红河、文山、迪庆、普洱、临沧等5个地州17个“两基”攻坚县开展支教。

接收两批共计235名新疆少数民族双语骨干教师来沪培训和50名新疆喀什地区对口四县学校管理者来沪研修。

实施2012年“教育部—中国移动中小学校长培训项目”79名中西部校长来沪影子校长研修。

开展2012年度支援海南基础教育工作，两地7所结对学校互派42名校长、教师开展交流学习。

选派10位上海高校教师赴喀什师院开展示范授课，帮助喀什师院提高人才培养质量。

十五、审计监察工作措施有力，教育管理规范化水平进一步提高

（一）健全教育财务管理制度

开展2011年市级财政专项资金、中央专款和部门决算和2012年部门预算信息公开，完成2011年度市属高校财务管理绩效评价。出台教育费附加转移支付资金使用管理和教育经费使用指导意见，指导各区县合理安排使用财政教育经费。完成特殊教育生均公用经费定额标准调整，出台对基础教育阶段残疾学生实施免费教育资助政策。开展以随迁子女为主民办学校2011年度财务专项督查，推进市教委系统中等（职业）学校、委属事业单位企业改制和规范化建设，推进申教公司储备用地（漕宝路、零陵路）资产转移相关工作。开展事业单位国资监管制度研究和事业单位国资监管信息系统建设。

（二）开展教育财务审计工作

接受审计部门的审计调查。接受审计部门对市教委主任2009—2011年任期经济责任审计、市教委2011年度预算执行和其他财政财务收支审计，及对本市2009—2011年度教育费附加管理使用情况和学前教育运行管理情况的审计调查，把审计整改作为审计成果运用、提高审计实效的重要组成部分，以审计整改为契机加大对审计发现问题的整改力度，切实提高规范化管理水平和风险防范意识。

开展财务和经济责任审计。开展委直属单位经济责任审计，对上海立信会计学院等单位5位局级领导干部和市学生事务中心等直属单位5位处级领导干部开展经济责任审计。逐步规范审计程序、丰富审计内容、探索审计方式，推进实现经济责任审计全覆盖。完成本市教育系统国有企业2011年度财务决算审计，要求有关主管单位提高认识、组织力量、督促整改。开展大型活动专项经费审计，加强对50万元以上授权支付等专项经费审计。

全面开展教育审计督导检查和指导。全面开展审计督导检查，所有市属高校和区县教育行政部门均被列为被督导对象，初步建立督导工作体系。召开2012年上海教育审计工作会议，指导教育系统各单位开展年度教育审计工作。

（三）严格规范教育收费

召开本市教育政风行风建设大会。表彰2011年度8个规范教育收费优秀达标单位和9个达标单位。发布《关于规范本市幼儿园代办服务性收费管理的通知》和《加强中小学教材配套练习和中小学教辅材料使用管理工作的通知》，会同物价部门制定公办幼儿园保育教育费收费标准，调整公办高校利用非国家财政性资金建设学生公寓住宿费收费标准，各高校、区县教育局制订教育收费规范性文件110个。开展春、秋季规范教育收费检查及暗访，30余所学校存在违规行为；查处1起违规办班补课问题。抓好2011年教育收费专项督查整改，完成全部15个问题落实整改。

（四）加强招生监察工作

发布《关于上海市普通高校招生监察工作实施办法》，进一步规范本市各类招生监察工作。由各职能部门组成审核小组，严把所有高校招生章程核准关。抽查13区县469名体育特长生报名资格，对美术类阅卷中发现42张问题试卷开展会审核定，关注和指导31所高校专科层次依法自主招生监管工作。

（五）实施教育信息化公共服务平台建设工程

启动上海教育宽带网络基础设施提升工程，充分利用已建成的管线及光缆资源提升上海教育城域网服务能级，为具有高带宽应用与资源共享需求的各高校、各区县教育信息中心、各中职校及其他各级各类教育单位提供高速互联。

推进基于数字化课程环境建设和学习方式变革的探索，目前已有18所学校和语、数、外等10门学科开展试验，覆盖幼、小、初、高各个学段。“易班”大学生网络互动社区已达到“上海高校全覆盖”目标并开展沪外高校“易班”探索。重视网络与信息安全工作，开展全市教育信息系统安全检查。

（六）推进政府信息公开和政务服务

做好政府信息主动公开和依申请公开。在“上海教育”网新增主动公开文件类政府信息466条，较上年增加9.65％，全文电子化率达100％，政府信息公开专栏访问量238.3万人次。开设“2012年教育实事项目”专栏，主动公开由政府投资的教育实事项目信息63条；开设“全面落实教育改革和发展规划纲要”专栏，发布进展信息85条；开设“上海市教卫党委系统改革发展历程（2007—2012）”专栏，发布党政混合信息96条和390张图片。规范处置政府信息依申请公开，规范受理公民、法人或其他组织提出的政府信息公开申请，全年受理答复28件信息公开申请。

提高政府信息服务水平。通过“网上咨询”“主任信箱”等常设通道接受各类咨询14298次，其中网上咨询4645次、咨询电话接听8818次、当面咨询接待835次，公开回复网上信访431件。开展网上互动项目58项，参与者达12.3万人次。深化相关“政策解读”信息发布，累计公布各类政策解读95条。

推进中职院校信息公开工作。首次组织开展全市81家中职校信息公开和网站建设评议。6所中职校被评为全国中等职业学校百佳校园网站，10家中职校被评为全国中等职业学校优秀网站，48位中职业校教师被评为“全国中等职业学校优秀网站建设先进工作者”。

（七）开展教育行政审批制度改革

开展本市行政审批标准化示范试点建设。启动“教师资格认定”、“对学校组织优秀体育后备人才训练的许可”等6个审批项目标准化建设，编制业务手册和办事指南，形成近期市级教育行政审批标准化建设“2＋4”工作格局。

开展本市教育行政审批项目调整清理。落实国务院《关于第六批取消和调整行政审批事项的决定》精神，取消现有“中小学地方课程教材编写核准与教材审定”、“举办国际教育展览审批”2个审批项目；做好国务院下放的“自费出国留学中介服务机构资格认定”“开办外籍人员子女学校审批”等行政审批项目的接收、衔接和流程再造工作，按照法律规定增设“民办高等学校决策机构成员变更备案”审批项目。

指导区县做好教育行政审批事项目录清理。完成区县教育行政审批事项目录清理，市政府正式发布目录。指导区县做好“自有校车、租赁校车备案”行政审批流程设计，落实《校车安全管理条例》，报请市政府增列“自有校车、租赁校车备案”区县教育审批项目，市政府转发《上海市校车管理规定》，明确该项目审批条件和流程。目前，区县教育局行政审批事项经市政府确定为17项。

十六、大力推进依法治教，教育法制与政策研究有序开展

（一）稳妥开展教育立法工作

组织开展教育立法调研。在市人大、市政府法制办指导下，开展《上海市民办教育促进条例》、《上海市未成年保护条例》、《上海市公共场所外国语言文字使用管理规定》、《上海市教育评估暂行规定》、《上海市教育督导规定》等地方教育立法或修法调研工作。

做好教育行政法制工作。开展高校章程建设，筹备市高校章程审核委员会，形成本市高校章程建设指导性意见，召开高校章程建设动员大会，组织市属高校开展章程建设研讨交流，推进高校全面启动章程建设。调整完善本市中小学校校方责任险方案，完成新一轮中小学校方责任险投保、签约工作。编印《上海市终身教育促进条例》释义。组建市法学会教育法学研究会。

（二）妥善协调和处理行政诉讼

积极处理行政诉讼案件。协调处理上海科教技术进出口公司破产清算案，协助委属企业历史遗留问题办公室清理解决委属企业遗留的相关法律问题。

积极开展教育行政复议。有效解决有关当事人与教育行政部门及学校之间的法律纠纷，依法维护教师、学生、学校及区县教育行政部门的合法权益，起到法律和社会的双重效果。

协调申诉及其他法律事务。处理高校学生申诉11起及信访案件多起，有效解决各类矛盾争端；为区县教育局、高校及委内各处室提供法律咨询服务，协调妥善解决一批教育纠纷问题。

（三）开展本市教育改革发展政策研究

开展“建设现代学校制度”研究。通过研究现代学校制度基本内涵，分析学校管理现状及问题，对政府及学校建设现代学校制度提出对策建议，为完善深化大学章程建设提供决策参考。

开展“优化长三角教育资源配置”研究。由苏、浙、沪、皖教育厅（教委）合作，课题对长三角教育资源概况、各省市教育资源优势与特点及各省市优化教育资源配置实践探索进行总结，阐述国家与区域发展战略对优化教育资源需求、各省市经济和产业发展需求、区域和各省市社会发展带来需求、区域和各省市教育现代化产生需求，提出优化长三角教育资源配置政策建议。

开展“长三角区域性教育立法可行性”研究。通过研究我国区域性教育立法理论与实践，对长三角区域性教育立法客观条件和现实需求进行探讨，获取长三角区域性教育立法及可行性、可能性的第一手决策信息。

开展教育申诉制度研究工作。提出本市教育申诉立法总体规范设计、适用原则、适用范围、运作机制等。

（四）推进普法工作向纵深发展

组织参加全国法制动漫作品征集活动，本市各高校和中小学上报文艺表演作品71件。举办第四届“新沪杯”市中学生法律知识竞赛。举办第二届“紫竹园杯”市中学生优秀法制漫画作品征集活动，征集参赛作品近千份。开展上海市第二十四届宪法宣传周活动，联合市大学生普法志愿者总队举办大型宪法宣传活动，在全市10余所高校开展校园法制宣传。

十七、深化语言文字管理工作，促进语言文字规范应用

（一）开展语言文字规范制度建设

做好市中长期语言文字事业改革和发展规划纲要修订，组织专家修订上海中长期语言文字规划纲要，明确未来十年本市语言文字工作目标、任务和举措。承制外文译写国家标准，受教育部委托，继续做好研制《公共服务领域外文译写规范・英文》相关工作。

（二）依法促进语言文字规范使用

依法推进语言文字工作评估。指导嘉定、金山等区研究制订《上海市街镇语言文字工作评估标准》、评估操作流程和实施办法，指导宝山等区县开展街镇语言文字工作试点评估。继续推进高校语言文字工作评估，组织完成对上海海事大学等3所高校语言文字工作评估；研究制订《上海市高职高专院校语言文字工作评估标准》。

依法加强语言文字应用监测。指导区县语委以创建语言文字规范化“合格街区”“示范街区”为抓手，完善公共场所语言文字应用日常监测与执法工作机制。

（三）开展语言文字规范使用宣传

开展国家级和市级“规范汉字书写教育特色学校”创建，19所学校被评为国家级规范汉字书写教育特色学校，17所学校被评为市规范汉字书写教育特色学校。

开展语言文字诵读活动，推进本市“中华诵・经典诵读行动”试点，建立由10位专家组成的市经典诵读名师工作室，组织19次名师专家系列讲座，开展“中华诵・经典诵读行动”骨干教师教学成果汇报暨展示活动。指导各试点区县和学校探索有效的诵读载体和方式。推荐3名教师参加中小学经典诵读教育骨干教师国家级培训班。开展中华经典诵读系列活动和“学党史、颂伟人——上海高校红色经典诵读大赛”。组织全市中小学生参加2012全国中小学生作文大赛等活动，闵行、嘉定、奉贤、浦东等区县获月度奖。

（四）推进语言资源数据库建设

开展上海话有声资源数据库建设，全面完成12个调查点上海话发音人招募遴选，指导崇明调查组进一步开展数据整理、校验和补漏；督促浦西城区、金山、奉贤、宝山、松江等地开展有声数据现场采录。

各级各类教育

综　合　类

［政府信息公开］ 市教委新增主动公开政府信息 544 条，较上年增加 1.87%，全文电子化率达 100%。“上海教育”网站政府信息公开专栏访问量达 294.44 万人次。全年共受理政府信息公开申请 37 件，均已答复完毕。未发生针对市教委有关政府信息公开事务的行政复议、诉讼和举报、申诉案件。

加大对政府投资项目和重大建设项目的政府信息公开力度。开设“2012 年教育实事项目”专栏，主动公开由政府投资的教育实事项目信息 63 条；开设“全面落实教育改革和发展规划纲要”专栏，发布进展信息 85 条；开设“上海市教卫党委系统改革发展历程(2007—2012)”专栏，发布党政混合信息 96 条和 390 张图片。

推进部门预算决算和财政性资金信息公开工作。首次向社会主动公开经市人大审核批准的 2011 年部门决算信息和部门“三公经费”决算信息；继续做好 2011 年市级财政专项资金、2012 年部门预算信息和部门“三公经费”预算信息的主动公开工作。

优化英文专栏的信息公开，更新公开上海市各级各类教育学校外籍学生(包括各高校留学生)统计数据和上海市外籍人员子女学校的相关统计数据；开设“上海市外籍人员子女学校指南”专栏，向社会公众提供 20 所外籍人员子女学校、7 所外籍学生补习学校和 5 所上海学校国际部的基本情况。

推进中职院校信息公开工作，首次组织开展全市 81 家中职校信息公开和网站建设评议，6 所中职校被评为全国中等职业学校百佳校园网站，10 家中职校被评为全国中等职业学校优秀网站，48 位中等职业校教师被评为“全国中等职业学校优秀网站建设先进工作者”。

继续开展区县教育局政府信息公开和网站建设评议工作，推进市属高校开展学校信息公开年度报告工作，规范做好两委机关党政混合类信息公开工作。

（陈　琼）

［教育对口支援］ 教育系统继续突出智力支持优势，以援疆、援藏为重点，推进各项教育对口支援工作。全年接受对口地区教师、干部 7069 人在沪进修、挂职；选派第十二批 95 名优秀教师赴云南开展支教，实施新一轮 24 名中学教师赴新疆喀什支教工作，启动首批 10 名高校教师喀什支教讲学；新增位育中学承担内地新疆班办班任务，内地西藏初中班、高中散插班和新疆高中班办班学校达 18 所，共招收新生 1375 人，在校生规模达 4800 余人；继续安排新疆喀什地区就业定向招生计划，定向招生院校总数由 17 所增加到 25 所，录取新生 172 人；推进内地西藏中职班建设，启动实施内地青海果洛中职班项目，继续开展与对口地区中职学校合作办学，招收学生 2474 人，在沪就读学生规模为 2227 人；不断探索体制机制创新，杨浦区教育局和泽普县政府共建共管泽普五中、新疆未就业大学生在沪培养、在沪西藏籍高校毕业生就业推荐等工作得到落实。

（何　斌）

［督查督办工作］ 2012 年主要开展三方面督查督办工作。①开展教育重点事项督促落实。督促推进完成“新增 40 所幼儿园”、“在浦东新区和普陀、徐汇、宝山区建设 4 所市老年大学分校”、“为 150 所以招收进城务工人员随迁子女为主的民办小学建设综合实验室”、“建设 10 所学生体质健康监测中心”等 4 项 2012 年市政府实事项目。开展市政府重点工作的分解落实和跟踪督办工作，分解落实由市教委牵头承担的“全面实施本市中长期教育改革和发展规划纲要，加快推进国家教育综合改革试验区建设”的任务，细化形成《2012 年市政府重点工作节点目标安排表》，督促按照节点全面完成各项工作。②推进常规事项督办。全年按时完成 137 件市领导批示件的落实办理工作，完成 30 项委主任办公会议议定的“三重一大”工作事项的督办工作，完成 968 件基层请示件落实办理的督办工作。会同相关处室完成市委、市政府年度重点工作绩效考核自评和互评工作，实施各区县年度教育工作绩效考核工作。③完成专项任务督办。联合市教卫工作党委办公室完成市委督查室部署的各项决策督查以及督查调研

材料报送等任务，按时完成《督查专报》报送工作。完成市政府常务会议相关事项落实情况的督办报送工作。完成两委办公室确定的联合专项督查任务，明确督查事项，按季度开展专项督查，坚持“三项机制”，确保工作落实到位。

（陆黎英）

［办理市人大代表书面意见和政协委员提案］ 2012年，市教委共收到222件书面意见和提案，与上年221件持平，其中书面意见73件(上年82件)、提案149件(上年139件)。主合办件119件，占总量近54%，办理总量仍在全市承办单位中居前列。经过办理，由市教委主合办的119件的办理结果为：“解决采纳”99件，占83.2%；“正在解决”4件，占3.4%；“计划解决”5件，占4.2%；“留作参考”11件，占9.2%。

书面意见和提案的内容主要涉及学生身心健康、学生综合素养、进城务工人员随迁子女教育、教师队伍建设、培养经济社会发展所需人才、发展老年教育、扶持和规范民办教育、教育经费的投入与使用、招生考试改革等。经梳理，呈现教育仍然是关注热点、建议内容针对性强、办理过程协调要求高等三个特点。2012年，市教委对市人大十三届一次会议、市政协十一届一次会议以来主合办的275件书面意见和482件政协提案进行全面跟踪与梳理，对有进展和变化的办理件，向代表委员通报进展情况，许多代表委员近年来高度关注的难点热点问题有了良好进展，意见建议予以落实。

经市政府办公厅综合评定考核，市教委连续第三年被评为全市优秀办理单位。2012年市教委还被评为市政协十一届提案办理先进单位，市教委主任薛明扬在全市提案工作会议上作交流发言。

（陆黎英）

［深入推进国家教育综合改革试验区建设］ 3月3日，教育部和上海市人民政府共建国家教育综合改革试验区领导小组2012年工作会议在北京举行。教育部部长袁贵仁和上海市委副书记、市长韩正出席会议并讲话。经教育部和上海市协商，部市共建国家教育综合改革试验区2012年主要工作包括深化省级政府统筹高等教育管理改革等八个方面。一年来，经过各方共同努力，国家教育综合改革试验区建设持续深入推进。①深化省级政府统筹高等教育管理改革。强化市教育体制改革领导小组对全市教育改革的统筹领导，建立领导小组例会制度，全年召开15次专题会议。对在沪4所“985工程”高校共建配套经费中40%的政府引导性资金提出安排意见，引导其服务地方经济社会发展。加大对行业高校扶持力度，探索建立“政府统筹管理、行业企业参与、学校自主发展”的行业高校运行机制。②优化地方高校布局和学科专业结构。完善以省级政府为主管理高等教育的体制，合理设置和调整高等学校及学科、专业布局，自主审批设立实施专科学历教育以及专科升格本科的高等学校。实施高等学校创新能力提升计划，筹建26个“省级2011协同创新中心”和162个一流学科培育并申报3个面向区域发展的“国家2011协同创新中心”。③全面增强学校发展后劲与社会服务能力。④深入开展人才培养体系和模式改革。探索省级政府统筹管理区域内高等学校学位授予点改革、改革和完善博士生招生计划宏观管理、继续推进硕士专业学位人才培养模式改革、推进首批职业教育国际水平专业教学标准开发工作。⑤推进高校招生考试制度改革。完善高等学校招生名额分配方式和招生录取办法，自主安排高校招生计划。借鉴纽约大学招生特色和经验，研究制定上海纽约大学招生录取方案。⑥推进终身教育体系和学习型社会建设。完善“人人皆学、时时能学、处处可学”的终身教育体系，推动上海电视大学正式更名为上海开放大学，召开上海市学习型社会建设推进大会，成立上海终身教育研究院。⑦探索构建长三角教育联动发展机制。充分利用并发挥长三角区域经济社会发展的资源优势，促进长三角区域三省一市的教育科研资源共享和优势互补。⑧切实加大公共财政教育经费投入力度。落实国家对上海提出的公共财政教育支出占地方公共财政支出15%的指标和要求，以教育优先投入保障教育优先发展，2012年全市公共财政教育支出约700亿元，比上年增加约30%。

（张　兴、龚　晋）

［落实国家和上海市教育规划纲要］ 一、《上海市教育改革和发展“十二五”规划》全面启动实施。按照全市“十二五”规划编制工作的统一部署，市教委严格按照规划编制程序要求，历经两年完成了上海市教育改革和发展“十二五”规划的起草编制工作，并报市政府审定。1月31日，市政府印发《上海市教育改革和发展“十二五”规划》，上海教育“十二五”规划正式颁布实施。

二、国家教育综合改革试验区建设持续深入。3月3日，教育部和上海市人民政府共建国家教育综合改革试验区领导小组2012年工作会议在北京举行。会后，教育部办公厅和上海市政府办公厅联合印发会议纪要。一年来，上海教育事业多项工作取得新的突破。

三、“10＋10＋27”项目顺利推进。落实“10＋10＋27”项目经费保障，明确项目运行资金安排。根据“十二五”期间上海实施上海教育规划纲要市级专项资金安排方案，安排“十大工程”专项资金140亿元用于教育重点发展与改革项目(覆盖“10＋10＋27”项目)。建立“10＋10＋27”项目跟踪管理信息平台，形成进展情况月报制度，对各试点项目进行跟踪管理。开展推优荐优活动。对上海承担的27项国家教育体制改革试点项目进展情况进行梳理汇总。参加国家教育体制改革领导小组办公室推进教育体制改革工作专题会议并介绍上海教育改革先进典型和教改经验。全市围绕推进27项国家教育体制改革试点项目，共召开161次会议，出台相关政策文件52项，报送典型经验27项。

四、对全市教育改革和发展的统筹领导进一步加强。进一步深化和完善教育管理领导体制和决策机制，市教育改革领导小组围绕“2012年本市财政教育经费安排方案”、“加强校企合作，提高高等教育、职业教育质量”、“本市高校学生公寓建设和管理”、“深化上海市基础教育课程改革”等议题召开了15次专题会议，推动了上海教育改革和发展。7月8日，国务委员刘延东在一份教育体制改革简报上批示：上海的教改工作之所以在原有基础上又有较大突破与发展，与其加强领导，健全教改领导体制机制有直接关系。

五、向市人大常委会汇报教育规划纲要实施情况。7月，市教卫工作党委书记、市教委主任薛明扬在市人大常委会上向各位委员全面汇报上海市中长期教育改革和发展规划纲要实施情况。

(张　兴、龚　晋)

[编制实施高等学校设置“十二五”规划]　结合上海教育事业发展实际情况，市教委制定《上海高等学校设置“十二五”规划》(以下简称“规划”)，已由市政府报教育部备案并开始实施。规划分为五个部分。①“十一五”期间上海高校设置与发展情况。“十一五”期间，上海严格按照国家有关文件精神，立足经济社会发展全局和人民群众的需求，适应高等教育从以规模扩张为基本特征的外延性发展向以提高质量为核心的内涵式发展的转变，结合率先进入高等教育普及化阶段的新形势，统筹规划高等学校的设立、变更及终止，在高校设置工作方面取得了一定的成绩。一是高等学校数量基本稳定，办学效益不断提高。二是高等学校结构进一步优化，办学实力不断提升。三是高等教育财政投入增加，办学条件不断改善。②“十二五”期间上海高校设置的背景。“十二五”是全面落实国家和上海市中长期教育改革和发展规划纲要的关键时期，是上海加快经济发展方式转变、调整产业结构、推动城市转型发展，为基本建成“四个中心”和社会主义现代化国际大都市奠定基础的攻坚时期，也是深化高等教育管理体制改革，推进高等教育科学发展的重要时期。在新的历史起点上，如何加大高等教育改革的步伐，提高高等教育质量，保持在全国的领先地位，对上海高校设置工作，提出新的要求和挑战。一是国家教育发展战略及上海经济社会发展对高校设置工作提出了新要求。二是部市合作共建国家教育综合改革试验区为上海高校设置工作提供了新契机。三是高等教育国际化进程加快对上海高校设置工作提出了新挑战。四是财政性教育经费的跨越式增长为上海高校设置工作提供了新保障。③“十二五”期间上海高校设置的总体思路。高校设置工作要贯彻落实党的十八大会议精神，以邓小平理论、“三个代表”重要思想为指导，贯彻落实科学发展观，按照“创新驱动、转型发展”的要求，围绕加快转变经济发展方式这条主线，以服从、服务于国家和上海经济社会发展为宗旨，以改革创新为动力，优化高等教育布局与结构，显著提升上海高校人才培养、科学研究、社会服务和文化传承创新的水平。坚持统筹规划，合理布局。坚持服务国家，服务区域。坚持分类指导，支持特色。坚持改革创新，率先发展。高校设置工作的主要目标是：力争在“十二五”末基本构建一个“规模稳定、结构合理、质量提升、效益显著”的高等学校发展格局，使上海高等教育的类型更多样、体系更完善、更富竞争力。全市高校数量基本控制在100所以内。其中，普通高校的规模稳定在80所左右。④“十二五”期间上海高校设置的主要内容。主要包括7个方面：一是新设上海纽约大学。二是新设上海科技大学。三是推进上海开放大学建设。四是支持符合需要与条件的若干本科院校更名为“大学”。五是支持符合需要与条件的若干职业院校升格。六是开展独立学院转设工作。七是探索建立高等学校退出机制。⑤规划实施保障措施。一是组织保障。强化市级统筹，发挥上海市教育体制改革领导小组的决策、协调作用，明确各职能部门的职责分工。二是制度保障。完善高校设置科学决策制度，完善高

校设置的审批制度和备案制度，规范高校设置的工作程序。三是经费保障。加大公共财政投入力度，拓宽经费来源渠道，提高高校自身筹资能力。

（张　兴、龚　晋）

[部市合作共建上海财经大学] 5月14日，教育部、财政部、上海市人民政府在沪签署共建上海财经大学协议。教育部部长袁贵仁，上海市委副书记、市长韩正，财政部副部长张少春代表三方签署协议并讲话。根据共建协议，教育部将在经费投入、政策扶持、学科建设、人才培养、科学研究、师资队伍建设等方面加大对上海财经大学的支持力度。财政部将支持上海财经大学参与国家财政经济领域重大科研项目的研究和决策咨询工作。上海市将支持学校更加广泛地参与上海经济建设和社会发展，并在人才引进、毕业生就业、办学条件改善、校园建设与规划、国家大学科技园建设等方面给予必要政策支持。教育部部长助理陈舜，财政部部长助理余蔚平等出席签字仪式。

（张　兴、龚　晋）

[筹建上海科技大学] 4月28日，教育部正式致函上海市人民政府和中国科学院，批准筹建上海科技大学。6月25日，上海市政府批复同意正式启动上海科技大学建设工作。推进筹建上海科技大学各项工作全面展开。①明确管理体制和机构设置。7月26日，大学筹建领导小组会议审议决定，学校治理结构和依法办学自主权由学校章程确定和保障；学校建立校务委员会，由上海市、中科院、学校有关人员和社会有关人士组成，校长由校务委员会提名，上海市人民政府任免；学校不设行政级别。学校建立校院二级管理体系，成立执行委员会，在学校正式成立前，代行学校管理班子的职能。设立物质科学与技术学院、生命科学与技术学院、信息科学与技术学院和创业与管理学院。成立上海免疫化学研究所和iHuman研究所。②教师队伍建设。学校启动海内外公开招聘高水平师资工作，已聘请中科院系统外教授多人，其中两个研究所已签约正教授6人，包括诺贝尔奖获得者1人，美国三院院士1人等国际著名科学家。学校同时开展中科院系统内第一批教师的聘用工作。③人才培养模式。制定并完善本科生、研究生培养方案。经教育部同意，学校与中科院上海分院各研究所合作2013年联合招收硕士生300名，招生工作顺利开展。学校拟设立本科专业9个，设置一级学科博士点23个，专业学位硕士点2个，涉及理、工、医、经、管学科门类。学校基本完成研究生培养方案、本科生培养方案设计。④教育经费保障。10月，市财政局会同市教委批准学校执行综合预算管理制度，实施办学经费的“统收统支”。⑤校园建设。上海科技大学校园建设被列入市政府重点建设工程，市发展改革委批复校园建设规模约为59万平方米，投资额约为35亿元。12月28日，学校举行校园奠基仪式，正式启动建设。

（张　兴、龚　晋）

[实施高等教育基本建设规划] 市教委会同市发展改革委、市财政局等相关单位调研并编制《上海市市级教育“十二五”基本建设规划》，该《规划》涵盖上海市属公办高校（含行业高校）、委属学校及直属单位基本建设项目，将为“十二五”期间市级教育基本建设项目实施提供依据。

项目审批及资金落实情况。围绕内涵基本建设项目、学生公寓建设等高校急需实施的建设项目和重点工作，截至年底，市教委向市发展改革委报送的市级教育基本建设项目共43个，项目总建筑面积约200余万平方米，其中获批项目25个。下达拨付上海国际舞蹈中心、上海师范大学教师教育实验实训基地、上海体育学院中国乒乓球学院、上海出版印刷高等专科学校浦东新校区迁建及上海医疗器械高等专科学校浦东新校区迁建等5个建设项目市级建设财政资金3.6355亿元。

重大建设项目实施情况。贯彻落实中共中央关于推动文化事业发展的精神，在项目管理体制、机制实现创新，以上海戏剧学院附属舞蹈学校为建设主体实施上海国际舞蹈中心建设项目。提升高等教育教学及科研水平，探索高水平研究型大学办学新模式，启动实施上海科技大学浦东新校区建设项目。支持职业教育事业发展，上海出版印刷高等专科学校和上海医疗器械高等专科学校浦东新校区建设项目12月底正式奠基，进入实质性建设工作阶段。

实施基础教育设施建设规划项目。“十二五”期间，全市拟实施基础教育设施基本建设项目1042个，项目总建筑面积约1143万平方米。规划项目包括大型居住区基础教育设施配套项目、商品房公建配套项目、新城教育配套项目、教育资源薄弱地区补建项目、教育系统建设项目。截至年底，全市基础教育基本建设规划项目累计竣工总建筑面积178.59万平方米，竣工项目228个。2012年新增学校84所，累计新增学校163所。基础教育共开工项目210个（含2011年接转项目），其中竣工项目111

个,在建项目99个。市政府实事项目“新增40所幼儿园”与2012年市政府重点工作“新增30所中小学”全部按计划完成建设。

(顾满锋、邱仲杰)

[实施中小学校舍安全工程] 截至年底,全市校安工程竣工项目总建筑面积386.39万平方米,累计总投资64.84亿元,累计减免建设基金、收费总金额10768万元。为了确保校安工程工作质量,组织各区县校安办开展“回头看”专项调查,围绕工作中存在的薄弱环节和审计发现的主要问题,加大督办和整改力度,形成“回头看”专项总结报告及时报全国校安办。组织专项技术培训,结合校安工程项目不同阶段资料特点,重点推进非上海市属、非教育系统的中小学(含中职学校)校舍信息录入、完善工作。截至年底,录入1540所中小学校校舍基础数据。组织各区县编制、实施《上海市中小学校舍更新、加固改造工程(2012—2014年)》三年规划,规划总投资约30.9亿元。组织各区县上报精选案例,制定完成《上海市中小学校舍安全工程精选案例》,其中静安区市西中学、黄浦区向明中学西校区、杨浦区延吉初级中学等3个案例入选全国校安工程精选案例。

(顾满锋、张玲燕)

[新一轮上海高校特聘教授岗位计划] 在总结前期试行上海高校特聘教授(东方学者)岗位计划工作的基础上,2012年起,市教委实施新一轮上海高校特聘教授(东方学者)岗位计划。新的岗位计划进一步聚焦海外增量人才的引进,提高了“东方学者”岗位计划的入选标准,加大了资助力度,对特聘教授每个岗位资助100万元/三年,对讲座教授每个岗位资助40万元/三年;新增了“东方学者”岗位跟踪计划,对少数在聘期内工作成绩突出、发展潜力较大、聘期已结束的东方学者给予继续资助,给予特聘教授同等待遇。通过“上海教卫人才网”平台开通了东方学者岗位计划和跟踪计划网上申报系统,共有272人和3个团队申请东方学者岗位计划,38人申请跟踪计划。经过形式审查和专家评审,共有79人入选东方学者岗位计划,其中,市属高校51人,部属高校28人;特聘教授64人,讲座教授15人。11人入选东方学者跟踪计划,其中市属高校7人,部属高校4人。

(朱晨光)

[加强高校青年教师系统化培养] 市教委根据青年教师的成长规律和发展需求,有针对性地实施有关人才计划,加强青年教师系统化培养,为青年教师的成长成才创造了良好条件。一是实施高校青年教师培养资助计划,帮助新进高校的青年教师开展教学和科研启动工作。全年共资助35周岁以下且进高校工作不满两年的教师932人,给予每人3.5万—5万元经费开展教学和科研启动工作,资助期两年。二是实施上海高校教师国内访问学者计划,资助上海高校青年骨干教师赴国内高水平大学重点学科领域进修。全年分两批共资助457人,资助经费2171万元。三是实施上海高校教师国外访学进修计划,选派一批具有较大发展潜力的优秀中青年教学、科研和管理骨干教师到国外高水平大学、科研机构访学进修。全年分两批共资助885人,资助经费10144.5万元。四是实施上海高校教师产学研践习计划,鼓励和推进高校教师利用多种形式前往企业、科研院所、政府等单位参与研发、工作或实习。全年分两批共资助895名教师和39个产学研基地,资助经费5015万元。

(朱晨光)

[中小学教师资格制度改革] 中小学教师资格制度改革旨在提高教师职业准入门槛,强化准入人员的基本素质和教育教学能力要求,建立教师专业发展的长效机制,实现教师资格制度与教师聘用制度的有效衔接。上海中小学教师资格制度改革包括教师资格考试改革、建立定期注册制度、见习教师规范化培训。

资格考试实行国家统一命题、统一考试。上海积极推进考点建设和考官培训。在全市17个区县和部分高校设立考点,每个考点的管理、技术等相关人员都参加了培训,考点布局基本完成。同时建立由中小学骨干教师组成的约500人的考官队伍,并进行了相关培训。

资格定期注册是对取得教师资格者的定期核查。首次注册后,每5年注册一次,注册期内,须完成规定的教育教学工作以及进修等任务。经注册后,方可在中小学按照教师资格类别从事教育教学工作。注册工作采取先试点后全面推广的办法。目前,试点工作进展顺利,正处于总结阶段。

见习教师规范化培训是上海在教师资格制度改革中的一项制度创新。其内涵主要是:师范院校或其他高等院校的毕业生,在取得教师资格、被中小学聘用后,相对集中在一些教学与教研比较规范有序、指导与带教力量较强、教学质量较高的学校里，由专门指导教师带教进行见习，帮助认识与适应教师角色，形成教学行为规范。经过试点，成效明显。从2012学年起，在全市17个区县全面实行。

（李　捷）

［实施第三期“名校长名师培养工程”］　市教委组织实施第三期“上海市普教系统名校长名师培养工程”(以下简称“双名工程”)。建立13个名校长培养基地和49个名师培养基地，基本做到全学科覆盖、全市17个区县覆盖。共有正、副主持人105人，在一、二期“双名工程”中担任主持人的占54%，应邀参加第三期培养工作的专家共500余人。本期学员共计818名，校长基地学员136名，学员平均年龄为42.4岁，男性占26.7%，女性占73.3%；教师基地学员682人，学员平均年龄为38.5岁，男性占29.4%，女性占70.6%。

第三期“双名工程”的培养周期为五年，培养内容主要包括通识培训和基地培养。对于通识性的师德修养、职业价值、综合素养、教育理念、前沿理论等，由大学开展集中培训。基地培养突出学员的主体性，采用互动参与的任务式培训，在导师指导下，学员自主学习、研制计划、参与实施，完成任务、形成报告。同时，要求学员开展岗位实践，深入参与本校的教育教学科研改革工作；积极鼓励学员进行教育硕士专业学位的研读。

第三期“双名工程”注重规范管理，专业引领，一是成立专家指导团队，分设基地指导组和学科管理组；二是组建基地通讯员队伍；三是开设“双名工程”网络管理平台；四是在《上海师资培训》杂志上增设“双名视窗”栏目。

（杨　洁）

［创建教师专业发展学校］　市教委于5—6月启动新一轮教师专业发展学校创建工作，凸显两大功能：一是“肩负双重任务”，既培养学生，又培养教师，让学生和教师成为学校发展中心，实现学生、教师、学校三方的共同发展。二是开展教师专业发展指导，提供有效、实用的方法，帮助教师克服认知专业发展的瓶颈，得到符合其特定发展阶段需求的个性化专业发展指导。

教师专业发展学校是在原有学校建制内，拓展学校功能，集大学教授、专家学者、中小学教师等优质资源，将职前培养与职后培训紧密结合，形成教师专业发展的良好文化氛围，更好地研究解决教育的现实问题，实现中小学教师的培养与可持续发展。在实际运作中，市区两级教育行政部门投入专项资金，同时，激励区县给予教师专业发展学校以编制和职称等方面的政策倾斜，确保其正常运转。

上海现有114所市级教师专业发展学校，均匀分布在全市17个区县，高中36所、初中23所、小学29所、幼儿园25所、特殊教育1所。同时各区县结合实际开展本区域的教师专业发展学校建设，市区联动初步建立了教师专业发展学校制度。

（杨　洁）

［落实教育重大项目资金保障］　根据2010年全市教育工作会议精神，以及《上海市中长期教育改革和发展规划纲要(2010—2020年)》要求，“十二五”期间市级财政计划安排140亿元专项资金用于“十大工程”建设，其中2012年安排30亿元。4月，经市教育体制改革领导小组专题会议审议，原则同意2012年上海教育经费安排方案，包括《上海市中长期教育改革和发展规划纲要(2010—2020年)》“十大工程”的专项资金安排。10月，市教委和市财政局向市政府报送《关于申请〈上海市中长期教育改革和发展规划纲要(2010—2020年)〉“十大工程”专项资金的请示》，经市政府批准，完成“十大工程”30亿元专项资金的拨付工作。

主要安排情况：①支持“十大工程”项目实施。城乡基础教育一体化建设工程、职业教育示范校和能力建设工程、地方高校内涵建设项目、教育信息化公共服务平台建设工程、市民终身学习促进工程、学生实践和创新基地建设工程、学生健康促进工程等。②支持教育综合改革重点试验项目实施。改革招生考试制度试验、促进民办教育规范特色发展试验、完善非上海市户籍常住人口教育保障机制试验、探索区域教育协作新机制试验等。③支持27项国家教育体制改革试点项目实施。完善政府学前教育公共服务职能、均衡配置义务教育资源、创新区域教育内涵发展机制、改革义务教育教学质量综合评价办法、开展地方政府促进高等职业教育发展综合改革试点、创新政府、行业、企业高职院校办学体制机制、扩大并完善免费师范生教育、探索中小学校长职级制度改革、开展教师资格制度改革试验、探索建立拔尖创新人才培养基地、探索营利性和非营利性民办学校分类管理办法、完善民办学校财务会计和资产管理制度、建立公共财政资助体系、省级政府教育统筹综合改革、创新教育公共治理结构、完善教育公共服务体系和整体规划大中小学德育课程等。④支持其他教育重大项目实施。高校学生伙食价格长效调控准备金、高校学生伤害事故校方责任综合险、高校既有建筑节能改造工程和中小学幼儿园出入口视频监控系统建设等。

（杨雁俊）

[提高地方公办高校生均公用经费拨款定额标准] 经市政府常务会议审议通过，自2013年起适当提高上海市地方公办高校生均公用经费拨款定额标准。本次高校生均公用经费拨款定额标准调整，主要考虑教育质量提高、学生综合素质培养、物价变动，以及优化拨款结构等因素。上海市地方公办高校生均公用经费拨款定额标准，由基本拨款定额和办学补贴两部分组成。基本拨款定额标准按照学校类别每生每年分别由原综合理工类4012元、文科类3197元、艺术类5895元、医科类5243元、体育类4458元分别提高到综合理工类8010元、文科类6300元、艺术类13347元、医科类11297元、体育类9385元。办学补贴标准按每生每年由原远郊办学补贴394元、多校区办学补贴315元分别调整为近郊校区办学补贴300元、远郊1类校区办学补贴500元、远郊2类校区办学补贴800元。近郊包括浦东、宝山、嘉定校区，远郊1类包括浦东（原南汇）、松江校区，远郊2类包括奉贤、临港校区。

（杨雁俊）

[推进财政教育支出绩效评价] 市教委加强项目绩效的常态管理，推进市属高校财务管理绩效评价，逐步扩大财政教育支出绩效评价范围，开展绩效自评价，提高财政资金的使用效益。①做好财政教育支出绩效评价。3个项目列入市财政的绩效评价范围，具体为：2011—2012年度职业教育布局调整项目；2011—2012年度《上海市中长期教育改革和发展规划纲要（2010—2020年）》“十大工程”启动资金（地方高校内涵建设）；2011—2012年度发展义务教育专项。针对绩效评价反馈结果反映的问题与建议，市教委研究整改方案，并督促相关学校落实整改措施。同时，市教委进一步推动市级财政专项资金绩效目标跟踪评价试点工作。按照市财政局的要求，在以往工作的基础上，继续做好上海海洋大学专项经费支出跟踪评价。②开展市属高校财务管理绩效评价。市教委组织开展2011年委属高校财务管理绩效评价。一是结合财政、审计部门对财务管理的新要求，将财政专项资金和会计年报的审计结果等内容调整为常规的绩效评价指标。二是确定包括预算编制、预算执行、年度决算、专项经费管理、综合管理等5个一级指标，确定包括项目库管理、部门预算完成率、决算报表质量、内控制度等18个二级指标。从绩效评价结果来看，总体情况比上两年有较大进展，23所学校综合得分均在80分以上。③开展财政教育支出绩效自评。市教委组织开展5个专项的绩效自评价工作，涉及资金约31亿元，并委托有资质的第三方评估机构开展评价。具体项目为：高校化债专项资金项目、农村学校委托管理经费项目、大学生体育中心补助经费项目、高校信息化项目建设经费项目和高校专用设备购置经费项目。市教委制定“教育专项绩效评价自评工作方案”，根据评价报告提出的建议，与相关学校或单位沟通落实整改，加强对绩效评价结果的应用。

（宋懿琛）

[实施义务教育学生营养改善计划] 为逐步改善上海农村家庭经济困难学生营养健康状况，根据《国务院办公厅关于实施农村义务教育学生营养改善计划的意见》，7月10日，市政府办公厅颁布《关于本市实施义务教育学生营养改善计划的意见》，决定实施义务教育学生营养改善计划。结合上海目前存在营养缺乏和肥胖（超重）共存的状况以及部分学校学生就餐环境和食品安全工作尚需加强的问题，重点实施营养缺乏学生营养补助计划、肥胖（超重）学生科学膳食指导计划、学生餐厅改善计划和学生食品安全质量保障计划等四项计划。

在营养缺乏学生营养补助计划方面，为确保义务教育学生营养改善计划开展，市教委会同市财政局印发《关于印发〈上海市义务教育学生营养改善计划实施办法〉的通知》，明确对在义务教育阶段公办学校（含政府购买学位的民办学校）就读的上海户籍农村家庭（父母一方或父母双方为农业户口）学生、城市低保家庭学生（含特殊困难家庭学生）提供免费营养午餐。免费营养午餐标准在市物价局核定的中小学生午餐收费标准范围内，由学校根据学生午餐供应的实际价格给予免费供餐。免费营养午餐专项资金按照本市现行的财政教育管理体制，由市、区县两级财政予以保障落实。经统计，上海共有17个地方试点县实施营养改善计划，合计安排资金8441万元用于营养改善计划。2012年底本市共计139031名学生享受营养改善计划，其中小学生71165名，初中生67866名。

在肥胖（超重）学生科学膳食指导计划方面，5—

7月，市教委委托上海市儿科医学研究所、新华医院、仁济医院和上海交通大学医学院营养系，对全市所有中小学校和托幼机构的卫生教师开展学校营养健康专题培训，内容包括营养基础知识和健康饮食、学校午餐营养标准和健康食谱设计和学生肥胖的综合干预三大部分。9月，市教委在全市范围内开展中小学校营养试点干预工作，每区选择小学和初中各1所作为试点。10月，市教委联合市卫生局，在金山区金山小学召开学生肥胖干预现场推广会，通过阳光体育活动现场展示、参观营养角和宣传栏、专家讲座等多种途径，为各试点学校现场推广有效的干预模式，以促进学生健康成长。

（张　茜）

［实施残疾学生免费教育］ 经市政府批准，从9月1日起，对上海市基础教育阶段残疾学生实施免费教育。

免费范围和对象：①在上海市各类公办、民办特教幼儿园、特教学校学前班、普通幼儿园特教班、随班就读，并持有上海市残联颁发的《中华人民共和国残疾人证》（简称《残疾人证》）或《阳光宝宝卡》的适龄残疾儿童。②在上海市各类公办、民办义务教育、高中阶段特教学校，各类普通义务教育学校、普通高中、综合高中、中等职业学校特教班、随班就读，并持《残疾人证》的适龄残疾学生。

免费内容和标准：①学前教育阶段。免幼儿园保育教育费、伙食费。免费标准参照市财政局、市教委、市民政局印发的《关于对本市经济困难家庭适龄幼儿实施学前教育资助的通知》执行。②义务教育阶段。免学杂费、课本和作业本费，以及课外教育活动费。免费标准参照市教委印发的《关于调整本市中小学学杂费标准的通知》以及市教委、市物价局、市财政局印发的《关于进一步规范本市义务教育阶段学生代办服务性收费管理有关事项的通知》执行；免伙食费。免费标准以学生所在学校实际伙食费为准（含寄宿生早餐及晚餐）；免住宿费。免费标准按照物价部门批准的标准执行，学校收费低于物价部门标准的，按所在学校住宿费收费标准执行。③高中阶段。普通高中残疾学生免学费、课本和作业本费，同时发放生活补贴。免费标准参照市财政局、市教委印发的《关于对普通高中家庭经济困难学生实施国家资助制度的意见》执行；普通中等职业学校（全日制公办与民办特殊和普通中专、职业学校、技工学校、综合高中）残疾学生免学费、课本和作业本费，同时发放国家助学金。免费标准参照市教委、市财政局印发的《上海市全日制普通中等职业学校对农村、海岛家庭学生涉农专业学生实施免费教育的实施细则》执行。同时，对上述普通高中和普通中等职业学校的寄宿制特教学生免住宿费，其标准按照物价部门批准的标准执行，学校收费低于物价部门标准的，按所在学校住宿费标准执行。

（俞文达）

［调整中等职业学校生均公用经费拨款定额标准］ 经市政府批准，市教委和市财政局联合印发《关于提高本市公办中等职业学校生均公用经费拨款定额标准的通知》，调整上海市公办中等职业学校生均公用经费拨款定额标准，并从2013年1月1日起实施。

调整标准如下：①商贸与旅游、财经、社会公共事务类专业，拨款定额标准为2250元。②土木水利工程、交通运输、信息技术类专业，拨款定额标准为2400元。③文化艺术与体育b类专业，拨款定额标准为2550元。④农林、资源与环境、能源类，拨款定额标准为3000元。⑤加工制造类专业，拨款定额标准为3150元。⑥医药卫生类专业，拨款定额标准为3300元。⑦文化艺术与体育a类专业，拨款定额标准为6700元。中等职业学校生均公用经费定额的拨付，采用“分段定额级差拨款办法”。资金来源按原渠道分别列入市、区两级财政预算。

（俞文达）

［普通高校专科层次招生考试改革］ 部分普通高等学校专科层次依法自主招生工作进行了改革。①普通高校专科层次依法自主招生录取。专科依法自主招生首次使用高中学业水平考试成绩录取考生，共有31所高校参加专科层次依法自主招生，招生计划9782名。考试报名考生20131人，其中：高中学业水平考试成绩齐全的考生5208名，不全的622名；三校生14300名。使用高中学业水平考试成绩录取考生3497名，录取历届生459名，录取三校生5909名（录取随迁子女107名），共录取考生9865名。②普通高校专科层次依法自主招生政策改革。市教委在招生政策中增加运用高中学业水平考试成绩录取的应届高中生的报名条件、考试办法、录取工作等相关政策，使得整个考试录取顺利进行。③普通高校专科层次依法自主招生考务改革。在市教委的统一部署下，专科层次依法自主招生的31所学校由上年的4组组合成了2组，实行大组考试试

卷的统一。

（俞冶论）

［高校学生学籍学历管理］ 上海市（春、秋季）高等教育学历证书电子注册共312006人，其中研究生32340人（博士研究生4163人、硕士研究生28177人）；普通本专科生137804人（本科生84116人、第二学士学位78人、专升本3511人、专科生50099人）；成人本专科生139721人（含网络教育生37110人、电大注册视听生23410人）；外国留学生2141人。全市高校录取新生185603人，报到入学175865人，报到率为95.99％，其中研究生录取新生42301人，报到入学41571人，报到率为98.27％；普通本科录取新生90102人，报到入学87509人，报到率为97.04％；普通专科（高职）录取新生51992人，报到入学45707人，报到率为87.86％。放弃入学资格8878人，保留入学资格104人，取消入学资格4人。全市普通全日制高校在校生人数为628362人，其中：研究生116447人，本专科生511915人；其中：注册学籍622026人，暂缓注册1149人，保留学籍1744人，休学3443人。本年度学籍变动78475人，其中：跳级259人，留级1452人，降级4608人，转学（入）380人，转学（出）396人，转专业68629人，复学1046人。本年度退学2826人，其中本人自动退学1110人，自费留学580人。本年度共有328人受到违纪处分。有43名学生死亡。高校学生申诉案件共有12起。经市教委复核，维持学校处分决定11起、撤销学校处分决定1起。

（金伟民）

［高校帮困助学］ 全市高校家庭经济困难学生共有89943人，占在校生的17.54％，其中家庭经济特别困难有51203人，占在校生的10％。年内，共141万人次获得10.4亿元各类资助。其中，中央财政投入约16757.74万元，市财政投入约31194万元，高校投入约31278万元，金融机构办理国家助学贷款共18177.34万元，企事业团体个人等助学5388.5万元，其他资助1640.67万元。100％的家庭经济困难学生通过不同方式获得资助。

全市高校共向17800多名学生发放了291万元的返乡路费补助。向23800多名学生发放价值382万元的保暖衣服，向13400多名学生发放了271万元冬令补助。共安排6000多个勤工助学岗位，学生勤工收入482万元。共走访3700多个家庭，发放价值约12.8万元的慰问品。共有26所高校安排了27场集中慰问活动，市教委专门安排60万元发放困难学校新春慰问金。

春季学期上海市地方高校国家助学金总额为8223.6万元，但根据各高校上报的实际需求为8598.8万元，超出国家下达计划375.2万元。市教委通过增加地方财政资金，超国家计划下达了国家助学金，使所有经济困难学生都能享受国家助学金，确保了中央提出的应助尽助的目标。全市共有9177学生通过“绿色通道”跨入校园。

2011—2012学年，共计3万多人获得1.8亿元的国家助学贷款，共有2000名学生获得国家奖学金，1000名学生获得上海市奖学金，17392名学生获得国家励志奖学金，94884名学生获得国家助学金。

（周红星）

［高校毕业生就业工作创新基地建设］ 经综合材料评审、现场答辩、第三方调查评估、专家实地调研和专家组评审等一系列环节，10月下旬，高校就业工作创新基地评估结果正式公布。重点项目中职业生涯发展教育方向分985/211院校、老本科院校、新本科院校、高职高专院校四组，分别立项了“职业（生涯）发展云支持体系”、“基于人岗匹配的大学生职业生涯发展教育体系建设”、“应用型高校职业生涯教育提升体系建设”、“职业生涯规划为导向的全程化人才培养模式研究与体验式课程教育实践探索”4个重点项目；就业信息化服务方向分四组，设立“高校毕业生就业状况与质量跟踪的立体化指标体系研究及多维度分析系统建设”、“老本科高校就业信息化服务协作平台的开发与应用”、“新本科院校就业信息化服务与成果展示共享平台”、“上海市高职高专院校学生职业发展信息化服务系统”4个重点项目。8个重点项目，近50所高校参与。鼓励毕业生基层就业和特殊困难群体就业帮扶，以及就业工作国际化探索两大年度特色专题，设立了7个项目。创新基地全面推进工作中，15所院校新获评创新基地，30个已有创新基地中期检查全部合格。全年共下达年度建设资助经费800万元。

（魏圣君）

［高校毕业生就业］ 2012年，全市高校毕业生共有17.8万人，同比增加0.3万人，增幅1.7％，其中，毕业研究生3.7万人，增幅15.6％；本科毕业生9.0万人，增幅3.4％；高职高专毕业生5.1万人，降幅8.9％。上海高校毕业生总体就业率为95.95％，

同比增加 0.27%,实际就业人数增加 5000 余人。其中,不同学历层次的就业率分别是研究生 95.73%,本科生 95.53%,专科(高职)生 96.82%。

2012 年,非上海生源毕业生人数首次超过上海生源。非上海生源毕业生达到 8.7 万人,上海生源 8.4 万人。非上海生源就业率 95.56%,上海生源就业率 96.36%。共收到非上海生源高校毕业生落户申请 2.4 万余份,比上年申请总量增加 3%,已核准办理户籍 1.6 万余人,同比基本持平,支边支内等各类政策照顾近 1500 人。

(魏圣君)

[成人高校招生] 2012 年,在上海招生的成人高校共 74 所,其中上海市成人高校 65 所,外省市成人高校 9 所。录取人数 57063 人,完成招生计划的 97.3%。上海首次执行成人高校招生一次报名、二次志愿确认的改革。网上志愿二次确认,全市共有 1044 名考生更改了学校志愿。

(周红星)

[试行招收插班生、专升本新生] 根据普通高校申报,经市教委审核,全年共批准复旦大学、上海交通大学、同济大学、华东师范大学、华东理工大学、上海大学、上海理工大学、上海工程技术大学、上海海事大学、上海海洋大学等 12 所本科院校进行招收插班生工作的试点,确定招收插班生总计划数为 363 人,报名人数 3195 人。实际录取 325 人。

根据普通高校申报,经市教委审核批准上海理工大学、上海海事大学、上海电力学院、上海应用技术学院、上海海洋大学、上海中医药大学、上海师范大学、上海对外贸易学院、华东政法大学、上海工程技术大学、上海立信会计学院、上海电机学院、上海金融学院、上海政法学院、上海第二工业大学、上海商学院、上海杉达学院、上海建桥学院等 18 所本科院校参加“专升本”招生试点,并确定“专升本”招生总计划数为 3130 人,报名总数为 7833 人。实际招收 3034 人。

(周红星)

[高校一流学科建设] 市教委在总结、梳理以及衔接原有的重点学科、重点研究基地、创新团队建设等专项的基础上,以“国家急需、世界一流”为根本出发点,提升高校人才、学科、科研三位一体的创新能力,全面提高高等教育质量。一流学科建设以体制机制改革为重点,以创新能力提升为突破口,探索跨学科融合协同创新的新模式、学术国际合作的新途径、与国际接轨的师资队伍建设新机制,推进若干学科成为具有国际重大影响的学术高地。

按照一流学科建设计划方案要求,委托专门机构和组织专家对 174 个申报学科(其中 A 类学科 25 个,B 类学科 149 个)进行遴选,最终 161 个学科入选一流学科建设计划,其中 19 个国际一流学科建设基地(A 类)和 142 个国内一流学科建设基地(B 类)。入选一流学科(A 类)建设计划的 19 个学科中有 13 个是上一轮全国一级学科评估的前两名,另外 6 个学科也同样具有很高的学术声誉和水平。同时,从国际比较看,根据 ESI 数据库的最新统计,列入建设范围的许多学科已进入了各自领域世界学术机构的前 1%。为此,19 个 A 类学科和其他一些具备相当实力的学科一起,构成了上海高校向国际一流学科发起冲击的重要基础。

附:

列入上海高校一流学科建设计划的学科名单

1. A 类学科

序号	学　　校	学科名称	学科代码
1	复旦大学	物理学	0702
2		化学	0703
3		生物学	0710
4		基础医学	1001
5	上海交通大学	物理学	0702
6		机械工程	0802
7		船舶与海洋工程	0824
8	同济大学	建筑学(建筑学、城乡规划学、风景园林学)	0813
9		土木工程	0814
10	华东师范大学	教育学	0401
11		地理学	0705
12	华东理工大学	化学工程与技术	0817
13	东华大学	纺织科学与工程	0821
14	上海财经大学	理论经济学	0201
15	上海交通大学医学院	临床医学	1002
16	上海中医药大学	中药学	1008
17	上海海洋大学	水产	0908
18	上海音乐学院	音乐与舞蹈学	1302
19	上海戏剧学院	戏剧与影视学	1303

2. B类学科

序号	学　　校	学科名称	学科代码
1	复旦大学	应用经济学	0202
2		法学	0301
3		政治学	0302
4		社会学	0303
5		马克思主义理论	0305
6		外国语言文学	0502
7		考古学	0601
8		中国史	0602
9		世界史	0603
10		材料科学与工程	0805
11		计算机科学与技术	0812
12		环境科学与工程	0830
13		生物医学工程	0831
14		临床医学	1002
15		公共卫生与预防医学	1004
16		药学	1007
17		护理学	1011
18		管理科学与工程	1201
19		工商管理	1202
20		公共管理	1204
21	上海交通大学	法学	0301
22		数学	0701
23		化学(含高分子)	0703
24		生物学	0710
25		科学技术史	0712
26		仪器科学与技术	0804
27		电气工程	0808
28		电子科学与技术	0809
29		信息与通信工程	0810
30		土木工程	0814
31		化学工程与技术	0817
32		航空宇航科学与技术	0825
33		核科学与技术	0827
34		环境科学与工程	0830
35		食品科学与工程	0832
36		软件工程	0835
37		园艺学	0902

(续上表)

序号	学　　校	学科名称	学科代码
38		药学	1007
39		工商管理	1202
40		公共管理	1204
41	同济大学	哲学	0101
42		数学	0701
43		物理学	0702
44		海洋科学	0707
45		生物学	0710
46		力学	0801
47		机械工程	0802
48		材料科学与工程	0805
49		控制科学与工程	0811
50		计算机科学与技术	0812
51		测绘科学与技术	0816
52		交通运输工程	0823
53		环境科学与工程	0830
54		临床医学	1002
55		管理科学与工程	1201
56	华东师范大学	哲学	0101
57		政治学	0302
58		心理学	0402
59		体育学	0403
60		中国语言文学	0501
61		中国史	0602
62		世界史	0603
63		数学	0701
64		物理学	0702
65		化学	0703
66		生物学	0710
67		生态学	0713
68		统计学	0714
69		软件工程	0835
70		公共管理	1204
71	华东理工大学	化学	0703
72		材料科学与工程	0805
73		动力工程及工程热物理	0807
74		控制科学与工程	0811

（续上表）

序号	学　　校	学科名称	学科代码
75		环境科学与工程	0830
76		药学	1007
77	东华大学	化学	0703
78		机械工程	0802
79		材料科学与工程	0805
80		控制科学与工程	0811
81		环境科学与工程	0830
82		设计学	1305
83	上海外国语大学	应用经济学	0202
84		政治学	0302
85		教育学	0401
86		外国语言文学	0502
87		新闻传播学	0503
88		工商管理	1202
89	上海财经大学	应用经济学	0202
90		法学	0301
91		统计学	0714
92		管理科学与工程	1201
93		工商管理	1202
94	上海大学	社会学	0303
95		世界史	0603
96		数学	0701
97		力学	0801
98		机械工程	0802
99		材料科学与工程	0805
100		冶金工程	0806
101		信息与通信工程	0810
102		环境科学与工程	0830
103		戏剧与影视学	1303
104		美术学	1304
105	上海交通大学医学院	生物学	0710
106		基础医学	1001
107		临床医学(内科)	100201
108		临床医学(外科)	100210
109		口腔医学	1003
110		公共卫生与预防医学	1004
111		药学	1007

（续上表）

序号	学　　校	学科名称	学科代码
112		医学技术	1010
113	上海中医药大学	科学技术史	0712
114		中医学	1005
115		中西医结合	1006
116	上海师范大学	哲学	0101
117		教育学	0401
118		中国语言文学	0501
119		世界史	0603
120		数学	0701
121		化学	0703
122	上海理工大学	系统科学	0711
123		机械工程	0802
124		光学工程	0803
125		动力工程及工程热物理	0807
126		生物医学工程	0831
127		管理科学与工程	1201
128	上海海事大学	交通运输工程	0823
129		船舶与海洋工程	0824
130		管理科学与工程	1201
131	上海海洋大学	海洋科学	0707
132		食品科学与工程	0832
133	上海音乐学院	艺术学理论	1301
134		戏剧与影视学	1303
135	上海戏剧学院	设计学	1305
136	上海体育学院	心理学	0402
137		体育学	0403
138	华东政法大学	法学	0301
139		公共管理	1204
140	上海对外贸易学院	应用经济学	0202
141	上海立信会计学院	工商管理	1202
142	上海政法学院	法学	0301

（刘唯聪）

［市重点学科(第三期)建设总结验收］　6月，市教委对上海市重点学科(第三期)建设进行了总结验收。18位专家分人文社科、理工农、生物医学三组，对各重点学科建设规划既定任务及目标的完成

情况、学科建设成效及发展潜力、学科带头人管理能力及发挥的作用、学校对学科建设的支持和学科建设管理等方面进行评估。上海市重点学科(第三期)均通过验收。

上海市重点学科(第三期)建设是对市属高校中的优势学科参照国家重点学科的要求进行重点建设,为其跻身国家重点学科作建设储备,并以此推动上海高校的内涵发展。列入建设范围的共有9所高校38个学科,其中人文社科、管理类学科13个,理工农类学科15个,生物医学学科10个。建设周期自2009年1月至2011年12月。

建设期间,38个学科共承担各级各类科研项目17228项,获研究经费21亿元。其中"973"项目15项,"863"项目20项,国家自然科学基金项目1453项,国家哲学社会科学规划项目160项,国家攻关及其他项目147项。共发表学术论文4823篇,其中被"SCI"等六大检索系统收录3184篇;出版专著220部;提交有关部门决策咨询研究报告28份。共申请专利853项,获专利授权545项,其中申请发明专利714项,获授权321项。研究成果获省部级科技奖励二等奖以上74项。共获国际组织资助或国际合作项目255项,经费426万元。共主办(主持)学术会议324次,其中主办(主持)国际学术会议134次;共有395人次在重要国际学术会议上做特邀报告。共有12个学科获得了22个省部级以上重点研究基地。建设期间共新增中央"千人计划"专家2名;"973"首席科学家2名;"国家杰出青年科学基金"获得者6名;"长江学者"2名。共新增博士后流动站3个,一级学科博士点9个。研究生在读期间共发表论文中1篇入选全国百篇博士论文奖,5篇获全国百篇博士论文提名。

上海市第三期重点学科建设为提高市属高校的学科实力起到了重要的推动作用,38个重点学科所在的一级学科经专门机构数据库比对和专家评审后均列入了新一轮的上海高校一流学科建设计划。

(刘唯聪)

[推进曙光计划] 由上海市教育发展基金会出资,与上海市教育委员会共同设立的人才资助项目——曙光计划已实施17年。2012年,曙光学者获国家科学奖12项,其中主持获奖6项。获得高等学校科学研究优秀成果奖(自然科学)13项,其中主持获奖8项;获教育部第六届高等学校科学研究优秀成果奖(人文社会科学)11项;获卫生部中华医学奖10项,其中主持获奖4项;获上海市科学技术奖38项,其中主持获奖21项;获上海市决策咨询奖11项,邓小平理论优秀成果奖3项,哲学社会科学优秀成果奖40项。

曙光学者获国家自然科学基金委员会项目153项,18687万元的资助,较上年度14924.7万元增长了25.2%,是上海地区总额(212083万元)的8.81%。其中重大研究项目1项,创新研究群体1项,国家基础学科人才培养基金1项,国际重点合作1项,重点项目16项,杰出青年6项、优秀青年6项。

曙光学者获上海市劳动模范、上海市巾帼创新奖提名奖、上海市"三八"红旗手标兵、上海市科技精英、上海市十佳医生、上海市社科新人、上海市育才奖等多项荣誉。在国际顶尖刊物《自然》杂志上,华东理工大学教授杨弋、华东师范大学教授胡文浩分别发表了论文。在中国国际工业博览会上,17名曙光学者拿出了19项可转移的科技成果。葛均波的"新型可降解涂层冠脉药物洗脱支架",获得工博会大会创新奖,东华大学王华平的"高品质熔体直纺超细旦涤纶长丝及制品"获得中国高校展区优秀展品一等奖。

曙光学者参与了多项科学普及和青少年科技活动,包括第10届上海市百万青少年争创"明日科技之星"评选活动、第七届"上汽教育杯"上海市高校学生科技创新作品展示评优活动、2012年度上海国际青少年科技博览会、明日科技之星10周年庆祝活动暨开放式学生论坛等。

附:

2012年度新增曙光学者名单

单位及部门	姓　名	职　称	性别
复旦大学材料科学系	方晓生	教授	男
复旦大学药学院	侯爱君	教授	女
复旦大学附属华山医院检验医学科	李　敏	副研究员	女
复旦大学附属眼耳鼻喉科医院眼科	莫晓芬	研究员	女
复旦大学信息学院	屈新萍	教授	女
复旦大学物理系	吴　骅	研究员	男
复旦大学高分子科学系	杨武利	教授	男
复旦大学生命科学学院	张　锋	教授	男
复旦大学中国语言文学系	杨俊蕾	教授	女
复旦大学历史地理研究中心	杨伟兵	副教授	男
复旦大学金融研究院	张宗新	教授	男

（续上表）

单位及部门	姓　名	职　称	性别
复旦大学新闻学院	朱春阳	副教授	男
复旦大学社会科学基础部	李　冉	副教授	男
上海交通大学机械与动力工程学院	胡　洁	教授	男
上海交通大学材料科学与工程学院	李铸国	教授	男
上海交通大学机械与动力工程学院	刘应征	教授	男
上海交通大学 Bio-X 研究院	师咏勇	研究员	男
上海交通大学自然科学研究院	邢向军	教授	男
上海交通大学人文学院	邓　峰	教授	男
上海交通大学安泰经济与管理学院	梁　建	副教授	男
上海交通大学医学院附属瑞金医院内分泌代谢病科	毕宇芳	副主任医师	女
上海交通大学医学院附属仁济医院心内科	卜　军	副主任医师	男
同济大学电子信息与工程学院	王瀚漓	教授	男
同济大学医学院	章小清	教授	男
华东师范大学精密光谱科学与技术及国家重点实验室	吴　健	教授	男
华东师范大学体育与健康学院	汪晓赞	教授	女
华东师范大学金融与统计学院	殷德生	教授	男
华东理工大学信息科学与工程学院	杜文莉	教授	女
华东理工大学工业催化研究所	郭　耘	研究员	男
华东理工大学资源与环境工程学院	杨　骥	教授	男
东华大学材料科学与工程学院	蔡正国	教授	男
上海财经大学国际工商管理学院	靳玉英	教授	女
上海财经大学财经研究所	汪　伟	副研究员	男
上海大学理学院	任　伟	教授	男
上海大学社会科学学院	朱　承	副教授	男
上海中医药大学基础医学院	许家佗	教授	男
上海师范大学人文学院	洪庆明	副教授	男
上海师范大学教育学院心理系	刘俊升	副教授	男
上海理工大学材料科学与工程学院	朱钰方	教授	男
上海海事大学商船学院	吴华锋	副教授	男
上海海洋大学海洋科学学院	高郭平	教授	男
华东政法大学法律学院	朱晓喆	副教授	男
上海对外贸易学院法学院	黄　洁	副教授	女

（续上表）

单位及部门	姓　名	职　称	性别
上海工程技术大学材料工程学院	李　军	教授	男
上海立信会计学院会计与财务学院	肖成民	副教授	男
上海政法学院刑事司法学院	姚建龙	教授	男
上海社会科学院青少年研究所	程福财	副研究员	男

（陈　凯）

［高校人文社会科学研究基地建设］ 12月，市教委对上海高校人文社会科学重点研究基地进行总结验收。11个在建基地均通过专家组验收。新一轮的人文社会科学重点研究基地建设工作将被纳入上海高校一流学科建设的范围。

市教委于2008年开展上海高校人文社会科学重点研究基地建设。基地建设对接教育部人文社会科学重点研究基地的建设要求，围绕人文社会科学的重点领域和社会经济发展中的重大理论和实践问题，开展高水平研究和科研管理的创新。上海大学“中国社会转型与社会组织研究中心”、上海大学“影视与传媒产业研究基地”、上海师范大学“中国近代社会研究中心”、上海师范大学“中国传统思想研究所”、上海师范大学“应用语言学研究所”、上海海事大学“海商法研究中心”、上海音乐学院“中国仪式音乐研究中心”、上海体育学院“体育赛事研究中心”、华东政法大学“外国法与比较法研究院”、上海对外贸易学院“国际经济贸易研究所”、上海中医药大学“中医药文化研究与传播中心”等11个基地被列入建设范围。建设周期从2008年1月到2012年12月。

建设期间，11个基地共承担各级各类科研项目530项，获研究经费5698万元。其中“国家哲学社会科学规划项目”一般项目59项，重点项目10项；“国家自然科学基金项目”3项。发表论文1627篇，其中国外发表的论文101篇，被CSSCI收录的为779篇。出版著作387部，其中专著254部，提交有关部门决策咨询报告89份。获奖总数为129项，其中省部级三等以上奖项为96项。主办（主持）学术会议157次，其中主办（主持）国际学术会议58次，共有251人次在重要国际学术会议上做特邀报告。初步建成了特色鲜明、优势突出、结构合理、协调发展的上海人文社科重点研究基地体系。

（仓　平）

[建设高校知识服务平台] ① 联合各委办局共拟建设指南。市教委联合市经信委、市科委、市商务委、市建设交通委、市体育局、市环保局等共同拟定2012年建设指南。建设指南涵盖新一代信息技术、高端装备制造、新材料、新能源汽车与汽车电子、生物产业、商贸服务业、创意与时尚产业、社会安全和管理等领域。

② 推进第二批知识服务平台建设。2月,启动第二批上海高校知识服务平台建设工作,覆盖高校从市属本科院校扩大到上海市的教育部直属高校。5月,组织召开第二批上海高校知识服务平台建设方案论证会,经专家评审,确定"复旦大学张江研究院"等17个知识服务平台为第二批上海高校知识服务平台。6月,正式发文开始一年筹建。11月,市教委组织专家对第一批知识服务平台筹建工作进行验收。上海大学"公共艺术创意中心"等3个平台通过筹建验收,开始正式建设。上海戏剧学院"上海米亚(MIA)艺术中心"等6个平台继续筹建一年。

③ 组织申报首批国家级2011协同创新中心。8月,市教委、市财政联合发文"上海高等学校创新能力提升计划"(简称"上海2011计划")。上海"2011计划"建设的总体目标就是在建的知识服务平台和一流学科建设基地能成为国家2011协同创新中心。2012年度,上海高校共牵头申报13个国家协同创新中心。其中,有三个面向区域发展的协同创新中心:"民用航空复合材料协同创新中心"、"高效清洁能源装备制造协同创新中心"和"上海创意产业协同创新中心"。

④ 加强过程管理提升绩效。6月,市教委首次组织研讨会,研讨各校已经制定的人员柔性流动、评聘激励、技术转移等体制机制相关政策。12月,市教委组织召开依托高校校长沙龙,总结第一批知识服务平台筹建验收情况,并与国家2011协同创新中心的建设要求进行对比。同月,组织首批知识服务平台主任赴浙江调研,学习考察浙江工业大学绿色制药协同创新中心建设的经验。

(仓　平)

[教育信息化建设] 上海教育信息化开展了一系列建设工作。①落实教育部各项工作要求,包括组织申报教育信息化试点工作;完成全市中小学教育信息化基本情况的调查;开展征集优秀网络课程及资源活动等。②实施上海教育信息化公共服务平台建设工程,推进首批启动的6个重点项目:"易班大学生网络互动社区"通过拓展功能和应用,推出各类活动加强文化引领,成为运用互联网探索大学生思想政治教育和创新高校网络文化建设的重要平台。"数字化课程环境建设和学习方式变革试验"在虹口、闵行、普陀等区县进行相关实验。"教育考试标准化考点建设"完成高考标准化考点的建设,部分建成自考、成考、中考标准化考点。"申学网建设项目"初步完成教育资源库及其支撑的学习网服务平台需求设计,启动改版教育资源库。"上海教育城域网提升工程"已基本铺设完成45条线路的光缆,总共约1015公里,基本完成主干节点的互联。"教育信息共享服务平台建设"已实现20多个应用系统托管运维和提供安全保障,完成跨校认证和高校无线通系统扩容。启动"十二五"学生事务信息化建设和高校节能监管信息化公共平台建设两个重点项目。③开展教育信息技术应用研究项目,提升教育教学一线的教师信息化能力,促进信息技术与教育教学的融合。④开展全市教育信息系统安全检查工作,组织专家组和技术团队,对教育单位的重要信息系统进行外部安全检测和评估。⑤加强教育信息化的多方合作,市教委会同市经济信息化委共同起草《关于加快推进本市校园信息网络基础设施建设的指导意见》,将校园信息网络基础设施建设融入上海市智慧城市建设的基本格局中;与上海电信共同签署《全面推进教育信息化战略合作协议》。

(李　乐)

[市教育决策咨询委员会召开年度全体会议] 6月30日,上海市教育决策咨询委员会召开年度全体会议,会议主题为"转变教育发展模式",会议邀请国务院发展研究中心社会发展部副部长贡森等五位专家作主旨演讲。市教育决策咨询委员会委员,市教卫工作党委、市教委领导,两委机关各处室、直属单位和各区县教育局负责人,及外单位邀请嘉宾共计一百余人参加了会议。市教卫工作党委书记、市教委主任薛明扬出席会议,向43位第二届新任委员颁发聘书并讲话,大会发布了2012年上海教育发展报告《追求基于平等的优质教育服务》,围绕"转变教育发展模式"进行了研讨,并充分听取了专家学者的意见建议。

(杨广军)

[落实学生"每天校园锻炼一小时"] 上海各级教育行政部门以及各中小学校结合自身情况,围绕贯彻落实中央和市委、市政府关于加强青少年体育、提高青少年身心健康水平的部署,切实落实学生"每

天校园锻炼一小时”的要求。

全市90%以上的中小学校已实施或基本实施了“三课两操两活动”制度。每周开足开齐三次体育课，没有体育课的当日安排体育活动课，并将两节体育活动课作为“限定性拓展课程”排入课表；大部分学校开展内容丰富、形式多样的大课间活动，并利用教室、走廊和其他空间开展课间操；大部分学校制订了落实“每天校园锻炼一小时”方案，并向社会和家长公布。

市、区两级开展不同形式、不同层级的专项督导检查，了解学校“每天校园锻炼一小时”的现状，使“每天校园锻炼一小时”督导检查逐步实现制度化和常态化；设立“每天校园锻炼一小时”的举报电话；建立市级、区级、校级“每天校园锻炼一小时”的奖惩制度。

经过各方面的努力，“每天校园锻炼一小时”工作得到了切实推进，取得较为显著的成果。学校校长、教师、学生、家长和社会各界对中小学实施“每天校园锻炼一小时”的重视和认同程度有所提高，体育课和活动课的质量有所提升，各中小学校以“三课两操两活动”为主渠道的校园体育锻炼新局面初步形成，学校体育场地、设施得到一定完善，学生体质有所增强。5月，在接受教育部督导组“每天校园锻炼一小时”的专项检查中，教育部督导组对上海学校体育工作和“每天校园锻炼一小时”工作给予了高度评价。

（柏　丹）

［“中小学、幼儿园校的营养健康培训项目”启动］　5月，“上海市中小学、幼儿园校的营养健康培训项目”启动。市政协副主席蔡威、市教委副主任李骏修出席启动仪式。该培训项目在5—7月的三个月内，分别在新华医院、儿童医学中心和复旦大学枫林校区设3个培训点，安排共计10个场次的培训，为全市2911所中小学校和托幼机构的营养师提供一系列的营养相关健康教育课程，内容包括营养基础知识、合理膳食与健康、学生午餐的合理设计和烹饪技巧，以及学生肥胖的综合防治措施和有效的实施方法等。

本次培训的授课老师均由具有丰富营养专业知识和儿童营养管理经验的高级职称营养医师和教授组成。通过对老师的培训，使良好的营养知识能融会贯通地运用到日常的教学和生活行为中，把掌握的营养知识传授给学校的其他老师、学生和家长。通过编写简而易懂的培训材料，为学校培训出能够胜任承担家长、普通老师和学生的健康宣教任务的健康宣教员，形成学校健康教育与管理可持续的长效机制，有效遏制上海儿童超重肥胖率迅速上升和学生体质下降的趋势。

（丁中华）

［举办青少年创新峰会］　7月5日，上海市第五届青少年创新峰会开幕，此项活动由市教卫党委、市教委主办，市科技艺术教育中心、闸北区教育局承办。活动吸引了近千名曾在“百万青少年争创明日科技之星评选活动”、“科技创新市长奖”、“上海市青少年科技创新大赛”、“明天小小科学家评选活动”、“挑战杯”全国大学生课外活动学术科技作品竞赛上海赛区、“上汽教育杯”大学生课余发明创造比赛、“未来工程师大赛”等科技竞赛活动中获奖的在校大、中学生（包括中等职业学校学生）代表参加。

主论坛上，几位青少年学生代表以提高青少年科学素养、培养创新意识和能力为切入点，交流了在创新实践过程中对科学精神的认识和践行的体会，并带着他们的创新研究成果直接与中科院院士进行面对面的讨论、交流，共话科学精神和创新实践。

峰会开幕式上，主办方向上海市青少年科学研究院联建的10个区县分院授牌，同时首发收录40位学生科技创新成果的《上海市第五届青少年创新峰会优秀创新成果集》。在青少年创新实践成果展上，以实物、图片、文字、视频等图文并茂、直观生动的形式展示交流学生的25项优秀成果。

（丛海鹰）

［开展开学第一课试点］　9月，上海开展上海市中小学生“开学第一课”试点活动。试点活动以健康促进为主题，以学生需求为导向，以丰富活动为载体，强调学生的主动参与，提升学生的健康素养，培养健康的人生态度，探索符合学生成长需求的上海市中小学生“开学第一课”活动形式和内容。

与以往的开学教育活动相比较，此次“开学第一课”试点的特点是：①以学生的需求为导向，充分考虑前期访谈调查中专家、教师、家长和学生的建议，关注不同年龄段学生的身心发育特点。②活动形式多样，包括校长演讲、学生与嘉宾轻松的互动式交流、Flash动画片播放、学生为主体的交流和分享、快乐和趣味性的表演、文艺演出以及摄影师抓拍快乐等。③在开学教育活动主题和内容的选择上，既考虑教育中的共性问题，同时各个试点校结合各自特点和校园文化开展特色活动。④特别强调学生的主动参与。

此次试点活动，在总结世界各国特色开学教育的基础上，针对中小学生学习和生活中的主要问题，选出符合上海特点，满足中小学生的切实需求，提升中小学生的学习、生理、心理、社会的全面发展状态的多种活动内容和形式，在四所学校试点开展。并编制了开学教育资料库和典型案例集，以指导全市各中小学校根据自身特点，开展形式多样的“开学第一课”活动。

（丁中华）

[在全国大学生运动会上获奖] 9月8—18日，第九届全国大学生运动会举行。上海大学生体育代表团共有368人参加，其中学生运动员277人，领队及教练70人，团部工作人员21人。代表团参加了甲组田径、游泳、篮球、排球、足球、乒乓球、健美操、武术、定向越野、跆拳道、毽球、桥牌共12个大项和乙组的田径、游泳、武术3个大项总共15个大项265个小项的角逐。

代表团在本届全国大运会上以44枚金牌、26枚银牌、19枚铜牌，共计89枚奖牌总数位列大运会奖牌榜和金牌第二名；以1389.5分的总成绩位列代表团的团体总分榜第三名。另外，共有23人21次分别打破田径、游泳全国大学生运动会纪录。按惯例在全国大运会上设置以每所高校运动成绩计算的“校长杯”评比，名额共40个，上海交通大学、同济大学、华东师范大学、华东理工大学共4所高校以优异成绩入围登榜。经各代表团推荐和大会组委会评选，上海代表团获得本届大运会“体育道德风尚奖”代表团的称号。

在以“健康第一、创新发展”为主题的第九届全国大学生运动会科学论文报告会中，共收到全国各地投稿论文3086篇。上海代表团选报论文150篇。其中，获得一等奖的论文有7篇、二等奖18篇、三等奖41篇，位列本届大运会科学论文报告会总分第四名，同时获得大会颁发的“优秀组织奖”。

（黄孙巍）

[推进校园足球联盟建设] 为推动“上海市学生健康促进工程”的实施，创新学校体育运动和运行机制，“上海市校园足球一条龙建设联盟”于2011年在全国率先成立。经过一年的建设，联盟有成员单位239家，涉及16个区县、15所大学、35所高中、76所初中、113所小学，初步形成了“大学为引领，以区县教育局为枢纽”的建设体系。15个区县分联盟相继成立，其中6个区县分联盟与7所大学实现了签约对接。

联盟按会员代表大会、理事长办公会议和秘书处的三级框架运行管理，设准入和退出机制，通过统筹协调、资源共享、优势互补，实现校园足球的可持续发展；建立学校及学生的注册管理信息化平台，以完善运动员资格管理；印制《联盟赛事指南》，统一标志设计、赛场布置及入场规范；开展了“校长培训”、“学校体育专职干部培训”和“督导培训”。

首届联盟联赛在9—12月期间举办，设四级七个组别，分男子大学、高中、初中、小学，女子高中、初中、小学，共有261支球队4012名球员报名参加，在28个赛区进行了679场次比赛，派出裁判员2240人次。无论是竞赛规模、参赛人数、完赛率均为历年学生足球比赛之最。

（柏　丹）

[学生体质健康监测中心建成] 12月，纳入上海市政府2012年实事项目的10所学生体质健康监测中心建设完毕，通过市政府项目组验收。这10所学生体质健康监测中心分别位于徐汇、长宁、杨浦、浦东、闵行、宝山、金山、嘉定、奉贤、崇明10个区(县)。

新建的学生体质健康监测中心实行统一标识，按统一规格和颜色进行装修布置，并统一制作铭牌、工作证等；均配备专用测试教室，综合测试室，数据处理机房，办公室及相应的体育测试场地；配备了先进的标准化、自动化测试器材；建立了由教育、体育、卫生等相关专业人员组成的学生体质健康监测专职队伍。

9月开始，市教委联合市师资培训中心举办为期半年的学生体质健康监测中心工作人员培训班。11月，10所区县学生体质健康监测中心承接了“2012年上海市学生体质健康监测暨影响因素调研”工作，对14400名学生进行了体质健康测试。

（徐　新）

[在校大学生征兵] 2012度上海市冬季在校大学生征兵共涉及14个区63所高等院校，计划征召1800名(男兵1650名，女兵150名)，实际共征集1891名在校大学生入伍(男兵1717名，女兵174名)，比上年增加368名(2011年共征召1523名)。其中，大学本科生967名，占51.1%；大学专科生924名，占48.7%；研究生4名，占0.2%；上海市生源609名，占32.2%；外省市生源1282名，占67.8%。所征在校大学生兵员占全市所征兵员

45%,所征在校女大学生兵员占全市所征女兵91.8%。有28所大学超额完成了征兵任务,占院校总数的44.4%。

(黄　峰)

[推行高校校方责任综合保险] 上海首次在全市推行高校校方责任综合保险。保险由市教委列支专项资金统一购买,保险期限从2012年9月1日到2013年8月31日。

高校校方责任综合保险以上海66所高校的62.42万名普通高校全日制在校生为基数,主要保险内容包括:学生在校期间或学校组织的活动(含校外)中,由于校方责任引起的学生伤害事故;在学校无责的情况下,学生在校期间或学校组织的活动(含校外)中受到意外伤害以及因意外导致的非正常死亡;学生在上下学途中发生的交通意外;学生在由学校认可的实习单位实习期间所遭受的意外伤害中,学校依法应承担的赔偿责任。高校校方责任综合保险的试点运行,是市教委在为学校处理学生伤害事故时完善风险分担机制,构建保障补充体系的尝试。

(毛　岚)

[高校技防"十二五"规划] 9月,市教委发布《上海市高校校园安全技术防范工作"十二五"发展规划》。"十二五"规划包括了总体战略、建设原则、主要任务、组织实施过程和保障措施等方面。"十二五"期间,上海将构建"1234"校园安全立体防护体系,包括建设完善1个应急指挥中心,校内安全管理网、校外安全信息共享网2个网络,人防、物防、技防3个系统,视频监控、入侵报警、出入口管理和巡更系统4个基础项目,由此形成"数字化、高清化、智能化、网络化"的技防管理体系,提高维护校园公共安全和服务师生的能力,健全"大联动"机制,提升高校安全保卫工作效能。

(张　旭)

[高校学生公寓管理与服务规范发布] 12月31日,由上海市学校后勤协会公寓物业管理专业委员会组织编写的《上海市高等学校学生公寓管理服务规范》通过市质量技术监督局审批并正式发布。这是中国第一部高等学校学生公寓管理服务方面的地方标准。"规范"共设12章23节,主要包括公寓管理与服务的范围、规范性引用文件、术语和定义、基本要求、配套设施、日常管理、安全管理、能源管理、服务要求、思想文化教育、突发公共事件应对、管理服务评估与改进等涵盖学生公寓管理和服务方面的内容。"规范"于2013年1月1日起正式实施。

(范赛亚)

[推进高校食品安全监管体系建设] 市教委采取多项措施推进上海高校食品安全监管体系建设。①落实食品安全责任制,组织9个督察组开展高校食品安全专项检查,发现食品安全隐患426项,提出整改意见和建议510项。②建立信息管理和预警机制,委托上海高校后勤服务中心先后发布6期重要时间节点有关食品卫生安全风险提示和信息预警。③印发《上海高校食堂食品安全管理人员培训大纲(试行)》,组织高校食品安全专职人员开展专题培训,并建立相应的培训档案。④推进食堂安全技防标准建设,制订《上海高校食堂安全技防设施标准》,投入300万元引导资金支持36所高校开展食堂技防工作。⑤支持高校后勤配货管理中心建立食品安全追溯系统,启动高校主副食品冷链物流基地建设。⑥发挥市学校后勤协会的专业服务优势,推进食堂"6T"实务管理,鼓励协会完善餐饮企业会员日常管理,推进高校餐饮服务单位行业自律,加强高校餐饮服务行业诚信体系建设。

(南少华)

[构建高校学生食堂运行监测体系] 以建立高校学生食堂运行长效机制为目标,市教委启动学生食堂运行监测体系建设基础性工作。委托上海海关学院开展《上海高校伙食管理信息系统基本参数标准》课题研究,并通过专家验收。根据该标准开发的管理软件可实现对学生食堂运行的动态成本、市场物价对于食堂经济数据的影响、学生的消费水平和食堂供应情况的实时监测。开展高校食堂伙食原料团体采购价格指数编制研究,开发基于Web的GPPI在线发布系统,用于调查分析高校学生食堂原材料成本构成,编制可以整体或分类反映价格波动状况和趋势的价格指数,并利用网络平台及时向各高校通报,分阶段及时评估不同主副食品价格波动对高校食堂运行的影响,为政府及时掌握大学生伙食支出比重,制定相应政策,为高校食堂加强成本管理与控制,及时调整供应菜谱食谱,提供依据。

(南少华)

[加强高校周边治安综合治理] 2012年,市委、市政府将"加强高校周边治安综合治理"列为上海市平安建设实事项目。由市教委牵头,重点整治

高校周边地区非法客运、乱设摊、交通秩序混乱等问题。根据《上海市教育委员会等九部门关于印发2012年上海市平安建设实事项目——“加强高校周边治安综合治理”实施方案的通知》要求，各单位成立工作领导小组，制定专项工作方案、实行多部门联勤联动执法。

实事项目推进过程中，上海市各级公安、工商、城管、交通港口、食药监、文化等执法部门出动执法人员22.1万余人次，收缴“四类车”400余辆，清理非法客运车辆营运点31处，查处乱设摊案件7300余起，查处跨门营业案件1670余起，收缴不洁食品及原料700余公斤，清除非法小广告1.2万余处，取缔高校周边“黑网吧”100余户，取缔非法出版物摊点930余个，收缴违法音像制品24.3万余盘，切实改善了上海高校的周边环境。

（尹　捷）

［长三角教育联动发展工作］ 长三角教育联动发展工作在苏、浙、沪、皖四地教育行政部门的大力支持下，进一步拓展了合作的渠道，创新合作形式，提升合作实效，取得了较为显著的发展。召开了第四届长三角教育联动发展研讨会，会上签署了《关于建立新一轮长三角教育协作发展会商机制协议书》、《长三角地区中等职业学校校长、专业负责人交流挂职框架协议》以及《长三角学校德育教师培训合作意向书》等协议。

长三角教育联动发展工作以项目为抓手，由市教委推动的长三角教育合作项目共19项。一是资源共建共享类项目。完成长三角1200所中小学校网络结对，141所高校图书馆联盟建设，建立了“光盘共享云服务中心”。二是人才合作培养类项目。即长三角地区高校学分互认，上海共派出学生36名分赴浙大、南大、南京师大学习，接收学生39名分别就读于松江大学园区7名高校。三是培训交流类项目。共同合作培训了129名中小学名校长、90多名民办高校负责人、160多名民办中小学负责人、40名研究生管理干部，派出6名高校干部、5名中职学校校长和10名专业教师到苏浙皖挂职。四是竞赛论坛类项目。举办6场研究生论坛、1场社区教育论坛、1场艺术教育论坛、1场地方高校传统学科协作论坛、1场班主任基本功大赛、1场高校思政课教学比赛。五是研究类项目。主要开展了长三角立法立规可行性研究、合作项目绩效评价研究。

（钟　智）

［市法学会教育法学研究会成立］ 为了及时准确地应对教育发展中遇到的新问题、新挑战，加强教育法制研究工作，在市法学会的支持下，市教委组织成立了上海市法学会教育法学研究会，并于5月11日召开成立大会，市教委副主任袁雯当选会长。

市法学会教育法学研究会主要承担组织教育法学工作者、法律工作者，对教育法治建设的重大理论与实践问题进行专题调研和学术研讨，促进教育法学理论的发展和创新，为完善教育法治建设提供理论支持，为国家立法、执法和法律监督提供服务；参与教育法律、法规、规章及重大规划的研究、起草、修订、咨询和论证工作，提出对策建议；参与教育法学教育和法治宣传，发现和培养教育法律人才，弘扬法治精神和社会主义法治理念；开展教育法学的国内外交流与合作，编辑出版教育法学刊物、书籍、资料；参与重大教育事件的案例分析与讨论；反映教育法学工作者、法律工作者的意见、建议和要求等任务。

此外，市法学会教育法学研究会还将开展教育学与法学的交叉研究，实现两者的交融、互动、互补；承担教育行政部门及相关法制部门的委托，深入开展教育法务及相关人员的培训工作；切实加强和创新社会管理；切实有效地整合和发挥本市教育界和法学界的研究力量。

（蒋候玲）

［高校章程建设］ 为深入落实国家及上海市教育规划纲要，贯彻实施《高等学校章程制定暂行办法》，市教委继续推进高校章程建设，主要开展了六个方面的工作：①组织参加高校章程建设培训和研讨。组织高校分批参加教育部举办的《高等学校章程制定暂行办法》研讨培训班。召开高校章程建设研讨座谈会，研究章程建设中存在的问题。②成立高校章程建设领导机构。成立由市教委主要领导任组长、分管领导任副组长，相关职能处室负责人组成的章程建设领导小组，负责章程的指导和推进工作。③制定高校章程建设工作计划。印发《上海市教育委员会关于实施〈高等学校章程制定暂行办法〉相关工作的通知》，明确高校章程建设的基本要求、时间节点和工作步骤。④召开高校章程建设工作会议。召开高校章程建设工作会议，对高校章程建设工作进行动员和部署。⑤组织有关高校开展章程建设试点工作。选取若干所高校作为上海市高校章程建设试点学校，力求在章程建设上形成具有示范和推广意义的成果，在全市予以推广。⑥开展现代大学制度与高校章程建设的课题研究。委托有关高校开展

课题研究，根据不同高校类型，进一步研究制定高校章程建设的分类指导方案与实施意见。

（沈　洋）

［组织开展各项法制宣传活动］ 以“讲法制、讲权利、讲义务，建设社会诚信”为主题的全国法制动漫作品征集活动深入开展。活动主要在全市中小学中展开，共收集到相关动漫作品100余件。此外，组织各高校和各区县中小学参加市委宣传部、市政法委举办的纪念宪法颁布实施30周年法制文艺表演作品征集活动。各高校和区县中小学围绕“讲法制、讲诚信”这一主题，共上报文艺表演作品71件(初中26件、高中22件、中职23件)。

举办第四届“新沪杯”上海市中学生法律知识竞赛。本次“新沪杯”法律知识竞赛较往年具有启动早、参与广，形式多样、内容新颖且贴近学生日常生活等特点。5月启动，前后经历了6个月，共有112所学校组队参加比赛。经各区县初赛，54支代表队进入全市的复赛，随后又产生了初中、高中、中职各6支队伍参加“新沪杯”决赛。

开展第二届“紫竹园杯”上海市中学生法制漫画优秀作品征集活动。继上年成功举办“紫竹园杯”上海市中学生法制动漫优秀作品征集活动后，为进一步扩大活动的参与面，增加活动的可操作性，提高活动开展的实效性，市教委将法制动漫作品征集变更为法制漫画征集活动。活动以“崇德尚法，学法用法”为主题，宣传社会主义法治文化。在市教研室、市群众艺术馆等单位的支持下，5月启动，前后经历了6个月，共收到参赛作品近千份。通过专家评审，将其中的优秀漫画作品集结成册，进一步扩大宣传法治文化和诚信文化的覆盖面及实效性。

（陆海佳）

［开展审计整改］ 为了进一步提高审计的实效，市教委开展审计整改工作。这次审计整改的主要范围：一是对市审计局实施的2011年度预算执行和其他财政财务收支审计、市教委主任任期经济责任审计、2009年度至2011年度市教育费附加管理和使用情况审计调查、2009年度至2011年度市学前教育运行和管理情况的审计调查等4个审计项目的整改。二是受市教卫工作党委组织干部处委托对9家局级单位的领导干部实施经济责任审计的整改。三是根据市教卫机关党委委托对10家处级单位的领导干部实施经济责任审计的整改。四是对2011年上海市教育系统企业年报审计的整改。五是根据市教委主任要求、对市教委内部其他部门委托实施的专项审计的整改。

2012年，审计整改工作取得成效：一是会同相关部门开展市审计局项目的整改工作，并按时上报了整改方案和报告。二是在相关单位的配合下，经济责任审计整改工作得到进一步加强。据统计，审计报告反映的233个问题，其中按照审整改期限已完成150个问题的整改，其余已制定整改措施。审计整改进一步促进有关单位规范经费监管、加强资产保值增值，从而确保教育资金健康有效地使用。三是2011年市教育系统企业年报审计的整改，除部分单位股东权益、单位体制、土地权证等历史遗留问题外，已全部整改完毕，促进了企业的内部监管力度，减少企业经营风险。四是开展的专项审计整改，进一步规范了专项经费在预算编制和执行方面的管理，提高了公共财政教育经费的使用绩效。

（王英华）

［审计督查］ 随着市政府对教育的投入越来越大以及教育管理体制改革的深化，内部审计在化解财务风险和预防腐败滋生方面的作用愈发明显。为进一步提高审计质量，2012年市教委组织50多位专业审计干部开展对全市地方高校和区县教育局共42个教育内部审计机构的审计督查，从自查、复查、现场检查到出具意见书历经五个多月。这次审计督查工作取得了初步成效。首先，通过不断加强宣传力度，提高各方面对审计工作的认知度，赢得被审计单位的充分理解。其次，促进了各单位领导对审计工作的进一步重视，表示要进一步加强审计机构设置的独立性，促进审计队伍的年轻化、知识化、专业多样化，形成专兼职人员搭配互补。第三，促进审计整改工作制度化、规范化。第四，促进内部审计程序和制度的建立健全。

（万　敬）

［完善区县政府依法履行教育责任的公示公报］ 市督导室在总结近年公示公报工作的基础上，完善自评公报中关键指标体系，下发《关于做好2011年区县政府教育工作自评公报的通知》，重新确认“教育经费”、“师资队伍”、“班额达标率”等指标的统计口径。市督导室通过对全市17个区县政府的上报自评报告和公示公报项目表进行汇总，将各项数据提请相关处室及财政局等部门核实把关。2011年全市各区县均达到“教育财政拨款增幅高于财政经常性收入增幅”的规定。据区县自评报告数据统计

分析，区县教育公建配套项目规划落实率为93.1%；人口导入区适当放宽标准后，幼儿园、小学、初中、高中平均班额达标率分别为51.8%、95.7%、98.8%、99.2%。各项数据表明，全市各区县政府认真履行教育法定职责，政府基本公共教育服务均等化水平不断提升。

（顾　薇）

［就近入学专项督导工作］　市督导室4月下发《关于开展2012年义务教育阶段学校招生入学工作专项督导的通知》。5月，委托市教育督导事务中心组织4个督导组对11个区县社会关注度高的18所民办初中、8所民办小学招生工作开展专项督导，形成26份《一校一报告》以及《专项督导报告书》。9月开学后，市督导室加强与各区县联动，指导区县督导室通过区县自查的方式对本区县义务教育阶段学校招生行为开展常态督查与监管，完善了义务教育阶段学校就近入学工作的监控机制。

（顾　薇）

［完善义务教育均衡发展督导、考核和评估机制的研究］　根据部市合作备忘录精神，市教委、市政府教育督导室自2010年起开展国家教育体制改革重点课题《完善义务教育均衡发展督导、考核和评估机制》的研究。2012年，市督导室根据国家教育督导团“一个门槛、两项内容、一项重要参考”的原则，开展差异系数测算与分析，对浦东等4个区县开展调研，下发《上海市贯彻执行教育部关于义务教育均衡发展督导评估的实施细则》；与市教科院联合研制《上海市义务教育均衡发展满意度调查方案》，按照教育部规定常住人口1.5‰问卷量的要求，通过“上海教育督导”网络问卷系统开展问卷工作；在2011年3个区县先行先试的基础上，组成督政组完成对10个区县教育现代化综合督政或是义务教育均衡发展专项督导；完成课题总报告《上海市完善义务教育均衡发展督导、考核和评估机制的研究——本市与全国义务教育均衡发展比较分析及督政机制的创新与实践》，着手完成课题结题鉴定工作。

（顾　薇）

［推进整体规划大中小学德育课程试点项目］　市教委全面推进国家教育体制改革试点项目“整体规划大中小学德育课程”的相关工作。制定《关于整体规划大中小学德育体系的指导意见》（征求意见稿），促进大中小学德育的纵向衔接、横向贯通和螺旋上升，着力提升德育工作的实效性，重点在研制高校6门思政课教学指南、修订中小学德育课程标准、编制《上海市中小学生课外活动辅导手册》、系统构架全市学校德育资源库等方面。同时，聚焦纵向衔接上的难点问题，组织有关高校、区县教育部门、中小学校开展试点，发挥高校思政专家团队及市级中小学德育实训基地的作用，设立大中小学德育队伍衔接、学雷锋活动等多个子课题开展研究和实践，寻求破解教改难点的方法和路径。

教育部副部长李卫红及教育部社科司领导专程来上海进行实地调研和考察，并给予高度评价。教育部部长袁贵仁也在教育部社科司的相关工作专报中作出重要批示，要求很好总结上海经验并适时的全国推广。

（陈　皞）

［推进学生实践和创新基地建设］　2012年，由市教委牵头，依托市校外联办公室，联合市文明办等相关单位，开展全市校外教育基本情况大调研，对全市的345个场馆、589个校长、104791个学生和16711家长进行大样本问卷调查，首次形成总体和分项调研报告，为上海校外资源的结构布局、功能定位、需求拓展的优化与发展指明方向。

在调查基础上，坚持校内外教育资源的衔接与贯通，加强对校外教育活动场所的科学规划，分类指导示范性农村社会实践教育基地、示范性职业体验基地、学校素质教育基地、未成年人“社区实践指导站”等各类素质教育场所的规范化建设，制定校外教育资源库的建设方案和标准，优化校外教育工作的运行方式，培育优秀校外教育机构及活动品牌，培养专业校外教育师资队伍，逐步形成优质高效的资源配送体系，构建未成年人校外教育的社会大课堂。

建立了首批徐家汇街道等11个学生社区实践指导站，有效整合和利用学生身边的社区资源，推进学生社会实践活动阵地的下移，丰富学生实践活动的内容，为学生就近、就便参与社会实践活动创造条件。同时，利用部分中等职业学校开放实训中心的教育资源，在8所中等职业学校分学段开发设计20个中小学生职业体验项目。暑期中，开展了126场次职业体验活动，吸引中小学生2618人次。

（陈　皞）

［组织开展高校辅导员队伍建设月活动］　2012年2月，市教卫工作党委、市教委发布《上海高校辅导员队伍建设发展规划（2012—2015）》，11月，组织

开展以辅导员团队文化建设为主题的“2012年度上海高校辅导员队伍建设月”系列活动，依托“易班”组织开展“上海高校辅导员年度人物”评选，举办先进事迹报告会；举办上海高校辅导员论坛，开展主题征文，形成上海高校辅导员誓词和核心价值取向；开展新一轮高校辅导员培训基地遴选，举办系列专题培训研修，举行首届辅导员职业能力大赛、团队拓展活动，建设首批上海高校辅导员工作室，建立队伍建设数据库和易班沙龙。高校辅导员队伍建设得到学校、社会的认同，复旦大学辅导员包涵和中医药大学辅导员洪汉英当选为中国共产党第十八次全国代表大会代表，是全国仅有的两个高校辅导员代表。

（陈　皞）

［加强长三角区域德育工作交流合作］　长三角区域的三省一市教育部门合作举办的首届长三角中小学班主任基本功大赛和首届长三角高校思想政治理论课教学比赛，于2012年11月在上海举行。

“拨动学生心弦的艺术”——首届长三角地区中小学班主任基本功大赛，由上海、江苏、浙江和安徽的60名优秀中小学班主任同台竞技，综合考察班主任对学生思想道德教育思考的高度、深度和教育的针对性。

首届长三角高校思想政治理论课教学比赛覆盖高校思想政治理论课本科生四门必修课，来自四省市的32名高校中青年骨干思政课教师参赛，选手从教材中任意选取章节组织课堂教学，利用各种教学手段，剖析要点、难点，以达到入耳入脑入心的最终目的。

在活动筹备期间，市教委分别和江、浙、皖三省相关部门负责人多次沟通，并召开预备会议，推进工作交流，由赛事准备延伸到工作研讨，由比赛内容延伸到队伍建设，由单个合作项目延伸到区域深度合作。同时，在上海教育微博开设“大家来当班主任”及“辅导员沙龙”等栏目，营造良好的育人文化氛围。

（陈　皞）

［学校及周边环境建设］　市教委会同市人大、市文广影视局、市政府法制办等部门对《上海市未成年人保护条例》第二十三条适用范围进行研究，由市文广影视局提请市人大法工委做出明确解释，明确“中小学校园周边200米”的适用范围，严格审批在中小学校园周边开设文化娱乐场所、互联网上网服务等场所。

落实郊区学前儿童看护点安全防范管理基本要求，规范开展看护点安全防范工作。截至11月，全市共有17个学前儿童看护点转为民办三级幼儿园，431个看护点基本达到安全管理要求，90个安全隐患严重的看护点被取缔。

开展中小学幼儿园保安配置和管理情况调研，对全市不同性质、不同学段学校之间的保安员配置和管理情况进行比较分析，提出加强中小学幼儿园保安管理的对策建议。

开展安全隐患排查和治理。对虹口、杨浦、宝山、嘉定、闵行5个区559所中小学进行安全风险勘查，并逐校提出书面整改意见。联合交警、治安、消防等部门对青浦等8个区的36所中小学幼儿园校车、技防、消防工作制度执行情况等进行抽查，发现和整改安全隐患210处。开展校园及周边治安秩序集中整治行动，检查学校、幼儿园3874所（次），整改各类安全隐患1720处；取缔学校周边无证设摊1650个，纠正跨门营业820处，清除乱堆物322处；收缴非法音像制品16万余张、非法图书20万余册。

（姜文娟）

［举办“小法官网上行”活动］　依据“六五”普法教育的要求，5—11月，市高级人民法院、市教委、市青少年学生校外活动联席会议办公室和上海广播电视台联合举办“春天的蒲公英——小法官网上行”2012年上海市少年模拟法庭进校园进社区展评活动。活动以少年模拟法庭的形式，选择发生在中小学生身边的刑事、民事等案件，让中小学生在法官的指导下表演法律小品、模拟法庭并拍摄制作成视频，供全市中小学生观看学习。活动期间，主办方共收到17部视频作品。最终，来自奉贤区华亭学校的“飞来的铅球”获一等奖，闸北区市北职业高级中学的“一枚烟蒂”获最佳模拟法庭奖。此外，通过网络票选评出了网络人气作品奖、最佳表演奖、最佳小法官和青少年法律形象大使等奖项。

（张大飞）

［工读教育］　全市13所工读学校有教师413名，其中50岁以下的占82%，本科以上学历的占94%，中高级职称占66%。2名教师获上海市金爱心教师奖，9名教师获区园丁奖，135名教师获其他奖项。2012年内，毕业初三学生515人，其中非上海户籍学生31人；参加中考487人，升学率92.2%（包括留本校职业班就读的学生）。毕业中职学生77名，全部升学或就业；普通高中班毕业63人，全部升学。94人（次）获市区级有关竞赛奖项。在校学生1970人，其中非上海户籍学生84人；校外预控生5502人，其中非上海户籍学生2423人。

2012年主要开展4项工作。①完成市工读学校教师第四轮全员培训第二批130余人的培训工作。依托名师教育基地，选拔培养第一批工读学校骨干教师15名。②工读学校学科中心组定期组织各校教师开展"差异教学"、"课程校本化实施"等主题教研活动。举办主题为"心理健康与教育调适"的市第九届工读教育论坛。继续组织工读学校教师参加基教系统教学评优活动。③举办主题为"弘扬祖国传统文化"的市工读学校第九届"拥抱明天"系列活动，来自13所工读学校的140余名学生参加了"书法"、"绘画"比赛。④开展工读学校贫困学生援助工作。发放助学金20万元，惠及140名学生。

（张大飞）

[加强中小学幼儿园校车管理] 截至2012年12月25日，上海共有383所中小学幼儿园(其中幼儿园238所，小学52所，中学64所，国际学校29所)使用1954辆校车。这些校车均取得使用许可并申领校车标牌。其中专用校车117辆，非专用自有校车871辆，非专用租赁校车966辆。2740名驾驶员取得校车驾驶资格。教育部、公安部对上海校车安全管理予以肯定。

8月29日，市政府转发市教委、市公安局、市交港局制订的《上海市校车安全管理规定》。该《规定》严格遵循法制统一、严格准人和精细管理原则，针对校车安全工作中"人、校、车、行、证、责"等主要环节，明确校车使用范围、规定校车使用许可程序、明确管理要求和部门职责、过渡期限和校车退出机制，从制度上保障校车的运行安全。市区两级教育、公安、运管等部门建立校车安全管理联席会议制度，明确工作职责，建立完善校车安全管理信息共享机制、工作会商机制和联合抽查机制。相关区县通过规范招生和优化公交线路等措施，规范校车使用，降低校车风险。通过层层签约、实施视频监控和联合检查等措施加强校车日常监管。

市区两级教育、公安等部门全年共联合检查校车2384辆次，查获"黑校车"30余辆，其中超员违法20余起，市教委发出检查抄告和情况告知单15份。

（卢　惠）

[中小学生安全情况] 2012年全市发生中小学生各类安全事故2468起，比上年增加608起，共伤亡学生2472人，比上年增加607人。各类安全事故中，轻微伤和轻伤占97.7%，比上年上升1个百分点。校方责任事故占事故总数的2.3%，比上年上升1.1个百分点。非正常死亡学生56人，比上年减少16人，其中在校园内非正常死亡9人，比上年增加3人；在社会和家庭中非正常死亡47人，比上年减少19人。未发生集体食物中毒、校车、火灾等公共安全事故和自然灾害事故。

（卢　惠）

[做好招生监察工作] 紧紧围绕阳光招生"六公开"要求，认真开展招生监察"全程参与、全程监督、全程服务、全面覆盖"工作。全面推进阳光透明的信息公开机制、全面落实分级负责的信访处置机制、全面构建多方参与的监督制约机制等三大机制建设，通过及时发布信息，让招生各项工作在阳光下运行；通过落实"首信负责制"，使定人、定点、定时妥处诉求在责任规范下运行；通过各级招生监察部门的录取现场实时监察，使招生录取在依法有序下运行。

紧紧围绕阳光招生各项规定，重点抓好"四环节"的监察与督查。一抓制度建设与落实，从组织建制、领导体制、监督机制上下功夫，对招生中的监管要求、督查重点等作了全面布置；二抓《招生章程》制订与核准工作，对所有普通高校《招生章程》开展核准工作；三抓特殊类型招生规范，抽查本市13区县469名体育特长生报名资格，组织评审专家开展对美术类阅卷中发现的异常试卷进行会审复核工作，指导31所高校专科层次依法自主招生监管工作，督查复旦、交大试点依法自主招生等；四抓录取过程的公平公正，严格执行调整计划使用必须由招办主任、监察负责人、校分管领导共同签字确认后方可上报落实制度，坚决落实录取信息及时公布，考生诉求及时查复。

结合高校廉政风险预警防控机制建设，认真开展招生风险预估与防范调研工作。组织开展本市高校招生监察负责人专题培训，落实17所高校为本市阳光招生预警机制建设推进单位，立项开展本市高校招生监察工作课题调研，分别对体育类、艺术类、依法自主招生类开展专项调研，完成了三套调研数据、三篇调研报告，在此基础上形成了《关于上海市普通高校招生监察工作实施办法》，对指导本市开展招生监察工作具有规范作用。

（何艳琴）

[规范教育收费] ①市教委会同市财政局、市物价局等部门制定了《关于2012年上海市规范教育收费工作的意见》、《关于本市公办幼儿园保育教育费收费标准的通知》、《关于规范本市幼儿园代办服务性收费管理的通知》。取消公办高中外省市学生

借读费、中等学校艺术体育专业考试费、医学博士外语考试费、高等学校计算机等级考试费以及赔偿费等5项教育收费项目。降低公办高校利用企业资金等非国家财政性资金建造的学生公寓住宿费收费标准，提高幼儿园生均公用经费基本标准至每生每年1200元。②开展2011年度市规范教育收费达标区(县)评估工作。嘉定、徐汇、闸北、松江、奉贤、黄浦、金山、普陀等8个区教育局被评为“2011年度上海市规范教育收费优秀达标单位”；崇明、宝山、长宁、青浦、静安、杨浦、闵行、浦东、虹口等9个区(县)教育局被评为“2011年度上海市规范教育收费达标单位”。对优秀达标单位和达标单位进行表彰奖励。③开展幼儿园、中小学校收费情况问卷调查，调查样本为全市中小幼学生总数的5.8%。学生家长对教育收费的评价为“好”和“较好”的达97.94%。④上海在全国率先全面取消公办普通高中择校生招生计划及收取择校费。⑤市规范教育收费联席会议七成员单位成立6个检查组，对17个区(县)教育局(包括所属的36所公办高中、70所初中小学、70所幼儿园)、15所高校以及7所部、市直属中学开展检查，查出违规收费204.69万元。⑥全年查处违规收费318.25万元。其中通过联合检查发现违规收费204.69万元、日常信访投诉举报发现违规收费113.56万元。

(魏　健)

[召开教育政风行风建设大会]　7月16日，市教卫工作党委、市教委召开2012年上海市教育政风行风建设大会，副市长沈晓明出席会议并讲话。会议由市教卫工作党委副书记、市教委副主任高德毅主持，市教卫工作党委书记、市教委主任薛明扬作工作报告。市教卫纪工委书记黄也放宣读市教卫工作党委、市教委关于表彰2011年度上海市规范教育收费优秀达标单位和达标单位的决定。市监察局副局长、市纠风办常务副主任花蓓出席会议并讲话。市政风行风监督员代表，各区县分管区县长，各高校主要领导、纪委书记，各区县教育局局长、纪委书记，市教卫工作党委、市教委有关处室、直属单位、直属中学主要负责人等出席会议。会上，华东理工大学、上海海关学院、闸北区教育局分别从推进阳光招生工程、规范教育收费、抓政风行风基础建设等方面作经验交流发言；上海中医药大学、奉贤区教育局提交了关于加强学风建设、加强师德师风建设等方面的书面经验交流材料。

(魏　健)

[在全国治理教育乱收费有关会议上交流经验]　4月27日，中共中央政治局委员、国务委员刘延东主持召开全国治理教育乱收费部际联席会议第十二次会议。上海市副市长沈晓明，市教卫工作党委书记、市教委主任薛明扬出席会议。会上，副市长沈晓明从落实政府责任加大教育经费投入、完善制度构建教育收费长效机制、突出重点着力破解教育收费工作难点等三个方面作了经验交流发言。

(魏　健)

[整改落实教育收费问题]　2011年12月，全国治理教育乱收费部际联席会议七成员单位成立督查组，对上海教育收费情况开展专项督查。2012年1—4月，市教委对督查中发现的问题积极落实整改。整改的违规收费问题共有五大类15个，已全部整改完毕。清退违规收费669409.74元。3月21日，将整改情况上报全国治理办。4月20日，将整改后续进展情况再次报全国治理办。

(魏　健)

[对市场中介组织开展摸底调查]　7—8月，根据市纪委办公厅《关于对市场中介组织有关情况进行调查摸底的通知》要求，按照《市场中介组织分类参考表》，市教委具体负责“大类为代理机构、小类为40.自费出国留学中介服务机构”的摸底调查。全市共有15家自费出国留学中介服务机构，其中10家是国有独资、国有控股或具有国有股权成分及其他股权成分的混合股权性质的企业，4家民营企业，1家属于社会团体。他们的日常工作由市教委、市工商行政管理局及市公安局出入境管理局按各自职责负责监管。10家具有国有背景的机构以及1家属于社会团体作为举办方的机构，都已在组织人员、职能工作、资产财务和办公场所等方面，基本做到了脱钩分开。4家属于民营企业性质的机构，均按照国家有关规定独自开展经营活动。

(魏　健)

[对制度廉洁性评估试点工作进行评估]　1月，市教委从制度的廉洁性、合法性、利益冲突和科学性等四个方面开展制度廉洁性评估工作。评估的重点主要是涉及行政审批权、行政执法权、行政处罚权、人事权等权力相对集中的地方性法规、政府规章、规范性文件和涉及腐败现象易发、多发的重点领域、关键环节。评估结果显示：市教委起草制定的地方性法规、政府规章和规范性文件都依据相关法律、

法规或依据上级有关文件精神；都符合实际工作需要，没有发现行政权力在制度运行过程中寻租、公权力被滥用等情况；每年起草制定的地方性法规、政府规章和规范性文件数量较少，占市教委全年文件总数的1%左右。

（魏　健）

[对绩效考核中效能有关工作开展调查] 1—2月，市教卫工作党委、市教委从行政审批事项办理情况、行政经费使用情况等方面对绩效考核中效能有关情况开展调查。2011年，市教卫工作党委没有行政审批事项；市教委共有20项行政审批事项，全年共接受事项申请12095件（其中予以受理的有10720件），经审查决定予以批准的有4246件。受理的申请事项均在规定时限内审核完毕，均没有向申请人（或申请单位）收取任何费用。2011年，市教卫工作党委实际发生的行政经费总额为2367.99万元（其中公用经费612.15万元，人员经费1755.84万元），市教委实际发生的行政经费总额为4645.62万元（其中公用经费817.83万元，人员经费3827.79万元）。

（魏　健）

[教育部评议上海教育行风建设] 2011年12月，教育部行风评议组到上海对教育行风建设情况开展评议。2012年3月，教育部公布各省（区、市）教育行风建设情况的评议结果。上海教育行风评议加权总分为88.93分，在全国30个省（区、市）中（不包括西藏）名列第四位（前三名分别是宁夏96.54分、新疆91.07分和吉林88.98分）。

（魏　健）

基础教育

［**2012年概况**］ 全市共有小学761所，幼儿园1401所，中学760所，特殊教育学校29所，在校学生合计183.63万人。完成市政府实事项目“新增40所幼儿园”的建设任务，全面实施学前教育三年行动计划（2011—2013年）。推进实施教育城乡一体化工程，以市政府名义召开上海市城乡基础教育一体化推进工作会议，市政府办公厅转发《市教委等部门关于上海市城乡基础教育一体化建设工程的实施方案》，部署“十二五”期间上海推进城乡基础教育一体化工作；组织交通大学附属中学赴嘉定新城办分校，华师大二附中赴闵行紫竹园区办分校；组织54所中心城区品牌学校赴大型居住社区和郊区新城新建义务教育学校和幼儿园对口办学，促进新建公建配套学校高起点办学。解决好进城务工人员随迁子女在沪接受义务教育问题，全年实现53.8万名适龄随迁子女全部在公办学校或政府委托民办小学免费就读。推进“促进普通高中优质多样特色发展试验”项目的实践研究，开展普通高中学生创新素养培育实验，推进高中多样化、特色化发展。深化课程与教学改革，召开全市小学教学工作会议，推进小学教学工作；基本完成中小学各学科课程标准修订，继续提升中小学课程领导力，小学全面实施“快乐活动日”；完成2011年中小学生学业质量绿色指标评价结果的区县和学校报告，公布本市中小学生学业质量绿色指标首次评价结果；举办本市首届中学阶段校本课程展示活动。召开上海市特殊教育工作会议，出台关于加强特殊教育师资配备和经费保障等方面的政策，将特殊教育生均公用经费标准提高到7800元，2012年9月起对本市基础教育阶段残疾学生全面实施免费教育。全市18所中学承担内地西藏班、新疆高中班办班任务，在校学生4800余人。

（周勤健）

［**学前教育公共服务体系建设**］ 贯彻实施《上海市学前教育三年行动计划（2011—2013年）》，建设和完善加强学前教育公共服务体系，实现对适龄儿童学前教育和看护的全覆盖。进一步推进学前教育内涵建设，规范办园行为，提升幼儿园办园质量，促进学前教育发展。①完成新增40所幼儿园的市政府实事项目。建设民办三级幼儿园已达181所，规范学前儿童看护点460个，并通过多种途径满足入园和看护需求。②召开全市幼儿园保教工作调研情况通报暨研讨会，出台系列规范幼儿园收费工作的政策文件。成立民办幼儿园协会。开展民办幼儿园创建优质园项目。③推进国家教育体制改革试点项目“完善学前教育公共服务体系”研究。④探索开展0—3岁婴幼儿早期教养指导工作，拟定《上海市0—3岁早期教养指导工作方案》。

（瞿佳杰）

［**进城务工人员随迁子女接受义务教育**］ 2012学年，本市共有53万余名进城务工人员随迁子女在义务教育阶段学校就读。其中，通过加快郊区学校建设，实现40万余人在公办学校就读，占总数的75%左右，比2011学年增加3.4万人，提高1.5个百分点。另有13万余名进城务工人员随迁子女，在157所政府购买服务的以招收进城务工人员随迁子女为主民办小学免费就读，占总数的25%左右。2012年，继续组织进城务工人员随迁子女比较集中的学校，开展针对性教育教学研究，为150所以招收进城务工人员随迁子女为主的民办小学建设综合实验室。全市共投入资金3261.55万元（其中市级补助3000万元，区县自投261.55万元）。委托市教育督导事务中心组织对8个区县的82所以招收进城务工人员随迁子女为主的民办小学2011年财务情况进行了专项督查，推进学校规范管理。编制《学校规范管理手册》，开发学校管理平台与教师教学电子平台，并组织校长、教师专题培训，促进这类学校管理的规范化和科学化，提高教师队伍的专业能力和水平。采取与公办学校、区县成立教学指导团等措施，帮助民办小学提升教育质量。

（焦小峰）

［**郊区学校建设**］ 2012年本市郊区共实施基础教育项目210个（含2011年接转项目），占2012年计划实施项目总数的83.33%。目前已竣工项目

111个，在建项目99个。开工项目按类型分，大型居住区教育配套项目34个，普通商品房教育配套项目86个，郊区新城配套项目9个，资源紧缺地区补建项目14个，其他教育规划项目67个。2012年市政府实事项目“新增40所幼儿园”与2012年市政府重点工作“新增30所中小学”全部竣工，其中超过半数学校已在2012年9月交付使用。

（焦小峰）

［普通高中创新素养培育实验］ 2012年的上、下半年分别召开普通高中创新素养培育实验项目工作会议，进一步完善项目的研究框架，明确项目总结工作要求与进程，落实专家指导责任制。30所实验高中和徐汇、金山两区分别对高中生创新素养培育的目标与测评方法、培养内容与课程学程设置、培养模式与学业管理3个方面进行研究总结。每个实验单位承担至少一个具有原创性和独特性的专题总结任务(包括典型案例)，每位项目专家承担1—2个实验单位的总结点评任务。金山区和七宝中学分别召开项目展示活动，一批实验单位提炼出较有成效的做法与经验：一是学生创新意识的培养得到重视。二是课堂教学开始关注学生的高阶思维活动。市西中学、复旦中学等实验学校的课堂教学，正在从过去以知识传授为主，只安排识记、理解、应用等低阶思维活动，逐步转变为更多地关注学生分析、推论、评价、创造等高阶思维能力的培养。三是实验单位将点上的试点经验逐步向面上学校推广，开始通过课程和教学改革，关注更多学生的创新素养培育。

（金莉莉）

［首次依据“绿色指标”进行测评］ 2011年，本市以“上海市中小学生学业质量绿色指标”(简称“绿色指标”)为依据，举行全市首次抽样测试，有小学466所、初中338所(一贯制学校按小学、初中分别计数)参加学业测试，63640名学生参加测试和问卷，9445名教师和804名校长参加问卷。评价工具主要有学科测试、问卷调查、体质健康测试等。结果显示：上海学生学业成绩比较优秀且学生学业成绩区县间、学校间比较均衡，分别有99％、99.7％的学生达到三年级语文、数学课程标准基本要求，有96％、97％、93％、91％的学生达到八年级语文、数学、英语、科学课程标准基本要求。学习自信心、学习动机、对学校的认同度、师生关系、教师教学方式与学业成绩呈现正相关。学生学习动力较强，特别是对学校的认同度较高(认同度较高的四、九年级学生比例约为80％和75％)，学生对师生关系和教师教学方式评价良好，校长的课程领导力表现出一定水平，学生社会经济背景对学业成绩影响较小(四年级学生家庭背景的差异解释率约为0.13；九年级学生语文、数学、科学家庭背景的差异解释率均低于0.2，英语约为0.23)，在学生健康快乐成长过程中，学校很大程度上弥补了家庭环境不利的影响。学生品德行为发展水平总体较好，体质健康水平得到提高。学生学业负担依然偏重，普遍感到学习压力较大，四年级学生每天睡眠时间达到9小时、九年级学生每天睡眠时间达到8小时的比例分别约为44％和13％。

（刘中正）

［建设数字化课程环境和变革学习方式］ 虹口、闵行、普陀等区县开展了建设数字化课程环境和变革学习方式的实验试点。虹口区共有18所学校、3000多名学生参与试点，已与出版社合作，设计开发了5本教材的电子课本单元，并进入课堂实验；闵行区开展“数字化环境下智慧教学模式研究”，2012年有40所学校进入到项目实验阶段，已完成学习终端、信息平台和数字资源的配置工作，同时进行教师培训活动；普陀区曹杨实验小学20个班级、656名学生全部参与试点。区教育局加大投入，资助学校进行“数字化学习”课程环境建设。试点学校全方位开展新技术与教学融合的系列应用培训。除上述三个区县外，其他区县也选择1—2所学校优化数字化课程环境建设，尝试开展学习方式变革的探索。

（龚　柳）

［推进特殊教育医教结合］ “推进医教结合，提高特殊教育水平”试点项目进行了为期二年的试点，在以下几方面取得了突破：一是对特殊教育医教结合内涵形成新认识；二是构建特殊教育医教结合管理系统；三是拓展医教结合服务至教育、康复和保健三个领域；四是加大教育评估与医学评估的结合度；五是推进医教相互渗透的特教课程改革；六是建立多部门合作的管理机制；七是建立多领域联动的支持系统。2013年1月16日，召开项目成果鉴定会。副市长沈晓明指出，今后要在更大范围内整合政府资源，将医教结合理念具体化、项目化，建立健全医教结合的工作制度，建立上海医教结合的地方标准，争取为全国特教事业作出更大贡献。

（陈东珍）

[新优质学校行动项目] “新优质学校推进项目”重点研究一批不挑生源、没有额外资源、没有深厚文化积淀的普通学校,从学生的实际情况和发展需要出发,推进学校内涵建设和转型发展的实践探索。截至目前,共有43所项目学校。2012年,项目组主要围绕以下几个方面开展工作:帮助项目学校获得持续发展的信心,重新认识发展突破点,发现“最近发展区”。项目学校围绕以下方面开展工作:有鲜明的“平民教育”意识,让教育关怀公平地惠及来自不同群体的所有学生;尊重学生的差异,满足学生个性化需求,重视其在原有基础上的良好发展,重视学生个性的丰满与人格的健全;以课程改革为核心谋求新发展,以特色建设带动全面提升,以重点突破带动各项工作的改进。

(焦小峰)

[内地中学民族班办学工作] 2012学年,本市内地中学民族班办班学校达18所,在校生4800余名,覆盖13个区县。其中,内地西藏初中班办班学校2所,2012学年新生225名,在校生850余名;内地西藏高中散插班办班学校4所,2012学年新生170名,在校生400余名;新增位育中学承担内地新疆高中班办班任务,办班学校达到12所,2012学年新生978名,在校生近3600名。2012年,着重开展了以下几项工作。一是丰富载体与形式,不断推进以民族团结教育为核心的思想政治教育。二是创新教研机制,进一步提高民族班教育教学水平。三是加大经费投入,支持内地民族班各办班学校改善办学条件,维护内地民族班学校和谐稳定。四是开展内地民族班管理干部培训活动和民族班教育课题研究,提高内地民族班一线管理干部的政策水平和理论素养。

(金　松)

职业教育

［**2012年概况**］ 2012年，本市79所中职校录取3.6万人，占高中阶段学校录取总数40%，其中，录取本市初中毕业生2.8万人，录取进城务工人员随迁子女0.8万人。另外，本市中职校录取外省市学生0.9万人，录取成人中专0.9万人。今年中职校录取总数5.4万人，完成教育部下达本市中职校招生计划，普职录取比基本达到1∶1。

2012年中高职教育贯通培养模式新增食品药品监督管理、应用化工技术等六个试点专业，年度招生计划达到1360名，并试点向进城务工人员随迁子女开放。推动上海交通大学附属卫生学校、上海医药高等专科学校等开展基于学分制的中高职教育衔接培养模式试点，联合市人力资源社会保障局开展中等职业教育“双证融通”专业改革试点，推进专业教学标准与职业标准的有机融合。

完成首批13个职业教育国际水平专业教学标准文稿开发工作，推动职业教育专业课程体系、教学模式等与国际先进水平对接。开展上海市中等职业学校第六届教师教学法改革交流评优市级复赛，推动落实“任务引领，做学一体”的课改理念。新增上海市贸易学校、上海市建筑工程学校等六所学校成为第三批国家中等职业教育改革发展示范学校立项建设学校。

（宋　磊）

［**开发职业教育国际水平专业教学标准**］ 根据教育部《关于借鉴国外先进经验　开展职业教育部分专业教学标准开发试点工作的通知》（教职成司函〔2012〕86号）要求，市教委认真研究、推进相关工作。先期对项目进行整体设计，多次组织研讨会，并委托华东师范大学职教所开展国际比较研究，为开发工作提供理论依据和技术基础。在此基础上，逐步细化并形成开发工作方案，编制《国际水平的职业教育专业教学标准开发指导手册》，选择上海医药学校等8所职业院校在护理、汽车运用与维修、国际邮轮服务等13个专业率先开展试点。经过各方面的共同努力，首批13个专业的国际水平专业教学标准文稿开发工作已经完成，并已正式出版。

（宋　磊）

［**国家中等职业教育改革发展示范学校建设**］ 2012年，上海市教委结合上海职业教育“做精、做特、做强”改革发展目标，制定并公布了《上海市中等职业教育改革发展特色示范学校创建工作计划》，用2到3年时间，重点支持20所左右的市中职特色示范校，带动全市中职校向特色和品牌发展；为规范示范校建设经费使用，市教委会同上海市财政局以《国家中等职业教育改革发展示范学校建设计划项目管理暂行办法》为依据，制定《上海市国家中等职业教育改革发展示范学校建设计划立项建设学校项目经费管理办法》，对示范校建设的经费下拨、使用、审计等方面进行了规定；2012年3月，上海市教委组织召开“上海市国家中等职业教育改革发展示范学校建设工作推进会”，引导首批立项建设学校组建首批上海市国家改革发展示范学校校长联席会，定期组织开展研讨、交流等活动，研究示范校建设过程中的共性问题，加强学校间的协作。

（张福顺）

［**中等职业教育“双证融通”专业改革试点**］ 市教委联合市人力资源和社会保障局颁布《上海市中等职业教育“双证融通”专业改革试点实施方案》（沪教委职〔2012〕13号），从2012年秋季开始，用3—4年时间，在本市10所学校的数控技术应用、电气运行与控制等专业开展“双证融通”改革试点。试点专业的学生如学习成绩合格，可同时获得学校毕业证书和相应职业的相关中级职业资格证书。为推动试点工作，市教委与市人力资源和社会保障局相关部门成立了改革试点领导小组和工作小组，编制完成《上海市中等职业学校“双证融通”专业改革试点工作指导手册》，指导试点学校初步完成试点专业教学实施方案。该试点具有三个方面的特点：一是学生的学业评价将结合学校评价与职业技能鉴定考核，建立两者融通的机制；二是将技能考核的考点以及职业行为规范等要素融合到日常教学过程，把职业资格证书的终结性考评转变为学历教育教学过程中的形成性评价；三是由职业技能考评员与行业专家、学校教师等共同组成学业评价的主体，增强职业教育学业评价的开放性。

（宋　磊）

[中高职教育贯通培养模式试点工作] 2012年进一步扩大中高职教育贯通培养模式试点范围。通过院校申报、材料预审、汇报答辩等程序，经专家评审，2012年新增食品药品监督管理、应用化工技术等六个试点专业，涉及上海市医药学校、上海医疗器械高等专科学校等14所中高职院校，新增招生计划360名，新增中高职教育贯通培养模式招生计划的10%试点面向进城务工人员随迁子女开放。开展对第一、二批11个试点专业进行实地调研，并于下半年召开"上海市中高职教育贯通培养模式试点院校工作会"，还颁布了《上海市教育委员会关于继续开展中高职教育贯通培养模式试点工作的补充通知》(沪教委职〔2012〕25号)，启动了2013年中高职教育贯通培养模式试点的院校申报等相关工作。

(宋　磊)

[中等职业学校学生资助情况] 2012年秋季学期起，根据市财政、市教委、市残联《关于对本市基础教育阶段残疾学生实施免费教育的通知》(沪财教〔2012〕61号)，本市普通中等职业学校(全日制公办与民办特殊和普通中专、职业学校、技工学校、综合高中)残疾学生也纳入中职免学费政策范围。残疾学生在享受免学费、书簿费的同时，对寄宿制特教学生免住宿费。至此，本市中等职业学校免费政策覆盖面达在籍在沪学生总数的56%。据统计，2012年，本市14.5万人次享受免费政策，享受金额3.8亿元，其中免学费3.1亿元；助学金0.7亿元。此外，本市对非毕业年级学生每生每年给予1000元助学金，今年共有7.7万人次享受0.4亿元国家助学金。

另外，按教育部要求，从今年秋季起，上海市房地产和上海市南湖职校开始招收青海果洛地区中职学生。经初步统计，2012年共有1924人次对口支援西藏、新疆、果洛内地中职班学生纳入中职帮困助学体系，享受在沪培养经费约1577万元资助，其中，免学费385万元、免书簿费58万元、国家助学金145万元，生活费515万元，住宿费93万元，医疗费24万元，实习材料费58万元，活动费34万元，交通费36万元，其他生均经费229万元。

2012年共有7304名学生获得上海市奖学金621.55万元。

(黄　蕾)

[开展中等职业学校第六届教师教学法改革交流评优] 根据《上海市教育委员会关于开展上海市中等职业学校第六届教师教学法改革交流评优活动的通知》(沪教委职〔2011〕22号)，上海市教委、上海市中小学幼儿教师奖励基金会组织开展以"让教法更贴近学生"为宗旨的上海市中等职业学校第六届教师教学法改革交流评优活动。全市共有68所学校的7400多位教师参加学校初评，占中职校在职教师的80%以上。本次评优活动经过学校初评、市级学科和专业组复评以及总评委总评三个阶段，共评出一等奖25名，二等奖59名，三等奖118名，优秀奖164名，作为市级复评的一个重要环节，首次举行了公开的集中说课活动。

(宋　磊)

[参加2012年全国职业院校技能大赛] 2012年全国职业院校技能大赛于6月29日闭幕。6月10日至29日，34所中职校160名选手组成上海中职代表队，参加了5个省市的11个地级市14个大类52个大赛项目。根据教育部网站公布的各省市参赛成绩统计，进行自我对照，参赛成绩稳中有降，一等奖数位列全国第三。比赛成绩喜忧参半。在现代物流、信息技术、美发与形象设计、服装设计等赛项中连续多年保持领先；部分项目成绩不佳，首次参加的化工生产技术、化工设备维修、化工仪表自动化、电梯维修保养和机器人技术应用等新赛项上，中职学生与金牌无缘。

同期，参加了全国职业院校学生技能作品展洽会，选派了建筑工程学校等9所学校和上海市机械施工有限公司等2家企业，集中展示了40个大类118件反映职业教育改革发展、服务经济社会的丰硕成果作品(项目)，共获得11个一等奖，16个二等奖，35个三等奖，50个优秀奖，2个优秀合作企业奖，一等奖与团体奖牌总数蝉联全国第一。

(张福顺)

[组织中等职业学校专业骨干教师出国培训] 今年，市教委先后组织5批来自本市48所中等职业学校和2家市教委直属单位的80位校长及教师赴德国参加培训。培训工作由国内培训、国外培训与回国总结三部分构成。参训教师接受了德国职教专家的培训、聆听了德国教师的讲学、参观了多家德国著名企业举办的培训学校。通过了解德国职业教育领域课程开发理念，深化了工作过程导向的概念，进一步增强了现代职业教育理念与意识。通过与授课教师的交流，了解了德国双元制教育系统、教学体制、法律法规等方面的内容，对参训教师在课堂中的定位有了新认识。

(钱啸寅)

高 等 教 育

［**2012年概况**］ 2012年，全市高等教育在校生达95.49万人。全市共有普通高等学校67所。普通高校教职工7.33万人（其中市属高校4.04万人），专任教师4.01万人（其中市属高校2.46万人）。全市在读研究生12.70万人，比上年增加0.80万人，增长6.7%。普通高校本专科在校生50.66万人，比上年减少0.9%。招收本专科学生13.98万人，招收研究生4.42万人。各普通高校有留学生5.10万人。上海高校毕业生17.8万人，比上年增加0.3万人，增幅为1.7%。截至8月30日，上海高校毕业生总体就业率为95.95%，比去年同期增加0.27%，其中：研究生就业率为95.73%、本科生就业率为95.53%、专科（高职）生就业率为96.82%。

教育部与市政府联合召开部市共建领导小组会议，确定“深化省级统筹高等教育管理改革”等8项全年主要工作内容。教育部、财政部、上海市政府签署共建上海财大协议，推进“两部一市”共建上海财大。开展上海科技大学筹建工作。民航上海中等专业学校升格为上海民航职业技术学院。支持上海对外贸易学院、上海应用技术学院、上海体育学院申请更名为大学以及复旦大学上海视觉艺术学院转设等院校设置工作。

有序推进上海科技大学（筹）浦东新校区建设项目、上海电机学院浦东临港二期建设项目、医疗器械高专和出版印刷高专浦东新校区迁建工程、上海国际舞蹈中心项目、东方绿舟公共安全教育实训基地、上海师范大学等7所高校学生公寓建设项目等工程项目。

发布《上海市法律硕士等16种专业学位论文基本要求和评价指标体系》。启动金融硕士等20种专业学位论文基本要求和评价指标体系研制工作。采用已研制完成的法律硕士等16种专业学位论文基本要求及评价指标体系对专业学位论文进行双盲评议。完成临床医学专业学位与住院医师规范化培训制度，2012年录取410名临床医学硕士（住院医师）专业学位研究生。

批准24所高校的39个专业列入“专业综合改革试点”项目。12所高校的65个工科专业列入国家卓越工程师培养计划，支持11所高校与59家企业共建国家级工程实践教育基地。5所高校入选国家卓越法律人才培养基地。22个高校的相关院系列为首批创新创业教育实验基地。96个项目列为年度上海高校重点教学改革项目。立项建设89门市级精品课程、43门市级全英语示范课程，推荐154种国家优秀规划教材。支持24所高校3100余项大学生创新项目。联合研究编制11个大类的高校基础实验教学规程。支持开展11项全市高校大学生学科竞赛。联合30所高校建立课程资源跨校共享系统组织机构，建设优质课程共享中心。

推荐7位院士候选人。推荐9人上报国家“千人计划”。51人入选“上海千人计划”。19人获得上海领军人才称号；开展第三批24人“领军人才”地方队培养对象的中期考核工作。开展中组部“青年拔尖人才支持计划”申报，推荐121人申报材料送市委组织部审定。

向教育部推荐11位长江学者候选人，上海大学教授吴明红入选特聘教授。完成中央千人计划申报，向市委组织部报送“创新人才长期项目”（共6人）、“创新人才短期项目”（共11人）、“青年千人计划项目”（共7人）。完成上海“千人计划”评审，共76人通过审议，其中创新长期61人（重点学科平台40人），创新短期15人（重点学科平台6人）。79人入选“上海特聘教授（东方学者）岗位计划”，其中特聘教授64人，讲座教授15人；11人入选“东方学者”跟踪计划。859名教师和39个上海地方高校产学研基地获上海高校教师产学研践习计划资助。457人入选上海高校教师国内访问学者计划，885人入选上海高校教师国外访学进修计划，932人入选上海高校青年教师培养资助计划本计划。23人获批上海领军人才“地方队”。上海交通大学医学院等4单位入选海外高层次人才创新创业基地。

（朱俏道）

［**实施上海高等教育内涵建设工程（“085工程”）**］ 市教委对高校上报的修改完善后的内涵建

设规划和2012年项目进行审核，市财政专项资金评审中心组织专家对项目的资金预算进行评审，形成评审意见。市教委委托市教育评估院对5所高校申请立项的第二个内涵建设规划进行专家会评和学校答辩。根据专家评审意见，5所高校可在其第二个内涵建设规划中启动相应的内涵建设项目。开展“上海地方本科高校‘十二五’内涵建设”绩效评价工作。通过集中会评，形成对每校的《专家综合评价表》。绩效评价的结果作为下拨给各校的2012年第二批资金额度的重要依据之一。召开“085工程”例会，推进“‘085工程”信息平台建设，新增项目网上申报、网上审核、成果展示、资金预算和使用统计等功能，加强项目的过程管理和监督。

（朱俏道）

［建设示范性全英语课程］ 上海市教委从2009年起每年开展“上海高校示范性全英语课程”建设，截至2012年，已遴选产生了180门市级示范性全英语课程建设项目。经过三年建设，首批45门立项课程在完成验收后，有29门被授予“上海高校示范性全英语课程”称号。据统计，2009年至2012年间，上海市教委投入专项经费委托上海高校外国教材中心共为立项课程购买了254种、共计7990册原版教材，其中绝大多数由国外核心出版社出版，且已被国外知名大学的同类课程选用为教材。全英语课程使用英文课件，用英语授课并与学生互动，布置并批阅英文作业，考试采用英文命题并要求学生用英文答题。

（孔莹莹）

［实施本科教学质量年报制度］ 市教委发布《关于试行上海高校本科教学质量年度报告发布制度的通知》（沪教委高〔2012〕31号）要求，上海市属高校陆续向社会发布本校2011学年度本科教育教学质量报告。截至2012年11月底，共计24所上海市属本科高校正式对外发布了年度质量报告。本次公布的报告基本上都能按照教育部和市教委的相关文件要求，对学校的教育教学情况进行比较全面的描述报告，内容详尽，通过公布共性数据和反映教学过程的核心数据来反映学校本科教学的实际状况，并就招生和生源情况等许多社会比较关心的问题作了积极回应。本次公布的质量报告从整体上反映出了目前高校本科教学存在的一些主要问题。

（孔莹莹）

［建设上海高校课程共享中心］ 2012年4月市教委正式发文批准成立“上海高校课程资源共享中心”（以下简称“共享中心”），在线业务平台“上海高校课程中心”已经正式上线。初步完成了《共享课程开课遴选标准》、《共享课程教学认证标准》、《共享课程终结性评价标准》、《课程视频标准》和《直播互动教室建设标准》等五项标准。初步建立了包括教师开课申报、课程专家评审和认证、学生选课、各成员高校教室接入中心等的工作流程。共享中心将共享课程主要锁定为通识教育课程。已经在全市范围内开发和征集了65门共享课程，其中已经完成视频拍摄的有近30门，通过视频标准审核和第一轮学科专家审核的有20门，通过所有审核和认证并实现上线的有《关爱生命—急救与自救技能》、《哲学导论》、《唐诗宋词人文解读》、《中医药与中华传统文化》、《科学技术史》、《西方音乐史》、《上海社会与文化》等7门课程，这7门已经在网上面向学生选课。目前共有1898名学生选修了7门课程。

（傅建勤）

［实施本科专业预警机制］ 市教委发文将高校中连续3年以上签约率低且布点较多的18个本科专业列入2012年度预警专业名单。18个预警专业包括：社会工作、社会体育、广告学、艺术设计、表演、动画、播音与主持艺术、广播电视编导、信息与计算科学、材料化学、电子信息工程、网络工程、信息显示与光电技术、食品质量与安全、国际商务、公共事业管理、劳动与社会保障、会展经济与管理。这些专业绝大多数是应用型、有较明确就业去向的专业，其中不乏一度被认为社会上较为欠缺的“热门专业”。这些专业平均签约率连续几年相对偏低。

在向社会公布预警专业的同时，市教委还建立起全市高校毕业生培养质量跟踪调查制度。实施专业预警退出机制推动了高校加快专业内涵建设的步伐。在2012年全市本科招生计划数量增加的情况下，这18个专业计划招生6693人，比上一年度减少13%。

（赵丽霞）

［组建高校教学指导委员会］ 市教委于2012年5月起陆续组建了一批重点领域学科和专业及有关专项工作的高等学校本科教学指导委员会。截止2012年底，成立了经济学、金融学、国际经济与贸易、旅游管理、艺术设计、计算机科学与技术、机械设计制造及其自动化、电子信息工程、大学英语、卓越

医学教育、卓越法学教育和创新创业教育等12个首批专业教学指导委员会，并制定了《上海高等学校本科教学指导委员会章程》。2012年6月14日成立大会以后，各教指委都制定了各自的工作计划并召开了委员会议，一些教指委还积极组织和开展相关教学领域的理论与实践研究，组织师资培训、教学研讨，制订专业规范、教学质量标准和课程的教学基本要求等。

（赵丽霞）

[组织大学生学科竞赛] 2012年，市教委组织了上海市大学生工业设计大赛、上海市电子商务大赛、上海市机械工程创新大赛、上海市先进材料创新创意大赛、上海市化学实验大赛、上海市计算机科技与应用能力大赛、上海市先进成图技术大赛、上海市工程训练综合能力大赛、上海市企业经营沙盘软件设计大赛、上海市数学建模大赛、上海市电子设计大赛等11项上海市大学生学科竞赛活动。2012年学科竞赛举是市教委首次主办和资助上海市大学生学科竞赛，涉及学科专业多，参与高校面广量大，还邀请江浙两省高校学生参赛，如南京大学、浙江大学等；大部分竞赛引入了行业协会、企事业单位的参与，有效地开展了校企合作。

（赵丽霞）

[新一轮“985工程”建设] 根据上海市人民政府和教育部签署的《关于继续共建复旦大学、上海交通大学、同济大学、华东师范大学的协议》，上海市地方财政资金根据中央资金总量进行1:1投入，合计36亿元。下拨2012年度高校自主性资金和市政府引导性资金。完成985高校服务地方经济社会发展项目的评审工作，共立项建设38个服务地方经济社会发展的重点建设项目。4所985高校与9所市属高校根据共建协议，在学科专业建设、教学促进、师资培养、科研创新、学术交流与资源共享等方面开展合作。落实资金继续支持上海财大、华理工等高校的985“优势学科创新平台”项目建设。

（朱俏道）

[“211工程”三期验收] 上海市开展上海高校“211工程”三期验收工作。3月，市发展和改革委、市教委、市财政局（以下简称“三委局”）联合下发《关于做好上海高校“211工程”三期建设项目验收工作的通知》，明确相关要求。验收内容是，服务地方需求重点建设项目的完成情况、建设成效和标志性成果，项目管理情况，地方财政资金使用管理情况等。验收按项目验收的方式进行，分校内验收和市级验收两个阶段。三委局组织专家组赴上海大学开展实地验收，并行文将上海大学验收报告报送国家。三委局还召开部属高校“211工程”三期建设情况报告会，上海9所211高校（含第二军医大学，已实地验收的上海大学除外）对156个服务地方经济和社会发展项目的建设情况进行了报告。各高校委托有资质的社会中介机构对建设资金进行审计，出具审计报告，并单列地方财政资金的审计内容。

11月，教育部、国家发改委、财政部联合下发《关于对“211工程”三期建设成效显著的高校给予奖励的通知》，在全国112个“211工程”高校中共奖励28所高校，奖励覆盖面为25%。复旦大学、上海交通大学、华东理工大学、上海财经大学、第二军医大学5所高校（上海共10所“211工程”高校）获得奖励。

（朱俏道）

[示范性高职院校建设] 根据《上海市中长期教育改革和发展规划纲要（2010—2020年）》关于“实施示范性高水平高等职业院校建设计划，重点建设若干所国家级示范性和市级特色型高等职业院校”的要求，上海分三个层次推进示范性高职院校建设。

①上海高职飞跃计划（后示范性高职院校建设）。推进上海4所完成验收的国家示范性高职院校向专业特色鲜明、校企深度融合、具备国际影响的高等职业院校的发展。②国家骨干高职院校建设。通过上海医疗器械高专、上海电子信息职业技术学院、上海出版印刷高专参与国家骨干校建设（国家级示范性高职建设二期项目），探索办学体制和育人机制的创新，实现学校与行业企业的合作办学、合作育人、合作就业、合作发展。③上海特色高职院校建设。围绕上海支柱产业，开展上海特色高职院校（上海市级示范性高职）建设工作。结合上海产业发展需要，进一步推进本市高等职业教育内涵建设。

调整和优化高职专业结构，着力打造40个左右能与上海经济社会和产业发展需求相匹配的重点专业，提高高等职业教育服务区域经济社会发展的能力。以专业带头人培养为抓手，提高专业教师双师素质，与行业企业联合培养专业教师，3年建设期内，使具有双师素质专业教师比例达到90%。探索建立高职院校董事会或理事会，形成人才共育、过程共管、成果共享、责任共担的紧密型合作办学体制机制，促进校企深度合作。

（许　涛）

［高校联合办学与教学资源共享］　①西南片高校联合办学情况。参与高校19所。开设辅修专业学士学位的高校为12所，涉及辅修专业77个。截至10月，注册在读总人数近11000人，其中跨校修读人数达3391人。截至12月，授予辅修专业学士学位2934人，颁发辅修专业证书人数805人，授予辅修学位人数为2921人，其中跨校709人，另有594人获得辅修专业证书。在3个教学点开设18门暑期跨校公共选修课，共有1517人修读。②东北片高校联合办学情况。参与高校11所。现设16个辅修专业，辅修在读生2367人。2012年招收辅修专业新生1476人；6所高校开设跨校选修课程16门，跨校选修580人次。建立例会制度，共召开例会7次。9所成员高校加入上海市高校课程资源共享UCC联盟，推进、落实共享课程的设置及运行。③松江大学园区高校资源共享情况。参与高校7所。共召开11次教学协作组会议。制定并实施了长三角交换生项目高校生均教育经费使用办法和松江大学园区跨校实践类选修课补助使用办法。沪、浙、苏三地教育主管部门联合出台了《关于开展长三角地区高校交换生试点工作的通知》，正式启动长三角地区高校交换生试点工作，园区各高校共接收学生39名，派出学生36名。开设39个辅修专业，注册辅修人数为9400余名，授予辅修专业学士学位1904人；开设跨校选修课程87门次，修读学生4800余人次；开设实践类选修课19门次，选课学生数260人。推进两门园区精品课程建设工作。开展园区实验教学大平台的建设。筹建园区协作管理工作网站。

（朱俏道）

［开展科学道德与学风建设宣讲教育活动］　成立由上海市教委、上海市科协、中科院上海分院及上海市各研究生培养单位参加的“上海市科学道德和学风建设宣讲教育活动领导小组”，下设领导小组办公室。6月28日，领导小组办公室下发《关于开展2012年上海市科学道德和学风建设宣讲教育工作的通知》（沪科协联〔2012〕5号）。9月3日，召开上海市科学道德和学风建设宣讲教育工作会议，对上海市2012年的宣讲教育工作进行了整体部署。

在市级、大学园区、校级三个层面开展科学道德和学风建设宣讲教育活动，截至2012年12月，上海市参加宣讲教育活动的研究生有109441人次（其中硕士研究生85006人次，博士研究生24435人次）、高年级本科生61513人次、新上岗导师及青年教师4213人次。

（赵　坚）

［开展专业学位研究生教育综合改革试验］　临床医学硕士专业学位研究生教育改革试验，完成培养质量保障课题研究。研制专业学位论文基本要求和评价指标体系，下发《上海市法律硕士等16种专业学位论文基本要求和评价指标体系》，组织开展六期专业学位研究生导师和管理人员培训会议，全市26所专业学位研究生培养高校近500名导师和管理人员参加培训。上海市专业学位研究生实践基地建设。印发《上海市专业学位研究生实践基地建设实施办法（试行）》，投入专项经费对复旦大学、上海交通大学、上海大学等27所高校的178个基地进行支持。教育硕士与中小学见习教师规范化培训结合工作。探索“4＋2”学制的高中教师培养模式改革，上海师范大学、华东师范大学完成改革方案设计，市教委下拨专项经费支持项目开展。艺术院校与国际知名乐团联合培养艺术硕士试点工作。支持上海音乐学院与上海交响乐团、纽约爱乐乐团开展联合培养艺术硕士工作，推动上海音乐学位完善试点工作方案。

（赵　坚）

［“上海研究生教育创新计划”实施项目］　1月5日公布了2012年上海市研究生教育创新计划实施项目（第一批）名单。第一批实施的项目主要包括研究生重点课程和教材建设、专业学位研究生教育综合改革、公共服务平台等3类共计33个项目。4月17日公布2012年上海市研究生教育创新计划实施项目（第二批）名单，研究生教育创新计划品牌项目48项。市教委下拨专项经费支持。6月7日下发了《上海市学位委员会办公室关于2012—2013年上海市研究生教育创新计划项目申报工作的通知》（沪学位办〔2012〕8号）。8月23日市学位办与上海市财政专项资金评审中心联合召开了2012—2013年上海市研究生教育创新计划项目专家评审会。10月19日公布2012—2013年上海市研究生教育创新计划实施项目（第一批）名单，涉及公共服务平台、学位点建设与人才培养模式探索、上海地方高校研究生培养机制改革、学位点引导布局与建设培育、交叉学科研究生拔尖创新人才培养平台、上海地方高校大文科研究生学术新人培育计划等6类创新项目达

109项，下拨专项经费支持。

（赵　坚）

[全国优博评选暨上海市研究生优秀成果(学位论文)评选]　20家研究生培养单位(其中包括19所高校和上海社科院1家研究生培养单位)报送博士学位论文346篇，23家研究生培养单位(其中包括21所高校和上海社科院、市委党校2家研究生培养单位)报送硕士学位论文370篇。从学科分布上看，今年参评博士学位论文分布在54个一级学科，硕士学位论文分布在60个一级学科，均覆盖了军事学外的11个学科门类。经上海市教育委员会、上海市学位委员会审核，156篇博士学位论文和132篇硕士学位论文为2011年上海市研究生优秀成果(学位论文)。并在此基础上，推荐50余篇博士学位论文参加2012年全国优秀博士学位论文评选。

（赵　坚）

[新增学士学位授予专业]　开展上海市普通高校新增学士学位授予专业审核工作。4月27日，分5个学科组对上海交通大学等24所高校101个本科专业的学士学位授予权资格进行审核(独立学院及专业也列入会议评审)。5月24日，组织相关学科专业专家和本科教育管理专家，对上海应用技术学院、上海电机学院和上海商学院等3所高校的3个本科专业进行实地检查。经审核，上海交通大学等21所高校预防医学等57个本科专业新增为学士学位授予专业。复旦大学上海视觉艺术学院、上海外国语大学贤达经济人文学院和上海师范大学天华学院增列为学士学位授予单位以及这三所学校相关的44个专业增列为学士学位授予专业。

（赵　坚）

[督查高职国家教育体制改革试点项目]　9月，教育部督察组来沪对上海两个高职国家教育体制改革试点项目“开展地方政府促进高等职业教育发展综合改革试点”和“创新政府、行业、企业、高职院校办学体制、机制”进行督查。上海试点过程中，围绕高技能人才培养质量提升这个核心，政策、资金、办学体制、育人机制这四个方面成为上海高职国家教改项目试点的重点突破域。上海市政府颁布《关于加强校企合作　提高高等教育、职业教育质量的意见》，加大财政性经费投入，正式实施“行业高职院校提升计划”，每年投入1亿元专项，专门用于行业高职院校的专业建设。新增专项用于民办高职院校教学高地建设，使全市民办高职院校教学高地建设财政性投入每年接近近2亿元。上海试点工作被教育部评为全国试点工作5个优秀单位之一。

（许　涛）

[第二届“上海高职高专院校重点专业建设教学比武”举行]　第二届上海市高职高专院校重点专业建设教学设计比武决赛由上海市教委主办、上海市职业教育协会承办。比赛历时半年，39所高职院校参与，10所学校入围复赛，有6所院校进入决赛。根据专家评分和各院校投票结果，上海公安高等专科学校、上海电影职业技术学院获得大赛一等奖；上海行健职业学院、上海大学巴士汽车学院、上海电子信息职业技术学院、上海思博职业技术学院获得二等奖；上海农林职业技术学院、上海济光职业技术学院、上海海事职业技术学院、上海新侨职业技术学院获得三等奖。

（许　涛）

[建设高职教育资源库]　上海共有4所高职院校承担国家专业教学资源库建设，分别为上海医药高等专科学校护理专业、上海公安高等专科学校特警专业、上海工艺美术职业学院艺术设计专业和上海出版印刷高等专科学校印刷与数字印刷技术专业，建设数量领先全国。

（许　涛）

民 办 教 育

[拨付、监管民办教育政府扶持专项资金] 2012年上海市民办教育政府扶持专项资金进一步扩增达2.13亿元，大部分区县政府建立了民办教育专项资金资助民办学校。根据民办高校依法规范办学和落实法人财产权情况，核定专项资金的项目和额度，坚持体现公共财政的公共性和公益性原则，坚持分类管理和分类扶持相结合。投向民办高校的专项资金主要用于学科专业建设、师资队伍建设、国际化建设、信息化建设和安全技防建设。民办教育政府扶持专项资金的各项管理进一步规范。专项资金通过两上两下的方式申报，经评审核定后拨付执行，并依法接受审计和监督。其中拨付到民办高校的专项资金进入学校“政府专项资金专户”管理，专款专用，政府部门通过民办高校财务监管平台对资金的流向和使用情况进行实时监管，并加强对专项资金使用的绩效评价。

（季秋瑜）

[创建示范、特色民办学校(园)] 根据《上海市中长期教育改革和发展规划纲要（2010—2020年）》，推进非营利民办高校示范校创建工作，健全完善具体工作方案和遴选指标，并对上海杉达学院等4所列为非营利民办高校给予资金支持；会同有关处室出台《关于开展上海市民办中小学特色学校（项目）创建工作的通知》（沪教委民〔2012〕14号）和《关于开展上海市民办优质幼儿园创建工作的通知》（沪教委民〔2012〕15号），召开了创建工作启动大会，与华东师范大学签订相关财政资助体系。进一步健全完善民办高校和民办中小学财务管理办法和会计核算办法，修订民办教育政府专项资金管理办法，委托专业机构开发财务管理信息系统，为公共财政继续加大对民办学校的支持力度、探索民办学校分类管理奠定基础。

（季秋瑜）

[市民办高校内涵建设工作推进会举行] 2月27日至3月1日，市教卫工作党委、市教委组织召开了上海市民办高校内涵建设工作推进会，就民办高校内涵建设工作进行咨询会商。14所民办院校围绕学校校园建设规划及法人财产权落实、办学理念与办学思路、创品牌特色及重点学科建设举措、师资队伍建设、推进国际化与信息化、完善法人治理结构及党建工作等进行汇报。会议还就学校发展定位、学科建设特色、师资队伍建设、体制机制优势、创新突破、校企结合完善职教系列、中外合作、信息化建设、党建工作及加强行政领导等提出建设性意见。

（何　天）

[中央媒体采访团进行专题采访] 6月18日至21日，教育部发展规划司、办公厅组织人民日报、新华社、光明日报、中央电视台、中国青年报、中国教育报、中国教育电视台、教育部门户网站、人民政协报、中国新闻社等10余家中央媒体的记者，对上海贯彻落实教育规划纲要、促进民办教育健康发展工作进行新闻专访。采访团听取了市教委关于上海民办教育改革与发展情况的介绍，出席了上海市民办高校“强师工程”启动仪式，并赴复旦大学上海视觉艺术学院、上海杉达学院、上海建桥学院、上海思博职业技术学院、上海依霖幼儿园、西南位育中学等民办学校进行了现场采访。采访重点是上海民办教育在公共财政资助体系、资金资产规范管理、保障教师学生待遇等方面的改革举措。

（何　天）

[实施民办高校“强师工程”] 6月，结合民办高校发展的特点和需求，针对民办高校师资队伍建设的问题和瓶颈，正式启动并组织“强师工程”建设项目。“强师工程”项目主要包括：一、投入专项资金开展民办学校教师培训。2012年度投入近2000万元专项资金，委托上海师范大学等师资培训机构加强对民办高校青年教师和管理干部的集中培训。“强师工程”在教师培训项目实施过程中坚持实践取向与模式创新，先后开展了包括骨干教师培训、高校心理辅导教师培训、高校管理人员培训等项目，支持民办高校优秀青年教师开展海外研修和各种形式的产学研实践。二、采取有效措施切实提高民办学校

教师待遇。制订进一步提高民办学校专职教职工收入的指导性意见，将专职教职工收入与学校办学结余挂钩。同时，加强制度设计，通过多种渠道提高民办学校专职教职工退休待遇水平。

（何　天）

［市民办教育协会成立］ 4月18日，上海市民办教育协会成立大会举行。会上，市民政局领导宣布上海市民办教育协会正式成立；报告了协会筹备工作情况；通过了上海市民办教育协会章程；选举产生了第一届协会监事会监事、第一届协会理事会理事与常务理事。李宣海当选为首届协会理事会会长，杉达学院党委书记袁济当选为首届协会监事会监事长。此次成立的上海市民办教育协会成员包括本市学历教育阶段的民办大中小学，也包括本市民办幼儿园和民办非学历教育机构。李宣海在讲话中要求协会的工作，一是牢固确立协会宗旨意识；二是充分发挥协会桥梁纽带功能；三是切实加强协会行业自律作用；四是努力做好各项服务工作；五是积极搭建和完善对外宣传平台。当前要大力推动鼓励和支持民办学校加强内涵建设特色建设、深入开展教育咨询决策研究以及用好公共财政对民办学校的扶持资金等三项工作。

（何　天）

［举行"精彩一刻"教学展示活动］ 11月3日，由市民办高校党工委、市民办高校思政课建设协作组、市民办高校思政课名师工作室联合组织的民办高校思政课"精彩一刻"教学展示活动与名师工作室结对仪式举行。来自6所民办高校的思政课教师模拟课堂教学，分别作精彩讲授并与学生积极互动。专家点评鼓励思政课教师练"内功"、增"内涵"，在教学时积极引导学生，在教学内容上与时俱进，在教学广法上不断创新。会上，"上海民办高校思政课名师工作室"与来自华东师范大学的"王建新工作室"结对签约，进一步推动思政课改革、师资队伍的建设以及民办高校与公办高校的学术联系。

（何　天）

终 身 教 育

[上海开放大学获教育部正式批准] 6月25日教育部印发《关于同意上海电视大学更名为上海开放大学的批复》(教发函〔2012〕105号),批准上海电视大学更名为上海开放大学,同时撤销上海电视大学的建制,上海开放大学可以设置本科专业,可授予学士学位。上海开放大学是国家和上海教育体制改革的重大试点项目,将承担上海市民终身教育的重要提供者、学习型城市建设的有力推动者、教育公平和均衡发展的重要促进者、推动教育信息化的先行者四个角色。

(洪宇华)

[上海市终身教育学分银行正式成立] 上海市终身教育学分银行于7月24日揭牌并运行。市教委明确:由上海开放大学承担"学分银行"管理中心职能。目前,已制定了19个专业的530门学历课程学分认定标准、324个职业培训证书与学历教育课程的认定转换标准,并有1658门次文化休闲课程进入"学分银行"文化休闲教育课程目录。"学分银行"设置了覆盖全市区县21个学分银行分部,建立了包括普通高校继续教育学院、区业余大学、上海开放大学、自考办的37个学分银行高校网点。截至12月底,"学分银行"实名储户数达135221名,学分转换按课程计算达6000多门次,积累的成绩记录已达1400万条。

(洪宇华)

[组建"上海终身教育研究院"] 7月,上海终身教育研究院成立。该研究院是上海市教育委员会根据《教育部和上海市人民政府共建国家教育改革实验区领导小组2012年工作纪要》中关于"教育部支持国家教育改革实验区依托华东师范大学,整合相关机构的终身教育研究力量与实践平台,组建开放式的终身教育研究平台,并积极推动其成为国家终身教育事业发展的重要研究基地与决策咨询机构"的工作要求,委托华东师范大学建立的一个开放、跨界、协同、创新的终身教育研究战略联盟,也是全国首家终身教育研究院。该研究院的重点任务是围绕上海建设学习型社会与构建终身教育体系的战略目标与任务,借鉴国际终身教育理念与经验,扎根上海终身教育实践,萃取终身教育实践智慧,发展终身教育理论,形成终身教育思想文化。

(洪宇华)

[上海学习网正式上线运行] 上海学习网积极探索建立资源共享联盟机制,以长宁、徐汇、闸北、杨浦、静安以及浦东新区等6个区县学习网互联互通为首批试点。同时以品牌活动和特色互动服务为抓手,重点推出摄影达人工作室,通过"作品分享、课程学习、多途径互动、线上参与激励"等方式,为学习者提供一个"自主探究、咨询研讨、自我展现"的平台。至年底,学习网的注册人数超过122万人,市区两级平台整合资源超过8000门,总点击量超过9012万次。

(洪宇华)

[建设4所上海老年大学区级分校] 市政府实事项目——"在本市'东、西、南、北'(浦东新区、普陀区、徐汇区、宝山区等四区)建设四所上海老年大学分校"的任务,经过一年努力,四所分校均全面完成预定的建设目标。四所分校的建设,实现四个翻一番:①四所分校总面积达到25540平方米,比计划实施前增加16840平方米,增长率为193%。②功能专用教室56间,比实施前增加32间,增长率为133%。③开设课程366门,比实施前增加221门,增长率为152%。④在校生人数达13357名,比实施前增加7187名,增长率为116%。

(洪宇华)

[构建全市老年教育支持服务体系] 2012年,构建市老年教育支持服务体系,成立了10个老年教育服务指导中心。其中,老年教育的素质教育指导中心、理论研究中心、师资培训中心、教育成果展示指导中心、艺术教育指导中心、教材研发指导中心、远程学习指导中心等已经正式建成并运行。

(洪宇华)

［完成第三轮社区教育示范街镇和示范项目评估］ 全市社区教育实验工作进入第三轮评估阶段。市教委确定全市47个街道（乡镇）为第三轮上海市社区教育示范街镇；4个招标项目、15个重点项目、8个一般项目被评为市级示范项目，5个重点项目、34个一般项目被评为市级优秀项目。其中，经教育部评审，本市30个市级示范街道（乡镇）获评第三批全国社区教育示范街镇。

（洪宇华）

［召开第二次学习型社会建设与终身教育推进大会］ 7月24日，上海学习型社会建设与终身教育推进大会在上海展览中心友谊会堂举行。市委副书记殷一璀讲话，并为上海市终身教育学分银行揭牌。副市长沈晓明为上海终身教育研究院揭牌。市委副书记殷一璀在讲话中强调：一要以更广阔的视野认识学习型社会建设的重要性。二要以更高的追求提升学习型社会建设水平。三要以创新精神增强学习型社会建设实效。四要以社会责任的担当来共同推进上海学习型社会建设。

（洪宇华）

［完成2012年度学习型组织评估］ 根据《上海市学习型社会建设与终身教育促进三年行动计划》，市学习促进办开展学习型组织评估考核工作。本次评估考核工作由市学习促进办、市文明办联合发文，以上海市学习型组织创建评估标准为依据，申报单位自查和上级抽查相结合，经与各主管部门商议，向市学习促进委推荐本市200家机关、75个社区、188家企事业单位、500户家庭为2011—2012年度上海市学习型组织。

（洪宇华）

［建立上海市教育培训机构学杂费存款账户］ 市教委会同市人力资源和社会保障局、中国人民银行上海分行等8部门制定了《上海市教育培训机构学杂费存款专用账户管理暂行规定》，5月1日，该《暂行规定》正式实施。全市近1800所非经营性民办教育培训机构（经市有关部门审批和管理的）完成了“开设学校学杂费专用存款账户”工作，约占全市非经营性民办教育培训机构总数的80%，并通过媒体向社会公告。

（洪宇华）

［完成2010—2012年度民办非学历教育院校（机构）的办学评估和专项督查］ 市教委于2010年起对经教育行政部门审批设立的民非院校开展三年的办学评估工作。三年内，委托上海市教育评估院，对355所民非院校（有高等教育办学项目的、有跨区县设立办学场所的、有寄宿制办学的）进行了评估，同时，要求和指导各区县教育局完成了对其余1100多所的办学评估。

（洪宇华）

语言文字工作

［开展“中华诵·经典诵读行动”试点工作］ 根据《教育部 国家语委关于在学校开展“中华诵·经典诵读行动”试点工作的通知》，自2010年起，上海作为全国“中华诵·经典诵读行动”试点省市之一，全面启动“中华诵·经典诵读行动”试点工作。全市22所试点学校和嘉定、虹口2个区县参加试点。

两年来，市语委、市教委举办“中华诵·经典诵读行动”试点工作启动会、推进会和展示活动，建立由高校和普教系统专家组成的“经典诵读名师工作室”，开展首批上海市“中华诵·经典诵读行动”骨干教师培训工作，编写《经典流声——上海市“中华诵·经典诵读行动”骨干教师培训教学成果集》，汇编《上海市“中华诵·经典诵读行动”名师工作室专家讲座集锦》。各区县语委和试点学校积极响应，大胆探索，编写校本教材86本(套)，出版《中国唱诗班——中华优秀传统诗词“诗乐启蒙”16首》CD光盘，编辑完成《经典诗文诵读》(1—9册)袖珍读本、经典诵读影视资料包15套，教学资料光盘13套。上海市“中华诵·经典诵读行动”试点工作取得了初步成效。

一、完善工作机制。市语委、市教委制定《上海市“中华诵·经典诵读行动”试点工作方案》，市教委教研室、市科艺教育中心、市教育评估院、市语测中心等相关部门配合，形成各司其职、突出重点、有效融合、分步推进的工作格局；各区县语委制定切实可行的工作方案，根据区域工作特点，全面落实试点工作要求，虹口、嘉定、长宁、奉贤等区县在各中小幼学校成立经典诵读行动领导小组，推进各校试点工作；华东师范大学作为试点高校，在加强人文类课程建设、开展社团活动等方面率先进行试点。

二、扩大社会影响。结合每年9月份全国推广普通话宣传周的有利契机，市语委、市教委组织开展上海市“中华诵·经典诵读和规范汉字书写大赛”，选拔出的优秀选手在全国比赛中获得了出色的成绩。为提高广大师生语言文字应用能力，2012年组织开展上海市“高校、中学(中职校)学生汉字文化传播和创意设计大赛”；注重社会宣传，联合市文明办、市总工会连续四年组织开展“上海市民经典诵读大赛”，取得了良好的社会反响；联合市市级机关工委在全市公务员中开展“学习党的历史、诵读红色经典”——经典诵读大赛和“倡导核心价值，共建和谐文化”演讲比赛，扩大“中华诵·经典诵读行动”社会影响力；2012年，市教委与市文明办联合下发《关于进一步开展上海市未成年人中华经典诵读活动的通知》，将经典诵读工作纳入上海市未成年人德育教育内容之中。

三、引入课程教材。依托市教委教研室，加强对学校经典诵读教学的指导，在语文二期课改教材和教学资源中，强化诵读、书写、讲解的要求。指导各区县在落实写字教学要求的同时，将书写经典纳入规范汉字书写内容之中。充分发挥中华经典文化的育人功能，将经典诵读与德育、艺术教育有机结合，开展以“走近中华经典”为重点的经典诵读活动。鼓励各区县结合区域特点，开发一批具有区域特点和学校特色的教材和课程，如长宁区教育学院成立中华经典诵读教学研究室，组织编写拓展型课程区本教材《中华经典诵读》(小学、初中、高中共5册)、长宁区社区教育教材《中华经典进社区》；奉贤区的区本教材《中小幼中华经典诵读读本》、嘉定一中的《古诗文诵读》等教材也各具特色，浦东新区组织开展“经典诵读行动·校本课程建设”评比活动、“经典诵读优秀学校”评选活动。华东师范大学、华东政法大学等高校发挥示范引领作用，结合学科专业要求，开设经典诵读、书写、讲解的必修课和公共选修课，并设有一定学分。

四、开展师资培训。市语委、市教委下发《关于开展上海市“中华诵·经典诵读行动”骨干教师队伍培训工作的通知》，制订《上海市“中华诵·经典诵读行动”骨干教师培训工作方案》，建立由语文特级教师黄玉峰、朱震国等10位专家组成的经典诵读名师工作室，开展首批“中华诵·经典诵读行动”市级骨干教师培训的系列讲座，形成了一批经典诵读师资培训课程。2012年9月，市语委、市教委组织“中华诵·经典诵读行动”骨干教师教学成果汇报暨展示活动，宝山、长宁、杨浦、青浦等区县也召开了区级经典诵读试点工作展示研讨会。从2011年开始，静安、闸北、黄浦、长宁、杨浦、嘉定、奉贤等区县启动区级骨干教师培训工作，徐汇区语委组织了“高歌轻吟品古韵”古诗词吟诵专场讲座、“人生因读书而精彩”中外优秀诗歌诵读会。

五、注重科研引领。全市各试点学校结合课程和教材建设、教学方法和组织实施等工作开展课题研究。长青学校作为经典诵读试点学校，致力于童蒙经典贯穿于学校教育教学的实践研究，科研课题《童蒙经典文化教育的实践研究》获上海市教科院教育教学成果二等奖。崇明县的《区域推进“走近中华经典”民族精神教育的实践研究》被列为上海市教育学会重点课题。2012 年，市级科研课题“中华经典诵读长效机制研究”列为市语委“十二五”科研重点项目；区级课题也全面展开，如嘉定区的重点课题《小学生经典阅读课程的开发与实施研究》、虹口区的《围绕诵经典、书经典、讲经典、创特色、各学段差异、学科差异、校际差异的研究》等。

（姜冠成）

［举办学生汉字文化传播和创意设计大赛］ 根据市教卫党委、市教委《上海校园文化建设传承创新发展行动计划（2012—2015）》的要求，市语委、市教委从 2012 年下半年起，在全市范围内组织开展“高校、中学（中职校）学生汉字文化传播和创意设计大赛”。

大赛分为汉字知识网络竞赛活动和汉字文化创意设计大赛两个部分。汉字知识网络竞答题主要是以“汉字演变、汉字内涵、汉字规范”为竞答范围的汉字知识题。9—11 月，每月月初，20 道竞答题在“易班网”——上海市“高校、中学（中职校）学生汉字知识网络竞答活动”板块中公布。学生登录竞答活动专栏，进行网络答题。本次活动，共有 103863 名学生参加网络竞答，其中中学生（包括中职校学生）68022 人，大学生 35841 人。经大赛组委会评选、评选结果网站公示，选出优秀组织奖 16 名、组织奖 13 名。

汉字文化创意设计大赛以汉字藏书票、书签创意设计为比赛形式，要求参赛作品以规范汉字为主要设计载体，展现汉字的演变、形态、意蕴、创意等文化内涵。比赛期间，共收到 22 所高校、75 所中学（中职校）选送的藏书票和书签设计作品 970 件，评选出藏书票设计、书签设计高校组和中学（中职校）组个人奖项 217 名、优秀组织奖 18 名、组织奖 11 名。

为保证大赛的知晓率和参与面，推动大赛顺利开展，市教委指导、督促各高等学校、各区县教育行政部门将活动与校园文化建设、教育教学、语言文字规范化示范校创建等工作有机融合，通过语文教育、各类讲座、社团活动等形式，帮助学生了解汉字，走近汉字，热爱中华文化，提升语言文字应用水平，从而提高大赛的吸引力和学生的参与热情。

大赛组委会委托“易班网”以“传承—创新”为主题，建立大赛专题网页，介绍大赛要求、提供制作示例等组织发动工作；对各区县承担学生培训的骨干教师 60 多人进行藏书票设计和汉字创意的专业指导，组织专家赴有关区县进行专题宣讲；制作大赛征集海报分发至高校和区县，开展参赛的宣传和动员。

为扩大大赛的社会影响力，巩固活动的成果，编印出版《挑战你的“字”慧——汉字知识百问百答》，和《字韵悠悠——上海市“高校、中学（中职校）学生汉字文化创意设计大赛”优秀作品选编》。两本图书的出版发行进一步提升市民语言文字的规范意识和水平，推动社会语言生活的健康发展。

（姜冠成）

国际交流和港澳台交流

[2012年概况] 截至12月31日,上海共有中外合作办学机构和项目199个,其中机构31个、项目168个。在31个机构中,独立机构19个(本科1个、中职2个、学前教育5个、非学历教育11个,其中高等非学历教育3个),非独立机构12个(研究生2个、本科5个、专科1个、高等非学历教育4个);在168个项目中学历教育147个(博士1个、研究生28个、本科58个、专科39个、中职21个),非学历教育21,其中高等非学历教育18个。实施本科及以上学历教育的机构和项目数占中外合作办学机构和项目总数47.2%。境外合作方主要来自美国、澳大利亚、德国、英国、法国等17个国家和地区。

根据《中外合作办学条例》规定,在2012年3月和9月受理期间共收到中外合作办学项目申请25项,其中博士生教育1项、硕士研究生教育3项,本科学历教育项目14项、专科学历教育项目4项、中等职业教育项目2项和学前教育1个。根据专家组审核意见,经市教委中外合作办学领导小组讨论,同意将13个本科及以上项目和4个专科及以下项目报教育部审批和备案,其余8个项目不予批准。

所上报的13个本科以上机构和项目中上海纽约大学、上海交通大学上海交大—巴黎高科卓越工程师学院、上海理工大学中德国际学院、华东师范大学与美国纽约大学合作举办工程(互动创意)专业硕士学位教育项目、华东师范大学与美国纽约大学合作举办社会工作专业硕士学位教育项目、上海工程技术大学与法国国际时装学院合作举办艺术设计(服装设计与工程)本科教学项目已获教育部批准。

4个专科及以下项目为:上海医疗器械高等专科学校与日本大阪滋庆学园合作举办的医疗电子工程专业专科教育项目、上海立达职业技术学院与台湾醒悟技术学院合作举办的连锁经营与管理专业高等职业教育项目、上海南湖职业学校与澳大利亚西南悉尼技术和继续教育学院合作举办的酒店服务与管理专业中职教育项目,及上海食品科技学校与澳大利亚悉尼技术和继续教育学院合作举办的食品检验检测专业中职教育项目。其中上海医疗器械高等专科学校与日本大阪滋庆学园合作举办的医疗电子工程专业专科教育项目,及上海立达职业技术学院与台湾醒悟技术学院合作举办的连锁经营与管理专业高等职业教育项目已获教育部同意备案批复。

(蔡盛泽)

[中外合作办学的变更与终止] 2012年本市延长中外合作办学合作期限、撤销等变更申请较为集中,其中市教委向教育部共上报本科及以上项目延长合作期限57项,其中研究生项目12个、本科项目45个,含扩大招生规模1个,撤销本科项目1个。同时批准12个专科及以下项目的延长合作期限的申请,批准2个项目的终止办学申请。

(蔡盛泽)

[示范性建设与质量认证] 据2011年修改完善的质量认证指标体系,完成对本科和中等职业教育共为3个项目的质量认证探索(上海工程技术大学与法国巴黎时装学院合作举办的服装设计专业本科教育项目和上海市医药学校与澳大利亚博士山技术与继续教育学院合作举办的药剂〈药品物流〉专业和药剂〈药品营销〉专业中等职业教育项目)。2月,评选出上海市首批办学规范、有特色、并具有示范、引领效应的8个示范性中外合作办学机构和项目(上海交通大学交大密西根联合学院、上海交通大学中欧国际工商学院、同济大学中德工程学院、复旦大学与挪威管理学院合作举办的工商管理硕士学位教育项目、东华大学与日本文化学园合作举办的艺术设计专业本科教育项目、上海理工大学与德国汉堡应用技术大学合作举办的电气工程及其自动化专业本科教育项目、上海中医药大学与英国伦敦都市大学合作举办的药学专业本科教育项目、上海市医药学校与澳大利亚博士山技术与继续教育学院合作举办的药剂〈药品物流〉专业中等职业教育项目),同时评选出8个提名表扬的机构和项目(其中机构2个,项目6个)。

(蔡盛泽)

[引进、建设高水平大学] 上海纽约大学于

2012年9月22日获得教育部批准去筹正式设立。上海纽约大学地处上海市浦东新区松林路268号，是一所由上海市教育委员会、上海市浦东新区人民政府、华东师范大学和纽约大学共同建设，由华东师范大学与纽约大学合作举办，具有我国学位授予权和独立法人资格的高水平、国际化、非营利、文理学科兼容的研究型现代大学。学校规模将达4000人左右，其中本科生1600人、硕士研究生和博士生2400人，并将于2013年秋季招收首批约300名本科学生。

上海交通大学的上海交大—巴黎高科卓越工程师学院于10月获教育部批准设立，并开始招生。

（蔡盛泽）

［推进信息公开，完善社会监督］ 市教委择时在主流媒体刊登本市有效中外合作办学机构和项目信息公告，及时更新“上海教育”网上有关中外合作办学机构和项目基本信息，并将办学单位提交的年度办学报告与项目信息表联接上挂，提高政府信息的透明度，促进办学单位的社会诚心和社会责任感，完善社会监督大环境和机制。同时积极推进上海市中外合作办学数据库建设、网上基本信息披露平台建设和中外合作办学行政审批标准化建设。

（蔡盛泽）

［外籍人员子女学校］ 2012年，上海各外籍人员子女学校在校生人数29417名（幼儿园4287人，小学11479人，初中7862人、高中5789人），比去年增加学生数1054人。12所学校的办学规模达千人以上。

为规范本市外籍人员子女学校办学行为，经公开招标，委托中汇审计师事务所、沪港审计师事务所分别对本市外籍人员子女学校进行2011年财务集中年度审计，全面了解各学校办学状况如收费、资金运作、财务管理、资产管理等方面的运作情况，形成了对各校的审计报告和整改建议。

根据教育部《中华人民共和国国家教育委员会关于开办外籍人员子女学校的暂行管理办法》，“上海不列颠英国学校”于2012年8月30日获教育部批准成立，2013年9月正式招生。

（栾雪莲）

［上海市外国留学生预科学院成立］ 9月25日上午，“上海市外国留学生预科学院”揭牌仪式暨首届学员开班仪式在上海师范大学举行。首批来自11个国家的55名“预科学院”新生参加开班仪式。国家留学基金管理委员会秘书长刘京辉、教育部国际交流与合作司副巡视员黄颖专程来沪向预科学院的成立表示祝贺，并和市教委主任薛明扬、上海师范大学党委书记陆建非共同为预科学院揭牌。博茨瓦纳驻中国大使馆、塞舌尔驻中国大使馆、美国密苏里大学孔子学院等为“预科学院”的成立发来贺信。市教委主任薛明扬在仪式上致辞。

（葛静怡）

［实施市属高校学生海外学习、实习项目］ 2012年继续执行上海市高校学生海外学习、实习项目。年内实施了2期，即2011年专项4000万和2012年专项5000万，累计资助项目762个，资助5824人次。其中，上半年第二批资金资助项目314个，资助对象2385人次；下半年第三批资金资助项目448个，资助对象3439人。同比上一年项目数增加了134个，增长率42.6%，资助人数增加了1054人，增长率44%。另外，年内进行了项目中期小结。同时启动了“上海市高校学生海外学习实习项目的评估标准”研究。

（葛静怡）

［举办第三届国际职业技术教育大会］ 由联合国教科文组织和中华人民共和国共同举办，上海市人民政府承办的“第三届国际职业技术教育大会”于5月13日至16日在上海召开。本次大会的主题是“培养工作和生活技能”，重点探讨如何改革和发展职业技术教育，以确保所有青年和成人均能获得工作和生活所需的技能。

（陈莉莉、郭小慧）

［举办中国文化走进外籍人员子女学校校园系列活动］ 4月、11月分别举办了“中国文化进校园系列活动之《我眼中的上海》学生海报大赛和《读经典诗词·颂千古美文》诗词诵读大赛”。该活动由上海市教委主办，上海市科技艺术中心和本市外籍人员子女学校承办。通过绘画、朗诵等学生们喜闻乐见的形式，以多样的风格、多维的视角和多元的艺术语言展示了上海海派文化的绚丽多彩、抒发了对上海这座城市的热爱、展现了在沪外籍学生的精神风貌和艺术风采。全市半数以上的外籍人员子女学校及学生参与了该活动，受到了学校师生及家长的高度赞扬。

（栾雪莲）

区 县 教 育

黄　浦　区

［2012年概况］ 2012年，全区教育系统有事业单位126个，其中市实验性示范性高中7所、区实验性示范性高中4所、完中6所、九年一贯制学校4所、初级中学17所、小学30所，幼儿园31所、特殊教育学校3所、教师进修学院1所、业余大学2所、职业教育学校3所、其他教育机构17个。教职工8843人，离退休人员19819人，学生65742人。区财政投入28.07亿元。

举办区一、二年级数学教研活动

2012年，黄浦区加快推进教育均衡化、信息化、国际化，推进各级各类教育协调发展、科学发展，落实“为了每个学生的终身发展”的核心理念，努力实现“办人民满意的教育，办学生喜欢的学校”的目标。加强教育教学管理，开展有效的教育教学研究，努力推进教育质量保障体系建设，切实提高教育质量。

一、完善教学质量监控体系和学生学业水平管理体系。确定教育质量监测指标，开展教育质量监测，加强全方位的教育质量管理，构建区域“全面＋特长”的综合素质评价系统。制定黄浦区学生管理信息化标准，开发黄浦区学生成长与学业信息管理系统。

二、稳步实施教育国际化。区教育局同加拿大不列颠哥伦比亚省教育部签订《加拿大不列颠哥伦比亚省教育部与中国上海市黄浦区教育局教育合作谅解备忘录》，招生45名并于9月1日正式开学。推进大同中学PGA国际课程和格致中学美国高中AP课程，启动与香港大学的办学交流合作项目。开展多种形式的对外教育交流活动，敬业中学和中山学校积极推进孔子课堂；光明中学、光明初级中学、兴业中学等学校开展中法教育文化交流活动。

三、探索建立“区域—高校”联动发展创新机制。完成区政府与华东师范大学的教育战略合作项目，按照“优势互补、资源共享、深度合作、共赢发展”的原则，依托高校的教、研、训专业力量，开展教育教学创新研究，提升区域教育品质。完成区政府与上海外国语大学的合作办学项目，签署合作办学协议，创建具有外语教育特色的上外附属大境中学、上外附属大境初级中学、上外黄浦外国语小学。区教育局与教育部校长培训中心签订校长、名教师队伍培养项目协议书。

四、筹措市区合作项目和区县合作项目。承办上海市学前教育研究所，开展幼儿园保教质量保障体系、学前儿童身心健康监测、开发学前教育工作指南等研究。推进区县教育合作项目实施，同崇明县教育局签订合作建设崇明县学前教育优质品牌项目的协议，参与崇明县陈家镇生态实验社区配套幼儿园建设，依托上海市学前教育研究所的指导功能，提高示范性幼儿园的水平。

五、提高中小学生体质健康水平。落实中小学生“每天校园锻炼一小时”的要求，纳入“绿色指标”的考核体系。开展融“健身、游戏、竞赛”为一体的校级、区级学生阳光体育大联赛，形成“人人有项目、班班有团队、校校有比赛”的良好氛围。继续开展“小学三年级游泳进课堂”工作，达标率90%以上。试点推进中小学足球“一条龙”课余训练体系建设，在实践中探索和完善相关制度和机制。开展体育课题研究，《科学膳食与运动促进中小学生体质健康有效性研究》等课题结题。

六、推进教育系统资源优化布局和基础设施建设。完成区招生考试办公室、校产管理站、劳技中心等部门的撤并，对区教育学院、青保办、校园管理中心等校外机构的办公场地进行优化调整，整合出可利用的教育资源扩展其用途。向明中学老大楼装修工程竣工投入使用。配合外滩金融功能区开发，完成原黄浦区教育学院所属汉口路50号房产置换。区教育学院附属中山学校、实验小学改扩建项目完成规划和工程招标等手续。“校安工程”三年行动计划全面完成，根据市教委要求已对本区范围内50%的1990年之前建造的校舍进行了抗震测评和整体加固。

七、推行“阳光招生”。制定及实施本年度本辖区幼儿园、小学、初中和高中升学招生方案。全区共4130名考生参加中考、2878名考生参加秋季高考。完成初三毕业生体育考试工作。

八、加强对外交流和对口支援工作。参加京津沪渝四市区第五届教育论坛和上海教育博览会。选派5名中学教师参加云南孟连县为期1年的对口支援。接受云南省孟连县以及新疆校长和骨干教师46人次来沪培训。选派4名学科专家对重庆市万州区800名中小学骨干教师进行暑期专题培训，并培训200名新疆教师。

（严　奕）

［储能中学通过区实验性示范性高中评审］ 3月14日至15日，储能中学进行创建区实验性示范性高中终结性评审。储能中学为实现这个目标作了3年多的努力。评审组专家分6个专家组以听课、访谈、座谈、查阅资料等多种形式就学校创建工作进行审定，宣布储能中学通过创建区实验性示范性高中评审。

（周　政）

［与加拿大不列颠哥伦比亚省缔结合作关系］ 3月18日，加拿大不列颠哥伦比亚省教育部与黄浦区教育局签订《加拿大不列颠哥伦比亚省教育部与中国上海市黄浦区教育局教育合作谅解备忘录》。双方在教学方法、评估方法、课程编制和技术实施等方面进行交流，为教育主管部门、教育机构、教师与学生的互动提供条件。双方将建立教育交流、合作、交换与联系。

（唐关胜）

［与华东师大签订教育合作框架协议］ 3月21日上午，华东师范大学与黄浦区人民政府签订《华东师范大学、上海市黄浦区人民政府教育战略合作框架协议》，并确定了第一期的合作项目。合作双方将按照“优势互补、资源共享、深度合作、共赢发展”的原则，开展教育教学创新研究和实验，促进区域教育的均衡发展、内涵发展、特色发展和可持续发展。

（徐辰超）

［成立特殊教育指导中心］ 3月31日，黄浦区成立特殊教育指导中心。指导中心为区内残障儿童的发展提供服务、支持和保障，落实重点，抓培训、建网络、定标准、重评估，实施以教育为主体，依托卫生、残联等政府管理和服务网络的特殊教育医教结合工作新举措。

（潘敏虹）

［获全国“五一”劳动奖章］ 4月25日，上海市实验小学校长杨荣获“五一”劳动奖章。杨荣从教20多年，关注课程育人功能，实践课程领导，提出了“做强基础型课程，活化拓展型课程，适度引入探究型课程”，使课堂变大、变新、变活，促进了学生的全面发展。注重队伍建设，进行学术对话，培养了一支“有思想、会教学、能管理”的骨干管理队伍。带领教师投身教改，取得显著成绩，《小学开放教育的研究》获全国第三届优秀教育科研成果二等奖，《百年名校可持续发展规律研究》获第十届上海市教科研成果二等奖，出版了《教育追梦》等专著。

（徐　进）

［开展小学“空间环境创意设计”活动］ 5月8日，黄浦区举行首届小学“空间环境创意设计”评审。23所学校校长对34个申报项目的设计理念、实施可行性及经费预算进行介绍和演示。这项活动是因黄浦区建筑密度高、空间狭小的实际需要萌发的。

“空间环境创意设计”从学校已有的资源条件出发,充分利用空间,因地制宜地做些创意设计,体现学校办学特色、形成有利于学生发展的空间的环境。通过评审,12个项目成功立项。

(潘敏虹)

[展示上海市提升课程领导力行动研究项目] 5月17日,上海市提升中小学(幼儿园)课程领导力行动研究项目《基于IMMEX(多媒体互动益智测试平台)优化学生思维的教学与评价研究》展示研讨活动在上海外国语大学附属大境中学举行。大境中学就基于IMMEX-C评价设计、构建基于IMMEX-C学生问题解决思维过程和思维策略的评价框架和标准、结合美国IMMEX原题和学校研发问题集开展教学、基于IMMEX评价的教学研究等方面做了交流。

(姚晓红)

[与上海外国语大学签订合作办学框架协议] 5月18日,黄浦区人民政府与上海外国语大学签订《黄浦区人民政府、上海外国语大学合作办学框架协议》,中共黄浦区委宣传部部长李峯为“上海外国语大学附属大境初级中学”揭牌。在为期五年的计划中,上外和黄浦区将在学校管理、外语教育教学研究、学生培养、多语课程建设、外语教师培训等方面开展具体的合作。

(徐辰超)

[与崇明县合作建设学前教育优质品牌项目] 6月13日,黄浦区与崇明县签订合作建设崇明县学前教育优质品牌项目协议。确定由上海市学前教育研究所参与东滩思南路幼儿园建设,并与崇明县实验幼儿园开展项目合作,参与策划、实施崇明县实验幼儿园发展规划,开展质量评估工作;组建专家团队支持崇明县实验幼儿园进行教学改革和教育科学研究,构建适合农村儿童需求的课程体系;开展崇明学前教育师资队伍培训。

(徐辰超)

[建立青少年校外教育基地] 6月21日,黄浦区举行青少年校外教育基地签约暨授牌仪式。黄浦区文明办、黄浦区教育局分别与一大会址、市隧道科技馆、市档案馆等23个校外教育基地签约。同时下发《2012年黄浦区中小学生社会实践护照》,为学生丰富假期生活提供指南。

(周俊华)

[春天少年合唱团在维也纳金色大厅获奖] 7月7日至11日,第六届世界优秀青少年音乐节比赛在维也纳举行,黄浦区青少年艺术活动中心春天少年合唱团获得童声合唱组冠军及大赛最高奖项“杰出奖”。这是中国人首次登上此项音乐比赛的冠军舞台。活动中,春天少年合唱团还在美泉宫和音乐之家举行了两场友好音乐会,学生们演绎了多首不同风格的合唱作品。

(郑　瑾)

[市八中学男生班开班] 4月,市教委批准上海市第八中学开设“上海市男子高中基地实验班”,首批招收60名学生。9月1日上午,市八中学举行“上海市男子高中基地实验班”开班仪式。这个实验班组建了专家团,将科学研究与实践紧密结合,形成研究男子高中教育的基地,培养具有“忠诚守信、敢于担当、独立思考和包容睿智”的学生。

(赵旭婷)

[俞正声走访卢湾辅读学校] 9月10日,中共上海市委书记俞正声走访华东师范大学附属卢湾辅读学校,慰问荣获2012年上海市教书育人楷模称号的何金娣校长。俞正声参观了学校学前教育课堂,以及个别化语言训练室、自闭症训练室等专用教室。希望广大教师在教书育人的岗位上勤勤恳恳、默默耕耘、孜孜以求、诲人不倦,为学生的健康成长尽心奉献。

(徐辰超)

[启动教师规范化培训工作] 9月25日,市幼教教师规范化培训在蓬莱路幼儿园正式启动,5名指导教师和首批19名学员分别签署了班主任和学科的带教协议。学员实习观摩,熟悉和了解幼儿园一日活动的各项常规工作以及学科领域的教学方法,提高新入职教师的素质和能力。

(宋文漪)

[召开全国儿童歌舞剧音乐教育试点工作现场会] 10月12日,全国儿童歌舞剧音乐教育试点工作现场会在黄浦区青少年艺术活动中心召开,来自全国12个省市的100多名专家和教师代表出席会议。上海、北京、江苏等省市汇报交流。教育部高度评价了儿童歌舞剧音乐教育试点工作所取得的阶段性成果,同时部署下一阶段扩大试点的工作任务。黄浦区第一中心小学、蓬莱路第二小学、曹光彪小学

成为新一轮试点学校。

（郑　瑾）

[举行全民终身学习系列活动]　11月21日，以“学习，让生活更幸福”为主题的黄浦区2012年全民终身学习活动周开幕式在文庙举行。开幕式上还举行了上海市开放大学黄浦分校和学分银行的揭牌仪式以及市民学习基地授牌仪式。各社区和社区学校开展了花鸟绘画、手工制作、舞蹈技艺等各类才艺和学习成果等丰富多彩的展示活动。

（王晓辉）

[格致中学奉贤校区开工建设]　11月28日，上海市格致中学奉贤校区在南桥正式开工建设。格致中学奉贤校区由奉贤和黄浦两区共同举办，位于南桥新城中心区域，总用地面积86651平方米，办学规模为36个班，是一所寄宿制公办高级中学，与格致中学本部实施“教育资源共享，教学管理同步，整体综合联动”的一体化运作。奉贤校区将于2014年投入使用。

（徐辰超）

[“光明链”成立10周年]　12月3日，光明中学、光明初中、光明小学共庆“光明链”成立10周年纪念活动举行。2002年8月30日，“光明教育协作链”宣告成立，成为黄浦区首个且是唯一涵盖“小学、初中、高中”教育衔接的协作链。10年来，三校依托法语、篮球、口琴等特色传承和协作优势，在多层次、全方位的交流中，逐步实现办学理念的交融、管理制度的协同和办学特色的有效渗透，获得了社会的认可。

（周　黎）

[与教育部中学校长培训中心签约]　12月25日，黄浦区教育局与教育部中学校长培训中心签署合作协议。合作内容包括黄浦区优秀中小学(幼)校(园)长攻读南洋理工大学教育管理硕士学位项目、黄浦区优秀中学校长高级研修项目、中学质量提升项目、中学实验基地项目等四个方面。

（刘　丹）

[深化“医教结合”工作]　12月26日，黄浦区深化“医教结合”工作推进会在西凌第一幼儿园举行。全区50余所托幼机构园(所)长及保健教师、区妇幼保健所及10个街道社区卫生中心儿保医生参加会议。会上签署了《黄浦区教育局黄浦区卫生局共同推进学前教育“医教结合”工作合作备忘录》，下发了《黄浦区学前教育“医教结合”推进工作实施方案(征求意见稿)》，提出了“优化工作网络，建立服务流程，开发健康平台，集聚专家资源，鼓励实践探索”的工作策略，并为“助孩子健康，促幼儿成长——黄浦区医生进校园服务岗”揭牌。

（张佩华）

[举行建校周年庆典]　5月19日，上海外国语大学附属大境中学庆祝建校50周年，副市长沈晓明，教育专家吕型伟、周小燕、于漪等为学校50年校庆题词。10月6日，上海市向明中学举行“向爱·向上·向明”建校110周年庆典活动。全国人大常委会委员龚学平、副市长沈晓明、谢丽娟出席庆典。10月20日上午，黄浦区卢湾二中心小学举行“务本求发展、智慧育栋梁”建校110周年庆典活动。11月15日，第四聋校举行建校75周年庆典活动。12月12日，黄浦区卢湾一中心小学举行“爱梦想”建校80周年庆祝活动。12月17日，大同初级中学在上海音乐厅举行建校50周年庆祝活动。

（张　怡）

附：区教育局驻地及负责人

(2012年1—12月)

地址：延安东路300号西15楼
邮编：200001
电话：33134800—21509

区委分管常委：李　崟
区政府分管副区长：程霄玉

区教育局党工委书记：唐海宝
　　　　　副书记：王伟鸣(兼)、王秀娟、刘寿华

区教育局局长：王伟鸣
　　　副局长：曹跟林、杨　燕、江伟鸣、颜文生

徐汇区

［2012年概况］ 全区有中小学幼儿园等学校187所，其中业余大学（社区学院）1所，中学38所（包括高级中学8所、完全中学9所、初级中学19所、九年一贯制学校2所），小学43所，职校2所，中专13所，幼托园88所，特殊教育学校1所，工读学校1所。在校学生110983人。区域内有社会力量办学院、校109所，学员约35万人次。有社区学院1所、老年大学6所、社区学校13所、居委会教学点303个。有教职工12392人，其中专任教师8625人（中学3321人、小学2292人、幼儿园1504人、中专1293人、其他教育机构215人）。3—6岁适龄儿童入园率100％，九年义务教育入学率100％，高中阶段教育入学率98％以上，招收外来务工人员同住适龄子女免费享受义务教育1.27万人。

一、推进区学前教育新三年规划，完善学前教育公共服务体系。7所转制幼儿园转为公办。推进新一轮市、区级示范、准一类园的申报和评审工作，机关建国幼儿园、市立幼儿园经评审成为市示范性幼儿园。7所转制幼儿园（乌南幼儿园、科技幼儿园、宛南实验幼儿园、紫薇幼儿园、田六幼儿园、上海幼儿园、艺术幼儿园）转为公办。开展园长联盟和教师联盟，开展飞行督查，了解各园课程方案实施情况，做好跟进式指导和服务。完成民办幼儿园年检，规范日常管理和监控。引导各幼儿园制定新三年规划，汇编基层幼儿园课程方案。组织开办《幼儿园教师专业标准》解读讲座，开展幼教学习性区域活动的研究。

二、提升义务教育内涵发展水平。推进国家教育体制改革试点项目，组建“1＋7”项目（即承担的《创新区域与内涵发展机制》＋参与的7个子项目）推进团队。以“街镇均衡”为目标，做好新一轮义务教育布局调整工作。应对小学入学高峰，适当扩大生源集中学校的班级规模，确保区常住人口和符合条件的进城务工人员随迁子女100％入学。出台《区小学生寒暑假生活指导意见》。扩大国际理解课程试点，完成5所WAP课程（国际理解课程）试点校三方调研，引进CCA（跨文化感知）课程并在8所小学试点。制定小学心理辅导室基础配置方案。颁布《关于继续开展徐汇区“素质教育实验校”创建工作的实施意见》和《徐汇区“新优质学校”（素质教育实验校）评审实施方案》，引导学校围绕改革项目落实为期三年的创建工作。全面落实《徐汇区小学“快乐活动日”实施办法》。制定《徐汇区市实验性示范性高中开展“初高中一体化管理”机制改革的实施意见》，颁布实施《徐汇区普通高中特色建设指导意见》，指导高中学校制定学校特色建设三年规划。组织民办中学参加市民办中小学特色学校（项目）创建工作。“光启”创新基地建学生创新实验室。以全国“道德实践活动联系点”高安路第一小学、上海市“道德实践活动联系点”向阳小学等学校为“龙头”开展主题实践活动。开展“城市学校少年宫”试点建设。组织开展特色学生实践活动。推进区社会实践基地课程化建设研究。开展新一轮市行为规范示范校申报和初评。深化特殊教育内涵发展。制定《2012年徐汇区特教中心巡回指导教师招聘方案》、《2012年徐汇区特教专职教师招聘公告》和《徐汇区随班就读学生生均公用经费的管理方案》等文件，落实经费保障及人员配备。继续推进“光启行动计划”。推进学生健康促进工程。在全市首批建立区学生体质健康监测中心。

三、增强职业教育发展能级，加大民非院校监管力度。制定《徐汇区中等职业学校学生素养提升工程方案》，开展中职学校校园文化节专场汇演等学生素养工程巡礼活动。组织36名专业教师下企业顶岗实习，特聘25名兼职教师进校任教。成立徐汇旅游行业专业合作委员会和数字动漫行业专业合作委员会，与徐汇区企业联合会等机关、企事业单位合作，推出6个校企合作培训项目，培训1300余人次。开展“职业教育进社区”活动，开设《社区工作者自我心理健康维护》等11门课程，组织17场次讲座的专场活动。开展对民非院校分类检查，重点检查民非院校8所，关闭、停止、撤销分教学点6个，降格办学层次的院校3所；财务专项督导检查4所。完成市、区两个层面对24所院校的评估检查，实现市、区两级评估100％全覆盖评估。完成对109所民非院校的年检。完成区内91所民非院校的账户信息审核。

四、实施社区教育品牌战略，深化社区教育内涵建设。培育社区教育“一街一品”、“一居一特”，提升社区教育特色，提高群众参与度。制定《徐汇区推进学习型社会建设与终身教育三年行动计划》，开展《徐汇区社区教育质量保障与评估的实践研究》行动研究。推进示范性街镇建设，徐家汇街道、田林街道、漕河泾街道、龙华街道、湖南路街道创建为第三轮上海市社区教育示范街(镇)，龙华街道、湖南路街道创建为第三批全国社区教育示范街(镇)；龙华、华泾社区(老年)学校创建成上海市示范性老年学校，湖南社区老年学校为上海市特色老年学校。社区教育纳入区教育系统“三奖”评选。编写出版《徐汇社区教育系列教材(第二辑)》。完成21个实验项目结题，汇编出版优秀实验项目集《实验　创新　示范》。推进终身教育信息化，开发一批区域特色数字化学习资源。通过全国成教协会课题《社区教育兼职教师队伍建设的实验》，推进兼职教师管理。完善区域各级未成年人保护机构，形成“区—街道(镇)—社区(学校)”三位一体网络管理体系。提升上海老年大学徐汇分校办学能级，3个校区开设课程班215个，招收学员4854人次。

五、加强国内外教育交流合作。开展教师国际、国内合作培训。推进国际课程合作，拓展国际理解课程试点。研究探索与国际名校合作办学。拓展海外合作项目，与美国休斯敦市政府签署合作备忘录。开展中英联合教育国际项目负责人研修班培训。主办国际教师教育论坛。选派教师赴云南、海南支教。与金山区、闵行区开展教育交流合作，徐汇中学委托管理金山区干巷中学、五十四中学委托管理闵行区吴泾中学、华泾小学委托管理金山区钱圩小学、园南小学委托管理金山区松隐小学，24名金山区幼儿园园长在徐汇区跟岗学习。

六、推进人事制度改革，新招录教师242人。开展校长职级制改革试点。加大骨干教师培养力度。评出骏马奖、耕耘奖、育人奖“三奖”。第二期12个学科基地届满总结，开展第三期学科基地活动。第二期名师工作室届满，命名第三期15个名师工作室。举办第六届学术节。完善《徐汇区“十二五”教师培训课程与学分管理办法》，制定《徐汇区中小学(幼儿园)见习教师规范化培训实施方案》。组织首批香港教育学院管理硕士班。

七、全年教育经费决算总收入224761.83万元，全区基础教育各阶段生均公用经费显著增长。规范教育收费操作程序。以“街镇均衡”为目标，做好新一轮义务教育布局调整。为中小学品学兼优、家境困难学生93人发放10万元“美罗奖学金”。

徐汇区获全国“两基”先进地区称号。区教育局成为教育部教育信息化区域试点单位。

(江　岚)

［市信息管理学校成为全国教育信息化建设试点单位］　2月，上海市信息管理学校以《校企共建虚拟实训资源机制、模式探索》为课题的数字化校园建设方案，向教育部申报教育信息化试点单位。11月，方案申报成功，该校成为教育部第一批教育信息化试点单位。

(林　琛)

［区中英教育交流培训中心挂牌］　3月12日，“徐汇区中英教育交流培训中心”揭牌。区教育局有关领导、英国国际文化交流专家、英国总领事馆文化教育处项目经理等出席挂牌仪式。至2012年，徐汇区有31所学校与英国诺福克郡38所学校成为姐妹校。该培训中心与英国总领事馆文化教育处合作建立工作网络，通过专家讲座、现场观摩、研讨交流等形式，对徐汇教师开展专题系列培训。2012年内，29所学校39名教师参加该中心举办的中英联合国际项目负责人研修班。

(江慧芳)

［成为全国首批教育信息化区域综合试点单位］　3月，区教育局向教育部申报教育信息化区域试点单位，主题是《智慧型基础教育信息化公共服务体系建设与应用探索》，主要内容是构建优质均衡智慧的公共服务环境体系。11月，教育部公布第一批教育信息化试点单位名单，徐汇区教育局获得试点资格。

(李景浩)

［实施高中特色建设项目］　3月20日，区教育局出台《徐汇区普通高中特色建设指导意见》。2012年下半年，区教育局组织专家诊断各校特色发展规划。至2012年底，市四中学纳米实验室、华东理工大学附中化学创新实验室建设完成并投入使用，市二中学物理DIY实验室在建。

(浦正权)

［推进学生健康促进工程］　6月27日，徐汇区委、区政府颁布《上海市徐汇区学生健康促进工程实施方案(2012—2015)》，提出区健康促进工程深化体

教结合、推进医教结合、统筹抓好其他重点工作等三方面、28 条基本任务。开展徐汇区校园足球“一条龙”联盟建设。落实“每天校园锻炼一小时”工作。初步建立“医生进校园”工作制度及机制。与市三级医院合作建立“徐汇区学生校园突发事件生命救治绿色通道”。在凌云街道试点“一校一医”医教结合项目。开设“心肺复苏急救及现场紧急救治处置”国际课程。

（阮惠琍）

［开办首期在职教师香港教育学院硕士班］ 7 月，区教育局委托中教国际教育交流中心上海分中心，与香港教育学院合作开办区在职教师香港教育学院教育硕士班。首期学员 24 人，主要由区教育局机关科室长、基层学校中青年管理者和教师骨干组成。课程由香港教育学院的教授执教，教学语言为中文，以集中授课与个别辅导相结合、课堂面授和远程教育相结合。在完成全部课程的学习后，学员将获得香港教育学院颁发的硕士学位证书。

（蒋　莺）

［举办国际教师教育论坛］ 9 月 23—25 日，区教育局与华东师范大学、中国联合国教科文组织全国委员会、联合国教科文组织亚太国际教育与价值教育联合会举办“教育国际化与教师专业化”国际教师教育论坛。来自联合国教科文组织等国际组织、30 余个国家和地区的近 200 名中外专家学者、官员、教师、管理人员和相关产业代表参加论坛。

（董春梅）

［庆祝建校 100 周年］ 9 月 28 日、11 月 10 日，徐教院附小、一中心小学分别举行建校 100 周年庆祝活动。两校均创办于民国元年（1912 年）。徐教院附小原为松江县莘庄乡长桥镇小学，1985 年划归徐汇区。一中心小学原名上海市立比德初等小学校。至 2012 年底，全区拥有百年老校 17 所，包括中学 6 所、小学 11 所。

（江　岚）

［开展见习教师规范化培训］ 9 月，徐汇区全面开展见习教师规范化培训。由南洋模范中学等 15 所市、区两级教师专业发展示范校共同承担全区近百所中小学、幼儿园 170 余名新入职见习教师的培训任务。课程围绕职业感悟与师德修养、课堂经历与教学实践（活动设计与保教实践）、班级工作与育德体验（班级工作与育儿体验）、教研与专业发展四个模块、18 项要点。培训为期一年。

（李　红）

［举办区第七届学习节］ 10—11 月，区教育局以“学习品牌齐展示，终身学习嘉年华”为主题，举办区第七届学习节。本届学习节共组织开展活动 316 项，其中 13 个街道（镇）开展的学习活动达 238 项，18 个委办局开展的学习活动有 78 项。

（周晓敏）

［举办区第六届学术节］ 11 月 14 日—12 月 12 日，区教育局以“提升学科素养，点亮专业智慧”为主题，举办区教育系统第六届学术节，从区域和学校两层面开展活动。开幕式上，6 名市、区资深教师及专家围绕“教师素质核心——教育境界和学科素养”展开讨论。主题活动围绕全员培训、高层次人才发展和干部队伍建设的探索展开，设学科讲坛、名家讲坛、优秀教师风格展示、优秀校长论坛 4 项专场活动。

（李　红）

［中英联合 SAW 项目启动］ 12 月 11 日，中英 SAW 项目启动会在乌南幼儿园召开。此为该项目首次落户亚洲。在母语为非英语的国家中，乌南幼儿园是该项目在亚洲的第一所基地学校。会上，区教育局、英国 SAW 项目信托基金、天阳中国基金共同签订合作备忘录。

（应雅芳）

［开展首批区“新优质学校”建设］ 3 月 6 日，区教育局发布文件《关于开展徐汇区“素质教育实验校”创建工作的实施意见》（“素质教育实验校”即“新优质学校”），成立“新优质学校”创建工作领导小组。9 月，首批区“新优质学校”12 所（一中心小学、教科院实小、东二小学、田林三小、上师大一附小、董李凤美康健学校、上海小学、上实附小、田林二中、汾阳中学、园南中学、师三实验学校）通过评审，按创建规划实施。

（陈　群）

［实施区中等职业学校学生素养提升工程］ 2012 年内，区教育局制定《徐汇区中等职业学校学生素养工程方案》，提出培养学生成为适应工作变化的、具有社会主义核心价值观的知识型、发展型技能

中英联合 SAW 项目上海启动会

人才的目标。工业技术学校、工商外国语学校、公用事业学校、材料工程学校、城市建设工程学校、信息管理学校和徐汇职业高级中学被评为推进“学生素养工程”定点实施学校。

（林　琛）

[与休斯敦市政府、独立学区签署合作备忘录] 12 月，区教育局与美国休斯敦市政府在休斯敦签订新一轮为期 3 年的合作备忘录。之后，区教育局与休斯敦独立学区在上海举行签约仪式。双方在科技、艺术、文化等领域开展合作。

（江慧芳）

[开展教育对口帮扶工作] 区教育局扩大对口帮扶规模，延伸内涵。一是制定文件，选派支教教师。2011 学年，派出 2 批 12 位校领导、教师赴云南、海南支教。二是设立专项经费，向对口地区捐赠教育物资，向支教校领导、教师发放津贴，资助贫困学生、外省市干部和教师到沪培训，总计金额近 350 万元。三是签订协议，开展对口帮扶项目。

（黄丽玮）

[建立区学生体质健康监测中心] 2012 年 6 月 27 日，徐汇区学生体质健康监测中心揭牌成立。该中心除完成国家学生体质监测和专项测试工作外，还为学生提供常态化的体质测试、指导等服务，对体质监测数据进行管理和评估分析。

（阮惠琍）

[评选首届区“教书育人楷模”] 区教育党工委、区教育局与上海市中小学幼儿教师奖励基金会合作，开展首届“徐汇区教书育人楷模”评选活动。陈珺、施嘉平、李之音、袁晶晶 4 位教师当选为首届教书育人楷模，6 位教师获首届教书育人楷模提名。

（黄　林）

[推进重大建设项目] 区教育局推进重大建设项目。启动并完成校舍更新、加固工程项目 8 个，其中重建项目 2 个、新建项目 2 个、加固项目 4 个。新建、改扩建项目 7 个，其中南站九年一贯制学校项目、交大附小新建工程、市二中学改扩建工程、华泾地区学前教育临时安置房等 4 个项目竣工并投入使用，南洋中学重建等 3 个项目处于有序施工阶段。完成各类校舍修缮项目共计 40 项，完成预算投资约 1.9 亿元。完成公建配套学校印象欧洲配套幼儿园的建设，9 月投入使用；推进 8 所公建配套幼儿园建设，银都路 445 街坊配套幼儿园处于后期收尾阶段，东航金叶配套幼儿园和小闸镇配套幼儿园处于主体结构施工阶段，绿地 1960 地块配套幼儿园、尚海湾配套幼儿园和漕开发配套幼儿园处于方案确定阶段等。全力推进学校室内体育场馆建设，新建中国中学和宛平中学体育楼改扩建工程。启动体育馆三年建设规划，完成体职院附小体育综合楼项目方案审批，转入扩初方案阶段；逸夫小学体育综合楼和田林三中体育综合楼完成方案设计，转入详控调整阶段，徐汇中学体育楼改扩建方案进入协商沟通阶段。

（龚　鑫）

[开展学生创新素养发展特点的区域性系统培养研究] 年内，区教育局开展市教委重点课题“基于中小幼学生创新素养发展特点的区域性系统培养研究”。通过分层抽样，确立南洋模范中学等 5 所高

中、西南位育等5所初中、高一小学等5所小学和科技幼儿园等5所幼儿园，共计20所学校为第一轮实验学校。

（张才龙）

附：区教育局驻地及负责人

（2012年1—12月）

地址：漕溪北路336号

邮编：200030

电话：64879460

区委分管常委、宣传部部长：吕晓慧

区政府分管副区长：周秀芬（1月离任）、王　珏（1月到任）

区教育党工委书记：王懋功

副书记：庄小凤、朱龙霞（6月离任）、罗　晔（7月到任）

区教育局局长：庄小凤

副局长：杜　俭、沈建华、沈韬、朱建华（9月离任）、王　彤（10月到任）

静安区

［**2012 年概况**］ 2012 年，全区共有教育机构 50 个，其中中学 17 所、小学 12 所、幼儿园 12 所，业余大学、教育学院、逸夫职校、青少年活动中心各 1 所，其他教育单位 5 个。全区在校学生 29208 人，其中中学 12335 人，小学 9067 人，幼儿园 5860 人，职校 1189 人，业大 696 人。在职教职员工 3807 人，其中专任教师 2531 人。区学科带头人 129 人，在职特级教师 16 人，离退休 7292 人。静安区一师附小党支部获“全国创先争优先进基层党组织”称号，成为全市基础教育系统唯一获得该殊荣的单位。

一、推进教育教学改革。①做好国家教育部重点课题《提高中小学生学业效能：“轻负担、高质量”的实证研究》结题工作。召开教育部重点课题结题鉴定会。②启动“十二五”重点课题《走向个性化：发达城区教育内涵提升的实证研究》。确定“十二五”重大研究的方向，将已有的成果经验进行了高质量的总结。项目成功申报上海市教育科学研究重点项目、上海市哲学社会科学教育学项目、全国教育科学研究教育部重点课题。③做好市教委、市政府教育督导室对静安区开展推进区域教育现代化综合督政的各项工作。以此为契机，推动教育内涵建设，聚焦课程与教学改革，落实教育现代化项目。④完善中小学生学业质量绿色指标体系建设。引导学校和教师建立正确的教育质量观，鼓励并支持学校建立以课程标准为基础、面向过程的校本教育质量评价体系。切实减轻学生课业负担，关注每一个学生的成长需求。⑤修订学校素质教育及改革创新项目评估和奖励的实施方案。鼓励学校以实践推进类和创新探索类两大项目的研究来带动学校整体发展，提升办学质量。⑥加大合作交流，推进教育内涵发展。与华东师范大学合作举办“管理促进教育进步——首届中国教育领导者论坛”，深入研讨教育行政管理以及学校管理变革的举措，开拓教育管理理论研究领域的新思路。与上海市教科院合作举办“海峡两岸教育论坛”。

二、加大德育工作力度。①加强学校传统的仪式教育。通过礼仪教育创新实践课题研究，进一步深化区域青少年学生两项道德指标体系建设，保持行为规范教育的区域优势。②组织新一轮市行为规范示范校评估。调研、制定区域行为规范示范校评估标准，创新评估模式，强化中小学生和中等职业学校学生行为习惯的日常养成，促进学校特色经验的互动交流。③深化学校、家庭、社区一体化德育机制。整合多方资源，加强区级层面的德育科研工作。加大投入，充分发挥“静安区家庭教育指导中心”、“静安区中小学心理健康教育发展中心”作用，有效推进区域家庭教育指导工作和心理健康教育工作。④推进德育课程化。充分发挥课堂主渠道作用，整合校内外各方资源，丰富“学雷锋”主题教育活动的内涵。完成《静安区中小学学科德育成果荟萃》，推动学科育人，增强静安德育工作的实效性。⑤贯彻落实上海市学生健康促进大会精神，全面提高学生身体素质。制定《静安区学生健康促进工程实施意见（2012—2015 年）》，明确工作目标、工作措施和任务。对学校“一小时体育锻炼”活动开展督导检查。

三、加强教育均衡化工作。①依法公正公平做好学前教育、义务教育阶段入学工作。针对外来人口随迁子女数量急剧上升的情况，进一步优化、扩展区域教育资源。②扩大普惠性学前教育公共资源的覆盖面。对民办幼儿园招收的具有静安户籍的适龄儿童和父母持有静安区临时居住证的外来务工人员子女，按照公办幼儿园的标准拨付生均公用经费，支持民办幼儿园除人员经费和福利经费以外的办学事业发展。③加强课程建设，推动学前教育发展。进一步充实 13—18 个月低龄幼儿课程方案中的活动内容。增加亲子苑对社区 0—3 岁散居儿童的开放活动次数。以 3 所市级示范幼儿园的示范辐射活动为引领，规范、完善幼儿园保教工作，进一步加强幼儿园园本化的内涵建设与发展。④加强初中“新优质学校”建设，提升高中学生的创新素养。支持部分高中引进国际课程和建立外语特色班的试验，试点国际理解课程的教学，部分高中开展“学分制”课程管理试点工作。⑤完成静安区特教工作三年行动计划。建立健全特殊教育支持保障体系，加强康复课程建设，完善特教课程体系。通过市教委 2012 年特殊教育专项督导。⑥积极推进区政府实事工程和区重点项目建设。积极配合区建交委、重大办等部门完成市西中学改扩建项目工程，调整区域教育结构布局，优化教育资源配置。⑦推动中心城区优质教育资源向郊区辐射。将1.2亿元资金用于奉贤和崇明基础教育内涵发展以及宝山、嘉定两区的教育硬件建设。通过结对、托管学校、派遣专家导师团等方式，为郊区学校提供优质教育的发展经验。

四、推动教育人才资源建设。①加强师德师风建设。开展“为人、为师、为学”师德建设主题教育活动。推进“时政、人文、科学”、“走进经典”和“高雅艺术进校园”等工作，提高教师人文素养和师德水平。②实施区教育拔尖人才项目。通过培训，提升23名学员专业素养，其中3名教师已发表个人专业著述，3位教师被评为上海市特级教师。举办“教育拔尖人才项目”成果展示周活动，推动教育人才队伍发展。③加强区学科带头人管理。发挥领军人才带教作用，通过双向选择，优先落实相对困难学校的教师，落实带教方法，建立合作伙伴关系。④启动第二批学科教师实训基地。共有110名教师参加基地的浸润式培训。开展教师教育技术能力的培训，有900多名教师参加教育技术能力的中级考试(国家级考试)，并获得中级证书。区教育技术能力培训工作及考试通过率在全市领先。⑤做好见习期教师规范化培训工作，对全区79名见习期教师进行集中培训。

五、完善终身教育服务体系。①丰富学习活动，推进学习型城区建设。制订《静安区学习型城区建设2012—2014年行动计划》，组织开展“静安学习节”、静安区老年教育艺术节、“世界读书日主题活动”、“静安杯”市民摄影竞赛等活动，总结特色项目，推荐学习资源，展示学习成果，保证静安的学习型城区建设健康发展。②推动“白领学堂”、“静安书友汇”持续发展。白领学堂着重以国学与文化精品讲座为重点，推出了复旦大学姜鹏教授等一系列高品质的讲座，吸引数千人次在职人士参与。“静安书友汇”累计开设了近80场国学、艺术、文化、教育等主题的系列讲座，参与者达到4000余人次。③规范民办教育机构办学行为。对区内15所民办学校及民办托幼机构开展了第三批评估和督查工作，努力杜绝违规招生和办学安全隐患。引进优质办学机构落户静安，调整民办培训机构布局，搭建民办教育机构的展示和服务平台。

六、加强依法行政。①加强校园安全工作，落实安全责任制。组织开展中小学民防应急箱专项检查，推进学校应急箱的管理，提高各校民防应急水平。配合抓好区中小学食堂“食品安全规范化管理”工作。以一个“管理基础”和六个“关键环节”为内容，强化学校食堂食品安全规范化自身管理，建立学校食品安全长效管理机制。②推进政风行风建设和规范教育收费工作。加强对教育收费工作的管理和监督，重点做好教育收费公示、学校代办服务性收费的审核备案、学校规范收费的自查等工作；进一步加大对社会力量办学机构等非学历办班的监管力度。10月，通过了规范教育收费联合检查，获得了市检查组的好评。③开展监督检查和专项治理。开展基本建设领域突出问题、“小金库”、“庆典、研讨会、论坛”等专项治理。完善校长经济责任审计制度，加大对校长任期中审计和效益审计，建立健全学校长效经济管理制度与机制，促进校长经济决策科学化、民主化，提高教育经费使用效益。④加强教育督导，提高学校办学效能。完成了部分学校课程领导力、家庭教育指导等专项督导工作。

七、加强信息化建设，提高教育现代化水平。完成数字化教学资源库的建设。在多校完成现代信息技术运用平台的建设，在市西中学建立集图书馆、电脑房信息查询功能于一体的“思维广场”；在静教院附校等校建立以MAC苹果笔记本电脑为工具的创新实验室；在华模中学、培明中学、一师附小等校完成未来教室的建设等，通过多种途径，进一步优化信息技术应用。

（沈　俭）

[举办“静安学生英语戏剧节”] 静安区首届学生英语戏剧节先后举办了开幕式、校际汇演、全区展演、专家评审和网络展示等一系列活动。各学校共演出西方经典剧目28个，参与学生近5000人次，评出包括表演、舞美、配乐在内的各类单项奖18个，团体奖32个，指导奖17个。1月10日，首届“静安学生英语戏剧节”闭幕。

（沈　俭）

[获全国社区教育多个奖项] 3月7日，在全国社区教育专业委员会2011—2012年度年会上，静安区社区学院的《怎样拍出好照片》、静安区社区学院曹家渡分院的《数字家庭生活技能》、《学说上海话》、《会声会影DV制作》4项课程获“全国社区教育特色课程”。静安区教育局的《建设社区白领学堂的实验》被评为“全国社区教育实验项目优秀项目”。

（沈　俭）

[科技创新实践活动获奖] 3月24日，在第27届上海市青少年科技创新大赛上，静安区代表队共获得了20个一等奖、60个二等奖、80个三等奖，获奖总数和一、二等奖总数双双位列全市第五。

3月22—25日，在2012RoboCup青少年世界杯中国赛区选拔赛中，静安区青少年活动中心智能机器人社团学员在“机器人舞蹈”项目中取得了中学组二等奖的好成绩。黄颖颖老师被评为“全国优秀教练员”。

在宁夏银川举行的第27届全国青少年科技创新大赛成绩上，静安区师生获得了全国实践活动1项一等奖、科幻画项目2项一等奖、1项二等奖、1项三等奖和创新项目1项三等奖的好成绩。

（沈　俭）

[台湾社区文教团到访] 4月10日，台湾社区文教团访问了静安区社区学院。双方就“学习型组织”建设、市民“学习卡”、社区教育“老面孔”等话题展开交流与讨论。台湾社区文教团还参观了静安区市民终身学习服务指导中心。

（沈　俭）

[与深圳市南山区教育局开展合作] 5月16日，静安区教育局与深圳市南山区教育局签订双向合作协议书。双方将互派校级干部到对方学校挂职锻炼，利用各自的优质教育资源，探索干部教师培养方式，培养师德高尚、业务精湛的校级干部队伍。

（沈　俭）

[区老年大学成立] 5月21日，静安区业大增设“静安区老年大学”。静安区业余大学校长胡墨洁兼任静安区老年大学校长，副校长闵楠兼任静安区老年大学副校长。10月9日，静安区老年教育工作召开研讨会。

（沈　俭）

[向新疆喀什捐赠书籍] 六一儿童节之际，静安区教育系统组织区内各中小学校捐赠书籍1万余册送给新疆喀什的孩子们。本届捐书助学活动是今年上海宣传系统“文化援疆”的活动之一。来自静安小学、一中心小学、万航渡路小学、三中心小学、一师附小、市西初级中学、市一中学、上外静中、育才初级中学、华模中学、二中心小学、民立中学12所中小学，共捐出各类书籍12018册。

（沈　俭）

[举行“文明美德伴我成长”主题演讲比赛] 6月1日，五好小公民“文明美德伴我成长”主题演讲比赛中学组在区青少年活动中心举行。参赛选手们讲述了发生在自己身边的美德故事和对社会公德的所见所感。来自上戏附中的吴佳颖同学获得本次比赛的特等奖，并将作为区代表参加市级演讲比赛。

（沈　俭）

[举行“阳光下成长”第四届中小学生艺术展演] 6月8日，静安区“阳光下成长”第四届中小学生艺术展演在区青少年活动中心举行。此次展演分四个专场：声乐、舞蹈、器乐、校园剧。来自静安区各中小学校推荐的上百部节目参演、1200多名学生参与了这场三年一度的艺术展演。

（沈　俭）

[韩正视察市西中学] 9月13日，上海市委副书记、市长韩正到市西中学视察学校改扩建工程情况。韩正特别关注建于1922年的两幢保护建筑——传家楼和原第一师范教学大楼的使用和保护情况。韩正指出，中心城区的土地虽然珍贵，但是用来发展教育事业是非常正确的，是功在千秋的明智之举。静安区在上海中心城区的作用举足轻重，是现代化国际大都市中心城区的代表区域之一，因此各项工作的标杆要更高，标准要更超前，管理更加精细，服务更加高效，环境更加宜居，更符合国际化大都市中心城区的发展要求。

（沈　俭）

[举办学生喜迎“十八大”主题音乐会] 静安区教育系统于9月25—28日举办静安学生喜迎“十八大”主题音乐会。全区12所中学组织2000多名预备年级学生观摩了演出。围绕党的诞生、发展、壮大三个历程，上海轻音乐团以音乐会的形式，演绎了党在不同历史时期诞生的经典音乐作品。通过知识普及、游戏竞赛、参与表演等互动环节，帮助学生了解党的历史知识，增强他们热爱党、热爱祖国的情感。

（沈　俭）

[组织讲学团赴西藏讲学] 静安区教育局于10月12—18日组织讲学团赴西藏日喀则进行讲学。讲学以讲座和对话交流的形式进行，老师们克服了高原缺氧的不适，利用多媒体课件等手段与学

员进行交流，耐心地回答学员们提出的问题。

（沈　俭）

［**区“学分银行”揭牌**］　10月12日，上海市终身教育学分银行静安区分部在静安区业余大学揭牌。该银行是以继续教育学分认定、积累和转换为主要功能的学习成果管理与终身学习服务平台，为学习者提供和建立学习账户，在各类成人教育所获得的学分之间，实现认同和转换，为成人学历教育和非学历教育之间的融通创造条件。

（沈　俭）

［**教育部和中央文明办考察学校少年宫工作**］　11月14日，教育部基础教育司、中央文明办对静安区“城市学校少年宫”试点建设情况进行考察。2012年，该区在市西小学、民立中学等5所学校开展了“城市学校少年宫”试点探索。学校利用现有资源，为学生开放活动场所，开设活动内容。教育部基础教育司和中央文明办领导对该区坚持素质教育，坚持“寓教于乐、以乐促智、以技增能、以读养德”的宗旨开展“城市学校少年宫”试点工作给予充分肯定。

（沈　俭）

［**五四中学建校100周年**］　11月18日，五四中学举办建校100周年庆典，来自祖国各地、世界各地的数千余名校友共聚一堂，庆贺学校的百年华诞。校友，中共中央政治局原委员、国务院前副总理曾培炎专程为百年校庆题词“敏而好学，比德如玉”。上海市人大常委会原主任陈铁迪为学校写来贺词“百年五四，根深叶茂”。

（沈　俭）

［**区业大获上海市终身学习品牌活动奖**］　11月18日，静安区业大教育教学品牌项目“精品教育、服务社会、专业引领、6210”被上海市成人教育协会院校教育专业委员会评为上海市2006—2012年终身学习活动品牌。该专业的办学理念、课程设置、实践性环节以及向行业输出、向社区输出的“6210”模式受到协会专业委员会肯定。

（沈　俭）

［**举行2012静安学习节**］　11月25日，静安区举行2012学习节。学习节以“喜庆十八大 学习促发展”为主题。活动由学习成果展演、学习作品展示和学习咨询服务三部分组成。63个社区学习点在学习节上被授予静安网校分校铜牌。来自上海老龄大学、静安通利音乐艺术专修学校、静安区老年大学和街道社区等8家单位进行了多种形式的学习成果展演。静安区业余大学、上海静安圆桌教育培训中心、德鲁克之窗等18家学习资源联盟单位在学习节期间开展宣传展示、咨询服务活动。

（沈　俭）

［**首届教育拔尖人才项目成果展示**］　12月5日，静安区举办首届教育拔尖人才项目成果展示活动。首届23名拔尖人才项目学员，在为期一周的展示活动中，以校长论坛和教学展示等形式展示学习成果。展示周内，还有13名学员在本人所在学校开展教学展示与研讨。

（沈　俭）

附：区教育局驻地及负责人

（2013年1—12月）

地址：南阳路215号
邮编：200040
电话：62790802

区委分管常委：韩　强
区政府分管副区长：夏以群

区教育党工委书记：孙明丽
副书记：陈宇卿、朱娴华

区教育局局长：陈宇卿
副局长：戈一萍、徐　刚、周晓春

长　宁　区

［**2012年概况**］　2012年，区教育系统共有机构106所，其中中学27所（包括高级中学4所、完全中学6所、初级中学15所、九年一贯制学校2所），小学24所，职校1所，幼儿园36所，特殊教育学校3所，工读学校1所，社区学院1所。另有托儿所21所，社会力量办学院校92所。全区在校学生5.58万人，其中中学19490人、小学19135人、幼儿园（包括托儿所）12956人、职校1525人、业大1863人。全区教育部门办学在职教职工6149人，其中中学教职工2470人、小学教职工1655人、幼儿园教职工930人、职校教职工203人、特殊教育教职工236人、其他教育机构教职工655人。离退休教职工7174人。

一、加强教育教学工作。贯彻实施《长宁区中长期教育改革和发展规划纲要（2010—2020年）》和《长宁区教育改革和发展“十二五”规划》，推进学前、小学、初中、高中四个学段课程与教学改革。年内，举办长宁区中小学幼儿园第十一届教学工作研讨活动，以“精品课程、活力课堂、精致教研、科学评价”为主题开展系列教学展示、研讨和表彰。结合“教学年”工作开展“网议日”活动。推进区域教育评价改革工作，确定以“学生身心健康”、“学生学习生活幸福”和“学生学业成就发展”（简称“三个指数”）为重点的长宁区学生综合素质测评体系，首次发布小学“三个指数”测评调研结果。继续实施“网络课堂”计划和“无边界”学习创意课，在天一小学建设未来学习中心。区教育局被国务院授予全国“两基工作”（基本扫除青壮年文盲、基本普及九年义务教育）先进单位。

二、促进未成年人身心健康成长。制定《长宁区学校文化建设行动计划（2012—2015年）》，制定《关于开展长宁区中小幼“中华经典诵读”的实施方案》，开展“中华经典诵读”活动，弘扬传统文化。成立长宁区中小学家校协力委员会，发挥学校、家庭和社会三位一体作用。年内，未成年人心理健康辅导中心正式启动，制定《关于进一步加强学校心理健康教育工作的指导意见》，完善区域心理健康教育服务网络的建设。在24家市级以上文明单位中成立学校道德讲堂，在2012年度全国城市文明程度指数测评中，长宁区未成年人思想道德建设的测评成绩在9个全国文明城区中列第一。

三、推进素质教育。长宁区学生体质健康监测中心成立，将健康素质作为评价学生全面发展的重要指标。实施区中小学体育教师教学技能达标考核，提升体育教师素质，提高课堂教学质量。开展学生阳光体育运动，确保每天一小时校园体育活动。在小学四年级学生中开展“人人运动，学会游泳”项目。区教育局获2012年全国青少年“未来之星”阳

“中华经典诵读”活动在长宁区教育系统普遍开展

光体育节文化交流展示活动组织奖。组织参加上海市第十届"明日科技之星"评选活动,长宁区共有3名中学生获市"明日科技之星"称号,4名获"科技希望之星"称号。在上海市第二十七届青少年科技创新大赛中,长宁区获一等奖43个、专项奖64个。

四、发展教育国际化特色与合作交流。组织师生对外交流,加强与国际学校在学科建设方面的合作,完善开元学校和耀中国际学校共同开发的劳技课程。加大外籍教师引进力度,为所有小学和2所试点初中配备全职外教。继续做好对口支援与合作交流工作,选派5名教师赴云南,9名校长和教师赴海南支教。区教育局获2009—2011年度上海市对口支援与合作交流工作先进集体。

五、加强师资队伍建设。深化"两名一基"工程,实施市、区第三轮名校长培养工程,教育系统创新团队建设和"优青"培养项目等工作。制定《长宁区教育系统教师教育"十二五"规划》,启动长宁区政府与上海师范大学基础教育区校合作教师高端培训项目。1名校长参加长三角名校长培训、3名校长赴新加坡学习教育管理。新评第六轮区学科带头人201人,其中优秀学科带头人54人。上海市延安中学郭雄获全国五一劳动奖章,江苏路第五小学李碧云被评为上海市教书育人楷模,评选出市园丁奖32人、区园丁奖201人,以及长宁师德十佳和十佳青年教师。年内,招聘教师300人,其中硕士以上学历40人。

六、推进社区教育和职业教育。推进长宁区社区学院功能转型,建设以社区学院为龙头、各街道(镇)社区学校为骨干、居民区教学点为基础的社区教育三级网络。完成上海市社区教育招标项目《区域联动推进数字化学习的实验》和市重点项目《建设社区"学习便利e学社"的实验》的验收工作。新华路街道、仙霞新村街道、江苏路街道被评为2011年度上海市社区教育示范街道。成立上海开放大学女子学院长宁学习中心,推出形象设计、摄影创作、茶道花道等课程。加强教育全行业管理,区域内民办非学历教育机构100%完成开户,建立民非教育机构"学杂费第三方管理"制度。现代职业技术学校参加2012年全国职业院校技能大赛,学校派出机器人技术应用、工业产品CAD、物流单证、酒店餐厅服务和汽车二级维护5个参赛队,获金牌2枚、银牌4枚、铜牌3枚,现代职校获优秀组织奖。现代职校被评为"国家中等职业教育改革发展示范学校建设计划"立项建设学校。

七、加快学校基本建设。根据区政府年度重点目标,完成教育建设项目。武夷路幼儿园迁建、新光中学总体改造项目竣工。完成东展幼儿园分园和哈密路幼儿园分园的改建工程。推进学校"二室一馆"项目(心理咨询室规范化建设、数字化录播教室建设和试点数字图书馆建设)。年内,15间心理咨询室、20间录播教室和2所数字图书馆投入使用。做好全区中小学、幼儿园出入口外侧监控探头的安装工作。为新建延安中学体育中心和理化生实验大楼、延安中学地下车库及运动场恢复工程、复旦中学西部校区等大虹桥枢纽地区教育西进3个战略重点项目提供资金保障。

2012年,区教育经费投入总计18.88亿元,生均事业经费33938.94元,生均公用经费13015.67元,教师人均年收入约100122.01元,依法实现"三个增长"。建立全学段帮困助学机制,推进教育公平。

(长　教)

[与上海师范大学签订基础教育发展区校合作框架协议] 2月8日,长宁区人民政府与上海师范大学签订基础教育发展区校合作框架协议。长宁区区长李耀新和上海师范大学校长张民选出席签约仪式。双方在教育教学改革、师资队伍建设、学校文化塑造、发展教育品牌特色等方面开展合作,探索高校与基础教育合作的新模式。共同开展高端教师培训,提升长宁教师队伍素质;开拓教育国际交流与合作项目;共建长宁中学和仙霞高中美术特色教育基地,提升北新泾第二小学的办学水平,促进现代职业技术学校和上海九洲现代艺术职业技术学校的发展。

(长　教)

[纪念陈鹤琴诞辰120周年] 3月1日,"为培育现代中国人奠基"——陈鹤琴教育思想研讨会暨纪念陈鹤琴先生诞辰120周年活动在长宁区举行。市委副书记殷一璀发来贺信。副区长陈志奇和陈鹤琴先生的儿子陈一心共同为长宁区历史保护建筑——陈鹤琴故居揭牌,并举行《陈鹤琴与上海教育》一书首发仪式。长宁区目前有4所陈鹤琴教育思想实验基地学校。

(长　教)

[区中小学幼儿教师奖励基金会第六届理事会成立] 4月21日,长宁区中小学幼儿教师奖励基金会第六届理事会成立大会举行,选举产生了新一届理事、理事长和秘书长等。

(长　教)

[成立区中小学家校协力委员会] 4月28日，区中小学家校协力委员会(简称“家协会”)成立大会在区少年宫举行。“家协会”的主要任务是开发整合区域教育资源，提升家长学校指导功能，提高家校协作水平，推进学校民主管理，优化家校育人环境。“家协会”由区教育局、社会各界关心教育人士、学校领导、家庭教育专业人员和家长代表组成，设有课程活动部、推广拓展部、行政运行部、健康安全部、咨询协调部。各功能部主任由具有教育背景的人员和专业背景的家长代表构成。委员通过自荐和推荐相结合的办法产生。家长代表从各中小学校的家长委员会主任中产生，或由学校推荐，每届任期2年。

(长 教)

[举办区特殊青少年“达人秀”活动] 5月21日，区特殊青少年“达人秀”活动在上海音乐厅举行，活动由区特殊教育指导中心主办，选手的年龄跨度为8—38岁。在特殊青少年达人秀中，盲人青少年表演在全国盲人跳绳大赛中夺得11项金奖的“花式跳绳”节目，唐式综合症孩子表演拉丁舞蹈，9岁的自闭症儿童“小酷哥”桐桐的钢琴演奏获比赛总冠军。

(长 教)

[制定《长宁区学校文化建设行动计划》] 5月，区教育局以“提升长宁教育之风、教师之德、学校之美”为目标，制定《长宁区学校文化建设行动计划(2012—2015年)》，整体规划课堂文化、校园文化和教师文化三大类十个项目。年内，重点建设“全学段课程教学改革”、“中华经典诵读”和“青少年科技创新能力的培育”。通过“校园e文化”、“一校一品”评选和展示、“文化志愿服务”和“学校文化资源开放”，在师生中倡导主流价值观。强调教师文化，关注教师幸福感和发展需求，深化学习型党组织建设、以文化引领师德建设，完善“三个指数”评价。

(长 教)

[举办首届区“明德尚法杯”校园模拟听证活动] 5月，区“明德尚法杯”校园模拟听证活动启动。首届活动以“推进依法治校，共建和谐校园”为主题，在3所区青少年法制教育基地学校和6所试点学校开展。12月6日，在泸定中学举行成果展示活动，学生以前期社会调研为基础，代表不同利益的社会群体阐述观点、表达主张。活动学校根据模拟听证活动的意见出台《上海市中小学校学生营养午餐管理条例(草案)》、《师生在校使用手机细则(草案)》等管理制度。在“六五”普法期间，“明德尚法杯”校园模拟听证活动将作为长宁青少年法制宣传教育和依法治校的重点品牌，在全区推广。

(长 教)

[成立区学生体质健康监测中心] 8月，区学生体质健康监测中心成立。监测中心负责全区中小学生体质健康有关的测试、监测、分析、指导、培训、服务、科研和数据管理等工作，受市学生体质健康监测中心的业务指导。主要职责是做好初中毕业升学体育考试中有关学生体质健康监测的工作；建立档案，掌握学生体质健康状况和发展趋势；建立区级学生体质健康数据的公告制度和监测评价制度；为区教育局和学校提供分析报告，对区域内学生体质健康发展趋势和增强学生体质提出对策与建议。

(长 教)

[召开区教育工会第五次代表大会] 9月28日，长宁区教育工会第五次代表大会在区少年宫召开。大会选举产生区教育工会第五届委员会主席1名、副主席2名、委员15名、经审委员会委员5名。

(长 教)

[城市学校少年宫授牌] 8月，长宁区在幸福小学、适存小学、建青实验学校、开元学校和新古北中学5所学校试点建设“城市学校少年宫”。“城市学校少年宫”以公益性、以人为本、安全性为基本原则，利用学校现有资源，在课余、节假日和寒暑假等时间对外开放。师资队伍由社会和学校协力共建。11月2日，中央文明办、市委宣传部、市文明办有关负责人向建青实验学校等首批上海市“城市学校少年宫”授牌。

(长 教)

[市三女中庆祝建校120周年] 11月3日，上海市第三女子中学以“学融中西，以爱相传”为主题举行建校120周年庆典活动。全国人大常委会副委员长、全国妇联主席陈至立发来贺信。上海市第三女子中学前身是1881年美国基督教圣公会创办的圣玛利亚女中和1892年基督教南方监理公会创办的中西女中，1952年两校合并，命名为上海市第三女子中学。学校以“独立、能干、关爱、优雅”为育人目标，120年来，培养了包括科学家、艺术家、实业家和社会活动家在内的大批优秀女性人才。

(长 教)

[市盲童学校百年校庆]　12月28日，市盲童学校建校百年庆典活动在西郊宾馆举行。上海盲校是本市唯一一所面向视障学生的学校，学校立足“育残成材”的办学目标和“针对差异，按需施教”教育思想，实行教育、教学、教养三结合；成立上海市盲人足球、盲人门球训练基地；倡导“自尊、自强、团结、向上”的校风。12月27日，市委副书记殷一璀、副市长沈晓明等到上海市盲童学校进行调研，观摩学生们的精彩演出，参观学校校舍，了解上海市视障资源中心的建设情况。沈晓明希望学校建好视障资源中心，服务全市随班就读学生，加强和专业医生联系，提高康复的专业性和实效性。

（长　教）

[完善全学段帮困助学体系]　2012年，区教育局共资助学生6370人次，投入资助经费740.31万元。其中高中学段资助学生863人次，资助金额134.22万元；义务教育学段资助学生1928人次，资助金额132.24万元；特教学校资助学生513人次，资助金额64.86万元；幼儿园学段资助学生216人次，资助金额41.64万元；中等职业学校资助学生2850人次，资助金额367.35万元。全学段帮困助学体系的建立保障了弱势群体“有学上、上好学”，更好地促进了教育公平。

（长　教）

[建立区域内民非教育培训机构“学杂费第三方管理”制度]　2012年，区域内民办非学历教育机构100%完成“学杂费专用账户”的开户工作，建立民非教育培训机构“学杂费第三方管理”制度。该管理制度要求教育培训机构落实学杂费收支管理措施，加强收费票据管理，强化收费入账管理，梳理学杂费补充用途，以“保障学员和教育培训机构的利益”为宗旨，规范办学行为，促进教育培训市场健康有序发展。

（长　教）

[推进“廉洁文化进校园”]　区教育系统围绕“清风进校园，廉洁入我心”为主题，开展“八个一”系列活动：一组廉政短信、一次廉政讲坛、一次廉政书画摄影及电子作品创意大赛、一堂廉洁教育课、一次师德评选、一场廉洁经典诵读、一次廉洁教育教职工培训、一次“廉洁文化建设示范校”评选。一年来命名表彰了复旦中学、天山二中、长宁初职校、复旦初中、长宁实验小学、天山幼儿园首批6所“廉洁文化建设示范校”。

（长　教）

附：区教育局驻地及负责人

（2012年1—12月）

地址：长宁路599号
邮编：200050
电话：22050000

区委分管常委：章卫民
区政府分管副区长：陈志奇

区教育党工委书记：陈设立
　　　　副书记：姚　期、张　岚

区教育局局长：姚　期
　　　副局长：吴玉雷、夏惠贤、张健华

普　陀　区

［**2012年概况**］　全区有中学50所，在校学生2.91万人；小学26所，在校学生2.93万人；幼儿园76所，在园儿童2.71万人；职校1所，在校学生0.14万人；特殊教育学校3所，社区学校9所，社区学院1所，业余大学1所（职工中专1所），教育学院1所。此外，有教育中心12个，民办非学历教育机构28个。

一、坚持德育为先。推进“伟人教育”，发行《现代公民读本（初中版）》，完善《“普陀大学堂”学生社会实践资源指南》。加强行为规范养成教育，开展区行为规范星级校、市行为规范示范校争创评选，晋元高级中学等22所学校被评为市行为规范示范校。加强班主任队伍建设，开展第三届区中小学班主任育德能力竞赛。华东师大附小章琪琪被评选为市“十佳”班主任，江宁学校刘蓓芸等5人被评为市优秀班主任。

二、促进学生健康促进工程。落实学生“每天校园体育活动一小时”，开展阳光体育运动。实施“人人运动　学会游泳”项目，促进学生掌握游泳基本技能。建立学校健身指导员队伍，开展科学健身指导培训。落实体育教师教学技能“人人达标”工程，获市中小学体育教师教学技能大赛团体二等奖。开展足球、乒乓、射击、射箭等17个业余训练项目从小学到高中的“一条龙”建设，促进体育后备人才培养。推进医教结合，完成第一批93名保健教师培训，安排193名保健教师到区儿保所、社区卫生服务中心临床实习。全区30所幼儿园聘请专业医师，每位医生每周在园时间不少于10小时，协助保健教师进行健康管理与疾病预防等。继续推进食堂“更好的管理　更安全的食品”规范化管理模式，第一批37家中小幼食堂通过验收。

三、培养学生创新素养。全区学生选修的创新实验课程从5门增加至9门，学段从高中向下延伸到初中、小学和幼儿园，校际“走班”形式从学生走班扩展为学生、教师走班。全区共享创新课程学生达7000余人，其中校际走班学生671人。曹杨二中成为“同济大学苗圃计划——德语理工实验基地”，与同济大学共同开展拔尖人才早期培养探索。全区23所中学的33门校本课程参加市首届中学校本课程展示，数字课程地图和跨校走班模式受到充分肯定。举办学校美育节，开展区艺术教育特色学校、特色项目评选，扶持真如中学京韵鼓乐等一批学校民族文化特色项目，提升学生艺术修养。

四、深化课程教学改革。晋元高级中学、洛川学校等8所学校参加“上海市提升中小学（幼儿园）课程领导力行动研究”项目取得成效。加强对“绿色指标”学习与研究，以“绿色指标”引领，优化教学与课程结构、完善学业质量评价。出版《转型中的课堂——上海市普陀区推进有效教学六年行动研究》一书，召开全国第七届有效教学理论与实践研讨会，探索“有效教学视野中学习环境设计”。完成历时3年的第二届“普陀杯”教师专业能力评优活动，提升实施新课程能力。推进教育信息化，实施教育城域网改造，校园网络环境得到优化。普陀区《网络环境下学习方式变革实验》入选教育部第一批教育信息化试点区，晋元高级中学《基于信息技术平台的高中课程教学资源共建共享应用模式探索》入选试点单位。

五、加强幼儿园建设。新开4所幼儿园办学点，满足入园需求。实施街道镇所属托儿所管理体制改革，纳入区教育行政部门统一管理。制定《普陀区非上海户籍人士子女申请就读幼儿园积分标准》，探索非上海户籍幼儿申请入园积分制，2474名非沪籍人员子女通过综合积分排名，分别进入区公办、民办幼儿园，占总申请人数85%。开展托幼机构保健教师专业能力大比武，评选“十佳保健教师”。完成20所幼儿园的办园质量视导和2所民办园等级验收，7所市一级园接受市教育评估院复验，1所二级幼儿园升级为市一级园。全区一级及以上优质幼儿园比例提升到62%。加强课程建设，召开幼小衔接、个别化学习等现场会，汇编《普陀区区域推进幼儿园课程建设有效性经验集》，提升幼儿园课程实施的有效性。推进区域大健康教育的行动研究，建立“区幼儿园安全与健康管理平台”，编印《普陀区幼儿园“三大员”实用工作手册》、《幼儿健康成长档案》，辐射健康教育行动研究成果。完善公益性早教服务，完成0—3岁散居婴幼儿家庭1年6次公益性科学育儿指导，覆盖率达98%。开展特殊婴幼儿早期康复指导，为全区0—6岁特殊婴幼儿免费服务

1476人次。

六、提升义务教育优质均衡发展水平。完成对中远实验学校等9所中小学“区素质教育先进校”总结性评审。推进“新优质学校”项目建设。石泉街道建立“石泉优质教育发展共同体”。“小学快乐活动日”不断推进，完善、扩大试点课程，一批优质试点课程在全区推广。区活动方案获市“小学快乐活动日”综合实践活动方案评比优秀奖。提升特殊教育保障水平，生均公用经费定额提高到7800元。实施残障儿童入学鉴定和综合评估制度。完成东中西片资源教室建设，为片区内随班就读学生提供康复训练的专用场地。医学专家一对一带教特教学校骨干教师。

七、推进成职教工作。成立区职业教育联盟。曹杨职校会展专业开放实训中心接受验收，学校与市技师协会汽修普陀分会合力培养订单式专业人才。完成市政府实事项目“上海老年大学普陀分校”建设。完善《普陀区社区学校标准化建设评估指标》，曹杨街道等4个街道被评为市社区教育示范街镇。推进学习型组织创建，7家单位评为“上海市推进学习型社会建设与终身教育先进集体”，《终身学习推进员队伍建设》等2个项目获“上海市推进学习型社会建设与终身教育创新项目”。推进终身学习推进员队伍建设，出版《终身教育社会化的研究——终身学习推进员队伍建设的研究》一书。

八、加强干部教师队伍建设。实施干部培养“导航制”、“工作坊”项目，对8所学校干部进行分类培养。选派5名校长攻读硕士学位、1名校长攻读博士学位、19名校长赴英国伯明翰大学进行课程领导力专题培训。完成第二期干部远程培训、通识培训、新上岗干部培训以及后备干部培训等，培训干部1016人次。完成第三届幼儿园园长岗位任期聘任。组建第三轮教师专业发展指导团队和实践团队。开展3批共计170余人中小学英语教师理论与实践培训。6名校长、27名教师成为市“双名工程”后备人选，1名园长、2名教师成为市“双名工程”基地主持人。推进人事制度改革，规范事业单位退休教职工津补贴。全面实施见习教师规范化培训。试点实施中小学教师资格定期注册制。在第十届上海市“金爱心教师”评选中，全区有79所学校105名教师获选，其中一等奖3名、二等奖22名、三等奖47名。

九、加强学校建设。华东师大四附中开工建设，大华清水湾三期小学等6个公建配套项目交付使用。完成“校安工程”三年计划，37所学校校舍得到更新加固。“退租还教”622家租户，共清退4.69万平方米房屋和场地，改善学校及校园周边环境。接受市“区域推进教育现代化暨义务教育优质均衡发展”综合督政。扶持民办教育发展，全年共下拨民办教育专项资金、民办义务教育学校生均公用经费补贴等共2323.36万元。培佳双语学校等3所学校获市民办中小学特色学校创建校，金洲小学获市民办中小学特色项目创建校。维护校园安全，安排3210万元用于学校安保和技防设施改善。加强教育政风行风建设，建立区教育局监察室，完善监察工作机构。规范教育收费，区教育局获规范教育收费优秀达标单位。开通普陀教育政务微博，完善便民服务平台。

（顾文华、包玉全）

[与英国特殊教育学校建立合作关系] 4月1日，普陀区启星学校与英国萨利郡2所特殊教育学校签署了合作协议。协议确定，中英两地特殊教育学校在开发特殊学生音乐、艺术特长以及语言训练技术支持等方面开展合作。为迎接2012年伦敦奥运会，中英特殊教育学校将“特殊孩子迷你奥运会”作为第一个交流项目。

（顾文华）

[召开区学校安全工作推进会] 4月18日，普陀区召开学校安全工作推进会。晋元高级中学、铜川学校等学校安全责任人签订了2012年学校安全工作责任书。会议还下发了《普陀区学校安全管理指南》（上、下册）。汇编了部分与学校安全管理密切相关的法律法规及制度文件。

（顾文华）

[卫冕世界头脑奥林匹克竞赛冠军] 5月22—27日，在美国艾奥瓦州立大学第33届世界头脑奥林匹克决赛中，新普陀小学头脑OM代表队获得“可选择的结构”小学组冠军。这是该校继2011年获得第32届世界头脑奥林匹克决赛“能折叠的结构”小学组冠军后成功卫冕。

（顾文华）

[在市中小学机器人竞赛和全国中小学电脑制作活动中获奖] 5月26—27日，普陀区11所学校14个队伍参加市中小学机器人竞赛和全国中小学电脑制作比赛。华东师大附小和真光中学分别取得小学、初中组机器人工程挑战赛（食品安全）组第一名。7月25日，在第十三届全国中小学电脑制作活动中，华东师大附小获得小学组机器人工程挑战赛一等奖、真光中学获得初中组机器人工程挑战赛三

等奖。中远实验学校秦觊誉获电脑动画一等奖，晋元高级中学曹逸君、肖天璜获高中组《程序设计》三等奖，江宁学校李九畹获初中电脑动画全国三等奖。

（顾文华）

［启动干部培养“工作坊”］ 6月1日，普陀区教育系统干部培养“工作坊”举行启动仪式。干部培养“工作坊”是普陀区“十二五”干部队伍建设5个项目之一。“工作坊”设立4个专家团队，由12名市知名校长、专家组成，特级校长王志刚担任“工作坊”领衔人。“工作坊”以学校为单位，通过问题解决、特色创建，以个性化培养带教。

（顾文华）

［与上海外国语大学合作举办尚阳外国语学校］ 6月18日，普陀区人民政府与上海外国语大学签约，合作举办上海外国语大学尚阳外国语学校。上海外国语大学尚阳外国语学校设小学部、中学部和国际部。2012年起，小学部开始招生。双方以“合作办学＋强化项目”原则，成立办学指导委员会、课程指导委员会、实验项目指导委员会。上海外国语大学选派管理者、学科专家、课程专家指导，并在课程设置和教学计划制定、师资培训、外语学习质量评估、教育国际交流等方面提供指导与帮助。

（顾文华）

［建立曹杨二中德语理工实验基地］ 7月16日，“同济大学苗圃计划——曹杨二中德语理工实验基地签约与挂牌仪式”在曹杨二中举行。建立“同济大学苗圃计划——曹杨二中德语理工实验基地”，为学生提供多样化的课程，体现了高中教育的独特价值，培养未来跨文化专业人才、创新型人才。

（顾文华）

［西藏班学生全部升入全国重点大学］ 晋元高级中学2012届内地西藏班40名学生全部考入清华大学、北京大学、复旦大学、上海交通大学、浙江大学等全国重点高校。18名西藏学生还自愿加入中华骨髓库。9月26日该校召开工作总结表彰大会。

（顾文华）

［“智慧教育云”项目试点展示活动］ 9月27日，“智慧教育云”项目普陀区试点展示活动在甘泉外国语中学举行。展示活动上，由思科公司、华师京城有限公司联合提供的云技术智能教室使甘泉外国语中学与江宁学校两校班级课堂教学实现教育资源共享。授课教师通过云技术实现与异地学生的交流、教学过程与反馈的同步、网络资源的快速整合和合理使用。

（顾文华）

［普陀教育书法培训基地揭牌］ 10月18日，普陀教育书法培训基地揭牌仪式在上海市子长学校举行，这是上海市第一家区级教育书法培训基地。建设“普陀教育书法培训基地”是普陀区教育局加强义务教育阶段写字教学，加快写字指导教师培养的举措。

（顾文华）

［宜川中学话剧团成立20周年］ 10月26日，宜川中学以“话剧梦想人生”为主题，在云峰剧场举

庆祝宜川中学话剧团成立20周年学生话剧展演

行学校话剧团成立20周年庆典暨学生话剧展演活动。演出前，会场播放学生话剧团20年发展历程视频。整场演出由在校学生和已毕业校友担纲，表演的《阳光女孩》、《一个志愿者与雷锋的对话》等6部话剧小品均为20年来话剧团学生自编、自演的原创话剧小品。

（顾文华）

［小学“快乐活动日”方案获优秀奖］ 11月1日，由市教委基教处、市教委教研室、虹口区教育局联合主办的“上海市小学‘快乐活动日’展示暨优秀方案颁奖”活动举行。普陀区教育局《我体验　我快乐》获上海市小学“快乐活动日”区域整体活动方案优秀奖，华东师范大学附属小学《F·X聚乐部——活动宝典》和武宁路小学《566我乐乐》获学校整体方案优秀奖；新普陀小学《寓活动中生成　融课程中渗透　促评价中探索》、武宁路小学《小小安全员》和华东师范大学附属小学《与你同行》获学校单项活动方案优秀奖。

（顾文华）

［上海市实验幼儿园建园60周年］ 11月8日，上海市实验幼儿园举行建园60周年纪念大会暨《播种健康》“健康教育”课程系列丛书首发式。该园坚持学前教育课改理念，以课程促进专业、以专业推动发展，在全区、全市起到了示范辐射作用。近年来，以幼儿健康素质为方向，形成“健康教育”课程体系，走出了新课程园本化实施的发展之路。上海市实验幼儿园于1952年建园，从1所普通新村幼儿园发展为上海市示范性幼儿园。

（顾文华）

［新建两个“教育发展联合体”］ 11月12日，曹杨社区教育发展联盟举行成立大会。会议下发《曹杨社区教育发展联盟章程》、《曹杨社区教育发展联盟项目管理制度》和《曹杨社区教育发展联盟项目介绍》。3月15日，石泉社区优质教育发展共同体成立。石泉社区优质教育发展共同体形成德育公益学堂建设、教师专业发展项目、学生才艺展示活动、家长学校项目、启星学校德育基地项目等。建立“教育发展联合体”是普陀区探索组团发展模式、深入推进“圈链点”战略新载体。普陀已建立桃浦地区基础教育协同联合体和长征镇优质教育发展共同体。

（顾文华）

［获全国阅读教学大赛一等奖］ 11月16日，全国第九届小学语文青年教师阅读教学大赛在厦门举行，全国各省市32名优秀教师参加比赛。普陀区华东师范大学附属小学陈易安老师代表上海参赛，获得一等奖。陈老师教学风格活泼，情境创设生动，对孩子们热情鼓励，给评委和来自全国各地教师留下深刻印象。

（顾文华）

［实施电子书包项目］ 普陀区曹杨实验小学于12月20日下午举行“碰撞观念　分享过程”电子书包项目研讨推进会。会上，曹杨实验小学展示3节电子书包应用课，并通过情景剧、数字故事等形式，生动展示学校运用Ipad进入课堂教学后，教师教学行为和学生学习方式发生的变化。市教委领导高度评价学校推进电子书包项目。

（顾文华）

［举办“全国第七届有效教学理论与实践研讨会”］ 12月24日，普陀区教育局与华东师大课程与教学研究所、市教委教研室联合举办以“有效教学视野中学习环境设计”为主题的“全国第七届有效教学理论与实践研讨会”。来自江苏、广东等14个省市中小学、上海市课改基地学校、普陀区中小学校长及骨干教师近500人参加研讨活动。与会人员观摩沙田学校、真如文英中心小学和新黄浦实验学校3位教师的公开课；普陀区教育局局长李学红与区教育学院、新黄浦实验学校、子长学校、洵阳路小学、甘泉外国语中学等5所学校代表一起做《区域开展有效教学的实践与思考之七——有效教学视野中学习环境设计》组合式主题发言。研讨会上还举行《转型中的课堂——上海市普陀区推进有效教学六年行动研究》新书首发式。

（顾文华）

附：区教育局驻地及负责人

（2012年1—12月）

地址：大渡河路1668号2号楼15—16楼
邮编：200333
电话：52564588（总机）

区委分管副书记：程向民
区政府分管副区长：景　莹

区教育党工委书记：范以纲
副书记：李学红、丁向荣

区教育局局长：李学红
副局长：郑建国、赵　平、周　飞、胡　俊

闸　北　区

［**2012年概况**］　闸北区现有各级各类学校和其他教育机构及教育事业单位142所。公办中小学、幼托园所104所(含特教),民办中小学、幼托园所25所,其他教育机构和教育事业单位13所。其中高中6所,完中8所,九年一贯制学校4所,初中18所,小学33所,幼托园所55所,特殊教育学校4所,中等职业学校1所,全日制高职院校1所,教师进修学院1所,其他教育事业单位10个。

全区现有学生68376人,其中基础教育62994人(高中生7535人,初中生17660人,小学生21703人,幼儿园15571人,特殊教育525人),职业教育5382人(中职校1067人,全日制高职院校4315人)。目前全区在职教职工6937人(其中教师5899人),退休教职工8862人,离休教职工83人。在职教师中,特级教师14人,高级教师占15.5%,一级教师占60.42%;本科及以上学历教师占86.3%。

一、德育工作卓有成效。开展了苏河湾主题实践"四个一"活动——拍摄一张照片,讲述苏河湾的传奇与光荣;设计一条线路,感悟苏河湾历史与未来;编写一首歌谣,唱出苏河湾美丽与梦想;创意一次行动,传递苏河湾亲情与温暖。编写了《苏河湾,可爱的家》乡土教育教材。举办"青春焕光彩　美丽苏河湾——闸北区中小学生"喜庆十八大"主题教育活动"展示会。推出《走遍闸北　苏河湾　珍藏2012暑期实践手册》,向全区48500名中小学生免费发放,引导学生利用假期自主规划、自主学习、自主体验。全区有近10万人次参与。"走遍闸北　苏河湾——2012年闸北区未成人社会实践自助行动"获"上海市未成年人暑期工作优秀活动项目"。闸北区青少年学生假期领导小组办公室获得"2012年上海市暑期工作优秀组织奖"。以"1+N"的片区式联合建设模式,在教师进修学院、风华中学、回民中学、彭浦初级中学、闸北一中心小学建立一总四分的组织构架和运行模式,心理热线向全区学生和家长开放。依托童莹莹市骨干班主任工作室经验,提高骨干班主任工作室的孵化水平。建设刘民市级少先队工作带头人工作室,引领区域少先队工作的精细化、专业化。

二、加快发展职业教育和社区教育。市北职业高级中学迎督政、强职能、促发展,调整专业设置,加大校企合作力度。依托市北职业高级中学视觉多媒体技术开放式实训中心、美容美发实训中心和烹饪实训中心,探索产教结合、工学交替的办学模式。进一步深化专业部管理模式,以项目引领为抓手、以就业优势为导向,探索专业建设改革、抓好学生技能练习。在2012年全国职业院校技能大赛获二等奖;在上海市2012年美容美发美甲邀请赛中获一金一银两铜。以行健学院与中国商飞上海飞机制造厂的合作项目为抓手,探索合作办学和"订单式"人才培养模式,取得阶段性进展。积极组建区域职教集团,完成了前期调研,推进方案设计与论证等筹备工作。完善市民终身学习体系,制订了数字化学习卡。宝山路、大宁路、临汾路、芷江西路等4个街道被评为2011年度全国社区教育示范街镇,启动上海市社区教育示范街镇评选申报工作。启动学校资源全面开放试点工作,制定下发关于学校和社区"资源整合、联动共建"工作的指导意见。

三、深化师资队伍建设。一是强化师德师风建设。3个师德故事入选市教委"感念师恩　传承师道"——老师讲老师的故事主题活动。齐珊云老师为基层单位党政领导干部和金穗奖获得者300余人,作了关于"当我遇到困难时"的师德报告。组织近750位教师观看了现代话剧《永远的陶行知》,开展了观后感征文活动。完成了闸北区第四届陶行知研究会换届工作,16所中小学被评为区陶研会实验基地学校,43家单位被评为区陶研会团体会员单位,38人被聘为区第四届陶行知研究会理事。二是完善骨干队伍梯队建设。选拔14名优秀骨干教师参加国培计划培训,全区7位专家成为"国培计划"专家库推荐人选。2位校长参加"2012年美国加州影子校长项目"培训,1位园长参加"第八期全国幼儿园园长高级研修班"培训,2位风华初中校长(书记)参加全国初中校长高级研修班,3位校长参加"2012年长三角名校长培训"。市北中学齐珊云老师获上海市教书育人楷模提名奖。完成市、区园丁奖评选表彰工作,共评选出区园丁奖158名,市园丁奖37名。完成上海市第三期名师后备人选的申报工作,31名优秀教师成为上海市名师后备人选。选送20名中小学优秀英语骨干教师赴英国学习培训。全年评出新苗奖53名，春蕾奖71名，百花奖200名。市北中学等6个单位被评为市教师专业发展学校，新中中学等25个单位被评为区见习教师规范化培训基地。

（丁国新）

［区小学“快乐活动日”经验向全市推广］ 2月28日，市教委在闸北区举行“快乐300分，让孩子慧动起来”的现场展示活动。闸北区开展“快乐300分”活动的主要经验有三：一是聚焦让每一个学生健康快乐成长的要求；二是聚焦重点难点问题推进改革，加大了机制创新的力度；三是将“快乐活动日”转换成“快乐300分”活动，通过政府购买服务推出区域共享课程和特聘教师。让教育回到育人的本意上去，让每个孩子拥有美好的童年，让每个孩子拥有未来幸福的人生。这是一种信念，一种行动，也是“快乐300分”活动的最大价值。

（丁国新）

［开展特殊儿童入学鉴定工作和安置活动］ 为构建闸北区特殊教育医教结合、综合康复的运行机制，区教育局联合区卫生局、区残联等多部门及高校力量，于6月26—28日组织开展了入学鉴定工作和安置活动，旨在综合分析特殊儿童的身心发展情况，提供适切的安置方式，为每个特殊儿童的康复与成长提供优质“导航”服务。在3天的入学鉴定工作中，共有近20名小学、幼儿园新生接受鉴定。

（丁国新）

［市北职高签订校企合作协议］ 8月10日，上海市市北职业高级中学与上海绍兴饭店集团、上海醇情百年文化创意产业有限公司举行了校企合作签约暨启动仪式，闸北区副区长鲍英菁出席。市北职业高级中学与上海绍兴饭店集团、上海醇情百年文化创意产业有限公司以立足实现闸北区职业教育与企业行业的资源共享为目标，以有效形成职业院校依托产业办专业、办好专业促产业的良好局面为宗旨，以探索适合双师型教师培养、应用型技能人才培养的模式为契机开展校企合作。

（丁国新）

［向东中学举行庆祝建校100周年暨吴若安铜像揭幕典礼］ 10月26日下午，上海市向东中学（原南洋女中）庆祝建校100周年暨吴若安铜像揭幕典礼隆重举行。全国人大常委会副委员长严隽琪，上海市副市长沈晓明，上海市人大常委会副主任、民进中央委员会副主席、民进上海市委主委、复旦大学副校长蔡达峰等分别题词或发来贺信。民进上海市委秘书长黄山明向吴若安铜像敬献了花篮并宣读了贺信。闸北区副区长鲍英菁、区人大常委会副主任江天熙为吴若安铜像揭幕。向东中学前身是爱国教育先驱凌铭之创办的南洋女子师范学校，1927年更名为南洋女子中学，1966年改名为上海市向东中学。学校奉“庄敬”为校训，以“革命热情如火如荼，求知欲望如饥如渴，师生情谊如手如足”为校风，在传承中与时俱进，形成了“敬业、爱生、务实、求新”的教风，“乐学、好问、勤思、善研”的学风。

（丁国新）

［早期教育指导研究中心揭牌］ 11月8日，在闸北区早期教育指导研究中心举行“华东师范大学学前教育与特殊教育学院早教研究中心”揭牌仪式。会上讨论通过了“关于推进闸北区0—3岁婴幼儿科学育儿指导服务若干意见”，通过高校引领，多方携手联动，进一步创新早教实践、深化早教体制改革，整体提升闸北早教研究水平、服务水平和管理水平，打造区域0—3岁早期教育公益品牌。

（丁国新）

［徐匡迪视察久隆模范中学］ 11月28日，第十届全国政协副主席、中国工程院主席团名誉主席徐匡迪院士及夫人许珞萍教授出席了上海市久隆模范中学“上海市教育发展基金会第十一届‘自强奖’颁奖仪式”，并视察该校。

（丁国新）

［杨晓渡与在沪藏族师生共度藏历新年］ 2月22日，市委常委、统战部长杨晓渡到上海市共康中学和西藏班的师生共度藏历新年，与藏汉师生、家长代表共庆佳节，共叙民族深情。杨晓渡代表上海市委、市政府向藏汉同学及家长致以新年的问候，向倾心投入民族教育事业的学校教职员工致以诚挚敬意，向长期以来关心和支持教育援藏工作的各部门和社会各界人士表示由衷感谢。勉励在上海学习生活的西藏班学生珍惜学习机会，坚定维护国家的统一和民族团结，争当民族团结进步的模范，早日学成返藏，建设家乡。西藏自治区人民政府驻上海办事处主任戚素坤，市教卫党委副书记、市教委副主任高德毅，市民族和宗教事务委员会副主任沈国强出席

了本次活动。

（丁国新）

［市民宗委主任调研民族教育工作］ 4月10日上午，上海市民族和宗教事务委员会主任赵卫星，闸北区委常委、统战部部长石宝珍，闸北区委统战部副部长、区民宗办主任江萍，区民宗办副主任王智琦，闸北区教育局党工委书记顾筱璞等到回民中学调研民族教育工作。赵卫星一行重点视察了学校特色活动场所，观摩了台球特长生的训练，询问机器人活动的开展情况。赵卫星肯定了回民中学在民族教育工作方面所取得的各项成绩，希望学校再接再厉，为民族教育事业做出更大的贡献。

（丁国新）

［承办全国创造教育实践研讨会］ 5月8日，由上海市教育委员会、闸北区人民政府、上海市教育学会主办、闸北区教育局承办的全国创造教育实践研讨会在和田路小学举行。和田路小学的创造教育已有30年的探索历程，积累了创造教育的丰富经验并取得了卓越的成果。研讨会就上海创造教育区域推进的实践模式及创造型人才培养的教育经验等进行广泛交流和深入探讨。

（丁国新）

［国际奥数中国国家队集训举行开营式］ 6月13日，第53届国际数学奥林匹克中国国家队集训开营式在市北中学举行。国际数学奥林匹克研究中心主任、第53届国际数学奥林匹克中国国家队领队、主教练、华东师范大学教授熊斌，闸北区教育局副局长洪波等领导和专家，国家队教练冯志刚、余红兵、冷岗松，国际数学奥林匹克研究中心特聘专家杭顺清、金荣生、何强等出席。开营仪式后，国家队6名正式队员和14名旁听生将在该校进行为期12天的集训，6名正式队员于7月赴阿根廷参加第53届国际数学奥林匹克竞赛。

（丁国新）

［上海外国语大学苏河湾实验中学成立］ 上海外国语大学苏河湾实验中学于2012年6月16日成立。该校由闸北区人民政府和上海外国语大学合作创办，上海市政协主席冯国勤为学校揭牌。学校于2012年9月3日正式开学，目前占地6900平方米，拥有预备年级2个班。教职工17人(含上海外国大学专家组)。“把精彩告诉世界”是学校秉承的教育理念，欣赏每个学生是学校的基本价值取向，发展每个学生的个性是学校的基本育人目标。学校凸显“外语突出，文理并重”的特色，依托上海外国语大学优势团队的通力合作，打造精品教育，培育一流学子，提升苏河湾区域的品质和整体价值。

（丁国新）

［与新加坡小学华乐团举行交流演出］ 5月26日，蕃瓜弄小学民乐团和新加坡永青小学华乐团联合在上海音乐学院贺绿汀音乐厅举行民乐交流演出。上海音乐学院詹佑明教授，新加坡的魏砚铭教授以及著名的音乐教育家周仲康、黄玲教授担任指挥。闸北区的部分中小幼的校长、书记和园长，天目西街道的干部、蕃瓜弄小学的师生、家长代表以及随同新加坡永青小学华乐团一同前来的新加坡学生家长参加了此次活动。

（丁国新）

［上海棋院实验小学成立］ 2012年4月13日，上海市棋牌运动管理中心与闸北区教育局、闸北区体育局共同签订了合作办学项目，原福建北路小学改为上海棋院实验小学，面向全市招收学生特别是有棋类运动爱好的学生。学校将国际象棋等棋类运动作为学校的办学特色，也将开设中国象棋、跳棋等特长班。上海棋牌运动管理中心委派一名副校长专门负责和主管学校棋类教育。著名棋手胡荣华担任名誉校长。

（丁国新）

附：区教育局驻地及负责人

（2012年1—12月）

地址：和田路195号
邮编：200070
电话：56630990

区委分管常委、统战部部长：石宝珍
区政府分管副区长：鲍英菁

区教育党工委书记：顾筱璞
副书记：周　隽、刘新宇

区教育局局长：周　隽（11月到任）
副局长：朱正林、洪　波、孙　忠、李国庆、王万亮

虹　口　区

［**2012 年概况**］　虹口区共有各类学校和单位141所，其中高级中学12所、完全中学3所、初级中学19所、九年一贯制6所、小学34所、幼儿园52所、托儿所5所、职校1所、大学2所、工读学校1所、特殊教育学校1所、其他学校2所；在校学生63540人，教职工6176名；区内3—6岁适龄儿童入园率为100%，义务教育阶段入学率和按时毕结业率为100%，户籍学生高中阶段入学率达到95.4%，其中普通高中入学率为70.5%，中等职业教育入学率为24.9%。全区现有民非教育机构55所。

虹口区教育局围绕《虹口区中长期教育改革和发展规划纲要（2010—2020年）》和《虹口区教育事业发展"十二五"规划》，推进重点项目建设，促进教育转型发展，打造虹口教育"绿色生态化、特色多样化、教育国际化"特色。

一、优化教育资源布局。加强教育组团式发展，推进复兴教育集团、华东师大一附中教育园区建设。与上海外国语大学开展战略合作，谋划北虹高级中学、南湖职校、澄衷高级中学等学校优质资源的提升与发展。拓展艺术教育、民族文化教育及体教结合工作思路，打造艺术、国学、体育三大实践基地。结合实施全国中小学校舍安全工程，优化学校办学环境和条件。以柳营路小学、虹口实验学校引领，推进"新优质学校"建设。推进教育国际化建设，上外附中、五十二中学、鲁迅中学、复兴高级中学等学校分别与澳大利亚、韩国、日本、加拿大等国的相关院校达成合作办学、教育交流的初步意向。虹口区业余大学与法国文化协会举行签约仪式，共同推进双方第三个10年合作项目。

二、推进素质教育。印发《关于构建和谐师生关系、促进教育转型发展的指导意见》，力争用3—5年的时间，在全区各学校形成师生互相信任、校园文化浓郁、家校互动密切的和谐教育环境。促进学校特色多样发展，鲁迅中学入选上海市首批特色学校试点，北虹高级中学、澄衷高级中学等学校的特色项目建设稳步推进。发挥优秀特色课程的示范和辐射作用，强化课程对学生的吸引力，丰富学生的学习经历。开展小学"快乐活动日"、"开学第一课"等项目。组织实施系列课程项目及相关社团建设，培养学生自主学习思考、勇于实践创新的意识和能力。推进教育绿色生态化工程，组织中小学生学业质量绿色指标体系构建试点工作。召开全区学生健康促进大会，制定《虹口区学生健康促进工程五年行动计划》，成立虹口区学生体质健康监测中心。健全学校体育卫生工作机制，推进体教结合、医教结合工作。

教育部"电子书包"试点项目资源推介会暨合作签约仪式

三、加强区校战略合作。继续扩大“电子书包”项目试点范围，与微软(中国)公司签订合作协议，借助微软公司的技术力量提升教育信息化水平。全区18所“电子书包”试点学校形成新型教学实践模式，并通过案例式教师培训课程开发。深化“国家指南针计划专项青少年基地”项目内涵。与市教委开展合作，共同推进5大类20个模块的短课程开发，全面推进该项目“四个中心”建设。加强与高校的战略合作，与同济大学签订战略合作框架协议，共同推进“苗圃计划”等项目；与上海外国语大学签订战略合作框架协议，在上海SAT考试中心建设、英语学科高地建设、上外基础教育园区建设等方面加强合作。

四、推进“双名工程”建设，打造教育人才梯队。抓好学校校长、优秀青年教师、骨干教师、后备干部和在职校级干部的培养。健全各学校校长、书记、教师的在岗培训体系，做好“中国上海—美国加州影子校长”项目、新加坡南洋理工大学教育管理硕士培训项目、香港教育硕士班项目等相关工作。开展第二期名师培养基地和名师工作室申报工作，确定了9个名师培养基地和11个名师工作室。成立虹口区特级教师协会，发挥特级教师在教育教学工作中的示范引领作用。制定全区中小学幼儿园校本培训实施指导意见、管理监督意见和考核奖励推广制度。开展虹口区教育系统第四届“十佳”青年教师评选表彰活动，对近年来在教育教学工作中取得突出成绩的优秀青年教师进行表彰。

五、促进学习型社会和终身教育发展。召开2012年虹口区学习型社会建设与终身教育促进大会，明确发展目标，科学规划学习型社会建设与终身教育促进工作的整体框架。以区政府名义申报全国社区教育实验区，并成立区级层面社区教育实验区申报工作小组，整合相关委办局资源，推进全国社区实验区建设，指导虹口区曲阳街道、凉城街道、江湾镇街道申报创建上海市学习型社区。制定《2011—2015年虹口区中等职业教育全面发展行动计划》，明确了职业教育发展具体的目标和工作要求，继续调整和优化职业教育的专业设置和专业结构，推进酒店(邮轮)服务与管理、国际商务、汽车运用与维修、电子商务、西餐服务等5个精品课程建设。

(何　杰)

[接受市教育现代化综合督政]　9月11—13日，市人民政府教育督导室对虹口区推进区域教育现代化工作进行综合督政。12月19日，上海市教育综合督政组对虹口教育现代化建设和义务教育优质均衡发展综合督政的情况进行反馈，下发了《虹口区教育现代化综合督政报告》和《虹口区义务教育优质均衡发展的督政报告》。区教育局在教育系统内传达报告精神，形成落实报告的工作计划和配套措施。

(何　杰)

[成立“双名工程”专家智囊团]　3月21日，虹口区召开“助推虹口教育可持续发展，提升虹口教育内涵品质”、“十二五”《双名工程》专家智囊团研讨会。专家智囊团将在学校发展、校长发展、教师发展等诸方面发挥其专业优势和资源优势，为虹口教育深化队伍建设和促进教育创新发挥作用。

(何　杰)

[与微软(中国)有限公司签署合作协议]　11月9日，虹口区教育局与微软(中国)有限公司签署合作协议。微软(中国)有限公司根据协议为虹口教育试点国家教育综合体制改革《开展数字化课程环境建设与学习方式的变革》项目(电子书包项目)提供技术规范方面的协助，帮助促进虹口教育的变革与发展。

(何　杰)

[推进“指南针计划”专项青少年基地项目建设]　2月16日，国家“指南针计划”专项青少年基地项目签约仪式在市政府举行。国家文化部副部长、文物局局长励小捷，上海市副市长沈晓明，国家文物局副局长宋新潮以及上海市教委主任薛明扬、虹口区区长吴清等出席仪式。根据协议，基地将由国家文物局和上海市人民政府共建，由国家文物局博物馆、社会文物司(科技司)和上海市教育委员会组织实施，依托北京大学考古文博学院、上海博物馆和中国丝绸博物馆等专家提供研发指导和支持。虹口区教育局和上海民族民俗民间文化创意推广中心承办并签订《国家“指南针计划”专项青少年基地合作运营协议书》。

(何　杰)

[开发“指南针计划”专项青少年基地短课程]　8月30日，上海市教委教学研究室与虹口区教育局就国家“指南针计划”专项青少年基地课程建设举行合作签约仪式。双方就五大类20个模块的短课程开展合作开发，争取利用一学年的时间，完成课程纲要、活动设计、实施流程、课程评价、配套资料包等研发。

(何　杰)

［上海法语培训中心成立20周年］ 4月27日，上海法语培训中心举行成立20周年庆典活动。活动中，虹口区业余大学和法国文化协会（又称“法语联盟”）就双方第三个10年的合作举行签约仪式。上海法语培训中心成立于1991年，20年来为上海及周边地区培养了4.4万人次的学员，为在沪的中法合资和法国独资企业培养了1535人次的应用型人才。2007年，“上海法语培训中心”成为第一家通过上海市中外合作办学资格认证的非学历培训机构。

（何　杰）

［成立虹口区特级教师协会］ 11月22日，虹口区特级教师协会成立大会在华东师大一附中举行。协会的宗旨是凝聚全区特级教师力量，不断提升特级教师自身的师德和专业素养，发挥特级教师在虹口区教育教学工作中的示范引领作用，促进本区教育事业的发展。

（何　杰）

［举办首届“白玉兰教学论坛”］ 5月16日，首届“白玉兰教学论坛”在区教师进修学院举行开幕式。“白玉兰教学论坛”的常设主题是“绿色生态教学”。论坛由民进市委、市教育学会和区委统战部指导，民进区委、市教委基教处、区教育局主办。虹口区教育局旨在通过搭建这一平台，与广大专家、教师共同探讨当前基础教育课堂教学中存在的实际问题，找寻破解教育难题的方法与途径，探求学生身心发展的规律。

（何　杰）

［与同济大学签署合作协议］ 6月6日，虹口区教育局与同济大学招生办公室就共同推进“苗圃计划”签署合作协议。“苗圃计划”是同济大学携手全国数十所知名高中共同推出的促进大学教育和中学教育有机衔接的创新举措，旨在选拔兴趣特长突出、富有发展潜质的优秀高中生，并对这些学生施行中学与大学贯通式培养。根据协议，区教育局以复兴高级中学为核心，与同济大学共享相关教学方面的研究实践成果，配合同济大学进一步提升“苗圃计划”在虹口的实施效果。同济大学将指导复兴高级中学组建创新实验班、建立探索小组，帮助复兴高级中学做好课程建设、实验室建设、招生制度建设及人才选拔、培养机制等方面的探索工作。同时，以复兴高级中学为试点，逐步在虹口扩大“苗圃计划”的参与范围，并积极开展“四进”（教授进中学、实验室进中学、校友进中学和学生进大学创新训练活动）活动。

（何　杰）

［与上海外国语大学签订战略合作框架协议］ 8月13日，虹口区人民政府与上海外国语大学签订战略合作协议。根据协议，虹口区人民政府和上海外国语大学将主要在三方面加强合作：一是打造上外基础教育园区，与上海外国语大学共同建设小学、初中、高中等基础教育；二是建设上海市外语教育培训示范区，充分发挥上海外国语大学在外语学科方面的优势和特色，探索开展SAT教育服务，努力打造上海市英语学科高地，为优秀外语人才的脱颖而出搭建平台、创设机遇；三是拓展现代教育服务业，在电子书包企业联盟、英语翻译、中小企业创业等方面开展互动合作，促进区域社会经济的快速发展。

（何　杰）

［区拥军学校培华分校揭牌］ 3月12日，虹口区拥军学校培华分校签约、揭牌仪式举行。区教育局、区体育局与驻沪海军体工队签订《虹口区体教结合军民共建协议书》。虹口区拥军学校培华分校是全军第一家拥军学校。通过建立有效机制，加强军地协同，资源共享，相互促进，进一步提升军体运动员、学生文化知识水平。

（何　杰）

［联合主办上海市小学“快乐活动日”展示］ 11月1日，由市教委基教处、市教委教研室、虹口区教育局联合主办的“快乐灵动绘就彩虹”——“上海市小学‘快乐活动日’展示暨优秀方案颁奖”活动在虹口区广灵路小学举行。展示活动分为“百灵鸟”校本课程、班本课程两大学习区。虹口教育向来访的领导和教师全方位展示区内小学开展“快乐活动日”的课程形态。

（何　杰）

［获“2012年VEX机器人世界锦标赛”冠军］ 4月19日至21日，“2012年VEX机器人世界锦标赛”在美国洛杉矶阿纳海姆会展中心举行。美国、中国、香港、新加坡、马来西亚、巴西、墨西哥、新西兰等国家和地区约650支队伍参加此次盛会。复兴高级中学、华东师大一附中、民办新华初级中学23名学生组成6支代表队参赛。经过层层比赛，华东师大

一附中A队和B队在10轮预赛中获得全胜，高居榜首，A队在397个高中队参加的遥控项目比赛中，获得世界冠军。复兴高级中学A队获得分区亚军。虹口区青少年机器人活动近年来成绩斐然，2008年至2011年连续获得“VEX机器人世界锦标赛”前三名，已经成为区青少年科技品牌项目。

（何　杰）

[获同济建造节金奖]　5月26—27日，第六届同济大学建造节暨上海市中学生建造邀请赛举行。这次建造节共邀请本市13所中学参加。复兴高级中学学生代表队的作品“快乐栖居”获得中学组金奖。

（何　杰）

[获2012世界头脑奥林匹克决赛冠军]　5月23日至26日，2012年世界头脑奥林匹克决赛在美国艾奥瓦州立大学举行。来自美国、德国、中国、香港、新加坡、马来西亚、巴西、墨西哥、日本等国家和地区约600支队伍参加此次盛会。作为中国赛区的冠军代表队，上外附小7名学生组成的OM参赛队获得《情感小车》项目小学组世界冠军，为虹口、上海乃至中国争得了荣誉。

（何　杰）

[举行区学生健康促进大会]　8月29日，虹口区学生健康促进大会举行。会上颁布了《虹口区学生健康促进工程五年行动计划》、《虹口区学生健康促进工程计划任务分工》，提出了本区学生健康促进工程的指导思想、总体目标和主要措施，并为“虹口区学生体质健康检测中心”揭牌。

（何　杰）

[举行区学习型社会建设与终身教育推进大会]　8月8日，虹口区举行学习型社会建设与终身教育推进大会。下发《中共虹口区委　虹口区人民政府关于进一步加强虹口区学习型社会建设与终身教育促进工作的实施意见》，宣读了《关于调整虹口区学习型社会建设与终身教育促进委员会组成人员的通知》；与会领导为2007—2011年上海市学习型社会建设与终身教育工作先进单位和个人颁奖。

（何　杰）

附：区教育局驻地及负责人

（2012年1—12月）

地址：天宝路1058号
邮编：200092
电话：65756666

区委分管领导：刘　可
区政府分管领导：李国华

区教育局党工委书记：潘惠琴
　　　　　　副书记：王　新

区教育局局长：常生龙
　　　　副局长：杨　利、周海明、韩亚成（10月离任）

杨 浦 区

［**2012年概况**］ 2012年，杨浦区共有各级各类学校185所，其中高(完)中18所(民办3所)，初中35所(民办8所)，小学44所(民办2所)，幼儿园84所(民办22所)，特殊教育学校2所，工读学校1所，中等职业教育学校1所。学生总数84843人，其中高中11280人(民办541人)，初中22222人(民办5707人)，小学27176人(民办3639人)，幼儿园22134人(民办6227人)，职业学校1554人，特殊教育学生414人。进城务工人员同住子女在校学生(义务教育阶段)9201人，占学生总数18.63%。全区教育单位教职工(不含民办)7666人，其中高中1391人，初中2391人，小学2176人，幼儿园1010人，特殊教育103人，教师进修学院110人，少年宫37人，少科站44人，其他教育单位404人。全区共有专任教师7141人，其中高级教师631人，占教师总数的8.8%，中级教师3632人，占教师总数的50.9%，学历达标率99.9%。

区基础教育全年财政教育拨款(含区财政拨款、市转移支付、财政其他拨款、中央专款)17.6亿元，同比增长1.42%；教育附加费4.24万元；教职工人均年收入10.47万元，同比增长2.58%。

一、深化基础教育创新试验区建设。2012年总结第一轮基础教育创新试验区建设的阶段性成果，形成了《为了学生的创新素养培育——杨浦区基础教育创新试验区总结报告》、《旨在培育学生创新素养的创新区域教育内涵发展机制的探索》、《小学教育集团这七年》、《杨浦区高中创新驱动特色发展试验项目方案汇编》、《基础教育创新试验区高校实验基地实用指南》、《教育督导促进区域义务教育均衡发展的实践与探索》等一批阶段性研究成果。同时，还研制了"杨浦建设基础教育创新试验区第二轮三年行动计划"。

二、深化课程教学改革。促进课程教学转型，召开小学、初、高中教学工作会议，举行教学研究周活动，展示特色课程成果；在全区所有小学、7所初中及5所高中开展"创新拓展日"活动；开展对12个"基础型课程校本化实施"项目的中期评估，编辑了《课程成就学校——学校课程实施范式12例》；实施初中教研联合体课堂改进项目，完善课堂改进方案及作业设计制度。尝试学业质量绿色评价，加强区、校两级初高中学业质量监测体系建设，制定学校进步指数、学生创新素养和实践能力提升指数等评价指标，在部分初高中试点学校开展学业水平绿色指标评价的探索。

三、推进教育普惠发展。深入开展特色高中、新优质学校、示范幼儿园的创建活动，确定鞍山实验、鞍山初级、新大桥、东辽阳等8所学校为区新优质学校项目的试点校；控江幼儿园市示范性幼儿园验收成功，博申幼儿园争创为一级园；召开进城务工人员同住子女教育工作年度推进会；参加长三角地区第八届小班化教育南京研讨会；制定《杨浦区深化特殊教育发展的实施意见》，推动区基础教育公益普惠发展。

四、推进学生健康促进工程。全面落实中小学生每天校园锻炼一小时，抓好"三课两操两活动"。召开全区学生健康促进大会，6月对全区小学开展了"学生健康促进工程"的专项督导，11月对中学进行督导检查，评定22所学校优秀，45所学校良好，29所学校合格，1所学校基本合格；成立区学生体质健康监测中心和学校学生体质健康监测室；组建校园足球、乒乓球、篮球和手球等4个体育项目联盟，覆盖学校达六成之多；研发学生健康管理信息平台，实现区域中小幼学生健康数据"三段贯通"，形成家、校、社区"三方共享"学生健康数据机制；组织参加上海市学生运动会，取得了团体总分第五名，奖牌总数第六名、金牌数排位第十的好成绩。

五、促进科技和艺术教育。与上海科技馆合作，启动科学家讲座进校园、流动科技馆校园巡展、青少年"梦工厂"专项建设；成功举办第三届"赛复——创智杯"青少年创意大赛。在第二十七届上海市青少年科技创新大赛中获47项一等奖，6项被推荐参加全国比赛；6名学生获"明日科技之星称号"；上海理工大学附属中学和上海理工大学附属初级中学分获第三十三届世界头脑奥林匹克中国赛区决赛冠军。组织参加"全国第四届中小学生艺术展演"活动，成立区学生管乐团，举行第二十六届学生艺术节活动。

六、深化师资队伍建设。启动高端人才培养工程，举行“杨浦教育高端人才高研班开班仪式暨三名建设工作推进会”，举办“教育创新”校长高级研修班、“教育未来”校长班及区学科带头人、区骨干教师高研班，组织开展高端人才系列讲座活动。开展对14个名师工作室评审工作，认定第三届区学科带头人84名，区骨干教师264名。抓好新教师的规范化培训，200名见习教师分别进入29所市、区教师专业发展示范校进行为期一年的培训。平稳推进人事制度改革，完善义务教育学校绩效工资的实施，开展非义务教育阶段绩效工资的改革，完成142家10166名事业单位退休人员规范补贴工作。全面做好支教工作，派出援疆教师5名，赴滇支教6名；接待新疆泽普二中的6名教师和泽普职业高中7名教师挂职跟岗培训，重点推进共建共管新疆泽普五中工作；继续做好铁岭中学、二师附小、民办阳浦、打一小学等托管及对口办学工作。

七、深化教育现代化、国际化、信息化。制订杨浦区迎接上海市推进区域教育现代化综合督政工作的实施方案，完成近200个相关单位的总结自评工作，形成全区教育现代化工作的总结自评报告。开展国际教育交流与合作，引进欧盟教育基金会SDP课程，在3所高中进行试点，编写《游学杨浦——区域教育国际交流指南》，开展“中国寻根之旅”海外华裔青少年夏令营活动，举行“世界名校集锦”——国际教育交流活动。启动区教育信息化“5520”工程，推进学校信息公开与网站建设，22所学校网站评为优秀网站，深化网上公益学堂，为初三、高三毕业生举办24场辅导讲座。

八、深化校园安全建设。投入3900万元，委托海阳保安公司配足、配齐、配强保安约970人，全面实施“集中委托、统一要求、统一待遇”的保安管理；对116所学校开展安全风险勘查，重点建设学校安全监控系统、考试巡考系统、视频会议系统三个平台，加强学校公共卫生安全管理；评估认定43所学校食堂为食品安全规范化管理的达标食堂，完成24所学校67辆校车审批挂牌工作。

（言究释）

［试点引进国际课程］ 2月15日，区教育局与欧盟教育基金会签署剑桥SDP国际课程合作协议。该课程是剑桥大学国际考试委员会设计研发的思维训练和学习技能拓展课程，旨在培养学生的批判性思维能力、团队精神、用英语进行沟通和展示的能力、反思性学习以及独立研究的能力。此课程在控江中学、杨浦高级中学、同济一附中等市实验性示范性高中进行试点。

（傅务柯）

［在市头脑OM比赛中获奖］ 3月4日，在上海第25届头脑奥林匹克创新大赛暨第33届世界头脑奥林匹克中国赛区决赛中，上海理工大学附属中学和上海理工大学附属初级中学分获《奥德赛天使》赛题的第III组和第II组的冠军，上海交大附中等3支参赛队分别获得3项赛题的亚军，昆明学校等7支参赛队获得7项二等奖，二师附小等6支参赛队获得7项三等奖。上海理工大学附属中学和上海理工大学附属初级中学参赛队被入选代表中国队参加在美国举行的第33届世界头脑奥林匹克决赛。

（邵柯瞻）

［获市“明日科技之星”称号］ 4月7日，在上海市第十届“明日科技之星”评选活动中，杨浦高级中学、同济一附中、上海交大附中、复旦附中等4所学校的6名学生的作品通过专家筛选，并获得“明日科技之星”称号。

（邵柯瞻）

［美国加利福尼亚州校长访问鞍山初级中学］ 4月6日，美国加利福尼亚州圣莫妮卡学区学监及中学校长一行访问鞍山初级中学，听取了学校基本情况介绍，参观了校园环境，并观摩书法课，与部分教师进行座谈。双方表示将进一步保持联系，共同推进合作与交流。

（言究释）

［成立青少年体育俱乐部］ 4月28日，在上海理工大学附属小学举行青少年体育俱乐部成立仪式。经国家体育总局批准，上海理工大学附属小学成立名为“超越”的“青少年体育俱乐部”。区领导为俱乐部揭牌、授队旗和棒球队员代表颁发队服。

（言究释）

［成立青少年校园乒乓球联盟］ 5月24日，在上海体育学院附属中学举行了“杨浦青少年校园乒乓球联盟成立暨青少年乒乓球排名晋级赛启动仪式”。国际乒联终身名誉主席徐寅生出席了本次活动。区教育局与中国乒乓球学院签订合作协议，这是中国乒乓球学院与杨浦基础教育深度合作的开始，共同探索体教结合创新人才培养模式。

（言究释）

［举行市青少年集邮系列活动］ 6月11日，首届“我爱集邮”上海市青少年集邮系列活动启动仪式在杨浦举行。本次活动历时5个月，通过知识竞赛、夏令营，喜迎党的十八大邮品征集、蛇年生肖票设计及校际青少年巡回邮展四大板块的活动，形成青少年集邮、爱邮的风尚，培养一批喜爱邮票的小邮迷。

（言究释）

［获全国“两基”先进称号］ 9月7日，在北京召开的全国教师工作暨“两基”工作总结表彰大会上，区教育局被国务院授予全国“两基”工作先进单位称号，同时，区教育局局长邵志勇参加表彰大会并荣获全国“两基”工作先进个人称号。

（言究释）

［建立吕型伟图书室暨吕型伟教育思想研究室］ 9月9日，上海市教育委员会、杨浦区人民政府在市东中学隆重举行吕型伟图书室暨吕型伟教育思想研究室揭牌仪式，市人大常委会原副主任胡正昌，市政协原副主席王荣华，原市教育局党组书记、局长姚庄行，杨浦区副区长吴乾渝为“吕型伟图书室”和“吕型伟教育思想研究室”揭牌。

（言究释）

［获市科技进步奖］ 11月1日，区少科站站长胡建民获得上海市人民政府颁发的“上海市科技进步二等奖”。该奖项是区教育系统首个市级科学技术进步奖。

（橘　办）

［丁薛祥调研杨浦校园安全管理工作］ 11月6日，市委常委、政法委书记丁薛祥一行到区教育局调研中小幼校园及校园周边安全管理工作。区长金兴明、副区长吴乾渝和区教育局党工委书记顾登妹、局长邵志勇陪同调研。丁薛祥一行视察了区教育局监控室，听取了专题汇报。

（言究释）

［与复旦大学举行联动发展签约仪式］ 11月12日，区教育局与复旦大学就“深化基础教育与高等教育联动，促进复旦大学附属子弟学校均衡优质发展”项目举行签约仪式，签署《基础教育与高等教育联动发展合作协议》。决定从2013年起，在师资培训、课题研究、招生入学及创新试验等方面开展合作。

（言究释）

［获全国中等职业学校“百佳网站”称号］ 11月21日，在教育部教育管理信息中心组织的“全国中等职业学校优秀网站评选”活动中，杨浦职校网站荣获“百佳网站”称号。

（言究释）

［举办国际儿童美术作品交流展示会］ 12月6日，国际儿童美术作品交流展示会在二联小学举行。此项活动已举办9届，本届绘画作品交流展示以“we are the world”为主题，吸引了来自中国、美国、澳大利亚、瑞典、新加坡、日本、南非等7个国家和地区11所小学学生参与，最终有220幅优秀作品获奖并展出。

（言究释）

［参加长三角网络结对校签约仪式］ 12月20日，第三批长三角千校网络结对活动在杨浦区举行签约仪式。翔殷路小学作为杨浦区网络结对校代表，分别与安徽省黄山市屯溪江南实验小学、浙江省温州市龙湾区实验小学和江苏省徐州市睢宁县实验小学进行了现场签约。

（言究释）

［获上海十大青年志愿者优秀项目］ 12月23日，在团市委和上海青年志愿者协会主办的“快乐志愿，随手公益——上海青年志愿者评选活动”中，团区委、区教育局共同组织的杨浦区青少年暑期“创意漂流”活动，获2011—2012年度上海十大青年志愿者优秀项目，并纳入联合国上海志愿服务发展扶持项目。

（言究释）

附：区教育局驻地及负责人

（2012年1—12月）

地址：长岭路91号
邮编：200093
电话：65017733

区委分管副书记：于秀芬
区政府分管副区长：吴乾渝

区教育局党委书记：顾登妹
副书记：王　芳

区教育局局长：邵志勇
副局长：张文华、陈爱平、方　颖、吴　巍（3月到任）

浦东新区

[**2012年概况**] 2012年,新区基础教育规模稳步扩大。全区共有各级各类基础教育阶段学校586所,其中中学149所,小学165所,幼儿园261所,特殊教育学校3所,工读学校1所,职业中学7所。按办学体制分,公办学校435所,民办学校151所。另有青少年活动中心、实习学校、教育学院以及教育署、招生办等15个(所)教育单位。上海开放大学分校3所,社区学院1所,上海老年大学分校1所,街镇社区成人(社区)学校37所,居(村)委居民学习点1159个。民办非学历教育机构148所。

基础教育占地面积943.43万平方米,建筑面积563.69万平方米。至年底,全区有区实验性示范性高中17所,市实验性示范性高中8所,市示范性幼儿园7所。基础教育阶段学生总数44.62万人,其中中学13.97万人,小学18.31万人,幼儿园10.33万人,特殊教育学校790人、工读学校320人,职业中学1.9万人。全区教职工3.74万人,其中专任教师3.03万人。基础教育规模占全市近四分之一。

2012年,幼儿园招收新生3.36万人,小学招收新生4.27万人,初中招收新生2.96万人,高中招收新生1.13万人。全区参加中考考生2.04万人,参加高考考生1.08万人。

全区共有130所学校(其中幼儿园42所、小学32所、中学44所、国际学校12所)招收外籍及港澳台学生1.41万人(其中幼儿1028人、小学生343人、中学生3075人、国际学校学生9660人)。

一、继续加大教育经费投入。教育经费支出74.91亿元,包括区级支出74.27亿元,镇级支出6367.7万元。全年预算内教育经费拨款59.44亿元(含镇业教,不含中央专项),比上年增长9.37%,高于财政经常性收入增长0.63个百分点。教育经费安排继续向义务教育倾斜,义务教育中的初中、小学财政性生均教育事业费支出同比分别增长4.72%和7.94%。全年教育建设项目资金投入7.6亿元,涉及项目35项("校安工程"捆绑计算为1项)。建设项目资金中基建财力投入3.75亿元、教育专项经费投入2.43亿元、其他建设配套费用投入1.42亿元。由由幼儿园新建项目、北蔡小学迁建项目、航头中学新建项目等项目开工建设;临港科技学校迁建项目、张桥中心小学改扩建项目、曹路大型居住区配套完全中学新建项目以及50个"校安工程"顺利竣工。

二、进一步提高各类教育公用经费拨款标准定额。市实验性示范性高中生均公用经费定额标准从1800元提高到3300元;区实验性示范性及一般高中生均公用经费定额标准从1800元提高到3000元;职校生均公用经费定额标准从1500元提高到3000元;初中生均公用经费定额标准从2200元提高到3200元;小学生均公用经费定额标准从2000元提高到3000元;工读学校生均公用经费定额标准从4400元提高到8000元;特殊教育生均公用经费定额标准从5500元提高到8000元;市示范性幼儿园生均公用经费定额标准从1300元提高到2500元;一、二级幼儿园生均公用经费定额标准从1300元提高到2200元。

三、继续推进教育对口支援与合作交流工作。2012年新选派17名干部、教师开展支教工作,全区共有33名干部、教师在云南、海南、青海、新疆、西藏支教。接受二批共20名西双版纳州校长和骨干教师培训3个月;接受6名海南校长和教师挂职培训3个月。接受三批共60名新疆莎车地区校长和骨干教师培训3个月;接受三批共96名青海西宁幼儿园骨干教师挂职培训一个月。接受两批共37名西藏日喀则骨干教师挂职培训10天。南汇中学和川沙中学新招收内地新疆班高中学生188名,全区现有757名内地新疆班学生。组织教育专家16人次赴云南、新疆讲学。

四、教师队伍建设取得新成效。新区开展了三轮(2007—2012年)教师"柔性流动"工作,共有103所学校、202名教师参与流动。年内完成2325名新区基地主持人、学科带头人、骨干教师、优秀青年教师的考核,考核优良率均在85%以上,对736名基地主持人、学科带头人、骨干教师进行评审。全区共有市级教师专业发展学校17所、区级19所,做到各类学校、各个学段、4个教育署都有教师专业发展学校。

五、深化“双名工程”培养领军人才。全区有特级校长11人，校长培训基地9个，教师培训基地(工作室)35个，主持人42名。有8名教师成为第三期上海市名校长、名师基地主持人，普教系统有20名校长和113名教师被选拔为第三期上海市“双名工程”后备人选，有1名校长和3名教师入选上海市“影子校长”和“影子教师”培训项目。

六、学生创新素养培育。新区青少年科学研究院4月份成立，青少年科技俱乐部项目正式启动，建成了8所国家级、市级乡村学校少年宫和5所城市学校少年宫。在市第27届青少年科技创新大赛中，新区有14个项目获推荐参加全国青少年创新大赛，新区学生获得各类奖项103个，占全市奖项总数的20.56%。

七、继续实施“外教进课堂”项目。共聘请外籍教师224人次，惠及学校170所、学生7.2余万人次。通过与国内培训机构联合培养以及教育内涵发展项目的实施，已有189名教师获得双语教师资格证书。拓展国际视野，派遣70名骨干教师赴英美研修。

八、继续实施“内涵发展”项目。推进教育科研，共立项实施139项内涵发展项目(含395个子项目)，投入资金3321万元，组织引导教师参与教育研究与实践，有效地解决教育教学中的瓶颈问题。

继续完善管理机制，深化政府购买服务，实施委托管理的学校已达到60所，区级财政投入经费总计约5000万元，委托管理从义务教育阶段逐步覆盖到基础教育的各个学段，促进了全区办学水平的整体提升。

九、全面提升师德水平。开展“为人、为师、为学”师德建设主题活动，完善“师德修养”网上学习机制。完善师德评价体系，健全奖惩机制。加强教师心理健康教育，提高教师心理自我调适能力。创建了新区优秀班主任资源库，25人被评为市优秀班主任。

十、各类先进不断涌现。年内有2名教师分别获2011年、2012年上海市教书育人楷模提名奖，2名教师获“2011年上海市农村优秀教师标兵”，6名教师获“2011上海市农村优秀教师”称号。2012年，有196名教师获上海市园丁奖、有601名教师获新区园丁奖。

(忻　渠)

[实施中小学幼儿园首次任教教师规范化培训] 从2012年秋季新学期起，在新区中小学、幼儿园首次任教的人员规范化培训时间为一年，其中基地学校培训与区级集中培训时间合计不少于总培训时间的50%。新区首批1194名学员，分布在4个教育署的70所规范化培训基地学校，由420名导师带教。培训主要围绕“职业感悟与师德修养、课堂经历与教学实践、班级工作与育德体验和教学研究与专业发展”4个模块展开，重点在职业认同与课堂实践、班主任工作能力的提升上。规范化培训由“基地学校培训、聘任学校培训、区级集中培训和自我研修”4种不同方式相结合。合格者颁发《上海市见习教师规范化培训合格证书》，作为教师资格首次注册的依据之一。

(忻　渠)

浦东复旦附中分校委托管理协议签约

[推进和完善6种教育均衡发展模式] ①委托管理。进一步完善和采用委托具有管理能力的教育类中介机构的模式，管理相对困难的25所中小学和25所幼儿园，以提高全区基础教育的整体管理水平和办学质量。②与高校合作。由区教育局引进高校资源，支持和帮助区域内5所高中、1所职校提升办学水平，促进高中、职校办学的特色化、优质化。③城郊结对。以1所城区学校带动1所郊区学校，在学校办学方面全方位或以某个专项为重点开展交流与合作。全区共有40所学校互相结对，以实现共同发展和提升。④集团办学。以3所或3所以上不同学段学校组成品牌共享、资源互通的全方位合作组织，全区共有32所学校加入教育集团，以实现校际共同发展。组建由政府机构、行业、企业、研究机构、社会团体等组成的区域职业教育集团。⑤办学联合体。以3所及以上同一学段学校组成交流合作、共享资源的校际合作组织，按照“三不变、四统一”原则(即校名不变、法人不变、资金使用权限不变，统一配置教师资源、统一学校管理、统一课程改革、统一教学质量评价)，组成合作团队。全区共有12所学校领衔，分别与12所幼儿园、8所小学、9所初中、10所高中学校结对。⑥局镇合作。在自愿互利、友好协商基础上，双方协商成立合作管理机构。教育局选派城区11所优质学校，分别与郊区4所幼儿园、3所小学、2所初中、2所高中学校结对；镇政府负责为学校发展创造条件，为学校内涵发展和教师专业发展提供财力支持，提升镇区域内基础教育整体水平。

(忻　渠)

[七项措施确保校园安全] ①加强“看护点”安全防范。现全区245个“看护点”和67个临时“看护点”达到安全要求，已有30个学前儿童“看护点”升级为民办三级幼儿园，取缔91个安全隐患严重的“看护点”。②改善学校消防设施。全区41所农民工学校共增配灭火器316只，应急照明灯532盏，疏散标志626个，黄沙桶84只和逃生锤373把，提高学校火灾防范能力。③实施“校安工程”项目。截至8月底，全区“校安工程”规划项目117个，开工面积达67.76万平方米(含竣工项目97个，竣工面积52.49万平方米)，累计完成投资9.77亿元。同时，全面完成校舍信息系统基础数据采集、同步录入工作。④开展“清剿火患”行动。共排查了601所学校，开展联合检查236次，共发现614处火患，清剿了572处火患，有效预防和遏制火灾事故的发生。⑤强化“校车安全”管理。会同公安交警、运管署等部门，对全区375辆校车的车证、车况、驾驶员重新进行登记审核，要求各租赁公司、学校提供的校车必须安装“GPS”定位装置。⑥健全护校执勤制度。在上学、放学时段调整护校岗位的勤务，配合公安每天安排1100余名警力、协管员在上学、放学高峰时段落实护校措施。⑦创建“安全文明”校园。全区共有203所中小学申报“2010—2011年市安全文明校园”，并通过区级初审和市级验收，学校安全管理工作网络进一步完善。

(忻　渠)

[推进学生心理健康教育] ①继续完善新区青少年法制教育网站，做好中小学学校心理咨询室标准化配置工作，建设心理危机干预案例库，完善心理危机干预与转介机制。②组织新上岗辅导员培训，开展新区中小学生“社区实践指导站”建设，完成新区首批学校心理咨询师培训、督导和认证工作。③指导学校运用《家庭教育指导手册》，为学生提供便捷、多样、优质的德育创新活动资源。④举办第二届新区“中小学心理健康教育活动月”活动，成立心理健康教育学生社团联盟。

(忻　渠)

[开展第十届“明日科技之星”评选活动] 1月12日，在由新区教育局、新区科学技术协会主办，青少年活动中心承办的第十届“明日科技之星”评选活动中，20所中学的58名学生参加评选。活动评出18名浦东新区“明日科技之星”和27名浦东新区“科技希望之星”，18名优秀学生参加上海市“明日科技之星”评选活动。

(忻　渠)

[命名“新教师培训基地(工作室)、学科带头人、骨干教师”] 1月15日召开会议，经本人申报、单位推荐、区级评审，确定2012年新区教师培训基地(工作室)35个、新区学科带头人299人、“浦东新区骨干教师”1928人。

(忻　渠)

[聘任“督导员、督察员”] 5月31日，新区召开第二届“特约教育督导员”“人民教育督察员”聘任大会，聘任郁佳敏等30名同志为督导员、督察员。

(忻　渠)

[举办第八届学生艺术节]　6月4—8日，新区开展以“阳光下成长”为主题的第八届学生艺术节。共有192所学校的1.37万名学生参加艺术展演交流活动。经过区级选拔，市级评选，有16个节目获一等奖，13个节目获二等奖，7个节目获三等奖。

（忻　渠）

[实施高中学生农村社会实践活动新模式]　9月，新区高中学生农村社会实践活动采用统一管理、统一活动基地、统一课程、统一评价的模式。全区53所10440名高中二年级学生从2012年9月至2013年5月，分20个批次进行为期5天4夜的学农活动。活动期间将按照田园劳作、学习考察、生活管理、实践探究、绿色生态体验等6个板块开展活动。学生走进农村、了解农业、体验农耕劳作，掌握农业基本常识和初步的农事操作技能，增强中华农耕文化认识，提高综合素质。

（忻　渠）

[举行上海首届科幻达人赛新区选拔赛]　11月18日上海首届青少年“科幻达人”大赛新区选拔赛在康城学校举行。活动由新区教育局、新区科学技术协会主办，青少年活动中心、青少年科普促进会承办。63所中小学的215幅优秀科幻作品参赛，经评审，评出特等奖5幅、一等奖10幅、二等奖25幅，获奖作品均入选市级展评。

（忻　渠）

[学生体质健康测试]　11月26—29日，新区完成了为期4天的2012年学生体质健康监测暨影响因素调研测试。新区6所学校1600多名中小学生参加了项目测试，抽样了解目前新区中小学生的体质健康状况。

（忻　渠）

[冬季长跑活动启动]　12月9日上午，第六届全国亿万学生阳光体育冬季长跑活动新区启动仪式在新场中学举行，标志着新区正式加入第六届全国亿万学生阳光体育冬季长跑活动行列。学生每天长跑基数为：小学生1000米，初中生1500米，高中生2000米。

（忻　渠）

[智障学生康复训练成效显著]　本年度，新区有64所中学的174名初二随班就读学生参加智商复测，18名学生个体综合情况明显好转，转为普通生安置。6—8月，分期分批在浦东新区爱心幼儿园和致立学校两个设置点开展认定现场交流工作。各教育署分管老师、儿童医学中心智商检测专家医生、康复师与心理咨询师参与每位学生的认定，参与的教师、学生、家长达750人次。9月成立上海市第三听障教育指导中心。10月组织开展了新区特殊教育资源评选活动。重建了浦东新区特殊教育指导网站，实现了指导中心、教育署、基层学校的三级电子化网络管理。下半年，在原南汇区万祥学校新增了智障学生康复训练点，向周边6所学校辐射，惠及80名随班就读学生。

（忻　渠）

[送教上门]　本年度送教学生数147名，送教上门教师及志愿者60余名。新区教育局为每个送教学生配发了系列教学具，特教康复指导中心为送教学生设计了教程参考，新区残联出资组织了送教学生户外亲子活动。

（忻　渠）

[加强高技能人才基地建设]　2月，由新区人保局、新区教育局、中国商飞公司三方合作，在航空服务学校建设高技能人才基地，成立高技能人才培养实训基地。3月，由新区教育局、临港集团和临港科技学校签订校企合作三方协议，临港科技学校成为临港集团的职工培训中心。6月，振华职校与上海唐镇电子商务产业发展有限公司签订了深化校企合作的协议书，成为新区高技能人才培养基地。9月，新区中职校首期“物流服务与管理”专业高技能人才培训班在上海海事大学职校结业。41名学生通过“上海市物流行业岗位高级资格证书考试”取得高级资格证书，通过率超过90％。

（忻　渠）

[共建“双师型”教师]　10月，新区职业学校英特尔未来教育核心课程——“项目学习的教学设计与实践”第二期培训班暨高级研修班结业。此次培训包括“基于网络合作学习”、“从学生的角度看待学习”等8个培训模块。二期培训班共有东辉职校、临港科技学校等5所中等职业学校的30名教师参加，有26名教师获得结业证书，有7名教师获高级研修班结业证书。

（忻　渠）

[成立三所开放大学分校] 经上海市开放大学和浦东编办同意，浦东新区成立上海开放大学浦东、南、西三所分校。原电大浦东分校、南汇分校分别更名为上海开放大学浦东东校和上海开放大学浦东南校。社区学院增挂上海开放大学浦东西校校牌。

（忻　渠）

[学习型社会建设] 在学习型社会建设中，新区所居的新场镇、唐镇、金杨街道和原芦潮港镇获得了2011—2012年度全国和上海市社区教育示范街镇；潍坊街道、洋泾街道、陆家嘴街道、周浦镇、唐镇和南汇新城镇接受和通过了上海市学习型社区的评估。

（忻　渠）

[2012年全民终身学习活动周] 10月27日，2012年全民终身学习活动周开幕式暨浦东山歌“张江之韵”首演仪式举行。2012年学习活动周的主题是“在学习中进步与发展”。在活动周期间，组织了学习成果展示、学习沙龙、“社区大课堂”、专题研讨会等近4200场次，74万人次参与。参加全市终身学习活动周举办的12项赛事中，共获得了8项一等奖、6项二等奖，居区县得奖排行榜第一名。

（忻　渠）

[社区教育三级网络建设] 12月12日，经对12所街道社区学校集中考核测评，4所学校获得“浦东新区街道社区学校规范化建设达标优秀学校”称号。2012年，新区组织街镇参与“市示范性老年学校”评估，9所学校申报迎评。6所学校被评为上海示范性老年学校，3所学校被评为特色老年学校。组织各街镇申报标准化居村委老年人学习点和市老年人学习团队，共有62个居村委学习点和264个学习团队通过了评审。

（忻　渠）

附：新区教育局驻地及负责人

（2012年1—12月）

地址：浦东大道141号5号楼
邮编：200120
电话：58876321

新区区委联系常委、宣传部部长：邓　捷
新区政府分管副区长：谢毓敏

新区教育党工委书记：王晓科（1月到任）
副书记：潘　燕（5月到任）

新区教育局局长：王晓科（2月到任）
副局长：倪　明（5月离任）、潘　燕（5月到任）、周奇伟、郁时炼、王　浩、丁光宏（3月离任）、程红兵（5月到任）、高国忠（11月到任）

闵行区

［2012年概况］　全区共有各级各类学校(教育机构)312所,教师13350人,学生196507人。其中公办中小学99所,民办中小学31所(含以招收进城务工人员随迁子女为主的民办小学16所),公办幼儿园61所,集体办幼儿园2所,民办幼儿园92所,全日制中等职业学校3所,成教中心2所,社区学校13所,直属单位9家。有社会力量举办的非学历教育机构103所。区内有2所市实验性示范性高中,2所市示范性幼儿园。年内,新开办4所义务教育阶段学校,新开办公、民办幼儿园8所(园所12所)。全区有专设义务教育阶段特殊教育学校2所,其中听障学校1所(启音学校),智障学校1所(启智学校),在校学生292人。有2所普通学校开设2个特教辅读班,学生20人。有61所普通学校接纳轻度残障、特殊少年儿童随班就读,共227人。职业教育阶段在启智学校内设职业培训中心,在读学生15人。学前教育阶段在启英幼儿园设聋儿康复部,在启智学校设智障儿童学前教育部,在2所普通幼儿园设学前教育辅读班教学点,特殊儿童共计42人

2012年,闵行教育全面落实国家及上海市中长期教育改革和发展规划纲要,以“让闵行每一个孩子健康快乐地成长”为目标,推进素质教育,深化课程改革和队伍建设,打造“幸福校园”,创新内涵发展机制,提升教育品质,推进区域教育科学、健康、优质发展。

一、扩大教育资源总量。推进马桥实验小学、上海星河湾双语学校、华东师大二附中及附属初中等优质教育资源的开办,推进上海师大附中浦江校区、中福会幼儿园等优质教育资源建设,完善华东师大紫竹基础教育园区建设。

二、发展学前教育。扩大非上海户籍人士子女积分制入园试点,在浦江镇、颛桥镇、华漕镇、虹桥镇、马桥镇、江川路街道、莘庄工业区等7个街镇进行试点,制订实施方案,设立专项工作经费,通过积分制解决了3536名非沪籍幼儿有序入园;启动第二轮对口联动项目,由2所市示范性幼儿园、14所一级幼儿园分别与46所二级幼儿园结对,培养优质师资队伍,打造优质园所品牌;实施低保家庭资助政策,为484名低保家庭适龄儿童,申请资助金额为77.97万元;开发建设“幼儿成长档案管理系统”,一期项目“幼儿园籍开发”于9月正式运行;将学籍工作延伸至学前教育阶段,近6万名在园幼儿拥有了电子园籍档案。

三、完善职教联盟运行机制。拓展校企合作办学领域,搭建多元化资源整合平台,初步形成校企融合网络;深化与上海师大专家督导团队、华东师大职成教所、区教育学院以及联盟企业的合作,深化课堂教学改革,逐步形成政府主导、行业指导、企业参与的办学机制;以创建国家改革发展示范校为抓手,建设精品专业,促进中职校内涵建设;探索“职成教一体化办学”,完善职后培训体系;项目引领,推进中职校的数字化校园建设。

四、推进学习型城区建设。成立女子学习中心、建设终身教育学分银行分部,进一步完善终身教育体系;组织全国及上海市社区教育示范街道(镇)评审;举办“国际化社区建设与社区教育”上海论坛、社区教育“智慧传递”活动;完善闵行区终身学习网,注重数字化学习资源与平台的应用,加强社区数字化学习的支持服务和管理,被评为“全国数字化学习先行区”;进一步深化发展老年教育,58个居村委学习点获上海市老年教育标准化学习点,马桥镇、浦江镇、虹桥镇老年学校荣获“上海市老年教育先进集体”。

五、促进民办教育健康发展。组织对义务教育阶段的民办学校进行调研性评估,加强对民办学校招生工作的管理和指导。实施以招收外来民工子女为主的民办小学内涵发展项目,16所公、民办学校结对帮扶,实施教师成长计划、提升师资队伍水平,促进学校网页建设、艺术教育、信息技术教育,推进该类学校内涵发展。开展“万名来沪青少年关爱发展行动计划”系列活动,丰富“成长1+1”青少年手拉手系列活动,带领进城务工随迁子女开展“读书乐陶陶”、“七彩体验营”、“爱心接力棒”、“新上海小主人”星星足迹才艺展示等体验活动,提升来沪青少年的综合素质。引入专家团队为学校发展出谋划策,有“叶澜教育”团队的“新基础教育”、华东师范大学

社会发展学院的"阳光伴我行——教师生命力互助平台项目"、英国救助儿童会的"春雨计划",上海真爱梦想公益基金会的"梦想课程"等。

六、推进特殊教育"医教结合"。将"建立医教结合教育模式"列为区"十二五"教育重点项目,成立了由分管区长挂帅,教育、卫生等相关部门领导参加的推进医教结合工作领导小组,区民政、教育、残联、卫生、人保等相关部门合作制定《特殊教育三年行动计划(2012—2014)》和《闵行区开展特殊教育医教结合工作方案》,区财政投入近百万元经费,建立区级项目推进联席会议、校级医教结合工作例会、医教结合教师培训等制度,构建项目交流平台,形成各部门信息有效共享和互动的机制。项目试点单位(两所特教学校和两个康复中心)分别与上海市精神卫生中心、复旦大学儿科医院等确立4个合作项目,医学专家进驻学校。

七、深化德育主题活动内涵。围绕"我在闵行成长"主题,在全区119所中小学校的各级少先队组织中开展了"红领巾小智者"智慧家园、"红领巾小卫士"生态家园、"红领巾小天使"宜居家园三个系列共9项活动;开展"文化寻根"千字文、微博文征集及"文化寻根·诚信文化校园行"活动,深入开展责任感教育的研究和实践;进行2012年闵行区中小学行为规范示范校评审、新一届区金奖班主任、优秀班主任评选。

八、落实学生体质健康工程。落实"校园一小时体育活动";256所学校4679人次参与了区级阳光体育大联赛;阳光体育品牌项目初显成效。各学校开展班级、年级、校级、区级四级阳光体育联赛,通过组建体育社团、青少年体育俱乐部等方式,依托"快乐活动日"、"体育文化节"开展小型多样的体育活动,保证"天天有活动,月月有比赛、年年有展示",确保阳光体育运动覆盖全体学生。全区有85%以上的学校有自己独特的普及型体育项目。各中小幼学校还完成了学生学习心理辅导实事项目,试点实施建立学生心理健康档案。

九、丰富学校科技艺术教育。以青少年科技创新大赛和明日科技之星评选为抓手,促进科技教育的内涵发展;推进"舞向未来·我能行"艺术教育实验项目本土化实施;举办第十届闵行区学生艺术节系列活动,以"阳光下成长"为主题的戏剧专场、器乐专场、表演舞专场的比赛参赛人数达2500多人;开展新一轮"绿色学校"、"绿色幼儿园"评比与复评工作,评选新的绿色学校(幼儿园)12所,25所学校(幼儿园)通过复评;开展新一轮科技教育特色学校评选工作,命名2009—2012年度闵行区科技教育特色学校42所。

十、提升师资队伍建设水平。编制《闵行区中小幼校园长工作手册》,为新任校园长在学校常规管理方面提供指导;以"基地实训模式"推进校长队伍专业化发展,选拔33名有潜力的校长、书记和后备干部到区内两个校长培训基地、两个市示范性幼儿园和局机关相关科室进行挂职锻炼。完成第二届区级骨干后备、骨干教师、学科带头人的评选工作;推进高中、幼儿园等其他事业单位实施绩效工资的调研与方案设计;完成市教师专业发展示范校暨见习教师规范化培训基地的评选工作,评选出市、区级见习教师规范化培训基地26个,启动见习教师规范化培训工作。

十一、引领区域教育特色发展。推进"智慧传递"活动,分别在区教育学院附校、闵行四中、明强小学、七宝二中、实验小学、田园外小、莘格高中、吴泾

闵行区电子书包项目启动

中学、华坪小学、莘庄幼儿园开展区域性“智慧传递”现场展示研讨活动，并借助“课程与教学视频点播网”、“闵教课程与教学研究网”、“闵行教育移动微博”，实现区域内所有学校、全体教师教育教学智慧的扁平化分享。总结提炼“新基础教育”研究成果。开展对5个生态区建设的综合调研，制定《闵行区关于“新基础教育”生态区建设的实施细则》，举行“新基础教育”扎根研究总结展示活动，总结、提炼“新基础教育”扎根研究阶段在学生工作变革、学科教学改革及学校管理变革等方面的研究成果。进一步细化绿色指标体系，形成《闵行区中小学生学业质量绿色指标体系(讨论稿)》。研制《闵行区中小学学科学业质量标准》。开展50所学校调查问卷，形成《2012年闵行区中小学生学业质量绿色指标评价项目问卷调查分析报告》。选取55所学校开展教学方式、学习动力、师生关系对学生学业质量影响的实验研究。

十二、提高区域教育信息化应用水平。推进“创建国家教育信息化创新与改革试验区”和“基于数字化环境的学习方式变革”试验项目，初步构建具有闵行特色的数字化教育信息服务平台。探索“电子书包”项目实验，完成了电子书包平台建设方案设计和专家论证，开展了测评系统的开发，进行了一次模拟考试的试卷汇总和成绩分析；完成电子书包项目资源总体方案初稿，初步形成部分电子书包资源建设标准和应用案例；确定40所试点学校，明确推进方案；开展了Moodle管理员培训和基于Moodle的课程设计与应用，明确实验的基本要求与方法技巧。

（闵　雯）

[闵行区教育学院新址落成]　4月，闵行区教育学院由七莘路350号，整体搬迁至紫龙路835号。6月1日，闵行区教育学院落成揭牌。闵行区教育学院创建于1958年，前身为西郊区教师红专学校、闵行区教师进修学院，是闵行区教育局直属事业单位。

（傅　军）

[教育经费总投入增长]　2012年全区经常性财政收入为1541317万元，同比增长5.33%。全年教育经费财政拨款260864.69万元，同比增长9.91%。教育经费财政拨款增长比例高于财政性经常收入增长比例。年生均教育事业费：高中34619元/生，同比增长23.57%；初中25340元/生，同比增长9.18%；小学17548元/生，同比增长12.40%；幼儿园18169.54元/生，同比增长14.99%；特殊教育73461.17元/生，同比增长12.33%；职校10497.52元/生，同比减少12.49%；中专9174.96元/生，同比减少23.85%。年生均公用经费：高中9754元/生，同比增加48.99%；初中9329元/生，同比增长26.55%；小学6161元/生，同比增长32.42%；幼儿园7723.21元/生，同比增长20.16%；特殊教育23502.75元/生，同比增长41.04%；职校4672.32元/生，同比减少4.45%；中专4080.73元/生，同比减少15.01%。全年教职工年人均总收入101535.64元，同比增加6704.95元，增长7.07%。合计全年教育总投入399405.09万元，同比增长18.60%。

（陆　萍）

[9所民办幼儿园成为“上海市民办优质园创建园”]　12月，9所民办幼儿园成为“上海市民办优质幼儿园创建园”，分别是：启英幼儿园、绿世界幼儿园、依霖幼儿园、金汇实验幼儿园、嘉臣爱伊幼儿园、今明莲浦幼儿园、龙柏西郊幼儿园、龙柏雨林幼儿园、好时光金拇指幼儿园。

（陈　妍）

[引进实施系列国际课程]　2012年，闵行区教育局引进美国中小学生必修课程《健康与幸福》并逐步推进本土化实施。课程内容包涵身体健康、心理健康、社区和环境健康、疾病预防、预防暴力与伤害等不同主题，融合了生理学、医学、心理学、社会学、教育学、伦理学和环境科学等多学科知识。首期在9所实验学校试点，完成教师培训、编写教师读本等工作。

（张　鸣、傅　军）

[推行“国际理解教育”]　2012年，闵行区有22所实验学校参与“国际理解教育”项目，分别承担课程实践与校本教材开发等子课题的研究，进行了多项尝试：一是开展对外交流活动；二是以课程为载体，在文学和语言、数学与科学、历史与地理、生物与卫生学、公民与道德教育、艺术与体育等学科中试行国际理解教育；三是形成国际理解教育校本课程；四是在日常的教育教学中全面渗透国际理解教育，关注学生的品质和情感发展，重视学生个人条件与特长，培养具有国际视野和交流、理解、合作、竞争能力的新一代公民。

（张　鸣）

[评选表彰学生健康促进工程先进个人]　2012闵行区中小幼百名“学生健康促进工作”先进个人的

评选活动，经学校申报、专家评审和网站公示，最终评选出姚琍等50位体育教师、沈晔等41位保健教师、方芝等12位心理健康专职教师为学生健康促进工程先进个人。

（吴国斓）

［社区居民持“健康卡”进校园锻炼］ 6月起，闵行区在向社区开放体育场馆的学校中实施门卫访客登记信息化管理，社区居民持“健康卡”刷卡即可进入校园体育场锻炼。6—9月，完成90所开放学校体育场地系统设备安装调试及灯光改造工程，完成学校门卫访客系统设备安装与调试；10—12月，建立区体育局信息监控管理平台，实时监测学校体育场地开放情况。

（吴国斓）

［获“上海市十佳班主任”称号］ 在上海市中小学幼儿教师奖励基金会主办的2012年上海市中小学和中等职业学校优秀班主任和“十佳”班主任的评选中，七宝中学姚成平获“上海市十佳班主任”荣誉称号。明强小学郭芳、浦江一中洪耀伟、闵行中学林伟娟、启德学校许涛、汽轮小学谢晓东、华坪小学陆敏、莘松中学李伟、实验小学尤兆蕾、华漕学校杨慧玲获“上海市优秀班主任”称号。

（陈　岑）

［参加首届长三角班主任基本功大赛获奖］ 11月，上海、江苏、浙江和安徽4省市市教委、教育厅主办的“拨动学生心弦的艺术”首届长三角地区班主任基本功大赛上，闵行区3位班主任代表上海市参加比赛。大赛分为笔试和面试两个环节。浦江一中洪耀伟老师获初中组“一等奖”，华坪小学陆敏老师和闵行中学钟明老师分获小学组和高中组二等奖。

（陈　岑）

［开展系列未成年人思想道德体验活动］ 3—5月，区教育局、团区委、区文广局联合开展“我在闵行成长”闵行区少年儿童庆祝建区20周年系列活动。活动分为智慧家园、生态家园、宜居家园三个版块，通过少年儿童的视角，回顾搜索自己或身边小伙伴在闵行学习、成长、生活的点滴，发挥媒体优势，对闵行的少年儿童进行一次全方位、大规模的宣传和报道。该项目被评为2012年上海市未成年人暑期工作优秀活动项目奖。

（陈　岑）

［获市中小学生“十佳”“道德实践风尚人物”称号］ 6月5日，上海市文明办、市教委联合评选表彰全市首届中小学生“道德实践风尚人物”，10名“十佳”和101名“百优”“道德实践风尚人物”奖获得者在中福会少年宫受到表彰。闵行区莘光中学学生马海梁获“十佳”“道德实践风尚人物奖”，获得“尊老爱幼奖”。

（许　凌）

［成立区学生体质健康监测中心］ 11月28日成立区学生体质健康监测中心，市、区、校三级联动学生体质监测工作网络更趋完善。该中心通过规范化测试，及时掌握学生体质健康的动态，采取针对性的干预措施为提高学生体质健康水平服务，年内已完成全区121所学校《国家学生体质健康数据》分析报告。

（周小龙）

［特色课程“围棋进课堂”］ 22所中小学和幼儿园参与“围棋进课堂”特色课程项目试点，配备一定资质的围棋指导教师。围棋大师江铸久九段和他的团队领衔教学教研工作，定期走访学校了解课程进展。区教育学院将此项目培训纳入360教师培训计划，共28所学校95名教师参与培训。此项服务由政府出资。

（王　琼）

［闵行学生合唱团获国际比赛奖项］ 暑期，明强小学合唱团赴澳达利亚参加第二十三届澳大利亚悉尼国际音乐节获银奖。日新实验小学“天空”合唱团赴奥地利维也纳参加第三届“世界和平合唱节”，共参加合唱节的四场演出，被授予“杰出合唱团”、“和平天使”称号，学校被授予优秀组织奖。

（嵇彩虹）

［教师论文获全国论文一等奖］ 2012年，闵行区教育学院施红莲老师的论文《寻找上海大都市的音乐文化之根——区域乡土音乐教育资源开发、利用的实践与研究》和七宝中学李新华老师的论文《课改背景下普通学校学生艺术学习评价问题探讨》获全国第四届中小学生艺术展演艺术教育科研论文一等奖。

（嵇彩虹）

［青少年科技创新获奖］ 在第27届上海市青少年科技创新大赛中，闵行区学生获一等奖32项、二等奖34项、三等奖40项、优秀科技辅导员1名、

优秀组织奖2个;获国际、大学、主办单位、政府、中学、学术团体和社会等各类专项奖38项。在全国大赛中,共获一等奖2项、二等奖2项、三等奖5项目。在第10届上海市百万青少年“明日科技之星”评选活动中,3名学生获上海市“明日科技之星”提名奖,11名学生获上海市“科技希望之星”称号。

(嵇彩虹)

[在全国职业院校技能大赛上获奖] 上海市群益职业技术学校在2012年全国农业职业技能大赛及2012年全国服装职业技能大赛中,获得4金5银。上海市西南工程学校在“2012年全国职业院校学生技能作品展洽会”上获得1个一等奖、1个二等奖、1个三等奖。

(隋 明、李丽娟)

[区终身学习网改版升级] 闵行区终身学习网2011年11月上线,2012年对学习网进行改版升级,建成了“以人为本、全民参与,注重应用、理顺机制,涵盖区域、覆盖一生”的闵行区终身学习网平台,建立和完善了数字化学习评价体系,让社区居民足不出户就可以共享数字化学习网络资源。

(隋 明、李丽娟)

[制订区特殊教育新三年行动计划] 9月,出台《闵行区特殊教育三年行动计划(2012—2014年)》。新三年计划从完善特教设点布局、推进“医教结合”项目研究、加强师资队伍建设、规范随班就读管理工作等方面对全区特殊教育工作提出了新的目标和工作路径。

(岳小力)

[教育科研课题立项] 7月,立项上海市教育科学研究重点项目1项,市级项目1项;规划项目5项。11月,立项区级课题858项,其中,重点课题52项,一般课题806项。12月,区第二十届教育科研成果评选,有638项课题成果参评,获奖411项。其中,一等奖33项,二等奖123项,三等奖255项。

(韩金环)

[发布《上海乡土音乐文化》(国际版)特色教材] 11月15日,教材发布会在协和双语学校万源城校区举行。该教材是在特级教师、区教育学院音乐研训员施红莲的带领下,由23所“国际理解”课题组成员学校老师历时一年编写而成的国际版。该教材并非中文版本的翻译版,是专为国际学生量身改编的。教材内容和版块进行全新架构,如与上海本地方言相结合,设计了“侬晓得哦”等环节。该教材将在闵行中学、七宝中学等23所闵行区中小学使用。

(施红莲)

[建设进城务工人员随迁子女小学特色团队] 12月4日,上海慈慧公益基金会与闵行区教育学院签订《民办进城务工人员随迁子女小学“基于伙伴合作的音体美特色团队打磨”合作协议》。根据协议,2012年年底前,由上海慈慧公益基金会将提供6万元基金,作为闵行区16所随迁子女小学“基于伙伴合作的音体美特色团队打磨”奖励基金。该项目还将设置培训师“教育奉献”奖、随迁子女小学音体美教师教学基本功整体提升奖。

(郑宗仁)

[“感动闵行——可爱的闵行人”评选获奖] 在第七届“感动闵行——可爱的闵行人”表彰活动中,闵行区教育系统获4个奖项:上海市七宝中学创建成“全国文明单位”,闵行区启智学校教师陆佩芬被评为第七届“感动闵行——可爱的闵行人”,闵行区启音学校詹煜老师获评“2010—2011年度上海市优秀志愿者”,区教育局“闵行区未成年人心理健康教育指导中心建设”列入2012年闵行区精神文明建设示范项目。

(许 凌)

附:区教育局驻地及负责人

(2012年1—12月)

地址:七莘路400号
邮编:201100
电话:64881398 64983660*分机

区委分管常委、宣传部部长:赵丹妮
区政府分管副区长:杨德妹

区教育局党委书记:朱雪平
副书记:姚计华

区教育局局长:王 浩
副局长:朱 越、李光华、何美龙

嘉定区

［**2012年概况**］ 全区共有小学25所；中学34所，其中高级中学8所，完全中学1所，初级中学15所，一贯制学校10所；辅读学校1所，工读学校1所，青少年业余体校1所，幼儿园所66所。全区3—6岁幼儿入园率为99.8%；小学入学率、巩固率、毕业率均为100%；初中入学率100%，毕结业率98.3%；高中阶段录取率99.53%；春秋两季普通高校总计录取1849人；全区成人教育年培训总量为100.3万人次。公办中小学共吸纳进城务工人员随迁子女21445人，14所民办农民工子女小学共吸纳学生15727人，进城务工人员随迁子女100%接受免费义务教育。

加强教师队伍建设。推进教育人才五年行动计划，40名教师获得上海市园丁奖，98名教师获得嘉定区园丁奖。1名校长入选第5期“美国加州影子校长”培训，3名教师入选第2期“美国加州影子教师”培训，5名校长和25名教师入选市双名工程基地培训。10名教师被选聘为第四届区学术技术带头人。出台教师培训管理细则25项，全年培训教师6700人次。开展见习教师规范化培训，14所学校被评为市级或区级教师专业发展学校暨见习教师规范化培训基地，220名见习教师参加规范化培训。开展教师资格考试改革试点工作，制定执行“国标、省考、县聘、校用”教师准入和管理制度。做好事业单位退休人员规范补贴工作，完成其他事业单位绩效工资工作。加大人才工作投入，审批通过人才柔性流动项目59个，投入经费280万元。提升对引进人才服务力度，形成优秀教师培养和激励机制，制订《区教育系统优秀教师人才奖实施意见》，提高优秀教师待遇。

推进师生思想道德教育。开展学科德育优秀教案和论文评选、新一轮上海市中小学行为规范示范校创建、德育实践主题活动，区教育局获上海市第八届红色经典小故事讲演比赛优秀组织奖，在市首届“道德实践风尚人物”评选中，1名学生获得十佳“道德实践风尚人物奖”，6名学生获得“道德实践风尚人物奖”。成立区未成年人心理健康辅导中心暨区未成年人家庭教育指导中心，举办区国家二级心理咨询师培训班、区心理健康教育月活动，开设区学生考试心理辅导课程项目，建立初三、高三学生考试心理辅导讲师团。制定《关于“十二五”期间加强中小学班主任培训工作的实施意见》。开展区第五批十佳班主任和优秀德育管理工作者评选活动，在市优秀班主任评选中，嘉定二中教师丁馨被评为市十佳班主任，4名教师被评为市优秀班主任。举办骨干班主任培训班。继续开展牵手工程，推动民办农民工子女小学德育干部队伍建设。

优化资源布局，推进教育转型均衡发展。上海交大附中嘉定分校等7所学校建成并投入使用，推进东方瑞仕幼儿园等3所学校异地新建、实施嘉一中校园改造等一批公建配套学校建设、重大改扩建项目建设和8个校舍安全工程项目建设。完成20所学校体育设施配套灯光工程，加强26所学校心理辅导室建设。新增真新、南翔、外冈、嘉定工业区4个街镇为上海市户籍学生在居住地享受义务教育试点区域。调整实验小学等4所义务教育学校校区划分。完成部分园所分等定级验收工作。确立“区域推进幼儿园精细化管理的实践研究”、“基于适应学生发展的学校课程统整研究”和“提升学校软实力的教师文化研究”三项重点课题，开展区内“新优质学校”项目建设研究，举办上海市“新优质学校”展示活动，在迎园中学举办市新优质和项目推进会。完成市第三轮、区第一轮委托管理学校中期评估。区教师进修学院被评为市优秀区县教师进修院校，区教育评估所通过市教育机构资质评定。上海交大附中嘉定分校正式启用，封浜中学完成初高中分离，完成对嘉定一中、嘉定二中的年检工作。推动普通高中特色办学。开办全市首家区级残障儿童教育康复中心。

推进素质教育。推进课程和教学改革，举办小学“快乐活动日”展示活动、中学“课堂转型”展示活动。提升课堂教学质量，实行“学业质量绿色指标”监控，开展区域“小学综合质量监测”项目研究和中小学校本教材征集评比活动。加强区域联片教研，开展研训教一体化的学科和教师指导服务。加强学生体质，全市首创的“大课间活动”得到国家教育督导团肯定。做好学校突发公共卫生事件的应急处置工作。完成科技创新工程三年行动计划，创建6个科技项目中心组和10所科技项目布点学校。5人获市“明日科技之星”称号。推进区青少年民族文化培训工程，在上海市第四届中小学生艺术展演活动中，获奖项22个，创历年最好成绩。

强化职业教育内涵。举办区第七届职业技能竞赛。嘉定职业教育集团完成首批职业教育改革和发展项目的结题验收工作。江桥镇、南翔镇、徐行镇、真新街道、嘉定工业区5所成校取得职业技能培训项目资质。中等职业教育实力加强，大众工业学校全面完成国家级示范校中期验收准备工作。

提升终身教育服务水平，促进学习型社会建设。全面实施数字化学习社区建设三年行动计划和街镇成人学校能力建设三年行动计划，启动街镇成人学校能力建设综合评估工作。新增真新街道、新成路街道、嘉定工业区3家全国社区教育示范街镇，完成14个市级社区教育实验项目结题工作。完善数字化学习和服务体系，加强“嘉定终身学习网”网站建设，举办各街镇数字化学习社区建设经验交流展示活动，推进“小机房”建设工程实施。举办区第八届全民终身学习活动周，参与学习活动人数超过30万人次。举办区2012年老年教育艺术节。开设民办非学历教育院校（机构）的存款专用账户。完成第三批民办非学历教育院校（机构）专项督查。

嘉定区第八届全民终身学习活动周开幕

推动政风行风制度建设。加强财务公开，公布2012年部门预算，做好帮困助学经费、农民工子女小学生均经费补贴和民办教育扶持基金信息公开。继续推进“行风建设达标学校”创建，建立健全规范办学行为长效机制，完善民办农民工子女小学制度管理。聘请12名市民代表为教育政风行风监督员。完成市教委、市政府督导室对嘉定区义务教育优质均衡发展专项督政。完善街镇履行教育职责考核指标、教育资源配置、随迁子女教育服务等方面工作职责。指导学校制订章程，促进现代学校制度建设。全面落实安全工作责任制、健全安全防范管理制度，实施技防设施改善工程。加强校车综合治理，建立校车安全网络管理平台，加大对校园及周边地区治安整治力度。

（梁晓峰）

［参加第七届“文化中国”青少年文艺演出］ 2月5日，嘉定区实验小学学生舞蹈《明日歌》应邀参加第七届“文化中国”维也纳金色大厅青少年文艺晚会的演出。《明日歌》取材于嘉定区教师易凤林、王威尔创作的《中国唱诗班——中华优秀传统诗词“诗乐启蒙”16首》，由全国少儿舞蹈家、音乐家突出贡献奖获得者、国家一级编导胡伟华编舞，上海音乐出版社、上海文艺音像电子出版社出版同名碟片。

（王威尔）

［召开进城务工人员随迁子女教育工作推进会］ 3月31日，区教育局召开2012年嘉定区进城务工人员随迁子女教育工作推进会。会议要求，做好随迁子女教育工作，一是要提高认识，明确目标，增强紧迫感、责任感；二是要因地制宜，拓宽思路，探索新模式；三是要突出重点，形成合力，加大措施力度。

（王巍清）

［召开师德师风建设大会］ 5月15日，区教育局召开区教育系统师德师风建设大会。会议强调，要深刻认识新形势下加强师德师风建设的重要意

义;要准确把握新时期加强师德师风建设的重点;要创造性地推进新时期师德师风建设工作。会议向区师德师风监督员颁发聘书并向全区教师发出践行教师师德承诺倡议。

(李　敏)

[接受校园体育活动专项督导] 5月22—23日,国家教育部对嘉定区"每天一小时校园体育活动"进行专项督导。督导团抽取中小学(包括民办农民工子女小学)进行调研,观摩大课间活动,通过观、访、谈、问卷等形式,详细了解学校的场地、器材、师资、课程及活动时间等情况。督导团对嘉定区落实"每天一小时校园体育活动"情况予以肯定。

(许海蓉)

[区教师进修学院接受评估] 8月29—30日,上海市区县教师进修院校评估组对嘉定区教师进修学院进行评估。评估的目的一是总结教师进修学院近年来的工作经验和特点,二是寻找学院在发展过程中的问题、瓶颈和障碍。评估专家组就学院的组织领导、基础条件、教师队伍、功能发挥、常规管理、工作实绩、特色创新等七个方面进行评估。区教师进修学院被评为市优秀区县教师进修院校。

(张德海)

[进城务工人员随迁子女免费观摩优秀儿童剧] 9月3日,上海市有关部门安排进城务工人员随迁子女免费观摩优秀儿童剧。本次观摩活动由教育部门与文化部门联合安排,计40场次,分别在9个有随迁子女小学的区县举行。在嘉定区有5场演出,全区4000多名随迁子女免费观摩。

(金建良)

[上海交大附中嘉定分校落成启用] 9月3日,上海交通大学附属中学嘉定分校举行落成仪式暨开学典礼。上海交通大学、市教委、嘉定区政府全力支持上海交通大学附属中学嘉定分校办学工作。学校位于嘉定新城核心区,占地面积约10万平方米,总建筑面积65700余平方米,是一所拥有先进、齐全的教学设施和舒适、和谐生活设施的市实验性示范性高中。交大附中嘉定分校和本部实行"一校两区"制,一体化运作,共设置24个教学班(附设12个国际教学班)。2011年首批2个班已在本部学习一年,2012年招生4个班160名新生。

(王巍清)

[接受全国校园安全工作检查] 9月6日,公安部、教育部组织全国校园安全工作检查组到嘉定区检查指导学校安全工作。检查组实地抽查了部分中小学安全工作,重点检查保卫力量建设、技防物防设施建设、内部安全管理制度、周边治安管控和责任落实等情况。检查组认为嘉定区高度重视安全工作,安全教育扎实,安全设施完备,管理制度详尽,特别是在健全家长护校队工作机制上有创新举措。

(刘　军)

[召开区教育工会第二次代表大会] 10月18日,召开嘉定区教育工会第二次代表大会,129名正式代表、43名列席代表、141名特邀代表参加大会。区教育工会第一届委员会向大会作题为《围绕中心、凝心聚力,努力开创嘉定教育工会工作新局面》的工作报告。会议选举产生了嘉定区教育工会第二届委员会和第二届经费审查委员会。

(陆咏梅)

[启动中小学生体质健康监测工作] 11月10—11日,2012年嘉定区学生体质健康监测工作全面启动,600多名学生在区学生体质健康监测中心进行首批检测。区学生体质健康监测中心有5个专业测试室和齐全的测试设备。第一批对6所学校近2000个样本进行检测,所涉及的内容包括健康(视力、内科、外科、血压、脉搏等)、形态(身高指标体重)、素质(肺活量、50米等)近20个小项。2012年开始,嘉定区以《国家学生体质健康标准》为抓手,认真贯彻落实有关文件精神,及时监测学生体质健康状况,掌握学生体质健康动态,认真诊断,针对薄弱环节、项目,加强指导与干预,逐步改善和提高嘉定区学生的体质健康状况。

(许海蓉)

[接受义务教育均衡发展专项督政] 11月13日,召开上海市对嘉定区推进义务教育均衡发展专项督政工作会议。督政组就教育经费投入、教育资源配置、绩效工资激励等专题,访谈了分管区长、区人大、政协、各相关委办局领导、部门负责人及学校校长、教师代表,并实地调研18所各级各类学校,最终形成督政报告。

(沈建成)

[举办首届学前教育高级研修班] 11月13日,首届"嘉定区学前教育高级研修班"开班。研修

班聘请市特级园长(特级教师)担任导师,一对一带教学员,学习周期为两年,由区教师进修学院与导师签订带教协议书,明确导师带教、学员学习、学院管理的具体职责。

(曹葆红)

[召开学校文化建设推进会] 12月5日,区教育局举行学校文化建设推进会,实施嘉定区学校文化建设行动计划。2012年初,嘉定区启动推进学校文化建设试点工作。通过近一年的试点,区教育局出台《嘉定区学校文化建设纲要》,并印发中学、小学、幼儿园3个《学校文化建设规划》模板,要求每所学校结合自身实际,制定本校《学校文化建设规划》,对学校的文化建设作整体、长远的部署。区教育局计划在3年内分别推出5所、10所、30所"区学校文化建设示范校",在全区学校形成示范、引领和辐射。

(李 敏)

[嘉定中华职教社产生新一届社务委员会] 12月12日,召开嘉定中华职业教育社第六次代表大会。会议审议通过嘉定中华职业教育社第五届社务委员会工作报告,选举产生嘉定中华职业教育社新一届社务委员会。

(郭锦川)

[举行新优质项目推进会] 12月27日,举行新优质再行动——上海市嘉定区迎园中学展示活动暨区域新优质项目推进会。会议解读了推进学校在新优质转型过程中的八大策略(共同发现策略、分类指导策略、专业成长策略、学习共同体策略、树立样本策略、区域推进策略、动态发布策略、立足本土策略),要求深刻理解新优质学校推进的内涵(不挑生源、没有特殊的资源配置、在社会上还没有形成显赫的声誉),做到对教育本源的回归。

(管文洁)

[教育经费总投入增长] 2012年,全区经常性财政收入为139894万元,比上年增长11.25%。全年教育经费一般预算财政拨款160679.51万元(不含中央专项),比上年增加16493.07万元,增长11.44%。教育经费财政拨款增长比例高于财政经常收入增长比例。年生均教育事业费高中32647元/生·年,比上年增长1.10%;初中22006元/生·年,减少6.39%;小学15538元/生·年,减少2.15%;幼儿园18199元/生·年,增长5.96%。特殊教育生均事业费90922元/生·年,比上年增长15.46%。年生均公用经费,高中13907元/生·年,比上年减少7.11%;初中6430元/生·年,减少21.01%;小学4585元/生·年,减少7.34%;幼儿园5341元/生·年,增长4.95%。全区教职工年人均总收入98587元,比上年增加2360元,增长2.45%。全年合计教育经费(全口径)总投入231072.33万元,比上年增长23.92%。

(刘 琴)

附:区教育局驻地及负责人

(2012年1—12月)

地址:嘉行公路601号
邮编:201808
电话:39902000

区委分管副书记:刘海涛
区政府分管副区长:李 原

区教育局党委书记:姚 伟(7月离任)、王晓燕(8月到任)
副书记:金惠萍(7月离任)、金立新(8月到任)
区教育局局长:毛长红(2月离任)、姚 伟(3月到任)
副局长:张德海、俞勇彪、朱 芳、赵国兴

宝　山　区

［**2012 年概况**］ 区教育局立足内涵抓提升，全面推进城乡教育优质均衡发展和现代化建设。一年来，通过上海市区域推进教育现代化综合督政和义务教育均衡发展督政，稳妥解决了净增近 8000 名学生的入学高峰，公办高中高考本科达线率创历史新高。区教育局机关被评为 2011 年度上海市平安示范单位，学生在国际国内各项比赛中获国际奖 35 项、全国奖 36 项。

一、基础教育均衡发展呈现新成效。一是加大城乡教育经费统筹力度。制订《宝山区教育费附加转移支付资金使用管理办法(试行)》，提高学生公用经费基本标准，建立义务教育生均公用经费分类拨付机制，进一步缩小城乡之间、校际之间的办学差距。二是加大优质教育资源共享力度。实施优质幼儿园与新幼儿园捆绑合作发展项目，推进城乡初高中教育联建体建设，深化“沪太路沿线新农村教育发展区”项目(三期)，促进校际间的合作互动和优质资源共享，带动困难学校的内涵发展。三是加大弱势群体教育保障力度。重视特殊教育，完善“医教结合”工作机制，实施特殊学生两年免费职业教育，提升残障儿童受教育水平。关注随迁子女，实施以招收进城务工人员子女为主的民办小学信息化建设工程和综合实验室建设项目。提高生均经费补贴标准，确保近 5 万名义务教育随迁子女享受免费教育。健全困难学生资助政策体系，落实免费营养午餐计划，减轻经济困难家庭的教育负担。

二、教育服务社会能力呈现新提高。一是大力发展职业教育。深化“校企合作”培养模式，打造“物流”和“数控”两个市级重点专业，开展精品课程建设。启动职业教育信息化建设行动计划，推进实训资源开放，优化“双师型”队伍建设途径，强化了职业教育能力建设。二是积极创建“全国社区教育示范区”。深入推进社区教育特色项目和实验项目建设，完成 100 个标准化居村委学习站点建设，建成 50 个优秀学习型团队和 100 个达标学习型团队，基本完成市老年大学宝山分校建设，开展“市民才艺广场”等终身学习活动，优化了终身教育体系。全年，社会公益性培训达 6 万余人次。三是不断规范非学历教育机构管理，实施非学历教育机构学杂费专用存款账户制度，切实维护受教育者和教师的合法权益。

三、素质教育整体推进呈现新突破。一是提升德育工作实效。组织编写《宝山区历史人文读本》和《宝山区未成年人社会实践基地活动指导手册》，开展中小学生“四立”主题教育实践活动，启动区域家校合作“培根”项目，进一步优化了德育工作机制。二是深化课程教学改革。通过实施教学精细化管理试点项目，推进市教研室教学协作联盟建设，开展校本课程征集展示活动，进一步提升了学校的课程领导力。通过开展“绿色指标”测试，建立义务教育教学质量信息库，优化“快乐活动日”机制，积极探索实现减负增效的有效途径。三是积极搭建学生全面发展和个性化成长平台。通过实施“体育艺术科技 2＋1＋1 项目”，开展“阳光体育”活动，举办学生艺术节、科技节，启动艺术特色学校评估，深化了中小学生课外文体活动工程，为学生创新发展搭建了展示平台。通过组建“无线电科普活动创新联合体”、“足球联盟”、“跳绳联盟”、“合唱共同体”和“舞蹈共同体”，以及与高校合作共建“足球”和“乒乓球”体育项目一条龙，拓展了项目合作式人才培养的模式。

四、教育资源优化布局呈现新面貌。一是启动青少年创新教育与实践中心项目。引进“上海市学生体质健康监测中心”，探索创新中心的运作模式。二是加快教育配套设施建设。完成列入市政府实事工程的 2 所公建配套幼儿园建设，如期开办中环实验小学、顾村馨家园等 6 所配套学校(幼儿园)。三是改善学校办学条件，推进 30 所学校改扩建工程，完成 14 所学校大修和 6 所学校校安工程抗震加固项目。

五、教师队伍整体素质呈现新提升。一是重视师德建设。以“学陶师陶”为特色，以市级课题“教师德业兼修教学实践形态的本土化构建”为引领，以现代话剧《永远的陶行知》观评活动为抓手，全面推进“德业兼修工程”，逐步构建起本土化、全方位、立体型的师德建设体系。二是加强骨干人才培养。以“国培计划”、市“双名工程”、“优青工程”等为平台，加强骨干教师选拔使用和管理，推进“名师工作室”、骨干教师带教指导团、幼教骨干教师走班带教等工作项目，建立教师出版专著资助制度，加大支持骨干教师发展的力度。三是提升教师综合素质。以专业引领和实践历练为主要内容，以“研训一体”为基本模式，启动新一轮教师全员培训，实施见习期教师规范化培训，与高校合作举办学科高级研修班，开展第十届中青年教师教学大奖赛，加强校本研修制度，推进教师专业发展。

六、教育系统党的建设呈现新发展。一是加强基层党组织建设。通过开展30分钟微型党课、60分钟组织生活评选、“晒晒支部这项制度”、党务公开自查、党建基础工作“回头看”、党建督导试点和党组织分类定级等工作，有效构建了教育系统基层党组织创先争优长效机制。二是加强党员干部宣传教育。通过学习型党组织创建、“宝山教育党建网”建设，基层党政干部“每月一讲”理论学习，暑期党员集中轮训等工作载体，构建了党员、干部分层教育的有效机制。三是加强党建机制创新。通过“面对面”履职机制、“手牵手”关爱机制、“心连心”服务机制，构建了常态化的局党委服务基层党组织、党组织服务党员、党员服务群众的工作机制和服务机制。

（倪永培）

［接受义务教育优质均衡发展综合督政］ 5月29日至31日，市政府教育督导室及市教委对宝山区义务教育优质均衡发展进行综合督政。督政采取自评报告、个别访谈、分类座谈、走访、听课、查阅资料、问卷调查等七种方式。督政组反馈报告肯定了宝山区委、区政府坚持教育优先发展战略，坚持落实“促进每一个学生健康快乐成长”的教育理念，持续推进制度机制创新，营造教育科学发展环境，加大教育财政保障力度，优化教育资源配置，强化教师队伍建设，有效推进了区域义务教育优质均衡发展，基本实现义务教育优质均衡发展目标。

（倪永培）

［承办全国首次自闭症儿童教育学术研讨会］ 2012年11月19日，由华东师范大学自闭症研究中心主办、宝山区培智学校承办的全国首次自闭症儿童教育学术研讨会在培智学校举行。华东师范大学等多所院校及特教机构专家和部分自闭症儿童家长共170多人出席研讨会。研讨会的主题为：《自闭症儿童的教育与干预》。培智学校张洁华校长等汇报了自闭症儿童教育与干预的研究成果。

（倪永培）

［上海市老年大学宝山分校成立］ 12月31日，上海市老年大学宝山分校成立。市教委副主任袁雯、宝山区副区长陶夏芳为宝山分校揭牌。上海市老年大学宝山分校设于上海市行知学院内，苏全兴任首任校长。

（倪永培）

［创建全国社区教育示范区］ 2012年初，宝山区人民政府提出，举全区之力力争2013年成为全国社区教育示范区的工作目标。为实现上述目标，年内采取以下措施：一是进一步加强组织制度保障，健全并完善区学习型社区建设与终身教育促进委员会各成员单位的职能；二是推进市民学习活动；三是深入推进社区教育特色项目和实验项目的建设；四是支持民间社团活动，扩大社区教育覆盖面；五是进一步完善政府投入为主的社区教育经费保障机制。

（倪永培）

［加强特殊教育“医教结合”工作］ 2012年内，区教育局从六方面加强特殊教育医教结合工作。一是进一步完善“医教结合”管理机制；二是进一步优化“医教结合”资源配置；三是进一步完善“医教结合”特教体系；四是进一步打造“医教结合”专业队伍；五是进一步探索“医教结合”运行机制；六是进一步加强“医教结合”课程建设。

（倪永培）

［聘任新一届政风行风监督员］ 6月6日，宝山区教育局举行新一届教育政风、行风监督员聘任仪式。区教育局党委书记、局长张晓静为26名教育政风、行风监督员颁发聘书。区教育局以“一对多”的结对方式，向特邀监督员发放结对表。受聘的教育政风、行风特邀监督员经反复酝酿产生，在宝山区有一定的知名度和代表性。

（倪永培）

［签订依法履行教育目标责任书］ 4月6日，区政府举行“十二五”期间贯彻实施国家教育法规责任签约仪式。区委副书记、区长汪泓与区内九个镇镇长签订“十二五”期间各镇贯彻实施国家教育法规责任书。责任书的主要内容：一是要保证教育投入“三个增长”；二是要保证按规定均衡配置教育设施；三是要保证区域内适龄儿童公平接受教育；四是要为教师专业发展创造良好的条件。

（倪永培）

[沈晓明调研特殊教育医教结合工作] 2月15日，副市长沈晓明、市政府副秘书长翁铁慧等到宝山调研特教工作情况。沈晓明副市长称赞宝山做到了“把最好的学校给特殊困难的孩子”。他强调，抓好特殊教育是政府的责任，特殊教育是上海教育的重要组成部分，要深刻认识“医教结合”的内涵，形成完整的理论和实践体系。

（倪永培）

副市长沈晓明听取学校自编中重度适应性校本课程（特殊教育）的介绍

[承办全国中学生桥牌锦标赛] 2012年全国中学生桥牌锦标赛于8月5日至9日在吴淞中学举行。本次锦标赛是由中国中学生体育协会、中国桥牌协会主办，宝山区教育局、吴淞中学共同承办的。全国14个省市的98支代表队近600名选手参加。上海市吴淞实验学校获初中组双人赛冠军。在锦标赛闭幕式上，还为中国中学生体育协会桥牌吴淞中学分会揭牌。

（倪永培）

[成为全国创新人才教育研究会会员单位] 1月，上海大学附属中学被全国创新人才教育研究会吸收为会员单位，成为上海市首批25个会员单位之一。全国创新人才教育研究会是由教育部、民政部批准的国家一级学会。

（倪永培）

[在第25届头脑奥林匹克创新大赛上获奖] 在第25届头脑奥林匹克创新大赛暨第33届世界头脑奥林匹克中国区决赛中，宝山学子获9个一等奖；4个二等奖；10个三等奖。上大附中、月浦实验学校、经纬幼儿园参赛队分别获得“情感小车”高中组、“可选择的结构”初中组、“捉迷藏”幼儿组一等奖中的第一名。此次大赛有来自德国、俄罗斯、新加坡等国，中国香港及兄弟省市的388支代表队参赛，宝山区有28所学校代表队参加。

（倪永培）

[被评为“科技馆活动进校园”活动全国一类示范区] 10月15日，宝山区被中国科协、中央文明办、教育部等部门授予“科技馆活动进校园”全国一类示范区。“科技馆活动进校园”是由中国科协、中央文明办、教育部等部门于2006年发起的。2008年，宝山成为上海首家开展此项活动的试点区。

（倪永培）

[区家庭教育指导中心被命名为全国示范单位] 3月，宝山区青少年家庭教育指导中心被全国妇联、教育部、中央文明办命名为全国家庭教育工作示范单位。宝山区青少年家庭教育指导中心成立于2001年6月，受区教育局领导，区教师进修学院负责业务指导。

（倪永培）

[“金钥匙”科技竞赛中获奖] 1月8日和12月8日，吴淞中学学生张泽雨、方言和何熠琳分别在第22届和23届“金钥匙”科技竞赛中获大赛一等奖。

（倪永培）

[获第八届上海未来工程师大赛一等奖] 2月18日，上海大学附属中学新疆部高一学生伊利亚尔在由上海市青少年科技艺术教育中心主办的第八届上海市“未来工程师”大赛上获一等奖。“未来工程师大赛”是一项综合创新活动，活动旨在学生体验创

造和竞技的乐趣，培养学生严谨的科学态度及独立探究、求真务实的科学实践能力。

（倪永培）

［教育学会2012年会员代表大会召开］ 10月29日，宝山区教育学会2012年会员代表大会在上大附中举行。会议审议和通过了宝山区教育学会第七届理事会常务理事、会长、副会长、秘书长协商建议名单。

（倪永培）

［罗店中学创办70周年］ 10月28日，罗店中学举办建校70周年庆典，区委副书记、区长汪泓出席庆典活动，并为校史陈列室揭牌，副区长陶夏芳致贺词。罗店中学创办于1942年4月，1987年经上海市教育局批准为区重点中学，2007年9月5日与上海师范大学合作共建。

（倪永培）

［获RCJ智能机器人世界杯亚军］ 6月21—27日，行知中学智能机器人代表队在墨西哥参加RCJ智能机器人世界杯比赛中，获得大赛亚军。行知中学智能机器人创新实验室是上海市教委重点扶持的创新实验室。三年来，该实验室在国家级及上海各类智能机器人大赛中获得冠亚军超百项。

（倪永培）

附：区教育局驻地及负责人

（2012年1—12月）

地址：宝杨路158号
邮编：201999
电话：66592882

区委分管委常委、宣传部部长：杜松全
区政府分管副区长：陶夏芳

区教育局党委书记：张晓静

区教育局局长：楼伟俊（2月离任）、张晓静（2月到任）
副局长：张步华、钱学锋、陆荣林、刘　政、蒋碧艳

金 山 区

[2012 年概况] 区内有各类学校(单位)121 所,其中中学 29 所(教育部门办 26 所/民办 3 所),小学 31 所(教育部门办 21 所、民办转制校 10 所),幼儿园 33 所(教育部门办 24 所、民办 9 所),特殊教育 1 所,中等职业 3 所(教育部门办 2 所、其他部门办 1 所),托儿所 1 所(民办 1 所),成人学校 13 所(包括进修学校、区成校及 11 所社区学校),其他单位 10 所。2012 年新增幼儿园 1 所,撤销 1 所民办中学。全区在校学生 74569 人,其中中学 23490 人、小学 28509 人、幼儿园 14975 人、特殊教育 161 人、中等职业 7266 人、托儿所 168 人。全区在编教职员工 7620 人,其中专任教师 5718 人。

学前教育内涵不断提升。深化城乡幼儿园组团发展模式,推进优质园创建工作,朱行、漕泾幼儿园创建成市一级幼儿园。开展三大员全员培训和技能竞赛,规范学前教育保教工作,形成《金山区幼儿园保教工作规程》。

小学整体改革积极推进。召开小学整体改革推进会,提炼教育改革经验。制定《金山区小学生学科基础素养综合评估方案》,在 6 所学校开展为期两年的试点工作。聘请第三方专业机构对 3 所小学一年级学生进行学习基础素养评估。

金山区举行素质教育论坛暨校园文化建设推进大会

义务教育发展逐步均衡。推进委托管理、组团发展、校际联盟等项目,开展共同研修、资源共享、落实义务教育学业绿色指标体系等工作。推进实验室和图书馆标准化建设,促使学校配齐、配好图书、实验器材。

推进高中教育。开展高中学校特色多样发展情况调研和高中创新素养培育学科基地展示和评估,完善基地建设、招生、管理制度,形成跨校培养合作机制。

特殊教育格局逐步完善。基本完成特殊教育三年行动计划,完成辅读学校综合楼改建工程,建立残疾儿童入学鉴定委员会,推进医教结合工作。

加大民办教育扶持力度。规范民办学校办学,落实民办学校教师年金制度。支持交大南洋中学和师大实验中学创建市民办学校特色项目。开展非法看护点整治工作,分别规范 6 家和取缔 5 家非法看护点。

中职办学质量不断提升。石化工业学校与德国有关教育机构合作,开展制订国家化工专业国际标准课程的研究。金山 2 所中职校与部分新进大中型企业签订合作协议,推进校企合作。石化工业学校与上海应用技术学院首个“3+2”中高职贯通专业开始招生。食品科技学校与澳大利亚悉尼职业技术学院合作开办食品检测中外合作专业,已通过市教委审批。

终身教育稳步推进。举办金山区第五届全民学习节，举行“金山杯”上海市社区居民围棋比赛。在社区院校建立女职工周末学校，开展针对女职工的培训教育。启动“千名母亲进课堂”五年行动计划，完成千余名农村妇女的培训教育。建立上海终身教育学分银行金山分部，提供学分认定、转换等服务。枫泾、张堰、工业区等3个街镇创建为2011—2012年度上海市学习型社区。廊下镇创建为全国社区教育示范街镇。

学校德育工作突出特色。制定《金山区“崇文通理 成就人生”主题实践活动方案》，开展德育活动、民族文化培训等八个主题实践活动。开展学雷锋主题教育、中小学诚信月等活动。加强德育研究，列为市“德尚”重点课题1个、骨干课题1个。

体育艺术科普活动丰富。推进学生健康促进工程，成立金山区学生体质健康监测中心并通过市政府实事项目验收。举行学生阳光体育大联赛系列比赛，开展一校一品体育特色创建，举行中小学体育教师教学技能达标测试。举行第八届青少年艺术节，开展“相约大剧院”系列活动。成立金山区学生艺术团，赴英国爱丁堡演出。组织科普主题实践活动，开展“科技新农村探访”、“公益主题科普系列讲座”等活动。1名学生获市明日科技之星称号，2名学生获市明日科技希望之星称号。

教育教学研究持续加强。开展全区课程建设情况调研，举行优秀课程评比，完成合格课程认定。开展教育教学调研和视导，举办学科大讲堂，开展第六届优秀教研组评选活动。获市教科研成果一等奖1个、市教研员综合素质奖3个、教育部课程与教材中心举办的“走进童心世界”文字与视频比赛一等奖4个。

教师队伍素质不断提升。启动教师培训市级共享课程和区级课程，开办相关教师培训班，举行教师教学基本功大赛和教学评优比赛。石化工业学校叶国青等4人获市中职校教师教学法改革一等奖，松隐小学丁向阳获首届长三角地区中小学班主任基本功大赛二等奖，金山区代表团获首届市体育教师教学技能大赛团体一等奖、个人一等奖3个。钱圩中学盛虹、第二实验小学熊钢分获全国体育教学展示课二等奖、三等奖。

教育督导评估顺利开展。依法督政，完成区县政府教育工作自评、实施《教育法》目标责任考核等工作。依法督学，开展小学综合督导、招生入学专项督导，开展组团发展项目评估、高中创新素养培育学科基地评估、第三轮委托管理中期评估等。

学校安全水平不断提升。开展《校园安全防范责任协议书》签约，明确安全工作责任。制定《金山区校车安全管理暂行规定》，规范校车安全管理。成立教育安全管理中心，加强学校安全监督与指导。

财务审计管理逐步规范。采取“统一管理、集中记账、分户核算”的管理办法，规范学校财务管理。开展经济责任审计、财务收支审计和暑期维修项目审计，完成审计项目150个。

基建工程项目顺利实施。启动第二轮中小学校舍安全工程，顺利完成73个暑期维修项目。石化工业学校实训大楼新建、教师进修学院迁建、枫泾中学综合楼新建等区重大项目顺利推进，做好华东师大三附中迁建、市青少年实践活动金山基地新建等项目建设准备工作。

（金教宣）

[举行新时期高中教育定位与发展研讨会] 5月12日，由《中国教育报》理论文化中心、金山区教育局主办，区高中教育委员会承办的“新时期高中教育定位与发展研讨会”在上师大二附中举行。清华大学副校长谢维和教授、华东师大高中教育研究所所长霍益萍教授，围绕“新时期中国普通高中的定位”分别作主旨报告。与会人员共同探讨了新时期中国普通高中的定位、普通高中多样化发展、普通高中教育办学困惑与发展新思路等理论与实践问题。清华大学、北京大学、中国人民大学、北京师范大学、华东师范大学等高校专家，各地知名高中校长等共200多人参加研讨会。

（金教宣）

[接受义务教育均衡发展专项督政] 4月24—26日，上海市义务教育均衡发展专项督导团到金山区开展专项督政。市督导团听取了《城乡一体、均衡发展，办好让金山人民满意的义务教育》的自评汇报，以查阅资料、访谈、座谈、问卷、实地察看等形式，全方位了解金山区推进义务教育均衡发展的工作情况。市督导团给予高度评价，认为金山区“为远郊地区实施义务教育优质均衡发展提供了成功的案例和可供借鉴学习的经验，基本实现了义务教育优质均衡发展的目标”。

（金教宣）

[新一轮联合共建签约] 11月28日，金山区政府与华东师范大学、上海师范大学、上海石化股份有限公司签订联合共建协议书。在新一轮共建中，华师大三附中和上海师大二附中由三方组成办学指

导委员会，校长分别由华东师大、上海师大任命；上海石化每年为两所学校各设立 50 万元专项资金用于支持学校实施素质教育和改善办学条件、20 万元用于学校教师队伍建设；上海石化每年在金山中学设立 50 万元“石化奖教金”用于实施素质教育和改善办学条件。上海市副市长沈晓明，市政府副秘书长翁铁慧，市教卫工作党委书记、市教委主任薛明扬，金山区委书记杨建荣等出席签约仪式。

（金教宣）

［举行上海市学生肥胖干预现场推广会］ 10 月 23 日，上海市学生肥胖干预现场推广会在金山小学举行。会上，金山小学作了题为《上海市中小学生肥胖伴慢病的干预情况》和《为学生健康幸福人生奠基》的工作汇报，与会者观摩了金山小学阳光体育展示活动，参观了金山小学“营养角”。2011 年 9 月，上海交通大学附属仁济医院组建课题研究组，在金山小学开展学生肥胖干预研究，对筛查出的 245 名肥胖伴慢病学生开展干预措施，经过 1 年的干预期，48.2%的肥胖学生得到有效改善。

（金教宣）

［金山区学生艺术团参加英国爱丁堡艺术节演出］ 8 月 1—10 日，应英国爱丁堡艺术节组委会的邀请，金山区学生艺术团赴英国参加 2012 爱丁堡艺术节中国青年风采展演季活动，在爱丁堡皇后剧院举行“美丽的中国结”专场演出。金山区学生艺术团带着金山农民画的浓郁风情和莲湘的家乡情怀，通过舞蹈、中国民乐、歌唱和文化秀等形式，将上海乡镇的现代风韵和传统的中国乐器、民间风俗融合一体，展现了中国艺术风采。

（金教宣）

［举办区第五届全民学习节］ 9 月 22 日，金山区第五届全民学习节开幕。主题是“学习伴我发展，和谐美满人生”。开展 165 个主题活动项目，参与人数近 10 万人次。区法院“悦读之旅”等 10 个优秀学习项目、区人大机关等 20 个优秀组织单位、周雪等 43 位优秀推进员受到表彰。

（金教宣）

［与浙江嘉善举办社区教育合作论坛］ 12 月 13 日，第二届浙江嘉善——上海金山社区教育合作论坛在嘉善举行，论坛主题为“分享、合作、发展——新形势新农村社区教育合作与发展”。论坛上，嘉善县魏塘街道成人文化技术学校和金山区张堰镇成人（社区）学校、嘉善县大云镇成人文化技术学校和金山区吕巷镇成人（社区）学校、嘉善县大云镇缪家村村民委员会和金山区吕巷镇和平村村民委员会签署合作交流协议。

（金教宣）

［召开区学生健康促进工程推进大会］ 8 月 28 日，区教育局举行学生健康促进工程推进大会，总结金山区学生健康促进工程推进情况，解读了《金山区学生健康促进工程实施方案(2011—2015)》和《金山区学生健康促进工程实施方案项目分工表》，成立了金山区学生健康促进工程领导小组、金山区学生健康促进工程联席会议。区内各委办局、各街镇（工业区）分管领导，各学校党政正职干部、分管校长等 280 多人参加会议。

（金教宣）

［建立督学责任区制度］ 4 月 9 日，区教育局下发《关于印发〈关于建立金山区督学责任区的实施意见（试行）〉的通知》。按照学校地域分布，全区划分为 4 个督学责任区 12 个小组，每个责任区确定一名专职督学担任联络员，负责指导和联络工作；每个小组安排一名兼职督学，1—2 位特约教育督导员、人民教育督察员负责督导检查工作。通过多种形式对学校执行课程计划、教育收费等 10 个方面工作进行检查，健全推进素质教育的长效保障机制，推进学校依法办学。实施“四个一”制度，即一月一次例会、一月一次督导、一月一期简报、一月一次整改反馈。

（金教宣）

［上海枫叶国际学校奠基］ 9 月 13 日，上海枫叶国际学校奠基仪式在枫泾镇举行。上海枫叶国际学校由中国枫叶教育集团投资举办，开设中加两国课程，中英双语教学。中国课程以文科为主，加拿大课程以理科为主，中加两国学分互认，毕业生获中加两国高中文凭。上海枫叶国际学校新建地块位于枫泾特色镇“文创园区”内，学校共分两期建设，总占地面积约 19 万平方米，其中一期项目占地约 10 万平方米。

（金教宣）

［区教师进修学院校舍迁建工程开工］ 11 月 30 日，金山区教师进修学院校舍迁建工程开工。区教师进修学院新校舍位于金山新城区 2—9 地块，总

占地面积22621平方米，总建筑面积17471平方米，建设项目总投资9294万元，工程预计2014年竣工。

（金教宣）

［启动第五届“明天的导师”工程］ 9月28日，区教育局举行第五届“明天的导师”工程启动大会。会议总结了金山区第四届“明天的导师”工程工作情况，宣读了第四届“明天的导师”考核优秀人员名单，评选出第五届“明天的导师”工程成员。第五届“明天的导师”工程由8位特级教师、8位学科首席教师、15位学科主持人、50位学科导师组成，为期三年，设立23个学科工作坊，借助项目研究、研训基地、学科工作坊等载体，组织学科研究团队，开展不同层面、多种形式的研训活动。

（金教宣）

［举办领军校长、拔尖教师研修班］ 6月22日，区教育局“领军校长研修班”和“拔尖教师研修班”举行开班典礼。本次领军校长研修班和拔尖教师研修班学员各12人，培训为期两年。培训内容以理论学习为主，以提升人文素养为核心，通过理论学习、导师引领、项目驱动等方式，提升领军校长、拔尖教师的综合理论专业素养。

（金教宣）

［开展见习教师规范化培训］ 年内，区教育局根据《金山区2012学年见习教师规范化培训方案》，首次开展见习教师规范化培训。暑期培训采取封闭式培训，学期内进行教育教学实践培训。全区评选25个市、区级教师专业发展学校和学科培训基地，聘请教师专业发展学校和学科培训基地优秀教师担任指导老师，保障规范化培训工作富有成效。

（金教宣）

［启动村居学习点达标建设工程］ 5月，金山区启动学习型社会建设村居学习点建设达标工程。各街镇、工业区按照“保障措施、学习条件、办学管理、办学事业、办学特色”五个一级指标努力建设村居标准化教学点，引导市民把终身学习作为一种精神追求和生活方式。11月12日至23日，全区首批57个学习型社会建设村居学习点接受达标验收，金山工业区朱行居委会等15个学习点被命名为标准化建设优秀学习点，张堰镇旧港村等42个学习点被命名为标准化建设合格学习点。

（金教宣）

［启动新优质学校创建工作］ 年内，区教育局制定《关于开展金山区新优质学校创建工作的实施意见》，启动新优质学校创建工作，组织专家组对申报学校创建规划集中论证。新优质学校创建时间为3年，通过专家引领、项目推进，总结、宣传、推广一批办学实效明显、个性鲜明、有示范价值的典型学校，构建科学评价标准，形成良好的区域性学校自我发展机制，实现“让每一所家门口的学校都优质”的区域义务教育均衡发展目标。

（金教宣）

［开展“社会责任教育”系列活动］ 金山区在教师中开展“共担社会责任　同创美好家园”学习讨论活动，围绕“责任”这一主题，组织教师开展“教师的责任是什么”、“教师的责任有多大”、“怎样履行教师的责任”等方面的讨论。举办“共担社会责任　同创美好家园”教师征文演讲比赛。

（金教宣）

附：区教育局驻地及负责人

（2012年1—12月）

地址：金山区石化金一东路2号
邮编：200540
电话：57944317

区委分管副书记：祝学军
区政府分管副区长：贾　炜

区教育局党委书记：孙秀强
副书记：顾宏伟、韩亚弟（3月到任）

区教育局局长：顾宏伟
副局长：郑　瑛、盛明秀、施新章、黄　萍

松 江 区

［**2012年概况**］ 全区共有各级各类教育机构244所。其中，基础教育阶段学校166所，包括公办中小学43所（高级中学4所、完全中学2所、初中6所、九年一贯制学校17所、小学14所），民办学校23所（中学4所、小学19所），托幼园所99所（其中民办55所），特殊学校1所；职成类学校70所，包括电视大学1所，教师进修学院1所，中职校5所，街镇成校13所，民办非学历办学单位50所；其他公办教育机构8所。全区公办学校教职工有7421人（其中专任教师5905人），民办中小学、幼儿园教职工有3607人。全区共有在校学生13.45万人。其中，公办中小学学生6.54万人（含义务教育阶段外省市户籍学生2.71万人），民办中小学学生2.75万人（含义务教育阶段外省市户籍学生2.38万人），学前幼儿3.62万人，中职学生0.53万人。

加强经费管理，依法确保教育经费“三个增长”。教育经费拨款占财政支出比重逐年提高，全年教育经费总投入284841.49万元，比上年增长33.97%。其中，区级财政教育经费拨款179762.12万元，比上年增长22.68%；城市教育费附加67000万元，比上年增长106.15%。完善教育经费区级统筹管理，75家公办单位和19家民办随迁子女小学纳入财务集中核算。完成22位校长任职期间经济责任审计。

加强师资和干部队伍建设。进一步规范教师招聘机制，高标准完成2012年新教师招聘工作。新招应届毕业生中研究生占52.6%，师范类专业占69.1%，学生党员占50.7%，研究生比例创历史新高。开展见习教师规范化培训工作。403名见习教师进入32所市、区两级培训基地，与304名骨干教师结对。组建由24名特级教师、首席教师组成的专家视导组，定期开展培训工作视导。委托华东师大开发并使用《指向入职适应的新教师培训课程体系》。实施“1—5年教龄教师培养工程”。总结第三届骨干教师队伍建设成果，编辑出版《松江区“强师兴教”行动研究文集》。推进“强师兴教”新三年行动计划，选拔组建由16名区政府津贴享受人员、20名区首席教师、228名区学科（德育）名师、490名区教坛新秀组成的新一轮骨干梯队。开展首席教师个性化培养项目，19名首席教师与16名市级知名专家结对。遴选组建由30名学科（德育）名师组成的第二期松江区骨干教师华东师大研修班。完成第三期市双名工程基地主持人申报及学员选拔工作，2人入选基地正副主持人，36人入选基地培养学员。推选2名校长参与长三角骨干校长研修班，2名校级干部赴新加坡攻读硕士学位，3名骨干校长成为北京刘彭之、李希贵培养基地学员。推荐16名教师参与国家培训计划。完成由特级教师、首席教师、学科名师、双名工程后备人选等组成的20名骨干教师境

举办学生“阳光体育节”

外培训工作。举办教育系统优秀青年干部培训班，加大对后备干部的培养、管理力度。

推进基础教育均衡优质发展。举办学前教育结对共建研讨活动，展现模块式管理及组团式发展实践研究成效。研究制订“学前教育管理集团化”构想方案，九亭地区6所幼儿园完成重新组团。启动民办托幼机构分片联动工作，对民办学前教育精细管理。推出“结对共建，合作发展”学前教育内涵建设品牌，深化“雁阵”式发展。开展市级行为规范示范校评选、区级优秀德育项目展示交流、智慧班主任论坛等活动；召开家长委员会主任联席会议、家庭教育工作推进会，完善家庭教育网络，形成德育工作合力。加大校本课程资源开发力度，37门校本课程入围上海市中学校本课程展示。组织数学育人价值论坛，继续推进数学学科建设。完成第三轮农村义务教育学校委托管理项目中期绩效评估，启动新优质学校创建工作。参与上海市中小学学业质量绿色指标测试，积极倡导学业绿色指标。

加快高中教育改革。建立健全学生自主选择课程制度，优化课程结构。启动高中创新实验室建设项目，加强研究性学习和实践，激发创新意识，提高科学思维与实践能力。发挥优质高中在特色办学与多元发展中的示范引领作用。探索建立高中与高校合作办学新机制，开展研究性、拓展性课程、学生社团、教育科研等方面的深度合作，依托高校优质资源，开辟高中学生学习发展新途径。

推进职成教育发展。城市科技学校完成“国家中等职业教育改革发展示范学校”中期验收检查，代表上海参加第三届世界职业教育大会展示活动。新桥职校基本完成市百所中等职业学校重点建设二期工程。全区中等职业学校毕业生就业率达100%，职业培训规模持续增长。全区完成各类成人继续教育培训近31万人次。完成9个街镇、12个项目的市级社区教育实验工作和5个街镇市首批学习型社区评估工作。举办松江社区教育十年巡礼展示活动。举办松江区第五届读书节暨全民终身学习活动周。命名首批12个社区教育休闲文化普及点。建立市民网上学习管理系统。成立区终身教育学分银行。实施终身教育多元化队伍建设工程。完成区老年大学接管工作。新桥、泗泾镇老年学校列入首批市老年学校能力提升工程。

做好随迁子女教育工作。满足符合条件的46962名进城务工人员随迁子女免费接收义务教育。开展公办中小学与随迁子女小学结对共建活动。完成随迁子女小学教师教学通识、二期课改、多媒体教学技能等培训。随迁子女小学生均经费提高至5000元/人。启动“提高民办务工人员随迁子女小学办学条件三年计划”，2012年内投入3000万元改善办学条件。取缔非法办园机构15个，分流幼儿1000余人。

建设平安校园。完善未成年人保护机制，预防未成年人违法犯罪。推进学校及周边治安综合治理工作，建立学校、公安、社区、家长安全联防制度。提升学校“三防”建设水平，安保人员配备达到“全覆盖”。完成189名安全管理人员兼职消防员岗位培训。深化校车规范管理。完善各类流行病、传染病防控工作。推进防灾演练常态化。

（戚　仁）

［设立区教育系统学生资助中心］ 实现教育资助“全覆盖”。组织实施学前教育经济困难家庭适龄幼儿资助政策，惠及适龄幼儿1218人次，计37.18万元；有效推进义务教育阶段“两免一补”资助政策和“农村学生营养餐计划”，惠及学生10750人次，计837.16万元。实施中职校国家助学和专业奖励制度，惠及学生33313人次，计1655.82万元；建立贫困家庭高中生资助政策体系，惠及学生598人次，计134.44万元。继续实施免除义务教育阶段课本作业本费、外省市学生借读费，落实课本费及作业本费惠及学生86069人次，计2757.16万元。

（袁洪斌）

［开展区内共同体支教工作］ 区内共同体内各成员单位共派遣53名优秀教师进行支教，牵头学校作表率和重要贡献。共同体成员单位间通过师徒结对、开设讲座、学科工作室等形式拓宽教师交流方式，聚合并放大区域优质师资优势，实现“理念共享、资源共享、成果共享”。民乐学校、九亭中学、华实初中和三新学校等4所学校牵头的共同体推出区级展示交流活动。

（朱　永）

［优化资源配置］ 年内，设立3所学校（幼儿园）。其中，新浜学校是在撤销新浜小学和新浜中学，整合两校教育资源的基础上设立的九年一贯制学校，校址设在原新浜小学；第三实验小学投资5393万元，用地32818平方米，建筑面积12294平方米，办学规模30个教学班，9月份投入使用；大学城幼儿园投资2854万元，用地7275平方米，建筑面积5718平方米，办学规模15个教学班，9月份投入

使用。全面完成“校安工程”三年行动计划，22所学校、约14万平方米校舍建筑得到拆建与抗震加固改造。

（沈海燕）

［接受市义务教育优质均衡发展专项督政］ 3月2日，上海市对松江区义务教育优质均衡发展专项督政反馈。督政组指出，松江举全区之力，坚持“均衡、优质、公平、开放”的方针，把义务教育均衡发展纳入区域教育现代化和全区社会经济发展的规划之中，基本实现了义务教育优质均衡发展的目标。松江区为全市义务教育优质均衡发展专项督政的先行先试作了积极的探索和实践。

（金　文）

［完成新一轮中小学校长岗位竞聘］ 在新一轮中小学校长岗位竞聘中，有218人报名竞聘127个岗位，其中99人报名竞聘40个校长岗位，119人报名竞聘87个副校长岗位。竞聘程序包括公布实施方案、自主报名、资格审查、职能科室（部门）评议、民主推荐、理论考试、专家面试、确定考察对象、组织考察、党政班子讨论、公示拟聘任人选、聘任等12个环节。聘请华东师大教科院专家负责笔试命题与阅卷，11位市知名特级校长负责面试。按笔试占30%、面试占70%的比例合算成绩，按综合成绩从高到低的顺序确定考察人选。考察人数是岗位数的1.5倍。通过竞争上岗，全区中小学181个校级干部岗位近半数调整，一批年富力强的教育工作者走上校级管理岗位。

（吴超峰）

［开展2012—2014学年度骨干教师评选］ 年内，区教育局在总结松江区第三届骨干教师培养工作的基础上，开展2012—2014学年度新一轮骨干教师评选工作。经个人申报、师德测评、学校推荐、专家组评审（认定）、评审领导小组审核、教育局审定、网上公示，聘任维罗纳幼儿园胡筱彦等228名教师为学科（德育）名师，仓桥学校顾丽丹等490名教师为教坛新秀。

（黄　蕾）

［被授予“规范教育收费优秀达标单位”称号］ 在7月16日召开的2012年上海市教育政风行风建设大会上，区教育局被授予“2011年度上海市规范教育收费优秀达标单位”称号。这是区教育局自2005年以来，连续7年获得此项称号。

（沈惠明）

［教育系统5人获区“领军人才”等称号］ 3月7日，松江区公布第一届“领军人才”和第三届拔尖人才名单。松江二中党总支副书记、校长王铁桦获松江区第一届“领军人才”称号；上海市城市科技学校副校长朱玉萍，上海外国语大学松江外国语学校党支部书记、校长朱学清，松江区教师进修学院研训员阮晓明，松江区青少年活动中心音乐工作室主任岳伟强等4人获松江区第三届“拔尖人才”称号。

（王　楠）

［与东华大学合作办学］ 12月24日，区长俞太尉与东华大学校长徐明稚签署合作办学协议，共同设立一所九年一贯制学校，名为“东华大学附属实验学校”。学校占地面积约62576平方米，最终办学规模70个教学班，其中30个小学教学班和40个初中教学班；计划2013年起开始招收小学一年级、预初年级学生。区政府全面负责校园硬件设施建设和日常管理，东华大学派出管理人员团队，聘请东华大学等高校及市区基础教育资深专家担任学校顾问，引领学校发展；成立东华大学教师培训实验基地，进行教学指导和师资培训。

（王　楠）

［在中小学体育教师教学技能比赛中获奖］ 11月24—25日，上海市第一届中小学体育教师教学技能大赛在松江区体育中心举行。来自全市17个区县代表队的150余名中小学体育教师参加本次比赛。参赛教师均由各区县在上海市中小学体育教师教学技能“人人达标”活动的基础上选拔产生。比赛分为理论和实践两个部分，设团体奖、个人奖和优秀组织奖。松江区9位教师代表参赛，获团体一等奖，泗泾小学柏林辉和松江七中吴华获个人一等奖。

（魏春杰）

［松江一中被命名为上海市实验性示范性高中］ 1月6日，上海市教委发布《上海市教育委员会关于命名松江一中为“上海市实验性示范性高中”的决定》（沪教委基〔2012〕4号）。该《决定》是在学校申报、区县教育行政部门审核同意的基础上，市教委组织专家开展对松江一中等学校创建“上海市实验性示范性高中”的规划评审以及规划实施情况的中期

评审、总结性评审，并进行了网上公示后作出的。

（唐建国）

附：区教育局驻地及负责人

（2012 年 1—12 月）

地址：松江区中山中路 38 号
邮编：201600
电话：57820485

区政府分管副区长：苏　平

区教育局党委书记：俞富章
副书记：陈小华

区教育局局长：徐界生
副局长：钱秋萍、杨桂龙、顾逸程、冯　雷（10 月到任）

青浦区

［**2012年概况**］ 2012年，青浦教育确立“质量立业、能力立教、资源立学、特色立校、精神立人、规范立政”的工作思想和“直面问题、向下支持、主体认真”的工作策略，以实施“五大工程”为重点，加速推进教育现代化建设，全力保障教育质量稳步提高、全区各类教育均衡协调发展。教育经费继续稳步增长。全区教育经费财政拨款总数为12.051亿元，城市教育费附加5.12亿元。

全区共有中小学、幼儿园和特殊教育学校141所，其中中学25所（含九年一贯制、少体校）、小学44所（含民办农民工子女小学）、幼儿园70所（含民办二级、三级幼儿园）、特殊教育学校2所。共有学生111686人。义务教育阶段学龄少儿入学率达100%。全区有教育部门办中等职业技术学校2所，共有学生5133人。有成人中等文化技术学校11所，社会力量非学历办学40所，全年各类培训人数约48万人次。

一、实施“学位满足工程”。建设富力桃园幼儿园、东航复地幼儿园、沈巷幼儿园、东方中学综合楼、工商信息学校实训楼、重固中学教学楼，启用青少年活动中心。推进蒸淀幼儿园、小蒸幼儿园、徐泾15班新幼儿园、豫英学校游泳馆及综合楼等建设项目的前期工作。做好新三年（2012—2014年）校舍加固、改造规划的制订并启动实施。年内完成毓华学校、凤溪中学、东方幼儿园分部、红珊瑚幼儿园、金泽成校、东湖中学等15个大修项目。

二、实施“安全放心工程”。组建9个校园安全管理协作组，启动校园安全精细化管理的实践探索。开展校车、消防、技防、治安、校园周边环境等项目的联合检查与整治。积极开展“防震减灾”、“禁毒宣传”等主题教育活动。配置专职保安、安装摄像头等，落实各类民办学校的人防、物防和技防保障。

三、实施“质量满意工程”。以“为人、为师、为学”主题师德教育为主线，开展“弘扬先进文化，力行师德规范，做人民满意教师”主题教育活动，加强师德教育。继续以区骨干教师、青年教师培养为重点，以特级教师工作室、学科研修基地为抓手，以教师专业发展为导向，提升教师的教育教学能力，举办“第九届青浦教育论坛”。开展新课堂实验，推进“有效课堂、有效作业”，全面启动新课堂实验教师培训，加强教材解读和目标细化工作，深化作业设计与考试命题的研究，形成“以学定教、少教多学、鼓励挑战性学习”取向的新课堂实验主流模式，努力促进中小学课堂教学的“绿色”转型。依托青浦的古文化、红色文化、水文化、农业文化、现代科技文化，认真规划和开发具有本校特色、能发挥教师特长、满足学生需求的校本课程。推进“学科建设”行动，系统制定、论证和宣传学科建设三年行动计划，围绕课程标准、课程、教学、训练、作业评价等5个体系开展专题研究，取得初步成果。

四、实施“健康促进工程”。贯彻“两纲”教育，推进社会主义核心价值观教育。加强学生社会实践基地建设，构建具有青浦特色的“社会资源大课堂”，加强学生校外生活工作的指导。推进学校体教结合以及传统特色体育项目。目前，义务教育阶段共有22所布训项目学校，涉及9个布训项目。严格落实“三课两操两活动”要求，并对全区中小学进行了全覆盖的专项督查，确保中小学生“每天校园锻炼一小时”。与区卫生局联合成立了医教结合工作领导小组，明确了各自职责。建立了“一校一医”、“一校一团队”的工作模式，定期开展服务指导、分层培训、会商会诊等。

五、实施“创新发展工程”。参与部市合作的“基础教育体制综合改革”试点项目，推进《新课堂行动》、《推进特殊教育医教结合的实践与研究》、《推进教育协作发展共同体建设，促进区域义务教育均衡发展》三个项目的实施。重视学生创新能力培养，组织区第27届“青少年科技创新大赛”等近10项区级竞赛活动，举办区“第七届学生艺术节”。建立健全民办教育支持机制，制定《青浦区公办学校（幼儿园）与民办学校（幼儿园）结对帮扶工作指导意见》和《青浦区公民结对帮扶工作绩效评价指标》。

六、基础教育均衡发展。推进学前教育协作组项目研究。确立6个实践研究项目（《提高教师“设计—实施—反思”专业能力的研修行动》、《基于幼儿发展的新教材实施使用的优质课例研究》、《在家园合

第七届区学生艺术节开幕

作互动中教师的困境与对策》、《幼儿园保教质量评价与管理的实践研究》、《聚焦科学保育，提升在园幼儿的生活品质》、《0—3岁社区亲子指导课程的研发》)为工作推进的重要抓手，以协作组为平台，以组内研究实践、组际分享交流等主要方式，拓展经验、联动辐射，努力实现“提升学前教育质量，让每个幼儿健康快乐成长”的目标。继续以“校长论坛”为平台，深入实践7个攻坚项目(《小学生学习能力的培养与形成》、《加强教学基本规范，提升教与学的品质》、《全面带教、抬高基础、培育名优》、《整合资源，合作开发校本课程》、《合理优化学校拓展型课程》、《南北辐射，东西联动，做强做优学校特色》、《发挥名优教师的引领作用，加速青年教师的专业成长》)，不断完善“城乡教育共同体”协作机制建设，推进小学教育内涵发展。努力以绿色指标体系中的相关指标引领基层学校，加强“有效课堂”、“有效作业”的研究。召开“做细常规，夯实课堂”的初中校长专题研讨会，强调用规范来提高教学的效率，切实减负增效，提高学生的学业质量。

七、职业教育继续深化。一是成立青浦区职业教育改革与发展研究中心，提升职教课程建设队伍指导、服务能力，创新校企合作管理运行体制机制。二是开展专题研讨与专项调研。召开“拓展校企合作途径，创新企业职工培训机制”和“深化校企合作，提升服务经济社会能力”专题研讨会，就“构建区域职教体系”、“高级人才培养基地建设”、“师资队伍建设”、“数字化校园建设”、“深化校企合作”等开展研讨交流；举行“运用地方教育附加开展企业职工职业培训”专项调研，完善运用地方教育附加专项资金开展企业职工职业培训的相关政策措施。

八、社区教育彰显特色。坚持“农科教结合”和“传承弘扬区域特色文化”两条主线，深入开展社区教育实验，推进区域学习型社会建设。一是完善管理体制和运行机制，成立华东师范大学社区教育实验基地。二是深化学习资源建设，完善“青浦市民学习网”建设，推进实验基地和村(居)学习点建设。三是创新社区教育的途径方式，组织区2012家庭讲故事比赛、家庭才艺大赛复赛、老年教育艺术节、“我与终身教育”征文，举办主题为“推进村居学习点建设”的第二届成人教育“崧泽论坛”，开展“全国数字化学习先行区”申报工作等。

九、完成“综合督政”工作。专门成立由区长赵惠琴任组长、副区长蔡忠任副组长的领导小组，区政府、各镇(街道)、相关委办局为成员。从6月开始，区内先后召开7次会议，专题部署、研讨和推进本次督政工作。区教育局召开10多次会议，学习、研讨、布置和推进“迎督”的各项工作，按时完成督政自评报告、工作报告、专题片以及文书材料的整理和归档。12月市督政专家组开始督政。

十、推进各项保障工作。继续采用“部门预算”和“人员经费按实际、公用经费按定额、专项经费按项目”相结合的方法统筹安排，合理分配教育经费，确保教育经费“三个法定增长”，实现经费收支平衡。推进教育系统基层单位对社会的信息公开和互动交流工作，确保招生、入学、招聘等与人民群众密切相关的各项工作公开透明。认真办理群众来信来访、行政投诉、“12345”市民服务热线等。

(姚为民、陆　超)

[区陶艺创作基地挂牌] 1月9日，青浦区实验中学“青浦区陶艺创作基地”挂牌仪式暨实验中学“杏窑陶艺社”揭牌。市陶艺家协会副会长罗敬频先

生为基地揭牌。自2001年以来，青浦区实验中学致力于陶艺特色教育，加大投入，学校陶艺教学资源硬件一应俱全，在学生中开展陶艺特色教学日益普及，学生屡屡在全国、市级陶艺大赛中获奖。缘于学校良好的陶艺教育和创作氛围，此次与上海市陶艺家协会的联手，成立全市第一个中国陶瓷艺术家协会创作基地。

（陆　超）

［“华东师大社区教育实验基地”揭牌］　2月28日，“华东师范大学职业教育与成人教育研究所社区教育实验基地”揭牌活动在青浦区社区学院举行。青浦区社区学院作为“社区教育实验基地”，依托高校人才资源为本区社区教育发展规划、体制机制创新、课程建设、师资培养、课题研究等提供全方位智力支持和理论支撑，同时也为高校师生和专家学者提供开展科学研究的实践平台。

（陆　超）

［制定《青浦区民办三级幼儿园工作规程（试行）》］　2012年内，青浦区教育局开展调研并制定《青浦区民办三级幼儿园工作规程（试行）》。3月21日，该《规程》正式下发，共有九章49条，分别对幼儿园的入园、编班、卫生保健、教育教学、园舍、设备、工作人员、经费和管理作了明确规定。

（陆　超）

［开展“无线电知识进社区”宣传活动］　2—3月，青浦区举行以“加强无线电宣传普及无线电知识”为主题的“无线电知识进社区”系列宣传活动。活动期间，夏阳社区学校教师深入20余个村居，以张贴宣传画报、展板宣传、发放宣传小册子和宣传品等形式，开展系列巡展、宣传，向社区居民广泛宣传无线电科普知识和无线电管理法律、法规等。共计发放宣传小册子、三折页8000多册，宣传品2000多份，张贴宣传画报100多张，展板巡展22次，直接参与活动的市民达3000多人。

（陆　超）

［获全国社区教育发展成果评选二等奖］　3月，青浦区参赛电视片《学习，就像呼吸一样》、《沈萍和她的“绿色编结”》获全国社区教育发展成果评选二等奖。两部电视片充分反映了青浦区围绕“农科教结合，服务区域经济社会发展”与“传承弘扬区域特色文化，提升市民素养”两条主线开展社区教育的实践成果。

（陆　超）

［举办中小学责任教育主题论坛］　5月10日，区教育局举办“深化责任教育，提升品性修养——青浦区中小学责任教育主题论坛”。活动围绕“深化责任教育行动研究，丰富学生品性养成内涵”主题展开。近年来，青浦区在深化“两纲”教育的过程中，注重进一步弘扬社会主义核心价值观，积极倡导“公正、包容、责任、诚信”的城市价值取向过程中的探索与实践；注重调查研究，用事实说话；注重各个学段之间的分层递进；注重课内课外多载体多途径的实施；注重各种资源优势的整合。

（陆　超）

［开展中华优秀传统艺术教育］　5月21日，青浦区尚美中学举办“吉祥三宝”学生纸艺作品展。近年来，尚美中学坚持“求真、信善、尚美、立德”的办学理念，将中华优秀传统艺术教育作为美育的重要组成部分融入学校教育全过程，承担民乐、民族工艺两个区青少年民族文化培训项目。学校编写了《纸艺虎头鞋》、《吉祥串串》、《有趣的纸偶》等校本教材；开设了古筝、琵琶、扬琴、二胡等多门民乐课程。学校被评为“全国中华优秀文化艺术传承学校”。

（姚为民）

［香港教育戏剧论坛代表团到访］　6月11日，香港教育戏剧论坛访沪代表团一行17人，到青浦区华夏民办小学访问，进行教学交流。上海戏剧学院老师和香港来访老师以“教育戏剧”教学模式分别给华夏民办小学五年级一个班的学生上了语文和英语示范课。形象生动、亲切活泼的教育方式，取得了很好的教学效果。

（陆　超）

［举行进城务工人员随迁子女小学“双优”表彰活动］　6月25日，区教育局召开进城务工人员随迁子女小学“双优”总结表彰会。市慈善基金会副理事长宋仪侨、副理事长兼秘书长方国平，中共青浦区委书记高亢，区长赵惠琴，青浦区政协主席应名勇等领导出席活动。参与此次表彰活动的“放飞希望”专项基金自2008年成立以来，每年都开展各种捐助和培训活动，为进城务工人员随迁子女送去了关爱，并为有效提升学校教师的业务，改善办学条件尽力。

（姚为民）

[启动见习教师规范化培训工作] 8月15日，区教育系统见习教师规范化培训工作正式启动。369名见习教师，以及培训学校、聘用学校负责人参加启动大会。2012年起，青浦区承担市教委见习教师规范化培训工作的试点任务。主要是统筹区、校两级优质教育资源，利用本区名优教师资源，实行"10＋2＋7"培训模式，即10天暑期集中培训，两个月在培训基地校的脱产培训和7个月跟岗实践，一年见习期的剩余时间在聘用单位教学实习。培训内容包括职业感悟与师德修养、课堂经历与教学实践、班级工作与德育体验、教学研究与专业发展四个模块的18个要点。培训方式采用"教、学、做"合一，包括专题讲座、小组研讨、个别指导、自主研习和教学实践等。

（陆　超）

[实施复旦附中精英培养计划] 根据复旦附中与青浦区教育局签订的教育发展合作战略协议，双方在教师研修、合作办学、学生实践等方面开展共建共享。10月，参加复旦附中精英计划培训的师生到青浦进行为期一周的实践活动。其间，两区学生共同到富有青浦地域特色的学生实践基地，以及涉及现代农业、服务业的企业参加了包括参观、实习、模拟、总结等环节的实践活动。

（陆　超）

[成立区职业教育改革与发展研究中心] 10月19日，"青浦区职业教育改革与发展研究中心"成立。"中心"有服务、管理和研究三项基本职能，以"支持"、"服务"等体系建设为重点。设职业教育政策咨询部、校企合作协调部和课程建设研究部，下阶段将以"政策咨询"、"校企合作"以及"三'课'研究"（课堂、课程、课题）为重点，开展具体工作。

（陆　超）

[朱家角中学建校70周年] 10月20日，上海市朱家角中学举行庆典活动，纪念学校建校70周年。区内外各兄弟学校领导、嘉宾，学校老领导、老教师及历届校友共3000余人参加庆典活动。老教师、校友们分别聚会、参观校史陈列馆和校园，畅诉友情，共同祝愿母校繁荣昌盛。

（姚为民）

[举办第二届上海市成人教育"崧泽论坛"] 12月12日，以"为成人教育创新驱动引领思想，为终身教育转型发展广纳智慧，为学习型社会创建凝聚力量"为宗旨，以"创新机制，完善管理，推进村居学习点建设"为主题的第二届上海市成人教育"崧泽论坛"在青浦区赵巷成人学校举行。

（姚为民）

[青浦区举办学生艺术节] 12月23日，青浦区第七届学生艺术节闭幕。闭幕式上表彰了荣获区第七届学生艺术节优秀组织奖的单位和先进个人。在随后进行的艺术节优秀节目展示中，近400名师生以"在阳光下成长"为主题，奉献了一台精彩纷呈的文艺演出，展示青浦区青少年学生蓬勃向上的精神风貌。

（姚为民）

附：区教育局驻地及负责人

（2012年1—12月）

地址：青浦区公园东路1155号
邮编：201700
电话：69713664（总机）

区委联系领导、常委：韦　明
区政府分管副区长：蔡　忠

区教育局党委书记：陆文一
副书记：印国荣

区教育局局长：印国荣
副局长：朱良俊（5月离任）、王海青、姚金生（5月到任）、庄惠元、江雪元（5月到任）

奉贤区

［2012年概况］　全区共有各级各类教育机构218个，其中，基础教育类学校149个，中等职业教育学校1所，教育部门办成人教育机构10所（教师进修学院、社区学院、8个镇成人学校），社会力量办职业培训机构45个，民办非学历高等学校7所，其他教育机构5个。基础教育学校中，普通高中6所、十二年一贯制学校1所、初中11所、九年一贯制学校20所、小学34所（含民办随迁子女小学16所）、幼儿园76所（含民办幼儿园和民办三级幼儿园35所）、特殊教育学校1所。全区基础教育类学生数109230人，专任教师6457人。奉贤教育围绕“推进优质均衡发展，办人民群众满意的教育”主题和“打造南上海品质教育，实现和谐发展新农村教育”战略目标，实施《奉贤区教育事业发展“十二五”规划》，推动区域教育创新发展、转型发展、开放发展及和谐发展。

一、优化教育资源配置。建成民旺苑幼儿园、东森毓美幼儿园、青苹果幼儿园、月亮船幼儿园等6所幼儿园。在新一轮幼儿园“创级”工作中，四团幼儿园、聚贤幼儿园成功创建上海市一级院，育秀实验幼儿园已复验通过。格致中学奉贤校区11月开工建设，奉城高中改扩建项目（老曙光中学）12月竣工。制定奉贤区校舍加固改造三年计划，至2014年加固、重建项目涉及学校15所，加固面积2.7万平方米，拆除校舍面积4500平方米并重建，2012年完成加固7所学校1.6万平方米校舍任务。

二、促进城乡教育一体化发展。定期组织支援方工作交流会，推进委托管理工作，完成11所委托管理学校中期评估。与杨浦区教育局、静安区教育局签订教育合作共建协议，建立定期研讨交流关系、建立校际交流合作关系、建立队伍建设的交流合作关系等方面开展全方位合作。加强联盟工作研究，推进教师、教研、管理、课程等资源共享。推广义务教育紧密型办学资源联盟经验，组建高中校际“124”连环结对资源联盟（即1所市实验性示范性高中带2所区实验性示范性高中，2所区实验性示范性高中带区4所普通高中）。在学前教育阶段组建了“123”公民办结对联盟（即一级园带二级园，二级园带三级园），区域城乡一体化工作取得新进展。

三、全面实施素质教育。推进“一校一品”校园文化建设，编辑出版《奉贤区中小幼“中华经典诵读”读本》。开展“贤文化”教育进课堂、进家庭、进社区。关注学生心理健康教育，完成区学生心理健康辅导中心装修施工和设备配置安装，将该中心更名为区中小学心理健康教育指导中心暨区未成年人心理健康辅导站。以“全面课程，校本特色”、“人文课堂，有效教学”为理念，以“绿色指标”运用为导向，出台新一轮素质教育实验校评审指标，推进教育教学改革。弘文学校和教院附小被评为上海市新优质学校。推进体卫艺科和语言文字工作，组建由12所学校组成的区足球联盟学校，建成学生体质健康监测中心，开展区中小学体育教师教学技能“人人达标”活动和首届奉贤区中小学体育教师教学技能赛；实施《奉贤区建设健康城区三年行动计划》，推进“医生进校园”工作；举办上海市第四届中小学生艺术展演奉贤区活动及区中小学艺术单项比赛；举办区第五届青少年高标创意大赛，启动实施创建国家环境保护模范城区工作，编写《中小学环境教育读本》。召开区语言文字工作会议，开展以“诵中华经典　做贤德少年”为主题的奉贤区青少年经典诗文诵、写、演系列活动，600多名中小学、幼儿园教师参加上海市汉字应用水平培训和测试。

四、规范招生工作。年内，制定《2012年奉贤区义务教育阶段招生入学工作意见》、《2012年高中体育、艺术特长生招生工作意见》、《2012年奉贤区中考体育实施意见》、《关于认真做好本区2012年推荐优秀应届初中毕业生进入市实验性示范性高中就读工作的通知》等规范性文件。会同镇（开发区）教管办制定《随迁子女民办小学招生入学规范管理的实施方案》，对辖区内的随迁子女民办小学招生工作统一管理，严格审核。为公办学校和随迁子女民办小学配置居住证读卡器，对每位随迁子女的身份进行确认。精心组织初中体育、艺术特长生专项测试以及推优生、自荐生名额分配生的计划分配及相关工作，做到规范、有序，接受社会监督。

五、加强进城务工人员随迁子女教育。全区义务教育公办学生总数75351人，进城务工人员随迁子女45555人，占义务教育学生总数60.5%。逐步扩大进城务工人员随迁子女公办学校接纳比例，进城务工人员随迁子女在公办学校就读人数为33088人，公办学校接纳率达72.63%，比2011年净增3233人。进一步加大民办进城务工人员子女小学支持力度，投入407万元完成市实事项目——民办进城务工人员随迁子女小学综合实验室设备招标采购和安装，投入120万元完成部分民办三级幼儿园塑胶场地改造。严格执行《奉贤区民办农民工子女小学资产与财务管理实施细则》，规范民办进城务工人员子女小学的资产与财务管理行为。开展管理人员、教师暑期培训，414人参加培训。

六、推进区域学习型社会建设。推进区域职业教育发展，奉贤中等专业学校创建国家级中职改革发展示范性学校被教育部立项通过。以奉贤中等专业学校为主，以镇成校等为基础，联合民非院校、行业办学、实训实习基地，组建区域职业教育集团。加强老年教育，举行上海市开放大学老年学习苑奉贤专场的现场展示活动，加强对镇老年学校、社区老年学校校区、村(居)委老年人学习点的业务指导。加强社区教育，成立上海开放大学残疾人教育院奉贤区学习中心，成立了8所社区家长学校，启动社区教育的“331”工程(“三史一训”、“三校一堂”、“三室一家”)，青村镇被评为全国社区教育示范街镇，南桥镇老年学校在36个创建上海市示范性老年学校评估单位中居第一。区教育局被评为“2007—2012年上海市学习型社会建设与终身教育工作先进集体”。规范民非院校管理，开展民非院校的院校长培训，探索民非院校办学风险的控制办法。

七、加强教师队伍建设。全年共招聘新教师298名。坚持把师德建设放在教师发展保障工作的首位，评选出130名“区园丁奖”，10位区“十佳师德标兵”，10位区“十佳师德标兵”提名奖，50位师德“五表率”先进个人，涌现出钱桥学校不当金领甘当乡村教师的包蓓姹等师德优秀典型，有53名教师获上海市园丁奖。推进“135”职初教师培养工程，完成298名一年期教师、230名三年期职初教师、103名五年期教师区级考核工作，开展见习教师规范化培训试点工作，新教师进入11所基地学校参加脱产培训。推进“128”骨干教师培养工程，14个高研班近600名教师参加培训学习。推进“123”名优教师提升工程，加强4个特级校长(名园长)工作室和4个特级教师工作室建设，30名校长和32名教师参加培训；开展新一轮奉贤区教育系统“双名三优”评选奖励工作，共评选出612名“双名三优”教师。开展以“创新转型，和谐发展”为主题的教育系统暑期党政负责干部研修班，选送1名校长赴新加坡攻读教育管理硕士学位学习，推荐2名校长参加“美国加州影子校长”培训，2名校长参加2012年中德校园危机管理高级研修班。确定区域教师专业发优秀学校和示范学校评价标准，启动“十二五”教师专业发展学校创建活动。

(侯元丽)

[格致中学奉贤校区开工建设] 11月28日，上海格致中学奉贤校区开工仪式在南桥新城举行。格致中学奉贤校区位于南桥新城中心区域，校区总用地面积86651平方米，总建筑面积62466.4平方米，学校按照高标准的36班寄宿制高中建造。学校建成后，与黄浦区格致中学实施“教育资源共享，教学管理同步，整体综合联动”的一体化运作模式，以

上海格致中学奉贤校区开工仪式举行

招收奉贤区初中毕业生为主,面向全市招生。

(侯元丽)

[试点建立师德档案制度] 5月,区教育局制定《奉贤区中小学教师师德档案管理办法(试行)》。师德档案包括教师每学期师德小结和学年度师德总结,教师的个人自评、教师互评、领导打分、家长打分、学生打分等各类表格以及教师师德奖励和荣誉、处理情况记录等内容。通过建立师德档案,体现师德建设过程管理、量化管理。首批试点单位共30所学校。

(侯元丽)

[编撰《奉贤区教育系统劳模风采录》] 区教育局组织编写《魂系杏坛——上海市奉贤区教育系统劳模风采录》。全书约25万字,围绕"一个区、30年、这批人、那些事"主线展开,记录1983年以来奉贤教育系统13位上海市级以上劳模的典型事迹以及改革开放30年来奉贤教育变迁的轨迹。该书是《奉贤教育文化丛书》的开篇之作,《奉贤教育文化丛书》也是奉贤区教育系统继2011年发行《奉贤"贤文化"教育读本》后的第二套丛书。9月7日举行《魂系杏坛——上海市奉贤区教育系统劳模风采录》首发式。

(侯元丽)

[启动区"学科首席教师工作室"] "学科首席教师工作室"聘请7名市内外知名专家承担12名后备人选的培养工作("一对一"或"一对二"),计划用2年左右的时间,通过主题讲座、教学示范、专题实践和网络论坛,使他们成为专家型、研究型的优秀学科教师,引领和带动一大批教师的发展和成长。

(侯元丽)

[举办第十七届教学节] 9月,奉贤区举办第十七届教学节。本届教学节历时5个月,以"绿色课堂　快乐成长"为主题开展系列主题活动:举行以"绿色课堂　快乐课堂"为主题的名优校(园)长课程领导力论坛活动;举行以"温馨教室建设"为主题的德育现场会;开展校本特色课程建设展示;开展小学阶段快乐星期五"示范校、先进校、合格校"评选;举行资源联盟工作展示活动;开展奉贤区第一届、第二届中小幼教师专业技能高级研修班学员教学评比活动,推选区"教学新星"。

(侯元丽)

[推进中职学生创业孵化基地建设] 年内,区政府提出促进和扩大就业工作的实施意见,给予奉贤区青年创业培训费补贴、参与创业见习基地生活费补贴等支持创业政策,并首次将奉贤中等专业学校学生纳入其中。5月14日,区中职学生创业孵化基地在奉贤区中等职业学校揭牌。基地由奉贤区中等职业学校与上海光明村科技创业有限公司共同运作,学校设立覆盖创业潜力专业所有学生的"苗圃区",创立具有创业意愿学生学习的"孵化区",共同创立具有创业潜力学生实践培养的"成长区"(校内外创业实践基地);学校与创业成功的毕业学生企业建立联盟的"集聚区";建设"中职学生创业孵化基地"服务中心,对有志创业的中职学生提供指导和服务。揭牌仪式上,企业相关人士获颁"创业导师"聘书。

(侯元丽)

[泰国教育文化代表团到访] 5月14日,由泰国教育部教育委员会秘书长为团长的泰国教育文化代表团访问奉贤区,参观、了解了南桥镇社区学校西渡校区老年教育工作和奉贤中等专业学校实训工作。

(侯元丽)

[金汇学校与电影艺术学院合建基地] 5月9日,上海电影艺术学院音乐表演专业金汇艺术实习基地、钢琴演奏技能普及教育中心和张黎明钢琴调律维修教育基地揭牌仪式在金汇学校举行。上海电影艺术学院和金汇学校合作培养具有钢琴演奏特长和钢琴调律维修技能的人才。

(侯元丽)

[方言教材《傷傣话》发行] 9月21日,奉贤区方言教材《傷傣话:世界上元音最多的语言》首发式在金汇学校举行。傷傣话是奉贤的地区方言,被证明是世界上元音最多的方言。教材主编是生于奉贤区金汇镇的复旦大学现代人类学教授李辉和金汇学校校长洪玉龙。教材中收录的童谣、名人和风土等内容,再现了奉贤千年历史岁月;收集和整理了十分丰富生动的方言词汇,展现了金汇方言傷傣话的全貌;按照方言学的要求,用音标规范地将语言记录下来,并标明每个字、每句话读音的连续变调,使傷傣话得以被原汁原味地保护和传承下去。教材将作为金汇学校拓展型课程纳入教学计划,金汇学校成为上海第一所开展区域小方言教学的学校。

(侯元丽)

[“红豆豆”少儿艺术团赴德演出] 6月25日至7月4日，由奉贤区青少年活动中心“红豆豆”少儿艺术团25名学生组成的上海教育志愿者演出团，赴德国参加第23届德国里布尼茨-达姆加滕国际民间舞蹈节演出。此国际民间舞蹈节有德国、乌克兰等6个国家参赛。“红豆豆”少儿艺术团获得“最受观众喜爱奖”和“最佳音乐表演奖”两个金奖。“红豆豆”少儿艺术团每年免费招收艺术特长学生，聘请专业老师、专家传授演艺技能。

（侯元丽）

[获DI创新思维中国区总决赛第一] 12月7日至9日，2012—2013年度DI创新思维中国区总决赛在山东滕州举行，来自全国18个省市的266支队伍2000余名青少年参赛。奉贤中学7名学生组成的“一零一”团队获得中国区总决赛高中组第一名，直接取得赴美参加2013年5月全球总决赛的资格。DI(Destination Imagination)翻译成中文为“目的地想象力”，是一项旨在培养青少年实际创新能力的国际性教育项目。DI项目是由开发创造力与创造性解决问题能力的国际机构——DI协会于1983年在美国创立，2006年进入中国。

（侯元丽）

[获“中华优秀文化艺术传承学校”称号] 育秀实验学校获第一批“全国中小学中华优秀文化艺术传承学校”称号。育秀实验学校安塞腰鼓队成立于1999年，形成自编教材，列入育秀实验学校三、四年级的课程总表，配备专任教师。2008年，育秀实验学校的安塞腰鼓项目被评为奉贤区学校艺术教育特色项目，2010年安塞腰鼓校本课程又被评为区特色课程。

（侯元丽）

[撕纸艺术作品获奖] 5月27日，由上海市精神文明办、中国福利会指导组织的“喜迎十八大争当好少年”——2012年上海市少年儿童百米长卷团队主题画展演活动在东方明珠电视塔下举行。江海第一小学“灵动撕纸团队”以“祥龙齐飞　展望未来”为主题，用撕纸艺术来话说现代中华儿女的生活故事。团队作品获“最佳创意奖”。

（侯元丽）

[开展结对支教与帮扶] 选派5位优秀中青年教师赴云南省红河州红河县一中进行为期一年的支教工作。3月30日，上海市第十一批教师奉贤支教小组组长、奉贤区解放路幼儿园园长尤丽娜代表奉贤区教育系统爱心人士与红河县第一中学签订结对帮扶协议，资助29位贫困生每人每年2000元。区教育局局长陆建国等各自结对1名贫困学生。同时，奉贤区和陕西省汉阴开展结对帮扶，接受多批校长、骨干教师到奉贤区挂职研修。

（侯元丽）

附：区教育局驻地及负责人

（2012年1—12月）

地址：南桥镇古华路758号
邮编：201400
电话：37597001

区委分管领导：袁晓林(1月离任)、蒋震波(1月到任)
区政府分管副区长：钱雨晴

区教育局党委书记：陆　琴
　　　　副书记：张　杰

区教育局局长：陆建国
　　　副局长：褚继平、朱玉平、唐　瑛

崇明县

［**2012年概况**］ 全县共有中小学、幼儿园、职校和特殊教育学校109所。其中高中5所，完中3所(含2所民办)，九年一贯制学校3所，初中26所(含民办1所)，小学32所(含民办2所)，幼儿园37所(含民办2所)，职校1所，特殊教育学校2所。在校中学生20688人，小学生19141人，在园幼儿11221人，职校生3860人，特殊教育学生557人。全县共有教职工7566人，其中专任教师5596人。在职教师中，中级以上职称共有3068人，其中中学高级511人、中学一级1120人、小学高级1321人、职校中级116人。高中、初中、小学、幼儿园专任教师学历达标率分别为99.86%、99.49%、100%、100%。

加强干部队伍建设。完成创先争优活动总结和评优工作；研究实施学校中层干部职位设置方案；对111个单位、188名校长书记进行三年任期目标考核，调配新三年学校领导班子，涉及单位68个，占单位总数的61.3%，涉及人员117人；完成35个基层党支部换届公推直选工作；举办新任领导干部等5个培训班，启动与上海交大海外教育学院合作的队伍建设提升工程。

加强师资队伍建设和管理。引进各类师资200人，系统内调动175人，辞职84人；开展绩效工资实施情况调研和其他事业单位实施绩效工资的前期准备；制定《崇明县教育系统2012—2016年人才发展实施意见》；全年共举办67个课程项目培训班，培训教师2800多人次，遴选32名优秀校长和优秀教师参加市双名工程培训；开展崇明县“十二五”首批教师教育基地学校评审工作，组织189名新教师开展为期一学年的见习教师规范化培训；实施《崇明县骨干教师管理与考核评价办法》，4名教师获市特级教师称号，规范名师工作室管理；完成441人初级职务、453人中级职务、168人高级职务的聘任工作。

加强德育教育，优化未成年人成长环境。召开县德育工作会议，制定学校德育、学校心理健康教育、中小学家庭教育指导等三项“十二五”规划，以及班主任队伍建设、星级班集体创建、法制教育工作等3个实施意见；成立崇明县德育专家小组；进一步深化“两纲”教育，完成市级课题《区域整体推进“走近中华经典”民族精神教育的实践研究》；投资330万元对10所中小学进行标准化心理辅导室建设；建立近1万人的特殊家庭学生基本信息库，制订并实施8个针对特殊家庭子女教育的实施方案。

继续实施新一轮“学前教育三年行动计划”。加强对看护点和民办三级园的管理和指导；探索莺莺幼儿园集团办学模式；启动实验幼儿园与上海思南路幼儿园的合作办学项目；举办“亲子嘉年华”系列活动、第一届崇明县03健康宝宝评比和03早教自制教玩具评比活动；参加第十五届全国多媒体教育软件大奖赛，获二等奖和三等奖各一个。

促进义务教育优质均衡发展。开展新优质学校创建工作；继续探索城乡结对办学模式，新增2个“集团式办学”教育集团，确定24所学校开展第二轮结对联动工作；建立基础教育均衡发展专题网站；推进与黄埔、静安两区的深度合作；为进城务工人员随迁子女提供优质教育，完成公办学校接收民办新桥小学分流学生工作。

进一步落实课程改革要求。完成市教委、市教研室“课程与教学”视导并落实整改措施；试行小学生学业质量绿色指标；推进落实课程领导力三年行动计划，开展中学校本课程征集评选，建立13所乡土课程实践基地学校，1个乡土课程学校联盟；制订教育信息化“十二五”规划；继续做强教育特色，将“今天行动计划”与“快乐活动日”整合，在全县小学全面推进，继续完善各学段“生态崇明”课程建设；继续加强特殊教育，完成培林学校搬迁工作，开展全县随班就读教师专题培训，举办县特殊学生运动会；2012年小学毕业考试合格率为96.31%，中考合格率为95.24%。

加强职业学校内涵建设。成立县职教集团，促进职业教育进一步贴近市场和社会需求；加强职业学校专业调整和建设；优化师资结构，组织50多名教师到企业第一线实训，提高教师职称结构和“双师型”教师比例；做好招生就业工作，拓展面向外省市的招生力度，2009级学生就业率达98%以上。

做好社区教育工作。完善社区教育组织网络；

"终身学习推进员"制度工作开始试点;继续办好老年大学和乡镇老年学校,全县接受教育的老年人占总数的40%;开展思想道德、法律法规、健身养生等各类培训,全年培训8万人次。

推进校舍设施改造。全面推进实事项目:第一轮中小学校安工程2012年度实施的5个项目中4个已完成,1个项目启动施工招标工作,新建城桥24号地块幼儿园投入使用,新建裕安社区配四地块幼儿园项目室内装潢及室外工程基本完成。重点工程进展顺利:由建筑工务署代建的江帆小学、裕安社区小学、上海工程技术管理学校长兴校区、长兴丰产幼儿园、长兴先锋幼儿园等5个项目完成前期工作,新建长兴平安小学项目启动施工招标工作,新建陈家镇幼儿园完成二层砌筑。重要项目基本完成:完成培林学校迁建工程和东平青少年基地建设改造工程,完成县教师进修学校迁建工程前期工作;设备装备不断改善:完成全县各高考考点标准化信息管理系统建设工程,完成9所中小学心理咨询室标准化建设,为6所中小学增配录播教室,完成全县各幼儿园信息化教学环境建设工程,更新全县中学课桌椅,完成各中小学、幼儿园技防监控系统建设工程,为边远地区中小学装备24辆正规校车。

加强依法治教力度。落实党风廉政建设责任制,完善述职述廉长效机制,开展党风廉政建设专题教育,落实谈心谈话制度,加强机关作风建设;巩固教育收费工作创建成果,对2011年规范教育收费检查反馈意见进行整改;加大审计力度,规范财务管理,完成202个项目审计;完成20所中小幼学校办学水平综合督导,15所学校督导回访,开展学校内涵发展状况义务教育阶段学校招生入学工作等专项督导;完成与各乡镇和有关委办局履行教育职责的签约工作以及《2011年度崇明县政府履行教育职责公示公报》的制订;依法办理民办学校的审批、变更、解散等手续,完成对社会力量办学单位的年检工作,完成规范办学专用账户开户工作,关闭民办新桥小学。

(梅湘瀛)

[召开第六届教师教育科研成果颁奖会] 3月28日,县教育局举行第六届教师教育科研成果颁奖会。本次评奖收到教科研成果847项,其中实践成果738项、理论成果109项。经终审后评出实践成果一等奖21项、二等奖47项、三等奖109项;理论成果一等奖11项、二等奖24项、三等奖24项。

(梅湘瀛)

[县实验中学游泳馆建成使用] 4月11日,县实验中学游泳馆建成使用。游泳馆占地面积10254平方米,建筑面积6386平方米,总投资7641万元,建有25米×50米标准游泳池1个和16米×25米训练游泳池1个。

(梅湘瀛)

学生在县实验中学新建的游泳馆上游泳课

[实施小学游泳课程] 年内,县教育局在全县小学实施三、四年级学生游泳课程。4月,遴选17所小学进行游泳课程试运行。培训对象为三年级学生,涉及人数1749人,培训时间为10课时,每课时1小时。9月,在余下的15所小学中正式实施游泳课程。培训对象为四年级学生,涉及人数1400人,培训时间为15课时,每课时1小时。

(梅湘瀛)

[获全国区域推进班集体建设突出贡献奖] 4月20—21日，全国首届班集体建设经验交流大会在浙江举行。崇明县作了“传承坚守，创新发展——扎实有效地推进现代班集体建设”的交流发言。崇明县获得全国区域性推进班集体建设突出贡献奖，县教育局副局长黄慧被授予全国区域推进班集体建设突出贡献奖。

(梅湘瀛)

[委托培养学前教育本科师范生] 为缓解崇明县学前教育师资紧缺状况，县教育局与上海师范大学协商并经市教委批准，从2012年起至2014年，以订单式培养方式每年委托培养30名上海籍学前教育专业(本科)师范生。4月29日，上海师范大学与县教育局举行学前教育专业(本科)师范生考前面试工作，237名考生通过了面试。5月6日，211名学生与县教育局签订了定向师范生培养协议。2012年实际招生31名。

(梅湘瀛)

[举办第二届03亲子嘉年华活动] 5月20日，县教育局举行“亲子嘉年华，快乐趣无限”崇明县第二届03亲子嘉年华主题活动。全县18个乡镇的300多户亲子家庭参与活动，各乡镇的分管领导及早教指导站负责人、志愿者等300余人参加活动。活动分7个活动区，有专家咨询、智力竞赛、亲子游戏、自制教玩具展示等综合活动项目。

(梅湘瀛)

[俞正声看望新村学校师生] 5月30日，中共中央政治局委员、上海市委书记俞正声到新村学校看望师生。俞正声了解学校情况，察看食堂，与师生进行交谈，了解师生的工作、学习和生活情况。

(梅湘瀛)

[开展崇明教师精神大讨论] 5月至6月，县教育局党委、教育工会组织开展崇明教师精神网上大讨论活动。在崇明教育信息网上制作专题网页，发动全县教师参与讨论。活动中共有教师发帖1714条，点击次数达2.5万多。经讨论，确立了“敬业、奉献、坚守、进取”8个字作为崇明教师精神，并作为第28届教师节庆祝大会主题进行宣传。

(梅湘瀛)

[与黄浦区签约学前教育合作项目] 6月13日，黄浦区与崇明县就合作建设崇明学前教育优质品牌项目在崇明签约。合作项目两个：一是黄浦区教育局和崇明县教育局在陈家镇合作建设上海市东滩思南路幼儿园。幼儿园由崇明县筹资新建，占地约约1.4万平方米，建筑面积7200平方米，规模为16班，幼儿园冠以思南路幼儿园教育品牌；二是由黄浦区教育局“上海市学前教育研究所”与崇明县实验幼儿园项目合作，打造崇明县实验幼儿园优质品牌。

(梅湘瀛)

[实验幼儿园新园舍建成使用] 9月1日，实验幼儿园新园舍建成使用。实验幼儿园占地面积8700平方米，建筑面积5796平方米，办学规模15个班。

(梅湘瀛)

[培林学校新校舍建成使用] 9月1日，培林学校新校舍建成使用。学校新建校舍4755平方米，改造原有校舍2362平方米，总投资2194万元，办学规模18个班。

(梅湘瀛)

[表彰优秀教师] 在9月6日举行的第28届教师节庆祝大会上，对2011年度崇明县优秀教师进行了表彰。2011年度，共有147位教师获“从事教育工作三十年”荣誉证书，10位教师获“崇明县第三届十佳班主任”称号，117位教师获县行政记大功奖、465位教师获行政记功奖，45位教师获上海市园丁称号、130位教师获崇明县园丁称号。

(梅湘瀛)

[聘请首批外籍教师] 县教育局购买服务，向具有5A级资质的博世凯进修学院聘请外籍教师到崇明执教。9月10日，6位外籍教师分别派往崇明中学等6所中小学执教，服务期一年。此外，还将组织外籍教师到县内其他学校进行交流、培训，让优质资源向其他学校辐射。

(梅湘瀛)

[举办学生文化艺术节] 3月，举行县学生文化艺术节。艺术节历时9个月，分别举办了舞蹈、器乐、声乐、课本剧、朗诵、艺术单项等专场比赛，全县60多所中小学3000多人次学生参加了比赛。11月29日举行艺术节闭幕式，近500名学生参加展演。

(梅湘瀛)

[成立职业教育集团] 11月28日,县召开职业教育集团成立大会。职业教育集团由崇明县人民政府组建,设立指导委员会和理事会。分管教育副县长担任指导委员会主任,县教育局局长担任副主任,县委、办、局及产业园区共13家单位的分管领导为委员;理事会由县教育局局长担任理事长,上海第二工业大学机电工程学院等17家单位为常务理事,上海法维莱交通车辆设备有限公司等31家单位为理事。

(梅湘瀛)

[制定人才发展实施意见] 根据《崇明县2012—2016年重点地区、重点领域人才发展实施计划》,县教育局制定《崇明县教育系统2012—2016年人才发展实施意见》,提出了教育高层次人才引进、培训和教师队伍结构优化两大计划。计划在2012—2016年期间引进、培养高层次人才25名。其中引进学科类高层次人才5名、科研类高层次人才2名,柔性引进教育名家15名,新增特级校长1名、特级教师2名。新建名师工作室4个,使名师工作室逐步覆盖各学段学科,推进教师高一层次学历培训工作。

(梅湘瀛)

[创建县级新优质学校] 年内,开展县级新优质学校创建工作,30所中小学校申报创建。12月,邀请市新优质学校项目组领导和专家对申报学校进行评审,确定9所小学、10所初中为县级新优质学校创建单位,加上2所市级新优质学校,全县共创建市县级新优质学校21所,占全县义务教育阶段学校的三分之一。

(梅湘瀛)

[建成中小学生教育保护系统平台] 年内,县教育局开展中小学生教育保护系统平台建设工作。6月,完成"崇明县中小学生教育保护系统"平台框架设计,7—8月,县教育局信息中心完成程序编写等研发工作,11月底,系统正式启用。到2012年底,平台初步实现10项系统功能。

(梅湘瀛)

附:县教育局驻地及负责人

(2012年1—12月)

地址:城桥镇新崇北路308号
邮编:202150
电话:59621724

县委分管常委:郝炳权
县政府分管副县长:王　菁

县教育局党委书记:姚李超
副书记:黄　强

县教育局局长:黄　强
副局长:陆惠星、黄　慧、黄乃华

高 等 学 校

复旦大学

［2012年概况］ 复旦大学有直属院(系)28个(不含继续教育学院和网络教育学院),附属医院11所,设有本科专业70个,一级学科博士学位授权点35个,一级学科硕士学位授权点42个,博士专业学位授权点2个,硕士专业学位授权点24个。博士后科研流动站35个,一级学科国家重点学科11个,二级学科国家重点学科19个。在校普通本、专科生12779人,硕士研究生10490人,博士研究生5109人,留学生3335人(其中攻读学位的留学生2258人)。招收普通本、专科新生3121人;招收研究生5052人,其中硕士研究生3722人,博士研究生1330人。有专任教师2356人、专职科研人员285人。有中国科学院、中国工程院院士37人,教育部"长江学者奖励计划"特聘教授62人、讲座教授35人,"国家重点基础研究发展计划(含重大科学研究计划)"项目首席科学家29人。

一、学科建设。继续推进"985工程"三期建设工作,上报复旦大学《新一轮"985工程"服务地方经济社会发展重点建设项目申请书》及《新一轮"985工程"服务地方经济社会发展重点建设项目投资计划表》;完成"211工程"三期国家验收工作,30个重点学科建设项目全部通过验收,最终形成《复旦大学"211工程"三期重点学科建设项目总结报告》;启动医学中长期发展规划的编制工作,形成《复旦大学医学学科现状及发展潜力研究》报告;组织完成国家中医药管理局"十二五"中医药重点学科建设点增设申报工作;初步完成服务上海行动计划、创新走廊计划;组织完成上海高校一流学科的申报工作,4个学科入选上海高校一流学科(A类)建设计划,20个学科入选上海高校一流学科(B类)建设计划。

二、教育教学改革。①全年开设本科课程共3189门、5564门次,其中通识教育核心课程开课215门次。小班化教学课程、研讨型课程的比例进一步提高;稳步推进全英语课程建设,培育出历史与文化、社会与政治、经济与管理、科学与技术四个模块160门全英语课程。全校共获得国家级奖项和项目共57项(1项教学改革、2项人才培养、54部"十二五"国家级规划教材)、上海市级奖项和项目17项(2项人才培养、3项全英语教学示范课程、4项上海高校本科重点教学改革项目立项、7门上海市精品课程、1项上海市高等教育学会教改项目)。②深入拓展"望道计划",推进基础学科拔尖人才培养工作。借助985资金支持,将望道计划拓展到中文、哲学、历史学3个文科基础学科的人才培养工作,并根据文科基础学科的特点形成相应的拔尖人才培养方案。全年共资助立项各类课题372项,其中"莙政"课题45项、"望道"课题101项、曦源项目226项。截至年底,课题结题学生在国内外学术期刊发表论文24篇,其中第一作者文章16篇。③推出"登辉计划",完善本科生创新创业实践教育平台建设。截至2012年底,共有55个各类项目提交申请报告,其中16个项目获得立项资助。④全年招收学历教育研究生5372人,其中硕士研究生4008人(含港澳台生47人,外籍生292人,少数民族骨干生15人)、博士研究生1364人(含港澳台生8人,外籍生34人,少数民族骨干生20人),招收非学历教育研究生1535人。新增税务、保险、学科教学、出版4种硕士专业学位招生类型。大陆地区学历硕士生中含学术型1756人、专业型1913人,专业型招生人数首次超过学术型,研究生招生结构得到进一步调整。继续推进招生改革,医学相对独立招生;"长学制"招生改革新增脑科学研究院为试点单位;在2012年度研究生招生报名中首次试行报考信息网上确认;扩大夏令营活动计划,有16个夏令营开营,学校投入资助资金119万元(实际支出154万元),1243名优秀大学生获得夏令营活动资格,预录取推免生656人。⑤11月5日,学校发布《关于深化医学教育管理体制改革的若干意见》,全面启动医学教育管理体制建设工作。

三、科学研究和科技成果转化。①到款理、医科科研经费110556万元。获立科研项目1537项,其中国家重大科学研究计划项目5项,国家科技重大专项课题6项;卫生行业科研专项3项;环保部公益性行业科研专项1项。获批国家自然科学基金574项,其中国家自然科学基金面上项目319项,青年科学基金171项,国家杰出青年科学基金项目6

项，优秀青年科学基金项目13项，重点项目8项，重大研究计划重点项目2项，重大国际（地区）合作研究项目3项，海外及港澳学者合作研究基金9项（其中两年期资助项目8项，延续资助项目1项），重大研究计划培育项目10项、重点项目3项、集成项目2项。获得教育部博士点基金博导类项目资助39项，新教师类项目资助45项，优先发展领域课题2项；教育部“新世纪优秀人才支持计划”20项，其中理工医科13项；教育部创新团队1项；教育部留学回国人员科研启动基金30项，理工医科23项。获财政部、教育部“中央高校基本科研业务费专项资金”5410万元。新增3个上海市重点实验室，学校在建的上海市重点实验室增至10个。学校培育组建7个协同创新中心。2011年发表SCI论文2392篇。2011年SCI论文中有4172篇论文被引用，共被引用15803次，位列全国高校第5，科技论文篇均引用次数为3.79次，列全国高校第3。申请国内专利634项，授权专利数量427项，其中发明专利405项。全校累计有效专利（维持中）1230项。已完成计算机软件著作权登记24项。②文科科研到款经费总数14899.97万元，科研项目立项总数157项，其中国家社科基金项目62项，教育部人文社会科学规划项目67项，上海市哲学社科规划课题28项，其中获国家社科基金重大项目16项。出版著作311部，发表论文2570篇，其中在国外学术刊物发表论文193篇，提交研究报告88篇。获得省部级以上科研成果奖励104项。有1项成果入选国家社会科学基金成果文库。有7人入选2010年度教育部新世纪优秀人才支持计划。24个项目获得上海市浦江人才计划项目资助，位居上海市高校第一。有5人入选上海市教委曙光学者计划，4人入选上海市教委晨光学者计划。组织派遣8人参加教育部高校哲学社会科学教学科研骨干研修班的学习。③与地方和企业的合作。其中科研经费到款1.82亿元，比2011年增长11%，签订产学研合同451个，比2011年增长6.4%，签订合同额大于50万的项目54个，比去年增长31%；专利转让/许可8项。新建校企联合实验室/联合中心6个。加强与国有大型企业开展对接和合作，与中航集团签订共建“复旦—中航工业供应链研究院”合作备忘录，与金川集团签订“复旦—金川全面合作协议”；与国有大型企业开展项目合作，立项23项，立项金额1352万元；与国外知名企业开展项目合作31项，立项金额1300万元。组织开展和上海市及各地政府的合作，与宁波市政府共建复旦大学宁波研究院，推进复旦大学张江研究院的建设。技术转移中心在长沙市、上虞市、金华市、长兴县等地建立技术转移工作站。

四、师资队伍建设。推进实施各项人才计划。学校新增“千人计划”9人、“长江学者”5人、“青年千人计划”三批共21人、“青年拔尖千人”7人、杰出青年基金6人；上海“千人计划”15人、“东方学者”11人、上海“领军人才”9人。全年新进163人，其中教学科研人员99人，思政15人，行政19人，其他教辅人员（含专业技术人员）30人。教学科研人员中，引进人才39人，一般新进教学科研人员中，有海外留学经历的人员28人，国内博士后14人，其他人员18人。深化教师高级职务聘任改革，全面推行“代表性成果”评价机制，制定《复旦大学教师高级职务聘任实施办法（试行）》。构建可持续发展的校院两级教师培养体系，支持教师全面发展。完善校内薪酬体系，推行“三元薪酬结构”，稳步提高教职工收入。规范调整租赁制岗位功能定位，做好租赁制人员在编聘用工作。调整与民生相关人事政策，改善教职工福利待遇。

五、附属医院工作。共有医院职工17416人，核定床位9110张。有国家重点学科32个，国家临床重点专科41个，上海市临床医学中心9个，上海市医学重点学科11个，上海市医学重点专科10个，上海市临床医疗质量控制中心27个。有中国科学院院士3人（沈自尹、王正敏、葛均波），中国工程院院士4人（汤钊猷、陈灏珠、顾玉东、周良辅）。全年门急诊服务量18415941人次，期内出院人数416488人，住院手术服务量232447人次。全面推进住院医师规范化培养工作，共招收住院医师513人。

六、深化国际化办学。全年到访各类境外代表团共293批次1721人次，其中包括校长20人，副校长25人，各国政要32人。派出交流学生2316人，接收各类外国留学生6592人。共召开54次国际学术会议，来访长期专家103人，各类短期专家680人，新增“名誉教授”等荣誉称号的专家11人。“学科创新引智计划”3个，教育部海外名师项目1个，上海市智力引进项目32个，复旦大学海外优秀学者授课项目40个。2012年度申报由国家外国专家局组织的外专千人计划1个，高端外国专家项目10个。经外事处组织申报，学校获批2位“外专千人”专家，其中，数理平台教授David Waxman获颁“国家特聘专家”证书。附属儿科医院加拿大籍教授Shoo Kim LEE（李树锦）获得2012年上海市白玉兰纪念奖。与17所境外大学或机构新签校际协议，新发展的境外大学和机构包括俄罗斯联邦国家高等经济研究大学、美国国家人文中心等，开展实质性的合作和交流。

七、校友、校董和筹资工作。复旦大学通过校友、校董及社会各界获得的捐赠包括：复旦大学财务处捐赠收入6185.6万元（包括来自上海复旦大学教育发展基金会捐赠的4327.6万元和复旦大学教育发展基金会（海外）捐赠的119.4万元）；上海复旦大学教育发展基金会接受社会捐赠收入7107.2万元；复旦大学教育发展基金会（海外）接受社会捐赠收入559万美元，折合人民币约3483万元。

八、后勤保障工作。①加强多媒体设施和信息化教学平台的维护和更新。2012年，多媒体教室管理室面向全校师生开放公共多媒体教室330间；计算机教学实验室管辖用于计算机基础教学课程的机房三间共324座、用于大学公共英语教学的语音实验室七间共360座、用于一般教学的多媒体教室两间以及用于学生课余上机实习的开放机房数间。②全年校园基础设施建设在建项目总建筑面积47416平方米，总投资27052万元，完成基本建设投资7138万元。完成邯郸校区学生宿舍、教学楼空调安装，枫林校区学生宿舍和第一、二教学楼空调安装，邯郸校区2、6号楼书院建筑改造大修工程，枫林校区临时运动场新建工程。③完成教学楼和学生公寓电力扩容改造，加快节能低碳的技术改造；整体租赁公共租赁房纳入学校教师公寓住房保障体系。

九、学生多次获奖。①第36届ACM国际大学生程序设计竞赛全球总决赛中，计算机科学技术学院冯国栋、黄磊、洪骥参加获第36名。2012年高教社杯全国大学生数学建模竞赛上，2个参赛队获全国一等奖，2个参赛队获全国二等奖；在第三届全国大学生数学竞赛（决赛）上，获全国一等奖2名、二等奖3名、三等奖1名；2012年全国大学生电子设计竞赛嵌入式系统专题邀请赛（英特尔杯）上，1个参赛队获得全国三等奖，电子设计竞赛模拟电子系统专题邀请赛（TI杯）上，2个参赛队分获全国二等奖和三等奖；第29届全国部分地区大学生物理竞赛上，获上海市特等奖2名、一等奖8名；2012年全国高校俄语大赛获得低年级组三等奖1名，高年级组优胜奖1名。2012年第三届全国高等医学院校大学生临床技能竞赛全国总决赛获得三等奖；第二届全国大学生基础医学创新论坛暨实验设计大赛，获得实验设计大赛三等奖2名、实验设计大赛优秀奖2组、基础医学创新论坛三等奖1名、基础医学创新论坛优秀奖1名。②在第八届“挑战杯”中国大学生创业计划竞赛上取得1金2银；在“全国第三届大学生艺术展演活动”上，送演节目分获声乐组、舞蹈组、器乐组、戏剧组四项一等奖；在中国田径室内大奖赛暨亚洲室内田径锦标赛上，新闻学院研究生赵婧、本科生金源代表上海队参赛，分获国内女子1500米冠亚军。赵婧代表中国队在女子800米比赛中获得亚洲室内锦标赛冠军。③1篇博士学位论文入选2012年全国优秀博士学位论文，另有11篇博士学位论文入选全国优秀博士学位论文提名论文。

（甄炜旎）

［新增技术科学试验班］ 学校跨院系大类招生培养新增技术科学试验班。该大类涵盖信息科学与工程学院、计算机科学技术学院下设的8个本科专业。学校跨院系（专业）大类招生培养的专业达到42个，在读学生2130人，达到一年级学生的三分之二，跨专业培养成为本科教育教学的主流模式。

（甄炜旎）

［获4项国家科学技术奖］ 环境与科学技术系庄国顺课题组完成的项目“中国大气污染物气溶胶的形成机制及其对城市空气质量的影响”，获国家自然科学二等奖。物理学系龚新高课题组完成的项目“金笼子与外场下纳米结构转变的研究”，获国家自然科学二等奖。基础医学院宋志坚课题组完成的项目“人脑动态建模、定位与功能保护新技术及其在神经导航中的应用”，获国家技术发明二等奖。附属中山医院樊嘉课题组完成的项目“肝癌肝移植术后复发转移的防治新策略及关键机制”，获国家科技进步二等奖。

（甄炜旎）

［组建7个协同创新中心］ 培育组建“脑功能重塑协同创新中心”、“金砖国家合作与全球治理协同创新中心”、“通用高分子材料高性能化协同创新中心”、“遗传学协同创新中心”、“新型自旋器件及应用协同创新中心”、“代谢性疾病协同创新中心”、“病原微生物感染研究协同创新联合中心”7个协同创新中心。

（甄炜旎）

［3位教授获哲学社会科学学术贡献奖］ 中国语言文学系教授王水照、国际关系与公共事务学院教授陈其人、经济学院教授洪远朋获上海市第十一届哲学社会科学学术贡献奖。

（甄炜旎）

[6 位教授应邀担任达沃斯论坛“全球议程理事会”理事] 美国研究中心教授吴心伯，经济学院教授张军、陈钊，管理学院教授陆雄文、徐以汎，国际关系与公共事务学院教授刘建军应瑞士达沃斯论坛邀请，担任该论坛的智囊机构“全球议程理事会网络(The Network of Global Agenda Councils)”旗下的理事会理事。全球议程理事会理事的职责包括：跟踪全球发展趋势，识别全球风险，提出应对全球挑战的想法与建议等。

(甄炜旎)

[1 项成果入选国家哲学社会科学成果文库] 经济学院教授田素华主持完成的研究成果《外商直接投资进入中国的结构变动与效应研究》入选 2012 年度国家哲学社会科学成果文库。

(甄炜旎)

[多篇论文在国际顶级学术刊物发表] 1 月，《循环》(Circulation)杂志发表王红艳课题组研究论文《甲硫氨酸合成还原酶基因内含子上的功能性遗传变异显著增加中国汉族人群先天性心脏病发病风险》；2 月，《科学》(Science)杂志刊载李辉课题组与陶寰合作研究成果《反驳语音多样性支持语言从非洲扩张的系列奠基者效应》(Comment on Phonemic diversity supports a serial founder effect model of language expansion from Africa)；4 月，《细胞》(Cell)子刊 Cell Sterm Cell 在线刊登马丽香研究成果 Cell-Derived GABA Neurons Correct Locomotion Deficits in Quinolinic Acid-Lesioned Mice；7 月，《临床癌症研究》(Clinical Cancer Research)杂志在线刊载陈海泉课题组论文 The Use of Quantitative Real-Time Reverse Transcriptase PCR for 5′ and 3′ Portions of ALK Transcripts to Detect ALK Rearrangements in Lung Cancers；9 月，《神经科学杂志》(Journal of Neuroscience)先后刊载彭刚研究团队最新研究成果《Robo2-Slit 和 Dcc-Netrin1 协同调节神经元在胚胎神经束中的轴突导向》，及王中峰、孙兴怀、杨雄里率领的视网膜研究团队研究成果《代谢型谷氨酸受体介导的内向整流钾通道抑制参与慢性高眼压视网膜胶质细胞激活》。

(甄炜旎)

[北卡罗来纳大学系统总校校长到访] 3 月 19 日，美国北卡罗来纳大学(以下简称北卡大学)系统总校校长汤姆罗斯(Tom Ross)携校董会董事一同访问复旦大学。校长杨玉良接待了罗斯一行。美国北卡大学系统和复旦大学一直保持着密切的合作，部分项目合作已逾 10 年。该次访问主要通过了解境外高校和机构在复旦大学代表处的运行情况，进一步发挥复旦北卡大学系统(UNC)办公室在北卡与中国合作中的作用。

(甄炜旎)

[香港大学内地学习千人计划启动仪式在校举行] 4 月 26 日，香港大学内地学习千人计划启动仪式在复旦大学举行。教育部副部长郝平，香港大学校长徐立之，复旦大学校长杨玉良，以及上海交通大学、同济大学、上海财经大学代表出席活动。复旦大学在教育部统一部署下，调动校内资源，统筹协调各个部门，进一步扩大接收香港大学生的规模，以合作课程、合作科研等方式，为两校学生提供特色课程和科研、社会服务机会，全面加强与香港大学的战略合作。

(甄炜旎)

[开展校媒、校省、校企合作] 4 月 26 日，与人民日报社签署全面合作协议，双方将在服务国家战略、党报人才培养、《人民日报》扎根校园、新闻学科发展、展示大学形象等 5 个方面开展深度合作。8 月 10 日，与福建省政府签订战略合作协议，双方将在人才培养、决策咨询、科技创新、医疗卫生和生态环境保护与开发利用等方面加强合作。10 月 18 日，与甘肃省政府签署战略合作协议，双方将在教育、科技等重点领域实现高层次校省互动。此外，学校还先后与中航集团、金川集团等开展各种形式的深入合作。

(甄炜旎)

[举行上海数学中心揭牌暨奠基仪式] 该仪式于 5 月 13 日在江湾校区举行。中共中央政治局委员、国务委员刘延东发来贺信。中共中央政治局委员、上海市委书记俞正声出席并为数学中心揭牌。该中心依托复旦大学建设，围绕纯粹数学和数学与其他学科的交叉领域中的一些重要前沿课题展开深入研究。

(甄炜旎)

[举办“上海论坛 2012”] 5 月 26 日，“上海论坛 2012”在上海西郊宾馆开幕，会期三天。会议由复旦大学主办，韩国高等教育财团赞助。上海市委副书记、市长韩正出席论坛开幕式并致辞。论坛

复旦大学上海医学院举办第二届亚太地区 PBL 联合学术研讨会

主题为“未来十年的战略”，下设 10 个分论坛和 3 个高端圆桌会议。来自全球 30 多个国家和地区的 400 多名代表展开广泛、多维和深入的研讨。闭幕时发表《上海论坛共识》。

（甄炜旎）

［**调整合并部分机构**］ 7 月 11 日，学校对部分机构进行调整、合并。组建学校办公室，党委办公室、校长办公室职能整合，机构并入；组建新的发展规划处，原发展规划处、学科建设办公室职能整合，机构并入；组建新的复旦学院（本科生院），原复旦学院、教务处、本科生招生办公室、现代教育技术中心和学生服务联合体教材中心职能整合，机构并入；组建党委党校办公室；保卫处、武装部合署办公；组建孔子学院办公室，与外事处合署办公；组建新的资产经营公司，产业化与校产管理办公室、原资产经营有限公司职能整合，机构并入；校产党总支更名为资产经营有限公司党总支。部分机构职能归属进行调整。学生服务联合体除教材中心外，其他职能分解并入学生工作部（处）、研究生工作部（处）；教职工住房分配管理委员会、住房制度改革办公室、教师公寓租赁办公室的职能并入总务处；不再保留“985 工程”创新平台基地管理办公室，相关职能并入科技处。对医学相关机构设置进行调整。新的上海医学院作为学校党政的派出机构，代表学校统筹大医口的发展；新的上海医学院下设五个管理办公室，作为学校相关职能部门的延伸，根据学校授权，独立地行使医学相关管理职能；原上海医学院更名为基础医学院。

（甄炜旎）

［**举办第二届亚太地区 PBL 联合学术研讨会**］ 10 月 24—28 日，复旦大学上海医学院在上海光大会展中心举办第二届亚太地区 PBL（Problem Based Learning，基于问题的学习）联合学术研讨会。来自泰国、日本、马来西亚、新加坡、美国、加拿大等国家和中国香港、台湾地区的 500 余名代表参会。会议主题为“创新、整合、实施”，分为会前工作坊、主旨报告、专题研讨会、辩论会、口头报告和壁报展示等 6 个环节。与会代表展示各自在医学教学理念上的创新和教学方法上的改革成绩。

（甄炜旎）

附：学校负责人及地址

（2012 年 1—12 月）

校党委书记：朱之文
副　书　记：陈立民、刘建中、王小林

校　　　长：杨玉良
常务副校长：陈晓漫
副　校　长：蔡达峰、桂永浩、许　征、金　力、冯晓源、陆　昉、林尚立

邯郸校区地址：邯郸路 220 号
邮编：200433
电话：65642222

枫林校区地址：医学院路 138 号
邮编：200032
电话：54237900

张江校区地址：张衡路 825 号
邮编：201203
电话：51355003

江湾校区地址：淞沪路 2005 号
邮编：200438
电话：51630011

复旦大学上海视觉艺术学院

［2012年概况］ 学校有设计学院、新媒体艺术学院、时尚设计学院、美术学院、表演艺术学院、文化创意产业管理学院、基础教育学院7个专业学院，院务部、教务部、科研部、产业发展部4个管理部门，实训管理中心、图文信息中心、国际艺术交流中心3个业务中心，共有教职工310人(不含兼职教师)，在校学生3700余人。

一、增列为上海市高校学士学位授予单位。6月6日，经上海市教委学位委员会组织的专家组对学校申报学士学位授予单位的评审，学校被上海市教委学位委员会正式增列为上海市高校学士学位授予单位。获得学士学位授予权的10个专业为广告学、艺术设计、广播电视编导、动画、摄影、绘画、雕塑、表演、文化产业管理、播音与主持艺术。

二、转设申请工作。经与母体学校复旦大学协商，经学校董事会同意，学校向上海市教委正式提出转设申请从独立学院转设为民办普通本科高等学校。5月，市教委组织专家组对学校申请转设工作进行实地考察评估，并批复同意学校的转设申请，经市政府同意，报教育部审批。12月13日，国家教育部组织转设评审专家组到学校考察、评估。

三、教育发展基金会成立。12月5日，经上海市社会团体管理局批准，“复旦大学上海视觉艺术学院教育发展基金会”成立。

四、参加国内外大赛获奖。5月27日，设计学院产品设计专业学生设计的作品“启明星盲人阅读器”获“太湖杯”无锡工业设计大赛创意组一等奖；5月22日，设计学院包装传播设计专业学生设计的“龙腾千禧年—红双喜”、“龙凤呈祥—新郎酒”在东方之星“香港永发杯”包装设计大赛中，获学生组烟包装类和酒包装类全场双项金奖；8月，设计学院会展专业学生的作品“时光写真馆—胶片摄影展览策划与设计”获中国建筑艺术“青年设计师奖”学生组作品展示设计类唯一金奖；9月，设计学院室内与景观专业方向2012届4位毕业生的毕业设计作品获得第十届中国高等学校环境设计学年奖；9月25日，新媒体学院摄影专业学生的作品《瞧》在以“回归·超越”为主题的第12届平遥国际摄影大展中获芝加哥哥伦比亚学院摄影系特别奖；10月19日，设计学院工业设计专业教师的“可验血型创可贴”设计作品获得“2012红点设计概念奖”；11月，新媒体艺术学院播音与主持艺术专业学生在第六届校园金话筒主持人大赛中获得新闻组金奖；11月22日，设计学院包装传播设计专业学生在2012中国之星——光明食品杯包装&创意设计大赛中获一金、三银、两铜、评审奖等9个奖项。

五、校企合作取得进展。11月5日，学校与上海东浩国际服务贸易(集团)有限公司、浩汉工业产品设计(上海)有限公司、上海华东发展城建设计集团有限公司签订校企合作协议。学校分别与上海东浩国际服务贸易(集团)有限公司合作共建会展专业，与浩汉公司合作共建产品设计专业，与华东城建公司合作共建建筑艺术设计专业，共同培养创新型、实践型艺术设计人才。

(黄　华)

［部分在沪全国人大代表到校考察］ 10月16日，部分在沪全国人大代表在全国人大代表、市人大常委会主任刘云耕，全国人大代表王荣华、刘洪凯的率领下，来学校调研。全国人大常委会委员、学校名誉院长龚学平，院党委书记、常务副院长邵敏华接待了在沪全国人大代表一行。他们参观了学校图文信息中心、大师楼、实训中心，听取邵敏华常务副院长所作的学校办学情况介绍，并共同为学校的建设和发展出谋划策。

(黄　华)

［高端艺术人才实训基地开工］ 12月17日，上海市高端艺术人才实训基地工程开工典礼举行。学校名誉院长龚学平，院党委书记、常务副院长邵敏华，市城乡建设和交通委员会党委书记许德明等领导和嘉宾出席开工典礼。

(黄　华)

部分在沪全国人大代表到校考察

［**举行2012届毕业设计展**］ 4月，学校设计学院包装传播专业2012届毕业设计展在图文信息中心举行。这次毕业设计展尝试采用项目制教学方式，展出的作品是学生参与到真实项目中的成果。在这次项目制教学实践中，共做了6000多个方案，生产了几百件作品，其中100多件作品被企业采用。这次毕业设计展吸引许多知名企业争相录用2012届包装传播专业的毕业生。设计学院演出空间设计专业的毕业生作品也受到上海戏剧学院舞美专业专家的肯定和好评。

（黄　华）

［**“SIVA德稻大师讲坛”举办**］ 3月14日，“SIVA德稻大师讲坛”开讲仪式暨首场讲座在图文信息中心大剧场举行，主讲嘉宾由联合国教科文组织教育前总干事约翰·丹尼尔和联合国教科文组织改革、创新与质量保证科前科长涂维莉担任。“SIVA德稻大师讲坛”是学校与北京德稻教育集团合作推出的德稻大师工作室大楼项目之一。学校在德稻大师工作室大楼的基础上，与德稻联合推出“SIVA德稻大师讲坛”。讲坛定期举行，上海世博以色列国家馆总设计师渡堂海，《美国国家地理》杂志著名摄影师麦克山下，红点至尊设计奖、IF产品设计金奖得主贺迈等先后开讲。

（黄　华）

［**举行第一届家长联谊会**］ 4月28日，学校第一届家长联谊会在图文信息中心召开。会议由联谊会秘书长、学生处主管王继山宣读家长联谊会章程（草案），由家长联谊会筹备组组长李珂宣读联谊会组织机构及常务理事会名单。联谊会成员对联谊会章程、组织机构及常务理事会名单进行举手表决，并选举产生会长、副会长和常务理事。

（黄　华）

［**第七届国际专家咨询会举行**］ 9月1—2日，第七届国际专家咨询会在学校图文信息中心举行。会上，专家和学校教师围绕“艺术与设计的创新教育”这一主题就“面向未来的艺术与设计人才培养目标、理念、方法”、“创新教育手段和方法探索”、“基础教学与专业课程关联的有效性”等议题展开研讨。在9月3日的德稻大师论坛上，艾斯林格等五位德稻大师围绕“设计引领变革”、“视觉艺术教育”等作了演讲，并与师生进行互动。

（黄　华）

［**“历史画创作高级研修班”开班**］ 6月15日，历史画创作研究中心首届“历史画创作高级研修班”在校举行开班仪式。研修班教学结合“纪念杜重远先生诞辰100周年”、“绿地集团20周年庆”等油画展的创作任务进行，同时特邀邵大箴、范迪安、潘公凯、张祖英、陈燮君、潘耀昌、郑重等专家学者为高级研修班授课。

（黄　华）

［**首次参加上海创意博览会**］ 10月26—28日，学校首次参加在上海国际博览中心举行的上海创意产业博览会。展馆面积达到528平方米。参加

本届创意博览会的50件(套)作品涉及工业产品、包装传播设计、视觉传达设计、室内景观设计、数字媒体艺术设计、旅游纪念品设计等。

(黄　华)

[纪录片《拜师金话筒》播出]　7月9日,大型纪录片《拜师金话筒》在纪实频道《真实:第25小时》栏目播出。纪录片讲述学校播音主持专业学生与"金话筒"主持人方舟、曹可凡、印海蓉等拜师结对,学校播音与主持专业创办6年,在创新教学实践中成长,培养的学生屡获主持人大赛多项殊荣的过程。

(黄　华)

附:学校负责人及地址

(2012年1—12月)

院　　长:陈立民
常务副院长:邵敏华
副 院 长:梁晓庄(8月离任)、陈汗青、张　同、高桂花(6月到任)

院党委书记:邵敏华
副 书 记:梁晓庄(8月离任)

地址:松江区文翔路2200号
邮编:201620
电话:67822643
传真:67823216

上海交通大学

［2012年概况］ 一、人才培养。本科招生理科在21个省市、文科在13个省市的录取线排名全国高校前三，医学院的录取线在19个省市排名前十。来自"985"高校和国家重点学科的博士、硕士生源分别达65%、56%。完成基础学科拔尖人才培养方案修订。建成7个国家级大学生校外实践基地，落实5个国家级工程实践教育中心建设，获批首批应用型、复合型法律职业人才教育培养基地和涉外法律人才教育培养基地。新增重点专业综合改革试点项目4个、国家级视频公开课8门、上海高校创新创业教育实验基地1个、上海市精品课程10门、上海市全英语教学示范课程5门。获全国优秀博士学位论文3篇。就业工作再获国务院表彰，成为两次获评"全国就业先进工作单位"的高校。2012届毕业生赴国家重要行业及关键领域就业比例达50.18%。学生夺得第36届ACM国际大学生程序设计竞赛总决赛金牌，在第三十届伦敦奥运会上取得2金1银2铜的成绩。

二、师资队伍建设。引进中国科学院院士两名，新增讲席教授34人，特聘教授44人，特别研究员81人，特别副研究员16人。新增中组部"千人计划"21人，总数73人，居全国高校第二；新增"青年千人计划"35人，"拔尖人才"7人。新增上海"千人计划"26人，总数58人，居上海高校榜首。新增长江学者10人，其中长江特聘教授8人。新增基金委杰青9人、创新群体2个、优青15人。海外博士学位比例达21.2%。研究制定《上海交通大学关于加强青年教师队伍建设的实施意见》，继续实施"起步计划"、"特别研究员支持计划"、"晨星学者奖励计划"、"海外博士后科研启动支持计划"等资助项目。推进师资分类发展与改革。

三、学科水平和科技创新能力。在新一轮全国一级学科评估中，船舶与海洋工程、机械工程和临床医学蝉联全国第一，9个学科排名前三，15个学科排名前五；生物学、基础医学等学科实现新突破。新增3个ESI（Essential Science Indicators，基本科学指标数据库）全球前1%学科，总数达到15个，居全国高校第二。新增18个国家临床重点专科建设项目，总数达到52个，居全国之首。全年到校科研经费20.54亿元，医学院到账经费3.26亿元（含附属医院）。国家自然科学基金项目总数、面上项目数连续3年全国第一，重点项目数全国第二。3人获"何梁何利奖"，排名全国高校第一。新增"973"首席和重大科学研究计划首席3位。"转化医学重大科技基础设施"建设获国家重大支持。区域光纤通信网与新型光通信系统国家重点实验室获评"良好"，动力机械与工程教育部重点实验室获评"优秀"。国内科技论文数及被引均居全国高校第一，被四大名刊收录论文共15篇。大型铸锻件制造、青蒿素高效人工合成等一批关系国计民生的核心和关键技术实现重大突破。文科重大项目获国家哲社重大课题立项6项，教育部哲社重大项目3项。

四、服务社会能力。与中国船舶工业集团、中国航天科工集团等签署战略合作协议；与华为、二滩水电等大型企业建立产学研联盟，新增13家校企联合研究中心；推进与广西、贵州等地的全面战略合作；深圳、无锡等地方研究院的辐射能力不断增强；与闵行区开展实质性合作，产研院一期工程奠基、致远游泳馆开工建设。瑞金医院北院、仁济医院南院、第六人民医院东院相继开业。

五、国际合作交流。全年共签署校级协议44份，与美国密西根大学签署未来10年战略合作协议。成立上海交大—法国巴黎高科卓越工程师学院。55位海外人士获聘名誉教授、顾问教授、客座教授和客座研究员。与新加坡政府、新加坡国立大学签署"卓越研究与技术企业学园"项目合作协议。获盖茨基金会正式立项资助331万美元。国际合作科研经费合同总金额达到1.19亿元。与剑桥、耶鲁等世界一流大学签署学生交换协议。三个项目成功入选中日韩三国政府支持的"亚洲校园"试点项目。本科生有海外学习经历比例达30.8%。留学生（特别是研究生留学生）人数明显增长，全年在校学位留学生1979人。

六、文化软实力。学校获2012年全国高校校园文化建设优秀成果特等奖。原创话剧《钱学森》获第三届中国校园戏剧节最高奖。举办上海交通大学医学院60周年、凯原法学院10周年、媒体与设计学院10周年院庆。钱学森图书馆全年接待超过27万人次。《钱学森文集(英文版)》全球首发,完成“大飞机”出版工程。首次在上海举办面向校友新年音乐会。举办国际大学生文化艺术节、中美大学生体育文化周等活动。

(章玲苓)

[俞正声等先后到校视察调研] 1月20日,中国科协党组书记、常务副主席、书记处第一书记陈希、清华大学党委书记胡和平、党委常务副书记陈旭一行来校参观钱学森图书馆。4月9日,上海市人大常委会主任刘云耕一行来校参观“国粹丹青”——詹仁左书画作品展。4月19日,中国科协党组成员、书记处书记王春法到校调研。4月21日,第九届、第十届全国政协副主席罗豪才一行到校举行专题调研座谈会。5月10日,中共中央政治局原常委、国务院原副总理李岚清到校视察并参观钱学森图书馆。5月31日,教育部副部长、党组副书记杜玉波来校参观钱学森图书馆。6月4日,中国致公党上海市委主委张恩迪一行来校调研。6月24日,全国人大常委会委员、上海市人大常委会原主任龚学平一行参观钱学森图书馆。7月20日,教育部副部长杜玉波视察在校举行的2012年大学生电子设计竞赛嵌入式系统专题邀请赛评审现场。7月30日,市教卫党委秘书长谢一龙到校调研。8月17日,市委常委、统战部部长沙海林、市教卫党委副书记杜慧芳等到校调研。8月31日,全国政协副主席董建华,上海市委副书记、市长韩正等到校出席纪念董浩云先生诞辰100周年活动并参观董浩云航运博物馆。9月21日,上海市科委副主任徐祖信一行到电子信息与电气工程学院调研。9月27日,全国人大副委员长、中国科学院原院长路甬祥来校作报告。10月10日,共青团上海市委书记潘敏到校做报告。10月12日,上海市农委副主任殷欧一行到校国家转基因分子特征验证测试中心试验基地进行调研。10月18日,中共中央政治局委员、上海市委书记俞正声到校视察高级金融学院。11月2日,教育部副部长、党组成员鲁昕来校视察调研。12月12日,卫生部副部长刘谦等一行调研视察医学院附属上海儿童医学中心。12月13日,共青团上海市委书记潘敏一行到校调研。

(章玲苓)

[分别入选中国科学十大进展、世界十大科技进展] 1月,由科技部组织的“2011年度中国科学十大进展”评选投票结果揭晓。上海交大张杰院士研究组与中科院国家天文台和物理所的合作成果“利用强激光成功模拟太阳耀斑中的环顶X射线源和重联喷流”入选。同月,由中国科学院院士和中国工程院院士投票评选的2011年“世界十大科技进展”揭晓。上海交大新引进的特别研究员万文杰博士在美国耶鲁大学博士后期间所完成的“光学相干全吸收器(反激光器)”成功入选。

(章玲苓)

[张杰当选美国国家科学院外籍院士] 5月2日,中国科学院院士、上海交通大学校长张杰在第149届美国国家科学院年会上,当选为美国国家科学院外籍院士。

(章玲苓)

[推进办学质量工程建设] 学校成立质量建设领导小组和工作小组,在全国高校率先制定“上海交通大学关于全面提高办学质量的决定”,成为指导学校质量建设的纲领性文件。同时分16个专题,研究制定“质量建设方案”。5月15日,学校召开“办学质量工程”推进会。校长张杰作动员报告,常务副校长林忠钦介绍《上海交通大学关于全面提高办学质量的决定》的主要内容以及质量工作前期推进情况,布置下一阶段工作并报告工作过程中的几点思考与体会。教务处、研究生院、学指委、科研院、人力资源处、后保处等部门负责人介绍本部门办学质量工程工作的思路及框架。校党委书记马德秀作总结发言。7月11日,全校办学质量建设大会召开。马德秀作重要讲话,张杰主持大会。林忠钦作《办学质量建设工作方案及进展情况》报告。

(章玲苓)

[成立多个协同创新中心] 学校大力推动协同创新中心建设。8月24日,组织召开“高新船舶与深海结构物协同创新中心”启动协商会议。同日,“激光聚变科学与应用协同创新高峰论坛暨协同创新中心”签约仪式在沪举行,上海交通大学、北京大学、西安交通大学、华中科技大学、中国科学院上海光学精密机械研究所、中国工程物理研究院上海激光等离子体研究所、中国工程物理研究院激光聚变

研究中心共同签约。9月1日,“未来媒体网络协同创新高峰论坛暨协同创新中心”签约仪式在京举行。上海交通大学、北京大学、中央电视台、广电总局广科院、广电总局规划院、中国科学院计算所、数字电视国家工程研究中心、上海广播电视台、华为、百度、AVS产业技术创新战略联盟共同签约成立未来媒体网络协同创新中心。上海交通大学张文军担任未来媒体网络协同创新中心主任。9月19日,由上海交通大学和清华大学发起创建的金融发展、改革与稳定协同创新中心在北京举行签约暨启动仪式。9月26日,“微生物资源与代谢协同创新中心”培育启动会在校举行。10月17日,由上海交大牵头,中科院上海应用物理研究所、复旦大学、中科院上海技术物理研究所、中南大学等单位联合组建的“同步辐射医学应用协同创新中心”在校成立。12月24日,由上海交通大学、中国农业大学、农业部科技发展中心(国家农业转基因生物安全评价与检定中心)、中国农业科学院植物保护研究所(国家农业生物安全科学中心)、中国疾病预防控制中心营养与食品安全所共同组建的“转基因生物安全协同创新中心”在京揭牌。

(章玲苓)

[推行夏季小学期] 在2011年试运行的基础上,上海交通大学2012年起全面推行夏季小学期,将原来的“20周+20周”改变为现在的“18周+18周+4周”。上海交大整合、集聚优质教学资源,开设选修课程、实习、实践、海外游学、学术讲座、科技节、科研见习岗、校级公共课、一级学科公共课、交叉学科课程、高端暑期讲座、研究生创新论坛、卓越工程师实训和国际交流活动等14大类教学及实践活动。

(章玲苓)

[科学史与科学文化研究院成立] 3月9日,上海交通大学科学史与科学文化研究院正式成立。研究院下设科学史研究中心、科学哲学研究中心、科学文化研究中心和杰出科学家研究中心。首任院长为江晓原教授。

(章玲苓)

[获2011中国大学生年度人物称号] 6月20日,由中宣部、教育部、共青团中央、人民日报社共同指导,人民网、大学生杂志社联合主办的“2011中国大学生年度人物”颁奖典礼在北京人民大会堂举行。上海交大学生茅艳雯获十大年度人物称号。茅艳雯是上海交大高等教育学专业2009级硕士研究生,她筹建钱学森图书馆志愿者队伍;以发起人和团长的身份推动钱学森事迹宣讲团的成立与发展;与专家一起完成10余万字钱学森精神讲解稿并讲解100多场,用她真诚的笑容、崇敬的心情传播钱学森精神。

(章玲苓)

[校友分任航母总设计师和舰长] 9月25日,中国第一艘航空母舰“辽宁舰”按计划完成建造和试验试航工作,正式交付海军。上海交大校友朱英富任总设计师,校友张峥任舰长。校党委书记马德秀、校长张杰代表学校第一时间发贺信祝贺。

(章玲苓)

[全球商学院院长论坛在校举行] 10月18—19日,由上海交通大学主办的2012年第四届全球商学院院长论坛在安泰经济与管理学院开幕。第九届、第十届全国人民代表大会常务委员会副委员长、上海交通大学安泰经济与管理学院顾问委员会主席成思危,中共上海市委常委、副市长屠光绍,上海交通大学党委书记马德秀、校长张杰、常务副校长林忠钦等出席论坛。此次论坛以“新兴市场中的商学院教育”为主题,吸引来自31个国家,200余位知名商学院院长共同参与。演讲嘉宾包括34位来自北美、欧洲、亚洲、澳洲的顶级商学院院长及AACSB、EFMD、AMBA等国际著名商学院组织领导人。

(章玲苓)

[上海交大—巴黎高科卓越工程师学院签约] 4月8日,上海交通大学与巴黎高科技工程师学校集团联合建设上海交大—巴黎高科卓越工程师学院签约仪式举行。教育部部长助理、党组成员林蕙青,上海市教委副主任李瑞阳、副主任印杰,闵行区区委书记孙潮,区长莫负春,副区长杨德妹,法国驻上海总领馆领事,法国驻上海总领馆教育领事,法国巴黎高科技工程师学校集团主席,巴黎高科综合理工大学校长,巴黎高科国立高等先进技术学校校长及马德秀、张杰等校领导参加签约仪式。9月13日,上海交大—巴黎高科卓越工程师学院开学,招收首届62名本科生。

(章玲苓)

上海交通大学—巴黎高科卓越工程师学院签约仪式举行

［获应用开发大赛全球总冠军］ 5月22日，2012爱立信应用开发大赛（EAA）总决赛在瑞典斯德哥尔摩爱立信总部落下帷幕，上海交通大学软件学院的"CLIO Squad"团队凭借作品《CLIO》击败各国选手，夺得学生组全球总冠军。这是中国选手首次在该项赛事中问鼎。

（章玲苓）

［全国高校博物馆育人联盟成立］ 5月30日，由教育部、光明日报社共同主办，上海市教卫工作党委、上海市教委、上海交通大学、上海海洋大学承办，全国高校博物馆育人联盟成立暨充分发挥高校博物馆育人功能研讨会在上海交大徐汇校区召开。教育部副部长杜玉波发表书面讲话，教育部思政司司长冯刚代为宣读讲话，光明日报社副总编辑李春林、上海市政府副秘书长翁铁慧、上海交大党委书记马德秀出席会议并讲话。教育部思政司副司长王光彦主持会议。来自教育部、市教卫工作党委、市教委、全国各高校及所在地教育主管部门代表近200人参加会议。

（章玲苓）

［原创话剧获中国校园戏剧节最高奖］ 10月27日，"魅力校园·青春飞扬"第三届中国校园戏剧节闭幕式暨颁奖典礼在上海话剧艺术中心举行。上海交大原创话剧《钱学森》以总投票第一获普通组最高奖"中国戏剧奖·校园戏剧奖·优秀剧目奖"。钱学森扮演者段思成获单项奖最高荣誉"优秀表演奖"。学校获优秀组织奖。

（章玲苓）

［凯原法学院建院10周年］ 12月15日，上海交通大学凯原法学院庆祝建院10周年。美国廖凯原基金会主席廖凯原，最高人民法院原副院长李国光，教育部法学教育指导委员会主任张文显，中国科技法学会会长段瑞春，最高人民法院政治部副主任罗东川，上海交通大学党委书记马德秀、校长张杰、原校长谢绳武、原常务副校长叶取源、原副校长郑成良、副校长徐飞、校党委常委李建强、凯原法学院院长季卫东和来自全国法律界、各高校的代表参加会议。由美国廖凯原基金会捐赠建设的"廖凯原法学楼"落成剪彩典礼举行。当天下午，"'国际化战略与卓越法律人的培养'高峰论坛"、"2012·中国长三角企业法务高层峰会"等高层次学术活动在廖凯原法学楼举行。

（章玲苓）

［获伦敦奥运会2金1银2铜］ 7月29日，上海交大学生李玄旭在2012年伦敦奥运会上夺得女子400米个人混合泳铜牌。8月1日，上海交大学生李昀琦在2012年伦敦奥运会上夺得男子4×200米自由泳接力铜牌。8月6日，上海交大学生徐莉佳在2012年伦敦奥运会上夺得女子帆船激光镭迪尔级金牌。8月7日，上海交大学生眭禄在2012年伦敦奥运会上夺得女子平衡木银牌。8月9日，中国男子乒乓球队夺得2012年伦敦奥运会乒乓球男团金牌。其中，刘国梁（主教练）、秦志戬（教练）、马龙（队员）、许昕（队员）为上海交大学生。

（章玲苓）

附:学校负责人及地址

(2012年1—12月)

校党委书记:马德秀
常务副书记:苏　明
副　书　记:孙大麟、潘国礼、徐　飞

校　　　长:张　杰
常务副校长:林忠钦
副　校　长:陈国强、郑成良、张文军、陈　刚、蔡　威、吴　旦、黄　震

闵行校区地址:东川路800号
邮编:200240
总机:54740000

徐汇校区地址:华山路1954号
邮编:200030

卢湾校区地址:重庆南路227号
邮编:200025

法华校区地址:法华镇路535号
邮编:200052

七宝校区地址:七莘路2678号
邮编:201101

上海交通大学医学院

［**2012 年概况**］ 学院有教职医护员工 22707 人，具有高级职称在职人员 2433 人。其中中国科学院院士 1 人，中国工程院院士 9 人，中组部“千人计划”9 人，“长江学者”特聘教授 13 人，“长江学者”讲座教授 5 人，国家“973”项目首席科学家 13 人次，国家杰出青年基金获得者 24 人，人事部“百千万人才工程”23 人，卫生部有突出贡献中青年专家 12 人，上海市领军人才 36 人，上海市东方学者特聘教授 16 人、讲座教授 5 人、团队 1 个。学院专任教师 634 人，专任教师中具有高级职称的 244 人，具有博士学位的 377 人。1 人入选中央“千人计划”、5 人入选青年“千人计划”；3 人入选上海市“千人计划”；4 人入选“长江学者”；5 人入选上海市领军人才“地方队”培养计划；8 人入选“东方学者”。学院招收博士后 44 名（其中留学回国人员 6 人），出站 29 人，退站 5 人。学院本部录用各类人员共 56 人，减员 72 人。

学院录取本科生 589 人。录取研究生 1356 人。其中，博士生 405 人（含港澳台学生 5 人，留学生 3 名），硕士生 951 人（含港澳台学生 13 人，留学生 11 名，住院医师专业学位硕士 199 名）。成人教育学院招生 2025 人，其中五年制本科 390 人，三年制专升本 1635 人。网络教育学院录取新生 3170 人。

学院有七年制、本科毕业生 694 人，其中七年制 203 人，截至 12 月 10 日，七年制就业率达 100％，本科就业率达 97.55％，总体就业率为 98.27％。毕业研究生 894 人，其中博士研究生 328 人，硕士研究生 566 人。授予博士学位 300 人，硕士学位 648 人。成人教育 2012 年春季共有本科、专升本和专科 3 个层次及临床医学、口腔、检验和护理等 9 个专业毕业生 1422 人，其中 88 名学生获学士学位。网络教育学院毕业学生 2890 人，其中本科生 1200 人，专科生 1690 人，获学士学位 8 人。

学院 12 所附属医院全年共完成门急诊 2500.25 万人次，出院病人 62.49 万人次，住院手术 37.15 万人次，分别比 2011 年增长 13.2％，16.5％和 14.2％。为响应上海市公立医院改革关于“5＋3＋1”建设工作部署，形成以公益性为核心的公立医院发展模式。医学院附属瑞金医院嘉定北院、仁济医院浦江南院和第六人民医院临港东院建成启用。医学院附属医院中的 7 家医院继续承担对口援建 7 家云南县医院的任务，共接收云南医院来沪进修医护人员 34 人次，医疗队员在云南累计门急诊接诊 13962 人次；手术人数 2355 人次，组织疑难会诊讨论 2403 次，组织学术讲座 645 次，组织业务培训 5648 人次，开展义诊 5309 人次，开展教学查房 1076 次，举行手术示教 688 人次，帮助当地医院建设特色专科 21 个。吸收来自云南援建医院的医护人员至附属医院进修培养。参加喀什科技精英培养计划（第一批），接收 9 位新疆医生进修培养。医学院对第一批 19 家专病诊治中心进行了第一轮建设周期验收考核，对第二批 20 家专病诊治中心进行年度工作考核。各附属医院获批 18 个国家临床重点专科建设项目，使医学院系统获批项目达到 53 个。强化住院医师规范化培训，组织 444 名住院医师参加考核，合格率 94％。开设 8 门，共计 338 学时的全科医师培训课程，覆盖系统内 10 个培训基地的 200 余名全科医学住院医师。

学院持续探索高校教育资源助力民营资本参与社会医疗新模式，与苏州九龙医院签署新一轮合作协议。加强与地方政府的合作共建，与上海长宁区政府、奉贤区政府和闵行区政府签订合作共建协议，推进地区医疗发展。与上海市疾病预防控制中心等单位建立实质性合作，推动公共卫生学科建设和发展。

学院获各级各类科研项目（课题）1628 项，合同总经费达 65166.4 万元，比上年增长 38.3％；其中纵向课题 1442 项，经费 57670.9 万元。在纵向课题中，国家级课题 514 项，经费 40866.4 万元，占纵向经费 70.8％；国家自然科学基金 489 项，比上年增长 26.7％，经费 28055 万元，科技部项目 25 项，经费 12811.4 万元，比上年增长 46％。全院获得各级科技成果奖 68 项。其中国家科技进步二等奖 2 项（牵头 1 项），国际合作奖 1 项；高等学校科学研究优秀成果奖 9 项（一等奖 3 项），中华医学科学技术奖 9 项（牵头 6 项），上海市科学技术奖 14 项（一等奖 6 项）。全院共申请专利 146 项。据中国科技信息研究中心2012年对2011年SCIE科学引文索引(扩大版),EI工程索引,ISTP(现称CPCI-S)科学会议录引文索引及我国科技统计源期刊统计,医学院在SCIE被收录的论文1527篇,其中Article、Review、Letter、Editorial的文章1325篇。附属瑞金医院颜晓菁发表在《NATURE GENETICS》上的论文被列为中国百篇最具影响国际学术论文。

年内,医学基因组学国家重点实验室获专项经费2346万元;"上海市辅助生殖与优生重点实验室"获市科委立项。医学院6个上海市重点学科(第三期)通过上海市教委考核验收。6个上海市教委重点学科完成年度建设任务。5个学科立项上海市市级学科建设。

学院及附属医院主办或承办国际会议21场次,参会外宾596人。新签或续签协议和备忘录7项。接待来自42个国家和地区的代表团,来访外宾566批次、1733人次。因公短期出访1612人次。赴海外进修或培训320人次。授予36位海外人士学术荣誉称号。学院分别与美国哈佛大学医学院、西澳大利亚大学、里昂大学、美国加州大学洛杉矶分校、韩国首尔大学、美国世界健康基金会签署8项合作协议,在医学生联合培养方面加强联系与合作;深化重点合作院校的项目,与瑞典卡罗林斯卡大学确定两校科研合作项目,首批医学院6位医学专家参与此项目;医学院与国际医学院校联盟(Association of Academic Health Centers, AAHC)合办世界知名医学院校长大会暨国际医学院校联盟第三届亚太会议,探讨世界医学教育发展。落实临床医学五年制英文班的教学、招生计划,开设临床五年制英文班,首批招收28名新生。

(葛鹏程)

[庆祝建院60周年] 10月27日,上海交通大学医学院创建60周年庆祝大会在上海文化广场举行。中共中央政治局委员、国务委员刘延东,中共中央政治局委员、上海市委书记俞正声,全国人大副委员长、民进中央主席严隽琪,上海市委副书记、市长韩正,市人大常委会主任刘云耕,市政协主席冯国勤发来贺信。卫生部部长陈竺、上海市副市长沈晓明为母校华诞题词。原国务院港澳办主任、中福会副主席、上海市宋庆龄基金会主席鲁平,上海市领导韩正、殷一璀、钟燕群、沈晓明、周汉民,卫生部、教育部领导刘谦、林蕙青等出席院庆仪式。

1952年,创办于19世纪末、20世纪初的圣约翰大学医学院、震旦大学医学院和同德医学院合并成立上海第二医学院,1985年更名为上海第二医科大学。2005年,上海第二医科大学与上海交通大学合并,组建新的上海交通大学医学院,由教育部与上海市政府合作共建。2010年11月,上海交大医学院又成为卫生部与教育部合作共建的第一批十个重点共建高校之一。

(张晓波)

上海交通大学医学院创建60周年庆祝大会

[王振义、陈竺获第七届"圣·乔奇奖"] 3月6日,第七届"圣·乔奇癌症研究进展大奖"颁奖典礼在纽约举行。美国癌症研究全国基金会授予上海交通大学医学院王振义、陈竺教授"圣·乔奇癌症研究进展大奖",以表彰他们在治疗急性早幼粒细胞白血病(APL)上所取得的原创性研究成果并获得显著成功的治疗效果。

(闻朝君)

[获"科学与技术进步奖"] 10月29日,何梁何利基金2012年度颁奖大会在北京钓鱼台国宾馆举行。上海交通大学医学院教授陈国强、附属仁济医院生殖医学学科带头人陈子江获"科学与技术进步奖"。

(康　力)

[与市疾控中心共建公共卫生学院] 6月2日,由市卫生局、市教委、上海交通大学共同主办的公共卫生人才培养与学科建设研讨会上,上海交通大学副校长、医学院院长陈国强与上海市疾病预防与控制中心主任吴凡共同签订合作共建上海交通大学公共卫生学院的协议。签约双方本着优势互补、共享资源、紧密合作、共同发展的原则,在共建交大公共卫生学院,优化学科布局、促进学科发展,开展公共卫生教学和实践,推进高层次人才交流培养和公共卫生医师规范化培训四方面开展合作。

(宣卫学)

[新增18个国家临床重点专科建设项目] 7月,根据《卫生部办公厅关于确定部属(管)医院2012年度国家临床重点专科建设项目的通知》,医学院新增18个国家临床重点专科建设项目,分别是附属瑞金医院的呼吸内科、神经内科、肾病科、普通外科、烧伤科、皮肤科、急诊医学科、重点实验室,附属仁济医院的肾病科、普通外科、泌尿外科,附属新华医院的普通外科、皮肤科,附属九院的眼科和附属一院的呼吸内科、普通外科、泌尿外科、眼科。至此,医学院拥有51个国家临床重点专科和2个国家临床重点专科培育项目。

(易纶楚)

附:学校负责人及地址

(2012年1—12月)

院党委书记:孙大麟
副　书　记:唐国瑶、夏小和

院　长:陈国强
副院长:黄　钢、陈红专、章　雄、郭　莲(1月到任)

地址:重庆南路227号
邮编:200025
电话:63846590

同济大学

［2012年概况］ 学校现有直属院（系）37个，74个本科专业，56个硕士学位授权点，31个一级学科博士学位授权点，25个博士后流动站，另有3个专业博士学位授权点和15个专业硕士学位授权点；有一级学科国家重点学科3个，二级学科国家重点学科7个，国家重点（培育）学科3个和上海市重点学科19个；有国家重点（专业）实验室3个，国家工程实验室1个，国家工程（技术）研究中心3个，国家工程研究中心1个以及省部级重点实验室和工程（技术）研究中心27个。国家大学生校外实践教育基地5个，国家级工程实践教育中心28个，上海市专业学位研究生实践基地8个。“建筑规划景观实验教学中心”获批国家级实验教学示范中心。

学校现有全日制在校学生38516人，其中本科生18986人，专科生290人，硕士、博士研究生17352人，攻读学位留学生2180人，另有在职攻读专业学位硕士研究生8500人，成人和网络高等教育学生14411人。年内，招收研究生5245人，其中硕士生4346人，博士生899人；普通本、专科生4464人。

学校现有教职工6403人，其中专任教师3141人，专任教师中有正高职称人员904人，副高职称人员1387人。教师中有中国科学院院士6人，中国工程院院士7人，第三世界科学院院士1人，美国工程院外籍院士1人，瑞典皇家工程科学院外籍院士1人，法国建筑科学院院士1人，入选中组部“千人计划”22人，教育部“长江计划”特聘（讲座）教授20人，国家杰出青年基金获得者27人，国家级教学名师4人。

学校校舍总建筑面积164万余平方米，拥有计算中心、分析测试中心等先进的教学科研机构和科学馆、体育场、活动中心等各类公共服务设施。图书馆藏书量达420万余册，数字化图书资源的数量与支撑技术水平处于国际领先水平。学校拥有6家设备先进、水平一流的附属医院以及1家出版社。

一、重点工作有序推进。①建立健全现代大学制度体系。年内，完成《同济大学章程》初稿。9月，学校被遴选为“教育部章程建设试点高校”，并纳人教育规划纲要现代大学制度建设试点项目。②以国家教育体制改革试点为契机，推进卓越人才培养。“创新人才培养综合改革”试点项目在课程教学内容、教学方法和考试方法等方面实施改革，结合工程教育改革，形成校企联合培养新机制；加强专业建设，优化专业结构。卓越人才培养体系初步形成。“形成双学位培养规模，提高联合培养人才质量和水平”项目以双学位为抓手，凸显国际化人才培养特色，大力助推教育教学改革。土木工程试点学院探索和实践现代大学制度建设。推进人才培养成本测算和薪酬制度改革相关工作；深化招生制度改革，提出多元化自主招生方案，选拔具有学科特长和创新潜质的优秀学生，培养面向未来的拔尖创新人才。③纪念建校105周年暨工程教育100周年。学校以“卓越工程百年、协同创新未来”为主题，本着“开放、交流、简朴、务实”的原则，举办了以5个主题日和1台晚会为核心的校庆系列活动，全面回顾同济工程教育百年历程，集中展示教学、科研、文化和国际合作等领域的成果和特色，凝聚师生校友力量，共同谋划学校未来发展蓝图。

二、深化教育教学改革。①完善大类招生和优质生源工程，积极探索多元化、个性化招生模式。在全国102所知名中学建立卓越大学生源基地，与12所知名高中开展“苗圃计划”合作，切实推进按学科大类招生和大类培养。完成本科专业目录调整工作。启动研究生贯通式培养方案的修订工作；推进研究生招生制度改革和政策调整，制订《同济大学研究生招生名额分配办法》；推进博士生选拔制度改革，深化资格审核制试点，启动大学生夏令营、直博生培养和科研训练前置计划。修订博士学位申请者发表学术论文规定。试行导师岗位资格认定和评审制度改革。②推进高等教育专项改革。38名新生进入“基础学科拔尖学生培养试验基地”学习；208名新生进入8个本科人才培养模式创新实验区学习。建筑学等17个专业被批准进入国家“卓越工程师教育培养计划”；入选教育部卫生部联合实施的第一批“卓越医生教育培养计划”试点高校，承担“拔尖创新医学人才培养模式改革”和“五年制临床医学人才培养模式改革”2项试点；入选全国首批卓越法律人才教育培养基地，并获批上海市“卓越法律人才培养基地”和“涉外卓越法律人才培养基地”。推进课程和教材建设。对23门公共基础课程和150门专业核心课程重点实施“授课方式、训练方式、考试方式”综合改革；启动第二批双语教学团队、全英语课程及课程包建设；实施完成第二批13个学院的50个小班化教室建设；3门课程被批准为“教育部-IBM专业综合改革项目”；3门课程列入国家首批精品视频公开课建设名单；计有22种、40册教材入选首批“十二五”国家级规划教材，7门课程获上海市精品课程，2门课程获批上海高校示范性全英语教学课程。全年，累计立项建设35门研究生精品课程、25本研究生教材和10项全日制专业学位研究生内涵建设项目。开展实践教育，拓展校企合作，“985三期”实验室教学建设计划全面推进，获追加经费1000万，第二轮“实验室建设创新实践条件建设”启动，全面实施各学科实验教改和精品实验项目建设。建设同济大学工程实践中心，新建校外实习基地78个，基地总数达298个。③加强大学生素质教育，构建大学生创新创业教育体系。组织5000余名师生参加在全国100多个地点的假期社会实践，8000余名志愿者参加了460多个专项志愿服务。编制创新创业计划项目体系实施方案。新设立同济接力基金，首批资金5000万元。年内，立项国家大学生创新创业训练计划200项，市创新活动计划项目170项。土木工程学院被批准为首批上海高校创新创业教育试验基地，同济大学国家大学科技园被授为首批全国大学生创业示范园区之一。学校学生在各类学科竞赛中有338人次获国家级二等奖以上、126人次获省部级一等奖的佳绩。“上海市校园足球一条龙建设联盟”在学校成立；校运动员在2012年伦敦奥运会荣获1金3银1铜的佳绩。在第九届全国大学生运动会的足球、游泳、田径、健美操项目中表现突出，获13金7银1铜，综合排名第4，再捧“校长杯”；男足获“李宁杯”全国大学生联赛亚军；以2011年世界大学生运动会的优异成绩，学校获教育部、体育总局等四部委颁发的“突出贡献奖”；成功当选中国大学生体协游泳和足球分会主席挂靠单位。

三、推动一流学科和人才队伍建设。①理顺人才工作机制，加强高层次人才考核评估，提高人才工作质量与水平；发挥院系人才工作积极性，推进青年人才工作上新台阶。5人入选“国家千人计划”，6人入选“青年千人计划”，8人入选“上海千人计划”，4人入选“长江学者奖励计划”，学校首批入选上海海外高层次人才创新创业基地。陈义汉团队获得国家自然科学基金创新群体资助，孙立军团队入选教育部创新团队；获国家杰出青年科学基金1人、优秀青年科学基金5人，教育部新世纪人才9人、霍英东基金4人。新增6个博士后流动站。11个专业高等研究院的科研创新团队发展到58个，专职科研人员90余人。②建立岗位考核机制，强化教师教学发展中心建设。有序推进教师教学发展中心各项工作，开展新教师“卓越人才培养计划”教师教学法培训等各种培训，建设教师职业发展、在岗培训和跨学科交流的平台。制定实施《同济大学专业技术人员岗位职务任期考核及续聘暂行办法》和《同济大学专业技术职务评聘办法》；系统建立专技岗位职务考核机制，调动教师工作积极性与创造性；强化岗位职务考核与聘任工作。③优化和整合学科资源，推进学科学位点的建设。学校组建测绘与地理信息学院、物理科学与工程学院，整合中德学院、中德工程学院、职教学院等平台成立中德学部。学校有40个学科参加教育部评估，并自设目录外知识产权和工业工程2个二级学科。17个一级学科列入上海市一流学科建设计划。完善“学科发展监测分析系统”平台，制定《同济大学院系“985工程”三期建设绩效管理试行办法(讨论稿)》，初步形成“985工程”三期建设绩效评估指标体系和考核办法。顺利通过“211工程”三期国家和上海市验收。

四、促进科研内涵式发展，服务社会。①全力推进“高校创新能力提升计划”的相关工作，稳步推进平台与基地建设。由学校牵头的“智能型新能源汽车协同创新中心”列入首批上海市知识创新服务平台建设，并申报教育部协同创新中心。与相关高校院所、企业共同发起组建“中国燃料电池汽车技术创新战略联盟”、“先进地面交通创新联盟”和“国家高速列车产业技术创新战略联盟”。先进土木工程材料、道路与交通工程、岩土及地下工程等3个教育部重点实验室顺利通过评估；桥梁结构抗风技术交通行业重点实验室在交通部评估中获得好评；特殊人工微结构材料与技术重点实验室上海市评估获优。城市污染控制国家工程研究中心获国家工程研究中心重大成就奖。新增国家中医药管理局重点实验室，成立上海宝石及材料工艺工程技术研究中心，同济大学磁浮交通工程技术研究中心。②重大项目和基础研究保持良好势头，科研成果产出数量稳步增长。学校新增4位国家973(含重大研究计划)首席科学家。国家863牵头课题启动11项，合同经费近1.3亿元；主持和参与国家重大专项、科技支撑、中央部委以及上海市科委等课题200余项，合同经费达4.3亿元。国家自然科学基金项目获批441项，其中重点项目8项，2000万以上重大研究计划集成项目2项，项目获批数全国排名从第11位上升到第8位，获批经费3.1亿元，比上年增长63%；其中，医学和生命学科获批项目大幅增加，约占总数37%。全年进校科研经费11.2亿元，比上年同期增长10%，其中纵向8.6亿元。高水平论文持续增加，SCIE论文收录增长近20%；物理科学与工程学院李念北研究员和李保文教授的声子学论文入选《现代物理评论》，医学院戈宝学教授科研成果发表于《自然·免疫学》。年内，学校发明专利授权402项，主持获得教育部科技进步奖一等奖3项，上海市科技进步奖一等奖3项。项海帆院士荣获"国际桥梁与结构工程协会"国际结构工程终身成就奖。同济大学技术转移中心成立，获批成为国家级技术转移示范机构，太仓、常熟分中心先后成立，成为推进产学研工作的重要平台。中国国际工业博览会上，学校2个项目获得大会铜奖，获得中国高校展区优秀展品一等奖、三等奖和优秀组织奖。文科获国家社科基金项目20项，其中国家社科基金重大项目取得突破，共获3项，其中重点项目2项；获省部级各类基金项目41项，其中上海市哲学社科规划项目19项、教育部高校人文社科项目10项；共获得上海市哲学社科优秀成果、邓小平理论优秀成果、决策咨询优秀成果奖10项，获2012年上海市哲学社会科学优秀成果一等奖1项。

五、国际交流与合作。学校109名研究生被国家建设高水平大学公派研究生项目录取；学生海外访学2500人次，教师海外交流2230人次；"模块化引智计划"已完成300多名专家的短期教学，制定外籍青年教授聘任试点暂行办法，成功申报1个新的国家"111引智基地"；获批长短期"外专千人"各1人；获批15个国家外专局首设的"高端短期专家"。学生赴港澳台地区开展学术交流571人次，长期交换生占31%；完成教育部对港重点交流项目2个、对台项目1个；与台湾师范大学等3校签署合作协议；成立逢甲大学和世新大学驻同济联络办公室、同济大学驻香港理工大学和驻世新大学联络办公室；举办"逢甲大学日"和"世新大学日"；在逢甲大学举办"同济大学日"。举办柏林工大"同济日"，同济大学"波鸿鲁尔大学日"和"米兰日"；教育部德国国别研究基地落户学校；以同济大学为中方技术牵头单位的"中德清洁水创新研究合作项目"在学校正式启动；完成中欧博士生院申报工作；举行"同济—伯克利工程联盟"研讨会，并签署工学领域的研究生交流协议，共同开展〈国际〉博士后项目；与美国乔治亚理工签署建筑领域硕士双学位项目；与美国夏威夷大学开展建筑领域的博士双学位项目。中德工程学院成为上海市首批8个"中外合作办学示范机构"之一；中意设计创新中心在米兰举办"中国设计创新展"，启动"同济—佛罗伦萨海外校区项目"，积极参与"上海佛罗伦萨—中意设计交流中心"项目；举办"同济大学创新快车"和芬兰革新设计周。

六、拓展产学研合作领域和平台。创建"五星示范校友会"，引导校友组织健康发展；新注册杭州、新疆校友会；首次尝试"海外校友子女夏令营"，在新加坡成立首个"同济大学海外服务中心"。设立"校友公益基金"和"校友帮困基金"；引导校友主动参与人才培养"选"、"育"、"迎"、"跟"全过程，紧密地方校友会与优秀中学的联系，举行"学长恳谈会"，设立"新生奖助学金"，28个校友会集中到校迎新，留德归国学友联谊会与"百优"项目签约担任"1+1"校友导师。校董事会、基金会完成增补工作。签署捐赠协议105份，协议金额约9600万元，到款约5600万元，用于学校奖助学、发展建设的金额约3500万元。学校社会捐赠奖教金、奖学金增至86项。学院(部门)基金达到13个，校院二级基金管理机制进一步完善。

创新完善产学研合作模式，提升社会服务的质量和效益。与宁波市、烟台市、虹口区、新疆库尔勒、中国路桥、中国商飞、复星集团等建立战略合作关系，推进与福建、太仓、襄阳等地合作，完成《同济大学校地校企合作工作管理办法(草案)》，规范校地校企合作程序，推动合作取得实效。截至10月底，共实现产业收入38.5亿元，同比增长10%；净利润2亿元，同比增长7%。学校产业年度报告连续4年被教育部评为A级。持续向井冈山大学、新疆大学等受援院校输出优质教学、科研和管理资源，接收11位挂职干部、41位进修教师、63名联培本科生和12位定培博士生。成功举办井冈山大学第三届"同济学术周"。

七、推进国家教育体制改革试点工作。①校园文化建设全面推进。成立"同济文化研究会"，实施嘉定校区道路楼宇景观命名工程(第二期)，推进学院、学科文化专项建设。同济古籍与特藏文献研究室一期建成开放，为教学、科研提供文献信息公共服务；学校入选"第五届全国高校百佳网站"；制作完成《同济名片》。举办以"感受德国文化"和"走近印度"为主题的立体阅读，在卓越联盟9校和湖南大学开通"图书馆知识共享服务平台"促进资源共享，提升图书馆的文化育人水平。加强各类档案的征集管理，开展老校友口述实录采访，馆藏档案突破20万卷。学校艺术节期间，开展系列校园文化活动，共上演各类活动60余场，直接参与者超过50000人次。编制并向社会发布《同济大学2011年社会责任报告》。②实施可持续发展大学建设。学校开设70门可持续发展相关课程，包括《低碳能源与可持续发展城市》、《可持续发展与未来》等面向全校本科生的通识类核心课程。启动可持续发展理念下的通识教育课程研究，确定通识教育课程建设方案。在环境管理、绿色建筑、交通、现代农业、环境法、国际关系、绿色经济与绿色金融、设计创意等8个学科开设跨学科的可持续发展研究生辅修专业，首批近300名学生参加辅修。成为"全球环境与可持续发展大学合作联盟"主席单位和秘书处，作为中国大陆唯一高校成为"国际可持续校园联盟"成员，并获得国际可持续校园杰出奖。在2012年度国际太阳能十项全能竞赛上，学校作品"复合生态屋"获得2个单项第三名；42国400名学子相聚同济，参加"2012国际学生环境与可持续发展大会"，共同探讨绿色经济。与意大利环境部共同筹建中意可持续发展中心；与中国住房与城乡建设部、美国自然资源保护委员会签署《促进城市低碳发展合作备忘录》；主编的《绿色校园评价标准》通过中国绿色建筑与节能专业委员会专家评审；发布《中国低碳经济蓝皮书》、《上海市碳排放交易机制及发展战略研究报告》及《崇明生态岛碳源碳汇核算研究报告》，分别给出国家、社会、崇明岛的"碳情况"研究成果，彰显大学的生态责任和人文关怀。构建校园安全防控体系，开展各类专项整治、加强网格巡控，创建"平安校园"。编制《同济大学校园安全手册》，促进安全宣传教育的常态化。学校获评"2010—2011年度上海市安全文明校园"。③加强办学支撑条件建设。实验教学系统、OA系统、信息门户、邮件系统、人事系统、流媒体平台和网络信息服务平台等得到更新完善；基本实现无线网全覆盖，成为上海高校中最大、覆盖面最广的无线网。设备及家具采购论证及招投标基本实现网上全程监控。市区校三方联动，20万元以上大型设备仪器实现网络协作共享。四平路过街地道开通；设计创意学院大楼、四平路体育馆、嘉定学生宿舍和专家公寓开工建设；彰武路研究生公寓二期、嘉定体育中心和卫生所开工在即；海洋科技中心临港基地建设正在推进；教学北楼、一二九礼堂、测绘楼、化学楼、彰武路卓越基地等实施修缮改造；嘉定多功能振动实验中心、生物质能源独立循环实验用房、轨道交通综合信号测试平台竣工，其中多功能振动实验中心获得上海市"白玉兰奖"。

（熊　雄）

［"上海市校园足球一条龙建设联盟"揭牌］ 1月5日，"上海市校园足球一条龙建设联盟"在同济大学揭牌成立。副市长赵雯出席成立大会，并为联盟揭牌。"上海市校园足球一条龙建设联盟"是由市教委牵头、同济大学倡导，沪上部分大中小学及其所在区县教育局和体育局自愿结盟组成，致力于青少年足球人才"一条龙"培养的非营利性社会团体。"全国（上海）校园足球基地"、"上海市校园足球联盟基地"同时揭牌。

（熊　雄）

［中德清洁水创新研究合作项目启动］ 1月10日，"中德清洁水创新研究合作项目"启动。全国政

中德清洁水创新研究合作项目启动

协副主席、科技部部长万钢，联邦德国教育研究部部长安奈特·沙万，校党委书记周祖翼、校长裴钢等出席在同济大学举办的启动仪式。校长裴钢、青岛市政府副秘书长刘建军、德国达姆施塔特工业大学校长普罗梅尔共同签署《关于在青岛市为“2014 青岛世界园艺博览会”建立一个新一代住宅区环境友好型半集中式水和废物综合利用及资源化系统示范项目的谅解备忘录》。同济大学与德国达姆施塔特工业大学还共同签署《同济大学和达姆施塔特工业大学关于建立“中德清洁水”博士生院的谅解备忘录》。

（熊　雄）

［**两个创新联盟成立**］　1 月 14 日，同济大学揭牌和签约成立燃料电池汽车和先进地面交通两个创新联盟。国家科技部副部长王志刚，学校党委书记周祖翼等出席联盟成立仪式。“中国燃料电池汽车技术创新战略联盟”首批成员单位由同济大学、清华大学、武汉理工大学、重庆大学 4 所高校，中科院大连物理化学研究所、上海空间电源研究所、中国汽车技术研究中心 3 家研究机构，以及中国第一汽车集团公司、上海汽车集团股份有限公司等国内 12 家汽车整车及零部件企业组成。联盟首届理事长由同济大学新能源汽车工程中心主任、国家燃料电池汽车及动力系统工程技术研究中心主任章桐担任。“先进地面交通创新联盟”集结了北京理工大学、东南大学、哈尔滨工业大学、华中科技大学、清华大学、同济大学 6 家高校，上海科学院、中科院上海分院、交通运输部公路科学研究院 3 家科研院所及上海汽车集团股份有限公司、中国电子科技集团公司、中国第一汽车集团公司、中国交通建设集团有限公司 4 家国企。

（熊　雄）

［**全国无障碍建设培训班开班**］　4 月 13 日，由同济大学、中国肢残人协会联合举办的首期“全国无障碍建设专题培训班”开班。64 位来自全国创建残疾人工作示范城市的残联系统学员参加学习。这是继全国首家无障碍设施研发、建设的专业研究机构——“无障碍建设工程联合研究中心”成立后的首期专题培训班。中国残疾人联合会主席张海迪、上海市副市长姜平、学校党委书记周祖翼出席开班仪式并致辞。

（熊　雄）

［**教育部领导到校指导工作**］　4 月 6 日，教育部副部长杜占元一行到同济大学调研创先争优活动开展情况并指导学校工作。教育部科技司司长王延觉，国务院学位办副主任、教育部研究生司司长郭新立一同参加调研。5 月 31 日，教育部副部长杜玉波来到同济大学嘉定校区考察调研并指导学校工作。教育部高校学生司司长王建国，上海市政府副秘书长翁铁慧等参加调研。

（熊　雄）

［**“中西学院”成立**］　5 月 25 日，《同济大学、马德里理工大学与加泰罗尼亚理工大学关于成立“中西学院”谅解备忘录》签署仪式暨“中西学院”成立仪式举行。“中西学院”是同济大学继中德学院、中法工程和管理学院、联合国环境规划署—同济大学环境与可持续发展学院、中德工程学院、中意学院、联合国教科文组织亚太地区世界遗产研究与培训中心、中芬中心之后的第八个国际合作平台学院，该学院旨在提供面向西班牙语地区的交流窗口，拓展、深化同济大学与西班牙及拉丁美洲国家、地区的合作。

（熊　雄）

［**中美干细胞研究中心成立**］　6 月 10—11 日，由同济大学医学院、同济大学附属同济医院、中国科学院干细胞生物学重点实验室和同济大学附属第十人民医院共同主办的“2012 年夏季干细胞会议暨中美干细胞研讨会”在同济大学四平路校区召开。校长裴钢、副校长董琦，科技部国际合作司副司长马林英、市科委有关负责人及美国加州再生医学研究院院长等出席会议。会议期间，中美双方共同签署有关干细胞合作项目和战略规划的联合声明，并为“中美干细胞研究中心”成立揭牌。

（熊　雄）

［**裴钢出席“里约＋20”峰会**］　6 月 20—22 日，联合国可持续发展大会“里约＋20”峰会在巴西里约热内卢里约中心举行。校长裴钢，副校长、联合国环境规划署—同济大学环境与可持续发展学院院长伍江等学校代表团成员应邀参会。“里约＋20”峰会举办前，裴钢还出席了联合国 6 月 19 日举办的可持续发展的高等教育发起仪式。

（熊　雄）

［**在国际顶级学术会议上作学术报告**］　7 月 7—13 日，电信学院电子科学与技术系 2009 级本科生盛维天受邀参加在美国芝加哥举办的国际顶级学术会议 2012 年 IEEE 天线与传播国际论坛暨国际

无线电联盟美国国家委员会无线电科学会议，并在“大规模与多尺度电磁问题的积分方程解法”分会场作了题为“A Novel Approach for Evaluating Singular Integrals in Electromagnetic Integral Equations”的学术报告，受到与会代表的好评。该会议是由IEEE天线与传播学会及国际无线电联盟美国国家委员会联合举办的年会，有近6000名来自世界各地的代表参加，是电磁场与微波技术领域最著名、规模最大的国际学术盛会。

（熊　雄）

［首届海底观测科学大会在校举行］ 11月7—9日，由国家自然科学基金委地球科学部、教育部科技司及上海市科委主办，上海海洋科技中心（筹）和学校海洋地质国家重点实验室承办的第一届海底观测科学大会在同济大学举行，有同济大学、国家海洋局、中国科学院、华东师范大学、厦门大学、台湾中央大学及美国德拉华大学、美国地质调查局、美国MBARI研究所、加拿大维多利亚大学等67个单位的228名专家参加会议。

（熊　雄）

［驻香港理工大学联络办揭牌］ 11月14日，同济大学驻香港理工大学联络办公室揭牌仪式在香港理工大学举行。同济大学校长裴钢，香港理工大学校长唐伟章、副校长阮曾媛琪，中国内地事务处总监罗璇及香港理工大学教授、两校互派交换生、学校校友等近50人出席仪式。

（熊　雄）

［承办“挑战杯”中国大学生创业计划竞赛决赛］ 11月25—28日，由共青团中央、中国科协、教育部、全国学联、上海市人民政府共同主办，同济大学承办，复星集团协办，为期4天的第八届“挑战杯”复星中国大学生创业计划竞赛决赛在同济大学举行。同济大学、华东师范大学分获得“两金一银”，总成绩并列全国高校第一。团中央书记处书记卢雍政，上海市副市长沈晓明，全国学联主席齐兴达，学校党委书记周祖翼、校长裴钢，中国科协青少年科技中心主任李晓亮，团中央学校部部长杜汇良，教育部科技司高新技术处处长郃忠智，上海市政府副秘书长翁铁慧，市教卫工作党委书记、市教委主任薛明扬，共青团上海市委书记潘敏，市科协党组书记曹振全等出席了“挑战杯”相关活动。

（熊　雄）

附：学校负责人及地址

（2012年1—12月）

校党委书记：周祖翼
副　书　记：马锦明、姜富明、李　昕、方守恩

校　　　长：裴　钢
常务副校长：陈小龙（12月离任）、陈以一（12月到任）
副　校　长：郑惠强、江　波（7月到任）、伍　江、董　琦、陈以一（12月离任）、蒋昌俊、吴志强

四平路校区校址：四平路1239号
邮编：200092
电话：65983803　65982200

嘉定校区校址：曹安公路4800号
邮编：201804
电话：69589712

沪西校区校址：真南路500号
邮编：200331
电话：51030050

沪北校区校址：共和新路1238号
邮编：200070
电话：66052637

华东师范大学

［2012年概况］　学校设置19个全日制学院，6个研究院(所)，2个管理型学院，含58个系，74个本科专业，其中中文、历史、数学、地理、心理和物理6个专业是国家文理科基础科学人才培养和科学研究基地。学校现有26个一级学科博士点，38个一级学科硕士点，1个专业博士学位授权点，17个专业硕士学位授权点，23个博士后科研流动站。拥有教育学、地理学2个一级学科国家重点学科(涵盖教育学原理、自然地理学等13个二级学科)，5个二级学科国家重点学科、5个国家重点培育学科、12个上海市重点学科和17个上海市一流学科。学校理科拥有2个国家重点实验室，1个国家野外科学观测研究站，7个教育部重点实验室和工程中心，8个上海市重点实验室和工程中心，1个高等学校软科学研究基地；学校文科拥有6个教育部人文社会科学重点研究基地，3个上海市社会科学创新研究基地和上海市发展研究中心工作室。学校主办和承办20余种学报期刊，图书馆藏书425万余册，并拥有20所附属中小学及2所幼儿园。学校现有闵行校区和中山北路校区，校园占地总面积207公顷。学校现有教职工近4000人，其中专任教师2000余人，教授及其他高级职称教师1500余人，其中中国科学院和中国工程院院士13人，国家“千人计划”入选者15人，“长江学者奖励计划”特聘教授及讲座教授21人，国家“百千万人才计划”入选者19人，国家“杰出青年基金”获得者19人，“紫江学者计划”入选者86人。目前在校全日制本科生14000人，研究生13000余人，外国留学生4000余人。2012年毕业学生6731人，总体就业率为95.85%。2012年学校全年总收入269159万元，其中国家及地方财政拨款187542万元。

本科教学改革。建设优质课程资源，2门课程入选教育部精品视频公开课，21种教材入选教育部“十二五”普通高等教育本科国家级规划教材，6门课程入选上海高校精品课程，3门课程入选上海高校示范性全英语教学课程。加强“大学生学业发展指导中心”和“教师教学发展中心”建设，其中“教师教学发展中心”成功入选“十二五”国家级教师教学发展示范中心。注重实践教学，浙江天童森林生态系统国家野外科学观测研究站入选国家级大学生理科实践教育基地，心理学实验教学中心获批“十二五”国家级实验教学示范中心，金融与统计学院入选上海高校创新创业教育实验基地。构建多渠道、多层次、多类型的国际交流平台，参加国(境)外交流的本科生601人，比上年增加26%。加大本科生科研资助力度，落实拔尖人才培养各项措施，构筑拔尖人才培养的专门通道。

研究生培养。完善研究生培养体系，继续实施“夏令营”和“博士入学申请制”，优化拔尖创新人才选拔机制。加强常规培养管理，全面修订研究生培养方案，进一步加强专业主干课程和专业核心课程的建设。推进“博士研究生学术新人奖”、“全国优秀博士学位论文培育行动计划”等研究生教育创新项目，营造有利于拔尖创新人才成长的良好氛围。启动研究生国家奖学金评审，进一步完善以激励功能为导向的研究生资助体系。在部分院系试行博士学位候选人资格考试制度，继续推行研究生教育质量年度报告制度，完善质量监控体系。777位首届免费师范生顺利返校在职攻读教育硕士。以学位论文标准和实践基地建设为抓手，稳步推进专业学位综合改革试点工作。29篇博、硕士学位论文获得上海市研究生优秀成果(学位论文)。

科研体制机制改革。贯彻落实“高等学校创新能力提升计划”(“2011计划”)，牵头组建“可信信息物理融合系统协同创新中心”“周边合作与发展协同创新中心”等，推动学校各学科之间，学校与其他科研机构、企业之间开展深度合作。科研经费稳步增长，重大科研任务承接能力进一步提高。科研总经费为33769万元，其中自然科学到校科研经费为26321万元。新增1项以褚君浩院士为首席科学家的国家重大科学研究计划项目；主持1项上海市科委重大项目，经费600万元；作为子课题单位主持信息领域重点项目2项、崇明科技专项项目1项、社会发展领域重点项目1项，经费总额1000余万元。获得国家自然科学基金152项，其中重点项目3项；获国家社科基金项目47项，其中重大项目6项，重点项目7项；获教育部人文社科项目29项，其中重大攻关项目1项；获上海市社科项目27项，其中重大项目1项；申请专利191项，签订科技合同214项，合同金额3662万元。科研成果质量及其学术影响力进一步提升。作为第一完成单位分别获得上海市自然科学二等奖1项，技术发明二等奖1项，科技进步二等奖1项，三等奖2项；合作获得上海市科技进步一等奖1项，二等奖1项；作为第一完成单位分别获得教育部自然科学二等奖1项，科技进步二等奖1项。2部著作入选国家社科基金成果文库；《华东师范大学学报(哲社版)》、《文艺理论研究》、《心理科学》入选国家社科基金资助期刊；有21项成果进入全国高校第六届人文社会科学优秀成果奖公示；43项成果获得上海市第十一届哲学社会科学优秀成果奖和第九届邓小平理论研究和宣传成果奖，其中一等奖8项。

学科建设。继续推进"211工程"和"985工程"建设，本着"以评助建"原则，组织一级学科参与教育部学位中心第三轮学科评估。在上海市高校一流学科建设计划中，教育学、地理学等2个学科入选A类建设计划，哲学、政治学、心理学、体育学、中国语言文学、中国史、世界史、数学、物理学、化学、生物学、生态学、统计学、软件工程、公共管理等15个学科入选B类建设计划。继续探索学科交叉创新的新思路、新形式，增强学科交叉融合与创新研究能力。继续完善思勉人文高等研究院、科学与技术跨学科高等研究院的组织形式、运行机制。继续探索完善"学科群——一级学科——学科方向"的学科集群发展战略和管理模式。

师资队伍建设。完善优秀人才选留机制，全面推行师资博士后制度，加大吸引海外优秀博士的力度，新进教学科研系列人员实行非升即走制度。2012年海内外公开招聘专任教师57人，其中具有1年以上海外研修经历者42人，占聘任总数的74%。在领军人才建设方面取得显著成效。新增"长江学者奖励计划"特聘教授2人，讲座教授1人；4人入选"上海千人计划"，3人入选"上海市领军人才"、2人入选"东方学者"；林华新教授入选美国数学会首批会士；聘任"紫江特聘教授"1人、"紫江讲座教授"11人，均来自海外知名大学和科研机构。继续加大对青年人才培养的支持力度，努力为青年教师的成长成才创造更多发展平台、提供更好条件支撑。6名申请者入选"青年英才计划"；3人获得国家自然科学基金委优秀青年基金资助，11人入选教育部新世纪人才计划。通过国家公派、校际交流等途径派出70余名青年教师出国研修或合作开展研究。落实学校"十二五"规划有关逐步提高教职工收入待遇的精神，加大人力资源投入力度，调整岗位津贴标准和新教职工住房补贴标准，为教职工缴存补充公积金。

国际化办学。推进人才培养、科学研究、人才队伍建设等多领域开展更具实质内容的国际交流与合作。配合市教委与美国纽约大学合作建设上海纽约大学，参加筹建和建设工作，通过干部培训、搭建联合研究平台、联合培养研究生等途径，学习借鉴世界一流大学人才培养和管理经验、利用国外优质高等教育资源，开拓学术前沿领域的国际合作。继续推进联合实验室或研究中心建设，促进科研人员开展实质性的合作研究。继续推进国际教育园区建设，扩大留学生规模，优化留学生的结构层次。与美国密苏里大学、英国诺丁汉特伦特大学、法国里昂高师、日本筑波大学等30所国外大学、研究机构签署或续签学术交流、学生交流及校际联合培养等协议；与比利时鲁汶大学合作成立中欧文化研究中心，与德国洪堡大学合作成立跨文化教育与交流研究中心、与不列颠哥伦比亚大学(UBC)合作共建"ECNU-UBC现代中国与世界联合研究中心"，与美国科罗拉多州立大学合作成立"中美新能源与环境联合研究院"项目首个研究机构"中美能源与环境政策研究中心"；3项合作科研项目获国家外专局高端外专项目支持。举办的高层次国际会议和论坛24场。整合对外汉语教学资源，加强国际汉语教师研修基地、孔子学院综合文化交流平台建设，落实国家汉办"孔子新汉学计划"。

推进大学文化建设。学校出台进一步加强学校文化建设工作的意见，成立校文化建设委员会及其办公室，设立学校文化建设专项基金。通过创设"杏坛高议"、"大夏舞台"等论坛，开展高水平校园文化学术活动；举办院长(系主任)、教授、副教授任职仪式，重镌大夏大学迁校碑，搜集整理知名教授手稿，组织编纂大夏大学、光华大学和华东师范大学校史等，传承学校优秀文化传统；加快闵行校区文化中心建设、新设宣传橱窗和电子屏幕、完善公共场所文化景观、推进"智慧校园"建设等，推进文化设施和环境建设。一批文化建设项目获重要奖项。"十七年爱心风雨无阻——义务家教志愿者服务队"项目获2012年全国高校校园文化建设优秀成果一等奖，"搭建高校党务干部交流平台，提升基层党建工作水平"项目获全国"创先争优"最佳主题案例，学校学生设计作品获德国IF概念设计奖和德国红点设计大奖，学校健美操队在健美操世界杯上获2金2银、在健美操世锦赛上获3金、在全国健美操冠军赛暨全国健美操联赛总决赛上获6枚金牌、在大运会上获得3金3银1铜，学校在全国大学生艺术展演中获合唱一等奖、声乐非专业组一等奖、舞蹈非专业组一等奖、舞蹈非专业组优秀创作奖以及在第三届中国校园戏剧节中获非专业组优秀剧目奖、优秀编剧奖，“爱飞翔·乡村教师培训”项目在2011—2012年度上海青年志愿者优秀项目评选中名列首位。加强师德师风建设，软件学院院长何积丰院士、华东师大附属卢湾辅读实验学校校长何金娣获上海市教书育人楷模称号。

加大服务社会力度。以国际航运物流研究院建设为抓手，探索国际航运和物流的关键技术，服务于上海国际航运中心建设。以长江口亚三角洲项目研究为抓手，为崇明岛乃至上海城市的未来发展提供智力支持。历史系王家范教授获聘市文史研究馆馆员，化学系教授叶建农获聘市政府参事。积极推进与闵行区的“三区联动”工作，闵行紫竹教育园区全面建成，华东师大二附中紫竹校区、华东师大二附中附属初中于9月3日正式落成开学，双方共建的华东师大文化中心项目正式启动；与宝山区政府签署新一轮区校战略合作协议，进一步深化教育、科技、文化、人力资源等领域的合作；与黄浦区政府签订教育战略合作框架协议，由双方合作共建的“华东师范大学卢湾辅读实验学校”正式揭牌成立；与普陀区政府、思科系统国际有限公司等签署合作备忘录，推动教育云的研发及“智能＋互联城市”发展；与上海广播电视台签署心理学传播与应用合作协议，合作建立华东师大上海广播电视台联合文化传播中心。加强校友会和教育发展基金会工作，新成立院系校友分会3个（哲学系、中文系、日语系），各地校友分会2个（厦门、晋江）；社会捐赠资金稳步增长，全年金额超过2000万元。学校组织师生积极参加社会志愿服务活动，获得好评。

推进学校体制机制改革。以承担国家教育体制改革试点项目为抓手，科学编制试点项目实施方案，确定先行改革的重点和目标，有序稳步落实各项改革举措。为科学编制试点项目实施方案，校领导领衔和有关专家领衔的各子课题组，通过校内交流研讨、校外实地考察等方式，提出四个子项目共八个版本的改革方案。经校党委全委扩大会和第十二次党代会讨论，先行从四个方面进行探索改革：一是以孟宪承书院建设为抓手，改革师范生教育；二是完善学术组织架构、强化学术权力；三是实施财务二级管理，推进管理重心下移；四是提高资源合理配置与有效使用水平，建设绿色校园。

（王庆华、汪　海）

［与上海社科院签署新一轮合作协议］ 1月13日，华东师大与上海社科院签署新一轮合作协议，在人才培养、科研合作、人员双聘等方面继续开展全面合作。市委宣传部副部长、市社科院党委书记潘世伟，华东师大党委书记童世骏出席。校长俞立中与上海社科院常务副院长左学金签署协议。

（汪　海）

［市领导赴紫竹基础教育园调研］ 4月28日，市委副书记殷一璀一行赴华东师大闵行紫竹基础教育园区调研。华东师大、闵行区领导陪同调研。紫竹基础教育园区是华东师大与闵行区政府、紫竹高新区“三区联动”重点建设项目，占地面积约231亩，包括华东师大附属紫竹幼儿园、紫竹小学、二附中附属初中和二附中紫竹校区，幼儿园和小学于2011年9月开学。初中、高中于2012年9月开学。

（汪　海）

［赵启正受聘学校兼职教授］ 5月2日，中共十六届中央委员、国务院新闻办公室原主任赵启正受聘为华东师范大学传播学院兼职教授、中华文化国际传播研究院名誉院长。校长俞立中向赵启正颁发聘书。

（汪　海）

［莫言到校开讲并受聘兼职教授］ 5月16日，华东师大系列文化论坛“杏坛高议”首场讲座开讲。中国作家协会副主席、著名作家莫言应邀与师生交流文学创作。讲座结束后，校党委书记童世骏向莫言颁发了中文系兼职教授聘书。

（汪　海）

［举办生物医学研究前沿学术研讨会］ 6月2日，由华东师大主办的2012年转化生物医学研究前沿学术研讨会在校举行。诺贝尔生理学或医学奖得主John Michael Bishop教授，拉斯克医学奖获得者Elizabeth Fondal Neufeld教授，卫生部部长、中科院院士陈竺教授等生命科学领域杰出科学家应邀担任讲座嘉宾。多所高校、科研院所的师生250余人参加研讨会。

（汪　海）

莫言(左)受聘华东师大中文系兼职教授

[风险管理与创新中心揭牌] 6月13日，华东师大风险管理与创新中心揭牌仪式暨诺贝尔经济学奖获得者詹姆斯·莫里斯爵士演讲会在校举行。校党委书记童世骏与詹姆斯共同为中心揭牌。仪式后，詹姆斯·莫里斯爵士做客学校“大夏讲坛”第108讲，以“资产价格的困惑”为题发表演讲。

（汪　海）

[陈群任华东师范大学校长] 7月2日，受教育部党组委派，教育部党组成员、中纪委驻部纪检组宣读《教育部关于陈群等职务任免的通知》，任命陈群为华东师范大学校长，林在勇、范军、任友群、陆靖、朱自强、郭为禄、孙真荣为华东师范大学副校长；免去俞立中的华东师范大学校长职务。同时宣读《中共教育部党组关于任友群等同志职务任免的通知》，任命任友群为中共华东师范大学委员会副书记，郭为禄为中共华东师范大学委员会常委，孙真荣为中共华东师范大学委员会委员、常委；免去俞立中中共华东师范大学委员会常委职务。

（汪　海）

[上海终身教育研究院揭牌] 7月24日，在上海市学习型社会建设与终身教育推进大会上，由市教委委托华东师范大学成立的上海终身教育研究院成立。副市长沈晓明为研究院揭牌。该研究院是国内首家终身教育研究院，它的成立对于上海乃至全国终身教育体系构建与学习型社会建设的政策与实践创新具有重要意义。

（汪　海）

[上海市新沪商发展研究院成立] 8月3日，由华东师大、市政府合作交流办、各地在沪企业(协会)联合会发起，联合市政府其他相关部门、企业、高校等合作共建的“上海市新沪商发展研究院”正式成立。副市长姜平、市政府合作交流办主任林湘、校长陈群共同为研究院揭牌。上海市新沪商发展研究院挂靠华东师大商学院。

（汪　海）

[在第九届大运会获奖] 在9月7—18日于天津举办的第九届全国大学生运动会上，由华东师大组队的上海市大学生田径代表队，以7金8银1铜，团体总分261分的优异成绩，以金牌榜第二名的成绩创下上海大学生田径代表队历届参赛最好成绩。由华东师大负责组建的上海大学生健美操队获得3金3银1铜。

（汪　海）

[周边合作与发展协同创新中心成立] 9月20日，由华东师范大学发起并作为牵头单位，北京大学、复旦大学为主要参与单位的周边合作与发展协同创新中心在京成立。中央外事工作领导小组办公室副主任裘援平、教育部副部长李卫红为中心揭牌。李卫红代表教育部对协同创新中心成立表示祝贺并作重要讲话。华东师大与北京大学、复旦大学分别签署了协同创新合作协议。教育部社科司司长杨光为三所协同高校授牌。

（汪　海）

[“国际教师教育研讨会”召开] 9月23日，由华东师范大学、中国联合国教科文组织全国委员会、联合国教科文组织教师教育与高等教育部门、联合

国教科文组织亚太国际教育与价值教育联合会、上海市徐汇区教育局联合主办的“国际教师教育研讨会”在校开幕。来自中外的120余名教育界专家和代表围绕“教师专业化和教育国际化”进行研讨。

（汪　海）

［中欧文化研究中心成立］　10月24日，华东师大与比利时鲁汶大学合作成立的中欧文化研究中心举行揭牌仪式。华东师大校长陈群与鲁汶大学校长马克·瓦尔共同为“中欧文化研究中心”揭牌。该中心旨在建立一个跨文化、跨学科、跨地域的研究平台，寻找彼此契合的领域进行共同研究，并助力两校青年学者的成长，培养一批具有跨文化视野的人文社会科学学者，进一步推进欧洲视野下的中国研究和中国视野下的欧洲研究。

（汪　海）

［何鸣元获法国“棕榈叶骑士”勋章］　10月30日，法国驻沪总领事卢力捷受该国教育部委托，到华东师范大学向何鸣元院士颁发“棕榈叶骑士”勋章，表彰其在中法学术交流、科技人才培养等方面做出的杰出贡献。法国“棕榈叶骑士”勋章由拿破仑于1808年设立，用来表彰世界范围内为法国文化和教育交流做出杰出贡献的法国国内外教育人士，是法国文化教育领域最高级别荣誉。

（汪　海）

附：学校负责人及地址

（2012年1—12月）

校党委书记：童世骏
副　书　记：罗国振（12月离任）、林在勇、朱　民（11月离任）、任友群（7月到任）、杨昌利（12月到任）

校　长：俞立中（7月离任）、陈　群（7月到任）
副校长：林在勇（兼）、任友群（兼）、范　军、陆　靖、朱自强、郭为禄（7月到任）、孙真荣（7月到任）

中山北路校区地址：中山北路3663号
邮编：200062
电话：62232214

闵行校区地址：东川路500号
邮编：200241
电话：54344815

华东理工大学

［**2012年概况**］　学校现有徐汇校区、奉贤校区和金山科技园区三部分，占地面积近177公顷。在校全日制学生2.47万人，在校全日制研究生8342人（其中博士生1440人），全日制本科生16355人。教职员工3550人，其中两院院士4人，双聘院士4人，国家教学名师2人，国家“973”计划首席科学家6人，国家“863”计划领域专家3人，“长江学者”特聘教授12人，“长江学者”讲座教授1人，上海市教育功臣1人，新世纪百千万人才工程国家级人选8人，教育部“长江学者和创新团队发展计划”创新团队3个，国家级教学创新团队4个，国家级有突出贡献的中青年专家11人。

举办以“传承、凝聚、发展、共享”为主题、以“因您而感动”为核心的60周年校庆活动，开展“校庆建设”、“校庆宣传”和“校庆活动”等3项工作，改善校园环境，提升民生水平，加强文化建设，促进学术交流，展示办学成就，拓宽学校与校友和社会各界的联系渠道。

举办“华东理工大学上海诺丁汉高等科学院揭牌仪式暨可持续未来国际研讨会”，成立华东理工大学上海诺丁汉高等科学院。以生命科学、绿色科技以及航天航空等上海产业发展导向为重点，开展前沿研究及培养具有国际视野的工程技术领军人才，致力于探索中外教育合作的新模式。利用校庆契机，积极组织和推动学校的国际交流活动。依托国家实施的“高等学校学科创新引智计划”，延续和延展学科创新引智基地项目各1个，延续2个“海外名师”项目。年内，学校出国（境）人员545人次，通过各类校际、院际交流项目派出学生333人。

完成部分实验大楼的修缮工作。全面推进60周年校庆建设年大型仪器建设项目建设，继续推进大型仪器共享管理，建设大型仪器全时开放共享试点平台，已建成校分析测试中心及材料科学与工程学院共50台大型仪器全时开放共享平台。加大校园网络基础设施建设。完善校园绿化、景观的定位与规划。

推进“跃升行动计划”实施，开设20多门次的学科基础拓展课程；通过发布“跃升行动计划工作简报”、调整保研政策、召开信息发布会、邀请专家讲座、开设“跃升行动沙龙”等措施，为学生提供学业指导，学生研究生平均录取率由上年的25%提高到31.5%，部分专业达到46%。全年各类大学生创新实验计划项目立项数为308项，其中国家级项目85项，上海市级120项；开展大学生课余研究项目579项，覆盖学生2800人次；组织各类学术竞赛70余场次，覆盖学生2500余人次，学生参加国内外各类学术竞赛获奖206项，其中一等奖31项。

本科系统15个实验基地建设项目获得国家修购基金的资助，资助金额3895万元。学校对这些项目进行跟踪、支持和推进，确保项目的建设进度和质量。启动2014年修购基金的申报工作，共申报项目28项。向教育部申报2个国家专业类实验教学示范中心，其中“材料实验教学示范中心”获得教育部批准。在建的国家工科化学实验示范中心、上海市材料工程实验示范中心、上海市发酵工程实验示范中心接受市教委专家组的检查验收，3个示范中心的课程体系、教学质量和改革成果得到专家的认可与好评。学校与上海石油化工股份有限公司等6家国有大型企业联手建立国家级工程教育实践中心，获得教育部的批准和经费支持，并已展开工作；与上海尚光娜贸易公司携手，在奉贤校区建立大学生创新教育基地——“PHYWEI联合实验室”，引进德国先进的科学仪器支撑大学生创新教育。

部分理工科学院本科三年级进入奉贤的各项工作扎实开展。完成学生公寓、教室修缮改造工作。完成部分实验室与教室功能调整改造。做好排课选课等教学管理工作，完成总额3298万元的相关项目的论证、申报对接及实验室建设工作。加强奉贤校区学生管理工作，提出了改革方案，提高学生自治水平。

完善“十二五”规划，提交学校党政联席会、党委会、教代会讨论通过《华东理工大学“十二五”改革与发展规划》和《华东理工大学中长期发展战略规划》。与院系和相关职能部处研究讨论“十二五”关键指标，编制完成所有专业学院的《规划目标任务书》。

举行“十二五”规划目标任务书签约大会，完成《华东理工大学章程（讨论稿）》。

建立健全学校学术委员会规章制度和运行机制。完善学校学术委员会章程和学校学术道德规范管理办法，制订各学科专业委员会及各级学术咨询、学术评议、学术评定、学风维护等工作的议事规则；建立科学、民主、公开、公正的学术评审、决策机制和制度；加强学术民主、推进教授治学。

由学校牵头，清华大学、浙江大学、大连理工大学、华南理工大学、中国石油化工集团公司、中国石油和化学工业联合会等单位参与协同共建的“替代石油路线大型化工过程与装备技术协同创新中心”，在上海举行研讨会，并签署协同创新中心章程。与相关高校共同发起成立国家盐湖资源化学与过程工程、西南作物病虫害持续控制等六个区域协同创新中心，加盟“新一代煤（能源）化工”等六个国家级和一批省部级创新战略联盟。

华东理工大学科学技术发展研究院举行揭牌仪式，探索由流动专职科研人员和固定人员组成创新科研团队的运行模式，进一步调整结构、优化队伍，使体制机制与科学创新相得益彰。

完成“985”平台国家验收；完成包括国家和上海层面的“211”三期验收工作。完成上海市一流学科的申报工作。4个卓越工程师教育培养计划试点专业和3个国家级工程实践教育中心获国家专项资助。

利用“211工程”三期和“985”优势学科平台中的师资队伍建设项目，通过实施“重点学科领域杰出人才引进和培育计划”、“中青年骨干教师事业发展支持计划”和“创新团队发展与培育计划”等，推动了《关于进一步落实人才强校战略的实施意见》的实施；高层次人才队伍建设又有新进展，汪华林获教育部“长江学者”特聘教授资助，杨弋获国家基金委杰出青年基金资助，张显程、白志山获批中组部首批青年拔尖人才计划支持。学校首批遴选青年英才计划人选23人，青年教学科研骨干发展支持项目人选77人，优秀青年教师培育项目人选152人，并给予科研经费和人才津贴资助。

人事制度改革方面，出台《关于2012年度深化教职员工收入分配制度改革的实施意见》，提高教职员工的收入水平，稳定高层次人才和青年教师队伍；制订并实施《华东理工大学规划指标的绩效评估与卓越津贴分配方案》。推进重点学科领域杰出人才培养与引进计划，完善学校高层次人才年薪制。制定、实施青年英才引进与培育计划，并设立专项卓越津贴等。

成立发展联络处。以校董会、校友会、基金会建设为抓手，完善工作机制，构建学校发展外部支撑载体。组建由大型央企及地方国企、跨国公司、大型民企等参加的更具代表性的新一届校董会，本年度召开两次大会。完成校友会在上海市社团局注册，为校友工作开展提供法律保障。

（牛　聪）

[在国家科学技术奖励大会上获奖]　2月14日，国家科学技术奖励大会在北京举行。学校获得国家科技进步二等奖4项，国家技术发明二等奖2项。其中，于建国教授领衔的项目“盐湖钾镁资源高效与可持续开发利用关键技术”，张嗣良教授领衔的项目“基于细胞生理与过程信息处理的工业发酵优化新技术”，钱锋教授领衔的项目“大型精对苯二甲酸装置节能降耗的优化运行技术”和杜磊教授作为主要完成人的项目“热透波材料基础研究”获得国家科技进步二等奖；程树军教授作为主要完成人的项目“新型可降解涂层冠脉药物洗脱支架的研制”和杜磊教授领衔的项目“新型树脂复合材料的研究”获得技术发明二等奖。

（牛　聪）

[刘延东到校视察]　5月14日，中共中央政治局委员、国务委员刘延东，全国政协副主席、科技部部长万钢，教育部副部长郝平在上海市委副书记、市长韩正，市委副书记殷一璀等陪同下，来学校视察，并发表重要讲话。校党委书记杨贤金、校长钱旭红等校领导陪同视察生物反应器工程国家重点实验室、煤气化及能源化工教育部重点实验室等处。在视察过程中，刘延东为师生题词：攀登科技高峰，为振兴中华做贡献。

（牛　聪）

[学校校友会成立]　6月17日，华东理工大学校友会成立大会暨首届会员代表大会在徐汇校区逸夫楼报告厅召开。会议审议通过《上海华东理工大学校友会章程》，选举产生了第一届理事会理事、秘书长、正副理事长。钱旭红当选理事长，卢冠忠等17人当选副理事长，钱锋当选秘书长。

（牛　聪）

[举行建校60周年庆祝大会]　10月20日，学校在奉贤校区举行建校60周年庆祝大会。学校名誉校长，第九、第十届全国人大常委会副委员长成思

危致贺辞，教育部副部长李卫红、上海市委副书记殷一璀出席大会并讲话。全国政协提案委员会副主任阳安江，中国工程院工程管理学部主任、学校第五届校董会主席王基铭，原国家建材局长、党组书记张人为，上海市人大常委会副主任钟燕群，上海市副市长沈晓明，青海省副省长高云龙，上海市政协副主席王新奎，上海市原副市长夏克强等到会祝贺。

（牛　聪）

华东理工大学举行建校 60 周年庆祝大会

［与诺丁汉大学共建高等科学院］ 11 月 5 日，学校与英国诺丁汉大学成功“牵手”，成立华东理工大学上海诺丁汉高等科学院，校长钱旭红院士和英国诺丁汉大学校长戴维·格林威教授分别致辞并为科学院揭牌。根据协议，高等科学院将利用双方的优势资源，以生命科学、绿色科技以及航天航空等上海产业发展导向为重点，大力开展前沿研究，并以此为依托，致力于提高具有创新精神和国际视野的工程科技领军人才的培养质量，探索国际化合作培养人才的模式创新。华东理工大学上海诺丁汉高等科学院是隶属于华东理工大学的二级学院，下设生命科学、绿色技术、航空技术 3 个联合实验室，英方将每年派遣学术教师和研究人员到科学院开展教学和科研活动。双方还一致同意，通过在这些专业领域的前沿研究，不断推进研究生培养方面的合作。

（牛　聪）

附：学校负责人及地址

（2012 年 1—12 月）

校党委书记：杨贤金
副　书　记：沈　炜、蒋文文、林志华

校　长：钱旭红
副校长：陈英南、于建国、马玉录、涂善东、杨存忠、钱　锋

地址：梅陇路 130 号
邮编：200237
电话：64252500

上海外国语大学

［**2012 年概况**］ 学校现有教学院(系)20 个，直属教学部 4 个。设有本科专业 37 个，其中语言类专业 25 个和非语言类专业 12 个；一级学科硕士学位授权点 7 个(下设二级学科硕士学位授权点 30 个)；专业硕士学位授权点 3 个；一级学科博士学位授权点 2 个(下设二级学科博士学位授权点 12 个)；博士后科研流动站 2 个。全校在职教职工 1305 人，其中专任教师 720 人，正高职级职称 105 人、副高职级职称 229 人；具有博士学位的教师 360 人，具有硕士学位的教师 298 人。学生总数 16837 人，其中本科生 5972 人、硕士研究生 2445 人、博士研究生 382 人、留学生 1595 人(其中学历生 757 人)、成人教育学生 5308 人、网络教育学生 628 人。当年招收本科生 1504 人、各类研究生 1035 人，其中硕士研究生 926 人、博士研究生 109 人。当年毕业本科生 1580 人，就业率为 95.38%；毕业研究生 672 人，其中硕士生 596 人，博士生 76 人，就业率达 94%。当年招收留学生 2113 人，来自五大洲 92 个国家。

一、学校规划与学科建设。顺利通过国家和地方“211 工程”三期验收。完成上海高校一流学科申报工作，外国语言文学、政治学、应用经济学、新闻传播学、工商管理、教育学等 6 个一级学科入选上海高校一流学科(B 类)。修订学校“十二五”规划和《上海外国语大学发展定位规划(2010—2020 年)》。完成各学科点学科建设“十二五”规划汇编工作。推出校“十二五”学科建设管理办法，以推进校学科建设制度化、规范化和可持续化发展。

二、教育教学改革。①探索创新人才培养机制。学校成功入选上海市“涉外卓越法律人才培养基地”，建设周期 4 年；实施长三角高校交换生计划，共接受 17 名学生进校修读。②加强新专业建设和管理。成功获批印地语专业；希伯来语、越南语、乌克兰语专业顺利通过学位审核，增列为学士学位授予专业。③加强课程建设。2 门课程被列入 2012 年度国家级精品视频公开课建设计划，1 门课程获上海高校市级精品课程称号，2 门课程入选第一批上海市共享课程，2 门课程入选“上海市高校示范性全英语课程”，2 门课程被列入上海高校示范性全英语教学课程建设项目。④探索学生创新创业计划。学校入选第一批上海高校创新创业教育实验基地建设名单，启动 150 项国家级大学生创新创业计划；实验室建设和管理工作取得进展，“媒体融合实验中心”被教育部批准为“十二五”国家级实验教学示范中心，实现了学校在国家级实验教学示范中心建设项目上的重大突破。⑤加强教材建设。两本教材入选第一批“十二五”普通高等教育本科国家级规划教材；3 本教材获得校级教材出版基金资助立项，10 本教材获得自编教材立项。

三、科研规划与管理。①结合学校专业特色和学科优势，制订《上海外国语大学哲学社会科学繁荣计划(2012—2020 年)》，并公开发布在中国高校社科网上。②制订《上海外国语大学哲学社会科学“走出去”计划》，与市哲学社会科学规划办公室联合组建“中华学术精品外译上海推介中心”；推进“中国浦东干部学院国际合作培训教材”的英文翻译；与市商务委员会、虹口区政府合作筹建“国家文化贸易翻译基地”；加强外语特色网站群建设。③加强区域和国别研究培育基地建设，获准成立欧盟研究中心、俄罗斯研究中心和英国研究中心 3 个培育基地。④推进科研成果的社会转化，与市政府发展研究中心合作，参与决策咨询，为上海经济社会发展服务；副校长张峰申报的“孔子学院弘扬中国文化研究”入选市政府决策咨询热点课题。⑤成立中阿合作论坛研究中心，为“中东地区发展报告”的撰写提供支持；加强中国外语战略研究中心的建设，共计投入 62.5 万元；与上海国际问题研究院共建“全球多语种信息文本监测与分析辅助平台”，探索“多语种＋国际舆情”研究模式。⑥科研项目管理。获得市哲学社会科学优秀成果奖 4 项、教育部哲学社会科学优秀成果奖 3 项。获国家社科基金项目 5 项，资助金额 75 万元；教育部社科基金项目 10 项、新世纪优秀人才支持计划项目 3 项、专项任务项目 1 项、中东研究所自设项目 2 项，资助金额 119 万元；市社科基金项目 2 项、市教委科研创新项目 7 项、晨光计划项目 1 项、教育科学研究项目 2 项、德育实践项目 3 项、外国文化政策研究基地项目 18 项、体育科研项目 3 项，资助金额

107.4万元。⑦推进优秀学术期刊建设。《外国语》获得国家社科基金学术期刊资助。⑧加强科研管理制度化和规范化建设。修订科研工作管理条例、增加区域和国别研究基地管理、优秀科研成果评奖和外国文化政策研究基地管理等办法，修订学术会议、学术讲座管理办法。⑨加强科研经费管理。研究制定加强科研经费管理的工作方案，制订关于在研科研项目跟踪管理和信息收集的条例和纵向课题项目过程管理办法。⑩加大科研宣传力度。举办第四届外语院校繁荣发展哲学社会科学高层论坛暨全国外语院校科研管理协会年会、第三届国际政治经济学论坛暨“新兴经济体与国际关系”学术研讨会和上海市社联第十届学术年会国际政治经济专场。

四、师资队伍建设。①加大高端人才引进。通过高层次人才引进程序成功录用3人。学校现有长江学者1人、上海市东方学者2人、上海市领军人才5人，另有1人成功立项浦江人才计划，3人入选教育部“新世纪优秀人才支持计划”、1人入选市“晨光计划”。②加强教师入口管理。制定新合同文本，规范合同聘用、岗位聘用与管理，修订《上海外国语大学引进高层次紧缺人才的实施意见》并组织专家论证。③加强师资培养力度。3名中青年骨干教师入选高等学校青年骨干教师国内访问学者计划。组织新进教工参与岗前培训暨拜师仪式，聘请56名专家对其进行为期一年的指导培养，利用微格教学培训模式切实提高新进青年教师的教学技能和教学水平。组织全校44个教学团队、16个科研团队，近210名青年教师参与学校“青年教师教学科研团队培育计划”学术交流研讨会。举办首届非英语专业教学科研骨干英语能力培训班，第一期学员共20名。

五、国际化办学与对外合作交流。①召开国际化教育研讨会，推进学校国际化课程体系建设，形成第一期较稳定的师资队伍，打造19门符合国际化教育标准的课程。②开拓学生出国交流渠道。129人获“国际区域问题研究及外语高层次人才培养项目”，市教委经费支持110万元。2012年应届毕业生在学期间出境交流学习共355人，占毕业总人数的15.8%。其中，本科生281人，硕博士研究生74人。确定全校各类学生赴境外交流学习项目160个。③推进国际交流与合作。新签协议39项，续签4项。推进学校与美国宾州州立大学、荷兰莱顿大学等重要合作伙伴关系，建立与美国加州州立大学长滩分校、法国巴黎第三大学等名校的校际交流关系。完成2项中外合作办学项目的洽谈、设计和申报工作。④国际学术交流活动。共主办包括“音系学国际研讨会”、“媒介的政治角色与美国2012年大选国际研讨会”等4个国际学术会议。有51人次出国(境)出席国际学术会议。⑤开展友好接待。共接待包括土耳其总理埃尔多安、法国前总理拉法兰、以色列高等教育委员会、伊朗科技部副部长、25名外国大学校长或副校长、31名外国大使或总领事在内的共计约226个来访团组和2000余人次的外国嘉宾。⑥外国专家管理。聘请长期外国专家共77人次，短期外国专家约90人次。制订外国专家管理办法和外事秘书工作职责。⑦港澳台侨事务。接待台湾辅仁大学和文藻外语学院师生参访学习，接待上海台商子女学校50名高三学生参访；与辅仁大学签订学生交流协议；参加第9届海峡两岸外语教学研讨会；深化与香港城市大学、澳门理工学院的合作交流；组织8名澳门学生参加“百名澳门学生看上海”、7名台湾学生参加“百名台生看上海”活动；选派2名优秀研究生参加“第三届两岸青年领袖研习营”活动。制订或修订《学生赴境外交流学习管理办法》、《中外合作办学(联合培养)项目管理办法》、《外事接待管理办法条例》等，规范国际化办学相关事务。

六、学生事务管理。①育人思路有创新。学校成立生涯发展教育中心，对接国际化学生事务管理模式，实现提升内涵发展的新探索。以十八大为主题开展思想政治教育活动；探索学校树立学生先进典型模式，创立“上外学生年度人物”评选活动；关注网络平台建设、易班建设，建立上外少数民族学生易班俱乐部；结合实际适度扩大学生党校学习规模；“2012年毕业生纪念视频”被上海市政府新闻办官方微博“上海发布”转发；坚持辅导员队伍“严进优出”建设原则，落实辅导员校内行政岗位优先竞聘，修订学生辅导员选聘办法。②专题项目有成果。获批“上海高校毕业生就业工作创新基地”；促成中国路桥奖学金在上外设立；加强大学生思想政治教育思想理论研究，2项课题获“2012年度上海学校德育实践研究课题”立项，多项课题获“2012年度上海教卫党建系统研究课题”立项。

七、校园文化建设。①办好“校长读书奖”、“锋芒辩露”辩论赛、图书馆文明宣传月、思索讲坛等学术文化建设活动，并推出第一届“立言杯”院际辩论赛。②鼓励学生服务社会。全年志愿服务总人数2000余人次。选拔10名应届毕业生赴内蒙等地支教，是研究生支教工作历年规模最大的一次；参与国际滑联短道速滑世锦赛、国际乒联中国公开赛等大型赛事的志愿服务;参与各语言类志愿者活动,如"12345"市民热线西班牙语和日语志愿服务,志愿者与市长韩正进行亲切交流;承接市语委外语规范纠错行动,发挥上外语言特色开展多语种高校行活动;做好上海图书馆、上海美术馆等场馆的志愿讲解与引导服务;参与南京路"飞扬华夏学习雷锋好榜样为民服务"活动、第十九届"蓝天下的至爱"、"慈善与志愿服务行动日"等。③开拓各类艺术教育活动。暑期组织校艺术团赴美交流演出,拓展学生国际视野。继续举办校园十大歌手大赛、军民联欢暨迎新晚会、第25届文化艺术节等传统校园文化品牌项目。④社会实践活动精彩纷呈。组建339支团队开展主题为"青春九十年,报国勇争先"的实践活动,全校各实践团队奔赴各方,参与人数达到1863人,占全校学生31.05%,足迹遍布世界20多个国家、全国160多个区县,服务群众总计达48000余人次。学校博客博文数在上海市大学生社会实践网继续高居榜首。积极开展关心和帮助来沪随迁子女"大众公用·牵手成长"行动,全校共9个院系、11支团队,约409人参与其中,服务9个地区2490余位来沪人员随迁子女和弱势群体子女,取得良好效果。组建大学生城市文明巡访团,关心城市精神文明建设,热心社会公益活动。⑤科技创新工作有所突破。组建全校57支参赛团队举行上海外国语大学创业计划竞赛,并推选进入市级比赛,一支队伍获银奖,两支队伍获铜奖。举办两期创业课堂,启迪创新思维,鼓励学生创业活动。⑥举办第22届社团巡礼节和2012年度社长峰会,通过主题游园会、主题晚会、明星社团评比等活动,展示社团风采,凝聚力量共同繁荣校园文化。

(潘　旻)

[学校获多个奖项]　①1月10日,学校被评为"2011年度上海市来华教育管理先进集体",国际文化交流学院杨永康、陈慧中、郑振贤、陈灼芬、骆笑天获"来华留学教育优秀工作者"称号。②1月,7篇博、硕士学位论文获上海市优秀学位论文。③1月,《臻言堂:凝聚师生民意,促进校园和谐——上海外国语大学全面推进"臻言堂"系列师生民意沟通与校园民主管理渠道创新》获2011年上海市校园文化建设优秀项目。④2月29日,学生徐进首获世界学生围棋王座赛冠军。⑤2月,校工会荣获2011年上海市教育工会网站信息工作先进单位。⑥3月28日,上海市总工会授予学校"2011—2012年度上海市劳动关系和谐职工满意企事业单位"。⑦3月,学校荣获"2010—2011年度安全文明校园"称号。⑧5月18日,学生尚文获得松江大学园区首届"外教社杯"英语演讲比赛冠军。⑨7月18日,校棒球队蝉联中国大学生棒垒球联赛总决赛高水平组冠军。⑩7月23日,日语专业学生许旻获得第七届中华全国日语演讲大赛冠军。⑪8月,4项科研成果荣获上海市哲社优秀成果奖。⑫9月,4名教师荣获2012年度上海市育才奖。⑬9月28日,学校在市教育系统海派秧歌展示活动中获"最佳表演奖"。⑭11月16日,学校荣获第四届上海市德语风采大赛团体冠军。⑮12月1日,英语学院学生汤敏荣获"第四届海峡两岸口译大赛华东区级赛"一等奖。⑯12月24日,学校官网获得全国高校百佳网站和最佳外文主页网站荣誉。⑰教师马丽蓉的研究成果《清真寺是我国进一步完善穆斯林管理和服务的抓手》入选2011年度高校哲学社会科学研究优秀咨询报告。

(潘　旻)

["长三角高校交流生计划"启动]　2月20日,由苏浙沪三地政府联手推出的"长三角高校交流生计划"正式启动,首批来自浙江大学等高校的18名学生抵沪,在上外开展为期半年的游学生涯。游学期间,高校间学分互认,费用则由各地政府承担。这也是全国跨省市高校间优秀教学资源共享的首次尝试。

(潘　旻)

[土耳其总理到访]　4月11日,土耳其总理雷杰普·塔伊普·埃尔多安访问学校松江校区并发表演讲;出席学校与土耳其尤努斯·艾姆莱研究院合作协议签约仪式,并为土耳其语专业揭牌。副校长冯庆华教授主持欢迎仪式,校长曹德明致欢迎辞。开设于2011年的学校土耳其语专业,是中国南方高校开设的唯一的土耳其语专业。

(潘　旻)

[法国前总理、参议院副议长拉法兰到访]　5月18日,法国前总理、参议院副议长让-皮埃尔·拉法兰携夫人一行在法国驻沪总领馆代表的陪同下,访问学校松江校区,并为法语系师生作题为"以开放、团结的姿态迎接新世界"的演讲。

(潘　旻)

[首次跨国跨校视频课堂交流]　5月22日,学校首次跨国跨校视频课堂交流在图文信息中心举

行。法语系师生与加拿大拉瓦尔大学师生借助先进的互联网视频通讯，实时沟通交流学习经验与心得，畅所欲言，反响热烈。加拿大商会会长那毅夫高度评价了学校首次跨国视频交流对于促进中加教育文化事业的深远意义，并期待类似活动能够长期化、系列化、主题化开展。

（潘　旻）

[“中国特色外交理论与全球战略”学术研讨会召开]　6月27日，在学校特聘兼职教授、上海国际关系研究院院长杨洁勉的倡导下，由上海国际问题研究院与上海外国语大学国际关系与外交事务研究院联合主办的“中国特色外交理论与全球战略”学术研讨会在虹口校区召开。多位国际关系学界的著名专家、中青年学者代表及学校部分科研人员和硕、博研究生等出席会议。

（潘　旻）

[教育部区域和国别研究培育基地落户学校]　7月2日，教育部区域和国别研究培育基地——欧盟研究中心、俄罗斯研究中心和英国研究中心的启动仪式在学校举行。区域和国别研究培育基地项目启动于2011年11月，是教育部为贯彻落实国家教育规划纲要和十七届六中全会精神，服务国家外交战略，促进教育对外开放而设立的。迄今为止，全国获准立项的教育部区域和国别研究培育基地共37个。其中，上海地区5个。欧盟研究中心、俄罗斯研究中心和英国研究中心等3个区域和国别研究培育基地的落户，使学校成为全国获准建立此类基地数量最多的高校之一。

（潘　旻）

[组建外国文化政策研究基地]　7月4日，市长韩正在市政府决策咨询工作会议中为上海外国语大学校长曹德明颁发“外国文化政策研究基地”铭牌。该基地由上海市人民政府发展研究中心与学校联合组建，也是上海市第四个同类型的研究基地。基地不仅是上外由外语特色类院校向国际化、有特色、高水平、多科性外国语大学转型的重要抓手，也是学校构建“科学研究和社会实践创新平台”的重要一环。

（潘　旻）

[姜椿芳诞辰百年座谈会在京举行]　7月28日，纪念姜椿芳百年诞辰暨《姜椿芳文集》出版座谈会在京举行。全国政协副主席郑万通出席。中共中央编译局局长衣俊卿，中国大百科全书出版社社长龚莉，中共黑龙江省委宣传部副部长赵德信，常州市市长姚晓东，上海外国语大学校长曹德明等代表各主办单位先后致辞。来自全国各地的翻译界、文学界代表，以及姜椿芳家属和生前友好150多人参加座谈会。姜椿芳是中共中央编译局原副局长、顾问，中国大百科全书总编委会副主任、大百科全书出版社原总编辑，中国杰出的翻译家、出版家、教育家、社会活动家和中国现代百科全书事业奠基人，亦是上海外国语大学首任校长。他为上海外国语大学的发展奠定了扎实基础，确立了基本的人文精神和文化传统，留下了宝贵的精神财富和办学经验。

（潘　旻）

[国际化教育研讨会召开]　9月7日，以“开拓创新，全面推进国际化教育”为主题的国际化教育研讨会举行。校党委书记吴友富、校长曹德明和应邀出席会议的市教委国际交流处负责人先后作主旨报告和讲话。与会者围绕拓展学生海外交流学习途径、提高留学生的层次、优化留学生结构、设计具有特色的合作办学和联合培养项目、做好引智工作、建设国际化课程模块和提高教师国际化教育能力等议题，展开研讨并提出富有建设性的见解。

（潘　旻）

[市民服务热线外语志愿者上岗]　10月8日，上海市“12345”市民服务热线电话开通试运行，来自学校的30余名外语类志愿者正式上岗，为在沪工作、生活、学习的外籍人士提供日语、西班牙语等外语接听志愿服务。市长韩正视察了“12345”市民服务热线外语志愿者工作并与学校志愿者亲切交谈。

（潘　旻）

[匈牙利赛格德大学孔子学院揭牌]　10月10日，校长曹德明率代表团访问匈牙利赛格德大学，并出席上海外国语大学与该校合作新建的赛格德大学孔子学院揭牌仪式。赛格德大学孔子学院是匈牙利第二所孔子学院，也是学校继意大利、日本、秘鲁之后在海外建立的第四所孔子学院。

（潘　旻）

[学校列入教育部章程建设试点]　10月18日，教育部在同济大学召开章程建设试点高校工作会议，就高校章程制定、大学内部治理结构等问题进行研讨。全国12所高校的负责人汇报了各

校章程建设的进展和思考。高校章程是高等学校依法自主办学、实施管理和履行公共职能的基本准则。此次章程建设试点是教育部推动高校章程建设的重要改革项目。学校与中国人民大学、北京师范大学、吉林大学、西安交通大学等共12所高校列入试点。纳入教育规划纲要现代大学制度建设试点项目,也是近年来学校首次纳入教育部综合改革的试点单位。

(潘　旻)

[“上海外国语大学伊朗学中心”揭牌] 11月27日,由伊朗伊斯兰共和国总领事馆文化处捐赠成立的“上海外国语大学伊朗学中心”揭牌仪式在松江校区东方语学院举行。校长曹德明和伊朗驻沪总领事索布哈尼为中心揭牌。

(潘　旻)

[举行“第四届外语院校繁荣发展哲学社会科学高层论坛”] 12月8日,第四届外语院校繁荣发展哲学社会科学高层论坛暨全国外语院校科研管理协会年会召开。来自北京外国语大学、广东外语外贸大学、解放军外国语学院等全国16所外语院校以及清华大学、南开大学、华东师范大学等16所综合性大学外语学院的80余名代表参加会议。百余名在校研究生到场聆听了专家们的演讲。

(潘　旻)

附:学校负责人及地址

(2012年1—12月)

校党委书记:吴友富
副　书　记:李月松、王　静

校　长:曹德明
副校长:冯庆华、张　峰、杨　力、周　承

虹口校区地址:大连西路550号
邮编:200083
电话:35372000

松江校区地址:文翔路1550号
邮编:201620
电话:67701068

上海外国语大学贤达经济人文学院

［**2012年概况**］ 学校招收本科生1712人，其中文科985人，理科696人，艺术类21人，美术类7人，音乐类3人。上海生源748人，外地生源964人。在校生总数5561人，年内毕业生1062人。学校坚持以服务学生发展为己任，以传授人文与经济相融合的知识为特色，引导毕业生继续深造，2012届毕业生出国续读研究生164人，占毕业人数的15.4%；续读国内研究生19人，占1.8%。

国际交流。①与美国圣路易斯大学签署3+2本硕连读合作项目，与法国雷恩高等商学院签署3+1.5本硕连读合作项目。与美国波特兰州立大学、韩国梨花女子大学等签署合作协议。与英国林肯大学、美国查塔姆大学、美国佛罗里达大西洋大学等达成合作意向书。②首次与德国施德拉尔松德应用技术大学开展混班教学，实现“引进来，走出去”的国际合作交流思路。③聘用外国教师和专家16人。

师资建设。新聘教职员工66人。教职工总数395人。其中专任教师240人，行政人员85人，教辅人员32人，工勤人员38人，另有校外兼职教师126人。专任教师中具有硕士以上学位的教师199人，占总数的82.9%。具有副高职称以上教师62人。组织教师自荐申报市“教师专业发展工程”项目，2人入选“上海高校教师国外访学进修计划”，8人入选“上海高校教师国内访问学者计划”，9人入选2012年“高青项目”，43人入选“上海市民办高校骨干教师科研资助项目”。为强化教职工教学的管理水平，48人参加包括教学能力、财务管理、人事管理、后勤保障、信息化等在内的市民办教育管理处“强师工程”培训项目；开展多层次业务培训：组织“中层干部培训”、“外语骨干教师培训”、“双语教师研修班”、“优青党校培训”、“办公技能培训”、“网络培训”和新入职教师及教辅人员“入职培训”、“岗前培训”、“教师资格证考试培训”等。资助2位骨干教师开展国内研修。李华萍荣获上海市育才奖。

学科建设。①修订、完善人才培养方案。②公布《本科生转专业实施办法(试行)》，有32名学生转入新专业学习。③经贸学院采用双语、全英语教学模式，国际经济与贸易、金融学、会计学三个专业部分实行分班教学，动态管理。各二级院系创新授课模式，开设复合型专业双语课程9门、全英语课程3门。开设全校性任意选修课71门，共有3302人次选课。④建设精品课程1门，主干课程8门，一般课程10门。建设重点科研项目8个，一般科研项目31个。申报并立项市“晨光计划”课题1个，市高等教育学会课题5个，市民办教育协会课题2个，市高校青年教师培养资助计划课题8个。张龙德教授负责的《广告学专业实践课程教学模式研究》课题被列为市教委重点教学改革项目。

学生工作。学校坚持“以学生为本”的办学理念，修订《学生手册》，安排和部署思想教育及德育工作。开展奖、贷、勤、补、免等各项学生资助工作，全年发放奖学金211.45万元，1436人次受益。另有10人获国家奖学金、12人获上海市奖学金、149人获国家励志奖学金，总金额92.1万元。减免151名贫困学生学费共计31.05万元。在学生中开展“践行青春，永远跟党走”、“喜迎十八大，旗帜燃青春”等主题活动。根据学生特点，举办“梦想无末日”社团文化艺术节、第四届“聚贤杯”乒乓球赛、第二届运动会、校际辩论等赛事，崇明校区举行了易班建设启动仪式。团委志愿者为第十届全国“篮球城市”篮球赛、2012“瑞安·永业杯”WDSF大奖总决赛暨第九届中国上海国际体育舞蹈公开赛、2012中国体育舞蹈精英赛提供服务。两校区组织“义务献血”，560名师生献血。营造良好的学习氛围，涌现了一大批教学有方、学业有成的先进典型。3月，在全市“2011年中华诵·经典诵读大赛和规范汉字书写大赛”上，曹泽骅获大学组二等奖，学校获优秀组织奖。4月，“顶碗舞”荣获“第三届大学生艺术展演”舞蹈类二等奖，“JS”荣获舞蹈类三等奖，”绽放”获声乐类专业组二等奖；艺术系教师赵慈林的《音乐教育哲学的批判性思考——〈音乐问题——新的音乐教育哲学〉基本观念解读》与教师刘屹昕的《民办院校音乐专业钢琴基础课程教学问题研究》分获高校艺术教育科研论文二、三等奖。5月，新闻传播系师生在“大学生广告节设计大赛”中荣获7项大奖。9月，学生方之元在“全国大学生英语竞赛”中摘得桂冠。

南萱萱荣获温州市广告模特电视大赛"十佳模特"称号。乔晓玲荣获"香港—亚洲钢琴公开赛"(浙江赛区)一等奖。10月,夏晓蕾、林英子获"上海市学生运动会"乒乓球高校阳光组女子双打比赛冠军。11月,新闻传播系师生在"上海市高校廉政文化作品大赛"中获四项大奖。

(周国琴)

[选举产生新一届院董事会] 1月10日,学院第二届董事会召开第二次全体会议,选举产生学院第三届董事会成员。鲍贤嗣续任新一届董事长,上海外国语大学副校长冯庆华任副董事长,免去戴炜栋教授、谭晶华教授、张同恩的董事职务。会议审议并通过了《关于上外贤达学院2011年度财务决算报告》和《关于上外贤达学院2012年度财务预算报告》。

(周国琴)

[王佐书到校指导工作] 5月23日,全国人大常务委员会委员、全国人大教科文卫委员会副主任委员、民进中央副主席、中国民办教育协会会长王佐书一行莅临崇明校区考察调研,并为师生作专题报告。董事长鲍贤嗣、院长张定铨、副院长张祖忻陪同考察。

(周国琴)

[出席"国际波罗的海论坛"] 10月11—13日,学校董事长鲍贤嗣应邀访问德国施德拉尔松德应用技术大学期间,代表学院出席第18届"国际波罗的海论坛",并发表题为"中国经济现状与展望"的演讲。

(周国琴)

附:学校负责人及地址

(2012年1—12月)

董 事 长:鲍贤嗣
副董事长:冯庆华

院　长:张定铨
副院长:张祖忻、陆朴鸣

院党总支负责人:吕才明

虹口校区地址:东体育会路390号
邮编:200083
电话:51278000

崇明校区地址:东滩大道999号
邮编:202162
电话:39665000

东华大学

［**2012年概况**］ 全校各类学生32000人，其中研究生5367人，本科生14974人，成教4682人，留学生4316人，其中学历生744人。招收本科生3760人，研究生2551人，其中博士研究生206人，学术型硕士研究生1130人，专业学位硕士研究生892人。毕业生就业总落实率为95.54%。

学科建设。完成“211工程”三期建设验收工作。7个学科入选上海高校一流学科建设计划。在教育部公布的第三轮学科评估中，学校纺织科学与工程、设计学和科学技术史3个一级学科名列全国前十位。完成教育部第三轮一级学科整体评估，参评率达56.3%，其中，国家重点学科、上海市重点学科全覆盖，校重点学科覆盖率72.3%。按照有利于学科结构调整和创新人才培养的原则，开展一级学科下自主设置二级学科，完成6个交叉学科、9个目录外和15个目录内二级学科设置的论证和审定，撤销5个目录外二级学科。加强校级重点学科的建设，探索中期检查结果与后续扶持挂钩的投入机制。

人才培养。实施“卓越工程师教育培养计划”，新增国家级工程实践教育中心3个；实施“本科教学工程”，承办5个全国及上海市级学科竞赛；公开发布本科教学质量报告，完善质量保障体系；本科生源质量持续提升。研究生培养方面，建立博士生招生指标动态配置机制，规模平稳增长，全日制专业学位生录取数已占录取总数的44.1%；上海市研究生优秀成果(学位论文)较上年增长67%；获批上海市研究生教育创新计划项目5项；发表SCI、EI检索论文较上年增长24.9%；推进专业学位研究生教育改革，新增实践类课程50余门、实践基地100余个、企业导师近200人；获批7项“上海市专业学位研究生实践基地建设项目”。毕业生就业率为95.54%，获“2011—2012年度全国毕业生就业典型经验高校”荣誉称号。成立东华大学终身教育研究所，推进远程教育，研发特色和高端培训，拓宽非学历教育渠道。

科学研究。申报“2011计划”，牵头申报面向区域的“民用航空复合材料”和面向行业产业的“纺织产业关键技术”2个协同创新中心。到校财务科研经费为2.6亿元，其中纵向经费为1.1亿元，较上年增长17.2%。俞建勇教授主持的“竹浆纤维及其制品加工关键技术和产业化应用”项目获2012年度国家科技进步二等奖。学校获省部级奖28项，获上海市哲学社会科学优秀成果一等奖2项。获863项目(课题)、科技支撑计划(课题)共8项，55项自然科学基金项目获得资助。创新团队：孙以泽领衔的“高端纺织装备技术与系统”和朱美芳领衔的“有机/无机杂化功能材料的设计构筑及其纤维成型”获批教育部创新团队。国家染整工程技术研究中心、纺织面料技术教育部重点实验室，分别在科技部和教育部运行评估中首次获得优秀；生态纺织教育部重点实验室、纺织装备教育部工程研究中心通过教育部评估和验收；“上海市高性能纤维及复合材料产学研开发中心”申报成功，并获每年500万元的经费支持。学校通过武器装备质量体系换版和综合评议审核以及JG二级保密资格复审。承担各类JG科研生产任务20余项，“对接机构综合试验台”为我国载人航天首次空间交会做出贡献。共申请专利890项，其中发明专利548项，比例为61.6%；授权专利601项，其中发明专利308项，比例为51.2%；国际专利授权数量，在高等院校中列第16位。学校三大检索论文收录总数1161篇，SCIE论文600篇，EI(含SCI、EI同时收录)论文936篇。教授沈波、王子栋的论文分获2011年度“中国百篇最具影响国际学术论文”。举办各类学术报告380余次，产学研合作洽谈、对区域经济转型与产业升级的指导和咨询达260余次，新增校企研发中心12个，签订横向合同800份。

队伍建设。聘任诺贝尔奖得主及多位院士为校特聘教授。朱美芳入选长江学者特聘教授，陈南梁获纺织之光教师特别奖。鲁西华、梁月生入选“上海千人计划”、陆昌瑞，蔡正国入选“东方学者”、6人入选“新世纪人才计划”。“1251”师资队伍建设任务基本完成，其中，第三、第四层次人才计划分别完成178%、192%。实施《青年教师培养资助办法》，落实各项资助措施，62名青年教师入选出国访学计划，比上年增长72%，10人入选国内访学计划。教师队伍结构得到优化，专任教师中，具有博士学位的占51%，外校来源教师占64%，双师型教师占28%以上。

国际合作和开放办学。以学院为主体的国际交流合作活跃，在染整与检测、环境与健康、服装设计与文化、功能材料、纤维产业、过程控制等领域成功举办国际学术会议；推进环东华时尚创意产业集聚区建设，与美国FIT、日本文化学园、爱丁堡大学、伦敦时装学院等高校确定合作意向，推进国际时尚创意学院的筹建；签署校际合作协议20项；获批26个聘请外国文教专家资助项目和2个海外高层次项目；与日本服装文化学园合作办学获评“上海市示范性中外合作办学项目”。因公出访人数1000多人次，比上年增长45%；留学生规模持续增长，较上年增长17%。新增协议捐赠近2700余万元，实际到账900余万元；教育部配套资金3200余万元。

管理改革。学校被教育部遴选为全国12所大学章程建设的试点高校之一，完成《东华大学章程》的修订。落实《东华大学“十二五”规划。推进“应用型人才培养综合改革”和“学校内部管理综合改革”。推进“深化校院两级管理改革试点”，建立和完善党政联席会议、教授委员会、教职工代表大会为基本形式的学院治理结构。落实《东华大学关于贯彻“三重一大”决策制度的实施办法》。修订《东华大学教职工代表大会实施办法》，完善二级教代会制度。推进教授治学，调整并充实校学术委员会、学位评定委员会、教学委员会，建立试点学院教授委员会并制定暂行办法。制定《东华大学切实加强和改进学风建设实施细则》等系列文件。制定《东华大学基本建设（修缮）管理办法》及各项实施细则。提高资产管理水平和大型仪器设备的使用效率，加强物资采购监管力度，完成招投标项目56项，签订采购合同330份，入账仪器设备近4000台（件）。

（高兰兰）

［获国家科技进步二等奖］ 由俞建勇教授主持的“竹浆纤维及其制品加工关键技术和产业化应用”项目获2012年度国家科技进步二等奖。项目实现竹浆纤维在服装和家纺领域的产业化应用，是再生纤维素纤维及其制品加工技术和产品应用开发研究领域的重要创新，对发展新型生态纤维原料、纺织行业技术进步和产业升级具有重要意义。该项目共获授权国家发明专利7项，团队成员发表论文30篇，制定行业标准2项、企业标准4项。这是学校自2003年以来，连续第十年获国家科技进步奖。

（高兰兰）

［“211工程”三期重点学科项目通过验收］

3月2—17日，东华大学“211工程”三期建设项目陆续通过学校组织的专家组验收。学校“211工程”三期建设分3类项目，其中重点学科建设项目4个，“创新人才培养和队伍建设”项目2个，公共服务体系建设项目3个。三期建设总投资1.53亿元，其中中央专项资金0.49亿元，上海市政府配套资金0.49亿元，学校自筹资金0.55亿元。经评议，9个建设项目通过校内验收，评价为优秀。6月和7月，学校分别接受国家和上海市的验收。

（高兰兰）

［7个学科入选上海高校一流学科建设计划］

5月，学校按照市教委通知精神，开展上海高校一流学科的申报。经市教委组织的专家评审，学校“纺织科学与工程”学科入选A类建设计划，“化学”、“机械工程”、“材料科学与工程”、“控制科学与工程”、“环境科学与工程”、“设计学”6个学科入选B类建设计划。

（高兰兰）

［中日合作办学项目被评为示范性项目］ 学校与日本文化学园合作举办的艺术设计专业本科教育项目被评为“上海市示范性中外合作办学机构（项目）”，成为全市获评的8个项目之一。2002年，与日本文化学园合作办学，采用三年东华（上海）、一年文化（东京）的“3+1”教学模式，已培养5届毕业生。

（高兰兰）

［国家染整工程技术研究中心获评优秀］ 经科技部第四次国家工程中心运行评估，学校国家染整工程技术研究中心首次获得优秀（全国共28家）。国家染整工程技术研究中心2000年组建，以学校的学科、人才、技术、硬件优势为支撑，面向国民经济及纺织印染行业需求，创新运行机制，建立产学研紧密结合的模式，为产业链的建设和创新提供技术服务。科技部对获评优秀的28家工程中心以国家支撑计划项目方式予以重点支持。12月，国家染整工程中心申报的“纺织品无甲醛免烫复合功能整理关键技术”等项目已通过论证立项，获得经费1381万元。

（高兰兰）

［承办国际服装论坛］ 4月18日，由东华大学承办的2012上海国际服装文化节国际服装论坛暨

环东华时尚周开幕。市人大常委会副主任蔡达峰，长宁区区长李耀新等出席。英国伦敦时装学院在开幕式上举办学生作品时装秀。在连续10年举办“东华时尚周”的基础上东华大学首次举办“环东华时尚周”，整个活动历时5天，通过学术论坛、时尚庆典、创意大赛、时装发布、成果展览等形式，展示服装和艺术教育的成绩。其中以“协同创新，共建时尚之都”为主题的上海国际服装论坛于4月19日开幕，市人民政府副秘书长翁铁慧、市经济和信息化委员会副主任邵志清、东华大学校长徐明稚以及来自中国纺织工业联合会、中国服装协会和英国爱丁堡大学、法国ESMOD国际教育集团公司的领导和嘉宾出席并演讲。

(高兰兰)

2012上海国际服装文化节服装论坛暨“环东华时尚周”举办

[聘罗伯特·格拉布为名誉教授] 6月4日，学校举行聘任仪式，聘请2005年诺贝尔化学奖得主罗伯特·格拉布博士为校名誉教授。校长徐明稚，工程院院士郁铭芳，美国纽约大学石溪分校副校长、东华大学长江学者讲座教授 Benjamin S. Hsiao 出席仪式。受聘仪式后，格拉布做《易位反应，从分子到材料》的学术报告。格拉布教授执教美国加州理工学院，从事金属有机化学和有机合成中的催化剂研究，1989年、1994年入选美国国家科学院及美国艺术与科学院院士，他研发的“Grubbs催化剂”是当前世界上应用最广泛的烯烃复分解反应催化剂，在国际化学界享有极高声誉。

(高兰兰)

[获“挑战杯”中国大学生创业计划竞赛决赛金奖] 11月24—28日，以“共挑战·创未来”为主题的第八届“挑战杯”中国大学生创业计划竞赛决赛在同济大学举行。东华大学3个创业项目入围决赛。“汉普生物科技有限责任公司”项目获金奖，“上海艾浦特新材料有限责任公司”项目获银奖，“智能新媒体商业计划书”获铜奖。学校获优秀组织奖。在本届“挑战杯”“网络虚拟运营”专项竞赛中，学校另有两支团队获三等奖。

(高兰兰)

[访问纽约时装技术学院] 11月27日，校长徐明稚应美国纽约时装技术学院邀请，率团访问该学院，洽谈两校合作共建上海时尚创意设计学院，签署两校合作建设上海时尚创意设计学院谅解备忘录。访问期间，代表团还赴纽约新学院大学帕森斯设计学院，探讨今后合作事宜。

(高兰兰)

[校出版社出版的图书获奖] 2月23日，市新闻出版(版权)工作会议揭晓第十二届上海图书奖评比结果，东华大学出版社出版的《敦煌丝绸艺术全集·法藏卷》(赵丰主编)获一等奖，《中国染织服饰史图像导读》(包铭新主编)获二等奖。

(高兰兰)

[获批3个共建工程实践教育中心] 2012年，学校与广东新会美达锦纶股份有限公司、万达信息股份有限公司、上海纺织(集团)有限公司联合申报并建设的3个国家级工程实践教育中心获教育部批准，每个中心获批建设经费200万元，建立高校、企业联合培养人才的新机制。

(高兰兰)

[获批5项市研究生教育创新计划项目] 学校申报的优质课程项目——“能科学相关课程的网络交互教学研究”，专业学位综合改革项目——“东华大学专业学位研究生教育综合改革”，公共服务平台——“上海市专业学位研究生教育发展调研公共服务平台建设”，学术论坛项目——“设计学研究生学术论坛”、“纺织化学与染整工程学科研究生暑期学校”获批2012年上海市研究生教育创新计划项目。学校累计承办上海市相关研究生教育创新计划20项。

（高兰兰）

[参展2012年全国科技周] 5月19—25日，在以“科技与文化融合、科技与生活同行”为主题的2012年全国科技周暨北京科技周期间，学校作为“上海市大学生科学商店”代表之一应邀参展。中共中央政治局委员、国务委员刘延东，中国科协党组书记、常务副主席陈希，北京市委副书记、市长郭金龙等领导莅临参观指导，对学校学生科普工作表示肯定。学校科学商店服装设计与咨询服务部在本次展览中以打造“最时尚的科学商店”为理念，展示学生自己设计的服装，传播时尚文化，提升居民时尚意识。

（高兰兰）

[获批国家级实验教学示范中心] 学校“材料科学与工程实验教学中心”被教育部批准为“十二五”国家级实验教学示范中心。该中心以国家重点学科为依托，在校内率先使用智能实验室管理系统，建立课内、课外实验预约登记管理、身份识别系统管理、视频监控系统和远程控制系统，确保开放实验的安全性和全天候开放。

（高兰兰）

[三位教授受聘校特聘教授] 10月16日，中国科学院院士、复旦大学教授李大潜受聘学校特聘教授，并与校长徐明稚共同为东华大学非线性科学研究所揭牌，李大潜受聘担任名誉所长。仪式后，李大潜作题为《回望欧拉　学习欧拉——纪念欧拉诞辰三百周年》的学术报告。10月18日，中国工程院院士、浙江大学教授谭建荣受聘担任校特聘教授。仪式后，谭建荣作题为《机械学科发展前沿与数字化设计共性技术》的学术报告。12月26日，中国科学院院士赵进才受聘学校特聘教授，校党委书记朱民参加聘任仪式。仪式后，赵进才作题为《有机污染物光催化降解及机理研究》的学术报告。

（高兰兰）

[中英美澳图书馆国际研讨会召开] 10月17—18日，由学校主办的中、英、美、澳图书馆国际研讨会举行。会议以“未来大学图书馆与新信息环境下的创新服务”为主题，内容涵盖开放存储、资源共享、文献传递、资源建设等。来自国内60多所高校和地方图书馆负责人和馆员等百余人参加会议。

（高兰兰）

[获“世界穿着艺术设计大赛”6项大奖] 9月28日，2012“世界穿着艺术设计大赛”在新西兰首都惠灵顿举行。由学校服装·艺术设计学院教师周洪雷指导的马玉儒、伍梦月、王涛、张颖的作品获6项大奖。其中，马玉儒、伍梦月获大赛最高奖项——“至尊大奖”的冠亚军，并分获公开组别和前卫艺术组别冠军。张颖、王涛的作品分获惠灵顿国际奖亚军和前卫艺术组别提名奖。本次大赛共有来自55个国家和地区的168名服装设计师参赛。

（高兰兰）

附：学校负责人及地址

（2012年1—12月）

校党委书记：朱绍中（11月离任）、朱　民（11月到任）
副　书　记：王以刚（11月离任）、浦解明（11月离任）、殷　耀、刘淑慧（11月到任）、罗仪华（11月到任）

校　长：徐明稚
副校长：宋立群、俞建勇、陈招应、刘春红、邱　高

松江校区地址：人民北路2999号
邮编：201620

延安路校区地址：延安西路1882号
邮编：200051
电话：67792000、62373678

上海财经大学

［**2012年概况**］ 学校有会计学院、金融学院、经济学院、公共经济与管理学院、国际工商管理学院、统计与管理学院、信息管理与工程学院、人文学院、法学院、应用数学系、外语系、体育教学部、商学院、国际文化交流学院、继续教育学院、国际教育学院、国际从业资格教育学院、马克思主义理论教学科研部等18个教学单位。设有本科专业38个，一级博士学位授权点6个，二级博士学位授权点48个，一级硕士学位授权点12个，二级硕士学位授权点80个，专业硕士学位点10个，本科专业36个，博士后科研流动站6个；国家重点学科3个，国家重点学科（培育）1个，省部级重点学科10个；国家文科基础学科人才培养与科学研究基地1个、国家大学生文化素质教育基地1个，教育部人文社会科学重点研究基地1个，教育部重点实验室1个，国家级实验教学中心1个。学校专任教师1019人，其中教授、副教授541人。各类在校生22071人（全日制13537人），博士研究生1001人，学术型硕士1208人，专业学位型硕士4113人，本科生7838人，留学生1016人。中国工程院院士（双聘）1人，教育部“长江学者奖励计划”特聘教授3人、讲座教授5人，中央千人计划获得者6人，国家杰出青年基金获得者1人，国家级教学名师2人，“跨世纪千百万人才工程”国家级人选3人，教育部新世纪优秀人才支持计划30人，上海千人计划3人，上海东方学者3人，上海浦江人才支持计划65人。

一、学科建设。修订学校“十二五”发展规划纲要。总结“211工程”三期建设成果，开展“211工程”三期建设项目校内验收工作，13个子项目通过验收并均获得整体优秀评价。“211工程”三期学校重点学科建设项目获得教育部、国家发展改革委、财政部的表彰和奖励。学校组织论证，垫资提前启动“211工程”四期重点学科建设项目建设。14个一级学科参加教育部第三轮学科评估，理论经济学、应用经济学、工商管理、统计学4个一级学科排名分别位列全国前十。理论经济学入选上海高校一流学科（A类），应用经济学、工商管理、统计学、管理科学与工程、法学等5个学科入选上海高校一流学科（B类）。新增统计学、马克思主义理论博士后科研流动站。

二、教育教学。（1）本科生教育。通过专业建设、课程建设、教材建设、实验室建设、素质教育和创新实践活动等，推进本科教育。①调研通识教育，立项建设26门课程全英语本科课程，新增上海示范全英语课程2门，推进全英语教学，新增教育部精品视频公开课程3门、精品资源共享课3门、专业综合改革试点项目2个、上海市级精品课程3门，13种教材入选“十二五”国家规划教材；②国家级经济与管理实验教学示范中心顺利通过专家验收，并获批教育部“十二五”国家级实验中心建设项目，建设数学实验室和大学物理实验室，启动实验课程集成和虚拟实验平台建设；获得教育部卓越法律人才教育培养基地1个、上海市卓越法律人才培养基地2个，法学教育实践基地入选教育部国家大学生校外实践教育基地建设计划；③开展创新教育，实行创新实验、校企联动、自主创业，组织学生参与竞赛和会议等；获得教育部大学生创新创业训练计划项目150个，实施第五期以“农村文化状况”为主题的千村调查项目；获全国大学生数学竞赛总决赛二等奖1个，全国大学生数学建模竞赛一等奖1个、二等奖7个；全国大学生英语竞赛特等奖3个，一等奖3个；上海市计算机应用能力大赛二等奖1个、三等奖6个、优胜奖2个；全国“挑战杯”创业计划竞赛决赛银奖1个、上海市大学生创业计划大赛银奖1个、铜奖3个，2012全国高校菁英营销大赛总冠军、第四届“金蝶杯”全国大学生创业大赛华东赛区一等奖，在第12届世界大学生国际象棋锦标赛中包揽3枚金牌；④完善教学质量保障体系，首次发布《2012年上海财经大学本科教学质量报告》。（2）研究生教育。①创新选拔方式，完善评价机制，选拔和录取优质生源；组织网络宣传，举办全国优秀大学生夏令营、加大推荐免试生等方式吸引优秀生源；鼓励按学科门类或一级学科报考，在经济学院、会计学院博士生招生中试点“申请—考核制”，侧重对考生创新能力和专业潜质的全面考查；②推进和完善硕博连读制度，探索依托重点实验室培养模式和与社会合作培养模式；举办研究生暑期学校、研究生学术论坛等；③完善科研奖励机制，鼓励和引导研究生进行科学研究，资助54人次参加各种高水平会议，奖励43人次的优秀科研成果52项；继续推进优秀博士学位论文培育基金项目资助和学位论文推选评优工作，获全国优秀博士论文提名奖1篇。(3)留学生教育。①举办短期班项目18个，人数457人，其中欧美生源55.6%。新增中欧战略联盟、美国哈佛实习团组等短期项目6个。②完善留学生二级管理。遵循"质量为先，实事求是、因势利导、循序渐进"方针，实行中外学生趋同化管理、差异化培养，推进留学生与本土学生交流，营造多元文化校园氛围。实施新的本科生培养方案，开设法学专业全英文硕士项目。③开发国际商务汉语教学案例库和案例式商务汉语教材与课件，开展中外商务合作跨文化交际研究、中华商务文化展示与体验园等，推进国家商务汉语教学与资源开发基地建设。(4)MBA教育、继续教育、国际教育等。①参与国际认证，提升学校品牌。商学院顺利通过国际工商管理硕士协会(AMBA)现场评估，成为国内三家获五年期认证的商学院之一，成为欧洲管理发展基金会(EFMD)正式会员和"中国MBA师资开发及办学能力建设计划(淡马锡计划)"指定的支持中国中西部MBA教育发展的五所重点大学之一，被中国MBA同学会评选为"2012年中国最具创新力商学院"。②推进国家继续教育示范基地建设，打造全国财税干部教育培训平台。推进高层次培训项目、国际合作业务和在线培训；控制继续学历教育规模，持续开展学分制管理改革，推进学历教育与职业证书相结合的"双证"培养模式。③开拓学分豁免项目、扩大硕士预科合作国别院校，拓展高端海外院校，整合项目资源，优化学习路径，满足不同学生留学需求。(5)修订辅导员"十二五"规划，加强辅导员队伍建设，获上海高校辅导员职业技能竞赛二等奖1项、首届上海高校辅导员团队拓展活动优秀组织奖1项，在第二届全国高校优秀辅导员博客优秀博文奖1项，提名奖1项；坚持立德树人，完善学风制度建设、大学生文化素质教育基地建设、易班建设等，组织学习宣传贯彻党的十八大精神、大学生理想信念教育和系列易班主题文化节等，加强大学生思想教育；关心、激励、服务和管理学生学习与生活，统筹安排学生勤工助学；规范家庭经济困难学生认定工作和国家及地方政府奖学金、助学金的发放；开展学生心理健康普测、宣传教育，加强学生心理咨询和危机干预。(6)就业工作。围绕"理想信念"、"艰苦奋斗"、"学习创新"、"诚信责任"、"爱国爱校"等主题开展就业指导，截至9月10日，全校毕业生就业率为96%，签约率为89%，其中本科生就业率94%、签约率85.9%，硕士生就业率98.6%、签约率94.6%，博士生就业率96.7%、签约率77.3%。

三、科学研究与社会服务。(1)科学研究。①抓住"高等学校创新能力提升计划"契机，按照"国家急需、世界一流"要求，成立"经济学与中国转型发展协同创新中心"，筹建"会计改革与发展协同创新中心"。②研究制订《上海财经大学科研评价和激励制度修订方案(征求意见稿)》。③新成立"上海财经大学中国公共财政研究院"和"上海财经大学金融市场研究中心"2个校级研究基地。④全年国际、国内学术研讨会32场、学术报告427场。承接国家和省部级科研项目137项，其中国家自然科学基金项目49项、国家社科基金项目12项、教育部课题22项、市哲学社会科学规划课题7项；承接企业委托及其他课题121项。全年科研经费3440.32万元，同比增长36%，完成科研项目136项，发表论文838篇，其中国际SSCI论文40篇、SCI论文45篇、EI论文22篇，国内CSSCI论文192篇；出版教材56本、著作79本。获上海市第十一届哲学社会科学优秀成果奖、上海市第九届邓小平理论研究和宣传优秀成果奖18项，上海市第八届决策咨询成果奖10项，财政部第五届全国优秀财政理论研究成果奖8项。(2)社会服务，①主动对接国家和上海经济社会发展的重大战略需求，制订《上海财经大学服务财税事业行动计划》和《上海财经大学服务上海行动计划》，打造服务国家和上海经济社会发展的"思想库"、"智囊库"和"人才库"。其中《上海财经大学服务国家财税事业行动计划》获财政部领导肯定。②与上海市财政局签署建设"中国公共财政研究院"合作意向。③推动科研成果转化应用。编报《科研成果专报》67份，被全国社科规划办、上海市哲社规划办、上海市人民政府发展研究中心的决策咨询内参刊载17份，其中2项成果获国家领导人重要批示，2项成果获上海市领导重要批示。④"上海国际金融中心研究院"入选上海高校第二批知识服务平台；持续编制发布中国城市国际贸易竞争力指数、上海市社会经济指数系列、500强企业竞争力指数等；持续编制出版《中国财政发展报告》、《中国投资发展报告》、《中国区域经济发展报告》、《世界经济发展报告》、《中国财政透明度发展报告》、《上海城市经济与管理发展报告》、《上海工业发展报告》和《中国500强企业发展报告》等10余种。⑤抓住杨浦区创建国家创新功能区的机遇，以国家大学科技园建设为载体，围绕金融服务业等现代服务业，建设创业实训基地和孵化基地。

四、人力资源。(1)师资队伍建设。①依托国家海外高层次人才创新创业基地,2 人入选中央“千人计划”短期项目,3 人入选上海“千人计划”长期项目;新进教学科研人员 53 人,其中高级职务 11 人,有博士学位 51 人,“常任轨”教师 28 人;新聘特聘教授 15 人,续聘 5 人。②加大学科带头人和学术骨干培养,2 人入选 2011 年长江学者奖励计划,1 人入选“万人计划”教学名师领军人才,2 人获批国务院政府特殊津贴,7 人入选教育部“新世纪优秀人才支持计划”,2 人入选上海东方学者,14 人获得市浦江人才计划支持,9 人入选上海高校青年教师培养资助计划。参加教育部、中宣部和上海市组织的各类教师培训 50 余人,公派出国进修 44 人,其中国家留基委青年骨干教师项目 4 人,国家留基委全额资助项目 5 人,市教委项目 18 人,学校双语项目 9 人,其他项目 8 人。校内培训近百人。(2)国家教改项目“探索开放环境下高校师资队伍建设模式”初见成效,通过中期检查,获教育部肯定,成果在教育部《教育人事通讯》有专门报道。成果《创新“常任轨”制度,推进师资国际化》入选教育部《干部人事人才工作创新案例集》。(3)深化内部管理体制改革,做好队伍建设的总结和规划工作。以分类管理为基础加强制度建设,出台教师岗位聘用与考核办法,修订教师职务聘任实施办法,制定工程技术系列计算机技术与软件专业技术职务聘任实施办法,并跟踪实施;根据《教育部赴上海财经大学巡视组关于巡视工作的反馈意见》要求,完善“常任轨”等管理制度,推动和提升教师队伍的整体国际化水平;调研制订教师教学发展中心建设的可行性方案;探索以合同管理为基础的多元化用工机制,全校合同聘用 672 人,约占全校教工 45%;完成规范事业单位退休人员补贴的相关工作;完善人事管理信息系统。

五、合作交流。(1)提升国际合作层次和水平。学校与美国加州大学伯克利分校、英国剑桥大学达成合作共识,与英国伦敦政治经济学院签署访问生协议,提升学校国际合作层次。与 16 所大学签订 25 份校际合作协议,接待 50 余国(境)外大学和机构来访。因公出国(境)交流访问 750 人次,比上年增长 8.5%。(2)推进人才培养国际化。派遣交换访问学生 246 人,交换学校 40 所,研究生层次交换项目实现零的突破;13 名研究生获国家留基委资助出国留学,学校资助公派出国联合培养博士研究生 13 人。

六、校园文化建设。①开展校级文明单位、文明窗口和文明岗的创建和评选活动,评出文明单位 7 个,文明示范窗口 3 个、文明窗口 26 个和文明岗 27 个,10 人获校第七届“教书育人标兵”,5 人获校“教书育人标兵提名奖”。②开展系列富有浓厚人文底蕴和学术精神的论坛、讲座与学生活动,举办第十二届社团文化节、第五届网络文化节、室内乐团专场音乐会。民乐团、合唱团、话剧团和舞蹈团在第三届全国大学生艺术展演上海赛区比赛中均获得一等奖,民乐团蝉联全国金奖;高雅艺术进校园,上海沪剧团、上海歌舞团来校演出。③召开学校五届五次教代会,审议通过校长工作报告、财务工作报告和上海财经大学教职工代表大会实施细则。

(易　驰)

[修订“十二五”发展规划纲要]　围绕《关于反馈“十二五”规划审核意见的函》中提出的“加强实践教学,健全人才培养质量保障体系,增加艺术教育、公共卫生与健康教育的内容,更加突出高层次教育培训的社会效益”等内容,对《上海财经大学“十二五”发展规划纲要》进行修订,并经 8 月 27 日学校党委常委会审议通过报教育部审核备案。

(易　驰)

[校领导班子调整]　7 月 2 日,教育部党组书记王立英受教育部委派,在全校教师干部大会上,宣布关于调整上海财经大学党政领导班子的决定:任命丛树海为中共上海财经大学委员会书记,樊丽明为中共上海财经大学委员会委员、常委,陈宏为中共上海财经大学委员会常委、副书记,刘兰娟、方华为中共上海财经大学委员会常委;因年龄原因,免去马钦荣的中共上海财经大学委员会书记、常委,免去谈敏的中共上海财经大学委员会常委职务。

(易　驰)

[成立中国公共财政研究院]　8 月,在整合校公共经济与管理学院下属的公共政策研究中心、中国教育支出绩效评价(研究)中心、公共治理研究中心、实证分析与调查研究中心、卫生政策与管理研究中心、社会保障研究中心、资产评估中心、资源环境政策与管理研究所、不动产研究所与投资研究所等学术资源的基础上组建中国公共财政研究院。研究院旨在从财政自身发展以及中国经济社会转型背景下的财政建构两个宏观视角上,就中国公共财政建设问题进行系统性研究。首任院长为全国人大财政

经济委员会副主任委员高强。

（易　驰）

[建校95周年庆]　11月10日，上海财经大学建校95周年庆，期间举行了“学生中心”揭幕仪式、第六次校友代表年会、上海财经大学校董会成立大会暨第一届第一次会议、“上财论坛”报告会，以及“典藏记忆”——庆祝上海财经大学建校95周年文艺晚会等系列活动；各院系分别举办形式多样的校友活动。

（易　驰）

[校友代表年会召开]　11月10日，在学校学术交流中心召开上海财经大学第六届校友代表年会，全国各地的近30个地方校友会、60名校友代表参加，校内各院系和部门的负责人列席参会。校长樊丽明、副书记刘永章在会上发表讲话。会议听取学校校友会“服务校友发展，服务母校发展”工作报告，台湾校友会、香港校友会、广东校友会和北京校友会负责人作经验介绍。学校表彰了长期支持母校发展的校友会及校友。

（易　驰）

[学校董事会成立]　11月10日，上海财经大学校董会成立大会暨第一届第一次会议举行。财政部原部长刘仲藜、新疆建设兵团原司令员金云辉等20余位社会知名人士、著名学者、杰出企业家、校友代表、上海财经大学代表作为校董候选人出席大会。校党政领导、院系和机关处室负责人以及海内外各地校友会代表100余人列席会议。校长樊丽明向校董会作学校事业发展报告。校董会主席丛树海作总结讲话。

上海财经大学校董会成立

（易　驰）

[与校董单位战略合作签约]　11月30日，学校与中国工商银行上海市分行、中国银行上海市分行、中国建设银行上海市分行、招商银行上海分行、苏州银行等五家校董单位签署战略合作协议。在签署仪式上，校友、苏州银行董事长王兰凤向学校捐赠500万元人民币。

（易　驰）

附：学校负责人及地址

（2012年1—12月）

校党委书记：马钦荣（7月离任）、丛树海（7月到任）
副　书　记：刘永章、陈　宏（7月到任）

校　长：谈　敏（7月离任）、樊丽明（7月到任）
副校长：孙　铮、王洪卫、周仲飞、刘兰娟（7月到任）、
　　　　方　华（7月到任）

地址：国定路777号
邮编：200433
电话：65114028

上海理工大学

［**2012年概况**］　学校有18个学院、1个教学部，30个研究所，12个研究中心和3个研究院。设有53个本科专业；5个一级学科博士学位授权点，35个二级学科博士学位授权点，3个博士后科研工作流动站；22个一级学科硕士点，90个二级学科硕士学位授权点，17个领域具有工程硕士学位授予权及工商管理(MBA)、公共管理(MPA)、工程管理、国际商务、翻译专业学位授予权。在校学生22700余人，其中全日制本科生17000余人，研究生5600余人。留学生1000余人。有专任教师1400余人，有中国工程院院士6人(含双聘)，国家级有突出贡献中青年专家、“中组部海外高层次人才引进计划(千人计划)”入选者、“长江学者”特聘教授、国家级教学名师等国家级各类专家20余人。

人才培养工作。①深化教育教学改革，首度发布《上海理工大学2011年度本科教学质量报告》，教授承担本科教学以及小班化教学比例不断提高。本科专业由59个调整至53个，专业结构更加优化，2个专业进入教育部卓越工程师教育培养计划，获批4个国家级工程实践教育中心。成立实验室管理与服务中心，组建音乐系、美术系。大学生创新实践纳入第一课堂教学任务，创新创业活动获市级以上各类奖项，学校成为第一批国家级工程实践教育中心建设单位共建高校，入选国家级大学生创新创业训练计划实施高校，获“全国高等学校创业教育研究与实践先进单位”称号。②在研究生部基础上成立研究生院，加大研究生培养力度。探索研究生培养的社会资源协同机制，与上海工业自动化仪表研究院等7家科研院所联合签署《共建卓越工程研究生院协议书》，成立“机械工业上海研究生院”、“上海理工大学卓越工程研究生院”。推进专业学位研究生教育，学校成为上海市专业学位研究生实践基地项目管理平台单位。完善研究生教育质量保障体系，启动全新研究生综合信息管理系统论证。③ASIIN、ABET和AACSB专业国际认证工作进展顺利，管理学院通过AACSB认证资质审批。中德学院电气工程及其自动化专业本科教育被授予上海市示范性中外合作办学项目，赖因哈德·弗勒博士作为上海市教育系统唯一入选的外国文教专家获上海市2012年度“白玉兰荣誉奖”。与19个国外大学签署27个合作备忘录和协议，学校先进制造国际创新中心(AMRC)建设有序推进。留学生教育平稳发展，国际交流层次提升，学生国际创新创业实习和国际带薪实习渠道不断拓展。沪江国际文化园区各项文化活动更加丰富，民间国际文化交流内涵继续深化。

师资队伍建设。①实施“高等学校创新能力提升计划(简称‘2011计划’)”，密切与上海电气和原机械工业部7个研究所等行业联系，共建“机械工业共性技术上海研究院”，新型人才培养和协同创新机制得到多方肯定。学校“高效清洁能源装备制造协同创新中心”作为上海市两大区域发展协同创新中心之一，被推荐申报国家级2011协同创新中心。②学校首批72个教授团队组建工作顺利完成。分类别重点支持知识传授团队、知识创新团队和知识服务团队建设，教授治学进一步得到加强。深化4支上海市知识服务团队的建设、管理与集成创新，上海市知识服务团队“上海光机电集成技术研究院”揭牌成立并通过验收。③以加强学科领军人才和带头人才队伍建设为重点，全面实施“沪江人才计划”，建立健全引进人才的科学评价体系，保证人才引进的可持续性和有效性。引进中组部“千人计划”等国家级人才、上海市“千人计划”、东方学者等人才，10余人入选地方及其他人才(职衔)计划，其中东方学者和市“千人计划”入选人数均在上海市属高校名列前茅。实施“卓越教师发展工程”，按岗位需求和学校发展目标要求做好遴选和派出工作，全年共有195名教师获得各类资助进行岗位培养。具有博士学位和海外经历的教师比例不断提高，学校教师结构进一步优化。强化首聘考核，真正做到人员双向聘用、能进能出。

学科建设和科研工作。①学校4个上海市重点学科(第三期)顺利通过验收，“光学工程”学科验收被评为优秀。光学工程、动力工程及工程热物理、管理科学与工程、机械工程、生物医学工程、系统科学等6个学科成功入选上海高校一流学科建设计划(B类)。在第三轮全国学科评估中，学校学科建设水平整体提升。②“教育部光学仪器与系统工程研究中心”顺利通过验收并正式挂牌，学校省部级及以上科研平台总数达 13 个。获国家军工二级保密资质，实现学校军工研发生产等方面零的突破。国家级项目培育政策初见成效，学校国家自然科学基金项目立项 56 项，同比增长 30.2%，立项率为 20.3%，达到全国平均资助率。资助合同总经费达 2233 万元，同比增长 22.3%。③学校重大科技奖项数量同比持平，获奖等级提高，获教育部技术发明二等奖 1 项，上海市科技奖 7 项，其中上海市技术发明二等奖 1 项、上海市科技进步奖三等奖 5 项、上海市决策咨询研究成果三等奖 1 项。获上海市第十一届哲学社会科学优秀成果网络理论宣传优秀成果奖 1 项。获申报国家科技进步奖 2 个名额。学校科研经费突破 4 亿，同比增长 5.3%，学校年度纵向科研到款经费同比增长 54.9%，科研经费结构更加优化。④组织 10 余项科技成果和 9 个重点推介项目参展工博会，获优秀展品一等奖、三等奖各 1 项。探索技术转移创新模式，构建“知识创新、知识服务、科技成果转化和产业化工作相衔接，跨学科组织有保障，产学研用结合”的技术转移体系，进一步增强学校服务社会的能力。学校国家大学科技园位列国家科技部、教育部 2011 年度国家大学科技园评价结果 A 类（优秀），排名第六。

内部管理改革。①探索建立符合公共服务部门特点的工作考核和干部管理机制。继续加强服务型机关建设，开展学院服务功能建设，师生满意度进一步提高。②精心组织并按时完成九项年度惠民实事工程，“先进制造创新基地”建设项目可行性研究报告通过专家评审，南校区综合改造项目进入发改委专家评审阶段，军工路 1100 号校区建设规划制定完成并有序实施。③内涵建设项目管理实行半年期项目立项和验收机制、校内预投入机制，在市教委内涵建设项目绩效评价中名列第一。实施全面预算制度，零余额账户正式启用。④学校就业信息平台完整嵌入全国大学生一站式服务系统。数字图书馆建设加强文献资源引进力度。率先在上海高校图书馆中引进座位管理系统。智慧校园一期工程推进智能终端共享平台建设，信息化应用走在上海高校前列。

（董剑戟）

［举行卓越工程教育推进大会］ 3 月 22 日，学校举行卓越工程教育推进大会。市教委副主任印杰出席会议并讲话。学校全体校领导、中层干部、本科专业负责人以及教师、辅导员代表共 230 余人与会。会议为期一天，分领导报告、学院交流和教师代表发言三大环节。

（董剑戟）

［制造科学与工程学院成立］ 4 月 28 日，学校制造科学与工程学院成立大会举行。校党委书记燕爽与学院首任院长、中国工程院院士林宗虎为制造科学与工程学院揭牌。制造科学与工程学院由学校能源与动力工程学院、机械工程学院、环境与建筑学院和材料科学与工程学院 4 个学院通过学院联盟的形式成立。

（董剑戟）

［首届全国系统科学博士生学术论坛］ 5 月 25—26 日，首届全国系统科学博士生论坛在学校举行。“全国博士生学术论坛”是中国研究生教育创新工程的重要项目，由国务院学位委员会办公室和教育部学位管理与研究生教育司主办，以一级学科为基础，由国内高校提出申请并获批后举办。2012 年全国系统科学博士生学术论坛以“探寻学术前沿，激发创新思维，弘扬系统科学，服务经济社会”为宗旨，从系统科学的学科特点出发，追踪学科领域的学术发展动态和最新研究成果。

（董剑戟）

［首届大学生领导力教育论坛］ 11 月 17 日，上海市首届大学生领导力教育论坛在学校举行。上海市领导科学学会会长、中国浦东干部学院首任常务副院长奚洁人，市教卫工作党委副书记、市教委副主任、校党委书记高德毅出席并讲话，华东政法大学党委副书记、副校长张智强，华东师范大学党委副书记、副校长林在勇，上海中医药大学党委副书记王群等 60 余名专家学者出席论坛。

（董剑戟）

［与外方共建国际联合实验室］ 11 月 30 日，USST-FEI“物质微结构分析中心”共建实验室、USST-Zwick/ABIS“板材表面缺陷视觉诊断技术”共建实验室签约仪式在图文信息中心举行。副校长陈敬良、美国 FEI 公司研究事业部全球副总裁、德国 ZWICK/ABIS 公司大中华区经理等出席签约仪式。国际联合实验室有助于培养学生的国际化研究视野，提高大型仪器设备的管理与运行效率，惠及学校材料学科专业及其相关学科专业人才培养、推进校企密切合作。

（董剑戟）

[**中国机械工业会计审计研究中心成立**] 12月1日，中国机械工业会计审计研究中心揭牌仪式在学校举行。原中国机械工业部副部长陆燕荪为“中心”揭牌并讲话。“中心”由中国机械工业审计学会、上海理工大学、中国机械设备工程股份有限公司等单位发起成立，挂靠上海理工大学。“中心”的成立有助于提升学校会计审计学科建设水平和人才培养质量，提升服务中国机械工业企业的能力和水平。同日，以“经济转型、结构调整与企业可持续发展”为主题的中国机械工业审计高峰论坛在学校举行。

（董剑戟）

[**两专科学校浦东新校区奠基**] 12月19日，上海医疗器械高等专科学校、上海出版印刷高等专科学校浦东新校区建设项目在上海国际医学园区奠基。浦东新校区建设项目是2012年上海市政府重大工程项目。根据规划，两校新校区采取“一次规划、分批实施”的原则分期建设，其中一期建设面积均为10.5万平方米，分别能满足4000人办学规模的需要。新校区一期项目建设预计于2014年下半年基本完成并投入使用。

（董剑戟）

上海医疗器械高专、出版印刷高专浦东新校区建设开工典礼

[**学生创新团队进入“中国创新创业大赛”全国20强**] 12月，在2012（首届）中国创新创业大赛中，学校光电信息与计算机工程学院学生创新团队成为进入全国20强的唯一高校创新团队。比赛由国家科技部火炬高技术开发中心、教育部、财政部和中华全国工商业联合会指导主办，是国内最高规格的科技创新创业赛事。

（董剑戟）

附：学校负责人及地址

（2012年1—12月）

校党委书记：燕　爽（7月离任）、高德毅（9月到任）
副　书　记：白苏娣、张仁杰、李　江、刘道平（6月到任）

校　长：胡寿根（12月到任）
副校长：白苏娣、陈敬良、郑　刚、丁晓东（1月离任）、陈　斌、田蔚风（7月到任）、刘　平（7月到任）

军工路校区地址：军工路516号
邮编：200093
电话：55277040

复兴路校区地址：复兴中路1195号
邮编：200031
电话：64725420

拱极路校区地址：拱极路3800号
邮编：201300
电话：58017529

营口路校区地址：营口路101号
邮编：200093
电话：65485551

水丰路校区地址：水丰路100号
邮编：200093
电话：65673587

上海海事大学

［**2012 年概况**］　一、“085 工程”项目建设。12 月，学校“085 工程”建设规划及项目已获批三期建设资金共 1.4 亿元。学校成立学科专业建设办公室，负责内涵建设项目的申报、遴选和资金分配，并会同有关职能部门进行过程管理与监督。先后制定项目申报、资金管理、绩效评价、目标考核等 4 个方面的校级管理办法，20 多个实施和管理细则。8—10 月间，市教委和市财政局委托第三方会计事务所对“085 工程”建设项目第一期和第二期实施情况进行绩效评估。其中第一期建设资金的执行率达 100%。5 月，第二个“085 工程”建设规划及项目(物流工程与管理学科专业建设)成功立项。

二、人才培养。2 月，7 个上海市本科教育高地建设项目(第四期)通过市教委验收。同时，学校航海技术、船舶与海洋工程 2 个本科专业加入教育部“卓越计划”。6 月，作为共建高校与中国海运(集团)总公司等单位联合申报的 5 个国家级工程实践教育中心获批准，成为第一批建设国家级工程实践教育中心的高校之一。7 月，航海技术、交通运输等 2 个本科专业列为本科教学工程市级“专业综合改革试点”项目。学校建成交通运输实验与实习基地、高水平船舶电子电气工程创新实验平台、卓越航海类人才实践中心、港口与海洋工程装备机电设计制造测试实验基地等 4 个工程实验、实践和实训教育中心。学校“聚焦国际航运产业—经济学视角”入选教育部 2012 年第一批精品视频公开课建设计划。“材料力学”、“土力学”入选 2012 年度上海高校市级精品课程。“微观经济学”入选 2012 年上海高校示范性全英语教学课程建设项目。学校投入 75 万元，建设课程录制中心。当年立项建设校级全程视频课程 12 门、校级全英语教学课程 9 门、大学英语特色课程 6 门。制定《上海海事大学教师教学激励计划试行办法》。全年入选教学激励计划的教师共 50 人，每人获得 2 万元资助。启动大学英语教学改革，分层、分类组织课程教学。安排交通运输学院、经济管理学院、法学院等 800 多名师生进行航行实习。重视实验教学工作，2011—2012 学年，累计开出实验课程 298 门，开出率为 100%，其中含综合性、设计性实验项目的实验课程 180 门。开出实验项目 1564 项，其中综合性、设计性实验项目 657 项。学校大学生创新活动计划 160 项获批。

在国家级、全国性和上海市比赛中，有 270 多人获得奖项。学校运动队竞赛成绩喜人。游泳队获全国游泳冠军赛个人项目 2 金 1 银 1 铜，破 1 项全国纪录；全国跳水冠军赛个人项目 1 金；国际泳联跳水大奖赛个人项目 2 金 1 银；全国春季游泳锦标赛个人项目 1 银；第九届全国大学生运动会游泳比赛个人项目 1 金 3 银 1 铜。武术队获第九届全国大学生运动会武术比赛个人项目 2 金 2 铜。龙舟队获第三届世界大学生龙舟锦标赛 200 米直道竞速第一名。舞龙队、网球队、棋牌队、地掷球等也在全国性、上海市比赛中取得好成绩。

10 月 22—23 日，欧盟海事局对学校航海教育和船员培训情况进行考察评估，评估专家对学校有关工作予以高度肯定。改革研究生培养机制，制定全日制专业学位硕士研究生实践培养方案。高职教育区加强校企合作，着力打造品牌专业。包括船员培训在内的继续教育的规模、质量与效益良好，共举办各类船员考证培训班 57 期，培训高级船员 3400 多人次，国家海事系统公务员 300 余人。

三、学科水平和科研服务能力。①交通运输工程、船舶与海洋工程、管理科学与工程(物流工程与管理)等 3 个学科入选上海高校一流学科(B 类)建设计划，电气工程学科进入上海高校一流学科(B 类)培育计划名单。②上海市重点学科(第三期)交通运输规划与管理、载运工具运用工程通过市教委终期验收。③1 月 11 日，集装箱供应链技术教育部工程研究中心获批成立。2 月 24 日，上海国际航运研究中心通过市教委的评审论证，成为首批立项的 9 个上海高校知识服务平台之一；3 月 22 日，上海发展战略研究所(汪传旭工作室)通过中期评估，综合评分在全市 8 个基地工作室中排名第一，获得“优秀”。5 月 24 日，交通运输部对航运技术与控制工程交通行业重点实验室进行全面检查，评估专家组对实验室建设工作给予肯定。④至 10 月，学校获得科技合同经费 1.28 亿元。获得国家级项目 32 项，经费达到1100万元，比上年同期增长38.9%，其中国家科技部国际合作重点项目1项，国家自然科学基金项目29项、社会科学基金项目6项。获得省部级项目53项、100万元以上的工科类项目18项、50万元以上的非工科类项目4项。⑤发表学术论文1519篇，其中检索论文344篇、SCI论文73篇。出版著作34部。申请专利570项(其中发明专利138项)，授权专利682项(其中发明专利43项)。⑥获得各类科技奖励31项，其中省部级科学技术及人文社科奖11项。⑦参与“长江黄金水道绿色与安全技术协同创新中心”和“海洋运输绿色与安全技术协同创新中心”建设。⑧与中远集团、招商局集团等签署了产学研合作协议。10项成果参展第14届中国国际工业博览会。商船学院教授施朝健团队研发的“海难搜救机器视觉技术及装置”获创新奖，是中国高校展区参展的56所高校中唯一获此殊荣的地方高校。与天津港中煤华能煤码头有限公司等企业分别签订总金额888.5万元的技术合同。学校获2012中国国际工业博览会中国高校展区优秀组织奖。⑨年内，新增航运管理与法律、信息管理与信息系统等2个二级学科博士学位授权点，新增刑法学等16个二级学科硕士学位授权点。自主设置10个二级博士点、13个二级硕士点。⑩挂靠学校的上海国际航运研究中心理事单位达到301家。中国航运数据库一期基本建成。国内第一本航运类英文电子刊物《中国港航发展评论》创刊发行。《集装箱化》再次获教育部科技司“中国高校特色科技期刊”奖。《上海海事大学学报》继续入编《中国核心期刊要目总览》。《水运管理》和《集装箱化》获上海市新闻出版局编校质量检查优秀奖。杂志总社成为中国高校科技期刊研究会技术类期刊专业委员会主任委员单位、中国期刊协会理事单位。上海浦江教育出版社出版新书60种，其中上海市重点图书1种，学校资助专著5种、教材7种，获上海市文化发展基金资助1种。

四、师资队伍建设。制定《上海海事大学“十二五”教师队伍建设规划》。推进高层次人才引进工程。从国内外引进、录用专任教师等53人，其中上海“千人计划”入选人才1人，“东方学者”6人，教授5人。学校投入师资队伍建设经费超过1000万元。对接政府各类人才计划，选拔培养对象68人。59名教师享受学术假及补贴，50名教师由学校公派出国进修6个月及以上，184人参加国际学术会议、国外培训等。继续开展教师出国进修、国内访学、产学研践习等三大计划的选派工作，全校有97名中青年教师获得总额761万元的资助。2012—2013学年首次增加实验室教师列入“三大计划”的选派工作，共推荐海外进修教师19人、国内访学教师33人、产学研践习教师53人，预计培养经费650万元。年内，新增上海市领军人才2人、上海市“千人计划”专家1人、交通运输部“交通青年科技英才”2人，入选上海市人才发展资金资助计划1人。

五、学生教育管理和招生就业。①年内，在全国29个省(市)招收本科生4109人，实际报到4025人。招收硕士研究生1500人、博士研究生46人。招收高职生710人，实际报到639人。第一批本科录取省市(外省市)由原来的13个增加到19个；在上海市的第一批本科录取专业由原来的7个增加到23个。②学校毕业生共5799人，其中硕士生1090人，签约率77.02%，就业率92.84%；本科生3855人，签约率71.31%，就业率98.28%；高职生848人，签约率54.25%，就业率97.41%。学校就业指导中心连续两年获“上海市高校毕业生就业工作创新基地”称号。③启动易班大学生网络社区活动平台建设。至10月底，在易班注册的师生达18500余人，建立网上班级824个。辅导员通过易班网络平台开展各类活动近100项。④营造航海特色的校园文化氛围，组织举办、承办中国航海日文化论坛等大型讲坛、讲座活动40多场。各学院开展各类思想政治教育活动近600场。“海大人文”系列节庆、展览、讲坛活动初步形成品牌。⑤提升辅导员队伍的综合素质。⑥各学院深入开展学风建设活动。⑦关注大学生身心健康。开展心理咨询600余人次，处理心理危机事件10余例。为37名心理问题重点学生建立心理档案，持续动态跟踪。⑧2011—2012学年，资助在校的家庭经济困难学生总额4573万余元，其中政府资助2644万余元、社会资助229万元、学校资助1700余万元。5042人次获得各类奖学金，总额达992.5万元；3829人次获得各类助学金，总额达850万元；3597人次参加校内勤工助学，勤工助学金额330万元；为243人减免学费共33万元；895人获得应急帮困等补助共计40万元；1840人获得国家助学贷款，贷款总额952.8万元。⑨发挥学生在社区的主体作用。近300名学生组成22个学生自律委员会，参与社区文化建设和社区管理。⑩完成上海市政府下达的征兵任务，入伍男生64人、女生4人。学校获2011年度“上海市征兵工作先进单位”称号。

六、教育国际化。①6月，学校获批为接受中国政府奖学金来华留学生院校。②与澳大利亚埃迪斯科文大学、美国欧道明大学、美国纽黑文大学、法国布列塔尼工程师学院签订了校际交流与合作协议。启动与英国普利茅斯大学航运与物流管理等5个专业的合作项目、与澳大利亚默多克大学法学专业及经济学专业合作项目、与美国麻省海事学院海洋环境与安全工程专业合作项目、与美国欧道明大学研究生联合培养项目。至10月底,与海外的校际合作培养项目已涵盖学校本科专业的60%。③与英国海贸集团等联合成立的亚洲邮轮学院正式挂牌,首个邮轮管理EMBA项目启动。国际海事组织“模拟器教师与评估考官培训班”成功举办。④2011年11月—2012年10月,共有96批422人次的境外宾客来校访问,其中丹麦商务和增长部大臣奥勒·索恩、希腊船东协会主席乔治·格拉索斯等。美国纽黑文大学校董李昌钰博士来校演讲,并受聘为学校荣誉教授。⑤2011年11月—2012年10月,105批135人次的专家学者来校开设讲座或专业课程。聘请一学期以上外籍教师9人,包括非语言类外籍教师2人。1—10月,共有21名国外专家来校开设24门专业课程。学校聘请的2名海外专家获2012—2013年度“上海海外名师”项目资助。学校聘请的客座教授、比利时安特卫普港中国总代表朱伯彦获上海市“白玉兰纪念奖”。⑥设立“学生海外学习/实习专项资金”。与美国麻省海事学院、英国斯旺西大学、英国普利茅斯大学等22所院校开展交换学生项目、访问学生项目或短期课程进修项目。本年度共有286名学生参加各类别的海外学习/实习项目。⑦年内,来校学习的各类长、短期外籍留学生达到664人次,其中学位生107人、各类短期生151人、汉语语言生406人次。举办第三期“航海技术”“航运管理”“环境工程”等3个国际班,6个国家的27名交换生来校学习。举办第二期轮机值班与基本安全丹麦培训班,48名丹麦学生来校接受培训。举办首期上海海事大学—英国普利茅斯大学短期研修项目,59名来自英国的学生参加一个月的交叉学科知识学习和文化体验活动。举办第四届上海海事大学留学生国际文化交流节。留学生龙舟队摘得第五届上海高校外国留学生龙舟赛桂冠。

七、教育保障工作。①教育事业拨款比上年增长14%,同时获得特种(液货)船模拟教学平台实验设备购置项目交通运输部专项资金2000万元、市配套资金2000万元,市教委“085工程”建设专款4225万元,中央支持地方建设专项资金1000万元等其他资金。②基础设施建设和维修改造工程有序推进。留学生公寓、东明路校区装修工程、岸桥综合配套用房已竣工验收。上海港湾学校校舍安全工程按既定目标有序推进。③推进技改节能和能耗包干管理,各校区及办学点总体能耗支出下降10.31%。获得市教委节能改造和能源监控平台建设补贴资金400万元。根据民生路校区后续移交计划,及时清理、处置校内非搬迁资产。2011年11月至2012年10月底,新增固定资产共约6612万元。截至10月底,全校固定资产总值约175382万元,其中教学科研仪器设备类固定资产约45523万元,28680台/件。④船舶主机实验室、起升控制综合实验室等8个实验室建设项目已完成验收结题工作,并投入使用。交通运输实验与实习基地等13个实验室建设项目已基本完成。继续建设中央财政支持地方高校发展专项、交通运输部支持地方高校专项、“085工程”专项等18项实验室建设项目。启动建设“085工程”专项、中央财政支持地方高校发展专项、市教委基础实验室专项、学校预算内专项等16项实验室建设项目。⑤新建4.8万吨远洋教学实习船项目按时间节点推进。5月25日,教学实习船顺利下水;12月12日,举行命名交船仪式。⑥图书馆(科技情报所)新建文献传递和创新咨询工作站,推广CASHL、CALIS系统共享教育部系统文献资源,保持新老两馆协调运行和图书通借通还,提供优质高效的科技查新和学科咨询。国际海事信息网和《海运纵览》高位稳定运行。发布《中国物流科技发展报告2012》。⑦3月,综合教务管理系统立项定制开发。实验室管理处业务管理信息系统上线运行。校园无线网络二期建设进入施工阶段。⑧基于ISO9000系列质量标准的教育质量管理体系进一步完善,顺利通过挪威船级社(DNV)ISO9001:2008质量管理体系三年全面复核和DNV三个认证规则证书的年度审核,顺利通过国家海事局中间审核、附加审核及船员培训机构资质现场核验。

八、校园文化建设。①年初中央电视台《梦想合唱团》节目报道了身残志坚的大学生唐旭的事迹。各学院开展丰富的学习活动,营造积极、健康、向上的精神风貌。②在上海市大学生艺术展演中,校合唱团和舞蹈团获“优秀艺术团”称号,合唱团、管乐团获一等奖,舞蹈团、民乐团获二等奖。107支队伍、1000多名队员赴全国各地开展暑期社会实践活动,获上海市大学生志愿者暑期“三下乡”最佳项目1个、优秀项目7个、先进个人4人、优秀指导老师2人,校团委获“优秀组织奖”。③学校教育发展基金会获准登记,12月7日举行了基金会成立大会暨第一届理事会第一次会议。

(胡志武)

[集装箱供应链技术教育部工程研究中心成立] 1月11日上海海事大学集装箱供应链技术教育部工程研究中心成立,成为2011年第二批教育部工程研究中心之一。黄有方教授受聘为该工程中心主任,戴定一研究员受聘为该工程中心技术委员会主任。

(李　萌、苏　娅)

[亚洲邮轮学院成立] 4月18日,由上海海事大学、英国海贸(国际)传媒集团和上海国际港务(集团)股份有限公司三方共同创办的上海海事大学亚洲邮轮学院成立仪式在北外滩上港花园举行。上海海事大学亚洲邮轮学院的成立为中国乃至亚洲在邮轮船舶建造、船舶交易、邮轮公司营运管理、邮轮船舶航行管理、邮轮酒店管理、邮轮产品市场营销、邮轮码头管理、邮轮融资和保险等邮轮产业所涉及的各个领域,培养和输送中高端人才。市教委副主任印杰,市建交委副主任沈晓苏,虹口区副区长张锡平,英国海贸集团主席克里斯多夫・海曼,上港集团党委副书记兼纪委书记张有林,校长黄有方、副校长肖宝家等出席。

(李　萌、苏　娅)

[夺得全国高校企业竞争模拟大赛总决赛冠军] 在4月30日举行的2012全国高等院校和MBA培养院校企业竞争模拟大赛上,学校代表队"望舒"队夺得全国高校企业竞争模拟大赛总决赛特等奖(冠军),"余音"队和"Star"队获得MBA培养院校企业竞争模拟大赛总决赛一等奖。同时,还获得MBA培养院校企业竞争模拟大赛团体第一名和全国高校企业竞争模拟大赛团体第二名。

(李　萌、苏　娅)

[上海浦江教育出版社成立] 经国家新闻出版总署批准,5月28日,由上海市教育委员会主管,上海海事大学、上海中医药大学联合主办的上海浦江教育出版社正式成立。作为上海唯一的由两所高校联合主办的出版社,该社将发挥两校特色优势,打造海事海洋、中医药学类图书的出版高地。

(李　萌、苏　娅)

[与中国交通通信信息中心签署战略合作框架协议] 6月8日,学校与中国交通通信信息中心在紫金山大酒店签署战略合作框架协议。中国交通通信信息中心主任杨洪义、书记丘建华、副主任殷林、副主任林榕,上海海事大学校长黄有方、副校长金永兴、副校长杨万枫参加签约仪式。仪式由丘建华主持。殷林和金永兴分别代表双方在《上海海事大学——中国交通通信信息中心战略合作框架协议》上签字。出席此次活动的还有中国船级社上海分社总经理李华、上海海事局副局长俞成国、东海救助局副局长郭秀斌、上海打捞局副局长张戎、上海市虹口区政协副主席陆清冬、长江上海通信管理局副局长陆亚风等政府部门与企事业单位领导。

(李　萌、苏　娅)

[徐祖远一行到校视察] 6月26日,交通运输部副部长徐祖远率交通运输部人劳司副司长李良生、水运局副局长李宏印、科技司副司长李祖平、国际司副司长杨赞、海事局副局长郑和平,以及上海海事局局长徐国毅等一行莅临学校临港校区,视察、指导学校工作。

(李　萌、苏　娅)

[首个邮轮管理EMBA项目启动] 9月27日,由英国海贸(国际)传媒集团、上海市旅游局、市虹口区人民政府、上海国际港务(集团)股份有限公司联合主办的第三届亚洲邮轮大会在上海港国际客运中心举行,上海市人民政府副市长赵雯出席开幕式。开幕式后举行了上海海事大学与海贸(国际)传媒集团、上海国际港务(集团)股份有限公司合作举办的全球首个邮轮管理EMBA项目的启动仪式。

(李　萌、苏　娅)

[海事大学物流管理本科项目开学] 10月9日,上海海事大学—中西非地区海事大学物流管理本科项目2012—2013学年开学仪式在学校临港校区举行。来自加纳、喀麦隆等6个国家的36名中西非地区海事大学留学生,正式开始在学校为期一年的学习生活。中西非地区海事大学校长,上海海事大学校长黄有方及交通运输学院、国际教育学院负责人,全体留学生参加开学仪式。

(李　萌、苏　娅)

[合作建设海事调查实验室] 10月26日,中国首个海事调查实验室——中华人民共和国海事局海事调查实验室合作建设签约暨揭牌仪式在上海举行。上海海事局副局长晨晓光、副校长杨万枫及上海交通大学副校长陈刚代表各自单位出席揭牌仪式并签订共建协议。

(李　萌、苏　娅)

[参展中国国际工业博览会] 第14届中国国际工业博览会于11月6—10日在上海新国际博览中心举行，党委副书记、副校长孔凡邨坐镇上海海事大学展台，向教育部科技发展中心主任李志民、上海市教委副主任袁雯等介绍学校科技成果。学校共有10项成果展出。商船学院施朝健团队研制开发的“海难搜救机器视觉技术及装置”首次亮相，获第14届中国国际工业博览会创新奖。

(李　萌、苏　娅)

[成立校教育发展基金会] 12月7日，上海海事大学教育发展基金会成立大会暨第一届理事会第一次会议举行。该基金会的成立旨在通过多种途径筹集办学资金，接受社会各界及校友公益捐助，以进一步推动学校人才培养和教育事业发展。上海市社会团体管理局、市教委有关领导，上海海事大学党政领导、教育发展基金会理事会成员及学校各二级学院、有关职能部门负责人出席会议。

(李　萌、苏　娅)

[远洋教学实习船交付使用] 上海海事大学4.8万吨远洋教学实习船“育明”轮于12月12日正式交付学校使用。“育明”轮投资2.73亿元，2010年12月28日开工建造。该实习船采用全新节能型母船开发，拥有最新设备仪器，同时具备全球无限航行能力。这艘集教学实习、师资培养、科学研究、国际交流和生产运输五大功能的实习船可供160名学生进行海上实习同时搭载45800吨散装货物。

(李　萌、苏　娅)

校4.8万吨远洋教学实习船正式交付

[交通运输部共建高校校长座谈会] 12月13日，2012年交通运输部共建高校校长座谈会在学校举行。交通运输部副部长高宏峰，科技司司长赵冲久、副司长袁鹏，综合规划司副司长于胜英等出席。大连海事大学、上海海事大学、长安大学、武汉理工大学、长沙理工大学、重庆交通大学、南通大学、集美大学、山东交通学院、交通运输部管理干部学院、中国民航大学、中国民航飞行学院等12所院校的校长(院长)参加会议。会上，12所院校的校长(院长)结合各自学校的实际，围绕近期交通运输部出台的重要政策和文件精神，交流各院校在加强交通主干学科内涵建设，提高科技创新和人才培养能力，服务行业发展方面的经验和思路。

(李　萌、苏　娅)

附：学校负责人及地址

(2012年1—12月)

校党委书记：於世成
副　书　记：孔凡邨、门妍萍

校　长：黄有方
副校长：金永兴、肖宝家、孔凡邨(兼)、杨万枫、王海威

民生路校区地址：浦东大道1550号
邮编：200135
电话：58855200(总机)

临港校区地址：临港新城海港大道1550号
邮编：201306
电话：38282000(总机)

上海音乐学院

［2012年概况］ 学院启动“一体两翼”校园规划布局建设，推进“085”内涵建设工程。完成原中医大“国针楼”改建工程，迎接2012级新生入住。抓住“十八大”胜利召开、“全国教书育人楷模”周小燕学习宣传活动，建校85周年庆祝活动等重要契机，推动学院各项事业发展。

学院设有14个系(部)及上海音乐学院附中(含附小)。在校本科生1520人，博士研究生98人，硕士研究生555人，附中附小学生共566人。至12月，本科毕业生就业率为94.16%，研究生就业率为83.48%。

以学生为本，开拓学生工作新途径。学院开展丰富多彩、寓教于乐的学生活动、文体赛事、新生军训、志愿者行动、义务献血等，丰富学生的课余生活，提高学生的综合素质。依托易班平台，组织并策划丰富多彩的线上活动。通过举办“就业服务月”、大型毕业生推介大会、就业讲座、研讨会、编写2013届毕业生《就业服务手册》等，拓宽毕业生就业渠道。切实做好各类奖、助学金的评审和发放工作，全年有772人次获得各类奖、助学金及福利补贴。

加强学科专业建设，提高人才培养质量。学院3个一级学科博士点入选上海高校一流学科名单。其中，音乐与舞蹈学入选A类计划，艺术学理论和戏剧与影视学入选B类计划。成立专门工作小组，开展音乐与舞蹈学《一级学科简介》和《博士、硕士学位基本要求》撰写工作。参加由教育部主办的“全国第三轮学科评估”和由全国艺教指委主办的“专业学位艺术硕士教学合格试评估”。建立研究生招生基础理论课考试试题库。制定并下发《关于进一步加强本科教学工作、提高教学质量的通知》对提高教学质量提出明确要求。完成2011年度本科教学质量报告，及时对社会公布。获得上海市级精品课程2门，上海高校本科重点教学改革创新项目2个，2012年上海市属本科高校基础实验室建设项目1个，“十二五”本科教学工程市级“专业综合改革试点”项目1个并报送国家教育部，2013年上海市属本科高校本科教学基础条件专项建设项目1个。2名教师获得市级育才奖。236人次在国际国内比赛中获奖。

推进重点建设项目，提升科研与艺术实践水准。中国仪式研究中心、钢琴艺术创新平台工作室2个市级重点学科点完成3年的建设周期，通过教委组织的验收评估。上海市高校音乐人类学E-研究院、周小燕声乐艺术工作室、基于本体技术的中国民族音乐数字化重制相关技术研究与应用、上海市高校创新团队等一批在建学科项目继续良性发展。全年获得国家级、省部级项目16项。其中，国家社科基金艺术学项目1项，教育部人文社会科学研究项目2项。学院发挥艺术院校的特色和优势，将专业教学与艺术实践相结合，完成院艺术实践项目153场。其中，“上海之春”系列音乐会与上海国际艺术节演出的艺术水准与社会反响均获得业内好评；参加国家大剧院的“大音之韵”之二——大型协奏曲与交响乐音乐会和建校85周年庆典音乐会均获得成功。继续打造“新年音乐会”、“未来音乐家”等系列常态艺术实践品牌，不断加强与主要专业表演院团、专业音乐表演场所及主流媒体的合作，着力推出学院优秀新人新作，增强学院的社会影响力。

深化人事管理体制改革，加强师资队伍建设。制定《上海音乐学院关于贯彻〈上海市高等学校教师职务和其他专业技术职务聘任办法〉的实施细则(修订版)》、《上海音乐学院研究系列专业技术职务聘任办法(试行)》及《上海音乐学院教师高级职务破格聘任办法(试行)》，规范学院教师及其他专业技术职务评审和聘任办法。通过新进教师、专业技术人员和管理人员的公开招聘机制，青年教师岗位培训班，教职员工合同期满考核及续聘工作，职级晋升工作等，不断完善机制、规范管理。利用国家和上海市有关人才支持项目，组织各类申报，引进高层次人才。加强中青年教师培养，鼓励和支持青年人才国内外访学研修。通过各类项目派出10名教师赴海外研修。1名教师入选第二批上海“千人计划”，2名教师入选2012年度上海高校特聘教授(东方学者)，1名教师入选2012年度上海市浦江人才计划，3名青年教师入选2012年度上海市“晨光计划”，4名教师入选2012年“上海高校青年教师培养资助计划”，2名教师入选2012年上海高校教师产学研践习计划。通过公开招聘录用各岗位新进教师、专业技术人员和管理人员 23 人。

开展对外交流与合作，提升国际化办学水平。全年接待 21 个国家和地区的 230 余位音乐家、师生代表团、音乐院校长、机构负责人以及使领馆专员，举办 7 场外事音乐会；共有 12 批 111 名师生赴美国、英国、德国、荷兰、比利时、澳大利亚、新西兰、巴西、秘鲁等国家进行文化交流、访问及演出；19 批 37 名师生赴台湾地区进行文化交流、访问及演出。留学生长期生的规模由上年的 77 人扩大到 98 人，21 名留学生获得 2012 年上海市政府奖学金。全年共派出 17 位学生赴海外研修。

加强师德师风建设，通过学习全国教书育人楷模周小燕教授的先进事迹等活动，开展形式丰富的师德教育、学风和学术规范教育。撰写并向社会公开 2012 年度《上海音乐学院社会责任报告》。参与 2011 年度、2012 年度上海市文明单位终期考评。落实安全保卫管理责任制，确保校园和谐与稳定。

（王中余）

[市领导到校调研] 3 月 22 日，市委副书记殷一璀、市委副秘书长姚海同、市政府副秘书长翁铁慧及市教卫工作党委、市教委、市发改委、市财政局、市建交委、市规土局以及徐汇区政府等单位领导到学院调研。市领导一行对学院零陵路校区进行实地视察，参观学院校区建设项目概念设计模型并观摩了展示短片，听取院党委书记桑秀藩、院长许舒亚就校区建设项目及师资队伍建设情况所作的专题报告。

（王中余）

[举办首届职业发展课程大赛] 3—5 月，学院举办“首届大学生职业生涯规划课程设计比赛”。比赛以“论职业规划、促教学相长”为主题，突出音乐艺术专业学生特点，内容切合音乐艺术学生学习实际，教学对策有助于音乐艺术院校学生掌握相关职业规划知识。

（王中余）

[举行全国教书育人楷模周小燕学习宣传活动] 5 月 11 日，由市教育卫生工作委员会、市教育委员会主办，学院与复旦大学承办的“感念师恩，传承师道”——全国教书育人楷模周小燕学习宣传活动暨“老师讲老师的故事”主题活动启动仪式在学院举行。市教卫工作党委副书记、市教委副主任高德毅出席活动并讲话。5 月 31 日，“大爱有声——全国教书育人楷模周小燕学习宣传主题活动”在学院举行。市委副书记殷一璀、市委副秘书长姚海同、市政府副秘书长翁铁慧、市教委副主任李骏修、市教卫工作党委秘书长谢一龙及上海各高校、各区县教育局有关领导以及部分高校师生代表参加活动。9 月 10 日，市委书记俞正声和市委常委、市委秘书长尹弘在教师节来临之际看望周小燕教授向她致以节日的问候。

（王中余）

[开办首届国际指挥大师班] 9 月 24—29 日，由学院主办，学院指挥系、上海歌剧院承办的“第一届上海音乐学院国际指挥大师班”开班。大师班邀请国际顶级指挥家帕努拉前来执教。9 月 24—27 日帕努拉为学员授课教学；28、29 日，大师班汇报音乐会在贺绿汀音乐厅举行。来自意大利、芬兰等国家的 12 名青年指挥得到大师的亲身指导，近 60 名学员获得旁听大师班的机会。

（王中余）

[原创多媒体音乐剧场《乡愁》上演] 10 月 15—16 日，由学院主办，学院数字媒体艺术学院（筹）、东方数字媒体艺术研发中心联合承办的多媒体音乐剧场《乡愁》（2011 年度上海市重大文艺创作项目）在上海东方艺术中心上演。此项目由数字媒体艺术学院（筹）完成制作，作曲系、管弦系、民乐系、声乐系、现代器乐打击乐系等专业师生参与音乐创作与表演。

（王中余）

[大型协奏曲与交响乐音乐会上演] 11 月 1 日，“大音之韵”——大型协奏曲与交响乐音乐会在国家大剧院上演，为“2012 年第五届春华秋实——全国艺术院校舞台艺术精品展演周”拉开帷幕。音乐会由学院指挥系主任、指挥家张国勇担任交响乐队指挥，将经典作品和学院前任院长杨立青教授的新作相结合，邀请近年来在国际国内重大比赛中获奖的演奏家及歌唱家参演。文化部艺术司副司长陶诚、中国音协主席、西安音乐学院院长赵季平以及国内部分兄弟院校的领导观摩音乐会，并给予高度评价。北京、上海两地的主要媒体对音乐会做了大篇幅报道。

（王中余）

[举办第七届研究生艺术节] 11 月 12—21 日，学院举办第七届研究生艺术节。艺术节以“乐韵

你我，乐动心灵”为主题，包括名家讲堂、专家讲座、硕博论坛、读书会、外语沙龙和院庆音乐会六个板块。其中，外语沙龙为本届艺术节新创板块。名家讲堂邀请文艺理论家、中国文联原副主席仲呈祥作题为《提高文化自觉，增加文化自信》讲座；专家讲座邀请复旦大学中文系傅杰和音乐学院钱亦平分别作题为《〈论语〉对中国人的影响》和《音乐分析的历史观察点》讲座；读书会邀请林华讲授其著作《音乐审美与民族心理》的创作初衷、写作心得和感悟；4 位博士和 2 位硕士分别担任本届硕博论坛的主讲人；外语沙龙活动包括英文诗歌朗诵比赛、电影片段配音比赛等环节。

（王中余）

［参加中国上海教育展］ 11 月 16 日，学院党委书记桑秀藩作为上海市教育委员会代表团副团长出席在巴西、秘鲁举办的第四届中国上海教育展，并参加巴西教育介绍会、中巴教育论坛、中国上海教育展等活动。在上海秘鲁高等教育论坛上，桑秀藩就学院办学事业和国际化发展等问题作主题演讲。教育展展示学院近年来国际化教育的水平和成果，对扩大来华留学生教育规模，特别是对学院加强南美洲国家留学生的招生和宣传产生推动作用。

（王中余）

［举办建校 85 周年庆祝活动］ 11 月 26—27 日，学院举行建校 85 周年庆祝活动。文化部艺术司致信祝贺。27 日，市宣传部副部长陈东、市教委副主任印杰、市文教结合办副主任马博敏、市文联党组书记宋妍等出席在上海大剧院举行的校庆 85 周年庆典音乐会。校庆期间举办全国音乐艺术学院院长论坛，周小燕教学思想研讨会及周小燕教授从教 65 周年音乐会。各系部举办相关的庆祝活动和学术活动，如全国艺术院校第三届复调音乐学术研讨会，全国艺术院校第二届管弦乐配器学术研讨会，音乐学系建系 30 周年学术研讨会，音乐学系建系 30 周年纪念大会，音乐戏剧系建系 10 周年研讨会，杨嘉仁诞辰 100 周年纪念活动，谭抒真教授诞辰 105 周年、逝世 10 周年纪念活动，上音附中庆典音乐会等。

（王中余）

建校 85 周年庆典音乐会

附：学校负责人及地址

（2012 年 1—12 月）

院党委书记：桑秀藩
副　书　记：蔡桂其

院　　　长：许舒亚
常务副院长：徐孟东
副　院　长：杨燕迪、华天初、张显平、廖昌永

地址：汾阳路 20 号
邮编：200031
电话：64312000（总机）

上海戏剧学院

［**2012 年概况**］ 年内，招收本科新生 442 人，硕士生 66 人，博士生 16 人，留学生 167 人，成人教育 263 人。全日制在校本科生 1821 人，硕士生 214 人，博士生 75 人，留学生 72 人，成人教育 812 人。2011 届毕业生本科人数为 511 人，硕士生 64 人，博士生 8 人，成人教育 190 人，留学生 109 人。全校教职工 514 人，其中专任教师 265 人，外聘教师 220 人。

教学工作。公布《上海戏剧学院“十二五”本科课程与教材规划》，确定 9 本院级教材立项。6 门院级重点建设课程结项，3 门市级重点课程验收，8 门市级重点课程中期检查。“上海戏剧学院本科教学质量监控体系的探索与建立”和“戏曲编剧人才培养模式创新探索”获批上海高校本科重点教学改革项目。戏剧影视美术设计专业入选“十二五”本科教学工程市级“专业综合改革试点”项目。启动 2011 年度本科教学质量年报工作，向市教委提交“2011 本科教学质量年报具体指标”，同时公布于学校网站。组织西南片高校联合办学暑期跨校选修课工作，共接纳 122 名本科生跨校选修。

师资队伍建设。人才引进工作，年内完成吴思远、焦雄屏、姜文、林磐耸等 11 名客座教授、特聘专家的校内评审程序和聘任工作。完成两人上海市“东方学者”特聘教授申报工作。申报 2013 年“外专局引智项目”8 项、“高端外国专家”项目 2 项，结项 2012 年外专局项目 5 项。年内 1 人获得上海市“育才奖”，5 人入选上海高校青年教师培养资助计划，1 人成功申报国家留学基金委艺术类特别资助项目，10 人入选“上海高校教师国外访学”项目，6 人入选“上海高校骨干教师国内访学”项目，9 人入选“上海高校产学研践习计划”。申报“上海文化发展基金会资助项目”，2 人获优秀文艺人才奖。

科研工作。年内，市教委级及以上级别的科研项目共计立项 17 项。其中，国家社会科学基金艺术学项目 1 项，文化部国家文化科技提升计划项目 1 项，教育部项目 1 项，文化部科技创新项目 1 项，市政府决策咨询研究项目 1 项，市“曙光学者”项目 1 项，市“晨光学者”项目 2 项，市教委科研创新项目 8 项（重点项目 3 项，一般项目 5 项），市教育科学研究项目 1 项。市教委级及以上级别的科研项目共计结项 4 项。其中，教育部项目 1 项，市哲学社会科学研究项目 1 项，市政府决策咨询研究项目 1 项，市教委科研创新项目 1 项。市哲学社会科学研究项目的结项结果为“优秀”。首次荣获上海市人民政府决策咨询研究成果奖。教育部哲学社会科学研究重大课题攻关项目《中华戏剧通史》通过中期检查。

学科建设。启动一流学科建设工作，戏剧与影视学申报为市教委 A 类一流学科，设计学申报为市教委 B 类一流学科，艺术学理论申报为市教委 B 类一流培育学科。上海戏剧学院米亚中心被确定为上海市教委首批知识服务平台之一。

学生工作。围绕“创先争优”推进学生党团建设，组织学生党员、入党积极分子参加“党员服务日”“党员寝室日”活动，增强党员意识，树立学生党员形象。组织“思政工作坊”，以教育戏剧为依托组织、设计工作坊活动。坚持“服务学生发展”理念，为学生提供公平的教育条件、温馨的育人环境、自由的学习氛围。推出招聘专场、举办“东方卫视”宣讲会。举办 2 次综合场招聘会，2 次大型现场专业招聘会，若干场专场招聘会，以及各类毕业演出、毕业创作展示会等，超过 200 家文化企事业单位来校挑选毕业生。全年就业率为 97.54％，研究生就业率为 95.59％，本科生就业率为 97.8％。年内完成 2011 学年学生各类奖助学金评定工作，共有 796 名同学荣获各类奖项，其中 16 名同学获得国家级、市级奖学金，共发放奖学金 162 万余元。不断探索和实践素养教育，“何念校友工作室”创作沙龙、《品读》朗读会、组建读书会与赵启正、吴建民进行“交流使人生更美好”对话会等一系列活动进一步提升了学生人文素养。不断推进“学生创新计划”，共计 20 项学生校园原创作品创作入围此计划。丰富校园文化活动凝聚学生，坚持校园文化的品牌建设，组织上戏“碧叶杯”颁奖晚会、辩论赛、校园美食节、三校联谊等活动。

演出工作。完成实习剧目和毕业剧目 30 余台，音乐剧《鉴真东渡》获得上海市新剧目比赛优秀剧目奖。话剧《国家的孩子》荣获第三届中国校园戏剧节专业组优秀剧目奖。话剧《菩萨岭》赴国家大剧院演出。

外事工作。46个团组，552人次，出访近30个国家和地区，其中主要参加国际艺术节，如《朱丽小姐》参加第30届伊朗“法加尔”国际戏剧节，赴留尼旺进行中法文化交流演出，赴阿根廷参加“第三届伊瓜苏国际青少年音乐节”等，提高学校艺术教育的国际影响力。加强与世界各国文化与教育机构的合作，来自10多个国家和地区的14批艺术院校及文化机构来学校访问。学校与英国埃塞克斯大学东十五演艺学院、德国福克旺大学、意大利电影实验中心、米兰理工大学等机构分别签署了合作协议，同时还积极与在华外国机构开展合作，如与乌克兰驻沪领馆合作举办“中乌文化周”，举行果戈理雕像落成仪式，并举办“美丽的乌克兰”画展，与伊朗领馆合作举办了“伊朗电影节”；与美国迪斯尼代表团洽谈学生实习等合作事宜。依托大型活动和品牌项目提升国际形象，年内举办如下大型国际活动：世界城市文化研讨会、国际导演大师班（法国）、第三届人类表演学国际研讨会、世界戏剧院系联盟舞美设计展暨研讨会、格洛托夫斯基表演大师班、斯特林保戏剧研讨会等。建立长期发展品牌，如“冬季学院”等。不断尝试与外国专家新的合作模式，探索不同文化背景下戏剧教学的创新。有20余位外国专家来学院授课、举行讲座和工作坊，指导排戏。为学生提供海外学习实习机会，25名同学以交换生身份赴美国纽约大学、挪威卑尔根大学、台北艺术大学、英国利兹大学等艺术类名校交流学习。留学生规模保持稳定，在读外国学历生21人，全年汉语进修人次达到120人。港澳台工作有序开展，16个团组70人次访问台湾，我院与台湾高校的学生交换也逐渐开展，与台北艺术大学、台湾艺术大学、台湾实践大学都开始了实质性的学生交换。在校港澳台学历生5人，中专生1人，进修生3人。

（李　莉）

为庆祝中国和乌克兰建交20周年，果戈理雕像在学院揭幕

［举办“2012冬季学院”］　1月5日，由上海戏剧学院携手美国布朗大学、纽约大学、普林斯顿大学、耶鲁大学联合举办的“2012冬季学院”在上海戏剧学院新空间剧场开幕。上海市教委领导，布朗大学副校长、普林斯顿大学教授、美国驻上海总领事馆文化领事及上海戏剧学院党政领导共同出席开幕仪式。本届冬季学院招收65名学员，包括美国哈佛大学、麻省理工学院、普林斯顿大学、耶鲁大学、布朗大学、纽约大学、北京大学、武汉大学、复旦大学、中央戏剧学院、中国戏曲学院、北京舞蹈学院等。在为期15天的教学过程中，课程形式涵盖了讲座、讨论班和实践工作坊，涉及领域包括戏剧创作过程、社区文化、城市规划和活动策划、跨文化表演等。

（李　莉）

［举行学院演出展示周］　4月16—21日　“青春飞扬，上戏有戏”——上海戏剧学院演出展示周在上海大剧院举行。展示周汇聚话剧、戏曲、舞蹈、舞美造型、滑稽剧等9台优秀演出，全方位展示学院近年来教学、演出及科研成果。市人大常委会主任、党组书记刘云耕，全国政协常务委员会委员、市政协副主席周汉民，全国人大常务委员会委员龚学平，市委

统战部部长杨晓渡，市政协原副主席朱达人，市委宣传部副部长宗明、朱英磊等出席并观看演出。

（李　莉）

［国际导演大师班（法国）开班］ 5月14日，学院2012国际导演大师班（法国）开班仪式在学院举行，法国话剧导演让-路易·马赫迪奈利、法国戏剧评论家让-皮埃尔·乌尔茨、文化部艺术司周汉平处长、学院领导和嘉宾出席开班仪式。这是学院举办的继美国、英国、俄罗斯之后第四次国际导演大师班，法国大师班邀请6名当代导演艺术家授课，与全国选拔的各剧团院校的优秀艺术工作者共同学习交流。

（李　莉）

［成立梅兰芳艺术研究室］ 上海戏剧学院与梅派传人梅葆玖合作，成立梅兰芳艺术研究室，从演出、教学、理论研究三方面对梅派艺术进行传承和发展。6月7日，学院梅兰芳艺术研究室在学院正式揭牌，党委书记楼巍，副院长孙惠柱，京剧表演艺术家、上海戏剧学院客座教授梅葆玖，谭派第六代传人、京剧表演艺术家谭孝曾，中国剧协主席尚长荣，文教结合办副主任马博敏，上海京剧院院长孙重亮及京剧表演艺术家李蔷华、李炳淑等专家参加揭牌仪式。

（李　莉）

［上海国际舞蹈中心项目动工］ 9月28日，上海国际舞蹈中心项目在虹桥路1650号正式动工兴建。市委副书记殷一璀，市委常委、宣传部部长杨振武出席开工仪式，市委宣传部副部长宗明主持。杨振武与舞蹈艺术家代表凌桂明、辛丽丽、杨新华、黄豆豆共同启动开工装置。原址在虹桥路1650号的学院附属舞蹈学校搬迁至学院漕宝路校区。

（李　莉）

［获批增设博士后科研流动站］ 9月24日，国家人力资源和社会保障部、全国博士后管委会联合下发文件，经全国博士后管委会专家组评审，批准增设上海戏剧学院艺术学理论一级学科博士后科研流动站，同时确认戏剧与影视学博士后科研流动站。学院自2007年批准设立艺术学一级学科博士后科研流动站以来，累计招收博士后10人，已出站博士后5人，在站博士后人员5人。学院博士后科研流动站现有戏剧戏曲学系国家级重点学科，戏剧与影视学和设计学分别入选上海高校一流学科（A类）、（B类）建设计划，博士生导师16人。此次获批增设和确认博士后科研流动站将促进学校博士后工作的进一步开展。

（李　莉）

［第三届中国校园戏剧节在学院开幕］ 由中国文学艺术界联合会、中华人民共和国教育部、上海市人民政府主办，中国戏剧家协会、上海市文学艺术界联合会、中共上海市教育卫生工作委员会、上海市教育委员会、上海市戏剧家协会承办的第三届中国校园戏剧节于10月19日晚在上戏剧院拉开帷幕。本届校园戏剧节的主题为“魅力校园—青春飞扬”。上海戏剧学院参评剧目《国家的孩子》作为开幕大戏于开幕式后登台亮相。本届校园戏剧节共收到包括台湾地区在内的全国28个省、自治区、直辖市的91所高校及1所中学报送的132个大小剧目。戏剧节期间，有23台剧目演出，举办3场专家戏剧论坛及1次俄罗斯戏剧工作坊活动，吸引观众近两万人次。学院参评的话剧《国家的孩子》领衔专业组“优秀剧目奖”，孙祖平获优秀编剧奖，上海戏剧学院荣获优秀组织奖。

（李　莉）

［举办首届木偶皮影艺术人才培养研讨会］ 11月13日，由中国木偶皮影学会、上海戏剧学院、国际木联中国中心主办的首届“中国木偶皮影艺术人才培养研讨会”在新实验空间剧场拉开序幕。开幕式上，上海戏剧学院院长韩生与中国木偶皮影艺术学会会长李延年分别致辞。学院戏曲学院木偶专业的学生进行了汇报演出，集中展示了学校在中国四大木偶品种方面的教学成果。此次研讨会是国内首次对于木偶皮影艺术人才培养的专题研讨会，来自全国各地的近40名专家学者齐聚上海，在为期两天的会议上围绕木偶皮影人才培养若干重要课题展开深入讨论。

（李　莉）

附：学校负责人及地址

（2012年1—12月）

院党委书记：楼　巍

副　书　记：胡　敏（3月到任）

院　长:韩　生

副院长:孙惠柱(7月离任)、黄昌勇、宫宝荣、张伟令、郭　宇(7月到任)

院本部地址:华山路630号
邮编:200040
电话:62481866

莲花路校区地址:莲花路211号
邮编:201102
电话:64800099

虹桥路校区地址:虹桥路1674号
邮编:200336
电话:62757585

上海体育学院

［**2012年概况**］ 学院设有体育教育训练学院、武术学院、体育新闻传播与外语学院、运动科学学院、经济管理学院、体育休闲与艺术学院、继续教育学院和国际文化交流学院等二级学院，另设有中国乒乓球学院、附属竞技体育学校。有体育教育、运动训练、社会体育、民族传统体育等本科专业，拥有体育学一级学科和6个二级学科博士学位授予点、三个一级学科和11个二级学科硕士学位授予点。招收全日制本科生996人、硕士研究生264人、博士研究生50人。授予硕士学位63人、博士学位47人。在校全日制本科生4025人，各类研究生972人，成人本专科生1018人。

一、教学工作。完成新一轮教学计划的修订，正式实施启动第三轮院内教学评估，顺利通过国家级实验教学示范中心验收。编写并发布本科教学质量年度报告。2本教材获批教育部十二五规划教材，新增2门上海市精品课程。“民族传统体育”和“运动康复与健康”两个专业成功申报市教委“专业综合改革试点”项目，其中“运动康复与健康”专业被市教委推荐参评教育部综合改革试点项目。参评“第一批上海高校创新创业教育实验基地”项目获得立项。完成艺术教育等5个新专业申报。完善“蕴瑞学苑”拔尖人才培养模式。完成本科招生计划编制和2013年上海市体育类专业测试评分标准修订，基本完成体育类考试标准化考点建设工作。

二、科研学术。获得国家科技进步二等奖1项、上海科学技术发明二等奖1项、上海市第十一届哲学社会科学优秀成果奖二等奖1项、三等奖3项。中国体育科学学会科学技术奖二等奖3项，三等奖2项。教育部科学技术和人文社科奖各1项。以第一作者或通讯作者发表在SCI、SSCI、EI、A&HCI收录论文数24篇，实现在《Lancet》等国际顶尖学术期刊发表论文的新突破。获外来课题161项，其中国家级课题11项、省部级课题24项。获市教委曙光项目1项、市教委晨光项目1项、市浦江人才计划项目3项，市优秀学术带头人项目1项。学报再次荣获教育部颁发的中国高校“精品”科技期刊奖，创刊发行国内第一本英文版体育学术期刊《运动与健康科学》。

三、竞技体育。获得奥运会金牌1枚；世界锦标赛铜牌1枚，亚洲锦标赛金牌1枚；全国锦标赛、冠军赛金牌15枚，银牌13枚，铜牌23枚；第九届全国大学生运动会金牌3枚，银牌2枚，铜牌2枚；全国体院比赛金牌11枚，银牌10枚，铜牌9枚；全国大学生锦标赛金牌10枚，银牌9枚，铜牌20枚；上海市大学生运动会金牌27枚，银牌27枚，铜牌36枚。开展服务伦敦奥运会备战工作，承担国家体育总局奥运攻关服务项目13项，涉及沙滩排球、网球、羽毛球、游泳、乒乓球、拳击等6个奥运项目。学院获国家体育总局乒羽中心和中国乒乓球协会颁发的“2012年备战伦敦奥运会突出贡献奖”。

四、师资队伍建设。完成教职员工聘期考核和新一轮聘用工作，完成各部门“定编、定岗、定职、定员”的“四定”方案，对教师岗位实行分类指导与分类管理。进一步强化激励与约束机制，对部分教师岗位试行“非升即转”制度，促进人才合理流动。选派14名教师出国进行培训进修，8名教师参加业务技能培训，6名教师荣获市宝钢奖、育才奖、园丁奖等奖项，3名教师入选国家体育总局“优秀中青年专业技术人才百人计划”，51名教师获得各类培训实践计划资助，连续第3年获得中国博士后基金特别项目资助。完成2012年师资招聘工作，新进人员25人。

五、精神文明建设。召开文化建设暨精神文明建设工作会议，实施学校文化传承、体育学术精品、大学文化育人、校风学风提升、文化环境营造、文化传播服务等“六大工程”。以校庆60周年为契机，以大学文化建设为抓手，加强校园文化环境建设，开展以校庆庆典演出为主体的系列文化活动，弘扬“上体精神”，增强师生和校友爱校荣校的认同感、归属感和自豪感。开展基层文明单位、十佳好事及螺丝钉奖评选表彰，出台《上海体育学院2013—2014年度精神文明创建实施意见》，开展“为人、为师、为学”师德师风主题教育活动。申报第十六届市文明单位，接受考察评审。

六、学生工作。以庆祝建团90周年为契机，开展“我的青春我的团”系列活动。院团委被评为“上海市五四红旗团委”，2人获上海市“青年五四奖章”称号。制定《关于进一步加强易班建设工作的实施意见》，推动易班网络平台建设。组织开展学风建设系列活动。举办第一届辅导员职业技能大赛。成立学生事务服务中心，探索学生事务一站式服务，完善“资困、励志、发展”资助育人体系。进一步做好大学生心理健康教育与咨询工作。启动大学生职业生涯规划教育，开设《大学生职业生涯发展教育》课程，成功申报“上海高校毕业生就业工作创新基地”。制定《大学生创业孵化中心管理办法》和《励攀创业基金管理办法》，在第八届全国“挑战杯”创业计划竞赛中首次获得银奖1项及网络虚拟运营三等奖1项。

七、对外交流与合作。现有留学生1553名，其中长期生444人。完成越南胡志明体育师范大学首届硕士研究生的毕业工作，举行第二届硕士研究生的招生与组织教学工作，与岘港体育大学签署合作培养留学生的协议。完善中国政府来华留学生奖学金和上海市政府奖学金的发放管理，做好中国政府奖学金留学生自主招生工作。接待境外来访团组39批次、250余人次。校级出访团组8批次，与境外14所大学和机构签订合作交流协议书。成功申请澳大利亚堪培拉大学项目、爱尔兰都柏林大学项目和美国田纳西大学暑期游学项目，完成对2012年美国路易斯安那州立大学和迪士尼项目的学生选拔。2名学生赴日本早稻田大学攻读博士学位项目，8名学生赴日本鹿屋体育大学、日本仙台大学等学习交流。向海外派送学生70人。

（黄　勇）

[建校60周年庆典] 11月10日，海内外嘉宾和校友、兄弟院校代表、体育学院师生代表齐聚上海体院综合馆，共庆上海体育学院60周年华诞。中共中央政治局委员、上海市委书记俞正声，市委副书记、市长韩正，市人大常委会主任刘云耕，市政协主席冯国勤，市委副书记殷一璀、教育部，国家体育总局发信致信学院祝贺。国家体育总局副局长段世杰，上海市人大常委会副主任杨定华，市政协副主席蔡威，市教卫工作党委副书记、市教委副主任高德毅等出席大会。庆典大会上，学院对60年来涌现出的一批为学校发展做出突出贡献的教职工和校友进行表彰，并进行庆典演出。

（黄　勇）

60周年校庆系列活动之一：第11届华人运动生理与体适能学者学会年会暨第5届上海国际运动与康复高层论坛

[申报上海体育国家大学科技园] 11月22日，科技部高新技术发展与产业司和教育部科技司在学院召开上海体育国家大学科技园专家评审会。评审专家组对上海体育学院科技园进行实地考察，对学院的创建工作充分肯定。上海体育国家大学科技园的申报获得专家组的一致同意通过。

（黄　勇）

[中国乒乓球学院举行第三、四次理事会] 中国乒乓球学院理事会第三、四次会议分别于1月6日、12月10日在上海举行。国家体育总局副局长、名誉理事长蔡振华，上海市人民政府副市长、名誉理事长沈晓明，原国家体育运动委员会副主任、中国乒乓球学院名誉院长徐寅生出席会议。国家体育总局科教司、乒羽中心和上海市发改委、教委、体育局等

有关部门负责人参加会议。第三次会议主要内容包括修改理事会章程，审议新理事聘任、听取工作总结和计划等。第四次会议主要内容包括审议增补新理事、学院院长人选、中国乒乓球博物馆建设方案等，听取工作总结和计划等。

（黄　勇）

［卫冕奥运会男子拳击冠军］　8月12日，在伦敦奥运会男子拳击49公斤级决赛上，学院学生邹市明以点数13∶10战胜泰国选手夺冠，为中国代表团摘得第38枚金牌，同时成为中国拳击史上首位蝉联奥运冠军的选手。

（黄　勇）

［获国家科学技术进步二等奖］　2013年1月18日，2012年国家科学技术奖励大会在北京举行。经上海市科学技术奖励办公室推荐，国家科学技术奖励评审委员会评审、国家科学技术奖励委员会审定和科技部审核，国务院批准，学院作为第一完成单位的"竞技体育对抗性项目制胜关键技术系统研究与应用"成果获国家科学技术进步二等奖。

（黄　勇）

［签约启动对口支援］　11月27日，根据教育部《关于对口支援延安大学等6所高等学校的通知》（教高函〔2012〕16号）精神，上海体育学院—西安体育学院教育部东西部对口支援签约仪式在西安体育学院举行。国家体育总局科教司司长蒋志学，学院党委书记戴健、院长章建成，与陕西省体育局局长王建军、西安体育学院院长苏明理等出席仪式。两院院长共同签订对口支援协议。

（黄　勇）

［师生赴丽水世博会演出］　6月26—30日，学院师生一行11人赴韩国2012年丽水世博会参加"中国馆国家馆日"和"上海周"专场文艺演出，表演以刚柔相济、虚实相生的太极为主要元素的《武韵》和以轻快敏捷、潇洒飘逸的剑术为主要元素的《七剑》，与国内诸多顶级艺术家一起，为各国嘉宾呈现两台精彩的文化盛宴，受到中外游客的高度赞誉。

（黄　勇）

附：学校负责人及地址

（2012年1—12月）

院党委书记：戴　健
副　书　记：庄起民（6月离任）、杨培刚（10月离任）、陈晓峰、詹　萌（6月到任）、王玉林（12月到任）

院　长：章建成
副院长：陈佩杰、平　杰、陈晓峰（兼）、赵光圣

地址：长海路399号
邮编：200438
电话：51253000

华东政法大学

［**2012年概况**］ 学校开展庆祝建校60周年系列活动，除庆典大会外，还举办第三届海峡两岸法学院校长论坛、海峡两岸国际私法学术研讨会等学术会议，编辑出版《校庆60周年纪念文丛》和《法学的历史》系列丛书，举办原创公益歌曲发布会暨建校60周年主题歌会，召开曹漫之教育思想研讨会等活动。

实施“科学发展主题培训行动计划”，对中级以上职级教师和专业技术人员、科级以上干部进行集中培训。选送46人参加上级党校培训，9人至检察系统、区委办局等单位挂职锻炼，2人至新疆喀什师范学院支教。继续办好市局级干部选学培训班、校青年干部培训班。优化处级干部竞聘面试工作，干部考察中增加听取民主党派意见的程序。共提任处级干部9人。

招聘各类人员66人，其中正高职级职称2人、副高职级职称1人，毕业于海外知名高校的5人。实施师资博士后制度，选拔优秀人才。分别有1人获评宝钢优秀教师奖，2人获评霍英东教育基金会高校青年教师基金及青年教师奖，3人获评上海市优秀中青年法学家称号，4人获评上海市育才奖，6人分别获评市高等教育自学考试、档案工作、信访工作、退管工作、人事人才等工作先进个人。2人入选上海市浦江人才计划，31人入选上海高校青年教师培养资助计划，19人入选上海高校中青年教师国外访学进修计划，9人入选上海高校青年骨干教师国内访问学者计划，9人入选上海高校教师产学研践习计划。博士后工作取得突破，3名博士后获中国博士后科学基金特别资助。

推进“085”项目实施、高校知识服务平台建设，启动2011计划。完成“085”工程三期、四期项目的申报、遴选工作。社会管理综合治理研究院获批成为上海高校知识服务平台。成立“2011计划”建设推进委员会。获批教育部和上海市卓越法律人才教育培养基地，成为上海地区获批教育部3个基地的高校；以实施“085”工程为契机，开设法学专业卓越法律人才培养实验班、卓越律师人才培养实验班。新增3门市级精品课程、2门市级示范性全英语课程，入选“十二五”本科国家级规划教材3部，获批上海高校本科重点教学改革项目3个。首次实施大学英语分级教学制度。学校被纳入国家级创新创业训练计划高校。新增实习基地14个。教务处获评全国高等教育学籍学历管理工作先进集体。

提升科研与学科建设水平，营造良好学术氛围。共有213项课题获得立项，其中省部级以上课题55项。国家社科基金重大项目获准立项1项。国家社科基金项目获准立项19项，其中，法学类立项12项。举办“中华学人”讲座、前沿论坛、韬奋论坛等80余场；190多人次参加全国性学术会议和年会。完成韬奋学者年度考核和申报工作。

完善学位授权点结构体系。完成目录外二级学科法政治学、社会法学的设置工作，开展目录外二级学科公安法学，交叉学科法律与金融，目录内二级学科区域经济学、军事法学、教育经济与管理的论证设置工作。公安学获批上海市一级学科硕士点培育项目，法学一级学科、公共管理一级学科被列入上海高校一流学科(B类)建设计划。

拓展与境外大学的交流、合作。签订交流协议、谅解备忘录13份，海外合作院校达87所。接待境外来访212人次。选派133名教师和行政人员赴加拿大等国家和地区进修、交流。派出交流生181人，其中本科生130人、研究生51人。聘请专、兼职外教15人。

加强图书馆数据库建设，开通移动图书馆，完成松江校区图书馆主楼大厅智能门禁系统建设。启动学生校园网平台建设，完成松江校区网络改造项目和多媒体建设、改造项目。稳步推动档案数字化建设，立卷归档4003卷。

深化产学研合作和社会服务，推进与长宁区政府的合作，东虹桥法律服务园区建设取得新进展。分别与江西省人民检察院、江西省高级人民法院等单位或机构签订合作协议。继续承担国家司法考试阅卷工作，受上海司法局委托，首次承接上海地区司法考试部分考务工作。

成立北美、香港、重庆、广西等校友分会，校友捐赠1000万元设立了“中金缘法奖教金、奖学金”。学校附属中学被评为全国特色学校。

（马　超）

［**建校60周年庆典**］　12月1日，学校举行建校60周年庆典大会。800余名嘉宾与海内外近1200名校友参加。中共中央政治局常委、国务院副总理李克强，中共中央政治局委员、上海市委书记、市长韩正，全国人大常委会副委员长陈至立，最高人民法院，最高人民检察院、教育部、司法部、中国法学会、上海市人大、政协和各地法院、检察院、司法行政机关及各兄弟院校发信祝贺。最高人民检察院检察长曹建明，最高人民法院常务副院长沈德咏、上海市人大常委会主任刘云耕、司法部副部长赵大程、中共上海市委副书记殷一璀、市委常委、政法委书记丁薛祥、副市长沈晓明、市高级人民法院院长应勇、市检察院检察长陈旭、浙江省高级人民法院院长齐奇等出席大会。曹建明、沈德咏、赵大程、殷一璀讲话，向学校表示祝贺。作为建校60周年系列活动的重要组成部分，学校还举行了全国法学校院长高峰论坛等系列纪念活动等。

（马　超）

［**举办海峡两岸法学院校长论坛**］　9月19日，学校举办第三届海峡两岸法学院校长论坛。来自清华大学、中国政法大学、西南政法大学、西北政法大学、武汉大学和台湾大学、台北大学、高雄大学、东吴大学、辅仁大学、政治大学等50多所高校校长、法学院院长80余人参加会议。国务院台湾事务办公室法规局副局长巢小良、上海市台湾事务办公室瞿国樑等领导出席论坛开幕式。论坛以“两岸法学教育的交流与互动”为主题，以四个分论坛的形式对“大学法学教育与法律职业训练”、“复合型法律人才培养模式”、“法学院校——理想与现实”、“两岸法学院校长交流常规机制探索”等议题进行了探讨与交流。

（马　超）

第三届海峡两岸法学院校长论坛

［**入选卓越法律人才培养基地**］　上海卓越法律人才培养基地是市教委实施上海“卓越法学教育”计划的重要内容，旨在依托学校学科专业特色，探索和创新卓越法律人才培养机制，深化法学教育教学改革，培养更多应用型、复合型的卓越法律人才。基地分为两个类型，即“卓越法律人才培养基地”和“涉外卓越法律人才培养基地”。学校6月份启动申报工作，10月底市教委公布评审结果，共评选出“卓越法律人才培养基地”6个、“涉外卓越法律人才培养基地”9个，学校成功入选“卓越法律人才培养基地”和“涉外卓越法律人才培养基地”。

（马　超）

［**法学综合实验教学中心通过验收**］　10月12日，学校国家级实验教学示范中心——法学综合实验教学中心接受由教育部委托、上海市教委组织开展的评审验收。专家组认为，学校法学综合实验教学中心建设目标明确，发展思路清晰，特色鲜明，优势突出，具有较强的辐射示范效应。

（马　超）

附：学校负责人及地址

（2012年1—12月）

校党委书记：杜志淳

副　书　记:张智强、应培礼

校　长:何勤华
副校长:张智强、顾功耘、刘晓红、林燕萍

长宁校区地址:万航渡路1575号
邮编:200042
电话:62071666

松江校区地址:龙源路555号
邮编:201620
电话:67790256

上海海洋大学

［2012年概况］ 学校有13个二级院系，3个一级学科博士学位授权点，10个一级学科硕士学位授权点，43个二级学科硕士学位授权点，2个研究生专业学位授权点；2个博士后科研流动站；46个本科专业及方向，10个高职专业。有1个国家重点学科，12个省部级重点学科，5个国家特色专业，3门国家精品课程，1个国家教学团队。招收本专科生3518人；招收研究生799人，其中硕士765人，博士34人。有普通本专科生13000余人，研究生2000余人。学校拥有双聘院士2人、国家“千人计划”1人、国家“杰青”1人，拥有以国家科技进步奖获得者、国务院学位委员会学科评议组成员、国家百千万人才工程入选者、国家级有突出贡献中青年专家、上海市优秀学科带头人、上海领军人才、上海高校东方学者特聘教授、上海市教学名师以及中青年教授为骨干的师资队伍。

举办百年校庆庆典。校庆工作得到各级领导关心和支持。全国政协副主席、全国工商联主席黄孟复，农业部、国家海洋局、上海市领导及海内外来宾、校友及师生代表12000余人出席庆典。学校以举办校庆为契机，建成反映学校发展历程的七道门，完成水生生物科技馆、三史馆、大学生校园文化馆等校园文化标志景观，编辑出版《上海海洋大学百年志》、《上海海洋大学传统学科、专业与课程史》、《上海海洋大学百年科技成果汇编》等校园文化成果，举办中国百年水产教育人物图片展、海大人著作展、海大百年建筑展等各类展览，举办“海韵”人文讲座、院士报告。

提高人才培养质量。召开第八次教学工作会议，坚持内涵式发展，推进本科教学工作。加快人才培养模式改革，实施本科专业提升计划，打造特色专业和人才培养高地；成立元鼎学院，加强优秀大学生培养；组织申报“专业综合改革试点”项目，水产养殖学被批准为市级综合改革试点专业；启动学校新一轮本科专业评估，加强课程体系、评教体系和基层教学组织建设，推进公共基础课教学改革。推进研究生教育改革，开展研究生创新计划，设立研究生科研课程和优秀学位论文培育计划，培养研究生创新能力。开设基础前沿课程与导师实验课，促进研究生密切跟踪国际研究前沿；承办“物联网与智慧海洋”上海市研究生学术论坛和“现代农业与三农问题”上海市暑期学校，举办“海川”学术文化节，为研究生提供展示才华的舞台。推进成人教育，开展高职教育，致力社会服务，举办各类培训班次，“社区食品安全教育”入选上海市2012年终身学习活动品牌项目。

提升学科建设水平和科研能力。实施“服务于国家海洋战略的高水平海洋科学专业群建设工程”的“085工程”项目第三期、第四期建设，启动28个三级建设项目。4个学科获批上海高校一流学科建设计划，其中水产学列入一流学科（A类）建设计划，食品科学与工程、海洋科学列入一流学科（B类）建设计划，渔业经济列入一流学科B类培育计划。生物学一级学科博士点获国家学位办批准，捕捞学、水生生物学等上海市重点学科（第三期）通过市教委评估验收。科研经费总量首次超过亿元，教授严兴洪领衔的科研项目获国家科技进步二等奖。组织“教授博士科技服务团”，赴全国6省25个市，围绕生态养殖、食品安全主题开展暑期科技三下乡活动；支持台湾苗栗发展河蟹产业，首批优质大闸蟹成功上市，实现两岸农业合作中的首次大陆对台的农业技术输出，取得了良好的经济和社会效益；开展食品安全进社区宣传活动，组织服务团深入社区进行食品安全知识宣讲；创新科学商店模式，拓展门店服务功能，食品安全进社区活动覆盖全市，服务社会有了新拓展。

加强师资队伍建设。新进教职员工82人；专任教师中具有博士学位的比例为61.7%，具有一年以上海外留学经历的占比为21.1%，副高级以上职务教师占比为63.9%。引进国家杰出青年基金获得者1人，新增各类人才计划12人，学校师资队伍能力建设不断增强。实施《海洋、海鸥、海燕计划入选者管理办法》，对“三海”计划入选者进行了系列培训和跟踪管理；学校入围市教委“教师发展工程”75人，有6位中青年教师赴农业部、国家海洋局和市农委挂职锻炼。陈新军入选2012年农业科研杰出人才及其创新团队计划。张俊芳、高郭平、Pradeep

Kumar Malakar、戚海蓉获2012年度上海高校特聘教授(东方学者)称号。

推进科研、教学、服务平台建设。远洋渔业国家工程技术研究中心和上海高校知识服务平台——水产动物遗传育种中心相继揭牌成立;国家海洋大学科技园通过科技部、教育部组织的评审;筹建了联合全国力量的海洋捕捞协同创新中心。完成新校区建设一、二期工程固定资产的拆分、二类费用的分摊,开工建设养殖场池塘供电及增氧系统工程、团头鲂遗传育种中心项目。通过国家水生动物病原库项目、鱼类营养与养殖环境研究中心项目验收,远洋渔业资源调查船项目进入实质性阶段。加快共享区建设,完善学校后勤配套服务设施建设。逐步实现从"数字校园"向"智慧校园"的升级,为建设一流的高水平特色大学提供一流的信息化保障。

国际合作与交流。先后与日本长崎大学、韩国祥明大学、密歇根州立大学等18个国家、组织和地区的高等学校、科研院所签署或续签学术交流合作协议、学生交流备忘录等,内容涉及科研合作、教师互派、联合培养学生和青年研究人员、出版物及学术情报交流、共同举办学术会议等。主办或与国外院校、机构联合举办了9个国际学术会议。有123批出访团组、194人次出国(境),分别比上年增加了55.7%和41.6%;接待来访的国外、境外代表团122批、582人次,分别比上年增加22%和36%;有560名学生先后赴国外留学、游学。目前学校有来自俄罗斯、坦桑尼亚、蒙古、越南、泰国、尼泊尔、韩国、加纳、美国、日本等10个国家的64名外国留学生。

思政政治教育工作。深化思想政治理论课中小班化教改试点,依托"易班"开展思想政治理论课教学工作,启动"精彩一课"教学展示活动和十八大精神"进教材、进课堂、进头脑"工作,深化教学方法改革。加强辅导员队伍专题、日常及职业化培训,提高辅导员队伍的专业化、专家化水平,获上海高校辅导员团队拓展活动"最佳团队奖"。启动上海易班发展示范中心建设,持续开展专业教师和学生骨干队伍建设,"易班"建设进入深化阶段,网络思想政治教育功能进一步发挥,获得第五届全国高校"百佳网站"和"最佳思政创新奖"。学校心理健康教育再次入选"上海高校心理健康教育与咨询示范中心",加强同社会心理机构和上海市精神卫生中心的合作,开展大中小幼整体推进学生心理健康教育。大学生暑期实践足迹遍布宁夏、安徽、新疆等26个省市,成果荣获"知行杯"上海市大学生暑期社会实践特等奖1项、一等奖1项,绿化市容社会实践一等奖1项,学校获"上海市暑期社会实践活动优秀组织奖"。

(何爱华)

[学校百年华诞庆典] 10月9日,江泽民在京接见校领导,对百年来学校取得的发展成就表示肯定,并向学校百年华诞表示祝贺。江泽民为学校题词"发扬优良传统,不断开拓创新,把上海海洋大学建设成为一流的高水平特色大学",为学校发展指明奋斗方向和目标。11月3日,学校百年华诞庆典举行,全国政协副主席、全国工商联主席黄孟复,农业部、国家海洋局、上海市领导及海内外来宾、校友及师生代表12000余人出席庆典。整场庆典由"激情强国梦"、"搏浪海洋情"、"扬帆迈深蓝"三个篇章组成。庆典回顾学校光辉而不平坦的100年历程,吹响凝聚、传承、转型、创新的号角,开始新一轮由百年水产大学向新型海洋大学的转型发展。

(何爱华)

学校百年华诞庆典

[首批苗栗优质大闸蟹在台湾上市] 9月27日，学校与台湾苗栗县合作养殖的首批优质大闸蟹在台湾上市。校县合作不仅创下了两岸农业合作的成功范例，也开启了两岸在蟹苗检疫出境、提供全套养殖技术、专用饲料配方、实地技术辅导、防伪蟹环认证等全过程合作。学校还与苗栗县政府、台湾海洋大学签订了中华绒螯蟹及鲟龙鱼水产养殖技术与推展交流合作协议，两地三方合作关系更加紧密。

（何爱华）

[获国家科技进步二等奖] 由学校作为第一完成单位，教授严兴洪领衔的"坛紫菜新品种选育、推广及深加工技术"项目获2011年度国家科技进步二等奖。该项目获授权国家发明专利6项，实用专利6项，发表论文121篇、专著5部，并培育出紫菜新品种，提升了该产业的核心竞争力，为产业的可持续发展提供了技术支撑。

（何爱华）

[国家远洋渔业工程技术研究中心获批] 经专家评审，国家远洋渔业工程技术研究中心获科技部批准，这是学校首次获得国家级科研平台，也是上海市属高校中唯一的国家工程中心。同时，学校海洋捕捞协同创新中心、远洋渔业学院揭牌。

（何爱华）

[学校科技园通过评审] 11月21日，科技部高新司和教育部科技司召开上海海洋国家大学科技园专家评审会，上海海洋大学科技园申报国家大学科技园获通过。科技园依托学校、东海水产研究所和上海水产集团等单位，实行管产学研合作，加强技术创新和科技成果的转化，积极发展高新技术产业，培养企业创新人才。

（何爱华）

[获生物学一级博士学位授予权] 学校获得生物学一级博士学位授予权，可自主设置、招收、培养生物学一级博士学位点下11个二级学科的博士研究生。包括植物学、动物学、生理学、水生生物学、微生物学、神经生物学、遗传学、发育生物学、细胞生物学、生物化学与分子生物学、生物物理学等。至此，学校拥有3个一级博士学位授予权。

（何爱华）

[获大学生艺术展演两项金奖] 2月13日，由教育部主办、杭州市政府承办的全国第三届大学生艺术展演活动在杭州落幕。学校演出的舞蹈"紫禁流云"（原创）获全国一等奖、优秀创作奖，爱恩学院学生曾文俊的摄影作品《上海》获全国一等奖。

（何爱华）

附：学校负责人及地址

（2012年1—12月）

校党委书记：虞丽娟
副　书　记：吴嘉敏、黄晞建

校　长：潘迎捷
副校长：黄晞建（兼）、黄硕琳、封金章、程裕东

临港新城校区地址：沪城环路999号
邮编：201306

军工路校区地址：军工路318号
邮编：200090

民星路校区地址：民星路435号
邮编：200433
电话：021-61900296

上海电力学院

[**2012年概况**] 学校设有能源与机械工程学院、环境与化学工程学院、电气工程学院、自动化工程学院、计算机科学与技术学院、电子与信息工程学院、经济与管理学院、数理学院、外国语学院、国际交流学院、高等职业技术学院、成人教育学院(含华东电力继续教育中心)12个二级学院及社会科学部、体育部两个直属学部。有热能与动力工程、电气工程及其自动化、电子信息工程、计算机科学与技术、工商管理、信息与计算科学、英语等29个本科专业以及电气自动化技术高职专业。学校在动力工程及工程热物理、电气工程、化学工程与技术3个一级学科拥有22个硕士点。

学校招收全日制本科学生2701人,招生专业数29个。招收少数民族预科班学生38人。录取研究生250人(较上年增长76%),在校研究生503人(含10名留学生)。成人学历教育入学1500余人,截至11月30日,本科、高职生总体就业率为95.99%。研究生就业率达100%,其中电力行业就业率82.4%。

一、"十二五"发展规划及"085工程"工作。学校推进"十二五"内涵建设,启动并申请更名"上海电力大学"工作。完成学科发展定位规划(2008年制定)、学校中长期规划纲要(2009年制定)、"十二五"事业发展规划(2011年通过)三大规划的修正。完成《"十二五"期间发展定位、办学规模和基建项目规划表》。

二、教学工作。在专业建设方面,对原有的29个本科专业进行整理;电力企业信息化、数理公共教学平台、外语应用能力培养基地等3个本科教育高地项目顺利通过市教委验收;热能与动力工程、电气工程及其自动化2个专业被列为市专业综合改革试点专业,其中热能与动力工程专业同时确定为教育部专业综合改革试点专业;材料科学与工程专业和信息安全专业顺利通过新专业验收;自动化专业和电子信息工程专业申报教育部"卓越计划"试点专业。学校获批国家级工程实践教育中心1个,上海高校创新创业教育试验基地1个;新增2门上海市精品课程,1门上海市高校示范性全英语课程;2门上海高校首批示范性全英语课程建设项目、2个上海市高校实验教学示范中心通过了市教委验收。

学生获得全国大学生数学建模竞赛一等奖、全国大学生物理竞赛一等奖、全国大学生先进成图技术与产品信息建模创新大赛全能二等奖等多个奖项。新成立教师发展中心,为教师教育教学提供服务,帮助指导教师提高教育教学能力。编写并在网络发布2011年本科教学质量报告。学校通过改革研究生培养机制、加强制度建设,提高学位点的整体实力和水平。组织开展"研究生学术论坛"、"研究生暑期学校"、"研究生导师学术讲座制度"、"研究生教材建设"等创新计划项目,构筑新的研究生奖励体系,以此为载体,培养研究生创新能力。由研究生申请的各项专利授权14项,获得"挑战杯"、"全国英语大赛"等各类竞赛奖项数20余项。学校召开首次研究生教育工作会议,全面总结前6年的办学经验、全面整理修订关于研究生教育和管理的规章制度约44余项。年内,学生刘嘉欣当选中国(上海)高校传媒联盟副主席。

三、科研工作。学校建立学科专业特区政策,依托学科专业交叉平台——智能电网技术研究院,在重点学科专业建设项目中开辟特区,在人才引进、岗位设置、分配政策、资源配置和师资队伍培养等方面给予政策倾斜。"智能电网技术研究院"进入上海市首批高校知识服务平台建设工程试点,获得市教委连续5年、每年1000万元的资助。学校获得省部级科技成果奖5项,其中上海市科技进步一等奖1项;国家自然科学基金资助项目17项,上海市自然科学基金4项;合作申报获批国家"863项目"4项;获批"晨光计划"1项、"联盟计划"4项、启明星计划1项、浦江计划2项;上海市教委科技创新重点项目5项、一般项目10项,市教委和市政协科促会设立的助推计划项目4项。发表SCI和SCIE收录论文数较上年分别增长53.3%和32.3%,EI收录论文数较上年增长15.9%。授权发明专利数增加10%,发明专利申请量增长5%;申报的4个科委地方能力建设项目全部获批,在上海市所有申报高校中资助率第一。顺应国家支持西部发展的战略，学校在新疆设立科技工作站，受到新疆维吾尔自治区科技厅和上海市教委科技处的重视。

四、师资工作。学校引进“光明学者”特聘教授2人、引进具有博士学位教师15人，选送50多名中青年教师深入企业实习实践，组织60名培英学者开展多次学术活动；上海领军人才申报实现零的突破；新增上海市“东方学者”1名，学校申报成功的“东方学者”达到9人；连续第四年被评为上海市高校“优青项目”A级单位。学校成立教师发展中心，以打造教师之家为目标，着力为教师教育教学服务，帮助、指导教师提高教育教学能力。

五、学生工作。启动“易班”建设工作，成立上海电力学院易班建设领导小组及易班发展中心，设立易班工作办公室，完成易班学生工作总站和11个易班学生工作分站的建设工作。“微公益”平台建设项目获得“2012年上海高校网络文化特色创建项目”立项支持。大学生素质拓展学校共开设第二课堂选修课95门次，3056人次的学生选修第二课堂课程。

学校全年发放各类奖助学金1280万元，争取各类校内外助学资助49万余元，对84名新生办理“绿色通道”手续直接入校，缓交金额约54余万元，发放新生帮困专项资金2.55万元。学校划拨20万元专项经费用于支持大学生开展科创项目，104个学生项目立项。学生参与第八届“挑战杯”复星中国大学生创业计划竞赛、第五届全国大学生节能减排社会实践与科技竞赛等各项科技创新比赛，获得省市以上级奖项30项。学校击剑队在全国大学生击剑锦标赛中夺得四金四银两铜，手球队在全国大学生手球锦标赛中获得男子亚军。

六、交流与合作。学校承办由亚太神经网络协会（APNNA）主办的2012年网络计算与信息安全、多媒体与信号处理国际会议。全年学校接待国外高校近60名学生短期交流学习；33名教师赴美国、英国、德国、新加坡等国和中国香港、台湾地区大学学习交流，选派20名长期从事行政、教学、学生工作的优秀管理人员赴新加坡等国家高校学习。学校与英国赫特福德大学、加拿大卡尔加里大学、澳大利亚科廷科技大学、马来西亚国能大学签署合作备忘录或学生海外学习协议。

七、实验室、图书馆及数字化校园建设。学校完成微电网实验室、过控实验室、风能并网与监控实验室、先进制造训练、分布式能源系统实验室、研究生语音教室实验室、网络信息等实验室的招标和建设工作。继续加强实验课程的开设统计和核查工作，使实验课的开出率达到95%，设立40个实验室教改项目。部分实验室开放网上虚拟实验平台和网上预约开放。图书馆数字资源建设快速发展，数据库由原先20多个增加到30多个，全年采购图书4.2万余册，中文期刊1166份，外文期刊83份，报纸143份。

八、产业工作。学校“燃煤电厂炉膛/烟道污染物处理系统与装置”项目入围大会创新奖并获得2012中国国际工业博览会高校展区优秀展品二等奖，学校获得教育部颁发的“优秀组织奖”。学校国家大学科技园在国家大学科技园（南方片区）评价工作中取得优良成绩，成为全国大学科技园第二梯队成员。园区大学生创业企业上海弗拉瑞信息科技有限公司及上海罗曼节能科技有限公司获得杨浦区预孵化项目立项资助。学校科技园加盟上海研发公共服务平台，获得“园区服务站”的授牌，成为研发平台园区服务站。学校建立起全校统一的“后勤保障服务接报中心”，物业管理资质从“国家四级”升格为“国家三级”，河间路老家属区被评为“上海市文明达标合格居民小区”、“杨浦区合格达标居民小区”。

（曹婷婷）

[获得“玛丽·居里”行动计划资助] 1月，由学校能环学院和英国德蒙特福特大学联合组织申报的欧盟第七框架“玛丽·居里”行动计划国际来访学者项目获得批准，热动学科教授仇中柱获得资助，项目建议书得分高达96.3分，在1300余个申请书中得分第一。

（曹婷婷）

[电力信息管理研究平台建成] 4月，中央财政支助地方高校专项——电力信息管理研究平台各项建设工作完成。电力信息管理研究平台由数据资料中心、电力市场公共研究子平台、发电企业信息管理研究子平台、供电企业信息管理研究子平台组成。

（曹婷婷）

[获批国家级工程实践教育中心] 7月，教育部等23个部门联合通知，学校能环学院与浙江浙能嘉兴发电有限责任公司共同申报的国家级工程实践教育中心获批，成为第一批建设单位。

（曹婷婷）

[新能源与智能电网研究生学术论坛] 10月11—12日,由上海市学位委员会办公室主办、电力学院承办的2012年上海市"新能源与智能电网"研究生学术论坛举行,来自各大高校的百余名师生代表参加论坛。论坛分设四个分会场,主题分别为"新能源与能源高效利用"、"环境保护与新材料技术"、"绿色电力系统"、"智能控制与通信"。

(曹婷婷)

[设立新疆科技工作站] 10月12日,新疆科技工作站签约揭牌仪式举行。该站设在新疆上海科技合作基地,以学校的科研团队为依托,以企业为载体,以实施科技合作项目为重点,组织开展技术开发、技术咨询、成果转化、管理咨询、人才专家服务等方面的工作,发挥学校的技术优势,帮助企业解决各类难题,提高企业自主创新能力,提升学校的科研水平,与企业实现互惠共赢,加快新疆上海两地科技成果转化。

(曹婷婷)

新疆上海科技合作基地签约揭牌

[学报获"中国科技论文在线优秀期刊"一等奖] 10月,国家教育部科技发展中心公布2011年"中国科技论文在线优秀期刊"获奖名单,共有45种科技期刊荣获一等奖,72种科技期刊荣获二等奖,学校学报荣获一等奖。

(曹婷婷)

[网络计算与信息安全、多媒体与信号处理国际会议] 12月8—9日,计算机科学与技术学院承办2012网络计算与信息安全、多媒体与信号处理国际会议。来自20多个国家和地区的150余人参加会议。开幕式上,院长李和兴、上海交通大学教授李明禄分别代表主办单位和大会组委会致辞。

(曹婷婷)

附:学校负责人及地址

(2012年1—12月)

院党委书记:周光耀
副　书　记:石奇光、李国荣

院　长:李和兴
副院长:石奇光(兼)、万峰、姚秀平、张　浩

杨浦校区地址:长阳路2588号
邮编:200090
电话:35304231

浦东校区地址:学海路28号
邮编:201300
电话:68029912

上海大学

［**2012年概况**］ 学校以科学发展观统领工作全局，围绕“立德树人”的根本任务，积极推进内涵建设，学习和实践钱伟长教育思想，举行钱伟长校长诞辰100周年纪念系列活动。举行上海大学成立90周年暨新上海大学组建18周年纪念活动，弘扬学校的校训精神和优良传统。

人才培养质量明显提升。完成了大类招生后的本科生分流工作，前三志愿满足率为85.7%，以大类招生和通识教育为突破口的人才培养模式取得阶段性成果，学校生源质量明显改善。按一级学科制订学术型硕士、博士研究生培养方案，开展专业硕士研究生人才培养方案改革工作，注重产学合作、强化实践培养。探索与科研院所联合培养研究生工作，与中科院15个研究所、中国艺术研究院签订全面合作协议。建立基于学生成长需求的教育管理模式，推进学生事务管理的信息化、科学化以及辅导员队伍专业化和职业化建设，建立健全学生教育管理的制度体系，开展主题教育和仪式教育，推进思政教育内涵式发展。以院系教学质量保障体系为重点，实现由质量考评到质量保障的转变。完成首份向社会公开的《本科教育教学质量报告》，产生了积极的社会影响。完成就业工作，毕业生初次就业率达到98.5%。

科研成果取得新进展。共获得5项国家级科技奖励，其中：孙晋良院士、周邦新院士领衔的科研项目分别荣获国家科学技术进步二等奖，王国中教授参与的科研项目获得国家科学技术进步二等奖，张田忠教授、王海芳教授参与的科研项目分别获得国家自然科学二等奖。吴明红教授获中国工程院光华工程科技奖。4项成果荣获上海市科技奖励，3项成果获人文社科领域最高奖“教育部高等学校科学研究优秀成果奖”，3项成果获上海市第八届决策咨询研究成果奖，4项成果获上海市第九届邓小平理论研究和宣传优秀成果奖，25项成果获上海市第十一届哲学社会科学优秀成果奖。新获国家自然科学基金项目160项，总金额达9841万元，经费同比去年增长34.1%。新获2项国家科技部重大课题，3项国家社科基金重大招标项目，18项国家社科基金一般项目。继美术学院公共艺术创意中心之后，上海新材料及应用产学研合作中心入选上海高校知识服务平台。学校科技总经费为62600万元，进入学校大财务的经费为26800万元，同比分别提高2.3%和2.7%。2011年度学校作为第一作者单位被SCIE收录论文777篇，居全国高校第34位；EI收录论文891篇，居全国高校第37位；CPCI-S(即原ISTP)收录论文422篇，居全国高校第17位。年内共申请专利754项，授权专利460项。

师资队伍结构继续优化。新增教育部“长江学者”1人，“国家杰出青年基金”获得者2人，“国家优秀青年科学基金”获得者3人，上海市“东方学者”13人，上海市领军人才2人；1人入选中组部“千人计划”，1人入选教育部“新世纪人才支持计划”，6人入选上海市“千人计划”，2人入选上海市优秀学科带头人计划，2人入选上海市青年科技启明星计划，2个研究团队入选教育部“长江学者和创新团队发展计划”；5人获浦江人才计划资助，2人获上海市“晨光计划”资助，122人入选“2012年上海高校青年教师培养资助计划”，30人入选国家留学基金委各类国家公派访学项目，207人入选上海市教委“教师专业发展工程”项目，共计拨付经费2400余万元。顺利完成管理岗位职级晋升工作，初步建立管理岗位职级晋升的长效运行机制。

学科建设有新发展。完成“211工程”三期建设项目验收工作，并得到验收组肯定。积极培育新的学科增长点，率先在国内召开“材料基因组工程”国际研讨会，“材料基因工程”项目入选上海地方本科院校“十二五”内涵建设项目。推进“都市社会发展与智慧城市建设”项目，建设多个跨学科研究平台，同时设立若干个开放的新增研究项目，打破传统学科和学院的界限，形成了围绕“都市社会发展和智慧城市建设”内涵建设项目展开的跨学科研究集群。完成了上海市“一流学科”申报工作，11个学科入选“上海高校一流学科建设计划(B类)”。化学、物理、材料、工程已进入ESI国际学科排名全球前1%。

国际交流内涵日益深化。2012年共接待政府政要、战略合作方、区域交流等国外代表团325批

1254 人次。学校领导分别率团出访了法国技术大学联盟、美国耶鲁大学、罗格斯大学、德国不来梅大学、澳大利亚墨尔本大学、新西兰奥克兰大学、瑞典查尔莫斯理工学院、瑞士苏黎世应用技术大学等世界知名学府，拓展与国外知名大学的实质性交流与合作。共与 14 个国家 24 所高校签署校际合作协议。引进国外优质教育资源，外籍教师人数达到 210 人。与墨尔本大学就“数字农业”等签署科研合作备忘录，开展实质性科研合作；与日本东北大学共建“先进能源材料安全科学联合实验室”；闵冬潮教授与丹麦哥本哈根大学合作，成功申报欧盟第七研发框架计划中的“玛丽·居里行动计划”人才国际引进奖学金项目。举办 12 个高水平国际学术会议。共有 763 名学生参加海外交流项目。在校留学生达到 3318 人，学位留学生达 565 人。推广中国语言文化，学校合作共建的美国肯塔基大学孔子学院、土耳其海峡大学孔子学院被国家汉语国际推广领导小组办公室评为“全球先进孔子学院”，学校合作办学的四所孔子学院全部被评为先进。

协同创新起步良好。推进与国家级科研机构、政府有关部门的战略合作，与中科院长三角地区研究所、中国艺术研究院、解放军总后勤部军需装备研究所、航天集团及其研究生产单位签署全面合作协议，开展包括科学研究、人才培养、队伍建设在内的全面合作。与宝山区人民政府、上海市外国专家局、上海市民政局等政府机构签署战略合作协议，推动双方在科技交流、人才培养、师资建设等领域展开全方位合作。构建协同创新中心与北京科技大学、东北大学等高校联合成立“钢铁共性技术协同创新中心”，并入选教育部“2011 协同创新中心”。深化区域产学研合作，服务企业的横向经费数为 12800 万元，较 2011 年增加 2.4%，知识服务社会能力和影响力进一步提升。

管理保障能力不断提升。积极探索现代大学制度，启动《上海大学章程》起草工作。启动学校视觉形象识别系统设计工作。学生艺术社团参加第二十六届世界大学生音乐节，受邀并出访美国、英国、爱尔兰。初步完成了校园网结构化调整工作，利用网络交互式服务平台和现代信息技术，提升服务教学、科研的能力和服务学生、教师以及校友的能力。完善校、院（系、中心）两级校友工作组织体系，改选了校友理事会，成立了学校第一届董事会，吸引社会力量参与学校重要事项、发展规划以及改革发展中重大问题的决策咨询。推进实施实事工程，尽全力提高教师福利待遇，青年教师公寓项目正式开工。完善帮困机制，发放帮困金额近 24 万元，帮困教职工 188 人次。基本实现退休人员工资改革的平稳过渡。

学校现有 26 个学院和 2 个校管系；设有 71 个本科专业、42 个硕士学位一级学科授权点、174 个硕士学位二级学科授权点、13 种硕士专业学位（其中工程硕士含 18 个工程领域）、20 个博士学位一级学科授权点、79 个博士学位二级学科授权点、11 个自主设置二级学科博士点、17 个博士后科研流动站；拥有 4 个国家重点学科、11 个上海市重点学科、11 个上海市一流学科；拥有 2 个科技部与上海市共建的国家重点实验室培育基地，1 个国家体育总局体育社会科学重点研究基地，2 个教育部重点实验室，1 个教育部工程研究中心，6 个上海市重点实验室（其中两个省部共建国家重点实验室培育基地），1 个上海工程技术研究中心，3 个国家级实验教学示范中心，4 个教育部特色专业建设点，1 个上海市高校 E-研究院，2 个上海市高等学校人文社会科学重点研究基地，1 个上海市社会科学创新研究基地，2 个上海高校人文艺术创新工作室。

（郭　秀、王　刚）

［罗宏杰任上海大学校长］　2 月 9 日，学校召开干部教师代表大会。市委副书记殷一璀，市委副秘书长姚海同，市委组织部副部长于明黎，市教卫党委书记李宣海，市教卫党委副书记杜慧芳等领导与全体校领导、干部教师代表出席会议。会议由李宣海主持，于明黎宣布了中共上海市委和上海市人民政府关于罗宏杰同志任上海大学校长，周哲玮同志因年龄原因不再担任上海大学党委副书记、常务副校长职务的决定，殷一璀讲话。

（郭　秀、王　刚）

［爱德华·尼克松一行到访］　2 月 27 日，为纪念尼克松总统访华和中美《上海公报》发表 40 周年，学校邀请美国前总统尼克松的弟弟、美国华盛顿尼克松国际集团主席爱德华·尼克松一行访问上海大学，并作题为《中美友谊与中美贸易》的演讲。演讲会由校长罗宏杰主持，校党委副书记忻平、师生代表近 500 人出席演讲会。罗宏杰校长会见了来宾，表示将继续大力推进与美国高校的合作交流。

（郭　秀、王　刚）

［举行“材料基因组工程”学术论坛］　5 月 26 日，上海大学“材料基因组工程”学术论坛在校本部图书馆报告厅举行，第十届全国政协副主席、中国工

程院原院长徐匡迪院士等国内外材料学领域众多知名学者参加会议。上海大学党委书记于信汇教授出席会议并致辞，徐匡迪院士、清华大学王崇愚院士、上海大学校长罗宏杰教授分别作专题报告，上海大学校领导及师生代表500余名出席了学术论坛。

(郭　秀、王　刚)

［**成立校董事会**］ 5月27日，上海大学董事会成立大会暨首届校董会第一次会议在上海大学校本部国际会议中心举行。第十届全国政协副主席、中国工程院原院长徐匡迪院士等30多位董事，校友代表以及学校领导、干部师生代表出席会议。会议由党委书记于信汇主持。会议审议通过了上海大学董事会章程草案、首届校董会名单及首届校董会主席、副主席、名誉董事、执行董事、秘书长建议人选。于信汇、罗宏杰为徐匡迪院士等各位董事颁发聘书和校徽，徐匡迪院士作重要讲话。

(郭　秀、王　刚)

［**获中国工程科技界最高奖项——光华工程科技奖**］ 6月11日，中国科学院第16次院士大会、中国工程院第11次院士大会在人民大会堂召开。大会期间举行第九届光华工程科技奖颁奖仪式。上海大学环化学院吴明红教授“核技术环保应用”研究获得中国工程科技界最高奖项——光华工程科技奖。中共中央政治局委员、国务委员刘延东等领导为其颁奖。吴明红教授作为获奖代表发言。

(郭　秀、王　刚)

［**与中科院长三角地区院所全面合作签约**］ 6月27日，上海大学与中国科学院长三角地区院所全面合作签约仪式在校本部国际会议中心举行。中国科学院长、三角地区各研究院所的领导、专家和学者以及上海大学领导参加了会议。罗宏杰代表上海大学与来自中国科学院长三角地区的各研究院所领导分别签订全面合作协议。

(郭　秀、王　刚)

上海大学与中国科学院长三角地区院所全面合作签约

［**“高温合金叶片制造技术研究”通过验收**］ 9月12日，上海市科学技术委员会组织专家对上海大学材料学院任忠鸣教授承担的重大专项课题“高温合金叶片制造技术研究”进行验收。验收专家组组长由国家燃气轮机专家组副组长陈小津教授级高工担任，成员为徐匡迪院士、顾秉林院士、蒋洪德院士、柳百成院士、王崇愚院士、屠海令院士、丁传贤院士。专家组在听取项目负责人任忠鸣教授的工作汇报，审阅项目验收材料，考察上海大学高温合金叶片研究中心，参观研制的F级重型燃气轮机涡轮高温合金定向凝固空心叶片等样品后，一致认为该项目已全面完成各项预定任务，同意通过结题验收。

(郭　秀、王　刚)

［**复合材料研究中心为国家航天事业建功**］ 9月间，中国载人航天工程办公室和中国航天科技集团公司给上海大学复合材料研究中心发来奖励证书，表彰该中心为神舟八号与天宫一号成功交会对接以及首次载人交会对接任务所作出的贡献。上海大学复合材料研究中心在中国工程院院士孙晋良的带领下，瞄准国家战略需求，自主创新，长期以来为我国的航天、航空和军工单位研制提供了多种应用于固体火箭发动机喷管系统及防热系统的各类骨架

材料和碳/碳复合材料。

（郭　秀、王　刚）

［**纪念钱伟长诞辰 100 周年**］　10 月 9 日是钱伟长校长诞辰 100 周年纪念日，上海大学举行并参与了一系列纪念活动。9 月 28 日举行钱伟长文集首发式暨纪念钱伟长诞辰 100 周年座谈会。10 月 8 日举行钱伟长图书馆奠基仪式暨钱伟长铜像揭幕仪式。10 月 9 日，纪念钱伟长同志诞辰 100 周年座谈会在北京人民大会堂举行。中共中央政治局常委、全国政协主席贾庆林出席座谈会并讲话。校党委书记于信汇、校长罗宏杰等作为上海大学代表出席座谈会。

（郭　秀、王　刚）

［**获第 32 届夏威夷国际电影节最佳学生短片奖**］　10 月 11 日—21 日，在第 32 届夏威夷国际电影节上，由上海大学影视学院与夏威夷大学两校学生共同合作摄制完成的短片《SHANGHAI MARKET》获得 EuroCinema 最佳学生短片奖。10 月 19 日晚，在夏威夷 Moana Surfrider 酒店举行 EuroCinema 颁奖晚会，上海大学影视艺术系教师陈晓达带队的上大师生代表团和夏威夷大学代表一起接受蒂凡尼水晶奖杯和奖金，并代表上海大学发言致谢。作为 2012 年度上海大学与夏威夷大学的 SMART 学生交流合作项目成果之一，《SHANGHAI MARKET》是 2012 年 6 月美国师生代表团访沪期间，由两校学生共同合作摄制完成的学生短片，其中上海大学影视学院学生施正一担任中方学生导演。

（郭　秀、王　刚）

［**与中国艺术研究院合作协议签约**］　12 月 20 日，中国艺术研究院与上海大学合作协议在北京签约。文化部副部长、中国艺术研究院院长王文章，中国艺术研究院副院长田黎明、吕品田、牛根福，上海大学校长罗宏杰，党委副书记、副校长李友梅，副校长叶志明等出席仪式。罗宏杰致辞并和王文章共同签署了上海大学—中国艺术研究院框架合作协议。

（郭　秀、王　刚）

附：学校负责人及地址

（2012 年 1—12 月）

校党委书记：于信汇
副　书　记：周哲玮（2 月离任）、李友梅、忻　平、鲁雄刚

校　　　长：罗宏杰（2 月到任）
副　校　长：周哲玮（常务，2 月离任）、李友梅、叶志明、汪　敏、吴　松、唐　豪

地址：宝山区上大路 99 号
邮编：200444
电话：96928188

上海中医药大学

［**2012年概况**］ 学校以国家和上海市中长期教育改革和发展规划纲要为准绳，按教育部新要求和教育部统一部署，起草并通过《上海中医药大学章程》及《关于上海中医药大学章程起草的情况说明报告》，报市教委审批；颁布《上海中医药大学教职工代表大会实施细则（试行）》。发布《上海中医药大学 上海市中医药研究院人才培养和师资队伍建设专项经费使用若干规定》，执行《上海中医药大学教师教学能力促进管理办法》，并将其作为学校专业技术人员聘期考核和晋升聘任的参考依据。制定《上海中医药大学关于加强内部审计意见整改落实的实施办法》、《上海中医药大学关于“十二五”高等教育内涵建设专项资金审计监督办法》、《关于成立上海中医药大学中层领导干部经济责任审计联席会议和审计整改工作领导小组的决定》、《2012年上海中医药大学领导班子党风廉政建设和反腐败工作责任分工》、《上海中医药大学处级领导干部廉洁自律若干规定（试行）》、《上海中医药大学关于“三重一大”事项集体决策制度的实施办法》，《上海中医药大学招生工作责任制及责任追究办法》等多项规章制度。

人才队伍。年度入选卫生部有突出贡献中青年专家2名，东方学者3名，地方千人计划1名。新聘荣誉教授1名、市教委海外名师2名、客座教授4名、兼职教授5名。实施“上海中医药大学实验技术人才队伍建设资助计划”，共有12人入选。施杞荣获上海市教书育人楷模；金国琴、周国琪、赵志礼获育才奖；王忆勤获宝钢奖；张彤获得上海人才发展基金项目；教委的“上海高校青年教师培养资助计划”项目中，42人获资助；45名教师专业入选“上海高校青年骨干教师国内访问学者计划”、“上海高校中青年教师国外访学进修计划”和“上海高校教师产学研践习计划”。

教育教学。开展《职业生涯指导》课程体系建设，完善课程内容，创新教学模式，改革考核方法，开展效果评估，拓展教学途径，开展个性辅导，构建职业发展教育和创业教育体系，打造医学类院校毕业生就业工作示范创新基地。中药学院举行了职业导师制总结大会，新聘职业导师5人，共聘用职业导师15人。开展职业生涯规划大赛，鼓励学生对自身发展进行科学规划。

科学研究。全年新增各级项目508项，合同经费14681.55万，到位经费4297.91万元。部级以上项目109项，合同经费9372.6万元。新获得973课题1项，863课题1项，科技重大专项2项；国家科技支撑计划项目1项，课题4项；国家社科基金重点项目2项，重大项目子课题1项。新增国家自然科学基金项目87项，合同经费达4147万元，包括人才培养基金1项，重大国际合作项目1项，资助量较2011年提高14.3%，资助项目总数继续居全行业首位。新增部市级项目100项，合同经费3546万元，到位经费496.70万元；局级科研项目309项，合同经费2216.26万元，到位经费420.11万元。年度新增6项人文社科项目获得部市级以上立项资助，其中获得国家社科基金重点项目2项、国家社科基金重大项目子课题1项、教育部人文社科项目1项以及上海市哲学社科项目和上海市教育科学研究项目各1项。申请并获准成立“上海市政府发展研究中心社调分中心”，为中医药文化与社会医疗保障制度的相关研究提供平台，提升为政府提供重大决策咨询的能力。全年，学校获得各级各类科技奖项52项。包括国家科技进步二等奖（第二单位）1项；上海市科技进步奖7项（已公示），其中一等奖1项，二等奖1项，三等奖5项；教育部高校科学研究优秀成果奖3项，其中一等奖1项，二等奖2项；中华医学科技奖三等奖2项；中华中医药学会科技奖7项（未公示），其中二等奖2项，三等奖5项；中国中西医结合学会科技奖6项（已公示），其中一等奖1项，二等奖2项，三等奖3项；上海医学科技奖4项；上海中医药科技奖14项；上海中西医结合科技奖7项；明治乳业生命科学奖1项。学校共发表论文2047篇，其中SCI收录论文275篇（第一署名单位153篇），CSSCI收录论文13篇；编写各类专著、教材228部，发表学术会议交流论文538篇。全年申请专利92项，其中发明专利71项，实用新型专利21项；授权专利78项，其中发明专利34项，实用新型专利43

项，外观设计专利1项。本年度共获得各级人才、团队项目共计12项。再次获得教育部创新团队项目资助；获得新世纪人才计划项目1项、学科带头人计划1项、曙光计划1项、启明星计划项目3项、启明星(后)项目1项、浦江人才计划1项、晨光计划1项、阳光学者2名。

学科建设。学校“085”工程项目“中医药创新平台建设“获得专项经费5000万元，取得一批建设成果。6个国家重点学科和国家重点培育学科共获得中央财政支持及上海市地方配套合计3900万元。积极组织学科参与各级各类重点学科的申报工作，科学技术史一级学科入选，获得建设经费2300万元。经教育部研究生教育与学位管理中心组织的第三轮一级学科评估，获得中药学全国第一、中医学全国第二、中西医结合全国第三的佳绩。25个学科入选国家中医药管理局“十二五”中医药重点学科建设点，至此，学校已拥有国家中医药管理局重点学科38个。4个上海市重点学科全部通过市教委组织的终期验收，其中针灸推拿学排名医科组的第一名，获市教委五期重点学科和相关基地建设经费600万元，中医内科学上海高校E-研究院第三阶段建设启动。加强交叉、培育学科的扶持力度，共安排学科预算1700万元资助13个项目。结合《上海市卫生改革与发展“十二五”规划》中“三院一中心”的建设，起草了《上海市中医药研究院建设、运行与管理方案》。学校“中医学”、“中药学”两个国家级实验教学示范中心通过验收。

国际交流合作。年内，学校有32名学生获得市教委学生海外项目专项资金72万元资助，赴海外学习。1名教师通过《上海市高校国际课程师资国外研修项目》前往澳大利亚昆士兰大学进行为期18周的进修。学校首次参与外国留学生奖学金暑期学校(中医药项目)，有来自巴西国家的21名留学生参加了本项目。新签订了上海中医药大学与东芬兰大学学术合作协议，上海中医药大学与巴黎迪卡尔大学合作框架协议。共接待外宾28批次，近400人次来访。

文化建设。起草《上海中医药大学文化建设规划(2012—2015年)》，构建与上海国际大都市匹配的、与上海教育现代化相适应的、具有中医药特色的校园文化。8月，中华中医药学会在全国开展了中医药标志性文化作品征集活动，学校校徽获“中医药标志性文化优秀作品”一等奖。在上海教育系统校园文化建设优秀项目申报中，《认识自身角色　认知自身归属　认同自身使命——上海中医药大学新生文化教育“三认”模式的实践》项目被市教卫党委推荐至教育部参加全国校园文化优秀项目评比。洪汉英老师当选党的十八大代表。何星海当选上海市第十次党代会代表，谢建群当选上海市十四届人大代表。

全年学校本专科学生4826人，硕士生1594人，博士生450人，留学生1107人，成人教育学生2678人；毕业学生本专科学生1198人，硕士生556人，博士生122人，留学生93人，成人教育毕业学生505人。校部教职工1319人，其中专任教师717人；全校具有中级专业技术职务的570人，副高级以上专业技术职务349人。

(刘红菊)

[学校与5所医院合作共建]　2月3日，学校与嘉定区中医医院签订了联合培养硕士研究生协议。2月22日，学校与宝山区政府签约，合作共建宝山区中西医结合医院。6月6日，上海市第五人民医院正式成为学校实习医院。10月19日学校附属医院上海市中医医院闸北分院正式挂牌。11月8日，上海市长宁区卫生局与附属龙华医院合作托管天山中医医院。

(刘红菊)

[王拥军等领衔的项目获国家科技进步二等奖]　学校附属龙华医院王拥军教授、施杞教授等领衔的项目“益气化瘀法治疗椎间盘退变性疾病的基础研究和临床应用”获2011年度国家科技进步奖二等奖，王拥军出席颁奖大会。该成果在中医药治疗颈腰椎疾病技术与疗效机制方面获得重大突破，培养了一支中医药防治骨退行性病变研究团队，并成为上海市高校首批创新团队。

(刘红菊)

[桑国卫到校视察]　3月21—22日，全国人大常委会副委员长、中国农工民主党中央主席、中国工程院院士桑国卫视察中医大及附属医院。桑国卫为学校题词：“泽被生民　功誉杏林”。陪同考察的还有上海市人大常委会常委、农工党上海市委副主委姚俭建等。

(刘红菊)

[中医大9个科技项目获2011年度上海市科技进步奖]　3月30日，2011年度上海市科学技术奖励大会在上海展览中心友谊会堂举行。中医大有9

个科技项目获奖：一等奖1项，由刘平教授领衔完成的“肝炎后肝硬化‘虚损生积’的中医病机理论的建立与应用”项目；二等奖2项，分别是何立群教授领衔完成的项目“活血温阳抗纤灵及衍生复方多靶点改善肾纤维化延缓慢性肾衰进展作用新机制”、李斌教授领衔完成的项目“创面愈合机制探索及祛瘀生肌法作用机理”；三等奖6项。这些获奖项目对中医药科学研究和在服务社会方面作出了重要贡献。

（刘红菊）

[“国医大师裘沛然传承工作室”网站成立] 裘沛然工作室承担完成的“国医大师裘沛然传承工作室”网站于2012年4月建成并对外公开。裘沛然(1916—2010)，浙江慈溪人。我国著名的中医学家，首届“国医大师”(访问网址 http://www.chinaqpr.com/)。6月17日，学校举办“‘国医大师裘沛然学术思想和临床经验研讨会’全国继续教育培训班”，宣扬裘老的为人之道、为医之道、为学之道、为师之道。

（刘红菊）

[《中国近代中医药期刊汇编》出版] 由学校终身教授段逸山任主编，学校和上海辞书出版社共同编纂出版的《中国近代中医药期刊汇编》出版座谈会于5月23日在北京人民大会堂召开。全国人大常委会副委员长、中国科协主席韩启德，新闻出版总署副署长邬书林，国家中医药管理局常务副局长吴刚等出席会议并讲话。《中国近代中医药期刊汇编》历经5年的文献收集、整理、编纂，完成。期刊汇编收入1897年至1949年间，在温州、上海、绍兴、苏州、无锡、北京、广州、天津、太原、南京、重庆、香港等地出版的、具有重要影响的中医药期刊49种，共12万页资料，汇编成全套五辑、精装本212册出版。

（刘红菊）

[上海浦江教育出版社揭牌] 5月28日，由学校和上海海事大学联合主办，上海市教委主管的上海浦江教育出版社揭牌。上海浦江教育出版社将以“立足上海、面向全国，依托高校、服务大局”为立社之本，以“为上海国际航运中心建设、振兴中医药学提供一流出版支持”为发展目标，以海事海洋和中医药学类图书为出版重点。

（刘红菊）

[入选2012年国家精品视频公开课首批建设项目] 6月，2012年国家精品视频公开课第一批建设名单揭晓，学校徐平教授主讲的《带你走进经络的世界》以及何裕民教授主讲的《从中医学看什么是好的医学》成功入围。精品视频公开课作为“国家精品开放课程”重要组成部分，是指以高校学生为服务主体，同时面向社会公众免费开放的科学、文化素质教育网络视频课程与学术讲座。

（刘红菊）

[中医大民建委员会成立] 9月18日，全国人大常委会副委员长、民建中央主席陈昌智、上海市政协副主席、民建上海市委主委周汉民出席中医大民建委员会成立大会。上海中医药大学民建组织由支部升格为委员会。

（刘红菊）

[“石筱山伤科学术研究中心”成立] 9月8日，龙华医院举行全国首个以专家姓名冠名的中医流派学术研究中心——“石筱山伤科学术研究中心”成立大会。石筱山先生是我国著名的中医伤科大师、石氏伤科第三代传人和主要奠基人。1960年石筱山创建龙华医院伤科至今52年，石筱山伤科流派特色不断弘扬。2008年，石氏伤科被列入“国家非物质文化遗产”名录。龙华医院经与上海、江苏、广东等省市的石筱山先生弟子、传人协商，得到积极响应和支持，发起成立了“石筱山伤科学术研究中心”。

（刘红菊）

[在“2012华佗杯针灸推拿临床技能大赛”中获奖] 在10月26日举行的全国中医药院校技能大赛“2012华佗杯针灸推拿临床技能大赛”中，上海中医大获团体一等奖。在个人项目中，获全能一等奖1名、二等奖1名；单项一等奖1名、二等奖3名、三等奖2名。

（刘红菊）

[国际医学校(院)长联盟代表团到校访问] 10月23日，国际医学校(院)长联盟代表团一行13人来校访问。国际医学校(院)长联盟由来自美国、加拿大、荷兰等诸多知名医学院校的校长、院长组成。代表团一行参观访问了学校附属曙光医院、肝病研究所和上海中医药博物馆，并与校内专家教授进行中医药学术交流。

（刘红菊）

国际医学校(院)长联盟代表团到校访问

附:学校负责人及地址

(2012 年 1—12 月)

校党委书记:谢建群
副　书　记:何星海、王　群

校　长:陈凯先

副校长:刘　平、余小明、黄文龙(7 月离任)、
　　　施建蓉、胡鸿毅、张　瑾(7 月到任)

地址:浦东新区蔡伦路 1200 号
邮编:201203
电话:51322001

上海师范大学

［2012 年概况］ 学校实施内涵建设工程，推动学校教师教育发展。招生改革取得历史性突破，全年实际录取 5931 人，“一本率”、生源质量均显著提升。新增免试招收港台学生。实施订单式培养学前教育师范生。

师资队伍。坚持人才强校战略。成立教师专业发展中心；出台《上海师范大学青年教师队伍质量提升工程》(即“六个一工程”)等多个文件；引进培养高端人才，引进国家、上海千人计划各 1 名；引进东方学者 2 名；获霍英东教育基金会青年教师基金资助、宝钢优秀教师奖、上海市人才发展资金各 1 名；获教育部新世纪优秀人才支持计划 2 名；美籍教师史蒂文・韦斯特获 2012 年度市“白玉兰纪念奖”。出台《关于进一步加强辅导员队伍建设的若干意见(修订)》等文件；举行校首届辅导员职业能力大赛；开展校“十佳辅导员”、十佳辅导员创新工作项目评选；实施《2012 年度上海师范大学师德师风建设活动方案》，开展首次学校师德建设优秀项目评选。

上海市政协主席冯国勤带领上海市政协调研团到校调研指导

科学研究。《教师教育学科专业群内涵建设工程》申报成功；第二个内涵建设规划项目《面向世界城市发展的特色学科专业群建设》获首期建设资金。“资源化学”通过验收成为教育部重点实验室；教育部蓝火计划组织下的学校首个与地方政府共建产学研平台——“稀土行业技术转移中心”授牌；获批上海高校一流学科建设项目 6 个，培育学科 1 个。首次入选 2011 年度中国百篇最具影响国际学术论文 1 篇；获 2012 年中国工博会优秀组织奖，获优秀展品三等奖 1 项；文科国家级项目立项上海排名第 5 位、全国师范类院校排名第 10 位。学报(哲社版)的期刊影响因子(JIF)排名全国综合性人文、社会科学类期刊第 9 位，连续第 4 次被评为 CSSCI 来源期刊，2012—2013 年度 CSSCI 来源期刊排名全国高校学报第 12 位，首次获市出版系统期刊质量评比“优秀”；学报(自然科学版)首次获 2011 年全国高师学报系统“十佳学报”称号。

教师教育。启动教师教育重点专业建设、师范生技能课程建设；全面推动教师教育学科教研室建设；建设智能型录播教室 4 间、教师教育创新实验室 4 个；落实教师教育国际化建设实施方案和师范生海外见习计划行动方案，组织师范生出国见习；对新一届“世承班”采用“高标准、高学历、高比例”的“三高模式”培养；“‘语文教育’教学科研一体化团队的研究与实践”等 4 个项目获批上海高校本科重点教学改革项目；“学前教育”专业获批“十二五”本科教学市级“专业综合改革试点”项目。举办“道范弥永，教泽长昭——纪念教育家廖世承先生诞辰120周年”系列纪念活动。

合作与交流。成立上海市外国留学生预科基地，上海市外国留学生预科学院首批新生入驻学习；获批教育部2012年度“中非高校20+20合作计划”；举办年度国际周的国际合作与交流会议、东南部分省市师范院校外事处长论坛、高校校长国际论坛、国际周音乐会、法国电影周、孔子学院图片展等活动；举办百名大、中学生访华夏令营；留学生总数同比增长，留学生来源国和就读专业数量大幅增加。

基础建设。“教师教育实验实训基地”项目前期报批、“奉贤校区第五期学生公寓”项建书批复完成；开展绿色化工过程工程技术研究中心、心理学、光电子材料与器件、精密机电系统与控制技术工程研究中心等重点实验室建设；推进基础生物学、电子电工基础、大学物理等基础实验室建设；新建和改建外国语学院语言，音乐学院综合，美术学院材料研究与三维成型，数理学院光电子物理、教育技术、教育技术开放、基础生物学，建筑工程学院中心、信息与机电工程学院机械工程、人文与传播学院社工、法政学院人力资源开发与管理实验中心等实验室；开展艺术综合实验中心与教育研发中心、物理学科特色专业学科平台建设、光磁实验室平台建设、城市灾害观测系统平台建设、电子与通讯研究室、光热治疗—监控联用仪、面向教师教育学科群的数字资源平台件建设等内涵建设项目；完成“千人计划”实验室改造；进一步更新和升级仪器设备管理系统；改造校级管理多媒体教室。实现种子书库徐汇校区文科、奉贤校区理工科的藏书格局；实施“面向教师教育学科群的数字资源平台建设”项目，提升数字资源质量，引进中外文数据库10个，数据库总量97个；图书馆存储容量新增40 TB；核心交换速率从2 G升至8 G，馆藏存储容量翻番至80 TB；开设《信息资源检索与利用》文修课；进入市珍贵古籍名录珍贵古籍名录17种；上传馆藏善本数据至“全国古籍普查平台”1400多种。校园信息化建设水平提高，校数据中心初步建成，完成设备与实验室管理、干部考核、信访管理、远程投稿等应用系统建设，学生信息门户系统建设。

人事政策。人力资源配置不断优化。出台有关退休、延聘、返聘、岗位设置、人事小组议事程序等方面的规章制度；完善人才派遣制度，2012年事业编制人员录用和人才引进约80人，以人才派遣方式录用人员41名；完善专业技术职务评聘；统一专技、管理、工勤三个系列聘任工作。

社会服务。继续开展“面向国际化人才培养的中学拓展型课程开发与实验”项目；通过签约共建上海师大第三附属实验学校，与长宁区签署教育合作项目，建立宁波二中教育实验基地，支持上海师范大学附属罗店中学发展，与金山、奉贤、浦东新区教育局共商区域性教育合作项目等工作拓宽上海师大与各区域合作的渠道；继续推进中小学教师培训项目开发与管理，构建上海市教师教育管理平台（简称“学分银行”）相关工作，实现全市中小学、幼儿园教师全员全学段覆盖；完成国家和上海的对口支援项目，全年培训500余人；承担教育部“国家级培训计划”；支持欧美同学会、陶行知研究中心开拓各类对外交流与合作。学校信息被上级单位录用的质量（刊物级别）和数量（录用篇数）均创历年之最。

精神文明。出台首份2011年度社会责任报告，涉及指标5大类38项；“校文明在线”网页升级至网站；遵循“文明创建人人参与，文明成果人人共享”的创建理念，实现“创建单位全覆盖、实地检查全覆盖、校文明委成员参与评比全覆盖”。2011—2012年度市级文明单位中期考评全“A”。开通上海师范大学志愿者专题网站，完善志愿服务体系，发挥学校志愿者服务总队、联合国上海志愿服务发展项目合作基地、学校慈善与志愿服务研究中心，志愿者一体化数字认证系统的综合优势。

校园文化。出台《上海师范大学文化建设行动计划（2012—2015）》，传承师大文脉，加强校园文化建设与实践育人工作。学校获上海国际艺术节校园活动优秀组织奖，校楼兰剧社的原创作品获第九届市大学生话剧节一等奖。通过“高雅艺术进校园”引进全国各类优秀剧目；聘请资深辅导员承担日常管理事务，聘请青年专业教师担任文化团队专业负责人，加强大学生文化团体建设；承办市大学生影像大赛，校合唱团、舞蹈基地、影视艺术基地深入社区，参加全市教师节演出；参加市教育系统“美丽中国的高校文化专列”联展，举办读书文化节、大学生校园文化艺术汇演、迎新生晚会、校园吉尼斯趣味运动会以及校园主持人大赛等；推进图书馆、博物馆、校史馆、档案馆的内涵建设。

学生工作。与上海市中小学班主任工作室共建签约，开展“百名优秀班主任、百名中小学校长”访谈，建立师范生德育实践实训室，开展大型网络主题活动推进网络文化建设；颁布《关于加强全员育人工作的若干意见》、《关于进一步加强实践育人工作的意见》、《关于加强大学生心理健康教育的意见》等6个文件；开展师范生技能、英语综合能力、实验技能竞赛,“学生党员服务站”建设、“考研辅导、留学指导、生涯辅导进园区”等系列活动;完善各类奖助学金管理,推进资助工作信息化建设,提高帮困育人工作水平;举行心理辅导员二级网络活动、一二年级心理委员岗前培训,开展心理健康教育活动月、寝室长心理健康教育专题培训等,加强心理健康教育的普及与宣传;对本科新生心理普测筛查和建档追踪,加强大学生心理危机的研判与干预;获批上海市辅导员培训基地、上海市大学生心理健康示范中心;“转危为机·微系列”项目获上海高校心理健康教育活动月特色项目;“关爱生命,关注青春期生殖健康”讲座获“上海女大学生成才教育工作优秀案例”十佳案例。

毕业生就业工作成效显著。就业办提供就业岗位4万多个;2012届本科毕业生就业率97.19%;2012届毕业研究生就业率同比增长4%。

教学工作。完成首份《上海师范大学2011年度本科教学质量年度报告》;开展第十届教学质量月活动;完成新一届本科培养方案的调研、论证和修订;加强研究生新增导师岗位培训;颁布《上海师范大学关于进一步加强和改进研究生思想政治教育的实施意见》;建成高端教育实习基地5个,选派教育实习研究生80名;开拓研究生海外研修基地,研究生赴海外研修人数创历年之最;开展教学质量月活动,推进优秀学位论文培育、提升研究生学位论文质量;获市优秀学位论文12篇、全国百篇优博论文提名奖1篇;研究生在高级别期刊发表学术论文的数量同比明显增长。

继续教育。全面推进教育部“普通高校继续教育示范基地”建设。展开网络教育试点。正式成为“上海市教师职务培训”市级课程平台的提供单位。依托“新农村教师培训项目”部分课程为全市5000余名中小学教师提供培训。被授予“2007—2012年上海市推进学习型社会建设和终身教育工作先进集体”称号。

(宋莉莉)

[沈晓明调研青年教师住房问题] 2月29日,上海市副市长沈晓明一行到奉贤海湾大学园区专题调研青年教师住房问题并与各相关部门负责人座谈。市发展改革委、市建设交通委、市住房保障房屋管理局、市规划国土资源局,奉贤区委、区政府,华东理工大学、上海应用技术学院、上海师范大学等领导等有关负责人出席。市住房保障房屋管理局汇报解决奉贤大学园区青年教师住房问题的相关情况。与会代表分别提出意见和建议。沈晓明发表讲话并提出具体要求。

(宋莉莉)

[与奉贤区政府签署合作框架协议] 3月8日,上海师大校长张民选、奉贤区区长庄少勤分别代表上海师范大学与奉贤区人民政府签署合作框架协议。协议以项目整体规划形式,力争在区域基础教育建设、产学研发展、校区周边配套保障、区域社会全面发展等方面开展深入合作并取得显著成效。

(宋莉莉)

[公布免费师范生招生新政策] 3月12日,上海师范大学向社会公布2012年免费师范生招生的新政策,招生计划从以往的100个增至200个。新入校的免费师范生统一编入“世承班”,按照“高标准、高学历、高比例”的“三高模式”进行培养。

(宋莉莉)

[全市高校行风测评调查排名第一] 4月9日,上海高校纪委书记会议通报2011年度上海市高校行风测评“群众满意度”抽样调查结果,上海师范大学在全市高校中(含部属、市属、民办所有高校)排名第一。此次调查采用在市人大代表、政协委员、政风行风监督员及普通市民中随机抽样的方式进行(包括网上评价)。

(宋莉莉)

[中国—芬兰PISA研讨会召开] 6月1日,主题为“PISA结果:基础教育中的经验与挑战”的中国—芬兰PISA研讨会在上海师范大学召开。本次研讨会由上海师大和上海市教育科学研究院、芬兰于韦斯屈莱大学主办,来自芬兰,香港地区、澳门地区和上海的教育界专家学者和行政官员参与探讨PISA所带来的思考与启示。芬兰教育和科学部秘书长Tapio Kosunen和上海师大校长、上海PISA项目负责人张民选分别代表主办方致欢迎辞。

(宋莉莉)

[共建首批市中小学班主任工作室] 6月4日,上海师大学工部(处)与首批8家上海市中小学班主任工作室签订共建合作意向书,就选拔优秀师范生参与支持“工作室”应用性实践研究、组织开展“班主任德育讲坛”、开展师范生德育实践典型案例寻访活动以及编撰《百名班主任德育实践案例集》等项目达成共识。

(宋莉莉)

[上海市外国留学生预科学院揭牌] 9月25

日,“上海市外国留学生预科学院”揭牌仪式暨首届学员开班仪式在上海师范大学举行。国家留学基金管理委员会秘书长刘京辉、教育部国际交流与合作司副巡视员黄颖,市教委主任薛明扬以及上海师大党委书记陆建非共同为预科学院揭牌。市教委副主任李瑞阳主持开班仪式。博茨瓦纳驻中国大使馆、塞舌尔驻中国大使馆、美国密苏里大学孔子学院等发来贺信。

(宋莉莉)

[上海学生职业生涯发展教育研究所成立] 9月27日,上海师范大学校长张民选和市教委副主任李瑞阳为上海学生职业生涯发展教育研究所揭牌。该研究所设在上海师大,主要任务是开展学生职业生涯发展教育基础理论研究和课程开发,进行专业建设和人才培养与培训,对上海市十多年来大学生职业生涯发展教育的经验进行总结,并为完善上海市高校学生职业生涯发展教育实践体系提供知识和人才支撑。

(宋莉莉)

[获中国教育年度影响力公益品牌] 12月25日,中国教育新闻网主办“见证教育强国之路——2012中国教育年度影响力盛典”,在典礼上揭晓的“2012·中国教育年度影响力榜单”中,“上海师范大学爱心学校”获“2012·中国教育年度影响力公益品牌”。该榜单通过网友投票和专家评审产生,分为“影响力事件、影响力人物、影响力机构、影响力公益品牌、影响力信息化产品”五项。

(宋莉莉)

附:学校负责人及地址

(2012年1—12月)

校党委书记:陆建非
副　书　记:黄　刚、王莲华、茅鼎文

校　长:张民选
副校长:王莲华(兼)、丛玉豪、高建华、柯勤飞

徐汇校区地址:桂林路100号
邮编:200234
电话:64322881

奉贤校区地址:海思路100号
邮编:201418
电话:57122472

上海师范大学天华学院

［2012年概况］ 学校全年招生计划1840人，补偿性计划230人，全年总计划2070人，总录取数为2175人，实际报到注册2060人，报到率94.71%。年末在校生总数7236人，设206个行政班，开出508门课程，计1519门次。全年引进新教师57人，其中博士6人，讲师15人，年末全校共有专职教职工504名(其中行政教辅116名)，兼职教师157名。毕业生总数1230人，涉及18个专业，就业签约率84.9%，就业率95%，其中30人考研成功。

教学与科研。全校新立科研项目49项，获项目经费136.5万元。年末，全校结题验收项目50个，已全部通过验收。目前，全校科研项目总数已有217项(含新立49项)，经费总数达714.5万元。据统计，2011—2012年度，学院教师在各类刊物发表论文92篇(其中SCI、EI 14篇，核心期刊43篇)，编写教材著作12本。《天华教育研究》全年出刊四期，登文82篇。

师资队伍建设。年初，学院首次开展全员专题培训，用一周时间组织各类人员进行业务强化训练。学院自筹资金1000余万元，选送35位青年教师赴美国太平洋大学攻读博士学位，全年完成师资培训项目有：骨干教师培训529人次，经费218万元；国内外访问学者6人，经费35万元；7名青年教师科研资助计划经费27万元；产学研见习计划5人，经费25万元。21位教师获得青年教师资助资格，金额85.5万元；有3名入选国内访问学者，3名入选国外访问学者，5名入选“产学研践习”计划，总金额58.5万元。青年教师积极参与民办高校“强师工程”培训，其中派4人参加海外研修，15人参加教学技能大赛，25人申请民办高校科研项目。年末全校博士(含在读)总数已达70人。

现代大学制度建设。学院领导分批参加教育部《大学章程》培训班，13人分两批赴美国五所大学访问，收集了百余所世界著名大学章程，并举办学习大学章程、推进现代大学制度建设专题学习会。质监委全体成员多次集体讨论研究，外出调研，撰写《天华学院章程》共9章61条，起草《天华学院监察委员会条例》、《天华学院学术委员会章程》、《天华学院“教学名师”评选与管理试行办法》、《天华学院学生自治条例》、《天华学院学生理事会章程》、《天华学院院校两级管理试行办法》等7个文件的草稿，为学院建立现代大学制度奠定了基础。

学生校外参赛获奖。参赛的特点是：参与人数多，参赛级别高，获得成绩好。在“第七届全国信息技术应用水平大赛”中，11个团队中有6支进入决赛，并分别获得全国一等奖4个，全国二等奖2个及“知金最具商业价值奖”银、铜奖各1个。英语系参加第24届“韩素音青年翻译奖”大赛，教师黄尉获“英译汉”二等奖，徐娟、韩秀英获优秀奖，学生施华琛获“汉译英”二等奖，学生范德阳获优秀奖；教育系组织114名学生参加“幸福中国”上海赛区比赛，其中1人获国家级金奖，9人获上海市赛区一等奖，15人获赛区二等奖，26人获赛区三等奖；基础教学部组织学生参赛，分别获数学建模竞赛上海市团体三等奖；参加大学生运动会男女团体二等奖。

学生管理工作。学生处和保卫处合并，两支队伍一起抓，学习制度、考核制度、下寝室制度都比以前更加严格，作风更扎实。推进德育学分制，有4000名学生纳入考核范围。学风建设也有促进，缺课率、迟到率大大下降，教育系到课率100%，对外汉语系做到零旷课。

党组织建设。党的工作突出了三个重点：重视学习党的十八大精神，采取多种形式加以落实；周密细致地做好换届选举工作，调整设立党总支8个，党支部35个，配齐了党总支和支部书记58名。召开换届选举党代表大会，换届工作圆满完成；坚持举办3期高级党校，全年发展新党员476人，预备党员转正432人。学院党委荣获“上海市创先争优先进基层党组织”。

改善教学条件。全年共获得专项资金1264.5万元。6个实训基地项目建设正在顺利进行；新增多媒体教室6间，更新语音教室1间；进一步完善安全技防设施。学院购置新客车2辆，改善上下班条件。截至年底，学院固定资产净值31692万元，教学设备14367台套(其中今年新增849万元)，多媒体教室85间，共6865座。图书馆努力改变阅读条件，每天开馆时间延长到 13 小时，每周开馆总时间 87.5 小时。全年验收入藏新书 14670 册，总数达到 56 万余册。

（谢吕法）

［**获学士学位授予权**］ 6 月，上海市学位办批准上海师范大学天华学院为大学本科学士学位授予权单位，在 18 个专业独立授予学士学位。天华学院的办学自主权得到扩大。

（谢吕法）

［**学生公寓获奖**］ 11 月 24 日，教育部在贵阳召开表彰大会，天华学院荣获“全国高校学生公寓管理服务先进单位”，也是上海市唯一获奖的民办高校。学生公寓管理具有下列特色：居住环境整洁美丽，房间设施配置齐全，公共设施满足需求，管理队伍多元化，管理制度规范化。

（谢吕法）

附：学院负责人及地址

（2012 年 1—12 月）

院党委书记：郭天成
副　书　记：邹荣庚、龚春蕾（兼任纪委书记）

院　　　长：石伟平
常务副院长：叶才福
副　院　长：郭伟奇、陈新斌、龚春蕾、史　文

地址：胜辛北路 1661 号
邮编：201815
电话：39966266
传真：39966366

上海对外贸易学院

［**2012 年概况**］ 2012 年，学校推进上海市高校内涵建设“085 工程”，全面落实学校《2008—2012 年学科建设规划》和学校十二五事业发展规划，以更名促进内涵建设，提升办学水平。

师资队伍建设。学校获得新增 220 个编制，学校根据“补充数量、提高质量、调整结构”的方针，注重师资队伍的培养和引进。目前学校有教授 110 人，副教授 303 人，具有博士学位的教师占专任教师的 42.14%。年内，学校实现上海市“千人计划”学者零的突破，引进 2 名上海市海外教学名师；1 名教师入选教育部“全国高校优秀中青年思想政治理论课教师择优资助计划”，1 名教师获全国高校辅导员年度人物提名奖和上海高校辅导员年度人物，2 名教师获上海市青年“五四”奖章。

科研水平。学校教师获得 11 项国家社科基金和自然科学基金课题立项，获得 42 项省部级课题立项。有 1 项成果获得第八届上海市决策咨询研究成果一等奖，8 项成果获得省部级奖项。学校教师连续第七年承担《国别贸易投资环境报告》的编撰，由国家商务部官方发布。上海市社会科学创新研究基地（王新奎工作室）在中期评估中获“优秀”等级，学校《世界贸易组织动态与研究》入编国家核心期刊，学校世贸组织贸易政策审议中心被商务部认定为商务部学术支撑基地。在世界贸易组织教席第三次年度会议上，学校 WTO 教席被评为模范教席。

学科、专业和课程建设。年内，学校新增法语语言文学、市场营销、知识产权法学、世界贸易组织法、金融工程、审计学等 6 个二级学科硕士学位点，学校的硕士学位点总数达 28 个。学校应用经济学被批准为上海市一流学科建设计划。学校有四种教材入选第一批普通高等教育“十二五”国家级规划教材名单，三门课程被评为 2012 年度上海高校市级精品课程，新增三门上海高校示范性全英语教学课程建设项目，三个项目获 2012 年上海高校本科重点教学改革项目立项资助，国际经济与贸易、商务英语两个专业获得“十二五”本科教学工程市级“专业综合改革试点”项目立项，学校获批“上海卓越法律人才培养基地”。学校 ACCA（特许公认会计师公会）获得英国总部的黄金级认证。

人才培养。学校全球商科通用人才全英语实验班工作有序推进，工商管理类专业实验班开始招生，实验教学体系进一步完善，学生工作创新实践取得新成绩。2012 年学生就业率继续保持较高水平，就业质量稳步提升。学校学生在全国大学生各类赛事中多次获奖，年内先后获得第八届“挑战杯”中国大学生创业计划竞赛铜奖、第五届全国大学生网络商务创新应用大赛全国总决赛一等奖、全国大学生英语竞赛一等奖和 2012 年赛扶世界杯中国站的创新公益大赛一等奖、上海高校模拟法庭比赛冠军、第十届华东地区“21 世纪 · 华澳杯”大学生中澳友好英语大赛一等奖、全国高校第五届法律英语大赛论文比赛一等奖、第四届海峡两岸口译大赛（大陆赛区）华东地区区级赛一等奖、首届上海市国际政治知识竞赛第二名、上海市高校“恺撒堡”杯钢琴比赛四手联弹组二等奖等。

国际交流合作。学校进一步扩大与国外大学的校际交流，互认学分的交换生项目扩大到 11 个国家 31 所院校，学校参加交换生项目的学生达 142 人，参加寒暑假赴海外大学学习之旅项目的学生 176 人。学校被评为 2011 年度上海市来华留学生教育先进集体。年内，学校共有 157 人次教师出国或出境参加学术交流和校际交流，26 名教师去海外访学进修。学校孔子学院建设工作取得新突破。学校在克罗地亚萨格勒布成立第二所孔子学院，全国人大常委会委员长吴邦国为学校萨格勒布大学孔子学院揭牌。

学校办学条件。学校完成松江校区原有校园和新增土地的房地产权证和古北校区已竣工楼宇房地产权证的申办工作。古北校区综合楼建设工程列入上海市重大工程项目；松江校区新建图书馆启动前期申报工作。学校信息化工作总投入 1600 万，完成校园无线网络升级；校园网络设备、校园网服务器系统、教学机房、语言实验室和多媒体教室改造与更新。学校建设的教育部“211 工程”CALIS 三期特色数据库——贸易文献库通过国家验收，并开通上线。

（陈　成）

[入驻中国(上海)大学生创业示范园] 1月5日,由学校学生组成的"微博平台的市场营销模式"和"创新金融模式"两个项目团队通过上海杨浦科技创业中心有限公司专业孵化团队评选,入驻中国(上海)创业者公共实训基地大学生创业示范园。

(陈 成)

[新增7项教育部人文社科研究项目] 2月24日,教育部发布《关于2012年度教育部人文社会科学研究一般项目立项通知》,学校7个项目获准立项。其中:程安林申报的《内部控制规范实施有效性与内部控制质量评价体系研究》获规划基金项目立项;李磊申报的《公民社会保险权利司法救济机制研究:以上海为例的实证考察》、王磊申报的《基于投资者有限关注理论的并购损益之谜研究——来自中国上市公司的经验证据》、王辉申报的《新创企业网络能力对成长绩效的影响:基于网络结构特征的作用机制研究》、毛瑞鹏申报的《联合国安理会改革与美国的选择性支持政策研究》、李医群申报的《基于网络课程的国际化教学合作研究》获得青年项目立项;张嵘申报的《新媒体背景下高校大学生党建工作创新研究——以"易班"为例上海对外贸易学院》获高校思想政治工作专项立项。

(陈 成)

[承办"首期国际技术贸易运营师研修班"] 3月7日,由"上海市国际技术贸易促进中心"主办,学校承办的上海市"首期国际技术贸易运营师研修班"开班仪式在学校古北校区举行。本期研修班得到国家商务部、联合国工业发展组织和上海市商务委员会的支持。

(陈 成)

[当选中国区域科学协会副理事长] 4月,在2012年中国区域科学协会理事大会上,学校校长孙海鸣当选为第四届理事会副理事长,赵红军当选为理事。

(陈 成)

[获"第八届上海市决策咨询研究成果奖"一等奖] 5月2日,学校教授沈玉良团队的成果《关于加快上海国际贸易中心建设的理论与实践研究》获得"第八届上海市决策咨询研究成果奖"一等奖。该成果包括三个部分:第一部分,从理论上阐述现代技术条件下国际贸易中心的基本形态;第二部分,从国际贸易中心的主要承载区上海综合保税区下集聚的贸易企业为调研对象,分析新型商业模式与服务贸易部门集聚之间的关系;第三部分,以离岸贸易的发展为例分析现行政策的瓶颈以及需要突破的政策。

(陈 成)

[吴邦国为学校萨格勒布大学孔子学院揭牌] 5月19日,全国人大常委会委员长吴邦国为学校承办的萨格勒布大学孔子学院揭牌,并写下"中国克罗地亚人民友谊万古长青"的贺词。萨格勒布大学孔子学院是克罗地亚第一所孔子学院,也是学校继2010年斯洛文尼亚卢布尔雅那大学孔子学院成立之后在中东欧地区建立的第二个孔子学院。

(陈 成)

[校图书馆贸易文献库通过国家验收] 5月25日,学校图书馆获批的教育部"211工程"CALIS三期特色数据库——贸易文献库通过国家验收。该库由学校图书馆和国际经贸研究所共同建设。贸易文献数据库包含三个专题数据库,国际贸易理论数据库、贸易中心文献数据库和服务贸易文献数据库。

(陈 成)

[获得HSK等汉语考试考点资格] 6月14日,国家"汉办"同意学校设立汉语考试考点,考点的类别包括HSK汉语水平考试、BCT商务汉语考试和YCT中小学生汉语考试。

(陈 成)

[ACCA项目获得黄金级认证] 8月15日,学校ACCA项目通过ACCA英国总部的黄金级认证,学校将享受到ACCA英国总部和各代表处提供的各种形式的名誉宣传,学校名称及有关信息将在ACCA网站上登载。

(陈 成)

[新增6项国家自然科学基金项目] 8月17日,2012年度国家自然科学基金项目评审结果公布,学校共有6个项目获得立项资助。其中,孙楚仁申报的《我国城市贸易结构空间分布研究》获面上项目资助;吕怀立申报的《应计异象、定期披露与会计信息定价效率》、李琳申报的《货币政策波动、企业金融资产投资与资金"漏损效应"——基于社会资本视

角的经验研究》、张天舒申报的《社会关系网络、审计师独立性与会计信息质量》、陈琳申报的《中国代际收入流动性的程度测算与机制分解：计量方法与实证检验》和王磊申报的《投资者有限注意、交易行为与资产价格》获青年科学基金项目立项资助。

（陈　成）

［在第五届全国大学生网络商务创新应用决赛中获一等奖］　9月15日，在由工信部、教育部指导，中国互联网协会主办的第五届全国大学生网络商务创新应用大赛全国总决赛中，以朱振辉、杨晶、刘钊、张骏和徐若雯等学校学生组成的"eduty"团队获综合一等奖。

（陈　成）

［当选上海市外文学会会长］　12月9日，上海市外文学会第十一届会员代表大会在上海市社联会堂举行。会议选举产生了第十一届理事会理事，在理事会第一次会议上，学校副校长叶兴国当选上海市外文学会第十一届理事会会长。

（陈　成）

［与市教委、市体育局签约共建校冰壶队］　12月29日，上海市教育委员会、上海市体育局和学校共建"上海对外贸易学院冰壶队"的签约仪式在学校举行。上海市体育局局长李毓毅、上海市教育委员会副主任李骏修出席签约仪式。三方决定联合组建上海对外贸易学院冰壶队理事会，统筹上海对外贸易学院冰壶队和"一条龙"建设与发展事宜。

（陈　成）

［教育部专家组考察学校更名工作］　12月14—15日，教育部高等学校设置评议委员会专家组一行9人来对学校更名大学工作进行实地考察，听取学校工作汇报；了解学校的办学定位、办学理念、办学特色等；查看学校的办学条件、更名大学的相关文件。上海市教育委员会副主任李瑞阳参加考察。校长孙海鸣作《努力建设特色鲜明的对外经贸大学》的工作汇报，从历史沿革、更名大学的必要性、可行性及建设上海对外经贸大学的发展规划和保障措施等方面进行阐述。

（陈　成）

学院申请更名为"上海对外经贸大学"专家评审会

附：学校负责人及地址

（2012年1—12月）

院党委书记：武克敏

副　书　记：夏斯云、陈　洁

院　长：孙海鸣

副院长：陈　洁（兼）、叶兴国、俞光虹、徐小薇

松江校区地址：松江区文翔路1900号

邮编：201620

电话：67703000

古北校区地址：长宁区古北路620号

邮编：200336

电话：021-62748250

上海工程技术大学

［**2012年概况**］ 上海工程技术大学现有机械工程学院、电子电气工程学院、管理学院、化学化工学院、材料工程学院、汽车工程学院、艺术设计学院、中韩多媒体设计学院、航空运输学院、飞行学院、服装学院、中法埃菲时装设计师学院、城市轨道交通学院、社会科学学院、高等职业技术学院、基础教学学院、体育教学部、继续教育学院、女工程师学院等21个院、部。有上海市汽车工程实训中心、工程实训中心、艺术设计展示中心、服装设计展示中心等设备先进的教学实训基地，以及能源与环境工程研究所、激光工业技术研究所、汽车工程研究所、化工研究所、经济研究所、劳动关系研究中心、纳米技术研究中心、上海市社会保障问题研究中心、上海邮轮经济研究中心、上海飞行仿真技术研究中心等10个校级科研机构以及国家大学科技园。现代工业工程训练中心是教育部和上海市实验教学示范中心。学校拥有4个一级学科硕士点，16个二级学科硕士点，77个本、专科专业（含专业方向），全日制本专科生已逾17925名，硕士研究生663名。

"十二五"内涵建设深入推进。推进"上海市地方高校内涵建设"项目建设，完成对《现代交通运输工程与管理学科专业建设规划》的修订，新编制《现代创意设计及其工程技术创新与人才培养平台规划》，并获得市教委立项。

改革人才培养模式。推进教育部"卓越计划"试点工作，"车辆工程"和"飞行技术"两个专业申报2012年度教育部和上海市的"专业综合改革试点项目"，"高分子材料与工程"等3个专业申报教育部"卓越计划"增补专业。"管理科学（东方管理）"、"工业设计"新专业建设成效实地检查获得专家肯定。"系统模型与模拟"获批"上海市示范性全英语课程"，"城市轨道交通车辆制动技术"获批"上海市精品课程"。汽车工程学院被批准为上海市首批"高校创新创业教育实验基地"。创建上海市高技能人才培养基地，申报中高职教育贯通培养专业人才方案和中等职业教育"双证融通"专业改革试点。成人高等教育录取人数同比增长7.7%，"双向对接式校企合作教育创新促进活动"项目，被上海市成人教育协会评为终身学习活动品牌项目。

增强科学研究和协同创新能力。"轨道交通运营安全检测与评估服务中心"被列为第二批上海高校知识服务平台（筹）。"机械工程"一流学科被纳入上海市教委一流学科建设监测计划。获得国家自然科学基金项目12项（含3项合作项目）、省部级及以上项目61项，获国家社科基金项目3项及后期资助项目1项、教育部人文社会科学研究项目6项及后期资助项目1项。获得上海市科学技术进步奖二等奖、三等奖各1项，中国纺织工业协会科学技术奖二等奖1项（另有1项以合作单位获得二等奖），中国机械工业科学技术奖三等奖1项，上海市决策咨询研究成果奖三等奖2项，上海市哲学社会科学优秀成果奖三等奖1项。国家大学科技园新增企业116家，市级专业孵化器"上海新一代数字技术孵化器"获批；大学生企业达到50家，资助大学生创业基金项目36个，位列全市第一。

师资队伍建设取得明显成效。进一步加强高层次人才的引进和培养工作。"东方学者"获批3人，"晨光计划"立项2人，"曙光计划"申报1人，"阳光计划"获批1人，获国家留学基金委项目1人。7人获得"上海市育才奖"。专职教师队伍的硕博比达到88%，博士比达到32%。研究制定了骨干教师教学团队激励计划。

研究生教育快速发展。完成450名招生计划，93名研究生获得硕士学位。对本年招生的14个二级点遴选了145名导师，导师教授职称约占34%，新增48名企业专家为兼职导师。遴选出"交通运输工程"等6个一级学科申报市级学位点引导布局与建设培育项目，"交通运输工程"等13个学科申报2013年度市本级学科建设项目。8名研究生参加首批研究生国家奖学金的申请。

加强学生工作。实施"党员导师计划"。加大大学生就业指导服务，举办各类就业市场近400场，来校招聘单位1750余家。8094名学生参加产学合作教育，其中6个学生团队分别前往美国、日本、新加坡等国开展国际化产学合作教育。设立了学生社区服务中心，资助贫困学生8620人次，资助金额共计约1095万元。学校被评为“长宁区2011年度征兵工作先进单位”。

提升办学国际化水平。签订15个国际合作与交流协议，新增海外合作伙伴9个。2位外籍专家获评上海市海外名师，获批2项上海市引进国外技术、管理人才引智项目。200人次教师出境开展各类交流与合作，392名学生海外高等院校开展中、短期学习。招收本科留学生11名，硕士研究生留学生5名，语言留学生252名，合作院校交换学生8名，其他非学历专业进修生101名。

优化资源配置和提高运行效率。学校教学设备资产44986件总值达到4.50亿元，较上年增长11.94%。全年采购量突破1亿元。完成中文图书采购79171册、外文原版图书576册。“航空飞行实验实训基地项目建议书”获批。学校2011年绩效评价经上海市教育评估院评估为优秀。学校资产管理工作获2012年市教委国有资产管理工作优级评定。学校后勤荣获“全国高校后勤十年社会化改革先进院校”称号。

现代大学制度建设进一步完善。坚持校务公开制度，进一步完善了科学民主的决策机制、规范有序的执行机制、公正透明的监督机制。组建了新一届校学术委员会，各学院(学科)组建了教授委员会，推进了教授治学的发展。校院二级管理体制得到进一步完善。推进新一轮的人事分配制度改革。高质量完成一批学校的实事工程项目。

校园文化建设取得新成果。组织开展学习党的十八大精神活动，并通过多种宣传手段营造学习气氛。加强了学校办学理念、发展目标、办学模式的宣传，改版了学校主页。校外媒体共发布新闻756条，较上年增长70.65%。创办“博雅讲堂”、“博学论坛”等系列讲座，开展了“每月一台戏”高雅艺术进校园活动，积极发挥文化育人的作用，营造了良好校园文化育人环境。

(金峥杰)

[参加国际数学建模竞赛获奖] 2月10—13日举行的2012年美国大学生数学建模竞赛暨交叉学科数学建模竞赛(MCM/ICM)中，城市轨道交通学院学生组成的参赛队获一等奖。MCM/ICM作为国际大学生各类竞赛中级别最高的一项赛事，享有国际数学建模竞赛盛会的美誉，很多国内外著名科研机构和企业将其作为衡量学生素质和水平的重要依据。

(张惠玲)

[评为全国创先争优党建优秀案例] 5月10日，学校参加全国“创先争优主题案例征集座谈会暨颁奖活动”，学校“党员导师计划”从全国6000余个案例中脱颖而出，被评为2011年全国创先争优党建优秀案例。党委副书记褚劲风代表学校党委作了题为《探索推进“党员导师计划”，引领青年师生健康成长》的交流发言。

(张惠玲)

[举办市级大型毕业生就业招聘会] 5月24日，由上海市人才服务中心主办的第四届“梦想进校园，精彩绘人生”校园招聘会在松江校区举行，110余家用人单位提供1213个岗位供毕业生选择，吸引1800余名毕业生应聘。11月29日，2012年全国人力资源市场高校毕业生就业服务周暨上海市高校毕业生就业服务月松江大学园区专场招聘会在松江校区举行，256家用人单位共提供3935个岗位，吸引4900余名毕业生应聘。

(张惠玲)

[参加全国比赛获奖] 5月31日—6月3日第十四届上海国际模展会上，学校选送的“高强度冲压成形智能化加工测试通用模具”获得由中国模具工业协会技术委员会评选的“精模奖”一等奖。10月20日，在2012年“TI杯”上海大学生电子设计邀请赛颁奖大会上，学校电子电气工程学院团队获得一等奖中的第一名，获得本次比赛唯一的最高荣誉“TI杯”。11月3日由学校承办的“时尚长宁·绿色运动”2012环球国际模特儿大赛国际总决赛上，服装表演策划专业学生摘得大赛冠军。11月28日举行的第17届中华杯国际服装设计大赛女装总决赛中，服装学院教师的参赛作品《雅与俗的约定》获总决赛金奖与最佳配饰配套奖。中华杯国际服装设计大赛是首批由国家部委认定的国家级、国际性赛事。

(张惠玲)

[建成国家级工程实践教育中心] 6月7日，教育部等23个部门联合下发《关于建设国家级工程实践教育中心的通知》，公布了第一批国家级工程实践教育中心建设单位名单。学校与上海交运(集团)公司、上海汽车工业(集团)总公司、上海申通地铁集团有限公司、中国东方航空股份有限公司、上海纺织(集团)有限公司等5家单位联合申报的5个国家级工程实践教育中心成功获批。

(张惠玲)

［签订多项产学研框架协议］ 6月18日，学校与宝山区人民政府区校合作战略框架协议签约。6月20日，学校与上海工业自动化仪表研究院在松江校区举行产学研框架协议签约。6月27日，学校与上海科技馆举行产学研战略联盟签约。7月6日，学校与上海电器科学研究院签订产学研战略框架协议。通过战略合作签约扩大产学研战略联盟，加快推进与企业、研究院所的深层次合作，有效服务地区经济社会发展。

（张惠玲）

学校与宝山区人民政府区校合作战略框架协议签约仪式

［长宁创业园区揭牌］ 10月31日，长宁创业园区揭牌仪式在上海工程技术大学国家大学科技园举行。该园区作为长宁大学生创新创业的基地，为大学生创业者答疑解惑，帮助大学生提升创业能力。大学生创业联盟同时成立。

（张惠玲）

［轨道交通运营安全检测与评估服务中心成立］ 11月7日，上海高校知识服务能力提升工程建设的高校知识服务平台“轨道交通运营检测与安全评估服务中心”在学校成立，将为确保轨道交通运行安全、可靠，提高轨道交通整体运营管理水平，适应网络化运营的要求提供服务。宝山区区长汪泓、校长丁晓东、市教委副主任袁雯、申通集团副总裁邵伟忠等为中心成立剪彩。

（张惠玲）

［在“工博会”上获奖］ 在2012中国国际工业博览会上，工博会高校展区组委会、教育部科技发展中心授予学校“优秀组织奖”。“非接触轨距检测车”、“蔬菜瓜果仙硬藤蔓颗粒粉碎技术及农业废弃物资源循环再利用示范”分获优秀展品奖二等奖和三等奖；“新型四通双向水体交换式节水楼顶水箱”获得大学生创新创业项目优秀奖。

（张惠玲）

［举办第十六届世界管理论坛暨东方管理论坛］ 12月15日，“东方管理3000年、30年和未来——中国管理模式创新研究”第十六届世界管理论坛暨东方管理论坛在学校松江校区举行。市人大常委会副主任胡延照、市教委副主任印杰出席论坛开幕式。本次论坛由世界管理协会联盟（IFSAM）中国委员会、上海工程技术大学、复旦大学经济管理研究所主办，论坛邀请了国内外著名专家学者担任主旨演讲。

（张惠玲）

附：学校负责人及地址

（2012年1—12月）

校党委书记：滕建勇
副　书　记：田信灿、褚劲风

校　长：丁晓东
副校长：孙培雷、陈力华、程维明、史健勇

松江校区地址：龙腾路333号
邮编：201620

仙霞路校区地址：仙霞路350号
邮编：200336

新村路校区地址：新村路435号
邮编：200065

逸仙路校区地址：逸仙路88号
邮编：200437

上海应用技术学院

［**2012 年概况**］ 学校下设 17 个二级学院、1 个教学部，学科涵盖工、理、文、法、经、管、农 7 个门类，现有 46 个本科专业，拥有化学工程与技术、机械工程、管理科学与工程和生态学 4 个一级学科硕士学位授权点。现有全日制学生 18148 人，其中本科生 15640 人，硕士研究生 861 人，留学生 50 人。招收普通本专科新生 4807 人，招收硕士研究生 450 人。学校现有教职工 1734 名，其中专任教师 1083 名。具有高级专业技术职务的教师 423 名，占教师总数的 38.73%，其中教授 104 名。具有硕士以上学位的教师占教师总数的 77.10%，其中博士学位 367 名，占教师总数的 33.89%。现有博士研究生导师 20 名，硕士研究生导师 253 名。

一、教育教学工作。学校全面推进电气工程及其自动化、化学工程与工艺、轻化工程和软件工程四个专业“卓越计划”的深入实施。获批“卓越计划”相关市级本科重点教学改革项目 4 项，校级教改项目 8 项、专业核心课程重点建设 8 门、试点专业工程教育团队建设 4 个。组织软件工程、机械设计制造及其自动化、材料科学与工程专业 3 个专业申报教育部“卓越工程师教育培养计划”。

强化校外实习基地建设。学校与上海医药集团股份有限公司共建实践基地获批国家级工程实践教育中心，“中石化上海石化校外实习基地”和“塔塔信息技术(中国)股份有限公司校外实习基地”获批市级本科高校校外实习基地重点项目建设。2012 年新增校外实习基地 43 个。

全年共立项校级教学成果奖重点培育项目 18 项、一般培育项目 16 项。获上海市级专业综合改革试点项目 2 项，上海市级精品课程 2 门，上海市教委重点教学改革项目 2 项，上海市全英语教学示范课程 1 项。申报了风景园林新专业。网络工程和文化产业管理 2 个专业通过上海市教委新专业检查。德语、园艺、数学与应用数学、建筑学 4 个专业通过上海市教委学士学位授予权审核。将材料物理、计算机科学与技术和电子信息工程三个专业的学位授予门类由工学调整为理学，确立了工学、理学和管理学作为学校三大学科门类的主干地位。

学校共组织校级学科技能竞赛项目 9 个，组织参加市级及以上竞赛项目 48 个，共有 7585 人次学生参加市级及以上竞赛活动。共获得市级以上竞赛奖 461 项，其中国际一等奖 1 项，二等奖 2 项，优胜奖 1 项，鼓励奖 3 项；全国特等奖 2 项、一等奖 11 项、二等奖 114 项、三等奖 183 项，优秀奖 23 项，入围 5 项；市级特等奖 1 项，一等奖 10 项、二等奖 26 项、三等奖 33 项。举办第二届学科技能竞赛展示会。继续鼓励和支持大学生科技创新活动，全年立项大学生科技创新发展基金项目共 144 项，市教委和学校共资助 90 万元。

学校加强学生的身体素质训练，组织开展了 13 项校级体育比赛，参赛学生达 4552 人次。参加市级以上各类体育比赛共计 23 项，参赛人数达 382 名，获各类奖项 65 个。

制订 11 项研究生管理方面的规章制度，规范和完善研究生教育体系，妥善做好教学管理和学生管理工作。组织完成硕士生导师遴选、培训工作，2012 年 12 月硕士生导师达 253 人，其中本校 191 人，兼职 62 人。获批 3 个专业学位研究生实践基地建设项目；1 个上海市交叉学科拔尖人才培养平台建设；2 项上海市研究生教育创新计划。组织校研究生课程、教材建设项目申报遴选工作，共有 16 个项目批准立项。举办了“绿色香料香精技术与安全”上海市研究生暑期学校。

推进国际交流与合作。聘请外籍专家 45 人，比上年增长 28.6%。其中长期专家 27 人，短期专家 18 人。引进“海外名师”4 名。与 10 个国家和地区的 17 所高校建立了联系，新增合作协议 11 份。

高职教育探索“实习—就业直通车”模式，学生考出高级技能证书的比例达到 76.5%。继续教育拓宽办学领域，把非学历教育作为工作的重点，以高端项目、国际教育、技能培训作为突破口。

二、学科建设。学校全年新增加用于学科建设专项经费 4675 万元，其中“上海地方本科院校‘十二五’内涵建设工程”专项资金(简称“085 工程”，下同)建设项目的共计获得资金 3295 万元。组织完成了“085 工程”项目管理制度实施细则及流程的制订，完成了市财政和市教委对“085工程”项目一期资金（2010年）及二期资金（2011年）的绩效考核工作，依次下达了第三期、第四期项目建设资金。在2012年上海市“085工程”绩效评价中获第二档，后继“085工程”项目建设资金额度提高30％。

学校获批市教委重点学科建设项目“化学工程与技术”一流学科（培育）；高校知识服务平台“上海应用技术学院香料香精及化妆品研究中心（培育）”。获批中央财政支持地方建设项目“应用化学重点学科建设”和“特色艺术设计实践中心”建设项目。独立申报获批省部级工程中心“上海市冶金工艺和设备检测专业技术服务平台”和“上海香料香精工程技术研究中心”。化学与环境工程学院教授吴范宏入选上海市优秀学科带头人计划。

三、科技工作。全年合计科研项目到款6365万元。获各类国家及省部级基金152项，其中国家级基金27项，省部级项目68项，基金总经费2408万元。首次获得中—德国际合作基金，数学类天元基金以及长三角地区合作基金。和行业企业合作获得科技创新项目249项，项目到款3957万元。联盟计划33项。全年教师发表论文750篇，其中三大检索论文248篇。申请发明专利224项，比2011年增加144项。

学校继续坚持科学研究“服务两个中小”，与安徽歙县签署校县全面合作框架协议以及系列科技合作项目协议；与浙江省嵊州市科技局联合成立“嵊州·上海应用技术学院技术转移中心”，27名教师被浙江省嵊州市34家企业聘请担任科技顾问。在第十四届中国国际工业博览会上，组织15项目参展，其中1项获二等奖，获大学生创新创业项目优秀奖1项，协议签约金额达到1.7亿元。

四、人才引进与师资队伍建设。学校继续加大人才引进力度，引进教授4名，副教授9名；引进教师等69名，其中博士47名。重视对青年教师的培养，获上海市教委各项人才资助计划共121项，其中，33名教师获出国进修项目资助，8名教师获国内重点高校进修项目资助，39名教师获产学研践习计划项目资助，41名教师获得“2011年上海市高校选拔培养优秀青年教师科研专项基金”项目资助。学校还出台了《上海应用技术学院特聘教授引进计划实施办法（试行）》、《上海应用技术学院关于2012年度师资队伍建设及高层次人才引进年度考核指标的通知》、《上海应用技术学院关于实施“教师专业发展工程”计划的暂行规定》等文件，着力引进和培养并举，推进学校师资队伍建设。

学校现有“东方学者”3名，1名教师获“国家特殊津贴”、2名教师入选上海“千人计划”、1名教师获“上海市优秀学术带头人”、7名教师获“上海市育才奖”。

五、学生工作。学校成立学生工作指导委员会，初步完成了“十大育人计划”。以党的十八大召开为契机，对学生进行社会主义核心价值观教育；推动学生工作进园区，开展读书会、讨论会、征文比赛、体育竞技等社区活动；正式启动“上海应用技术学院易班发展中心”，用户注册14343名。

学校完成了“第二届校长奖”、首届“校园先锋”年度人物评选，“第一届优良学风班”、“第六届学习标兵、学习型寝室”等评选活动，产生了校长奖2人、“校园先锋”个人（团队）114个、校级优良学风班38个、学习标兵和学习型寝室各100个；启动并完成了《大学生职业生涯发展与规划》课程进必修课试点工作，建成职业生涯咨询室；13位毕业生参加“三支一扶”计划，4位毕业生被批准为“西部志愿者”；就业率97.63％。

编发《学生资助管理制度汇编》，进一步规范办事流程，全年共奖励资助学生46551人次，发放总金额达2732万元。出台《专职辅导员双线晋升管理办法》，为实现辅导员多样化发展奠定了基础。组织辅导员参加市教委和校内组织的各类业务培训；举办辅导员沙龙6次、评选出辅导员十大年度人物。

六、校园基本建设。学校完成徐汇校区漕宝路120号新房产证、奉贤校区土地证、房屋地界测绘以及房产证办理等工作；奉贤校区三期工程体育馆体育场建设主体结构完成；奉贤校区4万平方米综合实验楼项目列入“上海市财政十二五”建设规划；奉贤校区3万平方米三期学生公寓成功立项，获8000万元市财政支持。正式建成校史馆。完成奉贤校区全部整体搬迁工作。

（田怀香）

［沈晓明到校调研］ 2月29日，上海市副市长沈晓明、市政府副秘书长翁铁慧、市教委主任薛明扬、奉贤区委书记时光辉等到上海应用技术学院调研。沈晓明希望上海应用技术学院进一步发挥高水平特色专业的优势，推动科技成果转化，促进地方区域经济和产业发展。他还要求奉贤区加大支持力度，积极为高校解决难题，主动创造机会，实现区校合作共赢。

（秦　凤）

[举行首届“校园先锋”年度人物评选活动] 5月4日，学校举行2012年“校长奖”暨“校园先锋”年度人物颁奖盛典。表彰一年中在学习、竞赛、科创、实践、团学、志愿、道德、自强、才艺、体育十项领域中有杰出表现、起到先锋模范作用的校园先锋，共有114位个人(团队)荣获“校园先锋”年度人物称号。

(秦　凤)

[获批两个一级学科硕士学位授权点] 12月，经上海市学位办公室批准，学校申报的“管理科学与工程”、“生态学”两个一级学科获硕士学位授予权。学校现有4个一级学科硕士点，二级学科硕士学位点增加到19个。

(秦　凤)

[入选首批国家级工程实践教育中心] 上海应用技术学院与上海医药集团股份有限公司联合申报的项目入选首批国家级工程实践教育中心。12月28日，在上海应用技术学院举行揭牌仪式。工程实践教育中心的主要任务是校企联合制订工程实践教学目标、制订工程实践教学方案、组织实施工程实践教学过程和评价工程实践教学质量。

(秦　凤)

[与上海牛奶(集团)有限公司签约] 3月25日，学校与上海牛奶(集团)有限公司举行“储备人才委托定向培养合作协议”签约。副校长陈东辉和上海牛奶(集团)有限公司党委书记钱瑞新主持签约仪式。根据协议，通过合作定向培养的方式，订单式培养食品市场营销与食品技术创新产品开发人才。

(秦　凤)

[获“上海市联盟计划——难题招标专项资助”33项] 6月28日，“2012年联盟计划——难题招标项目”颁证和签约大会在上海市政协召开，上海应用技术学院2012申报联盟计划项目85项，获得资助33项(上海市共立项资助80项)，学校项目申报数和资助项目数两项指标均列全市高校第一。

(秦　凤)

[获上海产学研合作一等奖] 在“2012年上海产学研合作优秀项目奖”表彰大会上，上海应用技术学院胡大超教授领衔的项目“连铸结晶器非正弦振动液压伺服系统研制开发”获一等奖；吴臻教授领衔的项目“120二苯基高温硫化硅橡胶连续生产科研项目攻关”获二等奖。

(秦　凤)

[首获国际红点设计大奖] 上海应用技术学院教师吴飞飞的作品《中西对话》(Dialogue of East and West)获“红点奖”(red dot award: communication design 2012)，这是学校教师首次获此国际殊荣。获奖作品于10月25日在德国首都艺术馆Alte Müze作为期一年的展览，并被收入国际传达设计年鉴。

(秦　凤)

[承办“威尔凯电气”杯2012中国服务机器人大赛] 由中国自动化学会机器人工作委员会主办、上海应用技术学院承办的“威尔凯电气”杯2012中国服务机器人大赛于5月11至13日在上海应用技术学院奉贤校区举行。中国科技大学、上海交通大学、上海大学、第二炮兵工程学院等20多所高校185人参赛。上海应用技术学院代表队共获得1项冠军、3项季军。

(秦　凤)

承办第五届“威尔凯电气”杯中国服务机器人大赛

[特种涂料工程技术中心揭牌] 9月,上海应用技术学院与上海振泰化工有限公司共同组建的"特种涂料工程技术中心"揭牌。双方以市场需求为导向、技术创新为核心、科研成果产业化为根本,通过整合校企双方资源,借助研究中心合作平台,构建以特种涂料开发为特色的产学研创新体系,突破高校与企业合作的传统框架,使研究中心逐步由"孵化器"发展成为独立法人经济实体。

(秦　凤)

[获大学生暑期社会实践一等奖] 11月,在2012年上海市大学生暑期社会实践总结表彰大会上,上海应用技术学院的3个参赛项目分获一、二、三等奖,同时还收获了"最佳组织奖"和"特别贡献奖"。

(秦　凤)

附:学校负责人及地址

(2012年1—12月)

院党委书记:祁学银
副　书　记:康　年、宋敏娟

院　长:卢冠忠
副院长:康　年(兼)、刘宇陆、陈东辉、叶银忠

院本部地址:奉贤区海泉路100号
邮编:201418
电话:60873530

上海金融学院

［**2012年概况**］　年内，录取新生2471人，其中本科1967名、专科384名、“专升本”120名。招生范围覆盖全国26个省(市)和港澳台地区，同时招收外国留学生。全日制在校学生规模稳定在8000人左右。2012年毕业生共1988人，一次性就业率达到97.28%。学校现有25个本科专业和4个专科专业，形成了以金融学科为引领、经济管理类学科为支撑、多学科协调发展的学科布局。现有教职员工685人，其中专任教师445人。专任教师队伍中，具有高级专业技术职务的教师226人，具有博士学位的教师180人，近三分之一的教师具有国外培训或留学经历，四分之一的教师具有企业、银行等实务工作经历。

人才培养质量进一步提高。制定整改方案，推进评估整改工作。调整部分院系干部分工，加强对教学工作的领导。专设教学质量监管处，初步建立三级教学质量保障体系。金融学和财政学2个专业获批为上海市专业综合改革试点。新增课程99门，课程总数达655门，其中双语课程达80门。新增市级精品课程1门。《国际营销学》被立项为上海市示范性全英语课程。新增校级重点课程20门，有3门课程列为上海市共享资源课程。获上海市教委本科重点教学改革项目3项。出版教材23部，3部教材获批上海市优秀教材。创新创业学院开始实体化运作，大学生创新创业训练计划项目被列入国家级和上海市创新活动计划，学校被列为第一批上海高校创新创业教育实验基地。与上海财经大学联合开展研究生培养，首批招收卓越金融硕士27名。

内涵建设成效显著。扎实开展上海市地方本科院校085内涵项目建设工作。围绕卓越金融人才培养与五大平台建设，加强规划、立项、跟踪和资金使用管理。新一轮人才培养模式改革启动，第一批126个竞争性教学改革项目结项。金融学、金融工程等8门专业核心课程引入行业标准，“金融学”、“会计学”等5个专业行业教学指导委员会建立。CO-OP合作教育不断推进，筹建金融理财师、信达投资顾问、贵金属投资、卓越金融教育等实验班。

学科水平进一步提升。开展校级重点学科和培育学科检查评估。以金融学科为核心的应用经济学学科成为上海市一流学科培育学科。学科增长点不断发展，在国内同类院校中率先设置金融理财与物流金融2个专业方向，学士学位授予专业数达24个。

师资队伍实力增强。完善人才引进政策，年内共引进和录用以博士为主的教师与管理人员36名，其中引进金融学科带头人1名，成功聘请海外名师2名。实施“教师专业发展工程”，30名教师参加高校教师国内外访学计划，39名教师参加高校教师产学研践习计划，10名教师入选上海高校青年教师培养资助计划。制定“骨干教师教学激励计划”实施方案，激励专任教师全身心投入教学工作。3位教师获上海市育才奖。

科研创新再添新成果。2012年获得全国社科规划项目3项、国家自然基金项目2项、教育部项目6项、上海市政府决策咨询项目1项、上海市软科学科研项目1项、上海市教育规划项目2项、上海市教委科研项目11项、上海市晨光项目1项。拓展横向合作，承担或完成横向科研项目12项，获得横向经费170万元。获得中国金融教育发展基金会优秀科研成果奖1项。完成学校第三届科研成果奖评奖工作。学报获华东地区优秀期刊奖。

推进国际化合作有成效。与11个国际合作伙伴签署合作备忘录和合作协议书，签约数量创历年之最。设立“中外学生跨文化交流中心”和留学生在沪实习基地，启动申请中国政府奖学金项目，丹麦中心运作顺利。全年出国学生数达389人，比上年增加77%，其中交流交换生数量达221人。留学生规模达408人，其中本科生116人。学院在上海高校外国留学生教育研究会2011年年会上被评为“上海市来华留学生教育先进集体”，国际交流学院留学生办公室主任阮爱萍被授予“2011年度上海市来华留学教育优秀工作者”称号。

学生工作创新实践。开展党的“十八大”宣传教育实践活动、学习雷锋精神和“爱校荣校”主题教育等。加强学生职业素养教育，分阶段分层次实施“启航、启志、启明、启程”计划。发挥思研会作用，获得上海德育课题立项2项。支持学生参加校级以上竞赛活动，荣获市级以上奖励74项。加强大学生艺术团队建设，首届大学生艺术节举办合唱、舞蹈、民乐、书画、话剧等7个专场活动。校红十字会荣获2012年度五四先进集体。击剑队参加全国大学生击剑锦标赛取得优异成绩，学校荣获全国大学生体育协会击剑分会主席单位称号。

加强学校精神文明建设。年内评出校级文明单位8个、文明窗口优秀项目7个、好人好事项目5个、文明示范岗5个。扎实开展特色文明创建活动，学校形态文明、功能文明、素质文明建设取得显著进展。接受市教卫党委系统文明单位终期考评检查并获得肯定。完成师生语言文字年度测试任务，获得上海市语委科研课题立项2项。

（徐丽娟）

[举办60周年校庆] 5月26日，学校举行建校60周年庆祝大会。收到来自中央、上海市和央行等政府机关、金融机构、国内外高校的贺信80多封。上海市人大常委会主任刘云耕，中国证监会首任主席、中国人民银行原副行长刘鸿儒，全国人大财经委员会副主任委员、中国金融教育基金会理事长、中国人民银行原副行长吴晓灵，市委副书记殷一璀，市政协副主席钱景林等领导和嘉宾出席会议，与来自海内外嘉宾、各届校友2000余人、在校师生共贺学校60华诞。学校举行了卓越金融人才培养论坛、中国金融教育发展基金会2012金融教育工作座谈会。

（徐丽娟）

庆祝建校60周年

[举行第六届上海国际金融中心建设论坛] 3月31日，以“金融反腐倡廉”为主题的“第六届上海国际金融中心建设论坛”在上海金融学院举行。论坛发布了《金融反腐倡廉研究报告》。学校与上海市人民政府发展研究中心合作成立“上海国际金融中心建设研究基地”。同时，上海金融学院在市金融纪工委支持下成立了“上海金融廉洁文化研究基地”。

（徐丽娟）

[获上海市志愿服务品牌项目] 上海市精神文明建设委员会、市志愿者协会授予上海金融学院外来沪务工青年夜校师生志愿服务队为2010—2011年度上海市志愿服务先进集体，授予学校“外来沪务工青年夜校”项目为上海市志愿服务品牌项目。

（徐丽娟）

[获“2012年高校德育创新发展研究成果”一等奖] 上海金融学院郑沈芳教授主持的《高校思想政治理论课教育教学话语多样性研究》荣获教育部“2012年高校德育创新发展研究成果”一等奖。

（徐丽娟）

[击剑工作获“突出贡献奖”] 上海金融学院在2012年全国击剑工作会议暨表彰大会上荣获第三十届伦敦奥运会“突出贡献奖”，是全国高校中唯一获此奖项的单位。

（徐丽娟）

[承办上海市教卫党委系统党建研究会高校专业委员会年会] 11月26日，上海金融学院承办的2012年上海市教卫党委系统党建研究会高校专业委员会年会召开。市教卫工作党委书记、市教委主

任薛明扬，市委宣传部副部长燕爽，上海金融学院党委书记郑沈芳，上海金融学院校长储敏伟等领导专家出席年会。

（徐丽娟）

［召开第二届上海国际金融中心核心功能建设高层论坛］ 12月22日，第二届上海国际金融中心核心功能建设高层论坛召开。论坛由上海金融学院与上海市人民政府发展研究中心共同组建的上海国际金融中心建设研究基地主办。本届论坛的主题是："聚焦金融创新探究和金融人才培养"。

（徐丽娟）

附：学校负责人及地址

（2012年1—12月）

校党委书记：郑沈芳
副　书　记：鲁海波

校　长：储敏伟
副校长：吴大器、贺　瑛、陈小冰、王宏舟

地址：浦东新区上川路995号
邮编：201209
电话：50218899（总机）

上海立信会计学院

［**2012 年概况**］ 学院深化内涵建设，整体办学水平和影响力实现新跨越。截至 8 月 25 日，学院 2012 届毕业生整体签约率为 81.50%，就业率为 96.35%，学院毕业生就业工作被评为“2011—2012 年度全国毕业生就业典型经验高校”。学院连续第五次获上海市文明单位称号。学院有普通本专科在校生 10333 人，其中本科 8593 人，专科 1740 人；审计硕士专业学位研究生 47 人；海外留学生 102 人；成人本专科在校生 4603 人，其中本科 3609 人，专科 994 人。2012 年，学院面向全国 27 个省市招生，共录取本科生 2380 人，其中专升本 143 人，专科生 643 人。成人本科生 941 人，其中专升本 851 人。海外留学生 72 人。录取审计硕士专业学位研究生 47 人。

学科建设。工商管理(会计学)学科入选上海高校一流学科(B 类)建设计划。目前，学院共拥有上海高校一流学科 1 个，上海市教委级重点学科 3 个。第二期知识服务平台建设项目“高级战略研究中心——上海经济运行风险预警和管理研究中心”获批上海市教委“市高校知识服务能力提升工程”项目。“085”工程项目运行机制进一步完善，资金使用进一步规范。学院重点学科(第三期)和二级学院(部)梯队的年龄、学历和职称结构都有明显改善，初步形成了各自的特色。2012 年度，学院成功申报 14 项市财政学科建设专项经费。

专业建设。金融学、税务 2 个本科专业被市教委列为本科教学工程市级“专业综合改革试点”项目。开展专业调整改造，其中，税务专业调整为税收学专业，房地产经营管理专业调整为房地产开发与管理专业，统计学专业调整为应用统计学专业。推动各二级学院有计划、有重点地分级、分批建设一批学术水平高、师资力量强、教学条件好、教学质量高以及特色鲜明的专业。

教学管理。教育教学整改工作取得阶段性成果。修订完善规章制度，进一步规范教学管理，完善教学质量保障体系，促进教学及教学管理改革与创新；开展办学思想和教学改革大讨论，明确了办学定位、人才培养定位和提高教学质量的基本思路；开展潘序伦教育思想研究，形成《潘序伦教育思想的传承与发展》研究报告、《高素质适用型财经人才培养模式研究——兼论潘序伦教育思想传承与创新》研究框架及研究内容。建立校内教学质量年度报告机制。开展试卷质量评价和毕业论文评价工作，开发学生网上评教查询平台，完善校内教学质量自我评价机制。

课程体系。结合财经类本科院校的办学定位和学科特色，注重学生知识结构的全面性与综合性，构建以核心课程和选修课程、基础课程和专业课程相结合、学科交叉与融合的课程体系结构。打造“通识基础教育＋学科基础教育＋专业基础教育”理论教学平台和“素质实践＋模拟实验＋综合实践”实践教学平台。以《教育部高等学校本科教学质量与教学改革工程》为指导，培育和建设校级课程建设项目。建设立项 2 门市级精品课程，并对 5 门 2010 年立项的市级重点课程进行验收。对 2011 年立项的 10 门市级重点课程进行中期检查。建设立项 7 门校级精品课程，7 门校级重点课程，4 门校级全英语课程。

人才培养。围绕诚信品质、国际视野、复合适用的人才培养要求，弘扬诚信文化，以“双语、双证、双师”为抓手，分级教学为路径，创新实验班人才培养为引领，国际化专业能力培养为方向，进一步修订完善人才培养模式改革方案，构建立信特色的人才培养模式。人才培养目标、特色与规格的阐述得到进一步规范，教学计划中的课程体系结构不断得到优化，外语、实践教学的比重得到加强。以二级学院为单位，完善了国际会计、ACCA、国际商务、国际金融四个国际化班的分班方案，制定了工商管理学院、经贸学院、金融学院和财税学院四个大类招生学院的专业分流方案，制定了会计校企合作班组建与培养方案。2011 级国际会计、国际金融、国际贸易等国际化班组建完成；学校与立信会计师事务所共同组建的校企合作班开班；与东海证券等单位联合组建的立信海集方金融工程中心初级交易员班开设，探索培养应用型创新人才。

科研工作。学院各类纵向课题立项 66 项，其中国家社科基金项目 2 项，国家自然科学基金项目 4

项，教育部人文社会科学研究课题8项。各类横向课题立项24项。发表科研论文207篇，其中A级6篇，B级21篇，C级论文55篇，核心期刊以上累计发表学术论文122篇，出版专著和教材31本，其中学术专著15部。

师资队伍建设。教师队伍质量进一步提升。录用人员51名，其中教学科研人员37人，其大部分来自“211”重点高校或在海外取得博士学位的高层次人才。3人获上海市育才奖，1人获上海市人才发展资金资助。14人入选出国访学进修计划，16人入选教师产学研践习计划，2人入选国内访问学者计划。45位教职工参加香港大学、香港中文大学进修活动。

实验实践教学。学院初步构建了“演练-操作-实训”的多层次、多样化的实验室体系。年内，新建专业实验室1间、情景模拟实训室1间，更新外语语音实验室2间。学校外语语音实验室已全部由模拟式改建为数字式。学院在立信会计师事务所建设80座的会计实验室1间和会计审计案例分析室3间，实现会计实务教学由校内向校外实践基地拓展。学校拥有2900余台先进的实验用计算机。学院开发面向全校学生的综合性实验课程6门，自主开发实验教学软件4套，其中“集团合并会计报表系统”实验教学软件为国内首创。

学院申报的创新创业教育实验基地项目，获市教委批准立项，成为第一批上海高校创新创业教育实验基地。学校启动研究生实践基地建设，浦东审计局实践基地、立信会计产学研基地实践基地和陆家嘴人才金港实践基地3个实践基地进入市级专业学位研究生实践基地建设序列。目前，学院已建设校级实习基地70个、院级实习基地60个。

国际交流与合作。学院与海外10所院校签署合作备忘录协议。100余名学生以学习、访学、夏令营等多种形式赴境外交流，40余名学生通过选拔赴海(境)外合作院校进行为期一学期以上的长期交流，项目遍及港台以及美国、日本、澳大利亚、加拿大等多个国家和地区的十几个学校的不同内容、专业的长期交换或者访问学习。短期学生交流访学项目目前已扩展为香港AIA访学、美国文化访学、欧洲游学、日本参访四个定期项目，95名学生参与了短期学生交流访学项目，学生参与人数逐年稳步上升。学院首次参加教育部巴西教育展和上海秘鲁教育展。

管理工作。①财务工作。学院财务管理的科学化、规范化、精细化水平进一步提高。2012年，学院获2011年市属高校财务管理绩效考核第一名。②文献资源建设工作。全年完成采购、编目、加工、验收和入库中文图书78000余册(其中院部3000册)，外文126册，多媒体光盘12盘，中文过刊4000册，外文过刊156册，加工院部图书141册，目前，图书馆藏书总量为1221490册。新增数据库9个，视频资源5123集，新增电子刊2260种。③信息化工作。通过建设“公共数据交换平台”，构建中心共享数据库的雏形，通过统一身份认证和单点登录系统(SSO)的建设，形成了标准的信息集成门户平台，为校园网用户提供便利。“公共短信平台”项目获上海高等教育学会校园网络专业委员会颁发的优秀服务案例奖。④学生资助工作。实现国家助学贷款124人，缓交学费金额65.5万元，提供勤工助学岗位近400个，累计发放勤工助学津贴41.5万元，困难生补助93.8万元，各类奖助学金355.6万元，1500余名学生从中受益。学院在上海高校学生资助工作绩效评估中获评优秀。⑤资产管理和后勤保障工作。全年完成徐汇校区实验室改造，学生公寓改造等大小维修改造项目25个，松江校区实验室、节能、羽毛球馆等改造、维修项目13个。继续开展节水、节电工作，建设节约型校园。⑥出版工作。全年实现销售码洋1.1亿元。《会计经典》等3项目入选国家“十二五”重点图书出版规划增补项目；《诚信之路》被新闻出版总署列为社会主义核心价值体系建设“双百”出版工程重点出版物并入选国家出版基金资助项目。《中国经济运行风险年度报告2012》、《高校诚信文化教育论》等7种图书获上海市文化发展基金2012年资助。《中国经济运行风险研究报告2010》等15种图书获中国大学出版社协会第二届优秀学术著作奖、优秀教材奖、优秀畅销书奖，《第三方物流企业成本核算与控制论》获第三届“物华图书奖”二等奖，《师能自觉——应用性人才培养教学方法新探索》获华东地区大学出版社工作研究会第九届优秀学术专著一等奖。

(王海兵)

[与日本千叶商科大学合作办学十周年庆典] 2月24日，上海立信会计学院——日本千叶商科大学合作办学项目十周年庆典及相关签约仪式在学院举行。

(王海兵)

[审计硕士教育中心揭牌] 4月11日，审计硕士教育中心揭牌仪式在学院举行。国家审计署副审

计长董大胜，上海市人大常委会原副主任胡炜，上海市审计局局长宋依佳，上海市教委主任薛明扬，国家审计署驻上海特派办特派员李晓钟等出席。董大胜、胡炜、宋依佳、薛明扬、李晓钟及院长唐海燕共同为“上海立信会计学院审计硕士教育中心”揭牌。

（王海兵）

审计硕士教育中心揭牌仪式在学院举行

［评为 2011—2012 年度“全国毕业生就业工作 50 强高校”］ 5 月 14 日，教育部在京召开“2011—2012 年度全国毕业生就业典型经验高校”经验交流会。会上，学院被评为“2011—2012 年度全国毕业生就业典型经验高校”，并获授奖牌。

（王海兵）

［列入市级“专业综合改革试点”建设项目］ 上海市教委发布“十二五”本科教学工程市级“专业综合改革试点”项目名单，学院金融学、税务两个专业入选。

（王海兵）

［入选上海高校一流学科(B 类)建设计划］ 上海市教委印发《上海市教育委员会关于公布上海高校一流学科名单的通知》，学院工商管理(会计)学科入选。

（王海兵）

［立信海集方金融工程实验中心揭牌］ 9 月 15 日，“立信海集方金融工程实验中心”揭牌仪式暨金融实用人才培养研讨会举行。国务院国资委研究中心主任李保民，市教委副主任印杰，江苏省证监局副局长许加林，以及政府金融监管部门、金融教育行业领导，证券期货信托公司高管及政策专家学者等出席揭牌仪式。

（王海兵）

附：学校负责人及地址

（2012 年 1—12 月）

院党委书记：董金平
副　书　记：楼军江、朱坚强

院　　长：唐海燕
副院长：朱坚强(兼)、邵瑞庆、李延臣

松江校区地址：松江区文翔路 2800 号
邮编：201620
电话：67705200(总机)

徐汇校区地址：中山西路 2230 号
邮编：200235
电话：64390390(总机)

上海第二工业大学

［2012年概况］ 学校迎接本科教学合格评估，推进内涵建设，在人才培养模式改革、师资队伍能力提升、学科专业建设、对外交流与合作、校园文化和文明创建、党建工作各方面取得新进展。2012年录取新生3794人，完成招生计划103.38%，其中3621人入学并取得学籍。学校现共有全日制注册学生12055名，其中本科学生8759名，专科学生3296名，研究生32名。2011—2012学年成教本科(含专升本)毕业生981人，获得学士学位证书251人，占本科(含专升本)毕业生总数25.59%。学校历年来获得学士学位总人数至此已达5151人。

一、接受教育部本科教学工作合格评估，于5月顺利完成教学合格评估工作，专家组对学校升本九年来的成绩给予积极评价。学校于9月起组织开展全面提高教育质量大讨论活动，制定了“全面提高教育质量若干意见30条”，以提高应用型人才培养质量为主线确定了十大评估整改项目，并明确了整改任务、整改目标和责任分工。十大整改项目覆盖理念模式创新、专业调整与布局、实践教学、学风建设、教学环境改造、质量保障等诸多方面。

二、推进各级重点学科建设。学校加强学科建设的质量与内涵，提高和发挥“测控自动化”、“机械制造及其自动化”、“电子产品与环境工程”等3个上海市教委重点学科的建设水平和辐射作用，并对7个校级重点学科进行验收，努力实现重点学科对于内涵建设和教学工作的促进作用。

将“环境工程”、“会展经济与管理”两个专业纳入CDIO试点，扩大试点范围；借鉴德国“FH”模式在“机械工程及自动化”专业进行试点；推动“机械工程及自动化”和“计算机科学与技术”两个专业“卓越工程师”计划的实施；“电类专业综合性实践教学设计与实施”等3个项目作为上海市高校本科重点教改项目被批准立项；机械电子工程获得“十二五”本科教学工程市级“专业综合改革试点”项目；与三所中职学校合作，联合开展中高职教育贯通培养模式试点的申报。

三、课程建设、教师团队建设和教学奖评选。完成2010年立项的市重点建设课程和2011年立项的市重点建设课程的验收和中期检查工作，“自动控制原理”1门本科课程和“网络安全”、“国际货运代理”两门高职课程被评为上海市精品课程；完成第五届校级优秀教学成果奖的评选工作；物流管理专业教学团队、应用英语(外贸英语)专业教学团队获2012年度上海高校市级教学团队。

四、校企合作与实践教学。全年共缔结校院两级校企合作协议60多项。作为国家财政资助项目，学校与杉杉集团等六家知名企业签订校外实习基地合作协议，技师学院的学生受益面持续扩大；强化自主性、创新性的实践教学内容，设计性、综合性、研究性和创新性实验的比例得到逐步提高；支持实践教学改革项目，重视实验教材、实验与实习指导书教材建设，加强实践教学管理；鼓励支持学生参加校外高水平学科竞赛和科技竞赛，截至11月底，学生在各级各类学科、技能竞赛中共获得三等奖以上的全国奖项89项，其中一等奖14项；省部级奖项40项，其中一等奖11项。

五、师资队伍建设。共有104位教师被市教委批准获得相关专项资助，涉及资助经费654万元。全年，学校有近百名教师参加各级各类培训活动。探索“骨干教师教学激励计划”，开展教师团队建设试点工作。两位教师获得2012年度上海市特聘教授“东方学者”称号，一位聘任的外籍专家获2012年度上海市特聘教授“东方学者”(讲座教授)。推进绩效工资改革工作，退休教职工生活补贴改革已完成，在职教职工的绩效工资改革思路也已基本形成。

六、科研与知识服务。有8项国家级项目、8项省部级项目和41项委局级项目立项，获得省部级科技进步三等奖1项。截至12月18日，实际到校纵向项目经费2549.76万元，其中，国家自然科学基金项目5项、教育部人文社科基金一般项目1项、上海市自然科学基金项目2项；发表核心期刊以上的论文336篇，其中三大检索论文214篇；获广东省科学技术奖1项、上海市第十一届哲学社会科学优秀成果奖1项；共完成签订四技合同93项，合同金额1582万元，到校横向科研经费1399万元，比2011年增长16.68%，四技合同登记率达到100%。

七、学生工作。建立学校、学院(专任教师与辅导员)、学生三级学风建设监督网络和长效管理机制,实施"学业学分跟踪警示"制度,开展学风专项整治活动,促进学生学习风气的改善。建立心理健康教育十项制度,强化专业心理辅导老师队伍建设,帮助解决大学生各类心理问题。学校将职业发展教育融入学生工作体系,坚持资助与育人相结合,积极探索"资助一个学生,规划一个人生;解困一个家庭,成就一个梦想"的职业发展模式,推动帮困资助从"输血型"向"造血型"转变;不断完善迎新系统,积极探索职业导航帮困助学模式。

八、对外交流与合作。稳步推进留学生教育工作,累计招收外国留学生 97 人次,其中本科学历生 20 人、交流生 33 人、语言生 10 人、汉语短期学习团组 3 个共计 34 人,生源扩大至 8 个国家;推进"上海市高校学生海外学习实习项目",合计开展实施学生海外学习、实习项目 12 项,参与学生 114 位,资助金额 230 多万元;与海外高校、企业等机构新缔结合作协议 18 个。

九、管理保障工作。学校把章程修订纳入年度工作计划并于 6 月正式启动,修订稿已完成校内审议。学校按照"量入为出,收支平衡"的总原则,依法积极多渠道筹集资金,争取有利于学校发展的政策,较好的完成预算管理和控制。2011 年度财政拨款收入预算同比递增 11.16%;2012 年度财政拨款总收入预算同比递增 14.44%。全年共完成采购经费 6091.12 万元,共签订合同 376 份。投入 300 多万元,实施第六期安防实战平台建设工程。

十、精神文明建设。学校制定《2012 校园文化建设行动计划》和《上海第二工业大学关于进一步加强学校文化建设的意见》(讨论稿)等文件,开展文明创建活动并取得丰硕成果。计算机与信息学院戴振伟同学获 2011 年度社会主义精神文明好人好事奖,《为了每一个学生的健康成长——上海第二工业大学毽球文化建设》项目荣获了 2012 年上海教育系统校园文化建设优秀项目。12 月 27 日,上海市文明单位考评组对学校进行了文明单位创建的实地检查。学校被中华全国总工会授予"全国工人先锋号"荣誉称号。

(顾贤凯)

[组建人文与国际交流学院] 7 月,学校撤销原人文学院和原国际交流学院,组建人文与国际交流学院。这是学校进行本科教学评估整改先行实施的一项重大举措,促进学校学科布局与资源配置的优化,凝聚办学力量,提升教师队伍建设水平与人才培养质量。

(顾贤凯)

[首届工程硕士研究生入学] 9 月,首届 32 位研究生入学。学校围绕"工程实践"这一核心要义,提出以"1 个企业网络+3 层管理架构+3 个阶段学习"为主要特征的"工程导入"的培养模式,得到全国工程硕士教育指导委员会的肯定。学校与多家企业联合建立研究生培养基地,为工程硕士研究生培养提供保障。

(顾贤凯)

庆祝学校搬迁浦东十周年大会暨首届工程硕士研究生开学典礼

[成立电子废弃物资源化产学研合作开发中心] 该中心实行实体化管理体制和开放式运行机制,将成为学校全新的产学研协同创新载体,管理体制机制改革的实验区,聚集和培养高层次创新人才的高

地，创新资源与社会资源相互融合联动发展的“中间地带”。另外，由二工大和浦东新区人民政府、金桥集团合作成立的上海工业设计（现代生活用品）设计·技术公共服务平台也已进入实际运作阶段。

（顾贤凯）

[“工程训练中心工程”项目成功获批并奠基] 该项目总占地面积约为30000平方米，规划建筑面积24000平方米，总投资约1.1875亿元，建成后，将极大缓解学校实践教学和学生文化活动场所不足的矛盾。

（顾贤凯）

附：学校负责人及地址

（2012年1—12月）

校党委书记：阮显忠
副　书　记：李世平、胡　晟

校　长：胡寿根
副校长：莫惠林、王　刚、瞿志豪、邹龙飞

地址：金海路2360号
邮编：201209
电话：50215021（总机）

上海电机学院

［**2012年概况**］ 学校设电气学院、机械学院、电子信息学院、商学院、外国语学院、汽车学院、马克思主义学院、国际教育学院、高等职业技术学院、数理教学部、体育教学中心等二级教学机构。现有各级各类重点学科10个，其中上海市教委重点建设学科2个(电力电子与电力传动、机械制造及其自动化)。学校目前设有本科专业25个，建有国家级特色专业建设点2个(机械设计制造及其自动化、国际经济与贸易)，上海市特色专业建设点6个，上海市专业综合改革项目2项，上海市实验教学示范中心1个，上海高校示范校外实习基地建设项目1个、上海市属本科高校校外实习基地重点建设项目1个。拥有国家级工程实践教学中心2个，国家级精品课程2门，上海市级精品课程18门、重点课程35门、全英语课程4门，上海市重点教改项目5项，上海市级教学团队4个。年内，学校通过本科教学工作合格评估，并获批成为教育部第二批"卓越计划"试点高校。学校目前有全日制本、专科在校生12000余名，成人教育本专科生3000余名。

课程与教学。新增物联网本科专业，3个专业获学士学位授予权，1个专业通过新专业检查；获得上海高校示范性全英语课程1门、上海市精品课程3门；获批上海市重点教研教改项目1项、市教学团队1个。构建实践教学体系，获上海市高校示范性校外实习基地建设项目1项、上海市属高校校外实习基地重点建设项目1项；上海实验教学示范性中心正式通过市教委验收；学校与中兴通讯有限公司、上汽乘用车公司、斐讯通讯有限公司等签订校企战略合作协议。与上海电气重工集团、上海电机厂有限公司合作获批国家级工程实践教育中心2个；"电气工程及其自动化""材料成型及控制工程(金属塑性成形工艺)"2个专业被列入上海市本科教学工程"专业综合改革试点"项目；"大型铸锻件制造技术产学研合作中心"被列入上海高校知识服务平台，"电气工程"被列入"上海市一流学科建设计划"监测范围。李斌技师学院被中华全国总工会授予全国职工职业技能实训基地、上海市技能人才培育突出贡献奖。

学科与科研。借助企业集团的先进技术和丰富资源，建立广泛深入的产学研联盟，增强科技创新能力。全年获得科研项目202项，申请专利500余项，其中获得申请号的337项，获得授权专利282项；组织参展2012年中国国际工业博览会，获高校展区二等奖、优秀组织奖；开展上海电机学院大学科技园发展规划编制工作；举办"技术本科教育发展论坛"，扩大学校的学术影响力。

师资队伍建设。通过引进与培养并举的方式打造技术应用型师资队伍，学校拥有东方学者、上海市高等学校教学名师、上海市模范教师、"宝钢"优秀教师及上海市育才奖教师等一批具有良好专业能力和职业素养的优秀教师。全年共引进各类人员59名；拓宽人才资助项目渠道，46名教师获批上海市教委"教师专业发展工程"培养计划；18名青年教师获批上海市教委"优秀青年教师"培养计划。

学生工作。落实"服务育人、管理育人"理念，修订《学籍管理规定》等管理制度；开展学风专项整治，突出"三创"能力培养。获职场2012·第二届全国大学生礼仪大赛金奖1项；上海市工程能力综合训练大赛二等奖、三等奖各1项。获得上海市大学生创新计划项目130项；获2012年上海市大学生暑期社会实践"优秀组织奖"和2012上海科技活动周先进集体。

国际交流与合作。拓展中外合作办学，推进学生海外学习项目。学校设立同美国佛罗里达理工学院合作的2+2学分互认项目3项；同美、英、澳等国家多所大学签署合作项目协议10项；聘请上海市市级海外名师2名，聘请校级海外名师5名；聘请外籍教授来校开设国际化课程4门、建设全英文课程7门；全年派出出访工作团9批；全年共接待来自十几个国家近30所大学的访问团37批。留学生规模进一步扩大。学校首次设立留学生全英文授课专业和留学生专业培训项目，共有来自欧、美、亚、非等十几个国家留学生达221人，其中学历生85名。

社会服务。加强培训转型升级，首次获得国家人力资源和社会保障部批准的"装备制造业产品数字化设计制造技术与数据管理"项目;首次成功组织2012年度注册会计师全国统一考试,成为国家级考试考点;获上海市2010—2011年度职业技能鉴定所质量评优二等奖、等级评估A级,2009—2011年度职业培训机构办学质量和诚信等级A级单位。加强校办产业规范化建设,积极开拓市场,实现主营收入8000余万元的经营目标。

(郑　翔)

[临港校区二期项目正式立项] 上海临港产业区高技能人才培养基地项目经过学校大量立项准备,调整完成临港校区修建性详细规划,确定二期工程建设方案并上报。上海市发展改革委于12月31日批准二期工程立项,预计总投资人民币2.5亿元。

(郑　翔)

上海电机学院临港新校区(一期)启用

[首度开展硕士专业学位研究生培养] 学校首批40名研究生(其中扩招10人),成为全国52所试点院校中第一个完成招生计划的院校,也是少数一次复试完成招生计划和扩招计划的院校。获批全国工程硕士教指委工程硕士教育研究课题1项、上海市研究生教育创新计划项目1项、上海市专业学位研究生实践教育基地3个。

(郑　翔)

[与社区(街道)合作框架协议签约] 10月19日,上海电机学院与江川路社区(街道)合作框架协议签约。本协议涵盖了"科技园区""人才培养""社会实践""咨询评估"等多方面内容,并明确了双方合作的具体方式、沟通协调机制等具体问题。中共闵行区委副书记、区长莫负春,上海电机学院及江川路街道领导等近70人出席签约仪式。

(郑　翔)

[当选上海电机行业协会会长] 10月24日,学校承办的上海电机行业协会成立25周年庆暨第七届换届会员大会在闵行校区召开。会上,夏建国校长当选为新一届协会会长。他表示,新一届协会将继续贯彻"立足上海,依托长三角,融入全国,服务全国"理念,以科学发展观为指导,代表和维护行业的共同利益及会员的合法权益,致力于提高电机行业的技术水平和经济效益,进一步促进电机行业的发展。

(郑　翔)

[获"挑战杯"中国大学生创业计划竞赛总决赛全国金奖] 11月28日,学校选送的《上海卓越磁力吸屑辅具有限责任公司》大学生创业计划项目荣获第八届"挑战杯"中国大学生创业计划竞赛总决赛金奖,这是学校首次获得全国大学生权威赛事最高奖项。

(郑　翔)

[举行技术本科教育发展论坛] 12月8日,由上海高等教育学会、上海电机学院高等技术教育研究所联合主办的"技术本科教育发展论坛"在该校举行。厦门大学教育研究院名誉院长潘懋元教授、上海市高等教育学会会长张伟江教授、华东师范大学职成教所石伟平教授、厦门大学教育研究院副院长史秋衡教授等一批知名专家学者应邀参加了会议。与会代表就技术本科教育发展的现状、趋势、定位、跨界等问题发表了各自观点,并对技术本科教育的办学模式、课程体系、评价标准等实践问题展开了深入探讨。

(郑　翔)

附:学校负责人及地址

(2012年1—12月)

校党委书记:郝建平
副　书　记:宦秀芳

校　长:夏建国
副校长:黄兴华、徐余法、焦　斌、杨若凡

临港校区(总部)地址:临港新城橄榄路1350号
邮编:201306
总机:38223822

闵行校区地址:江川路690号
邮编:200240
总机:64300980

闵行校区(西区)地址:文井路88号
邮编:200245
总机:64306661

上海商学院

［**2012年概况**］ 学校建设知识服务平台，对接985高校，推进学校内涵发展。

人才队伍建设。推进“教师整体素质和能力提升”项目，加大师资培养工作力度，经市教委批准，17名教师参加国外访学，11名教师参加国内访学，32名教师参加产学研践习。选拔50名有志于开展科研、有研究潜力青年博士进行着力培养。设立“上商学者”计划项目、“上商论丛”出版基金、设立“启明星”计划项目，培育青年教师科研上水平、出成果。1人获得上海市教学名师称号，1人获得宝钢优秀教师奖，商务管理专业双语教学团队被评为上海市优秀教学团队。选送青年干部、干部骨干外出培训、挂职。先后有6位同志参加市委党校、市经济党校培训，4位同志参加教育部集中学习，选派3名同志到市、区有关部门和央企挂职半年，选派13名同志在校内二级学院或职能部门挂职。

教学改革。酒店管理专业获得上海市级专业综合改革试点，并被市教委推荐申报国家级专业综合改革试点。2008年设置的3个本科新专业获得学士学位授予权。建成市级精品课程3门和市级全英语课程1门。获1项上海市重点教改项目，评审与立项16个校级项目，完成3项市级重点、19项校级项目的检查与结题验收。上海市流通现代化实验教学示范中心通过市教委验收，并被市教委推荐申报国家级实验教学示范中心。

学科建设和科研工作。“商务传播学”、“工商管理学”继续得到央财支持，“商务经济学”获上海市财政“本级学科建设项目”立项并获得建设资助，“工商管理学科”获批“上海高校B类一流培育学科”。学校科研有较大改善。其中，论文发表数量较上年增长28.6%，课题申报数量增长30%以上，并获国家社科基金项目立项1项，教育部人文社科项目立项4项，上海市教委科研创新项目立项5项，“晨光计划”立项1项，上海市德育课题项目2个，上海市教委体育课题项目1个，上海市政府决策咨询项目1个。成功申报上海市教育委员会“知识服务提升工程”项目——“上海商贸服务业知识服务中心(筹)”，获得市教委批准，并获资助。本平台已与商务部政策研究室、特华博士后工作科研站、江西财经大学、复旦大学研究生院等单位签署战略合作协议，并开展实质性合作。

学校召开迎接教育部本科教学工作合格评估推进会

学生工作。创新“易班”模式，投入百万元学生学科竞赛专项经费，152项获省市级以上学生学科竞赛奖，43项获省市级以上创新活动、技能竞赛奖，12项获省市级以上文艺、体育竞赛奖，185项学生科研项目得到校级资金资助。健全志愿者管理体系，开展服务项目41项，学生志愿服务达1273人次。开通“七彩青年”上海商学院志愿服务网平台。开展上商学子知社情、献智慧的“三下乡”活动，其中全国重点团队1支，上海市重点团队2支。年内，截至8月25日，2012届本专科毕业生初次就业率达到96.24%，签约率达到83.56%。

校企合作与校校合作。先后与国美电器有限公司、建设银行上海市分行、号百信息服务有限公司等28家单位签订产学研合作协议。与复旦大学、韩国昌源文星大学、美国圣地亚哥州立大学等国内外高校开展合作交流项目。在全面对接复旦大学的基础上，院系合作再结硕果，信息与计算机学院、艺术设计学院、文法学院和外语学院分别与复旦大学相关学院签署合作协议，开展对口合作。与奉贤区南桥镇政府、奉贤区供销合作总社、奉贤区税务局、电信局、区团委签署合作共建协议。获准成为“东方讲坛”加盟举办点。

对外交流。国际交流合作进一步加强，各类教师出国进修访问和海外考察团组达到22个，出访人数53人。留学生数量不断增加。接待来自于美国、加拿大等15个国家和地区各类长短期留学生127名。国际学术交流活动增多。

（刘晋波）

［朝鲜语本科专业获批］ 3月，教育部公布了2011年度经备案或审批同意设置的高校本科专业名单，学校朝鲜语本科专业获批。

（于振杰）

［“上商大讲堂”启动］ 3月19日，学校对接复旦大学的重要落地项目——上商大讲堂正式启动。复旦大学经济学院院长袁志刚成为首讲嘉宾。上商大讲堂计划每年举办10—15期，旨在通过复旦知名学者来校讲学，活跃学术氛围，带动和提升学术活动质量、层次和影响力，并在丰富校园文化生活、拓宽学子学术视野方面发挥作用。

（于振杰）

［与建设银行上海分行签署合作协议］ 3月28日，学校与建设银行上海分行举行合作协议签约仪式，标志着双方长期、深层、全面战略合作关系的确立。根据协议，建设银行将在学校相关专业及内涵建设、学生青年实践活动开展、青年骨干业务交流、学生实习就业机会提供等方面给予支持。

（于振杰）

［上海商业发展研究院揭牌］ 4月8日，上海商业发展研究院揭牌，这是上海市商务委员会和学校合作共建的、致力于商业理论和实务研究的知识服务公共平台。旨在整合上海市、长三角商业研究的优质资源，共同打造立足上海，面向长三角，服务全国的商业发展研究平台，为政府决策咨询、商业能级提升、企业经营管理指导、公众信息服务以及对应商业全球化进程，提供一流的智力支持。

（于振杰）

［获准为“东方讲坛”加盟举办点］ 6月6日，上海市社科联和东方宣讲中心正式接纳学校为上海市“东方讲坛”加盟举办点。

（于振杰）

［与企业合作的首批委托班开班］ 9月8日，学校与国美电器合作的委托班迎来首批报到学生。该委托班是国美人才储备战略的重要组成部分。双方的合作将为培养连锁经营领域的复合型人才创造新的空间与平台。

（于振杰）

附：学校负责人及地址

（2012年1—12月）

院　　长：朱国宏
院党委副书记：吴延风
副 院 长：冯伟国、楼文高

徐汇校区地址：中山西路2271号
邮编：200235
电话：64870020（总机）

奉浦校区地址：奉浦大道123号
邮编：201400
电话：67102976（值班）

上海政法学院

［2012年概况］ 学校设12个二级学院，拥有法学（含刑事司法方向、民商法方向、知识产权法方向、行政法方向、经济法方向、环境法方向、金融法方向、国际经济法方向、人民调解方向）和监狱学（社区矫正方向）、国际政治、行政管理、社会学、社会工作、劳动与社会保障、经济学、工商管理、国际经济与贸易、财务管理、英语、汉语言文学、思想政治教育、新闻学等25个本科专业及方向；另有法学理论、宪法学与行政法学和刑法学3个硕士学位授权学科以及司法助理、文秘等7个高职专业。

一、加快专业布局调整。编制学校“十二五”专业建设发展规划，加强复合交叉专业建设。率先开设法学专业人民调解方向，首届面向全国招收25名学生，培养具有非诉讼纠纷解决尤其是具有调解能力的专门人才。申报知识产权、应用心理学、审计学、信息系统与信息管理等4个新专业，并开设新闻学专业电视纪录片方向。法学（行政法、监狱学、环境法方向）获批为上海市一流学科。经济学、社会学成为市级财政支持建设的重点学科。第三期校级重点学科确定了5个优势学科和2个培育学科，重点推进一级学科硕士点建设。

二、深化教学改革。建立市级卓越法律人才培养基地、涉外卓越法律人才培养基地，开展法学和工商管理2个本科专业综合改革试点以及上海高校思想政治理论课教学改革试点项目。12门课程分别获得市级精品课程、示范性全英语课程和市重点课程立项。向社会公开发布本科教学质量报告。首次获得市级大学生创新创业计划，3300多名学生参与，共立项397项，获专项经费80万元。

三、提升人才培养质量。推进研究生招生培养工作，招收首届硕士研究生55名，并加强研究生教学的基本建设。首次获市级大学生创新创业计划，3300多名学生参与，共立项397项，获专项经费80万元。就业质量进一步提高，截至8月25日，毕业生总体就业率为97.54%，其中，本科生就业率为97.52%，高职生就业率为98.73%。

四、增强学术科研水平。学校获得4项国家社科基金项目，8项省部级项目、42项各类市教委课题，并获3项上海市哲学社会科学优秀成果奖。与行业部门、学术机构等单位联合主办社会管理法治化理论与实践、中国海权战略与国家安全等20余场学术研讨会；在校内每逢双周举办学术沙龙，不定期举办学术名家讲坛、东方讲坛、专题报告，开展第四届学术活动月。全年累计组织各类学术活动158场，全校师生万余人次参加。

五、加强师资队伍建设。成立教师教学能力发展中心，建立健全促进教学改革、提升教师教学水平和教学质量的长效机制。年内引进、招录师资27名，其中包括2名学科带头人、4名海外优秀人才。选派15名青年教师到国内外著名高校攻读博士学位或访学、6人进入博士后流动站，1名教师获得上海市浦江人才计划资助、3名教师入选上海高校教师产学研践习计划。组织开展170人次的各种职业培训，为教师开设英语培训班和计算机培训班，共有70余人参加了培训。规范人事制度，制定以业绩为核心，由品德、知识、能力等要素构成科学、合理、量化、易行的分类分级考核指标体系。

六、推进国际交流合作项目。学校与10多所大学保持良好的沟通。通过短期交流、修读学分、攻读学位等方式选送学生赴海外实习、学习。2012年有13个学生海外学习实习项目得到司法部和上海市教委的批准，获市教委资助159万元，已选送63名学生分别赴美国蒙哥马利奥本大学、德国美茵茨大学、匈牙利赛格德大学、台湾玄奘大学等国家和地区交流学习。聘请吉尔吉斯斯坦前总统萝扎·奥通巴耶娃为名誉教授。匈牙利国家议会副议长乌伊海伊·伊什特万、印度驻上海总领事馆总领事等外国政要及国外知名专家学者先后到访。与匈牙利塞格德大学合作办学签约。联合国经济、社会、文化权利委员会主席海梅·马尔昌·罗梅罗先生，专家罗西奥·巴拉荷拿·列拉女士、丛军女士访问上海政法学院，丛军女士并受聘为上海政法学院名誉教授。

七、加强文化育人工作。高标准引进辅导员，组织开展辅导员的各类培训学习。开设“学生工作专项课题”，鼓励辅导员发表论文，提升理论水平。构建校园文化。打造“一院一品”、“一社一品”等校园文化品牌项目。承办上海赛区英语演讲大赛、九校模拟法庭大赛等大型活动。女子板球队获全国板球锦标赛亚军,1名运动员入选国家队。

八、帮困助学。推行成长关爱计划,针对基础较差的学生开设英语和计算机辅导班。成立学生事务中心,为学生提供"一站式"服务,加强资助力度,全年共评审、发放奖助学金6大类,总计奖助3959人次,奖助金额达800余万元。对1597名家庭经济困难学生,通过勤工助学、助学贷款、爱心捐赠、困难补助等措施给予帮助,实现"不让一个学生因经济困难失学"的承诺。

九、加快实施扩建工程建设。年内,学校四期扩建工程包括新建法学教学楼、学生宿舍、食堂,建筑面积共18577平方米,均已结构封顶。学生公寓在年底竣工。教学楼、体育馆、学生礼堂已完成工程招标,年底顺利开工。

(荣道福、张茹蓉)

[CAS发展研究部在学院揭牌] 2月13日,国际体育仲裁院(简称CAS)上海听证中心发展研究部设在上海政法学院。发展研究部主要负责理论研究、学术活动、人才培养及前期的宣传材料准备等工作,并于11月12日揭牌。

(张茹蓉)

[开设法学(人民调解方向)本科专业] 5月2日,上海政法学院2012年本科招生计划公布,在全国高等教育体系中率先开设法学(人民调解方向)本科专业,首届面向全国招收25名学生,学制四年,授予法学学士学位,培养具有非诉讼纠纷解决尤其是具有调解能力的专门人才。9月11日,首届法学专业(人民调解方向)新生开学典礼举行。

(马洪亮)

首届法学专业人民调解方向新生开学典礼

["海权战略与国防政策研究所"揭牌] 11月24日首届"中国海权战略与国家安全"学术研讨会在上海政法学院举行。与会专家学者围绕"西方文明与海权的特点"、"古代与近现代中国国家命运与海权"、"当代中国发展与海权战略"、"未来国家安全与海军建设"四个专题展开研讨

(张茹蓉)

[招收首届硕士研究生] 9月7日,上海政法学院举行2012级硕士研究生开学典礼。恢复确认法学理论、宪法学与行政法学、刑法学等三个硕士学位授权学科后招收首届硕士研究生55名。

(马洪亮)

[卓越法律人才培养基地获立项] 10月,上海政法学院组织申报的"卓越法律人才培养基地"和"涉外卓越法律人才培养基地"获得立项,负责人分别为关保英教授和闫立教授,建设周期为4年。

(马洪亮)

[获"优秀中青年法学家"称号] 11月30日,上海市法学会举行第五届上海市中青年法学家表彰会。上海政法学院刑事司法学院院长姚建龙教授获第五届上海市优秀中青年法学家称号。

(马洪亮)

附:学校负责人及地址

(2012 年 1—12 月)

校党委书记:刘江江(7 月离任)、杨俊一(7 月到任)

副　书　记:谢根华

校　长:金国华

副校长:谢根华、闫　立、曹文建、关保英

地址:外青松公路 7989 号

邮编:201701

电话:39225000(总机)

上海杉达学院

［**2012年概况**］ 2012年，学校贯彻落实国家和上海中长期教育改革和发展规划纲要，推进“十二五”规划具体项目的实施。庆祝建校20周年，推进民办高校示范校创建工作，全年工作取得显著成效。年内，学校招收新生3387人，其中本科2821人，专科566人。在校生共11635人，本科生占86.54%，专科生占13.46%。毕业生3006人，其中本科生2365人，专科生620人，2344人获得学士学位。

新建6070平方米综合办公楼和校部办公楼，改善教师的办公条件；完成门卫、图书馆大厅、谢希德堂、图书馆五楼会议室、6306圆桌会议室等改建和装修工程；新增六号楼、学生活动中心电梯；完成变电站10kw扩容工程、水泵房移位等基建项目。学校固定资产总值52198.8万元，专业教学实验室60个、语音教室30个、多媒体教室157个、计算机4241台，图书馆新增纸质图书5.44万册，共有纸质图书92.73万册，电子图书10355GB。

提高学科专业建设水平。胜祥商学院列入首批上海高校创新创业教育实验基地；金融学专业入选本科教学工程市级“专业综合改革试点”项目；《民办高校会计专业人才差异化培养模式研究和实践》获2012年上海高校本科重点教学改革项目立项；《工商导论》获“上海高校示范性全英语”课程。18个项目获校优秀教学成果奖、19门课程列入校级重点课程。各学院拓展校企合作模式，护理学专业与9家三甲和专科医院签约建立临床教学基地，并在仁济医院共建重症护理实验室；金融学专业与美国注册财务策划师学会亚洲事务暨中国发展中心签订合作协议；艺术设计专业实践基地在上海刘维亚大师工作室揭牌。学生在全国软件专业人才设计与开发大赛、全国大学生金融投资模拟大赛、两岸校际国际贸易模拟展览竞赛、全国英语演讲比赛（上海赛区）、上海市高校大学生计算机应用能力大赛、上海大学生家居设计大赛等各类学科竞赛中获奖达20余项；沪东工学院对实训课程的学分考核方法进行试点改革，提高学生职业技能。2012届毕业生（除日语、艺术设计专业外）大学英语四、六级通过率分别为92.96%和46.77%；英语专业四级通过率为60.33%，专业八级通过率为44.10%，较上年提高23.41%。

师资队伍建设。引进具有副教授以上职务学科带头人8人；新进具有博士学位7人，具有海外留学经历5人；来校任教外籍教师37人次。5名教授受聘担任市高校本科教指委委员；2项目获首批上海“海外名师项目”资助；3人获市教委“国外访问学者”计划资助；1人获市教委“产学研践习”计划资助。中青年教师赴国外攻读硕、博学位10人；在国内攻读博士学位16人；12人赴印度接受知名企业培训；5人赴英国东伦敦大学商学院学习交流等。通过评审认定教授1人、副教授6人。建立“倪军（首席教授）、章鲁（特聘教授）工作室”。组织开展首届辅导员职业技能竞赛；50人次参与各类辅导员工作培训。3人获上海市育才奖；2人获民办高校“师德标兵”称号；1人获民办高校“优秀辅导员”称号；1人获2012年度宝钢优秀教师奖；36人获学校考核优秀等级。

科研工作。2012年获准立项科研项目175项，其中：纵向154项（省部级项目3项；民办高校骨干教师科研项目131项）、横向7项、校基金14项，可支配经费306余万元；3个课题在市民办高教协会科研项目评选中获奖（一等奖1项，二等奖2项）；教师公开发表论文75篇，其中：核心期刊21篇、三大检索收录3篇、出版专著2本。各学院举办各类讲座80余场。

中外合作办学与交流。2012年新签和续签校际合作协议10个；校领导带团出访美、加、英、日、印和中国澳门地区的20所大学；14个国家和中国台湾、澳门地区200余名代表来校访问，其中西语国家五国总领事来访。国际经济与贸易（中美合作）专业第六批30名学生获瑞德大学硕士学位、38名学生获两校学士学位，第九批31名学生赴美国瑞德大学学习。3个项目获上海市高校学生海外学习、实习项目资助；86名学生赴国外境外学习交流；4名留学生来校学习、实习，国际交流处举办第二届“海外游学周”活动，为拓展学生国际视野服务。

学生工作。139名学生被评为“上海市优秀毕业生”。另有305名学生被评为“上海杉达学院优秀毕业生”；44名学生光荣入伍，其中嘉善光彪学院4名学生进西藏服兵役。全校972人次参加无偿献血。完成国家奖学金、励志奖学金、助学金和上海奖学金评定,2310 人次获资助;48 名学生获国家助学贷款;258 名学生获批生源地助学贷款。评定校谢希德奖学金、徐国炯奖(助)学金 1147 人次;15 名学生获智瑾奖(助)学金;为 188 名学生提供勤工助学岗位;通过多种形式对 110 余名学生进行了帮困补助。毕业生全校就业率 97.05%(本科 96.34%、专科 99.84%),其中签约率 84.63%(本科 81.63%、专科 96.24%)。13 名学生被录取参加"三支一扶计划"、"到村任职"等国家就业项目,学校被评为 2012 年度"三支一扶"工作先进单位。在上海市大学生暑期社会实践活动中,校团委获优秀组织奖、3 个项目获优秀奖;嘉善光彪学院"伴老"志愿者与 300 余名"空巢"老人结对,坚持 10 年爱老助老;师生参与西部计划、科技馆志愿服务、"蓝天下的至爱"等各类公益活动的全年达 9000 余人次,学校志愿者服务总队获授"上海市青年五四奖章集体"。学生党员工作站获"首届全国民办高校党的建设和思想政治工作优秀成果"一等奖。文明办组织"高雅艺术进校园"、校团委打造"六大节庆"活动等加强校园文化建设,学校在上海市第三届大学生艺术展演中获集体和个人多个奖项。

(周清芬)

[庆祝建校 20 周年] 学校隆重举行建校 20 周年庆典大会,中共中央政治局委员,上海市委书记俞正声、全国人大常委会副委员长严隽琪,教育部部长袁贵仁,上海市委副书记、市长韩正,市人大常委会主任刘云耕,市政协主席冯国勤等为校庆发来贺信、贺词。市委副书记殷一璀出席庆典大会并讲话,副市长沈晓明、市政协副主席周汉民等莅临祝贺。庆典当日学校承办了"发挥体制机制优势,创建高水平民办大学"中外民办高校校长论坛。

(周清芬)

庆祝上海杉达学院诞辰 20 周年

[获市政府扶持资金] 学校坚持教育公益性、非营利,围绕社会需求,加大学科专业结构调整和建设力度,被列为"民办高校示范校创建校"。金融学专业市级综合改革试点、生物和化学实验中心、经济与管理创新实验中心(二期)、护理学和基础医学教学平台、课程中心(一期)、分布式交互语音教室和外语自主学习平台(一期)、复合型图书馆(一期)、师资队伍、安全技防等建设项目,获得 2012 年政府扶持资金支持达 4269 万元。

(周清芬)

[启动新建本科院校合格评估工作] 学校对本科教学评建工作做出部署,要求以学分制改革为主线,以学生应用能力培养为根本,以产学合作办学为载体,以国际合作交流为平台,全面保障教学质量。教授为本科生授课率达 95%;小班化教学占 51.5%;对新生进行英语统测,分级分班教学。完成本科专业新目录对照整理工作,调整后学校目前拥有 7 大学科门类 24 个本科专业;开设公共选修课 155 门次,选课学生 11535 人次;启动教学基本状态数据采集;严格考场纪律,做好学籍、重修等教学管理工作。

(周清芬)

[实施信息化服务平台建设工程] 完成"基于网络的课程中心及 E 化教室建设"项目;完成"校园信息化平台建设"项目需求分析、产品调研、专家论

证等工作；1—6 号教学楼接入万兆光缆；学生宿舍实施网络社会化运营，实现光纤到户、百兆到桌面的网络环境，完成 8000 个信息点的建设；设计改建校园一卡通系统，集成多个功能模块。

（周清芬）

附：学校负责人及地址

（2012 年 1—12 月）

董 事 长：李储文

名誉院长：古胜祥、曹光彪、杨　槱、倪维斗

院党委书记：袁　济
副　书　记：李　进、王馥明

院　长：李　进
副院长：薛兴国、张增泰、贾巧萍、王馥明

地址：浦东新区金海路 2727 号
邮编：201209
电话：50210894

上海建桥学院

［**2012年概况**］ 2012年，学校本专科新生报到3963人，目前在校生12343人，其中本科生9477人，专科生2866人。学校另招收夜大学学生171人。2012届毕业生2705人，就业率为99.4%，签约率为93.4%。在校教职工642人，其中专任教师465人，具有高级职称的教师占38.1%，具有研究生学历的教师占56.8%。

学校在2012年度获得全国高等教育学籍学历管理工作先进集体、首届全国民办高校党的建设和思想政治工作优秀成果二等奖、上海科技馆志愿者活动先进集体、上海高校辅导员培训基地、上海市青年五四奖章集体、上海市高校学生资助工作绩效评估优秀单位、社会实践优秀组织奖、征兵工作先进单位、上海高校毕业生就业工作创新基地、首届上海高校辅导员团队拓展活动团体二等奖等。

建桥师生在多项活动或文体赛事中获胜。在上海市首届市民运动会中，获定向越野女子团体第一名，国际跳棋男子团体第一名、女子团体第二名；商学院学生在第四届全国高校三创赛决赛中获特等奖、二等奖；艺术设计学院学生在首届中国高等院校设计艺术大赛中获一等奖、二等奖、三等奖各两项，在全国3D创新设计大赛总决赛中获一等奖；校田径队获上海市高校冬季长跑女子团体一等奖、男子团体二等奖；校国跳教练刘沛获国际跳棋女子冠军。

教育教学。学校确立“以学生为中心”的教学思想，通过修订评教指标、开展教学工作坊进行教学思想大讨论等活动，切实转变教学理念，提高教学质量，推出2012版教学计划，建立了质量监控体系并完善质量保障体系。获得专业综合改革试点项目1项、本科重点教改项目3项、精品课程5门、重点课程12项。另有21个项目获校级优秀教学成果奖。突出实践环节，与62家企业建立合作并成立校企合作工作推进委员会，服务于高素质应用型人才培养战略。申报了4个本科新专业和2个专科新专业，并通过了上海市教委对3个新专业的检查和4个专业学士学位授予权审核。

加强师资队伍建设。市教委“海外名师工程”首位专家、国际著名设计师金亨锡教授驻校引领艺术学院教学改革。重视对青年教师培养，连续发布《上海建桥学院青年教师国内访学计划实施办法》等三个文件加大对青年教师培养的力度。本年度获市教委项目资助的教师14名，其中获高校出国进修项目资助3名，获国内重点高校进修项目7名，4名教师参加产学研践习计划项目资助。6名辅导员参加心理咨询师职业资格培训。对69位新进教师进行了岗前培训。开门办学，从企业聘请兼职教师71人、客座教授11人，直接参与学术交流和教学实习等工作。

学生工作。成立刘伟山工作室，探索民办特色辅导员培训、工作规律及机制创新。首次设立清云奖学金，表彰“感动建桥”十大学子、十大学习标兵和十大创新之星共30名优秀学生；评选出国家奖学金18人，上海市奖学金24人，励志奖学金357人。组织完成新生心理测试工作和UPI筛查工作，开展心理健康教育宣传周和宣传月活动。作为上海市辅导员培训基地，学校举办民办高校辅导员岗前培训及职业发展规划与就业指导等专题培训，共有17所高校的辅导员192人次参加。学生社区自管工作在探索中推进，运行平稳。学校52人应征入伍，超额完成任务。年内各类获奖助学生10313人次，奖助总额1475.99万元，绿色通道共服务166名新生。优化党建工作机制，全年发展党员637名，截至2012年12月，全校学生党员994名，占学生总数8%，比去年同期增长10.3%。

提升科研水平。年内课题立项总数143个，同比增加94个(前学年同期49个)，立项总经费276万元。同比增加134.8万元(前学年同期141.2万元)，教师发表论文81篇，其中核心论文24篇。学校获上海市体育科学研究一般项目立项和2013年国家自然科学基金项目申报资格，均为上海市民办高校首例。

国内外交流合作。年内，有国(境)外高校来访20批次，主要有美国Washburn大学(华盛本大学)、德国EBS(欧洲商学院)及德国Wildau应用科技大学等。学校还与美国Washburn大学(华盛本大学)及美国加州西北工业大学分别签订了校际合作协议。

学校接待短期留学生访学30人,举办为期两周、有21名德国欧洲商学院留学生参加的暑期汉语班,派出10名教师分别参加国外访学、海外工作营等项目,派出10名学生参加对台、赴英的合作项目。

(陶言敏)

[设立民办高校首家辅导员工作室] 4月18日,"刘伟山工作室"揭牌,成立以"2011上海市辅导员年度人物"刘伟山名字命名的工作室,扩大先进辐射效应,实现优质教育资源共享。刘伟山工作室重点建设2012级良好学风,并探索辅导员日常培训、辅导员工作规律总结和辅导员工作的创新机制。

(何 羽)

[和东华大学签署联合培养专业学位硕士研究生协议] 5月17日,学校和东华大学联合培养硕士研究生协议正式签署,两校联合培养专业学位硕士研究生,这在本市民办高校中尚属首创。11月,学校有6位教师通过东华大学评审,具有专业硕士学位和工程硕士指导教师资格。

(朱瑞庭)

[发布社会责任报告] 5月17日,学校首次向社会公众公开发布"2011年度社会责任报告",报告根据《上海市文明单位社会责任报告指导手册(试行)》要求,综合反映员工责任、服务责任、诚信责任、社区责任和环保责任等5个方面,全面披露学校在2011年度对社会责任的担当及取得的成效,并报告未来学校在承担社会责任方面的预期与展望。由于这5个方面的报告内容涉及38项具体指标,学校为此调动全校力量,形成合力,周密部署,严格把关,共有13个职能部门参与报告编制工作。

(李国强)

[发布本科教学质量报告] 10月11日,上海建桥学院《2011年度本科教学质量报告》面向社会公开发布。质量报告介绍学校的办学理念、发展定位、人才培养模式及全年教学质量保障体系运行情况,对招生就业、毕业生工作对口率与满意度、课程建设项目通过情况、教学经费投入、国际合作交流、体制机制改革及当前存在的问题等,采用明晰翔实的数据、图表如实发布。学校将公众对质量报告内容的监督问责情况作为内部绩效考评的依据。

(何 羽)

[启动临港新校区建设] 2月16日,建桥学院临港新校区筹备和建设工作开始启动。9月13日,学校举行临港新校区总体规划设计方案评审会。9月18日至20日,学校开展临港校区总体规划方案评选,根据专家评分、师生票选情况,并经董事会综合研究确定临港新校区总体规划方案。"百年大计"让学生有话语权,学生票选参与学校的民主管理。9月18日,市政府批复同意规划方案。

(王邦永)

[首届决策咨询委员会成立] 10月27日,学校首届决策咨询委员会召开第一次会议,董事长周星增宣布该委员会正式成立,为全体决策咨询委员会委员颁发聘书。会议研究了首届决策咨询委员会组织架构,审议了《上海建桥学院决策咨询委员会章程(讨论稿)》。该委员会是经学校四届七次董事会议审议通过成立的。首届决策咨询委员会成员为郑惠强、朱绍中、俞立中、何积丰、王奇、俞国生、周哲玮、其实、陈建克、黄清云。

(王邦永)

[举办建桥杯10周年庆祝活动] 11月4日至13日,学校举办"建桥杯"10周年系列庆祝活动。作为一种社会责任担当,学校于2003年11月赞助创立建桥杯中国女子围棋公开赛,至今已成功举办十届赛事,培养出一大批在国际棋坛崭露头角的女子围棋新人,建桥杯也因此被中国围棋界称为"以高起点超稳定确立起一个经典品牌"。

(赵 俊)

[周星增连任市人大代表] 12月,董事长周星增当选上海市第十四届人大代表。周星增是上海市第十二、十三届人大代表,此次是他第三次连任。周星增还当选民盟第十一次全国代表大会代表,12月9日赴京参加盛会。

(肖 蕾)

附:学校负责人及地址

(2012年1—12月)

董 事 长:周星增

副董事长:黄清云、郑祥展

校　长:江建明
副校长:张家钰、蒋威宜、郑祥展、朱瑞庭

校党委书记:蒋威宜
副书记:夏　雨

地　址:浦东新区康桥路1500—1700号
邮　编:201319
电　话:58137788

上海海关学院

［2012 年概况］ 学院现设有海关管理系、经济与工商管理系、法律系、外语系、基础部(思想政治理论部)等五个教学系(部)；设置海关管理、行政管理、物流管理、审计学、国际商务、税务、法学、英语 8 个本科专业，涵盖管理学、经济学、法学、文学等 4 个学科门类。其中，法学、税务专业分别是教育部第二、三批高等学校特色专业建设点。学院全日制在校生 1841 人，其中本科生 1780 人，专科生 61 人；现有教职工 266 人，专任教师 138 人，其中教授 14 人，副教授 42 人，具有高级职务教师占专任教师的比例为 40%，具有硕士研究生以上学位教师占专任教师的比例为 80%。

学院以“海关管理”本科专业建设为重点，继续以法学、税务国家特色专业建设和海关特色班建设为抓手，统筹规划 7 个本科专业布局，探索建立特色鲜明的学科专业体系。学院依托行业办学的优势，与海关总署关税司、上海海关签署《联合培养税务硕士合作备忘录》，联合培养税务硕士机制初步建立。

学院探索建立科研工作新机制，修订《上海海关学院科研经费管理办法》、《上海海关学院科研工作量管理办法》和《上海海关学院科研项目经费配套办法》，编印了《上海海关学院科学研究服务指南》。2012 年学院获准校外各级各类科研项目立项共 25 项，其中，国家级 2 项，省部级 10 项，委办级 11 项，横向课题 2 项；2012 年共计发表论文 167 篇。学院教师参与出版、编写著作 23 部。《上海海关学院学报》从 2012 年起由季刊改版为双月刊。

学院培训工作在规模、形式、层次、类型上有新发展。2012 年学院共举办国内外各级各类培训班 118 期，培训各类学员 6893 人次，其中，海关计划内培训 2154 人次，系统内委托培训 3337 人次，面向社会培训 853 人次，涉外培训 549 人次。学院引入专题研究式培训理念，形成了一些供海关决策参考的研究成果。

学院深化国际交流合作方式，与乌克兰海关学院、澳大利亚堪培拉大学、美国孟菲斯大学、日本税关研修所等 4 个国际海关高校或机构达成初步合作意向；与日本税关研修所启动互换学者开展学术交流活动等。

按照海关总署“海关文化建设年”的部署，学院开展“五个一”活动、学雷锋活动。以建校 60 周年校庆为契机推进校园文化建设。在创先争优活动中开展基层组织建设年活动。通过树立和宣传优良学风先进典型，开展学生综合素质测评活动和评奖评优活动，营造良好的学习氛围和育人环境。表彰校级“优秀学生”73 人，优秀学生干部 38 人；有 1200 余人次获各类奖学金助学金计 160.6 万元。学院坚持把准军事化建设作为学生工作的重要抓手和基本特色，在突出“学军”内涵中全面深化养成教育。学院组织学生积极参与社会实践及社区志愿服务 62 项累计次数 170 余次，参与志愿者 2184 人次。学院团委获 2012 年度“上海市五旗团委”称号。在创先争优活动中开展基层组织建设年活动，各基层党支部均制定了创先争优长效化制度。做好党员管理、教育及发展工作，学院共有党员 522 名，其中在职教工党员 180 名，学生党员 286 名(其中预备党员 162 人)，2012 年学院共发展党员 92 名。

主动调整在校毕业生的就业指导与服务工作策略，相继启动实施了毕业生就业力提升计划、毕业生就业市场拓展计划、毕业生就业工作基地建设计划等。2012 年学院被评为“上海高校毕业生就业工作创新基地”。

(院　办)

［举办亚太地区国家海关稽查制度研修班］ 6 月 4 日，亚太地区国家海关稽查制度研修班在上海海关学院开班。来自亚太地区瓦努阿图、斐济、尼泊尔、秘鲁、也门、菲律宾、巴勒斯坦、土库曼斯坦、吉尔吉斯斯坦、老挝、巴基斯坦等 16 个国家的 28 名学员参加为期两周的集中学习。

(曹　佩)

［签署联合培养硕士研究生备忘录］ 6 月 26 日，上海海关学院与海关总署关税征管司、上海海关在学院志远楼正式签署了联合培养税务硕士研究生

的合作备忘录。税务硕士的培养方案按照“服务国家特殊需求人才培养项目”试点工作要求，注重培养学生综合素质和实践能力。三方将通过实施双导师制、毕业论文选题机制等创新举措，共同培养税务硕士专业学位研究生。

（房　莹）

学校与上海海关签署合作备忘录

［于广洲视察上海海关学院］ 7 月 13 日海关总署署长于广洲，副署长、政治部主任王松鹤在上海海关学院听取工作汇报。于署长对上海海关学院“入主流、办特色”的办学思路给予肯定，希望学院在“办特色”上做好文章，办出海关院校的政治特色、业务特色、准军事化特色，特别是准军事化建设要从学校抓起，为准军事化海关纪律部队建设打下坚实基础。署长还在学院参加海关总署授予三级关务监督关衔仪式暨司局级干部培训班结业式。

（房　莹）

［在 PICARD 会议上宣读学术研究成果］ 9 月 25—27 日，上海海关学院院长肖建国、海关管理系王菲易、培训部张树杰、外语系郑继正、办公室童话一行五人赴摩洛哥马拉喀什参加世界海关组织 2012 年 PICARD 会议。海关管理系王菲易题为《海关在东亚经济一体化中的角色探析：问题与前景》的论文内容与大会主题高度契合，在“地区经济一体化与海关作用”研讨环节被邀请作为第一位发言者，实现了学院教师在 PICARD 舞台上宣读学术研究成果的历史性突破。学院代表团拜会了 WCO 秘书长、WCO 能力建设司司长、WCO 秘书长办公室研究处处长等，就加强学院与 WCO 秘书处和国际同行的合作，增强学院在国际海关能力建设中的贡献度，进行了商谈。

（郭向楠）

［获第七届“挑战杯”上海市大学生创业计划大赛铜奖］ 10 月 12 日，学院谈丽韵等学生的作品《上海宠物送行者有限责任公司》获得第七届“挑战杯”上海市大学生创业计划大赛铜奖。

（古宇薇）

［签署《合作备忘录》］ 11 月 5 日，上海海关、上海海关学院《合作备忘录》签约。《合作备忘录》由上海海关副关长史济越和学院副院长丁海蒙共同签署。双方将围绕产学研践习、共建教学实验中心、专业教师和海关专家开展“结对”互助、培训项目等开展深层次的合作。

（房　莹）

附：学校负责人及地址

（2012 年 1—12 月）

院党委书记：郑建民
副　书　记：肖建国（兼）

院　长：肖建国
副院长：丁海蒙、石良平、陈晖（6 月到任）

地址：浦东新区华夏西路 5677 号
邮编：201204
电话：28992899

上海医疗器械高等专科学校

［**2012年概况**］　学校招收全日制专科新生1523名，其中自主招生305名，全年在校生4370人。成人教育招生227名，在校生609人。

推进国家示范骨干高职院校项目建设，按照“建设方案”和“建设任务书”实现示范骨干各项目标，通过了上海市教育委员会和上海市财政局组织的专家组进行的省（市）级验收。

不断完善医疗器械职教集团框架下的校企合作运行机制，开拓校企、校监、校医、校研、校校等多种合作模式。与49家合作伙伴签订校企（医、监、研）合作协议，接待来访合作单位26家，走访合作单位20家，获得企业捐赠644万元设备。开展中西部高职院校对口支援项目，指导重庆医药高等专科学校、山西生物应用职业技术学院进行专业规划，课程、教材和实验实训场所建设等，接受105名学生和4名教师到校培训。

加强教学质量内涵建设，推进教育教学改革。实施以教学内容、教学方法和教学手段为重点的深层次教学改革，引入行业企业职业技术标准建设医疗器械类专业核心课程，开发一批“教、学、做”一体化的专业课程。医学检验仪器管理与维护等3个重点“扶特”专业及生物制药技术1个重点“扶需”专业获得“085”工程建设立项。改扩建校内实验实训室12个，新增实验实训设备价值1927.9万元。重点完善了5个装备水平高、共享性强、辐射面广的医疗器械校内实训中心，拓展医疗器械临床应用与维护、检测与监管、现代化制造及调试等3类校外实践教学基地。新增1个上海市级教学团队和1名教学名师，3门上海市级精品课程。

共享型教学资源库建设取得进展。运用先进的全数字网络化信息手段和工具构建线上与线下教学相结合的网络教学公共服务平台，已上网课程49门；建成共享型“教、学、做”一体化的虚拟现实VR实训平台，可开展基于网络的、可交互的、远程虚拟实训项目。在校内公共区域实行网络无线覆盖，开展3D校园地图建设，建设微格教室、网络直播/点播教室、UC统一资源管理平台等系统，为数字化教学、示范校辐射提供崭新的手段。

科研工作取得新成绩。签约校外科研项目54项，引入外部资金282.3万元，其中横向课题37项，签约经费391.3万元，纵向课题17项，签约经费53.6万元。学校教师全年在国内刊物上发表论文92篇，其中A类论文数4篇，B类论文数17篇；出版教材12本；实用新型专利授权24件，发明专利5件，计算机软件著作权3件。

师资队伍建设有进展。以“教学团队”建设为核心，优化师资队伍结构，加大专业带头人和中青年骨干教师的培养力度，专任教师中具有博士学位的教师新增69%；扎实推进“双师”教师队伍建设，专业教师的“双师”素质达标比例超过90%；来自企业一线的兼职教师承担的专业课时比例超过50%；完善人事制度政策，提升人事管理水平，做好专业技术职务申报评聘工作。结合重点专业建设，选派优秀教师到企业挂职锻炼、赴国外进修，打造具备实践能力和国际视野的双师型高职骨干教师。全年有50余人次出国进修，90余人次在国内业务培训，27人到企业顶岗实习。组织教师申报市教委教师产学研践习项目和践习基地以及国内外访问学者项目，18人获得资助资金共107万元。

国际合作数量增加，合作项目层次提升，2012年，与美国圣何塞州立大学等7所海外院校签署了合作协议；与德国富特旺根应用技术大学实现交流培养学生；与加拿大凯尔嘉里科学公司签署校企合作协议，并在校内设立实训基地；学校板球队受国家体育总局委派，赴英国培训，与英国板球协会建立联系。学生赴德国、日本、澳大利亚、加拿大等国家地区进行海外实习、学习共计8批149人次，获资助金额近238万元。教师赴德国、美国、英国、新西兰等国家地区进行各类职业教育培训21批共67人次。接待海外来访24批110人次，接受蒙古科技大学2名教师19名学生来校游学。

社会服务能力及技术服务能力增强。积极开展行业监管和技术培训服务。2012年，受国家食品药品监督管理局、各省市食品药品监督管理局委托，举办国家医疗器械监管培训3期培训106人，其他各类培训班总计培训2332人次。

学生职业素养、职业技能提升显著。通过校企合作联合开展心理教育、创新创业发展教育，促进了学生职业素养与技能的提高，使学生深受企业的欢迎，当年就业率为98.94%。学生参加全国职业院校技能大赛等比赛中获得全国一等奖6项，二等奖6项，三等奖7项；在上海赛区比赛中，获得上海市特等奖1项，一等奖10项，二等奖3项，三等奖4项。参加“第七届上海市大学生创业计划大赛”获铜奖。

（陈　泓）

[与蒙古科技大学签约合作办学]　4月5日，学校与蒙古科技大学签约。蒙古科技大学校长与郑刚校长在合作协议书上签字。合作内容包括文化交流、师资交流、留学生互换、专业建设对口交流等内容。7月26—29日，郑刚校长应邀对蒙古科技大学进行回访，就两校合作与蒙古科技大学校长深入会谈。

（陈　泓）

[上海医疗器械职教集团增补理事单位]　5月11—12日，以“校企对接　教产合作”为主题的上海医疗器械职教集团理事会2012年工作会议在崇明召开。会议增补上海健康职业技术学院、上海槿豪机电设备有限公司、江苏无锡惠山生命科技产业园、上海市长海医院等4家单位为理事单位，至此，上海医疗器械职教集团成员单位达到51家。会议就医疗器械产业发展、医械人才培养、共建“厂中校”模式探索等进行对话。

（陈　泓）

[签订校企合作协议]　8月15日，学校与中国科学器材公司、中国医疗器械有限公司“校企战略合作框架协议签约仪式”在学校举行。学校校友、中国科学器材公司总经理、中国医疗器械有限公司董事长于清明出席签约仪式。郑刚校长与于清明总经理共同签署校企战略合作框架协议。学校与央企签署合作协议，双方将在产学研等方面开展多方位、多层次合作。

（陈　泓）

签署校企战略合作框架协议

[学校浦东新校区奠基]　12月19日，上海医疗器械高等专科学校、上海出版印刷高等专科学校浦东新校区建设项目在上海国际医学园区奠基。浦东新校区建设项目是2012年上海市政府重大工程项目。根据规划，新校区采取“一次规划、分批实施”的原则分期建设，一期项目建设预计于2014年下半年基本完成并投入使用。

（陈　泓）

附：学校负责人及地址

（2012年1—12月）

校党委书记：江才妹
副　书　记：江孝渔

校　长：郑　刚
副校长：张学龙、丁岳伟、傅志中（6月到任）

地址：营口路101号
邮编：20093
电话：65483431

上海出版印刷高等专科学校

［**2012 年概况**］ 学校招收全日制专科新生1628人，实际报到1437人，2012届毕业生1387人，就业率达98%以上。

一、教学工作。印刷与数字印刷技术专业教学资源库项目建设进展顺利，10门国家资源库计划内容、6个项目库的建设工作取得较好的中期成果；校级资源库课程建设取得很大进展，先进的BB平台于11月下旬建设完成，实现了校内教学资源共享。在“第五届国家示范性高职院校建设成果展示会”中，学校获“最具推荐价值资源库奖”。国家骨干院校建设的“建设方案”和“建设任务书”，通过教育部专家评审，并于12月10日获得正式启动批准。上海市“085工程”完成数字出版、影视动画2个专业实施计划书修改、评审。做好数字出版、影视动画2个专业建设的管理、咨询、服务和推进工作。组织完成数字印刷、印刷设备及工艺、出版与发行等5个专业建设方案的修改完善和上报工作（到款900万元）。申报上市教学团队2支（多媒体设计与制作专业教学团队、出版与电脑编辑专业教学团队），新增上海市精品课程2门（《排版与输出》、《2D动画脚本语言设计》），潘杰获上海市教学名师荣誉称号。

二、科研工作。全年组织申报16类科研项目，含校内课题立项53项，共承接校外项目33项，科研经费总额159.85万元，其中纵向17项，经费95.9万元；横向16项，经费63.95万元。与上年相比，项目到款经费有所增长。获得上海市教育科学研究项目立项3项（重点项目1项，一般项目2项）；获得上海市“晨光计划”项目立项2项；获得中国教育国际交流协会高职国际化专项研究重点课题1项；获得上海市教委科研创新项目立项4项（重点项目1项，一般项目3项）。获得专利2项，新闻出版总署国家重大科技工程项目——“光全息水印技术应用研究”得到专家一致好评。

三、师资队伍建设。注重高端人才、行业技能型人才的引进。全年新进教职工30人，其中具有高级职称或博士学历的高端人才占36.67%，比上年度提高了29个百分点，来自行业人才3人。首次推行首聘期满考核续聘。新录用人员首聘期满，必须进行述职考核，考核合格者方能续聘，21人首聘期满，20人考核合格，得以续聘。继续分批派遣多名优秀中青年教师出国进修，鼓励中青年教师到行业企业顶岗实践，提高双师型教师的数量和比例，提升学校教师业务水平与国际交流能力，满足现代化高职教育教学工作的要求。2012年有4人获得“青年教师培养资助计划”，2人获得市教委出国进修计划项目资助，11人获市教师产学研践习计划项目。通过上海市高校辅导员基地短期专题培训，辅导员理论和科研能力不断提高。1位辅导员获得心理咨询师二级资格。

四、学生工作。积极争取社会资源，吸纳企业在学校设立奖助学金，增加对学生资助的力度，探索奖学金＋学习跟踪＋职业指导的组合资助模式。全年新增设社会奖学金50万元，其中香港永发创意·创新奖学金10万元、卡洛奖学金10万元、百成奖学金30万元。2012年，学校在上海市资助工作绩效评估中被评为优秀及特色项目。学校成功申报2012年上海高校毕业生就业工作创新基地重点项目“上海市高职高专学生职业发展信息化服务系统”，将设计并研发贯穿学科专业建设、职前教育和职后培训完整服务链，适应学生终身发展需要的形成学生职业发展信息化服务平台。学生在各类竞赛中获奖再创新高。在“第42届世界技能大赛”选拔赛中，王东东成为2013年7月在德国举行的“第42届世界技能大赛”选手之一。在第二届印刷模拟系统全球竞赛中，学生薛晓婷获季军。在第三届全国印刷行业职业技能竞赛中，学生获得一等奖4名、二等奖15名、三等奖7名、优秀奖8名。在第二届全国网络编辑技能竞赛中荣获二等奖1个，单项奖2个。在第七届全国信息技术应用水平大赛中获得二等奖1个，三等奖5个。学校荣获“优秀组织奖”，“大赛最佳指导老师”1名，“先进个人”2名。

成立大学生艺术团，积极开展职道讲坛、精英报告、学风建设、音乐会等学生文艺、体育、科技等活动，全年共组织校园文化活动60余次，形成了多层次、全方位的校园文化局面，提升校园文化的品位和水平以及学生的综合素质。

五、对外合作与交流。首次申请到学生海外学习/实习专项资金，共计156万元。暑期分别开展了与莫斯科印刷大学、爱沙尼亚塔尔图大学、台湾德明财经科技大学的交流活动。开创大专生直升国外硕士的先例。学校开设了与英国约克圣约翰大学合作的6门课程+1年留学的MBA传媒管理硕士项目，首批学生已赴英攻读硕士，并获得奖学金。2012年暑期，英国中央兰开夏大学首次派专业教师来学校授课并对"国际会计与金融服务专业3+1项目"在读学生进行考核，通过率达到90%以上；两校就会计专业课程教学大纲进行了进一步的比对，确定学校20门专业课程及从英方引进的12门课程与英国相应专业进行学分互认。9月，学校与英国博尔顿大学合作的机电一体化专业3+1项目的一名同学赴英国继续攻读本科学位。完成与美国罗切斯特理工学院合作的图文信息专业项目双方专业课程的学分互认工作。

（孙丽炜）

[上海印刷博物馆列为上海市爱国主义教育基地] 4月19日，中共上海市委宣传部举行第五批上海市爱国主义教育基地授牌仪式，学校的上海印刷博物馆获此称号。上海印刷博物馆依托印刷行业建立的高校民族文化博物馆，展示数千年印刷文化精华，传承民族优秀文化，是宣传中国优秀传统文化的重要窗口。2012年博物馆接待社会观众10899人次，并获上海市文物管理局上海市社会力量举办博物馆专项扶持资金97000元。

（孙丽炜）

[签订校院战略合作协议] 4月27日，学校与中国新闻出版研究院签订校院合作协议，依托双方的人才队伍、学科技术、实验室等资源，建立深度、紧密的战略合作联盟，努力实现合作共赢的目标，为行业、社会培养高素质的创新人才。中国新闻出版研究院和学校双方领导出席签约仪式。

（孙丽炜）

[举行《吴汉英水彩画精选》首发式] 6月30日，由学校老教授协会举办的《吴汉英水彩画精选》首发式在学校"教工之家"举行。吴汉英老师1956年从南京艺术学院毕业后，即来学校任教，从事艺术教育50多年，是学校艺术系的创建者，曾被评为上海市优秀艺术教师。吴老师师从艺术大师刘海粟，在继承大师传统的基础上又有自己的创新，尤其在水彩画方面有独特的风格，形成了具有中国气派的水彩画。《吴汉英水彩画精选》是他的艺术作品的结晶。

（孙丽炜）

附：学校负责人及地址

（2012年1—12月）

校党委书记：朱南勤（6月离任）、李　江（6月到任）
副　书　记：顾　凯

校　长：陈敬良
副校长：滕跃民、曾　忠、黎　卫（6月到任）

地址：水丰路100号
邮编：200093
电话：55530024

上海旅游高等专科学校

［2012 年概况］ 学校在校专科生 3177 名，本科生 1700 名，研究生 212 名，学历教育夜大学生 162 人，非学历培训 1233 人次；接受各类留学生 26 名，其中在读学历生 10 名（全日制专科学历生 2 名，本科学历生 6 名，硕士研究生 1 名，本科进修生 1 名），在读非学历境外学生（交换生）3 人，来自日本西南女学院大学的短期留学生 13 名。

扎实推进内涵建设，完成市级、校级精品课程、重点课程等教学质量工程项目的验收评审。酒店管理本科专业通过校级专业检查，通过市教委重点课程验收 5 门，获市级教学名师 1 名，获市级精品课程 1 门，获市级教学团队 1 个。启动“飞跃计划（暨后示范性高职院校建设工程）”。完成中央支持地方发展项目本年度申报工作（立项 2 个）、上海市“085 工程”二期申报工作（立项 2 个），开展市教委职业教育综合改革试点项目申报工作并立项，完成中央支持职业实训基地项目申报（立项 1 个），完成本科“085 工程”项目申报，完成中高职贯通教育模式阶段性验收工作。学校再获“2011 年度中国会展教育优秀奖”。

继续推进校企合作、产学结合、工学交替、定向培养的高技能人才培养模式改革。与上海聚鸣信息技术有限公司开展深度校企合作；与携程旅行网全面开展产学研等方面的合作；与洲际酒店集团共建“洲际英才班”，培养高端酒店管理服务人才。顺应旅游发展趋势和培养行业人才的需要，学校成立旅行管理系，下设旅游管理和电子商务两个专业。

学校获国家自然科学基金项目 4 项，教育部人文社科项目 2 项，上海市教委创新项目 1 项，上海市人民政府决策咨询课题项目 1 项，上海市教育科学研究项目 1 项，上海市高等教育学会项目 1 项，上海市晨光计划资助 1 项。获 2012 年度国家旅游局优秀学术成果奖。学校教师全年发表论文 90 篇、著作 13 部，新增在研项目 50 项，含基础研究类项目 38 项，行业服务项目 12 项，核定经费 280 万元。进一步加强学科建设。完成“上海高校一流学科（培育学科）”、“085 工程”、博士后流动站的申报工作，完成 MTA 项目的前期调研论证工作，工商管理一级学科企业管理专业、地理学一级学科地图学与地理信息系统专业正式开始招收硕士研究生。

加强科研平台建设，推进产学研合作。学校与澳大利亚昆士兰大学双方学者合作出版《中澳旅游发展比较研究》；学校《中国城市旅游报告》英文版由联合国世界旅游组织（UNWTO）正式出版，该书是世界旅游组织出版的首部有关中国旅游研究著作；参与《中国旅游大辞典》的编写工作，完成旅游教育与科研和餐饮两大板块的编撰工作；举办东方讲坛·上海旅游讲坛讲座 6 讲；新建“饭店管理咨询与创新研究中心”、“旅游职业教育研究中心”等校级科研平台；承办“首届全国旅游学术期刊工作会议”；召开“海峡两岸地貌与第四季环境演变教育研讨会”。

第四届上海旅专校友“浦江论坛”

加强师资队伍建设，落实人才强校战略。完善学校“十二五”人才队伍建设规划的编制工作，构建学校师资培训体系。全年正式人编教师11名、人才派遣5名；新聘请兼职教师2名。完成学校年度中高级职称评聘工作，其中4位教师聘为副教授。开展专业（学科）带头人、优秀青年教师的选拔与培养工作落实教职工出国进修、行业挂职、社会实践等工作。举办第四届“浦江论坛”，评选“杰出校友贡献奖”。成立校友会“旅游与酒店专业委员会”。

着力凸显学生为本，开创学生工作新局面。完善《上海旅游高等专科学校学生奖学金评审条例》、《上海旅游高等专科学校品行素质评定条例》等管理办法，落实2012年学生党员发展计划，完成学生党员“三评”和考核工作。继续推广“易班”试点工作，截至2012年底，学校入驻“易班”人数共5587人。开展各项社会实践与志愿者服务活动，在校注册志愿者人数110人，参与志愿服务总1200人次，参与志愿服务小时总1800小时。入选“中国100青年英才培养计划”项目2位学生，共青团上海市委员会授予学校青年志愿者大队“上海市青年五四奖章（集体）”荣誉称号；完成《大学生入门教育与职业规划课程教材》编写，举办学校第二、第三届职业规划节，依托麦可思调研公司完成2011届毕业生半年就业情况调研项目、完成2012年上海师范大学工商管理类就业白皮书、2012年上海旅游高等专科学校就业白皮书，完成2012届、2013届毕业生求职意向汇编册。

加强国际交流与合作，提升教育国际化水平。学校全年共接待境外团组34个，涉及19个国家；与智利天主教大学、西班牙巴塞罗那自治大学、美国佛罗里达国际大学等10家国外高校和企业签订合作协议，年内选派86名学生赴海外游学和实习。23名学生赴美国、加拿大、智利、墨西哥、西班牙、芬兰、韩国、日本等国家参加交换生项目，比去年增长77%；继续推进专升本、本升硕、双本和双硕项目，选派2名学生分别参加美国肯特州立大学3+2本硕连读项目和美国塞勒姆州立大学1+1+1双硕士项目；共选派学生赴海外实习与就业61名。规范外籍教师管理，共聘任境外教师16名，主要从事公共外语教学。获市教委专项基金92万元。

拓展继续教育平台，打造职后教育品牌。筹建“全国旅游职业教育师资培训基地”，发挥国家示范性高职院校的辐射和引领作用。举办第45期及第46期的全国旅游饭店总经理岗位职务培训班（培训67人）和第32期及第33期的全国旅游饭店部门经理岗位职务培训班（培训66人）；举办3期旅行社总经理培训班，培训226人；举办多期行业专题培训班以及技能培训方面（含中式烹调师、中式面点师、餐厅服务员和客房服务员等专业）的培训，共1523人。举办新疆少数民族饭店中高层管理人员培训、新疆旅游局管理干部及景区管理培训、新疆伊犁景区培训等培训，计75人；推行“介入式技能培训就业”模式，对喀什旅游行业从业人员进行强化培训人数达140人。学校再次获得上海市劳动局职业技能培训B级资质。

推进校园文化建设，构建和谐校园环境。学校开展各类校园文化活动，开展体育文化节、学术文化节、多元文化节、创业文化节、风尚音乐节、迎新文化节等各类各级校园文化活动96场。完成“十二五”校园基本建设总体规划编制工作；完成休闲实训中心和高尔夫实训基地等实验设施建设。

推进旅游特色数据库系统建设，学校承建的“旅游特色数据库”子项目通过高等教育文献保障系统（CALIS）验收并获二等奖，是自CALIS特色库建设以来唯一获奖的由高职高专院校负责的科研项目；优化具有旅游特色的藏书系统；完善数字化资源体系建设；完成《旅游情报研究》1至4期的编撰工作；主办、承办各种专题讲座及活动。

（刘利艾）

［成立新系部——旅行管理系］ 1月，学校新成立旅行管理系，下设旅游管理、旅游管理（高尔夫方向）和电子商务三个专业（方向），旨在面向国际旅行社、旅游景区、高星级酒店、在线旅游企业、国内外高尔夫俱乐部、度假村、休闲会所、旅游电子商务企业、网络公司、信息企业和其他商务机构等培养高端技能型人才。

（刘利艾）

［邵琪伟到校视察］ 5月15日，国家旅游局局长邵琪伟、国家旅游局中国旅游研究院院长戴斌、上海市旅游局局长道书明和副巡视员许保安等来校就旅游教育现状和发展进行调研。邵琪伟局长指出，旅游教育要紧紧围绕国务院提出的“把旅游业培育成为国民经济的战略性支柱产业和人民群众更加满意的现代服务业”两大战略目标，进一步深化理论研究，不断加强学科建设和师资队伍建设，做强做大旅游院校，为建设“世界旅游强国”提供智力支持。

（刘利艾）

[完成珠穆朗玛峰的生态旅游考察] 受西藏自治区日喀则地区行署和定日县人民政府的委托，学校承担“西藏自治区珠穆朗玛峰地区生态旅游总体规划”编制任务。4月底至5月初，学校师生在珠穆朗玛峰及其周边地区开展为期20天的生态考察，对西藏高原和喜马拉雅山南坡的地质、地貌、植被、野生生物和文化遗产等进行详尽调查，为珠峰地区生态旅游规划奠定基础。

（刘利艾）

[与美国夏威夷大学茂宜分校签署合作协议] 6月12日，学校与美国夏威夷大学茂宜分校签署合作协议。学校酒店管理专业2名学生于8月底赴夏威夷茂宜岛的度假酒店开展为期7个月的海外实习；该校烹饪专业访问学者来校西餐烹饪专业授课，加强双方师生间的交流与互动。

（刘利艾）

[与洲际酒店集团共建“洲际英才班”] 10月19日，学校与洲际酒店集团签署合作协议，共建“洲际英才班”。根据协议，双方于2013年6月份开始对酒店管理本科专业所招新生择优录取组成“洲际英才班”，该班学生即为洲际酒店准员工，并按照3+1的教学模式合作进行订单式培养和校企教学合作。“洲际英才班”为学校第一个本科专业订单式培养班级。

（刘利艾）

[《旅游科学》获“2012中国国际影响力优秀学术期刊”称号] 12月26日，2012年《中国学术期刊影响因子年报 & 国际引证报告》暨中国最具国际影响力学术期刊发布会在北京举行。会议发布了418种期刊为中国国际影响力学术期刊。《旅游科学》在68种人文社科期刊中的国际影响力排在第54位，被授予“2012中国国际影响力优秀学术期刊”称号。

（刘利艾）

附：学校负责人及地址

（2012年1—12月）

校党委书记：张国凤
副　书　记：杨卫武、杨荫稚

校　长：杨卫武
副校长：高　峻、朱承强、张建业、贾铁飞

地址：海思路500号
邮编：201418
电话：57126268

上海公安高等专科学校

［2012年概况］ 2012年，上海公安高等专科学校举办各类培训班201期，累计2.26万余课时，培训学员1.07万余人次。其中举办各类领导干部培训班18期、参训1320人，各警种专业岗位警衔晋升培训班54期、参训2053人，各警种专业岗位“轮训轮值”培训班35期、参训1659人，其他各警种专业岗位培训班94期、参训5742人。毕业第二专科学员798人，招收第二专(本)科学员1082人。配合市公安局职能部门开展各类考试51场、参加1.9万余人次。

受公安部委托，承办2期全国公安院校公安专业骨干师资培训班，培训来自全国38所公安院校300余名教务处长和骨干师资。承办全国公安机关警务技能战术教官、全国公安民警战时心理健康保护工作、网络和信息安全技术等专题培训班7期，培训专业人员540余人。为12个国家和地区警方举办13期培训班，培训警务骨干170余人，外警培训已拓展到14个国家和地区。为甘肃、西藏、新疆等地公安机关、公安院校举办专业培训班18期，培训业务骨干830余人，并因此被公安部授予“2010—2012实施东西合作素质强警行动计划成绩突出集体”荣誉称号。

学校的“实战导向、校局联手、打造重点专业品牌”教学成果获公安部首届全国公安高等教育部级优秀教学成果特等奖，另有2个教学成果获三等奖。“网上办案平台接报分系统应用”教学设计项目获全国职业院校信息化教学大赛二等奖。“治安管理”、“刑事侦查”2个教学团队被评为上海市级教学团队(全校市级教学团队已达6个)，3门课程被评为市级精品课程(全校省部级以上精品课程已达22门)。同时，在2012年度上海高职高专院校重点专业建设教学设计比武竞赛中获一等奖(第一名)。

年内，编制完成“飞跃计划”、“学校后示范建设项目规划”等专项教学工作方案，为深化学校教学改革奠定基础。持续推进第二专科综合训练工作，全面推行实训教学、案例教学，加强特警专业国家级教学资源库建设。首次组织学员海外学习、实习，精选20名第二专(本)科学员赴澳大利亚昆士兰警察学院参加为期3周的培训。

中国与东盟高级执法官员研修班在学校举办

加强师资队伍建设。组织15次师资专题培训，选派10名骨干师资挂职兼任实战单位领导干部，选拔、聘任17名教学骨干，组织8名教官、教师参加校内轮岗锻炼工作。年内，1名教师获“全国优秀人民警察”称号，8名教官、教师获高级专技职务任职资格，1名教官被评为“市级教学名师”，2名教官获“上海市育才奖”，1名特聘教官申报市教委首批“海外名师”项目，16名青年教官、教师入选市“高校青年教师培养资助计划”，8名教官、教师获“市局优秀教官、教师”称号。

组织师生投入科研活动，“公安行政调解研究”、“基于任务的公安装备编配研究”、“上海公民警校建设研究”等24项科研项目分别被公安部、市教卫党委、市教委、市科委立项。被市科委立项的“特警体质训练、测评基地”科研项目是上海公专2005年以来获校外经费资助最大的单项科研项目。

建成信息化基础框架、云计算平台(一期)、上海公安综合信息应用系统训练平台(一期)等15个信息化项目。制定校园高密度无线网络、学员信息系统等5项建设方案。升级完善10个应用系统和平台，进一步夯实学校信息化基础。

提高数字图书馆服务能力，建成集图书、期刊、数据库为一体的专业港、台警务阅览室，安装、更新、试用万方法律数据库等多个镜像资源数据库，新增电子图书7.5万余册，总数达61万余册，数字资源总量超过30TB，数字图书馆浏览应用25万余人次，总量突破378万余人次。

(丁晓丹)

[获首届全国公安院校教学技能大赛团体一等奖] 8月，学校组队参加公安部首届全国公安院校教学技能大赛，获团体一等奖，2名教官分获刑事侦查类和警务技能类个人一等奖，2名教官分获治安管理类和刑事技术类个人二等奖，3名学员分获学生综合素质一等奖，5名学员分获二、三等奖。

(丁晓丹)

[公安部在校设立“科技信息化教育训练基地”] 8月7日，公安部在上海公安专科学校设立“科技信息化教育训练基地”，并举办首期网络和信息安全技术专题培训班，来自全国31个省、自治区、直辖市科技信息部门及公安部一所、三所的64名学员参训。这是学校第五个国家级培训基地。

(丁晓丹)

[举办上海国际警察教育学术研讨会] 10月，学校以“警察教育的变革与创新”为主题，举办“上海国际警察教育学术研讨会”，来自海内外20所警察院校、警察培训机构的24名专家、学者应邀出席会议。此次研讨会是近年来上海首次举办的国际性警察教育主题学术研讨会。

(丁晓丹)

[创新公安远程教育模式] 整合网络学习平台、在线考试系统、在线答疑等子平台，构建集“e班、e学、e问、e考”于一体，一站式登陆的公安远程教育“e班”培训新模式。建成社区、交通民警基础业务5个专题28个课程单元共计70课时的网络课程和1000余题的自测题库，制定在岗自学、在线自测、网上作业、在线答疑、在线考核、考核认证等一系列管理、考核制度。年内，举办2期“e班”专题培训班，近1800人参训。

(丁晓丹)

[推进公民警校三级办学体系建设] 学校在全市17个分(县)局建立了76个基层办学点，并指导市局轨交总队开设市局系统的首个公民警校，初步建立三级办学体系。年内，各级公民警校共举办180余期培训班及主题活动，培训学员约10500人。

(丁晓丹)

附：学校负责人及地址

(2012年1—12月)

校党委书记：郑万新
副　书　记：于海生

校　长：张学兵
副校长：郑万新(常务)、于海生、许　敏、邹向曙(8月离任)、黄益平(5月到任)、刘　民、范立华

地　址：崇景路100号
邮　编：200137
电　话：28957000

上海东海职业技术学院

［**2012年概况**］ 学院占地12.66平方米，校内建有12个教学实训中心和75个实训室，图书馆有纸质藏书35万册，电子图书915GB(8.8万册)。设有4个二级学院，4个教学系，2个教学部及继续教育学院，共有33个专业。职工386人，有专任教师124人，副高以上高级职称44人，其中高级职称(含“双师型”)近50%。截至2012年底，在校学生4875人，就业率98.91%，签约率85.02%。

2012年，学校获上海市文明单位，已列为上海市特色高职院校。学校总体工作目标是“三建一提升”：建市级特色高职院校——以专业建设为引领，提升教学质量，呈现办学特色；建市级示范型民办高职院校——把握学校整体建设，呈现民办学校标杆；建上海市文明单位——体现学校的综合实力；通过“三建”提升学校内涵发展的高度。①市级特色高职院校建设。开始建设五个特色专业，即报关与国际货运专业、会计专业、国际单证专业、机电一体化技术专业、影视动画专业，同时带动相关的专业群，5月启动建设项目，市政府的专项资金逐步到位。②市示范型高职院校建设。示范型表现在法人治理结构完善，领导班子和谐；学校管理科学，政令畅通有效；专业发展有特色，服务市场明确；实习实训有条件，学生动手能力强；高职理念牢固，人才培养模式形成；校园文化建设着力，学生素质全面提高六个方面，学校从这几个方面着手实施取得成效。③师资队伍“强师工程”建设。实施“1+1”计划，即专业带头人由一个校内教师和一个行业专家组成，2012年30%专业已达到这个要求，有15位教师进入企业挂职锻炼，2名教师赴美国和英国进修，5名教师进入上海市知名高校进修，学校聘请行业5位知名人士担任学院二级学院的院长和兼职教授。④课程建设“双百工程”。从重点专业起步，每个专业选择3—5门课程进行重点建设，建设100门校内优质课程，首期30门课程经遴选进入重点建设。对应优质课程，编写100本具有特色的校本教材，首期30门教材进入编写工作。建立学校网络化教学平台和考试平台，建设2个配有录播系统的多媒体教室，建立完整的网络课件制作系统。

党建、团学工作。年内，发展党员70人，其中5位教师，65位学生，转正预备党员19人，在校生党员比例基本达到上级党委的要求。年内，团学工作围绕建团90周年与迎接党的十八大开展各项主题活动。党史知识竞赛、5月红歌赛、“追寻革命足迹”井冈山红色革命之旅收效显著。大学生志愿者“关爱小候鸟”携手进城务工人员随迁子女志愿活动等四项获2012年上海市大学生暑期社会实践“优秀项目奖”，《上海市部分农村的垃圾处理现状调研》获第四届“知行杯”上海市大学生社会实践大赛优秀项目奖，44名同学获暑期社会实践“先进个人”。举行“青春与十八大同行”征文演讲、辩论赛；“十年共成长　献礼十八大”诗歌散文大赛；“光辉旗帜　青春领航”红色影像展播活动；“易班”大学生学习十八大论文评比活动。学校获上海市高校学生资助工作优秀单位称号。

(喻家琪)

［**与日本京都情报大学院“3+2”专升硕联合办学签约**］ 12月下旬，该校与日本京都情报大学院达成共识，“3+2”专升硕教育合作项目成功签约。该项目在数字传媒系招生，对应的专业分别是计算机应用技术(车载信息专业)和动漫技术。

(喻家琪)

［**举办“罗亚国际”定向班**］ 11月27日，学校与上海罗亚国际货运代理有限公司定向培养班签约。上海罗亚国际货运代理公司作为中国首批无船承运人之一，也是国际货运代理协会(FIATA)成员，多年在学校“报关与国际货运”专业设立定向培养班，并冠名“罗亚国际班”。利用“定向招生、定向培养、定向录用”这一特殊且专业化的“订单式”培养模式，校企双方共同参与教育教学，使学校教育与企

业需求相结合。

（喻家琪）

［首个“校中厂”揭牌］ 11月8日，该校首个“校中厂”——上海东竞财务咨询有限公司揭牌。上海东竞财务咨询有限公司作为第一个生产性实习基地，旨在利用自身优势，与行业、企业相结合，通过产品生产、社会服务等生产性过程，实现经济效益和社会效益，并在生产中实现对学生实践技能的培养。

（岳宝华）

附：学校负责人及地址

（2012年1—12月）

董事长：曹助我

校　长：项家祥
副校长：赵佩琪、程龙根

校党委书记：赵佩琪
副　书　记：项家祥、王　玉

地址：虹梅南路6001号
邮编：200241
电话：64505555

上海新侨职业技术学院

［**2012年概况**］ 2012年在校学生4473名；2012年毕业学生1688名，就业率96.98%；入学新生1281名，报到率85%。学院现有嘉定、青浦、徐汇三个校区，占地面积218729平方米，校舍建筑面积90719平方米。

2012年，学院落实市委统战部、市教委关于上海工商学院并入上海新侨职业技术学院的决定，完成了新的上海新侨职业技术学院理事会的组建，配备了学院党政领导班子，设立了校务委员会，完善法人治理结构，理顺领导体制、管理体制和运行机制并理顺了理事会、党政领导班子、校务委员会三者之间的关系。嘉定、青浦、徐汇三个校区实现了“十个统一”的运行机制：统一学院发展规划、统一人财物管理、统一专业布局、统一教学管理、统一学生管理、统一招生就业管理、统一后勤服务与保卫管理、统一规章制度、统一继续教育和成人教育管理、统一人事分配管理。建立了院系两级管理、以条为主、条块结合的运行模式，院系职责明确，权限明晰。

学院以服务于先进制造业和现代服务业为发展重点，确立“以工为主体，文商两翼发展”的“一体两翼”的专业布局，全力打造珠宝首饰工艺与鉴定专业、汽车运用技术专业成为上海市高职院校重点专业；建设机电一体化专业、计算机应用技术专业、旅游管理专业成为上海市高职重点特色专业，以此带动相应的专业群和学院整体专业的建设和发展。接受并通过了上海市教委对学院的第二轮“人才培养工作评估”。深度拓展校企合作，完善实践教学体系，提升人才培养质量。坚持以工科为主，按照“理实一体”的要求，认真构建集基本技能训练、专业实训、综合实训、证书考核等功能为一体的校内外实习实训教学平台，完善实践教学体系，校企合作向深度拓展。加快教育国际化步伐，优化高职教育内涵建设。学院采取措施，努力开拓，在学生海外学习、海外实习、专升本和教师海外培训以及中外合作办学等方面取得了初步成效：已经与美国、英国、德国、加拿大、日本、西班牙、新西兰、马来西亚等国家和我国台湾地区的10多所大学建立了联系，接待了10多批国外大学的董事长、校长、教授和企业家来校参观考察、与学生座谈。与五所大学和一个地区机构签订了合作备忘录，与德国黑森州中国合作促进中心签订了合作协议，三年内德方向学院每年提供20个为期半个月的访问考察名额，到德国的高职院校和企业学习，举办中德高职教育论坛等等。与英国华威学院合作创办中英技能学院，与台湾联亚餐饮技术学院联办餐旅专业，与法国VATAL大学联办酒店管理专业，共同培养餐饮人才和酒店管理服务人才。

组织教师、学生积极参加职业技能比赛，获得一批奖项：机电一体化专业获上海市优秀教学团队，上海市教学比武三等奖，市教委机械类教师教学能力比赛团体二等奖，市教委汽车类教师教学能力比赛团体二等奖。

上海高职院校技能竞赛第二届汽车类专业技能竞赛团体三等奖、个人二等奖、个人三等奖、优秀组织奖。全国数学建模竞赛上海市二等奖3人、三等奖(3组每组3人)。上海市大学生阳光体育大联赛个人第二名。

全国高职高专英语写作大赛上海赛区二等奖、英语口语大赛上海赛区三等奖。上海市大学生暑期社会实践活动优秀项目奖、优秀指导教师奖。上海市第二届高职高专日语教师课件大赛三等奖。上海市高校首届日语动漫配音大赛三等奖。上海市第二届高职高专日语口语大赛优秀奖。中国“科技杯”学术论文一等奖。中国科技博览年度奖一等奖、三等奖。上海市高校学生汉字知识网络竞赛活动优秀组织奖。上海市钻石首饰设计大赛组织奖。第九届梧州国际宝石饰品设计大赛二等奖、优秀指导教师奖。全国职业院校技能大赛上海赛区网友杯会计技能选拔赛团体三等奖、个人一等奖、个人三等奖3名。全国职业院校技能大赛上海赛区“东洋科技杯”报关实务技能大赛团体优秀奖、个人三等奖、个人优胜奖3名。全国职业院校技能大赛上海赛区“中偌思杯”现代物流赛团体优胜奖。

(徐德祖)

［**学院体制机制实现六项变更**］ 市教委批准学院六项变更：学院举办者变更为上海海外联谊会、上

海市海外交流协会、上海中华职业教育社、上海市归国华侨联合会、中国民主建国会上海市委员会、上海市工商联合会;学院决策机构院董事会变更为理事会;学院院长变更为周箴,副院长为忻建国、陈廷雨、朱莉莉、吴建蓉;法定代表人忻建国变更为杨奇庆;学院驻所地天等路465号变更为外冈镇冈峰路68号;学院注册资金人民币90万元变更为人民币2000万元。

(徐德祖)

[与上汽集团建立校企合作基地] 为提升人才培养质量创造有利条件:实施"上汽——同济——新侨"卓越人才培养战略计划,引入新的职教理念和优质教学科研资源;机电类、汽车类教师定期到上汽集团所属专业挂职,强化"双师"素质;学生在最后1—2个学期到上汽集团所属企业顶岗实习,提升实践能力,优秀者留在企业工作;通过上汽集团培训中心新侨培训基地,为上汽集团嘉定地域的企业一线工人、骨干、管理人员进行培训;聘请上汽集团领导担任新侨学院校企合作办学指导委员会副主任、聘请上汽集团企业专家、技术能手担任新侨学院兼职教师;合作承担上汽集团科研项目。

(徐德祖)

[沙海林到院视察] 11月12日,市委常委、统战部沙海林部长,副部长吴捷等来院视察工作。沙部长参观机电、汽车、珠宝实训基地时,肯定了这种"工学结合,理实一体"的教学模式。他说:"校企合作,工学结合是篇大文章,做得好,是我们的特色"。

(徐德祖)

[综合培训楼、文体活动中心竣工] 学院自筹资金3000余万元,新建4300平方米文体活动中心和6600平方米综合培训楼。3月破土动工,9月结构封顶验收,12月竣工验收,办学条件获得明显改善。

(徐德祖)

[上海市大学生就业工作创新基地挂牌] 8月,学院大学生职业发展测评中心被市教委评选为"上海市大学生就业工作创新基地"。该中心建有200平方米的实验室,具有7个区间的功能和相应的设施和装备,开发了具有自主知识产权的大学生职业能力素质模型,成功实施了本院2012届毕业生的测评,是上海市高职高专中唯一能进行心理测试、能力评定的应用与教学平台。

(徐德祖)

附:学校负责人及地址

(2012年1—12月)

院党委书记:忻建国
副　书　记:周　箴

院　长:周　箴
副院长:忻建国、陈廷雨、朱莉莉、吴建蓉

校址:冈峰路68号
邮编:201806
电话:59587329

徐汇校区地址:天等路465号
邮编:200237
电话:64540146

青浦校区地址:新凤北路565号
邮编:201708
电话:59791077

上海行健职业技术学院

[**2012 年概况**] 学院围绕“提高人才培养质量”中心工作，结合区域经济发展要求，培养适应社会发展和区域经济需要的高端技能型人才。2012年招收高职新生1349人，其中三校生为258人，高职在校生总人数为4364人。招收成人专科生233人，成人专科生总人数为420人。

学院以专业建设为突破，加强内涵建设，入选上海市10所特色培育高职院校。积极推进师资队伍建设，举办第二期“青年骨干教师培训班”。继续进行“085工程”建设，以学前教育等五大龙头专业群为引领，全面提升专业建设水平。结合“085”工程和特色校建设，推进学院“内涵建设项目”申报和审批工作，在百余个项目中遴选48个项目作为建设重点。由纵瑞昆教授领衔的商贸英语教学团队被评为2012年度上海市高等院校市级教学团队。

围绕社会主义核心价值体系开展大学生德育工作，帮助大学生树立社会主义荣辱观。结合“3·5学雷锋纪念日”，深入开展学雷锋活动。继续保持学院“五块教育”并存与互相促进特色，成人教育求改革，远程教育求特色，继续教育求发展，社区教育求地位。契合闸北区信息化建设，学院继续推进数字校园建设。同时以“状态数据采集平台”为依托，承担教育部以及其他相关平台建设项目。

学院完成上海市教委、上海市语委评估专家组对语言文字工作的评估。

（王　欢）

[**举行第二届科技创新与太阳能设计大赛**] 由学院经济管理系承办的第二届科技创新与太阳能设计大赛于12月24、25日举行。活动展示各参赛班级精心制作有关科技创新和太阳能利用手工制品，如零部件组装的太阳能遥控汽车、废弃金属与木块搭建的机器人模型等。此次活动倡导节能环保思想，使师生了解太阳能作为清洁可再生新能源的性质与实际用途，并将“节能环保　科技创新”意识自觉运用于平日的生活和学习中。

（王　欢）

[**获批教育部第一批教育信息化试点单位**] 11月15日，教育部公布第一批教育信息化试点单位名单，学院被列为第一批教育信息化试点单位。作为首批试点单位，学院根据教育部确定的试点工作重点内容和专家建议，结合学院实际，细化试点内容和试点目标，形成试点工作具体实施方案。

（王　欢）

[**举行2012传统工艺美术抢救性保护专家研讨会**] 6月21日，学院承办2012传统工艺美术抢救性保护专家研讨会暨中国工艺美术大师（非遗传承人）作品交流展。为推进非遗保护人才培养工作，学院过去继引进了中国工艺美术大师、象牙篾丝技艺传承人陈海龙在校任教，又聘请中国工艺美术大师张民辉、李文跃为客座教授。

（王　欢）

[**象牙篾丝工艺重生**] 5月6日，2012年“中国当代工艺美术双年展”在北京国家博物馆落下帷幕。此次展会由中国艺术研究院、中国非物质文化遗产保护中心主办，中国国家博物馆、中国艺术研究院、中国工艺美术馆承办，为期19天。汇集来自全国各地艺术家的作品1000件。一度失传又重新走向公众视野的传统技艺，学院艺术创意中心选送的象牙篾丝作品《华诞》、《海派艺术印纽》于此次双年展上亮相。象牙篾丝工艺从清朝雍正时期就已失传，学院创意中心教师、中国工艺美术大师陈海龙用近20年的时间复活工艺及制作。此次送展的象牙篾丝编制台屏《华诞》耗时一年完成。

（王　欢）

[**举行李影先进事迹报告会**] 3月9日，学院举行全国道德模范李影先进事迹报告会。出席本次会议的嘉宾有全国道德模范、上海闸环灵石环境卫生工程有限公司李影公厕班班长李影、公司党总支书记张根英和李影同事栾晓晶。会议分设主会场与八个分会场，学院党委书记黄群向李影颁发聘书，聘

请李影为上海行健职业学院思想政治工作辅导员。全体师生观看专题片《有情有义丰县人——李影》和《李影的一天》。李影同事栾晓晶用他亲身经历讲述《我的同事李影》。全国道德模范李影作《用诚实劳动书写美丽人生》的主题报告。

（王　欢）

［在第三届大学生艺术展演活动中获奖］ 3月22日，全国第三届大学生艺术展演活动上海市代表团总结表彰会在东华大学隆重召开。在本届艺术展演活动上，学院在舞蹈、声乐、民乐、绘画、DV作品以及工艺设计等方面表现优异，共荣获30个奖项，学院获得由国家教育部颁发的全国第三届大学生艺术展演活动优秀组织奖。

（王　欢）

附：学校负责人及地址

（2012年1—12月）

院党委书记兼院长：黄　群
副　　书　　记：马毅鑫
副　　院　　长：蔡　红

地址：原平路55号
邮编：200072
电话：56075555（总机）

上海城市管理职业技术学院

［**2012年概况**］ 2012年，学院招生1143人，其中自主招生350人，招收外省市学生636人，目前在校高职生总数3618人。一次就业率97%。学院成人岗位培训开设37种类型145个班次，共计培训13206人次。成人学历教育录取2012级专科生159人，专升本168人，网络教育617人，中专自学考66人。成人教育的在校学生共计3160人。学院附属中专(市园林学校)录取2012级新生154人，毕业生155人，有79名学生考入各类高等院校，全日制在校生674人。

学院以提高学生的职业能力为目标，继续深化以顶岗实习为突破口的实践性教学改革。依托行业内骨干企业，建立78家校外实践教学基地，制订顶岗实习工作程序，强化实习规范，提高顶岗实习质量。学院建筑与房地产管理、物业与智能化管理、建筑技术、工程机械运用与维护等四个市级公共实训基地安排实训学生共75020人次。依托上海建设技师学院平台，继续完善政府购买培训、学校实施教育、企业提供实践的校企合作人才培养新模式，共同培养相关专业学生。有7个专业246名10级高职学生参加技师学院组织的校企合作实习实训，221名高职学生通过职业技术鉴定，分别取得绿化工(高级)、智能楼宇管理师(高级)、室内装饰设计师(高级)、调酒师(高级)、会务接待服务员、电梯安装维修工等职业资格证书，学院获得政府20.2万元奖励。6名学生参加全国数学建模大赛(上海赛区)获得上海市三等奖。3名学生参加全国职业院校技能大赛楼宇自动化系统安装与调试项目(上海赛区选拔赛)获得一等奖，其中2名学生获得全国三等奖。6名学生组成的学院代表队获得第三届全国高等院校广联达杯项目管理沙盘模拟大赛二等奖。

师资和教学科研水平不断提高。共有4项市级课题立项，出版著作和教材13部，公开发表论文75篇，其中核心刊物18篇。《物业管理综合实训》、《会展策划与实务》、《土力学与基础工程》三门课程被评为上海市精品课程，学院的市级精品课程已增加到11门。8名教师获得硕士学位，8名教师获得高级技术职称。袁国荣获年度上海市育才奖，蔡伟庆获年度上海市教学名师称号。李媛入选2012年上海市普通高等学校青年骨干教师国内访问学者。《房地产经营与估价》专业教学团队获得上海市第五届优秀教学团队称号，使学院的市级优秀教学团队增加到5个。李静入选2012年度上海市“晨光学者”，学院获得“晨光学者”称号的教师已有9名。学院举办第二届教师“说课”竞赛活动。学院设立的第71国家职业技能鉴定所不断完善园林绿化工程序化考核工作，年内完成38批次共1334人次的绿化、机泵两个工种初、中、高级工及技师的职业技能考核工作。

成人教育培训拓展渠道。学院有专科起点本科(业余、函授、网络)、高中起点本科(网络)、专科(业余、电视、网络)、中专自学考等多种成人学历教育类型，形成36个专业、14个教学点、59个班级、3160名学生的成人学历教育规模。学院开展造价工程师、监理工程师、注册安全工程师、建造师等执业资格的考前培训，开展建筑行业岗位资格培训、技术工程职业技能培训等继续教育。举办上海市建筑建材业执法人员岗位培训班，培训学员274名。为新疆喀什地区培训城乡建设和规划管理干部。

国际合作交流不断深化。年内共招收中外合作学生80名，其中中加建筑工程项目管理专业39名，中美合作城市园林专业41名。13名中加建筑工程项目管理专业2012届毕业生赴加拿大乔治布朗学院深造，形成中外合作办学专本科、境内外学业的贯通之路。

学院加大教育教学设施设备投入。新配置资产设备4691台(件)，其中计算机733台、空调机103台、打印机21台、投影机77台、公寓床138套、其他固定资产设备3757台(件)。学院重点做好市教委立项《物业管理》、《工程造价》、《建筑经济管理》、《建筑工程技术》、《城市园林》、《环境艺术设计》、《城市管理与监察》等重点专业以及各二级单位实训基地项目建设的设备配套工作，共配置设备3471台(件)，其中物业管理重点专业447台(件)，建筑经济管理专业217台(件)，建筑工程技术专业934台(件)，城市园林专业172台(件)，附属中专各类专项设备364台(件)等。全年采购设备支出的经费总额首次突破1000万，全校师生的工作、学习、生活条件得到明显改善。

（张伟民、何　光）

［举办建筑建材业行政执法人员专业法规培训］ 为贯彻落实《上海市建设工程质量和安全条例》、《上海市建设工程监理管理办法》、《上海市建设工程检测管理办法》和《上海市建筑玻璃幕墙管理办法》，加强对建筑建材业的监管，提高管理和执法人员业务能力和执法水平。受市建交委的委托，学院首次举办十期建筑建材业行政管理和行政执法人员专业法规培训班，培训1427名学员。参加培训的学员来自各区、县建筑建材业行政管理和行政执法部门、建筑建材行业协会、施工行业协会、市安装行业协会等。

（张伟民、何　光）

［《上海城市管理》被国外四千余机构使用］ 在年度华东地区和市级期刊评选中，《上海城市管理》杂志社工作人员分别获得第二届华东地区期刊优秀工作者、第四届上海市期刊优秀工作者。《上海城市管理》杂志覆盖全国各城市政府、建设系统、高校、科研机构以及图书馆，并与近200家杂志建立了交换关系。除了被全文收入"中国核心期刊（遴选）数据库"、"中国中文科技期刊数据库"、"中国期刊全文数据库（CJFD）"之外，杂志还与"人大文摘"、"中国知网"、"清华同方"、"万方数据"、"重庆维普"、"华艺客服"、"博看网"、"龙源网"等建立了传播、转载渠道。据"中国知网"统计，2012年，有15个国家的4803家机构和17个国家的个人使用了《上海城市管理》杂志。

（张伟民、何　光）

附：学校负责人及地址

（2012年1—12月）

院党委书记：谢卫平（7月离任）、杨培春（7月到任）
副　书　记：陈锡宝（7月到任）、喻晓荣

院　长：谢卫平（7月离任）、陈锡宝（7月到任）
副院长：喻晓荣、李冠东、朱迎迎（7月离任）、丁为民

军工路校区地址：军工路2360号
邮编：200438
电话：65743348（总机）

虹漕南路校区地址：虹漕南路123号
邮编：200233
电话：64367400（总机）

河南北路校区地址：河南北路301号
邮编：200085
电话：63250475（成教学院）

杨树浦路校区地址：杨树浦路2219号
邮编：200090
电话：65433273（附属中专学校）

上海交通职业技术学院

［2012 年概况］ 学院现设三个校区：东校区、西校区和北校区。学院本部设在北校区。学院现占地面积约 18.27 万平方米，校舍建筑面积 10.19 万平方米。在校生总数 4355 人，其中外省市生源占 45.47%；现有专任教师 277 人。设有 10 个专业系部、22 个专业，校内外实训基地 110 余个。2012 年计划招生 1500 人，录取 1317 人，实际报到 1203 人；其中 3 月份依法自主招生计划 340 人，录取报到 336 人；5 月份"三校生"招生计划 190 人，录取报到 190 人；6 月份普高招生计划 310 人，录取报到 146 人；外省市计划 660 人，录取报到 531 人。2012 年依法自主招生共涉及《物流管理(口岸物流网络管理)》等 8 个专业，新增《新能源汽车》专业对应届高中毕业生招生。切实抓好就业推荐工作。据统计，2012 年学院共有 17 个专业毕业生 1401 人，就业率 90.36%，签约率 21.41%。

一、提升专业课程品质，探索人才培养新路径

落实重点专业建设细化方案。调整确立《汽车运用技术》、《汽车技术服务与营销》、《物流管理(口岸物流网络管理)》、《城市轨道交通车辆》、《集装箱运输管理》等五个专业为"085"工程重点建设专业。《报关与国际货运》专业获批教育部高等职业学校重点建设专业，获中央财政 200 万元专项建设资金。

落实一体化人才培养模式改革。实施"2+1"培养模式，从 2010 级学生开始实习期延长至一年。制定下发《上海交通职业技术学院学生顶岗实习管理办法(试行)》，推动学生实习规范化进程。落实精品课程引领的课程体系建设。启动市级精品课程《事故车辆查勘与定损》建设，并于 12 月底完成第二、第三批院级精品课程评估验收，启动第四批院级精品课程的申报。

落实校企合作工作机制。建立校企合作工作机制，完善学生顶岗实习制度、专业教师到企业调研制度、企业兼职实习指导教师管理聘任制度、班主任或辅导员带教制度等。落实推进国际交流合作，与日本自动车短期大学合作研修，扩大合作领域。

落实推进教材体系建设。推进特色校本教材开发建设共计 43 项。修订完善中高职贯通系列校本教材 24 本，编写完成《城市轨道交通车辆检修》、《公交运营调度》等 8 本专业教材；编写《现场管理人员培训教材(讲义)》7 本。

二、提升师资队伍素质，探索教学科研新路径

加强教师团队建设。制定《上海交通职业技术学院教学团队建设与管理办法(试行)》、《上海交通职业技术学院首批"院级教学名师"选拔与培育办法(试行)》，下发《2012 年度教职员工培训计划》。

加强教科研工作。申报立项上海市教育规划课题《现代职业教育体系构建赋予集团化办学内涵建设创新研究》、晨光计划项目《基于 SEM 的商旅电子商务竞争力评价研究》、高教学会《基于中高职贯通教育的现代职业教育体系构建的探索与实践》等市级以上课题近 10 项。目前各类立项在研课题 60 余项。

加强教学督导。做好常规的听课评课工作，组织校级公开课活动，发放"学生问卷调查表"2120 份。结合"085"工程建设，先后开展校区、学院两个层面的"三说"(专业系部主任"说专业建设"、项目负责人"说项目建设"、专业教师"说专业的核心课程设计")活动竞赛。

三、提升素质教育质量，探索育人工作新路径

加强道德文化建设。加强时政形势教育、法制教育、职业道德教育、心理健康教育。大力推进"易班"工作，学院易班注册人数 4323 人，注册率 99.27%。加强辅导员队伍建设，举办 2012 年德育工作年会。开设心理拓展课。开设学生干部培训班，组织入党积极分子培训班。发展学生党员 17 人。

拓展文化育人功能。以建设健康、环保、安全校园为目标，以读书节、艺术节、阳光体育节、技能节、社团文化节为载体，每月开展一项主题教育活动，全年共有万余人次参加各类活动。培育慈善文化理念。建立慈善爱心屋，组织学生积极投入

慈善义工活动。

建立学生事务中心，提供教育管理、帮困助学、招生咨询、就业指导、技能培训、继续教育等"一站式"服务。据统计，有174人次获各类奖学金73.14万元。有1939人次获各类助学金341.33万元。

四、提升社会服务品质，探索教育培训新路径

为主管单位、综合交通企业集团员工和社会人员的学历进修、继续教育、岗位培训提供服务，全年共培训3万余人次。联合相关知名企业，承办职业技能竞赛。拓展培训鉴定资质，获得"物流员智能化考试中心"资质。推进学历证书与职业资格证书"双证"融通，汽车商务专业试点推行汽车营销师证书，货代专业推行国际商务单证证书，物流专业试点推行物流员、助理物流师证书；学生双证率71.56%。成人业余大专在校生317人。

五、提升基础保障质量，探索环保校园新路径

基本建设方面，学院本部推进教学综合楼工程项目施工建设，完成教学楼直饮水设备改造、外借宿舍（月罗校区）搬迁及新宿舍（宝安公路附近）维修、一号教学楼维修、消防泵更新及泵房维修改建、燃气锅炉房设备更新及安装、汽车实训楼改建等工程项目。在东校区，投入260余万元用于校园基础设施改造和教学设备更新；在西校区，结合市教委下达的"校安工程"，积极推进校区基础设施改造。实训中心建设方面，学院本部完成汽车维修职业技能鉴定标准提升的设施设备配套，通过鉴定方案验收，三、四、五级鉴定已按新方案实施。完成汽车创新实验实训中心建设前期调研和方案论证，6月份完成系统平台初步搭建和汽车文化课程专业课程建设。完成口岸物流实训室维修改造项目，工位数从原来的18个增加到54个，并更新了实训设备。为提升第一国家技能鉴定所汽车维修工一级、二级技能鉴定能力，对机动车检测维修专业技术人员鉴定系统进行了升级。东校区《集装箱运输管理》专业完成业务集成实训室项目建设，新学期投入使用。西校区新建城市轨道交通供电倒闸操作实训室等9个实训室。

学院本部"中高职教育贯通培养信息资源库开发"组建项目组，完成信息平台策划，展示平台由招生管理、教学管理、学生管理、实习管理、就业管理等系统软件组成，涵盖学生在校期间所有信息，可供学生、家长、学校、企业四方查询。

（陈一鸣、王晓红）

［建立校企合作关系］ 3月28日，上海交通职业技术学院与捷豹路虎（中国）汽车销售有限公司校企合作"卓越培训项目"正式启动。学院与捷豹路虎公司在合作协议框架、实训中心建设、教师选送培训、学生选拔组班、教学形式选择等方面达成一致意见，并建设完成"捷豹路虎"实训中心，首批选拔25名学生组建"捷豹路虎班"。12月4日，首届学生均顺利结业，并获得捷豹路虎一级技术员证书、英国汽车工业学会（IMI）汽车维修职业资格认证。

（陈一鸣、王晓红）

［建立上海市高职高专首批慈善爱心屋］ 4月，在上海市慈善基金会的支持下，上海交通职业技术学院慈善爱心屋（工作站）投入试运行，成为上海市高职高专首批慈善爱心屋之一。这是学院致力于慈善育人，营造慈善文化，培育学生慈善意识和理念的物资助学平台。慈善爱心屋设有校内、校外两间小屋，存有学习生活物资4000余件，能满足困难学生的学习生活需要。5月18日，慈善爱心屋正式揭牌，上海市教委、上海市慈善基金会有关领导出席。慈善爱心屋是学校开展爱心教育，培育慈善文化的重要平台，不仅使广大困难学生感受慈善的温暖，也为广泛培养青年学生的慈善意识、感恩意识奠定了良好基础。

（陈一鸣、王晓红）

［被聘任第九届国家督学］ 10月11日，上海交通职业技术学院院长鲍贤俊参加国务院教育督导委员会成立暨第九届国家督学聘任工作会议，被国务院教育督导委员会聘为第九届国家督学。

（陈一鸣、王晓红）

［专家工作室签约揭牌］ 11月9日，学院举行陶巍专家工作室签约揭牌仪式暨"人与车的沟通"主题报告会。陶巍现任上海幼狮高级轿车修理有限公司总经理、上海市技师协会副会长、技师协会汽车修理专业委员会主任、美国麻省理工大学荣誉院士、法国马赛工商学院荣誉院士、美国底特律三角洲学院汽车维修高级教官、上海交通大学等高校高级顾问及兼职教授、上海市优秀技师、高级技师、上海市劳模、新长征突击手、汽修界唯一享受国务院特殊津贴者。"陶巍专家工作室"以研究探讨汽车运用技术专业发展动态，把脉学院汽车运用技术专业人才培养方案，发挥专业引领作用，探讨校企合作人才培养模

式改革和教学模式创新。

（陈一鸣、王晓红）

[开发“中高职教育贯通培养信息资源库”] 学院本部“中高职教育贯通培养信息资源库开发”组建项目组，完成信息平台策划，展示平台由招生管理、教学管理、学生管理、实习管理、就业管理等系统软件组成，涵盖学生在校期间所有信息，可供学生、家长、学校、企业四方查询。

（陈一鸣、王晓红）

附：学校负责人及地址

（2012 年 1—12 月）

院党委副书记：俞景平（主持工作）、鲍贤俊

院　长：鲍贤俊

副院长：张佳敏、张伟国、张　勤、武　勇

地　址：呼兰路 883 号

邮　编：200431

电　话：56993234

上海海事职业技术学院

［2012 年概况］ 2012 年招生 1479 人，其中航海类招生 338 人。学院开设专业 13 个，在校生 4372 名，其中航海类专业在校生 1116 名。成人教育开设专业 5 个，在校生 389 名，其中航海类专业在校生 349 名。毕业生 1412 人，就业率 95.18%。共开办各类船员培训班 311 期，培训总人数 8743 人次。

学院按照市教委《关于实施"上海市市级特色高等职业院校建设计划"完成特色院校》申报工作，成为上海市特色院校建设单位。落实"085"重点专业建设工程，制订"085"工程项目管理办法和经费管理办法，细化管理流程，在校内实训基地建设、师资队伍建设、人才培养模式改革、技术服务等四个方面推进实施。

落实学院师资建设规划。各系部组建教学团队，其中航海类专业英语教学团队获 2012 年上海市教学团队称号。实行教师引进、招聘、外聘与培养相结合，强化师资队伍建设，进一步加强师资培训工作，提高教师的质量意识，提升教师师德修养。招聘航海类教师 5 人，新外聘航海类专业教师 7 人；加快青年教师的培养，2 名教师赴美培训学习；安排教职员工参加各类培训 120 人次；分批次安排 5 位航海专业教师到集团大型船舶上践习。组织专业负责人赴台国立海洋大学、台北海洋技术学院、国立高雄海洋科技大学交流学习；通过走出去和请进来方式开展国内兄弟院校之间的交流学习活动；鼓励教师参加各类学术团体的学术交流活动。

推进学院教科研工作。制定《教育科研项目管理办法》，在开展横向课题项目时，推进学院 2012 年各项自选课题的研究；组织申报市级精品课程，用好学院精品课程网络平台、录播系统等应用软件，建设精品课程。李勇被评为第二届上海职业教育杰出校院长；俞国平获得上海市育才奖；胡一民被评为上海市高校教学名师；胥宪生主编的《轮机自动化》获全国交通职业教育"十一五"优秀教材；《国际航运管理》精品课程被评为市级精品课程；两名青年教师获得上海市"晨光计划"项目资助。

根据 STCW 国际公约标准和学校确定的专业人才培养规格要求，全面修订人才培养方案，完善航海类专业课程体系。以强化海员职业素质为核心，以培养海员职业能力为主线，注重海员实践技能，构建理论教学、实践教学、职业证书课程体系。2011 级航海技术专业学生船舶航行认识实习时间延长到在船 1 个月，并充实规范实习内容。加强实习基地和实训中心的建设，逐步形成各专业实践教学体系。充分利用校内五大实训中心资源，加强学生（学员）实训、实习项目的落实。各个专业着手建立校外实习基地。航运管理系与上海中海洋山国际集装箱储运有限公司校企合作建立学生校外实训基地。2012 年，学院被授予上海市高技能人才培养基地称号，获

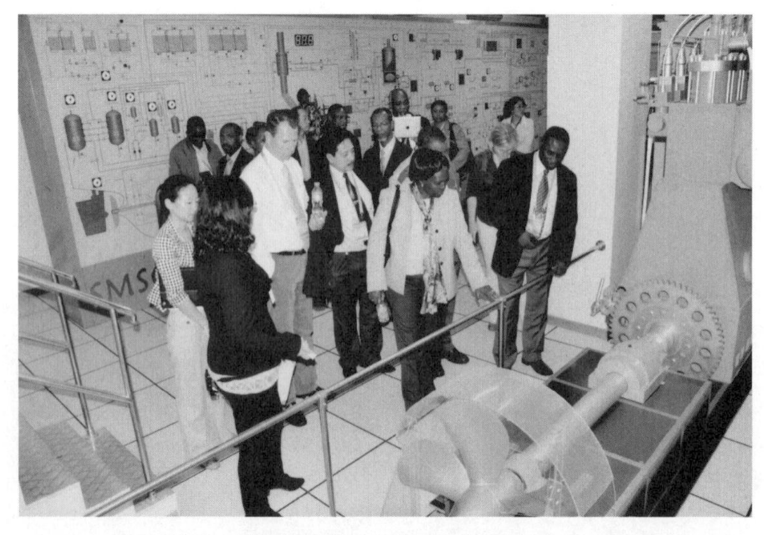

第三届国际职业技术教育大会代表参观学院实训中心

得由中华人民共和国人力资源和社会保障部颁发的第十一届国家技能人才培育突出贡献奖。

推进培训项目开发，提高船员培训质量。与集团内船舶公司联合开发船员培训项目，开设了船长岗前培训、船舶驾驶员避碰知识培训班、中海基地水手、机工强化训练培训班、中海集团中普船员焊工初训班、新规则特种船舶培训等。按照“主动履约、精细履约、有序履约”的工作要求，确保履约培训项目顺利开展，首期举办的 BRM、ERM 等试点班被上海海事局作为样板班向其他航海院校和培训机构推广；并在全国航海模拟器教学研究会第二十三届年会上，学院 BRM 教学团队教师进行了“船舶操纵、避碰和驾驶台资源管理”训练项目的示范教学。

加强学生人文素质教育，坚持每月不少于两场专业讲座或素质报告；加强学生的规范化管理，开展“法制宣传周”活动，开展“学雷锋、讲文明、树新风”为主题的系列活动，开展学院学生志愿者活动，参加社会公益活动和助残活动，开展“第五届大学生心理健康宣传月”活动。加强社团建设，举办校园文化艺术节，丰富校园文化。

完善教学管理制度和校区管理制度。强化航海类专业学生的半军事管理。不断完善和细化半军事管理考核制度，规范学生的行为，开展水上专业职业道德素养教育系列讲座；组织新生军事训练和入学教育，开设专业导论课程。

做好教学设施设备的更新和改造工作。国航实训中心二期通过验收；建成物流仓储实训室；建成 LNG 实训室；新建 ECDIS 实训室；更新 GMDSS 实训软件；补充更新了一批履行 STCW 公约马尼拉修正案过渡期需要设施设备；更新改造了新锅炉房；改造完成消防系统；新图书馆如期开馆。制定了《实验、实训室（中心）建设（暂行）管理办法》、《日常维修管理（暂行）办法》。

加强党建工作，组织开展党员民主评议活动和反腐倡廉活动；做好信息公开、信访接待和纪检工作；继续实行领导接待日制度；关心关爱困难职工和贫困学生的生活，营造和谐校园环境。

（袁　隽）

[获上海市教学团队称号]　经上海市教委评审，学院航海类专业英语教学团队获 2012 年上海市教学团队称号。该教学团队政治素养好、业务水平高、结构合理，团队建设目标明确，人才培养成绩显著。多次承担教育部、交通运输部高级研修班、中国海运集团科研项目以及国家级规划教材编写等任务，获得上海市高校教学成果一等奖等成果。

（袁　隽）

[完成市级特色高等职业院校申报工作]　学院根据院“十二五”规划、中海集团发展规划、上海国际航运中心建设规划不断完善申报书、建设方案、数据平台、汇报 PPT。6 月 13 日按时向市教委申报。申报材料充分凸显学院校企一体、航运为主、教培并举、注重技能的办学特色。

（袁　隽）

[学院校外实训基地揭牌]　6 月 18 日，学院校外实训基地——上海中海洋山国际集装箱储运有限公司举行揭牌仪式。中海集运党委书记黄新明，中海国际党委书记汪树清为实训基地揭牌。实训基地的建立，为学院实现落实人才培养方案，提高学院办学水平，深化校企合作，跨出了坚实的一步。

（袁　隽）

[参加第 23 届航海模拟器教学研究会年会]　11 月 19—21 日，学院参加第 23 届航海模拟器教学研究会年会。学院 BRM 教学团队教师进行了新评估规范下的“船舶操纵、避碰和驾驶台资源管理”训练项目的示范教学，让 34 所航海院校的与会专家共同分享学院 BRM 长期教学过程中积累的经验。

（袁　隽）

[获第 11 届国家技能人才培育突出贡献奖]　12 月，学院获得由中华人民共和国人力资源和社会保障部颁发的第十一届国家技能人才培育突出贡献奖，孙琦院长获得国家技能人才培育突出贡献奖（个人）。

（袁　隽）

附：学校负责人及地址

（2012 年 1—12 月）

院党委书记：孙欣欣
副　书　记：李根新

院　长：李　勇（12 月离任）、孙　琦（12 月到任）
副院长：姚张平（常务）、张卫亮

地址：浦东新区源深路 158 号
邮编：200120
电话：58311677

上海电子信息职业技术学院

［**2012年概况**］ 学院总部位于上海市奉贤区，建有完备的教学中心、实训中心、图文信息中心、室内外运动场和生活园区等，另有长宁校区和徐汇校区。设有8个教学系、部和3个二级学院，共设27个专业，其中国家级重点专业4个，上海市重点专业6个，现有全日制在校生6800余人，毕业生就业率保持在96％以上。

学院推进“国家示范性高等职业院校建设计划”，将国家骨干校建设与“085”工程、行业提升计划、中央财政支持的重点专业建设、上海市财政专项支持等重点项目结合起来，实现学院事业的全面发展。

创新人才培养模式，推进教育教学改革。学院形成“植根行业、校企联手、工学融合”的人才培养模式。创新和优化“项目化”教学，强调“教学做”一体化，以专业建设为抓手，通过“需、特、强”专业建设，不断加强学院整体内涵建设，全面提升办学水平。年内，在教学质量工程建设方面，1名教师被评为上海高等学校市级教学名师；应用电子技术专业教学团队和机电一体化技术实践教学基地建设教学团队获2012年度上海高等学校市级教学团队；《Linux服务与安全管理》、《综合布线技术典型传感器应用》和《典型传感器应用》等3门课程被评为上海高等学校市级精品课程。计算机网络技术专业在上海市高职重点专业教学设计比武中荣获二等奖。

学生在全国各类职业技能大赛中屡次获奖。在全国职业院校技能大赛中，获“电子产品设计及制作(基于FPGA技术)”、“计算机网络应用”2个赛项一等奖，同时还获得5个二等奖、7个三等奖。1名同学入围国家队集训，为参加第42届世界技能大赛做准备。

强化师资队伍建设，全力打造双师结构。通过教师企业实习计划、国内外访问学者计划、海外游学计划和海外名师计划等7项措施多渠道加强师资队伍建设；完成特聘企业兼职教师工作，引进和聘请具有实践经验的专业技术人员和高技能人才担任专兼职教师；完善辅导员选聘办法、开拓培养途径。学院进一步完善了专业双带头人、“双师素质”教师和企业兼职教师的培养和管理机制。教师科研创新能力和教育教学能力得到了提高。2012年学院共获批市科研创新项目1项、市高等教育学会课题、市职业教育协会课题、各类教学指导委员会课题10项，确立院级科研项目32项，评审通过院级科研项目28项。教师共发表论文140余篇，其中核心期刊论文40篇。教师的教育教学能力得到增强，在全国职业院校技能大赛中，3名专业教师获得优秀指导教师称号；在全国职业院校现代制造及自动化技术教师大赛中分别获得一、二等奖；在上海市高职高专院校机械类专业教师教学能力竞赛中获得团体一等奖。

深化职教集团建设，加强校企深度合作。年内，学校职教集团院校参与云南楚雄州大姚县职教中心西部支援计划；吸纳上海交通电子行业协会、三一重机有限公司、包头服务管理职业学校等7家单位加入集团；为集团所属高职院校共建校企开放实训中心，吸引企业投入设备200万元；完成第五期、第六期技师学院各项工作；组织了集团内“良相杯”智能楼宇、“景格杯”计算机应用能力竞赛。

加强思想政治教育，提升学生素质。学院深化“六个一”建设工程，创新“两课”教学，加强思想政治教育实践化教学；加强“易班”建设，做好学生的网络舆情工作；倡导学生志愿服务行动；做好心理健康教育与咨询工作；举办学院第三届校运会。年内，5名学生获得国家奖学金、6名学生获得上海市奖学金、227名学生获得国家励志奖学金、946名学生获得国家助学金；500多名学生分别获得包括学生奖学金、三好学生、优秀干部以及单项奖等在内的奖项；学院设置了勤工助学岗位，共计200余名学生参与勤工助学；为51名学生办理国家助学贷款；10名学生获得慈善基金会中华助学金；做好学费减免工作以及慈善爱心屋工作。完成2012届毕业生就业工作，毕业人数2163人，就业人数2082人，就业率达96.26％。

改善校园环境设施，构建安定和谐校园。完善基础设施建设，做好学院重点项目的基础性改造及常规维修工作。继续加强安全保卫工作，实行首问责任制。重点提升了安保人员操作和使用现代化监控系统的能力和水平。对学院师生开展安全宣传教育工作，大力加强宿舍、校车等监督和管理，切实维护师生健康和安全。

加强社会服务能力建设，建立有效带动的品牌战略。年内，学院共签订9项横向项目，院级科研项目立项中16项为技术开发类项目；承办上海市国资委系统《维修电工(高级)》市级二类职业技能竞赛，被授予“上海市国资委系统技能竞赛突出贡献单位”；筹建的“高技能人才培养基地”被上海市人力资源和社会保障局批准为第二批“上海市高技能人才培养基地”。组织实施企业在职员工技能提升培训、职称申报培训、农民工上岗培训、社区公益讲座、对外合作培训等各级各类社会培训鉴定服务。积极开展对口师资培训，培训人数近300人次。

(李　旺)

[举办产学研沙龙]　4月25日，上海电子信息职业技术学院举办“上海电子信息行业领军人物沙龙”。此次沙龙跟踪目前物联网发展态势，研讨物联网技术的主要应用领域，获得了物联网行业技术发展现状和未来发展趋势的最前沿信息，探讨了中国物联网行业前景及人才需求，推进学院产学研合作。中国科学院何积丰院士应邀做了“智慧城市中的物联网技术”的主题演讲。

(李　旺)

[上海电子信息职教集团召开一届四次理事会]　6月21日，上海电子信息职教集团召开一届四次理事会。上海仪电控股(集团)公司、上海金陵股份有限公司、上海飞乐股份有限公司、上海仪电科学仪器有限公司、联想(上海)有限公司、三一重机有限公司、上海市仪器仪表行业协会、上海电子信息职业技术学院、上海应用技术学院高等职业学院、上海电子工业学校、上海市材料工程学校、上海市西南工程学校等40家理事单位代表出席了会议。

(李　旺)

[参加滇西边区扶贫启动会并签订战略合作协议]　12月3日，国务院副总理回良玉率领教育部有关领导、东部10个职业教育集团领导在云南普洱参加由国务院扶贫开发领导小组主办的滇西边境山区区域发展与扶贫攻坚启动会，东部10个职业教育集团与滇西边境楚雄州政府签订结对帮扶战略合作协议。由上海电子信息职业技术学院牵头的上海电子信息职业教育集团也参与其中。

(李　旺)

附：学校负责人及地址

(2012年1—12月)

院党委书记：杨秀英
副　书　记：顾剑锋

院　长：杨秀英
副院长：顾剑锋、靖素忠、徐松鹤、严晓华、吴依本

学院本部(奉贤校区)
地址：奉贤区瓦洪公路3098号
邮编：201411
总机：57131333、57132333

徐汇校区
地址：中山南二路620号
邮编：200032
电话：64172394(总机)

长宁校区
地址：玉屏南路560弄18号
邮编：200051
电话：64598344(总机)

上海济光职业技术学院

［**2012 年概况**］ 学院设有建筑系、建工系、经管系、机电系、外语系、护理系、基础部、思政教学部等 8 个系部，招生专业 21 个。教职工 235 人，其中行政管理及后勤人员 106 人，教师、辅导员和教学辅助人员 129 人。

2012 年招生录取 1453 名，招生录取报到率 91.74%，其中依法自主招生报到率为 99.40%。2012 届毕业生 1506 人，签约率为 88.05%，就业率为 99.27%。毕业生就业率连续 2 年提升。

学院以内涵建设发展为核心、全面落实学院“十二五”规划，继续推进依法办学、规范管理，进一步加强专业建设、课程建设、师资队伍建设、建设上海市特色高职院校和民办高校示范校，创建上海市文明单位（和谐校园）。学院是“中国民办教育协会理事单位”、“中国民办高等教育优秀院校”、“2010—2011 年度上海市安全文明校园”、“上海新经济组织、新社会组织”创先争优先进基层党组织。被教育部批准为全国第一批教育信息化试点单位。被市教委确定为上海市特色高职院校建设校、上海市民办高校示范校创建校，并给予重点支持。

学院坚持依法办学规范管理；坚持公益性、非营利的办学原则；坚持和完善法人治理结构：董事会决策，院长负责，党委发挥政治核心作用，教代会发挥民主管理作用。及时向市教委、市社团局报送《关于 2011/2012 学年度教育收费自查工作报告》，接受上海市教育委员会民办高校系统的 2011 年度检查，年度实地检查情况良好。接受了高校技防资助经费项目建设检查和上海市规范收费检查，检查情况整体良好。

学院的教学管理严格规范，教学质量稳中有升。2012 年在教学方面取得了一系列成果：市级教学名师 1 名、市级教学团队 1 个、市级精品课程 1 门；晨光计划项目 1 个；上海市民办教育研究项目 2 个、上海市语委项目 1 个、上海市建筑职教集团研究项目 2 个；院级教学团队 3 个、院级精品课程 4 门。

2012 年，学院在全国及市级各类技能大赛中取得了较好的成绩。建筑系在“2012 第二届全国高职高专教育建筑设计类青年教师‘金讲席’奖说课大赛”中获银奖和优秀奖；在“2012 第七届全国高职高专教育建筑设计类专业优秀毕业设计大赛”中获银奖及铜奖；机电系在“2012 年上海市职业技能竞赛——信息网络布线竞赛”中获团体银奖及个人赛二等奖和三等奖等、在“2012 第三届上海高职高专汽车类专业职业技能大赛”中获团体三等奖及个人二等奖；在“2012 上海市高职高专院校汽车类专业教师教学能力竞赛”中获团体三等奖及个人优胜奖；外语系在“2012 上海交大思源·卡西欧杯第二届上海高职高专日语口语大赛”中获一等奖及指导教师一等奖；在 2012 第二届全国高职高专日语技能竞赛中，参赛两位同学分别获得一等奖、三等奖和团体赛三等奖，指导教师童年、黄圆圆分别获优秀指导教师奖；护理系在“2012 年上海高等职业院校（护理类）专业职业技能竞赛”中获个人全能一、二、三等奖及团体第三名。

组织市“优青”项目、“晨光计划”项目、高校青年教师培养资助计划项目的申报、选拔、评审。11 名青年教师获培养资助计划项目支持，1 名教师获“晨光计划”，34 个项目申报民办高校骨干教师科研项目。1 人获得“上海高校青年骨干教师国内访问学者计划”，1 人获得“上海高校中青年教师国外访学进修计划”，4 人获得“上海高校教师产学研践习计划”；2 人获得“民办高校‘强师工程’教师培训项目海外硕士研修项目”。8 人评上中级职称。获青年科研专项经费达 151.5 万元。安排 4 名青年教师到企业实践。继续组织“我心目中好老师”的评选活动。建立和完善兼课教师的各种信息。实施《上海济光职业技术学院青年行政管理人员增资方案》。制定了《上海济光职业技术学院关于引进高层次人才的若干规定（试行）》以及相关配套制度。

学生中有 3 人获得国家奖学金，158 人获得国家励志奖学金，4 人获得上海市奖学金；628 位困难同学获得国家助学金帮助。在上海市教委组织的“资助工作绩效评估”中，被评为合格单位并荣获“特别创新奖”，得到 19 万元专项资金奖励。开展“诚信文明校园行”活动、第二届寝室文化节活动，组织首届校园文明月活动。学院心理健康教育与咨询中心通过了“上海高校学生心理健康教育与咨询中心达标建设”专家评审和验收。在第三届上海高校心理健康教育课程大赛中，学院胡春宝老师获优胜奖。

学生在各类比赛中获奖。建筑系40名师生组成的合唱队参加了第三届上海市大学生艺术展演活动中分别获得声乐甲组(普通组)三等奖；西乐甲组(普通组)三等奖；乙组(专业组)一、二、三等奖。校“i8视觉摄影社”获“优秀艺术社团”称号。在上海市学生阳光体育大联赛(高职组)冬季长跑和羽毛球比赛中，该院学生代表队获男子和女子组一等奖、男子组个人第三名，女子组个人第四名、团体二等奖，男子组个人第五名。

学院与上海应用技术学院、台湾德霖技术学院签订校际合作协议。首次组织教师赴德国四所高等职业技术学校，新加坡南洋理工学院、共和理工等学院深入访问、学习和交流。接待了德国艾肯福德职业教育中心和美国南犹太大学来访。

2012年，学院重新聘任了中层干部，颁布了《上海济光职业技术学院安全应急预案》、《上海济光职业技术学院实训基地建设项目实施与管理暂行办法》等。顺利完成了学院域名的更换。启动了大学生活动中心建设，并完成了学生宿舍和食堂项目的招投标等前期工程项目。安装了校园电子显示屏。引进了南大之星管理软件，进一步完善档案管理和信息化建设。

(济　文)

[签订校际合作协议]　1月7日，学院与上海应用技术学院校际合作签约。学院希望通过与上海应用技术学院的校际合作实现学院的稳步发展，进一步提高学校办学水平。

(济　文)

[校企合作单位增加]　2012年，学院与上海吾间建筑工程有限公司、现代建筑设计集团上海建筑设计研究院有限公司、上海惠博建筑装饰工程有限公司、上海建工二建集团有限公司、上海建工七建集团有限公司五家单位签订了校企合作培养人才协议书，建立了相对稳定的校企合作关系；新增了8个校外实习基地。目前学院6系2部已与80家校外实习基地分别签订了协议书。

(济　文)

附：学校负责人及地址

(2012年1—12月)

董 事 长：夏克强
副董事长：曹善华

院党委书记：潘洪祺
副　书　记：陈成澍、姚健敏

院　长：陈成澍
副院长：潘洪祺、姚健敏、谢陪俐

学院本部地址：水产路2859号
邮编：201901
电话：66761065

武东校区地址：武东路51号
邮编：200433
电话：65108907

上海工商外国语职业学院

［**2012 年概况**］ 学院设 12 个教学系部，其中信息与数字艺术系由原计算机系和机电系艺术类专业合并组建而成，西班牙语系由原德语系西班牙语专业独立设置。年内，增设会计专业，招生专业 23 个。全日制高职在校生 6436 人，当年招生 2220 人，新生报到率 89％；2012 届毕业 2002 人，初次就业率 99.6％，就业签约率 96.05％。

新一轮高职人才培养工作评估自 3 月份启动，按照“总结经验，彰显特色，分析问题，着眼发展”的工作思路，践行“快乐评估、健康评估、和谐评估”的理念，总结过去五年的工作成绩、存在的问题，提出了整改方向。6 月 8—10 日专家组驻校实地考察，从落实法人财产权、办学定位、示范性高职建设、人才培养模式改革、队伍建设举措、党建和辅导员工作等 6 个方面，对学院人才培养工作给予了肯定。

队伍建设有新举措。投入 273 万元专项资金，实施增薪奖酬方案，提高教职工薪酬水平；开展为期三年的第二阶段全员师资培训，制订《“阳光工程——青年教师攻硕读博”实施意见(试行)》，实施青年教师导师制度，实行教科研工作奖励，提高师资队伍水平。全年晋升副教授 7 人，4 人入选市教委“教师专业发展工程”资助项目，2 人获上海市育才奖，1 人获市民办高校系统优秀辅导员称号，11 人入选“上海高校青年教师培养资助计划”。

教学建设取得新成绩。继续推进“五个专业”、“四项制度”、“三个中心”为框架的示范性高职建设项目，开展“085 工程”重点专业建设中期评审，立项《综合英语》、《韩语写作》、《职场礼仪》3 门精品课程，《实用西班牙语会话》校本教材等 8 个重点课程和“图书馆多媒体电子教室的开发”等 19 个一般课程和教改项目；组织开展第二届优秀教学成果奖评选，21 个申报项目中 12 个项目获奖；应用英语专业教学团队被评为上海市优秀教学团队。

人才培养取得新成果。以党建和思想道德教育为引领，发挥学生骨干作用，强化学生纪律观念和良好习惯，学风建设取得成效明显。学生先后获上海高职高专院校首届机械类、汽车类职业技能竞赛团体二等奖，第八届全国高职高专实用英语口语大赛上海赛区公共英语一等奖，第三届全国高职高专英语写作大赛上海赛区专业组一等奖，上海市第二届高职高专日语口语大赛一等奖、第二届全国秘书职业技能竞赛一等奖等多个奖项，2012 届毕业生职业资格和技能等级证书获证率达到 81.65％。

社会声誉得到新提升。先后承办了上海第二届高职高专日语口语大赛、全国第三届高职院校职场英语口语大赛、全国第二届秘书职业技能大赛和全国高校秘书专业实训教学研讨会。先后 3 次承担国家商务部援外培训项目，并承办了“2012 中国·爱尔兰”文化交流活动、华侨基金会中美杰出青年国内培训项目，接待国外院校来访、考察及举办留学说明会等 21 批次，达成意向和签订国际交流与合作协议 7 个，与英国诺桑比亚大学海外合作项目获教委批准立项并获 45 万元资助。学院作为唯一一所民办高校当选上海市外文学会理事单位。

创建市级文明单位。深入学习宣传贯彻党的十八大精神，以社会主义核心价值体系为引领，开展大学精神、大学文化和价值取向大讨论；举办五月红歌会、校园运动会、双语演讲比赛等传统活动，外语文化周、英语晨读、素质拓展等特色活动，大学生艺术团和学生社团汇报演出、高雅艺术进校园等艺术活动，“世界读书日”优秀读者表彰、外语文化长廊建设、读名著诵经典演讲比赛等文化活动。11 个教学系部、12 个职能处室、23 个班级、115 个宿舍获得学院基层文明单位称号，新建 8 个校外文明共建社会实践基地；1419 名师生参加义务献血，171 名学生加入中华骨髓库造血干细胞捐献行列，15 名学生光荣入伍；累计 5000 余人次参与志愿服务活动，捐款捐物达 6 万余元。

(周春林、葛春晖)

［**成立思想政治教育研究会**］ 4 月 27 日，学院举行思想政治教育研究会成立仪式，通过了《上海工商外国语职业学院思想政治教育研究会章程》及组织机构设置，选举产生了第一届会长、副会长、秘书长。

(周春林、葛春晖)

［**承办全国第三届高职院校职场英语口语大赛**］ 6月17日，由中国高职研究会（商科分会）外语专业委员会主办的全国第三届“卡西欧杯”高等职业院校职场英语口语大赛在学院举行。教育部高等学校外语专业教学指导委员会主任戴炜栋等专家出席大会。来自全国26所院校的48位选手参加了比赛。大赛以“校园与职场（Campus and Workplace）”为主题，包括主题演讲、情景对话和辩论比赛三个环节。学院英语系黄志豪同学获大赛特等奖。

（周春林、葛春晖）

［**承办第二届全国秘书职业技能决赛**］ 7月7日，为期两天的“亚伟杯”第二届全国秘书职业技能大赛总决赛在学院举行。大赛由中国职业技术教育学会教学工作委员会文秘公关专业和国家职业及技能鉴定专家委员会秘书专业委员会共同主办，来自全国17个省市27所院校的32支队伍参加决赛。学院获最佳团队一等奖，2010级学生顾佩玉获个人一等奖和最佳综合素质奖。决赛期间，同时举行了全国第二届文秘专业建设和速录人才建设高峰论坛。

（周春林、葛春晖）

［**选举产生第三届工会委员会**］ 12月19日，学院召开三届一次教（工）代表大会，70名教职工代表、6名特邀嘉宾及15名列席代表参加会议。会议审议通过了2012年学院行政工作报告、第二届工会委员会工作报告和工会财务报告，以无记名投票、差额选举的方式选举产生了第三届工会委员会、工会经费审查委员会和女工委员会。

（周春林、葛春晖）

［**召开首届教育国际交流工作会议**］ 12月21日，学院召开首届教育国际交流工作会议，会议总结学院建校11年来教育国际交流与合作工作情况，会展策划与管理中澳合作办学项目和承担商务部援外培训项目工作经验，制订出台了《拓展国际合作教育，打造学院特色品牌》的工作规划。

（周春林、葛春晖）

附：学校负责人及地址

（2012年1—12月）

董　事　长：钱　莹

院党委书记：王一鸣

院　长：朱懿心

副院长：朱士昌（9月到任）、黄　平、陈　昊

地址：浦东新区惠南镇观海路505号

邮编：201399

电话：68020621（院办）

上海科学技术职业学院

［**2012年概况**］ 学院现有通信与电子信息系、机电工程系、经营管理系、商务流通系、人文与社会科学系和基础教学部6个系(部),开设安全防范技术、应用电子技术、通信技术、机电一体化技术(数控机床维修)、数控技术、应用英语、社会工作、电子商务、人力资源管理等23个专业。全日制高职在校生4231人,当年招生1462人,面向21个省招生;2012届毕业生1308人,就业率达到97.3%,签约率比2011年则提高了30个百分点。

学院被市教委确定为"上海市特色高等职业学院"建设单位。2012年启动新一轮建设,接受教育部人才培养评估。根据《教育部关于进一步加强高校实践育人工作的若干意见》,重新修订2012级培养计划,注重加强实践环节,制定了科学、规范、有实践特色的新版培养计划。积极推进课改,整合课程资源,新增"专业发展与创业导论"课程。教学大纲修订遵循"以产业口径整合专业资源,专业与产业链对接"的原则,突出高职教育的产业特色和职业性。新增"信息安全技术"专业,该专业与"安全防范技术"专业及相关专业群、"机电一体化技术"专业协同,提升学院专业建设的整体水平。市级教学名师和教学团队建设取得进展,机电系唐晓丹被评为"上海市教学名师",安全防范技术专业教学团队被评为"上海市级教学团队"。在上海市高职高专教师教学能力竞赛、大学生数学建模竞赛和嘉定区职业技能大赛等比赛中取得优异成绩。推进和完善人事激励制度,制定《上海科学技术职业学院技师、高级技师特殊津贴评审办法》,对具有技能专长的教师给予津贴补助,鼓励教师积极提升实践操作技能。

坚持德育为先,开拓思想教育新途径。开展内容丰富、富有创新意识的学生活动,如"人文·中国——民族文化"主题展示,"诵中华美文,扬民族文化"主题演讲等。邀请中国作协副主席叶辛,华东师范大学雷启立教授,心理学专家林华女士等来院讲座。开设"知心学长爱心岗",发挥高年级学长的优势,带领新生同学习共进步;探索构建全方位覆盖、全过程资助的"立体化资助体系"。

积极开展培训,服务社会。学院依托安全防范技术专业的优势,至今已开展6期安全技术防范系统操作人员培训。超额完成区府下达的培训指标和任务,高级工指标250名,实际完成296名。中级工完成1676名,外来农民工上岗证培训完成3244名,外语、计算机、统计类及其他培训1513名,职业技能鉴定10547名。拓展培训网络,广泛开展合作培训,与11个街镇33家企业以及6个委办局建立合作关系,以创新理念积极开展各类培训。

(曹　哲)

［**举办"全国高职院校创业教育课程建设研讨会"**］ 10月成功举办"全国高职院校创业教育课程建设研讨会",来自全国各省市的高职院校的校长、专家近百人参与研讨。会议对"高职院校创业教育人才培养模式"、"高职院校创业教育课程设计与评价"等课题展开深入研讨,取得丰硕成果。同时成立"上海科学技术职业学院创业学习中心",该中心面向全国开放。

(曹　哲)

［**举办电子商务专业培养模式改革暨产学合作深化论坛**］ 依托电子商务专业建设的优势,学院与上海市电子商务协会合作举办"全国高职高专院校电子商务专业培养模式改革暨产学合作深化论坛"。湖北、江苏、山东、安徽及上海等地高职院校的领导及知名电子商务企业家出席论坛,围绕"创新与融合"的主题展开研讨,取得丰硕的理论成果。

(曹　哲)

［**参与举办"全国高职招生就业协作会议"**］ 10月,与江苏健雄职业技术学院联合举办"全国高职高专招生就业协作会第十八次会议"。全国71所高职院校100余名代表出席会议。与会专家对人才培养模式"融专业入产业"、"校中厂、厂中校、工学交替"的举措表示高度赞许。

(曹　哲)

附:学校负责人及地址

(2012年1—12月)

董事长:朱建新

院党委书记、院长:庄顺根
副　书　记:周财宝

常务副院长:马德垺(7月离任)、董大奎(8月到任)
副　院　长:王云飞、俞　伟

地址:金沙路280号
邮编:201800
电话:69990010

上海农林职业技术学院

［**2012年概况**］ 学院设有园艺园林系、动物科学技术系、商务旅游管理系等五系一部和12个教学单位23个专业，在校学生4000多人，专任教师198人，其中具有高级职称的教师51人，占26.4%。毕业生1253人，就业率为99.52%，签约率95.69%。校园占地面积384481平方米，总建筑面积121970平方米。

加强内涵建设，进一步优化专业结构。按照“上海三农需要什么人，我们就培养什么人”的办学思路，加大对涉农专业及方向的资金投入，师资引进，优先保障实验实训条件建设，新增农产品质量检测、设施农业技术、观光农业等3个专业，停招商务日语、会展策划与管理、报关与国际货运、酒店管理等4个专业；完成开设农业信息技术专业的备案，做好水产养殖技术和农作物生产技术备案前的准备工作。至今，学院开设的涉农专业及方向数量超过50%，招收涉农专业及方向的学生超过50%。

深化校企合作，创新人才培养模式。依托上海现代农业职业教育集团，开展上海农业职业人才培养模式改革与创新试点项目的研究与实践。签约多个特色明显的“合作班”，合作办学模式逐步推开。相继开设的特色班有“荷斯坦班”、“城市国际农产品连锁经营管理班”、“上海之根农业旅游班”以及为崇明定向培养基层农业科技人才的“崇明班”，进一步落实人才共育、过程共管、成果共享、责任共担的合作办学模式，受到欢迎。

人员招聘和教师培训。学院严格按照招聘工作流程，录用16人，聘用人员中教师5名、行政管理人员5名、实验员4名、辅导员2名。7名青年教师入选“2012年青年教师培养资助计划”。选拔6名教师进入学院优秀青年教师培养计划。本年度共有11名教师参加农委系统企事业单位或与专业相关企业顶岗实践。组织教职工各类培训共计80多人次。学院有两名教师获得2012年上海市园丁奖和育才奖。

加强学生思想政治教育工作。3月份起在全院范围内开展以加强学生思想政治工作为目标的四个“十百千”工程活动，截至12月份，四个“十百千”工程均已圆满结束。为丰富校园文化生活，为全体师生搭建一个交流信息、传播人文精神的平台，于上半年创办《润·尚》，已出版6期。加强校园文化建设。进一步加强以“尚农，乐耕，生生不息，博学，悟道，源远流长”为主题的农耕文化宣传教育，深化校园文化内涵。举办第二十五届“上农之春”文化节，参与师生人数超过1500人次，观摩师生超过6000人次。

加强科研工作。科研工作成效明显，立项的数量和经费为建院以来最高的一年，获得课题立项33项，比上年增长80%。其中校外课题17项，横向课题2项。组织完成2项科技兴农课题和“晨光计划”课题结题工作。组织开展对2008、2009和2010年度立项的8项院级课题进行结题评审，有6项课题顺利通过评审。

主动做好为农服务工作。学院制定《学院2012年农业科技服务活动实施方案》，组建动物科学技术和园林园艺技术2支服务队，开展农业科技服务活动，与7个区县、11个培训课程对接，培训300人次。组织人员先后深入泖港镇、黄桥村和叶榭镇堰泾村调研8次，与泖港镇镇政府签订了农业科技示范点服务框架协议。赴泖港镇、叶榭镇堰泾村开展“科技　文化　环保”三下乡主题宣传活动，当地农民400—500人参加。组织6名教师参加市农委的“千名专家服务基层行动”，与松江区农委开展科技服务交流合作，召开科技服务座谈会，推进与松江5家基地对接工作。“农科飞信”服务平台尝试运作，为农民提供即时农业信息。创办“农林职院科技信息报”，每星期为泖港镇145户家庭农场定期发送信息，截至12月中旬，共发送2200多条信息。

增进国际交流合作。学院全年共选派出访韩国、日本、法国、丹麦、美国、加拿大等国家7批70人次，其中教师28人，学生42人。共接待友好学校来访3次，其中法国圣·日耳曼农业学校6名学生和3名老师分批来学院交流访问，韩国济州高等学校一行13人来学院交流访问。接待其他国家交流访问团5次。学院与丹麦农经学院签订教育合作协议。

（蒋　洁）

[进入上海市特色高职院校建设行列] 在上海市教委“十二五”支持行业高校发展、提出创办特色高职院校的工作中，学院领导高度重视建设申报工作，积极准备申报材料，精心组织申报方案，明确质量要求和工作任务，组织相关人员广泛讨论，多次完善申报材料。经过现场陈述、答辩、专家投票，最终申报成功。

（蒋　洁）

[召开院第三次教学工作会议] 6月29日，召开学院第三次教学工作会议，共有120余名代表参加，通过了院长的教学工作报告和《关于“加强内涵建设，提高人才培养质量，扎实推进农林特色院校建设”的若干意见》，为今后几年的教学工作指明了方向。

（蒋　洁）

[举办建院(校)纪念活动] 今年是农校建校65周年、学院建院10周年。学院(农校)专门录制了电视宣传片——《放歌上农》，制作了《尚农乐耕生生不息》宣传画册和《峥嵘岁月，弦歌不辍》纪念册，对校史馆进行了重新布展。通过(学院、农校)纪念座谈会的举办，总结学校65年的办学经验和成果，扩大学校对外宣传的力度，同时教职工凝聚力也进一步增强。

（蒋　洁）

[在全国职业技能大赛上获好成绩] 学生在全国职业院校职业技能大赛中取得国家级一等奖3项、二等奖2项和三等奖4项，省市级一等奖2项、三等奖3项。上海市农业学校在全国职业技能大赛农业组中排名第二，上海农林职业技术学院是上海市高职院校在全国技能大赛中第一个获金牌的学校。

（蒋　洁）

附：学校负责人及地址

（2012年1—12月）

院党委书记：吴乃山
副　书　记：魏　华、俞锦禄

院　长：魏　华
副院长：俞锦禄、仲肇森、谢锦平

地址：松江区中山二路658号
邮编：201600
电话：57822666

上海建峰职业技术学院

［2012 年概况］ 学院坚持“稳定规模，优化结构，提高质量，办出特色”的办学方针，制定《“上海市市级特色高等职业院校建设计划”项目建设方案》，并获准立项，被列为上海市特色高职院校建设单位。通过市教委的评估。顺利完成 2012 年自主招生、三校生高考招生和秋季高考招生三个阶段的招生工作，共招生录取新生 1319 人，报到率为 92.4%。学院促进就业推荐工作，坚持职业生涯规划指导、加强校企合作、开拓校外实习基地。2012 届毕业生 1156 人，首次就业率为 97.4%。

完善师资培养、管理、考核机制，持续改善教师队伍结构，提升师资队伍整体素质。学院多位教师参加了上海市第四期高职高专师资教学能力专业培训，机电工程系教师参加上海市职业院校机械类专业教师教学能力竞赛获得三等奖；两名教师分别入选“上海高校青年骨干教师国内访问学者计划”和“上海高校教师产学研践习计划”，2 名教师获得上海高校选拔培养优秀青年教师科研专项基金，1 名教师荣获上海市育才奖。

推进学科建设。《地下空间施工技术》课程入选“2012 年度上海高等学校市级精品课程”；“建筑安装工程技术专业教学团队”被评为“2012 年度上海高等学校市级教学团队”；“地下空间施工技术、建筑安装工程技术”实训项目获得中国建设教育协会优秀教学成果二等奖。参加 2012 年上海建工集团职工信息技术比武获团体二等奖及优秀组织奖，2 名老师获 OFFICE 项目单项奖；1 名老师获 BIM 项目单项奖。

学院开展各专业职业技能竞赛，提高学生职业能力和教师的实践教学水平。医检与护理系学生参加全国职业院校技能竞赛获高职护理组个人操作第三名；外经外贸系学生参加全国高职高专实用英语口语大赛获上海赛区专业组二等奖、非专业组三等奖；学院学生参加全国大学生数学建模竞赛获上海赛区一等奖、全国二等奖。机电工程系、外经外贸系、土木工程系还组织学生参加全国高职汽车营销大赛、上海市报关能力竞赛，全国首届“鲁班杯”建筑工程识图技能竞赛等均取得较好成绩。学生参加各级各类技能竞赛共获得国家级奖项 3 项，省部级奖项 11 项。

学院投入 200 余万元开展信息化建设，完成了计算机房设备更新，新网站建设以及一卡通系统改建。学院新网站已于 12 月中旬正式改版上线。一卡通系统进行改建和升级，增加了门禁、考勤、翼闸系统、巡更系统和图书管理系统。

学院开展“平凡雷锋行，温暖见真情”系列活动，举办“劳模在身边”主题专访活动、“劳动者之歌”劳模事迹报告会、“党旗下的雷锋精神”主题实践活动专访，开展社团巡礼月、校园辩论赛、篮球联赛等活动。参加上海市学生阳光体育大联赛以及上海市首届市民运动会，获阳光体育大联赛冬季长跑比赛高职高专组女子团体一等奖、男子团体二等奖，获上海市首届市民运动会金杯奖和民众奖牌。22 名学生征兵入伍，367 名学生参加了无偿献血活动，1 名学生成为西部服务志愿者。

学院继续教育部依托学院的教学资源拓展培训业务，保持培训规模的逐年增长，全年共完成 7915 人次的培训量；同时积极开拓中高端培训项目，获住房和城乡建设部、上海市城乡建设和交通委员会批准，成为上海全国注册一二级建造师继续教育四个教学点之一。2012 年继续教育部业务量比去年增长 70%。院办企业进一步依托行业及自身的资质优势积极开展业务活动，在实现产值、签订合同等方面同比均有较快增长，实现产值 37737.94 万元，比去年增长 22.99%；实现净利润 100.22 万元；签订合同 65063 万元，比去年增长 141.72%。

（建　雯）

［建筑设备安装实训中心投入使用］ 学院投入资金 1000 余万元，和上海建筑设备安装公司合作建设的建筑设备安装实训中心顺利建成并投入使用。实训中心按照“视教一体”的要求设计建造，能为供热通风与空调技术、给排水和智能化楼宇等专业提

供全方位的实训教学。

（建　雯）

［新建学生宿舍楼竣工］ 学院新建学生宿舍楼8月顺利竣工并投入使用。新建宿舍楼新增床位1386个，新增男女浴室1000平方米，新增学生活动室1500平方米，新增地下停车位39个，改善了师生员工的校园生活条件。

（建　雯）

附：学校负责人及地址

（2012年1—12月）

院党委书记：徐　辉
副　书　记：杨光辉

院　长：徐　辉
副院长：崔　进、窦争妍、徐德明

地址：宝山区漠河路1168号
电话：56601258

上海邦德职业技术学院

［**2012年概况**］ 学院现有专业23个，在校生2714人；教职工232人，其中专任教师93人，教师中具有研究生学历的37人，具有副高及以上职称的15人。

学院设有华谊兄弟艺术学院、经济与管理学院(内设洲际酒店集团英才培养学院)、国际交流与外国语学院、应用技术学院和继续教育学院。建立了4个上海市高职教学高地、5个职业技能鉴定站和培训点，每个专业均有2个以上稳定的校外企业实训基地；推行正式学历与职业资格“双证书”制度，引进上海市教育委员会、上海市人力资源和社会保障局等五个部门联合推出的校企合作高级职业技能考证项目。2012年毕业生就业率为98.56%。

学院调整办学思路，把转型发展、建设以“特色、精致、质量”为主要标志的高等职业学院、培养现代服务业急需人才作为办学目标。洲际酒店集团英才培养学院和华谊兄弟艺术学院分别于5月25日和6月18日正式签约和揭牌。《烹饪工艺与营养》、《物业管理》、《老年服务与管理》等三个新专业年内申报成功，计划在2013年开始招生。黄中鼎教授领衔的物流管理专业“运输管理”课程为“2012年度上海市高等学校市级精品课程”。

学院法人资产转移工作全部依法完成。学院的二期工程项目获批复，并同步推进校园整体规划的调整。

政府加大对学院的扶持力度，学院当年获得的政府专项扶持资金同比增幅为242%。学院加强对专项资金的管理，成立学校政府扶持专项资金工作领导小组，制定了《上海邦德职业技术学院政府扶持专项资金管理使用制度》，对预算管理、支出管理、监督检查、绩效评估等方面做到规范管理。

学院与澳大利亚塔斯马尼亚大学，加拿大曼尼托巴省红河学院，法国高等行政和管理学院分别签署合作备忘录。学院还与西班牙巴塞罗那自治大学、日本东京国际商务专门学校延长或签订合作协议，开通或探讨西班牙语、日语的毕业生出国专升本通道。

坚持以教学为中心，强化教学质量管理。上半年开展第四次质量月活动，下半年进行期中教学质量检查；完善教学管理规章制度。强化能力培养，创新人才培养模式。对实践教学环节进行改革，完善实践性教学环节制度，提升了学校实践性教学水平。实施校企合作，推动多证书育人。技师学院与社会劳动保障局合作考证。

加强学生管理工作。学院开展“三风”建设月活动，组织学生志愿者服务活动，开展以“惜·青春，心·传承”为主题的第十届“校园文化艺术节”活动，组织学生“心理健康活动月”活动。强化招生、就业工作，新生录取后报到673人。应届毕业生签约率达74.56%，就业率达98.56%。

成人教育工作有新进展。成人大专《国际金融》、《应用艺术设计》两个专业申报成功并追加2013年计划数。组织全国计算机等级考试和上海计算机等级考试2400余人次。

后勤保障工作积极服务于学生、服务于教学、服务于师生。组织秋冬季“清剿火患”整治活动，开展“110”消防安全疏散和灭火演练。学生宿舍全年未发生安全责任事故。落实上海市教育委员会对高校食堂伙食补贴的文件精神，做好学生医疗保健和食品卫生监管工作。维护校园安全稳定。

稳妥完成学院历史上增幅最大的工资调整工作。学院经过三个多月的模拟测算、听取意见、修改完善，正式实施工调方案，教职工平均增资700余元。

学习宣传贯彻十八大精神，结合内涵建设，加强党团组织建设，加强和谐校园建设。院党委抓好“创先争优”工作，探索“党务公开”，开展“学校‘知礼立德’内涵、师生共同遵守的价值取向和邦德学院共同理想”三项讨论。

(傅炳荣)

［**华谊兄弟艺术学院揭牌**］ 6月18日，华谊兄弟影视传媒有限公司和学院合作举办的“华谊兄弟艺术学院”正式建立。该学院有影视表演专业、应用艺术设计专业、影视动画专业、钢琴调律专业四个专业及8个方向，目前在校学生600余人，有专职教师

19 人,其中具有研究生学历 8 人。

(孙　泉)

[洲际酒店集团英才培养学院成立] 5 月 25 日,学院与全球最大的国际酒店集团——洲际酒店集团(大中华区)正式签约,合作运行“洲际酒店集团英才培养学院”。校企双方互相支持、互相渗透、双向介入、优势互补、资源互用、利益共享,合作培养高质量的酒店管理人才。

(王凤兰)

[开展第五届学生“心理健康活动月”] 5 月 8 日起,学院开展为期一个月的“心理健康活动月”。主要活动内容有:心理活动月启动仪式、两次心理主题讲座、两次团体心理辅导、两次心理委员培训、放映两部心理电影,各分院也举行了以“珍爱生命,化解危机”为主题的系列活动。

(徐　婧)

[党建研究课题三等奖] 学院《党组织推动民办高校科学健康发展的建设研究》荣获 2011 年度上海市教卫党委系统党建研究课题三等奖。

(朱　英)

附:学校负责人及地址

(2012 年 1—12 月)

董　事　长:朱昌宁

院党委书记:刘　彬(10 月离任)
副　书　记:任淑淳

院　　长:任淑淳(8 月离任)、葛　朗(9 月到任)
副院长:倪祥保、任淑淳(9 月到任)、刘　彬(10 月离任)

地址:宝山锦秋路 299 号
邮编:200444
电话:56680657(总机)

上海兴韦信息技术职业学院

[2012 年概况] 学院现有学生总人数 1359 人，设有电脑艺术、商务管理、信息安全等 9 个专业。学院现有教职工 108 人，专任专职教师 62 人，其中外籍教师 10 人，具有高校教师资格证书 38 人，双师型教师 30 人，其中中高级职称占 73%，硕士以上学历占 63%，博士学历占 19.3%。

学院从本年度起，全面启动博雅教育的办学探索。为适应学院博雅教育的办学探索，学院师资队伍建设工作的重点是海外师资的引进和师资培训两方面。学院努力打造全博士师资团队，与来自哈佛、剑桥、加州大学、西北大学、范德堡大学、波士顿大学等近 14 位外籍教师签订了劳动合同，这些教师均有博士学位。学科涉及计算机、管理、生物、心理咨询等。学院注重外籍教师的管理和相关资质的申请，现已取得聘请外国专家单位资格认可等资质。

面对国际化办学的需要，学院高度重视师资队伍建设，全面提升教师的整体素质，促进专业化发展。学院先后实施《高层次人才队伍建设方案》、《教师工程实践能力提升方案》、《"123"教师团队建设方案》、《教师综合专业素质提升计划》、《国际化教育教学骨干队伍培养计划》等，根据员工岗位、英语程度不同，有针对性的开设英语培训课，提高员工英语语言能力，帮助教职工尽快适应岗位新要求。先后组织教师到企业挂职锻炼，提高教师的双师水平。组织教师参加上海市民办高校强师工程培训项目，已先后有 17 名教职工参加培训。组织申报并获批海外名师 1 名，育才奖 1 名，市优秀青年教师 3 名、重点科研项目 1 项。

在博雅学院的教学中，注重学生学习性投入的研究，采用美式博雅学院的教学模式，以英语为教学语言，力求培养学生的独立思考和思辨的能力。在培养方案设计中，以 5 周为一教学模块，每 3 个模块为一学期。每一模块都设有研讨课，采用习明纳教学法，要求学生与教师互动，交换学习心得。每周三为学生的社团活动日，内容多样，既有以教师事先规定的选题为主，学生自由结组，陈述每组观点；也有组织学生外出参观、实践或聘请学者来学院讲座等内容。在教学安排上，鼓励教师间合作教学，共上一门课。在学生的选课中，任课教师在开课前向学生介绍开设课程的主要内容、学习要求、前后课程的衔接等，之后学生在课程咨询老师的指导下选修课程，减少了学生学习的盲目性和从众性。

学院积极推进校园环境和教学条件的改造和提高，在 2011 年已经完成校园环境、图书馆、多功能教室、专家别墅、教职工寝室的整体扩建和改造等基础上，新建了健身中心等。同时学院利用 2011 及 2012 年度政府扶持资金信息化专项建设项目，完成了校园及教学楼无线网络全覆盖的建设及校园网出口带宽的升级等工作，使得学院信息化工作有了重要进展。教学仪器设备总值 1956.94 万元，比上年增加 151.07 万元，增幅 7.72%。

（项　慧）

[积极参与阳光体育比赛] 5 月 1 日，参加 2012 上海市大学生阳光体育比赛高职组乒乓球比赛，获得团体三等奖；11 月 6 日，参加 2012 上海市学生运动会大学生组游泳比赛暨上海市大学生游泳锦标赛，获得女子甲级团体第八名；2012 年 11 月 10 日，参加 2012 上海市学生运动会大学生组羽毛球比赛（高职高专组），获得女子团体第一名、男子团体第二名、女子双打第一名、男子单打第一名、混双第一名、女子单打第二名、女子单打第四名、女子双打第四名、混双打第五名、尚咏利体育道德奖；11 月 24 日，参加 2012 上海市阳光体育大学生组羽毛球比赛（高职高专组），获得男女混合团体一等奖、男单第一、女单第二、团体道德风尚奖。

（陈　流）

[共建实训基地] 3 月，学院分别与上海微创软件公司、上海山丽信息安全公司、上海木泉网络公司正式签署校企合作协议，共建新增的三个实习、实训基地。

（柏红兰）

[博雅教育理念研讨论坛] 2 月 23—24 日，兴

韦学院"博雅教育理念研讨"论坛隆重召开。论坛邀请了近30多位海内外及社会各界的行业专家、文化创意人、学者等，如圣何塞城市大学校长，包玉刚学校校长等，以兴韦学院探索国际精英教育(博雅教育)理念，及创新教学方法与本土文化精髓相结合的人才培养发展模式为主题进行交流、研讨。

(刘若薇)

[获2012年"上海市海外名师"称号] 在2012年上海市教育主管部门组织的"海外名师"国家特聘专家评审工作中，学院美籍华裔教授黄旭旦获"上海市海外名师"称号并获专项资助。黄旭旦曾在美国普度大学、加利福尼亚州立大学等名校从事教学及科研管理，有50余篇的国际著作及论文成果。

(刘若薇)

[招收首批外国留学生] 2012年，学院与美国IEM公司合作招收海外留学生。2月，学院招收首批海外留学生3位，这是学院建立以来留学生招收工作的开端。截至12月，学院共招收海外留学生11名。

(刘若薇)

附:学校负责人及地址

(2012年1—12月)

董　事　长:陈公白

院党总支书记:杨　桦
副　书　记:陈晓群

院　长:曹德超
副院长:杨　桦

地址:浦东新区惠南镇勤奋路1号
邮编:201399
电话:68020823

上海中侨职业技术学院

［**2012 年概况**］ 年内，学院调整董事会成员和院领导班子。以“建设‘善教有技’的教师队伍，成就‘能说会做’的双强学子”为工作抓手，将创建专业特色鲜明、办学风格新型的职业教育大学作为“十二五”的主要发展目标。针对市场需求设专业，针对行业企业需求定课程，针对岗位要求练技能，以职业岗位（群）标准要求为依据，制定专业人才培养方案，实施校企合作、工学结合的人才培养模式，培养生产、建设、管理和服务第一线的高素质技能型人才。

招收全日制高职学生 1244 人，目前，学院全日制在册学生 4033 人，成人教育学生 215 人。毕业学生 1646 人，截至年底，就业率 98.61%，签约率 77.65%，分别比上年增长 1.32 个百分点和 10.87 个百分点。作为“上海市高校毕业生就业工作创新基地”，获批 15 万元资助经费。

根据浦东校区和金山校区的区域经济发展特点和产业结构布局，结合社会需求，新开设建筑工程技术、应用化工技术和食品加工技术等 5 个专业，目前学院共有 29 个专业。深化教学改革，出资 100 万元用于教学改革立项建设，设立院级教学改革与建设项目 16 个，其中重点课程建设项目 12 个，重点课程职业汉语被评为 2012 年上海市精品课程，学院市级精品课程增至 3 门。加强实践教学环节，重视校内外实习实训基地建设，获政府财政资助经费 1000 万元，全部用于外语语音室、多媒体教学系统和课程中心等建设；校内新建少儿艺术专业钢琴、形体、音乐综合、劳作实训室、证券与期货专业实训室和 8 个多媒体语音室。开展校企合作，与 170 余家企业建立订单培养、顶岗实习、课程建设、教材建设、技能培训、技术服务等合作关系。目前，学院校内实习实训基地 40 个，校外实习实训基地 46 个。继续推行职业教育学历证书和职业资格证书“双证书”制度，2012 届毕业生获得符合专业面向的职业资格证书率 85.34%。

坚持培养和引进相结合、学历提高与技能提升并重原则，高标准选拔，多渠道培养，建设一支善教有技的双师队伍。年内共引进 24 人，截至年底，有专任教师 167 人，其中具有硕士及以上学位占 34%，具有高级职称占 37.7%；当年有 3 人评上副教授，10 人评上中级职称；辅导员培训 30 余人次，开展辅导员技能大赛，出台《辅导员聘任办法》、《辅导员考核办法》、《辅导员队伍建设实施意见》等文件。聘请行业企业技术能手和能工巧匠作为兼职教师，建立兼职教师信息库；制定《上海中侨职业技术学院外聘教师管理规定》。注重科研队伍建设，提升学校科研水平，8 大类科研项目共入选 84 项，获科研经费 192 万元。公开发表科研论文 79 篇；定期出版《教育教学研究》。

提升学生“能说会做”能力，启动炎培计划，聘请 20 位行业岗位能手、劳动模范、技术能手、职业技师担任校外兼职辅导员，开展“就业市场调查”活动。完善奖贷补助体系，2012 年获国家奖学金 3 人，国家励志奖学金 127 人，上海奖学金 4 人，学院奖学金 718 人，共计 100.7 万元；获国家助学金 2234 人次，共计 169.275 万元；享受国家助学贷款 80 人，共计 48 万元；勤工助学津贴惠及学生 769 人次，共计 17.33 万元。

加强学生社团建设，目前有学生社团 35 个，参与社团活动的学生近 3000 余人。开展社会实践活动和志愿者活动，参与各项志愿者和社会实践的学生达 2000 余人次，获得各级组织颁发的“志愿者先进组织单位”称号。丰富校园文化，形成“月月有活动”的校园文化氛围，参与学生 3500 人次。开展“做人 做事 做学”校训演讲比赛，参赛选手 200 余人。

国际交流与合作。“日本交流生项目”、“日本交换生项目”及“美国专业实习项目”列入上海市高校学生赴海外学习、实习项目，获批专项资金共计 103 万元。全年选送 48 名学生参加各类国际项目。

继续教育的项目有专科成人教育、本科自考助学、职业资格证书考试培训三大块，总人数 1500 余人。

（俞春英）

［**金山新校区奠基开工**］ 1 月 12 日，学院金山校区项目获准立项，11 月 12 日取得土地证，预计总投资约 10 亿元，11 月 28 日正式奠基开工。上海市

副市长沈晓明，市政府副秘书长翁铁慧，市教卫工作党委书记、教委主任薛明扬，中共金山区委书记杨建荣等出席奠基仪式。新校区建成以后，可容纳全日制在校生8000名。

（俞春英）

［承担援疆培训工作］ 根据上海市政府的部署与要求，学院承担270名新疆喀什地区高校毕业生来沪培训任务。成立以董事长为组长的新疆籍高校毕业生岗前培训工作领导小组和以院党委书记为组长的工作小组；完善信息网络管理机制、生活保障机制、融入社团机制、激励上进机制、纠纷预警处置机制等援疆培训管理机制。投入300余万元，改造新疆学员宿舍、教室、清真食堂。制定《新疆培训班学员综合素质测评办法》，构成完善的考核体系。

（俞春英）

［开展教师口语技能培训］ 3月9日起，学院开展为期两个半月的教师口语技能培训。“教师口语技能培训”项目是学院在“十二五”期间实施“师资队伍提升工程”的一环。学院85名40周岁以下的中青年教师参加培训与考评。

（俞春英）

［举办首届职业技能大赛］ 学院决定每年5月在全校范围内开展职业技能大赛，通过技能大赛实现以赛促教、以赛促学。第一届校职业技能大赛于2月启动。大赛设物流仓储技能、水手结技能、美甲造型、Photoshop海报设计和点钞等19个项目，累计4072人次参赛，280人获奖。

（俞春英）

［中国宋庆龄基金会捐助改建的学院体育场启用］ 5月12日，由中国宋庆龄基金会捐款改建的学院体育场揭牌启用。为支持中国民办教育事业的发展，2011年年底，中国宋庆龄基金会捐款120万元资助学院运动场的改建项目，项目包括一个足球场、一个排球场、两个网球场和三个篮球场。同时，学院配套80万元，总共花费200万元。

（俞春英）

附：学校负责人及地址

（2012年1—12月）

董　事　长：严红娟

院党委书记：张玉峰

院　　　长：蒋志明
常务副院长：卓丽环（11月到任）
副　院　长：张玉峰（兼任）、何仁龙、何根祥（11月离任）

地址：浦东川周路2788号
邮编：201319
电话：58132788

上海工艺美术职业学院

［**2012年概况**］ 制定后示范建设方案，建立“政府主导、行业引导、企业参与”的办学体制和育人机制。优化专业结构，根据区域经济结构和产业升级需要，学院把招生专业从23个压缩到12个，同时组织10个专业重新编制《专业建设方案》和《“十二五”专业建设路线图》，制定以能力模块为构架的《专业教学实施计划》、《专业人才培养方案》，投入40门模块式(学习包)课程的开发。

体制外办学取得阶段性成果。学院成立的两所体制外学院中，WPP学院建立了专业人才培养模式和课程体系，成功举办2011级学生学习成果汇报展。水晶石学院优化三年学历培养专业课程，建立完善的教学管理架构，建设了专业教学团队，完成多媒体设计与制作专业课程建设。

教学模式改革在各二级学院深入开展。环艺学院各工作室平均每学期从企业引入真实项目3个以上，校企合作运行方式渐趋成熟。数码学院学生的毕业设计中，产生了中华艺术宫网站项目、互动屏幕设计项目、三毛纪念馆动画项目、上海科技馆立体动画项目等一批专业教学同社会实践相结合的成果。水晶石学院把真题项目引进课堂，学生暑期实习则直接参与企业项目，如孩之宝、SMG的动画或影视后期工作等。

教育科研工作获得新进展。学院召开第一届科研工作大会，确定科研工作方向与教师科研的责任和权利，规范资金使用和课题管理流程，加大对教师的科研支持力度。学院全年共获市级课题立项7项，共创产值44万元。

市政协领导参观学院师生作品展

完善组织管理机构，建立健全人力资源制度。学院制定了人力资源三年建设规划，制定《引进优秀人才特殊优惠政策的实施方案》，出台《关于进一步完善专业技术职务聘任管理工作的指导意见》。全年引进博士1人，硕士15人，海外留学背景1人，有企业工作经验8人，应届毕业生6人。同时加强教师队伍培养培训，提升教职队伍的专业能力。

对外交流合作范围持续扩大。学院启动与台湾华梵大学的工业设计交流互访项目，师生赴台跟班学习，推进工业设计专业合作与建设。视觉学院11名师生赴德国西门子媒体学院学习会展策划等课程。环艺学院继续组织学生参与瑞典斯德哥尔摩家具展。学院与台湾私立科技大学校院协进会洽谈沪台“专升本”合作、赴台师资培训、短期赴台合作及合作模式等事宜。学院接待英国巴斯思帕大学、“援非洲英语国家职业技术学校校长研修班”、新加坡义顺中学等国外学校的参观交流。年内，联合国教科文组织总干事伊琳娜·博科娃(Irina Bokova)女士到访。

学院中职部实施中高职贯通，完成专业结构调整和布局优化工作。启动《3D基础建模》等三门精品课程网络平台建设工作，启动央财动画实训基地建设项目，完成中高职五年一贯制中专教学阶段评估工作。

招生就业工作成绩稳中有升。招生录取人数比上年增加约12%，本科线上考生483人，占录取新生的35%，生源质量进一步提高。2012届毕业生一次性就业签约率达65.28%，就业率达98.9%，创业率达6.12%，创业人数和创业团队不断增多。开设“创业精英讲座”，开展团队拓展训练，举办学生创意创业展示大赛和第二季创业训练营。学院被列为上海市大学生科创基金受理点。水晶石学院学生成立4个创业成功团队，其中3家在行业领军企业的扶持下平稳运作，1个创业团队即将与其他企业股份合作，从事专利产品的开发后续与宣传。

积极创建安全文明和谐校园。学院评选“恩德奖学金”等各类优秀学生，举办“社团作品成果展”、学生球类运动会和文化艺术节，丰富学生课余活动。学院深入开展各项安全检查和管理，排查隐患，全年无重大安全事故。基建项目工作进展顺利。学生宿舍楼的建设如期进行，年底完成主体工程建设。学院还对中职楼、食堂做了大修。学院积极落实伙食补贴政策惠及学生，确保饭菜质量和价格的相对稳定。

（石　群）

［手工艺研究院增强综合实力］ 手工艺研究院新建四个国家级工艺大师工作室，探索培养工艺传人“3+1”培养新模式。绒绣、银饰、家具等工作室完成100多件新品，达到较高工艺水准，草编新技艺和海派瓷刻品种申报成为第三批上海市传统工艺美术品种、技能技艺项目。

（石　群）

［制作完成中华艺术宫相关项目］ 在上海中华艺术宫建设中，数码艺术学院潘尚仕和朱正宇带领学生完成了中华艺术宫数字博物馆项目的三项任务。包括中华艺术宫的网站设计和建设；中华艺术宫里的多媒体展示触摸屏的设计与制作和中华艺术宫里的移动显示系统的设计与制作。

（石　群）

［参展瑞典斯德哥尔摩家具展］ 上海工艺美院连续3年与瑞典国立艺术设计学院合作参加瑞典斯德哥尔摩家具展。本届展会有50多个国家和地区的750家参展商参展。上海工艺美院参展作品共11件，以“生命、阳光、自然、未来”为主题，将中国的传统元素与北欧简约的设计风格融为一体，受到业内专家和设计师的关注和认可。

（石　群）

［首批在校大学生获得苹果P2证书］ 1月6日，上海工艺美院数码艺术学院作为苹果华东地区授权认证点，为6名报名参加苹果P2国际专业认证的学生举行了国际在线考试和考核。参加考试的学生均一次性通过这一高端国际认证，获得苹果P2证书，这是上海地区首批在校大学生获得苹果P2证书。

（石　群）

［被授予“全国信息化工程师授权合作院校”］ 3月23日，工信部全国信息化工程师培养工程管理办公室NACG授予数码艺术学院“全国信息化工程师授权合作院校”，该院同时被授予“NACG数字艺术人才培养钻石合作奖”。

（石　群）

［承接全国高等院校数字媒体专业十二五规划教材］ 由国家工信部、上海工艺美院与交通大学出版社三方联合向国家新闻出版总署申报的“全国高等院校数字媒体专业十二五规划教材”获得立项通过。2月21日，三方签署了有关合作协议。上海工艺美院是“全国高等院校数字媒体专业十二五规划教材”主任编委单位，在2012年5月之前完成第一期共计7本教材建设，第二期工程3本教材在9月完成。

（石　群）

［获2012中国建筑艺术“青年设计师奖”］ 8月，视觉艺术学院展示专业马亚运、张玉印、任成荫、奚鸥等学生的5件作品分别获得2012中国建筑艺术“青年设计师奖”的银奖、铜奖等高职高专组奖项。徐侃、李敏珍、孙永键3位老师获最佳指导教师奖。

（石　群）

附:学校负责人及地址

(2012 年 1—12 月)

院党委书记:姜　鸣
副　书　记:郭　琴、张天启

院　长:姜　鸣

副院长:潘家俊、张天启、王　敏

地址:嘉定区嘉行公路 851 号
邮编:201808
电话:69977807　69977814

上海震旦职业技术学院

［**2012 年概况**］ 学院现有教职工 259 人，专任职教师 133 人，具有副高以上职称的 55 人，具有研究生以上学历的 45 人，在专任教师中“双师”型教师 57 人。毕业生 1177 人，签约率达 93%，就业率达 98.3%。招生专业 19 个，涵盖全国 18 个省、市，招生录取 1142 名，实际报到 1008 名。

以综合素养为基础，以职业能力为本位，确立了学历证书和职业资格证书并重的“双证”人才培养模式。新教学计划包括“综合素养课程体系”和“职业能力课程体系”。综合素养课程体系涵盖思想道德素养课程、学生文明公德行为、人文素养课程和创新课程；职业能力课程则由基础职业能力课程、专业能力、校企合作项目(技师学院)和毕业环节四部分组成。这次教学计划的改革使工学结合的教育模式深度发展，有效规范教学管理，提升职业教育质量。成功申办数控铣床(高级)、公共营养师(高级)等 8 个技师学院(校企合作项目)。

开展“教学名师”、“教学团队”、“精品课程”及教育教学成果的培育建设工作。徐念祖教授领衔的“多媒体技术职业教学团队”获 2012 年度上海市级高职院校优秀“教学团队”称号。计算机应用技术实训基地获中央职业教育实训基地建设项目 400 万元资助，已按教育部要求做好前期准备工作。

全面推行“学分银行”制度。为 120 余名学生登录“学分银行”，激发学生的学习潜能。在第七届国际教学新仪器和新设备展览会上，史艺超等 5 名学生制作的参展项目获铜奖。在第八届全国高职高专实用英语口语大赛上，外语系学生俞洋获上海地区一等奖。普通话测试通过率达 80%。举办第二届科技节。活动主题是“崇尚科学、鼓励创新、展示技能”，在科技节上有 36 个技能比赛项目，如数控仿真、AutoCAD 绘图、发动机气缸测量和桑塔纳变速器检修及护理职业技能、证券投资大赛等，有效提升学生职业技能。护理专业学生蒋晨雅赴美国学习实习 4 个月。暑假有 24 名学生赴美国暑期带薪实习。

加强中青年骨干教师和干部的培养。举办第五届“教学质量月”活动。先后开展讲课、说课、教案等比赛，组织中青年专任教师开展“PPT”课件比赛，激发教师授课积极性；经自荐、推荐、公示和领导批准等手续，提拔 7 名教师、管理人员担任助理、副职干部。辅导员王欢老师获“上海民办高校系统优秀辅导员”荣誉称号，青年教师冯丽佳获 2012 年度上海市育才奖。41 名青年骨干教师获市教委课题研究支助经费 69 万，李涛等 7 名教师入选上海高校青年教师培养资助计划。有 5 名教师参加国内外访问学者培训。

加强校园网络建设。按照国家 C 级标准建成校园网中心机房。完成学院网站平台的替换以及学院网站的改版。实现办公室，会议室等校园网的有线和无线全覆盖。规范网络的汇聚层拓扑结构，规范汇聚层的网络设备，落实网络安全措施，实施上网行为的系统管理。

进一步改革学生管理制度。制定学生“文明公德、行为素养”学分具体操作制度。制定辅导员工作量化、合理、科学的评定体系，并根据测评情况调整辅导员工作安排。

评出获国家奖学金 3 人、上海市奖学金 3 人、国家励志奖学金 107 人、国家助学金 485 人。获校级奖学金 421 人。发放金额为 210.39 万元。同时为 13 名学生办理校园地助学贷款，为 38 名学生办理生源地贷款。

创“震旦文化”品牌。院图书馆与黄浦区明复图书馆共建青年志愿者实践基地。积极组织志愿者参加“蓝天下的至爱”、培养奉献意识，彰显大学生社会责任意识。197 名学生成功加入上海造血干细胞资料者库。4 名同学赴西藏拉萨、日喀则地区开始为期一年的志愿服务工作。参加义务献血 433 人。成功举办第三届军训营。学生自我管理、自我教育。207 名学生自愿报名参加，毕业 202 名，其中 118 名营员获得优秀营员称号。积极开展体育运动。参加上海市第一届市民运动会，学院获“民众奖牌”，院长杜飞龙、体育教学中心主任顾漪获“民生奖章”，刘晓韡获“民乐奖章”。参加 2012 年上海市学生运动会，赵佳颖获羽毛球女子单打冠军，赵佳颖、潘佳杰获羽毛球混双第 3 名。参加 2012 年上海市学生阳光体育大联赛(高校组)，获七人制足球二等奖，获羽毛球团体三等奖，获跳踢比赛团体三等奖。参加上海市体育舞蹈锦标赛，教师王强获（专业组）冠军。举办第14届震旦教育集团体育节暨田径运动会。

（曹士勋）

［建立二级学院管理体制］ 根据内涵发展扶强扶特、精简高效的原则，规范教学管理，提升教学质量。实行专业群大类集合，成立五个二级学院，即公共卫生与护理学院、机电工程学院、新闻传媒学院、经济管理学院、东方电影艺术学院。增设发展规划处、教育研究所两个机构。

（曹士勋）

［院专家咨询委员会成立］ 为加强内涵建设，3月20日，学院成立专家咨询委员会。杨德广教授为院专家咨询委员会主任，冯伟国、谢仁业、项家祥、董圣足教授为院专家咨询委员会委员。

（曹士勋）

附：学校负责人及地址

（2012年1—12月）

董　事　长：张惠莉

院党委书记：郭伯农
副　书　记：杜飞龙、夏　臻

院　长：杜飞龙
副院长：来碧云、许中杰

地址：宝山区罗店镇市一路88号
电话：66866920
邮编：201908

上海民远职业技术学院

［**2012 年概况**］　学校有直属院（系）5 个，设有专业 23 个，学生 2133 名，68 个教学班。2012 年招收新生 607 名，上海生源录取报到率达 98%，外省市生源录取报到率达 70%，分别比上年提高了 3 个和 5 个百分点；毕业生 924 名，一次就业率 96.2%。

加强内涵建设，继续深化教学改革。修订、完善了《学籍管理规定》、《教学事故认定与处理办法》等制度；修订 2012 级各专业的教学计划，增加实习、实训、实操环节，充实实践教学内容。继续进行专业建设和课程建设，调整课程结构。商务英语（双语文秘）专业针对本专业的外语核心能力要求，在听力和口语课程中采用模块化、分层法教学。国航物流学院的《集装箱运输管理》专业被批准为市级重点建设专业，完善该专业建设的路线图，《集装箱码头业务管理》课程被评为市级精品课程，并初步形成了国航物流特色的教学团队。应用技术系完成机电一体化和汽车维修专业两本校本教材。加强与学校专业相关的企业合作办学，邀请制造类、会展类、旅游酒店类企业资深管理人员参与专业课程体系改革，并请企业专业技术人员来学校讲课，已有 50 余个企业与学校建立了固定的合作关系。强化教学质量检查和教学督导工作，坚持校、院（系）领导及教师听课制度。组织学生参加职业能力考级考证，举办了高等教育公共关系资格证书、社区工作师、会计从业资格证书、国际货运代理行业人员资格证书、国际商务单证员证书、报检员资格证书、国家物流师资格证书以及维修电工、汽车检测与维修、数控铣工等中、高级专业技能的培训、考证。开展学生评教、教师评学的评教评学活动。

学校坚持“以人为本，德育为先，突出技能，全面发展”的人才培养工作方针，深入开展学风建设工作。修订《学生手册》，完善学生学籍、综合考评、纪律、奖惩、帮困助学等 17 项规定，抓上课出勤、抓课堂纪律、抓早晚自习，规范学生言行。设立团学干部岗、入党积极分子岗，互帮互学，转变学风，提高教学质量。举办专家讲座、读书月、演讲比赛、励志成才征文、主题班会等活动，丰富学生课余生活，促进学生全面发展。学生综合素质不断提高，28 名学生被评为上海市优秀毕业生，219 名学生分别获得学校三好学生、优秀共青团员、优秀学生干部称号，100 名学生加入了团组织，412 名学生提出了入党申请，131 名学生被推荐为入党积极分子，27 名学生成为中共预备党员，19 名学生应征入伍。在全国及上海市各类职业技能大赛中，获得 3 个团体一等奖、2 个团体二等奖、一个团体优胜奖，1 名学生获得个人一等奖，6 名学生分获个人二、三等奖。学校重视向困难学生送温暖送爱心和志愿服务活动，74 名学生分别获得国家和上海市奖学金及国家励志奖学金。383 名学生获得国家助学金，受助学生占 20%以上。

进一步加强师资队伍建设。调整聘任了二级院（系）负责人，继续按计划安排青年教师到企业培训，有 46 人次教师参加“强师工程”、教师能力提升班、辅导员培训班等各类专业技能培训，制定《上海民远职业技术学院骨干教师国内外访问学者管理办法（试行）》，3 名青年教师获批国内外访问学者，7 名青年教师晋升讲师职称。通过科研提高青年教师学术及专业水平，3 名教师的晨光计划和上海市高等教育学会的科研项目通过专家评审并结题，10 名教师完成并提交了上海市教委“优青项目”结题报告；9 名教师获得了上海市高校青年教师培养计划经费资助，3 名教师成功获得上海学校德育实践课题立项，23 名青年教师申报上海市民办高校骨干教师科研项目。教师的科研能力和水平不断提高，17 位教师在公开刊物发表论文 19 篇，其中在国家级核心刊物上发表论文 1 篇，国家级刊物发表论文 6 篇。青年教师的教学科研能力也有了新发展，3 名教师为主编或副主编的 8 本教材，获得出版社出版。全年引进 17 名教师，其中副教授 1 名，硕士研究生学历 6 名。

继续完善学校教学设施设备。改建了 2 个计算机教室，5 个多媒体教室，新建了 PLC 实训室，扩建全校安全技防系统，学生公寓全部安装了防火报警系统和安全通道门禁系统，对南教学楼部分多媒体教室安装了摄像头。

推进易班的建设，组织辅导员统一培训，注册、登录，建立易班班级，每班均建立了班级相册。

班级社团总数达到 113 个,话题有 2583 篇。易班成立后,和团委、学联联合举办 2012 英语演讲比赛等。

(张胜利)

[成立韩国语教学中心] 5 月 7 日,韩国语教学中心举行揭牌仪式,韩国世明大学企划室长和大元大学总长参加了仪式。中心将为对学生进行韩语培训、考试,培养韩语人才,加强与中韩学校之间交流创造条件。

(张胜利)

[参加全国、上海市各类比赛屡次获奖] 11 月 30 日,在第一届全国外贸跟单技能大赛中,国航物流管理学院报关专业学生获得全国高职组一等奖,2 名学生分获个人二、三等奖,指导教师获一等奖。6 月 29 日,在 2012 年全国职业院校技能大赛高职组报关赛项中,学校代表队获得团体二等奖,两名学生分别获得个人二、三等奖。5 月 19 日,在第二届"上图杯"上海市大学生先进成图技术大赛中,应用技术系组队参赛,荣获先进成图技术大赛二维成图团体一等奖,1 名学生获得二维成图个人一等奖。

(张胜利)

[获上海市安全文明校园称号] 3 月 12 日,学校获得"上海市安全文明校园"称号。至此,学校已连续两届获得这一称号。

(张胜利)

附:学校负责人及地址

(2012 年 1—12 月)

董 事 长:陈　彭
副董事长:陈立东

院党总支书记:丁训言(6 月离任)、黄菊良(7 月到任)

院　　长:陈　彭
常务副院长:陶　敏
副 院 长:陈立东、陆锡强

地址:浦东新区唐陆路 3892-3928 号
邮编:201210
电话:58960052

上海欧华职业技术学院

［2012 年概况］ 8 月，学院从徐汇区田林路 418 号整体搬迁到奉贤区五四公路 3389 号。新校区于 9 月 17 日开学。教育教学秩序和工作生活正常有序。新校区生活设施完备，活动场所齐全，其中教学、实验实训用房 54082 平方米。校内建有图书馆、体育馆、足球场、篮球场、乒乓房、学生艺术中心、教师公寓、学生公寓和师生食堂等。学院设有五系一部：卫生与健康系、应用技术系、艺术与设计系、外语与教育系、人文经济管理系和基础教学部等，共开设 13 个专业。

学院确立“整体规划、重点突破、以少见精、错位竞争”的专业建设思路，围绕健康、康复、生态的专业轴心，调整人才培养计划，增加专业实用课程与实践环节。充分利用社会资源，共同开发重点课程，把课堂教学延伸到学生的校外实训基地。学院开展“课程教学”和“说课”比赛，有效推进重点课程建设，已有 7 门课程被列入学院重点建设课程。

学院在教育教学上取得成果：获“2012 年第十一届全国信息化核心技能大赛中国赛区选拔赛”学生组二、三等奖；应用技术系汽车专业学生获“2012 年全国高等学校汽车专业职业技能大赛‘依维柯’杯营销技能大赛上海赛区”优胜奖和团体三等奖；管理系学生获“2012 年上海大学生企业经营模拟沙盘大赛暨第八届全国大学生‘用友杯’沙盘模拟经营大赛上海赛区”优胜奖；管理系物流专业学生获“上海市高职院校经济类专业 2012 年‘远恒杯’外贸职业技能竞赛”团体优胜奖；卫健系护士专业学生连续四年参加《全国执业护士资格考试》取得好成绩，其中 09 级考生在 2012 年的通过率为 98.5%，名列上海市民办高校第一名；卫健系护士专业学生陈晓东在参加 2012 年《全国执业护士资格考试》(包括本科考生参考)成绩优秀，名列全市总分第二名。

学院全年引进 6 名教师，其中 4 名具有中级职称。学院选送 12 名新教师参加“强师工程”和“高职高专新任教师”培训，选送 20 名教师参加市教委高教处组织的“强师工程”骨干教师培训和“教学能力提升”的专业培训；选送 2 名教师参加市民办教育协会组织的 TESOL 课程培训；组织 22 名专业负责人和骨干教师进行专业建设、教学模式及实践教学的调研；2 名教师完成国内访学任务。学院 5 个优青科研项目获市教委批准，4 名教师产学研项目也获批并实施；学院获市高教学会批准重点课题研究项目 1 个，自筹课题研究项目 2 个，民办学校骨干教师科研项目 15 个。全年 8 名教师通过中级职称学术能力水平认定；13 名教师获得教师资格证书。

全年，学院参编教材 5 部，完成一部译著；撰写论文 3 篇，分别发表在《上海包装》、《数字技术与应用》等刊物上。田甜老师设计制作的多媒体设计艺术动画片《醉唐记》入选“上海 2012 传媒时尚艺术展”。

完善学生德育测评工作，将学生遵纪守法、诚信做人、文明礼仪、行为规范、社会实践、公益活动等方面践行情况折算成测评分值，使学生德育内涵更加具体化。开展理想信念，爱党、爱国、爱社会主义，社会主义核心价值体系，诚信道德等教育，提高学生政治素质和道德素养。举办“热血铸团旗，赞歌颂青春”大型文艺汇演。组织开展“暑期社会实践”、“征集微笑”、“共营同窗情”等活动。成立 25 个社团，全院参加社团的学生共 1350 人次，覆盖在校学生总数的 97%以上。加强辅导员队伍建设，举办辅导员岗前培训、职业学习和选派辅导员外出培训。规范辅导员工作程序，建立健全《辅导员工作职责》、《辅导员工作日志》、《辅导员量化考核办法》及《班级工作日志》等工作制度。2012 年学院毕业生就业率 96.84%，签约率 71.41%。

做好评优助学和勤工俭学工作。学院学生获得国家奖学金 1 名，上海市奖学金 1 名，国家励志奖学金 45 名，国家助学金 196 名。获得市“优秀毕业生”16 名，校“优秀毕业生”23 名；校“优秀学生干部”33 名，校“三好”学生 65 名。学院 54 名学生报名参加勤工助学，19 名被安排在校内外岗位工作。

学院加强落实法人财产权工作力度。成立落实法人财产权工作办公室，调整充实董事会与党政领导班子成员，建立完善与现代大学制度相匹配的工作制度、管理制度、会议制度和学习制度，增强行政管理力度，提高行政管理效率和工作执行力。学院严格按照《上海民办高校财务管理办法》、《上海民办高校会计核算办法》的规定，理顺财务管理制度，保障各项经费合理使用。学院先后派出 12 名管理部门有关管理人员，参加上师大“强师工程”、“后勤保障”、“教学管理”、“教学秘书”、“财务管理”和“国际交流”等专题管理能力的培训。

（沈乐华）

［实施订单式培养模式］ 应用英语专业与上海双美（幼儿）教育集团、东方剑桥（幼儿）教育集团签订订单式人才培养合作意向，每年安排毕业生到该集团就业；学院社区管理与服务专业同国内早教机构“美迪教育集团”合作，该专业毕业生由美迪集团优先录用；学院社区管理与服务专业与上海亚晨健康园达成合作意向；学院汽车专业与上海适途汽车技术有限公司合作举办定向培养班，为汽车行业培养专业设计服务的高科技人才；学院商务管理专业连锁经营管理方向与统一超商集团达成定向人才培养的合作意向，该专业为集团培养连锁经营管理类人才。

（沈乐华）

［签订校企合作共建协议］ 学院无线网络专业与大唐通信有限责任公司签订校企合作共建意向书。双方从共建专业方向、学院招生到公司派出专业教师进校讲授专业课程，从共建专业方向第一届学生入学到公司、校内实训基地建设启动等达成共识。

（沈乐华）

附：学校负责人及地址

（2012 年 1—12 月）

董　事　长：金扣干

院党总支书记：朱国强

院　　长：金扣干
执行院长：刘　彬
副 院 长：朱国强、潘日芳、范　兴

奉贤校区地址：五四公路 3389 号
邮编：201422
电话：60882590（传真）

徐汇校区地址：田林路 418 号
邮编：200233
电话：54902167（传真）

上海思博职业技术学院

［**2012年概况**］ 学校现有全日制高职在校生5384人，计划内成人教育大专生397人。学校师资队伍总量为294人。现有专任教师175人，具有高级以上职称59人，高级职称占31%；专业课教师中双师素质教师71人，占55.5%，其中硕士以上学位68人(包括博士10人)，占青年教师58%，外籍教师和有海外经历的教师9人。2012年共招收学生1689名，列上海民办高校第二名；2012年毕业学生共1823名，就业率99.12%、签约率为90.89%，学校就业率多年保持在98%以上，签约率达90%。

学校继续加强内涵建设，坚持“以特色求发展，以质量求生存”，推进专业教学改革，打造重点特色品牌专业，凸显校园文化建设，形成较为完整的职业人文素质教育架构和体系。

学校被市教委批准为“市特色(示范)高职院校”。获批“上海市高等学校市级精品课程”四门、“上海市高等学校市级教学团队”4个，以及5个“上海市民办高校教学高地建设资助项目”、2个“中央财政重点资助建设项目”，并获“高等教育上海市级教学成果奖二等奖”一项、“首届上海市高职高专院校重点专业建设教学设计比武比赛三等奖”。

学校在教育部等7部委举办的全国职业院校技能大赛中，报关专业学生获2个一等奖、1个二等奖；物流管理专业学生获团体三等奖，在第六届全国信息技术应用水平大赛中获得特等奖和多项一等奖；在上海国际护理技能大赛中获得一等奖、在第二届全国外经贸院校学生单证技能竞赛中获团体一等奖、在全国高职高专院校艺术设计优秀毕业生展中荣获金奖、在教育部全国职业院校学生职业技能竞赛中获团体三等奖。

(师　震)

［**建设部、教育部有关部门领导到校视察**］ 9月9日教育部职业教育与成人教育司、住房城乡建设部人事司的领导视察学校建筑工程综合实训基地，对学校建工专业“332员工融合”人才培养模式、对学校按照“源于现场、高于现场”，建成“大型”实体教学模型表示肯定。

(师　震)

［**召开人才培养工作评估反馈会**］ 11月15日，学校召开人才培养工作评估反馈会。《专家组考察评估反馈意见》指出学校的主要成绩：一是学校办学指导思想明确，定位准确；二是学校法人治理结构日趋完善，董事会和党政关系协调、职责明确；三是学校以教学工作为中心的指导思想明确，日常教学经费投入有保障；四是学校在培养、稳定师资队伍方面采取有效的措施，制定了《师资队伍建设十二五规划》，师资队伍总体稳定，流动率相对较低；五是学校重视专业建设和课程改革，根据区域经济社会发展的要求进行专业设置、整合、调整等，思路清晰，措施得当，成效较为明显；六是学校对工学结合校企合作的体制机制进行了多种形式的有益的探索，积极开展与企业的合作，将实践教学作为重要环节纳入课程体系，校内实训、校外实习、顶岗实习的制度建设比较完善；七是学校重视学生综合素质的培养，着力提升职业人文素养，培养“素能一体，德技双馨”的高职人才。

(师　震)

［**获高校校园文化建设优秀成果奖**］ 教育部思想政治工作司于12月20日公布了2012年全国高校校园文化建设优秀成果评选结果，学校申报的《德育修身营：关注行为习惯养成和未来成才》项目获二等奖。

(师　震)

［**成为民办高校信息化建设协作组副组长单位**］ 民办高校信息化建设协作组筹建工作召开首次工作会议。会议通过了民办高校信息化协作组活动规则，讨论了《上海市民办高等教育信息化三年行动计划》。学校被推选为民办高校信息化建设协作组副组长单位。

(师　震)

附:学校负责人及地址

(2012 年 1—12 月)

校党委书记:张建中

校　长:皋玉蒂

副校长:潘立本、姚大伟、沈小平

地址:浦东新区惠南镇城南路 1408 号
邮编:201399
电话:68029005

上海立达职业技术学院

[2012年概况] 学校完成董事会换届工作。召开第四届一次董事会会议,修改审定了学校章程,完成校长新一轮任期聘任。学校适时颁布《上海立达职业技术学院二级管理暂行办法》,二级管理责任制进一步完善。

学校设艺术设计学院、护理与健康学院、航运物流系、旅游会展系、机电工程系、商贸系、现代传媒与计算机系、基础教学部和思想政治教研室等2院5系1部1室,共有8大类、22个招生专业(其中5个上海市高职高专“085工程”重点建设专业,1个与海外合作办学专业)。2012年招生录取1514人,报到1349人,报到率89%,外地学生报到592人,在校学生4305人。毕业生1549人,就业率98.1%,签约率86.0%。学校共有教师256人,其中专任教师123人,校内兼课教师14人,校外兼职教师32人,校外兼课教师87人。双师素质教师64人,占52%。45岁以下青年教师具有研究生学历及硕士以上学位的53人,占68%。

学校坚持调整和优化专业结构,提高专业教学质量,继续加强对现有五个重点专业的建设。利用政府扶持资金支持具有发展成专业群能力的重点专业。2012年,“内科护理”和“外贸跟单实务”二门课程被批准为市级精品课程。学校的市级精品课程增加到6门。申报8个新专业或新专业方向(1个沪台合作专业,2个新专业,5个专业方向)。成功申报获批中央财政支持的“机电一体化”专业实训基地项目,得到220万元资金支持。

本着为学生和社会服务,为学校创收的原则,根据学校实际开展各类培训工作。2012年共组织14个培训项目,累计总经费达181万元。开设的web岗前培训、健康管理师培训、营养美容师培训、CAD中级培训、Pro-E中级培训、报关员培训、单证员培训、跟单员培训、计算机一级证书培训、行政管理师培训、商务管理专升本项目、护理专升本项目、育婴师培训、儿童营养师培训等,受到学生的欢迎。组织了首届针对校行政管理人员的“行政管理师”培训项目。

科研工作和师资队伍建设。2012年,学校有1名教师获得“晨光计划”项目批准,8名教师入选2012年度上海高校青年教师培养资助计划,获资助经费31.5万元。2012年安排1位教师国内访学、1位教师国外访学;学校启动学术带头人和骨干教师的选拔认定工作。第一批认定8位专业带头人、14位骨干教师。组织教师参加各类培训60人次,新员工培训24人次。

学校大力弘扬志愿者精神,以核心价值观引领校园文化建设,志愿者服务成为学校育人特色。2012年全年参加上海图书馆、叶榭敬老院、上海科技馆、蓝天下的至爱等志愿服务1524人次,服务时长10915小时。全校师生为西部贫困地区孩子共募捐38497.3元。3月启动“读好书,做好事”活动,挑选40多册图书推荐给全校教职员工;3月16日,达人文化讲坛揭牌,并先后组织了五场演讲。

学校与台湾醒吾科技大学合作申办的“连锁经营管理”专业首届报到学生40人。全年学校安排系主任赴台访问交流,选派两批教师赴台进修,选送30名学生到台湾醒吾科技大学修学。台湾醒吾科技大学选派两批6名教师来学校教授专业课程,并选派醒吾学生干部来学校游学。

(郑贺春)

[连锁经营管理专业实训基地揭牌] 3月22日,学校与统一超商(上海)便利有限公司合作创办的连锁经营管理专业实训基地在校举行揭牌仪式。根据校企合作协议,该公司在上海的门店都将作为商贸系连锁经营管理专业的顶岗实习基地和就业单位,该院学生将在7-Eleven便利店进行实习,公司拟将其中表现突出的同学作为储备干部进行重点培养。

(郑贺春)

[职业咨询与就业创业指导中心揭牌] 4月9日,学校职业咨询与就业创业指导中心举行揭牌仪式。中心在招就办、学生处原来工作的基础上,进一步将学生的职业生涯指导和培训贯穿于三年的学习过程中,实现全程全员职业生涯教育的工作目标,充

分利用校内外的资源，把就业创业指导工作提高到一个新的层次。

（郑贺春）

［举办首场台资企业联合招聘会］ 4月25日，学校举办校企合作联合招聘会，18家台资企业进校设点招聘人才。招聘会吸引各年级各专业的学生，共有1324人次进行现场咨询，115人被企业录用到勤工助学岗位，23人被企业录用为实习生。

（郑贺春）

［创建“导师工作室暨学生创业孵化园”］ 5月30日，学校“艺术设计学院导师工作室暨学生创业孵化园”揭牌。学校将以导师工作室为平台，以课堂教学为阵地，以课题研究为引擎，以跨校合作为方式，以工作室项目引进为载体，实现自我发展、辐射带动。将实现五个目标：即打造一个精英团队、研究一些有价值的课题、产出一些有影响的精品、形成一个特色模式、带动一批骨干教师。

（郑贺春）

［签署产学合作协议］ 12月6日，学校与上海台湾同胞投资企业协会签署合作协议，市台协会会长李茂盛与校长郦鸣阳分别在协议上签字。签约后，上海立达职业技术学院将成为上海台资企业新员工的输送基地、在职员工的培养和培训基地。

（郑贺春）

附：学校负责人及地址

（2012年1—12月）

校党委书记：何建中
副　书　记：郦鸣阳

校　　　长：郦鸣阳
常务副校长：朱南勤（9月到任）
副　校　长：何建中、杨新志

地址：松江区车亭公路1788号
邮编：201609
电话：57805678

上海电影艺术职业学院

[2012年概况] 围绕“十二五”发展目标,坚持创新突破,以特色促发展,以教学为中心开展各项工作。成立了学院第一个二级学院——数字艺术设计学院,包含广告设计与制作、多媒体设计与制作、应用艺术设计(数码环艺、数码会展)、艺术设计(影视/舞台美术设计)4个专业。试点推行岗位竞聘制度,党务工作人员兼思政课教师、二级学院正副院长及其所属各专业的负责人、教研室负责人都通过竞聘上岗,在影视表演和舞蹈表演专业教师进行竞聘上岗试点。同时,探索编导专业的转型发展,按三个方向的划分,电影方向续聘美国电影学院2名外籍教师,选配5名编导专业的青年教师作为外籍教师的助教,学习国外电影编导技术。

落实“强师工程”。年内有38名教师获得上海市民办高校青年骨干教师科研项目资助;7名教师入选上海高校青年教师培养资助计划;9名教师入选上海高校产学研践习计划;2名教师获得“晨光计划”项目;《材质灯光渲染》课程获2012年上海市精品课程。

学院党总支加深“创先争优”活动成果。做好入党积极分子培养发展工作,2012年共选送了81名入党积极分子参加党校培训;在学院举办2期中级党校培训班,培训226名入党积极分子,发展了44名新党员。1名教师被评为市教卫党委系统“为人、为学、为师”活动先进典型并被评为“创先争优师德标兵”;1名教师获得“上海市志愿者活动优秀组织者”称号;2名教师荣获“上海市育才奖”。

继续抓好招生就业工作。录取自主招生、三校生、高招生3个批次的860名各地考生,并做好665名报到新生的学籍注册和建档工作。2012年共有827名学生毕业,4月举办供需见面会,来自上海、北京等海内外近200家用人单位参加了学院举办“供需见面会”,提供就业岗位3000多个,平均每位毕业生有3个岗位可供选择,毕业生就业率98.79%。

组织学生社会实践活动。以“我的青春我的团”为主题,学院组织开展了“爱生活　爱分享——爱拍客”、“那些年,我们怀念的”网络主题评选、“建团90周年”优秀主题团日等活动。

继大型产学合作项目40集连续剧《传说》之后,学院产学合作项目古装巨制《楚汉争雄》在河南拍摄。影视动画(3D)专业师生参与了大型电视连续剧《精忠岳飞》的后期制作。

主动服务承担社会责任。组织了以“随手志愿、快乐公益”为理念的“3·5学雷锋”志愿服务行动、“爱满十月爱心义卖”、到花木敬老院进行慰问演出、爱心义捐以及义务献血等志愿服务活动。6名学生参与浦东新区全国文明城区创建公益LOGO设计比赛,其中09级广告设计与制作1名学生获得优秀奖,2名学生获得入围奖;广告设计与制作专业1名学生获“节能低碳·构造科学”数码作品大赛三等奖。

工会工作不断加强。工会制度逐步完善。注重校园安全稳定。学院把校园安全综合治理放在突出位置,构建了校园治安防控体系。

(顾成明、杨怿璐)

[举办首届校园文化艺术节] 学院开展首届校园文化艺术节,以“我有·我青春”为主题,以公正、包容、责任、诚信为核心,以大学生自我素质体系为主线,以艺术创意为重点,引导学生展现自我风采。校园文化艺术节为期4个月,主要有小品大赛等11个项目。

(顾成明、杨怿璐)

[《“五分钟德育”的探索》获奖] 学院党总支总结申报的《“五分钟德育”的探索》获教育部颁发的首届全国民办高校党建和思想政治教育优秀成果二等奖。党总支的研究课题《艺术类民办高校发展学生党员的质量保障体系研究》获市教卫党委2012年度党建研究成果二等奖。

(顾成明、杨怿璐)

[动画短片《感动》获优秀动画片奖] 年内,影视动画专业师生所作的动画短片《感动》参加了由教育部和文化部主办的第二届中国学生原创动漫大

赛，并从 1580 部作品中脱颖而出，获得优秀动画片奖。

（顾成明、杨怿瑢）

[成立悦人视觉工程工作室] 学院应用设计专业和普莱森图像互动有限公司合作成立悦人视觉工程工作室。工作室主要以虚拟现实技术、媒体交互技术、三维数码技术为主要研究、实践方向。

（顾成明、杨怿瑢）

附：学校负责人及地址

院　　长：江　泊

院党总支书记：梁大立

南校区地址：达尔文路 188 号

北校区地址：松涛路、景明路口

邮编：201203

电话：50271101

上海医药高等专科学校

［2012 年概况］ 学校招收护理、医学检验技术、口腔医学技术、眼视光技术、医学影像技术、药学、临床医学、医学营养等 8 个专业的新生 1610 人，增加广东省和新疆喀什地区的招生名额，25 个外省市生源占新生总数的 47.8%。全日制在校生数 4767 人，夜大学在校生数 775 人。2012 届毕业生数总计 1433 名，就业率达 97.91%。获得上海市高校毕业生就业工作创新基地建设项目，以《以信息化为抓手，探索建立科学的就业信息服务平台》为题，获得上海市职业指导与就业服务特色工作项目立项。作为上海高职院校唯一推选的学校，入选教育部全国就业强校。

学校推广移动易班，通过《易周刊》、《家校报》拓宽校园—社会、教师—学生、管理—服务的多元沟通渠道。组织开展诚信、行为规范、文明修身、学风建设、心理健康等各项校园文化建设专题活动，举办“启明讲坛”17 次；通过聘任社团导师，活跃社团活动；编制中高职贯通系列德育读本之《做一个与爱同行的女生》；构建“校—系—团支部”三级志愿者管理体系。9 月，经市教委评审，学校获上海市高校学生资助工作绩效评估优秀单位。全年共计发放各类奖助学金 800 余万元。12 名学生被批准参军。

优化内涵，推进质量工程建设。学校通过教育部、财政部的“国家示范性高等职业院校建设计划立项建设项目”与“高等职业教育护理专业教学资源库建设项目”的资金使用情况等验收工作。“后示范”、“085 工程”完成七大重点专业全部 306 项子项任务建设及资料的汇整、归档、成果展示设计规划等工作，基本达到建设目标。《口腔材料学》和《医药商品实务》获批为市级精品课程，周淑琴获上海市教学名师；口腔技术系教学团队获市级教学团队。组织报送市级以上科研项目 37 项，党建、德育研究课题 8 项，校级教育科研课题 31 项，校级党建、德育研究课题 21 项；组织和参与市级以上课题开题 13 项(次)；完成 16 项市级以上科研项目结题验收和 22 项校级课题验收工作。

构筑课程和教学标准。主持编写并出版《临床专科护理技能与应用》、《高职示范校医学相关专业教与学指导丛书》、制定上海市职业教育国际水平护理专业、口腔修复工艺专业、药剂专业、药物制剂技术专业教学标准。依据专业课程设置基本要求和项目课程新编标准，配套推出校园技能赛事工程，各专业制定比赛实施细则，赛事分为月月赛、学期赛和年终赛三阶段，成为学生参加市级竞赛的练兵场和筛选依据，切实推动实践教学的改革和发展。学校获批“高职专业骨干教师国家级培训基地”建设项目，为全国 29 所医学相关类高职院校 59 名骨干教师安排了高质量培训。开展在职乡村医生技能提高培训 761 人，在职学校保健教师 655 人，覆盖全市各中小学、各乡镇基层医疗卫生服务机构，为历年之最。

推动创新发展，实施品牌输出战略。共接待国外来访团队 28 批，共计 102 人次，62 名国际交流学生到校参加学习、实习，获得学分。联合临床教学单位，召开主题为“护理教育中的人文关怀”的学校第六届国际护理教育年会。组织承办第四届上海国际护理技能大赛，并蝉联“护生组”第一。涉外护理专业获得教育部“高等职业学校提升专业服务产业发展能力”立项并开展项目建设工作。52 名学生赴海外游学交流，第三批 15 名专任及兼职教师获得澳大利亚护理专业硕士学位，学成回国，参加双语教学工作；5 名教师参加高水平国际化教师团队培养项目，双语执教。第六批 3 名药学专业毕业生顺利通过法国蒙彼利埃第一大学药学院“法国国家学士文凭毕业答辩”，获得法国国家学士学位。

（张毅婷）

［参与 2012 高职院校护理类职业技能竞赛］ 4 月 14 日由市教委、市卫生局主办，上海市护理学会协办，市职业教育协会、上海现代护理职业教育集团承办的 2012 上海市高等职业院校职业技能竞赛(护理类)在学校上海现代护理实训中心举行。竞赛分理论测试和技能操作两个模块，其中技能操作模块包括心肺复苏、静脉输液、铺备用床三个竞赛项目，共吸引全市 8 所高等职业教育院校 8 支团队 32 名参赛选手参赛，学校代表队获团体第一名。

（张毅婷）

[签署共建公共卫生教学基地协议] 5月3日，嘉定区政府、上海医药高等专科学校签署协议，共建公共卫生教学基地。合作共建的嘉定区预防与疾病控制中心教学基地建设将培养布点到专业人才构架的最基层，填补基层紧缺和薄弱领域专业人才培养的不足。

（张毅婷）

[实施学分制中高职教育衔接培养模式] 学校和上海中职学校的药剂及相关类专业试点推行“3＋2”中高职学制衔接培养模式。以中职课程学分绩点和高职辅修课程学分绩点为纽带和依据，中职学生完成3年学业后，中职学生免试直升高职院校学习2年，实行“学制衔接、课程融通、学分认定、专业开放”药学类专业学分制中高职教育衔接人才培养模式。

（张毅婷）

[沈晓明到校调研] 10月15日，副市长沈晓明，市政府副秘书长翁铁慧，市教卫工作党委书记、市教委主任薛明扬，市卫生局局长徐建光等领导来校调研，参观上海现代护理实训中心、上海涉外护理实训中心和教育部重点建设的临床专业实训中心，并重点听取了校领导《临床医学（三年制）“乡村医生”、“学校卫生保健医生”、“院前急救医生”人才培养工作情况》的汇报。

（张毅婷）

附：学校负责人及地址

（2012年1—12月）

校党委书记：贾万樑

副　书　记：巫向前（兼）、胡　敏（7月离任）、朱文娟（7月到任）、郑忆文

校　长：巫向前

副校长：胡　敏（7月离任）、朱文娟（7月到任）、沈岳奋、施晓谋、唐红梅

地址：浦东新区周祝公路279号

电话：33759000（总机）

邮编：201318

上海工会管理职业学院

［**2012年概况**］　学院坚持“服务工会、服务职工、服务社会”的办学定位，加强内涵建设、深化人才培养模式改革，专业结构进一步优化。

社会工作专业群以社工师事务所为载体、通过直接承接社会社工服务项目，服务工会、服务职工，引领专业人才培养模式创新。星惠社工师事务所不断开发新项目，闵行区、杨浦区事务所社工站建设稳步推进。奉贤区惠贤社工师事务所完成筹建，社区社工服务项目开发得到加强。

安全管理专业群确定了安全技术管理专业职业健康管理方向的人才培养方案。食品安全与监管专业和普陀区质量技术监督局继续深化合作，共同开展食品生产企业检验室指导和品控岗位指导考量项目。学校“食品检验工”和“前厅服务员”职业鉴定站获批。

文物鉴定与修复专业群制订了面向职业岗位群的“2年半工半读＋1年师徒传承顶岗实习”的人才培养方案，开发出基于工作岗位的项目化课程体系。以“工作室化教学”改革为突破口，落实真实业务进课堂。

商贸流通类专业群拓展校企合作渠道，“课、证、赛”人才培养模式进一步完善。物流管理专业与上海统超物流有限公司、招商物流建立深度的校企合作关系。实现课程体系与职业资格证书融合，专业课程与技能竞赛贯通。首次参加全国商科院校现代物流职业技能竞赛，获得二等奖。

加强师资队伍建设。通过校本培训、下企业锻炼、外出交流、专家指导等多种途径，加强教育教学能力提升。提供一系列激励措施，努力培育骨干教师和业务尖子，打造一支由行业专家、企业能工巧匠和学校专业带头人、骨干教师共同组成的结构合理、校企共育互通的优秀教师团队。

引领学生价值追求，丰富职业素养培养路径。通过“学党史、知党情、跟党走”公开团课展示、“知荣辱、讲道德”道德评议等活动，引导学生发展。劳模育人机制逐步完善。开展以社团展示为主线，慈善公益为主题的第二届校园慈善月活动，营造浓厚的校园慈善氛围。主动联系有关区总工会、市总保障互助中心、地铁公司等学生实践、就业单位，努力提高专业对口率。经过3年努力，就业指导与服务中心被市教委授予“上海高校毕业生就业工作创新基地”，并成功申报上海市高校就业工作创新基地重点项目。

专业服务能力建设迈出实质性步伐。根据工会工作的实际需要，开设能力拓展类课程，形成针对工会干部不同需求的8个课程体系。共举办培训班60期，培训工会干部4658人次，包括新上岗工会主席培训、非公企业工会主席培训、500强企业工会主席专修班、乡镇街道工会干部培训班、喀什工会干部培训班等。开启“服务基层，送教上门”教育培训活动，推出中国特色社会主义工会发展道路系列课程，开展宣讲工作，为各级工会提供服务。

（卢　锟）

［**成立浦东分院**］　1月12日，学院浦东分院成立仪式在浦东新区市民中心举行。浦东分院是学院与浦东新区总工会整合教育培训和理论研究资源，共同推动工会工作持续发展的探索性举措。分院成立后，双方在工会干部教育培训、工会工作调查研究方面开展合作。

（卢　锟）

［**“上海合一企业劳动关系研究中心”成立**］　5月30日，由学院与上海综合保税区工会合作创办的“上海合一企业劳动关系研究中心”正式成立。该中心作为学院深化校企合作、服务工会的新平台，开展非公企业工资集体协商机制、非公企业和谐劳动关系建设等专题研究，探索非公企业工会工作理论创新和机制创新。

（卢　锟）

［**成立嘉定分院**］　10月23日，学院嘉定分院成立。成立分院，旨在进一步深入推进“服务基层，送教上门”教育培训活动的开展，此举使送教上门从以往单一送教提升为设点办学，为第一线职工分享送教资源。这是嘉定区加强工会干部培训、推进培

训工作系统化科学化的一项举措。

（卢　锟）

［“上海工会教育培训综合保税区基地”揭牌］　4月26日，由学院与上海综合保税区工会合作的“上海工会教育培训综合保税区基地”正式揭牌成立，首批5名“工会工作导师”聘任到位。建立工会教育培训基地。该基地主要有三项职能：一是工会干部教育培训；二是职工职业发展教育培训；三是工会工作人才培养。

（卢　锟）

［获国家三级安全生产培训机构资质］　2月28日，市安全生产监督管理局批复，学院安全生产教育培训中心获国家三级安全生产培训机构资质。学院可以承担生产经营单位负责人、安全生产管理人员、危险化学品从业人员、特种作业（电工）等培训项目。

（卢　锟）

［签订校际合作协议］　12月，学院与台湾嘉南药理科技大学签订合作协议。合作项目包括：开展学术交流，互派教师进行短期讲学、研究、研习；实施交换生项目，选派优秀学生到对方学校进行学习和专业技能操作训练；开展应用型科学研究合作等。

（卢　锟）

［举办劳动关系协调员职业资格培训班］　8月31日，学院“2012年劳动关系协调员培训班”在虹口校区开班。新时期大量新型劳动关系不断涌现、劳动违法案件和劳动争议案件数量持续增长，需要加强实际工作指导、提升劳动关系协调能力，完善劳动关系协调体系、建立劳动关系协调的专业化队伍。此次职业资格培训班为期8周，来自基层企事业单位的工会、人事部门人员73人报名参加，培训内容包括劳动协调工作的理论知识和协调技巧。

（卢　锟）

［扩大劳模导师团队伍］　9月13日，8位劳模受聘劳模导师团。他们是张永明、卢威、袁述民、石永明、俞士海、何家扬、沈国兴、熊熊等8位著名劳模。学院党委书记宋钟蓓为他们发聘书。

（卢　锟）

［承办新疆工会干部培训班］　9月4日，第二期上海市总工会对口援建新疆喀什地区工会干部培训班开班典礼在上海克拉玛依石油宾馆举行。喀什地区及所辖的巴楚、泽普、莎车、叶城等四县各行业工会领导干部40余人参加培训。培训班为期15天。

（卢　锟）

附：学校负责人及地址

（2012年1—12月）

院党委书记：宋钟蓓（2月到任）
副　书　记：陈必华

院　长：傅小龙
副院长：陈必华、张　炜

地址：奉贤区南亭公路2080号
邮编：201415
电话：57460188

上海体育职业学院

［2012年概况］ 学院普教在校生461人，成人教育在校生150余人，专升本招生数106人。09级毕业生就业率达84.14%。

年内，举行了建校60周年活动。

高职教育。改革教学计划，申报竞技体育专业的游泳方向为学院的重点专业。在2012级学生中实行“1.5加1加0.5”的培养模式；在术科教学计划中增加了网球项目，田径中心新增中长跑项目。改革实习实训，更加紧密地与企业合作。改革培养模式，与一兆韦德达成2013年进行订单式培养的意向。根据2013年招生的计划，做好教学计划的制定，力求企业核心课程、企业文化和企业的教师进学校。

运动员文化教育。学院共安排送教22批次，派出教师41人次，服务学生134人次，服务于男手、羽毛球、花泳、男排、沙排、自行车、柔道、水球、篮球等近10支运动队，重点解决部分优秀运动员的学历问题。学院不仅承担本院的优秀运动员的文化教育，还承担了分布在上海10多所重点高校内的运动员文化教育跟踪、服务工作，有效减少运动员因异地训练而造成的文化学习缺失。解决部分高校优秀运动员学分互不认可的问题，上海交大、上海体院和上海海事大学等部分高校明确公共课及同类课互认学分，送教、补课资源共享，推进运动员的学历教育。

推进职业发展规划。根据市体育局提出的运动员职业发展规划的要求和国家体育总局关于优秀运动员课程改革的要求，学院在运动员文化教育课程中设立了励志教育的课程，做到教学为运动员、教学为运动训练服务。全年，学院共举办三次优秀运动员职业资格培训(计算机中级证书、教师资格证)，培训人数为80人次。并根据运动员的需求，在自剑中心开展外语培训。

教练员继续教育培训。学院牵头举办“实事求是的科学发展观与方法论”、“工程学管理理念在训练中的运用”、“奥运奖牌教练系列讲座”3个主题全局系统的大型讲座。在球类中心、篮手中心、体操中心、乒羽中心、自剑中心继续开展说课评课活动；邀请AP讲师和北体大教授分别为足球项目和乒羽项目进行专项体能培训，总培训人数约150人，890人次；综合培训650人次；组织了五个训练中心的“说课、评课”活动。学院还首次把学院体能教师(练)送香港进行系统培训。学院为区县教练员提供培训学时326学时，培训人次3100人次。在培训方式上，倡导体验式培训，互动式培训，网络化培训。与市青训中心合作进行为期三天的传统校体育师资培训，参加人数为156人。

文化课教师队伍建设。组织教师参加各类培训学习41人，参加市委干部培训中心组织的各种专家讲座累计达10人次。年内，博士毕业1人，硕士毕业1人，按摩高级技师1人，获市教委资助的国内东方访问学者资格1人。学院举办第一次校本培训，教学部门近50人参加了培训，培训内容涉及国内外访学汇报、日常教学督导情况反馈、人体科学专家交流讲座、教学管理有关政策解读等方面。

重点专业建设。成立5位外校教授组成的特聘专家队伍，参与学院体能训练重点专业的指导和内涵建设。体能方向的培养方案、核心课程的教学大纲逐渐完善；其他专业课程教学大纲也逐步完善，身体训练方向教材，即《青少年身体训练》、《功能解剖学概论》、《运动损伤防护与康复》、《体适能(初级)教练员》进入出版协议签署阶段。学院和体科所共建的体能实训研究中心，为近10支运动队及高职生提供体能及康复训练，服务总时间近1700小时，服务人次19000多。

科研工作。6月，学院首次进行院级课题招标工作，建立院级科研课题工作小组，制定了《院级科研课题管理办法》与院级科研课题申报指南，11个院级课题立项。同时，年内完成了5个科研课题的立项工作和3个科研课题的结题工作。

完善学院网络安全系统。建立学院文档服务器数据每天自动备份的系统，文档服务器上网使用人员的访问记录方案，学院东方绿舟、莘庄和院部校区办公人员实名认证的三地联动功能。中国电信免费为学院网络机房安装光纤设备和万兆光纤线路接入机房，并为学院网络升速提供优惠；搭建学院网络异地灾备系统；建立了核心交换机双机热备的网络工作环境，网络七层安全防火墙，上网行为管理及加速网关；建立了全网性能分析管理系统。完成新书采购 5000 册，完成电子图书采购 50377 册。

竞技体育工作。在第三十届奥运会上，学院共有 31 名运动员、11 名教练员入选伦敦奥运会中国体育代表团，取得了学院运动员境外奥运会参赛人数的新突破，并取得了 2 金 5 银 3 铜的好成绩。在 2012 年的全国最高级比赛中，学院共获得了 32.5 枚金牌、81.5 枚奖牌和总分 1397 分的好成绩。金牌环比（2011 年）增长了 41.3%，奖牌环比（2011 年）增长了 13.99%，总分环比（2011 年）增长了 8.38%，实现了三超。另外，学院运动员在 2012 年的世界大赛上，还获取了 4 项世界冠军，一项亚军以及三项季军。

［参加伦敦奥运会］ 7 月 27 日—8 月 12 日，在英国伦敦第三十届奥运会上，学院运动员共参加奥运会 13 个比赛项目中的 24 个小项比赛，取得了 2 金 5 银 3 铜的成绩（详见下表）。

项 目	小 项	姓 名	成绩
跳 水	女子 3 米跳板单人	吴敏霞	金牌
跳 水	女子 3 米跳板双人		金牌
拳 击	男子 49 公斤级	邹市明	金牌
羽毛球	女子单打	王仪涵	银牌
现代五项	现代五项	曹忠荣	银牌
花 泳	花游团体	吴怡文	银牌
花 泳	花游团体	黄雪辰	银牌

（续上表）

项 目	小 项	姓 名	成绩
游 泳	女子 100 米自蝶泳	陆 滢	银牌
花 泳	花游双人	黄雪辰	铜牌
游 泳	女子 100 米自由泳	唐 奕	铜牌
游 泳	男子 4×200 米自由泳接力	蒋海琦	铜牌

［被授予“自强模范”称号］ 12 月 3 日，在市自强模范和扶残助残先进表彰大会上，学院男排运动员汤森因其以顽强毅力与病魔作斗争及积极参与残疾人救助事业的感人事迹，被授予“上海市自强模范”荣誉称号。

附：学校负责人及地址

（2012 年 1—12 月）

院党委书记：苏清明

副 书 记：沈富麟、魏 燕（11 月到任）

院 长：沈富麟

副院长：苏清明、顾承锷（5 月离任）、王益民、朱学雷、姜 军（11 月离任）、虞 伟（11 月到任）、孙海平（11 月到任）

地址：百色路 1333 号

邮编：200237

电话：64770058

上海健康职业技术学院

［2012年概况］ 学校取得自主招生资格，并完成首次自主招生工作。学院共招录全日制学生1080人，三校生109人和自主招生248人。秋季招生723人，涉及18个省市。外省市生源数占全部招生数的48.8%。全日制在校生数2151人，成人大专生2097人，中职在校生3750人。12月1日，上海健康职业技术学院"十二五"规划经学院第一届教代会审议通过。同时，根据"十二五"规划制定三个分规划和八个行动计划。

崇明校区改扩建项目——《东平镇镇区南片控制性详细规划》，获市政府城乡规划部门批准。9月10日修订后的《上海健康职业技术学院基本建设规划》、《崇明校区改扩建工程项目建议书》经过市发改委组织的专家评审，崇明校区改扩建项目被列入"2013—2015崇明生态岛建设重点项目"。

加强专业建设。护理专业、医学生物技术专业、药剂专业全面启动"任务引领、实践导向"的课程体系，优化各专业教学实施方案；在原有校企合作基础上，积极探索、完善并创新合乎学校发展实际的人才培养方式；建设和完善配套的专业教材，改革创新专业核心课程教学模式，推进各级精品课程建设，积极建设专业教学资源库。申报《机电设备维修与管理（医院设施工程技术与管理方向）》专业获批。与上海复旦医院后勤服务有限公司合作办学，构建"校企合作、工学结合、订单培养"的人才培养模式，初步建立该专业的专、兼职教师队伍，基本具备教学、实验、实训设备和场所。康复治疗技术专业申报了中高职贯通培养。通过体制内的五年制培养，解决中职、高职人才培养质量的短缺，在课程设置和教学内容上对接国际化标准，为上海康复人才的国际化培养奠定基础。

科研立项稳步拓展。生物医药系陈炎明的《药物检测技能自助式评价系统开发》课题，获得市教委2012年度教育信息技术应用研究项目立项。教务处洪寅峰的《上海市医学相关类专业需求调研》课题获市教委立项。护理系张玲华的《高职护理专业学生职业防护教育需求及教学项目构建的研究》，获市教委2012年度"晨光计划"项目立项。公卫系赵芳的《家庭医生助理的岗位能力分析及其培养模式探索》获市卫生局立项。

推进专业（学科）人才梯队培养工作。确定21名教师为新一轮专业（学科）人才梯队培养对象，已完成导师配备和第一年培养经费额度的下拨工作。人力资源处拟订了《教师实践进修管理办法（试行）》、《双师型（双师素质）教师认定与管理办法（试行）》、《外聘兼职教师管理办法（试行）》三项管理制度。学校参加各类培训进修的教工达300余人次，费用近80万元，较以往有大幅度增加。

基建工作稳步进行。全年完成大修改建工程15项。完成邮电宿舍、教室、办公室租赁协议的签署，保证新生顺利入学。改进管理工作。完成与浦发银行签署校园一卡通协议，基本完成校园一卡通一期建设及设备验收；制定专项资金操作流程与规范，接轨财政单一账户网上收支改革，对专项经费做到三级科目的精细化预算，接轨财政单一账户网上收支改革，保障经费正常规范运行。组织第二次管理部门非领导岗位人员跨部门轮流工作，共涉及行政10个管理部门，制定《管理部门非领导岗位人员跨部门轮流工作实施方案》。全年技防建设实施资金23万余元。

3月，学生志愿者服务总队在上海市表彰大会上被授予"上海市志愿服务先进集体"称号。5月，学校首次获"上海市安全文明校园"称号。公卫系杨洁敏老师在上海高校心理健康教育课程大赛中获三等奖。

（刘宏正、王　成、石月红）

［获中央专项资助］ 年内，国家发改委批准学校实验实训中心改造专项。高职助产、康复治疗技术两个专业申报了中央财政资助的专项申报，经过前期论证和专家评估，已获教育部批复。

（石月红）

［在全国职业院校技能大赛上获奖］ 6月，学校参加在天津举办的2012年全国职业院校技能大赛高职组护理技能比赛。学生邱婧怡获一等奖（金

牌)、学生张倩雯获二等奖(银牌)、学生王欣旖获三等奖(铜牌);陈宏星获优秀指导老师奖。

(石月红)

[共建实践教学基地] 6月19日,学校与上海市东海老年护理医院共建实践教学基地签约。根据协议,合作双方共同进行专业调研,探讨校院合作的办学模式,共同开发与实施专业人才培养方案、培养目标,科学合理地设置专业课程体系,编写相关教学大纲,开展专业核心课程建设。

10月31日,举行大华医院为学校实践教学基地的揭牌仪式。通过实践教学基地这个平台,双方将进一步增进沟通交流与合作,提升学生的实习效果,双方相互协作、互补所需,建立起教学、实习、科研、就业等多方面、深层次的战略合作。

(石月红)

附:学校负责人及地址

(2012年1—12月)

院党委书记:曹蓉蓉
副 书 记:贺 勇

院 长:张 钢
副院长:季伟苹、徐一新、詹昌明

徐汇校区地址:上海市梅陇路21号
邮编:200237
电话:64773528

崇明校区地址:上海长江公路258号
邮编:202178
电话:59666661

上海开放大学

［2012 年概况］ 2012 年，上海电视大学更名为上海开放大学。学校全年招生 41470 名，注册生规模达到 107523 名，年内有 31808 名学生毕业，其中，本科 8393 名，专科 23415 名，有 798 人获得学士学位；电视中专中等学历教育招生 4062 名，在校生人数 5942 名。学校非学历教育板块的培训稳步发展。与市总工会联合举办的初级工商管理（EBA）培训项目，发展成为上海职工素质工程的品牌项目；积极拓展新项目，举办“进城务工人员文化素质与通用能力”培训，签署实用汉语能力水平考试项目合作协议；做好新疆班学员培养工作；推进全市各区县社区教育系统建设，为学习型社会建设服务。

结合社会对人才培养的需求，新设“机械电子工程”、“软件工程”、“城市公共安全管理”三个本科专业，完成“学前教育”、“表演艺术（声乐表演）”等 5 个专科新专业（方向）的论证、审核和申报，改造了“公共事务管理（城镇管理方向）”、“行政管理”等 17 个老的专科专业，并根据中央电大专业规则调整要求，调整了“物流管理（本科）”等 4 个专业的课程。

加强师资队伍建设，实施教师专业化发展综合计划，成功争取加入市教委教师发展的筛选和申报工程，其中 1 人入选外访计划，3 人入选内访学者计划，2 人入选产学研计划，支持 6 名教师开展学校产学研计划，完成 11 位教师产学研的总结评估，做好市教委优青课题基金的遴选和结题、第九期澳洲远程教育培训班、中央电大外访学习团等工作。

扎实推进系统建设。制定了上海开放大学分校系统更名及调整的总体工作方案；进一步修改完善上海开放大学区县分校、行业分校的建设标准。

全年共完成 12 大类 156 人次的课题申报，已获立项 7 大类 58 项，其中国家级课题 1 项、部级重点课题 1 项、市级课题 10 项（重点课题 2 项，一般课题 8 项）；编译《中外终身学习研究丛书》，聚焦终身学习研究进展；完成《上海开放大学章程（草案）》修订；《开放教育研究》在全国远程教育类期刊中排名第 1 位，在教育技术类期刊中排名第 2 位，在教育学类期刊中排名第 6 位，期刊全年收稿 1099 篇，发稿 107 篇，采稿率为 9.74%，发稿字数 168 万。

学校在第十二届全国多媒体课件大赛、第十六届全国多媒体教育软件大赛中获得一批奖项。

（丁　苑、黄复生）

［成立女子学院］ 2 月，学校与上海市妇联合作成立上海开放大学女子学院。女子学院以“学习——女性的生活方式，实践——女性的社会体验，发展——女性的幸福感受”为宗旨，力求满足上海女性提高素质和丰富生活的多样化学习要求，培育适合上海城市经济社会发展的女性人才。学院目前形成三级网络架构，即总校—区县学习中心—学习点。总校设国顺路院区和中山西路院区，下设的区县级教学点有闵行区学习中心、长宁区学习中心、闸北区学习中心、虹口区学习中心、浦东新区学习中心和金山区学习中心等。女子学院为广大女性设计大众化、社会化、多样化的学习课程。主体课程分为四大板块：职业技能、专业提升、婚姻家庭和女性修养，在学历教育、职业技能培训和非学历生活文化素养培训三方面为女性提供多样化开放教育服务。女子学院现招生专业包括护理学和学前教育两个本科专业，学前教育和社区管理与服务专业（家政管理方向）两个专科专业，全年共招生 849 人。非学历教育培训方面，开设了“女性社交与礼仪”课程、“月子餐”课程、舞蹈培训班等。

（丁　苑、黄复生）

［国家教育体制改革领导小组专家评议组到校考察］ 4 月 25—26 日，国家教育体制改革领导小组办公室组织专家评议组至上海开放大学实地考察。专家评议组由 6 位专家及 1 名随行秘书组成。市委领导接见了来沪考察的专家评议组全体成员。专家评议组听取了上海开放大学领导的汇报，实地考察学校校史室、实验室、多媒体教室、双向视频会议室、机房及上海教育资源库和信息化平台监控展示中心等学校硬件设施。专家评议组查阅了相关资料，并就专业建设情况询问了有关人员。

（丁　苑、黄复生）

[**主办“中国远程教育教师论坛”**] 6月6日，由《中国远程教育》杂志社和上海电视大学联合主办的以“教学改革意识与创新能力的培养和提升”为主题的“中国远程教育教师论坛”在学校举行。论坛还举行了《这五年，我们一起走过——上海电视大学教学综合改革与创新纪实丛书》首发式。

（丁　苑、黄复生）

[**上海电视大学更名为上海开放大学**] 6月21日，国家教育部发文《关于同意上海电视大学更名为上海开放大学的批复》(教发函〔2012〕105号)，同意上海电视大学更名为上海开放大学，学校代码为51252，同时撤销上海电视大学的建制。《批复》指出，上海开放大学是以现代信息技术为支撑，面向成人开展远程开放教育的新型高等学校。学校由上海市领导和管理，发展所需经费由上海市统筹安排解决。上海开放大学要坚持非学历继续教育和学历继续教育并举，可以设置本科专业，首批设置本科专业为3个，可授予学士学位。学校在过渡时期采取“老人老办法，新人新办法”，上海电视大学的在校学生仍按原有关规定管理，上海开放大学挂牌以后新进入学习的学生，按照新政策执行。7月31日，上海开放大学与国家开放大学、北京开放大学在人民大会堂正式揭牌成立。

（丁　苑、黄复生）

[**成立普晟分校**] 7月11日，上海开放大学普晟分校揭牌仪式暨开学典礼在上海青浦监狱举行。上海开放大学与市监狱管理局合作共同设立的上海开放大学普晟分校以监狱服刑人员为教学对象，是全国监狱系统内第一所开展高等学历教育的学校。普晟分校的教学目前先在青浦、提篮桥、白茅岭、宝山四个监狱进行试点推行。

（丁　苑、黄复生）

[**上海市终身教育学分银行挂牌成立**] 7月24日，上海市终身教育学分银行正式揭牌运行。市教委明确上海开放大学承担“学分银行”管理中心职能。学校已制定了19个专业的532门学历课程学分认定标准、469个职业培训证书与学历教育课程的认定转换标准，并有3711门次文化休闲课程进入“学分银行”文化休闲教育课程目录。“学分银行”设置了覆盖全市区县42个“学分银行分部”，建立了包括普通高校继续教育学院、区业余大学、上海开放大学、自考办的37个学分银行高校网点。截至12月底，“学分银行”实名储户数达135221名，学分转换按课程计算达7529门次，转换学分合计27831学分，积累的成绩记录已达1400万条。

（丁　苑、黄复生）

[**主办全国广播电视大学学生工作会议**] 11月27—28日，2012年全国广播电视大学学生工作会议暨远程开放教育学生工作论坛在上海开放大学召开。本次会议主题是总结交流全国电视大学学生工作经验，研讨学生工作新思路和新措施。会议就远程开放教育学生工作的理念价值、思路规划、经验做法等进行了交流。会议期间，上海开放大学在上海教育电视台演播厅作了专场汇报。

（丁　苑、黄复生）

[**《开放教育研究》杂志出刊100期**] 12月1—2日，在《开放教育研究》杂志出刊100期之际，《开放教育研究》编辑部主办了“第二届中国教育技术及远程教育领域核心期刊主编研讨会”。《电化教育研究》、《开放教育研究》、《现代远距离教育》、《现代教育技术》、《远程教育杂志》、《现代远程教育研究》、《外语电化教学》等期刊就共同面临的转企改制、特色发展、出版数字化、人才培养和建设，以及如何促进学科与专业建设等问题进行交流。

（丁　苑、黄复生）

[**开展基于网络的考核改革试点**] 年内，学校开展基于网络的考核改革试点，将课程形成性考核与终结性考试两者有机结合。本学期开展11门课程，有11282人次参加了期末终考机考试点工作，并开展对分校、教师进行终考系统使用的一系列培训活动。同时，继续加大关于中央电大统设必修试点课程考试与学校论文考试工作的改革力度。1月，共有49137人次中央电大统设必修试点课程考试，涉及课程72门次。在论文考试工作改革方面，制定了课程论文考试组织管理规范，统一操作流程。

（丁　苑、黄复生）

[**深化信息化建设**] 上海开放大学平面门户网站和3D门户网站建设于正式上线运行。3D门户网站已完成各主体建筑群的策划和建设，并已初具规模，经过多版本修订研讨，已逐步实现场景表现效果与用户访问体验感之间的平衡。围绕上海开放大学特色学院的建设和教学工作，开放学习资源平台在上半年完成500个开放学习资源整合，主要包括

城市公共安全、残疾人心理健康、老年人生活及保健、新农村建设、女性生活及健康等内容。整理上海开放大学1500门课程目录，编目转码新进300门课程。上海市终身教育学分银行针对学分认证中心完成了对“合作高校”、“成绩证明”、“免修免考”等相关模块的功能改造升级工作，并牵头完成了需求变更、需求评审及开发的管理和落实，组织完成系统在功能、性能、信息安全等方面的测评工作。平台已于7月24日正式上线运营，针对上线后的系统运维，形成了初步的系统运维方案。

（丁　苑、黄复生）

附：学校负责人及地址

（2012年1—12月）

校党委书记：张德明
副　书　记：李惠康

校　长：蒋　红
副校长：陈　信、徐　皓、王连华、王　宏

地　址：阜新路25号
邮　编：200092
电　话：65834279

教育科研与
考试、评估机构

上海市教育科学研究院

［2012年概况］ 开展各类科研项目近200项，承接教育部、市教卫工作党委和市教委等党政领导机关委托研究项目150项，其中由市教卫工作党委、市教委及相关部门交办的项目近100项。

申报并获准立项的列入科研规划的科研项目12项，其中获准立项国家级项目2项、省部级科研项目5项。获准立项的科研项目获资助经费76万元；申报全国教育规划课题4项获准立项，其中国家社会科学基金教育学一般课题1项、教育部重点课题2项，教育部青年专项课题1项。完成11项教育规划的课题研究，其中已获准结题的课题为9项。获准结题的全国教科规划研究课题4项，其中1项免于鉴定，3项鉴定评价为良好。

2012年，市教科院科研人员著、编、译（或参与）专业书籍40余种，其中《2012年上海教育发展报告：追求基于平等的优质教育服务》、《2012中国高等职业教育人才培养质量年度报告》、《学校心理辅导实用规划》、《以学习为中心的课堂观察》、《普通高中学分制政策与实践研究》等已出版。市教科院科研人员作为主要合作者参与的“睡眠对儿童生长发育影响的研究及其应用”荣获国家科技进步二等奖；科研成果“中重度智障学生职业潜能测试和开发的理论与实践研究”获得第十一届上海市哲学社会科学研究成果二等奖。编辑出版期刊4种，分别是《教育发展研究》、《思想理论教育》、《上海教育科研》、《中国高等教育评估》。2013年3月27日，中国人民大学人文社会科学学术成果评价研究中心联合人大书报资料中心研制发布“2011年度‘复印报刊资料’转载学术论文指数排名”，在“教育学”学科期刊转载学术论文转载量（率）排名中，《教育发展研究》以51篇的转载篇数排名转载量第二，以13.82％的转载率排名转载率第八（发文369篇），综合指数排名第二。在“马克思主义理论”学科期刊转载学术论文指数转载量（率）排名中，《思想理论教育》以16篇的转载篇数排名转载量第六，以3.09％的转载率排名全文转载率第十九（发文518篇），综合指数排名第八。

教育部副部长鲁昕参观上海市教育科学研究院科研成果展

承担了一批市政府、市教委委托的科研项目，其中关于教育经费合理使用与有效监督的专题调研、转变教育发展模式的研究、学生心理健康状态调研等重大项目研究成果为决策提供基础。市教科院参与市教委搭建本科高校质量年报评审平台已启用。

受教育部委托，以市教科院科研人员为主的科研团队完成了《2012中国高等职业教育人才培养质量报告》。《人民日报》、《光明日报》刊发了相关报道，《中国教育报》全文转载。教育部部长袁贵仁、副部长鲁昕作了批示。市教科院承担了国家教育督导报告《关注学前教育》相关的调研和初稿的起草工作。“新优质学校”被教育部推荐为全国部市合作优秀项目。

（朱　涛、印成君）

［举办2012学术活动月］　2012年11月至12月举办以“学习贯彻党的十八大精神：服务决策·服务民生”为主题的学术活动月。学术活动月期间共举办学术活动21场次，就教育改革与发展的热点难点邀请专家作报告，开展专题交流研讨。教育部有关司局、市教委及相关处室领导，京、津、渝、苏、浙、皖、桂、滇等省市教育行政部门领导参加有关的研讨活动。

（朱桃福）

［上海教育决策咨询委员会2012年度全委会召开］　6月30日，由中共上海市教育卫生工作委员会和上海市教育委员会主办，上海市教育科学研究院承办的“2012年度上海市教育决策咨询委员会全体会议”在上海召开。市教育决策咨询委员、市教卫工作党委、市教委领导和各处室及直属事业单位负责人、各区县教育局长、市教科院以及市委研究室、市政府研究室、市发展改革委员会、市财政局代表和专家等近150人参加了本次会议。会议发布了《2012年上海教育发展年度报告：追求基于平等的优质教育服务》。

（朱桃福）

［完成《2012中国高等职业教育人才培养质量报告》］　该报告为首次发布的国家版高职年度质量报告，它结合高职院校的大量实例与第三方机构的调查数据，在全国层面上探讨高职人才培养质量现状，从定位、学校的努力创新、政府的重点支持等方面探讨高职探索生存空间、服务空间和发展空间，寻找其独特性、创新性和不可替代性。

（顾晓波）

［“基础教育转型发展”论坛举办］　11月26日，市教科院普教所举办“基础教育转型发展”论坛。主题是“转型背景下的上海基础教育”和“国际视野下的上海基础教育”。论坛围绕上海基础教育的办学、学校课程、学生培养模式、教师培训与学习、学校教育科研等关键问题，对上海基础教育“如何转型、转什么”等问题展开研讨。

（杨金芳）

［承担“市属高校有关拨款定额标准调整方案”研究］　结合上海高等教育发展重心转移、经济社会发展和城市功能定位的现实需求，经测算提出市属高校公用经费、郊区通勤补贴等有关拨款定额标准的调整意见。

（付　炜）

［完成《关于本市教育经费合理使用与有效监督的专题报告》］　该课题为市政协、市教卫工作党委、市教委年度重点课题。课题组深入了解市财政、教育、发改委等部门有关教育经费预算情况，对部分区县进行了实地调研，形成了《关于本市教育经费合理使用与有效监督的专题报告》及4份附件。调研报告获冯国勤、殷一璀等市领导的高度肯定及批示，并得到市教卫工作党委、市教委采纳。

（金　兵）

［“教育基本公共服务均等化”课题组委托课题完成］　受市教卫工作党委、市教委2011年度重大课题“教育基本公共服务均等化”课题组委托，承担“上海基本公共教育服务均等化实证分析”、“基本公共教育服务均等化国际比较”、“基本公共教育服务均等化与城乡一体化进程研究”三个专题研究。研究选择可借鉴性的国家和国际大都市，对其提供公共教育服务的范围、方式、水平、特点等进行了比较分析；在全市和区县两个层面对上海义务教育和学前教育的资源配置情况进行分析，并结合相关指标对上海与北京、天津、江苏、浙江、广东进行比较分析；对上海基本公共教育服务均等化与城乡一体化的关系、发展现状、新挑战进行分析，并对后续推进提出了相关政策建议。

（付　炜、晏开利）

［完成市教委发展规划处委托课题］　受市教委发展规划处委托，承担“上海高校十二五发展定位与规划调研分析”及“深化省级政府统筹高等教育管理改革”、“优化地方高校布局和学科专业结构”等部市合作项目专题研究。研究报告对上海高校十二五期间的发展规划定位做了全面分析，对上海推进部市合作的经验、正在进行的深化与探索进行了全面总结。

（付　炜）

［完成《中央财政支持职业教育实训基地项目执行情况检查报告》］　依据全国37个地区上报的数

据材料，对2004—2010年期间立项的2356个中央财政实训基地项目执行情况进行全面梳理分析。项目检查总报告全面客观描述实训基地项目建设概况，肯定了实训基地项目建设的八大成效，对建设前后的效益进行比较；同时对项目建设与运行存在的主要问题进行分析，提出改进措施与建议，对项目绩效评价进行了系统设计。

（顾晓波）

［成立“长三角教育联动发展研究中心”］ 中心主要功能为从事长三角地区教育联动发展和区域教育协作合作的理论研究、实证调研、监测评估、信息收集、交流研讨、工作联络及相关数据库建设。中心受市教委政策法规处和发展规划处委托，承担部市合作项目“探索构建长三角教育联动发展机制”年度工作回顾分析、“优化长三角教育资源配置”、“长三角地区三省一市高等教育发展基本情况分析”等系列专题分析和研究。

（付　炜）

［上海市普教科研所成立30年］ 12月8日，上海普教科研所举行成立30年纪念会。市教委巡视员尹后庆、上海师范大学校长张民选、上海市教育科学研究院院长陈国良、中国教育科学研究院副院长曾天山，以及来自华东师大、上海师大，以及北京、天津、重庆教科院的领导专家，本市各区县教育局局长、教育学院院长、区县教育科学研究室主任、中小幼校长（园长）代表及普教科研的老同志、老专家200余人出席了大会。会上还举行了第四届上海市教科院学校教育科研成果奖颁奖典礼和首届上海市优秀区县教育科学研究室、优秀教育科研员颁奖典礼。其中，一等奖15项，二等奖58项，三等奖124项。

（杨金芳）

［承担“上海市高等教育改革和发展‘十二五’规划”研究］ 就上海高等教育“十二五”改革和发展发展，提出了“规划引导、分类管理、改革驱动、卓越发展”的思路和“高等教育质量和内涵建设水平明显提高，学科专业布局结构更加优化，高校教师队伍整体素质稳步提高，为形成以培养模式改革、管理方式改革、协同创新改革、办学体制改革为主的高等教育发展方式转变奠定基础”的总体目标。

（晏开利）

［完成《中国中等职业学校学生成长与就业报告》］ 该报告由教育部职成司牵头组织，反映我国中等职业教育成就和就业状况。教育部领导高度重视，现已完成并出版。职教所撰写的“就业与创业”部分近一万字，内容以近5年来我国中等职业学校毕业生就业情况的数据统计分析和案例剖析为主，包括近5年来全国中等职业学校毕业生的就业率和就业质量的统计分析、毕业生分产业分布的统计分析、就业趋向分布分析和创业情况等。

（顾晓波）

［完成《上海民办高校办学成本与收费政策研究》］ 受市教委民办教育管理处委托，完成《上海民办高校办学成本与收费政策研究》。项目结合上海民办高校近年来运行情况，研究测算其生均办学成本，为确定合理收费标准提供测算方法和依据参考，并对完善民办教育收费管理提出相关建议。

（付　炜）

［开展“进城务工人员随迁子女在沪参加中高考风险分析及防范”问题研究］ 为预测外来人员随迁子女在沪参加中高考方案实施后所面临的风险，受市教委委托，采集了17个区县随迁子女数据和各阶段教育资源存量及预期增量，对近3500名随迁子女家长做了问卷调查，提出了调整优化教育资源规划、建立居住证有效期与定期验证制度、适当扩大灵活就业人员待遇、加大城市综合管理力度、积极开拓教育渠道、满足随迁子女义务教育后的教育需求的政策建议。

（金　兵）

［第九届“黄浦杯”征文活动］ 3月，召开“黄浦杯”长三角“成长纪事”征文动员会和培训会。召开长三角城市群教育科研合作共同体常务理事会，7月上旬完成“黄浦杯”征文复评终评工作。9月20—21日，举办“黄浦杯”征文颁奖大会和长三角10周年纪念活动，同时召开长三角信息平台工作会议（杭州）。11月，编辑出版《教师成长的40个现场》（“黄浦杯”获奖征文集）。

（杨金芳）

［完成“上海与全国义务教育均衡发展比较分析及督政机制的创新与实践”专题］ 受市人民政府教育督导室委托，完成国家教育体制改革项目“上海市完善义务教育均衡发展督导、考核和评估机制的研

究"中"上海与全国义务教育均衡发展比较分析及督政机制的创新与实践"专题。项目就上海与全国义务教育均衡发展中的历史方位、发展阶段、办学条件水平、导向性评价标准、方向性对策思考和保障性措施等作比较研究。

(付　炜)

[长三角第二届家庭教育论坛]　5月17—18日,长三角第二届家庭教育论坛在上海举行。本次论坛由市教科院普教所、杭州市教科所和无锡市教育学会主办,由上海市宝山区教师进修学院承办、宝山区杨泰实验学校协办。论坛就上海市家庭教育研究与指导工作,及"城市化进程中新上海人家庭教育现状与指导研究"等专题进行了交流。

(杨金芳)

[完成教育部发展规划司委托课题]　受教育部发展规划司委托,市教科院智力所完成《2011年教育事业发展统计快讯》、《2011全国教育事业发展简明统计分析》、《全国及分省教育概览(2011)》、《从"十六大"到"十八大"中国教育辉煌成就》、《农村中小学布局结构调整十年回顾分析》、中组部教育人才统计分析等报告撰写与资料编印工作、UIS世界教育指标中国年度数据填报等工作。

(付　炜)

[开展终身教育视野下的学校教育发展与创新研究]　该项目为市教委年度重点决策咨询项目。课题组对粤、苏、鲁、沪等地基教改革进行调研。研究发现目前中小学教育中普遍存在对"基础"认识的狭隘化、短期化等问题。研究报告建议政府决策部门应致力于提供满足特殊需要的教育公共服务、将学习机会扩展到学校系统之外、创建更加完善的教育公共资源信息化平台、提供更加完善的非教学类附加服务、建设选择性课程体系满足学生差别化需求等。

(金　兵)

["上海学生心理健康教育发展中心"揭牌]　4月28日,"2012年度上海学校心理健康教育活动月"启动仪式暨学校心理危机干预专题研讨会在上海金融学院举行。教育部思政司副司长王光彦为"上海学生心理健康教育发展中心"揭牌。上海市教育科学研究院党委书记江彦桥介绍了"上海学生心理健康教育发展中心"的主要职能。"上海学生心理健康教育发展中心"负责人吴增强介绍了即将在全市大中小学中开展的,以"珍爱生命化解危机"为主题的"上海学校心理健康教育活动月"的具体安排。

(杨金芳)

[完成《2010年中国教育经费发展报告》]　承担全国年度教育经费统计汇总、数据处理分析,教育经费统计快报、监测公报撰写等工作;与教育部财务司合作撰写完成《2010年中国教育经费发展报告》,对各级各类教育的投入与支出状况及使用效益进行了全面、系统的综合比较与分析,客观反映全国和各省市教育经费投入中的问题与不足,为各级政府制定教育财政政策提供重要的参考依据。

(付　炜)

[完成《上海市高水平中职学校在部分专业开展五年制职业教育试点的可行性研究》]　在上海高水平中职学校中梳理出20个"产业升级有需求、中职办学有实力、高职专业难接续、社会发展有期盼、现实操作有可能"的专业,可作为上海职业教育开展五年制试点。上海高水平中职学校试办五年制专业具有实施主体的单一性、教学过程的连贯性、试点范围的局部性和管理工作的复杂性等四大特征。五年制专业的学历证书发放可选模式有5种。

(顾晓波)

[上海PISA2012试测]　2012年上海PISA测试于4月13日在上海市155所样本学校同时进行。全市共6374名学生参加了测试,其中6372名学生参加了纸笔测试,2394名学生参加了计算机辅助测试。PISA2012的核心测评领域为四个:数学、科学、阅读、问题解决,其中问题解决采用计算机辅助测试。此外还有两个国际选项:财经素养(纸笔测试),计算机辅助阅读和数学测试。上海学生参加了全部测试。评卷时间为4月23日至5月25日,计算机辅助测试为5月10日至5月30日。

(杨金芳)

[中国民办学校资产构成及债务状况调查]　受教育部发展规划司委托,市教科院民办教育教所对温州、厦门、北京等地民办学校债务情况进行实地调研,同时在8省市开展问卷调查。调查发现,部分民办高校资产负债率偏高,运行资金相对紧张,存在一定债务风险;债务结构以基建负债、银行信贷、短期借款为主;负债较高的主要原因在于举办者投入不

足、学费收入增长放缓以及学校盲目扩张等。研究报告就如何防患和化解民办学校债务风险问题提出了一系列政策建议。

（金　兵）

[“2012 海峡两岸中小学教育学术研讨会”召开]　11 月 19 日，上海市教育科学研究院科研人员与东华大学、暨南大学、台湾嘉义大学、台湾“国家教育研究院”的教育研究者，台湾中、小学的校长，以及江苏、浙江和武汉的教育同行，就“两岸基础教育改革”进行了学术研讨。研讨的议题为“海峡两岸交流延续活动与合作研究意向”、“中小学教育改革与评价”、“少子女、移民子女教育及教育政策研究”、“教师教育与专业发展”等。11 月 19—26 日由上海市教育科学研究院、上海市教育学会主办，静安区教育局承办的“2012 年海峡两岸中小学教育学术研讨会”在静安区举行。研讨会主题为：“个性化教育与学校新发展”。大会形成 2 份专题演讲、1 份专题报告，16 份论文报告。

（杨金芳）

[承担“上海市高校教师发展激励制度改革研究”]　完成《关于实施上海本科院校教师教学绩效考核的指导意见》和《关于上海高校教师教育教学岗位职责的指导意见》两份研究成果。在对“985 高校”本科教育质量报告深入研究分析的基础上提出上海高校本科教学质量报告的基本规范和要求。

（晏开利）

[完成《国家教育督导报告——关注学前教育》系列研究报告]　受国家教育督导办委托，承担《关注学前教育》国家教育督导报告研究，起草完成《国家教育督导报告——关注学前教育》系列研究报告与发布稿初稿。

（付　炜）

[提升教育经费使用效率和效益研究]　本课题为民进中央所属中国教育政策研究院年度委托科研项目。研究报告对“十一五”期间我国教育经费投入的基本情况进行了较为全面的分析，提出了优化投入结构、建立财政教育经费合理使用的跟踪评价和决策支持体系、积极推进财政体制改革、实行适度灵活的金融政策、严肃预算控制，遏制随意性费用支出等对策建议。研究报告的主要成果被中国教育政策研究《教育决策参考》专报采用。

（金　兵）

[首届上海市优秀区(县)教育科学研究室、优秀教育科学研究员评选]　9 月，上海市教师奖励基金会与上海市教育科学研究院联合颁发《关于评选上海市优秀区（县）教育科学研究室、优秀教育科研员的通知》，10 月各区县上报优秀区（县）教育科学研究室和优秀教育科研员评审材料。11 月正式评出 5 个区县优秀教育科研室和 32 位优秀教育科研员。

（杨金芳）

[参与研制《国家教育决策支持统计服务系统》]　受教育部发展规划司委托，参与研制《国家教育决策支持统计服务系统》。该平台基于教育法定统计数据，连接经济社会、国际比较等数据资源，采用现代信息网络技术，搭建集技术研发、资源整合、应用管理、综合服务为一体的数据信息应用平台，以问题、任务为导向，将统计数据信息有效运用于国家教育决策，破解热点难点，支持国家教育决策，具体包括教育状况、统计发布、决策应用、教育监测、教育预测、教育与社会、国际比较、定制服务九大功能。

（付　炜）

[承担“深入开展人才培养体系与模式改革”研究]　受市教委发展规划处委托，高教所承担“深入开展人才培养体系与模式改革”的部市合作项目专题研究。对上海在转型发展时期急需调整高层次人才培养体系和模式的问题进行了调研和梳理，形成了“上海高层次人才培养体系与模式改革”、“专业硕士人才培养模式改革”等研究报告。

（晏开利）

[完成《教师队伍建设标准体系研究》]　受教育部教师工作司委托，完成《教师队伍建设标准体系研究》。系统分析我国教师队伍数量、结构、素质及队伍建设的政策法规等方面的进展和问题，深入分析美、英、澳等国教师队伍管理标准和配套举措的最新态势，研究确立构建我国教师队伍建设标准体系的目标、思路和总体内容框架，提出标准体系运行的保障机制和配套措施建议。

（付　炜）

[编制《中国民办教育发展报告(2010—2012)》]　本项目系中国民办教育协会委托年度重大项目，由

民办教育研究所负责实施。其最终成果《中国民办教育发展报告(2010—2012)》(蓝皮书)于2012年10月由上海人民出版社正式出版发行。蓝皮书全书50余万字,反映2009年到2011年期间我国民办教育的整体情况和各级各类民办教育的发展状况,结构完整、资料丰富、数据翔实,具有较高的学术价值和现实意义。

(金　兵)

[完成《中国职业教育课程改革研究》]　在对广东、山东、辽宁、云南四省世行贷款项目学校调研基础上,全面分析中、高职学校课改现状并提出相应的对策建议,受到委托方的好评。报告认为,“校企合作、工学结合”,是中国职教课改的重要特点,世行倡导的课改经验——“遵循市场导向和一个科学循环”,对于中国全面推进职教课改具有重要借鉴意义。报告提出,仅靠职业学校自身力量落实“市场导向和科学循环”具有局限性,需要在政府主导下,以项目为抓手,硬件建设和内涵建设并举,并在项目建设过程中加强管理,确保改革成功。

(顾晓波)

[编撰《上海特殊教育志》]　本项目是市教委根据本市第二轮修志总体部署委托给市教科院,于2011年7月启动,目前已经完成资料搜集、整理及长编工作。原始资料总计约190余万字(不包括图片),电子卡片和资料长编将近100万字(不包括图片)。2012年底已确定志书各章撰写人。

(金　兵)

[完成“全国民办中小学发展概况”研究报告]　受教育部基教一司委托,完成“全国民办中小学发展概况”研究报告。报告对全国民办普通中小学办学规模和办学经费进行了系统分析;对民办学校学生比例较高的部分县市公、民办中小学的基本办学情况进行比较分析;对江西省上饶市余干县公、民办中小学发展情况进行了实地调研和问卷调查,形成系列研究成果。

(付　炜)

[完成“2011年上海高校毕业生就业质量调查”]　与市学生事务中心合作,完成“2011年上海高校毕业生就业质量调查”。通过对2012年应届毕业生和用人单位的抽样问卷调查和座谈、访谈,对本市高校毕业生就业质量及其与用人单位对学校人才培养和就业指导服务工作的满意度评价数据进行了全面分析,并据此开展“高校毕业生就业质量社会评价指标体系”研究。

(晏开利)

[完成《高职状态数据分析报告2011》]　受教育部职成教司和教育部高等教育教学评估中心委托,完成《高职状态数据分析报告2011》。报告从区域分布、办学类别、服务面向等多个视角,围绕办学规模、专业设置、办学条件、院校领导、师资队伍、教师教学、实习实训、产学合作、毕业就业、经费收支10个方面的内容,对全国及各类高职院校状态数据进行了全面分析。

(付　炜)

附:院负责人及地址

(2012年1—12月)

院党委书记:江彦桥
副　书　记:陈国良、陆　勤

院　　　长:陈国良
常务副院长:江彦桥
副　院　长:张　珏、马树超、胡　卫

地址:茶陵北路21号
邮编:200032
电话:64167677(总机)

上海市教育考试院

［2012 年概况］ 坚持以服务考生、维护公平，招生考试工作的社会公信力进一步提高。据统计，2012 年上海市教育考试院承办各项考试共 44 次，参加考试的考生 253 万余人次(科次)。其中，报考硕士研究生 107983 人，报考成人高校 71174 人，报名参加普通高中学业水平考试 165584 人，参加初中毕业生统一学业文化考试约 83700 人，高等教育自学考试、中英合作专业考试及学历与职业资格证书相结合考试共开考 434086 科次，报考各类社会考试 853340 人(科)次。

普通高校录取新生 67117 人，完成招生计划的 101.59%；录取硕士研究生 37120 人，比 2011 年增招 2625 人，增幅为 7.6%；成人高校录取新生 57063 人，完成招生计划的 97.3%；高中阶段各类学校录取新生 79932 人。

严格公示制度，规范特殊类型招生，对高校上报教育部并在教育部“阳光高考”平台上公示的名单进行认真审核，严格按照教育部要求在“上海招考热线”和《东方教育时报·高招周刊》上给予公示，公示项目齐全。

复旦大学、上海交通大学继续实行“深化高等学校自主选拔录取改革试验”；复旦大学、上海交通大学、同济大学、华东师范大学、华东理工大学、上海外国语大学、上海财经大学、东华大学 8 所部属高校继续参加“高等学校自主选拔录取改革试点”；上海大学继续在沪实施“高等学校自主选拔录取改革试点”；高职(专科)层次的“依法自主招生改革试点”招生院校扩大为 31 所。

高中阶段学校招生进一步完善推荐和选拔相结合的中招录取制度，以学业考试成绩为基础、参照综合素质评价，兼顾推荐和选拔。

完成春、秋季高考，应届“三校生”高考，初中学业水平考试、高中学业水平考试及其他考试命题工作；提高信度和效度，为题库建设及多元评价等做好理论和实践准备；秋季普通高校招生考试的语文、数学、英语(主观题部分)、历史、政治科目和初中毕业生统一学业文化考试的语文、数学、外语、理化科目全部实行网上评卷。

（阮　培）

［普通高校招生］ 全年报考普通高校生源数共 71355 人(含秋季高考、非集中录取、春季高考、“三校生”高考)，招生总计划 66069 人，共计录取考生 67117 人，完成招生计划的 101.59%。其中录取本科生 42802 人，占录取总数的 63.77%，录取高职(专科)生 24315 人，占录取总数的 36.23%。

2012 年实行春季招生的有上海师范大学、上海工程技术大学、上海商学院、上海师范大学天华学院、上海工商外国语职业学院、上海农林职业技术学院、上海思博职业技术学院，计划招生 500 人，实际报到录取 328 人，完成招生计划 65.60%。其中，本科 4 所院校，计划招生 260 人，录取报到 290 人，完成招生计划 111.53%；高职(专科)3 所院校，计划招生 240 人，录取报到 38 人，完成招生计划 15.83%。参加春季招生考试报名的考生有 1187 人，比 2011 年减少 1983 人。

2012 年共有 700 所普通高校在沪招生(含 2 所香港地区院校和 18 所军事、武警部队院校)，其中上海院校 65 所，外省市院校 635 所，首次在沪招生的外省市院校 50 所。除西藏、台湾、澳门外，全国其他省市均有院校在上海安排普通高校招生计划。参加全市秋季统一高考人数为 54666 人(含复旦、交大两校自主招生选拔试验预录取的 1304 人和内地新疆班、西藏班考生 751 人)，报考人数比 2011 年减少约 6500 余人。招生计划总数 48915 人(含艺术类专业招生计划，但不含未编制分省招生计划的艺术类院校招生计划数)。共录取新生 49213 人，完成招生计划的 100.61%。集中录取阶段前录取新生：复旦大学和上海交通大学“深化自主选拔录取改革试验”录取 1304 人；31 所院校专科层次实行依法自主招生改革试点录取 9865 人；保送生 301 人；运动训练、民族传统体育新生 173 人。

2012 年上海市招收应届“三校生”的高等院校共 29 所，计划招生 4959 人(不含上海应用技术学院 20 个听力残障单独招生计划)，其中本科招生计划 340 人，专科计划 4619 人。非艺术类专业计划招生 4106 人(文科 2459 人，理科 1647 人)，艺术类专业计划招生 853 人(文科 766 人,理科 87 人),报考人数 7939 人。共录取新生 5194 人,其中非艺术类专业录取 4151 人(文科 2561 人,理科 1590 人),艺术类专业录取 1043 人(文科 989 人,理科 54 人)。

(黄　琦)

[普通高校招生有关数据统计]

一、报考普通高校生源数 71355 人(含秋季高考、非集中录取、春季高考、应届“三校生”高考)。

(一) 按招生类别分:①参加春季统一高考考生人数为 1187 人。②参加秋季统一高考考生人数为 52592 人(不含复旦、交大两校“深化自主选拔录取改革试验”录取考生 1304 人,内地新疆班西藏班考生 751 人和体育单招录取考生 57 人)。③其他类别人数为 17576 人,其中,复旦大学和上海交通大学“深化自主选拔录取改革试验”录取 1304 人,普通高校招收应届“三校生”录取 5194 人,保送生 301 人,双学位 28 人,上海公安高等专科学校招收第二专科 687 人,运动训练 116 人,31 所院校专科层次的依法自主招生改革试点 9865 人,上海应用技术学院、北京联合大学等录取聋哑生 24 人,体育单招 57 人。

(二) 按文、理科分:文科考生 35340 人(占 49.53%),理科考生 34828 人(占 48.81%),春季招生不分文理考生 1187 人(占 1.66%)。参加秋季统一高考考生中文科考生 23861 人,理科考生28731 人。

(三) 按性别分:男生 33987 人(占 47.63%),女生 37368 人(占 52.37%)。

参加秋季统一高考的男生 24626 人(占 46.82%),女生 27966 人(占 53.18%)。

参加普通高校招收应届“三校生”考试被录取的考生中,男生 1946 人(占 37.47%),女生 3248 人(占 62.53%)。

(四) 按生源分:①应届高中毕业生 54850 人(占 76.87%),其中集中阶段录取 49465 人,复旦大学和上海交通大学“深化自主选拔录取改革试验”录取 1304 人,保送生 301 人,31 所院校专科层次自主招收高中毕业生 3780 人。②往届毕业的高中生和三校生(含在职人员)4823 人(占 6.76%)。③应届“三校生”11682 人(占 16.37%),其中参加普通高校招收应届“三校生”考试被录取的考生人数 5194 人,参加秋季统一高考 897 人,31 所院校专科层次依法自主招生录取 5510 人,体育单招 57 人,聋哑生 24 人。

二、普通高校在沪招生计划共数 66069 人(不含艺术类不作分省计划的院校招生数)。

(一) 按招生类别分:

1. 除秋季集中录取阶段外,招生计划 17154 人。其中,保送生 301 人(按实际录取数);春季招生 500 人(本科 260、专科 240);三校生(中专、中职、中技)招生 4959 人(文科 3225、理科 1734、本科 340、专科 4619);双学位 28 人(按实际录取数);公安高专第二专科 687 人(按实际录取数);运动训练 116 人(按实际录取数);复旦、交大两校自主选拔试验录取 700 人;31 所院校专科层次依法自主招生 9782 人;上海应用技术学院、北京联合大学等聋哑生 24 人(按实际录取数);体育单招 57 人(按实际录取数)。

2. 集中录取阶段招生计划(公布)48915 人,其中:艺术类计划 4400 人(不含全国统招),体育类计划 247 人,其余普通专业计划 44268 人。

(二) 按文、理科分:文科计划 26603 人,理科计划 38966 人,不分文理的春季入学招生计划 500 人。集中录取阶段(含艺体类)文科计划 17128 人,理科计划 31787 人。招收应届“三校生”文科计划 3225 人,理科计划 1734 人。

(三) 按本、专科分:本科计划 38230 人(含招收应届“三校生”本科计划 340 人),高职(专科)计划 27839 人[含招收应届“三校生”高职(专科)计划 4619 人]。其中,集中录取阶段(含艺体类)本科计划 36406 人,高职(专科)计划 12509 人。

(四) 按本市、外省市高校分:本市院校计划 53999 人,外省市院校计划 12070 人。其中:集中录取阶段(含艺体类)本市院校计划 36980 人,外省市院校计划 11935 人。

三、实际录取考生人数 67117 人。

(一) 按招生类别分:

1. 除秋季集中录取阶段外,共录取 17904 人,占录取总数的 26.68%。其中,①保送生 301 人(占 0.45%)(其中本市院校 195 人,外省市院校 106 人);②春季招生 328 人(占 0.49%)(其中本科专业 290 人,高职专业 38 人);③5 月份考试的普通高校招收应届三校生 5194 人(占 7.74%)(其中本科专业 416 人,高职专业 4778 人);④双学位 28 人(占 0.04%);⑤公安高专第二专科 687 人(占 1.02%);⑥运动训练 116 人(占 0.17%);⑦复旦、交大两校自主选拔试验录取 1304 人(占 1.94%);⑧31 所院校专科层次依法自主招生 9865 人(占 14.70%);⑨上海应用、北京联大等 4 校聋哑生 24 人(占 0.04%);⑩体育单招 57 人(占 0.08%)。

2. 秋季集中录取阶段录取 49213 人,占录取总

数的73.32%。其中:

(1) 艺术类专业录取:4998人(占集中录取数10.16%,占全部录取数7.45%)(其中本科4048人,高职(专科)950人);

(2) 体育类专业录取:279人(占集中录取数0.57%,占全部录取数0.42%)(其中本科272人,高职(专科)7人)。

(二) 按文、理科分:文科录取33212人,占录取总数的49.48%;理科录取33577人,占录取总数的50.03%;春季入学招生(不分文理)录取328人,占录取总数的0.49%。集中录取阶段录取文科21733人,理科27480人。

(三) 按本、专科分:本科录取42802人,占录取总数的63.77%;高职(专科)录取24315,占录取总数的36.23%。其中集中录取阶段本科录取40268人,高职(专科)录取8945人。

(四) 按本市、外省市院校分:本市院校录取56724人,占录取总数的84.52%;外省市院校录取10393人,占录取总数的15.48%。其中集中录取阶段本市院校录取38955人,外省市院校录取10258人。

(五) 按性别分:男生录取31543人,占录取总数的47.00%;女生录取35574人,占录取总数的53.00%。其中集中录取阶段男生录取22726人,女生录取26487人。

四、完成计划情况:

实际录取数与计划数相比增招了1048人,完成招生计划数101.59%。集中录取阶段增招了298人,完成招生计划数100.61%。

五、1995年至2012年集中录取阶段外省市院校在沪招生完成计划情况表:

年份	招生计划	实际录取	减招人数	完成比例
1995	2385	1907	478	79.96%
1996	2585	2075	510	80.27%
1997	3342	2993	349	89.56%
1998	3558	3360	198	94.44%
1999	4006	3786	220	94.51%
2000	5586	4528	1058	81.06%
2001	6934	5981	953	86.26%
2002	7443	6661	782	89.49%
2003	8177	7131	1046	87.21%
2004	8955	8046	909	89.85%
2005	9351	8095	1256	86.57%

(续上表)

年份	招生计划	实际录取	减招人数	完成比例
2006	9689	8875	814	91.60%
2007	9954	9246	708	92.89%
2008	10938	9365	1573	85.62%
2009	11584	9337	2247	80.60%
2010	11974	10122	1852	84.53%
2011	12396	10128	2268	81.70%
2012	11935	10258	1677	85.95%

六、2012年集中录取阶段外省市院校共录取10258人。其中:提前批489人,第一批本科录取2379人,第二批本科录取6168人,高职(专科)录取329人,艺术类专业录取819人,体育类专业录取74人。集中录取阶段前,被外省市院校录取的保送生106人,运动训练17人,聋哑生4人,体育单招8人。

七、应届"三校生"情况:

(一) 报考数14427人,其中报名参加秋季高考897人、报名参加应届三校生高考7939人、报名参加31所院校专科层次依法自主招生录取5510人(按实际录取数)、体育单招57人(按实际录取数)、聋哑生24人(按实际录取数)。

(二) 录取情况

1. 11380人被普通高校录取,占"三校生"所有报考人数的78.88%。

2. 本科录取797人,占被录取"三校生"人数的7%;高职(专科)录取10583人,占被录取"三校生"人数的93%。

3. 被录取的11380人中,参加普通高校招收应届"三校生"考试录取5194人[本科416人、高职(专科)4778人],31所院校专科层次依法自主招生改革试点录取5510人[全部为高职(专科)],体育单招录取57人(全部为本科),聋哑生录取24人[本科22人、高职(专科)2人],集中录取阶段录取595人[本科302人、高职(专科)293人]。

八、报考外省市院校,经济补贴优惠政策执行结果:

属于一次性经济补贴发放范围的外省市院校共有196所,录取考生2643人,占在沪招生外省市院校录取人数的25.77%,其中一、二、三批平行志愿首轮投档录取2043人,征求志愿投档录取600人,应发放一次性补贴共计234.3万元。实际报到考生

2114 人，实际发放一次性补贴 187 万元。

（兰海涛）

[研究生招生] 一、硕士研究生招生

（一）2012 年本市硕士研究生招生下达总规模为 37405 人（含调整计划），比 2011 年增加了 2760 人，增幅为 8%。

（二）2012 年共有 107983 人报考本市各硕士生研究生招生单位，比 2011 年增加了 6689 人，增幅为 6.6%。

1. 按考试方式统计

参加全国统考的有 82680 人；推荐免试生 7708 人；参加单独考试的有 427 人；参加管理类联考的有 13970 人；参加法律硕士联考的有 3198 人。

2. 按研究方向统计

选择学术型研究方向的考生有 74822 人，占报考人数的 69.3%；选择应用型专业研究方向的考生有 33161 人，占报考人数的 30.7%。

（三）录取

参加本市硕士研究生招生的高等院校和科研院所共 58 个单位，实际录取硕士研究生 37120 人，比 2011 年增招 2625 人，增幅为 7.6%，报名人数和录取人数之比约为 2.9∶1。

录取的硕士研究生中，按考试方式统计：统考考生录取 22906 人，单考考生录取 159 人，管理类联考考生录取 5715 人，法律硕士录取 778 人，推荐免试生录取 7550 人，强军计划录取 12 人。

二、博士研究生招生

（一）计划

2012 年本市博士研究生招生总规模为 5932 人（含调整计划），比 2011 年增加了 171 人，增幅为 3%。

（二）报名

2012 年本市博士研究生报名人数 17569 人，比 2011 年增加了 655 人，增幅为 3.9%。

按考生来源统计：应届硕士毕业生 4713 人，占 26.8%；硕博连读考生 1515 人，占 8.6%；本科直接攻读博生 691 人，占 3.9%；科研人员 781 人，占 4.5%；高校教师 4297 人，占 24.5%，行政办公人员 635 人，占 3.6%；其他人员 4937 人，占 28.1%。

（三）录取

2012 年参加本市博士生招生的高等院校和科研院所共有 23 个单位，实际录取 6015 人，比 2011 年增加了 262 人，增幅为 4.6%。

1. 按考试方式统计

普通招考录取 4094 人，占录取人数的 68.1%；硕博连读录取 1231 人，占 20.5%；直接攻博录取 690 人，占 11.5%。

2. 按录取类别统计

非定向录取 4384 人，占录取人数的 72.9%；定向录取 686 人，占 11.4%；委托培养录取 888 人，占 14.8%，自筹经费录取 57 人，占录取人数的 0.9%。

（张亚萍）

[成人高等院校招生] 2012 年在本市招生的成人高校共 74 所，其中本市成人高校 65 所，外省市成人高校 9 所。录取人数 57063 人，完成招生计划的 97.3%。2012 年教育部实行招生计划的动态管理即根据报考人数安排招生计划，使 2012 年完成率有大幅提升。报考人数及招生情况如下：

招生类型	公布计划	比 2011 年		报考人数	比 2011 年		录取人数	比 2011 年	
		人数	比例		人数	比例		人数	比例
专科起点升本科	35347	−2849	−7.45%	40391	−3057	−7.03%	34523	−1327	−3.7%
高中起点升本科	5339	−1298	−19.55%	6262	−1117	−15.13%	5049	−739	−12.76%
高中起点升专科	17959	−5354	−22.96%	19259	−1088	−5.34%	17491	−1205	−6.4%
合　计	58645	−9501	−13.94%	71174	−5262	−7.39%	57063	−3271	−5.42%

注：计划栏内为公布计划数，不含体育单招计划和高校在招生过程中的调整计划。

2012 年成人高校招生统一考试于 10 月 13 日、14 日进行。全市共设 19 个考区，105 个考点，2733 个考场。应考 65554 人，缺考 5619 人，实考 59935 人，缺考率 8.57%。

普通高职（专科）毕业生服义务兵役退役和下基层服务期满免试接受成人本科教育招生工作继续在沪进行，共录取考生 180 名（退役义务兵 167 人、下基层 13 人），比 2011 年增加 4 人。

（汤　军）

[中等学校高中阶段招生] 2012 年本市初中毕业统一学业水平考试（以下简称“中考”）报名人数

为8.48万人，其中，8.37万人参加考试，比2011年减少0.13万人。另有8721名在沪进城务工人员随迁子女借用语文、数学、外语试卷，参加了本市部分中等职业学校的招生入学考试。经各批次招生，被高中阶段各类学校录取的人数为7.99万人(不含随迁子女)，普职比为64.7∶35.3。

2012年本市高中阶段各类学校计划和录取对比情况表

学校类别	招生计划数(人)	实际录取数(人)	计划完成率
普通高中	53358	52002	97.46%
综合高中	988	805	81.48%
中　　专	25800	19460	75.43%
职　　校	9327	6567	70.41%
技　　校	2020	1098	54.36%
全市总计	90505	79932	88.32%

注：招生录取率是录取人数与考试人数的比率。计划完成率是录取人数与计划数的比率。

2012年，中招中考政策微调，进一步提升信息化、精细化水平；编写招考专刊专报，多渠道多媒介宣传；改进考试考务流程，规范考务操作，提供人性化服务；践行阳光招生制度，公示并监督公示18项内容，确保民意渠道畅通。

一、建立全市统一中招工作信息平台，实现中招中考全过程的信息化管理。平台分报名管理、计划管理、考务管理、志愿管理、成绩管理、投档录取管理、网上评卷教师管理等模块，市、区、校在统一的招生平台上操作，统一数据标准，提高工作效率，通过技术防范和制度防范确保公开、公平、公正的阳光招生制度的确立。2012年已经完成了市和区(县)级招办之间考试考务信息上报汇总、志愿上报、市和区(县)招办及招生学校之间考试成绩、录取结果的网上传送等模块以及高中和中职校提前批网上投档录取、随迁子女网上录取、整体数据统计等。信息平台的应用提高了各级招生考试机构和学校招生录取工作的效率，保证招生考试数据的准确性，也为高中阶段的学籍信息提供了可靠的数据基础。

二、完善招生考试政策和录取办法，满足学生发展需求。2012年取消所有公办高中择校生收费政策；取消上海中学等6所委属高中“名额分配”招生办法；推进特色学校招生改革，市八中学首次在提前批通过自荐招收60名男生。增加中高职贯通招生计划，并首次对随迁子女进行中高职贯通教育模式招生。

[普通高中学业水平考试]　至2012年，高中3个年级10门科目均已开考，全年共组织相关考试14项，其中高一开考地理和信息科技；高二开考历史、物理、化学和生命科学，物理、化学和生命科学含技能操作测试；高三开考政治、语文、数学、外语及外语口语测试。全市共有287所高中(含综合高中)报名参加考试。

2012年，高中学业水平考试报名人数共计165584人，其中高一考生53781人，高二考生55001人，高三考生56802人。报考总人次为772301人。市教育考试院高标准做好考务组织管理工作。一、开发“高中学业水平考试信息管理系统”包括报名管理、报考管理、考务管理、考试管理、成绩管理、考籍管理等模块。二、编制《上海市普通高中学业水平考试考务手册》，力求做到环节清晰、职责明确、流程规范、操作流畅。三、编制《网上评卷工作手册》，用于指导规范评卷工作。2012年组织大规模网上评卷3次。评卷工作包括前期准备、评卷、数据处理3个管理阶段，评卷教师选聘达4000人次。四、对高中学业水平考试成绩数据处理，为确定各科成绩等第评定提供依据，同时为高职(专科)自主招生录取工作提供依据。

[高等教育自学考试]　2012年度中，本市高教自考共开考1月、4月、5月、7月、10月、11月六次考试。考试人次数为183533，科次数为434086。

4月(第60次)、10月(第61次)高等教育自学考试开考的主考院校分别为18所和19所(新增上海金融学院)，开考本专科专业分别为96个和97个(新增本科投资理财专业)。其中，4月高教自考实际开考课程351门，参加考试人数70311人，理论考试169154科次，有59525人次获得单科合格证书，毕业人数4713人；10月高教自考实际开考课程356门，参加考试人数66765人，理论考试科次159675科次，有50033人次获得单科合格证书，毕业申请工作尚在进行中。全年总计参加考试人次数达到137076人，开考328829科次。

1月、7月高教自考考试开考的主考院校2所，开考本专科专业4个。其中，1月高教自考参加考试人数5999人，报考科次13202科次，有5408人次获得单科合格证书；7月高教自考参加考试人数5663人，报考科次13836科次，有7448人次获得单科合格证书；总计全年考试人数11662人，报考

27038 科次，共有 12856 人次获得单科合格证书。

2012 年学历与职业资格证书相结合的证书考试于 5 月和 11 月两次开考，共 7 个项目，34795 人次报考，78219 科次(其中 1 个项目为实践操作类考试，不计入统计)。

2012 年上半年中专自学考试共开考 13 个专业 55 门课程，约 5400 余人次报考。2012 年下半年中专自考课程为 15 门，共有 4500 人次报考。2012 年本市中专自考毕业生人数为 1335 人。

(汪成辉)

[各类非学历证书考试] 2012 年上海市教育考试院承办的各类非学历证书考试共有 10 项，共计 853340 科次。分别是：

1. 在职攻读硕士学位全国联考。设有 16 个硕士学位类别，报考人数为 15433 人。

2. 同等学力人员申请硕士学位全国统一考试。本市同等学力申请硕士学位外国语水平考试报考人数为 5815 人，学科综合水平考试报考人数为5293 人。

3. 全国计算机等级考试。2012 年报考人数为 49167 人。

4. 上海市高等学校计算机等级考试。设有一级、二级、三级 3 个等级 9 个科目的考试。报考人数为 99678 人。

5. 全国中小学教师教育技术水平中级考试。报考人数为 12506 人。

6. 全国大学英语四、六级考试。2012 年报考人数为 621123 人。

7. 全国英语等级考试。设一级、二级、三级和四级 4 个等级。报考人数为 25777 人。

8. 剑桥少儿英语考试。报考人数为 6384 人。

9. 剑桥英语五级证书考试。报考人数为 252 人。

10. 中小学和幼儿园教师资格考试综合笔试(考试方式含上机考试和纸笔考试)。2012 年为首次试点考试，报考人数为 11912 人。

(戴芳芳)

[教育部检查上海高考考前准备工作] 5 月 31 日，教育部党组副书记、副部长杜玉波来沪检查本市高考考前准备工作情况，检查了上海市第四中学标准化考场、徐汇区招生考试中心试卷保密室和市教育考试院试卷保密室。市教委副主任李瑞阳汇报保密工作、综合治理和标准化考点建设等三个方面准备情况。杜玉波实地检查和听取汇报后表示：上海的招考队伍是一个有经验、有办法、善打硬仗、敢于负责的队伍，上海的考前准备工作可以概括为“高度重视、制度健全、责任明确、措施到位”。

(阮　培)

教育部副部长杜玉波检查高考准备工作

[市人大代表和政协委员视察高考评卷现场] 6 月 13 日，市人大常委会副主任钟燕群率部分市人大教科文卫委员视察复旦大学评卷点，市政协副主席周汉民率市部分政协委员视察同济大学评卷点。人大代表和政协委员在评卷现场仔细观看了评卷过程，对评卷工作的规范组织、严密流程表示放心。

(阮　培)

[**考生家长代表参观复旦大学高考评卷点**] 6月14日上午，在确保安全保密的前提下，来自浦东、杨浦、宝山和虹口4个区的8位考生家长代表实地参观了设在复旦大学的评卷点。市高招办考务负责人详细介绍了网上评卷的流程以及成绩合成和校对、抽查等工作。家长代表就各自关心的问题进行了提问，有关负责人和专家进行了现场解答。考生家长代表切实感受到了评卷工作的科学规范和评卷流程的客观公正，对评卷工作更加放心、满意。这次活动通过本市广播、电视、报纸等多家媒体报道，收到了良好的社会反响。

（阮　培）

[**8名考生代表参观高招录取现场**] 7月12日上午，来自徐汇、闵行、长宁和普陀4个区的8名高考考生代表参观了设在上海市教育考试院的高招录取现场。有关工作人员带领考生参观了计划投档组、录取检查组、体检与体育组等，了解了整个招生录取环节、工作流程以及监察办公室的工作职责，就如何投档、哪些情况会被退档、自主招生如何进行、高校投档线如何产生、招生监察如何确保公平公正等向考生代表进行了现场演示和详细介绍。考生代表表示，通过近距离参观，打破了招生录取的神秘感，录取现场比想象中的还要严格、严肃、严谨，认为本市招生录取工作公正透明，感到满意和放心。

（阮　培）

[**普通高校招生考试全面启用标准化考点**] 根据教育部下发的各种规范和标准的精神，上海市教育考试院先后制订了《上海市网上巡查系统编解码要求》、《上海市标准化考点管理办法》、《研究生招生统一考试标准化考点相关系统要求》、《无线电信号屏蔽技术要求》、《上海市考生身份识别系统技术要求》等相关规范和管理办法，作为上海市标准化考点的建设标准。2012年上海市普通高校招生考试全面启用标准化考点，防作弊系统和视频监控系统覆盖所有考点考场。市级考务指挥中心实时监控区级考务指挥中心、试卷保密室和全市所有考场，做到了教育部规定的“无死角”和全方位监控。

（阮　培）

[**继续推进本市普通高校自主招生改革**] 本科和专科层次的自主招生改革继续推进。复旦大学、上海交通大学“深化自主选拔录取改革试验”实际在沪录取1304人，比2011年增加174人。

参加本市专科层次“依法自主招生改革试点”招生院校2005年为3所，2006年为6所，2007年为11所，2008年为16所，2009年为21所，2010年为24所，2011年为26所，2012年扩大到31所。招生计划9782人，比2011年减少484人；实际录取9865人，比2011年减少408人。

（阮　培）

[**承办的主要考试项目数据统计**] 据不完全统计，2012年上海市教育考试院承担的各项考试共计44次，考生约253万人次(科次)(不包括英语口语、各项专业考试及普通高等学校联合招收华侨、港澳地区及台湾省学生上海考点考试等考生数)，录取24.6万余人。

考　试　内　容	报考人数(人次、科次)	录取人数(人)
全国普通高校招生统一文化考试(秋季)	54666(人)	49213
上海市普通高校招生统一文化考试(春季)	1187(人)	328
本市应届“三校”毕业生报考普通高校统一文化考试	7939(人)	5194
保送生、自主招生		11586
硕士学位研究生入学全国统一考试	107983(人)	37120
博士研究生招生	17569(人)	6015
成人高校招生全国统一考试	65912(人)	57063
普通高中学业水平考试	772301(人次)	
国际学生评估项目测试(PISA)	8768(人)	
国家中小学学业质量监测	4600(人)	
上海市中小学生学业质量分析测试(绿色指标测试)	103500(人)	

（续上表）

考 试 内 容	报考人数（人次、科次）	录取人数（人）
上海市初中毕业生统一学业文化考试	87400（人）	79932
中等教育自学考试	9900（人次）	
高等教育自学考试（4月、10月）	328829（科次）	
高等教育自学考试中英合作考试（商务管理和金融管理）	27038（科次）	
学历与职业资格证书相结合考试（物流、餐饮等7项）	78219（科次）	
上海市高等学校计算机等级考试	99678（科次）	
在职攻读硕士学位全国联考	15433（人）	
同等学力人员申请硕士学位全国统一考试	11108（科次）	
全国大学英语四、六级考试（含小语种）	621123（人次）	
剑桥少儿英语学习系统全国统一考试	6384（人次）	
全国英语等级考试（PETS）	25777（人次）	
全国计算机等级考试（NCRE）	49167（人次）	
全国中小学教师教育技术水平中级考试	12506（人）	
剑桥英语五级考试	252（人次）	
中小学和幼儿园教师资格考试（笔试）	11912（人）	
合 计	**2529151**	**246451**

（阮 培）

附：院负责人及地址

（2012年1—12月）

院党委书记、院长：马宪国
副 书 记：刘玉祥（常务）、姚梅乐
副 院 长：刘玉祥、雷新勇

地址：钦州南路500号
邮编：200235
电话：64511200（总机）

上海市教育评估院

［**2012 年概况**］ 市教育评估院以深化创建学习型单位为抓手，以提升“八个一”工程内涵建设为目标，紧紧围绕市教卫工作党委、市教委工作中心，实施“重实务、求质量、显能力，抓科研、上水平、树品牌”的办院方针，努力提高工作质量和服务水平，始终坚持以自律促公开，以公开促公平，以公平促公信，以公信促权威，不断强化教育评估的导向与服务功能。

完成市教卫工作党委、市教委各处室委托的评估项目约 80 项。同时，积极开拓并承接经营性评估项目近 10 项。经营性评估项目包括第 14 届中国国际工业博览会高校展区优秀展品奖评选、国家级职业教育中心评估、上海市民办非学历高等院校设置评估、高校教师高级专业技术职务学术水平和技术能力评议工作、上海中学教师高级专业技术职务教科研成果鉴定和评审工作、“钱江学者”推荐人选专家评审等。

积极拓展评估项目新领域。在市教委的领导下，市教育评估院开始实施上海高校本科专业选优评估（试点），硕士专业学位论文的基本要求及评价指标体系研制。受上海市新闻出版局委托，组织实施了上海期刊出版质量综合评估工作，并开展上海高校学报出版质量综合评估工作（试点），评估成效得到了国家新闻出版总署、上海市新闻出版局的认可和好评。

成功举办了 2012 全国教育评估机构论坛（上海）。参加论坛的教育部评估中心的领导、国内同行机构及台湾地区、香港特区的评估界同仁，讨论分享评估机构能力建设的经验。

全国人大常委会副委员长严隽琪来院视察，市政协和市教委领导来院指导，兄弟省份的同行机构如浙江省教育评估院考察团来我院访问交流。市教育评估院作为国际组织 APQN 秘书处所在单位，主持亚太地区质量保障组织日常工作，为探索国际组织合作运作的方式途径，积累了经验；还派员参加了亚太地区教育质量保障组织 AQPN2012 学术研讨会暨年度会员大会；参加了在澳大利亚墨尔本举行的“高等教育质量保证机构国际网络组织 INQAAHE2012 论坛”，了解教育质量保证的最新国际趋势；组团去新加坡、以色列考察其基础教育体制；邀请美国兰德公司教授来院做主题为“阿布扎比高等教育机构绩效评价”学术报告。印度《管理学新进展》杂志总编辑来访 APQN 上海总部，双方签订了出版合作协议。

（刘苹苹）

［**《上海教育评估研究》创刊**］ 《上海教育评估研究》是上海市教育委员会主管、上海市教育评估院主办、国内外公开发行的学术性期刊。这是国内第

《上海教育评估研究》创刊号发布

一份专门研究教育评估的正式刊物，也是国内第一份由专业教育评估机构主办的学术期刊。2012 年 3 月 31 日，《上海教育评估研究》创刊号正式出版，全国人大常委会副委员长、民进中央主席严隽琪出席了创刊号发行仪式，并为《上海教育评估研究》编辑部揭牌。《上海教育评估研究》以“繁荣文化，追求真谛，发展评估科学，服务教育进步”为宗旨，刊载国内外教育评估理论研究成果、实践经验和评估方法，关注教育评估领域的热点、难点问题，比较国内外教育评估制度和发展动态，交流各级各类教育质量保障体系建设经验，反映教育评估领域的新思想、新观点，为教育评估科研和学术交流搭建平台，为教育评估实践经验提供展示空间和理论先导。《上海教育评估研究》现为季刊。

（郭朝红）

［承办 2012 全国教育评估机构发展论坛］ 为了贯彻全国教育工作会议精神和《国家中长期教育改革和发展规划纲要（2010—2020 年）》，推动我国教育评估事业的发展，由教育部高等教育教学评估中心主办、上海市教育评估院承办的 2012 全国教育评估机构发展论坛于 2012 年 4 月 13 日在上海市教育评估院举行，来自教育部高等教育教学评估中心、全国 10 个省市以及香港和台湾地区的 17 家教育评估机构和相关单位的 60 多位领导、专家、学者参加此次论坛。教育部高等教育教学评估中心主任季平、上海市教育评估院院长王奇、香港学术及职业资历评审局总干事范耀钧等七位与会代表围绕此次论坛的主题“教育评估制度建设与评估机构能力提升”作了报告。随后，与会代表围绕论坛主题展开学术交流，代表们就目前我国教育评估事业的发展状况和存在的问题进行了深入的分析和研讨，特别对我国高等教育的质量保障、高校第二轮本科教学评估、教育评估机构建设等作了深度探讨，同时也展望了我国教育评估工作的未来发展。

（侍伟民）

［综合评估上海高校学报出版质量］ 受上海市新闻出版局委托，市教育评估院于 2012 年 4—7 月组织实施了上海期刊出版质量综合评估工作。首期评估以上海高校 56 种学报为试点评估对象，分初评和复评两个阶段进行。国家新闻出版总署对上海率先尝试学术性期刊出版质量综合评估工作高度重视，新闻报刊司司长王国庆到评估院指导工作。上海高校学报出版质量综合评估突出了评估数据处理方法的改革与创新，综合运用了采样数据直接赋分和插值赋分等方式，通过加权积分模型得出了上海高校学报出版质量综合评估结果，同时还开发了上海市报刊出版质量综合评估系统。上海高校学报出版质量综合评估是上海市首次对学术性期刊出版质量进行的综合评估，对进一步完善上海市期刊管理规范，全面提高上海办刊整体水平与效益具有重要意义。

（郭朝红、闫　伟）

［选拔与培训市教育系统体育学科带头人］ 为促进上海市青少年体育素质、创新学校体育高层次人才选拔与培养机制，努力造就一支德才兼备、专业突出、引领作用显出的学校体育领军人才队伍，受市教委委托，市教育评估院根据《上海市教育委员会关于开展“2012 年上海市教育系统体育学科带头人”培训工作的通知》（沪教委人〔2012〕15 号）要求，组织开展了“2012 年上海市教育系统体育学科带头人”选拔与培训工作。该项目自 2012 年 5 月份启动，历经区（县）教育局限额推荐、评估院资格审查、理论与英语水平测试、专家严格评审等诸多环节，从 100 名中选拔出 50 名参加暑期培训。8 月底再次根据 50 名学员的暑期课程成绩、平时学习表现成绩、课题设计成绩以及前期的总分进行综合排名，从中选出 20 名赴美进修。

（周益斌）

［开展上海地方本科院校“十二五”内涵建设绩效评价］ 根据《关于推进上海地方本科院校“十二五”内涵建设相关工作的通知》（沪教体改办〔2012〕4 号）的文件精神及市财政局对市级专项资金绩效评价工作的要求，受市教委委托，市评估院组织专家对上海地方本科院校“十二五”内涵建设的专项资金开展绩效评价。项目对 2011 年 1 月 1 日至 2012 年 9 月 30 日期间，上海大学等 21 所地方本科院校 21 项一级建设项目及 180 项二级重点建设项目中的“重点学科专业建设”、“教师专业能力建设”、“国际化平台建设”和“公共服务平台建设”等平台建设项目投入的 8.581 亿元财政专项资金进行评价。在研制指标体系、学校自评和申报材料初审等基础上，专家组通过讨论、独立评价和集中评议三个环节，完成 21 所相关高校综合评价意见以及对被评高校逐一独立赋分。该评价结果作为市教委下一阶段划拨专项资金的重要依据之一。同时对 21 所相关高校开展项目调研，为下阶段的工作打下基础。

（陈佳妮）

[实施长三角高等教育专家资源库建设及共享项目] 为推动长三角地区教育联动发展,加强两省一市高等教育的交流与合作,在市教委的直接领导下,市教育评估院于 2012 年 1 月起组织实施了"长三角高等教育专家资源库建设及共享"项目。项目以"开放、多元、全方位、可持续"为建设原则,打破地域、学科的限制共同收集数据,建立专家库,实现资源共享。遴选二省一市高等院校、科研院所、政府部门和相关企业的高等教育专家,构建长三角高等教育专家资源库;加强二省一市高等教育领域内的交流与合作,遴选一批层次高、学术影响广、知名度高的专家,其中包括"两院院士"、"国家'973'计划项目首席专家"、"教育部长江学者奖励计划"等知名专家;整合二省一市高等教育学科、专业、课程建设专家资源,包含研究生、本科、高职及成人教育等类型,根据评审项目的需要,从专家库中遴选专家开展相关评估、评审工作,充分发挥专家资源库在学科建设、人才遴选、教育评估等方面的作用。同时,协作建立专家资源库定期更新、维护机制及措施,确保专家资源库建设的可持续性。协作搭建两省一市高等教育主管部门的互动、交流平台,在确保数据安全的前提下达到最大程度的开放。

(胡　莹)

[硕士专业学位论文基本要求及评价指标体系研制] 根据国务院学位委员会《关于加强和改进专业学位教育工作的若干意见》的精神,为大力推进上海市专业学位研究生教育,受市学位办的委托,市教育评估院组织于 2011 年 6 月至 2012 年 1 月完成了法律硕士等 16 种硕士专业学位论文基本要求和评价指标体系的研制。以 2010 年前设立的 16 种专业学位入手,共涉及上海 21 所高校的专业学位研究生培养单位。通过项目招标、评审立项、项目实施、项目论证等程序,从选题说明、研究内容说明、研究方法说明和研究成果说明等方面,明确了学位论文内容的基本要求;从论文形式概念的界定、各形式内容的基本要求等方面,明确了学位论文形式的基本要求,并附相应的评价指标体系要求。从 7 月起,已在"上海市研究生学位论文抽检双盲评议"工作中试用。该项评价标准的研制,对专业学位论文着眼于实践,突出社会性、经济性和实用性价值,引导专业学位研究生针对实际需求而开展研究,运用所学理论和专业背景解决实际问题起导向作用。另外,本市其余 20 种专业学位类别,其标准研制工作亦已启动。

(胡　莹)

[第三轮"上海市以委托管理推动郊区农村义务教育学校内涵发展工作"项目中期评估] 为加强对"以委托管理推动郊区农村义务教育学校内涵发展"项目(以下简称"委托管理"或"托管")的过程监控,系统了解各校《托管方案》的实施情况,检验委托管理中期目标的达成度,及为最终的绩效评估奠定基础,2012 年 5 月到 10 月,上海市农村义务教育学校委托管理工作(第三轮)进行了中期评估。评估主体为各受援区县教育局,由受援区县教育局自身或委托相关评估机构对托管项目的进展和责任主体的履职情况进行评估。市教育评估院精心制定了评估方案,完善了评估指标,并分别对支援学校(机构)负责人进行了自评培训,对参与中期评估的市、区专家组织培训。9 月中旬开始,各区县组织了对托管学校的现场评估,专家组通过听取支援机构汇报,对各类人员访谈,召开教师、学生座谈会,对家长和教师、学生问卷调查,查阅资料等方式,对各校托管工作的整体情况进行了全面评估。市教委基教处和市教育评估院对此项工作开展巡视督察,实地走访了闵行、松江等区,全面了解了中期评估开展的情况,以确保中期评估的质量。

(叶令仪)

[评估市区县教师进修院校] "十二五"期间,为贯彻落实国家和上海市中长期教育改革和发展规划纲要的精神,大力推进区县教师进修院校的建设,依据教育部 2012 年至 2015 年间在全国开展新一轮示范性县级教师培训机构评估认定工作的要求,上海市教委颁发《上海市教育委员会关于转发〈教育部办公厅关于开展示范性县级教师培训机构评估认定工作的通知〉的通知》(沪教委人〔2011〕95 号),决定分年度实施"上海市区县教师进修院校评估"工作,并委托市教育评估院具体实施。我院对自愿申报的 5 所区县教师进修院校进行了评估。评估专家组于 8 月 23 日和 24 日在长宁区教育学院开展了一次试评估,对评估指标作了全方位的检测,并对所有的评估流程和安排进行了试运行。其他 4 所院校的现场评估分别于 8 月 27、28 日和 8 月 29、30 日由两个专家组同时实施。专家组成员认真听取院校领导的自查报告,并访谈了区县、教育局和院校的有关领导,分别召开基层学校教师、本院专任教师和兼职教师座谈会,并随机抽取基层教师和本院教师开展问卷调查,查阅了学校的有关档案资料,察看了校容校貌及有关的设施设备情况并进行了汇总。现场评估总结会于 9 月 7 日召开,上海市教委副主任李骏修

出席会议并讲话，会上由陈效民常务副院长作了评估工作小结，专家组长汇报了现场评估的总体概况，并共同审议了各院校的评分结果，递交了相关评估报告。通过本次评估，对本市区县教师进修院校的建设成效和发展态势有了更为全面的了解，也有助于推动教师进修院校统筹各类资源，提高专业能力，充分发挥其在新时期中小学教师全员培训和教师专业发展等方面的服务与支撑作用。

（严　芳）

［开展中高职贯通培养模式试点跟踪调查评估工作］ 根据市教委职业教育处和高等教育处《关于开展中高职教育贯通培养试点情况跟踪调查的通知》的要求，受市教委委托，2012 年 5 月至 6 月，市教育评估院组织开展上海市中高职教育贯通培养模式试点跟踪评估工作。组建由教育行政部门领导、中高职贯通理论研究专家、中高职院校领导等组成的专家组。通过听取试点院校领导汇报、师生座谈、查阅相关教学管理文件、查看设施设备等形式对 2010 年、2011 年招生的 11 个试点专业的基本情况、工作协调机制、人才培养方案、试点工作经验与面临问题及建议等展开全面跟踪评估。通过评估发现试点专业的主要成绩，包括健全试点的机构制度，完善院校间的协调机制；课程初步完成一体化设计，较好地落实培养方案；试点院校均配备优秀师资，组建精干的教学团队；加强学生管理，营造良好学风等。通过评估也发现了试点工作亟待解决的一些问题，如社会考试制度与试点专业学生年龄、身份不符，办学成本较高与办学经费有限等制度层面的问题，以及课程教材设计和实施待规范、试点专业之间学籍管理规定的不一致等运行管理问题。针对存在的问题专家组为试点院校提出下一步努力的方向和建议。本次跟踪评估对于促进上海市中高职教育贯通培养模式试点工作的持续健康发展具有重要意义。

（刘　磊）

［中等职业学校全面教学质量评估］ 根据《上海市教育委员会关于印发〈上海市中等职业学校教学质量评估实施方案〉和〈上海市中等职业学校教学质量评估指标体系〉的通知》（沪教委职〔2009〕36 号）要求，受市教委委托，2012 年 4 月至 12 月，市教育评估院继续组织开展了 2011 学年上海市中等职业学校全面教学质量评估工作，采取网上评估、常态评估和实地评估相结合的方式，组织开展了 74 所学校的网上评估、15 所学校的常态评估和 10 所学校的实地评估。网上评估依托“上海市中等职业学校教学质量网上评估系统”，专家组在审阅学校“2011 学年学校教学质量目标达成报告”和相关佐证材料的基础上，对学校教学质量目标达成情况进行评价。常态评估以随堂听课、教师访谈和学生问卷为主，专家组均来自中职校各学科中心组，听课覆盖学校的重点建设专业、一般专业和新设专业的 12 节课程。实地评估组建教育教学专家、行业企业专家，以及部分网上评估和常态评估专家在内的专家组，通过听取学校校长汇报，学校与专家组交流互动，访谈校长、中层干部、专业（学科）带头人，查看设施设备和校园环境和查阅相关文本材料等形式，对学校教学质量水平进行横向比较。全面教学质量评估对于构建教学质量保障机制，全面提高职业教育技能型人才培养的质量具有重要意义。

（刘　磊）

［中学教师高级职务任职资格评审］ 上海市中学教师高级专业技术职务任职资格评审主要有两项内容，一是语文、数学等 22 门学科教科研成果鉴定；二是德育(一)、教育管理等 16 门学科评审工作。其中德育(二)（少先队教育专业）学科为 2012 年新增学科。2012 年共有 1883 份教科研成果参加鉴定，相比去年减少了 22 份。9 月完成全部鉴定工作。从鉴定结果看与往年相当，A 级教科研成果 1 篇；B 级教科研成果 217 篇，占 11.5％；C 级教科研成果 1326 篇，占 70.4％；D 级教科研成果 333 篇，占 17.7％。专家在鉴定时退档的成果 5 篇，占 0.3％。10 月评审工作启动，共受理 16 个学科 556 名教师的申报材料，较 2011 年减少 111 人。11 月完成全部材料审核。12 月完成随堂听课和面试工作。2013 年 1 月 11 日—15 日各学科组进行集中评审。2013 年 1 月 23 日完成高评委审定工作，最终共有 354 名申报人通过评审，平均通过率 63.7％。通过人员名单已在上海市人事局“21 世纪人才网”进行公示，公示无异议，将由市高评委发文通知到区县教育局和人保局。

（程　婕）

［高校教师高级专业技术职务学术技术能力评议］ 市教育评估院依据沪教委人〔2011〕94 号精神的要求，并受上海高校的委托，开展高校教师高级专业技术职务学术水平和技术能力评议工作。截至 2012 年 11 月，市教育评估院 2012 年累计受理上海大学、上海理工大学、上海师范大学、上海外国语大

学等10所市属、部属高校324位申报教师的1520套评议材料。市教育评估院累计向30余所上海市内、市外高校及非教育系统科研单位外送了评议材料。在评议工作中,市教育评估院严格执行教委的文件政策要求,严把材料审核关,对于未达文件要求的材料严格予以退回。在评议材料外送的过程中,严格依据学校类型、学科类别、研究方向遴选学校进行材料外送,坚持综合性重点大学和具有国家、地方重点学科的特色普通高校相结合、本市高校和外省市高校相结合、教育系统和外系统科研单位相结合的原则,严把质量关,对申报教师的学术水平和技术能力作出科学、客观、公正的评价。

(陈滔宏)

[**民办教育办学许可证复核**] 受市教委委托,市教育评估院在市教委民办处的指导下,通过"上海市民办教育信息管理系统",承担本市各级各类民办学校办理办学许可证申领、变更、到期换证和年度检查等复核工作。由市教育评估院组织专家对各类学校的申报材料和区县初审意见进行分类复核,并提供专家意见供市教委作为是否予以颁发办学许可证的参考意见。2012年数据统计显示,本市各级各类民办学校入网数已达2184所。通过民办教育信息管理系统共计复核896所学校提交的申报材料,其中民办非学历院校512所,民办幼儿园222所,民办中小学152所。通过复核并成功打印许可证的学校为598所,通过率占66.74%。其中,按学校类型分:民办高校为8所,占1.34%。民办幼儿园180所,占30.10%,民办中小学120所,占20.53%;民办非学历院校290所,占46.19%。按申领类型分:新设置学校100所,占16.72%;到期换证480所,占80.27%;变更换证13所,占2.17%。2012年为了提高民办教育办学许可证复核工作效率,市教育评估院定期对专家及学校开展政策法规和操作流程的培训。年内,还研发了变更和到期换证等新的网上操作模块,使整个民办教育管理系统的操作日趋便捷,受到各区县和民办学校的一致好评。

(王　欣)

[**民办高校落实法人财产权**] 受市教委的委托,根据《民办高等学校办学管理若干规定》和《上海市推进民办高等学校落实法人财产权的实施办法》等要求,2012年市教育评估院在市教委民办处的指导下,统筹协调律师事务所、房地产估价公司、审计事务所等专业机构,继续积极推动本市民办普通高校落实法人财产权工作。2012年的工作重点是梳理并研讨解决目前未完成落实法人财产权高校的相关瓶颈问题,走访上海市房地产交易中心、上海市财税局等相关部门,争取支取和配合。根据各民办高校在落实法人财产权工作中的不同实际情况,年内主要提供了房地产转移登记、举办者变更、两校合并、开办资金变更等方面的咨询、评估和法律服务。上海市积极落实民办高校法人财产权,目前已取得了一定的工作成效。截至2012年12月31日,上海现有民办普通高等学校20所,基本完成的6所,大部分完成的8所,部分完成的1所,进展较缓的3所,暂不开展的2所。

(王　欣)

附:院负责人及地址

(2013年1—12月)

院　　长:王　奇
院党总支书记、常务副院长:陈效民
副　院　长:李耀刚、冯　晖

地址:陕西南路202号
邮编:200031
电话:54041396

教育电视、报刊
与教育集团

上海教育电视台

［**2012 年概况**］ 2012 年，上海教育电视台提出“现代化、专业化、职业化和特色化”的战略发展目标，在专业人才的培养、节目的创新、文化的建设和技术的更新等方面取得进步。

2012 年，上海教育电视台有《教育新闻》、《世纪讲坛》、《招考就业周刊》、《空中老年大学》等专业教育栏目，以及与上海市老干部局合作的沪上首档老年节目《常青树》。有教育评论类节目《放眼看教育》、千集社区教育系列专题片《市民大学堂》、法制教育节目《特别传真》以及面对百姓，提倡公益性、服务性的《帮女郎》。先后推出季播性大型活动“市民辩论赛”、“高考咨询大直播”、“年度教育人物评选”和大型教育演讲节目“家长，开学啦”。高清版大型人文系列纪录片《中国之最》，被列入国家新闻出版总署“十二五”电子音像制品重点骨干工程项目，百集《说戏》也入选国家文化工程。

与上海市教卫工作党委、上海市精神文明办、上海市医药局、上海市推进学习型社会建设指导委员会办公室、上海开放大学等单位合作推出《红色经典小故事讲演决赛》、《学党史，颂伟人——上海高校红色经典诵读大赛电视决赛》、《“医德・医风”辩论赛》、《2012 年上海市“新沪杯”中学生法律知识竞赛决赛》、《全国青年奥林匹克知识大赛上海分会场》、《光荣的学习者——上海开放大学第五届奖助学金颁奖典礼》、《电大，有我一个家》、《因为爱，我们成长——2012 上海市高校学生资助工作主题活动》等一系列公益性、科教性的大活动。

2012 年上海教育电视台涌现一批优秀节目和先进个人，主持人徐丽遐获得第十一届上海长江韬奋奖(长江系列)。节目获得上海广播电视奖三等奖两项，第十七届中国教育电视奖一等奖 13 个，二等奖 19 个，三等奖 10 个。《放眼看教育：遭遇暴力“教育”未成年人如何维权》获得“全国法制节目创优评选”消息和评论类节目一等奖。

（范冬虹）

［**打造具有教育内涵的系列节目**］ 教育电视台拍摄《上海德育名师基地巡礼》，多角度、全方位展示上海基础教育系统 19 位德育名师教书育人的风采和梯队培养的典型经验；《寻找身边的雷锋》大型系列片 10 集，生动反映现实生活各行各业学习雷锋的感人事迹。《学党史，颂伟人——上海大学生经典诵读大赛》中，来自复旦大学、上海交通大、华东师大、上海师大和上海大学的学生们，满怀深情朗诵了毛泽东、周恩来、朱德、邓小平、陈云等老一辈革命家在中国革命和建设各个重要历史时刻的经典文献，形成了非常感人的教育氛围。

（范冬虹）

［**市民辩论赛成为品牌节目**］ 上海教育电视台与上海市推进学习型社会建设指导委员会办公室合作举办的“终身学习・快乐家”第三届上海市民辩论赛，吸引 17 个区县组队，历时半年多时间。12 月 25—31 日举行决赛。宝山区代表队获得了冠军，虹口区的邓哲(律师)，宝山区的柯燕(医务工作者)同时获得最佳辩手奖。市民辩论赛成为品牌节目。

（范冬虹）

［**百集《说戏》入选国家重点项目**］ 百集大型电视讲演节目《说戏》，是上海教育电视台与高教电子音像出版社合作承担的国家文化精品工程项目。该节目邀请国内戏剧研究名家、文化学者主讲，运用丰富的电视表现形式，介绍各传统戏曲艺术特色，中华民族优秀文化。截至 2012 年底已经制作完成 100 集。节目两次获得中国教育电视奖一等奖，先后入选国家“十一五”与“十二五”重点出版物，入选国家出版基金项目，并获得 100 万元国家基金资助。

（范冬虹）

［**《中国之最》成为国家重点骨干工程项目**］ 高清版大型人文系列纪录片《中国之最》，由上海教育电视台牵头，邀请科技、人文专家担纲顾问，统筹全国近 30 家制作单位共同参与，由上海教育音像出版社出版，被列入国家新闻出版总署“十二五”电子音像制品重点骨干工程项目。《中国之最》摘取华夏历史五千年文明进程中的顶尖硕果，以丰富的电视手

段，展开了中华图志（自然地理）、天工开物（科技工程）、人间春秋（历史人文）、风流雅韵（文化艺术）几大篇章“中国之最”的绚烂画卷。2012 年《中国之最》完成第一批次 60 集的制作，选题兼顾中小学目前使用的地理、语文、乡土教材等课程所涉及内容，成片 15 分钟一集的长度。该片用中英双语制作并向国外发行。

（范冬虹）

[构建老年人学习大平台] 2012 年，上海教育电视台把老年人在四季中的衣、食、住、行所要注意的知识制作成电视教学片与时令同步播出，每天晨间一小时，技能学习、艺术欣赏、养生保健样样俱全，形成老年节目带状播出，构建上午时段的“荧屏大学”。同时，上海老年人学习网进行第三期改版，站内 3600 多节课已按老年人的习惯分 8 大类，51 个专题，260 多门课程，检索方便，视频与文字同屏显示，方便老年人的在线学习。到 2012 年，全市共有上海远程老年大学学习收视点 4550 个，覆盖全市居村委 81%，学员超过 31 万人。电视和网络共同构建起了上海老年人学习的大平台，受到了老年人的欢迎和积极参与，在纪念建党 90 周年优秀诗歌、散文评选活动中，就有 2166 名学员投稿参选，网站浏览数达 1600 多万次，投票数超 1400 万。网上“专家咨询”活动回答字数超 26 万字。

2012 年电视栏目的老年四季养生课程“让您营养更均衡”和“老农学钢琴”获得了第十七届中国教育电视教学类和专题类的一等奖。老年电视课程还输出到浙江、江苏、天津、福建、厦门、武汉，及香港特区等地。老年学习网站资源被国内外同行所关注，2012 年一个近 60 万份浏览记录分析显示，外省用户多达 69.4%，其中最多是北京网民，境外达 11.4%，大部分是美国网民。“上海老年人学习网”荣获上海市学习型社会建设与终身教育创新奖。

老年节目——三星“邻里缘”王一英家庭收视学习小组

（范冬虹）

[蓝光媒体资源库建设初见成效] 上海教育电视台于 2011 年启动的蓝光媒体资源库建设工程，到 2012 年已抢救片库资料 2000 余盘，配套编目，索引、查询等系统开始投入使用。该系统可实现存储、索引数字化，节目可快速定位、自主迁移、拷贝、发行和交流、实现媒体系统和现有广电行业系统的无缝衔接，技术走在全国电视台媒资管理前列。为适应未来发展，该系统今年又开发了高清素材的保存功能、建立方便使用的监控大屏，并实现非编系统时间段直接调用素材。

（范冬虹）

附：台负责人及台址

（2012 年 1—12 月）

台　　　长：张德明

台党总支书记：张道玲

副　台　长：邵蓓萍、张伯安、陆　生

台址：大连路 1541 号

邮编：200086

电话：65834001（总机）

上海教育报刊总社

［2012 年概况］ 2012 年，上海教育报刊总社开展主题宣传水平有了新提高。总社各媒体着重抓好了三大主题宣传报道：一是做好学习贯彻落实党的十八大精神主题宣传；二是做好新优质学校和绿色指标体系主题宣传；三是做好提高高等教育质量和加强高校内涵建设主题宣传。

服务教育和服务受众显现新成效。总社主要承担了中小学生发展状况研究报告、大学生博雅讲堂等课题和项目，举办了第一届上海教育博览会终身教育展、第 33 届世界头脑奥林匹克创新活动、第四届鲁迅青少年文学奖、第八届亲子嘉年华、第六届学前教育年会，以及市民诗歌创作、家庭讲故事比赛等系列活动。

品牌建设和数字化转型迈出新步伐。总社对媒体布局和管理结构进行了初步调整：成立总社数字化建设中心；撤销教育新闻分社建制，教育新闻网由总社直管；组建上海教育杂志分社，精品化建设上海教育杂志；撤销家庭教育报刊分社建制，组建东方教育时报分社，把原来隶属于三个分社的四个东方教育时报子品种整合做强；推出《环球教育时讯》和《少年日报双语周刊》。总社其他媒体品种加快资源整合。总社自主研发的数字采编平台成功上线运行，成为教育报刊新的生产平台。

上海教育报业大楼建设取得新进展。截至年底，上海教育报业大楼建设项目所有地下基坑施工任务全部完成，转入地上建筑施工阶段。

（龚　晨、陈　杰）

［主办上海儿童阅读论坛］ 1 月 10 日、11 日，由上海教育报刊总社主办的上海儿童阅读论坛在上海师范大学举行。论坛通过教师讲述、学生童话剧表演、课堂展示、儿童文学对谈及专家讲座等形式，深入探讨儿童文学进入校园和课堂的内容与方式。

（陆海珠）

［上海教育报业大楼举行奠基仪式］ 2 月 1 日，上海教育报业大楼奠基仪式在中山南二路 151 号建设项目基地举行。上海市副市长沈晓明、市政府副秘书长翁铁慧出席奠基仪式并为建设项目奠基石培土。上海教育报业大楼用地面积 3590 平方米，建筑面积为 18000 平方米，预计 2013 年底竣工，规划投入 1 亿元左右。

（龚　晨）

［参评“上海新闻奖”和报刊编校质量检查］ 2 月，在市委宣传部、市新闻工作者协会主办的第 20

上海教育报业大楼奠基

届“上海新闻奖”评选活动中，东方教育时报选送的系列报道《“海宝一代”的成长与精神》和少年日报选送的新闻漫画《世博会排队有感》获得三等奖。同时，上海教育报刊总社旗下的报纸在上海98家报纸编校质量检查中成绩优良，其中上海中学生报获得优秀称号，少年日报、东方教育时报获得良好称号。在市新闻出版局开展的年度期刊编校质量检查中，总社期刊《好儿童画报》、《新读写》、《上海托幼》、《上海教育》获评优秀。

（任朝霞）

［举办上海教育新课堂论坛］ 4月19日、20日，由上海教育报刊总社主办，杨浦小学教育集团承办的“上海教育新课堂论坛——课堂与教师专业发展”专场活动分别在阳浦小学和杨浦小学举行。本届上海教育新课堂论坛以“课堂与教师专业发展”为主题，展示了上海优质课堂教学成果。全国各地近百所小学的教师代表参加论坛互动。

（杜守龙）

［评选2011上海大学生年度人物］ 5月2日，由上海教育报刊总社主办的2011上海大学生年度人物表彰会在复旦大学举行。复旦大学周姝、同济大学董亚宁、上海外国语大学王宏伟、上海交通大学臧浠凝、东华大学刘昭、上海海事大学唐旭、上海立信会计学院宋真、华东理工大学诸咏天、上海大学曾天、上海工程技术大学王俊迪10人被评为“2011上海大学生年度人物”。复旦大学毕业生郑璇、上海交通大学毕业生王永泉、同济大学毕业生张文标、东华大学毕业生张华、上海大学毕业生孔令韬5人获“2011上海大学生建功立业单项奖”。上海中医药大学汤康敏等10人获“2011上海大学生年度人物提名奖”，华东理工大学毕业生谢应波等5人获“2011上海大学生建功立业提名奖”。

（石达平）

［举办第九届上海教育博览会职业教育与培训专题展］ 5月4日至6日，“第九届上海教育博览会职业教育与培训专题展”在上海东亚展览馆举行。本届教博会设招考咨询、中职教育展示、高职教育展示、职业培训展示四大展区、上百个展位，超过70所院校参展，举办了8场讲座和10场精彩表演，接待参观者上万人次，调查显示，100％的参展单位对本届教博会的总体服务质量表示“满意”和“比较满意”。

（项秉健）

［组队参加第33届世界头脑奥林匹克创新活动］ 5月27日，在美国艾奥瓦州立大学举行的第33届世界头脑奥林匹克（简称OM）决赛中，由上海教育报刊总社组织的中国内地参赛队共获得5项冠军、1项亚军。其中上海外国语大学附属外国语小学获得《情感小车》小学组冠军，上海市新普陀小学获得《可选择的结构》小学组冠军，上海市市北初级中学获得《可选择的结构》初中组冠军，上海市向明中学获得《可选择的结构》高中组冠军，广东省佛山市九江镇中学获得《神秘的科学》初中组冠军，江苏省常州市解放路小学获得《可选择的结构》小学组亚军。本届大赛共吸引来自15个国家和地区的820支参赛队参加。

（陆海珠）

［韩正对《少年日报》小记者来信作出批示］ 5月27日，《少年日报》小记者李可珊写给韩正一封信，诉说自己遇到“身份烦恼”：因为身高已达到1.65米，又没有证明自己还是一名五年级小学生的有效证件，李可珊到“欢乐谷”游玩时无奈购买成人票。李可珊认为仅以身高1.4米为界识别是不是儿童，与目前上海学生在小学四年级前后平均身高已超过1.4米的情况存在矛盾，建议恢复小学生学生证，对仅凭身高享受儿童票的规定进行补充和完善。市委副书记、市长韩正6月6日给予批复：“李可珊所遇这起尴尬事，说明我们在管理中还有不少缺陷，政府有关管理部门应认真研究妥善解决，给孩子们创建更加良好的学习成长的社会环境。”6月28日，市政府副秘书长薛潮带着韩正的亲笔回复专程到上海教育报刊总社会同相关单位展开专题调研。

（陆海珠）

［上海教育新闻网二期建设接受验收］ 7月，上海教育新闻网二期建设进入工程验收阶段，数字采编平台建设、网站二期改版、东方校园视线视频推送系统扩大覆盖面、机房改造、数据库建设和计算机信息安全二级等6个子项目均已按时完成。上海教育新闻网二期改版突出了“高等教育”、“教育人物”、“教育时评”等重点频道，其中“教育名片”是着力打造的重点项目，用户通过“教育名片”不仅可以快速精准查询上海各教育单位的地理位置，而且能够全

面了解优质学校的人文校史、办学特色、师资力量等信息。

（俞　雷）

[举办第四届鲁迅青少年文学奖]　7月15日，2012第四届鲁迅青少年文学奖在上海图书馆举行颁奖典礼，控江中学高二学生严澄峰荣获万元大奖。鲁迅青少年文学奖由鲁迅之子周海婴先生倡导，上海市学习型社会建设与终身教育促进委员会办公室予以指导，上海鲁迅文化发展中心、上海市中小学幼儿教师奖励基金会、同济大学鲁迅研究中心、上海市海外交流协会与上海教育报刊总社联合举办。本届评选活动共吸引海内外百余万名青少年参加。

（石达平）

[举办"我心目中的好老师"书信征文活动]　10月24日，上海市中小学生"我心目中的好老师"书信征文活动举行评审会。市中小学德育研究协会、市中小学幼儿教师奖励基金会、上海教育报刊总社、光明乳业、99网上书城等单位联合组建专家评审团，对相关奖项进行了评审，确认了150名"我心目中的好老师"获得者，300名学生征文优秀奖。"我心目中的好老师"书信征文活动历时4个月，全市有近300所中小学20多万中小学生参加，有18万人参与了网络票选（实名登记，一个IP地址只能投一票），被评为2012年上海市未成年人暑期工作优秀活动项目。

（陆海珠）

[举办第七届中国长三角校长高峰论坛]　10月31日，由苏浙沪三地教育报刊总社共同主办，上海市闵行区教育局协办的第七届"中国长三角校长高峰论坛"在协和双语学校举行。来自苏浙沪三地的百余名教育专家、中小学校长围绕"基础教育阶段国际化人才的培养目标"以及"校长办学的机遇与挑战"展开讨论。"中国长三角最具影响力校长"评选结果同时揭晓。上海市大宁国际小学校长徐晓唯、上海市协和双语学校总校长卢慧文、复旦大学附属中学校长郑方贤、江苏省苏州市实验小学教育集团总校长林红、江苏省无锡市凤翔实验学校校长许昌良、江苏省南京外国语学校仙林分校校长钱铁锋、浙江省温州建设小学集团校长陈钱林、浙江省杭州外国语学校校长方健文、浙江省衢州第二中学校长潘志强等9人获此荣誉。

（洪卫林）

[举办第八届亲子嘉年华]　11月2日至4日，"神童网"第八届亲子嘉年华在上海东亚展览馆举行。本届亲子嘉年华活动由上海教育报刊总社主办，市托幼协会、市教育学会幼教专业委员会、市幼儿游戏教育研究所协办，静安区教育学会提供特别支持，《上海托幼》杂志联手沪上多家学前教育机构共同承办。上海市第五届"快乐游戏、快乐成长"幼儿游戏评比活动同时举行。

（周　好）

[举办海峡两岸青少年书法作品交流展]　11月10日，2012年海峡两岸青少年书法作品交流展在本市卢湾青少年活动中心开幕。本次书法展是第五届"让青少年读懂中国"系列活动之一，由市海峡两岸交流促进会、上海教育报刊总社、文汇报社、奉贤区教育局和《新读写》杂志社等单位联合举办。台湾地区新北市组织了11人的青少年书法代表团出席了开幕式，并选送了40件台湾地区新北市中小学学生的书法作品参展，其中新北市佳林中学杨博仁、树林中学黄隽寰、溪昆中学陈彦宇、溪洲小学王驰咏、荣富小学吴冠旻等同学的作品获得特别纪念奖，本市庄行学校蒋宇昂、李惠利中学沈文韬、世界外国语中学华诗煜、曙光中学杨雨沁、行知二中黄心怡等同学的作品获得一等奖。

（石达平）

[举办首届"我爱集邮"系列活动]　11月23日，首届上海市中小学生"我爱集邮"系列活动颁奖典礼在上海影城隆重举行。该项活动自6月11日启动，历时半年，全市约有2万人次、近50所学校参加了系列活动，知识竞赛回收答题卡超过2万份，蛇年生肖邮票设计活动也征集到书法和绘画作品700多幅。

（陆海珠）

[举办首届上海教育博览会终身教育专题展]　12月1日至5日，首届上海教育博览会终身教育专题展在长宁区图书馆举行。本届展会由市教委、市学促办指导，上海教育报刊总社、长宁区学习办共同主办，主题是"为了每一个居民学有所教"。来自本市八个全国社区教育示范区学习办的负责人应邀为专题展剪彩。

（姚明强）

附:总社负责人及社址

（2012 年 1—12 月）

社长、党委副书记:仲立新
社党委书记、副社长:张伯安

副书记:唐洪平

副社长、总编辑:金志明
副社长:施清平、徐　勇

社址:长宁路 491 弄 36 号
邮编:200050
电话:62525555(总机)

上海远程教育集团

［**2012年概况**］ 2012年，上海远程教育集团所属开放大学全年招生41470名。注册生规模达到107523名，年内有31808名学生毕业，有798人获得学士学位；电视中专中等学历教育招生4062名，在校生人数5942名。集团非学历教育培训稳步发展，积极拓展新项目，举办“进城务工人员文化素质与通用能力”培训，签署实用汉语能力水平考试项目合作协议；加强上海市第三轮社区教育示范街镇创建指导工作，组织2011—2012年度上海市学习型社区创建评估，涉及全市17个区县共75个街镇；组织“2011—2012年度上海社区教育优质教学资源”征集评比活动，共收到来自全市17个区县申报的作品326件。

所属教育电视台继续坚持正确的舆论导向和社会定位，加强品牌栏目、品牌节目和品牌活动建设，提高收视率。增设“终身教育”栏目。特别策划上海开放大学挂牌新闻专题报道，再次“转型”，重抓选题。连续四年承办上海教育新闻人物颁奖典礼，产生良好社会反响。

继续以重大项目为抓手，整合内外资源，努力提升信息化应用水平和管理水平。年内，开放大学门户网站（包括平面门户网站和3D门户网站）于7月23日正式上线运行；上海学习网正式上线运行，注册人数超过120万人，市区两级平台整合资源超过8000门，总点击量超过9079万；上海市终身教育学分银行正式挂牌成立，设置了覆盖全市区县的42个学分银行分部，37个学分银行高校网点，已制定了19个专业的532门学历课程学分认定标准、469个职业培训证书与学历教育课程的认定转换标准，3711门次文化休闲课程进入“学分银行”文化休闲教育课程目录，实名储户数达135221名，学分转换按课程计算达7529门次，积累的成绩记录已达1400万条；承接上海市基础教育学生信息管理系统建设项目，将建立覆盖全市所有中小学生的学籍信息管理系统，并发放电子学生证；开放学习资源平台于2012年上半年组织完成500个开放学习资源整合，整理开放大学1500门课程目录，编目转码新进300门课程；推进上海终身学习云服务公共服务平台建设；通过了中央党员干部现代远程教育基础设施建设项目验收工作；完善和拓展了网上教学综合平台的功能；推进400所农村信息化实验校建设。

制定开方大学分校系统更名及调整的总体工作方案；进一步修改完善开大区县分校、行业分校的建设标准；承办全国广播电视大学学生工作会议；团委主办“我的青春我的团”——纪念建团90周年主题活动；举办“终身学习，快乐家”——上海市第三届市民终身学习辩论赛项目；主办“放飞希望”——新生代农民工基本素质教育培训工程；开展“我眼中的电大”——学生网上摄影大赛，共收到37所分校学生提交的26762幅作品，网上点击率高达152273565人次。

（丁　苑、黄复生）

［**与华东师范大学签署《合作框架协议》**］ 8月15日，上海远程教育集团、上海开放大学与华东师

上海远程教育集团与华东师范大学签署《合作框架协议》

范大学签署《合作框架协议》。在上海开放大学正式挂牌成立之际，双方本着优势互补、互利共赢的原则，站在新的合作起点上，深入开展服务于上海学习型社会建设的理论与实践研究，全面开展资源共建共享及产学研等方面的合作。

（丁　苑、黄复生）

［国际信息社会发展协会主席到访］ 8月20日，国际信息社会发展协会主席、英国谢菲尔德大学信息学院一行四人到访，了解上海开放远程教育的发展成果以及开放大学的最新建设情况，并与开放大学相关人员就开放大学网络课程发展模式进行了交流，探讨了双方在网络课程方面的合作可能性。

（丁　苑、黄复生）

［加快上海学习网建设和资源开放］ 试运行的“上海学习网”学习用户更加多样化、学习资源的更加开放，覆盖了社区教育、学历教育、职业教育、党员干部教育、中小学教师教育、老年教育等领域。平台系统与已建学习网的长宁、浦东等6个区实现互联互通、资源共享。在2011年发布的三批1500个开放学资源的基础上，2012年分两批推出1000个开放学习资源。6月发布的第四批500个资源以“适用”为主题，重点围绕上海开放大学特色学院的内涵建设。12月以“综合”为主题再推出500个系列资源，包括院士讲座、专题讲座、手机电影、职业技能特色课程等。截至年底，“上海学习网”实名注册用户数超过120万，总访问人次达9079万，资源库网站群总访问人次达3.047亿，总资源容量15T。

（丁　苑、黄复生）

［承接上海市基础教育学生信息管理系统建设项目］ 市教委在集团电教馆挂牌成立上海市基础教育学生信息管理服务中心，相关系统由集团电教馆牵头建设。每年市教委投入1000万元维护经费，为140万中小学生提供相关服务。这个系统是上海市教委“十二五”期间的重大基础信息管理项目，将建立覆盖全市所有中小学生的学籍信息管理系统，并发放电子学生证。预计到2015年累计投资超过1亿元，2012年投入4000万元。

（丁　苑、黄复生）

［资源库的运行、维护项目］ 资源库门户页面全新改版，完成资源增长15%的目标，实现多媒体资产管理系统全面升级。开设“笔尖下的教育——名校精品校本资源展”；策划资源库微博推广，开设了资源库的博客空间、微博平台、MSN资源库交流群等；用流行的网络工具开展资源库的推广宣传，完成资源库宣传手册4期，每期印刷1500本，寄送至上海市各中小学校。进行国际推广交流，与美国圣地亚哥孔子学院、加拿大蒙特利尔孔子学院、香港教育学院语言资讯科学研究中心开展交流，探讨合作可行性；与美国ASCD合作的全网络培训课程共有60人次参加，有60%的培训人员通过了在线考试，形成可推广的新型培训学习模式。推进教育资源库与核高基子课题深度结合，积极推进核高基子课题——随身学u盘项目。

（丁　苑、黄复生）

［400所农村信息化实验校项目延伸］ 400所农村信息化实验校项目延伸一年。该项目主要围绕项目成果丛书的出版、农村教育信息化应用成果展示，以及推进深度应用的拓展项目开展。汇聚了项目成果的丛书出版了三册，为此，撰写、整理材料30余万字；参加“全国中小学信息技术展演”活动，展示项目成果；拓展项目主要有“数字化环境下科学课的教与学探索实验项目”、“几何王数学软件应用推广项目”，其中科学课项目已完成144个项目资源的导读编写工作，并已建成“国际合作数字化环境下科学课的教与学探索实验平台”。

（丁　苑、黄复生）

［承担上海社区教育统计组织工作］ 上海社区教育统计组织工作采用全国首创的“两级平台、三级统计”模式，统计全市17个区县，200多个街镇乡以及5000多个村居委的工作信息。它包括四级统计指标、200多个数据点、40多个填报页面、上千万条的统计数据信息。目前，由集团提供的上海社区教育统计数据被市教委的各种工作报告及有关课题项目研究所引用。

（丁　苑、黄复生）

［组织上海社区网上读书活动］ 2012年上海社区网上读书活动是第十四届上海读书节系列活动的示范项目，也是2012年第八届上海市全民终身学习活动周系列活动的重要项目。本次活动以“阅读文化经典，传承中华文明”为切入点，历时三个多月。广大市民网上读书学习达40多万人次，并在网上发表读书感言18995篇，涌现出一大批阅读文化经典的网上学习先进个人。

（丁　苑、黄复生）

附:集团负责人及地址

(2012年1—12月)

集团党委书记:张德明
副　书　记:李惠康

集团主任:蒋　红
副 主 任:陈　信、徐　皓、王连华、王　宏

地址:大连路1541号
邮编:200086
电话:65834279

教育人物

纪念人物

[邵力子(1882—1967,诞辰130周年)] 男,浙江绍兴人。原名闻泰,字仲辉。教育家、政治家、著名报人。1902年中举。清末加入同盟会,先后创办《神州日报》、《民呼日报》、《民吁日报》、《民立报》。1914年加入中华革命党。1916年创办上海《民国日报》。该报最早报道了俄国十月革命,在上海最早报道了北京"五四"事件。1919年6月任《觉悟》副刊主笔,先后在《觉悟》发表文章950篇,把该刊办成了五四时期我国宣传新思潮、提倡妇女解放影响最大的副刊之一。1920年邵力子参与创建上海共产主义小组,并以国民党员身份跨党参加中国共产党。1922年任上海大学副校长。1923年参与发起组织"新南社"。1924年参加国民党改组。1925年5月任黄埔军校秘书长。1926年按照中共中央决议退出共产党。后历任国民革命军总司令部秘书长、中国公学校长、甘肃省政府主席、陕西省政府主席、国民党中央宣传部长、驻苏联大使、国民参政会秘书长。1949年初任国共和谈国民党和平谈判代表团成员。同年出席新政协第一届全体会议。建国后,历任全国人大和全国政协常委、民革中央常委。1954年9月在一届人大一次会议发言,首倡"生育节制"。次年在人大二次会议提出"加强避孕常识宣传"的提案,自费印刷《关于传播避孕常识问题》。晚年致力于海峡两岸和平统一事业。1956年任和平解放台湾工作委员会副主席。邵力子一生以校董、教授、校友的身份对复旦多有贡献,是复旦中国文学科(中文系前身)创办人。1930年复旦授予邵力子名誉法学博士学位。

(付　代)

[颜福庆(1882—1970,诞辰130周年)] 男,字克卿,生于上海江湾。医学教育家、公共卫生学家,一级教授。1903年毕业于圣约翰大学医学部,1909年从耶鲁大学医学院毕业获医学博士学位,即受美国雅礼会派遣到长沙开辟医学事业。1914年与胡美(Edward H. Hume)创建中美合作的湘雅医学专门学校(今中南大学湘雅医学院前身)并任首任校长,1927—1928年任北京协和医学院首任华人副院长,1927年创建上海医学院(现复旦大学上海医学院,以下简称"上医")并任院长至1938年。1938—1940年出任国民政府卫生署长。1951年起任"上医"副院长。曾任第一、二、三届全国人大代表和全国政协委员;九三学社中央委员兼九三上海分社副主任委员。颜福庆是中华医学会发起人之一,1915年当选首任会长。上世纪30年代,提出融生物、社会、心理三者于一体的社会医学模式;提出"公医制"的完整设想;提出覆盖城乡的三级卫生防护体系;提出在上海创建"中国医事中心",1937年以"上医"和中山医院新院舍落成为标志,集医学教育、医学科研、临床诊治、继续教育于一体的"上海医事中心"建成。他以一流的标准办中国人自己的医学教育,形成了基础医学、临床医学、公共卫生、药学、护校五位一体、有机合作的"上医"教学科研体系。他创建吴淞卫生模范区,每个医学生必须在模范区内轮转实习,培养学生的全局观念和社会责任感。他通过社会集资创建了中山医院,通过合作接办了中国红十字会总医院(现华山医院),还与澄衷肺病疗养院、虹桥精神病疗养院、麻风病医院等医院合作,纳入"上医"的教学医院,合作医院各自有董事会,成功解决了医学院与教学医院、医学教育和临床的关系问题。

(付　移)

[廖世承(1892—1970,诞辰120周年)] 男,字茂如,上海嘉定人。中国现代教育家、心理学家。上海师范学院二级教授(文革前)。曾任上海师范学院院长。中国民主同盟盟员,第二、第三届中央委员。1919年毕业于美国勃朗大学,1921年获博士学位。回国后曾任南京高等师范学校、东南大学教授兼附中主任;上海光华大学教授、副校长、代理校长及附中主任;南京中央大学教授、教育社会系主任;湖南国立师范学院院长。建国后历任光华大学校长、华东师范大学副校长。1956年起任上海第一师范学院、上海师范学院院长。20世纪20年代起,廖世承致力于教育理论研究与实践,力主革新教育制度和体制,倡导"六三三学制",创立和发展中国教育心理学科,办出了中国一流水平的中等学校和高等师范学院,形成了独特的教育思想体系,在中国现代教育

发展史上具有重要地位。主要著作有《教育心理学》、《智力测验法》、《测验概要》、《团体智力测验》、《教育测验与统计》、《中学教育》等12部。

（尚　师）

［周仁（1892—1973，诞辰120周年）］　男，字子竞，江苏南京人。中国科学院学部委员。1910年毕业于江南高等学校，同年考取清华大学留美公费生，赴美国康乃尔大学机械工程学院求学。1915年取得硕士学位，同年8月回国。1917年任南京高等师范学校教授，1919年任四川炼钢厂总工程师，1922年出任上海南洋大学（交通大学前身）教授兼教务长。1927年任南京中央大学教授兼工学院院长，并负责中央研究院工程组的筹备工作。1928年起任中央研究院工程研究所所长兼研究员。1937年，亲自负责将工程所迁至昆明。为解决钢铁来源和研究所的生计，在缪云台资助下创办了中国电力制钢厂，任总经理兼总工程师。1945年担任中央研究院工学研究所所长兼研究员。建国后，历任中国科学院工学实验馆馆长，中国科学院冶金陶瓷研究所所长，中国科学院上海冶金研究所所长，中国科学院上海硅酸盐化学与工学研究所所长，中国科学院上海分院副院长，中国科学院华东分院副院长，上海科学技术大学首任校长。担任第一、二、三届全国人民代表大会代表，中国金属学会理事长，上海金属学会理事长，上海硅酸盐学会理事长。周仁是我国现代科学技术界的先驱，是中国第一个工程研究所的创始人。他是我国著名的冶金、陶瓷材料科学家，也是中国电炉炼钢的创始人之一。他在冶金、陶瓷方面作的一系列开拓性研究，对我国工程研究的发展作出了重要贡献。建国后，他率先研究成功并推广应用球墨铸铁，积极承担我国特有的含氟包头稀土铁矿的高炉冶炼工艺研究，建立了实验小高炉，为确定包头矿的高炉冶炼工艺提供了可靠的实验依据和精辟的理论分析。两项研究成果均获国家自然科学奖。对中国古陶瓷进行了开创性的研究，对中国名瓷的恢复生产及提高质量作出了重大贡献。国瓷研究的科研成果荣获1978年全国科学大会重大成果奖，1982年荣获国家颁发的自然科学奖。

（尚学）

［程孝刚（1892—1977，诞辰120周年）］　男，江西宜黄人。机械工程专家，中国科学院院士。1913年获美国普渡大学学士及硕士学位，上海交通大学运输起重系教授，曾任上海交通大学运输起重系主任、副校长。在铁路工程方面对机车车辆制造、修理与运用方面有丰富的实践经验，特别对机车的性能与运转方面深有研究。曾率领专家考察日本铁道工厂及有关技术部门，回国后在天津铁路上加以运用，成绩显著。创建湖南株洲机厂，并试制成功两用汽车（轨用及陆用）。在桂林机厂将10轮大卡车改造为铁路轻型简易机车，对当时解决铁路线上的牵引动力以及以后的铁路工务用牵引车提供了方向。

（尚　胶）

［高镜朗（1892—1983，诞辰120周年）］　男，浙江上虞人。儿科学家，一级教授。1921年，毕业于湘雅医学院，获医学博士学位。1923年，与颜福庆一同创办国立上海医学院（现复旦大学上海医学院），任教授、儿科主任，并兼任附属护士学校校长。1928年赴美国哈佛公共卫生学校及哈佛大学儿科医院进修，并先后到纽约肺病研究所、法国巴黎巴斯德研究院、德国杜塞尔道夫传染病院、柏林医科大学儿科医院、奥地利维也纳儿童结核病院、瑞士苏黎世儿科医院学习考察。1930年回国后开设沪上最早的儿童专科医院——福幼医院。1952年、1958年参与筹建上海第二医学院（现上海交通大学医学院）和新华医院（现上海交通大学医学院附属新华医院）。1953年被上海第二医学院特聘为广慈医院（现上海交通大学医学院附属瑞金医院）儿科主任，并委其创立儿科医学系。1954年被聘为上海第二医学院儿科系主任。期间，还曾任上海卫生教育会编辑，上海福利医院院长等职。1978年指导成立上海市儿科医学研究所，并任所长。1983年捐资创办《儿科临床杂志》，在国内率先确立儿科医教研完整体系。

（焦　仪）

［赵景深（1902—1985，诞辰110周年）］　男，四川宜宾人。教授。字旭初。少年时在安徽芜湖读书。1920年考入天津棉业专门学校。1922年秋任《新民意报》文学副刊编辑，并任文学团体绿波社社长，同焦菊隐、万曼等编《微波》、《蚊纹》、《绿波周刊》等刊物，向郑振铎编的《儿童世界》、《文学旬刊》投稿。1923年加入文学研究会，提倡为人生的艺术，写有《俄国文学与放奴运动》。1924年秋到湖南第一师范任教，同田汉、叶鼎洛等编辑《潇湘绿波》杂志。1925年回上海，任上海大学教授。1927年任开明书店编辑，并主编《文学周报》。1930年开始任北新书局总编辑，直至1951年。1930年还曾主编《现代文学》，并任复旦大学教授。1942年曾主编《戏

曲》。建国后一直在复旦大学任教。1924年翻译、发表了安徒生童话《皇帝的新衣》、《火绒匣》、《白鹄》等,是较早把安徒生作品介绍给中国读者的翻译家。翻译了俄国作家契诃夫、屠格涅夫等作品。曾任中国古代戏曲研究会会长,中国俗文学学会名誉主席,中国民间文学研究会上海分会主席等。在元杂剧和宋元南戏的辑佚方面作了开创性工作,对昆曲等剧种的历史和声腔源流及上演剧目、表演艺术均有研究。著有《曲论初探》、《中国戏曲实考》、《中国小说丛考》等10多部专著。

(付　代)

[**方重(1902—1992,诞辰110周年)**]　男,字芦浪,江苏武进人。翻译家、教育家、中古英语文学专家、比较文学家。1923年毕业于清华学校,后留学美国,先后在斯坦福大学和加州大学攻读英美文学,获学士及硕士学位。1927年归国后曾在多校任教。1957年调入上海外国语学院(现上海外国语大学),历任西方语言文学系主任、英语系主任、外国语言文学研究所所长、上外首位博士生导师,并担任上海外文学会会长。其治学严谨,造诣深厚,著有《18世纪的英国文学与中国》、《邓与布朗宁对于人生的解答》、《诗歌集中的可罗列奇》、《现代英国散文集》(二卷本)、《英国诗文研究集》等;译著包括《乔叟故事集》、《乔叟文集》、《近代英文散文选》、《理查三世》、《陶渊明诗文选译》等。

(尚　维)

[**邝安堃(1902—1992,诞辰110周年)**]　男,广东台山人。内科学家,一级教授。1929年毕业于法国巴黎大学医学院,1933年获医学博士学位。1935年起历任广慈医院(现上海交通大学医学院附属瑞金医院)儿科、内科主任,上海第二医学院(现上海交通大学医学院)副院长、顾问,瑞金医院内科主任、内科学教研室主任,上海市高血压研究所、上海市内分泌研究所所长、名誉所长,中华医学会理事、中华医学会内分泌学会副主任委员、中华全国中医学会副会长、全国中西医结合研究会副理事长、国务院学位评审委员会委员。邝安堃是中国中西医结合治疗和研究内分泌学的先行者之一。1955年在国内首先采用小剂量促肾上腺皮质激素等静脉滴注治疗急性血吸虫病人。20世纪50年代后期,他用现代医学研究中医阴阳学说和虚证理论,成功建立阴虚和阳虚高血压大鼠模型,同时又研究阴阳学说在临床上的应用。主编《临床内分泌学》等专著。

(焦　仪)

[**孙君立(1902—1992,诞辰110周年)**]　男,江苏无锡人,九三学社社员,中国早期化学纤维专家和开创化纤工业的代表人之一,二级教授。1920年自苏州江苏公立工业专门学校毕业后,考入上海商务印书馆编译所,任编译员。先后译、著了《高等化学》、《有机化学》等十余种书籍。1936年自费赴德国德累斯顿工科大学和明兴格城纺织研究院攻读研究生。1939年在亚琛工科大学获博士学位,后受聘于德国柏林威廉皇家学院任研究员。1940年回国,1942—1948年间执教于南通学院纺织科,讲授人造纤维课程。建国后任上海安乐人造丝厂筹备处主任、副厂长,纺织工业部毛麻丝局处长,化学工业部化工研究院纤维室主任。1960年,任纺织部纺织科学研究院化学纤维研究室副主任。后受纺织工业部委派,重建安乐人造丝厂、丹东化纤厂,建设保定、南京、新乡化纤厂。1979年在中国纺织大学科研处情报室担任《国外技术》(包括纺织、针织服装、化纤印染三册)主编,并担任《大百科全书纺织卷》编委,《纺织词典》副主编等职。

(中　方)

[**朱物华(1902—1998,诞辰110周年)**]　男,江苏扬州人。无线电子学家、水声工程专家,中国科学院院士。1923年毕业于上海交通大学。1924年获美国麻省理工学院硕士学位,1926年获美国哈佛大学博士学位。上海交通大学教授、顾问,曾任上海交通大学校长。从事教育、培养人才工作达68年,讲授过无线电原理、电视、信息论等21门课程。十分重视基础理论和实验研究,对新技术也十分关注。编写了电信网络、无线电原理、电视学、电力传输、电力系统自动化、电器自动化、电力系统中的频率自动调整、信息论、水声工程原理和声全息技术等教材。

(尚　胶)

[**苏步青(1902—2003,诞辰110周年)**]　男,浙江平阳人。教授(一级),博士生导师,中国科学院学部委员。复旦大学前校长、名誉校长。1927年毕业于日本东北帝国大学数学系,并进入该校研究院,1931年获理学博士学位。同年回国,受聘于浙江大学数学系,任副教授,1933年任教授兼数学系主任。1941年起兼任南京中央研究院数学研究所研究院。1948年任南京中央研究院院士。1952年全国院系调整,到复旦大学任教授兼教务长。1955年当选为中国科学院数理学部委员,兼任学术委员会常委。1956年被评为一级教授,任复旦大学副校长、数学

研究所所长，1978年被任命为校长，1983年起担任复旦大学名誉校长。从1927年开始，发表论文160篇，出版专著10余部，主要有：《射影曲线概论》、《射影曲面概论》、《射影共轭网概论》、《仿射微分几何》、《苏步青数学论文集》等。苏步青论著《K展空间几何学》和《射影空间曲面论》获1956年中国科学院自然科学二等奖；“船体数学放样”项目获1978年全国科学大会奖；“曲面法船体线型生产程序”获1985年国家科技进步二等奖；《计算几何》获全国优秀科技图书奖。从事教学工作60多年，讲授过微分几何、曲线仿射理论等多种课程，为国家培养出一大批著名的数学家和数学工作者。1935年起参与发起成立中国数学会，被推选为《中国数学学报》(旧刊)主编。1951年担任中国数学会理事，历任副理事长、名誉理事长。1979年创办《数学年刊》任主编。担任第一、二届国务院学位委员会学科评议组委员，1981年被批准为基础数学博士生导师。历任第二届全国政协委员，第七、八届全国政协副主席；第二、三、四、五、六、七届全国人大代表，第五、六届全国人大常委；上海市人大常委会副主任；全国人大常委会教科文卫专门委员会副主任；民盟中央副主席等职。从1955年起，曾到日本、前苏联、保加利亚、德国、罗马尼亚、匈牙利、比利时、法国、泰国讲学。日本创价大学授予他名誉博士学位。爱好我国古典诗词、书法，发表过诗词500多首。

(付　代)

[姜椿芳(1912—1987，诞辰100周年)]　男，江苏常州人。翻译家、出版家、教育家、社会活动家。华东人民革命大学附设上海俄文学校(现上海外国语大学)创始人、首任校长，中共中央编译局原副局长、顾问，《中国大百科全书》总编委会副主任、大百科全书出版社总编辑。1949年11月，中共中央华东局和上海市委决定创办上海俄文学校，并决定由多年从事俄语翻译暨出版事业的姜椿芳出任校长。他以坚定不移的信念和人格魅力，充分发挥各界人士的积极性，在极短时间内使学校初具规模。上海俄文学校相继增设了英文班和东语系，为上海外国语大学的发展奠定了基础。

(尚　维)

[傅培彬(1912—1989，诞辰100周年)]　男，江西萍乡人。外科学家，一级教授。1939年毕业于比利时鲁汶大学医学院，获医学博士学位。1946年回国后历任广慈医院(现上海交通大学医学院附属瑞金医院)外科主任、上海第二医学院(现上海交通大学医学院)教授、瑞金医院院长、中华医学会上海分会副会长、比利时皇家医学院外籍名誉院士、法国外科医学科学院外籍院士。傅培彬是中国当代外科学的奠基人之一，1956年在国内首次完成大动脉瘤切除术，并开展人工心肺机的研制和冷冻干燥血管保存法的研究。1958年参与抢救大面积灼伤病人邱财康获得成功，受到卫生部记功奖励。1975年在国内率先采用手术治疗急性出血坏死性胰腺炎获得成功。他创立的“以胆石剖面结构及化学成分为基础的分类法”，被确定为全国调查胆道结石的分类标准。主编有《心脏外科学》、《血管外科学》等。

(焦　仪)

[李春芬(1912—1996)，诞辰100周年)]　男，江苏大丰人。1937年毕业于中央大学地理系，留任助教。1940年入加拿大多伦多大学研究生院，1943年获加拿大第一个地理学博士学位。1946年回国任浙江大学史地系教授。1949年主持浙江大学地理系和浙江师专地理科。1952年起创建华东师范大学地理系，先后任系主任、副校长、校学术委员会副主任、校学位委员会副主任及西欧北美地理研究所所长等职。历任上海地理学会理事长，中国地理学会副理事长及世界地理专业委员会主任、地理教育工作委员会主任、自然地理专业委员会副主任，国务院学位委员会第一届学科评议组成员等。从事区域地理教学、科研50余年，国家区域地理学专业博士点与博士后流动站的第一批导师。专著有《南美洲地理环境的结构》和《北美洲地理环境的结构》。

(桦　石)

[杨嘉仁(1912—1966，诞辰100周年)]　男，指挥家、音乐教育家。出生于南京市一西医家庭。自幼学习音乐和钢琴。1937年到1940年在美国密歇根州立大学音乐学院学习并获得“音乐理论”和“音乐教育”硕士学位，归国后在上海多所高校和音乐机构任教或任职。1947年起在国立音专(建国后更名为中央音乐学院华东分院、上海音乐学院)任教，教授指挥和作曲理论方面的课程。1956年，文化部和高教部决定在中央和上海两所音乐学院开设指挥专业，杨嘉仁教授领衔筹建上海音乐学院指挥系，并出任指挥系首任系主任，培养了一大批优秀的指挥人才，为中国指挥专业的发展做出了重要贡献。

(尚　乐)

[叶克平(1912—2000,诞辰100周年)] 男,江苏宿迁人。出生于教育世家。1931年九一八事变后任上海市中学生抗日救国联合会常务理事。次年8月毕业于上海新陆师范后开始教学生涯。曾任上海浦滨小学教师,上海培真中小学教导主任、校长。抗战时期就学于上海政法学院、上海东吴大学,法律专业本科毕业。1946年后参与组织上海市中等教育研究会任理事长,并担任上海人民团体联合会、上海中小学教职员工消费合作社、上海中小学校长互助会等团体的理事。1949年间任上海教工筹委会委员,参与领导教育界迎接上海解放工作。建国后先后任上海市江湾中学校长、晋元中学校长。1955—1956年任上海中学代理校长、校长。1978年上海中学复校后重新被任命为校长,1984年10月任上海中学名誉校长。2000年出资设立“上海中学叶克平奖学金”。

(尚　平)

[褚绍唐(1912—2004,诞辰100周年)] 男,江苏宜兴人。1930—1933年就读上海暨南大学师资科史地组和史地系。1933—1951年先后在上海暨南大学附中、扬州中学沪校、晓光中学、私立南光中学、复兴中学、爱群女中以及暨南大学史地系任教。1951—1958年任华东师范大学地理系讲师,1958—1963年任上海师范学院地理科主任、地理系副系主任、副教授。1963—1986年任华东师范大学地理系副教授、教授、教研室主任、副系主任、地理教育和历史地理硕士研究生导师,期间曾任上海地理学会副理事长、《辞海》编委及中国地理分册主编、《上海地名词典》副主编、中国教育学会地理教学研究会副理事长、《地理教学》杂志主编。1993年获国务院特殊津贴。代表作有《地理学习法》、《新中国地理》、《地理教学法》、《徐霞客游记》、《徐霞客旅行路线考察图集》、《上海历史地理》等。

(桦　石)

[钱伟长(1912—2010,诞辰100周年)] 男,江苏无锡人。物理学家,数学家,政治活动家。中国科学院院士。1952年加入民盟,历任民盟中央委员、常委、副主席、名誉主席。中国人民政治协商会议第六届、七届、八届、九届全国委员会副主席。1931年至1937年在清华大学物理系、物理系研究所学习,后留学加拿大多伦多大学应用数学系,并于1942年获理学博士学位。1946年回国任清华大学教授兼北京大学、燕京大学教授并任中国科学工作者协会北京市负责人。建国后,历任清华大学副教务长、教务长、副校长,中国科学院学部委员,中国科学院力学研究所副所长、研究员,中国科学院数学研究所研究员,中国科学院自动化研究所所长,中国科学院学术秘书,国务院科学规划委员会委员,中华全国青年联合会副秘书长,中国力学会副理事长等职务。1983年后历任上海工业大学校长,上海市应用数学和力学研究所所长,上海大学校长,中华人民共和国香港特别行政区基本法起草委员会委员,澳门特别行政区基本法起草委员会副主任委员,中国和平统一促进会执行会长,中国海外交流协会会长等职务。钱伟长是我国近代力学的奠基人之一。在加拿大多伦多大学学习期间,他同导师一起完成论文《弹性板壳的内禀理论》,提出薄板薄壳非线性内禀方程被科学界称为“钱伟长方程”。1942年,到美国加州理工学院喷射推进研究所担任研究工程师,与钱学森等一起,在世界著名科学家冯·卡门指导下从事航空航天领域的研究工作,参加火箭和导弹实验,并发表了世界上第一篇关于奇异摄动理论的论文。1946年他与冯·卡门合作发表的《变扭率的扭转》一文,被冯·卡门称为自己一生中最为经典的弹性力学论文。1951年在中国科学院数学研究所创办了我国第一个力学研究室,后与钱学森合作创办了中国科学院力学研究所和自动化研究所。提出的有关圆薄板大挠度问题的参数摄动解法,获得国家自然科学二等奖,被国外学者广泛引用,并称之为钱氏摄动法。1980年创办了《应用数学和力学》杂志。1982年因广义变分原理研究,获国家自然科学二等奖。1984年创办上海市应用数学和力学研究所,同年提出汉字宏观字形编码,简称“钱码”,对中文信息处理作出重要贡献。1956年被波兰科学院选为院士,同年,制定规划了中国第一次12年科学规划,与钱学森、钱三强一起,被周恩来称为中国科技界的“三钱”。钱伟长十分重视发展教育事业。参与创建了北京大学力学系,开创了我国大学的第一个力学专业。主持了我国第一个力学研究班和力学师资培养班,培养了大批优秀的力学工作者。1957年发表《高等教育的培养目标》一文,提出理工合校、重视基础学科等重要意见。改革开放后,邓小平同志亲自批示调任其为上海工业大学校长,提出了破“四堵墙”的口号,即破学校与社会之间的墙、教与学之间的墙、各院系与学科之间的墙、教学与科研之间的墙,大力推动高校教学管理的改革。1994—2010年任上海大学校长期间,为上海大学的各项事业的发展做出了突出贡献。

(尚　学)

逝世人物

［邬学文(1927—2012.1.5)］ 男，浙江宁波人。1952年毕业于上海交通大学物理学系，历任华东师范大学物理学系副主任、波谱学教研室主任、副校长、研究生院院长。曾任中国物理学会波谱学专业委员会副主任委员、主任委员。中国波谱学事业的创始人之一，为中国核磁共振领域的科学研究、人才培养以及波谱学专业委员会的发展做出重要贡献。1960年，邬学文在华东师大发起并成立了波谱教研组，主持研制成功中国第一台“超再生核四极共振波谱仪”、第一台“自旋回波波谱仪”以及宽线、高分辨率等多种核磁共振波谱仪，并获得全国工业新产品展览会三等奖。1979年到1984年间，面向全国高校和科研院所，开办了5届核磁共振讲习班，为国家磁共振领域培养了一批人才。所在的波谱组团队为华东师大后来成立教育部光谱学与波谱学重点实验室、上海市磁共振重点实验室打下了坚实的基础。

（桦 石）

［刘恒椽(1931—2012.1.21)］ 男，浙江上虞人。社会活动家，有机化学专家。中国民主促进会中央委员会常务委员。1953年毕业于华东师范大学化学系并留校任教，先后担任化学系助教、讲师、副教授，1986年晋升为教授，2002年受聘学校终身教授。历任化学系有机合成研究室主任、化学系系主任、化学系学术委员会主任、校务委员会副主任。曾先后担任国务院学位委员会、国家科技奖励、上海市科技进步奖、上海市高校高级职称、上海青年启明星计划等10多个评审委员会的专家。1992年起享受国务院特殊津贴。从事高等教育的教学与研究工作50多年，在有机化学特别是功能试剂相关研究中，取得了一系列成果，先后获得国家创造发明奖两项，国家教委和上海市科技进步奖两项，上海市科学大会奖和重大科技成果奖三项，机械工业部及机械科学研究院重大科研成果奖六项，国家经委和冶金部先进集体奖一项，上海市决策咨询研究政策建设成果奖一项。

（桦 石）

［朱维铮(1936—2012.3.10)］ 男，江苏无锡人。教授、博士生导师，复旦大学特聘资深教授。1960年毕业于复旦大学历史系中国古代史专门史留校任教，历任讲师、副教授，1988年晋升为教授。曾至加拿大、美国、德国、韩国和我国台湾、香港地区担任客座教授或访问学者。2006年被德国汉堡大学授予荣誉博士称号。曾任复旦大学文史研究院学术顾问、社会科学高等研究院顾问，原中国史学会理事，原国际儒学联合会副会长、顾问，原上海海峡两岸学术文化交流促进会常务理事，上海市徐光启研究会会长，北美《亚洲评论》顾问等学术兼职。朱维铮治史57载，师承著名学者陈守实、周予同，在中国经学史、中国思想文化史、中国史学史、中西文化交流史、中国学术史、中国近代史等多个领域做出突出贡献。1980年，和复旦历史系同仁组建全国首个中国思想文化史研究室。1986年，在复旦大学组织召开首届中国文化学术国际讨论会，这是1976年以后首次在国内举办以中国文化为主题的国际学术研讨会，产生划时代的影响。主要著作有《走出中世纪》、《音调未定的传统》、《求索真文明：晚晴学术史论》、《中国经学史十讲》、《走出中世纪(二集)》(2008)等。编辑校注《中国历史文选》(修订本)、《梁启超论清学史二种》、《周予同经学史论著选集》、《马相伯集》、《利玛窦中文注译集》等。曾主持《中国文化》研究集刊、“中国文化史丛书”的编辑，并主编《学术集林》，“中国近代学术名著丛书”10种，《传世藏书》经学史类21种、诸子类50种。从事教育工作52年，言传身教，提携后进，培养一大批著名的历史学家和历史学工作者。

（付 代）

［胡蓉蓉(1929—2012.3.30)］ 女，江苏宜兴人。著名舞蹈编导、著名舞蹈教育家。曾任上海芭蕾舞团团长、上海市舞蹈学校副校长、名誉校长、上海舞蹈家协会主席。5岁进入芭蕾学校学习舞蹈，期间曾参加《天鹅湖》、《睡美人》、《火鸟》等舞剧片段的演出，并在《葛佩莉亚》等剧中担任主要演员。幼年时期参加拍摄故事影片《压岁钱》、《四美图》等，成为20世纪30年代著名童星。她受过严格的芭蕾基

础训练，还学习现代舞、西班牙舞蹈和踢踏舞，舞技娴熟；经过电影艺术实践，使其舞蹈表演富于内心感情的体现。建国后，她主要从事芭蕾的编导和教学工作。先后在上海戏剧学院、上海中国福利会、儿童艺术学院、行知学校、上海芭蕾舞团、上海市舞蹈学校等教授舞蹈。在教学过程中，她努力学习传统戏曲舞蹈和民间舞蹈，探索芭蕾艺术的民族化道路。教学严谨、一丝不苟，培养了一批优秀的芭蕾人才。1964 年参加编导芭蕾舞剧《白毛女》获得很大成功。荣获中华民族 20 世纪经典作品。1982 年改编创作了芭蕾舞剧《雷雨》，对芭蕾民族化进行了大胆的尝试。1980 年，胡蓉蓉担任日本大阪第三届国际芭蕾舞比赛的评委；1982 年又担任美国第二届国际芭蕾舞比赛的评委；1995 年，担任在中国上海举行的国际芭蕾舞比赛评委。

（尚　西）

［金重远（1934—2012. 6. 7）］ 男，江苏江阴人。教授，博士生导师，复旦大学首席教授。1952 年考入复旦大学外文系，1953 年在北京俄专二部学习，1954 年赴苏留学，1959 年毕业于列宁格勒大学历史系获欧美史专业优秀文凭。1959 年起在复旦大学历史系任教，1985 年任教授，1990 年由国务院学位委员会批准为世界近现代史博士生导师。通晓俄、法、英等语言。金重远是我国著名的世界史学家、历史教育家，在复旦大学历史系从事世界近现代史和当代史的教学与研究工作 50 多年，为我国培养了大批优秀史学人才。主要从事法国近现代史、第二次世界大战的研究，同时也涉足拉丁美洲独立战争史和中国近代对外关系史。曾先后撰写、主编、合编并出版《战后西欧社会党》、《20 世纪的法兰西》、《百年风云巴尔干》、《法国通史》（副主编）、《第二次世界大战百科词典》、《20 世纪的世界》、《第二次鸦片战争》（与田汝康合编）、《现代西文史学流派文选》（与田汝康合编）等重要学术著作。译著有《戴高乐与欧洲》。晚年笔耕不辍，参与或牵头负责《辞海》一、二版、《中国大百科全书·外国史卷》、《大辞海·世界历史卷》的编写工作。曾任复旦大学俄罗斯研究中心主任、中国法国史研究会理事、上海市世界史学会副会长和上海市社会科学联合会常务理事。1991 年被评为全国优秀教师。1995 年获上海市优秀教育工作者称号。2004 年俄罗斯联邦总统普京签署命令，授予其“圣·彼得堡 300 周年荣誉勋章”及证书。2006 年法国政府授予其“法国教育骑士勋章”。

（付　代）

［谷超豪（1926—2012. 6. 24）］ 男，浙江温州人。教授，博士生导师，中国科学院学部委员。1948 年毕业于浙江大学数学系留校任教。1959 年获苏联莫斯科大学物理—数学科学博士学位。1953 年到复旦大学任教，历任副教授、教授、数学系主任、数学研究所所长、副校长兼研究生院院长。1988—1993 年任中国科学技术大学校长。曾任国家科委“攀登”计划“非线性科学”科研项目首席科学家和国家教委数学教学指导委员会主任等职。2000 年起兼任温州大学校长。1980 年当选为中国科学院学部委员。1994 年当选为国际高等学校科学院院士。主要从事偏微分方程、微分几何、数学物理等方面的研究和教学工作，在一般空间微分几何学、齐性黎曼空间、无限维变换拟群、双曲型和混合型偏微分方程、规范场理论和孤立子理论等方面取得了系统的、深入的研究成果。共发表一百二十多篇论文，出版专著有《齐性空间的微分几何学》、《关于经典的杨米尔斯场》、《孤立子理论与应用》（合著）、《孤立子理论中的达布变换及其几何应用》（合著）等。研究成果引起国际数学界重视。“规范场数学结构”等研究得到 1978 年全国科学大会奖。1982 年在偏微分方程和规范场的研究获得国家自然科学奖二、三等奖各 2 项，1986 年获得国家教委的科技进步一等奖 1 项，1995 年获得何梁何利科技进步奖、华罗庚数学奖，1996 年获得柏宁顿孺子牛金球奖，2002 年获上海市科技功臣奖，2005 年获得何梁何利科技成就奖，2008 年获得上海市教育功臣奖，2009 年获得国家最高科技奖。多年来培养一大批优秀的数学人才，直接指导培养的研究生中有中国科学院院士 2 人，听过他的课或受过指导的学生中有中国科学院院士、中国工程院院士 3 人。曾担任第三、六、七届全国人民代表大会代表，第五、八、九届全国政协委员，第八、九届全国政协常委。曾担任过浙江省科协科联党组书记，中国数学会副理事长和上海数学会理事长等职务。1956 年被评为全国先进工作者，1960 年作为全国先进集体（复旦数学系）代表参加全国文教群英会，1993 年被评为全国教育系统劳动模范。2009 年 8 月，经国际小行星中心和国际小行星命名委员会批准，国际编号为 171448 的一颗小行星被命名为“谷超豪星”，作为对这位著名数学家、教育家的褒奖。

（付　代）

［吕型伟（1918—2012. 7. 17）］ 男，浙江新昌人。教育家。1943 年考取浙江大学师范学院。

1946年毕业后任教于上海省吾中学。建国后先后任上海市东中学校长，上海市教育局教研室主任，并兼任普教处、政教处处长，1964年调北京任中央教育科学研究所研究员，专职从事理论研究工作。1973年回上海后先后任市教育局调研组副组长、市教育局党组成员、副局长。1983年12月改任市教育局顾问。期间还先后任中国教育学会副会长、顾问，中国教育国际交流协会副会长、顾问，上海市教育学会会长、名誉会长，华东师范大学、上海师范大学兼职教授，教育部国家教育发展研究中心专家咨询委员会委员，教育部课程教材研究所21世纪义务教育新教材总顾问等。原上海市教育局党组成员、副局长，上海市教育学会原名誉会长。吕型伟长期从事中小学教育工作，亲历了中国20世纪前半期的教育，参与了新中国基础教育改革与发展的全过程，在基础教育国家决策咨询中发挥了重要作用，形成了独树一帜的教育思想和理论特色。著有《为了未来——我的教育观》、《吕型伟从教七十年散记》等，主编有《上海普通教育史》、《上海教育丛书》、《面向未来的基础学校》丛书、《中华美德五千年》、《世界美德五千年》等；1983年被联合国教科文组织授予“亚太地区普教专家”称号；曾获得第二届中国“内藤国际育儿奖”、“宋庆龄樟树奖”等荣誉称号；2008年被中国教育电视台等媒体授予改革开放30年“中国教育风云人物”称号；2012年荣获全国教育科学研究突出贡献奖。

（计　学）

[瞿葆奎(1923—2012.7.30)]　男，江苏宜兴人。1947年毕业于复旦大学教育学系并留校任教。1951年转入华东师范大学教育学系，1986年晋升为教授。历任华东师大教育学系副主任、教育科学学院副院长、顾问，兼任《中国大百科全书・教育卷》编委兼教育学分支学科主编，《华东师范大学学报(教育科学版)》主编，《教育研究》学术顾问，中国教育学会副会长兼学术委员会副主任委员、教育学研究会副理事长、教育理论刊物专业委员会理事长，全国教育科学规划领导小组教育基本理论学科规划组组长，国家教委教育学教材编委会副主任委员，国家教委教育技术专业教材委员会顾问，上海市教育学会副会长，上海市教育学研究会名誉理事长等职。专长教育基本理论研究，主持全国哲学社会科学国家级重点项目《教育学文集》，主编《教育科学分支学科丛书》、《教育基本理论之研究(1978—1995)》、《元教育学研究》、《中国教育研究新进展》、《20世纪中国教育名著丛书》等，发表《关于人的全面发展的理论》、《中国教育学百年》、《教育政策与教育科学》、《“形式教育”论与“实质教育”论》、《教育研究范式简论》等论文及《教育学的探究》论文集。

（桦　石）

[金一鸣(1934—2012.12.29)]　男，上海川沙人。1956年毕业于华东师范大学教育学系。历任华东师大教育科学研究所教育理论研究室主任、教育科学学院院长、学校终身教授，兼任国务院学位委员会教育学学科评议组成员，中国教育社会学研究会副理事长，全国职业指导专业委员会理事长、上海市教育学研究会理事长、中国教育学会教育学分会学术顾问等。长期从事教育学的教学和研究工作，在教育基本原理和教育社会学等领域成果丰硕，先后主持国内及国际合作科研项目14项，有《教育：求真留痕》、《教育原理》、《教育社会学》、《中国特色社会主义教育研究》、《中国社会主义教育的轨迹》等著作10余部，相关研究成果先后荣获全国高校人文社会科学研究优秀成果奖、国家级教学成果二等奖、上海市哲学社会科学著作三等奖、上海市教学成果一等奖等。整理编辑了刘佛年教授的学术思想和学术论著。

（桦　石）

大 事 记

2012年1—12月上海教育大事记

1月

5日 副市长赵雯为“上海市校园足球一条龙建设联盟”揭牌。上海市11所大学、35所高中及其所在的16个区县教育局，共同签署《“上海市校园足球一条龙建设联盟”结对单位合作共建协议书》。

10日 2012年全国教育宣传工作视频会议在北京召开。会议回顾总结2011年教育宣传工作经验，深入分析当前教育宣传工作面临的新形势、新任务，研究部署2012年教育宣传工作。市教卫工作党委副书记、市教委副主任高德毅出席上海分会场会议并讲话。

15日 “青春放歌——上海大学生艺术实践基地成果展示暨上海市第三届大学生艺术展演优秀节目汇演”在上海大剧院举行。市委副书记、市长韩正，副市长沈晓明、市政府副秘书长翁铁慧等观看演出。

31日 市政府印发《上海市教育改革和发展“十二五”规划》。

2月

1日 上海教育报业大楼奠基仪式举行。副市长沈晓明，市政府副秘书长翁铁慧出席。

7日 市教卫工作党委书记李宣海，市教卫工作党委副书记、市教委副主任高德毅，市教委副主任尹后庆到普陀区洵阳路小学、甘泉外国语中学、上海市实验幼儿园，视察中小学开学工作。

同日 2012年区县语言文字工作会议在崇明县召开。市教委副主任袁雯出席。

8日 2012年市教卫工作党委系统党风廉政建设干部大会召开。市教卫工作党委书记李宣海出席并讲话，市教委主任薛明扬主持会议，市教卫纪工委书记黄也放传达十七届中央纪委第七次全会和九届上海市纪委第七次全会精神，并作党风廉政建设工作报告。

10—11日 市教卫工作党委、市教委召开上海高校党政负责干部会议。市委副书记殷一璀、副市长沈晓明出席会议并讲话。市委副秘书长姚海同、市政府副秘书长翁铁慧出席会议。会议的主要任务是深入学习领会和贯彻落实党的十七届六中全会、第二十次全国高校党建工作会议和九届市委十六次全会精神，以高度的文化自觉和自信办学治校，推进社会主义核心价值体系建设，加快高校改革突破和内涵提升，加强高校党建工作，迎接党的十八大和市第十次党代会的胜利召开。

13日 市委、市政府召开上海市体教结合工作会议。市委副书记殷一璀，市人大常委会副主任钟燕群，副市长沈晓明、赵雯，市政协副主席钱景林等出席会议。会议提出新时期体教结合工作的发展目标：学生健康体质水平稳步提升，青少年体育阵地不断拓展，青少年体育竞赛活动日趋活跃，体育师资素质明显提高，学校课余训练网络基本形成，学生运动员文化素质全面提升，优秀体育后备人才脱颖而出。

“共和国领袖的青少年时代展览”开展仪式暨金山区东方绿舟素质教育入营式在东方绿舟举行。市委宣传部副部长、市文明办主任焦扬，市教委副主任李骏修出席仪式。

15日 副市长沈晓明、市政府副秘书长翁铁慧到宝山区培智学校调研。

16日 “国家指南针计划专项青少年基地”项目共建签约仪式在上海举行。文化部副部长、国家文物局局长励小捷，副市长沈晓明，市政府副秘书长翁铁慧，市教委主任薛明扬，虹口区委副书记、区长吴清等出席仪式。

21日 市教卫工作党委、市教委联合举办的“上海学校思想政治教育教师社会实践基地”在陈云故居暨青浦革命历史纪念馆揭牌。

22日 中共中央政治局委员、上海市委书记俞正声委托工作人员致电在上海市行政管理学校过藏历新年的全体藏族师生，向他们致以节日的问候。

同日 上海女子教育联盟(上海女子大学)成立，上海开放大学女子学院同时揭牌。市委副书记殷一璀出席仪式并讲话。副市长沈晓明为上海女子教育联盟和上海开放大学女子学院揭牌。市政府副秘书长翁铁慧主持揭牌仪式。

同日 市政府召开上海市特殊教育工作会议。

副市长沈晓明、市政府副秘书长翁铁慧出席会议并讲话。

同日 市委常委、统战部长杨晓渡到上海市共康中学和西藏班师生共度藏历新年。

27—28日 教育部副部长鲁昕带领教育部检查组来沪调研春季开学工作和现代职业教育体系建设情况。

同日 上海市教育系统法制工作暨依法治校推进工作会议在闵行区教育局召开。市教委副主任袁雯出席并讲话。会议总结2011年教育法制各项工作,并部署2012年工作。

29日 副市长沈晓明到奉贤海湾大学园区专题调研青年教师住房问题并在上海师大奉贤校区座谈。市政府副秘书长翁铁慧、市教委主任薛明扬等参加调研。

3月

3日 教育部和上海市共建国家教育综合改革试验区领导小组2012年工作会议在北京举行。教育部部长、党组书记袁贵仁,上海市委副书记、市长韩正出席并讲话。副市长沈晓明主持会议。教育部副部长杜玉波、鲁昕、郝平,市委副秘书长姚海同、市政府副秘书长翁铁慧等出席。

8日 市教卫工作党委召开干部大会,宣读薛明扬为市教卫工作党委书记,李宣海因年龄原因不再担任市教卫工作党委书记职务的决定。市委副书记殷一璀出席并讲话。

16日 “2011上海高校辅导员年度人物事迹”首场报告会在上海师范大学举行。市教卫工作党委副书记、市教委副主任高德毅出席并讲话。

19—20日 由中国教育学会会长顾明远、副会长张民生,科技部原副部长程津培,教育部原副部长韦钰率领的国家教育咨询委员会来沪调研推进素质教育改革工作。

19—21日 教育部体卫艺司司长王登峰、副司长刘培俊来沪调研,就承办高校文体对抗赛和课题研究工作,与市教委进行专题研讨,并考察东方绿舟。

20日 市政府召开2012年上海市未成年人保护工作会议。市政府副秘书长翁铁慧出席并讲话。市教卫工作党委书记、市教委主任薛明扬,市教委巡视员尹后庆出席会议。

同日 市语言文字工作委员会召开2012年全委会。市政府副秘书长、市语委副主任翁铁慧出席并讲话。

21—22日 全国人大常委会副委员长、中国农工民主党中央主席桑国卫视察上海中医药大学及附属医院。

22日 市委副书记殷一璀到上海音乐学院调研校区建设项目情况以及师资队伍建设情况。

27日 华东师大二附中举办东迁浦东10周年教育教学成果展。市委副书记殷一璀,市委副秘书长姚海同,市政府副秘书长翁铁慧等视察华东师大二附中,并参观教育教学成果展。

28日 市政府举行新闻发布会。市教卫工作党委书记、市教委主任薛明扬介绍《上海市教育改革和发展“十二五”规划》编制过程和主要内容,并介绍教育热点问题的有关情况。

同日 市教委官方微博“上海教育”在上海教育新闻网、新浪网、腾讯网、东方网、新民网五大平台上线。

4月

6日 市政府副秘书长翁铁慧到上海中医药大学调研学校“十二五”基本建设情况。

9日 市委副书记殷一璀召开市教育体制改革领导小组第二十次专题会议,研究2012年上海市财政教育经费安排方案。

11日 上海市中小学(幼儿园)见习教师规范化培训启动大会在晋元高级中学举行。市政府副秘书长翁铁慧出席并讲话。会议的召开标志着“上海市中小学(幼儿园)见习教师规范化培训”作为一项教师培养制度在各区县全面推行。

12日 中共中央政治局委员、上海市委书记俞正声到上海海洋大学看望新疆喀什培训班学员,了解他们的学习和生活情况。

13日 在中共中央政治局委员、国务委员刘延东和教育部部长袁贵仁的见证下,上海交通大学与英国女王大学签署协议,双方将就双硕士学位项目、教职员交流项目等开展密切合作。

16日 市人大教科文卫委主任委员孙运时、副主任委员瞿钧率调研组到闵行区七宝镇社区学校调研。

17日 2012年上海市区县教育工作会议在嘉定区召开。会议围绕进一步深化上海市区县教育改革发展内涵,推动上海基础教育实现转型发展、创新突破进行工作交流和部署。

19日 2010—2011年度上海市爱国主义教育基地先进单位表彰暨第五批上海市爱国主义教育基地授牌仪式在上海图书馆举行。市委常委、宣传部部长杨振武出席并讲话。

20日 市委副书记殷一璀，市政府副秘书长翁铁慧，市教卫工作党委书记、市教委主任薛明扬，徐汇区副区长王珏到上海中学调研拔尖创新人才培养基地试点实验情况。其间，殷一璀为上海市基础教育国际课程比较研究所揭牌。

同日 市委副书记殷一璀，市政府副秘书长翁铁慧，市教卫工作党委书记、市教委主任薛明扬，市教委巡视员尹后庆等到徐汇区教师进修学院附属中学调研。

23日 由中宣部、中央文明办、教育部、共青团中央主办的“全国道德模范高校巡讲活动”上海站首场报告会在上海理工大学举行。

25日 2012年度上海普通高校语言文字工作会议在华东政法大学召开。市语委副主任、市教委副主任袁雯等出席并讲话。

25—26日 国家教育体制改革领导小组办公室组织专家评议组到上海开放大学实地考察建设工作情况。

26日 “香港大学内地学习千人计划”在复旦大学启动，每年支持1000名香港大学师生到内地学习、考察和科研。教育部副部长郝平出席并讲话，并转达国务院副总理李克强对该计划启动的祝贺。市政府副秘书长翁铁慧出席仪式。

同日 教育部关工委常务副主任、社区教育中心主任孙成华率教育部调研组来沪就教育关工委如何在社区教育工作中发挥作用开展调研。

27日 全国治理教育乱收费部际联席会议第十二次会议在京召开。副市长沈晓明在会上作《规范教育收费行为，办好人民满意教育》的交流发言。

28日 市委副书记殷一璀到华东师范大学闵行紫竹基础教育园区进行调研。闵行区区委书记孙潮、区长莫负春等参加。

同日 “上海学校心理健康教育活动月”启动仪式在上海金融学院举行。教育部思政司副司长王光彦，市教卫工作党委副书记、市教委副主任高德毅出席。上海学生心理健康教育发展中心同时揭牌。

5月

2日 “2011上海大学生年度人物”表彰会在复旦大学举行。市教卫工作党委副书记、市教委副主任高德毅出席。10个“年度人物”和5个“建功立业”单项奖获得者受到表彰。

4—6日 第九届上海教育博览会——职业教育与培训专题展在上海东亚展览馆举办。本届教博会主题为“职业起航，青春飞扬”。

9日 上海民航职业技术学院成立。市委副书记、市长韩正发信祝贺。中国民用航空局局长、党组书记李家祥，上海市副市长沈骏出席并共同推起象征新学院起航的舵杆。

10日 中共中央政治局原常委、国务院原副总理李岚清视察上海交通大学。市委副书记殷一璀陪同视察。

同日 市政府召开城乡基础教育一体化推进会议，部署上海市“十二五”城乡基础教育一体化建设工作。市政府副秘书长翁铁慧出席并讲话。

11日 市委副书记殷一璀召开市教育体制改革领导小组第21次专题会议，专题研究上海市加强校企合作、提高高等教育质量、职业教育质量相关工作。市委副秘书长姚海同、市政府副秘书长翁铁慧以及有关部门和单位的负责同志参加会议。

同日 市委副书记殷一璀召开市教育体制改革领导小组第22次专题会议，专题研究支持上海中医药大学浦东校区建设发展的建议工作方案。市委副秘书长姚海同、市政府副秘书长翁铁慧以及有关部门和单位的负责同志参加会议。

同日 市委副书记殷一璀召开市教育体制改革领导小组第23次专题会议，专题研究上海市高校学生公寓建设和管理相关工作。市委副秘书长姚海同、市政府副秘书长翁铁慧以及有关部门和单位的负责同志参加会议。

12日 教育部副部长刘利民到华东师范大学调研，先后视察华东师范大学精密光谱科学与技术国家重点实验室、国际汉语教师研修基地和教育部中学校长培训中心。

13日 上海数学中心揭牌暨奠基仪式在复旦大学江湾校区举行。中共中央政治局委员、国务委员刘延东发来贺信。中共中央政治局委员、上海市委书记俞正声出席并为上海数学中心揭牌。市委副书记、市长韩正，教育部副部长杜占元出席并致辞，科技部副部长张来武，中科院副院长詹文龙，上海市委副书记殷一璀、秘书长丁薛祥，天津市政协副主席陈永川，中科院院士李大潜等出席揭牌暨奠基仪式。

14日 中共中央政治局委员、国务委员刘延东视察华东理工大学，对华东理工大学提出三点希望。一要继续深化改革，提高质量，探索以质量为核心的内涵式发展道路。二要继续探索中国特色的现代大学制度。三是肩负起国家重要的历史使命，为建设世界科技强国而奋斗。科技部部长万钢，上海市委副书记、市长韩正，教育部副部长郝平，市委副书记殷一璀等陪同视察。

同日 教育部、财政部、上海市政府在沪签署共建上海财经大学协议。教育部部长袁贵仁，上海市委副书记、市长韩正，财政部副部长张少春签署协议并讲话。教育部部长助理陈舜，财政部部长助理余蔚平等出席签字仪式。上海市政府副秘书长翁铁慧主持签字仪式。

14—16日 第三届国际职业技术教育大会在沪举行。中共中央政治局委员、国务委员刘延东出席开幕式并致辞。全国政协副主席、科技部部长万钢，上海市委副书记、市长韩正出席开幕式。教育部部长袁贵仁主持开幕式。本次大会主题为“为工作和生活培养技能”。大会通过《上海共识》。会议期间，刘延东会见联合国教科文组织总干事博科娃一行，并出席科技部与联合国教科文组织关于在华建立“国际科学和技术战略研究与培训中心”的协定签字仪式。

16日 由市教卫工作党委组织编写的《追求卓越——上海市教育卫生党委系统改革发展实录(2007—2012)》出版。

16—18日 市教卫工作党委书记、市教委主任薛明扬率市政府教育督导组，对闵行区推进区域教育现代化进行综合督政。

19—20日 由教育部体卫艺司主办，上海市教委、市体育局、团市委、复旦大学和上海交通大学共同承办的首届复旦—上海交大“巅峰对决”文体竞赛在东方绿舟举行。

21日 市教委、中国电信上海公司共同签署《推进教育信息化战略合作协议》。副市长沈晓明，市政府副秘书长翁铁慧，市教卫工作党委书记、市教委主任薛明扬等出席签约仪式。双方围绕“智慧城市”行动计划和“十二五”教育信息化总体安排开展全面合作。

26日 上海金融学院举行建校60周年庆典大会。中共中央政治局委员、上海市委书记俞正声，全国人大常委会副委员长、民进中央主席严隽琪，全国政协副主席厉无畏，上海市委副书记、市长韩正，市人大常委会主任刘云耕，市政协主席冯国勤，以及教育部、中国人民银行等发了贺信。刘云耕和中国证监会首任主席刘鸿儒共同为上海金融学院校友会揭牌，全国人大财经委员会副主任委员吴晓灵、市委副书记殷一璀出席大会并讲话，市政协副主席钱景林，市教卫工作党委书记、市教委主任薛明扬等出席。

26—28日 由复旦大学主办的“上海论坛2012”召开。本次论坛主题为“未来十年的战略”。市委副书记、市长韩正出席论坛开幕式并致辞。会议形成了“上海论坛2012共识”。

27日 上海市第七届教工运动会开幕式在松江大学生体育中心举行。市人大常委会副主任、市总工会主席钟燕群，全国教科文卫体工会副主席陈晖，组委会主任、市教卫工作党委副书记杜慧芳，市体育局副局长李伟听等出席开幕式。

30日 中共中央政治局委员、上海市委书记俞正声到崇明县新村学校看望全体师生。崇明县县长赵奇陪同视察。

31日 教育部党组副书记、副部长杜玉波在沪检查高考准备工作。市政府副秘书长翁铁慧、市教委副主任李瑞阳陪同检查。

同日 教育部党组副书记、副部长杜玉波分别视察同济大学嘉定校区、钱学森图书馆。

同日 “大爱有声——全国教书育人楷模周小燕同志学习宣传主题活动”在上海音乐学院贺绿汀音乐厅举行。市委副书记殷一璀、市政府副秘书长翁铁慧在活动开始前接见了周小燕。

同日 市教委在民主党派大厦集体走访民主党派、团体，通报2012年市教委办理党派、团体提案情况和2012年若干项上海教育重点推进工作。

6月

1日 由团市委、市教委、市少工委等联合主办的“领巾心向党，快乐共成长”——2012年上海市少年儿童庆“六一”主题活动举行。中共中央政治局委员、上海市委书记俞正声，市委副书记、市长韩正分别向市“十佳少先队员”和市优秀少先队集体代表颁奖。市委副书记殷一璀致辞。市委常委尹弘，市人大常委会副主任吴汉民，市政协副主席高小玫，全国人大常委、市红领巾理事会名誉主席龚学平等出席活动。

6日 上海民办高校第五次党建工作会议举行。市委组织部副部长冯小敏，市教卫工作党委书记、市教委主任薛明扬出席并讲话。

7—8日 教育部专家组考察上海纽约大学筹建工作。考察期间，市委副书记殷一璀，副市长沈晓明，市政协副主席、浦东新区区长姜樑，市政府副秘书长翁铁慧等会见了专家组一行。市教卫工作党委书记、市教委主任薛明扬，市教委副主任李瑞阳、印杰等参加了考察活动，并分别向专家组汇报了有关工作，听取专家组的反馈意见。

11—15日 全国政协教科文卫体委调研团来沪开展“特殊教育发展中的问题与对策”专题调研和

“艺术院校人才培养”考察活动。其间，考察团先后到上海音乐学院、上海戏剧学院、浦东新区爱心幼儿园、浦东新区特殊教育学校调研，参观了华东师范大学，并召开了“艺术院校人才培养”专题座谈会和“特殊教育发展中的问题与对策”专题座谈会。

13日 市人大常委会副主任钟燕群一行到复旦大学视察高考阅卷工作，慰问阅卷组和命题组教师。市政协副主席周汉民一行到同济大学视察高考阅卷工作，慰问阅卷组教师。

14日 中央组织部选人用人工作检查组到复旦大学检查指导该校选人用人工作及开展整治用人不正之风工作。

19日 上海市启动民办高校“强师工程”。“强师工程”包括两个核心内容：一是开展教师培训；二是提高民办学校教师待遇。教育部发展规划司副司长宋德民，市教卫工作党委书记、市教委主任薛明扬等出席启动仪式并讲话。

20日 上海市未成年人思想道德建设工作经验交流会暨2012年暑期工作会议在上海展览中心举行。会议表彰了94家第二届上海市未成年人思想道德建设工作先进单位和53名先进工作者，命名了首批29个市乡村学校少年宫示范点和11个学生社区实践指导站，部署了2012年暑期工作。市委副书记、市文明委常务副主任殷一璀出席并讲话。市委常委、宣传部部长、市文明委副主任杨振武主持会议。市政府副秘书长翁铁慧开通了社会教育大课堂网站“博雅网”。

同日 教育部在沪召开研究生教育改革座谈会。会议围绕“住院医师规范化培训和临床专业学位研究生培养结合的情况”“博士研究生招生制度改革”“综合性大学医学教育管理体制改革”三个议题展开。教育部部长助理、党组成员林蕙青主持会议并讲话。

同日 2012年上海市规范教育收费联席会议召开。会议对2012年上海市规范教育收费工作进行了研究。市政府副秘书长翁铁慧主持会议。

25日 市委副书记殷一璀、副市长沈晓明召开市教育体制改革领导小组第24次专题会议，研究上海音乐学院校区建设方案。市委副秘书长姚海同、市政府副秘书长翁铁慧以及有关部门和单位的负责同志参加会议。

同日 市委副书记殷一璀、副市长沈晓明召开市教育体制改革领导小组第25次专题会议，研究“十二五”期间上海市地方高校土地置换、保留工作方案。市委副秘书长姚海同、市政府副秘书长翁铁慧以及有关部门和单位的负责同志参加会议。

同日 市委副书记殷一璀、副市长沈晓明召开市教育体制改革领导小组第26次专题会议，研究上海市高校教师质量提升暨绩效工资改革方案。市委副秘书长姚海同、市政府副秘书长翁铁慧以及有关部门和单位的负责同志参加会议。

27日 市人大常委会副主任杨定华一行到市教委检查部门预算执行情况，对市教委工作表示肯定，并就统筹安排教育经费、预算编制更加科学和精准等工作提出了要求。

7月

1日 复旦大学附属眼耳鼻喉科医院举行建院60周年庆典仪式。市委副书记、市长韩正，市委常委、副市长艾宝俊等发来贺信或题词。市人大常委会主任刘云耕，全国人大常委龚学平，副市长沈晓明，市教卫工作党委书记、市教委主任薛明扬，复旦大学校长杨玉良，市卫生局局长徐建光，市申康医院发展中心党委书记施荣范、主任陈建平等出席。

2日 教育部党组成员、纪检组长王立英到上海财经大学宣布教育部关于上海财经大学党委书记、校长的任免决定。丛树海担任上海财经大学党委书记、樊丽明担任上海财经大学校长；因年龄原因，免去马钦荣的上海财经大学党委书记、谈敏的上海财经大学校长职务。

5日 市委副书记殷一璀、副市长沈晓明到上海大学调研。市委副秘书长姚海同，市政府副秘书长翁铁慧，市教卫工作党委书记、市教委主任薛明扬等参加调研。

6日 由教育部社科司主办，市教卫工作党委、市教委、上海交通大学承办的“全国高校思想政治理论课教学能手表彰暨现场教学观摩会”在沪举行。47名全国高校思想政治理论课教学能手受到表彰。教育部社科司司长杨光，市教卫工作党委书记、市教委主任薛明扬，市委宣传部副部长李琪，市教卫工作党委副书记、市教委副主任高德毅，上海交通大学党委书记马德秀出席并为获奖教学能手颁发荣誉证书。教育部社科司副司长徐维凡主持会议。

16日 市教卫工作党委、市教委召开2012年上海市教育政风行风建设大会。副市长沈晓明，市教卫工作党委书记、市教委主任薛明扬出席并讲话。嘉定区、徐汇区、闸北区、松江区、奉贤区、黄浦区、金山区、普陀区8个区教育局被授予“2011年度上海市规范教育收费优秀达标单位”；崇明县、宝山区、长宁区、青浦区、静安区、杨浦区、闵行区、浦东新区、虹口区等9个区县教育局被授予“2011年度上海市规范教育收费达标单位”。

19—20日 教育部在沪召开全国民办高校党的建设工作座谈会。本次会议的主要任务是深入学习贯彻习近平同志在高校党建工作座谈会上的重要讲话精神和第20次全国高校党建工作会议精神，总结交流《中共中央组织部中共教育部党组关于加强民办高校党的建设工作的若干意见》颁布以来各地各校的贯彻落实情况，进一步加强和改进民办高校党的建设，推动民办高等教育事业健康发展。教育部党组副书记、副部长杜玉波出席并讲话。市委副书记殷一璀出席。

24日 市学习型社会建设与终身教育推进大会在上海展览中心举行。会议提出了上海终身教育的四大任务，即完善各类终身学习场所、搭建汇聚各类优质资源的综合平台、进一步理顺学习型社会建设的体制机制、加强学习型社会建设理论研究。市委副书记殷一璀、副市长沈晓明出席并分别为上海市终身教育学分银行、上海市终身教育研究院揭牌。

30日 市政协主席冯国勤率部分市政协委员到同济大学调研，了解学校发展和支持委员履职情况。市政协副主席吴志明、钱景林、吴幼英，秘书长陈海刚等参加。

8月

7日 由市教委、上海交响乐团主办，上海市科技艺术教育中心承办的“乐耀星空”——2012上海国际青少年音乐夏令营专场音乐会在上海东方艺术中心举行。

12日 副市长沈晓明到普陀区启星学校，视察残障儿童入学前健康评估工作，并慰问参加残障儿童综合评估的医学专家、特教专家和工作人员。

24—25日 上海高校党政负责干部会议召开。会议对新学期高校工作进行了部署，要求抓实抓好若干关键工作，全面推动高校改革发展和安全稳定。

30日 全国政协副主席董建华一行访问复旦大学。双方就人文社会科学发展、中美研究、董顾丽真艺术博物馆的建设深入交换了意见。

同日 市政协主席冯国勤率部分市政协委员到上海师范大学调研，了解学校发展和支持委员履职情况。市政协副主席钱景林、周汉民，秘书长陈海刚等参加。

9月

3日 华东师大二附中紫竹校区、华东师大二附中附属初中正式在闵行区落成开学。市教委副主任李骏修，闵行区区长莫负春、副区长杨德妹等出席开学典礼。

4日 市教卫工作党委、市教委召开2012年下半年上海区县教育工作会议。

6日 市人大常委会部分组成人员前往闵行，就“学前教育发展”专题开展代表书面意见督办。市人大常委会副主任郑惠强参加。

6—7日 教育部关工委常务副主任王富率队来沪调研上海职业院校关工委工作进展情况及下一步工作思路，并对教育部关工委制订的《关于进一步加强职业院校关心下一代工作的意见》征求意见。

7日 由市教卫工作党委、市教委主办的“教育，我们忠诚的事业——2012年上海市庆祝教师节主题活动”在上海音乐厅举行。中共中央政治局委员、上海市委书记俞正声，市委副书记、市长韩正出席并会见了全市优秀教师代表。

10日 中共中央政治局委员、上海市委书记俞正声走访看望著名歌唱家、音乐教育家周小燕和上海市特级教师、华东师大附属卢湾辅读实验学校校长何金娣，向她们致以节日问候，祝全市广大教师节日快乐。市委常委、市委秘书长尹弘等陪同。

同日 市政协召开教育界委员座谈会，庆祝第28个教师节。与会委员畅谈认真教书育人、积极履职建言的经验体会，并就进一步发展上海教育事业提出意见建议。市政协主席冯国勤出席并讲话。市政协副主席钱景林主持，秘书长陈海刚等出席。

13日 金砖国家合作与全球治理协同创新中心成立仪式在复旦大学举行。教育部副部长李卫红出席并致辞。教育部副部长李卫红、复旦大学党委书记朱之文、市政府副秘书长翁铁慧共同为协同创新中心揭牌。

14日 中共中央政治局委员、上海市委书记俞正声到上海大学调研。市委常委、市委秘书长尹弘，市教委副主任印杰等陪同调研。

同日 市教委、新华社上海分社战略合作框架协议签约仪式暨“易班”移动客户端发布活动举行。新华社副总编辑兼上海分社社长慎海雄，市政府副秘书长翁铁慧，市教卫工作党委书记、市教委主任薛明扬共同启动“易班”移动客户端。

18日 由中组部、教育部和上海市委共同组成的同济大学行政领导班子换届考察组对同济大学行政领导班子换届进行考察。

20日 副市长赵雯到华东理工大学调研知识产权工作。

25 日 “上海市外国留学生预科学院”揭牌仪式暨首届学员开班仪式在上海师范大学举行。国家留学基金管理委员会秘书长刘京辉，教育部国际交流与合作司副巡视员黄颖，市教卫工作党委书记、市教委主任薛明扬等出席并为预科学院揭牌。

28 日 上海杉达学院举行建校 20 周年庆典大会。中共中央政治局委员、上海市委书记俞正声，全国人大常委会副委员长、民进中央主席严隽琪，教育部部长袁贵仁，上海市委副书记、市长韩正，市人大常委会主任刘云耕，市政协主席冯国勤等为校庆发来贺信、贺辞。市委副书记殷一璀出席庆典大会并讲话，副市长沈晓明、市政协副主席周汉民等出席。

29 日 2012 年上海市学生运动会开幕式暨校园足球联盟首届联赛揭幕战在位育中学举行。副市长沈晓明出席开幕式。市教卫工作党委书记、市教委主任薛明扬致辞。

10 月

5 日 由市科技艺术教育中心、东方绿舟、市军事体育俱乐部联合举办的第四届上海模型节在东方绿舟举行。本次活动主题为“体验快乐、体验成功”。市教卫工作党委书记、市教委主任薛明扬观摩了活动。

6 日 向明中学举行建校 110 周年庆典大会。全国政协副主席厉无畏，最高人民检察院检察长曹建明，上海市委副书记、市长韩正，市人大常委会主任刘云耕，市委副书记殷一璀等为校庆题词或发来贺信。全国人大常委会委员龚学平、副市长沈晓明出席庆典大会。

8 日 上海大学举行钱伟长图书馆奠基仪式暨钱伟长铜像揭幕仪式。市委副书记殷一璀，副市长沈晓明，市委副秘书长姚海同，市教卫工作党委书记、市教委主任薛明扬，市教卫工作党委秘书长谢一龙等出席。

9 日 江泽民在京接见上海海洋大学党委书记虞丽娟、校长潘迎捷等一行，听取学校历史发展以及百年校庆筹备等情况汇报。

同日 纪念钱伟长诞辰 100 周年座谈会在北京人民大会堂举行。中共中央政治局常委、全国政协主席贾庆林出席并讲话。上海大学党委书记于信汇、校长罗宏杰等作为上海大学代表参加座谈会。

15 日 上海纽约大学揭牌成立。市委副书记、市长韩正出席并为上海纽约大学揭牌。市委副书记殷一璀，市委常委、浦东新区区委书记徐麟出席。副市长沈晓明出席并讲话。市委副秘书长姚海同，市政府秘书长洪浩、副秘书长翁铁慧等出席。

副市长沈晓明赴上海医药高等专科学校调研基层卫生人才培养工作。市政府副秘书长翁铁慧，市教卫工作党委书记、市教委主任薛明扬，市卫生局局长徐建光等参加调研。

16 日 部分在沪全国人大代表赴复旦大学上海视觉艺术学院调研上海文化创意产业建设等情况。全国人大代表、市人大常委会主任刘云耕，全国人大代表、全国人大常委会委员龚学平，全国人大代表王荣华、刘洪凯等参加调研。

17 日 上海市外国留学生中国文化体验基地揭牌仪式在中共一大会址纪念馆举行。市教委副主任李瑞阳等出席。

同日 市教卫工作党委副书记、市教委副主任高德毅赴普陀区中小学社会实践服务中心安亭基地调研学生社会实践工作。

同日 “同步辐射医学应用协同创新中心”在上海交通大学成立。市教委副主任袁雯出席签约仪式并讲话。

18 日 “上海留学”网站开通仪式举行。市教委副主任李瑞阳宣布网站开通并致辞。

19 日 副市长沈晓明赴上海公安高等专科学校调研该校改革发展情况。市政府副秘书长翁铁慧，市教委副主任印杰，市公安局党委副书记、副局长程九龙等参加调研。

19—27 日 由中国文联、教育部、上海市政府主办，中国戏剧家协会和上海市文联、市教卫工作党委、市教委、市戏剧家协会承办的“第三届中国校园戏剧节”在上戏剧院举行。本届校园戏剧节主题为“魅力校园·青春飞扬”。文化部副部长王仲伟，中国文联党组成员、副主席杨承志，上海市委常委、宣传部部长杨振武，市教卫工作党委副书记、市教委副主任高德毅等出席开幕式。

20 日 华东理工大学举行建校 60 周年庆典大会。中共中央政治局常委、全国人大常委会委员长吴邦国，中共中央政治局委员、国务委员刘延东，中共中央政治局委员、市委书记俞正声，第九届全国政协副主席陈锦华，第十一届全国人大常委会副委员长严隽琪，第十届全国政协副主席徐匡迪，上海市委副书记、市长韩正，市人大常委会主任刘云耕，市政协主席冯国勤等发来贺信或贺辞。第九、第十届全国人大常委会副委员长成思危出席庆典大会并致辞。第九届全国政协副主席陈锦华出席。教育部副部长李卫红、上海市委副书记殷一璀出席大会并讲话。全国政协提案委员会副主任阳安江，中国工程院工程管理学部主任王基铭，原国家建材局局长张人为，上海市人大常委会副主任钟燕群，副市长沈晓明，青海省副省长高云龙，上海市政协副主席王新奎等出席庆典大会。

同日 市委副书记殷一璀、市人大常委会副主任钟燕群、副市长沈晓明赴上海工会管理学院调研该校改革发展情况。市教卫工作党委书记、市教委主任薛明扬，市教委副主任李瑞阳等参加调研。

24日 市教委对普陀区开展“推进区域教育现代化暨义务教育优质均衡发展”综合督政会议召开。市教卫工作党委书记、市教委主任薛明扬出席并讲话。

25日 国家教育体制改革试点项目《整体规划大中小学德育课程》推进工作座谈会召开。教育部社科司副司长徐维凡出席并讲话。市教卫工作党委副书记、市教委副主任高德毅出席并介绍了试点工作推进情况。

26日 上海市向东中学举行建校100周年庆典大会，并举行向东中学创办人吴若安铜像揭幕仪式。全国人大常委会副委员长严隽琪，市人大常委会副主任蔡达峰、副市长沈晓明分别题词。

27日 上海交通大学医学院举行建院60周年庆典大会。中共中央政治局委员、国务委员刘延东，中共中央政治局委员、上海市委书记俞正声，全国人大副委员长严隽琪，上海市委副书记、市长韩正，市人大常委会主任刘云耕，市政协主席冯国勤发信祝贺。卫生部部长陈竺、上海市副市长沈晓明为校庆题词。上海市委副书记、市长韩正，卫生部副部长刘谦，教育部部长助理林蕙青出席庆典大会并讲话。国务院港澳办原主任、中福会副主席、上海宋庆龄基金会主席鲁平，市委副书记殷一璀，市人大常委会副主任钟燕群，副市长沈晓明，市政协副主席周汉民等出席庆典大会。

28日 东方绿舟十周年庆典暨上海市公共安全实训基地奠基仪式举行。中共中央政治局委员、上海市委书记俞正声，市委副书记、市长韩正等领导及教育部等部委发来贺信。市委副书记殷一璀、全国人大常委龚学平、副市长沈晓明，市教卫工作党委书记、市教委主任薛明扬等出席。

11月

1日 市政协副主席周汉民率部分政协委员视察宝钢新世纪学校和上海市行知中学，了解上海市教育经费落实情况，听取市教委工作汇报并座谈。

2日 教育部副部长鲁昕视察上海交通大学，听取学校有关传达贯彻2012年全国教育工作会议精神、钱学森图书馆运作、转化医学重大科技基础设施项目建设以及李政道图书馆建设等情况汇报。

同日 市教卫工作党委书记、市教委主任薛明扬到复旦大学调研安全稳定工作情况。

3日 上海海洋大学举行建校100周年庆典大会。江泽民为校庆题词：“发扬优良传统，不断开拓创新，把上海海洋大学建设成为一流的高水平特色大学”。李岚清、李铁映题词祝贺。中共中央政治局委员、上海市委书记俞正声，全国政协副主席、科技部部长万钢，上海市委副书记、市长韩正，中央驻澳门联络办公室主任白志健以及教育部、农业部、国家海洋局等发来贺信。全国政协副主席、中华全国工商业联合会主席黄孟复，全国政协港澳台侨委员会副主任陈明义，农业部副部长牛盾，国家海洋局副局长王宏等出席庆典大会。出席庆典的上海市领导有刘云耕、冯国勤、徐麟、杨定华、郑惠强、姜平、周汉民等。市教卫工作党委书记、市教委主任薛明扬出席。

江泽民为上海海洋大学百年校庆题词。纪念碑揭幕仪式同日在上海海洋大学举行。

同日 上海市第三女子中学举行建校120周年庆典大会。全国人大常委会副委员长、全国妇联主席陈至立发信祝贺。上海市人大常委会主任刘云耕，原副主任周慕尧、任文燕，市妇联主席张丽丽、党组书记焦扬，市教委副主任李骏修等出席。

10日 上海体育学院举行建校60周年庆典大会。中共中央政治局委员、上海市委书记俞正声，市委副书记、市长韩正，市人大常委会主任刘云耕，市政协主席冯国勤，市委副书记殷一璀，教育部、国家体育总局发信祝贺。国家体育总局副局长段世杰，上海市人大常委会副主任杨定华，市政协副主席蔡威，市教卫工作党委副书记、市教委副主任高德毅，市教卫工作党委秘书长谢一龙等出席。

同日 上海市第二中学举行建校110周年庆典大会。全国人大常委会副委员长严隽琪，市委副书记殷一璀发来贺信。市人大常委会副主任杨定华，全国政协常委左焕琛等出席。

12日 市委常委、统战部部长沙海林视察上海新侨职业技术学院机电、汽车、珠宝三个专业的实训基地，看望学校师生，并召开座谈会。

13—15日 市教委、市政府教育督导室对嘉定区开展义务教育优质均衡发展专项督政。

16日 复旦大学附属儿科医院举行建院60周年庆典大会。中共中央政治局委员、上海市委书记俞正声、市委副书记、市长韩正等发信祝贺或题词。

副市长沈晓明等出席。

17 日 市学习促进办、市成人教育协会、长宁区推进学习型城区建设指导委员会等举办“上海市第八届全民终身学习活动周”开幕式。本届活动周主题为“在学习中进步与发展”。中国成人教育协会会长朱新均、市教委副主任袁雯出席。

18 日 上海市大同中学举行建校 100 周年庆典会。中共中央政治局委员、上海市委副书记、市长韩正,全国政协原副主席徐匡迪,市政协主席冯国勤,教育部副部长刘利民,上海市委副书记殷一璀等发来贺信、贺词。全国人大财政经济委员会副主任委员吕祖善,上海市人大常委会副主任王培生,副市长沈晓明,市政府副秘书长翁铁慧等出席。

20 日 上海教育系统学习宣传贯彻落实党的十八大精神系列主题活动启动仪式暨党的十八大精神宣讲首讲活动在复旦大学举行。市教卫工作党委书记、市教委主任薛明扬,市教卫工作党委副书记、市教委副主任高德毅等出席。

21 日 教育部副部长鲁昕率国务院农民工工作第一督察组在沪视察闵行区平南小学,听取上海农民工随迁子女教育工作、学前教育情况和上海制订随迁子女在沪升学考试方案相关情况的汇报。

21—23 日 市教委、市政府教育督导室对奉贤区开展义务教育均衡发展专项督政。

22 日 教育部党组到东华大学宣布党委领导班子调整决定,任命朱民为中共东华大学委员会委员、常委、书记,刘淑慧为中共东华大学委员会常委、副书记,罗仪华为中共东华大学委员会委员、常委、副书记、纪委书记。

25 日 由上海市民办教育协会、浙江省民办教育协会、江苏省工商联民办教育协会、安徽省民办教育协会主办的“第三届长三角地区民办教育高峰论坛”在沪举行。全国人大常委、中国民办教育协会会长王佐书发来贺信。市政协原副主席、中欧工商学院院长朱晓明,市教卫工作党委副书记、市教委副主任高德毅等出席并讲话。

同日 由上海市教委、江苏省教育厅、浙江省教育厅、安徽省教育厅主办,华东师范大学和上海市学生德育发展中心承办的“首届长三角高校思想政治理论课教学比赛”在华东师范大学举行。教育部社科司副司长徐维凡,市教卫工作党委副书记、市教委副主任高德毅等出席。

25—28 日 由团中央、中国科协、教育部、全国学联、上海市人民政府主办,复星集团协办的“第八届‘挑战杯’复星中国大学生创业计划竞赛决赛”在同济大学开幕。团中央书记处书记卢雍政、上海市副市长沈晓明等出席开幕式并致辞。

28 日 华东师范大学、上海师范大学、上海石化股份有限公司与金山区政府联合办学协议书签约仪式举行。副市长沈晓明出席并讲话。市政府副秘书长翁铁慧,市教卫工作党委书记、市教委主任薛明扬等出席。三家单位与金山区政府分别共建华师大三附中、上师大二附中和金山中学。

同日 上海中侨职业技术学院举行金山校区开工奠基典礼。副市长沈晓明,市政府副秘书长翁铁慧等出席。市教卫工作党委书记、市教委主任薛明扬,金山区委书记杨建荣等出席并讲话。

同日 上海格致中学奉贤校区在南桥正式开工建设。副市长沈晓明,市政府副秘书长翁铁慧,市教卫工作党委书记、市教委主任薛明扬等出席。

同日 崇明职业教育集团成立大会举行。市教委副主任印杰、崇明县副县长王菁出席并揭牌。

30 日 中共中央政治局原常委、国务院原副总理李岚清在沪接见上海应用技术学院党委领导,听取学校基本情况汇报,并题写上海应用技术学院图书馆馆名。

12 月

1 日 华东政法大学举行建校 60 周年庆祝大会。中共中央政治局常委、国务院副总理李克强,中共中央政治局委员、上海市委书记、市长韩正,全国人大常委会副委员长陈至立、严隽琪等发来贺信。最高人民检察院党组书记、检察长曹建明,最高人民法院党组副书记、常务副院长沈德咏,上海市人大常委会主任刘云耕,司法部副部长赵大程,市委副书记殷一璀,市委常委、政法委书记丁薛祥,副市长沈晓明,市高级人民法院院长应勇,市人民检察院检察长陈旭,浙江省高级人民法院院长齐奇等出席庆典大会。

2 日 中欧国际工商学院在上海浦东香格里拉大酒店举行办学展期协议签约仪式。中欧双方续签为期 20 年(2015—2034 年)的办学展期协议。全国人大常委会副委员长严隽琪、上海市人大常委会副主任杨定华、市政协原副主席王生洪、市政府副秘书长翁铁慧、上海交通大学党委书记马德秀、上海交通大学原校长谢绳武以及学院中外董事和欧盟国家驻沪领事等出席签约仪式。副市长沈晓明与欧盟驻华大使艾德和分别代表上海市人民政府与欧洲联盟在协议上签字,上海交通大学校长张杰与欧洲管理发展基金会总干事兼首席执行官埃里克·科尼埃尔分别代表双方办学单位签署协议。

11 日 市教委举办主题为“学校艺术教育与文化传承创新”的长三角地区学校艺术教育论坛，市教委副主任李骏修出席开幕式。

12 日 宣传贯彻十八大精神大型图片展高校巡展在同济大学开幕。市委宣传部副部长、市文明办主任燕爽出席开幕式。

同日 上海海事大学教学实习船“育明”轮命名交付。交通运输部副部长高宏峰，上海市委副书记殷一璀，副市长沈晓明，联合国国际海事组织海上安全司副司长 Mahapatra，中国海运集团董事长李绍德和总经理许立荣等出席命名交付仪式并考察教学实习船。

同日 中国医学科学院/北京协和医学院、复旦大学上海医学院、上海交通大学医学院—哈佛医学院转化医学联合中心签订以联合培养高端转化医学人才为重点的合作意向书。卫生部副部长刘谦、上海市副市长沈晓明出席签订仪式。

15 日 第十六届世界管理论坛暨东方管理论坛在上海工程技术大学举行。市人大常委会副主任胡延照、市教委副主任印杰出席论坛开幕式。

18 日 上海交大医学院附属瑞金医院北院举行开院试运营仪式。卫生部部长陈竺发来祝贺视频。上海市人大常委会副主任钟燕群，副市长沈晓明，市政协副主席蔡威，市政府副秘书长翁铁慧等出席仪式。

19 日 上海医疗器械高等专科学校、上海出版印刷高等专科学校浦东新校区建设项目在上海国际医学园区奠基。市教卫工作党委书记、市教委主任薛明扬，市委宣传部副部长燕爽，浦东新区副区长彭崧，市教委副主任李瑞阳，市新闻出版局副局长阚宁辉出席奠基活动。

25 日 副市长沈晓明、副秘书长翁铁慧到市教委听取 2012 年工作情况汇报及 2013 年工作思路。

28 日 上海科技大学(筹)建设工作在中国科学院上海浦东科技园正式启动。市委副书记殷一璀，中科院副院长施尔畏，中科院上海分院院长江绵恒，市委常委、浦东新区区委书记徐麟，副市长张学兵、沈晓明，市政府副秘书长翁铁慧等出席。

同日 上海市盲童学校举行建校百年庆典活动。市政协主席冯国勤，副主席王荣华，市教卫工作党委书记、市教委主任薛明扬向学校表示祝贺。市教委巡视员尹后庆、长宁区副区长陈志奇等出席活动。

教 育 统 计

上海市各级普通学校基本情况

单位:万人

指　　标	学校数(所)	毕业生数	招生数	在校学生数	教职工数	#专任教师
总　计	**3187**	**63.26**	**73.25**	**261.56**	**26.28**	**18.12**
研究生	**58**	**3.45**	**4.42**	**12.70**		
高等学校	26	3.31	4.19	12.05		
科研机构	32	0.14	0.23	0.65		
普通高等学校	**67**	**13.99**	**13.67**	**50.66**	**7.33**	**4.01**
普通高校(本专科)	40	11.06	10.45	41.28	6.55	3.56
职业技术学院	27	2.93	3.22	9.38	0.78	0.45
普通中等学校	**871**	**19.09**	**21.36**	**73.62**	**8.99**	**6.05**
中等专业学校	61	2.77	2.76	9.88	0.85	0.48
技工学校	9	0.30	0.30	0.98	0.11	0.07
普通中学	760	14.90	17.00	59.04	7.58	5.18
高　中		5.44	5.25	15.77		
初　中		9.46	11.75	43.27		
职业中学	28	1.05	1.23	3.55	0.41	0.29
高　中	28	1.04	1.22	3.54	0.41	0.29
初　中		0.01	0.01	0.01		
工读学校	13	0.07	0.06	0.16	0.05	0.04
小　学	**761**	**12.95**	**17.23**	**76.04**	**4.90**	**4.81**
特殊教育	**29**	**0.09**	**0.08**	**0.49**	**0.16**	**0.12**
幼儿园	**1401**	**13.69**	**16.49**	**48.06**	**4.90**	**3.13**

注:1. 表中幼儿园招生数指当年入园幼儿数。
2. 普通高校 67 所校数中包含独立学院 4 所。

上海市各级成人学校基本情况

单位:万人

指　　标	学校数(所)	毕业生数	招生数	在校学生数	教职工数	#专任教师
总　计	**848**	**186.86**	**12.28**	**209.96**	**1.98**	**0.86**
成人高等学校	**16**	**5.66**	**5.86**	**18.37**	**0.18**	**0.09**
独立设置成人高校	16	0.55	0.41	1.02	0.18	0.09
广播电视大学	1				0.03	0.02
职工高等学校	11	0.45	0.37	0.90	0.11	0.06
管理干部学院	4	0.10	0.04	0.12	0.04	0.01
普通高校举办	(63)	5.11	5.45	17.34		
函授部	9	0.38	0.32	1.01		
业　余	50	4.66	5.13	16.32		
成人脱产班	4	0.07		0.01		
成人网络本、专科		**5.88**	**5.45**	**13.76**		
成人中、初等学校	**33**	**0.84**	**0.97**	**2.68**	**0.06**	**0.04**
成人中等专业学校	23	0.68	0.97	2.23	0.05	0.03
全日制		0.40	0.54	1.41		
非全日制		0.28	0.43	0.81		
成人中学	12	0.16		0.45	0.01	0.01
成人小学						
职业技术培训机构	**799**	**174.48**		**175.15**	**1.74**	**0.73**

注:1. 表中成人中学、职业技术培训机构在校学生指累计注册数,毕业生数指累计结业数。
2. 普通高校举办的函授、业余、脱产班学校数是指举办这类教育的学校点数,括号内是点数之和。

研究生基本情况

单位：人

指　　标	合　计	中央部委所属	教育部所属	其他部委所属	地方所属	教育部门	其他部门
毕业生数	**34606**	**24285**	**23107**	**1178**	**10321**	**10082**	**239**
攻读博士学位	5222	4533	3872	661	689	660	29
攻读硕士学位	29384	19752	19235	517	9632	9422	210
招生数	**44229**	**30722**	**28668**	**2054**	**13507**	**13136**	**371**
攻读博士学位	6683	5749	5070	679	934	894	40
攻读硕士学位	37546	24973	23598	1375	12573	12242	331
在校学生数	**127014**	**91737**	**86065**	**5672**	**35277**	**34343**	**934**
攻读博士学位	27300	23567	21048	2519	3733	3575	158
攻读硕士学位	99714	68170	65017	3153	31544	30768	776
预计毕业生数	**46940**	**34363**	**32683**	**1680**	**12577**	**12274**	**303**
攻读博士学位	13836	11958	10878	1080	1878	1800	78
攻读硕士学位	33104	22405	21805	600	10699	10474	225

分学科研究生数

单位：人

指　　标	毕业生数	招生数	在校学生数	预计毕业生数
总　计	**34606**	**44229**	**127014**	**46940**
女　生	16354	21095	59078	20840
学术型学位	26086	28061	89423	35368
专业学位	8520	16168	37591	11572
哲　　学	294	315	1012	394
经 济 学	1852	2592	6730	2500
法　　学	3300	3575	9888	3616
教 育 学	1636	2584	5583	1962
文　　学	2337	2449	7400	2715
历 史 学	330	401	1334	526
理　　学	3410	4594	14392	5280
工　　学	12057	14826	43536	16664
农　　学	325	426	1193	395
医　　学	3045	3730	11123	3195
军 事 学	2		2	1
管 理 学	5270	7670	21714	8638
艺 术 学	748	1067	3107	1054

普通高等学校专科分学科学生数

单位：人

指　　标	毕业生数	招生数	在校学生数	预计毕业生数
总　计	**50983**	**47247**	**147589**	**51300**
农林牧渔大类	513	641	1764	535
交通运输大类	4988	4015	13667	5291
生化与药品大类	264	421	1188	360
资源开发与测绘大类	29		87	39

（续上表）

指　　标	毕业生数	招生数	在校学生数	预计毕业生数
材料与能源大类	92	68	223	82
土建大类	2392	2502	7830	2651
水利大类				
制造大类	6139	5318	16823	5869
电子信息大类	3718	2780	10180	3841
环保、气象与安全大类	233	173	491	154
轻纺食品大类	1541	1175	4062	1545
财经大类	9818	9973	30187	9916
医药卫生大类	4245	5625	15363	4748
旅游大类	2898	2648	8391	2914
公共事业大类	1007	808	2630	1025
文化教育大类	5946	3962	14412	5410
艺术设计传媒大类	5232	5716	17229	5744
公安大类	1467	1040	1786	746
法律大类	461	382	1276	430

普通高等学校本科分学科学生数

单位：人

指　　标	毕业生数	招生数	在校学生数	预计毕业生数
总　计	**85714**	**92594**	**359007**	**90602**
哲　学	120	181	635	165
经济学	8372	8153	32020	8234
法　学	6038	5464	22029	6066
教育学	1712	2399	8716	1905
文　学	14697	16010	61431	15206
历史学	247	177	848	235
理　学	6528	7245	27996	6892
工　学	28104	31438	122803	31449
农　学	529	476	1902	440
医　学	1965	2358	9982	1979
管理学	17402	18693	70645	18031

普通高等学校基本情况

单位：人

指　　标	学校数（所）	本专科学生数								教职工数	#专任教师
		毕业生数	#本科	招生数	#本科	在校生	#本科	预计毕业生	#本科		
总　计	**67**	**136697**	**85714**	**139841**	**92594**	**506596**	**359007**	**141902**	**90602**	**73348**	**40118**
部　　属	10	28116	27213	27171	26242	110469	108098	28156	27362	32909	15529
市　　属	57	108581	58501	112670	66352	396127	250909	113746	63240	40439	24589
民　　办	20	26905	7518	25852	10602	87805	36153	26739	7933	6525	3968
综合大学	3	14387	13157	13838	12620	56788	52896	15127	13815	19175	8094
理工院校	26	57067	35419	58405	38856	213590	150661	60402	38069	27049	15264
农业院校	2	4700	3174	4443	3238	16372	12107	4513	2952	1523	1087
林业院校											

（续上表）

指标	学校数（所）	本专科学生数								教职工数	#专任教师
		毕业生数	#本科	招生数	#本科	在校生	#本科	预计毕业生	#本科		
医药院校	3	2600	752	3818	862	11430	3739	3030	903	2050	1245
师范院校	2	8838	8217	9487	8902	37426	35777	9790	9256	6841	3803
语文院校	3	5336	1559	5156	1536	17387	5972	5307	1457	1968	1235
财经院校	18	31537	15375	32808	18538	112508	66924	32257	16160	9189	5967
政法院校	3	7371	5358	6765	5216	23313	19866	6701	5402	2399	1645
体育院校	2	1068	950	1153	996	4491	4025	1126	1004	1227	620
艺术院校	5	3793	1753	3968	1830	13291	7040	3649	1584	1927	1158
民族院校											

普通高等学校专任教师学历情况

单位：人

指标	专任教师数	正高级	副高级	中级	初级	未定职称
总计	**40118**	**6781**	**12610**	**16498**	**2877**	**1352**
研究生毕业	29968	5852	9261	12142	1705	1008
博士	16735	4870	6589	4659	95	522
硕士	13233	982	2672	7483	1610	486
高等学校本科毕业	9490	866	3154	4111	1083	276
高等学校专科毕业及以下	660	63	195	245	89	68

普通高等学校专任教师年龄结构情况

单位：人

指标	专任教师数	正高级	副高级	中级	初级	未定职称
总计	**40118**	**6781**	**12610**	**16498**	**2877**	**1352**
30岁及以下	4686	5	63	2095	1802	721
31～35岁	8762	81	1455	6209	666	351
36～40岁	7413	438	2929	3703	203	140
41～45岁	5638	1020	2655	1815	82	66
46～50岁	6166	2077	2596	1415	48	30
51～55岁	3227	1160	1328	672	48	19
56～60岁	2807	1174	1150	443	25	15
61～65岁	867	504	246	105	3	9
66岁及以上	552	322	188	41		1

普通高等学校分科专任教师

单位：人

指标	专任教师数	正高级	副高级	中级	初级	未定职称
总计	**40118**	**6781**	**12610**	**16498**	**2877**	**1352**
哲学	1010	171	315	394	88	42
经济学	2423	405	871	968	114	65
法学	2542	377	719	1125	222	99
教育学	3862	317	824	1917	568	236
文学	8889	993	2314	4366	852	364

（续上表）

指　　标	专任教师数	正高级	副高级	中　级	初　级	未定职称
历史学	435	135	127	150	17	6
理　学	4031	1102	1456	1288	75	110
工　学	11285	2322	4198	4055	466	244
农　学	423	86	155	142	27	13
医　学	2235	391	598	950	253	43
管理学	2983	482	1033	1143	195	130

普通中等专业学校基本情况

单位：人

指　　标	学校数(所)	毕业生数	招生数	在校学生数	预　计 毕业生	教职工数	#专任教师
总　计	**61**	**27670**	**27637**	**98815**	**28069**	**8484**	**4797**
中央部委属	1	607	507	1819	701	264	100
市　　属	57	26568	26682	95538	26813	8103	4650
民　　办	3	495	448	1458	555	117	47
农林牧渔类		255	367	1381	454		
资源环境类		558	373	1972	633		
能源与新能源类		354	371	1109	393		
土木水利类		1366	1959	6102	1703		
加工制造类		4734	4415	15785	4814		
石油化工类		937	773	3076	716		
轻纺食品类		176	134	615	206		
交通运输类		2990	2954	9386	2970		
信息技术类		2388	3738	11092	2637		
医药卫生类		3150	2639	11080	3151		
休闲保健类		143	152	325	86		
财经商贸类		8013	6804	26687	7652		
旅游服务类		550	900	2073	533		
文化艺术类		1087	1285	5246	1243		
体育与健身类		156	294	753	212		
教育类		53	92	251	67		
司法服务类		87	44	304	147		
公共管理与服务类		542	240	1149	402		
其他		131	103	429	50		

普通中等专业学校分学科专任教师数

单位：人

指　　标	合　计	正高级	副高级	中　级	初　级	未定职称
总　计	**4797**	**18**	**1136**	**2385**	**1106**	**152**
文化基础课	1837		437	943	409	48
专业课	2757	18	682	1367	605	85
农林牧渔类	37		16	15	6	
资源环境类	16		2	6	8	

（续上表）

指　　标	合　计	正高级	副高级	中　级	初　级	未定职称
能源与新能源类	33		14	6	7	6
土木水利类	132		38	64	26	4
加工制造类	323		105	142	70	6
石油化工类	79		31	31	17	
轻纺食品类	48		12	22	11	3
交通运输类	184		40	97	35	12
信息技术类	362	1	74	207	73	7
医药卫生类	269	3	79	145	36	6
休闲保健类	7		1	4	2	
财经商贸类	507		110	258	130	9
旅游服务类	31		6	16	8	1
文化艺术类	325	11	68	167	63	16
体育与健身类	186	3	44	89	44	6
教育类	103		17	40	38	8
司法服务类	9		2	6	1	
公共管理与服务类	14		3	6	5	
其　他	92		20	46	25	1
实习指导课	203		17	75	92	19

普通中等专业学校专任教师学历情况

单位：人

指　　标	合　计	正高级	副高级	中　级	初　级	未定职称
专任教师数	**4797**	**18**	**1136**	**2385**	**1106**	**152**
博　士	17	1	8	6	1	1
硕　士	722	3	130	319	213	57
本　科	3779	9	958	1942	801	69
专　科	243	3	34	110	76	20
高中阶段及以下	36	2	6	8	15	5

普通中等专业学校专任教师年龄情况

单位：人

指　　标	合　计	正高级	副高级	中　级	初　级	未定职称
专任教师数	**4797**	**18**	**1136**	**2385**	**1106**	**152**
30 岁及以下	918			168	629	121
31～35 岁	759		12	494	239	14
36～40 岁	731	1	123	514	92	1
41～45 岁	758	1	296	399	56	6
46～50 岁	853	3	381	410	56	3
51～55 岁	513	8	210	274	17	4
56～60 岁	259	3	113	125	15	3
61 岁及以上	6	2	1	1	2	

中等职业学校机构数

单位:所

指标	合计	中央部委属	地方所属			民办
				教育部门	非教育部门	
总计	**121**	**1**	**114**	**45**	**69**	**6**
普通中专	61	1	57	11	46	3
职业高中	28		26	25	1	2
技工学校	9		9	1	8	
成人中专	23		22	8	14	1

中等职业学校重点建设验收评估合格单位情况

单位:人

指标	单位数(所)	毕业生数	招生数	在校生数	预计毕业生数
总计	**68**	**35761**	**38194**	**126861**	**35522**
普通中专	40	22723	23068	82213	23645
职业高中	22	10164	11957	34732	8804
技工学校	6	2874	3169	9916	3073

中学校数、班数

指标	全市	城区	镇区	乡村	另有:后方基地
学校数(所)	**760**	**608**	**125**	**27**	**8**
完全中学	91	84	5	2	1
高级中学	136	115	20	1	2
初级中学	356	282	61	13	3
九年一贯制学校	158	109	38	11	2
十二年一贯制学校	19	18	1		
班数(班)	**16847**	**13939**	**2505**	**403**	**132**
初中	12288	9994	1945	349	85
高中	4559	3945	560	54	47

中学分年级学生数

单位:人

指标	全市	城区	镇区	乡村	另有:后方基地
总计	**590395**	**486874**	**90116**	**13405**	**5534**
初中小计	**432686**	**352285**	**69028**	**11373**	**3286**
初一	117757	94898	19507	3352	665
初二	115194	93238	18915	3041	986
初三	104360	85034	16613	2713	1080
初四	95375	79115	13993	2267	555
高中小计	**157709**	**134589**	**21088**	**2032**	**2248**
高一	52821	45334	6845	642	722
高二	51964	44451	6843	670	713
高三	52924	44804	7400	720	813

教育系统所属中学校数、班数、学生数

指　　标	全　市	城　区	镇　区	乡　村
学校数(所)	**651**	**506**	**120**	**25**
完全中学	66	61	3	2
高级中学	120	100	19	1
初级中学	320	248	60	12
九年一贯制学校	140	92	38	10
十二年一贯制学校	5	5		
班数(班)	**14772**	**11927**	**2450**	**395**
初　中	10657	8403	1913	341
高　中	4115	3524	537	54
学生数(人)	**513456**	**412416**	**87813**	**13227**
初　中	370578	291528	67855	11195
高　中	142878	120888	19958	2032

民办中学教学机构数、班数、学生数

指　　标	全　市	城　区	镇　区	乡　村
机构数(个)	**107**	**100**	**5**	**2**
完全中学	23	21	2	
高级中学	16	15	1	
初级中学	36	34	1	1
九年一贯制学校	18	17		1
十二年一贯制学校	14	13	1	
班数(班)	**2024**	**1961**	**55**	**8**
初　中	1603	1563	32	8
高　中	421	398	23	
学生数(人)	**74781**	**72300**	**2303**	**178**
初　中	60912	59561	1173	178
高　中	13869	12739	1130	

2012 年中学招生、毕业生数

单位:人

指　　标	全　市	城　区	镇　区	乡　村	另有:后方基地
2012 年招生数	**169986**	**139752**	**26252**	**3982**	**1387**
初　中	117489	94681	19468	3340	665
高　中	52497	45071	6784	642	722
2012 年毕业生数	**149061**	**123859**	**22014**	**3188**	**1759**
初　中	94645	78333	13880	2432	1013
高　中	54416	45526	8134	756	746

中学教职工、教师分部门人数

单位:人

指　　标	全　市	城　区	镇　区	乡　村
教职工数	**75758**	**61312**	**12431**	**2015**
教育部门办	67019	52865	12187	1967
其他部门办	254	254		
民　办	8485	8193	244	48
其中:专任教师数	**51790**	**42580**	**7999**	**1211**
教育部门办	46498	37483	7826	1189
其他部门办	214	214		
民　办	5078	4883	173	22

中学专任教师学历情况

指　　标	专　任 教师数	研究生 毕业	大学本 科毕业	大学专 科毕业	高中阶 段毕业	高中阶段 毕业以下
初中(人)	**35202**	**1654**	**32296**	**1233**	**16**	**3**
所占比重(%)	100.00	4.70	91.74	3.50	0.05	0.01
高中(人)	**16588**	**1774**	**14764**	**49**	**1**	
所占比重(%)	100.00	10.69	89.00	0.30	0.01	

中学专任教师职称情况

指　　标	专任教师数 (人)	中学高级	中学一级	中学二级	中学三级	未评职称
初中(人)	**35202**	**4108**	**18775**	**10755**	**49**	**1515**
所占比重(%)	100.00	11.67	53.34	30.55	0.14	4.30
高中(人)	**16588**	**5403**	**7771**	**2976**	**5**	**433**
所占比重(%)	100.00	32.57	46.85	17.94	0.03	2.61

中学专任教师年龄情况

指　　标	专任教师数 (人)	30岁及以下	31～40岁	41～50岁	51～60岁	61岁及以上
初中(人)	**35202**	**8811**	**13937**	**9926**	**2350**	**178**
所占比重(%)	100.00	25.02	39.59	28.20	6.68	0.51
高中(人)	**16588**	**2950**	**7130**	**5110**	**1239**	**159**
所占比重(%)	100.00	17.78	42.98	30.81	7.47	0.96

中学占地和校舍建筑面积数

单位:万平方米

指　　标	全　市	城　区	镇　区	乡　村
学校占地面积	2095.37	1540.42	475.69	79.26
#运动场地面积	579.11	424.06	134.15	20.90
校舍建筑面积	1224.74	1008.43	187.55	28.76

分区县高中分年级在校生情况

单位：人

指标	毕业生数	招生数	高中在校生	一年级	二年级	三年级
全市合计	**54416**	**52497**	**157709**	**52821**	**51964**	**52924**
市区小计	**51416**	**50473**	**151071**	**50792**	**49788**	**50491**
黄浦区	3048	3174	9579	3192	3158	3229
徐汇区	3881	3934	11659	3966	3840	3853
长宁区	1809	1900	5475	1913	1837	1725
静安区	1273	1363	4055	1363	1339	1353
普陀区	2795	2742	8070	2779	2658	2633
闸北区	2637	2356	7009	2356	2300	2353
虹口区	2904	2551	7981	2569	2591	2821
杨浦区	3956	3725	11280	3740	3761	3779
闵行区	3631	3659	10526	3665	3476	3385
宝山区	3168	3408	9998	3433	3257	3308
嘉定区	1935	2001	5881	2015	1885	1981
浦东新区	11451	11342	34110	11383	11371	11356
金山区	2362	1964	6296	2004	2039	2253
松江区	2322	2352	6976	2389	2272	2315
青浦区	2117	1934	5991	1941	2039	2011
奉贤区	2127	2068	6185	2084	1965	2136
郊县小计	**3000**	**2024**	**6638**	**2029**	**2176**	**2433**
崇明县	3000	2024	6638	2029	2176	2433

分区县初中分年级在校生情况

单位：人

指标	毕业生数	招生数	初中在校生	一年级	二年级	三年级	四年级
全市合计	**94645**	**117489**	**432686**	**117757**	**115194**	**104360**	**95375**
市区小计	**90880**	**114200**	**418656**	**114463**	**111656**	**100886**	**91651**
黄浦区	3741	3800	15243	3809	4012	3847	3575
徐汇区	6006	6418	25018	6434	6511	6008	6065
长宁区	3276	3520	13789	3541	3699	3295	3254
静安区	1967	2023	8280	2023	2121	2079	2057
普陀区	4607	5292	20417	5319	5275	5095	4728
闸北区	4155	4364	17559	4364	4505	4254	4436
虹口区	4081	4139	16717	4163	4330	4081	4143
杨浦区	5218	5343	22222	5356	5652	5648	5566
闵行区	6634	10244	34693	10250	9659	8005	6779
宝山区	6511	8794	31506	8865	8390	7537	6714
嘉定区	3652	6183	20160	6223	5498	4697	3742
浦东新区	23084	29616	105718	29632	28144	25376	22566
金山区	4069	4861	17194	4864	4413	3936	3981
松江区	5308	6503	25553	6512	7225	6370	5446
青浦区	3916	5257	19644	5261	5599	4926	3858
奉贤区	4655	7843	24943	7847	6623	5732	4741
郊县小计	**3765**	**3289**	**14030**	**3294**	**3538**	**3474**	**3724**
崇明县	3765	3289	14030	3294	3538	3474	3724

分区县中学基本情况

单位:人

指　标	学校数(所)	完全中学	高级中学	初级中学	九年一贯制学校	十二年一贯制学校	初高中学生数	教职工数	#专任教师	初　中	高　中
全市合计	**760**	**91**	**136**	**356**	**158**	**19**	**590395**	**75758**	**51790**	**35202**	**16588**
市区小计	**723**	**88**	**131**	**330**	**155**	**19**	**569727**	**72396**	**49511**	**33630**	**15881**
黄浦区	36	6	9	17	4		24822	3576	2453	1373	1080
徐汇区	38	9	8	18	2	1	36677	4382	3401	2077	1324
长宁区	27	4	4	15	2	2	19264	2866	1831	1242	589
静安区	15	4	3	6	2		12335	1717	1121	687	434
普陀区	49	10	5	15	18	1	28487	4537	2740	1905	835
闸北区	36	8	6	18	4		24568	3235	2203	1438	765
虹口区	41	4	12	19	6		24698	3327	2515	1514	1001
杨浦区	53	7	11	27	8		33502	4352	3185	1981	1204
闵行区	63	7	10	27	18	1	45219	6513	4141	2945	1196
宝山区	56	5	8	27	15	1	41504	4993	3485	2517	968
嘉定区	36	1	8	16	9	2	26041	3124	2140	1556	584
浦东新区	149	18	26	75	21	9	139828	15165	11329	7902	3427
金山区	29	1	7	18	3		23490	2939	2144	1459	685
松江区	33	3	4	8	17	1	32529	4542	2448	1792	656
青浦区	24	1	4	13	6		25635	3043	2120	1568	552
奉贤区	38		6	11	20	1	31128	4085	2255	1674	581
郊县小计	**37**	**3**	**5**	**26**	**3**		**20668**	**3362**	**2279**	**1572**	**707**
崇明县	37	3	5	26	3		20668	3362	2279	1572	707

实验性示范性中学(含重点及现代寄宿制)基本情况

单位:人

指　标	总　计	市实验性示范性	市区	郊县	区县重点	市区	郊县
学校数(所)	**139**	**56**	**55**	**1**	**83**	**79**	**4**
班数(个)	**4246**	**1800**	**1754**	**46**	**2446**	**2337**	**109**
初　中	830	94	92	2	736	736	
高　中	3416	1706	1662	44	1710	1601	109
毕业生数	**49056**	**22018**	**21266**	**752**	**27038**	**25048**	**1990**
初　中	7982	1514	1436	78	6468	6468	
高　中	41074	20504	19830	674	20570	18580	1990
招生数	**47745**	**20983**	**20426**	**557**	**26762**	**25596**	**1166**
初　中	7646	669	669		6977	6977	
高　中	40099	20314	19757	557	19785	18619	1166
在校学生数	**150431**	**64321**	**62518**	**1803**	**86110**	**82038**	**4072**
初　中	30133	3367	3287	80	26766	26766	
高　中	120298	60954	59231	1723	59344	55272	4072

（续上表）

指　　标	总　计	市实验性示范性	市区	郊县	区县重点	市区	郊县
2012年预计毕业生数	**47727**	**21747**	**21088**	**659**	**25980**	**24438**	**1542**
初　中	7817	1453	1373	80	6364	6364	
高　中	39910	20294	19715	579	19616	18074	1542
教职工数	**19811**	**9103**	**8878**	**225**	**10708**	**10050**	**658**
其中：专任教师	15260	6883	6728	155	8377	7883	494
初　中	2402	228	228		2174	2174	
高　中	12858	6655	6500	155	6203	5709	494
学校占地面积(万平方米)	**665.11**	**389.45**	**374.36**	**15.09**	**275.66**	**252.97**	**22.69**
学校建筑面积(万平方米)	**416.14**	**238.37**	**231.10**	**7.27**	**177.77**	**167.64**	**10.13**

职业高中学校专任教师学历情况

单位：人

指　　标	合　计	研究生	大学本科	大学专科	高中阶段及以下
专任教师	**2858**	**157**	**2653**	**44**	**4**
正高级	2		2		
副高级	481	21	457	3	
中　级	1618	66	1535	17	
初　级	666	45	602	19	
未定职称	91	25	57	5	4

职业高中学校专任教师年龄职称情况

单位：人

指　　标	专任教师	30岁及以下	31～40岁	41～50岁	51～60岁	61岁及以上
总　计	**2858**	**403**	**1189**	**909**	**357**	
正高级	2		1	1		
副高级	481		100	268	113	
中　级	1618	57	768	571	222	
初　级	666	277	307	64	18	
未定职称	91	69	13	5	4	

职业高中(班)基本情况

单位：人

指　　标	学校数(所)	毕业生数	招生数	在校生数	预　计毕业生	教职工数	#专任教师
总　计	**28**	**10351**	**12194**	**35415**	**9277**	**4068**	**2858**
中央部门办							
地方教育部门	25	9968	11699	33976	8787	4012	2822
地方非教育部门	1	154	137	454	152	17	13
民　办	2	229	358	985	338	39	23
农林牧渔类		101	109	291	79		

（续上表）

指　　标	学校数（所）	毕业生数	招生数	在校生数	预　计毕业生	教职工数	#专任教师
资源环境类							
能源与新能源类				52			
土木水利类							
加工制造类		1007	1083	3048	709		
石油化工类							
轻纺食品类							
交通运输类		2199	2174	6472	1920		
信息技术类		954	1486	4464	1137		
医药卫生类		40	77	180	23		
休闲保健类		59	68	298	113		
财经商贸类		2244	2506	7687	1881		
旅游服务类		1784	2345	6198	1541		
文化艺术类		700	1121	2846	597		
体育与健身类		26	69	166	41		
教育类		750	736	2347	719		
司法服务类							
公共管理与服务类		240	198	722	316		
其他		247	222	644	201		

分区县职业高中学校(班)基本情况

单位:人

指　　标	学校数（所）	毕业生数	招生数	在校学生数	预　计毕业生	教职工数	#专任教师
全市合计	**28**	**10351**	**12194**	**35415**	**8939**	**4068**	**2858**
市区小计	**27**	**9740**	**11422**	**33225**	**8478**	**3771**	**2652**
黄浦区	4	986	753	2706	858	559	347
徐汇区	2	696	602	1999	659	278	188
长宁区	2	497	577	1735	419	211	131
静安区	1	365	342	1189	416	220	152
普陀区	1	269	392	921	278	180	119
闸北区	1	329	208	820	352	146	99
虹口区	3	1367	1033	3262	634	374	247
杨浦区	1	484	537	1554	490	162	117
闵行区	1	464	586	1981	527	188	145
宝山区	2	759	970	2688	615	222	115
嘉定区	1					72	49
浦东新区	5	3152	4841	12942	2956	762	647
金山区							
松江区	2	199	409	1057	260	330	257
青浦区	1	103	172	357		67	
奉贤区		70		14	14		
郊县小计	**1**	**611**	**772**	**2190**	**461**	**297**	**206**
崇明县	1	611	772	2190	461	297	206

小学校数、班数、学生数、教职工数

指　　标	全　市	教育部门	其他部门	民办	另有:后方基地
学校数(所)	**761**	**580**	**1**	**180**	**7**
班数(班)	**19878**	**16030**	**18**	**3830**	**136**
学生数(人)	**760377**	**589961**	**625**	**169791**	**4338**
一年级	172438	134646	140	37652	721
二年级	166480	131158	144	35178	814
三年级	146005	114119	121	31765	854
四年级	135228	105418	107	29703	802
五年级	133729	104620	113	28996	797
六年级	6497			6497	350
教职工数(人)	**48936**	**40125**	**48**	**8763**	**483**
#专任教师数	48066	40155	42	7869	427

小学专任教师学历情况

指　　标	合计(人)	大学本科毕业及以上	大学专科毕　业	高中阶段毕　业	高中阶段毕业以下
专任教师(人)	48066	32233	14204	1601	28
所占比重(%)	100.00	67.06	29.55	3.33	0.06

小学专任教师年龄职称情况

单位:人

指　　标	专任教师	30岁及以下	31～40岁	41～50岁	51～60岁	61岁及以上
总　计	**48066**	**13352**	**18146**	**13852**	**2447**	**269**
中学高级教师	875		242	505	104	24
小学高级教师	24366	276	10723	11255	1911	201
小学一级教师	15757	7993	6016	1439	291	18
小学二级教师	533	285	136	85	25	2
小学三级教师	59	31	24	2	1	1
未定职称	6476	4757	1005	566	115	23

小学占地和校舍建筑面积数

单位:万平方米

指　标	学校占地面积	运动场(馆)面积	校舍建筑面积
全　市	**887.39**	**290.57**	**484.65**
城　区	646.13	212.46	391.31
镇　区	166.68	53.92	68.25
乡　村	74.58	24.19	25.08

分区县小学基本情况

单位:人

指标	学校数(所)	毕业生数	招生数	在校学生数	一年级	二年级	三年级	四年级	五年级	六年级	教职工数	#专任教师
全市合计	**761**	**129542**	**172297**	**760377**	**172438**	**166480**	**146005**	**135228**	**133729**	**6497**	**48936**	**48066**
市区小计	**729**	**125932**	**167864**	**741236**	**167988**	**162466**	**142356**	**131727**	**130411**	**6288**	**46575**	**46132**
黄浦区	30	3523	3979	17897	3982	3962	3373	3190	3390		2057	1664
徐汇区	43	6081	6958	31490	6962	7073	6055	5560	5840		2581	2232
长宁区	24	3546	4090	18668	4097	4268	3579	3284	3440		1652	1456
静安区	12	1809	1955	9067	1955	2037	1716	1676	1683		986	717
普陀区	26	5589	6663	29068	6671	6570	5457	4997	5373		1589	2093
闸北区	34	4083	4778	21520	4778	4893	4119	3780	3950		1939	1547
虹口区	34	3984	4656	21293	4656	4703	4029	3956	3949		1852	1806
杨浦区	44	5359	5899	27176	5905	6038	5084	4839	5310		2372	2265
闵行区	62	13021	19019	81309	19025	18391	15682	14338	13873		4567	4562
宝山区	73	11196	14661	63313	14667	13793	12201	11532	11120		3912	4124
嘉定区	39	7129	10988	48995	11005	10177	9210	8635	8059	1909	2612	2504
浦东新区	165	31230	42718	183060	42726	40575	35382	32034	32343		10502	10755
金山区	31	5035	5864	28509	5866	6060	5701	5380	5502		2162	1850
松江区	33	8822	13368	60390	13380	12592	11443	10450	9962	2563	2621	3125
青浦区	45	7017	11166	48952	11176	10342	9356	8437	7825	1816	3094	2888
奉贤区	34	8508	11102	50529	11137	10992	9969	9639	8792		2077	2544
郊县小计	**32**	**3610**	**4433**	**19141**	**4450**	**4014**	**3649**	**3501**	**3318**	**209**	**2361**	**1934**
崇明县	32	3610	4433	19141	4450	4014	3649	3501	3318	209	2361	1934

幼儿园基本情况

指标	全市	教育部门	集体办	其他部门	民办	另有:基地
独立幼儿园(所)	1401	833	37	31	500	12
班数(班)	15786	10533	291	307	4655	66
幼儿数(人)	480560	325981	10035	8188	136356	1997
教职工数(人)	49034	28632	867	1223	18312	335
专任教师数	31289	21449	452	603	8785	173

幼儿园园长、教师学历情况

指标	合计	大学本科毕业及以上	大学专科毕业	高中阶段毕业	高中阶段毕业以下	合计中:幼教专业毕业
园长(人)	1838	1371	413	52	2	1588
所占比重(%)	100.00	74.59	22.47	2.83	0.11	86.40
专任教师(人)	31289	17667	11815	1749	58	23806
所占比重(%)	100.00	56.46	37.76	5.59	0.19	76.08

幼儿园园长、教师职称情况

指　　标	中学高级	小学高级	小学一级	小学二级	小学三级	未定职称
园长(人)	357	1122	156	13	1	189
所占比重(%)	19.42	61.05	8.49	0.71	0.05	10.28
专任教师(人)	157	8142	11600	2114	124	9152
所占比重(%)	0.50	26.02	37.07	6.76	0.40	29.25

分区县幼儿园基本情况

单位:人

指　　标	园数(所)	实际办园点数	入　园幼儿数	离　园幼儿数	在　园幼儿数	教职工数	#专任教师	占地面积万平方米	校舍面积万平方米
全市合计	**1401**	**1849**	**164879**	**136897**	**480560**	**49034**	**31289**	**731.25**	**484.28**
市区小计	**1362**	**1796**	**160789**	**133024**	**469339**	**48001**	**30514**	**708.97**	**471.32**
黄浦区	49	66	4235	3781	12191	1427	854	7.07	8.27
徐汇区	85	117	6391	5745	21279	2652	1558	29.99	19.53
长宁区	41	58	3572	3476	13025	1383	967	31.99	14.07
静安区	21	26	2015	1438	5697	732	404	4.71	4.50
普陀区	80	108	8657	6911	27002	2393	1713	32.06	24.52
闸北区	54	76	4753	4337	15250	1615	1044	19.22	15.10
虹口区	52	64	3952	3873	13510	1431	932	17.17	13.18
杨浦区	84	107	7790	6261	22134	2140	1495	28.34	20.75
闵行区	149	210	22767	15041	58535	8228	4320	93.50	59.94
宝山区	150	150	15385	13233	47715	4356	2818	67.36	45.74
嘉定区	61	86	8667	7954	26582	2418	1658	47.82	29.45
浦东新区	261	392	33546	29073	103321	9325	6503	173.59	117.78
金山区	33	54	5952	4855	14975	1416	971	33.13	17.43
松江区	95	100	15408	10112	35837	3140	1951	45.95	31.68
青浦区	71	93	8911	8231	24823	2600	1708	34.90	22.28
奉贤区	76	89	8788	8703	27463	2745	1618	42.17	27.11
郊县小计	**39**	**53**	**4090**	**3873**	**11221**	**1033**	**775**	**22.28**	**12.95**
崇明县	39	53	4090	3873	11221	1033	775	22.28	12.95

注:实际办园点数由市教委基教处提供。

分区县托儿所基本情况

指　　标	独立设置托儿所(所)	班数(个)	托儿数(人)	教职工数(人)	#教养员
全市合计	**54**	**309**	**7260**	**963**	**589**
市区小计	**54**	**309**	**7260**	**963**	**589**
黄浦区	1	4	108	14	14
徐汇区	2	8	213	32	14
长宁区	19	36	859	183	131
静安区	2	8	163	26	12
普陀区	2	8	218	49	16

（续上表）

指　　标	独立设置托儿所(所)	班数（个）	托儿数（人）	教职工数（人）	#教养员
闸北区	2	15	321	27	19
虹口区	5	47	1110	45	29
杨浦区	3	25	675	28	10
闵行区					
宝山区					
嘉定区	1	9	240	41	19
浦东新区	13	123	2851	432	282
金山区		7	168	28	10
松江区	4	19	334	58	33
青浦区					
奉贤区					
郊县小计					
崇明县					

特殊教育学校基本情况

单位：人

指　　标	学校数(所)	班数(个)	学生数	教职工数	#专任教师
总　计	**29**	**470**	**8211**	**1580**	**1177**
视力残疾		24	232		
听力残疾		63	740		
智力残疾		359	6795		
其他残疾		24	444		
盲　　校	1	23	188	111	53
聋哑学校	4	63	571	256	168
弱智学校	22	340	3485	1085	850
其他学校	2	24	479	128	106
小学附设特教班		12	79		
中学附设特教班		2	10		
中职附设特教班		6	73		
小学随班就读			1426		
中学随班就读			1900		

注：1. 其他学校指对两类以上残疾人进行教育的学校。
2. 随班就读学生是普通中、小学学生的其中数，不计入独立的特教校班数据中。

工读学校基本情况

单位：人

指　　标	学校数（所）	班数（个）	学生数	教职工数	#专任教师
全市合计	**13**	**98**	**1608**	**520**	**380**
市区小计	**12**	**84**	**1370**	**453**	**323**
黄浦区	1	4	25	31	21
徐汇区	1	5	80	21	20

（续上表）

指　标	学校数（所）	班数（个）	学生数	教职工数	#专任教师
长宁区	1	3	34	23	13
静安区	1	7	29	38	32
普陀区	1	4	19	32	21
闸北区	1	11	221	40	30
虹口区	1	13	309	28	21
杨浦区	1	6	63	25	18
闵行区	1	7	80	40	30
宝山区	1	11	140	38	26
嘉定区	1	2	50	31	18
浦东新区	1	11	320	106	73
金山区					
松江区					
青浦区					
奉贤区					
郊县小计	**1**	**14**	**238**	**67**	**57**
崇明县	1	14	238	67	57

成人本、专科分形式学生数

单位：人

指　标	毕业生数	#本科	招生数	#本科	在校生数	#本科	预计毕业生数	#本科
总　计	**56598**	**36865**	**58542**	**41278**	**183650**	**130986**	**62571**	**42162**
函　授	3805	2856	3236	2530	10113	8063	3888	3210
业　余	52049	33347	55204	38748	173153	122904	58413	38933
脱　产	744	662	102		384	19	270	19

注：含普通高校举办的成人本专科及独立设置的成人高校学生。

网络本、专科学生数

单位：人

指　标	毕业生数	#本科	招生数	#本科	在校生数	#本科
总　计	**58750**	**19065**	**54603**	**14804**	**137555**	**32080**
成人生	58750	19065	54603	14804	137555	32080

成人本科分形式、分学科学生数

单位：人

指　标	毕业生数	招生数	在校生数	预计毕业生数
总　计	**36865**	**41278**	**130986**	**42162**
哲　学	24		56	56
经济学	3785	3043	11061	3695
法　学	3066	2369	8520	3292

（续上表）

指　标	毕业生数	招生数	在校生数	预计毕业生数
教育学	1354	1325	4203	1615
文　学	5186	4984	17707	6137
历史学				
理　学	572	560	2289	881
工　学	5240	6887	19831	6425
农　学	154	177	443	152
医　学	2793	4301	13355	3741
管理学	14691	17632	53521	16168

成人专科分形式、分学科学生数

单位：人

指　　标	毕业生数	招生数	在校生数	预计毕业生数
总　计	**19733**	**17264**	**52664**	**20409**
农林牧渔大类	171	88	423	197
交通运输大类	735	961	3179	1097
生化与药品大类	81	56	210	40
资源开发与测绘大类				
材料与能源大类	353	200	552	236
土建大类	362	475	1230	465
水利大类				
制造大类	666	747	2630	925
电子信息大类	550	385	1226	590
环保、气象与安全大类	94	27	87	27
轻纺食品大类	46	18	160	79
财经大类	10092	8596	25006	9975
医药卫生大类	1638	902	4921	1163
旅游大类	500	276	1130	749
公共事业大类	2119	2241	5456	2372
文化教育大类	1321	1387	3939	1438
艺术设计传媒大类	791	816	2192	951
公安大类				
法律大类	214	89	323	105

独立设置成人高等学校专任教师学历情况

单位：人

指　　标	总　计	正高级	副高级	中　级	初　级	未定职称
专任教师数	**933**	**28**	**198**	**559**	**137**	**11**
博士生毕业	36	7	20	8	1	
硕士生毕业	305	8	69	165	55	8
大学本科毕业	572	12	109	373	75	3
大学专科毕业及以下	20	1		13	6	

职业技术培训机构基本情况

单位:万人次

指　　标	学校数(所)	教学班(点)(个)	结业生数	注　册学生数	教职工数(人)	#专任教师	聘请校外教师(人)
总　计	**799**	**28014**	**174.49**	**175.16**	**17407**	**7289**	**13350**
职工技术培训学校	**17**	**1414**	**10.78**	**11.00**	**1196**	**905**	**644**
教育部门办和集体办	9	1134	6.97	7.12	1025	837	332
其他部门办	5	277	2.63	2.83	49	15	262
民办	3	3	1.18	1.05	122	53	50
农村技术培训学校	**108**	**6418**	**72.46**	**55.10**	**928**	**638**	**1620**
教育部门办和集体办	66	4961	40.52	31.55	736	567	969
县办	42	2693	21.90	16.76	488	402	589
乡办	24	1882	15.57	11.65	220	148	370
村办		386	3.05	3.14	28	17	10
其他部门办	42	1457	31.94	23.55	192	71	651
民办							
其他培训机构	**674**	**20182**	**91.25**	**109.07**	**15283**	**5746**	**11086**
教育部门办和集体办	17	770	5.77	7.30	1265	943	194
其他部门办	69	4292	21.52	28.28	1451	442	2109
民办	588	15120	63.96	73.49	12567	4361	8783

说明:表中结业生数、注册学生数均指一学年内的累计数。

校外教育单位和教职工数

单位:人

指　标	少　年　宫		少年科技站		少　年　之　家	
	单位数(所)	教职工数	单位数(所)	教职工数	单位数(所)	教职工数
全市合计	**16**	**1073**	**5**	**194**	**2**	**43**
市区小计	**15**	**1013**	**5**	**194**	**1**	**29**
黄浦区	1	67	1	48		
徐汇区	1	86				
长宁区	1	48	1	31		
静安区	1	95				
普陀区	1	90				
闸北区	1	21	1	31		
虹口区	1	58				
杨浦区	1	37	1	44		
闵行区						
宝山区	1	51	1	40		
嘉定区	1	58			1	29
浦东新区	1	167				
金山区	1	79				
松江区	1	52				
青浦区	1	51				
奉贤区	1	53				
郊县小计	**1**	**60**			**1**	**14**
崇明县	1	60			1	14

共建高校名单

（以国家教育部为主管理的）

学校名称	主管部门	共建部门	共建签约日期
复旦大学	教育部	上海市	1994.5.6
上海交通大学	教育部	上海市	1994.5.6
上海外国语大学	教育部	上海市（为主）	1994.5.6
同济大学	教育部	上海市	1995.10.10
上海财经大学	教育部	上海市	1995.12.27
华东师范大学	教育部	上海市（为主）	1997.4.10
华东理工大学	教育部	上海市	1997.10.27
东华大学	教育部	上海市（重大事项以中央为主，日常管理以地方为主）	1997.10.31

近年划转地方管理的高校名单

学校名称	原主管部门	划转部门
上海海洋大学	农业部	上海市
上海电力学院	电力公司	上海市
上海海事大学	交通部	上海市
华东政法大学	司法部	上海市
上海音乐学院	文化部	上海市
上海戏剧学院	文化部	上海市
上海体育学院	体育总局	上海市
上海旅游高等专科学校	旅游局	上海市
上海医疗器械高等专科学校	药品监管局	上海市
上海出版印刷高等专科学校	新闻出版署	上海市
上海金融学院	人民银行	上海市

普通高等学校基本情况一览表（一）

单位：人

指标	专业（个）	在校研究生	普通本专科							
			# 专业学位	毕业生	# 本科	招生	# 本科	在校生	# 本科	预计毕业生	# 本科
总计	**2131**	**120503**	**37036**	**139841**	**92594**	**136697**	**85714**	**506596**	**359007**	**141902**	**90602**
部委属高校	**496**	**86065**	**28712**	**27171**	**26242**	**28116**	**27213**	**110469**	**108098**	**28156**	**27362**
复旦大学	71	15599	4903	3121	2886	3249	3015	12779	12069	3335	3095
上海交通大学	68	18517	5828	3846	3846	4291	4291	16116	16116	3918	3918
同济大学	56	17352	6178	4464	4370	4644	4551	18986	18696	4565	4466
华东理工大学	85	8342	2180	3942	3942	4489	4489	16355	16355	4532	4532
东华大学	53	6324	1975	3760	3760	3565	3565	14974	14974	3781	3781
华东师范大学	71	12157	4099	3556	3456	3651	3452	14597	14294	3736	3632
上海外国语大学	39	2827	811	1536	1536	1872	1559	6479	5972	1747	1457
上海财经大学	40	4947	2738	2020	2020	1964	1964	7838	7838	1978	1978

（续上表）

指标	专业（个）	在校研究生	#专业学位	普通本专科							
				招生	#本科	毕业生	#本科	在校生	#本科	预计毕业生	#本科
上海海关学院	9			426	426	391	327	1845	1784	564	503
上海民航职业技术	4			500				500			
市属院校	**1635**	**34438**	**8324**	**112670**	**66352**	**108581**	**58501**	**396127**	**250909**	**113746**	**63240**
本科院校	**955**	**34438**	**8324**	**77131**	**66352**	**69820**	**58501**	**284263**	**250909**	**74590**	**63240**
上海理工大学	63	5052	1119	4524	4524	4286	4081	17275	17060	4594	4379
上海大学	105	9306	2086	6871	5888	6847	5851	27893	24711	7874	6802
上海工程技术大学	52	663		5149	4176	4481	3488	17925	15323	4552	3738
上海中医药大学	14	2044	1089	1126	862	1175	752	4510	3739	1157	903
上海师范大学	90	4932	852	5931	5446	5187	4765	22829	21483	6054	5624
上海对外贸易学院	30	985	236	2407	2282	2355	2245	9612	9188	2436	2290
上海应用技术学院	57	511	69	4624	3995	4424	3731	17943	15731	4598	3836
上海海事大学	56	2891	763	4898	4258	4701	3856	19546	17212	5719	4892
上海电力学院	30	493		2601	2601	2491	2431	10455	10355	2737	2679
上海海洋大学	48	2048	278	3517	3238	3425	3174	12928	12107	3204	2952
华东政法大学	23	3567	1237	3083	3083	3082	3082	12122	12122	3221	3221
上海体育学院	17	972	231	996	996	950	950	4025	4025	1004	1004
上海戏剧学院	12	289	106	442	442	511	511	1821	1821	438	438
上海音乐学院	7	511	139	396	396	288	288	1520	1520	314	314
上海杉达学院	29			3387	2821	2985	2365	11635	10069	2851	2339
上海立信会计学院	27	47	47	2990	2433	2584	2061	10360	8614	2745	2163
上海电机学院	45	40	40	3772	2711	2879	1654	12379	8933	3223	1936
上海金融学院	29			2311	1991	2015	1728	8275	7369	2174	1878
上海政法学院	23	55		2642	2133	2822	2276	9405	7744	2734	2181
上海第二工业大学	61	32	32	3615	2459	3054	2085	12126	8786	3361	2278
上海商学院	47			3123	1836	3174	1974	10722	6913	3116	1799
上海建桥学院	34			3963	3018	2618	1667	12439	9566	2976	2086
复旦大学上海视觉艺术学院	13			992	992	954	954	3699	3699	832	832
上海外国语大学贤达经济人文学院	20			1711	1711	1044	1044	5583	5583	1124	1124
上海师范大学天华学院	23			2060	2060	1488	1488	7236	7236	1552	1552
同济大学同科学院											
专科院校	**73**			**6784**		**6539**		**18610**		**6289**	
上海医疗器械高等专科学校	20			1527		1419		4370		1419	
上海出版印刷高等专科学校	19			1437		1388		4354		1464	

（续上表）

指标	专业（个）	在校研究生	#专业学位	普通本专科							
				招生	#本科	毕业生	#本科	在校生	#本科	预计毕业生	#本科
上海旅游高等专科学校	12			1168		840		3331		1086	
上海公安高等专科学校	6			1040		1467		1786		746	
上海医药高等专科学校	16			1612		1425		4769		1574	
高职学院	**607**			**28755**		**32222**		**93254**		**32867**	
上海行健职业学院	26			1349		1648		4364		1621	
上海城市管理职业技术学院	21			1142		1136		3620		1185	
上海交通职业技术学院	22			1203		1335		4355		1561	
上海海事职业技术学院	23			1478		1413		4386		1455	
上海电子信息职业技术学院	26			2291		2100		6877		2359	
上海科学技术职业学院	25			1281		1301		4191		1477	
上海农林职业技术学院	39			926		1275		3444		1309	
上海工艺美术职业学院	14			1481		1371		4135		1339	
上海建峰职业技术学院	33			1220		1139		3580		1160	
上海工会管理职业学院	26			1408		1570		4472		1576	
上海体育职业学院	4			157		118		466		122	
上海健康职业技术学院	9			1080				2151		299	
上海东海职业技术学院	35			1380		1500		4554		1570	
上海新侨职业技术学院	25			1280		1569		4276		1563	
上海震旦职业学院	31			1008		1253		3460		1252	
上海民远职业技术学院	24			607		916		2166		834	
上海欧华职业技术学院	13			306		627		1341		592	
上海思博职业技术学院	22			1689		1805		5252		1854	
上海立达职业技术学院	24			1349		1549		4305		1496	
上海济光职业技术学院	29			1327		1516		4452		1587	
上海工商外国语职业学院	26			2212		1894		6436		1984	
上海邦德职业技术学院	23			676		1250		2734		1161	
上海兴韦信息技术职业学院	14			4		658		1359		637	
上海中侨职业技术学院	34			1244		1646		4033		1419	
上海电影艺术职业学院	15			657		669		2116		726	
上海中华职业技术学院	24					964		729		729	

普通高等学校基本情况一览表(二)

单位:人

指标	成人本专科在校生	#本科	教职工数	专任教师数			占地面积(万平方米)		校舍面积(万平方米)	
					正副高	研究生学历	学校产权	非产权独用	学校产权	非产权独用
总　计	**173425**	**130986**	**73348**	**40118**	**19391**	**29968**	**3334.47**	**544.25**	**1804.92**	**387.85**
部委属高校	**78409**	**67904**	**32909**	**15529**	**9604**	**13523**	**1296.56**	**185.52**	**830.71**	**105.95**
复旦大学	11630	10864	6070	2419	1587	2219	112.23	130.89	153.66	42.12
上海交通大学	14563	13823	7260	2873	1974	2617	322.58		176.68	0.93
同济大学	13099	11582	6382	3141	1889	2658	257.09		164.42	14.74
华东理工大学	11930	8833	3550	1712	1057	1501	176.87		86.70	
东华大学	4682	3565	2315	1245	761	1035	121.88		62.42	15.93
华东师范大学	10302	8230	3974	2098	1381	1789	209.58		111.63	3.31
上海外国语大学	5308	4570	1305	720	334	657	14.12	54.63	17.45	23.48
上海财经大学	6895	6437	1547	1019	541	898	51.06		43.99	4.74
上海海关学院			266	138	56	103	22.42		9.26	
上海民航职业技术学院			240	164	24	46	8.73		4.50	0.70
市属院校	**95016**	**63082**	**40439**	**24589**	**9787**	**16445**	**2037.91**	**358.73**	**974.21**	**281.89**
本科院校	**85698**	**63082**	**31020**	**19170**	**8356**	**14446**	**1613.87**	**135.53**	**777.96**	**153.68**
上海理工大学	5213	3790	2203	1465	591	1211	60.25	12.81	51.88	8.24
上海大学	12685	9611	5845	2802	1479	2300	199.17	12.46	106.05	11.68
上海工程技术大学	5139	3783	1566	1075	402	824	94.53	18.68	40.05	18.69
上海中医药大学	2689	2108	1268	717	306	545	27.67	8.53	20.18	0.90
上海师范大学	13396	10253	2867	1705	802	1283	162.09		77.29	0.64
上海对外贸易学院	686	686	918	683	417	575	57.36	9.13	16.69	17.14
上海应用技术学院	4583	2672	1744	1082	422	742	110.69	2.42	60.07	5.18
上海海事大学	3975	2399	1919	1065	474	909	138.27	5.26	64.12	9.54
上海电力学院	5955	5230	1035	719	317	560	41.65	10.00	31.42	9.23
上海海洋大学	5785	3305	1250	895	401	750	137.05		39.52	0.13
华东政法大学	5331	5218	1369	981	358	840	85.34		33.67	
上海体育学院	1276	1018	712	409	252	268	36.95		23.20	
上海戏剧学院	997	812	514	265	78	127	12.20		10.21	0.55
上海音乐学院	253	253	536	289	124	170	4.80		8.20	1.10
上海杉达学院			788	577	256	351	49.28	4.53	26.87	1.30
上海立信会计学院	5035	3825	798	541	198	344	30.81	1.36	16.52	9.50
上海电机学院	2442	1273	957	589	215	480	67.69		38.89	
上海金融学院	3869	2836	615	431	189	309	26.44	18.70	14.93	10.19
上海政法学院	1179	847	586	437	173	372	71.91		19.31	
上海第二工业大学	3618	2227	1027	630	272	386	41.01	5.54	23.08	6.58
上海商学院	1423	876	573	459	171	273	65.48	5.04	20.87	4.62

（续上表）

指标	成人本专科在校生	# 本科	教职工数	专任教师数	正副高	研究生学历	占地面积（万平方米）学校产权	占地面积（万平方米）非产权独用	校舍面积（万平方米）学校产权	校舍面积（万平方米）非产权独用
上海建桥学院	169	60	642	465	177	224	19.20	13.27	9.00	16.76
复旦大学上海视觉艺术学院			368	287	113	162	49.21		12.08	4.18
上海外国语大学贤达经济人文学院			395	240	62	192	8.66	1.93	7.53	7.27
上海师范大学天华学院			525	362	107	249	16.18	5.87	6.33	10.26
同济大学同科学院										
专科院校	**1260**		**1815**	**1107**	**254**	**391**	**77.89**	**67.74**	**27.47**	**31.14**
上海医疗器械高等专科学校	171		282	169	51	101	20.25		4.05	2.17
上海出版印刷高等专科学校	152		324	186	43	103	20.71	4.40	5.88	5.84
上海旅游高等专科学校	162		244	149	36	88	0.78	21.73	1.57	5.92
上海公安高等专科学校			444	227	39	24	13.40	34.12	5.05	6.93
上海医药高等专科学校	775		521	376	85	75	22.76	7.49	10.92	10.28
高职学院	**8058**		**7604**	**4312**	**1177**	**1608**	**346.15**	**155.46**	**168.78**	**97.08**
上海行健职业学院	420		232	170	42	76	7.08	4.24	9.11	2.14
上海城市管理职业技术学院	962		376	181	64	47	19.22	0.37	11.28	0.29
上海交通职业技术学院	317		423	277	63	63	18.27		10.19	
上海海事职业技术学院	389		302	179	32	52	12.48	5.40	7.32	5.34
上海电子信息职业技术学院	240		354	210	48	74	29.88		15.26	
上海科学技术职业学院			240	141	45	68	21.40		11.86	
上海农林职业技术学院			273	192	48	93	33.45		9.07	
上海工艺美术职业学院	186		318	191	52	54	19.22	0.80	7.35	4.04
上海建峰职业技术学院	263		231	154	48	50	13.21		9.54	
上海工会管理职业学院	457		272	217	49	97	28.61		10.82	
上海体育职业学院	446		515	211	80	16		9.36		4.76
上海健康职业技术学院	2097		261	152	52	70	11.90		4.31	
上海东海职业技术学院	406		417	148	44	57	12.66		9.46	
上海新侨职业技术学院	630		317	160	48	65	8.06	13.81	3.77	5.30
上海震旦职业学院	369		434	210	72	100	5.77	9.61	4.47	6.24
上海民远职业技术学院			225	102	26	58		10.66		6.24
上海欧华职业技术学院			184	103	29	45		11.84		12.39
上海思博职业技术学院	397		292	194	60	71	33.19		3.62	7.45
上海立达职业技术学院			294	161	38	60	20.96	5.04	10.36	1.47
上海济光职业技术学院			322	140	59	57	11.25	2.59	5.86	3.30
上海工商外国语职业学院	109		391	298	62	141	19.88	0.69	15.64	3.43
上海邦德职业技术学院	123		226	111	27	33	5.13	4.86	4.84	0.57
上海兴韦信息技术职业学院	32		136	72	17	22	14.53	8.57	4.65	5.75
上海中侨职业技术学院	215		283	169	51	77		15.49		11.84
上海电影艺术职业学院			191	126	18	50		26.68		7.88
上海中华职业技术学院			95	43	3	12		25.45		8.65

成人高校基本情况一览表

指标	学生情况				教职工数	#专任教师数			占地面积（平方米）		校舍面积（平方米）	
	毕业生	招生	在校生	预计毕业生			正高	副高	学校产权	非产权独用	学校产权	非产权独用
总计	**5488**	**4057**	**10225**	**5486**	**1733**	**933**	**28**	**198**	**750336**	**128**	**601178**	**32666**
中央所属学校												
海关管理干部学院												
地方所属学校	**5488**	**4057**	**10225**	**5486**	**1733**	**933**	**28**	**198**	**750336**	**128**	**601178**	**32666**
上海科技管理干部学院	158	27	123	58	103	36	3	6	16606		18551	
上海市黄浦区业余大学	462	428	905	477	104	71	1	11	24000		29787	6996
上海市卢湾区业余大学	217	279	561	282	73	37		6	22960		16384	
上海市徐汇区业余大学	333	357	833	476	93	62		14	40325		22553	
上海市长宁区业余大学	480	400	1863	1463	81	51	1	10	23581		35732	
上海市静安区业余大学	397	367	696	329	93	76		7	48576		59763	786
上海市普陀区业余大学	524	478	1021	543	103	64	2	18	40266		31137	
上海市虹口区业余大学	204	199	364	156	76	37		3	21730	128	30135	3694
上海市杨浦区业余大学	266	252	521	269	96	58	1	12	76935		46750	
上海市宝山区业余大学	820	423	1082	644	116	59		11	29700		30857	
上海纺织工业职工大学	121	163	343	45	111	45		8	29049		38134	
上海医药职工大学	395	124	849	292	121	80		19	193802		64759	21190
上海开放大学					310	150	14	41	55936		72945	
上海工商学院	259	245										
上海市经济管理干部学院	515	86	469	265	136	35	2	17	24333		45551	
上海青年管理干部学院	337	229	595	187	117	72	4	15	102537		58140	

实验性示范性中学名单

单位:所

地区	市实验性示范性中学		区重点中学	
	校数	校名	校数	校名
全市合计	**56**		**83**	
市区小计	**55**		**79**	
黄浦区	7	格致中学 光明中学 大同中学 大境中学 敬业中学 卢湾高级中学 向明中学	4	第八中学 五爱高级中学 第十中学 储能中学

（续上表）

地区	市实验性示范性中学		区重点中学	
	校数	校名	校数	校名
徐汇区	6	市二中学 南洋中学 南洋模范中学 上海中学 上师大附中 位育中学	5	徐汇中学 第四中学 中国中学 五十四中学 西南位育
长宁区	2	市三女中 延安中学	5	复旦中学 天山中学 建青实验学校 华东政法附中 仙霞中学
静安区	3	华东模范中学 市西中学 育才中学	4	市一中学 七一中学 民立中学 上戏附属高中
普陀区	3	宜川中学 曹杨二中 晋元中学	5	同济二附中 甘泉外国语 曹杨中学 长征中学 桐柏中学
闸北区	4	市北中学 市六十中学 新中中学 回民中学	5	风华中学 彭浦中学 久隆模范中学 田家炳中学 第八中学
虹口区	4	北郊中学 上外附中 华师大一附中 复兴中学	5	北虹中学 澄衷中学 继光中学 虹口中学 鲁迅中学
杨浦区	5	杨浦中学 控江中学 复旦附中 同济一附中 交大附中	9	市东中学 上理工附中 中原中学 财大附中 少云中学 同济中学 复旦实验中学 民星中学 体育学院附属中学
闵行区	2	闵行中学 七宝中学	5	莘庄中学 闵行二中 文来中学 莘格中学 田园中学
宝山区	3	吴淞中学 行知中学 上大附中	4	罗店中学 宝山中学 通河中学 顾村中学
嘉定区	2	嘉定一中 交大附中嘉定分校	3	上外嘉定外国语 嘉定二中 安亭中学

（续上表）

地区	市实验性示范性中学		区重点中学	
	校数	校名	校数	校名
浦东新区	7	洋泾中学 实验学校 进才中学 建平中学 华师大二附中 南汇中学 川沙中学	17	东昌中学 上南中学 高桥中学 杨思中学 三林中学 周浦中学 新场中学 大团中学 浦东中学 陆行中学 香山中学 建平世纪中学 新川中学 北蔡中学 高行中学 上外附属浦东外国语 南汇一中
金山区	2	华师大三附中 金山中学	4	上师大二附中 张堰中学 枫泾中学 亭林中学
松江区	2	松江一中 松江二中	1	上师大附属外国语中学
青浦区	2	青浦中学 朱家角中学	1	青浦一中
奉贤区	1	奉贤中学	2	致远中学 曙光中学
郊县小计	**1**		**4**	
崇明县	1	崇明中学	4	扬子中学 民本中学 城桥中学 堡镇中学

民办中学名单

单位:所

地区	校数	校名
全市合计	**107**	
黄浦区	4	明珠中学 立达中学 震旦外国语中学 卢湾区永昌学校(九)
徐汇区	6	西南高级中学 邦德第四高级中学 西南模范中学 华育中学 西南位育中学 世界外国语中学

（续上表）

地　　区	校　数	校　　　　名
长宁区	3	包玉刚实验学校(九) 新世纪中学 新虹桥中学
静安区	1	上外静安外国语中学
普陀区	8	兰田中学 培佳双语学校(十二) 新黄浦实验学校(九) 侨华中学 玉华中学 进华中学 桐柏中学 震旦中学
闸北区	6	青中初级中学 风范中学 精文中学 田家炳中学 扬波中学 新和中学
虹口区	8	汇民高级中学 迅行中学 新北郊初级中学 上外第一实验学校 瑞虹高级中学 新华初级中学 新复兴初级中学 新江湾高级中学
杨浦区	11	沪东外国语高级中学 控江中学附属学校 存志中学 上外沪东外国语学校(九) 杨浦凯慧初级中学 上外附属双语学校(九) 东光明中学 杨浦实验学校 兰生复旦中学 同济大学实验学校(九) 交大飞达初级中学
闵行区	13	民办文绮中学 燎原实验学校(十二) 文来中学 万源城协和学校(九) 信宏中学 协和尚音学校(九) 复旦万科实验学校(九) 上宝中学 新河湾双语学校(九) 协和双语高级中学 协和双语学校(九) 教科实验中学 上师初级中学
宝山区	8	和衷中学 行知二中 建峰职业技术学院附属高中 日日学校(九) 锦秋学校(九) 交华中学 行中中学 同洲模范学校(十二)

（续上表）

地　　区	校　数	校　　名
嘉定区	7	远东学校（十二） 嘉一联合中学 桃李园实验学校（九） 怀少学校（九） 上外实验学校（十二） 育英高级中学 华二初级中学
浦东新区	20	新竹园中学 华洋外国语学校 民远高级中学 浦东交中初级中学 兴知中学 育辛高级中学 常青中学 东方阶梯双语学校（九） 建平远翔学校 丰华高级中学 外高桥中学 牧阳人学校（十二） 东方世纪学校（十二） 金苹果学校（十二） 张江集团学校 中芯学校（十二） 平和学校（十二） 上师大附属第二外国语学校（十二） 工商外国语职业学院附属中学 尚德实验学校（十二）
金山区	3	金盟学校（九） 师大实验中学 交大南洋中学
松江区	4	西外外国语学校（十二） 九峰实验学校 茸一中学 上大附属外国语中学
青浦区	1	瑞大学校（九）
奉贤区	1	奉浦学校（十二）
崇明县	3	中华中学 民一中学 大通学校

民办小学名单

单位：所

	校　数	校　　名
全市合计	**180**	
黄浦区		
徐汇区	4	徐汇区爱菊小学 徐汇区逸夫小学 世界外国语小学 盛大花园小学

（续上表）

	校　数	校　　名
长宁区	2	新世纪小学 东展小学
静安区	1	上外静安外国语小学
普陀区	1	金洲小学
闸北区	4	扬波外国语小学 童园(实验)小学 彭浦实验小学 童的梦实验小学
虹口区	3	丽英小学 宏星小学 上外附属民办外国语小学
杨浦区	2	打一外国语小学 阳浦小学
闵行区	17	双江小学 七宝外国语小学 振兴小学 华星小学 银星学校 华博利星行小学 华虹小学 弘梅小学 弘梅第二小学 咏梅小学 育苗小学 塘湾小学 马桥小学 文汇小学 文博小学 文河小学 浦江文馨学校
宝山区	16	罗希小学 申华小学 沈家桥小学 山海小学 洛河桥小学 杨东小学 杨行小学 惠民小学 沈巷小学 肖径小学 沈宅小学 海兰小学 蓝天小学 立志学校 顾教小学 益钢小学

（续上表）

	校数	校名
嘉定区	14	行知小学 六里小学 天宇小学 桃苑小学 中村小学 杨林小学 包桥小学 仓场小学 育红小学 娄塘小学 少农小学 华武小学 沪宁小学 庆宁小学
浦东新区	45	金童小学 上外附属浦东外国语小学 金家小学 英才小学 海川小学 知见小学 竹林小学 利民小学 新苗小学 育苗小学 育才小学 南浦小学 昌林小学 金德小学 联营小学 云翔小学 徐庙小学 梅林小学 新星小学 永辉小学 航头小学 博爱小学 宣桥小学 福山正达外国语小学 振华小学 皖蓼小学 豫息小学 新农小学 鲁冰花小学 福德小学 普光小学 唐四小学 精忠小学 大别山小学 阳光小学 寿春小学 博世凯外国语小学 博奥利星行小学 紫罗兰小学 明光金都小学 淮安小学 康桥工友小学 智源小学 航海小学 明辉小学

（续上表）

	校　数	校　　　名
金山区	10	金龙小学 东升小学 金安小学 新联小学 金工小学 红扬小学 查山小学 水库小学 金山嘴小学 九阳小学
松江区	19	薛家小学 花桥村小学 张施小学 北干山小学 刘家小学 联庄小学 南门村小学 打铁桥村小学 众兴小学 陈春小学 潘家浜小学 马汤村小学 永悦小学 善荣小学 世泽小学 向阳小学 古松三村小学 新叶小学 昆港小学
青浦区	24	隐贤小学 育才小学 蓝天小学 行知小学 青安小学 明天小学 双佳小学 新希望小学 阳光爱心小学 胜利小学 宋庆龄学校 东方红小学 培英小学 民主小学 华益小学 秀龙小学 华夏小学 晨旭小学 叙中小学 小康小学 联合小学 旧青浦小学 曙光小学 立新小学

（续上表）

	校　数	校　　名
奉贤区	16	敬贤小学 民友小学 宏翔小学 曙光小学 童梦小学 致和小学 超群小学 福祉小学 志华小学 远航小学 青溪小学 厚才小学 蒲公英小学 育才小学 福星小学 星光小学
崇明县	2	徐卫小学 光辉小学

上海市外籍人员子女学校名单

学　校　名　称	地　　址
上海美国学校	闵行金丰路 258 号
上海日本人学校	闵行区虹梅路 3185 号
上海耀中国际学校	长宁区水城路 11 号
上海德国学校	青浦区高光路 350 号
上海法国学校	青浦高光路 350 号
上海英国学校	沪南公路 2729 弄 600 号(康桥半岛)
上海协和国际学校	浦东新区金桥明月路 999 号
上海长宁国际学校	虹桥路 1161 号
上海新加坡国际学校	闵行区朱建路 301 号
上海虹桥国际学校	长宁区虹桥路 2381 号
上海韩国学校	闵行区华漕镇联友路 355 号
上海美丘第一幼儿园	闵行区虹许路 788 号(名都城)
奥伊斯嘉上海日本语幼儿园	长宁区茅台路 715 弄 20 号
东进上海日本人幼儿园	长宁区虹梅路 3081 号虹桥别墅内
上海恩吉尔幼儿园	闵行区虹中路 375 号
上海泰宁国际幼儿园	徐汇区复兴西路 43 号
上海瑞金国际学校	闵行区东闸路 189 号
上海李文斯顿美国学校	长宁区甘溪路 580 号
上海德威英国国际学校	浦东新区金桥蓝桉路 266 号
上海西华国际学校	青浦区联民路 555 号

（续上表）

学校名称	地址
宋庆龄幼儿园国际部	长宁区虹梅北路3908号
上海一麦日本人补习中心	虹梅北路3201弄26号101室
上海骏台日本人补习中心	延安西路2633号美丽华商务中心B308室
东进上海日本人补习中心	浦东新区花木路1883弄御翠园230号
上海飞翔日本人补习中心	长宁区荣华东道96号维多利亚商务楼504-505室
上海日本人教育补习中心	古北新区水城南路55号六月汇广场5F501室
上海新大一韩国人补习中心	长宁区荣华东道96号C座3楼
青海韩国人补习中心	长宁区水城南路37号万科广场北楼705室
上海中学国际部	徐汇区上中路400号
华东师范大学二附中国际部	浦东新区晨晖路555号
上海外国语大学附中国际部	中山北一路295号
进才中学国际部	浦东新区峨山路26号
上海不列颠英国学校	闵行区吴中路511弄132号

上海市老年教育机构情况

	机构数（个）	教职工数（人）	#专任教师	班级数（个）	学员数（人）
总　计	**284**	**21488**	**919**	**19746**	**615161**
市级老年大学	4	479	4	801	28349
市级老年大学分校、系统校、区县老年大学	66	1966	109	2777	77743
街道、镇老年学校	214	19043	806	16168	509069
另有:远程老年大学	1	9	3	4957	353114

说明:1. 2012年老年大学(学校)60周岁及以上老年学员人数449118人,占老年人总数(347.76万人)的12.9%。

2. 2012年上海远程老年大学集体收视168060人,有组织分散收视185054人,合计353114人。其中60周岁及以上学员人数303617人,占老年人总数8.7%。

历年研究生基本情况

单位:人

年份	合计			普通高等学校			科研单位		
	招生数	在读生数	毕业生数	招生数	在读生数	毕业生数	招生数	在读生数	毕业生数
1993	4282	11045	2884	3919	10037	2569	363	1008	315
1994	5130	13090	2859	4665	11905	2608	465	1185	251
1995	5301	14713	3355	4776	13378	3038	525	1335	317
1996	6507	16835	3860	5915	15307	3537	592	1528	323
1997	6725	18460	4475	6163	16841	4117	562	1619	358
1998	7874	21162	4642	7281	19499	4253	593	1663	389
1999	9413	24420	5611	8758	22656	5196	655	1764	415
2000	12652	30614	5868	11796	28582	5435	856	2032	433

（续上表）

年 份	合计			普通高等学校			科研单位		
	招生数	在读生数	毕业生数	招生数	在读生数	毕业生数	招生数	在读生数	毕业生数
2001	15826	39043	6817	14751	36528	6380	1075	2515	437
2002	19211	48896	7926	17848	45713	7481	1363	3183	445
2003	22524	59090	10079	20767	55092	9501	1757	3998	578
2004	25334	69437	13469	23545	64747	12788	1789	4690	681
2005	27692	78728	16741	25845	73557	15857	1847	5171	884
2006	30099	86906	19931	28250	81487	18833	1849	5419	1098
2007	30610	91763	23926	28748	86177	22691	1862	5586	1235
2008	32142	95498	25753	30195	89778	24431	1947	5720	1322
2009	37425	103492	28291	35418	97639	26949	2007	5853	1342
2010	38643	111717	28207	36619	105711	26843	2024	6006	1364
2011	40080	119017	30816	37971	112902	29431	2109	6115	1385
2012	44229	127014	34606	41899	120503	33189	2330	6511	1417

历年普通高等学校基本情况

单位:万人

年 份	学校(所)	毕业生数	招生数	在校学生	教职工数	#专任教师
1993	49	3.16	4.36	13.10	6.83	2.28
1994	46	3.18	4.18	14.04	6.75	2.19
1995	45	3.96	4.43	14.41	6.58	2.15
1996	41	3.90	4.38	14.79	6.40	2.10
1997	39	3.90	4.51	15.38	6.26	2.01
1998	40	3.62	4.88	16.51	6.21	2.01
1999	41	4.03	6.32	18.63	6.03	2.01
2000	37	4.09	8.13	22.68	6.08	2.05
2001	45	4.28	9.86	28.00	6.17	2.17
2002	50	5.52	10.92	33.16	6.18	2.29
2003	57	7.12	12.03	37.85	6.31	2.44
2004	59	8.86	13.06	41.57	6.83	2.87
2005	60	10.34	13.18	44.26	7.09	3.18
2006	60	11.05	14.04	46.63	7.17	3.39
2007	60	11.85	14.46	48.49	7.18	3.55
2008	61	12.21	14.58	50.29	7.31	3.69
2009	66	12.69	14.35	51.28	7.45	3.81
2010	66	13.37	14.46	51.57	7.42	3.92
2011	66	13.90	14.11	51.13	7.41	3.96
2012	67	13.98	13.67	50.66	7.33	4.01

历年成人高等学校基本情况

单位:万人

年份	学校(所)	毕业生数	招生数	在校学生	教职工数	#专任教师
1995	66	1.66	2.43	7.55	1.19	0.52
1996	65	1.84	2.70	8.07	1.17	0.48
1997	64	2.32	2.78	8.16	1.15	0.46
1998	40	2.28	2.91	8.69	0.74	0.28
1999	39	2.27	3.67	9.82	0.77	0.33
2000	37	3.10	4.23	11.49	0.66	0.30
2001	31	2.77	5.38	13.83	0.53	0.24
2002	30	3.08	6.73	17.09	0.49	0.22
2003	27	4.24	7.22	19.80	0.45	0.21
2004	22	6.08	11.64	26.67	0.36	0.18
2005	21	7.68	9.32	22.45	0.32	0.15
2006	21	1.50	6.78	19.46	0.31	0.16
2007	21	5.20	7.26	20.68	0.30	0.15
2008	18	5.69	7.25	21.38	0.24	0.13
2009	18	5.97	6.94	21.33	0.23	0.13
2010	17	6.88	6.54	19.86	0.20	0.11
2011	17	6.06	5.79	18.86	0.19	0.10
2012	16	5.66	5.85	18.37	0.17	0.09

历年中等技术学校基本情况

单位:万人

年份	学校(所)	毕业生数	招生数	在校学生	教职工数	#专任教师
1993	90	1.73	3.07	7.58	1.50	0.64
1994	89	1.45	3.44	8.32	1.32	0.56
1995	89	1.98	3.84	9.96	1.43	0.56
1996	88	1.82	3.11	9.32	1.39	0.54
1997	88	2.10	3.62	10.65	1.35	0.53
1998	85	2.51	4.20	12.15	1.31	0.52
1999	85	2.54	3.48	12.83	1.27	0.52
2000	83	3.80	2.98	11.77	1.25	0.51
2001	81	2.91	3.48	12.06	1.22	0.50
2002	81	2.94	3.93	12.65	1.18	0.50
2003	83	3.39	4.34	13.69	1.19	0.53
2004	82	3.08	3.87	14.05	1.12	0.53
2005	81	3.39	3.33	13.67	1.09	0.53
2006	81	3.52	3.47	13.70	1.06	0.52
2007	76	3.86	3.23	12.81	1.00	0.51
2008	73	3.71	3.24	12.08	0.97	0.51
2009	70	3.39	2.98	11.50	0.94	0.49
2010	65	3.34	2.99	10.91	0.91	0.50
2011	64	3.14	2.78	10.22	0.89	0.50
2012	61	2.77	2.76	9.88	0.85	0.48

历年中等师范学校基本情况

单位:万人

年 份	学校(所)	毕业生数	招生数	在校学生	教职工数	#专任教师
1975	4	0.05	0.09	0.27	0.04	0.03
1978	4		0.26	0.26	0.06	0.03
1979	4		0.12	0.52	0.06	0.03
1980	4	0.40	0.13	0.25	0.06	0.04
1985	13	0.28	0.66	1.44	0.16	0.09
1988	11	0.76	0.42	1.60	0.20	0.12
1989	11	0.55	0.28	1.32	0.17	0.09
1990	11	0.53	0.28	1.06	0.17	0.09
1991	11	0.41	0.30	0.94	0.17	0.09
1992	11	0.29	0.29	0.97	0.17	0.09
1993	11	0.30	0.30	0.97	0.16	0.09
1994	11	0.28	0.24	0.91	0.16	0.08
1995	11	0.28	0.28	0.89	0.16	0.08
1996	11	0.35	0.10	0.62	0.14	0.07
1997	10	0.19	0.05	0.44	0.13	0.07
1998	2	0.22	0.09	0.23	0.05	0.04
1999	2	0.05	0.05	0.23	0.02	0.01
2000	1	0.06	0.02	0.12	0.02	0.01
2001	1	0.03		0.06	0.01	0.01
2002	1			0.01		

历年普通中学基本情况

单位:万人

年 份	学校(所)	毕业生数	招生数	在校学生	教职工数	#专任教师
1993	729	15.53	19.87	57.69	6.84	4.24
1994	741	16.65	25.53	65.56	7.00	4.43
1995	756	18.38	25.94	72.40	7.22	4.65
1996	784	19.14	23.98	76.23	7.38	4.81
1997	812	24.46	23.69	74.43	7.49	4.87
1998	846	25.05	25.67	73.85	7.58	4.93
1999	855	23.28	27.24	76.68	7.67	5.03
2000	861	22.92	26.46	79.54	7.66	5.01
2001	865	24.91	26.42	80.23	7.65	5.04
2002	857	26.40	26.02	78.97	7.63	5.07

（续上表）

年　份	学校(所)	毕业生数	招生数	在校学生	教职工数	#专任教师
2003	844	25.77	23.04	75.47	7.60	5.08
2004	822	25.68	21.81	82.78	7.54	5.13
2005	807	25.39	20.90	77.02	7.46	5.12
2006	794	22.24	17.84	71.17	7.33	5.14
2007	786	21.23	16.72	65.60	7.11	5.13
2008	774	20.09	16.63	61.77	6.89	5.03
2009	762	17.03	16.50	60.37	6.76	5.05
2010	755	16.13	16.33	59.44	6.73	5.07
2011	754	15.48	16.84	59.17	7.53	5.11
2012	760	14.91	17.00	59.04	7.58	5.18

历年小学基本情况

单位:万人

年　份	学校(所)	毕业生数	招生数	在校学生	教职工数	#专任教师
1993	2122	15.91	19.37	116.7	7.38	5.64
1994	1962	21.33	18.46	113.98	7.29	5.50
1995	1807	21.02	17.09	109.78	7.16	5.45
1996	1671	18.83	15.66	106.46	7.07	5.33
1997	1533	16.48	12.46	102.44	6.92	5.24
1998	1382	17.66	11.39	96.14	6.67	4.96
1999	1208	19.19	10.49	87.16	6.40	4.68
2000	1021	18.73	10.28	78.86	6.13	4.43
2001	852	17.43	10.27	72.28	5.87	4.23
2002	751	15.76	10.11	67.24	5.62	4.06
2003	686	12.87	10.05	64.83	5.34	3.88
2004	648	10.97	10.55	53.74	5.07	3.75
2005	640	10.93	10.36	53.50	4.94	3.74
2006	626	10.85	10.87	53.37	4.86	3.75
2007	615	10.55	11.00	53.33	4.84	3.85
2008	672	10.44	12.39	59.06	5.10	4.10
2009	751	11.36	13.86	67.12	5.48	4.43
2010	766	12.44	15.05	70.16	5.58	4.52
2011	764	13.09	16.94	73.11	4.82	4.63
2012	761	12.95	17.23	76.04	4.89	4.81

历年幼儿园基本情况

单位：万人

年 份	独立幼儿园(所)	幼儿数	教职工数	#专任教师
1993	1069	39.31	3.97	2.54
1994	1070	34.61	3.42	2.18
1995	1041	30.77	3.08	1.98
1996	970	26.82	2.95	1.83
1997	937	25.72	2.79	1.73
1998	944	24.91	2.60	1.60
1999	937	24.22	2.53	1.55
2000	958	24.12	2.52	1.50
2001	1003	23.40	2.42	1.44
2002	1001	24.21	2.42	1.46
2003	1014	25.22	2.47	1.49
2004	1017	26.58	2.56	1.55
2005	1035	28.70	2.79	1.70
2006	1057	29.98	3.04	1.88
2007	1058	31.32	3.19	2.02
2008	1058	32.88	3.36	2.17
2009	1111	35.38	3.60	2.36
2010	1252	40.03	4.09	2.67
2011	1337	44.42	4.58	2.92
2012	1401	48.06	4.90	3.13

历年特殊教育学校基本情况

单位：人

年 份	学校(所)	毕业生数	招生数	在校学生	教职工数	#专任教师
1993	36	302	864	4365	1267	729
1994	36	355	1476	5161	1347	770
1995	39	363	1140	5728	1434	841
1996	39	620	910	6164	1512	929
1997	38	749	793	6313	1512	914
1998	36	656	722	5168	1580	953
1999	35	760	902	5269	1604	973
2000	34	844	1139	5407	1584	943
2001	32	615	731	5463	1599	946

（续上表）

年份	学校（所）	毕业生数	招生数	在校学生	教职工数	#专任教师
2002	32	639	641	5529	1653	987
2003	31	767	692	5463	1629	985
2004	29	809	650	5358	1597	978
2005	28	853	692	5238	1598	1002
2006	28	869	675	5043	1614	1047
2007	28	886	741	5043	1603	1092
2008	29	828	752	5131	1612	1115
2009	29	901	758	5044	1594	1121
2010	29	918	776	5036	1596	1143
2011	29	907	732	4927	1577	1158
2012	29	876	783	4885	1580	1177

分区县人口及街道、乡、镇数

区、县名	户籍人口数（万人）	常住人口数（万人）	街道办事处（个）	镇（个）	乡（个）
全市合计	**1419.36**	**2347.46**	**99**	**108**	**2**
黄浦区	90.56	68.04	10		
徐汇区	91.46	109.50	12	1	
长宁区	62.05	69.00	9	1	
静安区	30.23	24.36	5		
普陀区	88.11	129.72	6	3	
闸北区	68.89	83.80	8	1	
虹口区	79.05	85.16	8		
杨浦区	109.23	132.43	11	1	
闵行区	98.48	248.40	3	9	
宝山区	89.51	193.50	3	9	
嘉定区	56.21	150.62	3	7	
浦东新区	278.53	517.50	13	24	
金山区	51.68	75.87	1	9	
松江区	57.92	165.00	4	11	
青浦区	46.33	111.76	3	8	
奉贤区	52.35	110.30		8	
崇明县	68.77	72.50		16	2

注：户籍人口和常住人口数为本市2011年末数。摘自《上海统计年鉴》。

2012年度教育系统校舍基本建设完成情况

	总计	全市高校				全市普教					
		小计	部委高校	委属	其他	小计	市属学校	区县学校	配套学校	市属其他	区县其他
完成投资（万元）	639594	144997	102420	32077	10500	494597	700	265120	215801	0	12976
施工面积（平方米）	2766691	694548	371438	220160	102950	2072143	6200	1008503	1016246	0	41194
竣工面积（平方米）	901803	173158	101593	71565	0	728645	0	270425	447117	0	11103

小学基础信息统计表

单位名称	小学学校总数（所）	在校生总数（人）	班数	多媒体进普通教室的班数
上海市	**597**	**575604**	**16509**	**15497**
黄浦区	33	17749	650	606
徐汇区	41	29187	853	846
长宁区	22	17034	535	535
静安区	15	9066	306	306
普陀区	26	26757	795	795
闸北区	29	17790	558	558
虹口区	35	18569	594	581
杨浦区	41	22983	833	833
闵行区	43	53200	1388	1388
宝山区	60	47285	1254	1218
嘉定区	25	32570	792	792
浦东新区	122	135171	3523	3498
金山区	21	25110	616	616
松江区	15	35367	755	774
青浦区	21	32649	758	758
奉贤区	18	37670	857	857
崇明县	30	17447	542	536

小学理科教学仪器达标校统计表

单位名称	理科教学仪器达标校合计（所）	达标（所）	不达标（所）
上海市	**597**	**576**	**21**
黄浦区	33	32	1
徐汇区	41	41	0
长宁区	22	22	0

（续上表）

单位名称	理科教学仪器达标校合计（所）	达标（所）	不达标（所）
静安区	15	14	1
普陀区	26	26	0
闸北区	29	29	0
虹口区	35	33	2
杨浦区	41	41	0
闵行区	43	43	0
宝山区	60	52	8
嘉定区	25	24	1
浦东新区	122	115	7
金山区	21	21	0
松江区	15	15	0
青浦区	21	21	0
奉贤区	18	18	0
崇明县	30	29	1

小学实验教学人员状况统计表

单位名称	合计（人）	专职（人）	兼职（人）	高级职称（人）	中级职称（人）	初级职称（人）	其他（人）
上海市	**1642**	**676**	**966**	**71**	**933**	**561**	**77**
黄浦区	93	47	46	7	57	28	1
徐汇区	41	28	13	6	25	8	2
长宁区	57	11	46	3	28	24	2
静安区	50	26	24	8	22	20	0
普陀区	54	26	28	1	33	20	0
闸北区	54	22	32	1	31	22	0
虹口区	98	31	67	1	70	24	3
杨浦区	140	78	62	6	75	52	7
闵行区	142	51	91	4	89	44	5
宝山区	163	66	97	8	105	38	12
嘉定区	91	26	65	0	41	32	18
浦东新区	314	121	193	11	148	138	17
金山区	64	34	30	8	39	14	3
松江区	33	20	13	0	21	9	3
青浦区	107	45	62	2	66	38	1
奉贤区	105	24	81	4	59	40	2
崇明县	36	20	16	1	24	10	1

小学实验及功能教室数量统计表

单位名称	合计（间）	科学（间）	劳技（间）	体艺（间）	计算机（间）	语言（间）	多媒体（间）	其他（间）	装备用房使用面积合计（万平方米）	实验室使用面积（万平方米）
上海市	**6862**	**831**	**515**	**2463**	**1197**	**167**	**930**	**759**	**64**	**8**
黄浦区	304	44	18	104	43	5	58	32	2	0
徐汇区	526	55	27	188	69	0	42	145	4	0
长宁区	228	27	17	64	28	19	36	37	3	0
静安区	193	20	13	71	28	3	32	26	1	0
普陀区	287	43	23	103	43	6	25	44	3	0
闸北区	221	32	26	62	44	1	18	38	1	0
虹口区	301	38	22	112	40	6	57	26	2	0
杨浦区	451	63	23	201	73	2	59	30	4	0
闵行区	794	67	53	208	323	5	120	18	6	1
宝山区	645	65	25	243	95	5	127	85	6	1
嘉定区	270	40	24	118	37	5	14	32	3	0
浦东新区	1431	158	123	495	189	109	229	128	16	2
金山区	259	32	23	104	37	0	28	35	2	0
松江区	164	36	17	76	24	1	6	4	2	0
青浦区	265	38	31	107	45	0	25	19	2	0
奉贤区	243	40	23	99	35	0	22	24	3	0
崇明县	280	33	27	108	44	0	32	36	3	0

小学实验及功能教室装备状况统计表（一）

单位名称	总合计（万元）	仪器合计（万元）	科学仪器（万元）	数学仪器（万元）	科学室设备（万元）
上海市	**93574**	**6513**	**5008**	**1504**	**5085**
黄浦区	4905	1006	966	40	258
徐汇区	10009	468	276	192	264
长宁区	4594	134	122	12	143
静安区	2068	149	113	35	138
普陀区	3784	186	148	38	261
闸北区	4096	201	115	86	66
虹口区	3900	270	204	67	115
杨浦区	4125	344	289	55	129
闵行区	5579	530	278	251	319
宝山区	9116	443	299	144	224
嘉定区	5128	258	195	63	259
浦东新区	21237	939	775	164	1542
金山区	4394	390	319	71	247
松江区	1446	241	195	46	179
青浦区	2560	370	270	100	522
奉贤区	2543	260	210	50	220
崇明县	4090	325	233	92	198

小学实验及功能教室装备状况统计表(二)

单位名称	功能教室器材设备合计(万元)	劳技设备(万元)	体艺室设备(万元)	计算机室设备(万元)	语言室设备(万元)	其他(万元)
上海市	**81977**	**3001**	**19719**	**29245**	**2793**	**27219**
黄浦区	3642	221	1097	1676	135	513
徐汇区	9277	78	1995	2908	1	4295
长宁区	4317	130	730	1011	376	2070
静安区	1781	47	511	856	39	327
普陀区	3337	140	724	1361	82	1031
闸北区	3829	62	351	2124	11	1281
虹口区	3514	357	766	1342	35	1014
杨浦区	3651	337	1229	1490	1	595
闵行区	4731	249	1848	1824	28	781
宝山区	8449	68	2100	2253	105	3922
嘉定区	4611	94	1055	839	59	2565
浦东新区	18756	602	3766	6648	1893	5847
金山区	3758	96	924	1468	0	1270
松江区	1026	104	318	470	22	111
青浦区	1668	199	554	657	0	258
奉贤区	2063	120	595	1035	0	312
崇明县	3567	98	1155	1282	5	1027

小学计算机、校园网装备状况统计表

单位名称	拥有计算机室的学校数(所)	拥有校园网的学校数(所)	计算机总金额(万元)	网络及外设总金额(万元)	多媒体设备总金额(万元)
上海市	**587**	**583**	**63135**	**24036**	**52533**
黄浦区	30	33	4377	772	2932
徐汇区	41	41	4135	1493	2909
长宁区	22	22	2600	1357	2439
静安区	13	15	2220	1407	1255
普陀区	26	26	3018	891	2394
闸北区	29	29	2639	676	1653
虹口区	33	33	3395	743	1898
杨浦区	41	41	3935	1852	2027
闵行区	43	43	5277	2100	3195
宝山区	59	52	3785	1830	3092
嘉定区	25	25	3033	1064	4253
浦东新区	121	118	13256	5902	15705
金山区	21	21	2634	631	1674
松江区	15	15	1464	374	1422
青浦区	20	21	2822	1083	1333
奉贤区	18	18	2054	566	2169
崇明县	30	30	2488	1296	2183

小学当年购置教育技术装备经费情况

单位名称	当年总计(万元)	财政拨款(万元)	自筹及其他(万元)
上海市	**30996**	**27011**	**3985**
黄浦区	406	406	0
徐汇区	1058	1004	54
长宁区	2474	2242	232
静安区	1156	1153	4
普陀区	1582	1582	0
闸北区	496	496	0
虹口区	2056	1962	93
杨浦区	1645	1641	4
闵行区	2482	2204	278
宝山区	1865	1645	220
嘉定区	1977	1970	7
浦东新区	8790	6488	2302
金山区	1045	837	208
松江区	495	388	107
青浦区	1078	739	338
奉贤区	1696	1677	19
崇明县	694	576	119

小学实验及功能教室使用状况统计表

单位名称	自然实验演示开出率(%)	自然实验分组开出率(%)	计算机室完成率(%)	语言室完成率(%)
上海市	**98.8**	**99.1**	**102.2**	**55.3**
黄浦区	102.7	102.2	99.1	93.6
徐汇区	95.5	97.8	100.0	0.0
长宁区	100.0	99.5	106.3	99.7
静安区	110.5	121.2	114.0	100.0
普陀区	97.5	100.5	100.2	71.4
闸北区	99.4	99.1	99.7	100.0
虹口区	100.0	99.8	100.0	0.0
杨浦区	100.0	100.0	99.9	0.0
闵行区	103.4	98.4	99.1	41.9
宝山区	92.7	97.4	112.6	68.2
嘉定区	96.3	100.2	99.0	97.4
浦东新区	93.0	85.6	98.9	95.3
金山区	100.0	100.0	100.0	0.0
松江区	100.0	100.0	100.0	100.0
青浦区	96.4	99.4	107.6	0.0
奉贤区	100.0	99.5	100.0	0.0
崇明县	93.8	94.4	99.1	0.0

小学图书室(馆)管理人员状况统计表

单位名称	合计(人)	专职(人)	兼职(人)	高级职称(人)	中级职称(人)	初级职称(人)	其他(人)
上海市	**821**	**461**	**360**	**13**	**316**	**311**	**181**
黄浦区	38	15	23	0	10	21	7
徐汇区	49	33	16	1	10	26	12
长宁区	26	3	23	2	13	7	4
静安区	16	10	6	0	7	9	0
普陀区	29	17	12	0	15	8	6
闸北区	31	14	17	1	12	15	3
虹口区	37	10	27	0	21	10	6
杨浦区	51	27	24	1	11	35	4
闵行区	56	37	19	2	26	19	9
宝山区	65	36	29	0	34	19	12
嘉定区	37	31	6	1	1	20	15
浦东新区	188	108	80	3	52	73	60
金山区	34	18	16	1	20	9	4
松江区	31	21	10	0	12	12	7
青浦区	53	29	24	1	33	8	11
奉贤区	36	20	16	0	13	10	13
崇明县	44	32	12	0	26	10	8

小学图书室(馆)设施状况统计表

单位名称	建有图书室学校数	阅览室数量(间)	电子阅览室数量(间)	藏书室数量(间)	资料室等数量(间)	阅览室使用面积(平方米)	电子阅览室使用面积(平方米)	藏书室使用面积(平方米)	资料室等使用面积(平方米)
上海市	**586**	**915**	**276**	**648**	**410**	**78275**	**16894**	**37480**	**13590**
黄浦区	29	38	14	21	14	3274	780	1491	391
徐汇区	41	79	11	38	21	5653	462	1689	468
长宁区	22	28	15	21	21	2490	863	1079	754
静安区	13	19	10	7	10	1989	592	300	295
普陀区	26	36	9	25	18	2991	547	1483	545
闸北区	29	37	18	21	16	2978	797	1261	418
虹口区	34	38	9	32	15	3084	480	1759	460
杨浦区	41	59	10	38	29	4474	602	1723	899
闵行区	43	67	26	55	29	6327	1476	3474	1166
宝山区	57	89	32	67	39	6820	1616	3289	1179
嘉定区	25	45	22	28	20	4316	1359	1551	796
浦东新区	121	192	50	160	104	16365	3351	8795	3620
金山区	21	34	12	24	15	2774	473	1687	363
松江区	15	24	3	18	14	2911	1181	1474	804
青浦区	21	55	20	30	18	5914	1447	2586	657
奉贤区	18	32	8	27	14	2947	486	1950	404
崇明县	30	43	7	36	13	2968	385	1892	374

小学图书室(馆)藏书状况统计表

单位名称	图书数量合计(万册)	图书(万册)	电子图书(万册)	图书金额合计(万元)	图书(万元)	电子图书(万元)
上海市	**2048**	**1938**	**110**	**26080**	**25033**	**1047**
黄浦区	80	78	2	894	829	66
徐汇区	161	158	4	1736	1596	140
长宁区	93	93	1	591	579	12
静安区	38	37	1	688	668	20
普陀区	78	78	0	899	883	16
闸北区	92	90	2	1206	1173	33
虹口区	85	84	0	961	947	14
杨浦区	88	88	0	1094	1093	1
闵行区	164	160	3	2577	2499	78
宝山区	184	122	62	2178	2070	108
嘉定区	92	86	6	1299	1243	56
浦东新区	465	445	20	6068	5756	312
金山区	101	98	3	1346	1313	34
松江区	59	58	0	866	856	10
青浦区	103	102	1	1345	1319	26
奉贤区	92	90	2	1235	1172	63
崇明县	74	72	2	1098	1039	59

小学图书室(馆)当年购置情况及尚需量统计表

单位名称	图书购置经费合计(万元)	财政拨款(万元)	自筹及其他(万元)	图书尚需册数(万册)
上海市	**4219**	**2903**	**1316**	**32**
黄浦区	79	78	0	2
徐汇区	212	187	25	3
长宁区	99	61	38	2
静安区	110	87	23	1
普陀区	115	115	0	2
闸北区	91	91	0	2
虹口区	137	126	11	2
杨浦区	252	248	3	2
闵行区	363	270	93	3
宝山区	262	157	105	2
嘉定区	287	258	29	2
浦东新区	970	543	427	2
金山区	249	216	33	2
松江区	235	170	65	1
青浦区	428	52	376	2
奉贤区	235	208	27	2
崇明县	97	35	62	1

中学基础信息统计表

单位名称	学校总数(所)	在校生总数(人)	班　数	多媒体进普通教室的班数
上海市	**641**	**540214**	**14944**	**14892**
黄浦区	32	22601	753	749
徐汇区	29	27070	791	773
长宁区	24	19040	629	629
静安区	17	12067	375	375
普陀区	42	23994	657	696
闸北区	30	20791	632	632
虹口区	32	16258	519	454
杨浦区	38	23050	810	806
闵行区	49	49058	1086	1086
宝山区	46	38925	1020	1020
嘉定区	28	23024	612	612
浦东新区	126	140533	3792	3781
金山区	25	22229	617	617
松江区	27	25159	647	670
青浦区	22	26578	659	658
奉贤区	38	29838	746	736
崇明县	36	19999	599	598

中学理科教学仪器达标学校统计表

单位名称	开展理科实验操作考核学校数(所)	理科教学仪器达标学校数(所)	理科教学仪器不达标学校数(所)
上海市	**567**	**632**	**9**
黄浦区	31	32	0
徐汇区	28	29	0
长宁区	24	24	0
静安区	14	15	2
普陀区	40	42	0
闸北区	13	30	0
虹口区	23	31	1
杨浦区	38	38	0
闵行区	49	49	0
宝山区	46	46	0
嘉定区	25	27	1
浦东新区	114	124	2
金山区	0	25	0
松江区	27	27	0
青浦区	22	22	0
奉贤区	38	38	0
崇明县	35	33	3

中学实验教学人员状况统计表

单位名称	合计(人)	专职(人)	兼职(人)	高级职称(人)	中级职称(人)	初级职称(人)	其他(人)
上海市	**3240**	**1751**	**1489**	**454**	**1542**	**988**	**256**
黄浦区	212	164	48	55	92	57	8
徐汇区	82	48	34	5	35	26	16
长宁区	115	67	48	7	56	39	13
静安区	95	70	25	12	39	38	6
普陀区	102	49	53	5	77	15	5
闸北区	299	269	30	67	145	72	15
虹口区	103	45	58	15	52	25	11
杨浦区	210	126	84	17	107	73	13
闵行区	185	84	101	17	98	58	12
宝山区	279	163	116	53	146	64	16
嘉定区	105	71	34	10	47	33	15
浦东新区	733	319	414	75	309	263	86
金山区	87	43	44	10	37	33	7
松江区	86	41	45	2	51	24	9
青浦区	198	55	143	38	88	64	8
奉贤区	239	92	147	45	110	75	9
崇明县	110	45	65	21	53	29	7

中学实验及功能教室数量统计表(一)

单位名称	合计(间)	物理(间)	化学(间)	生物(间)	劳技(间)	体艺(间)
上海市	**10369**	**1123**	**1011**	**882**	**738**	**2392**
黄浦区	512	60	59	47	41	120
徐汇区	624	56	46	45	34	174
长宁区	428	51	40	37	24	91
静安区	297	28	24	23	15	65
普陀区	713	63	61	49	54	162
闸北区	438	58	49	37	22	87
虹口区	464	51	44	39	19	80
杨浦区	533	61	58	53	44	119
闵行区	681	74	67	65	70	197
宝山区	787	81	71	65	47	158
嘉定区	478	48	47	38	35	134
浦东新区	2267	236	211	181	169	477
金山区	383	45	44	37	26	94
松江区	414	55	47	39	26	125
青浦区	344	46	39	32	24	66
奉贤区	463	55	52	51	41	99
崇明县	543	55	52	44	47	144

中学实验及功能教室数量统计表(二)

单位名称	计算机（间）	语言（间）	多媒体（间）	其他（间）	装备用房使用面积合计（万平方米）	实验室使用面积（万平方米）
上海市	**1291**	**367**	**1513**	**1052**	**132**	**36**
黄浦区	65	25	55	40	5	2
徐汇区	69	2	37	161	8	1
长宁区	51	31	63	40	6	1
静安区	37	1	87	17	3	1
普陀区	93	32	119	80	8	2
闸北区	74	13	44	54	6	1
虹口区	53	19	106	53	5	1
杨浦区	71	13	80	34	5	2
闵行区	100	24	56	28	11	3
宝山区	92	11	172	90	11	2
嘉定区	58	14	26	78	5	1
浦东新区	248	138	430	177	32	9
金山区	53	17	29	38	5	1
松江区	58	10	24	30	5	2
青浦区	43	5	70	19	4	2
奉贤区	60	7	47	51	7	2
崇明县	66	5	68	62	6	1

中学实验及功能教室装备状况统计表(一)

单位名称	仪器设备原价合计（万元）	实验室仪器合计（万元）	物理仪器（万元）	化学仪器（万元）	生物仪器（万元）	数学地理仪器（万元）
上海市	**185488**	**30009**	**15071**	**4478**	**8310**	**2150**
黄浦区	13347	2922	1805	383	514	219
徐汇区	15374	2485	890	507	969	119
长宁区	10894	1813	1046	173	412	183
静安区	5705	943	325	88	473	56
普陀区	9514	1058	499	128	319	112
闸北区	12271	666	359	97	155	55
虹口区	5692	1427	824	154	379	70
杨浦区	7513	1413	779	162	398	73
闵行区	11330	2182	912	310	759	200
宝山区	15877	1354	676	224	340	113
嘉定区	9425	1169	444	128	449	147
浦东新区	40247	7907	4493	1222	1801	391
金山区	6757	1164	600	236	257	70
松江区	4782	850	305	175	299	72
青浦区	2921	581	257	125	160	39
奉贤区	5510	1011	419	177	303	112
崇明县	8326	1065	438	187	321	120

中学实验及功能教室装备状况统计表(二)

单位名称	实验室设备合计(万元)	物理室(万元)	化学室(万元)	生物室(万元)
上海市	**21097**	**7694**	**7245**	**6159**
黄浦区	1223	434	494	294
徐汇区	1290	392	461	437
长宁区	720	282	229	209
静安区	759	261	199	299
普陀区	1372	553	444	375
闸北区	798	323	259	216
虹口区	769	291	211	266
杨浦区	845	307	296	242
闵行区	1666	464	585	617
宝山区	1352	464	502	386
嘉定区	723	257	266	200
浦东新区	5130	1949	1763	1419
金山区	962	450	275	237
松江区	897	346	321	230
青浦区	652	221	241	191
奉贤区	1024	340	378	305
崇明县	916	359	322	235

中学实验及功能教室装备状况统计表(三)

单位名称	功能教室器材合计(万元)	劳技室(万元)	体艺室(万元)	计算机室(万元)	语言室(万元)	其他(万元)
上海市	**134382**	**8254**	**29724**	**47134**	**7108**	**42161**
黄浦区	9202	492	2434	4219	583	1474
徐汇区	11600	173	1900	1695	40	7792
长宁区	8362	348	1383	1650	783	4198
静安区	4004	781	813	1885	24	501
普陀区	7084	404	1663	2839	615	1563
闸北区	10807	458	1388	6247	447	2267
虹口区	3497	245	559	1329	333	1032
杨浦区	5255	405	1273	2377	326	874
闵行区	7482	1103	2073	3385	431	490
宝山区	13171	293	4026	2907	231	5716
嘉定区	7533	205	2259	1484	162	3423
浦东新区	27211	2264	5208	9706	2677	7356
金山区	4630	370	807	1541	88	1825
松江区	3035	137	1152	1216	139	391
青浦区	1688	106	374	959	37	213
奉贤区	3475	236	1043	1289	112	795
崇明县	6345	235	1369	2407	81	2253

中学计算机、校园网装备状况统计表

单位名称	拥有计算机室的学校数(所)	拥有校园网的学校数(所)	计算机原价总金额(万元)	网络及外部设备原价总金额(万元)	多媒体设备总金额(万元)
上海市	**627**	**640**	**109424**	**51221**	**66671**
黄浦区	31	32	8882	2593	3319
徐汇区	29	29	5579	2241	3751
长宁区	24	24	6393	2874	2874
静安区	15	17	4448	3091	1849
普陀区	42	42	8222	2839	5595
闸北区	30	30	4652	1545	1800
虹口区	30	31	5111	1992	2031
杨浦区	38	38	6006	1878	2265
闵行区	49	49	8186	3181	4349
宝山区	43	46	4667	6066	3343
嘉定区	26	28	5011	1671	3654
浦东新区	124	126	22505	13612	20531
金山区	25	25	4272	1287	1982
松江区	27	27	3967	925	2535
青浦区	20	22	2737	1527	1799
奉贤区	38	38	4162	1601	2315
崇明县	36	36	4625	2298	2678

中学当年购置教育技术装备经费情况

单位名称	当年经费总计(万元)	当年财政拨款(万元)	当年自筹及其他(万元)
上海市	**49920**	**43232**	**6688**
黄浦区	1050	1049	1
徐汇区	2663	2663	0
长宁区	2819	2304	515
静安区	2639	2639	0
普陀区	4374	4374	0
闸北区	1674	1551	122
虹口区	2542	2023	519
杨浦区	2955	2955	0
闵行区	2897	2578	319
宝山区	3786	3568	218
嘉定区	3655	3174	481
浦东新区	12080	8257	3823
金山区	1435	1250	186
松江区	1031	855	176
青浦区	560	473	87
奉贤区	1977	1878	99
崇明县	1784	1640	144

中学实验及功能教室使用状况统计表(一)

单位名称	物理应做演示实验	物理实做演示实验	物理应做分组实验	物理实做分组实验	化学应做演示实验	化学实做演示实验	化学应做分组实验	化学实做分组实验
上海市	**61**	**61**	**40**	**40**	**72**	**73**	**44**	**43**
黄浦区	78	79	49	52	80	84	36	38
徐汇区	21	21	15	15	29	32	15	17
长宁区	93	96	61	55	77	82	47	47
静安区	89	89	44	47	55	56	41	39
普陀区	52	52	35	35	76	76	46	46
闸北区	69	70	44	44	98	99	46	48
虹口区	63	66	41	41	55	54	56	41
杨浦区	59	58	43	41	79	79	51	45
闵行区	59	59	42	42	81	81	51	51
宝山区	64	63	40	39	86	84	50	49
嘉定区	55	56	39	40	73	77	44	45
浦东新区	62	64	42	42	76	77	45	45
金山区	45	45	32	32	61	61	38	38
松江区	59	59	42	42	81	81	51	51
青浦区	49	50	20	24	58	59	25	30
奉贤区	59	52	42	38	81	81	51	51
崇明县	59	59	42	43	81	72	51	48

中学实验及功能教室使用状况统计表(二)

单位名称	生物应做演示实验	生物实做演示实验	生物应做分组实验	生物实做分组实验	计算机室生均计划	计算机室生均完成	语言室生均计划	语言室生均完成
上海市	**12**	**13**	**25**	**26**	**105**	**106**	**29**	**24**
黄浦区	21	23	41	43	109	114	28	27
徐汇区	18	18	21	21	96	97	0	0
长宁区	15	15	28	31	101	100	42	46
静安区	26	27	25	26	69	79	0	0
普陀区	5	6	22	22	85	85	27	27
闸北区	7	7	28	29	183	167	21	21
虹口区	49	51	38	39	302	300	175	164
杨浦区	5	4	24	21	80	77	5	4
闵行区	5	5	24	24	96	96	30	30
宝山区	7	7	24	22	102	93	32	32
嘉定区	7	8	24	24	70	94	10	11
浦东新区	15	16	26	25	82	81	29	26
金山区	4	5	18	18	80	80	0	0
松江区	5	5	24	24	80	80	13	13
青浦区	11	11	19	18	67	69	0	0
奉贤区	5	5	24	23	102	102	0	3
崇明县	5	5	24	23	80	80	80	6

中学图书室(馆)管理人员状况统计表

单位名称	图书室管理人员总计(人)	专职(人)	兼职(人)	高级职称(人)	中级职称(人)	初级职称(人)	其他(人)
上海市	**1320**	**1019**	**301**	**44**	**522**	**475**	**279**
黄浦区	65	56	9	4	24	28	9
徐汇区	59	53	6	3	14	29	13
长宁区	51	42	9	2	22	15	12
静安区	39	37	2	0	20	16	3
普陀区	69	52	17	5	43	18	3
闸北区	68	58	10	0	27	29	12
虹口区	52	40	12	1	25	19	7
杨浦区	68	61	7	1	24	36	7
闵行区	91	71	20	5	41	30	15
宝山区	95	78	17	4	41	22	28
嘉定区	57	48	9	1	12	24	20
浦东新区	262	184	78	10	81	90	81
金山区	59	43	16	3	20	19	17
松江区	85	63	22	0	31	38	16
青浦区	50	31	19	0	19	16	15
奉贤区	73	46	27	1	34	27	11
崇明县	77	56	21	4	44	19	10

中学图书室(馆)设施状况统计表

单位名称	阅览室数量(间)	阅览室使用面积(平方米)	电子阅览室数量(间)	电子阅览室使用面积(平方米)	藏书室数量(间)	藏书室使用面积(平方米)	资料室等数量(间)	资料室等使用面积(平方米)
上海市	**1153**	**159477**	**448**	**39175**	**829**	**83340**	**526**	**34455**
黄浦区	42	8750	19	1581	32	3753	27	2320
徐汇区	73	7864	17	1081	38	3249	15	890
长宁区	36	7084	27	2594	30	2218	20	1442
静安区	41	6039	14	755	23	1237	14	580
普陀区	87	11145	28	1880	53	5306	41	2939
闸北区	50	8236	21	2248	37	4292	25	2052
虹口区	49	5933	20	1193	44	3649	24	1160
杨浦区	58	10259	34	3101	37	2884	29	2226
闵行区	89	11417	34	2610	65	6606	39	2501
宝山区	73	9124	34	3042	53	5697	41	3410
嘉定区	64	7325	29	2305	36	3125	24	1905
浦东新区	223	33459	81	9204	180	20850	101	6670
金山区	38	5470	21	1579	32	4393	19	1214
松江区	49	6637	16	1762	37	3491	23	1143
青浦区	48	6445	15	1316	34	2653	15	823
奉贤区	64	7907	17	1273	44	4770	40	1884
崇明县	69	6383	21	1651	54	5167	29	1296

中学图书室(馆)藏书状况统计表

单位名称	图书室藏书数量合计(万册)	图书数量(万册)	电子图书数量(万册)	图书室藏书金额合计(万元)	图书金额(万元)	电子图书金额(万元)
上海市	**3219**	**2985**	**234**	**45172**	**43549**	**1623**
黄浦区	190	181	10	2591	2399	192
徐汇区	176	174	2	2876	2791	86
长宁区	111	103	8	1334	1297	36
静安区	96	90	6	1613	1505	108
普陀区	208	206	2	2571	2493	78
闸北区	152	147	5	3029	2910	119
虹口区	120	119	1	1460	1445	15
杨浦区	160	150	11	2056	2034	22
闵行区	248	234	14	3923	3756	167
宝山区	200	133	67	2309	2210	99
嘉定区	143	116	27	1655	1590	65
浦东新区	734	693	41	9844	9570	274
金山区	118	116	2	1729	1690	38
松江区	123	120	3	1894	1820	74
青浦区	104	101	4	1505	1466	39
奉贤区	166	143	24	1921	1785	135
崇明县	169	161	8	2862	2787	75

中学图书室(馆)当年购置情况及尚需量统计表

单位名称	当年图书购置经费合计(万元)	财政拨款(万元)	自筹金额(万元)	图书尚需册数(万册)
上海市	**5937**	**4510**	**1427**	**94**
黄浦区	175	165	10	6
徐汇区	534	534	0	6
长宁区	157	118	39	3
静安区	115	115	0	3
普陀区	229	228	1	7
闸北区	94	94	0	5
虹口区	41	24	17	4
杨浦区	308	308	0	1
闵行区	450	409	41	8
宝山区	155	97	58	4
嘉定区	295	273	22	4
浦东新区	1522	751	770	23
金山区	222	168	54	4
松江区	327	289	38	4
青浦区	676	439	237	3
奉贤区	411	358	53	5
崇明县	228	143	84	5

教育经费总投入情况表

金额单位:万元

区县名称	教育经费投入合计	教育经费拨款				其他经费拨款	教育费附加	教育事业费附加	地方社会事业建设费	事业收入	其中:学杂费收入	校办产业缴款	捐赠收入	其他	除财政拨款外各项投入占合计数%
		小计	一般预算	政府性基金	八项收入										
黄浦区	297066.44	280911.12	280911.12	0.00	0.00	0.00	0.00	0.00	0.00	10022.32	8365.06	0.00	0.00	6133.00	5.44
徐汇区	215095.44	163873.36	161873.36	0.00	2000.00	16890.00	16550.00	0.00	0.00	13305.15	12387.11	0.00	0.00	4476.93	15.96
长宁区	184118.18	151304.57	145772.64	0.00	5531.93	19133.43	7050.00	0.00	0.00	5219.02	5056.99	0.00	22.77	1388.39	7.43
静安区	158185.47	154269.04	154269.04	0.00	0.00	0.00	0.00	0.00	0.00	3916.43	3805.67	0.00	0.00	0.00	2.48
普陀区	219781.82	165692.59	162610.82	0.00	3081.76	0.00	42900.00	0.00	0.00	11089.73	9937.61	0.00	14.51	84.99	24.61
闸北区	196228.86	147897.00	147897.00	0.00	0.00	0.00	31600.00	0.00	0.00	10351.55	8846.60	0.00	111.15	6269.16	24.63
虹口区	168153.40	128983.79	128136.00	847.79	0.00	0.00	28600.00	0.00	0.00	6857.30	6344.92	957.69	34.40	2720.22	23.29
杨浦区	230038.30	178891.23	176399.00	0.00	2492.23	0.00	42400.00	0.00	0.00	7142.78	6572.95	333.73	29.80	1240.76	22.23
市区小计	1668667.90	1371822.69	1357868.98	847.79	13105.92	36023.43	169100.00	0.00	0.00	67904.28	61316.91	1291.42	212.63	22313.45	15.63
闵行区	382123.04	268072.05	266082.98	1989.07	0.00	12480.14	85600.00	0.00	0.00	13768.94	13254.05	0.00	74.14	2127.77	26.58
宝山区	329865.90	234852.87	233097.83	1755.04	0.00	0.00	79200.00	3.70	0.00	12014.67	9124.50	320.83	888.95	2584.88	28.80
嘉定区	199307.34	163890.73	163454.25	0.00	436.48	0.00	27403.14	0.00	0.00	7433.00	5197.20	0.00	30.00	550.48	17.77
浦东新区	820938.98	604014.70	604014.70	0.00	0.00	61360.31	105950.00	0.00	0.00	41708.57	31803.74	0.00	576.93	7328.47	18.95
金山区	125949.76	98248.10	97982.12	0.00	265.98	257.13	20646.43	0.00	0.00	6379.21	5496.62	0.00	35.00	383.89	21.79
松江区	257404.62	179762.12	179674.92	0.00	87.20	0.00	67000.00	652.76	0.00	9851.71	9249.94	0.00	0.00	138.03	30.16
青浦区	189112.29	124036.94	122616.00	1250.00	170.94	7753.78	51200.00	0.00	0.00	5900.24	5658.68	0.00	0.00	221.33	30.31
奉贤区	230521.14	146979.11	146974.11	5.00	0.00	0.00	70281.18	2887.71	0.00	8866.10	6939.36	0.00	96.13	1410.91	36.24
崇明县	196375.97	137044.41	137044.41	0.00	0.00	4396.31	51035.88	0.00	0.00	3744.01	3571.00	0.00	26.38	128.98	27.97
郊区小计	2731599.04	1956901.04	1950941.32	4999.11	960.60	86247.66	558316.63	3544.17	0.00	109666.45	90295.09	320.83	1727.53	14874.74	25.20
区县合计	4400266.93	3328723.72	3308810.30	5846.90	14066.52	122271.09	727416.63	3544.17	0.00	177570.73	151612.00	1612.25	1940.16	37188.19	21.57
委属单位	2198487.45	1450038.91	1345819.52	91500.00	12719.39	83654.41	320950.00	0.00	0.00	275662.80	211685.39	0.00	889.55	67291.78	30.24
全市总计	6598754.39	4778762.63	4654629.82	97346.90	26785.92	205925.50	1048366.63	3544.17	0.00	453233.53	363297.39	1612.25	2829.71	104479.97	24.46

职校生均经费分析

金额单位:元

区县名称	财政拨款生均				实际生均					其中:生均公用经费					2012年生均公用占%
	2012年	2011年	增减金额	增减%	2012年	位次	2011年	增减金额	增减%	2012年	位次	2011年	增减金额	增减%	
黄浦区	33272.30	31063.05	2209.25	7.11	39932.95	3	35449.97	4482.98	12.65	14200.47	3	13958.37	242.10	1.73	35.56
徐汇区	26206.28	21103.39	5102.90	24.18	28096.58	9	25798.06	2298.52	8.91	6808.56	8	6295.89	512.66	8.14	24.23
长宁区	28125.75	30360.55	−2234.80	−7.36	34806.32	5	30189.55	4616.78	15.29	9596.10	5	5603.86	3992.25	71.24	27.57
静安区	40114.61	36837.01	3277.61	8.90	47698.69	2	36461.40	11237.29	30.82	11049.22	4	6450.17	4599.05	71.30	23.16
普陀区	21465.67	18998.11	2467.55	12.99	24914.09	10	21673.50	3240.59	14.95	5031.89	11	4075.55	956.33	23.47	20.20
闸北区	24609.24	20236.35	4372.89	21.61	29045.13	8	26509.23	2535.91	9.57	3380.83	15	5559.62	−2178.80	−39.19	11.64
虹口区	21760.89	13910.99	7849.91	56.43	24790.55	11	16302.36	8488.19	52.07	4144.85	14	2902.47	1242.38	42.80	16.72
杨浦区	22904.71	19534.75	3369.95	17.25	29510.76	7	29316.88	193.88	0.66	6050.83	9	5907.43	143.40	2.43	20.50
闵行区	12847.59	11106.48	1741.11	15.68	10497.52	16	11995.29	−1497.77	−12.49	4672.32	12	4889.74	−217.43	−4.45	44.51
宝山区	12004.56	10566.25	1438.31	13.61	15735.56	15	14862.62	872.93	5.87	2783.29	16	2638.04	145.26	5.51	17.69
嘉定区	492453.11	440625.00	51828.11	11.76	494592.24	1	442910.96	51681.28	11.67	28009.65	1	3929.04	24080.60	612.89	5.66
浦东新区	13884.80	11126.03	2758.78	24.80	15762.38	14	13334.00	2428.38	18.21	5539.59	10	4180.18	1359.41	32.52	35.14
金山区	0.00	0.00	0.00		0.00	17	0.00	0.00		0.00	17	0.00	0.00		0.00
松江区	18307.19	14900.40	3406.79	22.86	22983.89	12	18764.77	4219.12	22.48	9504.21	6	5063.99	4440.22	87.68	41.35
青浦区	19952.66	13848.03	6104.63	44.08	17663.74	13	14888.47	2775.27	18.64	4218.24	13	2929.08	1289.16	44.01	23.88
奉贤区	29739.45	25612.34	4127.11	16.11	32429.55	6	29417.84	3011.71	10.24	7933.37	7	7344.26	589.10	8.02	24.46
崇明县	48749.83	13276.85	35472.98	267.18	34894.93	4	14710.48	20184.45	137.21	24046.67	2	4248.82	19797.85	465.96	68.91
郊区小计	18838.38	12492.87	6345.52	50.79	18720.22		14851.52	3868.70	26.05	7794.68		4266.43	3528.24	82.70	41.64
市区小计	27379.95	23266.28	4113.67	17.68	32241.70		26884.47	5357.24	19.93	8151.15		6948.86	1202.29	17.30	25.28
区县合计	21937.04	16718.72	5218.31	31.21	23625.46		19571.43	4054.03	20.71	7924.00		5318.61	2605.38	48.99	33.54

中专、技校、职校生均经费分析

金额单位:元

区县名称	财政拨款生均				实际生均					其中:生均公用经费					2012年生均公用占%
	2012年	2011年	增减金额	增减%	2012年	位次	2011年	增减金额	增减%	2012年	位次	2011年	增减金额	增减%	
黄浦区	33272.30	31063.05	2209.25	7.11	39932.95	2	35449.97	4482.98	12.65	14200.47	2	13958.37	242.10	1.73	35.56
徐汇区	26206.28	21103.39	5102.90	24.18	28096.58	7	25798.06	2298.52	8.91	6808.56	6	6295.89	512.66	8.14	24.23
长宁区	28125.75	30360.55	−2234.80	−7.36	34806.32	4	30189.55	4616.78	15.29	9596.10	4	5603.86	3992.25	71.24	27.57
静安区	40114.61	36837.01	3277.61	8.90	47698.69	1	36461.40	11237.29	30.82	11049.22	3	6450.17	4599.05	71.30	23.16
普陀区	21465.67	18998.11	2467.55	12.99	24914.09	8	21673.50	3240.59	14.95	5031.89	9	4075.55	956.33	23.47	20.20
闸北区	24609.24	20236.35	4372.89	21.61	29045.13	6	26509.23	2535.91	9.57	3380.83	15	5559.62	−2178.80	−39.19	11.64
虹口区	21760.89	13910.99	7849.91	56.43	24790.55	9	16302.36	8488.19	52.07	4144.85	11	2902.47	1242.38	42.80	16.72
杨浦区	22904.71	19534.75	3369.95	17.25	29510.76	5	29316.88	193.88	0.66	6050.83	7	5907.43	143.40	2.43	20.50
闵行区	10158.26	11223.81	−1065.55	−9.49	9174.96	16	12047.76	−2872.80	−23.85	4080.73	12	4801.59	−720.86	−15.01	44.48
宝山区	13843.68	11405.98	2437.70	21.37	18908.34	12	16321.88	2586.47	15.85	3520.61	14	2716.12	804.49	29.62	18.62
嘉定区	12225.68	7944.80	4280.88	53.88	12276.62	15	10275.49	2001.13	19.47	2735.92	16	1946.34	789.59	40.57	22.29
浦东新区	14745.08	11986.04	2759.04	23.02	16721.98	13	14267.66	2454.32	17.20	5965.36	8	4762.43	1202.93	25.26	35.67
金山区	7629.69	8935.99	−1306.30	−14.62	8663.98	17	11349.24	−2685.26	−23.66	1667.11	17	3520.62	−1853.51	−52.65	19.24
松江区	18307.19	14900.40	3406.79	22.86	22983.89	10	18764.77	4219.12	22.48	9504.21	5	5063.99	4440.22	87.68	41.35
青浦区	15189.10	10453.02	4736.08	45.31	13333.93	14	11908.23	1425.70	11.97	3769.48	13	2760.12	1009.36	36.57	28.27
奉贤区	19655.45	14133.47	5521.98	39.07	22301.76	11	18596.41	3705.35	19.93	4773.39	10	4253.60	519.78	12.22	21.40
崇明县	48749.83	13276.85	35472.98	267.18	34894.93	3	14710.48	20184.45	137.21	24046.67	1	4248.82	19797.85	465.96	68.91
郊区小计	15367.56	11296.54	4071.02	36.04	15574.02		13655.42	1918.60	14.05	5813.68		3991.57	1822.11	45.65	37.33
市区小计	27379.95	23266.28	4113.67	17.68	32241.70		26884.47	5357.24	19.93	8151.15		6948.86	1202.29	17.30	25.28
区县合计	18266.67	14460.55	3806.12	26.32	19596.65		17152.30	2444.35	14.25	6377.81		4773.28	1604.53	33.61	32.55

高中生均经费分析

金额单位:元

区县名称	财政拨款生均				实际生均					其中:生均公用经费					2012年生均公用占%
	2012年	2011年	增减金额	增减%	2012年	位次	2011年	增减金额	增减%	2012年	位次	2011年	增减金额	增减%	
黄浦区	38921.70	38280.01	641.69	1.68	43269.70	3	40785.15	2484.55	6.09	18112.24	3	16524.06	1588.18	9.61	41.86
徐汇区	30116.39	26552.97	3563.42	13.42	35896.27	5	32775.61	3120.66	9.52	11010.62	7	9784.52	1226.11	12.53	30.67
长宁区	64209.59	28573.26	35636.33	124.72	45857.36	2	32096.41	13760.95	42.87	19579.64	2	8426.62	11153.01	132.35	42.70
静安区	68287.72	58406.35	9881.36	16.92	63584.12	1	55745.97	7838.16	14.06	32949.10	1	27179.35	5769.75	21.23	51.82
普陀区	30068.32	25279.59	4788.73	18.94	30434.81	12	28670.97	1763.84	6.15	8441.61	11	7893.63	547.97	6.94	27.74
闸北区	29266.62	26945.47	2321.15	8.61	35144.93	6	29876.36	5268.57	17.63	8519.88	10	5961.50	2558.37	42.91	24.24
虹口区	28748.74	22473.96	6274.78	27.92	35138.00	7	30381.85	4756.15	15.65	6573.79	12	6567.22	6.56	0.10	18.71
杨浦区	29782.84	28108.87	1673.97	5.96	31842.04	11	30251.84	1590.20	5.26	6408.76	13	5006.36	1402.39	28.01	20.13
闵行区	33534.18	26911.77	6622.41	24.61	34619.09	8	28015.26	6603.83	23.57	9754.21	8	6546.91	3207.31	48.99	28.18
宝山区	29534.51	25284.42	4250.10	16.81	33437.93	9	29436.11	4001.82	13.59	14002.18	5	11707.57	2294.61	19.60	41.88
嘉定区	22689.96	20203.68	2486.28	12.31	32646.88	10	32293.46	353.42	1.09	13906.59	6	14972.45	−1065.85	−7.12	42.60
浦东新区	23928.94	20796.69	3132.25	15.06	26332.96	13	23869.10	2463.86	10.32	9732.18	9	7658.27	2073.90	27.08	36.96
金山区	12331.60	13820.19	−1488.60	−10.77	14959.11	17	17031.62	−2072.51	−12.17	2238.65	17	2605.24	−366.59	−14.07	14.97
松江区	37626.89	24680.51	12946.38	52.46	37649.45	4	27195.97	10453.47	38.44	17010.54	4	8636.03	8374.51	96.97	45.18
青浦区	19067.41	14836.99	4230.42	28.51	20357.10	16	17940.53	2416.57	13.47	4603.56	16	3802.18	801.38	21.08	22.61
奉贤区	19833.77	15194.18	4639.58	30.54	23037.26	14	20120.08	2917.18	14.50	4756.63	15	4720.05	36.58	0.77	20.65
崇明县	23039.97	20241.47	2798.51	13.83	22842.83	15	20917.02	1925.81	9.21	5008.67	14	3770.39	1238.28	32.84	21.93
郊区小计	24498.90	20664.08	3834.82	18.56	27040.72		24091.60	2949.12	12.24	9049.24		7212.32	1836.92	25.47	33.47
市区小计	37321.15	30719.76	6601.39	21.49	38674.03		34239.84	4434.19	12.95	12874.68		10336.31	2538.37	24.56	33.29
区县合计	29612.38	24644.29	4968.09	20.16	31686.28		28154.57	3531.71	12.54	10653.44		8535.55	2117.88	24.81	33.62

初中生均经费分析

金额单位:元

区县名称	财政拨款生均				实际生均					其中:生均公用经费					2012年生均公用占%
	2012年	2011年	增减金额	增减%	2012年	位次	2011年	增减金额	增减%	2012年	位次	2011年	增减金额	增减%	
黄浦区	45009.98	43860.32	1149.66	2.62	45682.80	1	42153.70	3529.10	8.37	22084.95	1	19665.42	2419.53	12.30	48.34
徐汇区	29242.84	26385.78	2857.06	10.83	29489.93	7	27692.10	1797.83	6.49	9954.06	5	9301.87	652.19	7.01	33.75
长宁区	35051.02	29298.73	5752.30	19.63	33092.65	4	27398.36	5694.29	20.78	11613.80	3	7790.92	3822.88	49.07	35.09
静安区	59479.84	52726.96	6752.88	12.81	34257.18	3	31265.96	2991.22	9.57	11451.12	4	10067.17	1383.96	13.75	33.43
普陀区	26597.05	24544.72	2052.33	8.36	26832.24	8	25290.35	1541.89	6.10	8242.63	8	8190.54	52.09	0.64	30.72
闸北区	33678.44	32560.39	1118.05	3.43	35402.04	2	32651.62	2750.42	8.42	13735.48	2	11835.32	1900.16	16.05	38.80
虹口区	31579.46	29558.30	2021.16	6.84	32510.02	5	30026.45	2483.57	8.27	6902.00	12	6210.54	691.46	11.13	21.23
杨浦区	31219.40	29424.80	1794.59	6.10	31034.53	6	29484.26	1550.26	5.26	7503.43	10	5255.22	2248.21	42.78	24.18
闵行区	22042.92	22368.71	−325.79	−1.46	25132.87	10	23208.94	1923.93	8.29	9121.45	7	7371.93	1749.51	23.73	36.29
宝山区	20438.93	19755.49	683.45	3.46	20454.78	13	20042.98	411.79	2.05	7909.39	9	7287.45	621.94	8.53	38.67
嘉定区	25357.38	28841.15	−3483.77	−12.08	22006.24	12	23507.04	−1500.79	−6.38	6429.74	13	8139.63	−1709.89	−21.01	29.22
浦东新区	19122.56	18260.21	862.34	4.72	19349.74	15	18414.00	935.74	5.08	6921.89	11	6609.05	312.84	4.73	35.77
金山区	19345.99	18374.66	971.32	5.29	19322.87	16	18486.12	836.75	4.53	3368.13	16	3002.34	365.79	12.18	17.43
松江区	25255.28	20029.46	5225.82	26.09	24548.13	11	20443.90	4104.23	20.08	9221.83	6	6143.96	3077.87	50.10	37.57
青浦区	16748.53	15329.79	1418.74	9.25	16796.92	17	15217.93	1579.00	10.38	3303.61	17	3182.58	121.04	3.80	19.67
奉贤区	20958.08	20925.65	32.43	0.15	19537.26	14	19201.19	336.07	1.75	5407.64	15	5315.56	92.07	1.73	27.68
崇明县	27536.02	25063.26	2472.75	9.87	26820.65	9	25514.89	1305.75	5.12	5683.01	14	6630.27	−947.26	−14.29	21.19
郊区小计	20948.03	20034.10	913.93	4.56	20929.87		19798.61	1131.26	5.71	6810.23		6255.92	554.32	8.86	32.54
市区小计	34485.80	31859.95	2625.85	8.24	32931.79		30317.23	2614.56	8.62	11247.77		9645.91	1601.87	16.61	34.15
区县合计	24964.34	23680.57	1283.77	5.42	24485.17		23028.90	1456.28	6.32	8094.14		7271.67	822.47	11.31	33.06

小学生均经费分析

金额单位:元

区县名称	财政拨款生均				实际生均					其中:生均公用经费					2012年生均公用占%
	2012年	2011年	增减金额	增减%	2012年	位次	2011年	增减金额	增减%	2012年	位次	2011年	增减金额	增减%	
黄浦区	40531.64	38967.80	1563.84	4.01	41180.28	1	38411.98	2768.30	7.21	17905.33	1	16935.56	969.77	5.73	43.48
徐汇区	20445.67	18508.55	1937.13	10.47	20742.92	8	19473.78	1269.13	6.52	6697.77	7	6222.00	475.77	7.65	32.29
长宁区	23434.05	21463.60	1970.45	9.18	24036.70	6	20863.56	3173.14	15.21	7941.34	4	5982.82	1958.52	32.74	33.04
静安区	39004.75	35189.15	3815.60	10.84	32502.64	2	30407.30	2095.34	6.89	9369.88	2	9058.91	310.97	3.43	28.83
普陀区	19277.82	17278.20	1999.62	11.57	19122.07	9	17863.43	1258.64	7.05	5373.68	13	5320.48	53.20	1.00	28.10
闸北区	27405.31	27392.11	13.21	0.05	26749.07	3	25510.43	1238.64	4.86	8707.56	3	8630.52	77.04	0.89	32.55
虹口区	23928.38	22633.85	1294.53	5.72	24006.19	7	22687.25	1318.94	5.81	6979.99	6	6593.65	386.34	5.86	29.08
杨浦区	26147.18	24663.48	1483.70	6.02	25860.62	4	24774.54	1086.08	4.38	6412.98	8	4652.52	1760.46	37.84	24.80
闵行区	17634.88	15385.30	2249.58	14.62	17446.79	11	15611.72	1835.06	11.75	6059.89	9	4652.46	1407.43	30.25	34.73
宝山区	18565.00	17247.95	1317.05	7.64	18417.27	10	17299.40	1117.87	6.46	7267.55	5	6440.07	827.48	12.85	39.46
嘉定区	18434.31	14355.96	4078.35	28.41	15537.74	14	15879.20	−341.47	−2.15	4585.00	14	4948.29	−363.29	−7.34	29.51
浦东新区	16626.02	15402.59	1223.43	7.94	16017.56	12	15355.60	661.96	4.31	5940.12	10	5782.73	157.39	2.72	37.09
金山区	14745.04	14152.85	592.19	4.18	14684.74	16	14133.51	551.23	3.90	2685.61	17	2319.39	366.22	15.79	18.29
松江区	17237.60	13183.75	4053.85	30.75	15648.36	13	12496.08	3152.28	25.23	5508.46	12	3389.43	2119.03	62.52	35.20
青浦区	14763.54	13567.04	1196.50	8.82	14755.55	15	13591.48	1164.07	8.56	3527.40	15	2995.63	531.77	17.75	23.91
奉贤区	12967.62	13730.01	−762.40	−5.55	12103.34	17	12059.98	43.35	0.36	3187.09	16	2704.48	482.61	17.84	26.33
崇明县	26146.82	23219.38	2927.44	12.61	25566.65	5	23071.92	2494.73	10.81	5601.88	11	4381.18	1220.70	27.86	21.91
郊区小计	16966.12	15333.31	1632.81	10.65	16266.75		15251.56	1015.19	6.66	5346.18		4726.97	619.21	13.10	32.87
市区小计	25985.48	24353.86	1631.62	6.70	25688.35		24035.66	1652.69	6.88	8279.58		7520.57	759.01	10.09	32.23
区县合计	19430.03	17879.85	1550.18	8.67	18839.33		17730.09	1109.24	6.26	6148.18		5511.77	636.41	11.55	32.63

幼儿园生均经费分析

金额单位:元

区县名称	财政拨款生均				实际生均					其中:生均公用经费					2012年生均公用占%
	2012年	2011年	增减金额	增减%	2012年	位次	2011年	增减金额	增减%	2012年	位次	2011年	增减金额	增减%	
黄浦区	26483.97	26305.21	178.76	0.68	29205.94	2	29187.27	18.67	0.06	10472.33	2	9197.06	1275.27	13.87	35.86
徐汇区	16631.16	11846.19	4784.97	40.39	20895.84	4	19185.72	1710.12	8.91	6873.84	6	5936.56	937.28	15.79	32.90
长宁区	21299.99	20742.40	557.59	2.69	25088.02	3	22183.72	2904.30	13.09	9430.81	3	7173.01	2257.79	31.48	37.59
静安区	30866.00	28858.02	2007.98	6.96	36236.87	1	32126.19	4110.67	12.80	10498.88	1	7885.76	2613.12	33.14	28.97
普陀区	15614.89	13054.63	2560.26	19.61	18929.54	6	17425.71	1503.84	8.63	8929.47	4	6776.76	2152.71	31.77	47.17
闸北区	13303.78	12854.95	448.83	3.49	16371.40	10	16755.35	−383.95	−2.29	5132.71	12	5668.44	−535.73	−9.45	31.35
虹口区	14811.65	13391.68	1419.97	10.60	17976.10	8	17257.85	718.25	4.16	3746.14	15	3739.00	7.14	0.19	20.84
杨浦区	17725.70	16925.98	799.72	4.72	20318.52	5	19600.76	717.76	3.66	5789.94	8	5343.71	446.23	8.35	28.50
闵行区	15916.19	14165.68	1750.51	12.36	17887.09	9	15800.60	2086.49	13.21	7440.76	5	6427.36	1013.40	15.77	41.60
宝山区	13432.72	13385.53	47.20	0.35	15319.59	15	15507.83	−188.24	−1.21	4986.52	13	5533.13	−546.61	−9.88	32.55
嘉定区	15640.94	14646.09	994.86	6.79	18199.49	7	17174.57	1024.92	5.97	5340.91	10	5088.71	252.20	4.96	29.35
浦东新区	13262.38	12431.80	830.57	6.68	15664.60	13	14622.65	1041.95	7.13	6280.43	7	5540.75	739.68	13.35	40.09
金山区	9587.65	9927.08	−339.42	−3.42	11539.59	17	11532.78	6.81	0.06	2563.00	17	2001.22	561.78	28.07	22.21
松江区	14717.51	8649.66	6067.85	70.15	16195.05	11	11560.46	4634.59	40.09	5333.43	11	3794.59	1538.84	40.55	32.93
青浦区	14654.06	11300.07	3353.99	29.68	15129.39	16	12791.62	2337.77	18.28	4195.38	14	3622.84	572.54	15.80	27.73
奉贤区	14264.69	12368.84	1895.85	15.33	15529.68	14	13828.95	1700.73	12.30	3221.68	16	3053.36	168.33	5.51	20.75
崇明县	16733.23	12339.24	4393.99	35.61	15732.10	12	13006.74	2725.35	20.95	5429.12	9	3224.11	2205.01	68.39	34.51
郊区小计	14061.74	12340.72	1721.02	13.95	15875.83		14328.68	1547.15	10.80	5507.80		4808.48	699.32	14.54	34.69
市区小计	17927.25	16176.65	1750.60	10.82	21300.03		20126.60	1173.43	5.83	7374.10		6257.19	1116.91	17.85	34.62
区县合计	15125.11	13402.28	1722.83	12.85	17367.98		15933.20	1434.78	9.00	6021.20		5209.40	811.81	15.58	34.67

特殊学校学生生均经费分析

金额单位:元

区县名称	财政拨款生均				实际生均					其中:生均公用经费					2012年生均公用占%
	2012年	2011年	增减金额	增减%	2012年	位次	2011年	增减金额	增减%	2012年	位次	2011年	增减金额	增减%	
黄浦区	120750.51	118194.48	2556.03	2.16	120360.62	2	116535.28	3825.34	3.28	59340.93	2	53048.64	6292.29	11.86	49.30
徐汇区	75030.78	62950.79	12080.00	19.19	75221.24	5	67215.48	8005.76	11.91	17102.38	8	15008.56	2093.82	13.95	22.74
长宁区	89046.29	89734.14	−687.86	−0.77	98382.37	3	89610.22	8772.16	9.79	25529.46	4	23732.02	1797.44	7.57	25.95
静安区	252666.67	245714.29	6952.38	2.83	218505.74	1	235341.39	−16835.64	−7.15	62061.28	1	71329.04	−9267.76	−12.99	28.40
普陀区	62677.12	50462.39	12214.73	24.21	60928.25	10	49546.51	11381.74	22.97	13631.55	9	8636.11	4995.44	57.84	22.37
闸北区	59334.84	56702.90	2631.94	4.64	62047.21	8	53503.89	8543.33	15.97	29675.26	3	22448.99	7226.27	32.19	47.83
虹口区	37969.57	34586.06	3383.51	9.78	38075.02	16	37887.80	187.22	0.49	12944.42	10	11876.02	1068.40	9.00	34.00
杨浦区	56228.36	42022.60	14205.77	33.81	51930.61	13	40684.80	11245.81	27.64	12184.39	13	9424.50	2759.89	29.28	23.46
闵行区	74623.65	63151.82	11471.84	18.17	73461.17	6	65395.62	8065.55	12.33	23502.75	5	16663.34	6839.40	41.04	31.99
宝山区	62704.17	61467.69	1236.47	2.01	61216.93	9	61589.30	−372.37	−0.60	12575.32	12	20221.96	−7646.63	−37.81	20.54
嘉定区	91957.35	79052.37	12904.99	16.32	90921.67	4	78949.90	11971.78	15.16	20419.49	7	12149.97	8269.53	68.06	22.46
浦东新区	60578.23	53178.51	7399.72	13.91	62095.49	7	52456.84	9638.65	18.37	23275.71	6	16919.00	6356.71	37.57	37.48
金山区	58810.73	50122.88	8687.85	17.33	57147.16	12	50135.34	7011.83	13.99	9093.98	16	5962.92	3131.06	52.51	15.91
松江区	57149.23	42783.46	14365.77	33.58	57149.23	11	42783.46	14365.77	33.58	10413.95	14	7069.63	3344.32	47.31	18.22
青浦区	50389.81	37462.09	12927.72	34.51	49697.79	15	37444.98	12252.81	32.72	12875.50	11	7548.58	5326.92	70.57	25.91
奉贤区	34928.81	34637.73	291.08	0.84	35330.44	17	34929.56	400.89	1.15	4325.82	17	3324.07	1001.75	30.14	12.24
崇明县	53603.83	42976.06	10627.77	24.73	51316.88	14	45375.20	5941.68	13.09	9843.64	15	8381.42	1462.22	17.45	19.18
郊区小计	60312.45	51635.75	8676.70	16.80	59993.50		52108.99	7884.51	15.13	16747.98		12831.82	3916.16	30.52	27.92
市区小计	74411.11	67148.87	7262.24	10.82	74182.51		66341.18	7841.33	11.82	26517.27		22099.07	4418.21	19.99	35.75
区县合计	67458.01	59557.95	7900.06	13.26	67184.85		59377.05	7807.80	13.15	21699.31		17564.40	4134.91	23.54	32.30

索　　引

索　引

说明:①本索引主体采用主题分析索引方法,按主题词首字的汉语拼音字母顺序排列。②索引名称后的数字表示内容所在的页码,数字后面的a、b表示内容所在版面的左、右区域。③表格标题和表格中的内容页码后另注有“表”字。④在上海的教育单位和在上海发生的事件名称前的“上海”两字一般均予省略;括号内高校名称一般用简称。

A

B

C

D

E

F

G

H

J

K

L

M

N

O

P

Q

R

S

T

V

W

X

Y

Z

索 引

索　引

图书在版编目（CIP）数据

2013 上海教育年鉴/上海市教育委员会编. —上海：上海人民出版社，2013
ISBN 978 - 7 - 208 - 11951 - 2

Ⅰ. ①2… Ⅱ. ①上… Ⅲ. ①教育工作—上海市—2013—年鉴 Ⅳ. ①G527.51 - 54

中国版本图书馆 CIP 数据核字（2013）第 287107 号

责任编辑 鲍 静
特邀编辑 余鸿源
封面设计 甘晓培

2013 上海教育年鉴
上海市教育委员会 编
世纪出版集团
上海人民出版社出版
（200001 上海福建中路 193 号 www.ewen.cc）
世纪出版集团发行中心发行
浙江新华数码印务有限公司印刷
开本 890×1240 1/16 印张 42.5 插页 19 字数 1,259,000
2013 年 12 月第 1 版 2013 年 12 月第 1 次印刷
ISBN 978 - 7 - 208 - 11951 - 2/G · 1649
定价 180.00 元